ARCHIV FÜR SOZIALGESCHICHTE

Archiv für Sozialgeschichte

Herausgegeben von der
Friedrich-Ebert-Stiftung

54. Band · 2014

Verlag
J.H.W. Dietz Nachf.

REDAKTION: BEATRIX BOUVIER

ANJA KRUKE

FRIEDRICH LENGER

UTE PLANERT

DIETMAR SÜSS

MEIK WOYKE (Schriftleitung)

BENJAMIN ZIEMANN

Redaktionsanschrift:
Friedrich-Ebert-Stiftung
Godesberger Allee 149, 53175 Bonn
Tel. 02 28 / 8 83 – 80 68, Fax 02 28 / 8 83 – 92 09
E-Mail: Meik.Woyke@fes.de

Herausgeberin und Verlag danken Herrn Martin Brost für die finanzielle Förderung von
Bearbeitung und Druck dieses Bandes.

ISSN   0066-6505
ISBN   978-3-8012-4225-1

© 2014 Verlag J.H.W. Dietz Nachf., Dreizehnmorgenweg 24, 53175 Bonn
Umschlag und Einbandgestaltung: Bruno Skibbe, Braunschweig
Satz: PAPYRUS – Lektorat + Textdesign, Buxtehude
Druck: Westermann Druck Zwickau GmbH, Zwickau
Alle Rechte vorbehalten
Printed in Germany 2014

Inhalt

VI

Einzelrezensionen des »Archivs für Sozialgeschichte« finden sich unter
<http://www.fes.de/afs>

Rezensierte Bücher in alphabetischer Reihenfolge[1]
(Band LIV und Online-Rezensionen August 2013 – Juli 2014)

1 Einzelrezensionen im »Archiv für Sozialgeschichte« (Online-Ausgabe) können unter <www.fes.de/afs> abgerufen oder auch direkt unter dem Dateinamen angewählt werden. Dazu ist an die Internetadresse <http://www.fes.de/cgi-bin/afs.cgi?id=> die jeweilige hier angegebene Ziffernfolge anzufügen, also beispielsweise für *Ahrens, Ralf/Johannes Bähr*, Jürgen Ponto. Bankier und Bürger: <http://www.fes.de/cgi-bin/afs.cgi?id=81532>.

Beiträge zum Rahmenthema
»Dimensionen sozialer Ungleichheit.
Neue Perspektiven auf West- und Mitteleuropa
im 19. und 20. Jahrhundert«

Friedrich Lenger/Dietmar Süß

Soziale Ungleichheit in der Geschichte moderner Industriegesellschaften

Die soziale Ungleichheit ist wieder da! Das ist weniger als Aussage zur gesellschaftlichen Lage im frühen 21. Jahrhundert gemeint, denn als Kommentar zur politischen Debatte und zur wissenschaftlichen Diskussion. Unübersehbar befeuert von den jüngsten Finanzmarktkrisen spielen Verteilungs- und Gerechtigkeitsfragen wieder eine deutlich größere Rolle. Nachdem in Deutschland Hans-Ulrich Wehler 2013 mit seinem Warnruf über »Die Neue Umverteilung« hervorgetreten ist, haben seither vor allem die Arbeiten zweier Ökonomen breitere Aufmerksamkeit gefunden.[1] Obwohl sie beide mit historischen Daten arbeiten, könnten die Unterschiede kaum größer sein. Gregory Clarks »The Son Also Rises« nutzt seine zum Teil bis ins Mittelalter zurückreichenden und neben Europa, Nord- und Südamerika auch Asien abdeckenden Datenreihen zu einer weitgehend zeit-, raum- und kontextlosen Untersuchung der Vererbung beruflicher und sozialer Positionen über viele Generationen hinweg.[2] Deren Logik ist ebenso simpel wie angreifbar: Für datenmäßig leicht fassbare Elitegruppen, die er in der Regel als Träger besonderer Nachnamen greifen kann, bestimmt er die Persistenz beruflicher und sozialer Positionen über viele Generationen hinweg und kontrastiert das Ergebnis mit den hochgerechneten Werten älterer Mobilitätsstudien, die in der Regel lediglich den Werdegang zweier Generationen erfassen. Wenn aber, so ein typisches Argument, die soziale Mobilität so ausgeprägt sei, wie von der älteren Forschung behauptet, dann dürften heute die Nachkommen des seit zwei Jahrhunderten nicht mehr erweiterten schwedischen Adelshauses (»Riddarhuset«) nicht so deutlich in privilegierten Berufsgruppen wie den Ärzten und Rechtsanwälten überrepräsentiert sein.[3] Das wird an räumlich und zeitlich breit gestreuten Datensätzen durchgespielt, ohne dadurch überzeugender zu werden. Denn an den sozial- und kulturgeschichtlich spannenden Mechanismen der Vererbung sozialer Positionen ist Clark nicht interessiert, steht für ihn doch fest: »Biology may not be everything, but it is the substantial majority of everything.«[4]

Dagegen handelt es sich bei Thomas Pikettys »Capital in the Twenty-First Century« um die Kombination genuin historischer Analysen mit der Diskussion von Gegenwartsbefunden und Zukunftsszenarien.[5] Sein Buch ist in mehrfacher Hinsicht ein Ereignis. Denn für einen schon mit 22 Jahren ans »Massachusetts Institute of Technology« (MIT) berufenen Ökonomen ist es schließlich keineswegs selbstverständlich, die Gegenwartsanalyse auf ein eingehendes Studium der letzten zwei Jahrhunderte zu gründen. Dabei bedeutet historisches Vorgehen in seinem Fall durchaus nicht Distanz zur ökonomischen

---

1 *Hans-Ulrich Wehler*, Die neue Umverteilung. Soziale Ungleichheit in Deutschland, München 2013.
2 *Gregory Clark*, The Son Also Rises. Surnames and the History of Social Mobility, Princeton, NJ 2014.
3 Clark scheint nicht zu wissen, dass exakt hundert Jahre vor ihm Robert Michels dieses Quellenmaterial zu einer vergleichbaren Studie genutzt hat: *Robert Michels*, Zum Problem der zeitlichen Widerstandsfähigkeit des Adels, wieder abgedr. in: *ders.*, Soziale Bewegungen zwischen Dynamik und Erstarrung, hrsg. v. *Timm Genett*, Berlin 2008, S. 214–229, mit einem Hinweis auf die entsprechenden Vorarbeiten Pontus E. Fahlbecks.
4 *Clark*, The Son Also Rises, S. 264.
5 *Thomas Piketty*, Capital in the Twenty-First Century, Cambridge, MA/London 2014.

Theorie- und Modellbildung. Vielmehr diskutiert er geduldig den relativen Nutzen von Cobb-Douglas-Funktionen, historisiert die Kuznets-Kurve oder führt mithilfe des internationalen Vergleichs Versuche ad absurdum, explodierende Managergehälter als Ausdruck marginaler Produktivität, also im Kern meritokratisch zu erklären. Hauptsächlich gestützt auf Daten zur volkswirtschaftlichen Gesamtrechnung sowie auf Angaben der jeweiligen Steuerbehörden untersucht er für eine Reihe westlicher Industriestaaten zum einen die Entwicklung des Verhältnisses von Volksvermögen und jährlichem Volkseinkommen während der letzten zweieinhalb Jahrhunderte und zum anderen die des Verhältnisses von Kapital- und Arbeitseinkommen zueinander sowie deren jeweilige Verteilung. Pikettys stets umsichtig diskutierte Datenreihen reichen meist für Frankreich, gelegentlich auch für Großbritannien bis ins 18. Jahrhundert zurück, erlauben seit dem späten 19. Jahrhundert aber auch für Deutschland, Schweden, die Vereinigten Staaten und Japan belastbare Aussagen. Seine politischen Empfehlungen zielen auf die Utopie einer globalen Kapitalbesteuerung. Nicht alles ist neu, doch wird vieles durch die spezifische Herangehensweise des Pariser Ökonomen in eine fruchtbare Perspektive gestellt: Bemerkenswert scheint zunächst, wie stabil das zahlenmäßige Verhältnis von volkswirtschaftlichem Gesamtvermögen und jährlichem Volkseinkommen in Frankreich und Großbritannien über lange Zeit war. Von 1700 bis 1914 lag es stets sehr nahe bei 7:1, obwohl in dieser Zeit die Bedeutung landwirtschaftlich genutzten Bodens stark zurückging, Industrie- und Auslandskapital wichtiger wurden und nicht zuletzt das Produktionsvolumen stark anwuchs. Dieser Stabilität entsprach die Stabilität einer schmalen Schicht von Kapitalrentnern, deren Einkommen sich an der stattlichen Verzinsung von Staatsanleihen orientierte. Das Zeitalter der Weltkriege brachte bekanntlich eine enorme Kapitalvernichtung und zugleich den Wandel von der Rückzahlung staatlicher Schulden zu ihrer inflationären Entwertung. Dementsprechend belief sich das Gesamtvermögen auf kaum das Dreifache des Jahreseinkommens, bevor die entsprechende Verhältniszahl seit den 1950er und beschleunigt seit den 1970er Jahren erneut anstieg, ohne bis 2010 (6:1) ganz das Verhältnis vom Vorabend des Ersten Weltkriegs abermals zu erreichen. Da Pikettys »national capital« privates wie öffentliches Vermögen umfasst, wird in diesem Wiederanstieg allein noch nicht deutlich, dass der von den 1950er bis 1970er Jahren durchaus beträchtliche Anteil öffentlichen Vermögens seither wieder privatisiert worden ist.

Diese ökonomischen Grunddaten, die der Autor zum Beispiel mit der niedrigeren und weniger volatilen Relation von Volksvermögen und jährlichem Volkseinkommen in den USA kontrastiert, sind wichtig, weil sie zusammen mit den Raten für das Bevölkerungs- und Wirtschaftswachstum sowie der Sparrate den Rahmen setzen, innerhalb dessen politische, insbesondere steuerliche Maßnahmen das System sozialer Ungleichheit zu ändern versuchen können. Grundsätzlich konstatiert Piketty für Großbritannien und Frankreich in den hundert Jahren vor Ausbruch des Ersten Weltkriegs eine in etwa gleichbleibende Verteilung des jährlichen Volkseinkommens, mit einer Lohnquote, die selten unter 60 % absank und ebenso selten auf mehr als 70 % anstieg. Mit der Kapitalvernichtung der Weltkriegszeit sank dann der korrespondierende Kapitalanteil am Volkseinkommen auf weniger als 30 %, gelegentlich sogar auf weniger als 20 %. Wenn 1970 und 1980 Tiefpunkte in den diesbezüglichen Datenreihen bilden, so erklärt er das mit den starken Wachstumsraten der *Trente Glorieuses*, die er indessen nicht als Charakteristikum eines spezifischen Produktionsregimes, sondern allein als Aufholeffekt gegenüber der technologisch weiter entwickelten US-Ökonomie interpretiert.

Unter dem Gesichtspunkt der sozialen Ungleichheit ist nun neben der Verteilung des Gesamteinkommens auf Kapital und Arbeit die jeweilige Verteilung der beiden Einkunftsarten auf die Bevölkerung entscheidend. Wenig überraschend ist hier die Verteilung der Kapitaleinkünfte schon deshalb deutlich ungleicher, weil jeweils eine knappe Bevölkerungsmehrheit praktisch vermögenslos ist, während das reichste Bevölkerungszehntel heute zwischen 60 % (Nordwesteuropa) und mehr als 70 % (USA) des Gesamtwohlstands auf sich vereinigt, von dem ein Viertel auf das reichste Hundertstel entfällt.[6] Bemerkenswert scheint nun zweierlei: Zum einen, dass die heutige Vermögensverteilung, so ungleich sie ist, doch insofern sehr viel egalitärer als am Vorabend des Ersten Weltkriegs ist, als zwischen eine äußerst schmale Schicht von Hochvermögenden und die nahezu besitzlose Bevölkerungsmehrheit – und gleichsam auf Kosten der ersteren – eine vermögende Mittelschicht getreten ist, für die indessen der Besitz einer Immobilie und einer Lebensversicherung sehr viel typischer ist als ein breiter gestreutes Kapitalvermögen und die schon deshalb mit geringeren Renditen zufrieden sein muss.

Zum andern ist unübersehbar, wie grundlegend sich die Bewertung einer ungleichen Vermögens- und Einkommensverteilung gewandelt hat. War es in den Jahren vor und nach dem Ersten Weltkrieg in den USA vor allem die Sorge, bald schon mit Vermögensungleichheiten europäischen Ausmaßes konfrontiert zu sein, die zur Einführung extrem hoher progressiver Einkommens- und Vermögenssteuern führte, reduzierten Großbritannien und die USA seit den 1980er Jahren die entsprechenden Steuersätze radikal. Sie gaben damit zugleich die zuvor angeführte Differenzierung zwischen verdientem (Arbeits-) und unverdientem Kapitaleinkommen wieder auf, die lange auch die Debatte um eine angemessene Erbschaftssteuer bestimmt hatte.[7] George McGovern hatte in seiner Präsidentschaftskampagne des Jahres 1972 für eine progressive Erbschaftssteuer geworben, die bei einem Erbe ab einer halben Million Dollar 100 % betragen sollte. Seither sind in vielen Industriestaaten die Erbschaftssteuern radikal gesenkt oder gar abgeschafft worden. Für Piketty stellt dies ein gewichtiges Legitimationsproblem für eine demokratische Gesellschaft dar, in der Ungleichheit nur mit unterschiedlicher Leistung, nicht aber mit ererbtem Vermögen gerechtfertigt werden könne. Ein mögliches Zukunftsszenario fällt dementsprechend düster aus: »The world to come may well combine the worst of two past worlds: both very large inequality of inherited wealth and very high wage inequalities justified in terms of merit and productivity (claims with very little factual basis, as noted).«[8]

Einige forschungs- und theoriegeschichtliche Perspektiven

Nun bleibt abzuwarten, ob es in Zukunft energischere Einhegungsversuche gegenüber der aggressiven Selbstbedienung selbsternannter Spitzenmanager gerade auch in Großbritannien und den USA geben wird. Mit Blick auf die (historische) Erforschung sozialer Ungleichheit, die in der Untersuchung von Vermögens- und Einkommensverteilungen sicherlich nicht aufgeht, ohne diese aber auch nicht auskommt, scheint dreierlei bemerkenswert: Im Unterschied zu den Arbeiten der 1960er und 1970er Jahre, die eine erste Hochzeit sozialgeschichtlicher Ungleichheitsforschung brachten, hat Piketty die Spitzen der Einkommens- und Vermögenspyramiden fest im Blick. Zweitens knüpft gerade er ganz explizit an ältere Traditionen an. So spricht er zum Beispiel vom »premature death of serial history«, den er auch darin begründet sieht, dass ihr Forschungsprogramm für die Geschichte des 18. und 19. Jahrhunderts geeigneter gewesen sei als für die des 20. Jahrhunderts.[9] Seine Auffassung von der Ökonomie als einer Sozialwissenschaft neben Geschichte, Soziologie, Anthropologie und Politikwissenschaft erinnert zudem an die programmatischen Diskussionen um eine Historische Sozialwissenschaft. Deren Diskussion

---

6 Vgl. ebd., S. 259ff.
7 Vgl. *Jens Beckert*, Erben in der Leistungsgesellschaft, Frankfurt am Main 2013, S. 32.
8 *Piketty*, Capital in the Twenty-First Century, S. 417.
9 Ebd., S. 576; vgl. für die angesprochene Traditionslinie stellvertretend die Aufsatzsammlung von *Pierre Chaunu*, Histoire quantitative, histoire sérielle, Paris 1978.

sozialer Ungleichheit war drittens zwar ebenfalls von der Gerechtigkeitsfrage angestoßen, doch war das Vertrauen in die Gestaltungskraft des Wohlfahrtsstaats in den 1960er und frühen 1970er Jahren noch sehr viel ungebrochener als heute. In jedem Fall lohnt sich der Blick zurück auf diesen früheren Forschungsboom, der neben einer Fülle von Studien ja auch die Auseinandersetzung mit einer ganzen Reihe bis heute unverzichtbarer Theoretiker erbracht hat.

Auch wenn Hartmut Kaelble 1983 die Ungleichheitsforschung zum »Königsweg der Sozialgeschichte« erklärte, wäre es irreführend, das Feld der sozialen Ungleichheit als thematischen Kern der Historischen Sozialwissenschaft ausmachen zu wollen.[10] Bekanntlich vollzog sich der im Vergleich zu England, Frankreich und den USA späte Aufstieg einer modernen Sozialgeschichte in Deutschland in Gestalt einer dezidiert politischen Sozialgeschichte, die von der Sonderwegsthese weit stärker zusammengehalten wurde als von jeder Stratifikationstheorie.[11] Allerdings ließ sich diese von der Frage nach den längerfristigen Ursachen der nationalsozialistischen Diktatur beherrschte Grundperspektive gut mit den die amerikanische Sozialwissenschaft der 1950er und 1960er Jahre dominierenden Theorien des sozialen Wandels vereinbaren.[12] Gemeinsam war beiden das Interesse an den Entwicklungsbedingungen moderner Gesellschaften und ihren unterschiedlichen Ausformungen. Von daher überrascht es nicht, dass historisch und vergleichend argumentierende Soziologen wie Reinhard Bendix und Seymour Martin Lipset, aber auch Barrington Moore jr. in den Programmschriften der führenden Vertreter der Historischen Sozialwissenschaft besonders häufig Erwähnung fanden. Insbesondere für Bendix und Lipset aber gehörte zu den Wesensmerkmalen industrieller, vulgo moderner Gesellschaften ein erhebliches Maß an sozialer Mobilität, und ihr Befund eines geringeren Einflusses von Klassentheorien marxscher Provenienz in den USA spiegelte indirekt noch etwas von dem optimistischen Bild einer egalitären und besonders aufstiegsfreundlichen USA wider, das ihre empirischen Ergebnisse infrage zu stellen schien. In den USA, so meinten sie Mitte der 1960er Jahre, war denn auch die »preoccupation with inequality« – bereits, wie man mit allen modernisierungstheoretischen Implikationen wird hinzufügen dürfen – aus dem Kontext der Klassendiskussion herausgetreten und in den Zusammenhang wohlfahrtsstaatlicher Regulierung überführt.[13]

Nun waren Bendix und Lipset ihrer einflussreichen Veröffentlichungen zum Trotz keineswegs repräsentativ für amerikanische Arbeiten zur sozialen Schichtung und Mobilität in den 1950er und 1960er Jahren. Zumindest die zeitweilig einflussreiche funktionale Theorie der Stratifikation, wie sie Kingsley Davis und Wilbert E. Moore vertraten, sowie breit rezipierte Einzelstudien wie »Power and Privilege« von Gerhard E. Lenski, der seine Problemstellung in der Auftaktfrage »who gets what and why« prägnant zusammenfasste,

---

10 *Hartmut Kaelble*, Industrialisierung und soziale Ungleichheit. Europa im 19. Jahrhundert. Eine Bilanz, Göttingen 1983, S. 11.

11 Vgl. hierzu nur *Friedrich Lenger*, »Historische Sozialwissenschaft«: Aufbruch oder Sackgasse?, in: *Christoph Cornelißen* (Hrsg.), Geschichtswissenschaft im Geist der Demokratie. Wolfgang J. Mommsen und seine Generation, Berlin 2010, S. 115–132; die Dominanz der Sonderwegsperspektive sticht rückblickend besonders deutlich hervor beim Blick auf die in Teil II von *Jürgen Kocka*, Arbeiten an der Geschichte. Gesellschaftlicher Wandel im 19. und 20. Jahrhundert, Göttingen 2011, versammelten Aufsätze.

12 Eine repräsentative Sammlung für ein deutsches Publikum war in den ausgehenden 1960er Jahren mit drei Folgeauflagen: *Wolfgang Zapf* (Hrsg.), Theorien des sozialen Wandels, Königstein im Taunus 1979 (zuerst 1969).

13 *Reinhard Bendix/Seymour Martin Lipset*, Introduction, in: *dies.* (Hrsg.), Class, Status, and Power. Social Stratification in Comparative Perspective, New York 1966, S. XIII–XVIII, hier: S. XVII; vgl. *dies.*, Social Mobility in Industrial Society, Berkeley, CA 1967 (zuerst 1959).

spielten in den Debatten eine wichtige Rolle.[14] All diese Arbeiten waren den Pionieren einer modernen Sozialgeschichtsschreibung in der Bundesrepublik ebenso bekannt wie die deutschsprachigen Beiträge zur Nachkriegsdiskussion von Theodor Geiger und Ralf Dahrendorf, Karl Martin Bolte oder Helmut Schelsky.[15]

Und doch bildeten diese Studien nur einen von mehreren Anknüpfungspunkten für die lebhafte Diskussion der 1970er Jahre. Interessant ist diesbezüglich das erste Heft von »Geschichte und Gesellschaft«, das dem noch jungen historischen Interesse an sozialer Schichtung und sozialer Mobilität einen prominenten Ort gab. Denn in seinem ausführlichen Einleitungsaufsatz entwickelte Jürgen Kocka zunächst einmal das allgemeine Programm einer Historischen Sozialwissenschaft mit ihrem vertrauten Insistieren auf der Theoriebedürftigkeit der Geschichtswissenschaft und der nicht nur methodisch, sondern angesichts der deutschen NS-Vergangenheit gleichsam historisch-politisch gebotenen Überwindung des Historismus. Die Grundierung dieses Programms ließ sich mit den in den 1960er und frühen 1970er Jahren virulenten Themen wie den langen Wellen der Konjunkturentwicklung oder dem Organisierten Kapitalismus bestens verbinden und exemplifizierte die vom Autor betonte Ausrichtung der neueren deutschen Sozialgeschichtsschreibung auf politische Explananda. Erst im vierten und letzten Teil seines Beitrags kam er dann auf die »historische Analyse der sozialen Schichtung (einschließlich der sozialen Mobilität)« zu sprechen, die schließlich den Gegenstand des ersten Themenheftes der neu begründeten Zeitschrift bildete.[16] In ihr sah er ein potenzielles Paradebeispiel zur Einlösung seines Programms. Die politisch-gesellschaftliche Relevanz des Themas wies er mit der kritischen Frage »nach dem Ausmaß an Ungleichheit, das von den Funktionsnotwendigkeiten des Systems und von dem Postulat der Freiheitssicherung her nicht als notwendig ausgewiesen und legitimiert werden kann«, klar aus.[17] Insofern war auch die Geschichte der sozialen Schichtung und Mobilität keineswegs unpolitisch. Dennoch schien der folgende Durchgang durch die neuere soziologische und historische Forschung vor allem von der Entdeckerfreude geprägt, dass bislang kaum genutzte Quellen in faszinierender Weise Zugang zu den »Lebenschancen der vielen in so gut wie allen Dimensionen« boten.[18]

Die kritisch gemusterte Literatur war ganz überwiegend nordamerikanisch, und auch der Heftinhalt war mit einem Forschungsbericht von John Modell und zwei Fallstudien von Frederick Marquardt (zu Berlin) und David Crew (zu Bochum) von nordamerikanischen Autoren dominiert, zu denen sich noch Beiträge von Pierre Ayçoberry (zu Köln) und Hartmut Kaelble gesellten. Das war angesichts des Vorsprungs der amerikanischen Forschung nicht überraschend: Stephan Thernstroms »Poverty and Progress« war bereits 1964 erstmals erschienen, schon 1969 definierte eine Sammlung historischer Mobilitätsstudien den Anspruch einer »New Urban History«, und die 1973 erneut von Stephan Thernstrom vorgelegte Mobilitätsstudie zu den »Other Bostonians« galt als wichtige me-

---

14 Vgl. zur funktionalen Theorie die in *Joseph Lopreato/Lionel S. Lewis* (Hrsg.), Social Stratification. A Reader, New York 1974, S. 64–71 und 87–149, versammelten und bis in die 1940er Jahre zurückreichenden Diskussionsbeiträge sowie *Gerhard E. Lenski*, Power and Privilege. A Theory of Social Stratification, New York 1966.

15 Vgl. nur die Sammlung von *Bruno Seidel/Siegfried Jenkner* (Hrsg.), Klassenbildung und Sozialschichtung, Darmstadt 1968, sowie zusammenfassend *Paul Nolte*, Die Ordnung der Gesellschaft. Selbstentwurf und Selbstbeschreibung im 20. Jahrhundert, München 2000, insb. S. 318–351.

16 *Jürgen Kocka*, Theorien in der Sozial- und Gesellschaftsgeschichte. Vorschläge zur historischen Schichtungsanalyse, in: GG 1, 1975, S. 9–42, hier: S. 32; ganz ähnlich hinsichtlich der Rechtfertigung der Dominanz politikgeschichtlicher Explananda argumentierte im selben Heft *Hartmut Kaelble*, Chancengleichheit und akademische Ausbildung in Deutschland 1910–1960, in: ebd., S. 121–149, hier: S. 122.

17 *Kocka*, Theorien in der Sozial- und Gesellschaftsgeschichte, S. 32f.

18 Ebd., S. 34.

thodische Fortentwicklung, auch wenn das Raffinement soziologischer Arbeiten wie der
von Peter M. Blau und Otis Dudley Duncan bei Weitem nicht erreicht wurde.[19]

Der Inhalt der angesprochenen Mobilitätsstudien, die in aller Regel für einen städtischen
Ort und eine Anzahl von Jahrzehnten anhand eines Zufallssamples aus Zensuslisten, Hei-
ratsregistern oder Adressbüchern darüber Auskunft gaben, wer nach zehn, 20 oder 30
Jahren noch am Orte auffindbar war, wie sich seine – Frauen kamen so gut wie nie vor –
berufliche Position in diesem Zeitraum verändert hatte und wie sich diese zum Beruf des
Vaters (oder Schwiegervaters) verhielt, kann und muss hier nicht referiert werden. Wenngleich zunächst ganz überwiegend von nordamerikanischen Historikerinnen und Historikern verfasst, behandelten sie wie die Beiträge zum ersten Heft von »Geschichte und
Gesellschaft« durchaus auch europäische Gesellschaften.[20] Im Rückblick ist ihre kritische
Würdigung durch Jürgen Kocka aufschlussreich. Sie monierte die gelegentlich methodisch
unbedarfte Anwendung nur scheinbar selbstverständlicher Schichtungsbegriffe wie *white-
collar* und hatte zuvor schon einer »Verkürzung der Sozialgeschichte auf das, was G. M.
Trevelyan als ›history of a people with the politics left out‹ definierte«, eine deutliche Absage erteilt.[21] Aber insgesamt überwog doch die Freude über die Erschließung eines genuin
sozialgeschichtlichen Kontinents und damit eines Felds, das nicht von vorneherein auf politikgeschichtliche Explananda verpflichtet war. Denn eine solche Verpflichtung (ver-)füh-
re, so benannte er die Kosten, »zur Unterbelichtung breiter Bereiche der Sozialgeschichte,
die immerhin von größter Bedeutung für die Lebenschancen und Selbstverwirklichungs-
möglichkeiten, für die Opfer und das Glück von Individuen und Gruppen waren«.[22]

Wenn Kocka in der Abwägung von Chancen und Risiken einer Konzentration auf soziale Schichtung und Mobilität, für deren Erfassung er mehrdimensionale Modelle empfahl,
die Gefahr einer »Mißachtung der politischen Dimension« gering veranschlagte, so war
das mit dem Verweis auf die deutsche Forschungstradition hinreichend begründet.[23] Er
hätte aber ebenso gut an die Ahnherrn der Historischen Sozialwissenschaft in Deutschland erinnern können. Karl Marx und Max Weber waren hier die selbstverständlichen
Referenzen, auf die zurückzukommen sein wird. Beide waren in der amerikanischen Soziologie durchaus präsent, wofür nicht zuletzt Emigranten wie Reinhard Bendix sorgten,
der obschon in den USA ausgebildet, in der deutschen wie der amerikanischen Fachtradi-
tion fest verankert war.[24] Dennoch war das struktur-funktionalistische Interesse an der

---

19 Vgl. *Stephan Thernstrom*, Poverty and Progress. Social Mobility in a Nineteenth Century City,
    New York 1975; *ders./Richard Sennett* (Hrsg.), Nineteenth-Century Cities. Essays in the New
    Urban History, New Haven, CT 1974; *Stephan Thernstrom*, The Other Bostonians. Poverty and
    Progress in the American Metropolis 1880–1970, Cambridge, MA 1976; *Peter M. Blau/Otis
    Dudley Duncan*, The American Occupational Structure, New York 1978 (zuerst 1967).
20 So enthielt *Thernstrom/Sennett*, Nineteenth-Century Cities, S. 3–48, erste Ergebnisse aus Joan
    W. Scotts Arbeit zu Carmaux; *Hartmut Kaelble* (Hrsg.), Geschichte der sozialen Mobilität seit
    der industriellen Revolution, Königstein im Taunus 1978, S. 186–200, brachte eine Übersetzung
    eines Aufsatzes aus dem Kontext der Dissertation William H. Sewells jr. von 1971, die dieser
    viele Jahre später aus Loyalität zu seinem Soziologenvater in einer hinsichtlich der statisti-
    schen Methodik stark verbesserten, aber etwas sterilen Fassung herausbrachte. Vgl. *William H.
    Sewell jr.*, Structure and Mobility. The Men and Women of Marseille, 1820–1870, Cambridge/
    New York etc. 1985, sowie *William H. Sewell/Robert M. Hauser*, Education, Occupation, and
    Earnings. Achievement in the Early Career, New York 1975.
21 *Kocka*, Theorien in der Sozial- und Gesellschaftsgeschichte, S. 31.
22 Ebd.
23 Ebd.
24 Vgl. *Reinhard Bendix*, Von Berlin nach Berkeley. Deutsch-jüdische Identitäten, Frankfurt am
    Main 1985, insb. S. 330–341; *ders.*, Max Weber. An Intellectual Portrait, Garden City, NY 1962
    (zuerst 1960), sowie *Bendix/Lipset*, Class, Status, and Power, Teil I.

Integration sozialer Systeme, wie es vor allem Talcott Parsons etabliert hatte, in der US-Forschung dominanter.[25] Auch Stephan Thernstrom situierte seine erste Mobilitätsstudie im Kontext sozialer Kontrolle.[26]

Für ein solches Interesse waren Émile Durkheim und Ferdinand Tönnies wichtigere Klassiker als Marx und Weber. Doch soll hier nicht einfach ihre größere Bedeutung für ein vertieftes Verständnis sozialer Ungleichheit reklamiert werden, zumal auffällig ist, welche Theoretiker die Begründer der Historischen Sozialwissenschaft links liegen ließen. Georg Simmel etwa, dessen Fokus auf der Kreuzung sozialer Kreise durchaus Anknüpfungspunkte für die Sozialstrukturanalyse geboten hätte, wurde weitgehend ignoriert, in den USA dagegen von dem in Wien geborenen Peter M. Blau prominent in der Diskussion verankert.[27] Auch Robert Michels hatte durchaus bemerkenswerte Beiträge zu einer Theorie sozialer Ungleichheit geleistet und darüber hinaus mit Vilfredo Pareto den Ahnherrn der Elitensoziologie in die deutsche Diskussion eingeführt.[28] Verständlicher scheint schon die Reserve gegenüber den frühen Arbeiten Theodor Geigers, dessen Differenzierung zwischen sozialer Lagerung und sozialer Schichtung man als bloße Variante der marxschen Unterscheidung zwischen Klasse an sich und Klasse für sich lesen mochte und der primär als Gewährsmann für mittelständische Befindlichkeiten in der Spätphase der Weimarer Republik rezipiert wurde.[29]

Dagegen überrascht, um einen letzten Vertreter der mitteleuropäischen Theorietradition anzuführen, die meist nachgeordnete Position Joseph Schumpeters in den Diskussionen der Historischen Sozialwissenschaft um soziale Ungleichheit.[30] Dies weniger, weil er führenden Vertretern der jungen Mobilitätsforschung wie Hartmut Kaelble und Jürgen Kocka schon wegen ihrer Arbeiten zur Unternehmerschaft wohlvertraut sein musste, sondern vielmehr, weil auch seine wenigen genuin soziologischen Arbeiten bis heute anregend sind.[31] Das scheint als erstes für seine apodiktische Feststellung zu gelten: »Die

---

25 Vgl. als einflussreiche historische »Übersetzung« *Neil J. Smelser*, Social Change in the Industrial Revolution. An Application of Theory to the British Cotton Industry, Chicago 1973 (zuerst 1959); im deutschen Kontext blieb *Hans-Ulrich Wehler*, Das deutsche Kaiserreich 1871–1918, Göttingen 1975 (zuerst 1973), ein hinsichtlich des parsonianischen Theoriegerüsts unzureichend gewürdigter Solitär.

26 Vgl. *Thernstrom*, Poverty and Progress, Kap. 2.

27 Vgl. *Georg Simmel*, Soziologie. Untersuchungen über die Formen der Vergesellschaftung, hrsg. v. *Otthein Rammstedt*, Frankfurt am Main 1992 (zuerst 1908), insb. Kap. 6, sowie exemplarisch *Peter M. Blau*, Parameters of Social Structure, in: *ders.* (Hrsg.), Approaches to the Study of Social Structure, New York 1975, S. 220–253.

28 Vgl. nur *Robert Michels*, Zum Problem: Solidarität und Kastenwesen [1914]; *ders.*, Vilfredo Pareto [1927], sowie *ders.*, [Klassenbildung und Kreislauf der Eliten] [1934], alle in: *ders.*, Soziale Bewegungen zwischen Dynamik und Erstarrung, S. 127–132, 230–244 und 245–273. Interessant zur deutschen Michels- und Pareto-Rezeption: *Morten Reitmayer*, Elite. Sozialgeschichte einer politisch-gesellschaftlichen Idee in der frühen Bundesrepublik, München 2009, S. 433–460.

29 Vgl. *Theodor Geiger*, Die soziale Schichtung des deutschen Volkes. Soziographischer Versuch auf statistischer Grundlage, Darmstadt 1972 (zuerst 1932); damit soll das von *Nolte*, Die Ordnung der Gesellschaft, S. 80ff., betonte Verdienst einer Zusammenführung von Sozialtheorie und statistischer Soziografie durch Geiger nicht geleugnet werden.

30 *Hartmut Kaelble*, Historische Mobilitätsforschung. Westeuropa und die USA im 19. und 20. Jahrhundert, Darmstadt 1978, erwähnt ihn (wie Robert Michels) im Kontext der Elitenrekrutierung; eine prominentere Rolle spielt Schumpeter bei *Hans-Ulrich Wehler*, Vorüberlegungen zur historischen Analyse sozialer Ungleichheit, in: *ders.* (Hrsg.), Klassen in der europäischen Sozialgeschichte, Göttingen 1979, S. 9–32.

31 Vgl. nur *Hartmut Kaelble*, Berliner Unternehmer während der Frühen Industrialisierung. Herkunft, sozialer Status und politischer Einfluß, Berlin 1972, sowie *Jürgen Kocka*, Unternehmer in der deutschen Industrialisierung, Göttingen 1975.

Familie, nicht die physische Person ist das wahre Individuum der Klassentheorie.«[32] Zwar wird dieser Feststellung gelegentlich entsprochen, insbesondere wenn (zufällig) die Datenlage die Haushaltsebene privilegiert; eine eingehendere Diskussion ersetzt das aber nicht.[33] Zweitens verweist ja schon der Titel des zitierten Aufsatzes »Die sozialen Klassen im ethnisch homogenen Milieu« nachdrücklich darauf, dass bei der Sozialstrukturanalyse Identitäten jenseits der bloßen Klassenzugehörigkeit in Rechnung zu stellen sind, gleichfalls eine durchaus aktuelle Perspektive. Und drittens gehen die von ihm eingeführten Begriffe des Klassenzusammenhangs und der Klassenbildung in ihrer Betonung der Prozesshaftigkeit durchaus über die geigersche Dichotomie von Lagerung und Schichtung hinaus. Auch daran hätte sich expliziter anknüpfen lassen, als das nach unserem Eindruck geschehen ist.

Wie aber war es um die Rezeption von Marx und Weber in der Ungleichheitsforschung der Historischen Sozialwissenschaft bestellt? Eine übertriebene Trennung der Einflüsse beider wäre sicherlich unangemessen, hatte doch schon Jürgen Kockas »Klassengesellschaft im Krieg« 1973 die Übernahme der marxschen Klassendefinition nach »Anteil oder Nicht-Anteil an Privatbesitz und Verfügungsmacht über Produktionsmittel« insofern in ein weberianisches Gewand gekleidet, als ihre Verwendung idealtypisch erfolgte.[34] Gleichwohl lassen sich rückblickend unterschiedliche Nuancierungen unschwer ausmachen. Direktere Anleihen bei Marx korrespondierten in der Regel mit dem Interesse an einem vertieften Verständnis von Klassenbildungsprozessen. Dieses Interesse musste sich nicht zwangsläufig auf die Arbeiterklasse richten. So wuchsen aus einem frühen Forschungsprojekt Jürgen Kockas auch die bahnbrechenden Arbeiten Heinz Reifs und Josef Moosers zum westfälischen Adel und zur ländlichen Klassengesellschaft.[35]

Im Zentrum des Interesses stand gleichwohl die entstehende Industriearbeiterschaft. Wegweisend waren hier die Arbeiten Hartmut Zwahrs über das Leipziger Proletariat, deren Ergebnisse er 1971 erstmals in einem großen Aufsatz darlegte und Ende der 1970er Jahre dann in Buchform publizierte.[36] Seine Unterscheidung einer ökonomischen, einer sozialen und einer politisch-ideologischen Konstituierung (sprich: Klassenbildung) übernahm in der Folgezeit nicht nur Jürgen Kocka, ohne der von Zwahr in marxscher Tradition nahegelegten Zwangsläufigkeit eines Fortschreitens bis zur politisch-ideologischen Konstituierung folgen zu wollen.[37] Diese Fortentwicklung der marxschen Klassentheorie, der wie angedeutet bei Autoren wie Schumpeter schon vorgearbeitet war, erlaubte die kon-

---

32 *Joseph A. Schumpeter*, Die sozialen Klassen im ethnisch homogenen Milieu [1927], wieder in: *ders.*, Aufsätze zur Soziologie, Tübingen 1953, S. 147–213, hier: S. 158.

33 Explizit an Schumpeter anknüpfend dagegen *Wehler*, Vorüberlegungen zur historischen Analyse sozialer Ungleichheit, S. 21f.; vgl. dazu den Beitrag von Christoph Weischer in diesem Band.

34 *Jürgen Kocka*, Klassengesellschaft im Krieg. Deutsche Sozialgeschichte 1914–1918, Göttingen 1978, S. 4; vgl. auch *ders.* (Hrsg.), Max Weber, der Historiker, Göttingen 1986.

35 Vgl. *Jürgen Kocka/Karl Ditt/Josef Mooser* u.a., Familie und soziale Plazierung. Studien zum Verhältnis von Familie, sozialer Mobilität und Heiratsverhalten an westfälischen Beispielen im späten 18. und 19. Jahrhundert, Opladen 1980; *Heinz Reif*, Westfälischer Adel 1770–1860. Vom Herrschaftsstand zur regionalen Elite, Göttingen 1979; *Josef Mooser*, Ländliche Klassengesellschaft 1770–1848. Bauern, Unterschichten, Landwirtschaft und Gewerbe im östlichen Westfalen, Göttingen 1984.

36 Vgl. *Hartmut Zwahr*, Zur Konstituierung des Proletariats als Klasse. Strukturuntersuchung über das Leipziger Proletariat während der industriellen Revolution, in: *Horst Bartel/Ernst Engelberg* (Hrsg.), Die großpreußisch-militaristische Reichsgründung 1871, Bd. 1, Berlin 1971, S. 501–551, sowie *Hartmut Zwahr*, Zur Konstituierung des Proletariats als Klasse. Strukturuntersuchung über das Leipziger Proletariat während der industriellen Revolution, Berlin 1978.

37 Vgl. nur *Jürgen Kocka*, Lohnarbeit und Klassenbildung. Arbeiter und Arbeiterbewegung in Deutschland 1800–1875, Berlin 1983.

zeptionelle Integration der so populären Mobilitätsstudien und erweiterte das empirische Themenfeld der Arbeitergeschichte immens, die bis dahin von Studien zur Lage und Bewegung der Arbeiter geprägt gewesen war.[38] Erst damit erreichte die deutsche Arbeitergeschichtsschreibung in der zweiten Hälfte der 1970er und der ersten Hälfte der 1980er Jahre Anschluss an den internationalen Forschungsstand, zu dem insbesondere in England auch ganz andere Wege geführt hatten.[39] Seither und beschleunigt seit 1989 war das Interesse an der Arbeitergeschichte stark rückläufig und damit leider auch das Interesse an einer Impulse der marxschen Klassentheorie produktiv aufnehmenden historischen Ungleichheitsforschung. In der seit den späten 1980er Jahren auf breiter Front in Angriff genommenen Bürgertumsforschung spielten Klassentheorie und Sozialstrukturanalyse keine nennenswerte Rolle.[40] Überdies wird man sagen dürfen, dass der hier thematisierten Linie folgende Studien nur selten ins 20. Jahrhundert vorgedrungen sind.

In der Akzentsetzung stärker den Anschluss an Weber suchend entwickelte in den 1970er Jahren auch Hans-Ulrich Wehler einen Rahmen »zur historischen Analyse sozialer Ungleichheit«.[41] Letztere sollte seine deutsche Gesellschaftsgeschichte fundieren, die seit 1987 erschien und in der »das System der sozialen Ungleichheit [...] als eine der Zentralachsen« fungierte.[42] Wehler insistierte schon in den Vorarbeiten zu seiner Gesellschaftsgeschichte unter Berufung auf Weber, dass die wechselseitige Bedingtheit von Herrschaft, Wirtschaft und Kultur es nicht erlaube, wie Marx einen dieser Faktoren als letztlich determinierend vorauszusetzen. »Abstrakt betrachtet«, so definierte Wehler Ende der 1970er Jahre,

»kann soziale Ungleichheit zunächst einmal als ein Verteilungssystem begriffen werden, das die Distribution knapper, begehrter Güter in historisch außerordentlich variablen Formen auf Dauer regelt – ob es sich um Privilegien wie Macht, Reichtum, Ansehen oder um die Zuweisung anderer Gratifikationen handelt«.[43]

Gemäß der von ihm vertretenen »Trias prinzipiell gleichrangiger Dimensionen bzw. systematischer Perspektiven« waren neben der Verteilung von Machtchancen auch die ökonomische Lage sowie die Verteilung von »Prestige (Ansehen, Status, ›sozialer Ehre‹)« unter Einschluss der letzteren zugrunde liegenden Ordnungsvorstellungen zu behandeln.[44]

Mit Blick auf die hinsichtlich ihres empirischen Reichtums konkurrenzlose Umsetzung dieses Programms lässt sich festhalten, dass die Eigenständigkeit der Prestigeverteilung wie ihrer historisch wandelbaren Begründung wohl weniger deutlich herausgearbeitet worden ist als die der anderen beiden Ungleichheitsdimensionen. Ohnehin ist ein Blick in die umfangreichen Bände aufschlussreich: Während vom Vormärz bis in die Weimarer Republik »die Strukturbedingungen und Entwicklungsprozesse sozialer Ungleichheit«, wie die wiederkehrenden Großkapitel regelmäßig heißen, anhand der sozialen Großgruppen des Adels, der Bauern (und ländlichen Unterschichten), des Bürgertums und der Ar-

---

38 Ihre Grenzen macht vielleicht am ehesten ein Blick in die zahllosen Bände deutlich, die Jürgen Kuczynski seit 1961 herausgab; vgl. zum Beispiel *Jürgen Kuczynski*, Darstellung der Lage der Arbeiter in Deutschland von 1789 bis 1849 (Die Geschichte der Lage der Arbeiter unter dem Kapitalismus, Bd. 1), Berlin 1961.
39 Das dokumentiert der umfangreiche Band von *Klaus Tenfelde* (Hrsg.), Arbeiter und Arbeiterbewegung im Vergleich. Berichte zur internationalen historischen Forschung, München 1986.
40 Die entsprechenden Interventionen von Hartmut Zwahr blieben ohne großen Einfluss; vgl. einige der Aufsätze in: *Hartmut Zwahr*, Proletariat und Bourgeoisie in Deutschland. Studien zur Klassendialektik, Köln 1980.
41 *Wehler*, Vorüberlegungen zur historischen Analyse sozialer Ungleichheit.
42 *Ders.*, Deutsche Gesellschaftsgeschichte, 5 Bde., München 1987–2008, hier: Bd. 1, S. 11.
43 *Ders.*, Vorüberlegungen zur historischen Analyse sozialer Ungleichheit, S. 10.
44 Ebd., S. 11 und 10.

beiterschaft (und städtischen Unterschichten) abgehandelt werden, löst sich mit der NS-Diktatur diese feste Gliederungsstruktur auf. Dass für die Bundesrepublik, aber erst recht für die DDR die Sozialstrukturanalyse nicht wieder entlang von Adel, Bauern, Bürgertum und Arbeiterschaft vorgenommen werden konnte, versteht sich dagegen von selbst und soll hier nicht vertieft werden.

Implizit wirft die Einführung neuer Ungleichheitsdimensionen die Frage auf, ob der ursprüngliche Kategorienapparat und das entsprechende Theoriegerüst vielleicht für das 20. und 21. Jahrhundert weniger geeignet sind als für die Gesellschaft des 19. Jahrhunderts. Die Einführung der Kategorie der Versorgungsklasse für die bundesrepublikanischen Bauern zum Beispiel deutet darauf hin.[45] Den Begriff der Versorgungsklasse übernahm Wehler von M. Rainer Lepsius, der ihn angesichts der seit Webers Tod extrem gestiegenen Bedeutung von Transfereinkommen als notwendige Ergänzung zu dessen bekannten Besitz- und Erwerbsklassen eingeführt hatte, mit denen ja auch Wehlers Gesellschaftsgeschichte operierte.[46] Ob durch die Einführung des Wohlfahrtsstaats als eines dritten Ungleichheitsgenerators neben der bei Weber so prominenten Besitzverteilung und dem Arbeitsmarkt das Theoriegerüst hinreichend modifiziert ist, um den Veränderungen der letzten hundert Jahre empirisch angemessen Rechnung zu tragen, soll hier (noch) nicht diskutiert werden, zumal die Wirkungen wohlfahrtsstaatlicher Interventionen häufig quer zum »oben« und »unten« klassischer Schichtungsmodelle liegen. Klar scheint indessen, dass das Anknüpfen an Weber insofern für die Sozialgeschichte des 20. und 21. Jahrhunderts der marxschen Klassendichotomie von Proletariat und Bourgeoisie überlegen ist, als es erlaubt, eine wichtiger werdende Mittelklasse konzeptionell zu fassen. Als »differentiation between the market capacities conferred by educational and technical qualifications, as compared to manual skills or pure labour-power«, hatte Anthony Giddens schon in den frühen 1970er Jahren diesen weberschen Gedanken in seine Reformulierung einer an Marx anschließenden Theorie der Klassenstrukturierung aufgenommen.[47]

Festgehalten sei, dass Wehler die von ihm unter der Überschrift »Soziale Ungleichheit« behandelten Dimensionen beständig erweitert hat. Auf der Theorieebene bleiben jedoch Fragen offen: So gehören für Pierre Bourdieu, der in den letzten zwei Jahrzehnten zu Wehlers neben Weber wichtigstem theoretischen Gewährsmann avanciert ist, Alter, Geschlecht und ethnische Zugehörigkeit zum »Netz sekundärer Merkmale«, sekundär, weil »Umfang und Struktur des Kapitals« den von ihnen »abhängigen Praktiken erst ihre spezifische Form und Geltung« verleihen.[48] Das ist nicht selbstverständlich, da beispielsweise das Alter über das Lebenslaufregime spezifischer Berufsgruppen enger mit dem Habitus verschiedener Klassen verkoppelt scheint als Geschlecht und ethnische Zugehörigkeit. Es muss offenbleiben, ob Wehler sich mit der Rede von »sozialen Konstrukten« von dieser Setzung Bourdieus distanzieren will. Grundsätzlich begrüßt Wehler den bourdieuschen Theorierahmen als Fortschreibung »der Handlungstheorie Max Webers, allerdings eines

---

45 *Ders.*, Deutsche Gesellschaftsgeschichte, Bd. 5, S. 168–171.
46 Vgl. *M. Rainer Lepsius*, Soziale Ungleichheit und Klassenstrukturen in der Bundesrepublik Deutschland. Lebenslagen, Interessenvermittlung und Wertorientierungen, in: *Hans-Ulrich Wehler*, Klassen in der europäischen Sozialgeschichte, Göttingen 1979, S. 166–209, insb. S. 179.
47 *Anthony Giddens*, The Class Structure of the Advanced Societies, New York 1975 (zuerst 1973), S. 179; vgl. zu der mit dieser Modifizierung verbundenen Verabschiedung der Revolutionstheorie wie zum Folgenden die vorzügliche Studie von *Hans-Peter Müller*, Sozialstruktur und Lebensstile. Der neuere theoretische Diskurs über soziale Ungleichheit, Frankfurt am Main 1992, insb. S. 201–207. *Anthony Giddens*, Die Frage der sozialen Ungleichheit, Frankfurt am Main 2001, ist ein sozialpolitisches Plädoyer, das analytisch nicht weiterführt.
48 *Pierre Bourdieu*, Die feinen Unterschiede. Kritik der gesellschaftlichen Urteilskraft, Frankfurt am Main 1982, S. 183 und 185.

vollständigen, nicht um die kulturelle Dimension verkürzten Weber – so wie wir ihn in diesem Sinn oft halbiert haben«.[49]

Mit Blick auf Bourdieus Verständnis sozialer Ungleichheit als multidimensionales Phänom stellt sich indessen die Frage, ob Wehlers Rezeption hier nicht zu einer erneuten Halbierung führt. Denn während das gelegentliche Insistieren des französischen Soziologen auf der »brutale[n] Tatsache der universellen Reduzierbarkeit auf die Ökonomie« deutliche Spuren in Wehlers jüngeren Arbeiten hinterlassen hat, ist das gleichzeitige Beharren auf »den kulturellen Produktionsverhältnissen« weitgehend ungehört verhallt.[50] Von den symbolischen Kämpfen, die für Bourdieu konstitutiv für die Struktur einer Gesellschaft sind, ist deshalb in Wehlers Gesellschaftsgeschichte kaum die Rede:

> »Von allen Arten des Konsums und der Verhaltensformen, die die Funktion eines Signalements annehmen können – mag es sich nun um den Kauf des Autos, die Wohnungseinrichtung oder die Wahl einer Schule für die Kinder handeln –, erfüllen neben Sprache und Bildung vor allem Kleidung und Schmuck wegen ihres hohen Symbolwerts die Funktion von Trennung und Verbindung am perfektesten.«[51]

Wenn aufgrund der angedeuteten Halbierung Bourdieus wichtige Dimensionen sozialer Ungleichheit keinen Eingang in Wehlers Gesellschaftsgeschichte gefunden haben, dann ist das verständlich und bedauerlich zugleich. Verständlich, insofern Wehler das von Bourdieu gegen Phänomenologie, Ethnomethodologie oder Interaktionismus wiederholt in Anschlag gebrachte Gewicht (ökonomischer) Strukturen hochwillkommen ist in seiner Auseinandersetzung mit einer als unseriös wahrgenommenen Lebensstilforschung: »In einer atemberaubend kurzen Zeit«, so klagte er etwa zur Jahrtausendwende,

> »wurden die produktivsten Ansätze der soziologischen Tradition nahezu verdrängt durch die schillernden, sozialtheoretisch ganz unaufgeklärten Konzepte des Lebensstils, der Lebenslage, des Lebenslaufs, denen eine innovative Erschließungskraft gegenüber einer vermeintlich strukturell neuartigen Realität zugetraut wurde, ohne jedoch, trotz aller glitzernden Wortkaskaden, über das gehobene Feuilleton hinauszugelangen«.[52]

Aber selbst wenn man Wehlers Kritik an einzelnen Vertretern der von ihm attackierten und gelegentlich recht holzschnittartig präsentierten Lebensstilforschung wie Ulrich Beck teilte, bliebe der antikulturalistische Affekt seines Pauschalangriffs zu bedauern.[53] Denn zum einen verkoppelt ja die in der Bundesrepublik nicht in dem von Wehler behaupteten Maße ignorierte Theorietradition Bourdieus die Erforschung von Lebensstilen mit den

---

49 *Hans-Ulrich Wehler*, Die Herausforderung der Kulturgeschichte, München 1998, S. 15–44, hier: S. 25.

50 *Pierre Bourdieu*, Ökonomisches Kapital, kulturelles Kapital, soziales Kapital, in: *Reinhard Kreckel* (Hrsg.), Soziale Ungleichheiten, Göttingen 1983, S. 183–198, sowie *Pierre Bourdieu*, Sozialer Raum und »Klassen« – Leçon sur la leçon. Zwei Vorlesungen, Frankfurt am Main 1985, S. 31.

51 *Ders.*, Zur Soziologie der symbolischen Formen, Frankfurt am Main 1974, S. 63.

52 *Hans-Ulrich Wehler*, Soziologie und Geschichte als Nachbarwissenschaften, in: *Christiane Funken* (Hrsg.), Soziologischer Eigensinn. Zur »Disziplinierung« der Sozialwissenschaften, Opladen 2000, S. 113–121, hier: S. 115; vgl. zu Bourdieus angesprochenem Strukturbeharren schon *Pierre Bourdieu*, Entwurf einer Theorie der Praxis auf der ethnologischen Grundlage der kabylischen Gesellschaft, Frankfurt am Main 1979, S. 147ff.

53 Vgl. – mit Nennung einiger seiner älteren Arbeiten – nur *Ulrich Beck*, Eigenes Leben in einer entfesselten Welt: Individualisierung, Globalisierung und Politik, in: *Will Hutton/Anthony Giddens* (Hrsg.), Die Zukunft des globalen Kapitalismus, Frankfurt am Main 2001, S. 197–212, sowie *Wehler*, Deutsche Gesellschaftsgeschichte, Bd. 5, S. 113ff.; weiterführend: *Thomas Mergel*, Gleichheit und Ungleichheit als zeithistorisches und soziologisches Problem, in: Zeithistorische Forschungen/Studies in Contemporary History 10, 2013, H. 2, Online-Ausgabe, URL: <http://www.zeithistorische-forschungen.de/16126041-Mergel-2-2013> [25.4.2014].

Strukturen der Verteilung von Lebenschancen in einer Weise, die mit voreiligen Thesen von der Auflösung klassengesellschaftlicher Strukturen nichts gemein hat.[54] Zum andern ist sich Wehler ja nur zu bewusst, dass sich in der Bundesrepublik, wie schon Josef Mooser für die Arbeiterschaft gezeigt hatte, die materiellen Spielräume für breite Bevölkerungsschichten deutlich vergrößert haben.[55] Aus bloßem Widerstreben gegen jedwede »postmaterialistische ›Selbstverwirklichung‹« auf die Erkundung zu verzichten, wie soziale Ungleichheit »unter den spätmodernen Bedingungen seit den 1980er Jahren nicht allein aus einer Ungleichheit der Ressourcen, sondern auch aus einer Differenz ästhetischer Kompetenzen« resultieren könnte, scheint wenig überzeugend.[56] Und schließlich könnte es mit der schroffen Front gegen jeden Kulturalismus zusammenhängen, dass von Wehlers Gesellschaftsgeschichte in den letzten 25 Jahren keine stärkeren Impulse auf die historische Erforschung sozialer Ungleichheit ausgegangen sind. Anders als in Großbritannien oder den USA mieden in der Bundesrepublik diejenigen, die sich auf die »Herausforderung der Kulturgeschichte« ernsthaft einlassen wollten, meist das Feld der Klassen- und Sozialstruktur.[57]

Es passt zu diesem vorläufigen Befund eines im letzten Vierteljahrhundert eher geringen Interesses der historischen Forschung an der sozialen Ungleichheit, dass die beiden Historiker, die vor zehn Jahren auf dem Soziologentag referierten, als dieser sich des Themas »Soziale Ungleichheit, Kulturelle Unterschiede« annahm, nicht den Kern des Rahmenthemas ansprachen. Dass die beiden Referenten Jürgen Kocka und Hans-Ulrich Wehler waren, sollte dagegen angesichts ihrer führenden Rolle in der vorstehend umrissenen Forschungsentwicklung nicht überraschen. Kocka stellte das Konzept der Zivilgesellschaft ins Zentrum seines historischen Abrisses. Zwar monierte er dessen »häufige Blindheit gegenüber dem Phänomen der sozialen Ungleichheit«, doch erfolgte sein Zugriff vor allem aus der Perspektive des Bürgertums.[58] Sein langjähriger Bielefelder Kollege dagegen beschwor die Zerstörung der Europäischen Union im Falle eines Beitritts der Türkei.[59]

---

54 Vgl. neben *Müller*, Sozialstruktur und Lebensstile, auch *Klaus Eder* (Hrsg.), Klassenlage, Lebensstil und kulturelle Praxis. Theoretische und empirische Beiträge zur Auseinandersetzung mit Pierre Bourdieus Klassentheorie, Frankfurt am Main 1989, oder *Axel Honneth*, Die zerrissene Welt des Sozialen. Sozialphilosophische Aufsätze, Frankfurt am Main 1990, S. 156–181.

55 Vgl. nur *Josef Mooser*, Abschied von der »Proletarität«. Sozialstruktur und Lage der Arbeiterschaft in der Bundesrepublik in historischer Perspektive, in: *Werner Conze/M. Rainer Lepsius* (Hrsg.), Sozialgeschichte der Bundesrepublik Deutschland. Beiträge zum Kontinuitätsproblem, Stuttgart 1983, S. 143–186.

56 *Wehler*, Die Herausforderung der Kulturgeschichte, S. 41, sowie *Andreas Reckwitz*, Das Subjekt des Konsums in der Kultur der Moderne. Der kulturelle Wandel der Konsumtion, in: *Karl-Siegbert Rehberg* (Hrsg.), Soziale Ungleichheit, Kulturelle Unterschiede. Verhandlungen des 32. Kongresses der Deutschen Gesellschaft für Soziologie in München 2004, 2 Bde., Frankfurt am Main 2006, Bd. 1, S. 424–436, hier: S. 434.

57 Eine Ausnahme ist sicher *Thomas Welskopp* und seine kritische Diskussion mit den Traditionslinien der Sozial- und Gesellschaftsgeschichte; *ders.*, Klasse als Befindlichkeit? Vergleichende Arbeitergeschichte vor der kulturhistorischen Herausforderung, in: AfS 38, 1998, S. 301–336; *ders.*, Die Sozialgeschichte der Väter. Grenzen und Perspektiven der Historischen Sozialwissenschaft, in: GG 24, 1998, S. 169–194. Die ganz andere Situation in der angelsächsischen Welt macht sehr deutlich: *Patrick Joyce* (Hrsg.), Class, Oxford/New York etc. 1995.

58 *Jürgen Kocka*, Zivilgesellschaft und soziale Ungleichheit aus historischer Perspektive, in: *Karl-Siegbert Rehberg* (Hrsg.), Soziale Ungleichheit, Kulturelle Unterschiede. Verhandlungen des 32. Kongresses der Deutschen Gesellschaft für Soziologie in München 2004, 2 Bde., Frankfurt am Main 2006, Bd. 1, S. 131–143, hier: S. 134.

59 Vgl. *Hans-Ulrich Wehler*, Der Türkei-Beitritt zerstört die Europäische Union, in: *Karl-Siegbert Rehberg* (Hrsg.), Soziale Ungleichheit, Kulturelle Unterschiede. Verhandlungen des 32. Kongresses der Deutschen Gesellschaft für Soziologie in München 2004, 2 Bde., Frankfurt am Main 2006, Bd. 2, S. 1140–1150.

Historische und soziologische Zugänge zur Ungleichheitsforschung

Rahmenthema und Diskussionen des Soziologentags gaben ein eindrückliches Bild der Suchbewegung innerhalb der Sozialwissenschaften, was denn tatsächlich am Beginn des 21. Jahrhunderts noch »soziale Ungleichheit« sein konnte. Die Debatten waren dabei durch eine zunehmende Pluralisierung der Ungleichheitsdimensionen und eine gewisse Unsicherheit über den eigentlichen Untersuchungsgegenstand gekennzeichnet.[60] Bis weit in die 1970er Jahre hatten sich ›bürgerliche‹ Schichtungsforscher und neomarxistische Klassenanalytiker beharrlich an der Frage abgekämpft, wie denn der Grundcharakter der Bundesrepublik beschaffen sei:[61] als dominierende, zählebige Klassengesellschaft, in deren Mittelpunkt – allen wohlfahrtsstaatlichen Narkotika zum Trotz – der Grundwiderspruch von Kapital und Arbeit stehe. Oder, in Anlehnung an Helmut Schelsky, als Suche nach der »nivellierten Mittelstandsgesellschaft« – also mit der These einer langsam verschwindenden schichtspezifischen Prägung der Nachkriegsgesellschaft, die im Sog des Wirtschaftswunders alte Barrieren einebnete, soziale Grenzen einschmolz und neue Aufstiegsmöglichkeiten – nicht zuletzt für die Flüchtlinge aus dem Osten – eröffnete.

Soziale Ungleichheit als zu beseitigendes Übel oder als Teil einer funktionalen Ordnung: Das waren, sehr vereinfacht, die beiden Fluchtpunkte der vielen unterschiedlichen Stränge der deutschen soziologischen Ungleichheitsforschung.[62] Zu Recht hat Reinhard Kreckel darauf hingewiesen, dass beide Ansätze auf einer »meritokratischen Triade«[63] aus Bildung, Einkommen und Beruf als dominierenden Stratifizierungsansätzen beruhten – und damit auf Kategorien einer fordistisch geprägten Leistungsgesellschaft, die ihren Höhepunkt in den 1950er und 1960er Jahren erlebte. Bereits seit den 1980er Jahren hat eine Kritik an der Ungleichheitsproduktion des Wohlfahrtsstaats, wie sie Claus Offe[64] und später, aus einer anderen Perspektive, eine feministische Wohlfahrtsstaatsforschung formulierte, auf die Wirkungskraft sozialstaatlicher Transfers beispielsweise für die Gestaltung des Rentensystems, der Arbeitslosenhilfe oder der familienpolitischen Leistungen hingewiesen. Einige Jahre später beklagte Ulrich Beck wortgewaltig eine durch Klassen und Schichten dominierte Stratifizierungstheorie. Er betonte demgegenüber die nachlassende Prägekraft des Kapital-Arbeit-Konflikts und machte stattdessen Prozesse der »Diversifizierung und Individualisierung von Lebenslagen und Lebenswegen« aus, »die das Hierarchiemodell sozialer Klassen und Schichten unterlaufen und in seinem Realitätsgehalt zunehmend in Frage stellen« würden.[65] »Jenseits von Stand und Klasse« – das war

60 Als Überblick über die »Klassiker« der Ungleichheitsforschung vgl. *Nicole Burzan*, Soziale Ungleichheit. Eine Einführung in die zentralen Theorien, Wiesbaden 2004.

61 Vgl. dazu *Peter A. Berger/Volker H. Schmidt*, Welche Gleichheit, welche Ungleichheit? Einleitung, in: *dies.* (Hrsg.), Welche Gleichheit, welche Ungleichheit? Grundlagen der Ungleichheitsforschung, Wiesbaden 2004, S. 7–26; hier vor allem: S. 8–15.

62 Dazu ausführlich: *Heike Solga/Justin Powell/Peter A. Berger*, Soziale Ungleichheit – Kein Schnee von gestern! Eine Einführung, in: *dies.* (Hrsg.), Soziale Ungleichheit. Klassische Texte zur Sozialstrukturanalyse, Frankfurt am Main/New York 2009, S. 11–45.

63 *Reinhard Kreckel*, Politische Soziologie der sozialen Ungleichheit, Frankfurt am Main/New York 2004, S. 228.

64 *Claus Offe*, Strukturprobleme des kapitalistischen Staates. Aufsätze zur Politischen Soziologie, Frankfurt am Main 1972; dazu *Winfried Süß*, Ermüdungsbrüche im Wohlfahrtsstaat. Claus Offes frühe Hinweise auf »Strukturprobleme« von »spätkapitalistischen« Gesellschaften, in: Zeithistorische Forschungen/Studies in Contemporary History 3, 2006, H. 3, Online-Ausgabe, URL: <http://www.zeithistorische-forschungen.de/16126041-Suess-3-2006> [26.7.2014].

65 *Ulrich Beck*, Jenseits von Stand und Klasse? Soziale Ungleichheiten, gesellschaftliche Individualisierungsprozesse und die Entstehung neuer sozialer Formationen und Identitäten, in: *Reinhard Kreckel* (Hrsg.), Soziale Ungleichheiten. Soziale Welt, Göttingen 1983, S. 35–74, hier: S. 36.

die Überschrift, mit deren Hilfe Beck und andere zu den Interpreten der »neuen« individualisierten Massengesellschaft wurden und deutlich zu machen versuchten, wie sehr sich im Zuge des Massenkonsums und der Expansion des Wohlfahrtsstaats neue Lebensstile und neue Lebenslagen ausgeprägt hatten. Stefan Hradil schlug dabei in seiner inzwischen schon klassischen Definition vor, soziale Ungleichheiten als »gesellschaftlich hervorgebrachte, relativ dauerhafte Lebensbedingung« zu bestimmen, »die es bestimmten Menschen besser und anderen schlechter erlauben, so zu handeln, dass allgemein anerkannte Lebensziele für sie in Erfüllung gehen«.[66] Neben die ›klassischen‹ vertikalen Dimensionen sozialer Ungleichheit, neben Einkommen, beruflichem Status und Bildung, traten nun vermehrt horizontale Dimensionen sozialer Ungleichheit, Alter und Geschlecht, Gesundheit, Wohnort, Familienstand, Ethnie oder auch der Status innerhalb der Sozialversicherung.

Mit dem Begriff der »Lebensziele« sprach Hradil nicht mehr nur von den Chancen auf dem Arbeitsmarkt, sondern bezog auch Freizeit- und Konsumverhalten, soziale Beziehungen sowie Geschlechterdifferenzen ein und versuchte, die verschiedenen Ungleichheitsdimensionen aufeinander zu beziehen. Im Grunde genommen orientieren sich erhebliche Teile der soziologischen Ungleichheitsforschung[67] bis in die Gegenwart noch immer an diesen in den 1980er Jahren entstandenen Debatten über Kohäsion und Differenz moderner Gesellschaft – eine Debatte, die immer auch Teil des sozialwissenschaftlichen Selbstverständigungsdiskurses als Fach war. Gab es tatsächlich jene »neuen« Ungleichheiten in der reflexiven Moderne, von denen Ulrich Beck gesprochen hatte, oder versteckten sich hinter den als »neu« diagnostizierten Folgeprodukten der Modernisierung nicht letztlich die zähen Klassenstrukturen der Vergangenheit; vielleicht etwas weniger stark ausgeprägt und ohne das alte revolutionäre Pathos, aber doch im Kern noch als prägendes Strukturierungsmerkmal?

Die neuere Ungleichheitsforschung betont mit Blick auf die Gegenwart vor allem mehrere Effekte: die Pluralisierung der Erfahrungs- und Handlungsräume der Akteure, die durch eine multiplere Strukturierung sozialer Ungleichheit geprägt wird. Die fordistische Egalisierung der Lebensläufe (mit ihren geschlechtsspezifischen Rollenmustern) wird in »transformierten Industriegesellschaften« zunehmend aufgebrochen zugunsten der Produktion und Reproduktion von Ungleichheiten in unterschiedlichen sozialen Räumen.[68] Soziale Lagen werden immer noch in entscheidender Weise von der Stellung im Produktionsprozess geprägt, doch sind weitere Achsen der Ungleichheit hinzugekommen. Unterschiedliche Trends lassen sich beobachten: einerseits ein Bedeutungsverlust geschlechtsspezifischer Ungleichheiten (Unterschiede in der Qualifizierung, Anstieg der Erwerbstätigkeit, rechtliche Gleichstellung); andererseits der weiterhin bestehende Entlohnungsabstand auf dem Arbeitsmarkt und die ungleiche Verteilung nicht entlohnter häuslicher Arbeit. Beobachten lassen sich die wachsende Bedeutung von Bildungsungleichheiten, der unterschiedlichen Zugänge zur Alterssicherung und der Organisation der privaten Haushalte. Haushalte produzieren und reproduzieren soziale Ungleichheiten, indem sie mit darüber entscheiden, wann und in welcher Form es zur Familiengründung kommt, wann Haushaltsmitglieder die Arbeit aufnehmen, Ehen und Partnerschaften aufgelöst, Bildungskarrieren begonnen und Güter konsumiert werden. Sozialstaat und Bildungsexpansion haben erheblich dazu beigetragen, die Handlungsoptionen der Haushalte auszuweiten, wenngleich ihre Nutzung weiterhin abhängig von der sozialen Lage, dem Zugang zu Bil-

---

66 *Stefan Hradil*, Sozialstrukturanalyse in einer fortgeschrittenen Gesellschaft. Von Klassen und Schichten zu Lagen und Milieus, Opladen 1987, S. 9.

67 Eine Ausnahme ist die stärker differenzierungstheoretische Einführung von *Thomas Schwinn*, Soziale Ungleichheit, Bielefeld 2007.

68 Vgl. dazu den Beitrag von Christoph Weischer in diesem Band.

dung oder der Herkunft ist. Die »Ungleichheit 3.0« in der nachfordistischen Ära ist demnach auch nicht alleine durch eine veränderte Wahrnehmung und geschärfte Aufmerksamkeit für verschiedene horizontale und vertikale Ungleichheitsmuster bestimmt, sondern auch Chance und Belastung des Einzelnen, sich dazu zu verhalten. Strukturelle Ungleichheiten werden auf diese Weise immer stärker als »individuelle« Risiken empfunden und in der Sprache des Neoliberalismus zur »Eigenverantwortung« umgedeutet.[69]

Für die historische Forschung sind diese Debatten wichtig und anregend, liefern sie doch zunächst einmal das Material für eine Historisierung sozialwissenschaftlicher Ungleichheitskategorien und die Möglichkeit, zentrale Begriffe wie »Risikogesellschaft«, »Milieu« oder »Klasse« sowie die Produzenten und Produktionsweisen dieser spezifischen Wahrnehmungskategorien in ihrem Zeitbezug zu analysieren – eine Perspektive, die in unserem Band eine zentrale Rolle spielt und zudem einen dezidiert historischen Zugang zum Thema »soziale Ungleichheit« markiert.[70]

Wie fruchtbar ein solcher Zugang sein kann, lässt sich am Beispiel der »Entdeckung« der Ungleichheit im Bildungsbereich zeigen, die Hand in Hand mit der Etablierung und dem Ausbau der Bildungssoziologie erfolgte.[71] Mitte der 1950er Jahre hatte Helmut Schelsky noch argumentiert, Klassenstrukturen und »außerschulische Determinanten« würden im Klassenraum kaum mehr eine Rolle spielen. Stattdessen dominiere ein alles überragender Aufstiegswille, der Bildungsungleichheiten zunehmend unwirksam werden lasse. Die »nivellierte Mittelstandsgesellschaft« kannte gerade keine oder immer weniger soziale Ungleichheiten – ein Argument, dass die bildungspolitische Diskussion bis in die 1960er Jahre bestimmen sollte. Seitdem gewannen diejenigen Kritiker des deutschen Bildungssystems wie Ralf Dahrendorf an Gewicht, die sich für eine bildungssoziologische Ungleichheitsforschung ähnlich wie in Großbritannien starkmachten. Mit Verve wies Dahrendorf auf das Missverhältnis hin, dass kaum ein anderes Land so sehr von ungleichen Bildungszugängen geprägt sei wie die Bundesrepublik Deutschland, zugleich aber so wenig darüber reden wolle. Infolge dieser kritischen Intervention fand die Thematisierung ungleicher Bildungschancen als politisches und gesellschaftliches Problem immer aufmerksamere Zuhörer. Die ungleichen Chancen der Arbeiterkinder galten nunmehr als Synonym für das Scheitern bildungspolitischer Bemühungen und als Ansporn für umfangreiche politische wie wissenschaftliche Anstrengungen. In diesem Kontext entstand der Versuch, neues empirisches Datenmaterial zu erheben, mit dessen Hilfe die ungleichen Bildungszugänge untersucht werden sollten. Zugleich ließ sich die Karriere eines Gegenbegriffs zur »Ungleichheit der Bildungschancen« beobachten: die Forderung nach »Chancengleichheit«, die sich zum neuen Leitbegriff der bildungspolitischen Debatte der späten 1960er und 1970er Jahre entwickelte. Die Bildungs- und Begabungsexperten erhielten in dieser Phase ein öffentliches Gehör, das sie in dieser Form nicht gekannt hatten.

Das konnte man auch für eine andere Gruppe sozialwissenschaftlicher Ungleichheitsexperten sagen, die sich seit den 1970er Jahren für die Neuordnung des städtischen Raums und den Zusammenhang von Urbanität und sozialer Marginalität interessierten.[72] Die Im-

---

69 Vgl. dazu auch *Stephan Lessenich*, Die Neuerfindung des Sozialen. Der Sozialstaat im flexiblen Kapitalismus, Bielefeld 2008.
70 Vgl. dazu unter anderem *Mergel*, Gleichheit und Ungleichheit als zeithistorisches und soziologisches Problem, sowie *Christiane Reinecke/ders.* (Hrsg.), Das Soziale ordnen. Sozialwissenschaften und gesellschaftliche Ungleichheit im 20. Jahrhundert, Frankfurt am Main 2012; zur Debatte über das Verhältnis von Sozialwissenschaften und Geschichte vgl. unter anderem *Kim Priemel/Rüdiger Graf*, Zeitgeschichte in der Welt der Sozialwissenschaften. Legitimität und Originalität einer Disziplin, in: VfZ 59, 2011, S. 479–508; *Jenny Pleinen/Lutz Raphael*, Zeithistoriker in den Archiven der Sozialwissenschaften, in: VfZ 62, 2014, S. 173–195.
71 Vgl. den Beitrag von Wilfried Rudloff in diesem Band.
72 Vgl. dazu den Beitrag von Christiane Reinecke in diesem Band.

pulse zur Erforschung städtischer Disparitäten und den verschiedenen Randgruppen waren vielerorts getragen von einer Gruppe von Stadtplanern und Sozialarbeitern, die, geprägt durch die Studentenbewegung, ihre Hoffnung auf das revolutionäre Subjekt außerhalb der »bürgerlichen« Ordnung setzten – und damit die »schwierigen Viertel« zu ihren Handlungsorten machten, empirisch erfassten und daraus den Appell zur Beseitigung sozialer Ungleichheiten ableiteten. Nicht wenige dieser neuen Experten landeten in den expandierenden Stadtverwaltungen und betrieben von dort aus ihre eigene Art der Interventionspolitik. Marginalität und Randständigkeit waren dabei immer mehreres zugleich: ein sozialwissenschaftliches, zunehmend auch internationales Untersuchungsfeld, politisches Programm sozialer Bewegungen und kommunale Aufgabe. Die Wissensproduktion der sozialwissenschaftlichen und sozialpädagogischen Experten trug wesentlich dazu bei, die Vorstellung, das Elend beispielsweise kinderreicher (auch migrantischer) Familien sei Folge »falschen« oder moralisch zweifelhaften Verhaltens, zugunsten neuer Begriffe wie »Inklusion« oder »gesellschaftlicher Teilhabe« als politische Aufgabenfelder zu verändern.

Ähnliches gilt auch für den Begriff der »Prekarität«, der inzwischen auf eine erstaunliche Karriere in der deutschsprachigen Ungleichheitsforschung zurückblicken kann. Die gegenwärtigen Debatten über das Prekariat sind vor allem von der Überlegung einer »Aufspaltung der Lohnarbeitsgesellschaften in Zonen unterschiedlicher sozialer Kohäsion« und der Annahme einer grundlegenden Veränderung der Beschäftigungsverhältnisse und der Arbeitsformen getragen.[73]

Der Begriff der »Prekarisierung« hat gleichsam die ältere Debatte über die soziale Frage des 19. und 20. Jahrhunderts aktualisiert und in die Gegenwart geführt. Vielfach wird er in bewusster Distanz zu einem engen Begriff der »Exklusion« benutzt, um den grundsätzlichen Wandlungsprozess der Beschäftigungs- und Arbeitsformen in kapitalistischen Gesellschaften zu beschreiben, die eben nicht bloß Folge einer funktionalen Differenzierung gesellschaftlicher Subsysteme seien. Zugleich wird er benutzt, um soziologische Ungleichheitsforschung wieder stärker als Form der Kritik kapitalistischer Gesellschaften zu betreiben und die Prekarisierung von Arbeitsverhältnissen als Hinweis auf die Folgekosten neoliberaler Politik seit den 1970er Jahren zu interpretieren. Das Prekariat, so lautet Pierre Bourdieus Diagnose, sei »Teil einer neuartigen Herrschaftsform, die auf der Errichtung einer zum allgemeinen Dauerzustand gewordenen Unsicherheit fußt und das Ziel hat, die Arbeitnehmer zur Unterwerfung, zur Hinnahme ihrer Ausbeutung zu zwingen«.[74] Insgesamt wird die Epoche »nach dem Boom« in dieser Lesart zu einer Geschichte der »Wiederkehr der sozialen Ungleichheit«, einer Ungleichheit, die an die Stelle des bis dahin dominierenden »sozialen Kompromisses des Industriekapitalismus« (Robert Castel) getreten sei – eine insgesamt also düstere Perspektive des Verlusts. In den Blick kommt dabei explizit der Produktionsbereich, also Erwerbsarbeit in ihren unterschiedlichen Schattierungen und Ausprägungen, deren zentrale lebensweltliche Bedeutung nachdrücklich gegenüber einer vermeintlich neuen Konsumentengesellschaft verteidigt wird.[75]

---

73 *Robert Castel/Klaus Dörre*, Einleitung, in: *dies.* (Hrsg.), Prekarität, Abstieg, Ausgrenzung. Die soziale Frage am Beginn des 21. Jahrhunderts, Frankfurt am Main/New York 2009, S. 11–18, hier: S. 15; Folgendes nach ebd.; *Berthold Vogel*, Das Prekariat – eine neue soziale Lage?, in: ebd., S. 197–208; *ders.*, Prekarität und Prekariat – Signalwörter neuer sozialer Ungleichheiten in der Arbeitswelt, in: APuZ 2008, Nr. 33/34 (»Abstieg – Prekarität – Ausgrenzung«), S. 12–18.

74 *Pierre Bourdieu*, »Prekarität ist überall«, in: *ders.*, Gegenfeuer. Wortmeldungen im Dienste des Widerstands gegen die neoliberale Invasion, Konstanz 1998, S. 96–102, hier: S. 100.

75 In eine andere Richtung argumentiert *Andreas Wirsching*, Konsum statt Arbeit? Zum Wandel von Individualität in der modernen Massengesellschaft, in: VfZ 57, 2009, S. 171–199.

Einen seiner Ursprünge hat der Begriff zunächst in den französischen Debatten seit Mitte/Ende der 1970er Jahre im Kontext der Auseinandersetzung um die »Neue Armut«.[76] Er ersetzte zunehmend die schichtspezifische Deutung sozialer Ungleichheit und verwies auf den Prozess der Ausdehnung von Armut auf neue Bevölkerungsgruppen, welcher sich nicht mehr mit den alten Begriffen des »Armen als Anderen« beschreiben ließ. Beginnende Massenarbeitslosigkeit und eine veränderte Wahrnehmung »prekärer« gesellschaftlicher Problemzonen führten – allen voran durch sozial engagierte Gruppen und Institutionen wie die katholische Kirche – seit den späten 1970er und in den 1980er Jahren mit dazu, Bedürftigkeit und die Leistungsfähigkeit des Wohlfahrtsstaats neu zu diskutieren. Das »neue« Prekariat war eben nicht mehr nur einfach »arm«, sondern galt als die Gruppe von Personen – Alte, Frauen, Migranten –, die gerade an der Grenze zur »alten« Armut standen und deren Zahl in beängstigender Weise zuzunehmen schien.

Wie in der deutschen Debatte geriet nun auch der französische Wohlfahrtsstaat als Produzent neuer sozialer Ungleichheiten in die Kritik, der sein traditionelles Sicherheitsversprechen nur mehr unzureichend einzulösen schien. Armut – und das schien neu – war nach dem »goldenen Zeitalter« der 1950er und 1960er Jahre wieder zurückgekehrt und konnte potenziell jeden und jede gefährden. Auf der Suche nach einer Diagnose des sozialen Wandels der Industriegesellschaft galt der Begriff des »Prekariats« zahlreichen französischen Sozialwissenschaftlern (wie Robert Castel) als überzeugende Antwort auf die neuen sozioökonomischen Gefährdungen und spiegelte zugleich auch eine veränderte Risikowahrnehmung sozialer Sicherheit wider, an deren medialer Skandalisierung Wohlfahrtsverbände und Sozialarbeiter einen erheblichen Anteil hatten.

Eine Geschichte der »Armut im Wohlfahrtsstaat« ist keine Selbstverständlichkeit. Armut war nach 1945, wohl in der Bundesrepublik noch etwas länger als in Frankreich und Großbritannien, aus dem Blickfeld der Öffentlichkeit verschwunden.[77] Massenhafte Armut, wie sie noch die Weimarer Republik und auch die unmittelbare Nachkriegszeit kannten, schien für immer verschwunden und in der »nivellierten Mittelstandsgesellschaft« aufgegangen zu sein. Innerhalb der Sozialwissenschaften spielte »Armut« als Gegenstand sozialer Ungleichheit angesichts der Prosperität der Wirtschaftswunderjahre bis in die 1980er Jahre kaum eine Rolle – und wenn, dann vor allem als Teil der »Randgruppen-Forschung«. Erst im Zuge der beginnenden Massenarbeitslosigkeit änderte sich dies. Die Kluft zwischen Arm und Reich: Sie wurde seit den 1980er Jahren wieder größer. Die »neue soziale Frage«, die Heiner Geißler formuliert hatte[78], besaß deshalb durchaus einen realen Hintergrund. Gleichwohl: Mehr als sechs Millionen Arme – das schien eine geradezu groteske Zahl zu sein, die Geißler der sozial-liberalen Koalition entgegenschleuderte und damit das sozialdemokratische Gerechtigkeitsversprechen radikal attackierte. Mit der »neuen sozialen Frage« stand nun der Sozialstaat nicht mehr als »Problemlöser«, sondern als Produzent von ungleichen Lebensbedingungen in der Kritik.

Geißlers »Arme« standen indes nicht mehr am Rande der Gesellschaft, sondern mitten in ihr: Kinderreiche Familien, alleinerziehende Frauen und alte Menschen, die in der Armutspolitik auch deshalb eine immer größere Rolle spielten, weil eine wachsende Zahl an Alten am Ende ihres Lebens die Pflegekosten nicht mehr tragen konnte und daher auf

---

76 Vgl. dazu den Beitrag von Sarah Haßdenteufel in diesem Band.

77 Folgendes nach *Winfried Süß*, Vom Rand in die Mitte der Gesellschaft. Armut als Problem der deutschen Sozialgeschichte 1961–1989, in: *Ulrich Becker/Hans Günter Hockerts/Klaus Tenfelde* (Hrsg.), Sozialstaat Deutschland. Geschichte und Gegenwart, Bonn 2010, S. 123–139.

78 *Heiner Geißler*, Neue Soziale Frage: Zahlen, Daten, Fakten. Dokumentation, [Bonn] 1975; Folgendes nach *Winfried Süß*, Armut im Wohlfahrtsstaat, in: *Hans Günter Hockerts/Winfried Süß* (Hrsg.). Soziale Ungleichheit im Sozialstaat. Die Bundesrepublik Deutschland und Großbritannien im Vergleich, München 2010, S. 19–42, hier: S. 39ff.

Sozialhilfe angewiesen war. Sie wurden somit aus dem gleichen Topf unterstützt wie die steigende Zahl an Asylbewerbern. Damit setzte eine neue Debatte um »Leistung« und »Verdienst« staatlicher Hilfe ein, in der Migranten zunehmend als potenzielle Bedrohungsfaktoren und Konkurrenten markiert wurden. Armutsdebatten waren in dieser Hinsicht immer auch Ausdruck unterschiedlicher politischer Ordnungsvorstellungen, von Kontroversen um die Zuteilung staatlicher Leistungen und Indikatoren für den Grad der Zumutbarkeit sozialer Ungleichheit.

Ähnliches wird man auch über Reichtum als eine extreme Form sozialer Ungleichheit sagen können.[79] Doch Reichtum als eigenständige Kategorie der Ungleichheitsforschung ist bisher allenfalls am Rande ein Thema sozialwissenschaftlicher und historischer Forschung gewesen. Ein Beispiel mag verdeutlichen, worin die Potenziale einer historischen Reichtumsforschung liegen. Als der ehemalige preußische Beamte des Reichsamts des Innern, Rudolf Martin, in den Jahren zwischen 1911 bis 1914 das »Jahrbuch des Vermögens und Einkommens der Millionäre« veröffentlichte, war dies in mehrfacher Hinsicht ein Ereignis. Da hatte nicht nur ein knorriger und bisweilen wohl auch etwas querulanter Jurist, der gegen seine unfreiwillige Versetzung kämpfte, einen Einblick über die steigenden Vermögen der Eliten des Kaiserreichs veröffentlicht. Er hatte zugleich auch dafür gesorgt, dass Reichtum ein Gesicht erhielt, indem er nicht nur einfach die Vermögen bilanzierte, sondern auch noch Namen, Adressen, Familienstand, Herkunft und Alter der Millionäre veröffentlichte. Neben das Bild der pauperisierten Massen, für die die Arbeiterbewegung kämpfte, trat nun der Millionär, der »Reiche«, der sein Leben zuvor vor der Öffentlichkeit zu verbergen versucht hatte. Was Martin machte, war etwas, was auch der Reichtumsforschung der Gegenwart nur selten gelingt: die Sichtbarmachung von Vermögen. Die rasch nach der Veröffentlichung einsetzende Diskussion über den Wert und die Legitimität der Veröffentlichung ließ erkennen, dass Reichtum (wie Armut auch) keineswegs eine klar strukturierte Größe, sondern abhängig war und ist von Wert- und Moralvorstellungen, von zeitgenössischen Zuschreibungen und politischen Skandalisierungsschüben. Die Listen der Reichen dienten dabei ganz unterschiedlichen Zwecken: als Instrument im Kampf gegen Steuersünden und ungleiche Einkommensverteilung, als Quelle der Selbstbeschreibung und Distinktionsmöglichkeit zwischen »Reichen« und »Nicht-Reichen«, schließlich als sozialhistorische Möglichkeit zur Quantifizierung des Reichtums. Glaubt man den von Martin für verschiedene Regionen und in mehreren aktualisierten Neuauflagen publizierten Jahrbüchern, so war die Zahl der Millionäre allein in Berlin von sechs Personen im Jahr 1857 auf über 8.000 im Jahr 1911 angestiegen. Insofern machten die Jahrbücher Reichtum nicht nur sichtbar, sondern ordneten die Oberschicht auch selbst und ließen sie gleichsam als soziale Elite erst entstehen.[80] Dazu zählten nicht nur die aufstrebenden Wirtschaftsbürger, sondern auch die traditionellen Eliten, allen voran adlige Familien mit ihren über Jahrhunderte erworbenen Vermögen.

Der Adel im 19. Jahrhundert: Das waren, auch das macht die jüngere Ungleichheitsforschung deutlich, jedoch nicht nur die prächtigen Herrenhausbesitzer, die Rudolf Martin zählte, sondern auch eine Gruppe armer Adliger, die meist aus dem Blickfeld der Eliten- und expandierenden Adelsforschung gefallen sind. Das gilt umso mehr für arme adlige Frauen, deren Lebens- und Alltagserfahrungen sehr heterogen waren und nur äußerst unzureichend durch herkömmliche Schichtungsmodelle nach Klasse, Stand oder Beruf entschlüsselt werden können.[81] Eine solche bedürftige adlige Frau war beispielsweise Mara von Freyhold, Tochter eines 1848 geborenen preußischen Gutsbesitzers. Ihr verstorbener

---

79 Vgl. dazu den Beitrag Eva Maria Gajek in diesem Band.
80 Vgl. auch *Roman Sandgruber*, Traumzeit für Millionäre. Die 929 reichsten Wienerinnen und Wiener im Jahre 1910, Wien 2013.
81 Vgl. dazu den Beitrag von Chelion Begass und Johanna Singer in diesem Band.

Mann hatte ihr vor allem eines hinterlassen: Schulden. So blieb die Witwe mit ihren Kindern mittellos zurück. Ihren Besitz musste sie für den Unterhalt der Familie verkaufen und ihren Lebensunterhalt finanzierte sie vor allem durch Näharbeiten – ein Leben ohne Pension und Vermögen und im Alter abhängig von der Unterstützung ihrer Kinder. Bemerkenswert an ihrer Geschichte ist nicht nur die Verbindung von Adel und Armut, die sich in Bittgesuchen an die staatlichen Stellen niederschlug, sondern auch, welche unterschiedlichen Dimensionen sozialer Ungleichheit eine Rolle spielten. Dazu zählten ihre Herkunft und ihr Stand, ihr Geschlecht als weibliche Adlige, ihr Alter und ihr Familienstand als Witwe. In ländlichen Gesellschaften, aber nicht nur dort, konnte man über den Adelsstand hinaus zudem beobachten, dass Klassenbildungsprozesse nicht nur von der Position auf dem Erwerbsmarkt, sondern auch von der Einbindung in soziale Netzwerke lokaler Gesellschaften abhängig waren.[82] Ehen und Patenschaften konnten ökonomische Statusgrenzen durchbrechen, landbesitzende und landlose Familien miteinander verbinden und mit dazu beitragen, dass soziale Ungleichheiten durch die Integration in vorhandene stabile Sozialbeziehungen abgemildert wurden. Die lokale Deutung und Aneignung war deshalb nicht zuletzt auch von relationalen Strukturen abhängig, die sich von Ort zu Ort unterscheiden konnten.

Für die Interdependenz unterschiedlicher Kategorien sozialer Ungleichheit wie Klasse, Raum, Stand, Nation, Geschlecht oder Ethnizität hat sich in der Forschung der Begriff der »Intersektionalität« durchgesetzt[83], der – anders als die Ungleichheitsforschung der 1970er und 1980er Jahre – nicht die Dominanz eines, sondern die Verwobenheit mehrerer Kategorien sozialer Ungleichheit betont und sich für deren Wechselwirkungen interessiert. Damit wird nicht nur deutlich, dass beispielsweise alleinstehende adlige Frauen (und nicht nur adlige) in höherem Maße von Armuts- und Gesundheitsrisiken betroffen waren. Hinzu kommt, dass die adlige Herkunft zwar einerseits die Möglichkeit bot, sich etwa um die Versorgung bei adligen Damenstiftungen zu bewerben oder sich direkt an begüterte Standesgenossen zu richten; andererseits konnte die adlige Herkunft bei der Erwerbssuche durchaus hinderlich sein, ging man doch in bürgerlichen Haushalten am Beginn des 20. Jahrhunderts davon aus, dass Frauen und Mädchen aus diesen Kreisen es nicht gewohnt seien, körperlich zu arbeiten.

In der Regel kamen deshalb Hausangestellte auch aus ärmeren Verhältnissen. Die Arbeitsverhältnisse dieser »domestic workers« sind bis ins 21. Jahrhundert durch eine sehr spezifische Kontinuität sozialer Ungleichheit gekennzeichnet: Mehr als 80 % der Hausangestellten sind weiblich; die Arbeit der weltweit geschätzt rund 50 bis 100 Millionen Hausangestellten wird schlecht bezahlt, vielfach sind sie illegal beschäftigt, rechtlich schwach geschützt und ohne gewerkschaftliche Lobby. Erst 2011 verabschiedete die Internationale Arbeitsorganisation ein »Übereinkommen über menschenwürdige Arbeit für Hausangestellte«. Koalitionsfreiheit, die Abschaffung von Zwangsverhältnissen und Kinderarbeit im Haushalt, die finanzielle und rechtliche Aufwertung: Das waren zentrale Forderungen an einen Sektor, dessen geschlechtsspezifische Ungleichheit – trotz sozioökonomischer Wandlungen – ein erstaunliches Maß an Kontinuität aufwies, zu der auch die getrennte Einnahme der Mahlzeiten gehörte, die bis hin zu einer schlechteren Essensqualität die sichtbare Grenze zwischen Hausangestellten und ihren Arbeitgebern zog. Hausarbeit war indes nicht nur weiblich, sondern wurde im Laufe des 20. Jahrhunderts immer mehr auch zu einem Arbeitssektor für Migrantinnen, in dem nicht nur Frauen und

---

82 Vgl. dazu den Beitrag von Christine Fertig in diesem Band.
83 Vgl. dazu unter anderem *Gabriele Winker/Nina Degele*, Intersektionalität. Zur Analyse sozialer Ungleichheiten, Bielefeld 2009, insb. S. 11–15; *Cornelia Klinger/Gudrun-Axeli Knapp/Birgit Sauer* (Hrsg.), Achsen der Ungleichheit. Zum Verhältnis von Klasse, Geschlecht und Ethnizität, Frankfurt am Main 2007.

Mädchen aus niedrigeren sozialen Schichten, sondern auch aus fernen Regionen und Ländern ihr Auskommen fanden.[84]

Für die Lebensbedingungen der Migrantinnen und Migranten hatten sich bereits Ende des 19. Jahrhunderts eine große Zahl an Fürsorgeexperten interessiert, die eine – bis in die Gegenwart sehr aktuelle – Frage zu klären hatten: Wie umfangreich sollten die Unterstützungen für diejenigen sein, die an ihrem neuen Niederlassungsort von Armut betroffen waren, beispielsweise durch den Verlust ihrer Arbeit in einem der neuen Industriebetriebe?[85] Sollte, ja, musste der Staat helfen? Und: Waren diese Zugewanderten nicht auch neue Staatsbürger mit eigenen Rechten? Im Prozess des »nation building« hatte die Kategorie des Staatsbürgers eine immer größere Rolle zu spielen begonnen, die nicht nur die Grenzen zwischen »Einheimischen« und »Fremden« neu zog, sondern daran auch die Zuteilung staatlicher Leistungen koppelte. Eine neue Expertengruppe diskutierte und definierte die Grenzen zwischen »innen« und »außen« und trieb einen Prozess der Verrechtlichung voran, der einerseits die Praxis der willkürlichen Ausweisung verringerte und die Homogenisierung der Nationen vorantrieb, gleichzeitig aber auf die Exklusion bestimmter Personengruppen setzte und mit zur Politisierung von Armut und Migration beitrug. Soziale Rechte waren seit dem ersten Drittel des 20. Jahrhunderts nun immer stärker an eine spezifische Form der Staatsbürgerschaft gekoppelt und definierten damit auch die Akzeptanzgrenzen sozialer Ungleichheit.

Der Nationalsozialismus radikalisierte in bis dahin ungekannter Weise diese Politik der Zuweisung sozialer Rechte, indem er Staatsbürgerschaft an politische Loyalität und rassische Auslese koppelte. Von einer gezielt forcierten Strukturveränderung der Klassengesellschaft konnte im NS-Staat keine Rede sein; markt- und berufsbezogene Ungleichheiten blieben auch in den Jahren 1933 bis 1945 weitgehend bestehen.[86] Soziale Mobilität für Arbeiter, beispielsweise die Möglichkeit, durch Bildung oder ein Hochschulstudium aufzusteigen, blieb die Ausnahme. Neue industrielle Arbeitsplätze entstanden vor allem für gering qualifizierte Arbeiter – die nun selbst auf das wachsende Heer der Zwangsarbeiter am unteren Ende der betrieblichen Hierarchie herabblicken konnten. Die nationalsozialistische Arbeits- und Sozialpolitik zielte in erster Linie auf eine rassistische Transformation der deutschen Gesellschaft – und das hieß, dass neben »klassische Formen« der marktvermittelten sozialen Ungleichheit neue In- und Exklusionskriterien traten: politische Loyalität, Arbeitsfähigkeit, biologistische Wertigkeitskriterien. Die politische und antisemitische »Säuberung« des Beamtenapparats ermöglichte manchen Karrieresprung innerhalb der Verwaltungsbürokratie oder an den deutschen Hochschulen. Insbesondere die NSDAP schuf eine »Ermöglichungsstruktur« (Armin Nolzen), die vornehmlich in den eroberten Gebieten des Ostens die Chance zum Aufstieg, zur Integration in den NS-Staat durch neue, vielfach ehrenamtliche Partizipationsofferten bot. Mitgliedschaft und Karrierestatus innerhalb der Partei entschieden mit über den Zugang zu materiellen und symbolischen Ressourcen des ›Dritten Reichs‹ – was nicht selten zu hemmungsloser Korruption führte. Der NS-Staat kannte gerade keine sozialen Rechte. Staatliche Fürsorge musste man sich in der täglichen »Arbeitsschlacht« verdienen; eine Politik der Grenzziehung, die mit Kriegsverlauf immer enger gezogen wurde und neben den deutschen Juden nun auch immer häufiger die arbeitsökonomisch »Minderwertigen« traf, die Alten, Kranken und Behinderten.

---

84 Vgl. dazu den Beitrag von Mareike Witkowski in diesem Band.
85 Vgl. dazu den Beitrag von Sonja Matter in diesem Band.
86 Vgl. dazu die Überlegungen von *Winfried Süß*, Klassen, Rassen, Lebensstile. Überlegungen zur Geschichte sozialer Ungleichheit in der Industriemoderne (Vortrag im Rahmen des AfS-Autoren-Workshops »Soziale Ungleichheit vom 19. bis zum 21. Jahrhundert« am 20.11.2013).

Die Nachwirkungen der rassistischen Politik sozialer Ungleichheit konnte man auf vielfache Weise nach 1945 beobachten. Das galt nicht nur für die Versuche, die Entrechtung der Juden »wiedergutzumachen«, sondern auch für den Umgang mit unterschiedlichen Formen der körperlichen und geistigen Behinderung.[87] Diese galten in der jungen Bundesrepublik der 1950er und frühen 1960er Jahre ebenfalls als »minderwertig«, unbrauchbar für den Arbeitsmarkt und gesellschaftlich nicht integrierbar. Während Kriegsversehrte auf Anerkennung ihres Schicksals pochten und materielle Entschädigung einforderten, galten für Behinderte eine Politik der fortgesetzten Hospitalisierung in den traditionell konfessionellen Heil- und Pflegeanstalten und ein weitgehender Ausschluss von Zugängen zu Bildungsprogrammen. Insofern ist eine Geschichte von Institutionen wie der 1958 gegründeten »Bundesvereinigung Lebenshilfe für das geistig behinderte Kind« auch ein Hinweis auf den Wandel gesellschaftlicher Exklusionsstrukturen im Verlaufe der 1960er und 1970er Jahre. Inhalt und Form der Wahrnehmung von »Behinderung« als Kategorie sozialer Ungleichheit veränderten sich – nicht zuletzt auf Druck der Selbsthilfe- und Betroffenenbewegung – grundlegend. Dazu zählten neue pädagogische Konzepte ebenso wie der Ausbau neuer Bildungssysteme und die materielle Versorgung. Mit immer größerem Nachdruck und Erfolg drangen Eltern darauf, für ihre Kinder eine rechtliche Garantie auf gesellschaftliche Teilhabe zu erstreiten und damit die bestehenden Wahrnehmungskategorien von Ungleichheit zu verändern und die Prioritäten sozialpolitischer Ressourcenverteilung zu verschieben. Die neue Leitkategorie der Teilhabe war indes ambivalent. Denn der Kampf um »Normalität« führte gleichzeitig zu neuen Hierarchisierungen von Behinderungen und neuen Formen ungleicher Bildungszugänge, die Teile der Selbsthilfebewegung heftig kritisierten, weil sie darin nicht zuletzt eine allzu glatte Anpassung an gesellschaftliche Standards und Produktivitätslogiken sahen.

Wie einflussreich die Protestbewegungen für die Wahrnehmung und Deutung sozialer Ungleichheiten waren, lässt sich auch für das Konzept der »health inequalities« nachzeichnen. Ausgangspunkt bildete die Kritik der amerikanischen Bürgerrechtsbewegung an der unzureichenden Gleichstellung der Afroamerikaner. Mochte die politische Diskriminierung in den 1970er Jahren auch weitgehend beseitigt worden sein, so konnte man doch weiterhin eine Fülle alltäglicher Diskriminierungen beobachten, nicht zuletzt den nach wie vor eingeschränkten Zugang zu Bildung, Arbeitsmarkt und Gesundheitsressourcen. Afroamerikaner waren deutlich höher von Armut betroffen und starben häufiger als weiße Amerikaner – bei Säuglingen und Kleinkindern lag die Sterblichkeitsrate doppelt so hoch; ein Skandal, der Gegenstand intensiver internationaler Debatten auch der Weltgesundheitsorganisation der UNO wurde.

Mit dem Begriff der »health inequalities« verwiesen Sozialforscher auf den Zusammenhang von sozialer Ungleichheit und Gesundheit und argumentierten, wie sehr der sozioökonomische Status und die ungleiche Verteilung von Ressourcen Krankheitsverläufe beeinflussten. In Großbritannien war es der 1980 veröffentlichte Black-Report, der als Meilenstein einer sozialepidemiologischen Forschung galt und die Auseinandersetzung um den sozialen Charakter von Krankheit und Gesundheit nachdrücklich bestimmen sollte.[88] »Health inequalities«, so das Argument, seien eben nicht eine Mischung aus Umwelteinflüssen, individuellen Verhaltensweisen und Vererbung, sondern Folge materieller Ressourcen. Wer arm war, ging weniger zum Arzt, selbst in Staaten wie Großbritannien, wo der »National Health Service« genau diese klassenspezifischen Folgen zu minimieren versucht hatte. Deshalb, so der Vorschlag des Black-Reports, sollten die sozialpolitischen Leistungen massiv ausgebaut werden – ein Programm, das bei den regierenden Konservativen, die den Report von der Labour-Regierung »geerbt« hatten, auf massive Ableh-

---

87 Vgl. dazu den Beitrag von Jan Stoll in diesem Band.
88 Vgl. dazu den Beitrag von Jenny Pleinen in diesem Band.

nung stieß. In den Debatten um den Bericht spiegelten sich unterschiedliche Gerechtigkeitsvorstellungen, in denen die Frage nach dem politisch vertretbaren Grad an gesellschaftlicher Zumutbarkeit sozialer Ungleichheit verhandelt wurde. Gleichzeitig verwiesen die Kontroversen auf die veränderten wissenschaftlichen Diagnosen, deren Deutung und Begründung sozialer Ungleichheit, die beispielsweise Lebensführung nicht als individuelle Entscheidung, sondern klassenspezifisches Schicksal interpretierten – und damit einmal mehr auf die Notwendigkeit verwiesen, soziale Ungleichheiten auch als Teil langfristiger Prozesse der Verwissenschaftlichung des Sozialen[89] zu interpretieren.

Die Auseinandersetzung um die »health inequalities« ist zudem ein Indiz für den transnationalen Charakter der Ungleichheitsforschung. Sie hat beispielsweise Eingang in die Politik der Weltgesundheitsorganisation gefunden. Allerdings war und ist Ungleichheitsforschung – in Deutschland zumal – stark an die Grenzen des Nationalstaats gebunden.[90] Ihr kategoriales Gerüst: Klasse, Schicht, Milieu, soziale Lage – sie allesamt haben den Nationalstaat als Fluchtpunkt, selbst wenn sie, wie der Klassenbegriff im marxistischen Sinne, durchaus einen globalen Deutungsanspruch besitzen. Die Ungleichheitsforschung reproduziert in vielfacher Weise die nationalstaatlichen Inklusions- und Exklusionskriterien. Erst langsam beginnt sich eine transnationale Ungleichheitsforschung zu entwickeln, die eine globale Konfliktdynamik in den Blick nimmt und nach neuen Formen sozialer Verwundbarkeit fragt. Dazu zählen die sozial ungleich verteilten Folgen des Klimawandels ebenso wie die Prozesse der inneren und äußeren Grenzziehung der EU, aber auch die Aushandlung »gerechter« Löhne und die Anerkennung von Mindestlöhnen, die sich zudem als Regulierung kapitalistischer Produktionsverhältnisse lesen lassen.[91]

Die vergleichende sozialhistorische Ungleichheitsforschung hatte, wenn überhaupt, zumeist einzelne Länder oder Ländergruppen im Blick, deren Entwicklung sie dann gekonnt gegenüberstellte. Bedeutende Arbeiten sind dabei entstanden, aber zugleich sind sie doch auch – ähnlich wie die Soziologie der sozialen Ungleichheit – Produkt einer selbst gewählten Begrenzung, die die grenzüberschreitende Dynamik der Waren-, Kapital- und Menschenströme und die Entkopplung von Ort, Zeit und Produktionsverhältnissen des Finanzmarktkapitalismus nur sehr langsam zu begreifen beginnt. Insofern ist die »soziale Ungleichheit« tatsächlich wieder da. Aber ihr Charakter ist weniger gewiss und ihre Konturen sind weniger klar, als dies über viele Jahrzehnte schien – für einen neuerlichen Anlauf zur historischen Analyse sozialer Ungleichheiten eine große Herausforderung.

---

89 *Lutz Raphael*, Die Verwissenschaftlichung des Sozialen als methodische und konzeptionelle Herausforderung für eine Sozialgeschichte des 20. Jahrhunderts, in: GG 22, 1996, S. 165–193.

90 Zur Debatte vgl. unter anderem *Reinhard Kreckel*, Soziologie der sozialen Ungleichheit im globalen Kontext, in: *Michael Bayer/Gabriele Mordt/Sylvia Terpe* u.a. (Hrsg.), Transnationale Ungleichheitsforschung. Eine neue Herausforderung für die Soziologie, Frankfurt am Main 2008, S. 23–69, insb. S. 62ff.; schärfer in der Kritik ist *Ulrich Beck*, Risikogesellschaft und die Transnationalisierung sozialer Ungleichheiten, in: *ders./Angelika Poferl* (Hrsg.), Große Armut, großer Reichtum. Zur Transnationalisierung sozialer Ungleichheit, Berlin 2010, S. 25–52; dort auch seine Kritik am »methodologischen Nationalismus« der deutschen Soziologie (S. 30).

91 Vgl. dazu den Beitrag von Dietmar Süß in diesem Band.

Christine Fertig

Soziale Netzwerke und Klassenbildung in der ländlichen Gesellschaft

Eine vergleichende Mikroanalyse (Westfalen, 1750–1874)[*]

Im 19. Jahrhundert bildeten sich in den nordwesteuropäischen Staaten Gesellschaften heraus, die durch soziale Klassen geprägt waren. Zentraler Movens dieses Prozesses, in dem die alteuropäische Ständeordnung langsam durch eine industrielle Klassengesellschaft abgelöst wurde, war die Einbindung breiter Teile der vormodernen Bevölkerung in Märkte und die Erzielung existenzsichernder Einkommen durch Lohnarbeit. Oftmals gilt die Ausbreitung von Lohnarbeit in der Frühindustrialisierung im Laufe des 19. Jahrhunderts als entscheidender Faktor dieser Bewegung.[1] Im ländlichen Bereich waren Lohnarbeit und Arbeitsmärkte jedoch schon im 18. Jahrhundert weit verbreitet. Die Agrarproduktion reichte aus, um eine schneller wachsende Bevölkerung, insbesondere auch im nicht agrarischen Sektor, schon seit der ersten Hälfte des 18. Jahrhunderts zu tragen.[2]

Christof Dipper hat darauf hingewiesen, dass die Dynamisierung der ständisch geprägten Gesellschaft in vielen Regionen Deutschlands in der zweiten Hälfte des 18. Jahrhunderts längst im Gange war und dass sie ihren Ausgangspunkt im ländlichen Bereich genommen hat.[3] Das zum Teil erhebliche Bevölkerungswachstum, das die Jahrzehnte zwischen 1750 und 1850 auszeichnete, verstärkte die soziale Ungleichheit in den ländlichen Gemeinden durch ein überproportionales Anwachsen der unterbäuerlichen Schichten. Während in südwestdeutschen Realteilungsgebieten die zunehmende Zersplitterung des Landbesitzes im Erbgang die Existenzgrundlage der kleineren Bauern bedrohte, führte die Zunahme der ländlichen Bevölkerung in Nordwestdeutschland dazu, dass immer mehr Familien keinen nennenswerten Landbesitz hatten. Bäuerliche Höfe wurden geschlossen vererbt oder auch zu Lebzeiten übertragen, und da ihre Zahl gleich blieb, mussten viele Familien ihr Auskommen in der Protoindustrie oder als Tagelöhner in der landwirtschaftlichen Produktion finden. Allein in der preußischen Provinz Westfalen verdoppelte sich die Bevölkerung zwischen 1750 und 1850.[4] Viele der immer zahlreicher werdenden Familien ohne Landbesitz erwirtschafteten ein Einkommen im gewerblichen Bereich, etwa in der Eisenproduktion und in der Textilherstellung, oder durch Dienstleis-

---

* Der vorliegende Aufsatz stützt sich auf meine 2012 in der Reihe »Quellen und Forschungen zur Agrargeschichte« erschienenen Dissertation mit dem Titel »Familie, verwandtschaftliche Netzwerke und Klassenbildung im ländlichen Westfalen«, Stuttgart 2012.

1 *Jürgen Kocka*, Lohnarbeit und Klassenbildung. Arbeiter und Arbeiterbewegung in Deutschland 1800–1875, Bonn 1983, S. 40ff.; *Toni Pierenkemper/Michael J. Kendzia*, Der vormoderne Allokationsprozess von Arbeit in Deutschland, Forschungsinstitut zur Zukunft der Arbeit (IZA), Discussion Paper No. 4962, May 2010.

2 *Ulrich Pfister*, Economic Growth in Germany, 1500–1850, Münster 2011, URL: <http://www.wiwi.uni-muenster.de/wisoge/organisation/personen/pfister/forschung/Growth-Venice-2011.pdf> [22.7.2014].

3 *Christof Dipper*, Übergangsgesellschaft. Die ländliche Sozialordnung in Mitteleuropa um 1800, in: ZHF 23, 1996, S. 57–87.

4 *Georg Fertig/Ulrich Pfister*, North-West Germany, 1750–2000, in: *Eric Vanhaute/Isabelle Devos/Thijs Lambrecht* (Hrsg.), Rural Economy and Society in North-Western Europe, 500–2000. Making a Living: Family, Income and Labour, Turnhout 2011, S. 233–261, hier: S. 236, Tabelle 10.1.

tungen wie etwa Fuhren oder Kleinhandel.[5] Diese Tätigkeiten im sekundären und tertiären Sektor wurden vielerorts ergänzt durch agrarische Lohnarbeit, wie etwa bei den im nördlichen Westfalen und südlichen Niedersachsen anzutreffenden Heuerlingen.[6] Dass diese landlosen oder landarmen Familien in verschiedenen Sektoren tätig waren, wirkte als gewisser Schutz gegen Konjunkturschwankungen. Übersehen werden darf aber nicht, dass nur das umfassende Ausnutzen der familiären Arbeitskraft, indem auch Frauen und Kinder in den Dienst der Einkommenssicherung gestellt wurden, zu einer halbwegs auskömmlichen Existenz führen konnte. In Krisenzeiten wurden dann die Grenzen zur Selbstausbeutung oftmals überschritten.[7] Insbesondere die steigende Beteiligung von Kindern an Arbeitsmärkten gilt als wichtiges, für die Arbeiterfamilien existenzsicherndes Phänomen in den früheren Phasen der Industrialisierung.[8]

Ein erheblicher Teil der Bevölkerung um 1800 war über die erwähnten Tätigkeiten in lokale und überlokale Märkte eingebunden. Dipper schätzt den Anteil derjenigen Beschäftigten, die ihre Produkte oder Arbeitskraft auf dem Markt anboten und die ihre sozioökonomische Verortung nicht mehr in der ständischen Gesellschaft hatten, auf mehr als ein Viertel aller Beschäftigten.[9] Ihre Bedeutung für die Entwicklung eines neuen, modernen Wirtschaftssystems ist bislang jedoch kaum wahrgenommen worden.[10] Für die hofbesitzenden Bauern waren die Unterschichten vor allem in zwei Zusammenhängen wichtig. Zum einen stellten sie ein wachsendes Reservoir an Arbeitskräften, auf das bei Bedarf zurückgegriffen werden konnte.[11] Zum anderen traten sie aber auch als Pächter und Mieter von Wohnraum und Landstücken oder Käufer von Agrarprodukten auf, zumal ihre Möglichkeiten zur Selbstversorgung begrenzt waren. Für die Bauern bedeutete dies eine Verbesserung ihrer oftmals knappen Bargeldreserven. Der gewerbliche Sektor profitierte ebenfalls von der zunehmenden Teilnahme breiterer Bevölkerungsschichten an der Lohnarbeit. Auch wenn die Budgets vieler Familien im Einzelnen äußerst knapp waren, so ergab sich in der Summe doch eine steigende Nachfrage nach billiger Massenware. Diese

---

5 Vgl. *Dipper*, Übergangsgesellschaft, S. 65.

6 Jürgen Schlumbohm leistet in seiner Mikrostudie des osnabrückischen Kirchspiels Belm eine ausführliche Untersuchung dieses Systems, in dem Bauern Wohnraum und Land gegen bedarfsbezogene Arbeitsleistung an landlose Familien verpachteten. Vgl. *Jürgen Schlumbohm*, Lebensläufe, Familien, Höfe. Die Bauern und Heuerleute des osnabrückischen Kirchspiels Belm in proto-industrieller Zeit, 1650–1860, Göttingen 1994, insb. Kap. 7.

7 Vgl. *Dipper*, Übergangsgesellschaft, S. 80.

8 Vgl. *Jane Humphries*, Childhood and Child Labour and the British Industrial Revolution, Cambridge/New York etc. 2010; *dies.*, Childhood and Child Labour in the British Industrial Revolution, in: The Economic History Review 66, 2013, S. 395–418; *Kristoffel Lieten/Elise van Nederveen Meerkerk* (Hrsg.), Child Labour's Global Past, 1650–2000, Bern/Berlin etc. 2011.

9 Vgl. *Dipper*, Übergangsgesellschaft, S. 83.

10 Auf die Bedeutung von Lohnarbeit im späteren 18. Jahrhundert hat kürzlich auch Frank Konersmann hingewiesen: *Frank Konersmann*, Tagelöhner und Gesinde im ländlichen Strukturwandel. Ein südwestdeutsches Agrarsystem und seine Arbeitsmärkte (1770–1880), in: JGLR 5, 2008, S. 66–85. Dagegen spielt die Erforschung der Lohnarbeit in Westeuropa, das eine frühere und auch stärkere Entwicklung nahm, schon lange eine wichtige Rolle. Vgl. etwa *Gregory Clark*, The Long March of History. Farm Wages, Population, and Economic Growth, England 1209–1869, in: The Economic History Review 60, 2007, S. 97–135; *Tine de Moor/Jan Luiten van Zanden*, Girl Power. The European Marriage Pattern (EMP) and Labour Markets in the North Sea Region in the Late Medieval and Early Modern Period, in: The Economic History Review 63, 2010, S. 1–33; *Bas van Bavel*, Rural Wage Labour in the Sixteenth-century Low Countries. An Assessment of the Importance and Nature of Wage Labour in the Countryside of Holland, Guelders and Flanders, in: Continuity and Change 21, 2006, S. 37–72.

11 Vgl. *Michael Kopsidis*, Agrarentwicklung. Historische Agrarrevolutionen und Entwicklungsökonomie, Stuttgart 2006, S. 308ff.

war, neben staatlichen Reformen, ein wesentlicher Beitrag für den Umbau der Organisation des produzierenden und verarbeitenden Gewerbes.[12]

Die Teilnahme der beständig zunehmenden Unterschichten an Produkt-, Immobilien- und Arbeitsmärkten war so zu einem prägenden Charakteristikum der ländlichen Gesellschaft in vielen Regionen Deutschlands und Nordwesteuropas geworden.[13] Der schlechte Zugang zu Landbesitz, wie er vor allem in Nordwestdeutschland aufgrund eines Erbsystems vorherrschte, in dem Höfe geschlossen an ein Kind vererbt oder übertragen wurden und die übrigen Kinder weitgehend ohne Landbesitz beließ[14], führte – wie bereits erwähnt – zu massiver sozialer Ungleichheit. Für das ländliche Westfalen kann man etwa vier soziale Gruppen unterscheiden. Die landbesitzenden Bauern waren um 1800 bereits in der Minderheit und auch nur zum Teil in der Lage, sich vollständig von ihrem Landbesitz zu ernähren. Viele Klein- und Kleinstbesitzer ergänzten ihr Einkommen durch Handwerk oder andere Tätigkeiten; auf großen Höfen wurde allerdings längst für den Verkauf marktgängiger Güter produziert. Auf den Höfen der Vollerwerbsbauern wurde oft Gesinde beschäftigt, bei dem es sich in der Regel um unverheiratete junge Menschen handelte.[15] Die zahlenmäßig größte Gruppe stellten diejenigen, die weder Eigentum an Land besaßen noch einen handwerklichen Beruf erlernen konnten. Je nach Region waren diese Familien hauptsächlich entweder als Lohnarbeiter in der Landwirtschaft oder mit der Produktion protoindustrieller Waren beschäftigt. In letzterem Fall wurde Garnspinnen oder Weben, in manchen Regionen auch Metallverarbeitung, oft durch saisonale agrarische Lohnarbeit ergänzt. Greifbar wird dies etwa in Ostwestfalen oder im Osnabrücker Land, wo die eigentumslosen Familien als Heuerlinge bei Bauern zur Miete wohnten. Sie ernährten sich zum großen Teil durch die Produktion von Garnen und Stoffen, mussten aber bei Bedarf bei ihren Bauern in der Landwirtschaft mitarbeiten. Daneben gab es im ländlichen Bereich viele Handwerker, die aber wohl zum Teil ebenfalls halfen, den saisonal sehr unterschiedlich hohen Bedarf der Bauern an Arbeitskräften zu decken.

Die ländliche Gesellschaft Westfalens kann man demnach in drei soziale Schichten unterteilen. Unter den Vollerwerbsbauern, die zahlenmäßig deutlich in der Minderheit wa-

---

12 Vgl. *Dipper*, Übergangsgesellschaft, S. 79.

13 Das Gesinde bildete zwar eine eigene soziale Gruppe, wird aber bei der Unterteilung der ländlichen Gesellschaft in soziale Schichten nicht weiter berücksichtigt. Das ist zum einen auf den lebenszyklischen Charakter des Gesindedienstes in den meisten europäischen Gesellschaften zurückzuführen, der mit der Heirat beendet wurde. Im Rahmen der Familiengründung entschied sich dann in aller Regel, ob der neu gegründete Haushalt einer besitzenden oder eigentumslosen Schicht zugehörig war. Zum anderen waren Knechte und Mägde in den Haushalt der Bauern eingebunden und hatten anders als Bauern oder verheiratete Tagelöhner keinen eigenständigen Status in der ländlichen Gesellschaft.

14 Neben generellen Regelungen, die eine Aufteilung der Höfe im Interesse der Grundherren verhinderten, finden sich für manche Regionen wie etwa der Soester Börde auch Varianten, in denen einzelne Landstücke im freien Besitz der Bauern sind. Diese werden dann als Abfindungsstücke für diejenigen Kinder verwendet, die nicht die Nachfolge auf dem Hof antreten.

15 In Ostwestfalen findet man zum Beispiel kaum Gesinde, während unverheiratete Knechte und Mägde in der Hellwegregion etwa ein Drittel der erwachsenen Bevölkerung ausmachten. Der Gesindedienst war in Nordwestdeutschland wie in vielen anderen Regionen Europas ein *life-cycle service*, wurde also nur in der Phase der Adoleszenz betrieben. Da das mittlere Heiratsalter in Nordwesteuropa bei 25 bis 30 Jahren lag, blieben Knechte und Mägde etwa zehn bis 15 Jahre bei verschiedenen Bauern im Dienst, ehe sie – zumindest zum größten Teil – heirateten. Manche kehrten dann auf den Elternhof zurück, um die Hofnachfolge anzutreten, viele lebten dann aber auch weiter mit ihren Familien von Lohnarbeit. Der Gesindedienst junger Menschen war also in den meisten europäischen Regionen eine Lebensphase, Knechte und Mägde aber nicht Bestandteil der sozialen Schichtung. Vgl. *Michael Mitterauer*, Gesindedienst und Jugendphase im europäischen Vergleich, in: GG 11, 1985, S. 177–204.

ren, standen die Kleinbauern und Kleinstbesitzer, die ihr landwirtschaftliches Einkommen durch weitere wirtschaftliche Tätigkeiten ergänzen mussten. Zum Teil gingen sie einem Handwerk nach, aber umgekehrt konnte nicht jeder ländliche Handwerker ein Haus und Land sein eigen nennen. Bei beiden Gruppen kann man davon ausgehen, dass viele Männer und Frauen zumindest gelegentlich auch agrarischer Lohnarbeit nachgingen. Ein erheblicher Anteil der Bevölkerung war dagegen vollkommen auf Einkommen aus Lohnarbeit oder protoindustrieller Produktion angewiesen. Diese Familien stellten die ländlichen Unterschichten, die im 19. Jahrhundert zahlenmäßig die größte Gruppe war.

In der soziologischen Forschung wird soziale Ungleichheit unter verschiedenen Perspektiven betrachtet. Während sich im Laufe des 20. Jahrhunderts die Lebenswelten soweit ausdifferenzierten, dass Milieus, Lebensstile und soziale Lagen als angemessene Operationalisierungen angesehen werden, scheinen die klassischen Konzepte der sozialen Schichten und der sozialen Klassen für das 19. und frühe 20. Jahrhundert durchaus angemessen zu sein. Beide Konzeptionen gehen davon aus, dass ökonomische Faktoren fundamental für die gesellschaftliche Struktur sind. Während Theorien, die den Aufbau von Gesellschaft als soziale Schichtung beschreiben, stärkeres Augenmerk auf soziokulturelle Faktoren richten und Prozesse individueller Mobilität betonen, geht es in Klassenmodellen eher um gesamtgesellschaftliche Prozesse. Soziale Klassen umfassen im Unterschied zu sozialen Schichten nicht einfach Menschen, die ähnliche sozioökonomische Merkmale, Einstellungen und Verhaltensweisen teilen, sondern zeichnen sich durch eine gemeinsame Interessenlage ihrer Mitglieder aus, die zu Klassenbewusstsein führen kann. Das Verhältnis der Klassen zueinander ist von zentralem Interesse, da Klassenkonflikte als zentraler Motor gesellschaftlichen Wandels angesehen werden.[16]

Die Entstehung breiter ländlicher Unterschichten und die Entwicklung differenzierter Gewerbelandschaften werden als wichtige Charakteristika einer ländlichen Klassengesellschaft benannt, wie sie Josef Mooser im östlichen Westfalen identifiziert hat.[17] Die geschlossene Vererbung des bäuerlichen Besitzes und die verhältnismäßig hohe Reproduktion der besitzenden Schichten führten zu struktureller Abwärtsmobilität, sodass viele Kinder den Status ihrer Eltern nicht halten konnten. Die relativ geschlossenen Heiratskreise der Bauern versperrten dagegen den Nachkommen der besitzlosen Familien den Zugang zur bäuerlichen Schicht. In dieser Perspektive ist der Besitz an Produktionsmitteln der entscheidende Faktor, der über Lebenschancen, Interessenlagen und soziale Zugehörigkeit entscheidet.

Diesem Bild der ländlichen Gesellschaft hat Jürgen Schlumbohm in seiner Mikrostudie des Kirchspiels Belm (Osnabrücker Land) widersprochen. Das Osnabrücker Land gehört wie Ostwestfalen zum Nordwestdeutschen Textilgürtel, in dem Leinen für überregionale Märkte produziert wurde. In beiden Regionen waren die Beziehungen zwischen Bauern und eigentumslosen Familien im Heuerlingssystem organisiert, das die Familien ohne Landbesitz über Verpachtung und Arbeitspflichten eng an den bäuerlichen Hof band.[18] Während Mooser diese Beziehungen als antagonistisch und vornehmlich durch Interessenlagen geprägt deutet, verweist Schlumbohm auf die zum Teil engen Bindungen zwi-

---

16 *Nicole Burzan*, Soziale Ungleichheit. Eine Einführung in die zentralen Theorien, Wiesbaden 2011, S. 64ff. Vgl. dazu auch *Kocka*, Lohnarbeit und Klassenbildung, S. 23–30.

17 *Josef Mooser*, Ländliche Klassengesellschaft 1770–1848. Bauern und Unterschichten, Landwirtschaft und Gewerbe im östlichen Westfalen, Göttingen 1984; *Christof Dipper*, Ländliche Klassengesellschaft 1770–1848. Bemerkungen zum gleichnamigen Buch von Josef Mooser, in: GG 12, 1986, S. 244–253; vgl. zur Rezeption des Konzepts auch *Stefan Brakensiek*, Ländliche Klassengesellschaft. Eine Relektüre, in: *Pascal Maeder/Barbara Lüthi/Thomas Mergel* (Hrsg.), Wozu noch Sozialgeschichte? Eine Disziplin im Umbruch, Göttingen 2012, S. 27–42.

18 Vgl. *Schlumbohm*, Lebensläufe, Familien, Höfe.

schen Bauern und Heuerlingen. Die Verträge zwischen beiden Parteien weisen sehr individuelle Züge auf, sodass sich Rechte, Kosten und Pflichten für jede Heuerlingsfamilie
anders gestalteten. Entscheidend für die Frage nach dem Klassencharakter einer Gesellschaft ist jedoch das Ausmaß, in dem die Menschen sich selbst als zugehörig zu einer
sozialen Klasse wahrnehmen. Die gemeinsame Interessenlage, der alltagspraktische Bedeutung zugemessen wird, ist die Basis für ein Klassenbewusstsein.[19] Dagegen hat Schlumbohm in seiner detaillierten Untersuchung keine Hinweise auf ein gemeinsames Klassenbewusstsein der unterbäuerlichen Schichten gefunden, so wie auch koordiniertes Handeln
als Gruppe nicht nachzuweisen ist. Das dominierende Element der sozialen Struktur waren dagegen die sozialen Netzwerke, die Bauern und Heuerleute miteinander verbanden.[20] Auch Niels Grüne und Frank Konersmann haben darauf hingewiesen, dass das »auf
die bürgerlich-industrielle Welt zugeschnittene Klassenbildungsmodell« der Ergänzung
durch eine an sozialen Netzwerken orientierte Perspektive bedarf.[21]

Eine ländliche Klassengesellschaft hat David W. Sabean im württembergischen Neckarhausen gefunden.[22] Die sozioökonomischen Rahmenbedingungen waren hier allerdings
anders als in Nordwestdeutschland. Eltern teilten ihren Besitz, also Gebäude, Land und
das bewegliche Vermögen, unter ihren Kindern auf. Diese in Südwestdeutschland verbreitete Realteilung bewirkte, dass alle Geschwister – zumindest der Idee nach – gleich
behandelt und mit Landbesitz ausgestattet wurden. Da beide Ehepartner ihr Erbgut in die
neu entstehende Familie einbrachten, wirkte die Heirat auch in dieser ländlichen Gesellschaft als zentraler Steuerungsmechanismus. Die Kriterien der Partnerwahl veränderten
sich über die Zeit allerdings massiv, sodass sich die über Heiratsverbindungen entstehenden sozialen Netzwerke sehr unterschiedlich gestalteten. In der ersten Hälfte des 18.
Jahrhunderts verbanden die meisten Eheschließungen Partner mit deutlich verschiede-
nem sozioökonomischen Hintergrund. Sabean bringt dies auf die griffige Formel, dass bei
zwei Drittel aller Heiraten ein Partner doppelt so viel in die Ehe einbrachte wie der andere
Partner, oder, mit anderen Worten, ein Partner ein Drittel und der andere zwei Drittel des
gesamten Heiratsguts. Dabei ist keine geschlechterspezifische Verteilung zu erkennen,
der Löwenanteil des gemeinsamen Besitzes konnte sowohl von der Ehefrau als auch vom
Ehemann kommen. Jenseits des individuellen Ungleichgewichts zwischen den Partnern
führten diese Partnerwahlen dazu, dass affinale Verwandtschaftsbeziehungen zwischen
Familien etabliert wurden, deren Status in der lokalen Gesellschaft sich erheblich unterschied. Oftmals wurden diese neuen Beziehungen dann als Patron-Klient-Verhältnisse
ausgestaltet. In ihrer Gesamtheit stellt sich die soziale Struktur des württembergischen
Neckarhausens im frühen 18. Jahrhundert als gut vernetzte, schichtenübergreifend eng
verbundene Gesellschaft dar, die von zahlreichen Beziehungen zwischen Familien von
unterschiedlichem Status und Wohlstand geprägt war.

In der Mitte des 18. Jahrhunderts begannen jedoch die ersten Familien, ihr Verhalten zu
ändern. Zunächst suchten Menschen aus der lokalen Oberschicht ihre Partner unter den
näheren und ferneren Verwandten. Dieses neue Verhalten diffundierte dann in die Mittel-
und unteren Schichten, sodass die Hinwendung zur Verwandtschaft zu einem allgemei-

---

19 Vgl. *Kocka*, Lohnarbeit und Klassenbildung, S. 23ff.
20 *Schlumbohm*. Lebensläufe, Familien, Höfe, insb. Kap. 7 und Schluss.
21 Vgl. *Niels Grüne/Frank Konersmann*, Gruppenbildung – Konfliktlagen – Interessenformierung.
    Marktdynamik und Vergesellschaftungsprozesse im ländlichen Strukturwandel deutscher Re-
    gionen (1730–1914), in: AfS 46, 2006, S. 565–591, hier: S. 566.
22 Das Folgende bei *David W. Sabean*, Kinship in Neckarhausen, 1700–1870, Cambridge/New
    York etc. 1998; *ders*., Social Background to Vetterleswirtschaft: Kinship in Neckarhausen, in:
    Rudolf Vierhaus (Hrsg.), Frühe Neuzeit – Frühe Moderne? Forschungen zur Vielschichtigkeit
    von Übergangsprozessen, Göttingen 1992, S. 113–132.

nen Phänomen wurde. Etwa hundert Jahre später, um 1850, hatte Neckarhausen sich in eine *kinship hot society* verwandelt, in der Verwandte nicht nur als Ehepartner, sondern auch in anderen Lebensbereichen bewusst gesucht wurden. So wurden Verwandte zu Paten oder Vormündern der Kinder bestimmt, und wenn Frauen vor Gericht einen Kriegsvogt benötigten, so brachten sie ebenfalls einen Verwandten mit. Die Folge dieser zunehmenden Orientierung an der Verwandtschaft war eine Reduktion neuer Beziehungen – wo auf ältere, längst existierende Verbindungen zurückgegriffen wurde, wurde zugleich die Option, neue Beziehungen zu etablieren und die persönlichen Netzwerke zu erweitern, ausgeschlagen. Aus der Perspektive der sozialen Netzwerke führt Verwandtschaftsorientierung also tendenziell dazu, bestehende Beziehungen zu stärken, den sozialen Nahbereich zu verdichten und zugleich keine neuen Verbindungen in weiter entfernte Bereiche der sozialen Struktur zu etablieren.

Das neue Netzwerkverhalten der Neckarhausener hatte aber noch einen weiteren Effekt. Da Verwandte in Gebieten, in denen Realteilung praktiziert wurde, relativ ähnliche Besitzverhältnisse hatten, führte die Hinwendung zur Verwandtschaft in den oberen Schichten mittelfristig zu einem effektiven Ausschluss der weniger gut gestellten Nachbarn aus den Kreisen der lokalen Elite. Die ab der Mitte des 18. Jahrhunderts etablierte Verwandtenorientierung hatte also zum einen Netzwerkeffekte, indem sie die Neuetablierung schichtenübergreifender und breit gestreuter Netzwerke unterbrach, und sie führte zum anderen zu zunehmender Besitzkonzentration der oberen und dann auch mittleren Schichten. Die lokalen Unterschichten wurden immer stärker von den sozialen Kreisen und den Ressourcen der reicheren Nachbarn ausgeschlossen. Die Gründe für diese Verhaltensänderung sieht Sabean in dem wachsenden Druck, den ein anhaltendes Bevölkerungswachstum auf die knapper werdenden Ressourcen ausübte. So legten Familien immer mehr Wert darauf, den Landbesitz zusammenzuhalten, Gerätschaften, die oftmals von mehreren Familien benutzt wurden, in der Verwandtschaft zu halten, dörfliche Ämter und Ressourcen den eigenen Nachkommen und Verwandten zugutekommen zu lassen. Eine wichtige Rolle spielte auch die Arbeitsorganisation, da die reale Aufteilung von Landstücken eine produktive Kooperation von Besitzern angrenzender Landstreifen verlangte. Verwandtschaftsorientierung war in dieser Lesart eine Reaktion auf wirtschaftlichen Druck, die in die Entstehung einer ländlichen Klassengesellschaft mündete.

Sowohl Sabean als auch Schlumbohm haben betont, dass ein vornehmlich auf Besitz- oder auch Berufsangaben gestütztes Bild ländlicher Gesellschaften der komplexen sozialen Realität vergangener Zeiten nicht gerecht werden kann. Eine nach ökonomischen Kriterien wie Besitz oder Beruf angelegte soziale Schichtung weist Akteuren Positionen in einer Struktur zu, deren Kategorien in der Regel von außen herangetragen werden. Oftmals gibt es zwar Hinweise, dass die sozioökonomischen Kategorien auch von den historischen Akteuren als relevant wahrgenommen worden sind, etwa wenn der persönliche Status eng mit eigenem Landbesitz verbunden war. Zugleich handelt es sich aber um eine stark verengte Perspektive, wie die Studie von Sabean deutlich gezeigt hat. Für die alltägliche Praxis der Menschen und für ihre Lebenschancen waren ihre sozialen Beziehungen, ihr persönliches Netzwerk wie ihre Stellung im Gesamtnetz einer lokalen Gesellschaft mindestens ebenso bedeutsam wie ihre Position in der ökonomischen Struktur. Klassen werden zunächst durch ökonomische Verhältnisse begründet; von einer Klassengesellschaft kann man jedoch erst sprechen, wenn innerhalb der verschiedenen Klassen ein gewisses Bewusstsein über die gemeinsame Lage zu beobachten ist, das sich in alltäglichem wie politischem Verhalten der Menschen spiegelt. Wenn man der Entstehung von Klassengesellschaft nachspüren will, ist es daher unerlässlich, neben der positionalen auch die relationale Ungleichheit von Gesellschaft in den Blick zu nehmen.

Löhne und Borgeln in Westfalen

Die im Folgenden vorgestellte Untersuchung basiert auf Mikrodaten zu Personen und Besitz in den beiden westfälischen Kirchspielen Löhne (heute Kreis Herford) und Borgeln (heute Kreis Soest), die in relationalen Datenbanken zusammengeführt wurden.[23] Den Kern der Datenbanken stellen Familienrekonstitutionen dar, in denen vitalstatistische Informationen erfasst wurden, die zum größten Teil aus den im 16. und 17. Jahrhundert eingeführten Kirchenbüchern stammen. Die Zusammenführung der Angaben aus Heirats-, Geburts- und Sterberegistern erlaubt, neben Lebensläufen auch familiäre und verwandtschaftliche Beziehungen von Personen nachzuvollziehen. In den Geburts- beziehungsweise Taufeinträgen wurden darüber hinaus die Paten und Patinnen der Kinder vermerkt, sodass diese Daten ebenfalls aus den Kirchenbüchern erhoben werden konnten. Damit stehen umfangreiche Informationen zu Lebensläufen und persönlichen Netzwerken zur Verfügung. Einen weiteren wichtigen Quellenbestand stellen Kataster und Grundbücher dar, aus denen man für die Zeit ab etwa 1830 sehr genaue Angaben zu den Besitzverhältnissen gewinnen kann. Den Grundbüchern sind Grundakten zugeordnet, die in den Amtsgerichten geführt wurden und den Grundbesitz betreffende Dokumente wie Ablösungsurkunden der grundherrlichen Lasten oder Hofübertragungsverträge enthalten. Hofübergabeverträge sind eine reichhaltige sozialhistorische Quellengattung, die den seltenen Vorzug besitzt, dass man sie sowohl für quantitative als auch für qualitative Analysen sehr gut nutzen kann. Sie bieten detaillierte Einblicke in familiäre Beziehungen und sind in großer Zahl in den entsprechenden Akten zu finden.

Die erhobenen Quellen werden hier mit Blick auf das Verhältnis von sozialer Ungleichheit und sozialen Netzwerken untersucht. Dabei werden die personenbezogenen Informationen über Besitz und Beziehungen mit statistischen und netzwerkanalytischen Methoden ausgewertet. Beide Ansätze unterscheiden sich zunächst grundsätzlich dadurch, dass der Einsatz statistischer Verfahren auf der Annahme beruht, dass die untersuchten Einheiten – in diesem Fall Personen – voneinander unabhängig sind. Die Netzwerkanalyse geht dagegen davon aus, dass Akteure in einem Feld von Beziehungen stehen, das ihr Handeln und ihren Handlungsspielraum beeinflusst. Dabei ist noch nicht gesagt, in welche Richtung diese Beziehungen wirken, oder ob es immer von Vorteil ist, viele Beziehungen zu haben. Die Entwicklung formaler Methoden, mit denen soziale Netzwerke untersucht werden können, stellt jedoch eine erhebliche Erweiterung des methodischen Instrumentariums dar, mit dem historische Gesellschaften untersucht werden können.

Im Folgenden wird die relationale Struktur der beiden Kirchspiele Löhne und Borgeln untersucht. Löhne in Ostwestfalen war im 18. und 19. Jahrhundert durch Protoindustrie geprägt. Das protestantische Kirchspiel hatte um 1800 eine Bevölkerung von etwa 800 Einwohnern, die bis 1870 auf 1.350 Einwohner anwuchs, obwohl in den 1840er und 1850er Jahren viele junge Menschen und Familien in die USA auswanderten. Mehr als jede zweite Familie besaß kein eigenes Land, war auf Einkommen aus Protoindustrie und landwirtschaftlicher Arbeit angewiesen. In der Regel pachteten diese Familien als Heuerlinge Häuser oder Wohnungen und kleine Stücke Land auf einem der Bauernhöfe, wogegen sie nach Bedarf auf dem Hof mitarbeiten mussten. Die Höfe in Löhne waren mit maximal 30 Hektar nicht sehr groß und wurden weitgehend ohne Gesinde bewirtschaftet. Hier stellte das Heuerlingssystem sicher, dass genügend Arbeitskräfte für saisonale Arbeitsspitzen auf dem Hof waren, die sich aber zugleich das tägliche Brot durch anderweitige,

---

23 Die Datenbanken Löhne und Borgeln wurden mit dem Programm »MS Access« erstellt. Für eine detaillierte Beschreibung der Datenbanken vgl. *Georg Fertig*, Äcker, Wirte, Gaben. Ländlicher Bodenmarkt und liberale Eigentumsordnung im Westfalen des 19. Jahrhunderts, Berlin 2007, S. 229ff.

Abbildung 1:
Die Kirchspiele Löhne (Kreis Herford) und Borgeln (Kreis Soest) in Westfalen[24]

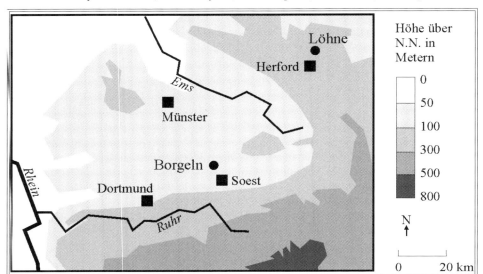

zumeist protoindustrielle Tätigkeiten sichern mussten. Dem Verkauf insbesondere von Garn auf überregionalen Märkten standen Getreideimporte gegenüber, da vor Ort nicht genug Nahrungsmittel für die Bevölkerung produziert werden konnten.

Borgeln ist in der Soester Börde gelegen, einer landschaftlich sehr begünstigten Region, in der auch im 18. Jahrhundert schon agrarische Überschüsse für den Verkauf produziert wurden. Auf zum Teil sehr großen Höfen, die bis zu 70 Hektar umfassten, wurde weit über den eigenen Bedarf produziert. Während im 18. Jahrhundert das südlich angrenzende Sauerland als wichtigstes Absatzgebiet bedient wurde, kam im 19. Jahrhundert das schnell wachsende Ruhrgebiet dazu. Protoindustrie gab es hier nicht, anders als im nordöstlich angrenzenden Ostwestfalen und im Sauerland, wo unter anderem Eisenwaren hergestellt wurden. Auf den größeren Höfen wurde mit Tagelöhnern und Gesinde gewirtschaftet; etwa jeder dritte Erwachsene war als unverheiratete Magd oder lediger Knecht bei den Bauern beschäftigt. Die Bauern waren hier längst in der Minderheit, zwei von drei Familien lebten von agrarischem Tagelohn. Auch die Landbesitzer konnten nicht durchweg von der landwirtschaftlichen Produktion leben, sondern mussten zum Teil das Einkommen aus ihrem Kleinbesitz durch handwerkliche Tätigkeiten ergänzen. So konnte nur etwa ein Fünftel der Familien tatsächlich von der eigenen Agrarproduktion leben. Der in wenigen Händen konzentrierte Landbesitz war allerdings gerade hier sehr lukrativ, da die Böden hohe Erträge erbrachten. Während die größten Höfe in Löhne von den preußischen Katasterbeamten auf einen Ertragswert von etwa 160 Reichstalern geschätzt wurden, wurden die großen Borgeler Höfe auf bis zu 500 Reichstaler veranschlagt.[25]

---

24 Karte erstellt von Johannes Bracht.
25 Für die Katasteraufnahme des Grundbesitzes wurde neben der Größe jeder Parzelle auch die Güteklasse des Bodens vermerkt. Je nach Nutzungsart wurden bis zu vier Güteklassen unterschieden, für die erwartbare Erträge berechnet wurden. Aus der Größe jeder Parzelle und ihrer Güteklasse ergibt sich dann ihr steuerlicher Reinertrag. Die Summe dieser Reinertragswerte der zu einem Hof gehörenden Parzellen sagt deutlich mehr über den wirtschaftlichen Wert eines Hofs aus als die reine Flächengröße. So hatte ein Hof in Borgeln mit etwa 10 Hektar

I. HEIRATSNETZWERKE: REZIPROZITÄT UND KLASSENGRENZEN

Die Reproduktion sozialer Ungleichheit wurde in der vormodernen ländlichen Gesellschaft wesentlich durch das Heiratsverhalten bestimmt. Sabean hat in seiner Studie zeigen können, dass Partnerwahlen zunehmend von Allianzstrategien, in die auch die Familien der Eheleute eingebunden waren, bestimmt wurden. Diese Familien bestanden zwar, wie in Nordwesteuropa schon lange üblich, aus eigenständigen, durch neolokale Heirat gebildete Einheiten, in denen Kernfamilien in je eigenen Haushalten lebten. Sie blieben aber durch starke intergenerationelle Bande und über einen langen Zeitraum ungeklärte Besitz- und Arbeitsverhältnisse eng aneinander gebunden. Diese Familien suchten nun aufgrund wachsenden Bevölkerungsdrucks zunehmend nach fest etablierten Kooperationen mit anderen, möglichst verwandten Familien, um ihre sozialen Kreise kleiner und überschaubarer zu halten, wodurch das Abstimmen von wirtschaftlicher Tätigkeit erleichtert und die Diffusion von Ressourcen erschwert wurde.

Auch im nordwestdeutschen Anerbengebiet war die Etablierung von weitgehend geschlossenen bäuerlichen Heiratskreisen ein mächtiger Steuerungsmechanismus, der die Besitzverhältnisse stabilisierte. So trat neben den Grundherren, der an einem Erhalt der wirtschaftlichen Einheit »Hof« interessiert war und eine Teilung untersagte, das bäuerliche Heiratsverhalten als stabilisierender Faktor. Die Partnerwahl der Bauern, oder besser: derjenigen Kinder, die den Hof übernehmen würden, folgte zumindest in Teilen einer wirtschaftlichen Logik. Da die Geschwister der Hofnachfolger ausbezahlt und ausgestattet werden mussten, war es erforderlich, dass mit dem Heiratspartner eine entsprechend umfangreiche Mitgift auf den Hof kam. Die Erbabfindungen der Geschwister waren, insbesondere im Vergleich zum 20. Jahrhundert, von erheblichem Umfang und wurden zum Teil von den Eltern, zum Teil aber auch von den Hofübernehmern aufgebracht.[26]

Daraus ergibt sich, dass Kinder aus mittellosen Elternhäusern es eher schwer gehabt haben dürften, in bäuerliche Familien einzuheiraten. Umgekehrt ist aber zu fragen, wie es denjenigen Kindern der Bauern erging, die den elterlichen Hof nicht übernehmen konnten. Anders als von manchen Zeitgenossen angenommen, unterlagen sie keinem ›Zwangszölibat‹, sondern heirateten entweder ihrerseits einen Hofnachfolger beziehungsweise eine Hofnachfolgerin, oder sie stiegen in die unterbäuerliche Schicht ab.[27] Die ländliche Gesellschaft war im 18. und 19. Jahrhundert durch allgemeine, aber ungleiche Heiratschancen und durch erhebliche strukturelle Abwärtsmobilität geprägt.[28] Individuelle Lebenschancen waren also nicht nur zwischen Angehörigen verschiedener Schichten, sondern auch innerhalb von Schichten und selbst innerhalb von Familien ungleich verteilt.

Die folgenden Analysen betrachten das bäuerliche Heiratsverhalten aus einer Netzwerkperspektive. Dabei wird die Rolle des Hofs als zentraler Bezugsgröße bäuerlicher Familien ins Zentrum gerückt. Im ländlichen Westfalen war es gängige Praxis, Hofbesitzer mit dem Namen des Hofs anzusprechen. Dies galt für Männer ebenso wie für Frauen, für

---

Fläche, einen durchschnittlichen steuerlichen Reinertrag von 113 Reichstalern, ein Löhner Hof der gleichen Größe jedoch nur 67 Reichstaler Reinertrag. Die Höfe in Borgeln waren so nicht nur größer, sondern auch mit deutlich besseren Böden ausgestattet.

26 Auf einem Hof des Kirchspiels Borgeln, dessen Geschichte aufgearbeitet worden ist, überstiegen die Abfindungen für die Geschwister der Hoferben sowohl die Ablösungszahlungen an den Grundherren als auch die Investitionen in den Hof deutlich; zugleich waren die Erbabfindungen nicht höher als hier üblich. Vgl. *Friedrich Weber*, »Äs dai oine unnerchenk, was dai annere all wuier do«. Menschen und Familien auf einem mittleren Hof in der Soester Niederbörde, Welver 1994, S. 178ff.

27 Siehe die Diskussion bei *Josef Ehmer*, Heiratsverhalten, Sozialstruktur, ökonomischer Wandel: England und Mitteleuropa in der Formationsperiode des Kapitalismus, Göttingen 1991, S. 36ff.

28 Vgl. etwa *Schlumbohm*, Lebensläufe, Familien, Höfe, S. 370ff.

einheiratende Partner wie für die seltenen Fälle, in denen ein Hof verkauft wurde. Der Hof stellte die zentrale dörfliche Sozialformation dar, der die dort lebenden Personen zugeordnet waren. In Ostwestfalen galt dies zumindest innerhalb bestimmter Grenzen auch für Heuerlinge, für die in den Kirchenregistern immer der Hof, zu dem sie gehörten, vermerkt wurde. Berichte aus dem frühen 20. Jahrhundert erzählen auch davon, dass langjährige Knechte und Mägde mit dem Ausscheiden aus dem Dienst und der bevorstehenden Heirat eine Art Mitgift oder Aussteuer vom Hof erhalten konnten, um ihnen den Start in ein selbstständiges Leben zu erleichtern.[29]

Vor allem für die Mitglieder der bäuerlichen Familie stellte der Hof die sozioökonomische Basis dar, deren Erhalt hohe Priorität besaß. Für den Hofnachfolger war der Hof das Fundament für Einkommenschancen und sozialen Status, für die alten Bauern der Garant für ein auskömmliches Altenteil. Die Geschwister verließen den Hof in der Regel früher oder später. Solange sie unverheiratet waren, hatten sie das Recht, in Krisenzeiten wie Krankheit oder Dienst- beziehungsweise Arbeitslosigkeit auf den Hof zurückzukehren. In der Soester Börde war es darüber hinaus im 19. Jahrhundert nicht ungewöhnlich, dass einzelne Kinder ein lebenslanges Wohnrecht auf dem elterlichen Hof erhielten, solange sie unverheiratet blieben. Die Hofnachfolger mussten den Verbleib einer Schwester oder eines Bruders erdulden und wiederum in Notzeiten für deren Unterhalt aufkommen. Kinder, die den Hof verließen, konnten ihre Erbabfindung einfordern, deren Umfang zum Teil erheblich war und eine gute Grundlage für die Etablierung eines eigenen Hausstandes bildete. Alle Familienmitglieder hatten also ein ausgeprägtes Interesse am Erhalt des Hofs als wirtschaftlicher Einheit und mussten ihren Teil zum Interessenausgleich zwischen allen Parteien beitragen.[30]

Im westfälischen Raum hat man es also nicht wie in Südwestdeutschland mit familiären Verbänden zu tun, die von Eltern und ihren längst erwachsenen und verheirateten Kindern gebildet wurden, sondern mit bäuerlichen Familien mit Höfen als zentralem Bezugspunkt. Spätestens mit der Heirat verließen die Geschwister der Hofübernehmer den elterlichen Hof jedoch. Diejenigen, die auf einen anderen Hof heiraten konnten, schufen damit eine Verbindung zwischen zwei Höfen, über die nicht nur eine Person von einem Hof auf den anderen wechselte, sondern auch die dieser Person zustehende Abfindung. Heiraten etablierten so immer wieder neue Beziehungen zwischen Höfen, und damit ein Netz affinaler Verwandtschaftsbeziehungen. Dieses Netz lässt sich nun als soziales Netzwerk modellieren, in dem Höfe und die auf ihnen lebenden Bauernfamilien als Akteure verstanden werden und Partnerwahlen als Beziehungen zwischen diesen Akteuren (siehe Abbildung 2). Die folgende Analyse basiert auf der Zuordnung von Eltern und ihren Kindern zu den Höfen. Die Heirat eines Kindes auf einen anderen Hof im Kirchspiel wird dann als Pfeil dargestellt, der den Herkunftshof mit dem Hof des Ehepartners verbindet.

---

29 Vgl. etwa *Martha Bringemeier*, Gemeinschaft und Volkslied. Ein Beitrag zur Dorfkultur des Münsterlandes, Münster 1931.

30 Die Orientierung der bäuerlichen Familie an der nachhaltigen Wirtschaftskraft des Hofs ist in der älteren volkskundlichen Literatur zum Teil missverstanden worden. Dietmar Sauermann hat ein doppeltes Normensystem gesehen, dass die jungen Hoferben in einen schwerwiegenden Interessenkonflikt gebracht habe. Die Pflicht, die alten Eltern zu versorgen und deren Erfahrung und Autorität anzuerkennen, und die Verantwortung, den Hof gegen alle Ansprüche der Familienmitglieder zu verteidigen, ließ sich in dieser Lesart nur zugunsten des Hofs entscheiden. Die zahlreich überlieferten Hofübergabeverträge zeugen dagegen davon, dass sich alle Familienmitglieder in der Regel über die Bedeutung der Leistungsfähigkeit des Hofs einig waren und ihre jeweiligen Interessen und die des Wirtschaftsbetriebs in Einklang zu bringen vermochten. Vgl. dazu *Christine Fertig*, Hof, Haus und Kammer. Soziale Beziehungen und familiäre Strategien im ländlichen Westfalen (im Tagungsband zum 8. Detmolder Sommergespräch »Familie? Blutsverwandtschaft, Hausgemeinschaft und Genealogie«, erscheint in 2014).

Auf diesem Wege werden die Eheschließungen und damit auch die Ressourceflüsse zwischen den Höfen in den Blick genommen, während abwärtsmobile Kinder hier zunächst genauso außen vor bleiben wie Kinder, die das Kirchspiel verließen.

Gefragt wird zum einen danach, wie exklusiv die Heiratskreise der Bauern waren, und zum andern nach der Qualität der Beziehungen innerhalb der Dörfer. Wie oben erläutert war es in der nordwestdeutschen ländlichen Gesellschaft eher ungewöhnlich, dass ein Kind aus einem mittellosen Elternhaus auf einen Hof heiraten konnte. Neben der Erfordernis, genügend Bargeld oder Naturalien für die Ausbezahlung der Geschwister zu ›erheiraten‹, stand auch die Frage nach der sozialen Angemessenheit der Eheschließung im Raum.[31] Es ist also wenig erstaunlich, dass die Ehepartner von Hoferben und -erbinnen beinahe ausschließlich Bauernkinder waren. Das Bestreben beider Partner, eine ›gute Partie‹ zu machen, führte darüber hinaus zu einer erheblichen Heiratsmobilität, indem über Gemeinde- und Kirchspielgrenzen hinweg geheiratet wurde.[32] Da weder über die Elternhäuser der Ehepartner, die von außerhalb in die untersuchten Kirchspiele heirateten, noch über die abwandernden jungen Erwachsenen genügend Informationen vorhanden sind, muss sich die Analyse auf das Netzwerk der Höfe und Heiratsbeziehungen innerhalb der untersuchten Kirchspiele beschränken.

Im ersten Schritt wird die Mobilität von Bauern- und Kleinbesitzerkindern zwischen den Höfen und Häusern untersucht. Die Analyse konzentriert sich damit auf junge Menschen, deren Eltern erstens Eigentümer von zumindest etwas Land und einem Haus oder Hof waren, die zweitens als Erwachsene in der eigenen Gemeinde blieben, und drittens eine Ehe mit einem Hoferben oder einer Hoferbin eingingen. Neben den hier untersuchten jungen Menschen gab es auch Kinder, die in die besitzlose Schicht abstiegen oder den Heimatort verließen. Insgesamt war die strukturelle Abwärtsmobilität also noch größer als diejenige im Sample. Der Ansatz zeigt das Beziehungsnetz zwischen den Höfen und Häusern der beiden Gemeinden auf, indem zunächst nach der schichtenspezifischen Mobilität innerhalb dieser Gruppe gefragt und in einem weiteren Schritt dann die relationale Struktur des Heiratsnetzwerks genauer untersucht wird.

Tabelle 1: Heiratsmobilität in Löhne (1750–1874)[33]

| Schicht der Eltern | Eigene Schicht | | | |
	Großbauern (N=31)	Kleinbauern (N=39)	Kleinstbesitzer (N=89)	Summe (N=152)
Großbauern	41 *(44,6%)*	39 *(42,4%)*	12 *(13,1%)*	92 *(100%)*
Kleinbauern	9 *(19,2%)*	28 *(59,6%)*	10 *(21,3%)*	47 *(100%)*
Kleinstbesitzer	5 *(26,3%)*	10 *(52,6%)*	4 *(21,1%)*	19 *(100%)*
Summe	55 *(34,8%)*	77 *(48,7%)*	26 *(16,5%)*	158 *(100%)*

---

31 *Marion Lischka*, Liebe als Ritual. Eheanbahnung und Brautwerbung in der frühneuzeitlichen Grafschaft Lippe, Paderborn/München etc. 2006.

32 *Markus Küpker*, Migrationen im vorindustriellen Westfalen. Das Beispiel von Hausierhandel, Hollandgang und Auswanderung in Tecklenburg 1750–1850, in: Westfälische Forschungen 59, 2009, S. 45–78.

33 Quelle: Datenbank Löhne.

Die Struktur sozialer Netzwerke in der ländlichen Gesellschaft und ihre Veränderung über die Zeit lassen sich gut an der sozialen Mobilität von jungen Menschen erkennen. In den Tabellen 1 und 2 wird gezeigt, wie sich die soziale Position von Kindern im Verhältnis zu der Elterngeneration gestaltet. Dabei kann man zunächst die Randverteilungen für Löhne in den Blick nehmen (Tabelle 1). So stammen relativ viele Personen im Sample von größeren Höfen (N = 92), aber nur etwa ein Drittel aller untersuchten Personen ist selbst dieser Gruppe zuzuordnen, weil sie als Erwachsene selbst einen größeren Hof besaßen (N = 55). Die Gruppe der Kleinbauern und der Kleinstbesitzer wurde dagegen im Generationenvergleich größer: 47 Personen stammten von kleinen Höfen, 77 besaßen dann selbst einen kleinen Hof. Es ist also eine erhebliche Abwärtsmobilität bei den jungen Menschen zu beobachten, in Löhne wie auch in Borgeln (vgl. Tabelle 2). Schaut man auf die inneren Zellen der Tabellen, so kann man ein deutlicheres Bild über die Bewegungen zwischen den sozialen Positionen erkennen. Auf der Diagonalen befinden sich diejenigen Personen, die dieselbe Position einnehmen wie ihre Eltern. Rechts oberhalb der Diagonale befinden sich die Personen, die sozial abgestiegen sind: Sie stammten von einem größeren Hof und besaßen selbst nur noch einen kleinen Hof oder ein Haus, aber kaum Land, oder ihre Eltern waren Kleinbauern gewesen, sie selbst waren aber nur noch Kleinstbesitzer. Im linken unteren Bereich sind dann diejenigen zu finden, denen der soziale Aufstieg gelang. In Löhne waren dies mit 24 Personen immerhin 15 % der untersuchten Personen, in Borgeln jedoch nur 10 % (13 Personen).[34]

Zusammenfassend verblieben in Löhne die Kinder von größeren und kleineren Höfen oftmals in der Schicht ihrer Eltern, wenn sie im Kirchspiel auf einen anderen Hof heirateten. Insgesamt waren 39 % der Heiratenden abwärtsmobil, während 46 % den Status der Eltern halten konnten. Allerdings waren auch 15 % der Ehepartner von Hofnachfolgern aufwärtsmobil, was angesichts der eher angespannten Lage auf dem Heiratsmarkt – wenigen Hoferben beziehungsweise Hoferbinnen standen viele junge Menschen ohne Aussicht auf eine Hofübernahme gegenüber – überrascht. Man kann versuchen, die Geschwister der Hofnachfolger, also der Ehepartner der untersuchten Gruppe in Tabelle 1, in den Blick zu nehmen, um einen Eindruck der generellen Abwärtsmobilität im Kirchspiel Löhne zu gewinnen. Von 434 Geschwistern, die das Erwachsenenalter erreichten, heirateten 295 in der Löhner Pfarrkirche. 41 blieben als dauerhaft Ledige in der Gemeinde; allerdings verstarb die Hälfte dieser jungen Erwachsenen bevor sie das 35. Lebensjahr vollendet hatte, sodass bei manchen der relativ frühe Tod Heiratspläne durchkreuzt haben mochte. Nur ein Fünftel der verheirateten Geschwister besaß selbst einen Hof oder ein Haus, die übrigen stiegen in die landlosen Unterschichten ab. Die Abwärtsmobilität war mit über 85 % bei Kleinbauern und Kleinstbesitzern größer als bei Kindern von Großbauern, die aber immer noch zu zwei Dritteln abstiegen. Man muss allerdings bedenken, dass Informationen zu denjenigen jungen Erwachsenen, die das Kirchspiel verließen, höchstens punktuell zu greifen sind. So kann man zwar in manchen Quellen verstreute Hinweise auf Heiratsmobilität erhalten, aber sie ist nicht systematisch zu fassen und enthält dann immer noch eher wenig Informationen über die Besitz- und Vermögensverhältnisse der auswärts verheirateten Geschwister. Es wird aber immer wieder erwähnt, dass eine Schwester oder ein Bruder auf einen Hof in einem Nachbarkirchspiel verheiratet sei. Die mangelnde Greifbarkeit der Heiratsmobilität führt also mit hoher Wahrscheinlichkeit dazu, dass soziale Abwärtsmobilität überschätzt wird, solange man keine systematischen Informationen über die abgewanderten Kinder in die Analyse einbeziehen kann.[35]

---

34 Vgl. zu Statuszuweisung und Mobilität *Hartmut Esser*, Soziologie. Spezielle Grundlagen, Bd. 2: Die Konstruktion der Gesellschaft, Frankfurt am Main 2000, S. 175ff.
35 Die kleinräumige Mobilität in ländlichen Regionen ist in jüngerer Zeit für verschiedene Kontexte untersucht worden, vgl. etwa *Martin Dribe*, Leaving Home in a Peasant Society. Economic

Tabelle 2: Heiratsmobilität in Borgeln (1750–1874)[36]

	Eigene Schicht			
	Großbauern	Kleinbauern	Kleinstbesitzer	Summe
Schicht der Eltern	(N=31)	(N=33)	(N=92)	(N=156)
Großbauern	28 (50,0%)	18 (36,0%)	7 (14,0%)	50 (100%)
Kleinbauern	4 (11,4%)	18 (51,4%)	13 (37,1%)	35 (100%)
Kleinstbesitzer	5 (11,9%)	4 (9,5%)	33 (78,6%)	75 (100%)
Summe	34 (26,8%)	40 (31,5%)	53 (41,7%)	127 (100%)

Auch in Borgeln stiegen 80 % der im Kirchspiel verheirateten Geschwister der in Tabelle 2 abgebildeten Hoferben und -erbinnen in die unterbäuerliche Schicht ab. Innerhalb der Gruppe, der eine Heirat in die besitzenden Schichten glückte, war die soziale Mobilität jedoch deutlich geringer. In beinahe zwei von drei Fällen konnte der Stand der Eltern gehalten werden, 30 % der Geschwister stiegen ab, nur 7 % gelang der soziale Aufstieg. Die geringere soziale Mobilität innerhalb der Gruppe der Hofbesitzer führte zu insgesamt besseren Heiratschancen der Kinder auf kleineren Höfen. Die sozialen Gruppen blieben tendenziell unter sich, sodass diese Kinder sich eher nicht der Konkurrenz der mit einem reichen Erbe ausgestatteten Kinder der großen Bauern ausgesetzt sahen. Wie oben ausgeführt, ist geografische Heiratsmobilität nur schwer zu greifen; die Angaben in Hofübergabe- und Eheverträgen lassen aber den Schluss zu, dass Bauernkinder in dieser Gegend eher bereit waren, die eigene Gemeinde zu verlassen und auf einen weiter entfernten Hof zu heiraten, als dass sie sich auf eine Heirat mit einem Erben oder einer Erbin von niedrigerem Status eingelassen hätten. Dieses eher konservative Heiratsverhalten führte aber nicht nur zu tendenziell besseren Heiratschancen der Kinder von kleineren Höfen, sondern hatte auch Auswirkungen auf die finanzielle Lage auf den kleineren Höfen. Die Kinder der Löhner Großbauern, die auf kleinere Höfe heirateten, brachten ihre Erbabfindung mit, sichtbar als sogenannter »Brautwagen«, reich ausgestattet mit Leinenstoffen, Haushaltsgeräten und Naturalien, dazu im Verlauf des 19. Jahrhunderts auch immer öfter Bargeld. Die Abwärtsmobilität von den größeren auf die kleineren Höfe bewirkte also auch einen beständigen Ressourcenfluss von den wohlhabenden Bauern zu den Höfen der Mittelschicht. In Borgeln in der prosperierenden Soester Börde blieben die umfangreichen Abfindungen der Großbauernkinder den kleineren Bauern dagegen weitgehend vorenthalten.

Nachdem die Heiratsnetzwerke der Bauern und Hausbesitzer in den beiden Kirchspielen anhand kategorialer Strukturen untersucht worden ist, wird nun ein netzwerkanalytischer Ansatz verfolgt. Die Höfe werden, wie oben ausgeführt, ähnlich wie Unternehmen oder Institutionen als korporative Akteure verstanden, zwischen denen Beziehungen eta-

---

Fluctuations, Household Dynamics and Youth Migration in Southern Sweden, 1829–1866, Södertalje 2000; *ders.*, Migration of Rural Families in Nineteenth Century Southern Sweden. A Longitudinal Analysis of Local Migration Patterns, in: The History of the Family 8, 2003, S. 247–265; *Küpker*, Migrationen im vorindustriellen Westfalen; *Richard Paping*, Family Strategies Concerning Migration and Occupations in a Market-oriented Agricultural Economy, in: The History of the Family 9, 2004, S. 159–191.

36 Quelle: Datenbank Borgeln.

bliert werden können.[37] Dass die Entscheidungen über diese Beziehungen von Individuen getroffen werden, bleibt davon unberührt, zumal die Herkunftsfamilie in Heiratsentscheidungen oftmals unmittelbar eingriff.[38] Durch jede Heirat wurde eine neue Beziehung zwischen Höfen und den auf ihnen lebenden Familien etabliert, oder es wurde eine bereits existierende Verbindung erneuert. Auf diesem Wege können langfristige Allianzen zwischen Familien etabliert werden. In der Regel sind solche Strukturen bisher aber eher anhand von Einzelfällen aufgezeigt worden.[39] Hier wird nun der Ansatz verfolgt, Gesamtnetzwerke mit formalen Methoden zu analysieren und die relationale Struktur der Gemeinden im 18. und 19. Jahrhundert unter den Gesichtspunkten von Integration oder klassenspezifischer Abgrenzung zu untersuchen.

Für die beiden Kirchgemeinden wurde jeweils ein Heiratsnetzwerk erstellt, in dem alle Höfe und Häuser enthalten sind, die im Zeitraum zwischen 1750 und 1866 nachgewiesen werden konnten und für die Informationen zum Grundbesitz verfügbar sind.[40] Zwischen den 152 Löhner Höfen und Häusern kamen in diesem Zeitraum 156 Heiratsbeziehungen zustande, während das Borgeler Netz 156 Akteure und 123 Heiratsbeziehungen enthält. Dass die Anzahl der Eheschließungen geringer ist, als man bei einem Generationenwechsel alle 25 bis 30 Jahre erwarten könnte, deutet vor allem auf die Bedeutung der Heiraten über Kirchspielgrenzen hinweg, weniger auf den selten vorkommenden sozialen Aufstieg von Kindern der besitzlosen Unterschichten hin.

Die Visualisierungen der Heiratsnetzwerke in den Abbildungen 2 und 3 zeigen bereits einige Gemeinsamkeiten, aber auch Unterschiede zwischen den beiden untersuchten Gemeinden auf. Zwei Parallelen sind hervorzuheben: Zum einen sind in beiden Gemeinden etwa die Hälfte der Höfe und Häuser in einem gut erkennbaren Netzwerkkern[41] miteinander verbunden, während die andere Hälfte nur mit einem oder wenigen anderen Akteuren verknüpft oder gar vollständig isoliert ist. Daran wird bereits deutlich, dass die weit verbreitete Annahme, dass auf dem Dorf der Vormoderne ›jeder mit jedem‹ verwandt gewesen sei, auf falschen Vorstellungen beruht. Tatsächlich konnte für die beiden hier untersuchten Kirchspiele aufgezeigt werden, dass die verwandtschaftlichen Netzwerke sehr

---

37 Zur Modellierung von Akteuren und ihren Netzwerken vgl. *Stanley Wasserman/Katherine Faust*, Social Network Analysis. Methods and Applications, Cambridge/New York etc. 1994, S. 17f.

38 Vgl. *Lischka*, Liebe als Ritual; *Tamara K. Hareven*, Family Time and Historical Time, in: *Michael Mitterauer/Reinhard Sieder* (Hrsg.), Historische Familienforschung, Frankfurt am Main 1982, S. 64–87.

39 Vgl. *Sabean*, Kinship in Neckarhausen; *Gérard Delille*, Famille et propriété dans le Royaume de Naples (XVe–XIXe siècle), Rom/Paris 1985.

40 Die zeitlichen Grenzen ergeben sich zum einen aus der Verfügbarkeit gesicherter Informationen zu Heirat und Personen im 18. Jahrhundert, zum anderen aus dem Umstand, dass Daten zu Besitz und Besitzveränderungen nur bis zur Erstellung eines neuen Katasters 1866 vorhanden sind (Güterauszüge 1866 der Steuergemeinden Löhne-Königlich und Löhne-Beck, Katasteramt Herford, ohne Verzeichnis; Katasterbücher Arnsberg Nr. 6023; Güterauszüge 1866 der Steuergemeinden Borgeln, Blumroth, Stocklarn und Hattropholsen, Landesarchiv NRW, Abteilung Westfalen). Für vier von 160 Höfen und Häusern in Borgeln fehlen Besitzangaben, ebenso fehlen für neun von 161 Löhner Besitzungen Angaben zum Umfang des Grundbesitzes. Da diese Höfe oder Häuser und die auf ihnen lebenden Familien keinem Stand zugerechnet werden können, wurden sie aus der Analyse ausgeschlossen.

41 Bei der hier als »Kern« bezeichneten Struktur handelt es sich netzwerkanalytisch um eine schwache Komponente. Als Komponenten werden Gruppen von Akteuren in Netzwerken bezeichnet, die direkt oder indirekt miteinander verbunden sind. In beiden Netzwerken gibt es weitere, sehr kleine, schwach verbundene Komponenten, die aber für die Gesamtstruktur des Netzwerks keine Bedeutung haben. Zur Einführung des Konzepts vgl. *Dorothea Jansen*, Einführung in die Netzwerkanalyse. Grundlagen, Methoden, Anwendungen, Opladen 2003, insb. S. 97ff., und *John Scott*, Social Network Analysis. A Handbook, Newbury Park 2000, S. 100ff.

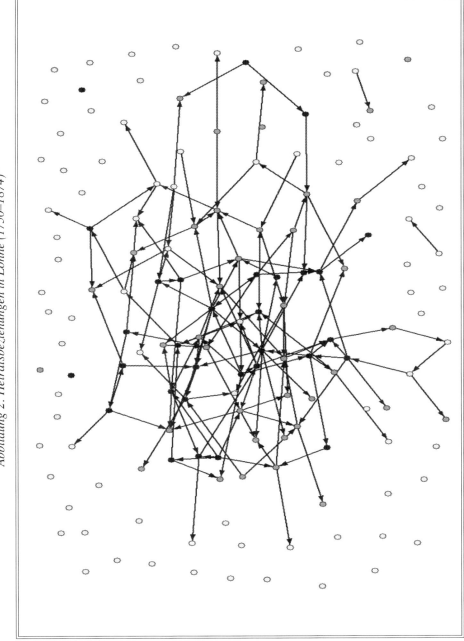

Abbildung 2: Heiratsbeziehungen in Löhne (1750–1874)[42]

---

42 Die Punkte stellen Höfe und Häuser als Akteure dar (schwarz: Höfe mit mehr als 83 Reichstalern Reinertrag, dunkelgrau: Höfe mit 18–83 Reichstalern Reinertrag, hellgrau: Häuser bis 18
Reichstalern), die Pfeile eine Heirat von einem Anwesen auf das andere.

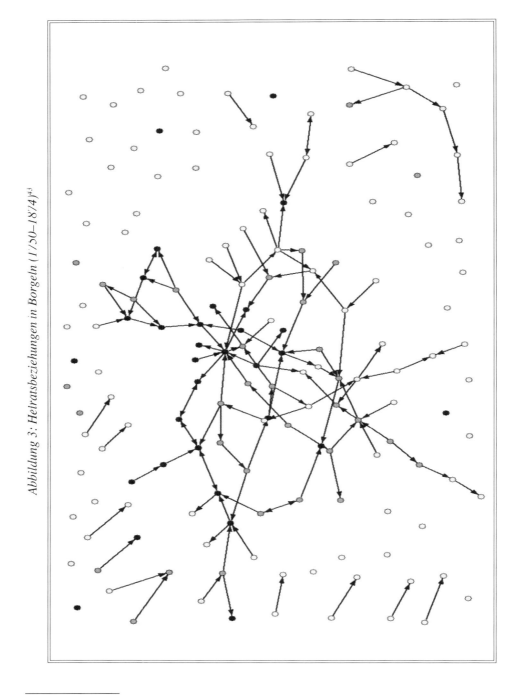

Abbildung 3: Heiratsbeziehungen in Borgeln (1750–1874)[43]

<hr />

43 Die Punkte stellen Höfe und Häuser als Akteure dar (schwarz: Höfe mit mehr als 160 Reichs-
    talern Reinertrag, dunkelgrau: Höfe mit 18–160 Reichstalern Reinertrag, hellgrau: Häuser bis
    18 Reichstalern), die Pfeile eine Heirat von einem Anwesen auf das andere.

unterschiedlich dicht waren und auch zwischen den sozialen Schichten erhebliche Unterschiede existieren konnten.[44] Soziale Beziehungen waren Ergebnis bewussten Handelns und nicht einfach Ausdruck dörflicher Enge.

Die zweite Gemeinsamkeit ergibt sich aus dem Verhältnis von Heiratsbeziehungen und sozialem Stand. Im Zentrum des Heiratsnetzwerks, in seinem gut verbundenen Netzwerkkern, findet man vor allem die größeren und kleineren Höfe, während die Häuser der Handwerker und Tagelöhner sich in der Peripherie des lokalen Netzwerks befinden. In Borgeln umfasst der Netzwerkkern vier Fünftel der größeren und kleineren Höfe, aber nur ein Drittel der Häuser ohne nennenswerten Landbesitz. Auf einigen Höfen wurden die Heiratspartner im untersuchten Zeitraum durchweg außerhalb des Kirchspiels gesucht, zum Teil aus angrenzenden Kirchspielen, zum Teil aber auch aus weiter entfernten Regionen. Diese erscheinen dann im Netzwerk als isolierte Akteure. Eine klare Zentrum-Peripherie-Struktur weist auch das Löhner Heiratsnetzwerk auf. Hier waren neun von zehn Höfen im Netzwerkkern vertreten, aber nur ein Viertel der Häuser. Die Bauern waren also noch stärker untereinander vernetzt und weniger an einem überlokalen Heiratsmarkt orientiert als in Borgeln, während die unterbäuerlichen Hausbesitzer in der Peripherie angesiedelt waren.[45] Für beide Gemeinden lässt sich also festhalten, dass man in den Heiratsnetzwerken eine Zentrum-Peripherie-Struktur erkennen kann, in der das Zentrum die Hälfte der Besitzungen umfasste, mit deutlich unterschiedlich starker Integration der Bauern und unterbäuerlichen Hausbesitzer.

Es ist aber bereits auf den ersten Blick zu erkennen, dass sich die Beziehungen innerhalb der Netzwerkkerne in Löhne und Borgeln unterscheiden. Der Borgeler Netzwerkkern hat eine eher sternförmige Ausprägung, mit einem Zentrum, von dem her Beziehungsstränge ausstrahlen. Der Löhner Netzwerkkern wirkt dagegen eher wie ein Wollknäuel, in dem die Beziehungen dichter und gleichmäßiger verteilt sind. Diese bereits visuell erkennbaren Unterschiede können mit dem netzwerkanalytischen Verfahren der Komponentensuche genauer untersucht werden. Die Netzwerkkerne in den Abbildungen 1 und 2 stellen einfache Komponenten dar, das heißt, sie bestehen aus der Gesamtzahl aller Akteure, die über mindestens eine Beziehung mit dem Kern verbunden sind. Wie der Blick auf den Löhner Netzwerkkern zeigt, wird die Struktur des Netzwerks damit aber nur unzureichend beschrieben.

In einem weiteren Schritt kann die Untersuchung der Netzwerkstruktur erweitert werden, indem die Kriterien für die Identifizierung von Komponenten oder Kernen verschärft werden. Hier bedeutet dies, dass nun nur noch solche Akteure einer Komponente zugeordnet werden, die sowohl als Ausgangs- als auch als Endpunkt einer gerichteten Beziehung,

---

44 Für die beiden hier untersuchten Kirchspiele konnte gezeigt werden, dass sich die Anzahl der Verwandten unter allen lokal verfügbaren potenziellen Heiratspartnern massiv unterschied. In Löhne waren mehr als drei Viertel der Brautleute miteinander verwandt; dies ist aber nicht auf eine besondere Präferenz für Verwandte zurückzuführen, sondern auf die hohe Dichte der Verwandtschaftsbeziehungen im Kirchspiel. In Borgeln betrug der Anteil der verwandten Brautleute dagegen weniger als ein Drittel, mit großen Unterschieden zwischen den sozialen Schichten. Dass nur 12 % der Tagelöhner Ehen mit Verwandten schlossen, ist auf die niedrige Anzahl Verwandter im Kirchspiel zurückzuführen. Bei Bauern wurden immerhin 41 % aller Ehen mit Verwandten geschlossen, wobei insbesondere nahe Verwandte nachweislich bevorzugt wurden. Vgl. *Fertig*, Familie, verwandtschaftliche Netzwerke und Klassenbildung, S. 199ff.

45 In Löhne waren allerdings die Beziehungen zwischen Bauern und unterbäuerlichen Familien – wie oben erläutert – durch das Heuerlingssystem geprägt, das recht enge, aber auch deutlich hierarchische Patron-Klient-Beziehungen zwischen einem Bauern und seinen Heuerlingen etablierte. In Borgeln waren die Beziehungen zwischen Bauern und Tagelöhnern, die sich zum größten Teil mangels eigenen Immobilienbesitzes auf den Höfen einmieten mussten, nicht so eng und kaum formalisiert.

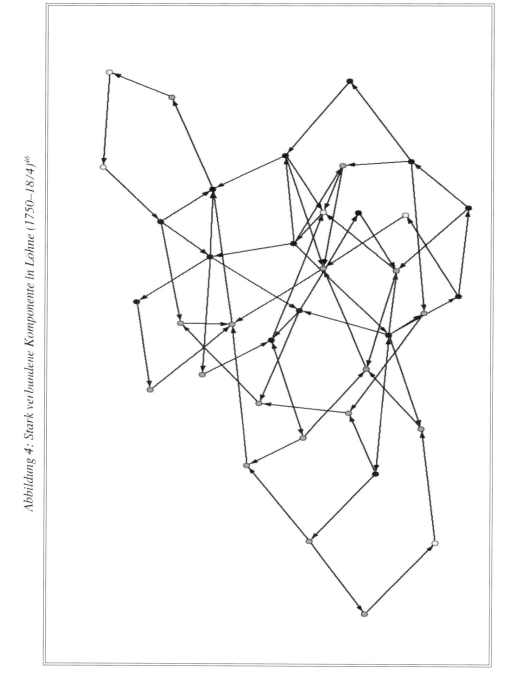

Abbildung 4: Stark verbundene Komponente in Löhne (1750–1874)[46]

---

eines Pfeils zwischen einem Hof als Ausgangspunkt und einem anderen Hof als Zielpunkt, identifiziert werden können. Netzwerkanalytisch handelt es sich hierbei um eine starke Komponente, da die Akteure intensiv miteinander verbunden sind.[47]

Inhaltlich geht es um die Frage nach dem Charakter der Heiratsbeziehungen, die Familien auf den Höfen miteinander eingingen. Die stärkere Orientierung an einem überlokalen Heiratsmarkt führte in Borgeln dazu, dass die meisten Höfe nur einfache Beziehungen mit den Nachbarhöfen hatten, indem im Untersuchungszeitraum nur einmal ein Kind auf einen anderen Hof im Kirchspiel heiratete oder ein Heiratspartner von einem Nachbarhof kam. In Löhne gab es dagegen einen regen Austausch von Heiratspartnern zwischen den Höfen, und damit auch einen Austausch von Ressourcen. Abbildung 4 zeigt den Netzwerkkern, der aus diesen Austauschbeziehungen gebildet wird. Diese starke Komponente umfasst 37 Höfe, also ein Viertel der Löhner Höfe, wobei es sich bei fünf Akteuren um (unterbäuerliche) Häuser handelt.[48] Sie alle haben im Laufe eines guten Jahrhunderts mindestens einmal einen Ehepartner von einem anderen Hof ›erhalten‹, und mindestens einmal ein Kind mit seiner Erbabfindung an einen Hof im Kirchspiel ›abgegeben‹. Anders als in Borgeln entsteht so in Löhne ein System generalisierter Reziprozität, in dem hofbesitzende Familien Kinder und Ressourcen zirkulieren ließen.[49] Im Borgeler Netzwerk gibt es dagegen keinen solchen Kern mit verdichteten Beziehungen, sondern nur die oben in Abbildung 3 gezeigte lose Struktur und kleine ›Heiratskreise‹, die nur wenige Höfe umfassen.

Die netzwerkanalytische Untersuchung der beiden Heiratsnetzwerke zeigt also auf, dass sich die beiden Gemeinden hinsichtlich ihrer über Eheschließungen gebildeten Verbundenheit deutlich unterscheiden. Auch wenn man auf den ersten Blick gut erkennen kann, dass in beiden Netzwerken eine klare Zentrum-Peripherie-Struktur vorherrscht, so unterscheiden sich die Gemeinden hinsichtlich ihrer inneren Verbundenheit doch ganz erheblich. In Löhne zirkulierten junge Erwachsene und ihre Erbabfindungen zwischen großen und kleinen Höfen; und sogar Familien, die Häuser ohne nennenswerte Ackerflächen besaßen, waren in dieses System integriert. In Borgeln fehlt diese starke Verbundenheit dagegen. Hier wird das Ergebnis der kategorialen Untersuchung der beiden Gemeinden bestätigt. Das ostwestfälische Löhne war durch eine schichtenübergreifende Integration durch vielseitige Heiratsbeziehungen geprägt, die ein System generalisierter Reziprozität im Kirchspiel begründeten. In Borgeln sind dagegen deutliche Grenzen zwischen den sozialen Klassen zu erkennen, da sozialer Status bei der Wahl der Ehepartner eine wichtige Rolle spielte und der Heiratsmarkt eher überlokal orientiert war.

---

47 Komponenten werden nach dem Grad ihrer Verbundenheit unterschieden. Als schwach verbunden gelten Substrukturen, in denen alle Akteure mindestens eine Beziehung in die Komponente haben, wie in Abbildungen 2 und 3 zu erkennen ist. Als stark verbunden gelten dagegen Komponenten, wenn alle Akteure durch sowohl mindestens einen eingehenden als auch einen ausgehenden Pfeil mit der Subgruppe verbunden sind (Abbildung 4). Vgl. für weitere Erläuterungen *Jansen*, Einführung in die Netzwerkanalyse, S. 97ff.

48 In der starken Komponente sind 15 große und 17 kleinere Höfe enthalten. Entsprechend sind 48 % der großen Höfe, 44 % der kleineren Höfe, aber nur 6 % der Häuser in diesem Kern zu finden.

49 Nach Claude Lévi-Strauss sind generalisierte Reziprozität und statusübergreifende Heiraten nicht voneinander zu trennen. Vgl. dazu die Diskussion bei *Edmund Leach*, Claude Lévi-Strauss zur Einführung, Hamburg 1991, S. 123. Martine Segalen hat für eine bretonische Gesellschaft ein sehr ähnliches System, allerdings unter sehr anderen sozioökonomischen Beziehungen, beschrieben. Dort ließen »kindreds«, über affinale Beziehungen verbundene Verwandtschaftsgruppen, Personen und Ressourcen über die Zeit zirkulieren. Vgl. *Martine Segalen*, Fifteen Generations of Bretons. Kinship and Society in Lower Brittany 1720–1980, Cambridge/New York etc. 1991, S. 122.

Diese unterschiedlichen Heiratssysteme in der Soester Börde und der ostwestfälischen Region wirkten sich in erheblichem Maße auf die Struktur der sozialen Ungleichheit in den beiden lokalen ländlichen Gesellschaften aus. Der auf den ersten Blick sehr ähnliche Aufbau der sozialen Schichtung in den Kirchspielen, den man durch kategoriale Variablen als etwa dreigeteilte Struktur mit größeren Bauern, Kleinbesitzern und landlosen unterbäuerlichen Familien beschreiben kann, wird bei genauerem Hinsehen als äußerer Rahmen erkennbar, in dem soziale Netzwerke sehr unterschiedlich gestaltet werden konnten. Ein statusorientiertes, oftmals die Grenze der lokalen Welt überschreitendes Heiratsverhalten wohlhabender Bauern im Kirchspiel Borgeln hatte unter anderem zur Folge, dass ökonomische Ressourcen nur zwischen Familien mit sehr ähnlichem sozialem Status ausgetauscht wurden. Ganz anders verhielten sich dagegen die Bauern und Kleinbesitzer in Löhne. Hier war es für Kinder, die den elterlichen Hof nicht übernahmen, gängige Praxis, auf einen deutlich kleineren und damit statusniedrigeren Hof zu heiraten und die damit verbundene Abwärtsmobilität in Kauf zu nehmen. Das Heiratsverhalten der Löhner Bauernkinder führte zu einer beständigen Redistribution von bäuerlichen Ressourcen innerhalb der lokalen Gesellschaft, da mit den jungen Menschen auch ihre Erbabfindungen auf die kleineren Höfe und in die unterbäuerlichen Häuser wanderten. Die intensive Vernetzung der Löhner Gesellschaft über ein integratives Heiratsverhalten milderte also in einem beständigen Prozess der Umverteilung von ökonomischen Ressourcen die soziale Ungleichheit zwischen den sozialen Schichten ab. Darüber hinaus sorgte es dafür, dass auch die weniger wohlhabenden Familien zumindest reich an verwandtschaftlichen Beziehungen in die lokale Oberschicht waren.

II. PATENSCHAFTEN: INDIKATOREN SOZIALER INTEGRATION

Die Konstruktion von persönlichen Netzwerken kann anhand der Etablierung von Patenschaften gut untersucht werden. Neben der durch Geburt erworbenen Blutsverwandtschaft und der über Heiraten etablierten affinalen Verwandtschaft galten Paten in der europäischen Vormoderne als eng mit der Familie verbundene Personen. Dies wird besonders in der Auffassung deutlich, dass zwischen Eltern und Kindern einerseits und den Paten andererseits eine geistige Verwandtschaft bestehe. Diese verschiedenen Formen von Verwandtschaft konnten von den Akteuren in sehr unterschiedlichem Maße gestaltet werden. Blutsverwandtschaft kann der Einzelne nicht herstellen, sie wird durch Geburt erzeugt; nur die soziale Relevanz dieser Beziehungen kann verschieden gestaltet werden. Die Heiratsverwandtschaft kommt durch Heiratsentscheidungen zustande. An diesen Entscheidungen sind mindestens zwei Personen beteiligt, da im christlichen Europa die Ehepartner selbst über ihre Ehevorhaben entscheiden können. Das bedeutet aber keineswegs, dass die Familien, die ja in die entstehende Heiratsverwandtschaft einbezogen sein würden, nicht etwa intervenierten. Marion Lischka hat für die frühneuzeitliche Grafschaft Lippe gezeigt, wie die Familien, die Verwandtschaft, ja ganze Dörfer ausgiebig Einfluss nahmen, wo es ihnen angezeigt erschien.[50] Die Auswahl der Paten bietet demgegenüber größeren Gestaltungsspielraum. Die Präferenzen von Kindseltern geben wiederum Aufschluss über die relationale Struktur der jeweiligen lokalen Gesellschaft.

Mit der Etablierung der christlichen Kindstaufe im 2. Jahrhundert erlangte das Amt des Paten eine neue Bedeutung. Galten die Paten von erwachsenen Täuflingen im frühen Christentum noch eher als Bürgen, so wurde den Paten von Kindern nun die (Mit-)Verantwortung für die geistige Erziehung der Patenkinder übertragen. Damit veränderte sich auch die Beziehung zwischen den Patenkindern und ihren Paten, die je nach kulturellem

---

50 Vgl. *Lischka*, Liebe als Ritual.

Kontext als ›neue Eltern‹ oder Verwandte der Kinder galten.[51] Bis in die Neuzeit hinein galten Paten nun als geistige Verwandte des Kindes und seiner Familie.[52] Damit wird ein zentrales Motiv deutlich, das die Auswahl der Paten neben religiösen Erwägungen bestimmte. Auch wenn die konkrete alltägliche Praxis der Gestaltung von Patenschaftsbeziehungen für historische Gesellschaften mangels sprechender Quellen oftmals kaum nachzuvollziehen ist, so kann man doch davon ausgehen, dass mit der Etablierung von Patenschaften normative Verhaltenserwartungen verbunden waren. Patenschaftsbeziehungen waren in der Vormoderne – und sind es noch in manchen zeitgenössischen Kontexten – vor allem durch ihren Appellcharakter geprägt. So konnte die Übernahme einer Patenschaft etwa dazu dienen, Konflikte zwischen zwei Familien zu beenden und die Partner auf ein kooperatives, von Respekt getragenes Verhalten zu verpflichten. Anders als bei den oben diskutierten Heiratsverbindungen werden hier gerade nicht Ressourcen in größerem Umfang redistribuiert, sondern eher kleinere Gaben und Geschenke ausgetauscht. Die sozioökonomische Bedeutung der Patenschaft liegt zum einen darin, dass sich Menschen auf formalisierte Beziehungen einlassen, die Verwandtschaftsbeziehungen zumindest insoweit ähneln, als man einander gegenseitige Hilfe, Unterstützung und Respekt schuldet.[53] Zum anderen wurden soziale Netzwerke geknüpft, die auf der Ebene lokaler Gesellschaften integrativ oder aber ausschließend wirken konnten. Guido Alfani und Vincent Gourdon haben gezeigt, dass die Berufung von Paten und Trauzeugen schon seit dem 14. Jahrhundert wichtige Mittel waren, um ökonomische Beziehungen sozial einzubetten.[54] Auf diesem Weg konnte dem für vormoderne europäische Gesellschaften typischen Mangel an Vertrauen in Kontexten, in denen Informationen asymmetrisch verteilt oder Institutionen ineffizient waren, begegnet werden. Geschäftliche Beziehungen wurden durch Patenschaften und Trauzeugenschaften gestärkt, da diese öffentlich, mit Verhaltenserwartungen belegt und zusätzlich im Rahmen eines heiligen Ritus etabliert waren, sodass abweichendes Verhalten leicht Sanktionen der sozialen Umgebung nach sich ziehen konnte. Diese Instrumentalisierung sozialer Beziehungen lässt sich bis ins 20. Jahrhundert verfolgen, auch wenn die Reformen des Konzils von Trient der Etablierung von Patenschaftsbeziehungen zumindest im katholischen Europa erhebliche Restriktionen auferlegten.[55]

Die Analyse von Patenschaftsbeziehungen kann dazu dienen, die innere Struktur von Gesellschaften besser in den Blick zu bekommen. Ähnlich wie die Analyse von Heirats-

51 Vgl. *Agnès Fine*, Godparents, in: *Paula Fass* (Hrsg.), Encyclopedia of Children and Childhood, New York 2003, S. 392–393.

52 Vgl. die ausführliche Diskussion bei *Bernhard Jussen*, Künstliche und natürliche Verwandte? Biologismen in den kulturwissenschaftlichen Konzepten von Verwandtschaft, in: *Jurij L. Bessmertnyj/Otto Gerhard Oexle* (Hrsg.), Das Individuum und die Seinen. Individualität in der okzidentalen und der russischen Kultur in Mittelalter und Früher Neuzeit, Göttingen 2001, S. 39–58.

53 Vgl. hier *Robert Jütte*, Arme, Bettler, Beutelschneider. Eine Sozialgeschichte der Armut in der frühen Neuzeit, Weimar 2000.

54 *Guido Alfani/Vincent Gourdon*, Entrepreneurs, Formalization of Social Ties, and Trustbuilding in Europe (Fourteenth to Twentieth Centuries), in: The Economic History Review 65, 2011, S. 1005–1028.

55 Die katholische Kirche schrieb nun vor, dass nur noch zwei Paten ein Kind aus der Taufe heben konnten. Damit erzwang die katholische Kirche eine Reduktion der zuvor deutlich größeren Patennetze. In der Folge beschränkten sich die Kindseltern zunehmend auf statushöhere Paten, was zu einer Vertikalisierung der sozialen Netzwerke führte und die Formalisierung von Beziehungen auf horizontaler Ebene, insbesondere mit Geschäftspartnern, zurückdrängte. In der protestantischen Welt wurde der Patenschaft zwar der theologische Rang abgesprochen, die soziale Praxis blieb jedoch, auch auf Druck der Gläubigen, unangetastet. Protestantische Kindseltern konnten daher die traditionelle sozioökonomische Instrumentalisierung von Patenschaft beibehalten. *Alfani/Gourdon*, Entrepreneurs, S. 1013ff.

netzwerken erlauben Patenbeziehungen Rückschlüsse auf die relationale Struktur von Gesellschaft jenseits von Berufs- oder Besitzangaben. Ein frühes Beispiel für die Analyse von Patenschaften als Indikator für die relationale Konstruktion von Klasse ist die Studie Hartmut Zwahrs über die soziale Basis der Entstehung eines Proletariats in Leipzig.[56] Zentrales Strukturelement der Leipziger Arbeiter war die soziale Fragmentierung der Arbeiterschaft, die zwischen 1830 und 1875 abnahm, aber nicht vollständig verschwand. In den Patenschaften drückte sich eine erhebliche Distanz zwischen verschiedenen Berufsgruppen, insbesondere zwischen gelernten und ungelernten Arbeitern aus, die auch im dritten Viertel des 19. Jahrhunderts noch zu erkennen war. Gleichzeitig wurden aber immer weniger Patenschaftsbeziehungen zu Personen außerhalb der Arbeiterschaft etabliert. Ähnlich hat auch Peter Franke versucht, Klassenbildung bei märkischen Glasarbeitern aufzuzeigen.[57] Die Belegschaften zweier Glashütten in den Kreisen Ruppin und Templin schufen im 19. Jahrhundert über Patenschaften ein dichtes Beziehungsgefüge, das sich durch einen ausgeprägten sozialen Zusammenhalt auszeichnete. Sie blieben dabei jedoch nach Arbeitergruppen segregiert, sodass auch hier nicht von der Herausbildung einer sozialen Klasse die Rede sein kann.

Für ländliche wie städtische europäische Gemeinden sind Patenschaften als Indikatoren für gesellschaftliche Kohäsion untersucht worden. In Helsingborg (Südschweden) etwa wurden Paten entweder unter Statusgleichen oder aber in einer höheren sozialen Schicht gesucht.[58] Ähnlich beschreibt Jürgen Schlumbohm dies für das osnabrückische Kirchspiel Belm. Größere Bauern waren hier beliebte Paten, während es weitgehend vermieden wurde, Paten aus niedrigeren sozialen Schichten zu wählen. Zu diesem Befund gehört auch die Feststellung, dass Bauern durchaus bereit waren, Patenschaften für Kinder aus ärmeren Familien zu übernehmen.[59] Insbesondere von französischen Historikern sind auch Trauzeugen herangezogen worden, um die Vernetzung lokaler Gesellschaften zu untersuchen. In Samois-sur-Seine, einem Dorf südwestlich von Paris, wurden durch Zeugenschaften vertikale Beziehungen über Schichtengrenzen hinweg etabliert.[60] In der Region Süd-Bigouden (Bretagne) wurden oftmals entferntere Verwandte zu Paten gewählt, um die verwandtschaftlichen Bande, die sich ja mit jeder Generation weiter entfernten und in Vergessenheit zu geraten drohten, zu stärken und zu erneuern. Üblich war hier aber auch, dass Tagelöhner über Patenschaften verbindliche Beziehungen zu den Bauern zu etablieren versuchten, um in Krisenzeiten Unterstützung zu erhalten.[61] Sandro Guzzi-Heeb hat gezeigt, dass Patenschaften im schweizerischen Val de Bagnes dazu dienten, kohärente soziale Milieus zu schaffen und die über Netzwerke verbundenen Familien politisch zu

---

56 *Hartmut Zwahr*, Zur Konstituierung des Proletariats als Klasse. Strukturuntersuchung über das Leipziger Proletariat während der industriellen Revolution, Berlin 1978, insb. S. 167ff.

57 *Peter Franke*, Märkische Glasarbeiter im 19. Jahrhundert. Eine Untersuchung der Patenschaftsbeziehungen und Familienverbände in den Glashütten Neuglobsow und Pian zwischen 1804 und 1889, in: Jahrbuch für Wirtschaftsgeschichte 28, 1988, H. 3, S. 69–92.

58 *Solveig Fagerlund*, Women and Men as Godparents in an Early Modern Swedish Town, in: The History of the Family 5, 2000, S. 347–357.

59 Vgl. *Schlumbohm*, Lebensläufe, Familien, Höfe, S. 595ff. Aus den autobiografischen Aufzeichnungen eines münsterländischen Bauern ist ein Fall bekannt, in dem sich die ansässigen Bauern weigerten, für ein Kind einer ortsfremden, erst kürzlich zugewanderten Familie eine Patenschaft zu übernehmen; die Kooperationsbereitschaft kannte also durchaus Grenzen. Vgl. *Philipp Richter*, Ein Bauernleben. Aus den autobiografischen Aufzeichnungen eines westfälischen Bauern 1815–1890, bearb. u. hrsg. v. *Helmut Müller*, Rheda-Wiedenbrück 1991, insb. S. 10 und 94.

60 *Vincent Gourdon*, Aux cœurs de la sociabilité villageoise. Une analyse de réseau à partir du choix des conjoints et des témoins au mariage dans un village d'Ile-de-France au XIXe siècle, in: Annales de démographie historique 2005, Nr. 109, S. 61–94.

61 *Segalen*, Fifteen Generations of Bretons, S. 266f.

mobilisieren. Dabei vermieden die meisten Familien Abhängigkeitsverhältnisse zu einzelnen Patronen, sondern bildeten eher horizontale Netzwerke.[62]

Grundsätzliche Zweifel an der Aussagekraft von an Berufs- oder Besitzangaben orientierten Schichtungseinteilungen, wie sie in der Sozialgeschichte üblich sind, legt eine Untersuchung der nordschwedischen Stadt Umeå nahe. Tom Ericsson hat Taufeinträge der Jahre 1850 bis 1855 untersucht und konnte die Berufseinträge von Kindsvätern und (männlichen) Paten fünf sozialen Klassen zuordnen.[63] Die Analyse der tatsächlichen Beziehungen zeigt allerdings auf, dass lediglich die bürgerliche Oberschicht und die Arbeiter distinkte soziale Gruppen bildeten. Handwerker, einfache Angestellte und Kleinunternehmer waren dagegen so dicht miteinander vernetzt, dass die gängige, aufgrund der Berufsangaben unternommene Unterteilung in Gruppen der gelebten Realität der historischen Subjekte offensichtlich nicht gerecht wird. Die lokale Mittelschicht der Kleinstadt Umeå bildete durch gegenseitige Patenschaften eine gut vernetzte, homogene Substruktur, von der sich nur die lokale Elite absetzte und die Angehörige der Unterschicht ihrerseits weitgehend ausschloss.

In Tabelle 3 werden die Patenschaften zwischen verschiedenen Berufsgruppen in Löhne dargestellt.[64] Die Klassifizierung der Schichtungszugehörigkeit erfolgte für diese Analyse aus den Berufs- oder Standesangaben, die aus unterschiedlichen Quellen wie den Kirchenbüchern, Katastern, Grundbüchern und Dokumenten in den zugehörigen Grundakten herangezogen wurden. Der Vorteil dieses Ansatzes liegt in der besseren Greifbarkeit der unterbäuerlichen Schichten, für die kaum Besitzangaben vorliegen. Allerdings wird auf dieser Ebene in den Quellen nicht zwischen Bauern mit Höfen verschiedener Größe differenziert; lediglich Neubauern, also Familien, die selbst einen Kleinstbesitz gegründet haben, werden – allerdings nur in Löhne, nicht in Borgeln – terminologisch unterschieden.

Tabelle 3: Patenschaften zwischen Berufsgruppen in Löhne (1800–1856)[65]

Eltern Paten	Bauern		Neubauern		Handwerker		Heuerlinge		Summe	
Bauern	410	(62,3%)	135	(54,2%)	53	(41,4%)	358	(51,1%)	956	(55,1%)
Neubauern	81	(12,3%)	34	(13,7%)	19	(14,8%)	99	14,1%)	233	(13,4%)
Handwerker	25	(3,8%)	12	(4,8%)	12	(9,4%)	35	(5,0%)	84	(4,8%)
Heuerlinge	142	(21,6%)	68	(27,3%)	44	(34,4%)	208	29,7%)	462	(26,6%)
Summe	658	(100,0%)	249	(100,0%)	128	(100,0%)	700	(100,0%)	1735	(100,0%)

---

62 *Sandro Guzzi-Heeb*, Kinship, Ritual Kinship and Political Milieus in an Alpine Valley in 19th Century, in: History of the Family 14, 2009, S. 107–123.

63 Neben den im Text genannten wird auch eine Bauernfamilie getrennt ausgewiesen, die für die weitere Analyse aber nicht weiter relevant ist. *Tom Ericsson*, Godparents, Witnesses and Social Class in Mid-Nineteenth Century Sweden, in: The History of the Family 5, 2000, S. 273–286.

64 Im Kirchspiel Löhne konnte etwa ein Drittel der Paten eindeutig in der Familienrekonstitution identifiziert werden. Die Rate ist niedriger als in Borgeln, da die Einträge in den Taufregistern hier knapper gehalten waren, was insbesondere die Identifizierung von Frauen erschwerte. Kinder hatten im Durchschnitt drei Paten, deren Geschlecht in der Regel dem des Täuflings entsprach. Da für jedes Kind neue Paten gesucht wurden – anders als etwa in württembergischen Neckarhausen – hatten Familien insgesamt durchschnittlich elf Paten.

65 Chi-Quadrat 32,3**. Quelle: Datenbank Löhne.

Die Tabellen 3 und 4 stellen dar, wie Patenschaften Netzwerkverbindungen zwischen den sozialen Schichten etablierten. Auch wenn sie auf den ersten Blick Mobilitätstabellen ähneln, so wird hier jedoch nicht Mobilität abgebildet, sondern die Beziehungsmuster zwischen Familien der verschiedenen sozialen Schichten. In den einzelnen Zellen stehen die Patenschaften zwischen Eltern und Paten. So haben Bauern in Löhne 410 Bauern[66] gebeten, Paten ihrer Kinder zu werden, aber nur 142 Heuerlinge. Auch hier kann man die Randverteilungen vergleichen: 956 Paten (= 55,1 %) kamen aus der bäuerlichen Schicht, aber als Eltern waren Bauern nur an 658 Patenschaften beteiligt (= 37,9 %). Die Heuerlinge stehen dagegen in 700 Patenschaften auf der Seite der Eltern (= 40,3 %), stellen selbst aber nur 462 (= 26,6 %) der Paten. Auch wenn die absoluten Zahlen aufgrund der sehr unterschiedlichen Merkmale von Eltern und Paten schlecht zu vergleichen sind, so sind die unterschiedlichen Anteile in den Randverteilungen doch aufschlussreich.

Die Ergebnisse in Tabelle 3 zeigen, dass Bauern in Löhne als Paten beliebt und in den Patennetzen überproportional vertreten waren. Während etwa 40 % der Familien in Löhne zu den Voll- und Nebenerwerbsbauern gerechnet werden können, wurde mehr als jede zweite Patenschaft von einem Bauern übernommen. Rechnet man die Neubauern hinzu, so steigt der Anteil der Bauern im Patennetz auf über zwei Drittel. Dagegen stellten die Heuerlinge zwar mehr als jede zweite Familie im Dorf, aber nur jeden vierten Paten. Die überproportionale Präsenz der Bauern im Patennetz und der im Vergleich deutlich geringere Anteil der landlosen Heuerlinge deuten auch für dieses westfälische Kirchspiel auf eine Tendenz zur Aufwärtsorientierung von Patenwahlen. Insgesamt waren 40 % der Paten statushöher als die Eltern, 38 % stammten aus derselben Schicht.[67] Damit stammte aber jeder fünfte Pate aus einer niedrigeren Schicht als die Kindseltern. Vergleicht man die Altersunterschiede zwischen Kindseltern und Paten, so ist sogar beinahe ein Drittel der Paten jünger als die Mütter der getauften Kinder. Patenschaften wurden in Löhne genutzt, um Verbindungen in verschiedene Bereiche der lokalen Gesellschaft zu etablieren: zu Älteren oder Wohlhabenderen, in horizontaler Richtung, aber eben auch zu Jüngeren und Statusniedrigeren.

Tabelle 4: Patenschaften zwischen Berufsgruppen in Borgeln (1766–1859)[68]

Eltern	Bauern		Handwerker		Tagelöhner		**Summe**	
Paten								
Bauern	1671	(82,8%)	594	(67,3%)	1291	(67,1%)	3556	(73,7%)
Handwerker	155	(7,7%)	143	(16,2%)	222	(11,5%)	520	(10,8%)
Tagelöhner	191	(9,5%)	146	(16,5%)	412	(21,4%)	749	(15,5%)
Summe	2017	(100,0%)	883	(100,0%)	1925	(100,0%)	4825	(100,0%)

66 Gemeint sind hier Personen aus der bäuerlichen Schicht, sodass es sich um Bauern und Bäuerinnen, Altbauern und -bäuerinnen sowie Kinder der Bauern handeln kann. Dasselbe gilt analog für die anderen sozialen Schichten. In der Regel konnten junge Menschen nach ihrer Konfirmation Patenschaften übernehmen, und da auch Knechte und Mägde, die nur kurze Zeit im Kirchspiel lebten, dafür infrage kamen, stand einer überschaubaren Anzahl von Eltern eine kaum greifbare Menge an potenziellen Paten gegenüber.

67 In Tabelle 3 sind Eltern und Paten aus derselben sozialen Schicht, wenn sich der Eintrag auf der Diagonalen befindet (N = 664). Oben rechts von der Diagonalen finden sich die statushöheren Paten (N = 699), unten links die statusniedrigeren (N = 372).

68 Chi-Quadrat 173,4**. Es wurden nur Paten berücksichtigt, die einer der genannten Kategorien zugeordnet werden konnten. Quelle: Datenbank Borgeln.

In Borgeln (Tabelle 4) erfolgte die Auswahl der Paten dagegen stärker aufwärts- und statusorientiert. Nur etwa ein Fünftel der Familien zählte hier zu den Groß- und Kleinbauern, ähnlich viele Familien lebten im eigenen Haus, ohne aber nennenswerte Ackerflächen ihr Eigentum nennen zu können. Letztere sind daher nicht den Bauern, sondern je nach Berufsausbildung den Handwerkern oder Tagelöhnern zuzuordnen. Beinahe drei Viertel aller Patenschaften entfielen aber auf die Bauern, die hier viel stärker überrepräsentiert waren als in Löhne. Obwohl fast zwei Drittel aller Familien den landlosen Tagelöhnern zuzurechnen sind, stellten sie, gemeinsam mit den hausbesitzenden Tagelöhnern, nur 15,5 % der Paten. Insgesamt entfielen 44 % der Patenwahlen auf Menschen mit höherem sozioökonomischen Status, 46 % kamen aus derselben sozialen Schicht, 11 % stammten aus einer niedrigeren Schicht.[69] Auch der Anteil derjenigen Paten, die jünger als die Kindsmütter waren, war in Borgeln mit einem Fünftel deutlich geringer als in Löhne. In diesem Kirchspiel war offensichtlich das Bestreben, über die Etablierung von Patenschaftsbeziehungen rangniedrigere und ärmere Menschen beziehungsweise Familien in den sozialen Nahbereich einzugliedern, weniger stark ausgeprägt als im ostwestfälischen Löhne.

Neben deskriptiven statistischen Methoden eignen sich auch formelle netzwerkanalytische Verfahren, um die Struktur von Patennetzen zu untersuchen. In Tabelle 5 wird untersucht, wie stark die beiden Kirchspiele in ihren Patenbeziehungen zentralisiert waren. Akteure können in Netzwerken zentrale Positionen einnehmen, die in der sozialen Netzwerkanalyse auf verschiedenen Wegen gemessen werden können. In Abbildung 5 sind acht Akteure abgebildet, die sich mit Blick auf ihre Zentralität unterscheiden. Diese hier auf den ersten Blick ersichtlichen Unterschiede kann man mit verschiedenen Zentralitätsmaßen messen. Erstens: *Input degree centrality* misst, wie viele direkte Beziehungen ein Akteur zu anderen Akteuren hat. Akteur 1 hat hier sechs direkte Beziehungen zu allen anderen Akteuren des Netzwerks, Akteur 2 aber nur eine direkte Beziehung, Akteure 3 und 4 haben dagegen zwei Beziehungen. Zweitens: *Input domain centrality* nimmt zusätzlich zu den direkten Beziehungen noch indirekte Beziehungen hinzu. Dabei muss definiert werden, wie weit diese indirekten Beziehungen reichen sollen. In Abbildung 5 hat etwa Akteur 8 eine *input domain* von drei Akteuren, wenn bestimmt wird, dass die *domain* maximal zwei Schritte weit reichen soll. Neben der direkten Beziehung zu Akteur 3 gibt es die indirekten Verbindungen zu den Akteuren 1 und 4, mit denen Akteur 8 über Akteur 3 verbunden ist. Akteur 6 hat dagegen eine *input domain* der Größe sechs, da er über Akteur 1 auch mit den Akteuren 2, 3, 4, 5 und 7 verbunden ist – Akteur 8 ist allerdings drei Schritte entfernt und gehört deshalb nicht mehr dazu. Ein hoher *Input-domain*-Wert besagt also, dass ein Akteur viele Beziehungen zu Akteuren hat, die ihrerseits gut eingebettet sind. Drittens: *All closeness centrality* misst demgegenüber die Nähe eines Akteurs zu allen anderen Akteuren. Man fragt danach, wie gut ein Akteur alle anderen Akteure im Netzwerk erreichen kann. In Abbildung 5 kann Akteur 1 die meisten anderen direkt erreichen, nur zu Akteur 8 sind zwei Schritte nötig. Umgekehrt kann Akteur 8 nur Akteur 3 direkt erreichen, alle anderen sind zwei oder sogar drei Schritte entfernt. Wenn es nun zum Beispiel darum ginge, eine Nachricht breit zu streuen, so hätte Akteur 1 viel bessere Chancen auf Erfolg als Akteur 8. Wollte letzterer etwa Akteur 5 erreichen, so wäre er auf die Kooperation der Akteure 3 und 1 angewiesen. Dieses nähebasierte Zentralitätsmaß ermittelt also die Distanz aller Akteure zueinander und diskriminiert zwischen gut vernetzten Akteuren und anderen, die sich eher am Rand des Netzwerks befinden. Viertens: *Betweenness centrality* nimmt dagegen die Akteure in den Blick, die sich auf einem Pfad zwischen zwei anderen Akteuren befinden. Dass sich die gerade erwähnten Akteure

---

69 In Borgeln sind 2.226 Eltern und Paten aus derselben sozialen Schicht, also auf der Diagonalen von Tabelle 4 zu finden. Oben rechts von der Diagonalen finden sich die statushöheren Paten (N = 2.107), unten links die statusniedrigeren (N = 492).

5 und 8 nur erreichen können, wenn sowohl Akteur 1 als auch Akteur 3 kooperieren, verleiht letzteren einigen Einfluss. Sie können zum Beispiel Kommunikation fördern, aber auch verhindern, und haben gleichzeitig Zugang zu den Informationen, die über sie als *gatekeeper* ausgetauscht werden. *Betweenness centrality* ermittelt also, wie häufig Akteure auf Pfaden anzutreffen sind, die andere Akteure im Netzwerk miteinander verbinden.

Abbildung 5: Akteure im Netzwerk und Zentralität

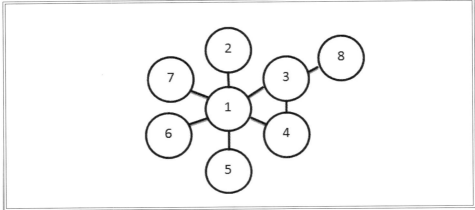

Anhand dieser Maße, die je unterschiedliche Ausprägungen von Zentralität messen, können jedem Akteur im Netzwerk Werte für seine beziehungsweise ihre individuelle Zentralität zugewiesen werden. Als stark zentralisiert gelten Netzwerke dann, wenn die individuellen Zentralitätswerte der Akteure stark variieren. Mit anderen Worten: Gibt es relativ viele Akteure mit geringen Werten, die also eher periphere Positionen innehaben, und einige wenige Akteure mit sehr hohen Zentralitätswerten, so kann man von einer starken Zentralisierung oder auch Hierarchisierung des Netzwerks sprechen.[70]

Tabelle 5:
Zentralisierung der Patennetze, Löhne (1800–1856) und Borgeln (1800–1859)[71]

		Löhne	Borgeln
Input Degree	Zentralisierung des Gesamtnetzes	0,023	0,034
	Maximale Zentralität eines Akteurs	27	54
Input Domain	Zentralisierung des Gesamtnetzes	–	–
	Maximale Zentralität eines Akteurs	67	301
All Closeness	Zentralisierung des Gesamtnetzes	0,16	0,23
	Maximale Zentralität eines Akteurs	0,30	0,37
Betweenness	Zentralisierung des Gesamtnetzes	0,004	0,025
	Maximale Zentralität eines Akteurs	0,004	0,026

---

70 Für eine ausführliche Einführung in das Konzept vgl. *Jansen*, Einführung in die Netzwerkanalyse, S. 132ff.; sowie *Peter Mutschke*, Zentralitäts- und Prestigemaße, in: *Christian Stegbauer/Roger Häußling* (Hrsg.), Handbuch Netzwerkforschung, Wiesbaden 2010, S. 365–378.
71 Quelle: eigene Berechnung.

In beiden Kirchspielen vereinten etwa 10 % aller Akteure die Hälfte aller Patenschaften auf sich, sodass beide Patennetze eine ausgeprägte Hierarchie von begehrten und weniger begehrten Paten aufwiesen.[72] Innerhalb der Netzwerke gab es aber in Borgeln größere Unterschiede als in Löhne. Die in Tabelle 5 dargestellten Ergebnisse zeigen für alle Kennziffern eine stärkere Zentralisierung des Borgeler Patennetzes. So hat der Akteur, der die meisten Patenschaften übernommen hat, in Borgeln 54 Patenkinder, derjenige in Löhne aber nur 27 Patenkinder. *Input degree* heißt in diesem Fall also nichts anderes als Beziehungen, die von den Beziehungspartnern, den Kindseltern, ausgegangen und bei dem jeweiligen Akteur eingegangen sind. Alle Maßzahlen, die die Zentralisierung der Gesamtnetzwerke beziffern, fallen für Borgeln höher aus als für Löhne. So kann etwa der *All-closeness*-Wert von 0,23 für Borgeln so verstanden werden, dass sich die Akteure hinsichtlich ihrer Nähe zu allen Akteuren, oder mit anderen Worten hinsichtlich ihrer Prominenz im Netz, stärker unterschieden als in Löhne, wo dieser Wert mit 0,16 niedriger ausfällt.

Die beiden hier untersuchten Kirchspiele weisen nur auf den ersten Blick eine sehr ähnliche Sozialstruktur auf. Jenseits einer ungefähren Dreiteilung, in der Bauern über Kleinstbesitzern und diese wiederum über den landlosen Unterschichten standen, gestalteten sich die sozialen Netzwerke, die Menschen innerhalb und zwischen sozialen Schichten verbanden, sehr unterschiedlich. In Borgeln wurden Beziehungen unter Gleichgestellten oder mit einer klaren Aufwärtsorientierung gesucht, aber eher nicht mit statusniedrigeren Personen. Kindseltern orientierten sich stärker an sozialen Hierarchien und suchten die Paten ihrer Kinder eher in sozial höhergestellten Familien oder auch unter älteren Personen. Im Gesamtnetz der Patenschaften drückt sich dies in einer stärkeren Zentralisierung des Netzwerks aus. Im alltäglichen Leben wie auch an Festtagen führte diese Präferenz der Kindseltern zu einem weitgehenden Ausschluss der ländlichen Unterschichten aus den Verkehrskreisen der Bauern. Die Löhner Gesellschaft war demgegenüber viel offener; die landlosen Familien der Heuerlinge wurden nicht nur über die Verpachtung von an die Hofwirtschaft angebundenen Heuerlingsstellen, sondern auch durch Aufnahme in die Patennetze in die sozialen Kreise der Bauern eingebunden. Obwohl die Anzahl der Paten je Familie hier kleiner war als in Borgeln, gab es eine bemerkenswerte Bereitschaft, einen erheblichen Anteil der Paten aus den unteren Schichten zu rekrutieren.

Die Heiratsbeziehungen in den beiden untersuchten Kirchspielen weisen in dieselbe Richtung. Während in Löhne über Besitz- und Schichtengrenzen hinweg geheiratet wurde, sind in Borgeln deutliche soziale Schranken zu erkennen. In Löhne verbanden Ehen wie Patenschaften Personen und Familien verschiedener sozialer Schichten, Groß- und Kleinbauern, landbesitzende und landlose Familien. Die Bereitschaft, Menschen in die persönlichen Netzwerke zu integrieren, die jünger, ärmer oder mit weniger Status ausgestattet waren, führte insgesamt zu einer durch stabile Beziehungen verbundenen Sozialstruktur. Diese formalisierten, mit Verhaltenserwartungen belegten Beziehungen milderten die durch unterschiedlich guten Zugang zu Landbesitz verursachte soziale Ungleichheit der ländlichen Gesellschaft ab. Die Aufnahme von landarmen oder landlosen Familien in die sozialen Kreise der Bauern bedeutete auch, dass diese in schwierigen Zeiten auf Unterstützung hoffen konnten. Dieses ostwestfälische Kirchspiel war keine ländliche Klassengesellschaft, sondern eine Netzwerkgesellschaft. Dagegen war die relationale Struktur

---

72 Beide Patennetze weisen eine ausgeprägte Zentrum-Peripherie-Struktur auf. In beiden Untersuchungsorten hatten 98 % der Akteure im Patennetz einen *input degree*, der nur halb so groß war wie der Maximalwert. Popularität und Prestige im Netzwerk der Patenschaften waren also sehr ungleich verteilt. Das kann man auch an den Gini-Koeffizienten erkennen, der für das Löhner Patennetz 0,64 und für das Borgeler Patennetz 0,60 beträgt. Vgl. auch *Fertig*, Familie, verwandtschaftliche Netzwerke und Klassenbildung, S. 120.

in Borgeln durch soziale Schranken geprägt, die gut zu den gewohnten Kategorien der Berufs- und Besitzschichtung passen. Bauern mit größeren Höfen blieben gern unter sich und schlossen hier nicht nur die unterbäuerlichen Familien, sondern auch Menschen von kleineren Höfen aus ihrem sozialen Nahbereich aus. Dieses Netzwerkverhalten verstärkte die erhebliche soziale Ungleichheit in diesem Kirchspiel. Eine ländliche Klassengesellschaft mit erheblichen sozialen Distanzen zwischen den sozialen Schichten war die Folge.

III. FAZIT

Die ländliche Gesellschaft war im 18. und 19. Jahrhundert von zunehmender sozialer Ungleichheit geprägt. Das erhebliche Bevölkerungswachstum ließ insbesondere diejenigen Schichten anwachsen, die sich kaum von eigenem Landbesitz ernähren konnten. Diese Familien erwirtschafteten je nach Region durch agrarische Lohnarbeit, protoindustrielle Produktion, verschiedene Dienstleistungen, Fischerei und Wanderhandel ein knappes Einkommen. Landbesitz war zunehmend ungleich verteilt, und die verschiedenen Formen der Erwerbstätigkeit landarmer und landloser Familien führten zu unterschiedlich hohen Einkommen, waren konjunkturellen Schwankungen ausgesetzt und oftmals mit wenig Prestige verbunden. Ob die wachsende soziale Differenzierung der ländlichen Gesellschaft auch zu einer stärkeren Segregierung führte, ist dagegen noch wenig untersucht. Eine ›ländliche Klassengesellschaft‹, wie sie von Mooser für das östliche Westfalen und von Sabean für die württembergische Gemeinde Neckarhausen konstatiert worden ist, sollte sich auch in den Beziehungsstrukturen der lokalen Gemeinden wiederfinden. Während sich die klassischen statistischen Verfahren gut für die Untersuchung kategorialer Variablen, wie eben Besitzgröße, eignen, kann die soziale Netzwerkanalyse weitere und zum Teil überraschende Einsichten in die relationale Struktur von Gesellschaft gewähren.

Die beiden untersuchten westfälischen Gemeinden waren im 18. und 19. Jahrhundert von sozioökonomischer Ungleichheit geprägt, aber die ländliche Bevölkerung ging mit diesem Phänomen sehr unterschiedlich um. Die Analyse persönlicher Netzwerke, die sich zumindest in Teilen durch Verwandtschafts- und Patenschaftsbeziehungen gut greifen lässt, erlaubt einen vertieften Einblick in die innere Struktur historischer Gesellschaften. Dabei muss man zwischen verschieden intensiven Formen von Beziehungen unterscheiden, die sehr unterschiedliche Folgen mit sich bringen konnten. Heiraten sind etwa sowohl in Moosers Arbeit zur ›ländlichen Klassengesellschaft‹ als auch in Sabeans Dorfstudie als zentraler Reproduktionsmechanismus sozialer Ungleichheit identifiziert worden. Während Sabean gezeigt hat, dass im durch Realteilung geprägten Württemberg durch bewusste Partnerwahl Allianzen zwischen Familien etabliert wurden, hat Mooser vor allem auf den exkludierenden Charakter bäuerlicher Heiratskreise verwiesen. Das ist zunächst kein überraschender Befund, da in Anerbengebieten mit dem intergenerationellen Übergang hohe Lasten auf den Hof zukamen, die nur bewältigt werden konnten, wenn mit dem Ehepartner neue Ressourcen auf den Hof kamen. Die Analyse der Heiratsnetzwerke von Bauern hat aber gezeigt, dass innerhalb dieses Systems bäuerlicher Heiratskreise Raum für ganz unterschiedliches Netzwerkverhalten war. Innerhalb der bäuerlichen Schichten gab es ganz erhebliche Statusunterschiede, mit denen unterschiedlich umgegangen wurde. In Borgeln (Soester Börde) vermieden bäuerliche Familien Heiratsbeziehungen zu Kleinbesitzern, nahmen eher eine hohe geografische Mobilität ihrer Kinder oder auch deren Abstieg in die unterbäuerliche Schicht in Kauf. In Löhne umfassten die bäuerlichen Heiratskreise dagegen Groß- wie Kleinbesitzer. Der soziale Abstieg auf deutlich kleinere Höfe war nicht ungewöhnlich, sodass Bauern und Kleinbesitzer hier über

alle Statusunterschiede hinweg miteinander verbunden waren. Dichte Verwandtschaftsbeziehungen zwischen Familien mit unterschiedlichem sozioökonomischem Status waren dabei nicht nur im Alltag präsent, sondern setzten sich auch auf einem Heiratsmarkt
fort, auf dem überraschend viele junge Menschen aufwärtsmobil waren. In Löhne gab es
ein dichtes Geflecht reziproker Heiratsbeziehungen, während die Borgeler Oberschicht
engere Beziehungen zu statusärmeren Bauern mied und ihre Kinder eher in die bäuerliche
Unterschicht absinken ließ, aus der heraus es aber keinen Weg mehr zurück in die bäuerlichen Verkehrs- und Heiratskreise gab.

Auch mit Blick auf die anderen untersuchten Beziehungen hat sich gezeigt, dass sich
das Verhältnis von positionaler Struktur, die in der ländlichen Gesellschaft Nordwest-
deutschlands vor allem durch ungleiche Verteilung von Landbesitz bestimmt wurde, und
relationaler Struktur, die durch die Gestalt der sozialen Netzwerke geprägt war, sehr verschieden gestalten konnte. Patenschaften eignen sich sehr gut, um die Vernetzung historischer Gesellschaften zu untersuchen, da sie einerseits weitgehend frei etabliert werden
konnten, andererseits aber zu den formalisierten, mit klaren Verhaltenserwartungen belegten Beziehungsformen zu zählen sind. Fragt man aber nach der inneren Kohärenz
historischer Gesellschaften, so bietet sich eine Untersuchung der Vernetzung sozialer
Schichten über Patenschaften an. Für die Vormoderne ist schon gezeigt worden, dass die
Patenschaft in der Regel genutzt wurde, um Beziehungen zu statushöheren Personen und
Familien zu etablieren. Dieser Befund gilt auch für die beiden hier untersuchten Gemeinden. Patennetzwerke in Löhne und Borgeln unterscheiden sich aber merklich mit Blick
auf die Integration von Menschen mit niedrigerem sozialen Status. Wenn Löhner Kindseltern aus der bäuerlichen Schicht Tagelöhner oder Heuerlinge darum baten, die Patenschaft für ein Kind zu übernehmen, so zeugt dieses Verhalten von einer erheblichen Bereitschaft, verbindliche soziale Beziehungen in die unterbäuerliche Schicht zu etablieren. In
Löhne steht dieses Verhalten neben einem im wirtschaftlichen Aufschwung des 18. Jahrhunderts entwickelten System von Pacht- und Arbeitsbeziehungen, das Heuerlinge eng in
die Hofwirtschaft der bäuerlichen Vermieter einband.

Im Kirchspiel Borgeln bestimmte die Zugehörigkeit zu einer sozialen Klasse die Gestalt der persönlichen Netzwerke, dort waren ärmere Familien auch arm an sozialen Beziehungen. Arbeitsbeziehungen zwischen Bauern auf großen Höfen und ihren zahlreichen Tagelöhnern waren weitgehend marktförmig organisiert und wenig eingebettet in
soziale Netzwerke. Im ostwestfälischen Löhne waren Bauern, Kleinbesitzer und landlose
Familien eng miteinander verbunden, durch Verwandtschafts- und Patenschaftsbeziehungen, aber auch durch das im Laufe des 18. Jahrhunderts etablierte Heuerlingssystem.
Das ostwestfälische Kirchspiel erweist sich für die erste Hälfte des 19. Jahrhunderts als
gut integrierte Netzwerkgesellschaft, während Borgeln in der Soester Börde bereits eine
durch soziale Ungleichheit geprägte Klassengesellschaft war.

Chelion Begass / Johanna Singer

Arme Frauen im Adel

Neue Perspektiven sozialer Ungleichheit im Preußen des 19. Jahrhunderts[*]

Adel und Armut – diese beiden Begriffe scheinen nicht zusammenzugehören. Mit Adel im 19. Jahrhundert assoziieren wir zumeist prächtige Uniformen, rauschende Bälle, weitläufigen Gutsbesitz und schlossähnliche Herrenhäuser – eine wohlhabende gesellschaftliche Elite mit politischem Einfluss.

Auch in den seit Mitte der 1990er Jahre intensivierten Forschungen zur Adelsgeschichte wird der Adel häufig unter Fragestellungen des Elitenwandels beziehungsweise der Elitenbildung untersucht.[1] Größtenteils geht die Forschung davon aus, der Adel sei trotz Einfluss- und Positionsverlusten im 19. Jahrhundert auffällig lange »oben geblieben« – wie Rudolf Braun in einem wegweisenden Beitrag zur Adelsgeschichte 1990 formulierte.[2] Die sozialhistorischen Arbeiten zu Armut und sozialer Ungleichheit hingegen konzentrieren sich vor allem auf Unterschichten und blenden den Adel, zumal adlige Frauen, vollständig aus.[3]

Aber bereits Zeitgenossen wie Theodor Fontane wussten, dass die Zugehörigkeit zum Adel nicht immer gleichbedeutend mit Reichtum und elitärem Status sein musste. Wenn Manon, die jüngste Tochter der altadligen Familie Poggenpuhl, in dem gleichnamigen Roman zu ihrer Schwester Therese sagt: »Ja. Und nun gar heiraten! So dumme Gedanken dürfen wir doch nicht haben; wir bleiben eben arme Mädchen«[4], so ist dies im ganz konkreten materiellen Sinne zu verstehen. Nach dem Tod des Familienvaters in der Schlacht bei Gravelotte lebt die verwitwete Majorin Albertine Pogge von Poggenpuhl im Jahr 1888 mit ihren drei Töchtern Therese, Sophie und Manon in Berlin in recht ärmlichen Verhält-

---

[*] Für wertvolle Hinweise danken wir Ewald Frie, Dieter Langewiesche, Mischa Meier und Daniel Menning sowie den Teilnehmern des interdisziplinären Arbeitskreises »Soziale Differenzkategorien« des Tübinger Sonderforschungsbereichs 923 »Bedrohte Ordnungen«.

1 Beispielhaft genannt sei besonders die Pionierarbeit Heinz Reifs zum westfälischen Adel: *Heinz Reif*, Westfälischer Adel 1770–1860. Vom Herrschaftsstand zur regionalen Elite, Göttingen 1979, sowie die von ihm herausgegebene Reihe »Elitenwandel in der Moderne«. Die Adelsforschung konzentriert sich insgesamt stark auf berühmte, wohlhabende und einflussreiche Persönlichkeiten beziehungsweise Familien, vgl. unter anderem *Andreas Dornheim*, Adel in der bürgerlich-industrialisierten Gesellschaft. Eine sozialwissenschaftlich-historische Fallstudie über die Familie Waldburg-Zeil, Frankfurt am Main 1993; *Eckart Conze*, Von deutschem Adel. Die Grafen von Bernstorff im 20. Jahrhundert, Stuttgart/München 2000.

2 *Rudolf Braun*, Konzeptionelle Bemerkungen zum Obenbleiben: Adel im 19. Jahrhundert, in: *Hans-Ulrich Wehler* (Hrsg.), Europäischer Adel 1750–1950 (GG, Sonderheft 13), Göttingen 1990, S. 87–95.

3 Impulse für die historische Armutsforschung kamen in der letzten Zeit besonders aus dem Umfeld des Trierer Sonderforschungsbereichs 600 »Armut und Fremdheit«; vgl. weiterhin auch *Sylvia Hahn/Nadja Lobner/Clemens Sedmak* (Hrsg.), Armut in Europa 1500–2000, Innsbruck 2010. Neuere englische Ansätze: *Steven King/Alannah Tomkins* (Hrsg.), The Poor in England 1700–1850. An Economy of Makeshifts, Manchester 2003; *Andreas Gestrich/Steven King/Lutz Raphael* (Hrsg.), Being Poor in Modern Europe. Historical Perspectives 1800–1940, Oxford/Bern etc. 2006.

4 *Theodor Fontane*, Die Poggenpuhls, in: Werke in fünf Bänden, hrsg. v. *Rainer Bachmann/Peter Bramböck*, Bd. 3, München 1974 (Erstausgabe 1896), S. 491–589, hier: S. 589.

nissen. Die beiden Söhne stehen als Leutnants beim gleichen Regiment wie einst der
Vater. Der gute Name der Familie verpflichtet, und nur mit Mühe gelingt es, den standesgemäßen Schein aufrechtzuerhalten. Die materielle Lage bewegt sich allerdings in Bereichen, die die Versetzung einer Zuckerdose im Pfandleihhaus als diskutabel erscheinen
lassen, um so große Ausgaben wie beispielsweise die Rückreise des jüngeren Bruders zu
seinem Regiment zu finanzieren. Dieses von Fontane dargestellte fiktive Szenario zeichnet die Situation einer armen adligen Familie zwar anschaulich nach, die Realität konnte
aber noch wesentlich härter aussehen. Bisher unbearbeitete Quellen zeigen ein Bild der
Lebenswirklichkeit armer adliger Frauen, das die prekäre Situation dieser aus einer doch
scheinbar so privilegierten Gesellschaftsschicht stammenden ›Damen‹ verdeutlicht.[5]
     Zu adliger Armut im 19. Jahrhundert existiert derzeit – von einigen wenigen Ausnah-
men abgesehen – kaum wissenschaftliche Literatur.[6] Dies gilt auch für das Thema »adlige Frauen«.[7] Weibliche Armut im Adel stellt ein völlig unbearbeitetes Feld dar. Im Folgenden wird daher anhand neu erschlossener Quellen diese gesellschaftliche Gruppe in
den Blick genommen. Zunächst sollen in drei Fallbeispielen, die von den adligen Frauen
ausgehend jeweils eine Perspektive auch auf deren Familie eröffnen, ihre Lebenswelt
und Alltagserfahrungen vorgestellt werden (I). In einem zweiten Teil wird näher auf die
zugrunde liegende Quellengattung der Bittgesuche eingegangen und ihr Quellenwert diskutiert (II). Daran anschließend wird zu zeigen sein, wie arme adlige Frauen den Blick
auf soziale Ungleichheit in der deutschen Gesellschaft des 19. Jahrhunderts verändern
können (III). So sollen in neuer Weise Ansätze der Armuts-, Adels- und Geschlechtergeschichte miteinander verbunden werden, um aus historischer Perspektive einen Beitrag
zu Fragen nach Generierung und Dynamik sozialer Ungleichheit zu leisten.

---

5 Das Material dient als Grundlage für zwei derzeit an der Universität Tübingen entstehende Dissertationen, die sich mit armem Adel in Preußen und Württemberg in der Zeit 1800–1830 (Chelion Begass) und 1880–1914 (Johanna Singer) beschäftigen. Es handelt sich dabei vor allem um
   die im Geheimen Staatsarchiv Preußischer Kulturbesitz lagernden Bittbriefe adliger Damen an
   den preußischen König, in denen um eine finanzielle Unterstützung oder eine Stiftspräbende gebeten wurde, sowie die mit den Gesuchen in Zusammenhang stehende Behördenkorrespondenz.
6 Vgl. *Stephan Malinowski*, Vom König zum Führer. Sozialer Niedergang und politische Radikalisierung im deutschen Adel zwischen Kaiserreich und NS-Staat, Berlin 2009; *Ewald Frie*, Oben
   bleiben? Armer preußischer Adel im 19. Jahrhundert, in: *Gabriele B. Clemens/Malte König/Marco
   Meriggi* (Hrsg.), Hochkultur als Herrschaftselement. Italienischer und deutscher Adel im langen
   19. Jahrhundert, Berlin/Boston 2011, S. 327–340; *ders.*, Armer Adel in nachständischer Gesellschaft, in: *Ronald G. Asch/Václav Buzek/Volker Trugenberger* (Hrsg.), Adel in Südwestdeutschland und Böhmen 1450–1850, Stuttgart 2013, S. 207–221. Vgl. bereits *Fritz Martiny*, Die Adelsfrage in Preußen vor 1806 als politisches und soziales Problem. Erläutert am Beispiel des kur-
   märkischen Adels, Stuttgart 1938; *Gert Kollmer*, Die schwäbische Reichsritterschaft zwischen
   Westfälischem Frieden und Reichsdeputationshauptschluß. Untersuchungen zur wirtschaftlichen und sozialen Lage der Reichsritterschaft in den Ritterkantonen Neckar-Schwarzwald und
   Kocher, Stuttgart 1979.
7 Die Literatur zu adligen Frauen im 19. Jahrhundert beschränkt sich auf wenige Titel: die zwei
   Dissertationen von *Christa Diemel*, Adelige Frauen im bürgerlichen Jahrhundert. Hofdamen,
   Stiftsdamen, Salondamen 1800–1870, Frankfurt am Main 1998, und *Monika Kubrova*, Vom guten
   Leben. Adelige Frauen im 19. Jahrhundert, Berlin 2011, sowie einige Aufsätze, unter anderem:
   Monika Wienfort, Gesellschaftsdamen, Gutsfrauen und Rebellinnen. Adelige Frauen in Deutsch-
   land 1890–1939, in: *Eckart Conze/dies.* (Hrsg.), Adel und Moderne. Deutschland im europäi-
   schen Vergleich im 19. und 20. Jahrhundert, Köln 2004, S. 181–203; *Sylvia Paletschek*, Adelige
   und bürgerliche Frauen (1770–1870), in: *Elisabeth Fehrenbach* (Hrsg.), Adel und Bürgertum in
   Deutschland 1770–1848, München 1994, S. 159–185.

I. DIE FAMILIEN VON DROSTE, VON ROSENBRUCH UND VON FREYHOLD:
LEBENSWELTEN UND ALLTAGSERFAHRUNGEN ARMER ADLIGER FRAUEN
IM 19. JAHRHUNDERT

Im Folgenden soll zunächst die alltägliche Lebenswelt der Familien von Droste und von Rosenbruch zu Beginn des 19. Jahrhunderts betrachtet werden. Anhand ihrer Bittgesuche ist es möglich, ihre bisher weitgehend unbekannten Familienbiografien zu rekonstruieren.

Die Witwe des Obristleutnants *von Droste* lebte seit dem Tod ihres Ehemanns mit drei Töchtern und einem Sohn in der preußischen Provinz Westfalen in ärmlichen Verhältnissen. Sie wandte sich 1826 in einem Brief an den preußischen Staatsminister und bat um die »Errettung einer Familie aus der größten Noth«.[8] Ihr Mann sei nach 45-jähriger Dienstzeit während des Ersten Koalitionskriegs gegen die Franzosen 1793 gefallen. Seither müsse sie »ohne eigenes Vermögen, ohne bemittelte Verwandte«[9] lediglich mit einer sehr dürftigen Witwenpension von 100 Reichstalern für sich und ihre Kinder in Münster sorgen. Als die französischen Truppen 1806 die Stadt einnahmen, wurde ihre preußische Pensionszahlung auch noch ausgesetzt. Für ihre Tochter Friederike war durch die Aufhebung des Stifts St. Walpurgis in Soest 1812 die vage Hoffnung auf den so dringend benötigten Versorgungsplatz zerstört worden.[10] Mit den Worten »So höchst elend das Leben auch war, so erreichte es den höchsten Gipfel zur Zeit der Fremdherrschaft« blickte denn die Mutter auf diese sorgenvolle Zeit zurück.[11] Hinzu kam, dass ihr einziger Sohn als Offizier während des Kriegs gefangen genommen wurde und somit nichts zum Einkommen beitragen konnte, ja vielmehr in der Folge von ihr mitversorgt werden musste. Diese Situation habe sie gezwungen, »nicht allein so lange wie möglich Schulden zu machen, sondern auch vor und nach meine conservirten Habseeligkeiten zu veräußern, und sogar das Unentbehrlichste hinzugeben«.[12] Wie die Witwe im Jahre 1826 von Dortmund aus schrieb, sei ihr Sohn schließlich vor zwei Jahren in Brandenburg verstorben. Ihre Lage habe sich seither nur verschlechtert:

»Bin ich jetz eine von Altersschwäche, von kummervolle durchlebte Jahre, alte darbende Frau, von allem entblößt, werde ich, nebst meiner kränkelnden Töchter, täglich von Schuldnern gedroht und geängstigt, stündlich gewärtigt, daß unser Hauswirth, den wir seit vielen Jahren Miethe verschulden seine Drohung ausführt, stehen wir zum Anfang des Winters, und grausen für deßen Steigen, da es uns sowohl an Heizung, als an gehörige Kleidung fehlt.«[13]

Zwar sei ihr die kleine Witwenpension nach dem Ende der französischen Besatzungszeit wieder ausgezahlt worden, diese reiche aber kaum zum Leben, mitnichten zur Abtragung der Schulden und der Wiederanschaffung ihrer verpfändeten Gegenstände. So seien sie »von Jahr zu Jahr immer ärmer geworden«.[14] Die Witwe von Droste schrieb zahlreiche Briefe an den preußischen König und dessen Staatsminister, in denen sie wiederholt um Erstattung ihrer während der Besatzungszeit entfallenen Pension und um die Versorgung ihrer Töchter

---

8 Bittgesuch der Witwe von Droste an den Staatsminister Karl Friedrich Heinrich Graf von Wylich und Lottum, 29.11.1826, Geheimes Staatsarchiv Preußischer Kulturbesitz (GStA PK), I. HA, Rep. 89, Nr. 7128.

9 Bittgesuch der Witwe von Droste an König Friedrich Wilhelm III., 16.7.1826, GStA PK, I. HA, Rep. 89, Nr. 7128.

10 Vgl. Listen von Vormerkungen für Stiftsstellen mit Angaben über die Familien- und Vermögensverhältnisse, Bd. 1 (1800–1832), Eintrag Nr. 135 der ursprünglichen Hauptliste, GStA PK, I. HA, Rep. 89, Nr. 23775.

11 Bittgesuch der Witwe von Droste an den Staatsminister Karl Friedrich Heinrich Graf von Wylich und Lottum, 29.11.1826, GStA PK, I. HA, Rep. 89, Nr. 7128.

12 Ebd.

13 Ebd.

14 Bittgesuch der Witwe von Droste an König Friedrich Wilhelm III., 8.11.1826, GStA PK, I. HA, Rep. 89, Nr. 7128.

bat. Daraufhin wurden bei den Provinzbehörden Berichte über ihre Vermögens- und Lebensverhältnisse angefordert. Diese bestätigten ihre Angaben. Nach einem Attest des Oberlandes-
gerichtspräsidenten von Münz in Münster lebte die Witwe tatsächlich »mit ihren Kindern
in so großer Dürftigkeit, daß sie aus einer Armenstiftung unterstützt werden muß«.[15] Die
Töchter mussten mit Näh- und Stickarbeiten zum gemeinsamen Lebensunterhalt beitragen, was ihnen bei ihrem schlechten Gesundheitszustand zunehmend schwerfiel. Über die
jüngste Tochter Marianne erfahren wir aus preußischen Verwaltungsberichten, sie sei »fort-
während kränklich, und wird bei Abnahme ihres Sehvermögens bald jedes Erwerbs durch
Handarbeit entbehren«.[16] Eine unbeheizte Mietwohnung, »Nahrungssorgen«[17], Mangel
an Kleidung und dem Notwendigsten zeugten von der Armut, in der sich die Familie befand. Die Notwendigkeit, mit Näharbeiten dazuverdienen zu müssen, und die gleichzeitige Scham über diese Lebensverhältnisse bestimmten den Alltag der Familie von Droste.
Welchen weiteren Verlauf ihr Leben nahm, ist nicht bekannt, die Überlieferung endet hier.

Carl Adolf Emanuel *von Rosenbruch*, ein Hauptmann der preußischen Armee, hatte schon
unter Friedrich dem Großen im Siebenjährigen Krieg gekämpft und war schließlich wegen
Invalidität 1772 aus dem Militär geschieden. Daraufhin trat er, wie so viele ehemalige
Offiziere, in den zivilen Staatsdienst ein und bezog als Steuerbeamter in der Altmark für
sich und seine kinderreiche Familie ein auskömmliches Gehalt in Höhe von 1.200 Reichstalern. Doch mit dem Einfall der napoleonischen Truppen und der Niederlage Preußens
1806 sollte sich die Situation schlagartig ändern. Auch die Altmark geriet unter westfälische Regierung und der Vater von neun Kindern wurde prompt mit nur 200 Reichstalern
im Jahr zwangspensioniert.[18] Carl von Rosenbruch war zweimal verheiratet. Seine erste
Ehe, aus der drei Söhne hervorgingen, ging er heimlich mit der bürgerlichen Gastwirts-
tochter Johanna Charlotte Riemschneider ein. Mit 63 Jahren schloss er eine zweite, dieses
Mal wohl standesgemäße Ehe, die fünf Töchter und einen Sohn hervorbrachte.[19] Drei
seiner Söhne schickte der pensionierte Hauptmann ins preußische Militär, in der Schlacht
bei Bautzen im Mai 1813 fiel der älteste, die beiden anderen wurden verletzt.[20] Die Kriegszeit bedeutete für den Adel insgesamt einen tiefen Einschnitt.[21]

15　Listen von Vormerkungen für Stiftsstellen mit Angaben über die Familien- und Vermögensver-
　　hältnisse, Bd. 1 (1800–1832), Eintrag Nr. 135 der ursprünglichen Hauptliste, GStA PK, I. HA,
　　Rep. 89, Nr. 23775. Vgl. auch den Bericht der Immediatkommission für die abgesonderte Rest-
　　verwaltung an den Staatsminister Karl Friedrich Heinrich Graf von Wylich und Lottum,
　　23.12.1826, GStA PK, I. HA, Rep. 89, Nr. 7128. Die Witwe von Droste selbst verwies in ihrem
　　Schreiben an den Staatsminister Karl Friedrich Heinrich Graf von Wylich und Lottum,
　　29.11.1826, GStA PK, I. HA, Rep. 89, Nr. 7128: »Zur Bestätigung der Wahrheit meiner darge-
　　stellten Lage, kann ich nur auf den Herrn Oberpräsidenten von Münz in Münster berufen«.
16　Listen von Vormerkungen für Stiftsstellen mit Angaben über die Familien- und Vermögensver-
　　hältnisse, Bd. 1 (1800–1832), Eintrag Nr. 318 der ursprünglichen Hauptliste, GStA PK, I. HA,
　　Rep. 89, Nr. 23775.
17　Bittgesuch der Witwe von Droste an König Friedrich Wilhelm III., 8.11.1826, GStA PK, I. HA,
　　Rep. 89, Nr. 7128.
18　Bittgesuch der Tochter von Rosenbruch an König Friedrich Wilhelm III., 8.10.1821, GStA PK,
　　I. HA, Rep. 89, Nr. 10760.
19　Vgl. *Ernst H. von Michaelis*, Geschichte der Familie von Rosenbruch, in: Genealogie 16, 1983,
　　S. 529–552, hier: S. 544, vgl. auch Bericht des Finanzministers Karl Georg Maaßen an König
　　Friedrich Wilhelm III., 31.5.1833, GStA PK, I. HA, Rep. 89, Nr. 10760.
20　Von den Gefallenen des Feldzuges 1813–1815 zeugt auch eine schwarze Gedenktafel in der
　　Marienkirche ihrer Heimatstadt Gardelegen, vgl. *David Bauke*, Mitteilungen über die Stadt und
　　den Landräthlichen Kreis Gardelegen, Stendal 1832, S. 162.
21　Vgl. *Hans-Ulrich Wehler*, Deutsche Gesellschaftsgeschichte, Bd. 1: Vom Feudalismus des »al-
　　ten Reiches« bis zur »defensiven Modernisierung« der Reformära 1700–1815, München 1987,
　　S. 250 und 466, sowie *Martiny*, Die Adelsfrage in Preußen.

Mit dem Ende der Besatzungszeit und den Neuregelungen des Wiener Kongresses im Jahr 1815 entspannte sich die politische Lage, die Familie hoffte, nach entbehrungsreichen Jahren nun mit einer höheren Pension rechnen zu dürfen. Der Vater, schon weit über 80 Jahre alt, litt zunehmend an »Altersschwäche« und bedurfte der Pflege, »die er aber abbrechen muß, weil er noch eine ansehnliche Familie zu ernähren hat«.[22] Denn wie so viele Offiziere war auch der dritte Sohn aus erster Ehe aus dem Militär entlassen und auf geringes Wartegeld gesetzt worden, wodurch er finanziell wieder vom Vater abhing. Damit reichte die geringe Pension des Vaters trotz Zulage kaum für die Versorgung seiner Frau und seiner »dürftigen Kinder«[23] aus. In ihrer Not wandte sich die Familie immer wieder an den preußischen König und bat in Briefen um finanzielle Unterstützung. Die Geschichte der von Rosenbruchs aus Gardelegen lässt sich anhand dieser Briefwechsel und der zugehörigen Behördenkorrespondenzen von 1821 bis 1838 und damit über knapp 17 Jahre verfolgen.

1833 starb der Vater schließlich in einem »seltenen hohen Alter von fast 97 Jahren«.[24] Der Tod des Vaters und Ehemanns bedeutete für die Familie von Rosenbruch einen tiefen Einschnitt. Die Witwe, selbst schon in einem Alter von 66 Jahren, die »sehr kränklich ist, und auch kein eigenes Vermögen und sonstiges Einkommen besitzt, befindet sich daher mit ihren vier unversorgten Kindern, drei Töchtern und einem Sohn, der […] bei dem Hauptzollamte zu Morsleben aber noch ganz ohne Gehalt angestellt ist, jetzt allerdings in einer höchst bedürftigen Lage«, wie der preußische Finanzminister Karl Georg Maaßen 1833 in einem Bericht an den König feststellte.[25] Hatte der Sohn bald schon eine bezahlte Stelle als berittener Steueraufseher in Magdeburg mit einem gerade ausreichenden Gehalt von 250 Reichstalern für sich und seine neue Frau gefunden, traf der Tod des Vaters besonders die weiblichen Nachkommen hart: Die Zwillingsschwestern Juliane und Friederike sowie ihre jüngere Schwester Emilie lebten mit ihrer hochbetagten Mutter nun in sehr ärmlichen Verhältnissen und waren gezwungen, selbst zum Unterhalt beizutragen. Mit dem dritten Sohn aus erster Ehe, einem Hauptmann, hatten sie offenbar keinerlei Kontakt. Doch war von diesem ohnehin nichts zu erwarten. Er hatte selbst dreimal geheiratet, vermutlich stets bürgerliche Frauen »aus einfachen Verhältnissen«.[26] Wie der Oberpräsident der preußischen Provinz Sachsen, Wilhelm Anton von Klewitz, berichtete, lebten die drei Töchter aus zweiter Ehe also

»still und eingezogen und sind redlich bemüht, durch ihre Hände Arbeit sich und ihre alte Mutter, ohne Belästigung des Publikums zu ernähren. Aber freilich fehlt es ihnen eben sowohl an Gelegenheit in ihrem Wohnorte Gardelegen – einem kleinen Städtchen in der Altmark – als auch an hinreichend physischer Kraft zu einem Erwerb, um die unentbehrlichsten Lebensbedürfnisse zu befriedigen.«[27]

---

22 Bittgesuch der Tochter von Rosenbruch an König Friedrich Wilhelm III., 8.10.1821, GStA PK, I. HA, Rep. 89, Nr. 10760.

23 Bittgesuch der Tochter von Rosenbruch an König Friedrich Wilhelm III., 17.11.1823, GStA PK, I. HA, Rep. 89, Nr. 10760.

24 Bericht des Finanzministers Karl Georg Maaßen an König Friedrich Wilhelm III., 31.5.1833, GStA PK, I. HA, Rep. 89, Nr. 10760. Über seine genauen Lebensdaten herrscht allerdings Uneinigkeit, vgl. dazu *Michaelis*, Geschichte der Familie von Rosenbruch, S. 541 und 544.

25 Bericht des Finanzministers Karl Georg Maaßen an König Friedrich Wilhelm III., 31.5.1833, GStA PK, I. HA, Rep. 89, Nr. 10760. Wie auch der Oberpräsident Wilhelm Anton von Klewitz 1836 zu berichten wusste, hatten sie »weder eigenthümliches Vermögen, noch auch wohlhabende Verwandte, von denen sie Unterstützung erwarten könnten«. Bericht des Oberpräsidenten Wilhelm Anton von Klewitz an König Friedrich Wilhelm III., 27.6.1836, GStA PK, I. HA, Rep. 89, Nr. 10760.

26 *Michaelis*, Geschichte der Familie von Rosenbruch, S. 545.

27 Bericht des Oberpräsidenten Wilhelm Anton von Klewitz an König Friedrich Wilhelm III., 27.6.1836, GStA PK, I. HA, Rep. 89, Nr. 10760.

Sie hielten sich mit Näh- und Stickarbeiten über Wasser, bekamen ab und zu aus Staats-
kassen kleine Gnadengeschenke zugesprochen, zehrten aber hauptsächlich von der geringen Pension ihrer Mutter, die lediglich 150 Reichstaler im Jahr betrug und damit kaum
zum Leben ausreichte. Ihr Vater hatte einst 1.200 Reichstaler verdient, das Achtfache
dessen, was ihnen nun zu viert zur Verfügung stand. Als auch die Mutter im Oktober 1838
verstarb, befanden sich die drei Schwestern bereits in einem Alter von 36 und 33 Jahren.
Der amtierende Finanzminister Albrecht von Alvensleben berichtete im selben Jahr: »[D]a
sie auch von dem vorgenannten Bruder bei seinem geringen Dienst-Einkommen keine
Beihülfe erhalten können, befinden sie sich aber um so mehr in einer sehr bedrängten
Lage, als die eine der Schwestern stets krank ist, und von den anderen beiden gepflegt
werden muß«.[28] Wegen der »sehr bedrängten Lage« der drei Töchter wurde ihnen gestat-
tet, die Pension der Mutter auch nach deren Tod weiterzubeziehen. Wie ihr Schicksal sich
entwickelte, darüber schweigen sich die Akten aus. Eine Verbesserung ihrer Lage war
unter den gegebenen Umständen jedoch kaum mehr zu erwarten.

Wie sah das Leben bedürftiger adliger Frauen und ihrer Familien in der zweiten Hälfte
des 19. Jahrhunderts aus? Mara *von Freyhold*, geboren 1848 als Tochter eines ostpreußi-
schen Gutsbesitzers, verlor ihren Vater bereits im Alter von fünf Jahren. Das Gut war kurz
vor dessen Tod wegen Überschuldung verkauft worden. Zurück blieben die Witwe mit
zwei kleinen Kindern sowie vier Kinder aus erster Ehe »in den gedrücktesten und trau-
rigsten Verhältnissen«.[29] 1865 reichte Ottilie von Freyhold, Maras Mutter, zum ersten Mal
ein an die Königinwitwe gerichtetes Gesuch um Aufnahme in das Königsberger Marien-
stift ein.[30] Ihre Bitte wurde abgelehnt, allerdings bewilligte das preußische Ministerium
des Innern ihr 30 Reichstaler als einmalige Unterstützung.[31] Wegen des Eingangs des genannten Gesuchs forderte das Ministerium die Königsberger Regierung auf, Erkundigun-
gen über die Lage der Witwe von Freyhold einzuziehen. Der zuständige Beamte berichtete, diese habe »sich hier bisher mit großer Mühe den nothdürftigsten Lebensunterhalt
durch Handarbeiten, unter Benutzung einer Nähmaschine, und allmählichen Verkauf ihrer
wertvolleren Mobilien zu verschaffen gesucht«. Sie müsse derzeit noch für die eigenen
zwei Kinder sorgen, »was mit wesentlichen Kosten verbunden ist, welche zu erbringen
eine von Handarbeiten lebenden Wittwe beim allerbesten Willen und der größten Anstren-
gung nicht im Stande ist«. Der 14-jährige Sohn habe versucht, zur See zu fahren, sich auf
dem Schiff am Fuß verletzt und deshalb zurückkehren müssen. An sonstiger Verwandtschaft gäbe es noch vier Geschwister der Frau von Freyhold: eine ebenfalls »in Armuth«
lebende Witwe mit zwei kleinen Kindern, eine Gesellschafterin in Berlin, die gerade genug verdiene, »daß sie existieren kann«, eine mit einem Buchhalter verheiratete kranke

28 Bericht des Finanzministers Albrecht von Alvensleben an König Friedrich Wilhelm III.,
    7.12.1838, GStA PK, I. HA, Rep. 89, Nr. 10760.
29 Bittgesuch der Erzieherin Mara von Freyhold um Unterstützung aus dem Stiftungs-Pensions-
    Fonds, gerichtet an das preußische Ministerium des Innern, 15.3.1881, GStA PK, I. HA, Rep.
    77, Tit. 904, Lit. F, Nr. 79.
30 Gesuch der Ottilie von Freyhold an die preußische Königinwitwe, 15.8.1865, GStA PK, I. HA,
    Rep. 77, Tit. 904, Lit. F, Nr. 79. Die Stifte dienten traditionell – auch vor der Säkularisation –
    der Versorgung unverheirateter adliger Töchter durch regelmäßige Zahlung eines bestimmten
    Geldbetrags, der sogenannten Präbende, und teilweise durch Bereitstellung kostenlosen Wohn-
    raums im Stiftsgebäude. Die staatlichen Damenstifte in Preußen hatten im 19. Jahrhundert kei-
    nerlei spirituellen Hintergrund mehr, sondern fungierten als Unterstützungseinrichtungen zu-
    gunsten bedürftiger weiblicher Angehöriger verstorbener Staatsdiener und standen unter der
    Verwaltung des Ministeriums des Innern.
31 Mitteilungen des preußischen Ministeriums des Innern an die General-Staats-Kasse, die Regie-
    rung in Königsberg und die Witwe Ottilie von Freyhold, 19.9.1865, GStA PK, I. HA, Rep. 77,
    Tit. 904, Lit. F, Nr. 79.

Schwester und einen Bruder, von Beruf Privatsekretär, »welcher mit seiner Familie in beschränkten Verhältnissen lebt«. Aufseiten des verstorbenen Ehemanns existiere nur ein Bruder, ein in den Befreiungskriegen erblindeter Offizier, der sich selbst »in traurigen Verhältnissen« befinde.[32] Nach den späteren Angaben der Tochter Mara sorgte dieser aber zumindest für deren Ausbildung.[33] Der Königsberger Beamte kam schließlich zu dem Ergebnis, dass die Witwe von Freyhold Unterstützung verdiene, »einmal, weil sie sich wirklich in Noth befindet, andererseits, weil sie bisher bemüht gewesen ist, bei eigener Aufopferung ohne fremde Beihülfe sich und ihre Kinder zu ernähren«.[34] 1868 wurde das wenige Mobiliar, das die Witwe noch besessen hatte, wegen rückständiger Miete vom Hauswirt gepfändet.[35] Der Sohn war mittlerweile auf einer Militärschule untergebracht und die Tochter gegen 120 Reichstaler jährliches Gehalt als Gouvernante bei einem Rittergutsbesitzer in Stellung gegangen. Sie könne die Mutter aber noch nicht unterstützen, da sie ihr Gehalt derzeit noch »zur Beschaffung von Kleidungsstücken«[36] benötige. Im Mai 1869 schrieb Ottilie von Freyhold:

»Meine Lage ist entsetzlich, ohne Pension, ohne Vermögen, in Jahren vorgerückt und leidend, stehe ich verlassen da[, …] ich wohne in einem kleinen Dachstübchen fast außerhalb der Stadt. […] Geruhen Majestät meine unterthänigste Bitte gnädigst zu gewähren und der Himmel möge dereinst lohnen was Ew. Majestät in königlicher Milde und Barmherzigkeit an den Armen gethan.«[37]

In den folgenden Jahren erhielt sie auf ihre wiederholten Bittgesuche hin immer wieder geringe Beträge ausgezahlt. Aus einem späteren Gesuch der Tochter von 1881 geht hervor, dass Ottilie von Freyhold sich wohl bereits seit dem Jahr 1865 in einem Zustand mehr oder minder starker geistiger Zerrüttung befand: »Kummer und Sorgen verschiedenster Art, die jetzt auf meine arme Mutter einstürmten, machten dieselbe geisteskrank und damit unfähig fernerhin selbst für sich sorgen zu können.« Die Tochter legte ausführlich dar, dass ihre Berufstätigkeit sie in den Stand setze, »wenn auch nur recht nothdürftig […] für den Unterhalt meiner armen hülflosen Mutter sorgen zu können«, wozu weder die drei noch lebenden Stiefgeschwister noch ihr einziger Bruder in der Lage seien. Der älteste Stiefbruder, als Prediger in Ostpreußen tätig, habe bis vor einem Jahr eine nun verstorbene kranke Schwester versorgen müssen, kämpfe selbst mit Krankheit und müsse an die eigene Familie denken. Der zweite Stiefbruder, Administrator auf einem Rittergut des Grafen Schwerin, fiele als Vater von vier Kindern ebenfalls als Unterstützer aus. Die Stiefschwester lebe als Erzieherin in England, »hat sehr viel Unglück gehabt und bedarf selbst unserer Unterstützung«. Der jüngste Bruder sei »nach 12jähriger Dienstzeit als Unteroffizier wegen Kränklichkeit als Invalide pensioniert worden« und suche seither in Königsberg vergeblich nach einer Anstellung: »So ist auch er nicht in der Lage helfen zu können, sondern im Gegenteil in letzter Zeit auch noch meiner Hülfe sehr bedürftig ge-

---

32 Sämtliche Zitate: Bericht der Königsberger Regierung an das preußische Ministerium des Innern, 8.9.1865, GStA PK, I. HA, Rep. 77, Tit. 904, Lit. F, Nr. 79.

33 Vgl. Bittgesuch der Erzieherin Mara von Freyhold um Unterstützung aus dem Stiftungs-Pensions-Fonds, gerichtet an das preußische Ministerium des Innern, 15.3.1881, GStA PK, I. HA, Rep. 77, Tit. 904, Lit. F, Nr. 79.

34 Bericht der Königsberger Regierung an das preußische Ministerium des Innern, 8.9.1865, GStA PK, I. HA, Rep. 77, Tit. 904, Lit. F, Nr. 79.

35 Vgl. Bericht der Königsberger Regierung an das preußische Ministerium des Innern, 14.4.1868, GStA PK, I. HA, Rep. 77, Tit. 904, Lit. F, Nr. 79.

36 Bericht der Königsberger Regierung an das preußische Ministerium des Innern, 27.1.1869, GStA PK, I. HA, Rep. 77, Tit. 904, Lit. F, Nr. 79.

37 Gesuch der Witwe Ottilie von Freyhold an die preußische Königin, 7.5.1869, GStA PK, I. HA, Rep. 77, Tit. 904, Lit. F, Nr. 79.

wesen.«[38] Mara von Freyhold arbeitete nach wie vor als Gouvernante bei verschiedenen ostelbischen Gutsbesitzern. Mit ihrem Gehalt von 900 Mark im Jahr[39] musste sie nicht nur ihre kranke Mutter unterhalten, die außer einer mittlerweile bewilligten minimalen Gnadenpension von jährlich 90 Mark keinerlei Einkünfte besaß[40], sondern auch noch teilweise ihre Geschwister unterstützen:

> »Daß unter diesen Umständen der Gedanke an meine Zukunft ein wahrhaft trostloser ist, daß meine ohnehin schwache Gesundheit durch stete Arbeit, Angst und Sorge um meine Mutter sehr gelitten, brauche ich nun wohl nicht mehr zu versichern. Schon verschiedene Ärzte haben mir geraten[,] das Unterrichten aufzugeben, doch wie kann ich das? So lange es nur geht, will und muß ich doch mit Aufopferung meiner Kräfte für Mama und mich sorgen. Erlaubt dies meine Gesundheit aber durchaus nicht mehr, so weiß ich eben nicht, wie es dann werden soll, wo es mir jetzt schon so schwer wird.«[41]

In einen Verein für Lehrerinnen einzutreten, sei ihr aufgrund der hohen Mitgliedsbeiträge unmöglich. Das Ziel einer Versetzung an eine Schule in Königsberg, wodurch sie einerseits Pensionsansprüche erworben und andererseits die Mutter selbst hätte pflegen können, habe sie aufgrund ihres eigenen Gesundheitszustands aufgeben müssen. Wegen der Verschlimmerung der Geisteskrankheit weigerten sich die Privatleute, bei denen Ottilie von Freyhold bisher zur Pflege untergebracht war, sie weiterhin zu versorgen. Maras größter Wunsch war es, die Mutter in einem privaten Pflegeheim unterbringen zu können. Dies war auch der hauptsächliche Grund für ihre Bitte um staatliche Unterstützung, die sowohl von ihrem derzeitigen Arbeitgeber als auch vom Bürgermeister ihres Wohnsitzes Voerde auf das Wärmste befürwortet wurde. Ihr Dienstherr, Rittergutsbesitzer Freiherr von Klettenberg, königlicher Kammerherr und Kreisdeputierter, betonte, dass Mara von Freyhold »durch ihre aufopfernde Selbstlosigkeit sich einer Berücksichtigung wohl in hervorragendem Maße werth macht«.[42] Sie opfere fast ihren ganzen Verdienst für die Mutter, statt Rücklagen für ihr eigenes Alter zu bilden.[43] Der Bürgermeister unterstützte das Gesuch zwar ebenfalls, teilte allerdings nochmals explizit den Beruf des Vaters der Bittstellerin mit.[44] Mit dem daraufhin an Mara von Freyhold gesendeten Ablehnungsschreiben des Ministeriums des Innern endet die Akte der Familie von Freyhold: »Nach Maßgabe der bestehenden Bestimmungen bedaure ich, demselben [Gesuch] nicht stattgeben zu können, weil Ihr verstorbener Vater weder als Offizier noch als Beamter jemals dem Staatsdienste angehört hat.« [45] Als Gutsbesitzertochter konnte Mara von Freyhold demnach keine Hilfe erwarten.

---

33 Sämtliche Zitate: Bittgesuch der Erzieherin Mara von Freyhold um Unterstützung aus dem Stiftungs-Pensions-Fonds, gerichtet an das preußische Ministerium des Innern, 15.3.1881, GStA PK, I. HA, Rep. 77, Tit. 904, Lit. F, Nr. 79.

39 Vgl. Schreiben des Bürgermeisters von Voerde an das preußische Ministerium des Innern, 8.4.1881, GStA PK, I. HA, Rep. 77, Tit. 904, Lit. F, Nr. 79.

40 Bittgesuch der Erzieherin Mara von Freyhold um Unterstützung aus dem Stiftungs-Pensions-Fonds, gerichtet an das preußische Ministerium des Innern, 15.3.1881, GStA PK, I. HA, Rep. 77, Tit. 904, Lit. F, Nr. 79.

41 Ebd.

42 Unterstützungsschreiben des Freiherrn von Klettenberg, gerichtet an das preußische Ministerium des Innern, o.D., Beilage zum Gesuch der Mara von Freyhold, 15.3.1881, GStA PK, I. HA, Rep. 77, Tit. 904, Lit. F, Nr. 79.

43 Vgl. ebd.

44 Vgl. Schreiben des Bürgermeisters von Voerde an das preußische Ministerium des Innern, 8.4.1881, GStA PK, I. HA, Rep. 77, Tit. 904, Lit. F, Nr. 79.

45 Schreiben des preußischen Ministeriums des Innern an Mara von Freyhold, 19.5.1881, GStA PK, I. HA, Rep. 77, Tit. 904, Lit. F, Nr. 79.

II. »AN DEN STUFEN DES THRONS EURER MAJESTÄT LEGEN SO VIELE, TIEF- BEKÜMMERTE SORGENBESCHWERTE UNTERTHANEN IHRE VERTRAUENS- VOLLEN BITTEN NIEDER«[46] – BITTGESUCHE ALS NEUER ZUGANG ZUR ADELSFORSCHUNG

Bei den oben beschriebenen Beispielen armer adliger Frauen und ihrer Familien handelte es sich nicht um Einzelfälle. Ganz anders, als die bekannten Beschreibungen des Adels im 19. Jahrhundert erwarten lassen, war die Erfahrungswelt der vorgestellten Adelsfamilien weder am Anfang noch am Ende des Jahrhunderts geprägt von herrschaftlichem Großgrundbesitz, stattlichen Bällen und teuren Kleidern. Tausende von ihnen wandten sich in ihrer Not an den preußischen König und die Staatsverwaltung. In Preußen galt bis weit in das 19. Jahrhundert hinein das herrschaftliche Gnadenrecht. Jeder Untertan durfte sogenannte Bittgesuche einsenden und auf die Gnade des Königs hoffen.

Was die Quantität der eingesandten Suppliken in Preußen betrifft, so wird insbesondere für die zweite Hälfte des 18. Jahrhunderts eine stete Zunahme vermutet.[47] In einem separaten Aktenbestand des Geheimen Zivilkabinetts im Geheimen Staatsarchiv Preußischer Kulturbesitz Berlin sind circa 6.500 Gesuche einzelner Personen im Zeitraum von 1807 bis in die 1860er Jahre überliefert. Davon sind etwa 1.300 Akten adligen Absendern zuzuordnen.[48] Je nach Anliegen erhielten die Bittsteller meist Geldbeträge, sei es in Form von einmaligen Unterstützungen, Zuschüssen, Krediten oder Pensionen. Außerdem wurden Stellen im Staatsdienst oder Stiftsplätze vergeben. In der zweiten Jahrhunderthälfte gestaltete sich die Situation ähnlich. Allein in den Jahren 1894 bis Mitte 1896 wurden infolge ihrer Bittgesuche 108 Offiziers- und Beamtentöchtern beziehungsweise -witwen aus dem preußischen Stiftspensionsfonds Unterstützungen im Wert von insgesamt 23.690 Mark neu bewilligt; von diesen Bittstellerinnen war über die Hälfte adlig.[49] Die Zahl der an die Behörden eingereichten Gesuche um Unterstützungen liegt allerdings weitaus höher als die tatsächlich gezahlten Pensionen.

In den letzten Jahren sind Bittschriften als eine wichtige Quellengattung insbesondere von der Frühneuzeitforschung verstärkt in den Blick genommen worden.[50] Sie wurden mit sozialgeschichtlichen und neuerdings vereinzelt auch kulturhistorischen Fragestellungen bearbeitet. Die englischsprachige Forschung hat Bittschriften bereits als einen neuen Zugang zur Arbeiter- und Armutsgeschichte etabliert.[51] Auch im deutschsprachi-

---

46 Bittgesuch des Franz von Misbach an König Friedrich Wilhelm IV., 15.7.1841, GStA PK, I. HA, Rep. 89, Nr. 9824.

47 Vgl. *Janine Rischke/Carmen Winkel*, »Hierdurch in Gnaden …«. Supplikationswesen und Herrschaftspraxis in Brandenburg-Preußen im 18. Jahrhundert, in: Jahrbuch für die Geschichte Mittel- und Ostdeutschlands 57, 2011, S. 57–86, hier: S. 66 ff.; vgl. auch *Helmut Bräuer*, Persönliche Bittschriften als sozial- und mentalitätsgeschichtliche Quellen. Beobachtungen aus frühneuzeitlichen Städten Obersachsens, in: *Gerhard Ammerer* (Hrsg.), Tradition und Wandel. Beiträge zur Kirchen-, Gesellschafts- und Kulturgeschichte, München 2001, S. 294–304, hier: S. 296.

48 Bestand »5. Versorgung, Unterstützung«, GStA PK, I. HA, Rep. 89.

49 Bewilligung von Unterstützungen und Pensionen aus heimfallenden Stiftsrevenüen. Stiftspensionsfonds, Bd. 11, 1893–1900, GStA PK, I. HA, Rep. 89, Nr. 23859. Dieser Fonds, dessen Kapitalstock sich aus den heimgefallenen Präbenden der Anfang des 19. Jahrhunderts aufgehobenen und auf den Aussterbeetat gesetzten Damenstifte speiste, wurde vom Ministerium des Innern verwaltet und diente speziell der Unterstützung bedürftiger Töchter verdienter Staatsdiener.

50 Vgl. grundlegend *Bräuer*, Persönliche Bittschriften, sowie *Anke Sczesny*, Der lange Weg in die Fuggerei. Augsburger Armenbriefe des 19. Jahrhunderts, Augsburg 2012; *Rischke/Winkel*, »Hierdurch in Gnaden …«; *Cecilia Nubola/Andreas Würgler* (Hrsg.), Bittschriften und Gravamina. Politik, Verwaltung und Justiz in Europa, 14.–18. Jahrhundert, Berlin 2005.

51 Vgl. insb. *Thomas Sokoll* (Hrsg.), Essex Pauper Letters 1731–1837, Oxford 2006; *ders.*, Negotiating a Living. Essex Pauper Letters from London, 1800–1834, in: International Review

gen Raum werden allerdings ausschließlich Unterschichten in den Blick genommen. Für die Untersuchung des Adels haben Bittschriften bisher keine Aufmerksamkeit erfahren. Typische Quellenkorpora der Adelsgeschichte konzentrieren sich zumeist auf die männlichen Mitglieder der Familie, die Geschichte der adligen Frauen bleibt in den meisten Studien von vornherein unberücksichtigt. Die persönlichen Bittgesuche und zugehörigen Verwaltungsschriftstücke fördern über diese Personengruppe bisher völlig Unbekanntes zutage. Denn über diese Quellengattung können sowohl die Lebensumstände als auch die Vermögenssituation der Familienmitglieder rekonstruiert werden. Damit bilden die Briefe nicht nur im Allgemeinen eine unverzichtbare Ergänzung der traditionellen Familiengeschichten, sondern tragen im Besonderen zu einer Erweiterung der bisherigen Adelsforschung um Fragen nach den konkreten Lebensbedingungen adliger Frauen bei.[52]

Der besondere Wert der Bittgesuche ist gerade auch vor dem Hintergrund der Tatsache zu sehen, dass arme Leute in der Regel keine umfangreichen Selbstzeugnisse hinterlassen haben. Die Briefe sind folglich umso bemerkenswerter, als es sich hier um Ego-Dokumente handelt, die tiefe Einblicke in die Erfahrungen und Alltagswelt der Armen erlauben: »Pauper letters are of major importance for the social history of poverty from below, since they provide – literally – first-hand evidence of the experiences and attitudes of the poor themselves«.[53] Dies trägt einem Anliegen der neueren Armutsforschung Rechnung, die in den letzten Jahren verstärkt der Alltagserfahrung und -wahrnehmung armer Leute in ihren Selbstzeugnissen nachgeht und nach dem Erleben und den Strategien im Umgang mit Armut fragt.[54] Schon Helmut Bräuer stellte in einem programmatischen Aufsatz fest:

›Bittschriften sind fixierte Ergebnisse der geistigen Auseinandersetzung einer Person (mitunter einer Personengruppe) mit der eigenen Notlage, defizitären Situation oder solchen Umständen des Nichthabens, die als bedrohlich angesehen wurden und die daher nach einer Zustandsänderung verlangten.«[55]

Die Niederschriften von Bittgesuchen wirkten auch als »Biographiegeneratoren«[56], verstanden als »soziale Institutionen […], die eine […] Rückbesinnung auf das eigene Dasein gestatten«.[57] Sie bewirkten nicht nur eine Bewusstseinsschärfung der armen Adligen über ihre Situation, sondern eröffneten ihnen auch Handlungsspielräume. Allein das Einsenden einer Bitte wies auf eine Notlage hin. Die Bittsteller betonten in ihren Schreiben, die Gnade des Königs sei ihr einziger und letzter Ausweg. Die eigene Lage wurde von

---

of Social History 45, 2000, S. 19–46, sowie *Andreas Gestrich/Steven A. King*, Pauper Letters and Petitions for Poor Relief in Germany and Great Britain, 1770–1914, in: German Historical Institute London Bulletin 35, 2013, Nr. 2, S. 12–25.

52 Wenige Informationen bieten etwa die nur sehr knappen Einträge über die Familie von Rosenbruch in den einschlägigen Adelslexika des 19. Jahrhunderts, *Leopold von Zedlitz-Neukirch* (Hrsg.), Neues Preussisches Adels-Lexicon, Bd. 4, Leipzig 1837, S. 130, sowie *Ernst Heinrich Kneschke* (Hrsg.), Neues Allgemeines Deutsches Adels-Lexicon, Bd. 7, Leipzig 1867, S. 580. Über die weiblichen Familienmitglieder ist – abgesehen von ihrer bloßen Existenz – bisher kaum etwas bekannt, so auch bei *Michaelis*, Geschichte der Familie von Rosenbruch.

53 *Sokoll*, Negotiating a Living, S. 25. So auch *Bräuer*, Persönliche Bittschriften, S. 301: »Die Bittschrift [ist] aus der sozialen Sphäre armer Leute jene Quelle mit dem höchsten Grad an persönlicher Direktheit und ›Authentizität‹ oder autobiographischer Offenbarung«.

54 Vgl. *Andreas Gestrich/Steven King/Lutz Raphael*, The Experiences of Being Poor in Nineteenth- and Early-Twentieth-Century Europe, in: *dies.* (Hrsg.), Being Poor in Modern Europe. Historical Perspectives 1800–1940, Oxford/Bern etc. 2006, S. 17–40. Zur Quellengattung der Ego-Dokumente vgl. grundlegend *Winfried Schulze* (Hrsg.), Ego-Dokumente. Annäherung an den Menschen in der Geschichte, Berlin 1996, S. 11–30.

55 *Bräuer*, Persönliche Bittschriften, S. 296.

56 *Alois Hahn*, Identität und Selbstthematisierung, in: *ders./Volker Knapp* (Hrsg.), Selbstthematisierung und Selbstzeugnis. Bekenntnis und Geständnis, Frankfurt am Main 1987, S. 9–24, hier: S. 12.

57 Ebd.

den Betroffenen als eine nicht mehr selbst zu bewältigende Notsituation gedeutet. So bat beispielsweise die Witwe von Droste am 29. November 1826 um »die Errettung einer Familie aus der größten Noth; Klein ist die Bewilligung meiner Bitte, für Sr. Majestät aber die Errettung die Wohlthat für eine ganz in Elend versunkenen Familie unaussprechlich groß«.[58] Die Sprache ist sehr emotional, was typisch für diese Quellengattung ist. Selbstverständlich ist bei einer quellenkritischen Bewertung der Bittgesuche zu beachten, dass es sich hier um intentional verfasste Schreiben handelt, die auf einen bestimmten Zweck – die Erlangung von Unterstützungsleistungen – hin geschrieben wurden. Die Briefe folgen in Aufbau, Form und Sprache einer langen Tradition des Briefeschreibens. Eine serielle Auswertung hilft jedoch, wiederkehrende Topoi aufzudecken und kontextuell zu bewerten. Zudem finden sich in den Akten nicht nur die Originalbriefe, sondern auch Geburtsurkunden, ärztliche Atteste, Empfehlungsschreiben von örtlichen Beamten oder Pfarrern, Schul- und Arbeitszeugnisse, Zeitungsartikel und mitunter sogar Gedichte. Insbesondere die offiziellen Berichte der preußischen Zentral- oder Provinzbehörden über die Lebens- und Vermögenssituation der Bittstellerinnen geben Aufschluss über die Richtigkeit der gemachten Aussagen. Die Angaben der Briefeschreiber wurden außerdem durch verwaltungsinterne Berichte oder durch Kontrollbesuche vor Ort überprüft. Da dieser Umstand bekannt war, sind grob falsche Angaben nur selten zu finden. Auch vereinzelte Stichproben in der Parallelüberlieferung (Adressbücher, Familiengeschichten, Vasallentabellen, Adelslexika) ergaben, dass die Selbstaussagen Adliger in der Regel korrekt waren.[59]

Die seriell vorliegenden Briefe sowie die dazugehörige Behördenkorrespondenz liefern somit umfangreiche prosopografische Informationen über die Lebensverläufe der Bittstellerinnen und ihrer Familien. Es ist möglich, sowohl in quantitativer als auch qualitativer Hinsicht ein umfassendes Bild ihrer familiären, sozialen und wirtschaftlichen Situation zu zeichnen. Was bedeuten nun diese neuen Befunde für Fragen nach Generierung und Dynamik sozialer Ungleichheit?

III. ARME ADLIGE FRAUEN UND SOZIALE UNGLEICHHEIT – EINE HERAUS-FORDERUNG GÄNGIGER SCHICHTUNGSMODELLE

Betrachtet man das Phänomen armer adliger Frauen im Hinblick auf soziale Ungleichheiten in der deutschen Gesellschaft des 19. Jahrhunderts, so kommt es zunächst zu der eingangs beschriebenen Irritation: Arm und adlig – das passt nicht zusammen. Wie soll man diese Gruppe in die gängigen Schichtungsmodelle, in unsere Vorstellung von der damaligen Sozialstruktur der Gesellschaft einordnen?

Die Entwicklung sozialer Ungleichheit im 19. Jahrhundert wird aus gesamtgesellschaftlicher Perspektive als ein Prozess beschrieben, der von der »entsicherten Ständegesellschaft«[60] der Zeit um 1800 hin zum zunehmend funktional differenzierten »Klassensystem

---

58　Bittgesuch der Witwe von Droste an den Staatsminister Karl Friedrich Heinrich Graf von Wylich und Lottum, 29.11.1826, GStA PK, I. HA, Rep. 89, Nr. 7128.

59　Zu diesem Ergebnis kommen auch *Anke Sczesny*, »… bitte ich um die milde Gabe und den Genuß der Aufnahm in die Fuggerey …«. Bittschriften bedürftiger Leute im Augsburg des 19. Jahrhunderts, in: *Johannes Burkhardt* (Hrsg.), Geschichte in Räumen. Festschrift für Rolf Kießling zum 65. Geburtstag, Konstanz 2006, S. 135–154, hier: S. 152, *Bräuer*, Persönliche Bittschriften, S. 300f., und *Sokoll*, Negotiating a Living, S. 29: »pauper letters possess a high credibility«. Zur ausführlichen Quellenkritik vgl. *Sokoll*, Essex Pauper Letters, S. 44–70, hier insb.: S. 67ff.; *Otto Ulbricht*, Supplikationen als Ego-Dokumente. Bittschriften von Leibeigenen aus der ersten Hälfte des 17. Jahrhunderts als Beispiel, in: *Schulze*, Ego-Dokumente, S. 149–174.

60　Vgl. *Ewald Frie*, Friedrich August Ludwig von der Marwitz (1777–1837). Adelsbiographie vor entsicherter Ständegesellschaft, in: *Heinz Reif* (Hrsg.), Adel und Bürgertum in Deutschland,

mit ständischem Überhang«[61] des wilhelminischen Kaiserreichs führte. Pauschalisierende Einteilungen in Großgruppen wie »Adel« oder »Bürgertum« suggerieren klar abgetrennte Formationen mit je eigenen Lebensbereichen. Adel wird dabei allgemein der Oberschicht zugeordnet, adlige Frauen werden nur über die männlichen Familienmitglieder definiert. Aus dieser Perspektive wird die Einordnung der armen adligen Frauen tatsächlich zum Problem. Hans-Ulrich Wehler beschreibt die Ungleichheitsstrukturen der deutschen Gesellschaft des 19. Jahrhunderts als grundsätzlich vertikal geschichtet und stellt in seiner »Deutschen Gesellschaftsgeschichte« die ökonomische Ausstattung und den Beruf als hauptsächliche Stratifikationsmerkmale in den Vordergrund.[62] Aus dieser wohl als klassisch zu bezeichnenden Perspektive erscheint der Adel nahezu ausschließlich als »traditionale Elite«[63], die versuchte, ihre überkommene privilegierte Position gegen die vordringende bürgerliche Gesellschaft zu verteidigen. In einer Situation der ›Gleichzeitigkeit des Ungleichzeitigen‹, in der »zwei Schichtungssysteme sich wechselseitig durchdringen konnten: das erste ein Überrest der alten Feudalordnung, das zweite das kapitalistische«[64], wird der arme Adel, wenn man nur die beiden Kategorien »Klasse« und »Stand« verwendet, zum Paradoxon. Es kommt zu einer Konstellation, die gekennzeichnet ist durch das, was Stefan Hradil als gravierende »Statusinkonsistenzen«[65] beschreibt: Mara von Freyhold, Frau von Droste und die Familie von Rosenbruch waren ihrem Stand nach ›oben‹ in der Gesellschaft anzusiedeln. Erstere gehörte sogar dem ostelbischen Adel an – also der Gruppe, die in der Regel als Elite gilt. Ihrer Klassenlage nach konnten alle drei Familien diesen Anspruch allerdings in keiner Weise erfüllen. Mara von Freyhold verdiente 900 Mark jährlich und war lohnabhängig beschäftigt. Dies kann nur eine Einordnung ›unten‹ im Schichtungsgefüge bedeuten. Zum Vergleich: Die Familie eines Arbeiters einer Seifenfabrik hatte im Jahr 1886 ein Jahreseinkommen von 1.040 Mark.[66] Gleiches gilt für die Witwe von Droste, die 1826 für sich und ihre Kinder über lediglich 100 Reichstaler im Jahr verfügte: »Wie kümmerlich das Leben ist – von 100 rt. 4 Kinder zu erziehen, bedarf der Versicherung wohl nicht.«[67] Diese Aussage entbehrt der Grundlage nicht: Am Ende des Vormärz gaben preußische Statistiker das Existenzminimum einer fünfköpfigen Landarbeiterfamilie mit jährlich 115 Taler an.[68] An diesen Beispielen wird deutlich, dass stark von der sozialen Wirklichkeit abstrahierende Erklärungsmodelle, die bei der Strukturie-

---

Bd. 1: Entwicklungslinien und Wendepunkte im 19. Jahrhundert, Berlin 2000, S. 83–102; *ders.*, Adelige Lebensweisen in entsicherter Ständegesellschaft. Erfahrungen der Brüder Alexander und Ludwig von der Marwitz, in: *Eckart Conze/Monika Wienfort* (Hrsg.), Adel und Moderne. Deutschland im europäischen Vergleich im 19. und 20. Jahrhundert, Köln 2004, S. 273–288. Zum »Laboratorium vor der Moderne« in der Zeit um 1800 vgl. *ders.*, Adel um 1800. Oben bleiben?, in: zeitenblicke 4, 2005, Nr. 3, URL: <http://www.zeitenblicke.de/2005/3/Frie> [24.7.2014].

61 *Hans-Ulrich Wehler*, Deutsche Gesellschaftsgeschichte, Bd. 3: Von der »Deutschen Doppelrevolution« bis zum Beginn des Ersten Weltkrieges 1849–1914, München 1995, S. 843–847, hier insb.: S. 843.

62 *Ders.*, Deutsche Gesellschaftsgeschichte, Bd. 1, S. 136.

63 *Ders.*, Deutsche Gesellschaftsgeschichte, Bd. 3, S. 193.

64 *Walther Rathenau*, Zur Kritik der Zeit (1912), in: *ders.*, Gesammelte Schriften, Bd. 1, Berlin 1925, S. 25.

55 *Stefan Hradil*, Soziale Ungleichheit in Deutschland, 8., überarb. u. aktual. Aufl., Wiesbaden 2001, S. 33.

56 Vgl. *Lothar Schneider*, Der Arbeiterhaushalt im 18. und 19. Jahrhundert. Dargestellt am Beispiel des Heim- und Fabrikarbeiters, Berlin 1967, S. 156.

57 Bittgesuch der Witwe von Droste an den Staatsminister Karl Friedrich Heinrich Graf von Wylich und Lottum, 29.11.1826, GStA PK, I. HA, Rep. 89, Nr. 7128.

58 Vgl. *Hans-Ulrich Wehler*, Deutsche Gesellschaftsgeschichte, Bd. 2: Von der Reformära bis zur industriellen und politischen »deutschen Doppelrevolution« 1815–1845/49, München 1987, S. 247.

rung der Gesellschaft mit wenigen Faktoren arbeiten, eine idealtypische und daher notwendigerweise komplexitätsreduzierte Gesamtperspektive entwerfen. Dadurch blenden sie Phänomene aus, die durch ihr spezifisches Raster der sozialen Strukturierung fallen. Neue Quellenbestände bringen zuweilen bisher in der Forschung unberücksichtigte soziale Gruppen ans Licht, die zur Herausforderung für bestehende Modelle von Gesellschaft werden können.

Soziale Ungleichheit in historischer Perspektive: Generatoren sozialer Ungleichheit

Wie Gesellschaft, mithin soziale Ungleichheit beschaffen und beschreibbar ist, dazu gibt es eine Vielzahl unterschiedlicher Konzepte und Herangehensweisen.[69] Lange Zeit dominierten in den Sozialwissenschaften modifizierte Klassen- und Schichtmodelle. Sie orientierten sich vor allem an ökonomischen Faktoren wie Einkommen und Beruf. Ihnen allen lag die Vorstellung einer vertikal ausgerichteten, also hierarchisch gegliederten Gesellschaftsstruktur zugrunde. Problematisch bleibt aber gerade der hinter diesen Theorieentwürfen stehende Anspruch, eine Gesellschaft anhand dominanter Schichtungsmerkmale in einem holistischen Modell abbilden zu können.[70] Ab etwa Anfang der 1980er Jahre traten schließlich neue Ansätze hinzu. Es rückten stärker Fragen nach »horizontalen« Ungleichheiten wie Geschlechtszugehörigkeit, Ethnie, Generation und regionaler Herkunft in den Mittelpunkt des Interesses. Damit sollte einer angeblich zunehmenden Differenzierung und Pluralisierung der Lebensweisen in der modernen Gesellschaft Rechnung getragen werden. Es müsse stärker berücksichtigt werden, »dass ähnliche objektive Lebensbedingungen (z.B. der gleiche Beruf) häufig mit sehr verschiedenen Lebensstilen und auch unterschiedlichen subjektiven Zuordnungen zu bestimmten Milieus […] verbunden sind«.[71] Mit dieser differenzierteren Analyse gerieten vermehrt »Statusinkonsistenzen« in den Blick, die nun nicht mehr zur Ausnahme, sondern zum Regelfall sozialer Ungleichheit erklärt wurden.[72]

Kritik an der Vorstellung bestimmter Fundamentalkategorien, anhand derer Gesellschaft strukturiert wird, ist bereits aus ganz verschiedenen Forschungsrichtungen geäußert worden und bestimmt noch gegenwärtige Diskussionen. Insbesondere im Umfeld der Frauen- und Geschlechtergeschichte sowie der Kolonialismus- und Nationalismusforschung ist

---

69 Vgl. eine Übersicht bei *Nicole Burzan*, Soziale Ungleichheit. Eine Einführung in die zentralen Theorien, Wiesbaden 2004.

70 Vgl. unter anderem die »Bolte-Zwiebel« von *Karl Martin Bolte*, Soziale Schichtung der Bundesrepublik Deutschland, in: *ders./Dieter Kappe/Friedhelm Neidhardt* (Hrsg.), Deutsche Gesellschaft im Wandel, Bd. 1, 2., überarb. Aufl., Opladen 1967, S. 233–351, hier: S. 316, sowie das modifizierte Schichtmodell von *Rainer Geißler*, Die Sozialstruktur Deutschlands. Die gesellschaftliche Entwicklung vor und nach der Vereinigung, 3., grundlegend überarb. Aufl., Wiesbaden 2002, S. 119. Daran angelehnt aus sozialgeschichtlicher Perspektive das Pyramidenmodell bei *Gerhard A. Ritter/Klaus Tenfelde*, Arbeiter im Deutschen Kaiserreich 1871 bis 1914, Bonn 1992, S. 130, die sich auf *Ulrich Borsdorf* (Hrsg.), Geschichte der deutschen Gewerkschaften, Köln 1987, S. 74, beziehen.

71 *Burzan*, Soziale Ungleichheit, S. 75, mit Bezug auf Stefan Hradil. Der neueren Ungleichheitsforschung liegen dabei konzeptionelle Überlegungen zum gesellschaftlichen Wandel der 1970er/ 1980er Jahre zugrunde, die in historischer Perspektive fraglich erscheinen. So wird angenommen, dass gesellschaftliche Strukturen im ausgehenden 20. Jahrhundert zunehmend komplexer geworden seien. Wie jedoch neuere Arbeiten der Alten Geschichte zeigen, sind derartige »Statusinkonsistenzen« schon in antiken Gesellschaften zu finden. Vgl. unter anderem *Robert Knapp*, Römer im Schatten der Geschichte. Gladiatoren, Prostituierte, Soldaten. Männer und Frauen im Römischen Reich, Stuttgart 2012; *Aloys Winterling*, ›Staat‹, ›Gesellschaft‹ und politische Integration in der römischen Kaiserzeit, in: Klio 83, 2001, S. 93–112. Aus Sicht der Frühen Neuzeit vgl. auch *Thomas Sokoll*, Historische Perspektiven auf soziale Ungleichheit, in: Gegenblende (DGB), September/Oktober 2011: Soziale Ungleichheit. Alter Wein in neuen Schläuchen?, S. 308–313.

72 Vgl. *Burzan*, Soziale Ungleichheit, S. 74–78.

seit den 1980er Jahren der Zusammenhang von Klasse, Geschlecht und Ethnizität in zahlreichen theoretischen und empirischen Arbeiten untersucht worden.[73] Dennoch wurde jüngst aus geschlechtergeschichtlicher Sicht erneut kritisiert, dass in den großen Gesellschaftsmodellen des 19. Jahrhunderts »Geschlecht« lediglich als »additive, aber dennoch verzichtbare Kategorie« behandelt werde oder aber gleich eine »Exklusion von Frauen auf der strukturellen Ebene« erfolge.[74] Auch die Alternssoziologie hat längst eine Erweiterung ›klassischer‹ Konzepte sozialer Ungleichheit angemahnt. Diese Kritik wurde erst kürzlich wieder erneuert.[75] Denn erst »eine Anzahl weiterer Ungleichheitsdimensionen [bewirkt] die Positionierung im System sozialer Ungleichheit«. Es müsse daher

»von einer generellen Verflechtung der Merkmale Klasse, Alter, Geschlecht und Ethnizität […] ausgegangen werden […]. Diese Merkmale verbinden sich mit weiteren ›horizontalen‹ Dimensionen sozialer Ungleichheit – wie Gesundheit, Wohn- und Lebensraum oder Regionalität – zu spezifischen Ungleichheitsclustern, die sich auch vertikal in eher günstige oder ungünstige Lebenslagen klassifizieren lassen.«[76]

Doch bleiben Forschungen zur sozialen Ungleichheit in der Regel bei einer rein additiven Aufzählung mehrerer Ungleichheitsmerkmale stehen, die sich dann zu einem mehr oder minder komplexen, oftmals statischen Modell verfestigen.

In der Geschlechtergeschichte ist daher immer wieder die Verwobenheit der Kategorie »Geschlecht« mit anderen Faktoren betont worden. So begreift Andrea Griesebner »Geschlecht« als »mehrfach relationale Kategorie«.[77] In ihrer Studie zu Gerichtsprozessen in der Frühen Neuzeit führt sie aus:

»Für die Wahrnehmung und Beurteilung von als Verbrechen bewerteten Handlungen war es für die frühneuzeitliche Justiz nicht nur entscheidend, welchem Stand und welcher Religion bzw. Konfession eine Person angehörte, sondern auch, ob er oder sie ledig, verheiratet oder verwitwet, jung oder alt, fremd oder ortsansässig war«.[78]

---

73 Vgl. dazu den Forschungsüberblick bei *Christian Koller*, Klasse, Ethnizität und Geschlecht. Das Spannungsfeld von Quellen und Kategorien in der historischen Intersektionalitätsforschung am Beispiel von Arbeitskämpfen und Kolonialmilitär, in: *Mechthild Bereswill/Folkert Degenring/ Sabine Stange* (Hrsg.), Intersektionalität und Forschungspraxis. Wechselseitige Herausforderungen, Münster, S. 3ff. (als Manuskript vorliegend).

74 Vgl. *Claudia Ulbrich*, Ungleichheit und Geschlechterforschung, in: *Marian Füssel/Thomas Weller* (Hrsg.), Soziale Ungleichheit und ständische Gesellschaft, Frankfurt am Main 2011, S. 85–104, hier: S. 87, mit Bezug auf Hans-Ulrich Wehler und Wolfgang Reinhard.

75 So wird die stärkere Integration einer biografischen Perspektive in Konzepte sozialer Ungleichheit gefordert, da die Kategorie »Alter« ein wichtiges »Prinzip der sozialen Organisation und auch […] Determinante der Verteilung von Lebenschancen« sei, vgl. *Andrea Kottmann*, Alter als Kategorie sozialer Ungleichheit?, in: *Harald Künemund/Klaus R. Schroeter* (Hrsg.), Soziale Ungleichheiten und kulturelle Unterschiede in Lebenslauf und Alter. Fakten, Prognosen und Visionen, Wiesbaden 2008, S. 31–70, hier: S. 32. Zu einer Erweiterung der Trias *race, class, gender* um *age* vgl. auch *Julie Ann McMullin*, Understanding Inequality. Intersections of Class, Age, Gender, Ethnicity, and Race in Canada, Toronto 2004.

76 *Wolfgang Clemens*, Zur »ungleichheitsempirischen Selbstvergessenheit« der deutschsprachigen Alter(n)ssoziologie, in: *Harald Künemund/Klaus R. Schroeter* (Hrsg.), Soziale Ungleichheiten und kulturelle Unterschiede in Lebenslauf und Alter. Fakten, Prognosen und Visionen, Wiesbaden 2008, S. 17–30, hier: S. 22.

77 Vgl. *Andrea Griesebner*, Mehrfach relational: Geschlecht als soziale und analytische Kategorie, in: *dies./Christina Lutter* (Hrsg.), Die Macht der Kategorien. Perspektiven historischer Geschlechterforschung, Innsbruck 2002, S. 3–5, hier: S. 3.

78 *Andrea Griesebner/Susanne Hehenberger*, Intersektionalität. Ein brauchbares Konzept für die Geschichtswissenschaften?, in: *Vera Kallenberg/Jennifer Meyer/Johanna M. Müller* (Hrsg.), Intersectionality und Kritik. Neue Perspektiven für alte Fragen, Wiesbaden 2013, S. 105–124, hier: S. 115.

Insbesondere aus den empirischen Untersuchungen folgte damit – teilweise ungewollt – eine Dezentrierung der Analysekategorie »Geschlecht«.[79]

In den letzten zehn Jahren haben im Umfeld der *Gender Studies* Konzepte an Bedeutung gewonnen, die aus theoretischer Perspektive unter dem Sammelbegriff der »Intersektionalität« verstärkt nach dem Zusammenspiel und den Wechselwirkungen von verschiedenen sozialen Kategorien fragen.[80] Katharina Walgenbach beschreibt diesen Ansatz folgendermaßen:

»Unter Intersektionalität wird […] verstanden, dass soziale Kategorien wie Gender, Ethnizität, Nation oder Klasse nicht isoliert voneinander konzeptualisiert werden können, sondern in ihren ›Verwobenheiten‹ oder ›Überkreuzungen‹ (*intersections*) analysiert werden müssen. Additive Perspektiven sollen überwunden werden, indem der Fokus auf das *gleichzeitige Zusammenwirken* von sozialen Ungleichheiten gelegt wird. Es geht demnach nicht allein um die Berücksichtigung mehrerer sozialer Kategorien, sondern ebenfalls um die Analyse ihrer *Wechselwirkungen*«.[81]

Trotz einiger konzeptioneller Schwächen[82] leistet das Konzept der Intersektionalität einen wichtigen Beitrag für eine differenziertere Betrachtung sozialer Ungleichheit. Es macht zudem darauf aufmerksam, dass es meist zu komplexen Gemengelagen von Vor- und Nachteilen kommt, die sich potenzieren oder tendenziell ausgleichen können.[83] Intersektionale Ansätze haben jedoch sowohl in den sozialwissenschaftlichen Forschungen zur sozialen Ungleichheit als auch in den Geschichtswissenschaften bisher kaum Beachtung gefunden.[84] So verwundert es kaum, dass derartige Reflexionen auch in die meist auf männliche Adlige konzentrierte Adelsgeschichte keinen Eingang gefunden haben.

Die Untersuchung armer adliger Frauen erfordert jedoch, dass neben materieller Situation und Standeszugehörigkeit weitere Faktoren in die Analyse einbezogen werden, um die soziale Position dieser Frauen adäquat bestimmen zu können. Es ist zu beachten, dass diese Faktoren nicht ahistorisch, sondern zeitlich gebunden und kontextabhängig sind. Zudem wird ihre Auswahl maßgeblich von der Fragestellung geleitet. Christian Koller hat aus geschichtswissenschaftlicher Sicht jüngst vorgeschlagen, die Faktoren »in Auseinandersetzung mit dem verfügbaren empirischen Material in einem iterativen Prozess« zu entwickeln. Dies führe zu einer »erheblichen Modifikation des kategorialen Apparates« und kön-

---

79 Vgl. *Griesebner/Lutter*, Die Macht der Kategorien, insb. *Claudia Ulbrich* im Gespräch mit *Christina Lutter*, Dezentrierung der Kategorie Geschlecht?, in: ebd., S. 112–119.

80 Vgl. stellvertretend *Nina Degele/Gabriele Winker* (Hrsg.), Intersektionalität. Zur Analyse sozialer Ungleichheiten, Bielefeld 2009.

81 *Katharina Walgenbach*, Intersektionalität als Analyseperspektive heterogener Stadträume, in: *Elli Scambor/Fränk Zimmer* (Hrsg.), Die intersektionelle Stadt. Geschlechterforschung und Medien an den Achsen der Ungleichheit, Bielefeld 2012, S. 81–92, hier: S. 81.

82 Zur kritischen Auseinandersetzung mit dem Konzept der Intersektionalität vgl. *Tove Soiland*, Die Verhältnisse gingen und die Kategorien kamen. *Intersectionality* oder Vom Unbehagen an der amerikanischen Theorie, in: Dimensionen von Ungleichheit, querelles-net 26, 2008, URL: <http://www.querelles-net.de/index.php/qn/article/view/694/702> [21.1.2014]; *Kallenberg/Meyer/Müller*, Intersectionality und Kritik.

83 So merkt *Koller*, Klasse, Ethnizität und Geschlecht, S. 16, an: »Statt auf simple Antagonismen wird das Augenmerk auf mehrdimensionale Komplexitäten gerichtet und auch darauf, dass die Potenzierung von Ungleichheitsmechanismen über das rein Additive hinausgehen kann«.

84 Wenige Ausnahmen bilden die Arbeiten von *Koller*, Klasse, Ethnizität und Geschlecht; *ders.*, Weiblich, Proletarisch, Tschechisch. Perspektiven und Probleme intersektionaler Analyse in der Geschichtswissenschaft am Beispiel des Wiener Textilarbeiterinnenstreiks von 1893, in: *Sabine Hess/Nikola Langreiter/Elisabeth Timm* (Hrsg.), Intersektionalität Revisited. Empirische, theoretische und methodische Erkundungen, Bielefeld 2011, S. 173–195, hier: S. 195; sowie zur Geschichte der Frühen Neuzeit: *Mareike Böth*, Erzählweisen des Selbst. Körper-Wissen und Leib-Praktiken in den Briefen Liselottes von der Pfalz (1652–1722), Diss., Kassel 2013.

ne zudem Leerstellen in den Quellen aufzeigen.[85] Durch diese Herangehensweise kann
verhindert werden, dass scheinbar überzeitliche Kategorien, wie beispielsweise die in der
amerikanischen Genderforschung entwickelte Trias *race*, *class* und *gender*, bei der Analyse sozialer Ungleichheit stets als zentrale ungleichheitsgenerierende Faktoren vorausge-
setzt werden. Denn gerade am Beispiel armer adliger Frauen zeigt sich, dass der Ansatz,
Gesellschaft über wenige elementare Stratifikationsmerkmale zu erfassen, zu kurz greift.

Arme adlige Frauen und das Zusammenspiel ungleichheitsgenerierender Faktoren

Bei der Betrachtung der Schicksale der Familien von Droste, von Rosenbruch und von
Freyhold fallen trotz aller Individualität einige Gemeinsamkeiten ins Auge, die die Relevanz bestimmter Kategorien sowie deren Interdependenzen für die Untersuchungsgruppe
armer adliger Frauen nahelegen.

Zunächst mag auffallen, dass in allen drei Fällen Frauen am stärksten von Armut betroffen waren. Das *Geschlecht* erscheint demnach als zentraler ungleichheitsrelevanter
Faktor. Sowohl bei der Familie von Droste als auch bei den von Rosenbruchs und von
Freyholds blieben die Witwe und die Töchter in prekärer Lage zurück. Es lässt sich beobachten, dass die Familienstrategien des Adels dazu führten, dass das Hauptaugenmerk auf
der Erziehung und Ausbildung der Söhne lag, denn durch eine angemessene berufliche
Stellung sollte der Erhalt der Familie gesichert werden. Die Töchter mussten demgegenüber zurücktreten. Karin Hausen hat dargestellt, wie sich Anfang des 19. Jahrhunderts das
bürgerliche Modell der »Polarisierung der Geschlechtscharaktere«[86] durchsetzte. Es wies
den als aktiv und rational geltenden Männern die Sphäre der Öffentlichkeit und des Er-
werbslebens zu, während die als passiv und emotional charakterisierten Frauen auf die
häusliche Sphäre beschränkt wurden. Diese Geschlechterordnung der sich angeblich in
der Ehe optimal ergänzenden männlichen und weiblichen Charaktere[87], die aber zumindest dem Anspruch nach eine völlige Unterordnung der Frau unter den Mann bedeutete,
setzte sich nach 1800 zunehmend auch im Adel durch.[88] Die geschlechtsbedingte Ein-
schränkung des weiblichen Handlungsspielraums auf den privaten Bereich führte damit zu
deutlich ungleichen Lebenschancen von adligen Frauen und Männern, was sich wiederum
auf andere ungleichheitsrelevante Faktoren auswirkte. Im Zusammenhang mit dem Geschlecht rückt der *Familienstand* ins Blickfeld: Eine verheiratete Frau oder eine Tochter
zu Lebzeiten des Vaters galt im 19. Jahrhundert als ›versorgt‹. Eine ledige oder verwitwete
Frau hingegen befand sich – dies belegen alle drei Fallbeispiele – in einer problematischen
Situation, insofern der ›Ernährer‹ vor seinem Ableben nicht in irgendeiner Form Vorsorge
getroffen oder ein Vermögen hinterlassen hatte. Gerade an den Faktoren »Geschlecht«
und »Familienstand« lassen sich die Vorteile einer interdependenten Betrachtungsweise

---

85 *Koller*, Weiblich, Proletarisch, Tschechisch, S. 195; vgl. *ders.*, Klasse, Ethnizität und Ge-
    schlecht, S. 17.
85 *Karin Hausen*, Die Polarisierung der »Geschlechtscharaktere« – Eine Spiegelung der Dissozia-
    tion von Erwerbs- und Familienleben, in: *Werner Conze* (Hrsg.), Sozialgeschichte der Familie
    in der Neuzeit Europas, Stuttgart 1976, S. 363–393; vgl. auch *Paletschek*, Adelige und bürger-
    liche Frauen, hier: S. 161–163.
87 Zur Komplementarität der Geschlechter vgl. *Hausen*, Die Polarisierung der »Geschlechtscha-
    raktere«, S. 377; zur Notwendigkeit einer kritischen Auseinandersetzung mit diesem Konzept
    vgl. *Michelle Perrot*, Die Frauen, die Macht und die Geschichte, in: *dies./Alain Corbin/Arlette
    Farge* u.a. (Hrsg.), Geschlecht und Geschichte. Ist eine weibliche Geschichtsschreibung mög-
    lich?, Frankfurt am Main 1989, S. 225–248.
88 Vgl. *Monika Wienfort*, Art. »Frauen, adelige«, in: *Eckart Conze* (Hrsg.), Kleines Lexikon des
    Adels. Titel, Throne, Traditionen, München 2005, S. 91–95, hier: S. 92; *Paletschek*, Adelige
    und bürgerliche Frauen, S. 166; *Diemel*, Adelige Frauen, insb. S. 17.

der Kategorien hervorragend aufzeigen. Während eine verheiratete Frau im Vergleich zu einer ledigen sozial und finanziell allgemein deutlich bessergestellt war, verkehrte sich dieses Verhältnis bei den Männern ins Gegenteil: Ein Ehemann hatte Frau und Kinder zu versorgen, wohingegen ein lediger Mann, der das gleiche Gehalt bezog, es im Gegensatz zum verheirateten Familienvater vollständig für sich selbst verwenden konnte. Die Familien von Droste und von Rosenbruch waren vor dem Tod des Vaters ganz auf dessen Gehalt angewiesen, das heißt, die beiden Adelsfamilien verfügten weder über Grundbesitz, aus dem eine Rente bezogen werden konnte, noch über Kapitalvermögen. Diese Situation war typisch für die große Gruppe landloser preußischer Offiziere und Beamten, denn die gesamte Verantwortung für die materielle Existenz der Familie hing am Berufseinkommen des Vaters. Die Witwen von Droste und von Rosenbruch erhielten, da ihre verstorbenen Ehemänner im Staatsdienst angestellt gewesen waren, zumindest eine schmale Pension.[89] Ottilie von Freyhold hingegen hatte als Gutsbesitzerwitwe, obwohl sie nach dem Verlust des Guts ebenfalls über keinerlei Vermögen oder Landbesitz mehr verfügte, keinen Anspruch auf staatliche Unterstützung. Sie erhielt nur gnadenhalber Geldbeträge bewilligt und diese waren zudem sehr gering. Die Tatsache, dass sie dennoch immer wieder um die Auszahlung bat, ist ein Beleg dafür, dass sie auf diese marginalen Summen angewiesen war, und damit für ihre Armut. Die ledigen, erwachsenen Töchter der Familien hatten im Gegensatz zu den Müttern keine Pension zu erwarten. Blieben sie unverheiratet, was in Ermangelung einer entsprechenden Mitgift wahrscheinlich war, so zehrten sie zumeist von den knappen Einnahmen der Mutter, wie es bei den von Drostes und von Rosenbruchs der Fall war. Dies war ohne Zuverdienst oder Unterstützungen aus anderen Quellen bei einer höheren Anzahl von Kindern kaum möglich. So mussten in den beschriebenen Fällen jeweils drei Töchter, teilweise noch Söhne, mitunterhalten werden. Zudem fiel die Witwenpension mit dem Tod der Mutter in der Regel fort, nur selten wurde sie gnadenhalber auf die Töchter übertragen. Waren die ledigen Töchter nun immer noch ohne anderweitige Versorgung, standen sie praktisch vor dem Nichts. Im 19. Jahrhundert existierten in Preußen zwar staatliche Fonds und Stiftungen[90], die die als Problem erkannte Versorgung verwaister Offiziers- und Beamtentöchter zumindest verbessern sollten, auf solche Unterstützungen bestand allerdings lange kein Rechtsanspruch[91], für ihre Bewilligung wurden vielmehr die Kriterien der »Würdigkeit« und »Bedürftigkeit« zugrunde gelegt.[92] Gutsbesitzertöchter wie Mara von Freyhold blieben wegen mangelnder Verdienste des Vaters um Staat und Krone ohnehin unberücksichtigt.

Hinzu kam, dass die adligen Töchter zum Zeitpunkt des Todes der Mutter oftmals selbst bereits ein fortgeschrittenes *Alter* erreicht hatten, was im Zusammenspiel mit den Faktoren *Geschlecht* und *Familienstand* zu einer spezifisch problematischen Situation führte.

---

89 Vgl. zu Pensionen grundlegend *Bernd Wunder*, Die Entwicklung der Alters- und Hinterbliebenenversorgung im öffentlichen Dienst in Deutschland (18.–19. Jahrhundert), in: Jahrbuch für europäische Verwaltungsgeschichte 12, 2000, S. 1–53.

90 Adlige Frauen erhielten in Preußen Gelder unter anderem aus dem Meliorationszinsenpensionsfonds, aus dem Stiftspensionsfonds sowie aus verschiedenen Dispositionsfonds.

91 Waisenpensionen als Zeitrenten wurden in Preußen erst ab dem Jahr 1882 bezahlt. Vgl. *Horst Kübler*, Besoldung und Lebenshaltung der unmittelbaren preußischen Staatsbeamten im 19. Jahrhundert. Eine verwaltungsgeschichtliche Analyse, Nürnberg 1976, S. 81, unter Bezugnahme auf § 9 des Gesetzes vom 20. Mai 1882.

92 So wird beispielsweise in einem Bericht des preußischen Finanzministers Maaßen »die vorhandene große Bedürftigkeit der Wittwe von Rosenbruch und die ihr sonst auch von der Regierung zu Magdeburg bezeugte Würdigkeit« betont. Bericht des Finanzministers Karl Georg Maaßen an König Friedrich Wilhelm III., 31.5.1833, GStA PK, I. HA, Rep. 89, Nr. 10760. Die Begriffe der »Würdigkeit« und »Bedürftigkeit« finden in fast allen Unterstützungsfällen als Bewilligungskriterien Verwendung.

Waren die Töchter – wie Mara von Freyhold oder die drei Schwestern von Rosenbruch – bereits über 30 Jahre alt, so war von einer Versorgung durch Heirat nicht mehr auszugehen. Sie hatten bereits das Stadium der »alten Jungfer«[93] erreicht. Die nächstliegende Option schien nun eine Unterstützung durch Verwandte, besonders die Brüder, zu sein. Hier sind nun die *familiären Umstände* entscheidend. Gab es überhaupt Brüder und wenn ja, waren sie in der Lage und Willens, die Schwester(n) zu unterstützen? Wieder lassen sich in allen drei Beispielfamilien ähnliche Muster beobachten. Die Brüder fielen ausnahmslos als Unterstützer ihrer Schwestern aus. Waren sie nicht, wie der Sohn von Droste und die älteren Söhne der von Rosenbruchs, bereits verstorben, so befanden sie sich in nicht gerade glänzenden beruflichen Positionen und hatten eine eigene Familie zu versorgen. Der entlassene Leutnant von Rosenbruch verdiente als Steueraufseher gerade genug, um sich und seine Frau zu ernähren – die Vergrößerung der Familie würde vermutlich nicht lange auf sich warten lassen. Mara von Freyholds Stiefbrüder waren als Prediger beziehungsweise Administrator mit kinderreichen Familien ebenfalls außerstande, etwas für Stiefmutter und -schwester zu tun – zumal der ältere Bruder bis vor einiger Zeit eine weitere verwitwete Schwester zu versorgen und der Administrator selbst mit gesundheitlichen Problemen zu kämpfen hatte. Der jüngere Bruder von Freyhold war ein kränklicher, entlassener Unteroffizier auf Arbeitssuche, der von seiner berufstätigen Schwester teilfinanziert werden musste. Damit fiel er nicht nur als Unterstützer völlig aus, sondern konterkarierte darüber hinaus jegliche zeitgenössischen Adels- und Männlichkeitsvorstellungen.[94]

Fiel die nähere Verwandtschaft im Hinblick auf eine Unterstützung aus, so könnte man davon ausgehen, dass die adligen Frauen möglicherweise über weiter gespannte *soziale Netzwerke* verfügten. Dies traf allerdings in unseren Fällen nur sehr bedingt zu. Nicht zur Kernfamilie gehörige Verwandte waren zum einen nicht verpflichtet, finanzielle Hilfe zu leisten. Wenn sie es – wie Mara von Freyholds Onkel – dennoch taten, so geschah dies freiwillig und meist sehr begrenzt. Zum anderen wird aus den Gesuchen deutlich, dass – wenn die weitere Verwandtschaft überhaupt Erwähnung fand – deren eigene Lage meist wenig besser als die der Bittstellerinnen war. Die Onkel und Tanten mütterlicherseits der Mara von Freyhold beispielsweise konnten als Buchhalter und Privatsekretäre mit eigener Familie beziehungsweise als arme Witwen und schlecht bezahlte Gesellschafterinnen kaum eine Hilfe sein. Alle näheren und weiteren Familienmitglieder schienen vollauf damit beschäftigt zu sein, selbst irgendwie über die Runden zu kommen.

Unterstützungsleistungen beschränkten sich demnach – entgegen landläufigen Vorstellungen – meist nur auf die Kernfamilie. Adlige Familienverbände und -stiftungen[95] hingegen kamen überhaupt erst ab der Jahrhundertmitte auf, ihre Mittel waren zumeist nicht allzu üppig bemessen und besonders arme Familien verfügten naturgemäß seltener über solche Einrichtungen. Insgesamt kann die Bereitschaft des wohlhabenden Adels, für ärmere Standesgenossen zu spenden, als relativ gering betrachtet werden. Dies belegt Ende des 19. Jahrhunderts unter anderem eine Vielzahl von Spendenaufrufen im Deutschen Adelsblatt, die jedoch wenig Resonanz hervorrief.[96] Über die Familie hinausgehende so-

---

93 Vgl. zum Begriff der »alten Jungfer« ausführlich *Bärbel Kuhn*, Familienstand: Ledig. Ehelose Männer und Frauen im Bürgertum (1850–1914), Köln 2000, insb. S. 27–36.

94 Vgl. *Marcus Funck*, Vom Höfling zum soldatischen Mann. Varianten und Umwandlungen adeliger Männlichkeit zwischen Kaiserreich und Nationalsozialismus, in: *Eckart Conze/Monika Wienfort* (Hrsg.), Adel und Moderne. Deutschland im europäischen Vergleich im 19. und 20. Jahrhundert, Köln 2004, S. 205–235.

95 Vgl. *Daniel Menning*, Standesgemäße Ordnung in der Moderne. Adlige Familienstrategien und Gesellschaftsentwürfe in Deutschland 1840–1945, München 2014, insb. S. 173–224.

96 Vgl. *Malinowski*, Vom König zum Führer, S. 155. Vgl. auch die Beschwerden des Vereins »Nobilitas«, der sich die Unterstützung verarmter Standesgenossen zum Ziel gesetzt hatte: »Andererseits machte der Verein auch mit vermögenden Standesgenossen wunderbare Erfahrungen,

ziale Netzwerke hatten höchstens im Fall der Mara von Freyhold eine gewisse Bedeutung. Ihre erfolgreiche berufliche Tätigkeit bei verschiedenen ostelbischen Gutsbesitzern brachte ihr – trotz ihrer als Gouvernante sozial ambivalenten Position zwischen Familie und Dienstpersonal[97] – gute Kontakte zu einflussreichen adligen Persönlichkeiten ein. Diese schienen auch durchaus bereit gewesen zu sein, Maras Bitten gegenüber dem Ministerium des Innern zu unterstützen. Es spricht für die Unabhängigkeit der preußischen Bürokratie, dass sich solche Fürsprache, obwohl sicherlich positiv bewertet, nicht nur in diesem Fall als wenig ausschlaggebend erwies.

Welche weiteren Möglichkeiten blieben den alleinstehenden adligen Frauen für die Bestreitung ihres Lebensunterhalts? Im Gesuch der Witwe von Droste werden Damenstifte als Versorgungsinstitutionen für ledige adlige Fräulein genannt. Diese Möglichkeit bestand zwar grundsätzlich, war aber – abgesehen von der Aufhebung vieler Stifte zu Beginn des 19. Jahrhunderts[98] – in vielerlei Hinsicht begrenzt und paradoxerweise gerade für wirklich arme adlige Fräulein wie die Töchter von Droste nahezu unerreichbar. Um einen Stiftsplatz zu erlangen, war normalerweise eine Anwartschaft erforderlich, das heißt, die Eltern mussten ihre Töchter oftmals bereits unmittelbar nach der Geburt auf eine Warteliste eintragen lassen. In der ersten Hälfte des 19. Jahrhunderts wurden zudem in vielen Stiften als Zugangsvoraussetzungen noch recht hohe Eintrittsgelder, wenn nicht gar Ahnenproben verlangt. Spätestens in der zweiten Jahrhunderthälfte waren die Wartelisten für Stiftsplätze in den staatlichen preußischen Damenstiften so lang, dass sie zeitweise sogar geschlossen wurden[99], um keine falschen Hoffnungen bei den bedürftigen Frauen zu wecken.[100] All dies dürfte die Chancen, einen Stiftsplatz zu erlangen, für Frauen wie die Töchter von Droste oder auch Mara von Freyhold minimal erscheinen lassen. Es blieb ihnen demnach häufig keine andere Möglichkeit, als entgegen aller Konvention und Er-

---

indem diese Bittgesuche verarmter Edelleute dem Verein überwiesen, ohne demselben selbst beizutreten, von seiner Existenz also Nutzen ziehen wollten, ohne die Lasten desselben mit tragen zu helfen.« o.A., Rathstag der »Nobilitas«, in: Deutsches Adelsblatt 3, 1885, S. 134.

97 Vgl. zu Stellung und gesellschaftlichem Ansehen der Gouvernante *Sylvia Schraut*, Bürgerinnen im Kaiserreich. Biographie eines Lebensstils, Stuttgart 2013, S. 25ff.; vgl. auch *Irene Hardach-Pinke*, Erziehung und Unterricht durch Gouvernanten, in: *Elke Kleinau/Claudia Opitz* (Hrsg.), Geschichte der Mädchen- und Frauenbildung, Bd. 1, Frankfurt am Main/New York 1996, S. 409–427.

98 Zu Damenstiften vgl. unter anderem *Kubrova*, Vom guten Leben, insb. S. 335–378; *Marietta Meier*, Standesbewusste Stiftsdamen. Stand, Familie und Geschlecht im adligen Damenstift Olsberg 1780–1810, Köln/Weimar etc. 1999; *Kurt Andermann* (Hrsg.), Geistliches Leben und standesgemäßes Auskommen. Adlige Damenstifte in Vergangenheit und Gegenwart, Tübingen 1998. Zur Säkularisation vgl. *Edeltraud Klueting*, »Damenstifter sind zufluchtsörter, wo sich fräuleins von adel schicklich aufhalten können«. Zur Säkularisation von Frauengemeinschaften in Westfalen und im Rheinland 1773–1812, in: *Thomas Schilp* (Hrsg.), Reform – Reformation – Säkularisation. Frauenstifte in Krisenzeiten, Essen 2004, S. 177–200.

99 Für die landesherrlichen Präbenden waren 459 Damen vorgemerkt, »von denen die ältesten länger als dreißig Jahre auf Berücksichtigung harren«. Vgl. Bericht des Ministers des Innern Friedrich Albert Graf zu Eulenburg an den preußischen König Wilhelm I. über den Zustand der landesherrlichen und nicht landesherrlichen Damenstifte, 19.2.1874, GStA PK, I. HA, Rep. 89, Tit. 23780. Auf diesen Bericht hin wurden Stiftsanwartschaften auf Befehl des Königs vom 11. März 1874 nicht mehr erteilt. Vgl. Schreiben des preußischen Königs Wilhelms I. an den Minister des Innern Graf zu Eulenburg, 11.2.1874, GStA PK, I. HA, Rep. 89, Tit. 23780.

100 »Es sind […] Verheißungen, an welche die Empfängerinnen besondere Hoffnungen knüpfen und deren Nichterfüllung in den betreffenden Familien Täuschungen und Mißstimmungen erregen würden.« Bericht des Ministers des Innern Graf zu Eulenburg an den preußischen König Wilhelm I. über den Zustand der landesherrlichen und nicht landesherrlichen Damenstifte, 19.2.1874, GStA PK, I. HA, Rep. 89, Tit. 23780.

ziehung dennoch einer Erwerbstätigkeit nachzugehen, um sich oder sogar weitere bedürftige Familienmitglieder erhalten zu können.

Berufstätigkeit im weiblichen Adel aus ökonomischer Notwendigkeit war bereits im 19. Jahrhundert wesentlich verbreiteter, als bisher in der Forschung angenommen.[101] Für adlige wie bürgerliche ›höhere Töchter‹ war das gesellschaftlich akzeptierte Berufsspektrum allerdings generell noch äußerst begrenzt, auch wenn es in der zweiten Jahrhunderthälfte durch die Errungenschaften der Frauenbewegung eine Ausweitung erfuhr.[102] Die Fräulein von Rosenbruch hatten in den 1830er Jahren kaum eine andere Möglichkeit, als zu Hause Näh- und Stickarbeiten anzufertigen. Schränkte der Adelsstatus schon die Berufswahl der Männer auf wenige als standesgemäß betrachtete Karrieren ein[103], so führte die Verschränkung der Faktoren »Stand« und »Geschlecht« bei adligen Frauen zu einer doppelten Reglementierung der Erwerbsmöglichkeiten. Für die weiteren, Anfang des 19. Jahrhunderts existierenden standesgemäßen Berufe für weibliche Adlige, nämlich die der Gouvernante oder Hofdame, fehlte den drei rosenbruchschen Töchtern vermutlich nicht nur die Ausbildung, sondern auch die adäquate Ausstattung. Ihr Erwerb hatte sich – eingedenk der Beschränkung der Frauen auf die häusliche Sphäre – »ohne Belästigung des Publikums«[104], also unter Ausschluss der Öffentlichkeit abzuspielen. Auch Ende des 19. Jahrhunderts war verschämte Heimarbeit unter bedürftigen adligen Frauen noch verbreitet. Anspruch und Realität klafften hier weit auseinander. Bezahlte Handarbeit bedeutete einerseits einen gesellschaftlichen Ansehensverlust, war andererseits aber eine unabdingbare ökonomische Notwendigkeit.[105] Die gesamte weibliche, adlige Erziehung war bis ins 20. Jahrhundert hinein auf ein Dasein als Gutsherrin, Ehefrau und Mutter ausgelegt.[106] Dies lässt annehmen, dass auch bei den bedürftigen Frauen selbst gewisse habituelle Barrieren gegen einen Beruf im außerhäuslichen Bereich bestanden.[107] Dennoch lässt sich eine Entwicklung hin zu einer stärkeren Akzeptanz auch öffentlicher weiblicher Erwerbstätigkeit als Notbehelf für ledige Frauen beobachten – zumindest solange sie im Rahmen

---

101 Vgl. unter anderem *Monika Wienfort*, Der Adel in der Moderne, Göttingen 2006, S. 129, die für die Zeit um 1900 feststellt: »[F]ür die Töchter stand eine Berufswahl überhaupt noch nicht zur Debatte«. Die Expansion der Berufsmöglichkeiten für adlige Frauen in der zweiten Hälfte des 19. Jahrhunderts mehr berücksichtigend: *Heinz Reif*, Adel im 19. und 20. Jahrhundert, 2., um einen Nachtrag erw. Aufl., München 2012, S. 27.

102 Vgl. zu weiblichen Erwerbsmöglichkeiten *Schraut*, Bürgerinnen im Kaiserreich, S. 25–28 und 74–89, und *Wienfort*, Der Adel in der Moderne, S. 126–131, sowie zu deren Ausweitung: *dies.*, Adlige Handlungsspielräume und neue Adelstypen in der »Klassischen Moderne« (1880–1930), in: GG 33, 2007, S. 416–438, hier: S. 424. Vgl. auch *Ortrud Wörner-Heil*, Adelige Frauen als Pionierinnen der Berufsbildung. Die ländliche Hauswirtschaft und der Reifensteiner Verband, Kassel 2010. Eine ausführlichere Zusammenfassung zur Frauenbewegung bietet *Ute Gerhard*, Frauenbewegung und Feminismus. Eine Geschichte seit 1789, München 2012.

103 Als standesgemäße Berufsfelder galten neben dem des Gutsbesitzers der Militärdienst sowie der zivile Staatsdienst einschließlich der diplomatischen Karriere. Vgl. *Reif*, Adel im 19. und 20. Jahrhundert, insb. S. 16; *Wienfort*, Der Adel in der Moderne, insb. S. 88.

104 Bericht des Oberpräsidenten Wilhelm Anton von Klewitz an König Friedrich Wilhelm III., 27.6.1836, GStA PK, I. HA, Rep. 89, Nr. 10760.

105 Auch auf adlige Frauen übertragbar: *Bärbel Ehrmann-Köpke*, »Demonstrativer Müßiggang« oder »rastlose Tätigkeit«? Handarbeitende Frauen im hansestädtischen Bürgertum des 19. Jahrhunderts, Münster 2010.

106 *Wienfort*, Der Adel in der Moderne, S. 128f.; vgl. auch *Hedwig Herold-Schmidt*, »[…] daß ich würde lieben können, wenn ich die Gelegenheit hätte, ihn näher kennen zu lernen.« Lebensperspektiven und Handlungsspielräume landadeliger Frauen im beginnenden 19. Jahrhundert, in: *Julia Frindte/Siegfried Westphal* (Hrsg.), Handlungsspielräume von Frauen um 1800, Heidelberg 2005, S. 223–250.

107 Vgl. *Kuhn*, Familienstand: Ledig, S. 425.

der für den weiblichen ›Geschlechtscharakter‹ als angemessen betrachteten Berufsfelder lag. Dazu gehörten im Kontext des von der bürgerlichen Frauenbewegung propagierten Konzepts der »geistigen Mütterlichkeit« besonders eine Tätigkeit als Lehrerin beziehungsweise Erzieherin sowie Pflege- oder hauswirtschaftliche Berufe.[108] Mara von Freyhold bewegte sich mit ihrer beruflichen Tätigkeit damit ebenso wie Juliane, Friederike und Emilie von Rosenbruch im Rahmen des für ›höhere Töchter‹ gesellschaftlich Akzeptierten – dennoch bleibt es bemerkenswert, dass sie als adlige Frauen dazu gezwungen waren, ihren Lebensunterhalt selbst zu verdienen. Aus ihrer prekären Lage konnten sie sich dadurch allerdings nur begrenzt befreien. Abgesehen davon, dass besonders im Fall der Näharbeiten, durch die ja auch Ottilie von Freyhold sich und ihre Kinder vergeblich zu ernähren versuchte, die Auftragslage meist schlecht war und der Verdienst kaum zum Leben ausreichte, waren die Frauen auch nur so lange versorgt, wie sie erwerbsfähig waren. Dies lenkt den Blick auf die Interdependenz zweier weiterer Generatoren sozialer Ungleichheit, die die Situation unserer Beispielfamilien nachteilig beeinflussten: *Alter*[109] und *Gesundheitszustand*[110]. Sie konnten selbstverständlich Frauen wie Männer, Adlige wie Bürgerliche, Bauern oder Arbeiter betreffen, dennoch erscheint es notwendig, sie hier zu thematisieren, denn ihre Bedeutung für die Lebenswirklichkeit der bedürftigen adligen Frauen war zentral. Krankheit führte zu Erwerbsunfähigkeit und vor den Zeiten einer allgemeinen Sozialversicherung zu teils unerschwinglichen Arzt- und Medikamentenkosten. Das oft mit Krankheit einhergehende Alter hatte den gleichen Effekt. Verminderten Einnahmen standen erhöhte Ausgaben entgegen. Trat Pflegebedürftigkeit ein, so führte dies entweder zu einer weiteren Erhöhung der finanziellen Anforderungen oder dazu, dass ein Familienmitglied die Pflege übernehmen musste, das dann ebenfalls keine Erwerbstätigkeit ausüben konnte. Mara von Freyhold war gezwungen, die Kosten für die Unterbringung ihrer alten kranken Mutter zu tragen, da sie, wenn sie sie selbst gepflegt hätte, ihren Beruf hätte aufgeben müssen, was sie aufgrund der Tatsache, dass ihr Verdienst das einzige Familieneinkommen darstellte, unmöglich tun konnte. Die Unterhaltskosten für die Mutter verhinderten ihrerseits die Bildung von Rücklagen für das Alter der Tochter, das dadurch völlig ungesichert war. Eigene Krankheit war Maras zweite große Sorge: »[D]aß meine ohnehin schwache Gesundheit durch stete Arbeit, Angst und Sorge um meine Mutter sehr gelitten, brauche ich nun wohl nicht mehr zu versichern. Schon verschiedene Ärzte haben mir geraten das Unterrichten aufzugeben, doch wie kann ich das?«[111] Eine Aufgabe der Berufstätigkeit er-

---

108 Vgl. zum Konzept der »geistigen Mütterlichkeit« und dessen Implikationen für die Berufswahl *Schraut*, Bürgerinnen im Kaiserreich, S. 115ff.; vgl. auch *Reif*, Adel im 19. und 20. Jahrhundert, S. 27.

109 Zum Alter in Briefen vgl. unter anderem *Thomas Sokoll*, Armut im Alter im Spiegel englischer Armenbriefe des ausgehenden 18. und frühen 19. Jahrhunderts, in: *Christoph Conrad/Hans-Joachim von Kondratowitz* (Hrsg.), Zur Kulturgeschichte des Alterns, Berlin 1993, S. 39–76; *Andreas Gestrich*, Status und Versorgung alter Menschen in der Neuzeit (16.–19. Jh.), in: *Elisabeth Herrmann-Otto* (Hrsg.), Die Kultur des Alterns von der Antike bis zur Gegenwart, unter Mitarbeit von *Georg Wöhrle* und *Roland Hardt*, St. Ingbert 2004, S. 63–78; *Katrin Marx-Jaskulski*, Armut und Fürsorge auf dem Land. Vom Ende des 19. Jahrhunderts bis 1933, Göttingen 2008, darin insb. Kap. VI.

110 Zur Krankheit in Briefen vgl. unter anderem *Andreas Gestrich/Elizabeth Hurren/Steven King* (Hrsg.), Poverty and Sickness in Modern Europe. Narratives of the Sick Poor 1780–1938, London 2012; *Martin Dinges* (Hrsg.), Krankheit in Briefen im deutschen und französischen Sprachraum. 17.–21. Jahrhundert, Stuttgart 2007; *Nicole Schweig*, Gesundheitsverhalten von Männern. Gesundheit und Krankheit in Briefen, 1800–1950, Stuttgart 2009.

111 Bittgesuch der Erzieherin Mara von Freyhold um Unterstützung aus dem Stiftungs-Pensions-Fonds, gerichtet an das preußische Ministerium des Innern, 15.3.1881, GStA PK, I. HA, Rep. 77, Tit. 904, Lit. F, Nr. 79.

schien ihr völlig unmöglich, da nicht nur ihre eigene, sondern auch die Existenz ihrer Mutter und teilweise die ihres Bruders von ihrem Einkommen abhingen. Maßnahmen zur Verbesserung ihres Gesundheitszustands, wie beispielsweise ein Kuraufenthalt, waren finanziell unerschwinglich. Nach einem arbeitsreichen Leben blieb ihr daher nur die Aussicht auf ein Alter in Armut – oder bestenfalls die Angewiesenheit auf die Barmherzigkeit eines früheren Arbeitgebers. Auch die Witwe von Droste rekurrierte in ihrem Gesuch prominent auf ihr fortgeschrittenes Alter und ihren schlechten Gesundheitszustand als Begründung für ihre Bedürftigkeit. Die von Rosenbruchs führten zunächst Alter und Pflegebedürftigkeit des Vaters und später die Krankheit einer der drei Schwestern an.

Die meisten der in ihrer Interdependenz bis hierher dargestellten Generatoren sozialer Ungleichheit sind aus der allgemeinen Armutsforschung wohlbekannt und damit nicht adelsspezifisch. Alleinstehende Frauen hatten generell ein erhöhtes Armutsrisiko, Alter und Krankheit konnten jeden treffen. Daher liegt es nahe, zuletzt nach den Auswirkungen des *Standes*, also der Adelszugehörigkeit, auf die soziale Positionierung unserer Untersuchungsgruppe zu fragen – immer unter Berücksichtigung der Interdependenz mit den anderen Faktoren. Der Adelsstatus der bedürftigen Frauen ist ein Beispiel für einen ungleichheitsgenerierenden Faktor, der gleichzeitig sowohl vorteilhaft als auch nachteilig wirken konnte. Einerseits eröffnete er potenziell Zugang zu zusätzlichen Ressourcen und Versorgungsmöglichkeiten, wie adligen Damenstiften oder in der zweiten Jahrhunderthälfte eventuell auch zu Familienstiftungen, erleichterte bis zu einem gewissen Grad die Kommunikation mit höheren Behördeninstanzen bis hin zum König und verbesserte in bestimmten Fällen die beruflichen Erfolgsaussichten. Mara von Freyhold hatte es aufgrund ihrer Adelszugehörigkeit mutmaßlich leichter, auf den Gütern ihrer Standesgenossen eine Anstellung zu finden, konnte sich so trotz ihrer prekären finanziellen Situation in einem standesgemäßen Umfeld bewegen und fand wohlhabende Freunde und Unterstützer, was ihr zwar kurzfristig keine nennenswerten Vorteile brachte, langfristig aber möglicherweise entscheidend sein konnte. In Bezug auf die Zeit um 1800 kann als weiterer Vorteil betrachtet werden, dass Frau von Droste ebenso wie die von Rosenbruchs sowohl des Lesens und Schreibens mächtig waren als auch um die Möglichkeit von Bittgesuchen direkt an den König wussten und von dieser Option Gebrauch machten. Da allerdings auch zahlreiche Bittgesuche bürgerlicher Absender existieren, ist dies weniger als spezifisch für den Adel, sondern vielmehr als charakteristisch für die Gruppe der preußischen Staatsdiener – ob nun adlig oder bürgerlich – zu betrachten.

Auf der anderen Seite konnte Adelszugehörigkeit aber auch negative Auswirkungen mit sich bringen, manchmal sogar ein berufliches Hindernis bedeuten. Anfang des 19. Jahrhunderts ist davon auszugehen, dass die rechtlichen Berufsbeschränkungen für den Adel habituell sowohl im Adel selbst als auch in der nicht adligen Bevölkerung noch nachwirkten.[112] Aber auch für die Zeit um 1900 existieren verschiedentlich Zeugnisse, die belegen, dass adlige Mädchen in bürgerlichen Haushalten nur ungern angestellt wurden, da man ihnen pauschal Standesdünkel und mangelnden Arbeitswillen unterstellte.[113] Die Standeszugehörigkeit konnte als Faktor der sozialen Positionierung im Falle der untersuchten

---

112 In Preußen wurden solche Beschränkungen, die dem Adel beispielsweise eine Tätigkeit im kaufmännischen Bereich untersagten, durch das Allgemeine Landrecht von 1794 nochmals bestätigt. Die offizielle Einführung der Gewerbefreiheit erfolgte mit dem Oktoberedikt des Jahres 1807. Vgl. *Reif*, Adel im 19. und 20. Jahrhundert, S. 19.

113 Vgl. die Aussagen bei o.A., Rathstag der »Nobilitas«, S. 134: »Auf dem Gebiete der Stellenvermittlung sind die Erfolge […] gering, da hier sowohl im Bürgerstande wie im eignen Stande die großen Vorurtheile zu bekämpfen sind, die man zumeist dem Edelmann, der ›dienen‹ will, entgegenbringt«.

adligen Frauen somit situativ sowohl vorteilhaft als auch nachteilig wirken und ist daher differenziert zu betrachten.[114]

Die Vorstellung von bestimmten Fundamentalkategorien, anhand derer Gesellschaft strukturiert wird, sollte also einer differenzierteren Analyse sozialer Ungleichheit weichen. Die Erforschung des armen Adels erfordert es, sowohl die traditionellen Schichtungsmodelle als auch die Geschlechterforschung zu erweitern. Über die bisher in der sozialwissenschaftlichen Forschung betonten Faktoren »Klasse«, »Stand« und »Geschlecht« hinaus müssen daher weitere Generatoren sozialer Ungleichheit in die Analyse einbezogen werden. Ausgehend von der bisherigen Quellenbetrachtung ist also festzustellen, dass arme adlige Frauen eben nicht nur als Frauen, nur als Adlige oder nur als Bedürftige zu betrachten sind. Erst die Interdependenz mehrerer ungleichheitsgenerierender Faktoren – wie *Stand, Geschlecht, Alter, Gesundheit, Personenstand, Beruf, ökonomische* und *familiäre Situation* und *soziale Netzwerke* – ergibt ein konsistentes Bild der sozialen Position armer adliger Frauen in der Gesellschaft des 19. Jahrhunderts. In diesem Verständnis wird soziale Ungleichheit über das *interdependente Zusammenspiel mehrerer ungleichheitsgenerierender Faktoren* hergestellt.

Dynamiken sozialer Ungleichheit

Dieses Bild ist auf Dynamik angelegt. Denn kommt es zu Veränderungen der ungleichheitsgenerierenden Faktoren im Lebensverlauf, so führt dies zu einer Verschiebung der Positionierung im Ungleichheitsgefüge. Anhand der seriellen Auswertung von Lebensläufen armer adliger Frauen ist deutlich das lebenszyklische Auftreten von Armut festzustellen.[115] Es lassen sich Brüche und kritische Übergänge ausmachen, in denen sich häufig ein Positionswechsel beobachten lässt. Wie gezeigt, konnte zunächst der Tod des Haupternährers – meist handelte es sich um die Väter oder Ehemänner der adligen Frauen – zu einem plötzlichen Abrutschen im Ungleichheitsgefüge führen. So hatte der Übergang von einem Leben als Tochter oder Ehefrau zu einem Dasein als Waise oder Witwe gravierende soziale Folgen. Sowohl in der Familie von Rosenbruch als auch bei den von Drostes und den von Freyholds stellte der Tod des Vaters, der mit dem Wegfall seines Einkommens einherging, den ersten und vermutlich schwerwiegendsten Einschnitt besonders für die weiblichen Familienmitglieder dar. Witwenpensionen – insofern die Witwe eine solche überhaupt erhielt und nicht, wie Ottilie von Freyhold, gänzlich auf Eigenversorgung angewiesen war – reichten kaum zur Versorgung einer Familie aus. Dadurch stand wiederum die angemessene Ausbildung der Kinder infrage.[116] Nicht umsonst versuchte Mara von Freyholds jüngerer Bruder bereits mit 14 Jahren, ausgerechnet auf einem Handelsschiff anzuheuern. Statt des üblichen kostspieligen Gymnasiumsbesuchs mit anschließendem noch teurerem Studium bemühte er sich, schon im Kindesalter Geld zu verdienen. Für Mara von Freyhold und die Töchter von Rosenbruch und von Droste bedeutete der Ver-

---

114 Vgl. auch zur Ambivalenz zum Beispiel des Faktors »Bildung«: *Clemens Albrecht*, Bildung und Kultur – Ausgleichsmittel oder Differenzgeneratoren? Einleitende Bemerkungen zum Begriff der sozialen Ungleichheit, in: *Karl-Siegbert Rehberg* (Hrsg.), Soziale Ungleichheit, kulturelle Unterschiede, Bd. 2, Frankfurt am Main 2006, S. 879–881.

115 Seit den 1990er Jahren ist das Konzept der »life cycle poverty« in der Armutsforschung verstärkt aufgegriffen worden. Neuere Arbeiten integrieren bereits den Lebenslaufansatz, vgl. unter anderem *Samantha Williams*, Poverty, Gender and Life-cycle under the English Poor Law, c. 1760–1834, Woodbridge 2011, insb. S. 101ff.; *Thomas Sokoll*, Old Age in Poverty. Essex Pauper Letters, 1780–1834, in: *Tim Hitchcock/Peter King/Pamela Sharpe* (Hrsg.), Chronicling Poverty. The Voices and Strategies of the English Poor, 1640–1840, London 1996, S. 127–154; *Gestrich/King/Raphael*, Being Poor in Modern Europe; *King/Tomkins*, The Poor in England.

116 Vgl. auch *Kübler*, Besoldung und Lebenshaltung, S. 82.

lust des Vaters zweifellos eine erhebliche Minderung ihrer Heiratschancen aufgrund der mangelnden finanziellen Ausstattung. Einen herben Einschnitt im Lebenslauf der Töchter konnte weiterhin der Tod der Mutter darstellen; besonders wenn die ledigen Töchter ihren Lebensunterhalt, wie in den Fällen von Droste und von Rosenbruch, teilweise aus der mütterlichen Witwenpension fristeten. Der Wegfall ihrer Pension bedeutete wiederum eine Verschlechterung der Lage.

Aber auch hohes Alter und Krankheit brachten einen veränderten finanziellen und sozialen Handlungsspielraum mit sich und konnten zu harten biografischen Brüchen führen. In allen drei Beispielfamilien wird ersichtlich, dass eintretende gesundheitliche Beschwerden sowie Pflegebedürftigkeit und Alter durch die sich wechselseitig verstärkenden Faktoren von Erwerbsunfähigkeit und erhöhten Kosten zu einer Abwärtsspirale führten. Einen im Hinblick auf die soziale Position der bedürftigen adligen Frauen häufig positiven Einschnitt im Lebenslauf stellte hingegen eine Heirat dar. Dieser Fall tritt zwar in keinem der vorgestellten Beispiele ein, kam aber in Form einer zweiten Eheschließung von Witwen beziehungsweise der späten Heirat einer Ledigen zuweilen, wenn auch selten, vor.

Andrea Kottmann hat sich aus soziologischer Sicht dafür ausgesprochen, soziale Ungleichheit nicht nur zu einem bestimmten Zeitpunkt zu erfassen, sondern die Sozialstruktur zeitlich differenziert zu betrachten, da »soziale Ungleichheiten auch in zeitlicher Hinsicht stratifiziert sind«.[117] Der Quellenbefund zu armen adligen Frauen bestätigt diese Annahme. So besetzten adlige Frauen nicht ihr ganzes Leben lang dieselbe soziale Position, sondern meist nur für eine bestimmte Zeitdauer. Wie gezeigt werden konnte, ergaben sich an typischen Übergängen im Lebensverlauf Positionsveränderungen. Aus dieser Perspektive ist soziale Ungleichheit, mithin die soziale Ordnung einer Gesellschaft, als hochdynamisch zu verstehen.

IV. FAZIT

Anhand der für die Adelsforschung bisher unbeachteten Quellengattung der Bittgesuche sind arme adlige Frauen im Preußen des 19. Jahrhunderts in den Blick genommen worden. Dabei hat sich herausgestellt, dass ihre Lebenswelt und Alltagserfahrungen – entgegen landläufigen Vorstellungen vom adligen Leben – keineswegs von rauschenden Bällen und luxuriöser Garderobe geprägt waren. Vielmehr lebten sie in Armut und mussten – entgegen bisherigen Annahmen – durch regelmäßige Erwerbstätigkeit ihre notwendigsten Lebensbedürfnisse bestreiten. Diese Befunde führen jedoch zu der Frage, wie die betrachtete Sozialgruppe in die gängigen Schichtungsmodelle, in unsere Vorstellung von der Sozialstruktur der Gesellschaft einzuordnen ist. Gerade der spannungsreiche Zusammenhang von Adel und Armut zeigt, dass die Prämisse, Gesellschaft allein über Schichtungsmerkmale wie Klasse, Stand und Beruf adäquat erfassen zu können, hier zu kurz greift. Denn dies verschleiert, dass Bruchlinien nicht zwangsläufig zwischen Großgruppen wie Adel und Bürgertum verlaufen und eine pauschale Zuordnung des gesamten Adels zur Oberschicht nicht gerechtfertigt ist. Soziale Ungleichheit kann in Bezug auf arme adlige Frauen nur unter Berücksichtigung mehrerer ungleichheitsgenerierender Faktoren sowie deren Zusammenspiel und Dynamik im Lebenslauf konzipiert werden. Die im Fall der armen adligen Frauen vorliegende komplexe Überlagerung vielfältiger sozialer Bruchlinien entzieht sich somit jeder einfachen Einteilung. Dadurch entsteht ein mehrdimensionales Bild, das eine neue Perspektive auf die Gesellschaft des 19. Jahrhunderts eröffnet und eine differenziertere Analyse sozialer Ungleichheit ermöglicht.

---

117 *Kottmann*, Alter als Kategorie sozialer Ungleichheit, S. 33.

Eva Maria Gajek

Sichtbarmachung von Reichtum

Das Jahrbuch des Vermögens und Einkommens der Millionäre in Preußen

Im Oktober 2008 löste der Theaterregisseur Volker Lösch einen Skandal am Hamburger Schauspielhaus aus.[1] Als Schlussszene des Stücks »Marat, was ist aus unserer Revolution geworden?« ließ er von Hartz-IV-Empfängern eine Liste der reichsten Hamburger verlesen: Name, Vermögen und Adresse des Firmensitzes wurden genannt.[2] Vier Millionäre hatten zuvor bereits Unterlassungsklage eingereicht. Einige folgten nach der Premiere, darunter der Hamburger Mäzen und Leiter des Hamburger Instituts für Sozialforschung, Jan Philipp Reemtsma. Auch vonseiten der lokalen Politik gab es vor der Aufführung Proteste. Insbesondere die damalige Senatorin für Kultur, Sport und Medien, Karin von Welck, befürchtete, mit dem Stück prominente Hamburger Stifter zu verärgern, und äußerte sich wenige Tage nach der Premiere in einer Presseerklärung folgendermaßen:

>»Was durch diese selbstgefällige Kritik zu kurz kommt, ist die Tatsache, dass die genannten Personen **große Wohltäter** Hamburgs sind. Es sind Menschen, die vielen ermöglichen, an den Angeboten dieser Stadt teilzuhaben. Es sind Menschen, die nicht nur durch ihre sehr großzügigen Spenden der Hansestadt und ihren Bürgern wohltun, sondern auch über die Steuern, die sie zahlen. Ohne sie würden wir alle in einer ärmeren Stadt leben.«[3]

Das Hamburger Schauspielhaus und auch Volker Lösch verwahrten sich jedoch gegen eine solche Verurteilung. Das alleinige Verlesen der Namen und des Vermögens impliziere keinesfalls eine Bewertung des gesellschaftlichen Verhaltens der aufgelisteten Personen. Bereits der Pressemappe für das Stück lag eine Mitteilung bei, die erklärte, wie die Schlussszene zu verstehen sei: »Die auf der Bühne vorgetragenen Fakten, die nicht mehr leisten, als den derzeitigen Zustand unserer Gesellschaft zu beleuchten, sollen weder individuelle moralische Verurteilungen oder Gewalt provozieren noch spekulative Aufmerksamkeit für einen Theaterabend erzeugen.«[4] Die Theatermacher widersprachen dem Vorwurf sozialreformerischer Tendenzen und betonten, dass vielmehr die Diskussionen nach dem Stück einen Zustand der Gesellschaft belegen würden, der kritisch zu hinterfragen sei: Über Armut dürfe geredet werden, über Reichtum jedoch nicht. Der Gesellschaft sei also nicht zwangsläufig durch die Auflistung im Stück, sondern durch die anschließende Debatte der Spiegel vorgehalten worden.

Zweifelsohne ist Volker Lösch für seinen »provozierenden Gestus« und sein »Aufrüttel- theater« bekannt, oft wird ihm eine »Vereinfachung« und »Überzeichnung« der Gesell- schaft vorgeworfen, und trotzdem gesteht ihm die Kritik zu, auch die »wunden Punkte«

---

1 Für den Hinweis auf das Stück und seinen »Skandal« danke ich Julia Naunin.

2 Angelehnt war das Stück von Lösch an Peter Weiss' Revolutionsstück »Die Verfolgung und Ermordung Jean Paul Marats dargestellt durch die Schauspielgruppe des Hospizes zu Charenton unter Anleitung des Herrn de Sade«.

3 *Karin von Welck*, Pfui! Pressemitteilung zu »Marat, was ist aus unserer Revolution geworden?«, 28.10.2008, URL: <http://nachtkritik.de/index.php?option=com_content&task=view&id=1964&Itemid=60> [27.1.2014] (Hervorhebung im Original).

4 Zit. in: *Dirk Pilz*, Zwischen Lidl und Lenin. Marat, was ist aus unserer Revolution geworden? – Volker Lösch provoziert wieder, URL: <http://www.nachtkritik.de/index.php?option=com_content&task=view&id=1936&Itemid=1> [27.1.2014].

sozialer Ordnungsvorstellungen zu treffen.[5] Lösch tat dies mit dem Stück »Marat, was ist aus unserer Revolution geworden?« in einer Zeit, in der bereits hitzige Debatten über Finanzkrise, soziale Gerechtigkeit und eine wachsende Kluft zwischen Arm und Reich in Gang gekommen waren. So verwundert es nicht, dass auch die Kritikerinnen und Kritiker Löschs Stück in diesem Kontext lasen und es gleichzeitig zum Anlass nahmen, den Zustand der Gesellschaft zu kommentieren. Der ZEIT-Journalist Peter Kümmel wies darauf hin, wie »gierig« das »bürgerliche Publikum« beim Verlesen der Reichen-Liste auf neue Millionärsnamen und auf immer höhere Zahlen wartete.[6] Schließlich erkläre sich die Sensationsgier auf »die Reichen« auch aus dem Stillschweigen über sie. Angeschlossen daran war nicht zuletzt die Frage, inwieweit Löschs Stück zum sozialen Protest gegen derzeitige Verhältnisse, ja sogar zu einer Revolution beitragen könne, bei der die Zuschauer das Schauspielhaus verlassen und die genannten Adressen aufsuchen würden.

Bereits in den Jahren 1911 bis 1914 listete Rudolf Martin Namen, Adressen und Vermögen in seinem »Jahrbuch des Vermögens und Einkommens der Millionäre« für verschiedene deutsche Länder auf[7] – und auch hier existierte die Angst vor ungewollten Besuchern vor den Villen der Reichen des Kaiserreichs. Rudolf Martin (1867–1939) war jedoch kein Theatermacher wie Lösch, sondern ein ehemaliger preußischer Beamter des Reichsamts des Innern.[8] Er war studierter Jurist, der 1897 in den Dienst der preußischen Regierung eingetreten war und seitdem in verschiedenen Positionen gearbeitet hatte: Zunächst im Reichsamt des Innern beschäftigt, wurde er 1901 zum Regierungsrat befördert, jedoch 1905 ins Statistische Amt strafversetzt.[9] Ein Disziplinarverfahren im Jahr 1908, gegen das Martin 20 Jahre lang erfolglos ankämpfen sollte, beendete dann endgültig seine Tätigkeit.[10] Anlass waren beide Male Publikationen, die Martin seit 1887 regelmäßig veröffentlich-

5 Vgl. zu den verschiedenen Kritiken die Zusammenfassung, ebd.
6 *Peter Kümmel*, Umsturz auf Probe. Auf geht's! Revolution!, in: Die ZEIT, 30.10.2008.
7 Erstausgabe: *Rudolf Martin*, Jahrbuch des Vermögens und Einkommens der Millionäre in Preußen, Berlin 1911.
8 Das Sterbedatum variiert fälschlicherweise. Im Deutschen Biographischen Index ist das Todesjahr 1916 angegeben, vgl. Deutscher Biographischer Index. Lambrino – Nordan, 2. u. 3. Ausg., München 1998 und 2004, S. 2247; dies nennt ebenfalls: *Willi A. Boelcke*, Brandenburgische Millionäre im 19. und 20. Jahrhundert, in: *Friedrich Beck/Wolfgang Hempel/Eckart Henning* (Hrsg.), Archivistica docet. Beiträge zur Archivwissenschaft und ihres interdisziplinären Umfelds, Potsdam 1999, S. 393–408, hier: S. 395. In den Preußen-Protokollen wird als Sterbejahr 1925 genannt, vgl. Berlin-Brandenburgische Akademie der Wissenschaften (Hrsg.), Die Protokolle des Preußischen Staatsministeriums 1817–1934/38, Bd. 9: 23. Oktober 1900 bis 13. Juli 1909, Hildesheim/Zürich etc. 2001, S. 391. Das richtige Datum ergibt sich aber aus der Sterbeurkunde: vgl. *Adalbert Brauer*, Der Verleger und Schriftsteller Rudolf Martin, in: Aus dem Antiquariat 1979, Nr. 11, S. A405–A411, hier: S. A405f.
9 Von 1899 bis 1901 war Martin kommissarischer Hilfsarbeiter und königlich-sächsischer Assessor im Reichsamt des Innern, 1902 übernahm er dort die Position als ständiger Hilfsarbeiter und Regierungsrat, ab 1906 bis zu seiner Entlassung war er Regierungsrat im Statistischen Amt. Vgl. Handbuch des Deutschen Reiches, bearb. v. Reichsamt des Innern, Berlin 1898–1909. Vgl. auch die kurzen Einträge zu Rudolf Martin in: *Hermann A. L. Degener*, Wer ist's?, IV. Ausgabe, Leipzig 1909, S. 892, sowie VI. Ausgabe, Leipzig 1912, S. 1018.
10 Das Vorgehen gegen das Disziplinarverfahren erklärt sich vor allem durch Pensionsansprüche, die Martin geltend machen wollte: vgl. die Briefe von Rudolf Martin an Dr. Albert, 12.6.1919; Rudolf Martin an den Reichskanzler, 11.7.1928. Dem wurde aber wiederholt nicht stattgegeben, vgl. Der Untersuchungssekretär in der Reichskanzlei an den Herrn Reichsminister des Innern, 16.8.1919; Der Reichskanzler an Rudolf Martin, 16.7.1928, alle in: Bundesarchiv Koblenz, R43I/915. Für die Möglichkeit der Einsichtnahme der kopierten Dokumente danke ich herzlich Stefan Müller.

te.[11] Hatte Hans Delbrück in den »Preußischen Jahrbüchern« das Buch »Die Zukunft Rußlands und Japans. Die deutschen Milliarden in Gefahr. Soll Deutschland die Zeche bezahlen?« von 1905 noch als »politische Tat«[12] bezeichnet, Max Weber es Einwänden zum Trotz »für die Diskussion für recht nützlich« gehalten[13], sah sich der Reichskanzler des Deutschen Reichs Bernhard von Bülow alsbald persönlich dazu veranlasst, gegen den »Pamphletisten« Martin und sein »dummes Geschwätz« vorzugehen.[14] Nach einer erneuten Veröffentlichung, die gegen den Staatssekretär des Innern, Arthur Graf von Posadowsky-Wehner, gerichtet war, trieb er die Entlassung Martins aus dem Staatsdienst energisch voran.[15] Adalbert Brauer hat festgehalten, dass Fürst Bülow keinen seiner »vermeintlichen und wirklichen Gegner« so scharf angegriffen habe wie Rudolf Martin.[16] Bülow selbst sah Martin sogar als mitschuldig für seinen im Juli 1909 erfolgten Sturz an.[17] Auch der internationalen Presse war Martin daher bekannt. Er hatte im Zuge der Daily-Telegraph-Affäre in mehreren Publikationen Stellung bezogen, die die Massenpresse intensiv rezipierte.[18]

---

11   *Rudolf Martin*, Der Anarchismus und seine Träger. Enthüllungen aus dem Lager der Anarchisten, Berlin 1887; *ders.*, Die Zukunft Rußlands und Japans. Die deutschen Milliarden in Gefahr. Soll Deutschland die Zeche bezahlen?, Berlin 1905; *ders.*, Kaiser Wilhelm II. und König Eduard VII, Berlin 1907; *ders.*, Billiges Geld: positive Reformvorschläge, Berlin 1908; *ders.*, Stehen wir vor einem Weltkrieg?, Leipzig 1908; *ders.*, Deutschland und England. Ein offenes Wort an den Kaiser, Hannover 1908; *ders.*, Die Zukunft Deutschlands. Eine Warnung, Leipzig 1908; *ders.*, Fürst Bülow und Kaiser Wilhelm II, Leipzig 1909.

12   *Hans Delbrück*, Politische Korrespondenz. Der Friede – Die Zukunft Japans und Rußlands, in: Preußische Jahrbücher Bd. 122, Oktober bis Dezember 1905, S. 179–187, hier: S. 186. Vgl. hierzu auch die Rezension in der New York Times: Rudolf Martin on Russia's Financial Condition, in: The New York Times, 24.6.1906, S. SM7. Das Buch wurde dann von Hulda Friedrichs auch ins Englische übersetzt: Advertisement »The Speaker«, in: Liberal Review, 8.12.1906, S. 303; Books Received, in: The Manchester Guardian, 11.12.1906, S. 4, und erhielt dann noch mehr Aufmerksamkeit: vgl. die Rezension: Russia and Japan, in: The Athenaeum, 22.12.1906, S. 789; New Books: The Future of Russia, in: The Observer, 7.1.1907, S. 5.

13   Rudolf Martin wollte sein Buch »Die Zukunft Rußlands und Japans. Die deutschen Milliarden in Gefahr. Soll Deutschland die Zeche bezahlen?«, das erstmalig 1905 im Carl Heymanns Verlag erschienen war, Paul Siebeck zur Neuauflage mit Überarbeitung anbieten. Dieser lehnte am 22.1.1906 ab, holte sich aber vorher eine Einschätzung von seinem Freund Max Weber: vgl. Max Weber an Paul Siebeck, 16.1.1906, in: *M. Rainer Lepsius/Wolfgang J. Mommsen* (Hrsg.), Max Weber. Briefe 1906–1908, Tübingen 1990, S. 20f.

14   *Bernhard von Bülow*, Denkwürdigkeiten, Bde. 1–3, hrsg. v. *Louis Krompotic*, Hannover 2009, hier: Bd. 3, S. 57 und 297. Am 21.11.1930 verbot das Berliner Landgericht auf Antrag von Rudolf Martin die weitere Veröffentlichung des zweiten Bandes von Bülows »Denkwürdigkeiten«, weil dieser sich an den besagten Stellen beleidigt fühlte. Vgl. *Hilke Wiegers* (Hrsg.), Die Chronik-Bibliothek. Tag für Tag in Wort und Schrift: Chronik 1930, Gütersloh/München 1995, S. 192 und 198. Es wurde dann jedoch 2009 von Louis Krompotic erneut herausgegeben. Bülow bezeichnete das Buch von Martin auch als »taktisches Machtwerk« und auch die konservativen und liberalen Blätter wiesen Martins Thesen zurück. Zit. in: *Konrad Canis*, Der Weg in den Abgrund. Deutsche Außenpolitik 1902–1914, Paderborn/München etc. 2011, S. 159.

15   Und dies, obwohl sich Bülow mit Posadowsky-Wehner zuvor aus anderem Anlass überworfen hatte: vgl. *Bülow*, Denkwürdigkeiten, Bd. 2, S. 478.

16   *Brauer*, Der Verleger und Schriftsteller Rudolf Martin, S. A405.

17   Vgl. *Bülow*, Denkwürdigkeiten, Bd. 2, S. 478 und 494; Bd. 3, S. 57, 73 und 209. Dieser Deutung schloss sich auch der Pressereferent des Auswärtigen Amts Otto Hammann an: *Otto Hammann*, Um den Kaiser. Erinnerungen aus den Jahren 1906–1909, Berlin 1919, S. 117.

18   Kaiser »Interview« Revived, in: The Christian Science Monitor, 22.7.1909, S. 2; Kaiser Interview Faked? Attack on Prince Buelow in a Book by an ex-Councilor, in: The New York Times, 3.5.1910, S. 1; Affairs in Berlin. The Kaiser and his Friends, in: The Observer, 8.5.1910, S. 16; Finds The Kaiser One World's Puzzles. Author Gives Facts of Private Life of the German Ruler, in: San Francisco Chronicle, 22.5.1910, S. 37.

Hermann Freiherr von Eckardstein berichtete, dass diese Artikel sogar gezielt an den Kaiser und einflussreiche Persönlichkeiten verschickt wurden, um die Stellung von Bülow zu schwächen.[19] Der Regierung hingegen galt Martin seither als explizites Beispiel für eine generelle »traurige« Entwicklung, in deren Zuge »ungehörige Presseartikel aus der Feder von Beamten« erschienen waren.[20]

Martin war also wie Lösch ein Provokateur, der in der Öffentlichkeit und in Regierungskreisen kein Unbekannter war. Der Jurist Rudolf Mothes hatte ihn in seinen Erinnerungen und im Vergleich zu seinen zwei jüngeren Brüdern als »den schwarzen Martin« bezeichnet.[21] Bei dieser Biografie und Publikationsliste verwundert es schließlich auch nicht, dass er im Jahr 1911 eine weitere Veröffentlichung vorbereitete, die für Politik, Medien und Gesellschaft des Kaiserreichs politische und soziale Sprengkraft bereithalten sollte: das bereits erwähnte »Jahrbuch des Vermögens und Einkommens der Millionäre in Preußen«.

Abbildung 1:
In seinem Jahrbuch des Vermögens und Einkommens der Millionäre listete Martin zunächst für Preußen und dann in den folgenden Jahren für weitere deutsche Länder die Millionäre mit Namen, Adresse, Einkommen und Vermögen auf.

Reihenfolge und Adressen der Millionäre in Berlin.

	Millionen Mark Vermögen	Einkommen
Wilhelm II., Deutscher Kaiser, König von Preußen	140	22
Fritz von Friedlaender-Fuld, Pariser Platz 5 a	46	3,35
Verlagsbuchhändler Rudolf Mosse, Leipziger Platz 15	45	3,2
Geh. Kommerzienrat Sigmund Aschrott, Bankier, Bellevuestr. 12	41	1,5
Rentier Richard Haniel, Teilh. d. Fa. Franz Haniel in Duisburg, Berlin NW. 40, Reichstagsufer 3, sowie Schloß Walburg im Elsaß	41	2,7
Geh. Kommerzienrat Arnhold, Regentenstr. 19	40	2,8
James Simon, Tiergartenstr. 15 a	35	2,4
Wirkl. Geh.-Rat Dr. jur. Willi v. Dirksen, W. 10, Margaretenstr. 11, sowie auf Gröditzberg, Reg.-Bez. Liegnitz	30	2
Hans von Bleichröder, früher Bankier, Bendlerstr. 39	29	2
Geh. Justizrat Eduard Uhles, Tiergartenstr. 3 a	27	2
Geh. Kommerzienrat Louis Ravené, Margaretenstr. 17	27	2,2
Oskar Huldschinsky, Matthäikirchstr. 3 a	27	1,8
Kgl. Schwedischer Generalkonsul Robert von Mendelssohn, Jägerstr. 51	25,2	2
Geh. Kommerzienrat Dr. jur. Eduard Simon, Viktoriastr. 7	25	1,7
Martin, Berlin.		1

---

19 *Hermann Freiherr von Eckardstein*, Die Entlassung des Fürsten Bülow, Berlin 1931, S. 53f.

20 Sitzung des Staatsministeriums am 26.4.1909, Geheimes Staatsarchiv Preußischer Kulturbesitz, Berlin (GStA PK), I. HA, Rep. 151.

21 Heinrich und Herrmann Martin waren ebenfalls Juristen: *Rudolf Mothes*, Lebenserinnerungen eines Leipziger Juristen, in: Stadtarchiv Leipzig, bearb. v. *Klaus Schmiedel*, Teil C, S. 13f., URL: <http://www.quelle-optimal.de/pdf/rudolf_mothes_erinnerungen_teil_c_pdf.pdf> [1.2.2014].

Abbildung 2:
In den Angaben zur Biografie erläuterte Martin den individuellen Weg zum vorher aufgelisteten Reichtum und gab dazu in einzelnen Fällen, wie hier bei Rudolf Mosse, auch eigene wertende Einschätzungen.

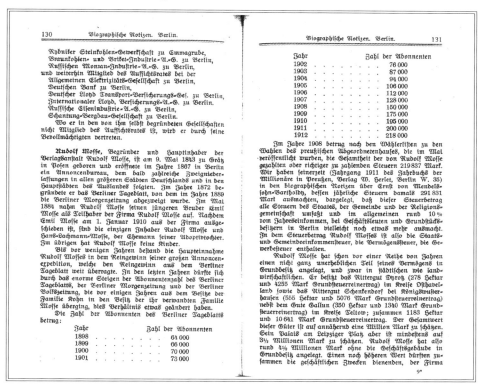

Auszug aus: *Rudolf Martin*, Jahrbuch des Vermögens und Einkommens der Millionäre in Berlin, Berlin 1913, S. 130f.

Diese im Folgenden im Fokus stehende Publikation von Martin sowie deren weitere Ausgaben für die anderen deutschen Länder werden in der Wirtschafts- und Sozialgeschichte bis heute gern als Quelle zitiert.[22] Die aufgeführten Zahlen dienen der Forschung erstens dazu, die Zunahme von generellem, aber auch von ganz individuellem Vermögen im Kaiserreich deutlich zu machen, zweitens innerhalb des Anstiegs eine Verlagerung und Umschichtung von Vermögen aufzuzeigen und drittens die Sozialstruktur der Oberschicht des Kaiserreichs zu skizzieren.[23] Denn Martin ordnete den Zahlen der amtlichen Steuerstatistik nicht nur wie Volker Lösch im Jahr 2008 Namen und Adressen der Millionäre zu. Er machte in einem zweiten angefügten Teil ausführliche Angaben zu ihrer Biografie.

---

22 Bereits 1947 zitierte das Jahrbuch *Theodor Häbich*, Deutsche Latifundien. Bericht und Mahnung, Stuttgart 1947, S. 39f. Größere Bekanntheit in der Forschung erlangten die Jahrbücher durch die Arbeiten von *Werner E. Mosse*, The German-Jewish Economic Elite 1820–1935. A Socio-cultural Profile, Oxford/New York etc. 1989; sowie durch das Buch von *Dolores Augustine*, Patricians & Parvenus. Wealth and High Society in Wilhelmine Germany, Oxford 1994.

23 Vgl. beispielsweise: *Morten Reitmayer*, Bankiers im Kaiserreich. Sozialprofil und Habitus der deutschen Hochfinanz, Göttingen 1999.

Martin gab folglich den Zahlen der amtlichen Statistik ein Gesicht. Wohnort, Branche, Herkunft, Familienstand und Alter vermittelten ein soziales Bild der Millionäre. Vermögen wurde also gleichzeitig individuell als auch innerhalb einer größeren sozialen und ökonomischen Entwicklung zuordenbar. Diese doppelte Technik machte »die Reichen« auf eine Weise sichtbar, die sich nicht nur von der anonymen Statistik unterschied, in der sie als abstrakte Zahl auftauchten. Sie unterschied sich auch von der bisher individuell und mitunter freiwilligen sichtbaren Präsenz »der Reichen« im lokalen Raum. Bekannte Millionäre wurden plötzlich in ihrer Masse vergleichbar. Darüber hinaus machte sie auch jene sichtbar, die nicht der Repräsentationswut verfallen waren, die viele Millionäre besonders aus dem Wirtschaftsbürgertum um die Jahrhundertwende mit Luxusartikeln, Villen und Autos öffentlich auslebten.[24] Diese vielschichtige Technik der Sichtbarmachung von Vermögen ermöglichte es nicht zuletzt, den Weg zum Reichtum zu bewerten. Martin hatte also nicht allein die Absicht, eine faktuale Bestandsaufnahme vorzunehmen. Er hatte vielmehr sozialreformerische Ziele.[25]

Trotz der zahlreichen Verweise auf das Jahrbuch in der wissenschaftlichen Forschung wurde der gesellschaftlichen Sprengkraft der Publikation bisher keine Aufmerksamkeit gewidmet. Adalbert Brauer ging zwar Ende der 1970er Jahre der Person Rudolf Martin in einem genealogischen Aufsatz nach, konzentrierte sich jedoch auf seine Rolle als Schriftsteller und Verleger.[26] Ein näherer Blick hinter die Kulissen der Jahrbücher lohnt aber – und nicht nur, um das oft zitierte Werk historisch einzuordnen.[27] Die Publikations- und Wirkungsgeschichte des »Jahrbuchs des Vermögens und Einkommens der Millionäre« kann als Seismograf für den Umgang mit Reichtum im Kaiserreich genutzt werden. Denn die Veröffentlichung der Liste von Millionären 1911 führte zu ähnlichen Diskussionen, wie sie Löschs Aufzählung fast 100 Jahre später auslöste: Soziale Ordnungsvorstellungen wurden hinterfragt, das Reden über Reichtum machte die »Fragilität der sozialen Konstruktionen« sichtbar und stellte nicht zuletzt Fremd- und Selbstbild der reichen Oberschicht zur Disposition.[28]

---

24 Auf das Paradoxon von sichtbaren und unsichtbaren Millionären verwies auch der Artikel von *Richard Nordhausen*, Das Jahrbuch der Millionäre, in: Der Tag, 18.11.1911, in: GStA PK, I. HA, Rep. 151 II, Nr. 1817. Zur Repräsentationswut und dem Luxusleben einer neuen Oberschicht vgl. *Morten Reitmayer*, Bourgeoise Lebensführung im ersten Drittel des 20. Jahrhunderts, in: *Werner Plumpe/Jörg Lesczenski* (Hrsg.), Bürgertum und Bürgerlichkeit zwischen Kaiserreich und Nationalsozialismus, Frankfurt am Main 2009, S. 59–70, sowie *Adelheid von Saldern*, Rauminszenierungen. Bürgerliche Selbstrepräsentationen im Zeitenumbruch 1880–1930, in: ebd., S. 39–58.

25 Dies formulierte Martin auch selber in der ersten Ausgabe: *Martin*, Jahrbuch Preußen 1911, S. VII–VIII.

26 *Brauer*, Der Verleger und Schriftsteller Rudolf Martin. Anlass, dieser Publikationsgeschichte einmal nachzugehen, gab nicht nur das vielfache Zitieren des Jahrbuchs in der Forschungsliteratur, sondern auch ein Artikel in der Frankfurter Allgemeinen Sonntagszeitung von Rainer Hank, der sich in einem kurzen Abschnitt dem Skandal um die Publikation widmete: *Rainer Hank*, Wer ist Millionär?, in: Frankfurter Allgemeine Sonntagszeitung, 11.4.2011. Für den Hinweis auf das Jahrbuch danke ich generell Michael Werner.

27 Auf die Datenerhebung und seine Fehler im Jahrbuch wurde hingegen bereits öfter im Rahmen der Quellenkritik verwiesen: *Boelcke*, Brandenburgische Millionäre, S. 396f. Sowie: *Dolores Augustine*, Die wilhelminische Wirtschaftselite. Sozialverhalten, soziales Selbstbewusstsein und Familie, Berlin 1991, S. 36–45. In ihrer späteren Publikation geht sie nicht mehr so ausführlich auf das »Jahrbuch des Vermögens und Einkommens der Millionäre« als Quelle ein, vgl. *dies.*, Patricians & Parvenus.

28 Diese Mechanismen sind charakteristisch für Umbruchs- und Krisenzeiten, wie Thomas Mergel festhält: *Thomas Mergel*, Einleitung: Krisen als Wahrnehmungsphänomene, in: *ders.* (Hrsg.), Krisen verstehen. Historische und kulturwissenschaftliche Annäherungen, Frankfurt am Main/ New York 2012, S. 9–24, hier: S. 10.

Der vorliegende Aufsatz möchte erstens an diesem Beispiel zeigen, wie statistische Zahlenangaben über Reichtum darstellbar gemacht wurden und dadurch Reichtum als ein Extrem sozialer Ungleichheit sichtbar wurde. Ziel ist es dabei, die Technik von Rudolf Martin in den Blick zu nehmen, das Soziale zu ordnen. Zweitens soll beantwortet werden, warum diese Angaben über Millionäre in Massenpresse und Parlament nicht nur zur Abwehr führten, sondern auch Vorstellungen von sozialer Ordnung und sozialer Differenz im Kaiserreich zur Diskussion stellten. Drittens soll dargestellt werden, wie die Publikation zum wichtigen Kommunikationsmittel der Millionäre selbst wurde. Denn diese waren nicht nur Gegenstand, sondern auch Zielgruppe der Veröffentlichung.

Die »Jahrbücher des Vermögens und Einkommens der Millionäre« für die verschiedenen deutschen Länder sind in den unterschiedlichen Bibliotheken in Deutschland bis heute zugänglich, jedoch sind sie nicht mehr vollständig erhalten. Die Erstveröffentlichung von 1911, um die es hier hauptsächlich gehen soll, ist im Zweiten Weltkrieg verloren gegangen und nur durch ihre Neuauflage von 1912 sowie einzelne Kopien in den Akten des Finanzministeriums zu rekonstruieren.[29] Abseits der Publikationen von Martin selbst liegen dem Aufsatz Dokumente und Aktenmaterial aus dem Geheimen Preußischen Staatsarchiv, dem Bundesarchiv, dem Landesarchiv Berlin sowie dem Archiv der sozialen Demokratie der Friedrich-Ebert-Stiftung zugrunde. Ergänzt werden diese durch zahlreiche Presseartikel verschiedener Zeitungen[30] sowie durch die Protokolle des Preußischen Abgeordneten- und Herrenhauses und des Deutschen Reichstags aus den Jahren 1911 bis 1914. Damit ist es das Ziel, die gesamtgesellschaftliche Bedeutung der Publikations- und Wirkungsgeschichte herauszuarbeiten und gleichzeitig die gegenseitige Verschränkung der Debatte in den einzelnen Bereichen zu belegen: Statistik, Politik, Öffentlichkeit und auch der elitäre Zirkel der Millionäre diskutierten über die Publikation von Martin nicht im jeweils abgeschlossenen Raum, sondern die einzelnen Beiträge bedingten und beeinflussten sich gegenseitig.

Anhand des breit gefächerten Quellenmaterials kann zudem gezeigt werden, dass Reichtum ein relationaler und sozialkonstruktivistischer Begriff ist, der auch davon beeinflusst wird, wer ihn, wie, wann, wo und zu welchem Zweck definiert.[31] Obwohl Martin der

---

29 Vgl. hierzu den Schriftwechsel zwischen Adalbert Brauer und Helmut Rötzsch. Beide Bibliothekare korrespondierten intensiv über die deutsch-deutsche Grenze hinweg auf der Suche nach den noch erhaltenen Jahrbüchern: Brauer an Rötzsch, 21.1.1979; Rötzsch an Brauer, 1.3.1979; Brauer an Rötzsch, 14.3.1979, sowie Brauer an Rötzsch, 2.11.1979, alle in: Archiv des Deutschen Börsenvereins des Deutschen Buchhandels, Nachlass Dr. Adalbert Brauer, Signatur HA/BV 29. Für die intensive Hilfe bei der Recherche danke ich Hermann Staub.

30 Durchgesehen wurden die auflagestarken Zeitungen des Kaiserreichs: Das Berliner Tageblatt, die Königlich Privilegierte Berliner Zeitung (die Vossische Zeitung), die Berliner Allgemeine Zeitung, die Tägliche Rundschau, die Kölnische Zeitung, die Deutsche Tageszeitung, die Norddeutsche Allgemeine Zeitung, der Berliner Lokal-Anzeiger, die Satirezeitschriften »Kladderadatsch« und »Simplicissimus« sowie die digitalisierten amerikanischen Zeitungen bei Proquest und die digitalisierte Times. Bei der Durchsicht unterstützte mich Tabea Bodenstedt, die auch zahlreiche Jahrbücher des Vermögens und Einkommens über Fernleihe bestellte und kopierte, wofür ich ihr herzlich danke.

31 Sozialwissenschaftlich skizziert Lauterbach die Bedingungen einer Definition von Reichtum: *Wolfgang Lauterbach/Miriam Ströing*, Wohlhabend, Reich und Vermögend – Was heißt das eigentlich?, in: *Thomas C. J. Druyen/ders./Matthias Grundmann* (Hrsg.), Reichtum und Vermögen. Zur gesellschaftlichen Bedeutung der Reichtums- und Vermögensforschung, Wiesbaden 2009, S. 13–28. Den Konstruktionscharakter des Begriffs Reichtum betonen besonders: *Reinhard Kreckel*, Politische Soziologie der sozialen Ungleichheit, Frankfurt am Main 2004, S. 13; *Ernst-Ulrich Huster*, Neuer Reichtum, alte Armut, Düsseldorf 1993, S. 48; sowie *Richard Hauser/Irene Becker*, Zur Verteilungsentwicklung in Deutschland – Probleme ihrer Erforschung, in: *Jörg Stadlinger* (Hrsg.), Reichtum heute. Diskussion eines kontroversen Sachverhaltes, Münster 2001. S. 43–67.

Öffentlichkeit konkrete Zahlenangaben über Vermögen und Einkommen lieferte, also durch die Höhe des Reichtums konkrete Messkategorien verwendete, war die Vorstellung über Reichtum auch von normativen Zuschreibungen geprägt. Deswegen hilft ein Blick auf die Diskussionen über die martinschen Jahrbücher, um zu überprüfen, auf welche Weise Reichtum in der sozialen Wirklichkeit des Kaiserreichs sprachlich zum Ausdruck gebracht wurde. Der Aufsatz versteht Reichtum also nicht als eine fest verbindliche Größe, sondern als historisch gewordenes und veränderliches Strukturmerkmal, das Kontinuitäten und Wandel unterlegen ist.[32] Das »Jahrbuch des Vermögens und Einkommens der Millionäre« belegt dabei eindrücklich, wie statistisches Datenmaterial, politische steuerliche Einhegungsgrenzen, gesellschaftliche Zuschreibungen sowie die Einflussnahme einer mächtigen Oberschicht auf ein zeitgenössisches Verständnis von Reichtum einwirkten. Solch ein Prozess half schließlich ebenfalls der Gesellschaft, sich über ihre soziale Ordnung und soziale Differenz zu verständigen.

Damit zielt der Aufsatz schlussendlich auch darauf, eine bisher vernachlässigte Perspektive auf die Geschichte sozialer Ungleichheit einzunehmen.[33] Die Sozialgeschichte hat sich in den letzten Jahren zwar mit dem Komplementärphänomen Armut befasst, Reichtum spielte dabei jedoch kaum eine Rolle. William D. Rubinstein beklagte bereits 1980, dass »die Reichen« als soziale Gruppe eine Terra incognita, eine Leerstelle der Geschichtswissenschaft seien.[34] So allgegenwärtig das Reden über Reichtum ist, so unscharf sind die Begriffsverwendung und die historische Bedeutung.[35] In vielen Arbeiten steht der Weg zum Reichtum im Mittelpunkt, nicht aber die Frage, wie mit Reichtum gesellschaftlich umgegangen wurde. Die folgende Untersuchung der Publikations- und Wirkungsgeschichte des »Jahrbuchs des Vermögens und Einkommens der Millionäre« setzt bei den gesellschaftlichen Zuschreibungsprozessen im Kaiserreich an und möchte damit das Potenzial aufzeigen, das eine solche Perspektive für die Untersuchung sozialer Ungleichheit besitzt.

I. ANKÜNDIGUNG, BESCHLAGNAHMUNG, SKANDAL: DAS JAHRBUCH SOLL VERÖFFENTLICHT WERDEN

Im März 1911 erhielten zahlreiche reiche Persönlichkeiten in Preußen ein Rundschreiben, das sie direkt adressierte: »Hierdurch beehren wir uns Ihnen mitzuteilen, daß sowohl Ihr Vermögen als auch Ihr Einkommen beziffert ist in dem ›Jahrbuch des Vermögens und Einkommens der Millionäre in Preußen‹.«[36] Diese Ankündigung führte zu einigem Unmut der Adressierten, den sie umgehend schriftlich dem Finanz-, dem Justiz- und Innenminister sowie dem Ministerpräsidenten Preußens mitteilten.[37] Der Ton der Beschwerde-

---

32 Angelehnt an: *Kreckel*, Politische Soziologie der sozialen Ungleichheit, S. 13.

33 Die Verfasserin bearbeitet zurzeit ein Habilitationsprojekt zur Kulturgeschichte des Reichtums von 1900–1960, das sich Fragen nach dem Konstruktionscharakter von Reichtum in einer *longue durée* annimmt und an der Justus-Liebig-Universität Gießen entsteht. An der Forschungsstelle für Zeitgeschichte in Hamburg schließt sich an den bearbeiteten Zeitraum das Dissertationsprojekt von Anne Kurr an.

34 *William D. Rubinstein*, Introduction, in: *ders.* (Hrsg.), Wealth and the Wealthy in the Modern World, London 1980, S. 9–45, hier: S. 9f.

35 Vgl. auch: *Lauterbach/Ströing*, Wohlhabend, S. 14f.

36 Anschreiben W. Herlet Verlagsbuchhandlung, Berlin im März 1911 (Abschrift), GStA PK, I. HA, Rep. 151 II, Nr. 1817.

37 Vgl. beispielsweise: Heinrich Theodor von Böttinger an den Finanzminister August Lentze und an den Reichskanzler, 3.3.1911; C. A. Jung an den Finanzminister Dr. Lentze, 4.3.1911; Walther vom Rath an den Finanzminister Dr. Lentze, 4.3.1911; Abgeordneter Grevenbach an den Finanzminister Dr. Lentze, 4.3.1911; Der Vorsitzende der Veranlagungskommission, Prenzlau, an die königliche Regierung III A in Potsdam, 6.3.1911; Der Generallandschaftsdirektor der Pro-

briefe war sehr unterschiedlich. Aber alle erinnerten an das existierende Steuergeheimnis und baten die preußischen Minister umgehend, gegen die Publikation vorzugehen. Sie sahen sich in den Persönlichkeitsrechten verletzt und beschwerten sich über eine vermutliche amtliche Indiskretion. Denn naheliegend war, dass Martin nur auf diesem Weg und nicht durch das im weiteren Verlauf des Anschreibens erklärte Vorgehen an das Datenmaterial gekommen war: Martin bekräftigte, er habe allein sein Expertenwissen über das »wirtschaftliche Leben« im Kaiserreich mit den Veröffentlichungen der amtlichen Statistik, die seit 1895 jährlich die Einkommens- und Vermögensentwicklung veröffentlichte, ergänzt.[38] Die Betroffenen hegten jedoch vielmehr die Vermutung, dass er Einsicht in individuelle Steuererklärungen und Steuerakten in seiner Zeit als höherer Beamter im Statistischen Amt erlangt hatte oder ihm diese durch Kontakte zugespielt worden waren.

In Kritik stand somit nicht nur die geplante Veröffentlichung. Erinnert wurde auch an die Aufgabe des Staats, das Private zu schützen. Mitglieder des preußischen Landtags verschiedener Parteien reichten im Zuge der Diskussionen um das Jahrbuch eine Interpellation ein, die auf »weniger Offenherzigkeit der statistischen Mitteilungen« drängte.[39] Damit wollten sie gegen die Entwicklung vorgehen, dass private Vermögensverhältnisse immer mehr in den Fokus von statistischen Erhebungen geraten waren, die die enorme Zunahme von Vermögen im Zuge der Industrialisierung vermessen sollten. War der Millionär Mitte des 19. Jahrhunderts noch eine seltene Erscheinung in Europa, stellte zur Jahrhundertwende Werner Sombart eine wachsende Zahl von »Talermillionären« fest.[40] Allein in Berlin stieg die Zahl von sechs im Jahre 1857 auf 639 um 1900 und schließlich 1911 zur Zeit der martinschen Veröffentlichung auf über 8.000 Millionäre in Preußen.[41] Das Millionärsdasein war, wie es Percy Ernst Schramm beschrieb, zum »Alltagsphänomen« geworden.[42] Das Kaiserliche Statistische Amt entwickelte zunehmend neue Messkategorien, um die neu aufkommende Sozialschicht der Einkommens- und Vermögensmillionäre zu fassen.[43] Die demografische Erhebung von Reichtum erfolgte zunächst in einer Erfassung von Einkommen und Vermögen und weitete sich dann allmählich auch auf Angaben zu Erbe und Konsumverhalten der Deutschen aus. Mit der Professionalisierung der amtlichen Statistik zum Ende des 19. Jahrhunderts stieg die Verlässlichkeit der Daten.[44]

---

vinz Sachsen, Halle (Saale), an das Finanzministerium, 8.3.1911; Der Justizminister leitete seine Anschreiben auch an den Finanzminister weiter, 9.3.1911, alle in: GStA PK, I. HA, Rep. 151 II, Nr. 1817. Für die Hilfe bei der Entzifferung der Sütterlinschrift und unleserlicher Handschriften danke ich Jutta und Günther Siebeneck sowie Hubert Raffelt.

38 Anschreiben W. Herlet Verlagsbuchhandlung, Berlin im März 1911 (Abschrift), GStA PK, I. HA, Rep. 151 II, Nr. 1817.

39 Das vielberufene Jahrbuch der Millionäre, in: Tägliche Rundschau, 5.11.1911, in: GStA PK, I. HA, Rep. 151 II, Nr. 1817.

40 *Werner Sombart*, Sozialismus und Soziale Bewegung im 19. Jahrhundert. Sechste vermehrte und bis in die Gegenwart fortgeführte Auflage, Jena 1908, S. 93.

41 Vgl. zur gesellschaftlichen Entwicklung der Millionäre auch: *Boelcke*, Brandenburgische Millionäre, S. 21.

42 *Percy Ernst Schramm*, Neun Generationen. Dreihundert Jahre deutsche Kulturgeschichte im Lichte der Schicksale einer Hamburger Bürgerfamilie (1648–1948), Bd. II, Göttingen 1964, S. 389.

43 Auch wenn das 1872 gegründete Kaiserliche Statistische Amt die Erhebungen lediglich für einzelne Länder und Gemeinden durchführte und es an statistischen Methoden mangelte, wurde die enorme Zunahme an Vermögen im Deutschen Kaiserreich deutlich. Statistisches Bundesamt Wiesbaden (Hrsg.), Bevölkerung und Wirtschaft 1872–1972, Wiesbaden 1972, S. 226.

44 So auch: *Josef Ehmer*, Bevölkerungsgeschichte und historische Demographie, 1800–2000, München 2004, S. 4f. Im Jahr 1924 wurde dann unter dem Präsidenten Ernst Wagemann ein besonderes Referat im Statistischen Amt zur Konjunkturbeobachtung eingeführt, das alle wichtigen Wirtschaftsvorgänge zahlenmäßig verfolgen sollte und auch die Verteilung von Vermögen in den Blick nahm. Statistisches Bundesamt, Bevölkerung, S. 31.

Dieses statistische Datenmaterial half einerseits, die gesellschaftliche Entwicklung zu vergegenständlichen und zu illustrieren. Thomas Mergel und Christiane Reinecke halten fest, dass für die Verständigung über das Soziale Narrative, Semantiken und Visualisierungen zur Verfügung stehen müssen: Die Vorstellungen vom Aufbau einer Gesellschaft seien nur dann wirkmächtig, wenn sie »kommunizierbar« seien.[45] Auch Alain Desrosières verweist auf die große Bedeutung einer Transformation von sozialen Tatbeständen und auf die Statistik als Konstruktion und Beweis wissenschaftlicher Fakten, die eine Welt des Wissens über die soziale Lage erst hervorbringt.[46] Die statistischen Erhebungen über Vermögen und Einkommen im Kaiserreich machten also die Veränderungen in der sozialen Ordnung der Gesellschaft greifbar und vorstellbar.

Die Statistik bildete andererseits die Grundlage für politisches Handeln. Mit dem Anstieg von Vermögen stieg auch das Interesse der Politik, und es kamen Fragen nach einer gerechten Besteuerung auf. Nicht zuletzt deswegen waren die statistischen Büros eng an das Innenministerium angegliedert.[47] Adam Tooze, der kürzlich die erste umfassende Studie zur Entwicklung der Wirtschaftsstatistik in der ersten Hälfte des 20. Jahrhunderts vorlegte, belegt direkte Wechselwirkungen von statistischen Erhebungen und politischer Zielsetzung.[48] Anhand der erfassten Datenbasis vom Statistischen Amt führten die einzelnen Länder nach und nach moderne Einkommens- und Vermögenssteuern ein, die die zu Besteuernden in anonymisierte Gruppen kategorisierten.[49] Auch die Einführung der Erbschaftsteuerstatistik war eng mit der Einführung des Erbschaftsteuergesetzes im Jahr 1906 verbunden. Das Statistische Amt sollte die finanzielle Wirkung des Gesetzes überprüfen und damit die Grundlage für eventuelle Gesetzesänderungen bilden.[50] Steuerpolitik und Statistik waren somit eng miteinander verbunden und machten verstärkt seit der Jahrhundertwende eine anonyme Masse an Reichen zählbar.

Martin erweiterte diese Ebene der Übersetzung und verband die vor allem auf ein Fachpublikum ausgerichteten Zahlenangaben mit einer neuen Stufe der Visualisierung: Die bisher immer noch abstrakte Größe der Reichen war nun mit Namen und individuellen Lebenswegen unterfüttert, die Bilder im Kopf wachriefen oder sogar erst schufen. Der persönliche Besitz und der Weg dorthin, also das Private einer gesellschaftlichen Vermögensentwicklung, wurden zum öffentlichen Gegenstand und damit gesellschaftlich verhandelbar. Martins Liste griff die bereits konstatierte Entwicklung von Vermögensverhältnissen in den statistischen Angaben auf und führte der Gesellschaft zudem ihre eigene Beobachtung vor Augen. Er stellte somit erstens das Soziale dar und her.[51] Zweitens machte er das Soziale bewertbar: Erfolg und Geldgewinn, Misserfolg und Verlust wurden durch die biografischen Skizzen gesellschaftlich verhandelbar, und das ist das Besondere der

---

45 *Christiane Reinecke/Thomas Mergel*, Das Soziale vorstellen, darstellen, herstellen. Sozialwissenschaften und gesellschaftliche Ungleichheit im 20. Jahrhundert, in: *dies.* (Hrsg.), Das Soziale ordnen. Sozialwissenschaften und gesellschaftliche Ungleichheit im 20. Jahrhundert, Frankfurt am Main 2012, S. 7–33, hier: S. 8.

46 *Alain Desrosières*, Die Politik der großen Zahlen. Eine Geschichte der statistischen Denkweise, Heidelberg 2005, S. 1–18.

47 Desrosières sieht dieses Wechselverhältnis von Statistik und politischer Aktion als charakteristisch an. Ebd., S. 1 f. sowie 200 f.

48 *J. Adam Tooze*, Statistics and the German State, 1900–1945. The Making of Modern Economic Knowledge, Cambridge/New York etc. 2001.

49 So auch: *Hans-Peter Ullmann*, Der deutsche Steuerstaat. Geschichte der öffentlichen Finanzen vom 18. Jahrhundert bis heute, München 2005, S. 45 f.

50 Vgl. auch: Statistisches Bundesamt, Bevölkerung, S. 28.

51 Den Dreischritt in einer nicht zwangsläufig chronologischen Abfolge von Vorstellen, Darstellen und Herstellen des Sozialen als Konstruktion von Wirklichkeit betonen *Reinecke/Mergel*, Das Soziale vorstellen, S. 11.

martinschen Publikation, auch moralisch kritisierbar: Wie legitim war der individuelle Reichtum der Aufgeführten eigentlich?

Genau solch ein Denkanstoß und solch eine Transparenz waren die Ziele von Martin: »Die sozialen und wirtschaftlichen Kämpfe der Gegenwart«, formulierte er selbst in der Ausgabe von 1912, »verlangen ebenso nach einer Aufklärung des Vermögens der reichen Leute, wie die politischen Streitigkeiten«.[52] Hatte Volker Lösch mit der Premiere zu Zeiten der Finanzkrise 2008 einen perfekten Zeitpunkt gewählt, galt dies auch für Martins Veröffentlichung: Er plante seine Publikation in einer Zeit, in der über die gerechte Steuerverteilung politisch und öffentlich intensiv gefochten wurde.[53] Hans-Peter Ullmann konstatiert, dass die Steuerbelastung im Kaiserreich für die vermögenden Schichten zunächst ausgesprochen niedrig blieb und die Reichsfinanzierung somit unausgewogen und ungerecht war, nach der Jahrhundertwende aber intensiver um die Steuerverteilung debattiert wurde. Der Staat, der vorher vehement vermieden hatte, in die Privatsphäre des Besteuerten einzudringen. dachte nun über eine gerechtere Steuerlast und über das Verhältnis von Steuerzahler und Fiskus nach. In den Blick gerieten dabei vor allem die direkten Steuern, denen der Staat lange Zeit zurückhaltend gegenübergestanden hatte.[54]

Die Sichtbarmachung von Vermögen in dem Jahrbuch hatte den Effekt, dass Martins Zahlen und Namensangaben als ein wichtiges Argument in dieser politischen Debatte genutzt werden konnten – und schließlich auch wurden: Er machte nicht wie die Statistik eine anonyme Masse an Steuerzahlern, sondern den individuellen Beiträger sichtbar, der beispielhaft zur moralischen Verantwortung gezogen werden konnte. Besonders in den parlamentarischen Kreisen rief die Ankündigung deswegen nicht nur Unbehagen, sondern auch viel Aufsehen hervor. Zum einen saßen viele Schreiber der Beschwerdebriefe und damit in der Liste Aufgeführte selber im Preußischen Abgeordneten- oder Herrenhaus und diskutierten über eine gerechte Steuerpolitik. Sie hatten deswegen ein dringliches öffentliches, aber auch persönliches Interesse an einem politischen Vorgehen gegen die Publikation. Zum anderen nutzten die sozialdemokratischen Kräfte des Kaiserreichs das Aufsehen um die Vermögen der Millionäre und natürlich auch ihrer politischen Gegenspieler als Argumentation für eine neue Steuerreform.[55] So formulierte der Sozialdemokrat Heinrich Ströbel unter Beifall seiner Parteigenossen:

»Meine Herren, außerdem gibt es in Preußen eine ganze Reihe von zahlungsfähigen Personen, die auch einmal zu den Steuern herangezogen werden können. Da hat Herr Rudolf Martin, früherer Regierungsrat, darauf hingewiesen, daß es in Preußen eine ganze Reihe von Fürstlichkeiten gibt, die kolossale Vermögen haben. Beispielsweise hat der Landgraf Alexander Friedrich von Hessen ein Vermögen von 25 Millionen und ein Einkommen von 1,6 Millionen Mark. Eine ganze Reihe von anderen fürstlichen Persönlichkeiten haben zusammen ein Vermögen von mehr als 54 Millionen Mark. Allein die Gruppe, die er aufführt, besitzt ein Einkommen von mehr als 3 Millionen, und

52 *Rudolf Martin*, Jahrbuch des Vermögens und Einkommens der Millionäre, Berlin 1912, S. VIII.
53 Vgl. vor allem die Sitzung am 24.2. und 25.2.1911 im Haus der Abgeordneten, in: Stenographische Berichte über die Verhandlungen des Preußischen Hauses der Abgeordneten, 21. Legislaturperiode, IV. Session 1911, Bd. 2, Berlin 1911, S. 2758–2839.
54 *Hans-Peter Ullmann*, Die Bürger als Steuerzahler im Deutschen Kaiserreich, in: *ders*. (Hrsg.), Staat und Schulden. Öffentliche Finanzen in Deutschland seit dem 18. Jahrhundert, Göttingen 2008, S. 211–224, hier: 216f.
55 Vgl. hierzu besonders die Sitzung am 18.3.1911 über das Reichszuwachssteuergesetz, in: Stenographische Berichte über die Verhandlungen des Preußischen Hauses der Abgeordneten, 21. Legislaturperiode, IV. Session 1911, Bd. 4, S. 4391–4410. Vgl. auch die Neunte Sitzung am 7.4. und 8.4.1911 im Herrenhaus, in: Stenographische Berichte über die Verhandlungen im Herrenhaus, Session 1911, Berlin 1911, S. 180–209. Über die politische Instrumentalisierung berichtete auch die Tägliche Rundschau: Das »Buch der Millionäre« beschlagnahmt, in: Tägliche Rundschau, 11.3.1911, Morgenausgabe, S. 2.

diese sind in weiten Teilen nur ganz weitläufige Verwandte des am 6. Januar 1875 verstorbenen letzten Kurfürsten von Hessen-Nassau. Ich glaube es wäre nötig, daß diese sehr leistungsfähigen Persönlichkeiten zum Steuerzahlen herangezogen würden. […] Es ist außerordentlich bedauerlich, aber auch außerordentlich kennzeichnend für den politischen Charakter dieses Hauses, daß diese Forderung wieder nur von den Rednern der sozialdemokratischen Fraktion allein erhoben wird.«[56]

Der Sozialdemokrat bediente sich folglich nicht nur der martinschen Erkenntnis eines ungenutzten Steuervolumens, sondern auch der Technik, Namen und Zahlenangaben öffentlich in Verbindung zu bringen und somit die Vermögenden beziehungsweise den Steuerzahler individuell sichtbar zu machen.

In diesem Zusammenhang scheint es nicht verwunderlich, dass der Finanzminister Preußens, August Lentze, über den Kopf des preußischen Justizministers, Max von Beseler, hinweg umgehend ein Ermittlungsverfahren anstieß.[57] Bereits am 8. März 1911 sandte er einen Brief an den Oberstaatsanwalt. In diesem betonte er, dass abgesehen von der Interessenbewahrung »vieler namhafter Persönlichkeiten« auch »ein dringendes staatliches Interesse daran besteh[e], dass das durch das Einkommenssteuergesetz gewährleistete Steuergeheimnis […] nicht in frivoler Weise« verletzt werde.[58] Das Amtsgericht Schöneberg veranlasste daraufhin unter Leitung von Kriminalkommissar Hans von Treschkow am 10. März 1911, die Büro- und Wohnräume von Rudolf Martin sowie die Druckerei, in welcher die Druckfahnen lagerten, drei Stunden lang zu durchsuchen.[59] Der Beschluss formulierte den Verdacht, dass Martin sich gegen § 75 des Einkommenssteuergesetzes vom 19. Juni 1908 sowie gegen die §§ 48, 332 und 333 des Strafgesetzbuchs schuldig gemacht habe.[60] Der Vorwurf zielte auf Betrug sowie auf Bestechung, mit der Martin die Amtsverschwiegenheit eines Steuerbeamten oder Mitglieds der Einkommenssteuer- und Vermögenskommission gebrochen habe.[61] Obwohl die Durchsuchung nach belastbarem Material für diese Anschuldigungen ergebnislos verlief, beschlagnahmten die Beamten die Korrekturbögen und das Manuskript. Die geplante Veröffentlichung wurde somit zunächst gestoppt.

---

56 Ströbel (Abgeordneter der Sozialdemokraten) zum Etat der Verwaltung der direkten Steuern, 58. Sitzung, 26.3.1914, in: Stenographische Berichte über die Verhandlungen des Preußischen Hauses der Abgeordneten, 22. Legislaturperiode, II. Session 1914/15, Bd. 4, Berlin 1914, S. 4829f.

57 Finanzminister an den Oberstaatsanwalt bei dem Landgericht I, 8.3.1911; seine Initiative bekräftigte er auch in einem Brief an den General Landschaftsdirektor der Provinz Sachsen, Ernst Carl Albert von Gustedt, Berlin, 12.3.1911. Er informierte den Justizminister aber nachfolgend: Finanzminister an den Justizminister, 10.3.1911, alle in: GStA PK, I. HA, Rep. 151 II, Nr. 1817.

58 Finanzminister an den Oberstaatsanwalt bei dem Landgericht I, 8.3.1911, GStA PK, I. HA, Rep. 151 II, Nr. 1817.

59 Die Zeitungen berichteten ausführlich davon: Das »Buch der Millionäre« beschlagnahmt, in: Tägliche Rundschau, 11.3.1911, Morgenausgabe, S. 2; Das »Buch der Millionäre« beschlagnahmt, in: Kölnische Rundschau, 11.3.1911, Mittagsausgabe, S. 2; Das beschlagnahmte Jahrbuch der Millionäre, in: Vossische Zeitung, 11.3.1911, Abendausgabe, S. 2; Das »goldene Buch der Millionäre« beschlagnahmt, in: Berliner Tageblatt, 11.3.1911, Abendausgabe, 1. Beiblatt; Zur Beschlagnahme des Martinschen Buches der Millionäre, in: Berliner Lokalanzeiger, 15.3.1911.

60 Vgl. zu den strafrechtlichen Vorwürfen auch: Groning, Königliche Regierung. Abteilung direkte Steuern, Domänen und Forsten an das Finanzministerium, 5.3.1911, GStA PK, I. HA, Rep. 151 II, Nr. 1817.

61 Den Gerichtsbeschluss druckten auch mehrere Zeitungen ab. Beispielsweise: Das »Buch der Millionäre« beschlagnahmt, in: Tägliche Rundschau, 11.3.1911, Morgenausgabe, S. 2.

II. MARTINS GEGENSCHLAG, DER GLAUBE AN DIE WISSENSCHAFT UND EINE GESTEIGERTE SENSATIONSGIER

Martin ließ sich diese Maßnahme jedoch nicht gefallen und wehrte sich dagegen. Erstens wandte er sich direkt an den Ministerpräsidenten Preußens sowie an den Finanz- und Justizminister und legte Einspruch gegen die Beschlagnahmung ein. Er stellte sogar eine Strafanzeige gegen sämtliche Beamte der königlichen Staatsanwaltschaft.[62] Er wies in seinem Brief insbesondere darauf hin, dass er die Daten nicht aufgrund von Beamtenbestechung erhalten habe, sondern dass die amtliche Steuerstatistik selbst durchlässig sei. Damit traf er einen empfindlichen Nerv der Regierung, die diese Durchlässigkeit selbst in der Landtagssitzung im Februar 1911 beklagt hatte.[63] Das Sprechen über Reichtum im Kaiserreich war also auch davon geprägt, wie viel Interesse dem Vermögen der Reichen auf der einen Seite öffentlich zukommen und wie viel privater Schutz ihnen auf der anderen Seite gewährt bleiben musste. Martin lieferte folglich nicht nur Stichpunkte für eine Debatte über soziale Gerechtigkeit, sondern auch für eine Debatte über das Verhältnis von Öffentlichkeit und Privatheit im Kaiserreich. Eine Glosse im »Kladderadatsch«, in welcher ein angeblicher dreifacher Millionär beklagte, dass Martin nun intimste Kenntnisse seiner internen Verhältnisse habe, verlieh diesem Spannungsgefühl deutlichen Ausdruck: Er habe sich bei ihm ins private Heim eingeschlichen und würde nun selbst Mittags- und Abendbrotreste für statistische Aufstellungen benutzen und sogar wissen, was die goldene Zahnplombe gekostet habe.[64]

Martin selbst sah sich jedoch nicht als ein Spion in den privaten Räumlichkeiten des Bürgertums, sondern eher als Stichwortgeber für aktuelle politische Fragen:

»Der Unwille einzelner Millionäre, die sich mit Beschwerden neuerdings an den Herrn Finanzminister im Blick auf mein kommendes Jahrbuch gewandt haben mögen, sollte sich also nicht gegen mich richten, sondern gegen den preußischen Ministerpräsidenten, der noch nichts zur Beseitigung des Dreiklassenwahlsystems getan hat und gegen den preußischen Herrn Finanzminister, der fortgesetzt eine durchsichtige amtliche Statistik des Vermögens und Einkommens zur Veröffentlichung gelangen lässt.«[65]

Martin wies den Unmut der Millionäre von sich und traf die Kritikpunkte, die ebenfalls die ersten Beschwerdebriefe Anfang März genannt hatten. Dabei widersprach er dem Vorwurf der amtlichen Indiskretion und äußerte Kritik an den statistischen Erhebungen und dem Wahlrecht, die das Vermögen dem privaten Bereich entrissen hätten. Eine ähnliche Argumentation ließ Martin in zahlreichen Stellungnahmen in Zeitungen veröffentlichen, so beispielsweise in der Berliner Zeitung, Kölnischen Zeitung oder der Täglichen Rundschau.[66] Der Berliner Allgemeinen Zeitung spielte er sogar seinen Beschwerdebrief an die Minister zu, den das Blatt gekürzt abdruckte, jedoch auch damit kommentierte,

---

62 Rudolf Martin an den Justizminister; Abschrift auch an den Finanzminister und den Ministerpräsidenten, 13.3.1911, beide in: GStA PK, I. HA, Rep. 151 II, Nr. 1817.

63 Sitzung am 24.2. und 25.2.1911 im Haus der Abgeordneten, in: Stenographische Berichte über die Verhandlungen des Preußischen Hauses der Abgeordneten, 21. Legislaturperiode, IV. Session 1911, Bd. 2, S. 2758–2839. Auf diese Sitzung verwies auch Martin in seinem Beschwerdebrief: Rudolf Martin an den Justizminister; Abschrift auch an den Finanzminister und den Ministerpräsidenten, 13.3.1911, beide in: GStA PK, I. HA, Rep. 151 II, Nr. 1817.

64 Vorsicht!, in: Kladderadatsch, 26.3.1911, S. 51.

65 Ebd.

66 Berliner Zeitung, Das Jahrbuch der Millionäre. Der frühere Regierungsrat Martin schreibt uns, 17.3.1911, in: GStA PK, I. HA, Rep. 151 II, Nr. 1817; Das »Buch der Millionäre« beschlagnahmt, in: Tägliche Rundschau, 11.3.1911, Morgenausgabe, S. 2; Das »Buch der Millionäre« beschlagnahmt, in: Kölnische Rundschau, 11.3.1911, Mittagsausgabe, S. 2.

dass die Staatsanwaltschaft wegen der Strafanzeige »nicht allzu schwarz in die Zukunft blicken« müsse.[67]

Die Massenpresse hatte natürlich bereits seit der Verlagsankündigung die geplante Veröffentlichung begleitet, die zu »mancherlei Kontroversen Anlass gegeben«[68] und »so viel Staub aufgewirbelt« hatte.[69] Denn parallel zu den persönlichen Anschreiben an die Millionäre Preußens schickte der W. Herlet Verlag die Buchankündigung an die großen Verlage der Massenpresse.[70] Bereits am 4. März 1911 hatte das Berliner Tageblatt das Erscheinen als großes Skandalon begriffen und sprach Martin die Richtigkeit der Angaben ab: »Die einzige Summe, die genau angegeben ist«, so das Blatt von Rudolf Mosse, »sind die 45 Mark, die der neueste Martin kosten soll«.[71] Als die Beschlagnahmung schließlich veranlasst wurde, sah sich die Tageszeitung in ihrer Deutung bestätigt. Dies änderten auch nicht die Beschwerdebriefe, die Martin an die Redaktion schickte und in denen er die Garantie für die Richtigkeit seiner Angaben unter einer Art wissenschaftlichen Beweisführung mit der Aufzählung von Fakten und Zahlen, Verweisen auf bereits erschienene Studien und einer detaillierten Darlegung seines wissenschaftlichen Vorgehens weiter bekräftigte.[72] Die Zeitung druckte die Briefe zwar ab, kommentierte aber, dass es auch nicht schwer sei, das höchste Einkommen einer Region einer bekannten Persönlichkeit zuzuordnen, aber bei den weniger schweren Millionären »wird man fast immer auf bloße Vermutungen und unsichere Abschätzungen angewiesen sein, falls man nicht gerade über Indiskretion verfügt«.[73]

Die Berliner Politischen Nachrichten hingegen widersprachen dem Gerücht: Es würde nichts die Annahme berechtigen, »daß jene Zahlen auf Indiskretion staatlicher Stellen zurückzuführen seien«.[74] Das Blatt unterstützte damit nicht nur die Sicht von Martin. Es gab auch ganz im Sinne seiner offiziösen Ausrichtung dem Finanzminister Deckung, dessen Behörde in dieser Sache in die Kritik geraten war. Denn wie bereits erwähnt, hegten viele Steuerzahler seit dem Skandal um Martins Veröffentlichung eine gewisse Beunruhigung bezüglich ihrer Datensicherheit und hatten »den berechtigten Wunsch [...], daß nicht jedermann ihnen in ihr Portemonnaie sehen kann«.[75] Finanzminister Lentze ging gegen solch ein Misstrauen besonders in persönlichen Antworten auf die Beschwerdebriefe vor und wurde dabei vom Staatssekretär des Reichsamts des Innern und Stellvertreter des Reichskanzlers, Clemens von Delbrück, unterstützt, der ebenfalls seinen Kollegen aus dem Herrenhaus zusicherte, dass der Vorwurf der Indiskretion haltlos sei.[76] Viel-

---

57 Strafanzeige des Regierungsrats Martin gegen die Staatsanwaltschaft, in: Berliner Allgemeine Zeitung, 13.3.1911, S. 2.

58 Hausdurchsuchung bei Regierungsrat Martin, in: Berliner Allgemeine Zeitung, 12.3.1911, 1. Beiblatt.

59 Das bedrohte Steuergeheimnis, in: Der Tag, 5.4.1911, in: GStA PK, I. HA, Rep. 151 II, Nr. 1817.

60 Ein Jahrbuch des Vermögens und Einkommens der Millionäre in Preußen, in: Deutsche Zeitung, 10.3.1911, Morgenausgabe, S. 2.

71 Das goldene Buch der Millionäre, in: Berliner Tageblatt, 4.3.1911, Morgenausgabe, 1. Beiblatt.

72 Das Jahrbuch der Millionäre, in: Berliner Tageblatt, 7.3.1911, 1. Beiblatt, S. 2.

73 Ebd.

74 Aus Anlaß der Herausgabe eines Jahrbuchs der Millionäre, in: Berliner Politische Nachrichten, 7.3.1911, S. 1.

75 Das bedrohte Steuergeheimnis, in: Der Tag, 5.4.1911, in: GStA PK, I. HA, Rep. 151 II, Nr. 1817.

76 Delbrück an den Geheimen Regierungsrat Herrn Heinrich Theodor von Böttinger, Mitglied des Herrenhauses, 13.3.1911, dieses Schreiben leitete er auch an den Finanzminister weiter und sicherte ihm seine Unterstützung zu: Delbrück an den Finanzminister, 18.3.1911, beide in: GStA PK, I. HA, Rep. 151 II, Nr. 1817.

mehr verwiesen beide darauf, dass Martins Jahrbuch einfach jeglicher Wissenschaft widerspreche und »zum Zwecke der Reklame gemachte grobe Übertreibungen und Unwahrheiten enthalten dürfte«.[77] Auch in der Berichterstattung vieler Zeitungen dominierte eine Debatte um die Wissenschaftlichkeit des Werks. Martin wurde diese zunehmend abgesprochen und der Sensationslust bezichtigt.[78]

Abbildung 3:
Die Satirezeitschriften, wie der »Kladderadatsch«, griffen die Balance zwischen öffentlichem Interesse und privater Angelegenheit von Reichtum im Kaiserreich in Karikaturen und Gedichten auf.

Kladderadatsch, 26.3.1911, Drittes Beiblatt, S. 1.

Öl in die Diskussion gossen auch die Satirezeitschriften. Druckte der »Kladderadatsch« eine Karikatur ab, die Martin als Spürhund charakterisierte und ihn als Gefahr für die

---

77 Finanzminister an den General Landschaftsdirektor der Provinz Sachen, Herrn Ernst Carl Albert von Gustedt, Berlin 12.3.1911, GStA PK, I. HA, Rep. 151 II, Nr. 1817.
78 Ein Jahrbuch des Vermögens und Einkommens der Millionäre in Preußen, in: Deutsche Zeitung, 10.3.1911, Morgenausgabe, S. 2.

Millionäre thematisierte, deren biografische Skizzen den erlangten Reichtum bewertbar
machten, so veröffentlichte der »Simplicissimus« unter der Überschrift »St. Martin« ein Gedicht, das in dem gewohnten sarkastischen Ton beide Parteien des Streits aufs Korn nahm:

> »Rudolf Martin sprach zu seiner Seele
> ›Wie bewirk ich, daß man von mir spricht?
> Doch nur, wenn ich wieder mal erzähle,
> Was man sonstwie nicht zu hören kriegt.
>
> Dies bringt Ruhm und bringt zugleich Moneten.
> Luftballone ziehen längst nicht mehr
> Zweimal lässt sich Posado nicht töten.
> Packen wir den bösen Millionär!‹
>
> Und er zog den Reichen dieser Erde
> Indiskret den Faltenmantel ab,
> Anders wie voreinst der heilige Märte,
> Der den seinen an die Armen gab.
>
> Doch Justizia, die grimme Dame,
> Konfiszierte unseren Ehrenmann
> – Immerhin, denn auch dieses ist Reklame,
> Die der Weise stets gebrauchen kann.«[79]

Die Satirezeitschrift spielte in dem Gedicht zum einen auf frühere Skandale Martins an,
die er mit seinen Büchern zum Luftkrieg oder durch seine Auseinandersetzung mit Graf
von Posadowsky-Wehner, der hier verkürzt Posado genannt wird, ausgelöst hatte. Zum
anderen brachte das Gedicht nicht zuletzt auch die Doppeldeutigkeit der martinschen
Veröffentlichung zum Ausdruck: Die christliche Figur St. Martin mit seinem Mantel gab
einen Fingerzeig darauf, dass das Aufzeigen von sozialer Ungleichheit eine ehrenhafte
Tat sei, die jedoch im Falle Martins nicht ganz uneigennützig passieren würde: Mone-
ten und Reklame werden deutlich als Motivation abseits der sozialreformerischen Ziele
aufgezeigt. Ganz im gewohnten Gestus hielt die Zeitschrift der bürgerlichen Moral den
Spiegel vor Augen. Auch der »Führer durch die deutsche Literatur des 20. Jahrhunderts«
kategorisierte Rudolf Martin 1913 schließlich als sozialpolitischen Autor, dessen Publikationen aber keinen »literarischen oder politischen Wert« haben, sondern nur zur »Sen-
sation« werden wollen.[80] Der schmale Grat zwischen Wissenschaftlichkeit und Publika-
tionssensation führte zudem über die Frage nach dem Datenmaterial und seiner Deutung.
Alain Desrosières betont, dass die Veröffentlichung von statistischem Datenmaterial stets
mit der Frage verbunden sei, ob die Statistik lüge. Bezugspunkt in solch einer Debatte sei
nicht immer nur die Kritik an der Realität, sondern immer auch an deren Konstruktion
durch das Datenmaterial, also an der methodologischen Herangehensweise.[81]

Diese der Statistik immanente Frage musste sich auch Martin stellen und begegnete ihr
mit einer detailreichen Rekonstruktion seines Vorgehens. Er konterte mit einer »Verwissenschaftlichung des Sozialen«[82] und verwies darauf, dass gerade die Veröffentlichung der
Namen, Adressen und Vermögensangaben der Millionäre zum Fortschritt der Wissenschaft beitrage:

79 *Ratatoste*, St. Martin, in: Simplicissimus, 27.3.1911, S. 891.
80 Vgl. Eintrag »Martin, Rudolf. Wilmersdorf geb. Herkunft 1.6.67«, in: *Max Geißler*, Führer
    durch die Literatur des 20. Jahrhunderts, Weimar 1913, S. 353.
81 *Desrosières*, Die Politik der großen Zahlen, S. 2f.
82 Der Begriff ist angelehnt an den Aufsatztitel von *Lutz Raphael*, Die Verwissenschaftlichung
    des Sozialen als methodische und konzeptionelle Herausforderung der Sozialgeschichte des 20.
    Jahrhunderts, in: GG 22, 1996, S. 165–193.

»Die bisherige Geheimhaltung des Vermögens und Einkommens ist ein Recht der Unwissenheit und des Aberglaubens des Mittelalters. Wer für den Fortschritt der Wissenschaft ist, der muß auch für die Aufklärung auf dem Gebiete des Vermögens und Einkommens sein. [...] Wer sich bemüht, die tote Statistik des Vermögens und Einkommens zu beleben, und das tote Zahlengeripppe mit Namen auszufüllen, der leistet der Wissenschaft einen Dienst. [...] Cicero schätzte. Ich schätze nicht. Vielmehr entnehme ich die Zahl der amtlichen Statistik als eine absolut sichere Tatsache, die auch von der Gefahr eines Druckfehlers frei ist.«[83]

Martin formulierte beständig sein Selbstverständnis als Wissenschaftler und Sachkenner und unterlegte dies nicht zuletzt durch einen zitierten Briefwechsel mit Andrew Carnegie, der in seinem Buch »The Empire of Business« von 1903 behauptet habe, es gebe nur zwei Millionäre im ganzen deutschen Kaiserreich. Die Belehrung Carnegies hatte denselben Effekt wie die Widerlegung der Ausführungen von Gustav Schmoller, Professor der Nationalökonomie an der Universität Berlin und »der beste Kenner der Vermögens- und Einkommensverteilung in alter und neuer Zeit«.[84] Martin verwies zudem immer wieder auf seine eigenen bereits publizierten Schriften und ordnete sich damit in die Reihe von sozialpolitischen und wissenschaftlichen Autoren ein, die sich verstärkt mit sozialen Fragen seit dem späten 19. Jahrhundert beschäftigt hatten.

Besonders in den Mittelpunkt geriet dabei sein Buch »Unter dem Scheinwerfer« von 1910.[85] Hier hatte Martin zum ersten Mal den Versuch unternommen, die Vermögen der »reichsten Leute Preußens [...] wissenschaftlich unter Anführung der Quellen«[86] anzugeben – und auch hier klangen bereits die sozialreformerischen Gedanken der späteren Jahrbücher an. Die Tatsache einer klaffenden Schere zwischen Arm und Reich, also einer zunehmenden Existenz von sozialer Ungleichheit im Kaiserreich, sollte besonders eine detaillierte Analyse einer ungerechten Steuerpolitik belegen. Die indirekten Steuern, die vor allem »den kleinen Mann« trafen, wurden der Abwehr der Regierung gegen direkte Steuern gegenübergestellt, die mehr die »reichen Leute im Berliner Tiergartenviertel oder in Leipzig oder in Hamburg« betroffen hätten. Sarkastisch formulierte er:

»Je weniger direkte Reichssteuern eingeführt werden, um so sicherer ist es, daß die bewährten indirekten Steuern und Zölle bestehen bleiben. Und vielleicht gar noch erhöht werden. Besteuert den Kaffee und den Tee, das Bier und den Tabak höher! Wir polnischen Arbeiter rauchen gern unser Pfeifchen in dem Bewußtsein, die Machtstellung des Deutschen Reiches zu fördern.«[87]

Auch in den Jahrbüchern diente Martin für die Beschreibung der sozialen Ungleichheit in der Steuerpolitik die Gegenüberstellung von ›kleinen‹ und ›großen‹ Leuten, sei es eine Witwe gegen den Kaiser oder ein Arbeiter gegen einen der mächtigen Stahlmagnaten. Nicht zuletzt ein Verweis auf die Steuerbefreiung der Landesfürsten verdeutlichte die sozialpolitische Schieflage.[88]

Diese Debatte um soziale Ungleichheit griffen aber nicht alle Zeitungen auf. Besonders verwehrten sich die Zeitungen der großen Verleger dagegen, solch einer Diskussion Tür und Tor zu öffnen. Dies kann aber vor allem daran liegen, dass nicht nur die Politiker aus dem Abgeordneten- und Herrenhaus in Martins Liste zu finden waren, sondern auch die großen Verleger Rudolf Mosse und August Scherl.[89] Martin machte besonders detail-

---

83 *Martin*, Jahrbuch 1912, S. VIIf.
84 Ebd., S. III.
85 *Rudolf Martin*, Unter dem Scheinwerfer, Berlin 1910.
86 Rudolf Martin an den Justizminister, 12.3.1911, GStA PK, I. HA, Rep. 151 II, Nr. 1817.
87 *Martin*, Unter dem Scheinwerfer, S. 13f.
88 Vgl. beispielsweise: *Rudolf Martin*, Jahrbuch des Vermögens und Einkommens der Millionäre in der Provinz Schlesien, Berlin 1913, S. XVII und XXIV.
89 Vgl. beispielsweise die Einträge zu Rudolf Mosse, in: *Martin*, Jahrbuch Berlin 1912, S. 130–133, sowie zu August Scherl, in: ebd., S. 157–166.

reiche Angaben zu ihrem Vermögen. Während der folgenden Ausgaben des Jahrbuchs verschärfte sich der Konflikt zwischen den Verlegern und Martin. Die Angaben im Jahrbuch wurden immer ausführlicher und kritischer, und so nahmen auch die Artikel in der Massenpresse zu, die Martin diffamierten.[90] Martin selber beschränkte sich plötzlich auch nicht mehr auf die alleinigen Vermögensverhältnisse der Verleger, sondern kommentierte:

»Da der Berliner Lokal-Anzeiger ohne meine Genehmigung über den Inhalt eines meiner Bücher, nämlich meines Jahrbuchs der Millionäre, im März 1911, bevor das Buch erschienen war und der Text feststand, berichtete, so wird Herr Scherl meine Loyalität anerkennen, wenn ich aus seinen Büchern seine Bilanzen erst publiziere, nachdem dieselben abgeschlossen sind und unwiderruflich feststehen.«[91]

Solche noch kleinen Spitzen wurden dann aber zunehmend direkter, die Einträge proportional zu den anderen Millionären länger und sie wichen auch mehr und mehr von den eigentlichen Zielsetzungen des Buchs ab. Im Mittelpunkt stand plötzlich der persönliche Kampf zwischen Verleger und Autor:

»Es ist mir nicht möglich, in diesen Jahrbüchern jeden Mißstand im Deutschen Reiche zur Sprache zu bringen. Aber sobald ich das Gefühl habe, daß Mißstände meine Interessensphäre berühren, pflege ich einzugreifen. Der Berliner Lokal-Anzeiger strotzt zuweilen von Unwahrheiten und über solche Unwahrhaftigkeit habe auch ich schon zu leiden gehabt. […] Dem Berliner Lokal-Anzeiger war es bekannt, daß ich von meiner Universitätszeit an für die ersten wissenschaftlichen Zeitschriften mit meinem Namen geschrieben habe, und daß ich durch viele Jahre als Reichskommissar für den Zolltarif in der Zolltarifkommission des Reichstags die Regierung vertreten und mehr als hundertmal öffentlich gesprochen habe, ohne jemals falsche Dinge zu behaupten. Auf jede unwahre Behauptung der Scherlschen Blätter über mich oder meine Publikation werde ich von jetzt an einige wahre Tatsachen über Herrn Scherl berichten.«[92]

Zusätzlich zu den ausführlichen Einträgen wandte sich Martin sogar in den folgenden Publikationen im Vorwort direkt an die beiden Verleger und konterte, dass allein die eigenen Angaben zu Scherl und Mosse die Verleger doch von der Richtigkeit seiner Angaben überzeugen müssten.[93] Große Genugtuung bereitete Martin dann schließlich, dass sich die Anschuldigungen der Zeitung sowie der preußischen Regierung als nicht haltbar erwiesen. Damit sah er seine im Jahrbuch gelieferten Daten bestätigt. Diese Schlussfolgerung teilten die Regierung und die genannten Zeitungen allerdings nicht.

III. ZWISCHEN VERMARKTUNG UND POLITISCHER ZIELSETZUNG: DAS »JAHRBUCH DES VERMÖGENS UND EINKOMMENS DER MILLIONÄRE IN PREUSSEN« WIRD VERÖFFENTLICHT

Nach der Untersuchung beendete die Staatsanwaltschaft die Ermittlungen gegen Martin Ende April und am 25. Mai 1911 wurde das Verfahren offiziell eingestellt. Die Ermittlungen hatten letztlich keine Anhaltspunkte für ein Verfahren ergeben.[94] Ergebnis des Ermitt-

---

90 Vgl. beispielsweise: Beschlagnahme des »Jahrbuchs der Millionäre«, in: Berliner Lokal-Anzeiger, 11.3.1911, Abendausgabe, Beiblatt.

91 Eintrag zu August Scherl, in: *Rudolf Martin*, Jahrbuch des Vermögens und Einkommens der Millionäre in Berlin, Berlin 1912, S. 158.

92 Ebd., S. 165f.

93 *Rudolf Martin*, Jahrbuch des Vermögens und Einkommens der Millionäre in Berlin, Berlin 1913, S. VIII.

94 Erste Staatsanwaltschaft bei dem Königlichen Landgericht I. Berlin, 28.4.1911, Betrifft: Das Verfahren gegen den Schriftsteller Rudolf Martin aus Anlaß der Ankündigung des Buches »Jahrbuch des Vermögens und Einkommens der Millionäre Preußens«, Erlaß vom 8.3.1911, J Nr. II. 2837, der Oberstaatsanwalt an den Finanzminister, in: GStA PK, I. HA, Rep. 151 II, Nr. 1817.

lungsverfahrens war jedoch, so die offizielle Mitteilung, dass die von Martin angegebenen Zahlen über Vermögen und Einkommen der aufgelisteten Millionäre mit denen in den Steuererklärungen, Vermögensanzeigen und Staatssteuerlisten nicht annähernd übereinstimmten.[95] Diese Verlautbarung formulierte der Finanzminister sogar in einem Presseartikel vor, der schließlich »in die [...] Zeitung zu bringen« sei.[96] Die Massenpresse druckte diese Zeilen umgehend ab, ohne die Ergebnisse zu hinterfragen.[97] Der Berliner Lokal-Anzeiger schrieb sogar, dass damit das Interesse an dem eingeleiteten Verfahren ebenso erschüttert sei wie das Interesse am ganzen Buch.[98] Da es also keine rechtlichen Einwände gegen die Publikation gab, bemühte sich der Finanzminister, die Zahlenangaben von Martin zu diskreditieren und so den eigenen Vorwurf der Indiskretion gegen seine Behörde weiter zu entkräften. Er streute damit eine gezielte Falschinformation: Dolores Augustine konnte bereits nachweisen, dass die Zahlenangaben von Martin nicht nur mit der offiziellen amtlichen Steuerstatistik weitgehend übereinstimmten, sondern dass er auch die Zahlenangaben in den Unterlagen der Steuerbehörde weitgehend traf, auch wenn eine »klare Tendenz zur Überschätzung« festgestellt wurde.[99] Dies lag aber wahrscheinlich eher an der falschen Selbstdeklaration der Steuerzahler als an Martins falschen Zahlenangaben.

Neu war die gezielte Diffamierungsstrategie von Martins Werk jedoch nicht. Auch bei seinem bereits erwähnten Buch »Die Zukunft Rußlands« hatte ihm die Regierung die Wissenschaftlichkeit abgesprochen und, so August Bebel, Martin als »Mann der Wissenschaft« mithilfe der Norddeutschen Zeitung diskreditiert.[100] Auch der hochkonservative Hellmut von Gerlach bestätigte diese gezielte Kampagne und beschrieb sie gar als »offiziösen Feldzug«, bei dem die Regierung »hinter den Kulissen« den Verlag unter Druck gesetzt habe, das Buch nicht weiter zu vertreiben.[101] Der damalige Vorgesetzte von Rudolf Martin, Graf von Posadowsky-Wehner, verteidigte hingegen – ähnlich wie Lentze – die Ehrenhaftigkeit seiner eigenen Behörde im Parlament, die durch die martinsche Veröffentlichung damals ebenfalls ins öffentliche Blickfeld gerückt war.[102] Im Falle des umkämpften Buchs

---

95 Finanzminister an den Oberstaatsanwalt beim Landgericht I, Berlin 13.3.1911, GStA PK, I. HA, Rep. 151 II, Nr. 1817.

96 Anlage Brief Finanzminister an den Oberstaatsanwalt beim Landgericht I, Berlin 13.3.1911, GStA PK, I. HA, Rep. 151 II, Nr. 1817.

97 Vgl. beispielsweise: Keine Untersuchung wegen des Jahrbuchs der Millionäre, in: Deutsche Zeitung, 15.3.1911, Morgenausgabe, S. 3, die auch den Abdruck in der Norddeutschen Zeitung erwähnt. Vgl. auch: Die Beschlagnahme des »Jahrbuchs der Millionäre«, in: Vossische Zeitung, 15.3.1911, Morgenausgabe, 1. Beilage, S. 2.

98 Die Angelegenheit des Regierungsrats Martin, in: Berliner Lokal-Anzeiger, 14.3.1911, Abendausgabe, Beiblatt.

99 *Augustine*, Die wilhelminische Wirtschaftselite, S. 42.

100 August Bebel zu der Debatte zur Fortsetzung der ersten Beratung des Entwurfes eines Gesetzes betreffend die Feststellung des Reichshaushaltetats für das Regierungsjahr 1906, in der 12. Sitzung, 14.12.1905, in: Reichstagsprotokolle 1905/06, Bd. 1, S. 314f.

101 Von Gerlach, zu der Debatte zur Fortsetzung der ersten Beratung des Entwurfes eines Gesetzes betreffend die Feststellung des Reichshaushaltetats für das Regierungsjahr 1906, in der 12. Sitzung, 14.12.1905, in: ebd., S. 354f.

102 Graf von Posadowsky-Wehner, zu der Debatte zur Fortsetzung der ersten Beratung des Entwurfes eines Gesetzes betreffend die Feststellung des Reichshaushaltetats für das Regierungsjahr 1906, in der 12. Sitzung, 14.12.1905, in: ebd., S. 357. Vgl. die Positionen von Gerlach und Posadowsky-Wehner zu Martin auch in der Debatte zur dritten Beratung des Entwurfs eines Gesetzes betreffend die Feststellung des Haushaltetats für die Schutzgebiete auf das Rechnungsjahr 1906, nebst Anlagen (Nr. 9 der Drucksachen) aufgrund der Zusammenstellung der Beschlüsse zweiter Beratung (Nr. 350 der Drucksachen). Antrag Nr. 255. Die Beratung wird fortgesetzt mit dem Etat für das Reichsamt des Innern fortdauernde Ausgaben, Kap. 7, in: Reichstagsprotokolle 1905/06, Bd. 4, S. 3481–3512.

zu Russlands Finanzsituation gelang es dem Reichsamt des Innern und hier federführend Graf von Posadowsky-Wehner jedoch, dass der Verlag sich von Martin distanzierte und auf die geplante Volksauflage verzichtete.[103] Lentze sollte wiederum mit seiner Strategie wenige Jahre später scheitern: Trotz der gezielten Diffamierung des Finanzministeriums erschien »Das Jahrbuch des Vermögens und Einkommens der Millionäre in Preußen« schließlich im November 1911 und ihm sollten noch weitere Ausgaben für die verschiedenen deutschen Länder folgen.

Der Skandal um das Erscheinen brachte Martin und dem Verlag die bereits vom »Simplicissimus« prophezeite enorme Aufmerksamkeit und wurde sogar als Werbestrategie in den neuen Anschreiben gezielt genutzt: »Das durch seine Beschlagnahmung noch mit weit grösserer Spannung erwartete ›Jahrbuch des Vermögens und Einkommens der Millionäre in Preussen‹ ist nach der wieder erfolgten Freigabe durch die Staatsanwaltschaft nunmehr fertiggestellt und gelangt ab heute […] zum Versand«, so verkündete der W. Herlet Verlag Ende Oktober 1911.[104] Martin schickte auch dem Finanzministerium die neue Ankündigung, was Lentze als persönliche Provokation empfand, wie die Anmerkungen am Rand des Anschreibens in den Akten belegen.[105] Er selbst erließ im Sommer 1911 umgehend eine Anweisung an alle Beamten seiner Behörde, die sie »aus gegebener Veranlassung« an die Pflicht erinnerte, »Vertretern der Presse keinerlei Mitteilungen über dienstliche Angelegenheiten zu machen«.[106] Dies war gegebenenfalls auch eine Vorsichtsmaßnahme gegen den Ansturm auf die Finanzbehörde, die Lentze mit der Veröffentlichung des Jahrbuchs erwartete.

Dabei richtete sich das martinsche Werk an ein ausgewähltes Publikum: Den verschickten Rundschreiben von Rudolf Martin lag eine kleine Postkarte bei. Diese sei auszufüllen und dem Verlag bei Interesse zuzuschicken. Das Anschreiben informierte, dass das Jahrbuch aufgrund seiner Eigenheit nur in einer geringen Zahl hergestellt werde. Der Verlag behielte sich somit vor, die Bestellungen zu prüfen und zu entscheiden, an wen das Buch direkt abgegeben werden könne. Solch eine Kontrolle verhindere, dass das Jahrbuch in unrechte Hände komme.[107] Bereits diese Maßnahme als auch der Preis von 45 RM belegen, dass die Zielgruppe nicht unbedingt die Arbeiterschicht war, die über die Verhältnisse der »reichen Bürger« aufgeklärt werden sollte. Zu den sozialkritischen Argumenten gesellte sich in den folgenden Publikationen immer mehr eine moderne Vermarktung der Jahrbücher, die Martin im März 1912 noch im W. Herlet Verlag, dann aber im Laufe des Jahres bis 1914 im Eigenverlag für 10 RM das Stück herausgab.[108]

---

103 Martin erhob wiederum Beleidigungsklage gegen den Prokuristen des Verlags und gewann diese auch. Von Gerlach in der Debatte zur dritten Beratung des Entwurfs eines Gesetzes betreffend die Festellung des Haushaltsetats für die Schutzgebiete auf das Rechnungsjahr 1906, nebst Anlagen (Nr. 9 der Drucksachen) aufgrund der Zusammenstellung der Beschlüsse zweiter Beratung (Nr. 350 der Drucksachen). Antrag Nr. 255. Die Beratung wird fortgesetzt mit dem Etat für das Reichsamt des Innern fortdauernde Ausgaben, Kap. 7, in: Reichstagsprotokolle 1905/06, Bd. 4, S. 3481f.

104 Anschreiben W. Herlet Verlag an das Ministerium der Finanzen, Berlin, 31.10.1911, GStA PK, I. HA, Rep. 151 II, Nr. 1817.

105 Ebd.

106 Finanzminister an die vortragenden Räte und Hilfsarbeiter im Ratsgeschäft, 24.6.1911, GStA PK, I. HA, Rep. 151 HB, Filmnr. 1819.

107 Anschreiben W. Herlet Verlag an das Ministerium der Finanzen, Berlin, 31.10.1911, GStA PK, I. HA, Rep. 151 II, Nr. 1817.

108 Anschreiben W. Herlet Verlag, Berlin im März 1912, GStA PK, I. HA, Rep. 151 II, Nr. 1817. Der Rudolf Martin Verlag Berlin, Württembergische Straße 29, ist jedoch weder im »Adressbuch des Deutschen Buchhandels« noch in den »Verlagsveränderungen« verzeichnet. Bibliografisch lassen sich die Publikationen des Verlags 1912 bis 1915 nachweisen. Augenscheinlich

Vergleichskategorie, die sowohl in den Anschreiben als auch in den Vorworten genannt wurde, war der bereits bekannte und etablierte Gothaische Hofkalender:

»Personen, die man im Gothaer Almanach nur schwer findet, springen in dem ›Jahrbuch des Vermögens und Einkommens der Millionäre‹ durch die Größe ihres Vermögens sofort in die Augen. […] Das Jahrbuch ist ein genealogisches Handbuch ebenso der bürgerlichen wie der adligen Familie, die durch ihr Vermögen hervorragen. Bei Besprechung der Millionäre behandelt der Verfasser in der Lebensbeschreibung auch diejenigen, die kein Vermögen von Erheblichkeit besitzen, aber die Allgemeinheit interessieren.«[109]

Hieran zeigt sich zum einen, dass Martin das Ziel hatte, die neue soziale Schicht der Einkommens- und Vermögensmillionäre, die eben nicht nur den Adel umfasste, sichtbar zu machen. Neben die Abstammung trat als wichtige Information über die Oberschicht des Kaiserreichs nun das Vermögen. Der Hinweis, dass auch die nicht vermögenden Teile der Familie aufgeführt wurden, belegt zum anderen eine Orientierung an den Bedürfnissen der Käuferschicht: Denn die Öffentlichkeit war augenscheinlich nicht nur am Erfolg der Millionäre, sondern auch am Zwiespalt und Verlust interessiert. Diese Neugierde bediente Martin gerne mit detaillierten Einzelheiten, die sich mit Familien- und Erbstreitigkeiten ganz an den Sprachduktus der sich zu dieser Zeit etablierenden Boulevardpresse anpassten.[110] Augenscheinlich trat nicht nur neben die sozialreformerischen Absichten, sondern auch neben den Anspruch an Wissenschaftlichkeit im Laufe der Veröffentlichungen eine Marktorientierung, die dem Vorwurf der Sensationslust der Anfänge neue Nahrung gab.

Diese gezielte Vermarktungsstrategie belegt darüber hinaus erstens, dass Martin Pressestimmen in den Vorworten abdruckte, die alle die Besonderheit und Wichtigkeit seines Buchs betonten.[111] Zweitens bot er der Werbeindustrie seine Publikation direkt an: Das Jahrbuch sei

»zugleich das wirksamste Insertionsorgan an die Millionäre und an die besitzenden Klassen überhaupt. Ein jedes Inserat im Text des Jahrbuchs der Millionäre kann nicht übersehen werden, sondern wird von den reichsten Personen gelesen und hat dauernde Wirkung. Denn das Jahrbuch der Millionäre nimmt auf dem Arbeitstisch der Millionäre denselben bevorzugten Platz ein wie der Gothaer Almanach«.[112]

Und mit solchen modernen Werbetexten hatte Martin Erfolg: Werbeanzeigen für Damen- und Herrenbekleidung, Verwaltung von Rittergütern bis zu Architekten für Villenbau sind in zunehmender Zahl im Jahrbuch zu finden.[113] Selbst der königliche Kommissar von Treschkow, der im Frühjahr die Hausdurchsuchung und Beschlagnahmung des Manuskripts

---

muss Martin die Publikationen eigenhändig verschickt haben und seine Bücher wurden nicht über die Zentralverteilungsstelle in Leipzig in den offiziellen Buchhandel gesendet. Der Verlag war allerdings bei der Handelskammer eingetragen, da Rudolf Martin am 12.3.1913 der Handelskammer und dem Königlichen Amtsgericht in Berlin-Mitte, Abteilung 86, mitteilte, dass die Rudolf Martin Verlagsbuchhandlung, Berlin-Wilmersdorf, Württembergische Straße 29, ihren Betrieb nach Berlin-N.W., Neue Wilhelmstraße 9, verlegt habe, Landesarchiv Berlin, A Rep. 342-02, Nr. 44145.

109 Ebd.
110 Vgl. *Cosima Winkler*, Die kommerzielle Wende der Berliner Massenpresse 1890–1914. Ökonomie per Kultur, in: Sowi 34, 2005, H. 4, S. 52–65.
111 Beispielsweise: *Rudolf Martin*, Jahrbuch des Vermögens und Einkommens der Millionäre in Schleswig-Holstein, Berlin 1913, S. II.
112 *Rudolf Martin*, Jahrbuch des Vermögens und Einkommens der Millionäre in den drei Hansestädten, Berlin 1912, S. 20, sowie: *ders.*, Jahrbuch des Vermögens und Einkommens in der Provinz Ost- und Westpreußen, Berlin 1913, S. II.
113 Vgl. beispielsweise die Werbeanzeigen in: *Martin*, Jahrbuch Preußen 1912, S. XI und 3, sowie: Jahrbuch Preußen 1913, S. 2.

geleitet hatte, schaltete 1913 eine Anzeige als Privatdetektiv für »zuverlässige, vertraute Ermittlungen und Beobachtungen«.[114]

Abbildung 4:
Die Einzelhändler im Luxussortiment schalteten zunehmend Werbeanzeigen im Jahrbuch.
Darunter war auch der ehemalige Kriminalkommissar, der 1911 noch die Durchsuchung
der Arbeitsräume und der Druckerei geleitet hatte.

Werbeanzeigen in: *Rudolf Martin*, Jahrbuch des Vermögens und Einkommens der Millionäre in Preußen, Berlin 1913, S. 4f.

Aber offenbar beschränkten sich die Werbeaktivitäten nicht allein auf das Abdrucken von Inseraten. Rudolf Mothes berichtete in seinen Erinnerungen:

»Vielen, aber nicht allen reichen Leuten war es peinlich, ihren Namen in Martins Adressbuch zu finden. Mich suchte einer meiner Millionär-Klienten auf und bat mich um schleunige Abhilfe. Ich versicherte ihm, dass sein Kredit keinesfalls leiden würde. Es verlautete, dass Rudolf Martin Beziehungen zu Einkommenssteuerbeamten fand und seine Angaben verlässlich seien. Meinem Klienten kündigte ich als Hauptschattenseiten seiner Aufnahme in das Verzeichnis der Millionäre einige Anborgversuche, die Zusendung von Angeboten der Kraftwagenfabrikanten und Händler, der Pelzkonfektionäre, Reisebüros, Juweliere und Versicherungsagenten an. Einen größeren Anborgversuch half ich ihm abschlagen.«[115]

---

114 *Martin*, Jahrbuch Preußen 1913, S. 4.
115 *Mothes*, Lebenserinnerungen eines Leipziger Juristen, S. 14.

Auch der Journalist Richard Nordhausen hoffte, dass neben »den Bettelbriefschreibern, den Wohltätigkeitsunternehmen, den Auto- und französischen Sekt-Fabrikanten auch Nationalökonomen und Politiker Martins Veröffentlichungen zur Hand nehmen werden«.[116] Einen Profit strichen aber nicht nur die Produzenten im Luxussortiment ein: Das große Interesse für seine Jahrbücher machte auch Martin zunehmend vermögend. So residierte er schließlich nicht mehr in der Württembergischen Straße in Berlin, sondern im Hotel Königshof in der Neuen Wilhelmstraße, dessen Briefpapier er auch immer häufiger für seine Korrespondenz nutzte.[117] In »Griebens-Reiseführer Berlin« wurde das Hotel unter der Rubrik »Hotel I. Ranges« aufgeführt, das vor allem »durch die dort gepflegte vornehme Diskretion« überzeuge. Nicht minder interessant scheint, dass der »Fiskus« das Hotel etwa um 1900 gekauft hatte und Martin somit unter dem Dach des eigenen Gegners wohnte.[118]

Im Laufe der weiteren Publikation des Jahrbuchs änderten sich nicht nur die Zielsetzungen und Werbestrategien, sondern auch Martins Erhebungen. Er griff nicht allein auf die Statistik der Einkommens- und Vermögenssteuer zurück. Die Millionäre selbst korrigierten seine Angaben.[119] So kommentierte Martin: »Die Zahl der freiwilligen Mitarbeiter meines Unternehmens ist in beständigem Wachsen und diese Mitarbeiter sind vielfach Personen, die nach Vermögen und Geburt an der Spitze unserer Gesellschaft stehen.«[120] Durch diese Mitarbeit erlange sein Jahrbuch immer mehr »authentischen Charakter«.[121] Zu dem anfänglichen Protest gegen die Persönlichkeitsrechte gesellte sich der Wille einzelner Millionäre, auf der richtigen Position auf der Liste aufzutauchen. Diese laufenden Korrekturen der Liste konterkarierten zunächst ihren Anspruch auf Vollständigkeit und Abgeschlossenheit und damit auch auf Martins eigene Wissenschaftlichkeit.[122]

Eine Liste wird in der wissenschaftlichen Literatur meist als eine Zusammenführung von Dingen beschrieben, die Wissen und Information einfangen soll, Elemente ordnet und insgesamt einen linearen Weg vorgibt. Sie trägt damit zur Schematisierung bei und erhebt sich gleichzeitig zum abgeschlossenen System. Diese Abgeschlossenheit, die der Liste zugesprochen wird, untergrub Martin, indem er sie immer wieder veränderte oder in ihre Struktur von außen eingreifen ließ. Auch die eigene Kommentierung widersetzte sich den Charakteristika, die der Liste zugeschrieben werden. François Jullien betont, dass die Liste meistens ein Bedeutungsganzes darstellt, das ohne Erklärung kommentiert und gerechtfertigt wird. Er formuliert: »Nichts scheint kulturell neutraler zu sein, als eine Liste zu erstellen.«[123]

---

116 *Richard Nordhausen*, Das Jahrbuch der Millionäre, in: Der Tag, 18.11.1911, in: GStA PK, I. HA, Rep. 151 II, Nr. 1817.

117 Vgl. zum Beispiel die Mitteilung am 12.3.1913 an die Potsdamer Handelskammer, Sitz Berlin, an das Königliche Amtsgericht in Berlin-Mitte, Abteilung 86, dass Rudolf Martin Verlagsbuchhandlung, Berlin-Wilmersdorf, Württembergische Straße 29, ihren Betrieb nach Berlin-N.W., Neue Wilhelmstraße 9, verlegt habe, Landesarchiv Berlin, A Rep. 342-02, Nr. 44145. Vgl. zudem einen Brief von Rudolf Martin an das Amtsgericht Berlin, 29.4.1913, Landesarchiv Berlin, A Rep. 342-02, Nr. 44145.

118 Angaben dazu finden sich in: *Laurenz Demps*, Berlin-Wilhelmstraße. Eine Topographie preußisch-deutscher Macht, Berlin 2010, S. 95f.

119 *Rudolf Martin*, Jahrbuch des Vermögens und Einkommens der Millionäre im Königreich Sachsen, Berlin 1912, S. II.

120 *Martin*, Jahrbuch Berlin 1913, S. IX.

121 *Rudolf Martin*, Jahrbuch des Vermögens und Einkommens der Millionäre in der Rheinprovinz, Berlin 1913, S. X.

122 Diese Technik sieht Jacqueline Pigeot als charakteristisch für eine Manipulation der Liste an: *Jacqueline Pigeot*, Die explodierte Liste. Die Tradition der heterogenen Liste in der alten japanischen Literatur, in: *François Jullien* (Hrsg.), Die Kunst, Listen zu erstellen, Berlin 2004, S. 73–121, hier insb.: S. 81f.

123 *François Jullien*, Einleitung, in: ebd., S. 7–14, hier: S. 10.

An den bereits genannten Diskussionen wird deutlich, dass Martin genau diese offene Interpretation seiner Aufzählung nicht im Sinn hatte, sondern vielmehr eine eigene Deutung vorgeben wollte: Den Sinn und den Zweck seiner Liste betonte er selber in den Vorworten und er verwies darauf, was ihre Funktion sei. Interessant erscheint auch, dass Martin seine Liste nicht wie üblich durch eine eigene Zählung sortierte, sondern die Hierarchisierung allein durch die Höhe des Vermögens und Einkommens bestimmt wurde.

Die doppelte Offenheit der martinschen Liste steht aber nicht zwangsläufig im Widerspruch zu der Technik der Auflistung. Sie zeigt vielmehr die Funktionen, die ihr abseits der Ordnung ebenfalls zugesprochen werden: Wie Jullien ausführt, ist die Liste nicht nur eine Ordnung der Aufzählung, bei der beide Endpunkte der Aufzählung sich als Antipoden abstoßen und den Abstand zum Ausdruck bringen. Sie ist vielmehr vom Wechselspiel von Statik und Dynamik geprägt.[124] Der Leser betrachtet die Liste nicht als leblos, sondern arbeitet daran, der Auflistung eine Bedeutung zu geben.[125] Listen sind, so Sabine Mainberger, zum Suchen und Finden gedacht.[126] So war auch eine gängige Praxis der Reichen, sich selbst in der Liste zu suchen, zu markieren und gegebenenfalls auch Korrekturen vorzunehmen. Besonders interessant sind die Fälle, die nicht nur an ihren Namen, sondern auch an jenen von Bekannten oder Konkurrenten ein Kreuz gesetzt haben.[127] Das Jahrbuch wurde somit zum Kommunikationsmittel der reichen Oberschicht über sich selbst. Die eigenen Korrekturen standen dabei nicht selten im Widerspruch zu den Zahlen in den Steuerstatistiken, was wieder erneut weniger auf eine eigene Überschätzung als vielmehr auf eine falsche Selbstdeklaration bei der Steuer zurückzuführen ist.

Abseits der Debatte um direkte Steuern und ihre Gerechtigkeit kam es gerade zu Ende des Jahres 1911 und im Verlauf des Jahres 1912 zu Diskussionen über die Wirksamkeit der eigenen Steuerdeklaration der Reichen in Medien, Politik und Parlament.[128] Dieser Aspekt rückte auch in den Vorworten von Martins Jahrbüchern immer mehr in den Vordergrund:

»Ich werde aber im Laufe der Jahrbücher auch auf Fälle kommen, wo nach meiner Überzeugung die amtliche Veranlagung des Vermögens eine viel zu geringe ist. In Preußen ist niemand verpflichtet, sein Vermögen zu deklarieren. Der Deklarationszwang gilt nur für das Einkommen. Bei der Unvollkommenheit der Gesetzgebung ist es selbstverständlich sehr gut möglich, daß eine Person sein Vermögen und Einkommen genau nach den Vorschriften des Gesetzes richtig deklariert, in Wirklichkeit aber viel zu geringe Summen angibt.«[129]

Ein gern zitiertes Beispiel für solch eine falsche Selbstdeklaration war für Martin bald August Thyssen.[130] Er erklärte zudem den Lesern die Lücken des Steuersystems explizit

124 *François Jullien*, Die praktische Wirkkraft der Liste: von der Hand, vom Körper, vom Gedicht, in: ebd., S. 15–55, hier: S. 24f.

125 *Karine Chemla*, Von Algorithmus als Operationsliste, in: ebd., S. 51–72, hier: S. 62f.

126 *Sabine Mainberger*, Von der Liste zum Text – vom Text zur Liste. Zu Werk und Genese in moderner Literatur. Mit einem Blick in Perecs Cahier des charges zu La Vie mode d'emploi, in: *Gundela Mattenklott/Friedrich Weltzien* (Hrsg.), Entwerfen und Entwurf. Praxis und Theorie des künstlerischen Schaffensprozesses, Berlin 2003, S. 265–283, hier: S. 279. Vgl. auch dazu: *dies.*, Die Kunst des Aufzählens. Elemente zu einer Poetik des Enumerativen, Berlin 2003.

127 So gesehen in der aufgehobenen Liste des Nachlasses von Fritz Aschinger, der auf Seite 19 aufgeführt wurde und sogar Korrekturen in der Liste selber vornahm. Liste der reichsten Millionäre von Groß-Berlin, Tresor 3. Fach 126 1069, Stadtarchiv Berlin, Aschinger's AG, 1069.

128 Vgl. vor allem die Sitzungen des Abgeordnetenhauses am 29.2.1912, in: Stenographische Berichte über die Verhandlungen des Preußischen Hauses der Abgeordneten, 21. Legislaturperiode, V. Session 1912/13, Bd. 2, Berlin 1913, S. 1943f. Vgl. auch: Die Steuerehrlichkeit der Besitzenden, in: Die Tribüne, 1.8.1911, in: GStA PK, I. HA, Rep. 151 II, Nr. 2362.

129 *Rudolf Martin*, Jahrbuch des Vermögens und Einkommens der Millionäre in der Provinz Brandenburg, Berlin 1913, S. VII.

130 *Martin*, Jahrbuch Rheinprovinz 1913, S. VI.

und riet sogar dem Finanzminister, das Jahrbuch intensiv zu studieren, wenn er eine Ahnung vom echten Steuervolumen des Reichs bekommen wolle.[131]

Martins neue Zahlen und auch seine Erklärungen unterstützten also den öffentlichen Wunsch nach gezielten Maßnahmen gegen Steuerhinterziehung.[132] Sie dienten dabei auch gerade der Lokalpresse zur Ermahnung an ihre reichen Mitbürger. So korrespondierte der Vorsitzende der Einkommensteuer-Berufungskommission der Königlichen Regierung Münster mit dem Finanzministerium über Herzog Engelbert-Maria von Arenberg, dessen abweichende Vermögensangaben mit dem Verweis auf Martin in einem Presseartikel angeführt wurden. Er bekräftigte, dass die Zahlenangaben Martins vielversprechend seien und deswegen eine erneute Prüfung für die Besteuerung des Herzogs eingeleitet werden müsse.[133] »Das Jahrbuch des Vermögens und Einkommens der Millionäre« wurde also auch vereinzelt von amtlicher Stelle eingesetzt, um Steuersündern nachzuspüren. Die Leserschaft des Jahrbuchs war damit teilweise äußerst gegensätzlich und reichte von Sozialreformern über die Millionäre bis zur Beamtenschaft. Oder wie der »Kladderadatsch« sarkastisch anführte, setzte sich die Kundschaft des »größten Deutschen nach Bismarck« aus unverheirateten Offizieren, Heiratsvermittlern, Einbrechern, evangelischen Kirchenbauvereinen und der Kaiser-Wilhelm-Gesellschaft zusammen.[134]

Besondere Dynamik erhielten die Publikationen der Jahrbücher in der Debatte um den Wehrbeitrag 1913. Wie Carsten Burhop ausführt, benötigte das Reich für »Weltpolitik und Flottenbau« zunehmend mehr Geld, was einen großen Einfluss auf die Steuerpolitik des Staats hatte.[135] Auch Hans-Peter Ullmann betont, dass »auf den Weg ergiebiger direkter Reichssteuern [...] erst die fortschreitende ›Militarisierung der Reichsfinanzen‹ vor Ausbruch des Ersten Weltkriegs« führte. Ullmann hebt hierbei insbesondere die Wehrvorlage von 1913 hervor. Diese hatte zur Folge, dass in den kommenden drei Jahren mit dem Wehrbeitrag eine allgemeine progressive Vermögens- und Einkommenssteuer sowie von 1917 an eine Vermögenszuwachssteuer erhoben werden sollte. Der Wirtschaftshistoriker urteilt: »Diese griff als erste direkte Reichssteuer massiv in die Finanzrechte der Bundesstaaten ein und wies, weil sie Entstehung und Übertragung von Vermögen belastete, in Richtung einer Reichseinkommenssteuer.«[136]

Rudolf Martin nutzte seine Vorworte nun auch zu Stellungnahmen in dieser Angelegenheit.[137] Er erinnerte seine Leserschaft an die patriotische Aufgabe und den Staat an das Potenzial des Steuervolumens, das dieser lange Zeit verschenkt habe.[138] In diesem Zusammenhang wurde auch die internationale Presse intensiv auf die Jahrbücher aufmerksam. Hatte diese zwar auch zu Beginn der Publikation im Jahr 1911 darüber berichtet und dies zum Anlass genommen, die Zahlen als Beweis des neuen Reichtums in Europa zu deuten, vermehrte sich die Berichterstattung kurz vor dem Ersten Weltkrieg.[139] So formulierte der San Francisco Chronicle:

---

131 *Martin*, Jahrbuch Provinz Brandenburg 1913, S. VIII; *Martin*, Jahrbuch Provinz Schlesien 1913, S. Vf.

132 Maßnahmen gegen die Steuerhinterziehung, GStA PK, I. HA, Rep. 151 II, Nr. 2362.

133 Der Vorsitzende der Einkommensteuer-Berufungskommission an den Finanzminister, 5.6.1913, ebd. Vgl. auch: Berliner Tageblatt, Herzog von Arenberg als Regalherr, 6.5.1913, in: ebd.

134 Kladderadatsch, k.T., 26.3.1911, Drittes Beiblatt, S. 4.

135 *Carsten Burhop*, Wirtschaftsgeschichte des Kaiserreichs 1871–1918, Göttingen 2011, S. 90f.

136 *Ullmann*, Die Bürger als Steuerzahler, S. 213.

137 *Rudolf Martin*, Jahrbuch des Vermögens und Einkommens der Millionäre in Bayern, Berlin 1914, S. 1–5.

138 *Martin*, Jahrbuch Provinz Schlesien 1913, S. V–XXV.

139 Zu der Erstveröffentlichung vgl. beispielhaft: Prussia has 8.300 Millionaires: Richest Person in the Kingdom is a Woman, whose Fortune is Nearly $ 50.000.000, in: Wall Street Journal, 25.11.1911, S. 6.

»The announcement that the princely houses of Germany have consented to abandon their right to freedom from taxation in order that the so-called ›war tax‹ of £ 30.000.000 may be paid more easily gives a special interest to a new publication of Herr Rudolf Martin's ›Year Book of the Silesian Millionaires‹.«[140]

Und auch der Observer sowie die New York Times stellten einen direkten Zusammenhang zwischen den martinschen Publikationen und der öffentlichen Debatte über den Wehrbeitrag her.[141] Die New York Times empfahl Martins Buch sogar in ihrer Rubrik »Books that help in Following War News«, dessen Liste die New York Library erstellt hatte.[142] Martin nutzte diese internationale Aufmerksamkeit erneut für seine Werbestrategie und warb, dass »die Jahrbücher der Millionäre nicht nur in Deutschland, sondern auch in der ganzen Welt von der besitzenden Klasse gekauft und mit Eifer gelesen werden«.[143]

Die verstärkte Aufmerksamkeit für die Jahrbücher begleitete auch wieder eine gezielte professionelle Vermarktung. Er gab alsbald Gesamtausgaben heraus und im August 1913 schließlich eine Neuauflage seines ersten Jahrbuchs von 1911 mit zahlreichen Verbesserungen und Ergänzungen.[144] Mit dem Jahrbuch für das Königreich Sachsen 1914 erschien aber die letzte Ausgabe des »Jahrbuchs des Vermögens und Einkommens der Millionäre«.[145] Im Jahrbuch für Bayern 1914 hatte Martin bereits angekündigt, dass »vor dem Frühjahr 1915 […] wahrscheinlich keine neubearbeitete Ausgabe der bisher erschienen 18 Bände« erscheinen werde.[146] Der Grund für die Einstellung nach 1914 ist quellenbasiert nicht nachzuvollziehen. Ohne Zweifel verhinderte der Erste Weltkrieg, wie Theodor Häbich feststellte, zunächst die Fortsetzung der Reihe.[147] In dieser Zeit machte sich Martin vielmehr als Sachkenner von internationalen Affären in der internationalen Presse erneut einen Namen, wie er es bereits vor den Jahrbüchern mit seinen Publikationen über die Beziehungen von Deutschland zu England, Russland und Japan getan hatte.[148]

Auch sozialpolitisch blieb Martin zur Zeit des Ersten Weltkriegs aktiv und schloss sich nach der Novemberrevolution der USPD, dem linken Flügel der Sozialdemokratie, an.[149]

---

140 Royal Incomes in Germany, in: San Francisco Chronicle, 1.5.1913, S. 6.
141 The Kaiser's Millions: His Estate Estimated at £ 19.700.000, in: The Observer, 25.1.1914, S. 11; Kaiser Richest German, in: The New York Times, 25.1.1914, S. 27. Vgl. auch: The Kaiser's Fortune, in: The Washington Post, 5.4.1914, S. MSI.
142 Books that Help in Following War News: The New York Public Library, in: The New York Times, 16.1.1914, S. BR345.
143 Beispielsweise in: *Martin*, Jahrbuch Bayern 1914, S. II.
144 *Brauer*, Der Verleger und Schriftsteller Rudolf Martin, S. A408.
145 *Augustine*, Die wilhelminische Wirtschaftselite, S. 36.
146 *Martin*, Jahrbuch Bayern 1914, S. I.
147 *Theodor Häbich*, Frankfurter Millionäre um 1910 nach Rudolf Martin, o.O. [1974], S. 3.
148 Indemnities that Stagger the Mind. Herr Martin's Outline of Levies by Germany, in: The Boston Daily Globe, 4.4.1915, S. 16; Nation and the Green Planet, in: The Observer, 17.10.1915, S. 15; 20 Useless Monarchs Cost Germans $ 250.000.000 a Year, in: The Washington Post, 25.5.1918, S. 6.
149 *Bülow*, Denkwürdigkeiten, Bd. 2, S. 297. Martin stand wohl auch in engem Kontakt zur Deutschen Wirtschaftspartei. Hier war er vor allem dem Staatsrechtler und der Reichspartei des deutschen Mittelstandes Johann Viktor Bredt verbunden, für den er sich in den 1930er Jahren in der Presse aussprach und mitunter als sein »Sprachrohr« fungierte: vgl. *Martin Schumacher*, Mittelstandsfront und Republik. Die Wirtschaftspartei – Reichspartei des deutschen Mittelstandes 1919–1933, Bonn 1972, S. 190. Er kannte wohl Bredt über den Stammtisch von Heinrich von Zedlitz-Neukirch, den Martin auch in seinem Buch »Deutsche Machthaber« erwähnte: *Dieter Fricke*, Der deutsche Imperialismus und die Reichstagswahl von 1907, in: ZfG 11, 1961, S. 538–576, hier: S. 555.

Martin schrieb dann seit Mitte der 1920er Jahre Artikel für den »Vorwärts«.[150] In dem 1919 im Musarion Verlag erschienenen Buch »Die soziale Revolution. Der Übergang zum sozialistischen Staat«[151] entwickelte Martin radikale Visionen für das »Programm einer staatssozialistischen Umstrukturierung der gesamten Wirtschaft«.[152] Er sprach sich für eine Verstaatlichung aller Ritter- und großen Bauerngüter aus und lehnte einen generellen Bauernschutz ab. Sein sozialdemokratisches Engagement nutzte er auch in eigener Sache. So versuchte er, »sofort nach dem 9. November« Friedrich Ebert, allerdings erfolglos, zu bewegen, sich für eine Aufhebung des von Bülow initiierten Disziplinarverfahrens von 1908 einzusetzen, und verwies darauf, dass die beiden sozialdemokratischen Parteien aus seinem Fall ersehen könnten, wie die Reichsämter »noch vollkommen in reaktionärem Sinne schalten und walten« würden.[153] Wenig half ihm ebenfalls Mitte der 1920er Jahre die Bitte an die Sozialdemokraten Friedrich Stampfer, Carl Severing, Rudolf Wissell und Philipp Scheidemann, »für [s]eine Wiederanstellung und Rehabilitierung tätig« zu werden.[154] Sein Scheitern in der Aufhebung des Disziplinarverfahrens bedeutete auch einen Verlust seiner Ansprüche auf die Beamtenpension und somit der finanziellen Absicherung im Alter.

IV. NACHSPIEL UND FAZIT

Trotz der Einstellung der Jahrbücher hörte Martin nach dem Ersten Weltkrieg nicht auf, sich mit der Auflistung von Millionären zu beschäftigen. So schrieb er einen Aufsatz in »Westermanns Monatsheften« im Mai 1929 mit dem Titel: »Die großen Vermögen vor und nach dem Kriege«.[155] Die internationale Presse stürzte sich auf die neue Veröffentlichung und interessierte sich dabei vor allem für die »Kriegsgewinner«, das Vermögen des Kaisers sowie den Zusammenhang von Reparationszahlungen und den reichen deutschen Magnaten.[156] Auch in den Akten des Landesarchivs Berlin im Nachlass der Aschinger AG ist eine von Rudolf Martin im September 1929 erstellte Liste für die reichsten Millionäre von Groß-Berlin enthalten, bibliografische Angaben hierzu finden sich allerdings nicht mehr. Zudem sind hier keine Angaben von Vermögens- und Einkommensverhältnissen aufgeführt, sondern allein die Namen und Adressen der Millionäre.[157]

---

150 Dies bekräftigte Martin in einem Brief an Hermann Müller am 8.6.1928, Archiv der sozialen Demokratie der Friedrich-Ebert-Stiftung, Bonn (AdsD), Nachlass Hermann Müller 43.

151 *Rudolf Martin*, Die soziale Revolution. Der Übergang zum sozialistischen Staat, München 1919.

152 *Martin Schumacher*, Land und Politik. Eine Untersuchung über politische Parteien und agrarische Interessen 1914–1923, Bonn 1978, S. 196.

153 Zit. in: ebd., Fußnote 33.

154 Rudolf Martin an Hermann Müller am 8.6.1928, AdsD, Nachlass Hermann Müller 43. Vgl. auch die Postkarte an Philipp Scheidemann vom 5.10.1918, AdsD, Sammlung Originalbriefe 2.85, auf der Rudolf Martin Scheidemann unmittelbar nach seiner Wahl zum Staatssekretär und Minister gratulierte und betonte, dass er ihm schon vor zwei Jahren vorausgesagt habe, dass die Sozialdemokraten durch den Weltkrieg »an das Ruder« kommen würden.

155 *Rudolf Martin*, Die großen Vermögen vor und nach dem Kriege in Deutschland, in: Westermanns Monatshefte. Illustrierte Zeitschrift fürs deutsche Haus 73, 1929, S. 256–260.

156 Reich Estimated to Have 8000 Millionaires: Figure Expected to Double in 4 Years More, in: The New York Times, 16.6.1929, S. E1; Former Kaiser's Wealth Climbs to $ 120.000.000, in: Chicago Daily Tribune, 16.6.1929; Ex-Kaiser Wilhelm Worth $ 103.000.000, in: The Washington Post, 16.6.1929, S. A 10; Germany's Rich Men. The Ex-Kaiser's Wealth. Reparations and the Magnats, in: The Observer, 25.8.1929, S. 8; From the World's Great Capitals, Berlin, in: The Christian Science Monitor, 27.9.1929.

157 Liste der reichsten Millionäre von Groß-Berlin, Tresor 3. Fach 126 1069, Landesarchiv Berlin, Aschinger's AG, 1069.

Theodor Häbich stellt fest, dass Martin um das Jahr 1930 »ein kränkelnder, zermürbter und scheuer Mann« war, »der an den Aufruhr, den sein unfertig gebliebenes Werk einst hervorgerufen hatte, nur mit Mißbehagen dachte«.[158] Worauf Häbich diese Einschätzung stützt, führt er nicht aus und belegt dies auch nicht. Das konstatierte »Mißbehagen« verwundert, bekräftigte Martin in einem Schreiben 1938 doch selbst, dass seine Jahrbücher »weltbekannt« seien und diese »jede Universitätsbibliothek der Welt« besitze.[159] Von einem Missmut klang hier wenig an, vielmehr nutzte er die Erwähnung der Jahrbücher, um das Renommee seines Verlags zu belegen. Das Missbehagen scheint ebenfalls wenig nachvollziehbar, kann Martin doch als Vorreiter einer neuen Form der öffentlichen Auflistung von privatem Vermögen verstanden werden. Bereits 1929 brachte Georg Wenzel den »Deutschen Wirtschaftsführer« heraus, der sich als Nachschlagewerk für die Lebensläufe von über 1.300 Wirtschaftspersönlichkeiten verstand und in ähnlicher Weise wie bereits die Bücher Rudolf Martins ein Bild einer neuen Oberschicht abbildete.[160] Auch das »Daily Mail Year Book« von David Williamson weitete seine Zusammenfassungen wichtiger Neuigkeiten des Jahres auf die Vermögensverhältnisse der Millionäre aus: Genau wie bei Martin finden sich in dem Jahrbuch 1927 die Namen und Vermögensangaben der reichen englischen Oberschicht.[161] Und nicht zuletzt ist in dieser Reihe der Nachfolger die bekannte Liste der reichsten Menschen der Welt des Magazins Forbes zu nennen, die seit 1987 erscheint und an die Technik der »Jahrbücher des Vermögens und Einkommens der Millionäre« von Anfang des Jahrhunderts in groben Zügen erinnert.[162] Hier standen aber bald nicht mehr die Millionäre, sondern zunehmend die Milliardäre im Fokus der Betrachtung.

Auch die Forschung betont wiederholt den wichtigen kulturellen Wert des »Jahrbuchs des Vermögens und Einkommens der Millionäre« und lobt die wissenschaftliche Leistung, die Martin erbracht habe.[163] Doch nicht nur hierfür kann die Bedeutung von Martins Jahrbüchern hervorgehoben werden. Auch in der zeitgenössischen Debatte über soziale Ungleichheit und Gerechtigkeit, über Reichtum und den gesellschaftlichen und politischen Umgang damit hat Martin einen wichtigen Beitrag geleistet. Die Untersuchung der Publikations- und Wirkungsgeschichte der martinschen Jahrbücher hat dabei die enge Verwobenheit der Sichtbarmachung von Reichtum durch Zahlen, Namen und kulturelle Praktiken gezeigt. Statistische Daten, öffentliche Diskurse und interne Aushandlungsprozesse reagierten aufeinander und miteinander. Dabei können vor allem drei wichtige Ergebnisse festgehalten werden:

Erstens zeigte sich, dass das Bedürfnis, Vermögen zu zählen und zu beschreiben, welches Ende des 19. Jahrhunderts entstand, mit der Notwendigkeit korrelierte, zu klären, wie mit Reichtum auf einer sozial-öffentlichen und politischen Ebene umgegangen werden sollte. Dafür waren auf der einen Seite Visualisierungen wie Statistiken oder eben die besagten Jahrbücher notwendig. Martin machte die soziale Lage im Kaiserreich auf eine besondere Art und Weise sichtbar, indem er individuelle Lebenswege in eine größere Entwicklung einband und mit seinen biografischen Lebensskizzen eine Grundlage für die

---

158 *Häbich*, Frankfurter Millionäre, S. 3.

159 Rudolf Martin, Regierungsrat, an das Amtsgericht Berlin in der Gerichtsstraße, 28.5.1938, Landesarchiv Berlin, Königliches Amtsgericht Charlottenburg, Abt. 552, A Rep. 342-02, Nr. 44145.

160 *Georg Wenzel*, Deutscher Wirtschaftsführer: Lebensgänge deutscher Wirtschaftspersönlichkeiten. Ein Nachschlagebuch über 1300 Wirtschaftspersönlichkeiten unserer Zeit, Hamburg 1929.

161 *David Williamson*, Daily Mail Year Book, London 1927.

162 Die erste Forbes-Liste erschien bereits 1982, berücksichtigte aber zunächst nur die 400 reichsten Amerikaner.

163 Vgl. insb.: *Boelcke*, Brandenburgische Millionäre, S. 395.

Bewertung von Reichtum lieferte. Zudem unterstützten diese Sichtbarmachungen von Vermögen den generellen Diskurs über die gesellschaftlichen Vor- und Einstellungen zur sozialen Differenz und insbesondere zu Reichtum. Die Diskussionen um das Jahrbuch belegten hierbei, dass nicht zwangsläufig die Wirklichkeit dieser sozialen Tatsachen hinterfragt wurde, sondern vielmehr die Methoden, die diesen Gesellschaftszustand einfingen. Rudolf Martins Selbstwahrnehmung war fest an die des Wissenschaftlers und sozialpolitischen Autors gebunden, seine Fremdwahrnehmung changierte jedoch. Eine Sensationsgier wurde ihm zunehmend bescheinigt, was besonders an zwei Dingen lag: Zum einen diente die Abrede der Wissenschaftlichkeit dem Staat, sich selbst der Kritik zu entziehen, in die er durch die Veröffentlichung geraten war. Zum anderen gaben auch Martins Werbemethoden und Vermarktungsstrategien diesem Vorwurf Nahrung.

Zweitens konnte eine Analyse der Diskussionen, die das »Jahrbuch des Vermögens und Einkommens der Millionäre« auslöste, belegen, dass das zeitgenössische Sprechen über soziale Ungleichheit und Reichtum eng an die Aushandlung über das Verständnis von öffentlichem Interesse und privater Angelegenheit gebunden war. Es war noch nicht genau geregelt, welche Aufgabe der Staat im Bereich des privaten Vermögens einnehmen sollte, und auch nicht, wie das Recht der Vermögenden selbst auszusehen hatte. Dies zeigte sich nicht zuletzt daran, dass die Debatte um die Jahrbücher mit der Diskussion über gerechte Steuerpolitik und über das Verhältnis von Steuerzahler und Fiskus verknüpft war.

Drittens konnte gezeigt werden, wie das »Jahrbuch des Vermögens und Einkommens der Millionäre« zu einem wichtigen Kommunikationsmittel der Oberschicht wurde. Zum einen waren wichtige gesellschaftliche Spieler wie Politiker und Verleger auf der Liste aufgeführt und hatten durch ihr aktives Eingreifen Einfluss auf eine zeitgenössische Wahrnehmung der Jahrbücher. Zum anderen gesellte sich zu diesem anfänglichen Protest zunehmend der Wunsch nach einer richtigen Einordnung auf der besagten Liste. Diesem Bedürfnis kamen die Millionäre des Öfteren selbst nach und sandten Korrekturen an Martin. Auch auf das Selbstverständnis als neue Oberschicht hatte Martins Jahrbuch einen Einfluss, indem er die Bedeutung von Vermögen als wichtigem Charakteristikum betonte und die Abstammung in den Hintergrund trat. Er ermöglichte dieser Oberschicht zudem eine Selbstbeobachtung, indem sie Informationen über Freunde und Konkurrenten und auch über ihre eigene gesellschaftliche Einordnung erhielt. Martins Bücher stellten somit das soziale Bild des Kaiserreichs nicht nur dar, sondern auch her.

Der Aufsatz konnte darüber hinaus verdeutlichen, wie erkenntnisfördernd es ist, bereits häufig untersuchte Quellen gegen den Strich zu bürsten und neu zu lesen. Martins Liste zeigt weitaus mehr als allein die Vermögensverhältnisse einer reichen Oberschicht im Kaiserreich. Abseits der Aneinanderreihung von Namen und Zahlen veranschaulicht und belegt sie vielmehr einen Gesellschaftszustand und seine Deutung. Damit bestätigt sie das, was Umberto Eco allgemein für Listen herausgearbeitet hat. Diese seien, so Eco, kulturhistorische Konstanten und zeigten die Kluft zwischen Sichtbarem und Sagbarem in einer Gesellschaft.[164] Listen verraten folglich viel mehr über ihr gesellschaftliches Umfeld und bleiben nicht in einer Aufzählung stecken. Der andere Blick auf das Jahrbuch im vorliegenden Beitrag hat zudem deutlich gemacht, dass die in der Liste gefassten Vorstellungen über die soziale Ordnung des Kaiserreichs auf Reisen gingen. Der Aufsatz konnte das nur andeuten, weil er sich auf den preußischen beziehungsweise deutschen Binnenraum konzentrierte. Es wäre jedoch aufschlussreich, den transnationalen Aushandlungsprozessen intensiver nachzugehen, die Martins Liste über die deutsche Oberschicht in anderen Ländern auslöste. Auch wenn die Bewertung und Regulierung von Reichtum auf einer politisch- und öffentlich-nationalen Ebene stattfindet, wird dessen soziale und

---

164 *Umberto Eco*, Die unendliche Liste, München 2009, S. 18, 49f., 113f. sowie 353f.

gesellschaftliche Vorstellung stets von internationalen Einflüssen geprägt und durch die Abgrenzung zum Fremden bestimmt.

So intensiv sich Martin der reichen Oberschicht in einem Großteil seines Lebens annahm, so tragisch war sein Tod: Wegen der fehlenden Pensionsansprüche nach seinem Disziplinarverfahren von 1908 starb Martin verarmt in Berlin am 13. Oktober 1939. In einem intensiven Briefwechsel mit der Handelskammer und dem Amtsgericht Berlin über seinen noch bestehenden Verlagseintrag und der ausstehenden Gebühr bekräftigte der ehemalige Regierungsrat, dass ihm selbst für die Fahrt zum Amtsgericht sowie das Porto des Briefs das Geld fehle, von dem ausstehenden Ordnungsgeld von 50 RM ganz zu schweigen, er könnte »heute nicht einmal fünf Pfennige bezahlen«. Da er selbst kein Einkommen habe und nur von den Geldern lebe, die ihm sein Bruder borge, »also von Darlehen«, zahle er seit vielen Jahren keine Steuern mehr.[165] Auch der ehemalige Verleger des ersten Jahrbuchs, Wilhelm Herlet, verstarb in »vollständiger Armut«, jedoch bereits sechs Jahre zuvor in Berlin.[166] Die Tochter und ihr Sohn schlugen beide das Erbe aus.[167]

Trotz der Mittellosigkeit wollte Martin an seinem Verlag, der seit 1915 ruhte, weiter festhalten und wehrte sich noch zwei Monate vor seinem Tod im Alter von 72 Jahren gegen die Löschung.[168] Er gab vor allem dem Ersten Weltkrieg die Schuld für seinen sozialen Abstieg, führte mehrere Schriften an, die druckreif oder in fast fertiger Manuskriptform vorlägen, von denen »jeder Buchhändler« wüsste, dass sie »ein großer Erfolg werden«.[169] Doch selbst die Hinweise, dass er die »nationalsozialistischen Grundsätze zu allererst in Deutschland vertreten [habe]«, er Mitglied der Reichsschrifttumskammer I, Nr. 7853 sei und bereits mit Hermann Göring, Karl-Heinrich Bodenschatz, Hans Eichelbaum sowie der Pressestelle des Reichsluftfahrtministeriums in Verbindung stehe, die mit ihm als Luftkriegsexperten diskutieren wollten, überzeugten das Amtsgericht nicht.[170] Es stellte fest, dass bei dem »hohen Alter und der Mittellosigkeit des Firmeninhabers mit einer Wiederaufnahme nicht gerechnet werden« könne. Der Eintrag des Verlags Rudolf Martin wurde schließlich im November 1939, einen Monat nach seinem Tod, gelöscht.[171]

---

165 Rudolf Martin an das Amtsgericht Berlin, 10.8.1939, Landesarchiv Berlin, Königliches Amtsgericht Charlottenburg, Abt. 552, A Rep. 342-02, Nr. 44145. Vgl. zu der vorherigen Korrespondenz den Beginn der Umschreibung des Handelsregister ab 1.10.1937, Bereinigung des Registers, um gegenstandslose Eintragungen; 19.2.1938: Meldung der Industrie und Handelskammer Berlin an das Amtsgericht Berlin; Nachfragen bei Angehörigen, 2.3.1938; Das Amtsgericht Berlin an Rudolf Martin, 23.2.1938; Industrie- und Handelskammer an das Amtsgericht Berlin, 14.7.1938; Ordnungsstrafe von 50 RM wegen Unterlassen von Justizinspektor, 17.7.1939, alle in: Landesarchiv Berlin, Königliches Amtsgericht Charlottenburg, Abt. 552, A Rep. 342-02, Nr. 44145.

156 Max Franz Hahn, Rechtsanwalt und Notar, Berlin-Charlottenburg, Kantstraße 130 a, 10.4.1933, In Sachen Herlet Pflegeschaft 32. VI. 51/33. Das Zitat stammt aus dem Schlussbericht, 25.4.1933, Landesarchiv Berlin, Amtsgericht Charlottenburg, Bezeichnung der Sache: Herlet, Rep. 42, Nachlass, A Rep. 342, Nr. 16664.

167 Emma Kallenbach, 9.6.1933, Ehemann Wilhelm bestätigt 1.7.1933. Auch der Sohn von Emma schlägt das Erbe am 29.7.1933 aus, Landesarchiv Berlin, Amtsgericht Charlottenburg, Bezeichnung der Sache: Herlet, Rep. 42, Nachlass, A Rep. 342, Nr. 16664.

168 Rudolf Martin an das Amtsgericht, 28.5.1938; Rudolf Martin an das Amtsgericht, 10.8.1939, beide in: Landesarchiv Berlin, Königliches Amtsgericht Charlottenburg, Abt. 552, A Rep. 342-02, Nr. 44145.

169 Rudolf Martin an das Amtsgericht, 10.8.1939, Landesarchiv Berlin, Königliches Amtsgericht Charlottenburg, Abt. 552, A Rep. 342-02, Nr. 44145.

170 Konrad Canis ordnet die Ausführungen von Martin zum Luftkrieg im Ersten Weltkrieg in der Rückschau sogar als »abenteuerlich« ein: Vgl. *Canis,* Der Weg in den Abgrund, S. 261.

171 Löschung der Firma aus dem Handelsregister, 22.11.1939, Landesarchiv Berlin, Königliches Amtsgericht Charlottenburg, Abt. 552, A Rep. 342-02, Nr. 44145.

Sonja Matter

Armut und Migration – Klasse und Nation

Die Fürsorge für »bedürftige Fremde« an der Wende vom 19. zum 20. Jahrhundert in der Schweiz

Im ausgehenden 19. Jahrhundert rückte die Frage nach den Lebensbedingungen von bedürftigen Migrantinnen und Migranten zunehmend in den Fokus von Fürsorgeexperten. Auf verschiedenen nationalen wie internationalen Fürsorgekongressen, die in Europa zu dieser Zeit regelmäßig stattfanden, wurde die Frage diskutiert, wie Migrantengruppen, die an ihrem Niederlassungsort von Armut betroffen waren, unterstützt werden sollten. Welche Unterstützungspflichten nahmen die Staaten und die zivilgesellschaftlichen Organisationen gegenüber den zugewanderten Menschen wahr und inwiefern unterschieden sich diese von Hilfsmaßnahmen, die den bedürftigen Staatsbürgerinnen und Staatsbürgern zukamen? Im Zuge einer gewachsenen Mobilität einerseits und eines intensivierten Prozesses des *nation building* andererseits schien die Frage, wie soziale Ungleichheit mit Staatsbürgerschaft konfligierte, zunehmend virulent.[1]

Am Fallbeispiel der Schweiz wird im Folgenden aufgezeigt, welche Probleme sich an der Wende vom 19. zum 20. Jahrhundert in der Armenfürsorge für »Fremde« stellten und welche Lösungsansätze Fürsorgeexperten und -politiker vorschlugen und umsetzten. Im Mittelpunkt des Forschungsinteresses steht die Frage, wie die Kategorien »Klasse« und »Nation« die Armenfürsorge von bedürftigen »Fremden« prägten. Welche Ausdifferenzierungsprozesse entlang der nationalen Zugehörigkeit lassen sich an der Wende vom 19. zum 20. Jahrhundert in der Armenfürsorge feststellen? Und inwiefern waren Prozesse, soziale Rechte und Staatsbürgerschaft enger zu verbinden, geeignet, die in einer kapitalistischen Gesellschaft über Marktprozesse erzeugte und reproduzierte Ungleichheit neu zu gestalten? Zu den »bedürftigen Fremden«, die im Mittelpunkt der Fürsorgekonferenzen standen, zählten sowohl die in die städtischen Zentren eingewanderten Schweizer wie auch die immigrierten ausländischen Staatsangehörigen. Diese beiden Gruppen teilten zunächst verschiedene Gemeinsamkeiten: Sie waren – auf der Suche nach Erwerbsmöglichkeiten – in die wirtschaftlich prosperierenden Städte wie Zürich, Basel oder Genf eingewandert, gehörten den sozialen Unterschichten an und waren als Lohnarbeitende gegenüber sozialen Risiken wie Unfall, Krankheit, Invalidität oder Arbeitslosigkeit nur ungenügend gesichert. Die »bedürftigen Fremden« situierten sich somit am unteren Ende der sozialen Hierarchie der industriell-kapitalistischen Gesellschaft und hatten als Immigrantinnen und Immigranten keinen Anspruch auf Fürsorgeunterstützung an ihrem Wohnort. Diesen Anspruch konnten in der Schweiz lediglich die alteingesessenen Bürgerinnen und Bürger erheben. An der Wende vom 19. zum 20. Jahrhundert vollzog sich in der Fürsorge für »Fremde« jedoch insofern eine Veränderung, als nun der nationalen Zugehörigkeit eine zunehmend größere Bedeutung beigemessen wurde. Die »bedürftigen Fremden« sollten nun nicht mehr einfach als undifferenzierte Gruppe der sozialen Un-

---

1 *Thomas H. Marshall*, Bürgerrechte und soziale Klassen. Zur Soziologie des Wohlfahrtsstaates, Frankfurt am Main/New York 1992, S. 31–94; *Jochen Oltmer*, Migration im 19. und 20. Jahrhundert, München 2010, S. 8; *Andreas Fahrmeir*, Citizenship. The Rise and Fall of a Modern Concept, New Haven, CT/London 2007; *Paul-André Rosental*, Migrations, souveraineté, droits sociaux. Protéger et expulser les étrangers en Europe du XIXe siècle à nos jours, in: Annales HSS, avril – juin 2011, Nr. 2, S. 335–373.

terschicht behandelt, sondern entlang ihrer Staatszugehörigkeit ausdifferenziert werden. Zu dieser Zeit wurde – nicht zuletzt von Fürsorgebehörden – der Anspruch erhoben und durchzusetzen versucht, dass nebst der Klassenzugehörigkeit die nationale Zugehörigkeit bestimmen sollte, welche Position Menschen in der sozialen Hierarchie der Schweiz einnehmen konnten. Der vorliegende Forschungsbeitrag schließt mit dieser Untersuchungsperspektive an Forschungen anderer europäischer Fallstudien an, die aufzeigen, wie Staatsbürgerschaft im Zuge einer »Nationalisierung des Sozialen« (Gérard Noiriel) zum Gegenstand intensiver Auseinandersetzungen wurde und geeignet war, soziale Ungleichheit neu zu strukturieren.[2]

I. UNTERSTÜTZUNG FÜR »BEDÜRFTIGE FREMDE«

Im ausgehenden 19. Jahrhundert sahen sich die Schweizer Städte in der Armenfürsorge vor neue Herausforderungen gestellt. Durch die Industrialisierung und Bevölkerungswanderung war die Einwohnerzahl der Städte stark angestiegen. Dort lebten zunehmend mehr Menschen, deren Existenz bei Krankheit, Unfall oder Arbeitslosigkeit nicht gesichert war.[3] Insbesondere städtische Fürsorgebehörden verlangten, Reformen in der Armenfürsorge durchzusetzen und neue Interventionsmaßnahmen zur Bekämpfung der »sozialen Frage« zu entwickeln. 1905 initiierten die Zürcher Fürsorgebeamten Carl Alfred Schmid und Albert Wild die Schweizerische Armenpflegerkonferenz, um auf einer nationalen Ebene Lösungsvorschläge für Probleme auszuarbeiten, mit denen die unterschiedlichen mit Fürsorge betrauten Institutionen auf kommunaler Ebene zu kämpfen hatten.[4] Die regelmäßig stattfindenden Konferenzen versammelten Männer, die in der kommunalen Fürsorgeverwaltung als Berufsarmensekretäre und -armeninspektoren oder als freiwillige Armenpfleger arbeiteten, wie auch Politiker, die einem Armendepartement einer Gemeinde oder eines Kantons vorstanden. Vorbildfunktion für die Schweizerische Armenpflegerkonferenz hatten die bereits bestehenden Konferenzen der Erziehungs-, der Finanz- und der Polizeidirektion.[5] Diese Konferenzen hatten zwar keine gesetzliche Grundlage, sie arbeiteten gleichwohl »in wirksamer Weise der Bundesversammlung« vor und bahnten eine »Verständigung in den Ideen und Absichten« an.[6]

---

2 *Elmar Rieger*, T. H. Marshall: Soziologie, gesellschaftliche Entwicklung und die moralische Ökonomie des Wohlfahrtsstaates, in: *Marshall*, Bürgerrechte und soziale Klassen, S. 7–32; *Gérard Noiriel*, Die Tyrannei des Nationalen. Sozialgeschichte des Asylrechts in Europa, Lüneburg 1994; *Jost Halfmann/Michael Bommes*, Staatsbürgerschaft, Inklusionsvermittlung und Migration. Zum Souveränitätsverlust des Wohlfahrtsstaates, in: *Michael Bommes/Jost Halfmann*, Migration in nationalen Wohlfahrtsstaaten, Osnabrück 1998, S. 81–101; *Andreas Fahrmeir*, Citizens and Aliens. Foreigners and the Law in Britain and the German States 1789–1870, New York/Oxford 2000; *Andreas Fahrmeir/Olivier Faron/Patrick Weil* (Hrsg.), Migration Control in the North Atlantic World. The Evolution of State Practices in Europe and the United States from the French Revolution to the Inter-War Period, New York/Oxford 2003; *Dirk Hoerder/Jan Lucassen/Leo Lucassen*, Terminologie und Konzepte in der Migrationsforschung, in: *Klaus J. Bade/Pieter C. Emmer/Leo Lucassen* u.a. (Hrsg.), Enzyklopädie Migration in Europa vom 17. Jahrhundert bis zur Gegenwart, Paderborn/München etc. 2007, S. 28–53, hier: S. 30f.

3 *Bernard Degen*, Entstehung und Entwicklung des schweizerischen Sozialstaates, in: Schweizerisches Bundesarchiv (Hrsg.), Geschichte des Sozialversicherung. L'histoire des assurances sociales, Zürich 2006, S. 17–48, hier: S. 19–21.

4 *Arnold Bosshardt*, Eröffnungswort, Protokoll der III. Schweizerischen Armenpflegerkonferenz in Basel, 7. Oktober 1907, in: Der Armenpfleger 4, 1907, S. 16.

5 *Sonja Matter*, Der Armut auf den Leib rücken. Die Professionalisierung der sozialen Arbeit in der Schweiz (1900–1960), Zürich 2011, S. 98f.

6 *Bosshardt*, Eröffnungswort, S. 15.

Bis Ende des Ersten Weltkriegs nahm die Frage, wie die Fürsorge für »Fremde« geleistet werden sollte, eine herausragende Position ein.[7] Sie rangierte an zahlreichen Armenpflegerkonferenzen als Hauptthema und provozierte eine Reihe von politischen Vorstößen an den Bundesrat.[8] Tatsächlich hatte eine starke Binnenmigration vom Land in die Industriezentren stattgefunden.[9] Auch wuchs der vor allem durch Arbeitsmigration bedingte Ausländeranteil an der Gesamtbevölkerung der Schweiz zwischen 1850 und 1910 um 690 %. Vor dem Ersten Weltkrieg wies die Schweiz – mit 15,4 % – eine der höchsten Ausländerquoten in Europa auf.[10]

Die »fürsorgebedürftigen Fremden«: die »kantonsfremden« und »ausländischen« Personen

Die Frage nach der Fürsorge für »Fremde«, die Fürsorgebehörden umtrieb, betraf sowohl zugewanderte Schweizerinnen und Schweizer als auch ausländische Immigranten und Immigrantinnen. Beide wiesen Charakteristiken des »Fremdseins« auf, wie sie der Soziologe Georg Simmel kurz vor dem Ersten Weltkrieg definierte. Demnach ist der »Fremde« der »Wandernde, der heute kommt und morgen bleibt – sozusagen der potentiell Wandernde, der, obgleich er nicht weitergezogen ist, die Gelöstheit des Kommens und Gehens nicht ganz überwunden hat«.[11] Auch in rechtlicher Hinsicht gestaltete sich die Situation für die »kantonsfremden« und die ausländischen Bedürftigen durchaus ähnlich. Da die Schweiz bis weit ins 20. Jahrhundert am Heimatprinzip festhielt, waren auch Schweizer Staatsangehörige von sogenannten »Heimschaffungen« bedroht, sobald sie fürsorgebedürftig wurden. Die Praxis, bedürftige Personen »heimzuschaffen«, geht in der Schweiz, wie in anderen europäischen Ländern, auf die Vormoderne zurück. Im Jahr 1551 entschied die eidgenössische Tagsatzung, dass sich fortan jede Gemeinde um ihre eigenen

---

7 Neben der Schweizerischen Armenpflegerkonferenz beschäftigen sich punktuell auch andere gemeinnützige Organisationen mit dem Thema, so beispielsweise die Schweizerische Gemeinnützige Gesellschaft. Schweizerisches Bundesarchiv (BAR), E14_1000/39, Bd. 73, G. Vogt. Exposé. Congrès international pour l'assistance des étrangers. Zentralkommission der schweizerischen gemeinnützigen Gesellschaft, 16. April 1895; *Gérald Alrettaz*, Aux origines de la question des étrangers en Suisse, in: *Bernard Prongué/Joëlle Rieder/Claude Hauser* u.a. (Hrsg.), Passé pluriel. En hommage au professeur Roland Ruffieux, Fribourg 1991, S. 179–189, hier: S. 180–183.

8 Vgl. dazu unter anderem *Carl Alfred Schmid*, Eröffnungsrede, Protokoll der V. Armenpfleger-Konferenz in Bern, 31. Mai 1910, in: Der Armenpfleger 7, 1910, S. 75–76; *Silvia Arlettaz/Gérald Arlettaz*, Les initiatives populaires liées à l'immigration et à la présence étrangères, in: *Andreas Kellerhals-Maeder/Silvia Arlettaz* (Hrsg.), Werkstatt Bundesverfassung. Kommentar und Inventar der Quellen zur Geschichte der Schweizerischen Bundesverfassung 1848–1998, Bern 1998, S. 89–140, hier: S. 91.

9 *Heiner Ritzmann-Blickenstorfer*, Historische Statistik der Schweiz, Zürich 1996, S. 356–363.

10 *Patrick Kury*. Über Fremde reden. Überfremdungsdiskurs und Ausgrenzung in der Schweiz 1900–1945, Zürich 2003, S. 35. Der hohe Ausländeranteil hing indes auch mit dem Einbürgerungsrecht zusammen, das sich nicht am *ius soli* sondern am *ius sanguinis* orientierte: 1910 beispielsweise war ein Drittel der ausländischen Personen in der Schweiz geboren. Die meisten Immigranten und Immigrantinnen waren an der Wende vom 19. zum 20. Jahrhundert aus den Nachbarländern Deutschland, Italien, Frankreich und Österreich-Ungarn eingewandert. Vgl. *Marc Vuilleumier*, Schweiz, in: *Klaus J. Bade* (Hrsg.), Enzyklopädie Migration in Europa vom 17. Jahrhundert bis zur Gegenwart, Zürich 2007, S. 193–198.

11 *Georg Simmel*, Der Fremde, in: *ders.*, Das individuelle Gesetz. Philosophische Exkurse, hrsg. v. *Michael Landmann*, Frankfurt am Main 1987, S. 63, zitiert in: *Jakob Tanner*, Nationalmythos, Überfremdungsängste und Minderheitenpolitik in der Schweiz, in: *Simone Prodolliet* (Hrsg.), Blickwechsel. Die multikulturelle Schweiz an der Schwelle zum 21. Jahrhundert, Luzern 1998, S. 83–94, hier: S. 84.

Armen kümmern solle. Dieser Entscheid beruhte auf dem bereits 1491 verabschiedeten Grundsatz, dass jeder Ort für die Fürsorge verantwortlich sei. Territoriale Ausweisungen wurden mit dem 1681 von der Tagsatzung verabschiedeten Grundsatz weiter verschärft: Arme, die außerhalb ihres Kantons herumzogen und bettelten, oder aber nach Ansicht der Wohngemeinde vom Heimatort ungenügend betreut wurden, sollten in ihre angestammte Gemeinde abgeschoben werden.[12] Dieser Grundsatz wurde in der Verfassung des jungen Bundesstaats weitergeführt: Artikel 45 der Schweizer Bundesverfassung von 1874 bestimmte, dass die Niederlassung denjenigen Schweizerbürgern und -bürgerinnen entzogen werden konnte, welche »dauernd der öffentlichen Wohltätigkeit« zur Last fielen und deren Heimatgemeinde respektive Heimatkanton eine angemessene Unterstützung trotz amtlicher Aufforderung nicht gewährte.[13]

Während die verarmten Ausländer und Ausländerinnen in ihre Heimatstaaten zurückgeschickt wurden, wiesen die Wohngemeinden die verarmten Schweizerinnen und Schweizer in ihre Heimatgemeinde aus. Die behördliche Praxis unterschied auf nationaler wie internationaler Ebene zwischen »Heimschaffung« und »Ausweisung« beziehungsweise »Abschiebung«. Heimschaffungen waren rechtlich genauer geregelt, so musste einer Heimschaffung von Schweizer Bürgerinnen und Bürgern in der Regel ein Regierungsratsbeschluss des Wohnkantons vorausgehen und die Heimatgemeinde informiert werden.[14] Eine Heimschaffung bedeutete gleichzeitig den Entzug der Niederlassungsfreiheit am früheren Wohnort. Daneben wurden zahlreiche Schweizer Bürger und Bürgerinnen »ohne förmlichen Niederlassungsentzug« wegen Schriften-, Mittel- oder Obdachlosigkeit polizeilich aufgegriffen und in den Heimatkanton rückgeschafft.[15] Für Heimschaffungen von der Schweiz in einen anderen Staat bestand der Grundsatz, wonach vorgängig ein diplomatischer Schriftenwechsel stattgefunden haben musste und für die Aufnahme der bedürftigen Personen im Heimatstaat »besondere Vorkehren« getroffen werden sollten.[16] Bei ausländischen Personen, die der öffentlichen Armenpflege zur Last fielen, im erwerbsfähigen Alter, körperlich gesund und arbeitsfähig waren, leiteten die Behörden indes in der Regel nicht eine »Heimschaffung« in die Wege, sondern eine »blosse Ausweisung« aus dem Schweizer Staatsgebiet. »Darum, was mit den Leuten jenseits seiner Grenzen geschieht«, insbesondere ob sie bis in ihre Heimat gelangten, würde sich der ausweisende Staat meist nicht kümmern, wie es ein Schweizer Beamter der Abteilung für Auswärtiges 1920 formulierte.[17]

12 Vgl. dazu *Anne-Lise Head-König*, Fürsorge, in: Historisches Lexikon der Schweiz, URL: <http://www.hls-dhs-dss.ch/textes/d/D25809.php> [26.3.2014].
13 *Hulda Gander*, Das System der wohnörtlichen Armenpflege in der Schweiz, Diss., Bern 1937, S. 48–51; *Walter Schmid*, Vom Heimatprinzip zum Wohnortprinzip, in: *Frauke Sassnick Spohn/ Othmar Aregger/Michael Hohn* u.a. (Hrsg.), Von der Armenpflege zur Sozialhilfe. Ein Jahrhundert SKOS & ZeSo. Ein Lesebuch, Bern 2005, S. 74–78. Der Begriff der »Heimschaffung« wurde bis weit ins 20. Jahrhundert in der Schweiz sowohl im Kontext der behördlichen Verwaltungspraxis wie auch im juristischen Diskurs verwendet. Vgl. dazu unter anderem *Eduard Gubler*, Interkantonales Armenrecht, Diss., Zürich 1917, S. 7–38.
14 BAR, E 4300B_1000/844, Bd. 14, Bericht zu der Eingabe der Ständigen Kommission der schweiz. Armenpfleger-Konferenz an das schweiz. Justiz- und Polizeidepartement vom 12. Juli 1914 betr. die Grundsätze der projektierten internationalen Übereinkunft über Ausländerarmenpflege (Paris Konferenz vom Nov./Dez. 1912).
15 *Sonja Matter*, Wo die Heimat keine mehr ist. Rückschaffungen von fürsorgebedürftigen Schweizern und Schweizerinnen in ihre Bürgergemeinde im frühen 20. Jahrhundert, in: *Cédric Duchêne-Lacroix/Pascal Maeder* (Hrsg.), Hier und dort: Ressourcen und Verwundbarkeiten in multilokalen Lebenswelten, Basel 2013, S. 29–39, hier: S. 36f.
16 BAR, E 4300B_1000/844, Bd. 14, Heimschaffung, ohne Datum.
17 BAR, E 4300B_1000/844, Bd. 14, Dr. Thurnheer, Adjunkt der Abteilung für Auswärtiges, 23. März 1920. Für die Schweiz fehlen bis heute Untersuchungen, die Hinweise auf die Anzahl heimgeschaffter und ausgewiesener fürsorgebedürftiger Ausländerinnen und Ausländer geben.

Ein genaueres Bild über die praktizierten Heimschaffungen liefern Fürsorgeakten und einzelne Gerichtsurteile zu den vollzogenen Fürsorgemaßnahmen. Als paradigmatisch kann der Fall von Frau C. genannt werden, der 1917 vom Schweizerischen Bundesgericht beurteilt wurde. »Die von ihrem Manne seit Jahren verlassene Frau C. P.« von Trient, Österreich, hatte sich im Mai 1915 mit ihren zwei minderjährigen Kindern im Kanton Schaffhausen niedergelassen. Mit ihrer Familie lebte der italienische Staatsangehörige R., der auch Vater des im Oktober 1915 geborenen Kindes war.[18] Während sich die Familie zunächst selbst über die Runden bringen konnte, geriet sie wegen verschiedener Ereignisse in eine finanziell prekäre Situation. So lief im Februar 1916 der Reisepass von Frau C. ab. Die österreichischen Behörden weigerten sich – da ihr Ehemann vom Kriegsdienst desertiert war –, ihren Pass zu verlängern. Zudem wurde ihr Lebensgefährte im August 1916 zum italienischen Kriegsdienst eingezogen. Die Behörden von Schaffhausen wiesen nun Frau C. darauf hin, dass sie nicht mehr länger in Schaffhausen bleiben könne, »sie möge sehen, ob man sie in einer der Nachbargemeinden bis zum Eintreffen neuer Schriften behalte«.[19] Frau C. gab ihre kleine Kostgeberei in Schaffhausen auf und ließ sich mit ihren drei Kindern in Langwiesen-Feuerthalen im Kanton Zürich nieder, wo sie im Oktober 1916 ein weiteres Kind gebar, das jedoch nach wenigen Tagen verstarb. An ihrem neuen Niederlassungsort war sie vollkommen mittellos und »sah sich schliesslich, um den Unterhalt noch während einiger Zeit zu fristen, genötigt, ihren Hausrat zu verkaufen«.[20] Die Arztkosten der Geburt übernahm die Armenpflege Feuerthalen, gleichzeitig leiteten die Zürcher Behörden die Heimschaffung der Familie in die Wege. Bereits im Januar 1917 wurde die Familie nach Innsbruck rückgeschafft – eine Praxis, die das Bundesgericht als rechtskonform anerkannte.[21]

Ähnlich wie bei Heimschaffungen von Schweizer Staatsangehörigen in die Heimatgemeinden zeigen sich auch bei Heimschaffungen von Ausländerinnen und Ausländern bestimmte Muster: Von Heimschaffungen betroffen waren in erster Linie Personen, die als dauernd unterstützungsbedürftig galten – so vor allem Kranke, Invalide und alleinerziehende Frauen mit Kindern – und die an ihrem Niederlassungsort über keine familiären Netzwerke und keinen Zugang zu philanthropischen Vereinigungen verfügten, die sich bereit erklären konnten, einen Teil der Hilfe zu übernehmen.[22] Diese Gruppe von

---

18 Dokumentiert sind die Zahlen von Heimschaffungen aus der Schweiz ins Ausland für ausgewählte Jahre: 1917 beispielsweise führte die Schweiz insgesamt bei 234 Personen Heimschaffungen durch: 96 nach Italien, 36 nach Frankreich, zehn nach Österreich-Ungarn, zehn nach Deutschland, vier nach Russland und eine in die Türkei. Umgekehrt wurden 1917 vom Ausland 33 Schweizer Staatsangehörige wegen Bedürftigkeit ausgewiesen. Schweiz. Internationale Armenpflege, in: Der Armenpfleger 15, 1917, S. 85. Für andere europäische Länder liegen verschiedene Forschungsarbeiten zur Ausweispraxis vor. Vgl. *Christiane Reinecke*, Grenzen der Freizügigkeit. Migrationskontrolle in Großbritannien und Deutschland, 1880–1930, München 2010; *Jack Wertheimer*, Unwelcome Strangers. East European Jews in Imperial Germany, New York/Oxford 1987, S. 47–63; *Andrea Komlosy*, Grenze und ungleiche regionale Entwicklung. Binnenmarkt und Migration in der Habsburgermonarchie, Wien 2003.

19 Unterstützungspflicht der Kantone gegenüber mittellosen Ausländern. Urteil des schweiz. Bundesgerichts vom 27. September 1917, in: Der Armenpfleger 15, 1917, S. 68–71, hier: S. 68.

19 Ebd.

20 Ebd.

21 Während das Bundesgericht die Heimschaffung als legitim bezeichnete, kritisierte es das Verhalten von Schaffhausen und erachtete die Abschiebung der Ausländerfamilie in den Kanton Zürich als unrechtmäßig. Entsprechend hatte der Kanton Schaffhausen die Unterstützungskosten rückzuvergüten, die dem Kanton Zürich bis zur Abreise der Familie entstanden waren. Ebd., S. 71.

22 *Sonja Matter*, »Neither Efficient nor Humane?«. Social Welfare Practices in Rural Central Switzerland in the Early Twentieth Century, in: *Andreas Gestrich/Elisabeth Grüner/Susanne Hahn* (Hrsg.), Poverty in Modern Europe. Spaces, Localities, Institutions, London 2014 (i.E.).

»bedürftigen Fremden« war am untersten Ende der sozialen Hierarchie angesiedelt und hatte kaum Chancen, sich in mittelbarer Zeit über die Integration in die Erwerbsarbeit aus ihrer Armut zu befreien oder einen wesentlichen Teil ihres Lebensunterhalts über familiäre Netzwerke oder private Stiftung zu sichern. Frühe Sozialexperten wie beispielsweise Charles Booth (1840–1916) hatten diese Gruppe vielfach von den »eigentlichen Armen« separiert, welche arbeitsfähig waren, aber wegen saisonaler Schwankungen auf dem Arbeitsmarkt oder geringer Löhne unterstützungsbedürftig wurden.[23] Alleinerziehende Frauen wie Frau C. waren einem besonders großen Risiko ausgesetzt, aus der Gruppe der »eigentlichen Armen« ausgeschieden zu werden, da sie – nicht zuletzt aufgrund der geringen Frauenlöhne – ihre Familie längerfristig nicht alleine durchbringen konnten. An den »dauernd unterstützungsbedürftigen« Immigrantinnen und Immigranten hatten die städtischen Zentren kein Interesse, sie waren kostspielig und leisteten keinen Beitrag zur wirtschaftlichen Produktion. Schweizer Behörden waren bestrebt, diese Menschen in ihre Heimatgemeinden beziehungsweise Heimatstaaten auszuweisen.

II. Die Fürsorge im Dienste einer »Nationalisierung des Sozialen«: Unterstützung für Schweizer Staatsangehörige

In der Unterstützungspraxis von »bedürftigen Fremden«, seien dies zugewanderte Schweizer oder ausländische Personen, stellten sich an der Wende vom 19. zum 20. Jahrhundert ähnliche Probleme. So monierten die Fürsorgebehörden von Schweizer Städten wie Zürich, Genf und Basel, dass sie bei ihren Versuchen, eine Lösung für die »fürsorgebedürftigen Fremden« zu finden, regelmäßig mit unkooperativem Verhalten konfrontiert waren: Die Armenbehörden zahlreicher Schweizer Heimatgemeinden würden erst nach mehrfacher Mahnung auf ihre Briefe antworten und sich zu vorgesehenen Maßnahmen äußern.[24] Ebenso vergingen oft mehrere Monate, bis die verantwortlichen Behörden der jeweiligen Heimatstaaten antworteten und sich dem Schicksal ihrer Staatsangehörigen annahmen.[25] Dadurch würden den Wohnorten hohe Unterstützungskosten zufallen. Wollten die Gemeinden nicht, dass die »fürsorgebedürftigen Fremden« bettelten, mussten sie Hilfe leisten, bis die Frage der Heimschaffung geklärt war.[26]

Die Mitglieder der Schweizerischen Armenpflegerkonferenz waren sich nach der Jahrhundertwende einig, dass die rechtlichen Regelungen – und zwar sowohl die nationalen wie die internationalen – unzureichend waren, um die Probleme in der Fürsorge für »Fremde« zu lösen. Sie kritisierten die Strategien der Schweizer Heimatgemeinden und der ausländischen Staaten, Fälle nur schleppend zu behandeln, um Kosten zu sparen, und verlangten eine »rationelle« Verwaltungspraxis. Unbestritten war im Weiteren, dass zukünftig klarer zwischen Schweizer und ausländischen Staatsangehörigen unterschieden werden sollte und die Unterstützungsanstrengungen in erster Linie den Schweizerinnen

---

23 *Rolf Linder*, »Unterschicht«. Eine Gespensterdebatte, in: *ders./Lutz Musner* (Hrsg.), Unterschicht. Kulturwissenschaftliche Erkundungen der »Armen« in Geschichte und Gegenwart, Freiburg im Breisgau/Berlin etc. 2008, S. 9–17, hier: S. 10f.

24 *Arnold Bosshardt/Albert Wild*, Memorial der ständigen Kommission der schweiz. Armenpfleger-Konferenz an die kantonalen Armendepartemente über die Verbesserung der interkantonalen auswärtigen Armenpflege, in: Der Armenpfleger 6, 1909, S. 64–69.

25 Vgl. dazu BAR, E4300B_1000/844, Bd. 21, Präsident und Regierungsrat des Kantons Thurgau an den schweizerischen Bundesrat, Frauenfeld, den 20. Oktober 1905.

26 BAR, E 4300B_1000/844, Bd. 14, Bericht zu der Eingabe der Ständigen Kommission der schweiz. Armenpfleger-Konferenz an das schweiz. Justiz- und Polizeidepartement vom 12. Juli 1914 betr. die Grundsätze der projektierten internationalen Übereinkunft über Ausländerarmenpflege (Paris Konferenz vom Nov./Dez. 1912).

und Schweizern und nur in zweiter Linie den ausländischen Staatsangehörigen zugutekommen sollten. Diese Hierarchisierung wurde im jungen Schweizer Bundesstaat, der
1848 gegründet worden war, zunächst nicht vollzogen. Eine differenzierte Behandlung
zwischen Schweizer und ausländischen Staatsangehörigen setzte sich aber im Zuge des
»Zeitalters des Nationalismus« zunehmend durch. In der Suche nach dem nationalen
Selbst und in der Konstruktion einer *imagined community* (Benedict Anderson) verfestig-
ten sich seit dem ausgehenden 19. Jahrhundert die Grenzziehungen zwischen den in- und
ausländischen Personen. Die Verwirklichung der »eigenen« Nation war auf Inklusion und
Exklusion von Individuen angelegt.[27]
    Die Reformmaßnahmen der Armenfürsorge, die die Mitglieder der Armenpflegerkon-
ferenz seit dem frühen 20. Jahrhundert formulierten, waren folglich zweigeteilt. Die ersten
bezogen sich auf Fürsorgeleistungen und Rechtsschutzmaßnahmen, von denen die zugewanderten Schweizerinnen und Schweizer an ihrem Niederlassungsort profitierten. Diesbezüglich sprachen sich die Fürsorgebehörden dafür aus, Heimschaffungen in der Regel
zu vermeiden und eine Unterstützung am Niederlassungsort anzubieten. Längerfristiges
Ziel sollte es sein, eine Gleichbehandlung zwischen »kantonsfremden« und alteingesessenen Schweizer Bürgern und Bürgerinnen am Wohnort durchzusetzen. Die intensivierte
Binnenwanderung schien dies notwendig zu machen, um einen nationalen Zusammenhalt
nicht zu gefährden. Während 1850 von den damals im Inland lebenden Schweizerinnen
und Schweizern 33,8 % nicht in ihrer Heimatgemeinde wohnten, waren um 1900 schon
56,4 % in einem anderen Ort ansässig. Vor allem stieg auch die Zahl jener, die nicht nur
ihre Heimatgemeinde, sondern auch ihren Heimatkanton verlassen hatten: von 6,7 % um
1850 auf 20,08 % um 1900.[28]
    Im frühen 20. Jahrhundert standen zunächst verschiedene Lösungsvorschläge zur Dis-
position. Albert Wild beispielsweise trat für ein nationales Armengesetz ein, das das Heimatprinzip in der Armenfürsorge gänzlich abgeschafft hätte.[29] Wild orientierte sich in
seinen Visionen einer »rationellen Armenfürsorge« an Deutschland, das seit dem ausgehenden 19. Jahrhundert sukzessive das Wohnortprinzip in der Armenfürsorge eingeführt
hatte.[30] Ein schweizerisches Bundesgesetz in der Armenfürsorge erschien der Mehrheit
der Armenpflegerkonferenz jedoch als »Zukunftsmusik«.[31] Entsprechend einigten sich
die versammelten Mitglieder der Armenpflegerkonferenz im Abstimmungsverfahren auf
eine Strategie der »kleinen Schritte« und zielten zunächst darauf, ein »interkantonales
Konkordat über wohnörtliche Unterstützung« auszuarbeiten.[32]

Das Konkordat über wohnörtliche Unterstützung

Nach mehreren Anläufen setzte der Bundesrat das »Konkordat über wohnörtliche Unterstützung« am 1. April 1920 in Kraft.[33] Damit wurde das Heimatprinzip in der Fürsorge

---

27 Vgl. *Kury*, Über Fremde reden, S. 22.
28 *Eugen Wullschleger*, Auswärtige Armenpflege, Protokoll der III. Schweizerischen Armenpfle-
    gerkonferenz, Basel, 7. Oktober 1907, in: Der Armenpfleger 4, 1907, S. 20–31, hier: S. 23.
29 *Albert Wild*, Auswärtige Armenpflege, Protokoll der III. Schweizerischen Armenpflegerkonfe-
    renz, Basel, 7. Oktober 1907, in: ebd., S. 31–41.
30 *Christoph Sachße/Florian Tennstedt*, Geschichte der Armenfürsorge in Deutschland, Bd. 1:
    Vom Spätmittelalter bis zum 1. Weltkrieg, Stuttgart 1980, S. 195–205.
31 *Eugen Wullschleger*, Diskussion zur Auswärtigen Armenpflege, Protokoll der III. Schweizeri-
    schen Armenpflegerkonferenz, Basel, 7. Oktober 1907, in: Der Armenpfleger 4, 1907, S. 42.
32 Schlussdiskussion zur Auswärtigen Armenpflege, Protokoll der III. Schweizerischen Armen-
    pflegerkonferenz, Basel, 7. Oktober 1907, in: ebd., S. 42–46.
33 Dem Konkordatsentwurf stimmten sieben Kantone zu. Damit waren die Konkordatsbestim-
    mungen nach Artikel 21 der Bundesverfassung erfüllt, wonach für ein Konkordat sechs Kanto-

nicht aufgehoben, aber abgemildert: Grundsätzlich erhielten die Bedürftigen am Wohnort Hilfe, jedoch waren die Heimatgemeinden verpflichtet, einen Beitrag für die finanzielle Unterstützung zu leisten. Ein ausgeklügelter Schlüssel bestimmte, wie viel der Wohnort und wie viel der Heimatort an die Fürsorgeunterstützung zu leisten hatte. Grundsätzlich galt, dass die Wohngemeinde zunehmend mehr zu bezahlen hatte, je länger eine bedürftige Person an diesem Ort niedergelassen war. Die Folgen des Ersten Weltkriegs hatten den Weg geebnet, um Reformen in der Schweizer Fürsorge durchzusetzen. Obwohl die Schweiz nicht direkt in die Kriegsereignisse involviert war, führten die mangelnde Verdienstersatz-ordnung für die rekrutierten Soldaten, die starke Teuerung und die fehlende bundesstaat-liche Koordination in der Kriegsfürsorge dazu, dass sich zahlreiche Gemeinden mit ho-hen Zahlen von fürsorgebedürftigen Menschen konfrontiert sahen.[34] Rückschaffungen in die Heimatgemeinde konnten im Einzelfall toleriert werden. Doch dass ganze Bevölke-rungsgruppen gezwungen werden sollten, ihren Niederlassungsort zu verlassen, schien problematisch, zumal sich während des Kriegs abzeichnete, dass die Verschärfung sozia-ler Ungleichheiten die Kohäsion des Schweizer Nationalstaats ernsthaft bedrohte.[35]

Das »Konkordat über wohnörtliche Unterstützung« erweiterte das Recht auf Nieder-lassungsfreiheit für Staatsangehörige und festigte deren Integration in den nationalen »Volkskörper« – und zwar auch dann, wenn sie auf der unteren Stufe der sozialen Hierar-chie angesiedelt waren. Zwar kannte das Konkordat eine Reihe von Ausnahmeregelun-gen, die eine Heimschaffung nach wie vor legitimierten: Alte und kranke Menschen und Menschen mit Behinderungen konnten unter Umständen nach wie vor in ihre Heimat-gemeinde ausgewiesen werden, ebenso wie die »liederlichen« oder »arbeitsscheuen« Ar-men.[36] Zumindest jedoch die arbeitsfähigen und arbeitswilligen Bedürftigen sollten nicht mehr ausgewiesen werden. Diese wurden stärker an den Nationalstaat gebunden und ihre staatsbürgerlichen Rechte – zumindest partiell – von einer kommunalen Verankerung auf eine nationalstaatliche Ebene gehoben.[37] Mit dieser Praxis schrieb sich die Schweiz in einen Prozess der Ausdifferenzierung entlang von Staatsbürgerschaft ein, der auch in anderen europäischen Ländern stattfand. Europäische Staaten unterschieden seit dem ausgehenden 19. Jahrhundert deutlicher zwischen eigenen Staatsangehörigen als Nutz-nießenden von Leistungen und fremden Staatsangehörigen, die von solchen Leistungen ausgeschlossen waren, und stellten damit wohlfahrtsstaatliche Programme in den Dienst einer Nationalisierung der Gesellschaft.[38]

---

ne – wobei mindestens vier über 10.000 Einwohner zählen mussten – erforderlich waren. Vgl. *Werner Thomet*, Das Konkordat über die wohnörtliche Unterstützung vom 16. Dezember 1960. Einführung und Erläuterung, Bern 1968.

34 *Fritz Burren*, Eröffnungsrede, Protokoll der VI. Schweizerischen Armendirektoren-Konferenz, Olten, 26. November 1914, in: Der Armenpfleger 13, 1915, S. 25–27.

35 Vgl. *Gubler*, Interkantonales Armenrecht, S. 105; *Bernard Degen*, Erster Weltkrieg, Gene-ralstreik und die Folgen, in: *Valérie Boillat/ders./Elisabeth Joris* u.a., Vom Wert der Arbeit. Schweizer Gewerkschaften – Geschichte und Geschichten, Zürich 2006, S. 125–165; *Hans-Ulrich Jost*, Bedrohung und Enge (1914–1945), in: Geschichte der Schweiz und der Schweizer, Basel 2006, S. 731–807, hier: S. 731–734.

36 *Thomet*, Das Konkordat über die wohnörtliche Unterstützung, S. 13–15.

37 Vgl. dazu *Noiriel*, Die Tyrannei des Nationalen, S. 65–72.

38 Vgl. *Dieter Gosewinkel*, Einbürgern und Ausschließen. Die Nationalisierung der Staatsange-hörigkeit vom Deutschen Bund bis zur Bundesrepublik Deutschland, Göttingen 2001, S. 218–233; *Frank Caestecker*, The Transformation of Nineteenth-Century West European Expulsion Policy, 1880–1914, in: *Fahrmeir/Faron/Weil*, Migration Control in the North Atlantic World, S. 120–137; *Andrea Komlosy*, Der Staat schiebt ab. Zur nationalstaatlichen Konsolidierung von Heimat und Fremde im 18. und 19. Jahrhundert, in: *Sylvia Hahn/dies./Ilse Reiter* (Hrsg.), Aus-weisung, Abschiebung, Vertreibung in Europa, 16.–20. Jahrhundert, Innsbruck/Wien etc. 2006,

III. FORCIERTE EXKLUSION: DIE FÜRSORGEBEDÜRFTIGEN AUSLÄNDER UND AUSLÄNDERINNEN ALS »NATIONALE BEDROHUNG«

Während Schweizer Fürsorgeexperten seit dem ausgehenden 19. Jahrhundert darauf hinarbeiteten, in der Armenfürsorge die »kantonsfremden« den »einheimischen« Bedürftigen vermehrt gleichzustellen, waren sie gleichzeitig bestrebt, bedürftige ausländische Staatsangehörige strikter von staatlichen und privaten Fürsorgeleistungen auszuschließen. In den Fokus der Auseinandersetzung rückte internationales Recht: Die Schweiz hatte seit dem ausgehenden 19. Jahrhundert mit zahlreichen europäischen Ländern Niederlassungsverträge abgeschlossen. Diese orientierten sich, wie die bilateralen Niederlassungsverträge anderer europäischer Staaten dieser Zeit, am Paradigma des möglichst freien Personenverkehrs und der Gleichbehandlung von ausländischen und inländischen Personen. Demnach sollten die bedürftigen Ausländer und Ausländerinnen bis zu einer bestimmten zeitlichen Frist gleich wie die Staatsangehörigen unterstützt werden, ohne dass der Heimatstaat die Kosten zurückzuerstatten hatte.[39]

Die Einwanderungspolitik verschiedener west- und mitteleuropäischer Länder setzte bereits in der Zeit vor dem Ersten Weltkrieg Einschränkungen einer dauerhaften Niederlassung um.[40] Auch in der Schweiz äußerten verschiedene Stimmen dezidiert Kritik an der liberalen Niederlassungspolitik.[41] Die national- und ständerätliche Kommission der legislativen Kammern verlangte 1905 und 1906 nach der Prüfung des Geschäftsberichts des Bundesrats »Massnahmen, welche eine raschere Abschiebung« kranker und subsistenzloser italienischer und französischer Staatsangehöriger garantierten.[42] Des Weiteren gehörten die Fürsorgebehörden zu den schärfsten Kritikern einer liberalen Niederlassungspolitik. Einen ersten Höhepunkt erreichte die Auseinandersetzung 1907, als die Kommission der Armenpflegerkonferenz eine Eingabe an den Bundesrat einreichte, die von 23 Kantonsregierungen und 57 Armenbehörden und -institutionen unterzeichnet worden war. Die Eingabe verlangte eine restriktivere Anwendung der Bestimmungen der Niederlassungsverträge:

S. 87–114; *Andreas Fahrmeir/Olivier Faron/Patrick Weil*, Introduction, in: *dies.*, Migration Control in the North Atlantic World, S. 1–7, hier: S. 6; *Reinecke*, Grenzen der Freizügigkeit, S. 134–194; *Leo Lucassen*, Zigeuner. Die Geschichte eines polizeilichen Ordnungsbegriffes in Deutschland 1700–1945, Köln/Weimar etc. 1996, S. 116.

39 Vgl. *Walter Kälin*, Rechtliche Aspekte der schweizerischen Flüchtlingspolitik im Zweiten Weltkrieg. Beiheft zum Bericht »Die Schweiz und die Flüchtlinge zur Zeit des Nationalsozialismus«, Bern 1999, S. 140; *Uriel Gast*, Von der Kontrolle zur Abwehr. Die eidgenössische Fremdenpolizei im Spannungsfeld von Politik und Wirtschaft 1915–1933, Zürich 1997, S. 36; *Jean-Pierre Tabin*, L'importance de la question du destinataire de l'assistance publique pour la construction de l'identité nationale. L'exemple de la Suisse, in: *Hans-Jörg Gilomen/Sébastian Guex/Brigitte Studer* (Hrsg.), Von der Barmherzigkeit zur Sozialversicherung. Umbrüche und Kontinuitäten vom Spätmittelalter bis zum 20. Jahrhundert/De l'assistance à l'assurance sociale. Ruptures et continuités du Moyen Age au XXe siècle, Zürich 2002, S. 343–356, hier: S. 347.

40 Vgl. *Oltmer*, Migration im 19. und 20. Jahrhundert, S. 33f.; *Reinecke*, Grenzen der Freizügigkeit, S. 3–10.

41 Vgl. zur These, wonach in der Schweiz der Erste Weltkrieg »weniger die alles erklärende Ursache, sondern eher das auslösende Moment« für den Wandel der Personenfreizügigkeit darstellte, *Regula Argast*, Staatsbürgerschaft und Nation. Ausschließung und Integration in der Schweiz 1848–1933, Göttingen 2007, S. 225. Im Weiteren *Rudolf Schlaepfer*, Die Ausländerfrage in der Schweiz vor dem Ersten Weltkrieg, Diss., Zürich 1969, S. 83–98 und 157–166.

42 BAR, E4300B_1000/844, Bd. 21, Auszug aus dem Protokoll der 4. Sitzung des Schweizerischen Nationalrates, Donnerstag, den 28. September 1905; Auszug aus dem Protokoll der 8. Sitzung des Schweizerischen Ständerates, Donnerstag, 14. Juni 1906.

»Es sollen die Bundesbehörden mit allem Nachdruck darauf hinwirken, dass in Zukunft alle mit gültigen Ausweispapieren versehenen, transportfähigen Italiener und Franzosen, deren Übernahme die Schweiz aus Gründen der Armen- und Sittenpolizei begehrt, innert Frist von vier bis längstens acht Wochen an der Grenze wirklich übergeben werden können und dass für den Fall, als das Übernahmeverfahren länger dauern sollte, der Heimatstaat des zu Übergebenden der Schweiz hieraus entstehende Mehrkosten ersetze.«[43]

Diese Postulate formulierten Fürsorgebeamte verschiedener Schweizer Städte, aber auch Behörden des Eidgenössischen Justiz- und Polizeidepartements (EJPD) in den Folgejahren regelmäßig: Demnach sollte sich die Unterstützungspflicht der Schweiz gegenüber bedürftigen Ausländern und Ausländerinnen auf eine enge zeitliche Frist beschränken. Sobald die Bedürftigen »transportfähig« waren, also genügend gesund, um eine Reise unbeschadet zu überstehen, sollten sie in den Heimatstaat ausgewiesen werden. Des Weiteren verlangte die Eingabe, dass sich der Bund an den Fürsorgekosten beteiligte, die den Kantonen bis zur Heimschaffung entstanden.[44]

Die Bekämpfung sozialer Ungleichheit zeigte sich an der Wende vom 19. zum 20. Jahrhundert somit als Teil eines nationalstaatlichen Projekts, im Zuge dessen bedürftige Ausländerinnen und Ausländer zunehmend als Störfaktor für den prosperierenden Schweizer Nationalstaat beschrieben und ausgegrenzt wurden. Dass die »bedürftigen Fremden« – sowohl die »kantonsfremden« wie auch die ausländischen Personen – zunächst in der Regel beide als durchaus willkommene Arbeitskräfte für die wachsenden Wirtschaftszentren und für die Verwirklichung großer Infrastrukturprojekte wie den Bau des Gotthardtunnels eingewandert waren, thematisierten die Fürsorgeexperten nur am Rande.[45] Zwar war in Fürsorgekreisen unbestritten, dass die ausländischen Immigranten und Immigrantinnen zum größten Teil der Arbeiterklasse angehörten. Walter Frey, Armensekretär von Basel, wies auf der Armenpflegerkonferenz von 1913 darauf hin, dass von den »492.392 Lohnarbeitern der Schweiz 151.493, d.h. 30,7 % Nichtschweizer« waren. »Dass unter diesen gar viele vorübergehend oder dauernd, mit oder ohne ihre Schuld auf Unterstützung angewiesen sind«, werde, so der Basler Armensekretär, niemand ernsthaft bestreiten wollen.[46] Allerdings interpretierten – mit wenigen Ausnahmen – die Fürsorgebehörden die sich daraus ergebende Belastung für die Fürsorge nicht als Folge der marktwirtschaftlichen Industriegesellschaft, die die Lohnarbeitenden nur ungenügend gegenüber sozialen Risiken schützte. Nicht die Kategorie »Klasse« wurde als relevante Deutungskategorie des vorliegenden sozialen Problems präsentiert, sondern die Kategorie »Nation«.

Überfremdungsdiskurs

Mit der Fokussierung auf die nationale Zugehörigkeit der Fürsorgebedürftigen schlossen sowohl Vertreter der Armenpflegerkonferenz wie auch des EJPD an Argumentationsstrategien an, die sich im frühen 20. Jahrhundert zu einem eigentlichen Überfremdungsdiskurs verdichtet hatten, welcher insbesondere seit dem Ersten Weltkrieg den behördlichen und

---

43 Eingabe an den hohen Bundesrat zuhanden der hohen eidgenössischen Räte in Bern (veranlasst von der Schweizerischen Armenpflegerkonferenz), in: Der Armenpfleger 4, 1907, S. 51–59, hier: S. 51. Die Kosten der Heimschaffung hingegen wurden auf Ersuchen der Kantonalen Polizeidirektoren-Konferenz seit 1909 vom Bund übernommen. Vgl. *Schlaepfer*, Die Ausländerfrage in der Schweiz, S. 86.

44 Eingabe an den hohen Bundesrat, S. 53.

45 *Erich Gruner*, Arbeiterschaft und Wirtschaft in der Schweiz 1880–1914, Bd. 3, Zürich 1988; *Elisabeth Joris/Katrin Rieder/Béatrice Ziegler*, Tiefenbohrungen. Frauen und Männer auf den grossen Tunnelbaustellen der Schweiz 1870–2005, Baden 2006.

46 *Walter Frey*, Die Ausländerarmenpflege in der Schweiz, Protokoll der VIII. Schweizerischen Armenpflegerkonferenz in St. Gallen, in: Der Armenpfleger 11, 1913, S. 34–54, hier: S. 35.

gesellschaftspolitischen Umgang mit Ausländerinnen und Ausländern in der Schweiz strukturierte.[47] Der Begriff der »Überfremdung« appellierte »als fremdenfeindl[iches] Abwehrsyndrom an Emotionen und Ängste in der Bevölkerung« und warnte »vor der geistig-kulturellen, wirtschaftl[ichen] und polit[ischen] Bedrohung des Schweizerischen durch Fremde und Fremdes«.[48] Carl Alfred Schmid, Mitbegründer der Armenpflegerkonferenz und deren langjähriger Präsident, kam eine Schlüsselrolle in der Formierung des Überfremdungsdiskurses zu.[49] Schmid argumentierte in zahlreichen Vorträgen und Zeitungsartikeln, dass seit den 1890er Jahren die »vor sich gehende Fremdeneinwanderung« in die Schweiz den »Charakter einer eigentlichen Invasion« angenommen habe. Bei der »riesigen Anziehungskraft der schweizerischen Grossstädte« (Zürich, Basel, Genf) würde in absehbarer Zeit eine »so hochgradige Überfremdung in der Schweiz stattfinden, dass ihre nationale Existenz nur durch ein Wunder« überhaupt noch denkbar sei.[50]

Vertreter der These, die Schweiz würde sich wegen der »Fremdeninvasion« in unmittelbarer Zukunft als Nation auflösen, bezogen sich zur Untermauerung ihrer Behauptungen vielfach auf Zahlen und Statistiken – wissenschaftliche Ansprüche erfüllten diese Aussagen jedoch kaum. Diese Vorgehensweise prägte auch die Diskussion zur Ausländerarmenpflege. Ähnlich wie Exponenten des Überfremdungsdiskurses die Ausländerquote schlicht als zu hoch taxierten[51], bezeichneten zahlreiche Fürsorgebehörden die Aufwendungen für die Ausländerarmenpflege als exorbitant. Die Armenpflegerkonferenz berechnete aufgrund einer Befragung der Kantone, dass im Jahr 1905 die öffentliche Armenpflege in der Schweiz insgesamt 850.000 Franken für bedürftige Ausländerinnen und Ausländer aufgewendet habe.[52] Ohne dabei die Kosten in Relation zur Zahl der in der Schweiz lebenden ausländischen Bevölkerung zu setzen oder die Zahl mit den erbrachten fürsorgerischen Leistungen für die Staatsangehörigen zu vergleichen, stufte die Armenpflegerkonferenz die Ausgaben als übermäßige Belastung und als Bedrohung für den schweizerischen Staatshaushalt ein.[53] Der Fluchtpunkt dieser Argumentation war klar: Soziale Ungleichheit war nicht in erster Linie ein Problem einer fehlenden Verteilungsgerechtigkeit zwischen den verschiedenen Klassen. Vielmehr wurde im Kontext des Überfrem-

47 Vgl. *Kury*, Über Fremde reden; *Gaetano Romano*, Zeit der Krise – Krise der Zeit. Identität, Überfremdung und verschlüsselte Zeitstrukturen, in: *Andreas Ernst/Erich Wigger* (Hrsg.), Die neue Schweiz? Eine Gesellschaft zwischen Integration und Polarisierung (1910–1930), Zürich 1996, S. 41–77.

48 *Damir Skenderovic*, Fremdenfeindlichkeit, in: Historisches Lexikon der Schweiz, URL: <http://www.hls-dhs-dss.ch/textes/d/D16529.php> [15.1.2014].

49 Vgl. *Kury*, Über Fremde reden, S. 41.

50 *Carl Alfred Schmid*, Unsere Fremdenfrage. Separatabdruck aus der Zürcher Post, Zürich 1900.

51 Vgl. *Argast*, Staatsbürgerschaft und Nation, S. 202.

52 BAR, E 4300B_1000/844, Bd. 14, Ständige Kommission der Schweizerischen Armenpflegerkonferenz, Carl Alfred Schmid/Albert Wild, An das eidgenössische Justiz- und Polizeidepartement, Zürich, den 12. Juli 1914.

53 Vgl. *Frey*, Die Ausländerarmenpflege in der Schweiz, S. 40–42. Zwar wurden im Zuge einer »Verwissenschaftlichung des Sozialen« (Lutz Raphael) zunehmend mehr Bereiche statistisch erfasst. Die Fürsorge war jedoch ein Bereich, für den im ganzen 20. Jahrhundert nur einzelne statistische Untersuchungen vorliegen. Die Fürsorgebehörden konnten denn auch »keine zuverlässigen und umfassenden statistischen Angaben über die Inanspruchnahme unserer privaten und öffentlichen Wohltätigkeit« durch ausländische Staatsangehörige liefern. Vgl. ebd., S. 35f.; *Anton Moser*, Fürsorgestatistik, in: Schweizerische Gesellschaft für Statistik und Volkswirtschaft (Hrsg.), Handbuch der schweizerischen Volkswirtschaft, Bd. 2, Bern 1955, S. 381–382; *Hans-Ulrich Jost*, Sozialwissenschaften und Staat im 19. und frühen 20. Jahrhundert, in: *Claudia Honegger/ders./Susanne Burren* u. a., Konkurrierende Deutungen des Sozialen. Geschichts-, Sozial- und Wirtschaftswissenschaften im Spannungsfeld von Politik und Wissenschaft, Zürich 2007, S. 43–80.

dungsdiskurses die Ungleichheitsproblematik mit der Frage nationaler Zugehörigkeit verknüpft und damit umgedeutet. Nicht primär zwischen den sozialen Klassen spitzten sich
demnach Kämpfe um Umverteilung und um Zugänge zu Ressourcen zu, sondern zwischen in- und ausländischen Personen. Am Vorabend des Ersten Weltkriegs zeichneten
Fürsorgeexperten, allen voran Carl Alfred Schmid, ein äußerst bedrohliches Bild. Schmid
hielt fest:

»Die hypertrophe Entwicklung der internationalen Armenpflege in unserm kleinen und naturgüter-
armen Lande ist in höchstem Grade bedenklich, weil sie in keinem Verhältnis mehr steht zu den
Hilfsmitteln des Landes. Die Gefrässigkeit dieses Ungeheuers wird dem Finanzhaushalt der Kantone nachgerade kritisch.«[54]

Die Herausbildung der nationalstaatlich verfassten Gesellschaft ging, wie gerade die Auseinandersetzung um die Ausländerarmenfürsorge zeigt, mit einem »Prozess der sozialen
Schließung« einher.[55]

Konkurrierende Deutungen der Ausländerfürsorge: die internationalen Fürsorge-
kongresse

Die von einem Überfremdungsdiskurs geprägte Debatte um die Ausländerarmenpflege
blieb im frühen 20. Jahrhundert nicht unwidersprochen. Beispielhaft für eine andere Interpretation des Problems steht der V. Internationale Fürsorgekongress, der vom 8. bis
13. August 1910 in Kopenhagen stattfand. Seit dem ausgehenden 19. Jahrhundert hatte
sich ein intensiver internationaler Diskurs um die Problematik der Ausländerarmenpflege
entwickelt. Als wichtige Plattform, um Probleme der internationalen Armenfürsorge zu
lösen, fungierte dabei der »Congrès international d'assistance publique et de bienfaisance
privée«. Dieser wurde anlässlich der Weltausstellung von 1889 in Paris ins Leben gerufen
und bis zum Ausbruch des Ersten Weltkriegs regelmäßig durchgeführt.[56]
    An der fünften Konferenz in Kopenhagen wiesen mehrere Rednerinnen und Redner
darauf hin, dass die Migranten und Migrantinnen durch ihre Arbeitskraft wesentlich zum
wirtschaftlichen Aufschwung eines Landes beitrugen. Folgerichtig sollten sie im Falle
von Bedürftigkeit auch vom Niederlassungsland unterstützt werden. Durch ihre Arbeit er-
wuchs ihnen, so die Argumentation, ein Anrecht auf soziale Teilhabe an der Gesellschaft,
wozu nicht zuletzt Fürsorge bei Armut zähle.[57] Zudem präsentierte der Belgier Cyrille
Van Overbergh, der im Rahmen des »bureau international d'information et d'études pour
l'assistance aux étranger« einen Überblick über die Ausländerarmenpflege in Europa aus-
gearbeitet hatte[58], Lösungsansätze, wonach das Problem der Ausländerfürsorge in erster
Linie mit sozialpolitischen Maßnahmen angegangen werden sollte. Er forderte erstens
einen Ausbau der Sozialversicherungen, über welche soziale Risiken wie Unfall, Invali-

---

54 *Carl Alfred Schmid*, Eröffnungsworte, Protokoll der VIII. Schweizerischen Armenpflegerkon-
    ferenz in St. Gallen, 3. November 1923, in: Der Armenpfleger 11, 1913, S. 19–24, hier: S. 23.
55 *Andreas Wimmer*, Binnenintegration und Außenabschließung. Zur Beziehung zwischen Wohl-
    fahrtsstaat und Migrationssteuerung in der Schweiz des 20. Jahrhunderts, in: *Bommes/Half-*
    mann, Migration in nationalen Wohlfahrtsstaaten, S. 199–221, hier: S. 201; *Rosental*, Migra-
    tions, souveraineté, droits sociaux, S. 338–343.
56 *Didier Renard*, Assistance et bienfaisance. Le milieu des congrès d'assistance, 1889–1911, in:
    Christian Topalov, Laboratoires de Nouveau siècle. La nébuleuse réformatrice et ses réseaux en
    France, 1880–1914, Paris 1999, S. 187–217, hier: S. 192–201; *Martin Blankenburg*, Internatio-
    nale Wohlfahrt. Ursprünge und Entwicklung des ICSW, Berlin 1988, S. 38–46.
57 *Cyrille Van Overbergh*, Belgique, in: Recueil des travaux du V. Congrès international d'assis-
    tance publique et privée a Copenhague, 9–13 août 1911, Kopenhagen 1911, S. 311–331, hier:
    S. 319.
58 Ebd., S. 293–307.

dität und Alter abgefedert werden könnten. Zweitens verlangte er eine gleichberechtigte Integration der ausländischen Personen in die nationalen Sozialversicherungswerke. Dadurch würde gleichzeitig das Problem der Ausländerarmenfürsorge massiv entschärft. Er ging von einer Abnahme der Fälle um etwa 65 bis 70 % aus.[59] In dieser Perspektive war die Armut von Ausländerinnen und Ausländern in erster Linie ein Problem der kapitalistischen, auf Lohnarbeit aufgebauten Gesellschaft. Die Lösung des Problems sah Van Overbergh in der Integration der ausländischen Arbeiterschaft in die nationalen Versicherungswerke. Ebenso schlug er vor, die Migrantinnen und Migranten an Formen einer präventiven Fürsorge teilhaben zu lassen. Mit anderen Worten: Er verlangte, dass ausländischen Personen ebenso wie den Staatsangehörigen soziale Rechte gewährt werden würden. Die Mehrheit der Kongressteilnehmenden von Kopenhagen folgte Van Overberghs Vorschlägen und nahm entsprechende Resolutionen an.[60]

In der Schweiz wurden die Vorschläge Van Overberghs kaum rezipiert. Zwar nahmen Schweizer Akteure, die sich mit der internationalen Armenfürsorge beschäftigten, die Debatten der »congrès international d'assistance publique et de bienfaisance privée« sorgfältig zur Kenntnis. So folgte der Schweizer Bundesrat regelmäßig der Einladung, eine offizielle Vertretung an die Kongresse zu entsenden.[61] Ebenfalls waren Vertreter der Armenpflegerkonferenz, insbesondere Albert Wild und Carl Alfred Schmid, auf den Kongressen anwesend.[62] Postulate, ausländische Staatsangehörige gleichberechtigt in die Sozialversicherungswerke einzubeziehen, setzte die Schweiz im Nachgang zur Konferenz in Kopenhagen indes nicht um. Der Bundesratsbeschluss zur Arbeitslosenunterstützung von 1919 beispielsweise differenzierte die Leistungsempfängerinnen und -empfänger unter anderem nach ihrer nationalen Zugehörigkeit.[63]

IV. DURCHSETZUNG EINER RESTRIKTIVEN NIEDERLASSUNGSPOLITIK

Während des Ersten Weltkriegs verschärfte die Schweiz ihr Abwehrdispositiv gegenüber unerwünschten ausländischen Staatsangehörigen.[64] Dies betraf auch den Umgang mit fürsorgebedürftigen Ausländerinnen und Ausländern. Ein Schlüsselereignis, das das Verhältnis von Staatsangehörigkeit und dem Anspruch auf soziale Rechte neu bestimmte, war die Revision der Niederlassungsverträge. Die Schweizerische Armenpflegerkonferenz reagierte prompt, als sich mit Kriegsende ein Revisionsbedarf des internationalen Rechts abzeichnete. Auf der 22. Armenpflegerkonferenz 1919 in Schaffhausen formulierte sie ihre Position: Die Fürsorgebehörden verlangten, zukünftig in den Niederlassungsverträgen das »Prinzip der gegenseitigen Unentgeltlichkeit« durch das »Prinzip der Selbstkosten-

---

59 Ebd., S. 336–340.
60 Conclusion adoptées par le Congrès, in: ebd., S. 407–408.
61 Vgl. dazu BAR, E14_1000/39, Bd. 79, Das Justiz- und Polizeidepartement der schweizerischen Eidgenossenschaft an den schweizerischen Bundesrat. IV. Internationaler Kongress für öffentliche und private Armenpflege, Bern, den 31. Januar 1906; Auszug aus dem Protokoll der Sitzung des schweizerischen Bundesrates, Internationaler Kongress für öffentliche und private Armenpflege in Mailand, Dienstag, 6. Februar 1906.
62 *Albert Wild*, IV. Internationaler Kongress für öffentliche und private Armenpflege vom 23.–27. Mai 1906 in Mailand, in: Schweizerische Zeitschrift für Gemeinnützigkeit XLVI, 1907, S. 131–141.
63 Vgl. *Gérald Arlettaz/Silvia Arlettaz*, L'Etat social et la politique suisse d'immigration et d'intégration (1918–1931). La situation des Italiens, in: *Gilomen/Guex/Studer*, Von der Barmherzigkeit zur Sozialversicherung, S. 357–371, hier: S. 361f.; *Arlettaz/Arlettaz*, Les initiatives populaires, S. 338.
64 Vgl. *Gast*, Von der Kontrolle zur Abwehr.

tragung« zu ersetzen. Demnach sollte es der Schweiz erlaubt sein, sämtliche finanzielle Aufwendungen, die sie für die ausländischen Bedürftigen ausgab, beim Heimatstaat zurückzufordern.[65] Die Schweizer Fürsorgebehörden forderten damit, die »fürsorgebedürftigen Fremden« strikt entlang ihrer nationalen Zugehörigkeit aufzuteilen: Während sie den Anspruch der zugewanderten fürsorgebedürftigen Schweizerinnen und Schweizer, an ihrem Wohnort unterstützt zu werden, über das »Konkordat über wohnörtliche Unterstützung« ausbauten, verlangten sie gleichzeitig, vergleichbare Ansprüche von zugewanderten ausländischen Staatsangehörigen abzuschaffen. Ihre Fürsorgekosten sollten vollumfänglich an ihren Heimatstaat überbürdet werden. Mit diesem Anspruch wiesen die Fürsorgebehörden den »bedürftigen Fremden« gleichzeitig unterschiedliche Positionen in der sozialen Hierarchie zu – innerhalb der sozialen Unterschichten sollte Schweizer Staatsangehörigen der Zugang zu besser abgesicherten Positionen eröffnet werden.

Die Fürsorgeexperten vermochten es – im Schulterschluss mit verschiedenen Beamten des Eidgenössischen Justiz- und Polizeidepartements –, ihre Anliegen in der Neuausrichtung der schweizerischen Niederlassungspolitik einzubringen. Im September 1920 diskutierte in Solothurn unter dem Vorsitz von Bundesrat Heinrich Häberlin, Vorsteher des EJPD, eine Expertenkommission Richtlinien für ein zukünftiges Niederlassungsgesetz.[66] Neben Vertretern der Polizeiabteilung und der Zentrale für Fremdenpolizei war auch Carl Alfred Schmid Mitglied der Kommission. Diese adressierte die Frage der Ausländerarmenpflege prominent. Demnach sollten »die der Schweiz heiligen Gebote der Humanität gegenüber den armen und bedürftigen Ausländern« auch in Zukunft beachtet werden. Allerdings bestand kein Zweifel, dass »dem Missbrauche unserer Humanität« entgegengearbeitet werden müsse. Konkret bedeutete dies, dass in den revidierten Niederlassungsverträgen die Unterstützungspflichten und die Frage der Rückerstattungen – ganz im Sinne der Armenpflegerkonferenz – genauer reglementiert werden sollten, sodass die Heimatstaaten stärker zur Kostenübernahme verpflichtet und die verlangten Heimschaffungen zügiger durchgeführt werden konnten.[67] Schließlich sollte, und dies war die zentrale Stoßrichtung der zukünftigen Niederlassungspolitik, die Immigration selbst stärker reglementiert und kontrolliert werden, um die »Überfremdung« der Schweiz einzudämmen.[68] Dabei prägten nun ethnisierende und gar rassistische Äußerungen die Argumentation. Die im 19. Jahrhundert noch dominierenden voluntaristischen Vorstellungen von »Nation« traten gegenüber ethnisch-kulturellen Konzeptionen weitgehend in den Hintergrund. Die Kommission hatte keinen rechtsverbindlichen Charakter, doch war sie richtungweisend und prägte die Ausländerpolitik bis zum Beginn des Zweiten Weltkriegs und darüber hinaus.[69] Wie

65 *Carl Alfred Schmid*, Die Neuorientierung unserer Niederlassungsverträge bezüglich der internationalen Armenfürsorge, Protokoll der XII. Schweizerischen Armenpflegerkonferenz in Schaffhausen, 27. Oktober 1919, in: Der Armenpfleger 17, 1919, S. 20–29.
66 *Kury*, Über Fremde reden, S. 109; *Gast*, Von der Kontrolle zur Abwehr, S. 191–196.
67 BAR, E 4300B_1000/844, Bd. 15, Eidgenössisches Justiz- und Polizeidepartement, an den Bundesrat, Niederlassungsverträge. Expertenkommission, 23. September 1920. Die Armenpflegerkonferenz nahm die Beschlüsse der Expertenkommission denn auch mit großer Genugtuung auf. Vgl. *C.[arl] A.[lfred] Schmid*, Begrüssung, Protokoll der XIII. Schweizerischen Armenpflegerkonferenz in Solothurn, 25. Oktober 1920, in: Der Armenpfleger 18, 1920, S. 113–114.
68 Die Errichtung einer Zentralstelle für Fremdenpolizei im Jahr 1917 markierte die Hinwendung zu einer restriktiven Ausländerpolitik deutlich: Die Institution setzte sich zum Ziel, eine umfassende Kontrolle der einreisewilligen Ausländerinnen und Ausländer und die Abwehr »unerwünschter« Personen an der Grenze durchzusetzen. Vgl. *Gast*, Von der Kontrolle zur Abwehr, S. 37–40.
69 Vgl. *Kury*, Über Fremde reden, S. 109; *Jakob Tanner*, Diskurse der Diskriminierung. Antisemitismus, Sozialdarwinismus und Rassismus in den schweizerischen Bildungseliten, in: *Michael Graetz/Aram Mattioli* (Hrsg.), Krisenwahrnehmungen im Fin de siècle. Jüdische und katholische Bildungseliten in Deutschland und der Schweiz, Zürich 1997, S. 323–340, hier: S. 337.

andere Länder, beispielsweise die USA, Deutschland und Frankreich, begann auch die Schweiz nach dem Ersten Weltkrieg prohibitive Niederlassungs- und Einwanderungsgesetze zu erlassen.[70] 1930 war der Ausländeranteil in der Schweiz auf 8,7 % gesunken.[71]

V. FAZIT

Im Jahr 1920 erreichten die Bestrebungen, zwischen »bedürftigen Fremden« entlang ihrer nationalen Zugehörigkeit zu unterscheiden, erste Erfolge: Die nationalen und konzipierten internationalen rechtlichen Regelwerke wiesen der Staatsbürgerschaft einen neuen Stellenwert zu, um Ansprüche auf Fürsorge am jeweiligen Wohnort durchzusetzen. Einerseits trat das »Konkordat über wohnörtliche Unterstützung« in Kraft, das erste Fortschritte in der Gleichbehandlung von bedürftigen »einheimischen« und »kantonsfremden« Schweizerinnen und Schweizern erzielte. Andererseits markierten die Richtlinien, welche die Expertenkommission zur Erarbeitung eines Niederlassungsgesetzes vorbereiteten, eine strikte Ausgrenzung ausländischer Bedürftiger von Schweizer Fürsorgeleistungen. Im ausgehenden 19. Jahrhundert war zunächst noch offen gewesen, wie das sozialpolitische Problem der »fürsorgebedürftigen Fremden« bearbeitet werden sollte, wie also Gesellschaften auf Armut von eingewanderten Lohnarbeitern und Lohnarbeiterinnen in industriellen Zentren reagieren sollten. Für die Schweiz waren die ersten beiden Jahrzehnte des 20. Jahrhunderts wegweisend in der Etablierung von Problemlösungsstrategien. Exklusionsmaßnahmen gegenüber bedürftigen Schweizerinnen und Schweizern – im Sinne von territorialen Ausweisungen innerhalb der Schweiz – wurden vermindert und damit das Ziel einer Homogenisierung der Nation vorangetrieben. Gleichzeitig wurde auf eine rigorose Exklusion von bedürftigen ausländischen Personen hingearbeitet. Fürsorgebedürftigkeit von zugewanderten Menschen fungierte damit nicht als Problem, anhand dessen sich die Unzulänglichkeiten der kapitalistischen Gesellschaft aufzeigen und verhandeln ließen. Vielmehr wurde die über Marktprozesse erzeugte soziale Ungleichheit im Kontext der Debatten zur Ausländerarmenfürsorge auf eine solche Weise politisiert, dass sie schließlich weitgehend in den Dienst der Konstruktion einer Nation gestellt und soziale Teilhabe eng an das Kriterium der nationalen Staatsbürgerschaft gekoppelt wurde.

---

70 Vgl. *Gast*, Von der Kontrolle zur Abwehr, S. 353f.; *Leo Lucassen*, The Immigrant Threat. The Integration of Old and New Migrants in Western Europe since 1850, Urbana/Chicago 2005, S. 15.
71 Vgl. *Vuilleumier*, Schweiz, S. 195.

Dietmar Süß

»Ein gerechter Lohn für ein gerechtes Tagewerk«?

Überlegungen zu einer Geschichte des Mindestlohns

Ein »Burger reicht zum Leben nicht« – so jedenfalls lautete die Botschaft der Beschäftigten von McDonald's im Spätsommer 2013, als zahlreiche amerikanische Beschäftigte im weltweit größten Fast-Food-Konzern die Arbeit niederlegten und gegen den »Diebstahl« ihrer Leistung protestierten. Ihre Forderung: das Recht, sich gewerkschaftlich zu organisieren, und ein Mindestlohn von 15 Dollar in der Stunde. Denn tatsächlich blieb für viele Angestellte der kostenlose Burger angesichts eines Stundenlohns von 7,25 Dollar und eines Jahreseinkommens von 15.000 Dollar die einzige warme Mahlzeit, die sie sich leisten konnten.[1]

»Ein gerechter Lohn für ein gerechtes Tagewerk«, darum ging es den angestellten Verkäufern und Putzkräften von McDonald's – und dieses Motto prägte die Geschichte des Mindestlohns seit Mitte des 19. Jahrhunderts. Allerdings hatte Friedrich Engels bereits 1881 hinter diese Forderung der englischen Chartistenbewegung ein Fragezeichen gesetzt[2], als er im »Labour Standard« die englischen Gewerkschaften hart für ihre Lohnpolitik kritisierte. Die Lohnhöhe, so sein Urteil, sei keine moralische Frage, sondern würde allein durch »die Wissenschaft von der politischen Ökonomie« bestimmt. Ein gerechter Tagelohn sei »unter normalen Bedingungen die Summe, die erforderlich ist, dem Arbeiter die Existenzmittel zu verschaffen, die er entsprechend dem Lebensstandard seiner Stellung und seines Landes benötigt, um sich arbeitsfähig zu erhalten und sein Geschlecht fortzupflanzen«.

Ein »gerechtes Tagewerk«: Das war demnach die Arbeitskraft, die der Einzelne an einem Arbeitstag unter Einsatz seiner vollen Kraft vollbringt und dabei so tätig ist, dass er dieselbe Arbeitsleistung auch ohne Verlust am nächsten Tag zu leisten vermag. Doch genau das war für Engels das Problem. Denn:

»Der Arbeiter gibt dem Kapitalisten die volle Arbeitskraft eines Tages, das heißt, so viel er geben kann, ohne die ununterbrochene Wiederholung des Vorgangs unmöglich zu machen. Im Austausch erhält er gerade so viel und nicht mehr an Existenzmitteln, wie nötig sind, um die Wiederholung desselben Geschäfts jeden Tag zu ermöglichen. Der Arbeiter gibt so viel, und der Kapitalist so wenig, wie es die Natur der Übereinkunft zulässt. Das ist eine sehr sonderbare Sorte von Gerechtigkeit.«

In der Sprache der politischen Ökonomie formulierte Engels:

»Entsprechend dem, was man gewöhnlich Gerechtigkeit nennt, müßte der Lohn des Arbeiters aus dem Produkt seiner Arbeit bestehen. Aber das würde nach der politischen Ökonomie nicht gerecht sein. Im Gegenteil, das Arbeitsprodukt des Arbeiters geht an den Kapitalisten, und der Arbeiter erhält davon nicht mehr als die bloßen Existenzmittel.«

Deshalb forderte Engels seine reformistischen Genossen der britischen Gewerkschaftsbewegung auf: »Begrabt darum den alten Wahlspruch für immer, und ersetzt ihn durch einen anderen: Besitzer der Arbeitsmittel – der Rohstoffe, Fabriken und Maschinen – soll das arbeitende Volk selbst sein.«

---

1   Die Welt, 29.8.2013: »McDonald's Arbeiter wollen mehr Geld statt Burger«. Der Artikel umfasste auch zahlreiche andere Fast-Food-Konzerne.
2   *Friedrich Engels*, Ein gerechter Lohn für ein gerechtes Tagewerk, in: The Labour Standard, 7.5.1881, Leitartikel. Folgende Zitate nach: ebd.

I.

Engels flammendes Plädoyer für einen neuen Gerechtigkeitsbegriff in der Arbeiterbewegung berührt gleich mehrere grundsätzliche Fragen. Denn es verdeutlicht die Wandelbarkeit der Vorstellungen davon, was als sozial »gerecht« und was als »ungerecht« in der kapitalistischen Arbeitswelt empfunden wurde. Was Engels besonders kritisierte, war das Argument, dass sich die Mindesthöhe von Löhnen an der Existenzsicherung orientieren solle. Gerade diese Art der Lohnpolitik bedeutete für Engels die Anerkennung der kapitalistischen Produktionsweise und den Verzicht auf jene revolutionäre Utopie, die in der Aneignung der Produktionsmittel durch die Arbeiter bestand.

Löhne, Lohnfindung und die Forderung nach Mindestlöhnen wären Teil gesellschaftlicher Ungleichheitsstrukturen und politischer Ordnungsentwürfe, die jeweils mit darüber entscheiden, was beispielsweise als »existenzsichernd« gilt. Die Auseinandersetzung um den »gerechten Lohn« ist deshalb so alt wie aktuell. Die Bundesrepublik ist dabei in vielerlei Hinsicht ein Nachzügler der Debatte über gesetzliche Mindestlöhne. Das BGB kennt das Verbot »sittenwidriger Löhne«[3] und für sehr kleine Teilbereiche des Wirtschaftslebens wie die »Heimarbeit«[4] hatte der deutsche Gesetzgeber 1951 eine einheitliche Regelung gefunden.[5] Ansonsten blieben die Löhne Sache der Tarifparteien, und bis Anfang der 2000er Jahre war dies innerhalb der deutschen Gewerkschaftsbewegung unumstritten. Dieser Beitrag ist ein Versuch, die längeren Linien der Auseinandersetzung um »gerechten Lohn« und Mindestlöhne zu ziehen und sie in die internationale Debatte um die Globalisierung sozialer Rechte im 19. und 20. Jahrhundert einzubetten.[6] Im Mittelpunkt der Überlegungen stehen unterschiedliche Wertideen der Gerechtigkeit. Der normative Diskurs über den »gerechten Lohn« ist indes nie abstrakt, sondern Gegenstand politischer und kultureller Auseinandersetzungen. Die Debatte über Mindestlöhne[7] ist auch deshalb so leidenschaftlich, weil sie als Gerechtigkeitsdiskurs eingebunden ist in die gegenwärtigen Konflikte um veränderte industrielle Beziehungen und soziale Standards in der Globalisierung.[8]

Dabei lassen sich vier unterschiedliche Gerechtigkeitsdiskurse unterscheiden:[9] Leistungsgerechtigkeit, die Löhne als Ausdruck von individueller Produktivität betrachtet; Bedarfsgerechtigkeit, die Lohnhöhen an den Bedürfnissen der Arbeitnehmer misst; bei-

---

3 Dazu unter anderem *Roland Frieling*, Gibt es einen sittlichen Mindestlohn für Arbeitnehmer?, Diss., Köln 1991, insb. S. 12ff.

4 Heimarbeitsgesetz vom 14.3.1951, BGBl. I, Nr. 14, 21.3.1951, S. 191.

5 Das »Gesetz über die Festsetzung von Mindestarbeitsbedingungen vom 11.1.1952«, BGBl. I, Nr. 2, 17.1.1952, S. 17, regelte, dass der Staat in Ausnahmefällen in die Tarifhoheit der Tarifpartner eingreifen dürfe, sofern Tarifverträge die Allgemeinverbindlichkeit der Löhne nicht regelten, bestimmte Branchen keine Tarifpartner kannten oder die Regelung von »Mindestarbeitsbedingungen« angesichts sozialer oder wirtschaftlicher Missstände geboten schien. Allerdings ließ das Gesetz keinen Zweifel, dass immer zuerst die Tarifpartner eine Regelungskompetenz besaßen und sich der Staat nur im äußersten Notfall einmischen sollte.

6 Dazu jetzt mit Blick vor allem auf die Internationale Arbeitsorganisation (ILO): *Sandrine Kott/ Joëlle Droux*, Globalizing Social Rights. The International Labour Organization and Beyond, Basingstoke/New York 2013.

7 Als ersten Überblick *Gerald Starr*, Minimum Wage Fixing. An International Review of Practices and Problems, Genf 1981, S. 1–13.

8 *Ulrich Becker/Bernd Baron von Maydell/Angelika Nußberger* (Hrsg.), Die Implementierung internationaler Sozialstandards. Zur Durchsetzung und Herausbildung von Standards auf überstaatlicher Ebene, Baden-Baden 2006.

9 Folgendes nach: *Lutz Leisering*, Paradigmen sozialer Gerechtigkeit, in: *Stefan Liebig/Holger Lengfeld/Steffen Mau* (Hrsg.), Verteilungsprobleme und Gerechtigkeit in modernen Gesellschaften, Frankfurt am Main 2004, S. 29–68.

de zielen auf eine spezifische Form der Verteilungsgerechtigkeit bestehender Strukturen, während eine produktivistische Gerechtigkeitssemantik Lohnhöhen an die Produktivität der Arbeit koppelt und auf eine Erhöhung des Verteilungsvolumens setzt. Hinzu kommt als vierter Gerechtigkeitsdiskurs die Teilhabegerechtigkeit. Damit sind vor allem solche, nicht ausschließlich sozioökonomisch vermittelte Gerechtigkeitsdiskurse gemeint, die weniger stark die Zuweisung ›von oben‹ oder durch den Staat im Blick haben, sondern auf die Chance zur zivilgesellschaftlichen Teilhabe setzen. Teilhabegerechtigkeit zielt auf vermeintlich »neue« soziale Ungleichheiten und orientiert Gerechtigkeit beispielsweise an den Auswirkungen sozialer Ungleichheit auf Familien mit oder ohne Kinder, am Verhältnis zwischen Jung und Alt oder zwischen Männern und Frauen. Die Semantik der »Teilhabe« akzentuiert dabei weniger die sozioökonomische Umverteilung als die Möglichkeit zur Partizipation am zivilgesellschaftlichen Leben. Von Bedeutung ist dieses Argument für all diejenigen, die als Messlatte für die Festsetzung möglicher Mindestlöhne einen Betrag errechnen, der sich nicht primär an Marktkriterien oder an der Produktivkraft anlehnt, sondern die fiktive Größe gesellschaftlicher Partizipation als Ausgangspunkt benennt.

In der Debatte um den Mindestlohn werden unterschiedliche Vorstellungen von »sozialer Gerechtigkeit« verhandelt. Es geht um einen zentralen Modus sozialer Integration, den Axel Honneth mit dem Begriff der »Anerkennung« beschrieben hat.[10] Der Kampf um Mindestlöhne ist damit Teil jener Missachtungserfahrungen, die zum Wesensmerkmal moderner Gesellschaften gehören. Soziale Konflikte, auch der Kampf um den »gerechten Lohn«, sind Teil der Auseinandersetzung um die »Verletzung von implizierten Regeln der wechselseitigen Anerkennungen«[11] und basieren demnach auf der Empfindung eines moralischen Unrechts, ähnlich wie dies bereits Edward P. Thompson mit seinem Begriff der »moral economy« angedeutet hat.[12] Die Forderung nach einem »gerechten Lohn« ist dabei eben nicht nur Folge eines spezifischen Interesses – oder einer messbaren politisch-ökonomischen Kategorie; sie ist auch Folge eines moralischen Unrechtsbewusstseins, eines verletzten Gefühls normativer Anerkennung. Die Ausgangsthese lautet also: In den Auseinandersetzungen um Mindestlöhne zeigt sich eine Grundspannung industriell-arbeitsteiliger Gesellschaften und ihrer Modi sozialer Integration.

II.

Die Spuren der Debatte über den Mindestlohn lassen sich bis weit ins 18. Jahrhundert zurückverfolgen. Im Begriff des »Auskommens« und in den verschiedenen handwerklichen Entlohnungsformen spiegelten sich bereits die unterschiedlichen Traditionen moralischer Ökonomie. »Nöthiges Auskommen«[13] hatte derjenige, dessen Besitz zum Überleben reichte, ohne indes in der Lage zu sein, für sich und seine Gesundheit vorzusorgen;

---

10 Dazu ausführlich *Axel Honneth*, Kampf um Anerkennung. Zur moralischen Grammatik sozialer Konflikte, Frankfurt am Main 1994; zur Debatte um den Begriff vgl. unter anderem *ders./Nancy Fraser*, Umverteilung oder Anerkennung? Eine politisch-philosophische Kontroverse, Frankfurt am Main 2003.
11 *Honneth*, Kampf um Anerkennung, S. 256.
12 Vgl. unter anderem *Edward P. Thompson*, The Moral Economy of the English Crowd in the 18th Century, in: Past & Present 20, 1971, Nr. 50, S. 76–136; *Manfred Gailus/Thomas Lindenberger*, Zwanzig Jahre »moralische Ökonomie«. Ein sozialhistorisches Konzept ist volljährig geworden, in: GG 20, 1994, S. 469–477.
13 *Johann Heinrich Zedler* (Hrsg.), Grosses vollständiges Universal-Lexicon aller Wissenschaften und Künste, Leipzig 1732–1754, Bd. 24, S. 602, Sp. 1.

über »reichliches Auskommen«[14] verfügte dagegen, wer sich ein Polster gegen die »Nothdurft« anlegen konnte.

Die Art, wie ein solcher Lohn in den verschiedenen Branchen erzielt werden konnte, war jedoch sehr unterschiedlich: als Geld- oder Naturallohn, ausgezahlt in Wochen- oder Stücklohn oder durch die Übernahme von Kost und Logis.[15]

Eine weitere Spur auf der Suche nach dem historischen Ort der Mindestlohndebatten führt nach Großbritannien[16], genauer gesagt zur Auseinandersetzung um die »sweated labour«. Seit Mitte des 19. Jahrhunderts wurde zunächst die »Entdeckung«, dann die Skandalisierung der »sweated labour«, der »Schwitzarbeit«, zu einem zentralen Thema der britischen Chartistenbewegung.[17] Der britische Chartismus führte zwischen 1838 und 1848 unterschiedliche reformerische Strömungen zusammen. Insbesondere ging es um ein allgemeines, geheimes Wahlrecht für Männer ab 21 und eine gerechte Verteilung der Wahlbezirke, um die Reduzierung von Arbeitszeiten und die Zulassung von Arbeitervertretungen. Vielfach war es die aufstrebende Mittelschicht, die neben der Arbeiterschaft die Veranstaltungen und politischen Forderungen der Chartisten prägte. Wahlrechtsreform und die Kritik an den sozialen Folgen der Industrialisierung gingen Hand in Hand und bestimmten den Protest der führenden Vereinigung, der »London Working Men's Association«, die sich als politischer Arm und Selbsthilfeorganisation der qualifizierten Arbeiter verstand. Birmingham, die frühe Industriemetropole in den Midlands, war eines ihrer Zentren, und aus Birmingham stammte auch der Unternehmer, Ökonom und Reformer Thomas Attwood, der am 14. Juni 1839 in der Begründung einer Protestnote an das Parlament erstmals die von Friedrich Engels so kritisierte Formel prägte: »a fair day's wages for a fair day's work«, und

»that if they could not give them that, and food and clothing for their families, then they said they would put forward every means which the law allowed, to change the representation of that House; that they would use every effort to act upon the electors, and that by these means ultimately reason, thus working upon influence, they should produce such a change as would enable them to succeed in the accomplishment of their views and wishes. He trusted in God they would succeed, and obtain all the objects sought for in the petition.«[18]

Die Forderung nach einem »gerechten Lohn« gründete sich also primär in einem moralischen Appell an die Unternehmer, ein »würdiges« Leben zu ermöglichen. Nicht um Umverteilung oder gar die Übernahme von Produktionsmitteln ging es, sondern um die Anerkennung der Arbeit als Grundlage für den eigenen und den Lebensunterhalt der Familie. Ein Lohn also, der ausreichte, genug zu essen und anständige Kleidung mit nach Hause zu bringen – und zugleich mit dafür zu sorgen, dass die Frauen zu Hause nicht auch noch arbeiten mussten. Die Vorenthaltung eines solchen Lohns, die überall zu beobachtende Armut, die zum Überleben nicht ausreichenden Löhne, der Schmutz in den Straßen, die mangelnde Hygiene und die moralische Verwahrlosung: All dies zusammen machte die »sweated labour« zu einem gesellschaftlichen, ja, einem religiösen Skandal, der nur durch »faire Löhne« beseitigt werden konnte. Die Debatten der 1840er und 1850er Jahre kreisten also auf dem Höhepunkt der Chartistenbewegung nie allein um die Reform des Wahl-

---

14 Ebd., Bd. 31, S. 39, Sp. 1.
15 Grundlegend dazu *Reinhold Reith*, Lohn und Leistung. Lohnformen im Gewerbe 1450–1900, Stuttgart 1999.
16 Grundlegend dazu *Sheila Blackburn*, A Fair Day's Wage for a Fair Day's Work? Sweated Labour and the Origins of Minimum Wage Legislation in Britain, Aldershot 2007.
17 Aus der Fülle der Literatur vgl. vor allem: *Malcolm Chase*, Chartism. A New History, Manchester 2007.
18 National Petition – The Chartists, Hansard, Bd. 48, 1839, S. 222–227, hier: S. 224.

systems.[19] Zur Debatte standen auch Fragen der Lebensführung und der sozialen Kosten des aufstrebenden Kapitalismus.

In seinem berühmt gewordenen und vielfach verbreiteten Gedicht »The Song of the Shirt« hatte Thomas Hood 1843 das traurige Schicksal einer guten Christin beklagt, die kärglich gekleidet und bitterlich arm als Heimarbeiterin ihr Auskommen fristet – einsam, monoton, mit einem Verdienst, der zum Leben zu wenig und zum Sterben zu viel war.[20] In ihren langen Arbeitsstunden sang sie in einem »dolorous pitch« ihren »Song of the Shirt«, ein Lied, das voller Pathos ihr trauriges Schicksal beklagte. Denn Hoffnung, nein, Hoffnung konnte es in diesem Leben nicht mehr geben. Hoods Gedicht war zunächst wegen seiner düsteren Stimmung von mehreren Zeitungen abgelehnt worden, bis es dann schließlich, merkwürdig genug, in der Satire-Zeitschrift »Punch« erschien – und von dort rasche Verbreitung fand.

Von Beginn an war die Suche nach einem »gerechten Lohn« eng verbunden mit der Debatte über Armut und Ungleichheit und dem Aufstieg der noch jungen britischen Sozialforschung. Diese wollte sich teils mit Befragung von Experten, teils durch teilnehmende Beobachtung, später dann auch durch »moderne« statistische Methoden und Interviews mit den Arbeitern und Armen selbst einen Überblick über das Leben des Proletariats verschaffen. Es ging darum, die Frage empirisch zu beantworten, wie ausbeuterisch die Arbeitsbedingungen tatsächlich seien und wie hoch der Lohn liegen müsse, um ein menschenwürdiges Dasein zu führen.[21] Zu solchen Großprojekten gehörten Charles Booths monumentales Werk über »Life and Labour of the People of London«[22] oder Seebohm Rowntrees Arbeiten über York aus dem Jahr 1899.[23]

Diese Projekte zur sozialen Vermessung des Elends[24] waren seit den 1890er Jahren eng verknüpft mit der Arbeit reformsozialistischer Intellektueller und Sozialwissenschaftler der Fabian Society.[25] Dazu zählte vor allem das Ehepaar Beatrice und Sidney Webb.[26] Zu ihrer Vision eines »National Minimums« – einer Grundversorgung in Schule, Sicherung, Gesundheit und Arbeitszeiten – gehörte als wesentliches Argument auch die Forderung nach einem »legal minimum wage«, einem gesetzlichen Mindestlohn, der eine Antwort auf die katastrophalen Zustände der Heimarbeit sein sollte. Ihr Konzept basierte indes – anders als die revolutionären Töne bei Friedrich Engels – darauf, dass ein Mindestlohn eben gerade auch für den »anständigen Unternehmer« vernünftig sei.

Denn eine faire Bezahlung ermögliche ihm die Auswahl der besonders qualifizierten und effizienten Beschäftigten. Den Kampf gegen »low pay«, gegen zu niedrige Löhne, sahen die Webbs in einer Linie mit ihrem Kampf für eine arbeitsrechtliche Fixierung des Achtstundentags und gesundheitlich akzeptablen Arbeitsbedingungen in der Industrie. Mithilfe eines Mindestlohns, so ihre Hoffnung, würden zudem die Kosten der Heimarbeit in die Höhe getrieben und diese Form der Beschäftigung vom Markt verdrängt werden. Am Ende, so ihr Traum in ihrem Buch von der »Industrial Democracy«, sollte ein kapita-

---

19 Ausführlich dazu *Blackburn*, A Fair Day's Wage, S. 15–65.

20 *Thomas Hood*, Song of the Shirt, in: Punch, 16.12.1843, S. 260; Folgendes nach: *Blackburn*, A Fair Day's Wage, S. 17–20.

21 Vgl. dazu *Dietmar Süß*, Kannibalen im eigenen Land: Britische Sozialanthropologie und Mass-Observation 1890–1945, in: Jahrbuch für Europäische Ethnologie 7, 2012, S. 53–72.

22 *Charles Booth*, Life and Labour of the People of London, 17 Bde., London 1902f.

23 *Benjamin Seebohm*, Poverty. A Study of Town Life, London 1901.

24 Zu den viktorianischen Debatten vgl. *Seth Koven*, Slumming. Sexual and Social Politics in Victorian London, Princeton, NJ 2004.

25 Vgl. unter anderem *Bruce E. Kaufman*, Promoting Labour Market Efficiency and Fairness Through a Legal Minimum Wage. The Webbs and the Social Cost of Labour, in: British Journal of Industrial Relations 47, 2009, S. 306–326.

26 *Blackburn*, A Fair Day's Wage, S. 73–89, Folgendes nach: ebd.

listischer Unternehmer mit seinen Beschäftigten in großen Industriebetrieben stehen, in denen ein demokratischer Geist die Selbstorganisation der Beschäftigten und damit auch die nationale Wettbewerbsfähigkeit beflügelte. Die kleinen Gewerbe mit ihren schmutzigen, schlecht bezahlten, gesundheitlich angeschlagenen und moralisch zweifelhaften Arbeitern stellten für die Webbs und für manch andere sozialistische Reformer eine Bedrohung für den inneren Zusammenhalt des Empire dar.[27] Deshalb lautete ihr Urteil: »No one who has not himself lived among the poor in London or Glasgow, Liverpool or Manchester, can form any adequate idea of the unseen and unmeasured injury to national character wrought by the social contamination to which this misery inevitably leads.«[28] Ein Mindestlohn, so die Hoffnung, würde dazu beitragen, dieses Problem zu lösen: entweder durch eine generelle Anhebung des Lebensstandards und eine bessere Lebensführung der *working class* oder auch durch eine Einweisung von Arbeitslosen in Arbeitskolonien, damit sie dort selbst für ihre Subsistenz aufkommen konnten.

Strittig war dabei die Frage, wie hoch ein solcher Mindestlohn ausfallen solle: so hoch, dass sich die Arbeiter auch noch ein kleines Minimum an Freizeit und materieller Ausstattung leisten könnten? Eine erste Bündelung der Überlegungen im Umfeld der Fabian Society veröffentlichte William Sanders 1906 unter der Überschrift »The Case for a Legal Minimum Wage« – just zu dem Zeitpunkt, als gerade eine große Ausstellung jene Produkte präsentierte und skandalisierte, die in »sweated labour« produziert worden waren.[29] Darin machte er sich vor allem dafür stark, dass ein Mindestlohn hoch genug sein müsse, um die eigene Gesundheit nicht durch überlange Schichten oder Akkorde zu ruinieren. Ein gesetzlicher Mindestlohn sollte im ganzen Land gelten und regionale Unterschiede in den Lebenshaltungskosten berücksichtigen – was zugleich staatliche Behörden erforderlich gemacht hätte, um solche Preisgefälle zu betreiben und in den Arbeitsmarkt regulierend einzugreifen.[30] Als Berechnungsgrundlage zum Erhalt der »healthy subsistence« galt für einen Mann eine Familie mit drei Kindern, für eine Frau sollte der Mindestlohn lediglich für sie selbst (also ohne Familie) gelten. Dass ein Mindestlohn geschlechtsspezifisch unterschiedlich ausfallen sollte, begründete Sanders unter anderem mit der besonderen Ernährerrolle der Männer und ihrer besseren Qualifikation:

»[I]f men and women were paid at the same rates, men would always be employed in preference to women because, fairly or unfairly, male labour is considered industrially superior to female. The demand for ›equal wages for men and women‹ is perfectly well known to trade unionists as a device for keeping women out of men's trades.«[31]

Bei dieser gewollten Ungleichheit galt ein Mindestlohn für Frauen nur in einer solchen Höhe als angemessen, falls er beispielsweise verhindern half, dass Frauen sich prostituieren mussten.

Noch eine zweite Dimension sozialer Ungleichheit prägte die frühen Vorstellungen eines nationalen Mindestlohns in Großbritannien: Denn vielfach waren Arme zugleich auch »Ausländer«, Chinesen oder Juden,

»especially Jews from the Polish districts of Russia, Germany and Austria. [...] The evil effect of the Jew's occupation lies in the characteristics which render him a fit subject for the pestilential

---

27 Ebd., S. 77–80.
28 *Sidney and Beatrice Webb*, Industrial Democracy, London 1897, S. 765ff.; vgl. zum Begriff der »Industrial Democracy« auch *Walther Müller-Jentsch*, Industrial Democracy. Historical Development and Current Challenges, in: management revue 19, 2008, S. 261–273, insb. S. 261–263.
29 *William Sanders*, The Case for a Legal Minimum Wage, London 1906.
30 Ebd., S. 9.
31 Ebd.

conditions of home-work: he overcrowds whole districts with his habit of living in misery; and his ingenuity has positively created or organised new industries to suit the circumstances.«[32]

Indes ging es den Fabians weniger um eine Abschottung des Arbeitsmarkts gegenüber »Ausländern«, sondern eher um die Forderung nach einem Importstopp gegenüber solchen Produkten, die unter den Bedingungen der »sweated labour« hergestellt worden waren – ein, wenn man so will, sehr aktuelles Argument des Fair Trade.

So umstritten ihre Positionen auch waren, so trugen die Fabians doch nicht unerheblich zu einer nun auch ökonomisch und empirisch argumentierenden Skandalisierung der Armut in Großbritannien bei. Als Folge der breiten gesellschaftlichen Diskussion schickte die britische Regierung eine Gruppe von Experten nach Australien, die sich in Victoria die dort gegründeten »wage boards« ansehen sollte – eine Institution, die sich mit der Überprüfung einzelner Arbeitsplätze und auch mit der Höhe der Löhne beschäftigte. Zeitgleich fanden sich im Sommer 1906 Intellektuelle, christliche Sozialreformer und Vertreter der Frauenbewegung in der parteiübergreifenden »National Anti-Sweating League« (NASL) zusammen und setzten sich vehement für eine generelle Überprüfung der Arbeitsbedingungen und der Entlohnung ein – mit großem öffentlichen Erfolg. Eine einheitliche Bewegung indes war die NASL nicht – zu heterogen waren die Gruppen, zu unterschiedlich auch die Ziele, die mithilfe eines Mindestlohns erreicht werden sollten. Es war vor allem die junge Labour Party, die sich dem Ziel der Gründung neuer »wage boards« verschrieb, und auch die amtierende Regierung der Liberalen stand den Forderungen keineswegs völlig ablehnend gegenüber.

Insgesamt konnte man seit 1908/09 beobachten, wie die öffentliche Meinung zugunsten der Einführung von »wage boards« kippte und sich die Einsicht durchzusetzen begann, dass es mit einem Appell an die Freiwilligkeit der Unternehmer nicht getan sein würde und deshalb der Staat als Gesetzgeber gefordert sei. Neben der Labour Party, die dem Thema immer mehr Gewicht beimaß, gab es auch Unterstützung durch die Anglikanische Kirche und einen Teil der Conservative Party, die der »sweated labour« durch ein staatliches Eingreifen ein Ende bereiten wollten. Es war Winston Churchill als Präsident des »Board of Trade«, der mit die Initiative ergriff und ein Gesetz ausarbeiten ließ, das schließlich, nach einigen Diskussionen, am 20. Oktober 1909 in Kraft trat.[33] In seiner Struktur ähnelte der »Trade Board Bill« dem Vorbild aus Victoria: Eine Kommission aus gleichvielen Unternehmern und Arbeitern plus unabhängigen, vom Staat benannten Experten, die einen Konsens zwischen den beiden Parteien herstellen sollten, entschied gemeinschaftlich über die angemessene Lohnuntergruppe. Das Gesetz sah keine flächendeckende Einführung eines gesetzlichen Mindestlohns vor. »Wage boards« sollten zwar überall dort eingeführt werden, wo die Einkünfte im Vergleich zu anderen Industrien außergewöhnlich niedrig waren. Doch das hieß umgekehrt: Nur für einen geringen Teil der Industrie galt das Gesetz. Zunächst waren das vier Branchen: die Maßschneiderei, die Kartonhersteller, die Riemen- und die Kettenhersteller. Die Aufgabe der Boards bestand darin, entweder einen Mindeststundenlohn oder eine Entlohnung für eine Mindeststückzahl festzulegen. Zudem ermöglichte das Gesetz dem Staat, bei Verstößen rechtliche Schritte gegen die Unternehmer einzuleiten.

In der Praxis sollte sich indes schnell zeigen, dass die Unternehmer mit den »wage boards« sehr »flexibel« umgingen und selbst in den Branchen die Lohnhöhen unterlaufen wurden, in denen der Mindestlohn verabredet war. Den neu geschaffenen arbeitsmarkt-

---

32 Ebd., S. 6f.
33 Folgendes nach: *Sheila C. Blackburn*, Curse or Cure? Why Was the Enactment of Britain's 1909 Trade Boards Act so Controversial?, in: British Journal of Industrial Relations 47, 2009, S. 214–239.

rechtlichen Instanzen fiel es angesichts ihrer fehlenden finanziellen und personellen Ressourcen schwer, die häufigen Verstöße tatsächlich zu ahnden.[34]

In England hatte man nach Australien (und Neuseeland) geblickt, in Deutschland verfolgte die deutsche Arbeiterbewegung mit großer Aufmerksamkeit die britische Debatte um Mindestlöhne. Ebenfalls im Jahr 1906, sogar noch etwas früher als im Vereinigten Königreich, eröffnete in Berlin eine große »Heimarbeit-Ausstellung«[35] – eine Schau mit rund 6.000 bis 7.000 Objekten, die Frauen unter unwürdigen Arbeitsbedingungen zu Hause hergestellt hatten. Was die Kaiserin, die der Schau schließlich auch die Ehre gab, zu sehen bekam, war ein Sammelsurium unterschiedlicher Produkte, die sich in jedem guten Bürgerhaushalt vorfanden, über deren Entstehungsbedingungen aber allzu gern geschwiegen wurde: Schuhe und Hüte, Körbe und künstliche Blumen, Bürsten und Pelze und vieles mehr. Jedes Produkt war eigens ausgezeichnet, und die Besucher erfuhren, was sie sonst nicht wussten: Wie lange die Herstellung dauerte, wie wenig die Frauen dafür erhielten und wie alt diejenigen waren, deren Produkte man allzu selbstverständlich besaß.

Die Ausstellung des Gewerkvereins der Heimarbeiterinnen trug ähnlich wie ihr Pendant in London dazu bei, den »Skandal« der Heimarbeit, die Arbeitsbedingungen und auch die hygienisch und sittlich katastrophalen Zustände anzuprangern und unter anderem auch einen Mindestlohn für Heimarbeiterinnen zu fordern. Die Befürworter eines Heimarbeiterschutz-Gesetzes zielten darauf, diese bedenkliche Arbeitssituation durch einen Mindestlohn abzufedern, zugleich aber darauf zu drängen, häusliche und außerhäusliche Arbeit zu trennen und die Heimarbeit stärker in Werkstätten zu organisieren und damit der staatlichen Fabrikaufsicht zu unterstellen. Die Lohnfrage und beispielsweise verbindlich festgelegte Stückpreishöhen für Waren galten als Hebel, die Arbeitsbedingungen der Heimarbeit zu verbessern und die rechtsfreie Zone weiblicher Erwerbstätigkeit zu reglementieren.[36]

Die Debatten innerhalb der Sozialreform- und Frauenbewegung gingen indes deutlich auseinander. War es tatsächlich so, wie einige befürchteten, dass eine stärkere Verlagerung der Heimarbeit zu einer noch größeren Verwahrlosung der Frauen beitragen würde? Vor allem Sozialdemokratinnen und Sozialdemokraten wollten deshalb die Heimarbeit ganz beseitigen. Oder war es nicht eher so, dass diese spezifische Form weiblicher Tätigkeit für viele Familien unabdingbar und für das familiäre Einkommen zentral war? Für die bürgerlich-christliche Frauenbewegung waren die Heimarbeiterinnen gleichsam die »Mütter des arbeitenden Volkes«. Für Fabriken, so das Argument, waren diese Frauen nicht geeignet, wohl aber als Bindeglied zwischen den verschiedenen Sphären von Arbeit und Familie. Das war auch der Grund dafür, warum die vielfältigen Initiativen gerade aus dem Umfeld der christlichen und bürgerlichen Frauenbewegung kamen. Denn sie wollten mit einem Mindestlohn für Heimarbeiterinnen diese spezifische weibliche Produktions- und Familienarbeit schützen und riefen dafür nach dem Staat als regulativer Instanz, die mithilfe von Arbeitsschutzgesetzen und der Festlegung eines Mindestlohns Abhilfe schaffen sollte.

Der Nationalökonom Robert Wilbrandt empfahl in seinem Plädoyer für den Arbeiterinnenschutz nachdrücklich[37], dass der Staat eine Lohnuntergrenze für männliche Arbeiter einführen solle, um damit auch die Frauen aus ihrer ökonomischen Zwangslage zu befreien, arbeiten zu müssen. Dafür aber, so sein Argument, brauche es starke Gewerkschaften, und

---

34 *Blackburn*, A Fair Day's Wage, S. 128.
35 Folgendes nach: *Eva Schöck-Quinteros*, Heimarbeiterschutz für die »Mütter des arbeitenden Volkes«. Deutschland 1896–1914, in: L'Homme 9, 1998, H. 2, S. 183–215, hier: S. 201 ff.
36 Ebd., S. 190 f.
37 *Robert Wilbrandt*, Hausindustrielle Frauenarbeit, in: Die Frau 1901, S. 544; ausführlich *ders.*, Die Frauenarbeit. Ein Problem des Kapitalismus, Leipzig 1906.

eine gewerkschaftliche Organisation der Heimarbeiterinnen schien den meisten Sozialisten eher utopisch. Damit griff er Argumente auf, die der Ökonom Otto von Zwiedineck-Südenhorst in einer Studie über »Lohnpolitik und Lohntheorie« wenige Jahre zuvor entwickelt hatte. Zwiedineck-Südenhorst hatte – in der Tradition der Historischen Schule der Nationalökonomie[38] – argumentiert, die Notwendigkeit eines staatlichen Eingriffs in die Lohnpolitik erfolge nicht etwa aus moralischen, sondern aus ökonomischen Gründen. Denn nur so könne die »Sicherung des produktiven Organismus«[39] und damit der soziale Friede gewährleistet werden. Lohnpolitik und die Schaffung eines Minimallohns waren damit Teil sozialpolitischer Interventionen und dienten dem Schutz der Arbeiter.

Deshalb plädierten auch Sozialdemokratinnen stärker dafür, nicht etwa das System der Heimarbeit zu stabilisieren, sondern die Heimarbeit zu beseitigen. Sozialistische Intellektuelle verfolgten aufmerksam die unterschiedlichen Wendungen der Debatte um den Mindestlohn. Das geschah nicht zuletzt vor dem Hintergrund der lebhaften Debatte um Ferdinand Lassalles »ehernes Lohngesetz«. Dessen 1863 formulierter Kerngedanke lautete, dass

»der durchschnittliche Arbeitslohn immer auf den *notwendigen Lebensunterhalt* reduciert bleibt, der in einem Volke gewohnheitsmässig zur Fristung der Existenz und zur Fortpflanzung erforderlich ist. Dies ist der Punct, um welchen der wirkliche Tageslohn in Pendelschwingungen jederzeit herum gravitiert, ohne sich jemals lange weder über denselben erheben, noch unter denselben hinunterfallen zu können. Er kann sich nicht dauernd über diesen Durchschnitt erheben – denn sonst erstünde durch die leichtere, bessere Lage der Arbeiter eine Vermehrung der Arbeiterehen und der Arbeiterfortpflanzung, eine *Vermehrung der Arbeiterbevölkerung* und somit des Angebots von Händen, welche den Arbeitslohn wieder auf und unter seinen früheren Stand herabdrücken würde. Der Arbeitslohn kann auch nicht dauernd tief unter diesen notwendigen Lebensunterhalt fallen, denn dann entstehen Auswanderungen, Ehelosigkeit, Enthaltung von der Kinderzeugung und endlich eine durch Elend erzeugte *Verminderung der Arbeiterzahl*, welche somit das Angebot von Arbeiterhänden noch verringert und den Arbeitslohn daher wieder auf den früheren Stand zurückbringt.«

Ein Ausweg aus diesem Dilemma war aus der Sicht Lassalles die Gründung von Arbeiterassoziationen, die mithilfe des Staats selbst zu Unternehmern werden sollten und damit das »eherne Lohngesetz« durchschlagen könnten. Der Staat habe dabei die sittliche Verpflichtung, diese Unternehmen zu unterstützen; ein moralisches Gebot, das einen (staatlich) geregelten Mindestbedarf indirekt durchaus anerkannte.[40] Diese starke Staatszentrierung und damit der Einfluss der Lassalleaner schwand im Laufe des späten 19. und frühen 20. Jahrhunderts, ohne jedoch ganz an Einfluss zu verlieren – und sie lieferte den Befürwortern staatlicher Mindestlohnpolitik wichtige Argumente.

In der »Neuen Zeit«, dem intellektuellen Flaggschiff der Sozialdemokratie, erläuterte dagegen 1902 Max Zetterbaum seine Vorbehalte gegen die Forderung nach flächendeckenden Mindestlöhnen:[41] Seine Kritik galt vor allem der definitorischen Grundlage des Mindestlohns, der sich an einer fiktiven Größe zur Existenzsicherung ausrichtete. Der Begriff des »allgemeinen Lebensbedarfs« sei zu unkonkret sowie zu wenig auf den arbeitenden Menschen und viel zu sehr auf einen allgemeinen »Kulturmenschen« hin orien-

---

38 Vgl. dazu *Friedrich Lenger*, Werner Sombart. 1863–1941. Eine Biographie, München 1994.
39 *Otto von Zwiedineck-Südenhorst*, Lohnpolitik und Lohntheorie mit besonderer Berücksichtigung des Minimallohnes, Leipzig 1900, S. 409f.
40 Zit. nach: *Helga Grebing* (Hrsg.), Geschichte der sozialen Ideen in Deutschland. Sozialismus – Katholische Soziallehre – Protestantische Sozialethik. Ein Handbuch, Essen 2000, S. 138.
41 *Max Zetterbaum*, Zur Frage des Minimallohns, in: Die Neue Zeit. Wochenschrift der deutschen Sozialdemokratie Bd. 20, 1901–1902, S. 675–684, und *ders.*, Zur Frage des Minimallohns (Schluß), in: Die Neue Zeit. Wochenschrift der deutschen Sozialdemokratie Bd. 20, 1902, S. 718–722.

tiert. Utopisch sei ein »Mindestlohn«, weil er von einem Staat als »Leistung« fordere, was dieser in der existierenden Form nicht leisten könne, weil sich dies erst im sozialistischen »Zukunftsstaat« realisieren lasse. Mindestlöhne griffen damit in künstlicher Weise in die kapitalistische Produktion ein – und schadeten letztlich dem Wohl der Arbeiter. Zudem: Solle man wirklich auf den Staat hoffen, für gerechte Löhne zu sorgen? Nationale Mindestlöhne entrissen der Arbeiterschaft eine ihrer schärfsten Waffen: den Klassenkampf. Und sie vertrauten blind auf die staatlichen Interessen. Sein Urteil: Der

»Klassenkampf zwischen Proletariat und Bourgeoise ist in erster Reihe ein ökonomischer Kampf zwischen Unternehmern und Arbeitern. Von hier aus erhebt er sich zum allgemeinen politischen Klassenkampf. Im ökonomischen Kampfe nämlich lernt der Arbeiter seine Situation und die Notwendigkeit des politischen Klassenkampfes erkennen; darum enthüllt sich ihm auch in jeder Politik ihre ökonomische Grundlage. Auf dem Boden des ökonomischen Kampfes erheben sich seine Organisationen, lernt er Selbstverwaltung. Bei der gesetzlichen Lohnbestimmung kehrt sich nun die Forderung der Arbeiter in erster Reihe an den Staat, die Unternehmerklasse tritt in den Hintergrund. [...] Die politische Form, nicht die ökonomische Grundlage würde als die Hauptsache erscheinen. Es könnte auch Zeiten geben, wo unzufriedene Unternehmergruppen die Arbeiter gegen den Staat ausspielen und so die letzten Linien des Klassenkampfes verwischen«.[42]

Aufgeschlossener war Zetterbaum bei der Frage, ob es in gewissen Bereichen staatliche Festlegungen geben sollte, um spezifische ökonomische und soziale Verwerfungen auszugleichen: Dazu zählte die Heimarbeit, dazu zählte – gerade auch in sozialdemokratisch geführten Städten – die Einführung von Standardlöhnen in öffentlichen Betrieben und Verwaltungen und dazu zählte auch ein staatlicher Eingriff in die Lohnstruktur von Syndikaten oder Monopolen wie beispielsweise im Kohlenbergbau, wo die Unternehmensstruktur gerade durch die Abwesenheit von Wettbewerb eine freie Entwicklung der Löhne behinderte. Der Kampf gegen solch übermächtige Kartellorganisationen wäre, so sah es die Mehrheit der sozialistischen Theoretiker, mithilfe eines staatlich fixierten Mindestlohns auch ein erster Schritt auf dem Weg zum eigentlichen Ziel: nämlich der Verstaatlichung zentraler Schlüsselindustrien. Eduard Bernstein hatte jedenfalls mit großer Sympathie über den Erfolg der britischen Bergarbeiter im Jahr 1911 berichtet[43], als die Gewerkschaften in einem zähen Streik einen Mindestlohn für ihre Branche erstritten hatten; einen Mindestlohn, der, ähnlich wie bereits für andere Branchen, nun mithilfe von eigenen Lohnämtern ausgehandelt werden sollte. Erstmals fiel nun eine Branche unter ein Mindestlohngesetz, in der die Arbeiterschaft stark organisiert war. Was sich, so Bernstein voller Begeisterung, nun verändert hatte, war, dass die Kohlenkumpel einen rechtlichen Anspruch auf einen Mindestlohn besaßen, der nicht mehr auf der freiwilligen Zusicherung der Arbeitgeber basierte – so wie es vielfach die Praxis der »wage boards« in anderen Branchen war –, sondern dass sie jetzt selbst und mithilfe ihrer starken Organisation gegen die Unternehmer klagen konnten, die ihnen ihre vertraglich fixierten Löhne vorenthielten. Es war diese Verrechtlichung der Arbeitsbeziehungen und die, wie Bernstein formulierte, »grundsätzliche Anerkennung des Anspruchs der Arbeiter auf einen zum Leben ausreichenden Lohn«, die die englische Entwicklung aus der Sicht Bernsteins so vorbildlich machte.

Die Auseinandersetzungen um die Begründung von Mindestlöhnen[44] waren eingebunden in die Suche nach einer »Anerkennung« von Arbeit und einem »gerechten Lohn«,

---

42 Ebd., S. 684.
43 *Eduard Bernstein*, Der gesetzliche Mindestlohn in England, in: Sozialistische Monatshefte 18, 1912, S. 409–414.
44 Als früher Überblick: *Daniel Pesl*, Der Mindestlohn, München 1914.

der das Überleben der Einzelnen garantierte.[45] Gleichzeitig war indes – in Deutschland deutlich stärker als in Großbritannien – umstritten, ob Mindestlöhne überhaupt ein angemessener Weg auf dem Weg zum Sozialismus seien.[46] Verlängerten sie nicht einfach nur die Krisenphänomene des Kapitalismus? Lenkte die Forderung nach dem Staat als Schlichter nicht von den ökonomischen und politischen Kämpfen ab?

Ob Mindestlöhne Fluch oder Fluchtpunkt sozial- und arbeitsmarktpolitischer Reformpolitik bilden sollten, weitete sich in den 1920er Jahren zu einer internationalen Debatte aus, in der die britischen Erfahrungen eine zentrale Rolle spielten. Vor allem die 1919 gegründete Internationale Arbeitsorganisation (ILO) setzte das Thema der »minimum wages« auf ihre Agenda, ging es doch darum, eine Antwort auf die ökonomischen Verwerfungen der Nachkriegszeit zu finden.[47] Zunächst versuchte die ILO, einen Überblick über die vielfältigen und so unterschiedlichen Modelle staatlicher Mindestlohnpolitik zu gewinnen. Ein Fragebogen, der 1928 an die Mitgliedsländer verschickt wurde, sollte ihr einen Überblick über die verschiedenen Instrumente und gesetzlichen Regelungen verschaffen, wobei ein besonderer Schwerpunkt auf den Bereich der Regulierung von Heimarbeit gelegt wurde.[48]

Flächendeckende Mindestlöhne kannte keiner der beteiligten Staaten: In Großbritannien arbeiteten die »trade boards« – nach australischem Vorbild – in verschiedenen Industrien mit mehr oder weniger großem Erfolg; in kleinen Teilen der französischen, belgischen und norwegischen Textilindustrie galten Mindestlöhne, die – ähnlich wie in Deutschland – vor allem die Heimarbeit betrafen; auch Staaten wie Peru hatten Gesetze zum Schutz einzelner Gruppen, beispielsweise indigener Arbeiter in der Sierra oder weiblicher Beschäftigter im öffentlichen Dienst erlassen.[49] Doch anders als in zentralen anderen Fragen globaler Arbeitsstandards wie beispielsweise der Arbeitszeit, des Arbeitsschutzes oder der Zwangsarbeit erwies sich die Frage des Mindestlohns von Beginn an als deutlich komplexer.[50] Die Forderung nach einem Achtstundentag war ebenso unumstritten wie das Verbot von Kinderarbeit oder die Sicherheit am Arbeitsplatz. Doch wie konnte ein globaler »Lebensstandard«[51] – und damit auch ein Mindestlohn für alle – festgelegt werden?

45 Als Überblick vgl. unter anderem *Theodor Brauer*, The Minimum Wage, in: International Labour Review 11, 1925, S. 682–700; vgl. zur Diskussion in der Arbeiterbewegung auch unter anderem *Wilhelm Liebknecht*, Minimallohn und Arbeiterbeamtenthum, in: Die Neue Zeit. Wochenschrift der deutschen Sozialdemokratie Bd. 20, 1901–1902, S. 517–522; *J. Sachse*, Gesetzlicher Minimallohn und Streikrecht, in: Die Neue Zeit. Wochenschrift der deutschen Sozialdemokratie Bd. 31, 1913, S. 317–322.

46 Zum deutsch-britischen Vergleich, allerdings ohne expliziten Bezug zum Mindestlohn vgl. *Stefan Berger*, Ungleiche Schwestern? Die britische Labour Party und die deutsche Sozialdemokratie im Vergleich 1900–1931, Bonn 1997.

47 Zur Geschichte der ILO vgl. grundlegend: *Daniel Maul*, Menschenrechte, Entwicklung und Dekolonisation – Die Internationale Arbeitsorganisation (IAO) 1940–1970, Essen 2007.

48 International Labour Conference, Minimum Wage Fixing Machinery, Eleventh Session Geneva, Genf 1928, insb. S. 9–11.

49 Vgl. als Überblick International Labour Office (Hrsg.), The Minimum Wage. An International Survey. Studies and Reports, Series D, Nr. 22, Genf 1939, für Peru S. 178–190, hier: S. 178.

50 Als Überblick insgesamt *Gerry Rodgers/Eddy Lee/Lee Swepston* u. a., The International Labour Organization and the Quest for Social Justice, 1919–2009, Genf 2009, S. 125–137, hier: S. 126–129.

51 Vgl. dazu jetzt vor allem *Patricia Clavin*, What's in a Living Standard? Bringing Society and Economy Together in the ILO and the League of Nations Depression Delegation, 1938–1945, in: *Kott/Droux*, Globalizing Social Rights, S. 233–248; weniger historisch argumentierend *Mona Ressaissi*, Minimum Wage Regulation. An Extension to the Right to an Adequate Standard of Living, in: Ineta Ziemele (Hrsg.), Expanding the Horizons of Human Rights Law, Leiden 2005, S. 149–192.

Dazu waren die nationalen Varianten der Lohn- und Tarifpolitik, die Macht und Ohnmacht der Gewerkschaften zu unterschiedlich.

Die 1928 verabschiedete Konvention über die »Minimum Wage-Fixing Machinery Convention«[52] spiegelte diese globale Debatte industrieller Gesellschaften am Vorabend der Weltwirtschaftskrise nur allzu offensichtlich wider. Als Ziel nannte die Vereinbarung: »the elimination of the payment of unduly low wages to the workers and the elimination of unfair competition within employers with regard to wages«. Insgesamt konnte man sich allein darauf verständigen, dass jedes unterzeichnende Mitglied sich verpflichte,

»Verfahren einzuführen oder beizubehalten, die es gestatten, Mindestlöhne für die Arbeitnehmer in gewissen Gewerben oder Teilen von Gewerben (insbesondere in der Heimarbeit) festzusetzen, in denen keine wirksamen Einrichtungen zur Festsetzung der Löhne, sei es durch Gesamtarbeitsvertrag oder auf anderem Wege, bestehen und in denen die Löhne außergewöhnlich niedrig sind«.

Ein einheitlicher Lohn oder die namentliche Nennung einer Branche waren nicht vorgesehen. Und offenblieb zudem, wie hoch ein »Mindestlohn« ausfallen müsse. Als Orientierung nannte die Konvention eine »angemessene Lebenshaltung«, die der Lohn den Beschäftigten ermöglichen müsse, ohne diesen jedoch genauer zu quantifizieren.

Von solchen internationalen Krisenlösungsstrategien zur Überwindung der Weltwirtschaftskrise hielten die Nationalsozialisten nichts. Gleichwohl hatte die Suche nach dem »gerechten Lohn« als Teil einer völkischen Neuordnungspolitik der deutschen Gesellschaft eine nicht unerhebliche Bedeutung. Was das hieß, konnte man gleich in den ersten Monaten nach der Machtübernahme beobachten, als der NS-Staat mit roher Gewalt die Weimarer Tarifordnung und die Gewerkschaften zerschlug. Was gerecht war oder nicht, versuchte der Chef der Deutschen Arbeitsfront (DAF), Robert Ley, am 12. Oktober 1933 noch recht vage zu erklären:

»Daß ein gerechter Lohn sein muß, ist ganz klar. Kein Unternehmer hat ein Interesse daran, eine schlechtbezahlte Arbeiterschaft zu haben. Sonst wäre er ja sein eigener Feind. Wenn er fröhliche, frische Menschen hat, die auch in den materiellen Dingen zufrieden sind, dann wird weit mehr geleistet.«[53]

In allen Lebensbereichen setzte das NS-Regime auf die »Leistungsauslese« als Teil der neuen, »artgemäßen Lebens- und Arbeitsform des deutschen Volkes«[54]; eine Gerechtigkeitsvorstellung, die auf rassistischer Leistungsbereitschaft und Eigenverantwortung, mithin auf die individuelle Mobilisierung für das ›Dritte Reich‹ setzte und dabei durchaus an den Aufstiegswillen der Deutschen appellierte – indes, wie es der Kölner Direktor des Instituts für Arbeitspolitik, Franz Horsten, formulierte, mit einer sehr spezifischen Note: »Wohltätigkeit« oder »Mitleid« sei einer solchen nationalsozialistischen Gerechtigkeit fremd. Sie basiere stattdessen auf »Auslese nach völkischer Leistung«. Lohnpolitik trage, wie er meinte, zur »Entfaltung der völkischen Persönlichkeit in der nationalsozialistischen Leistungsauslese« bei.[55] Das »Leistungsprinzip« galt damit gleichsam als Gegenentwurf

52 Minimum Wage – Fixing Machinery Convention, 1928, Nr. 26, abrufbar unter URL: <http://www.ilo.org/dyn/normlex/en/f?p=NORMLEXPUB:12100:0::NO::P12100_INSTRUMENT_ID:312171> [15.3.2014].

53 Zit. nach: *Tilla Siegel*, Leistung und Lohn in der nationalsozialistischen »Ordnung der Arbeit«, Opladen 1989, S. 211.

54 *Albert Brengel*, Die Problematik der Arbeitsbewertung, Diss., Saarbrücken 1941, S. 37, zit. nach: *Rüdiger Hachtmann*, Industriearbeit im »Dritten Reich«. Untersuchungen zu den Lohn- und Arbeitsbedingungen in Deutschland 1933–1945, Göttingen 1989, S. 161.

55 *Franz Horsten*, Leistungsgemeinschaft und Eigenverantwortung im Bereich der nationalen Arbeit und Grundgedanken über eine Neuordnung der deutschen Lohnpolitik, Würzburg/Aumühle 1941, S. 90, zit. nach: *Hachtmann*, Industriearbeit im »Dritten Reich«, S. 162.

zur »undeutschen« Gleichmacherei der Weimarer Jahre. Einen gesetzlichen Mindestlohn kannte der NS-Staat nicht; die Tarifordnung regelte die Mindestlöhne, die freilich leicht unterschritten werden konnten.[56]

Wenn nationalsozialistische Experten des Arbeitswissenschaftlichen Instituts (AWI) der DAF von »Lohngerechtigkeit« sprachen, dann bedeutete dies vor allem: eine radikale Absage an die Vorstellung gleicher Entlohnung. Hermann Böhrs, nach dem Krieg einer der führenden Experten für Arbeits- und Zeitstudien, seit 1960 Lehrstuhlinhaber für Betriebswirtschaft an der Technischen Universität Hannover und für kurze Zeit ihr Präsident, machte 1935 deutlich, was damit gemeint war: »Der gleiche Lohn für alle entstammt marxistischer und kommunistischer Ideologie, die sich deckt mit asiatischer Bedürfnislosigkeit und Primitivitätsvergötterung. [...] Gleicher Lohn für alle bedeutet Verzicht auf völkische Bestleistungen.«[57] Das Recht, den »gerechten Lohn« zu erhalten, war dabei mindestens an zwei Kriterien gebunden: an Blut und Rasse sowie die »völkische Verwertbarkeit«. Dass sich – in Anlehnung an die höchst umstrittene Akkordarbeit – nach 1933 ein komplexes System des Leistungslohns durchsetzen konnte, hing also ganz wesentlich mit einer sehr modernen Vorstellung von individueller Leistungsfähigkeit im kapitalistischen Arbeitsprozess und einer messbaren Gerechtigkeit zusammen.[58]

Entscheidenden Anteil daran hatten die Experten des Arbeitswissenschaftlichen Instituts der DAF, die es in der Bundesrepublik vielfach zu akademischen Ehren bringen sollten. Im AWI diskutierten die Arbeitswissenschaftler, Ökonomen und Sozialpolitiker beispielsweise, ob es überhaupt Sinn machen könnte, im ›Dritten Reich‹ noch von Lohnpolitik zu sprechen, schließlich suggeriere der Begriff die Fortexistenz von Klassen – wo es doch im NS-Staat nur mehr gleichermaßen »Arbeiter der Faust und der Stirn« gebe. Zur nationalsozialistischen Variante der »Gerechtigkeit« passte die Vorstellung eines »gerechten« Lohns schlecht. Ein Gutachten des AWI aus dem Jahr 1937 argumentierte jedenfalls, es sei schwer, jeden einzelnen Arbeitsvorgang nach seinem Wert zweifelsfrei zu bemessen.[59] Die Vorstellung, »Recht auf etwas« zu haben, widerspreche der nationalsozialistischen Vorstellung einer »Volksgemeinschaft«, in der »Gemeinnutz« vor »Eigennutz« ginge. Deshalb müsse wohl eher von einem »richtigen« und nicht etwa von einem »gerechten« Einkommen gesprochen werden.[60] Der Lohn war vor allem »Ausdruck der Teilnahme an der nationalen Arbeit«[61] und damit Teil der Verpflichtung zur völkischen Leistung. Löhne orientierten sich demnach an ihrer Bedeutung für die ›Volksgemeinschaft‹. Und das hieß, dass sich ihre Bemessung auch an der »Erfüllung volkspolitischer Ziele« bemaß. Den lohnpolitischen Bezugspunkt bildete die neue volksgemeinschaftliche Ordnung, in der partikularen Interessen, gar bürgerlich-individuellen Rechten, keine Bedeutung mehr zukam und die sich ganz der radikal sozialutilitaristischen Leistungsideologie unterzuordnen hatten[62], die schließlich systematisch die rassistische Ausbeutung der Zwangsarbeiter als ökonomisch geboten und moralisch gerechtfertigt interpretierte.

---

56 Dazu ausführlich *Hachtmann*, Industriearbeit im »Dritten Reich«, S. 163ff.
57 Zit. nach: ebd., S. 162.
58 Ebd., S. 67–85 und 161–212.
59 Jahrbuch 1937. Politische Maßstäbe der Lohnbildung, hrsg. vom Arbeitswissenschaftlichen Institut der Deutschen Arbeitsfront Berlin, München 1986 (Reprint-Ausgabe), S. 10–61.
60 Ebd., S. 33.
61 Ebd., S. 14.
62 Zur Abgrenzung des »neuen« Lohns von den älteren marxistischen und katholischen Vorstellungen eines »gerechten« Lohns vgl. ebd., S. 17–20.

III.

Nicht der Begriff der »Leistung«, sondern der »Familie« stand im Mittelpunkt der katholischen Suche nach dem »gerechten Lohn« – und das lange vor der nationalsozialistischen Machtübernahme. Bereits die im Mai 1891 veröffentlichte Enzyklika »Rerum Novarum« hatte den »gerechten Lohn« eingefordert, der mindestens so hoch sein müsse, dass er »einem genügsamen, rechtschaffenen Arbeiter den Lebensunterhalt« ermöglichen könne.[63] Noch deutlicher beklagte die Sozialenzyklika »Quadragesimo Anno« aus dem Jahr 1931 die Ausbeutung der Arbeiter durch niedrige Löhne. Der Lohn, so die Forderung, sollte durchaus dazu dienen, die Arbeiter am unternehmerischen Gewinn zu beteiligen. Nicht um Umverteilung ging es also, sondern um die Wahrung oder Wiederherstellung eines »wirklichen Sozialorganismus«.[64] Dazu gehörte, dass die Löhne einerseits nicht zum Zusammenbruch des Unternehmens führen dürften, andererseits die Beschäftigten nicht alleine für mögliche Fehlentscheidungen der Betriebsleitung haftbar gemacht werden sollten.

Das »Betriebswohl« war also gemäß der katholischen Soziallehre eine erste wichtige Konstante bei der Lohnfindung. Eine zweite bestand darin, dass Lohnverhandlungen immer einer spezifischen »Gemeinwohlgerechtigkeit« unterlägen. »Gerechte Löhne« könnten nur solche sein, die es erlaubten, dass möglichst viele Menschen »Arbeit in Ehren« finden könnten –, der »Sozialorganismus« endete also nicht an den Betriebstoren, sondern umfasste die gesamte Volkswirtschaft. Zur Gemeinwohlverpflichtung eines »gerechten Lohns« gehörte indes nicht nur die Ablehnung aller klassenkämpferischen Rhetorik, sondern auch die Forderung, dass der Lohn

»nicht bloß zur lebensnotwendigen und sonstigen ehrbaren Bedarfsbefriedigung ausreichen, sondern den Menschen die Entfaltung eines veredelten Kulturlebens ermöglichen [solle], das, im rechten Maß genossen, dem tugendlichen Leben nicht nur nicht abträglich, sondern im Gegenteil förderlich ist«.[65]

Eine dritte Forderung zielte darauf, dass der Arbeiter so viel Lohn erhalten sollte, um für sich und den Lebensunterhalt seiner Familie sorgen zu können:

»Gewiß soll auch die übrige Familie zum gemeinsamen Unterhalt je nach Kräften des einzelnen beitragen, wie dies besonders im Bauernhause, aber auch in vielen Handwerker- und kleinen Kaufmannsfamilien zu beobachten ist. Aber Frauen und Kinder dürfen niemals über das Maß ihres Alters und ihrer Kräfte belastet werden. Familienmütter sollen in ihrer Häuslichkeit und dem, was dazu gehört, ihr hauptsächliches Arbeitsfeld finden in Erfüllung ihrer hausfraulichen Obliegenheiten. Daß dagegen Hausfrauen und Mütter wegen Unzulänglichkeit des väterlichen Arbeitsverdienstes zum Schaden ihres häuslichen Pflichtenkreises und besonders der Kindererziehung außerhäuslicher Erwerbsarbeit nachzugehen genötigt sind, ist ein schändlicher Mißbrauch, der, koste es, was es wolle, verschwinden muß. Auf alle Weise ist daher darauf hinzuarbeiten, daß der Arbeitsverdienst der Familienväter zur angemessenen Bestreitung des gemeinsamen häuslichen Aufwandes ausreiche. Falls dies unter den gegenwärtigen Verhältnissen nicht in allen Fällen möglich ist, dann ist es ein Gebot der Gemeinwohlgerechtigkeit, alsbald diejenigen Änderungen in diesen Verhältnissen eintreten zu lassen, die einen Lohn in der gedachten Höhe für jeden erwachsenen Arbeiter sicherstellen.«[66]

Der katholische Gerechtigkeitsbegriff orientierte sich dabei an einem spezifischen Verständnis von »Anerkennung«. Als gerecht galt ein Lohn, der es dem männlichen Haushaltsvorstand ermöglichte, seine Familie zu ernähren. Aber eben nicht nur zu ernähren,

---

63 Enzyklika Rerum Novarum 1891, Abs. 34.
64 Quadragesimo Anno 1931, § 69.
65 Ebd., § 75.
66 Ebd., § 71.

sondern auch ein bescheidenes Maß an Wohlstand zu ermöglichen. Gerecht war eine solche Ordnung, die den »natürlichen« Zustand geschlechtsspezifischer Trennung von Arbeit und Haushalt erlaubte und die zugleich die Sozialbindung des Eigentums, den Ausgleich von Lohnarbeit und Kapital anerkannte – und damit die Grundlage für eine katholische Variante der Kapitalismuskritik schuf. Eine untere Grenze des Arbeitslohns sah der Vordenker der katholischen Soziallehre, Oswald von Nell-Breuning, dort, wo »der Lohn gerade noch ausreicht, daß der Arbeitnehmer sein persönliches Existenzminimum, den Mindestbedarf zur Erhaltung seines Lebens und seiner Kräfte, daraus bestreiten kann«.[67] Auch ein solcher Mindestlohn müsste sich in jedem Fall an der Ernährung der Familie orientieren. Der entscheidende Streitpunkt bestand in den 1950er Jahren indes weniger in der Frage möglicher Mindestlöhne, als darin, welche Rolle die gewerkschaftliche Lohnpolitik für die Schaffung einer neuen, postfaschistischen Nachkriegsordnung spielen sollte. Gegen Viktor Agartz' Konzept einer »expansiven Lohnpolitik«[68], das eine höhere Binnennachfrage und Umverteilungspolitik notfalls auch durch Arbeitskämpfe erreichen wollte, zielte Nell-Breuning auf die ordnungspolitische Integration der Gewerkschaften und die vermögensbildende Kraft der Lohnbildung – nicht Beseitigung, sondern aktive Teilhabe der Arbeitnehmer beispielsweise durch Investivlöhne am marktwirtschaftlichen Produktionsprozess. So kritisch sich Nell-Breuning mit der »expansiven Lohnpolitik« auseinandersetzte[69], so skeptisch war er zugleich gegenüber der Vorstellung eines »gerechten Lohns«, der sich ausschließlich an einer vermeintlich »rationalen« Messung der Arbeitsleistung orientierte. Den rationalisierungseuphorischen Grundton von Gewerkschaften und Arbeitswissenschaften, der ganz im Zeichen fordistischer Massen- und Konsumversprechen stand[70], mochte Nell-Breuning nicht anstimmen.[71] Seine Überlegungen setzten einen anderen Akzent: Löhne waren aus seiner Sicht Teil einer spezifischen Logik der Anerkennung – einer »Anerkennung der Menschenwürde«, damit alle »menschenwürdig leben« könnten.

Anders als die arbeitswissenschaftlichen Experten war Nell-Breuning sehr skeptisch, ob sich die wirkliche »Leistung« eines Arbeitnehmers überhaupt mit quantifizierenden Methoden messen lassen könne. Alle Formen der Kräfteberechnung und körperlichen Belastungsberechnungen würden im Grunde nichts über die wahre »Leistung des arbeitenden Menschen«, sondern doch nur etwas darüber aussagen, was die Arbeit den Menschen »gekostet« habe. Wo schlage sich in den Berechnungen beispielsweise eine Kategorie wie »Verantwortung« für das Menschenleben nieder? Eindringlich warnte Nell-Breuning vor einem Fetisch der Zeiterfassung, der Leistung nicht etwa auch als eine Form »sozialer Ehre«, sondern nur mehr als »stimulierende Droge« verstehe. Aus seiner Sicht führte die gesamte Debatte über den Leistungslohn als Ausdruck von »Gerechtigkeit« und ebenso die unkritische Rezeption des technischen Rationalisierungsdiskurses in die falsche Rich-

---

67 *Oswald von Nell-Breuning*, Kapitalismus und gerechter Lohn, Freiburg im Breisgau 1960, S. 109f.

68 *Viktor Agartz*, Die Lohnpolitik der deutschen Gewerkschaften, in: Gewerkschaftliche Monatshefte 1, 1950, S. 441–447; zum Konflikt zwischen Viktor Agartz und Oswald von Nell-Breuning vgl. *Wolfgang Schroeder*, Christliche Sozialpolitik oder Sozialismus. Oswald von Nell-Breuning, Viktor Agartz und der Frankfurter DGB-Kongreß 1954, in: VfZ 39, 1991, S. 179–220.

69 Vgl. dazu ebd., insb. S. 198ff.

70 Vgl. dazu vor allem *Rüdiger Hachtmann*, Gewerkschaften und Rationalisierung. Die 1970er Jahre – ein Wendepunkt?, in: *Knut Andresen/Ursula Bitzegeio/Jürgen Mittag* (Hrsg.), »Nach dem Strukturbruch?«. Kontinuität und Wandel von Arbeitsbeziehungen und Arbeitswelt(en) seit den 1970er Jahren, Bonn 2011, S. 181–209.

71 *Oswald von Nell-Breuning*, Leistungslohn und Lebenslohn, in: Leistungslohn heute und morgen (Sonderheft der Fortschrittlichen Betriebsführung 1965, hrsg. vom Verband für Arbeitsstudien REFA), Berlin 1965, S. 125–130.

tung. Erstens suggerierten die betriebs- und arbeitswissenschaftlichen Daten eine Objektivität, die es gar nicht geben könnte. Zweitens hielt Nell-Breuning die verschiedenen Ansätze eines Leistungslohns, die primär auf eine »quantitative Leistungssteigerung« der Arbeitskraft setzten, für falsch. Denn die Versuche, die Leistung beispielsweise anhand der Stückleistung zu messen, könnten zur Gesundheitsschädigung der Arbeitnehmer führen – und damit die Mitarbeiter selbst gefährden. Er machte stattdessen einen anderen Begriff stark: den des »Lebenslohns«. Damit zielte er – ähnlich wie in der Diskussion um den »gerechten Lohn« – auf den Anspruch des Menschen auf eine angemessene Bezahlung, die sich an den Erfordernissen seines Unterhalts orientierte und damit unterschiedlich ausfallen konnte zwischen Familien, jüngeren Arbeitnehmern oder Facharbeitern.

Der Bedarf orientierte sich an jenem »kulturellen Existenzminimum«, von dem Nell-Breuning immer wieder gesprochen hatte und das deutlich machen sollte, dass es Bereiche gab, die sich, anders als etwa die Ernährung, nicht einfach quantifizieren ließen. Löhne waren nach seiner Argumentation damit immer auch Folge gesellschaftspolitischer Entscheidungen – und keineswegs ein bloßes Produkt vermeintlich ökonomischer Gesetzmäßigkeiten. Auch der »gerechte Lohn« und der Lebenslohn sollten sich daran orientieren, dass die Beschäftigten dadurch in die Lage versetzt würden, selbstständig Kapital und Eigentum zu bilden. Zugleich, auch darauf deutete die Idee des Lebenslohns hin, bestand für Nell-Breuning zwischen »Leistung« und »Bedarf« eine grundsätzliche Spannung, für deren Überbrückung es die Systeme sozialer Sicherheit bedurfte, die beispielsweise zu einem Familienlastenausgleich beitragen sollten. Nell-Breuning wandte sich damit also explizit gegen eine spezifische Leistungssemantik des fordistisch geprägten Rationalisierungsdiskurses, der die Arbeitsleistung und auch den »gerechten« Lohn primär in Stückzahlen zu bemessen versuchte – und der wesentliche Impulse aus der NS-Zeit in die Bundesrepublik übernommen hatte.

Nell-Breunings Überlegungen waren keine generelle Ablehnung des Leistungsbegriffs für die Entlohnung. Doch sie waren geprägt von einer grundsätzlichen Skepsis gegenüber den betriebs- und arbeitswissenschaftlichen Modellrechnungen und ihrer vermeintlich zwingenden Sachlogik der »Objektivierbarkeit«. Damit grenzte er sich einerseits gegen die ältere kommunistische Rhetorik der 1920er Jahre: »Akkord ist Mord« ab, betonte aber doch, dass sich hinter dieser Übertreibung, wie er formulierte, ein »ernstzunehmende[r] Wahrheitskern« verberge.[72] Schließlich sei der Mensch, so Nell-Breuning, mehr als eine »Wärmekraftmaschine«. Wie einflussreich diese Tradition der katholischen Soziallehre war, konnte man beispielsweise noch in Johannes Pauls II. Enzyklika »Laborem Exercens«[73] aus dem Jahr 1981 erkennen, die ganz den Geist der Wirtschaftskrise der späten 1970er Jahre und der Anerkennungskämpfe der polnischen Solidarność-Bewegung widerspiegelte. Während der Papst allzu kapitalismuskritischen Stimmen der Befreiungstheologie eine Absage erteilte, erklärte er die »Frage nach dem gerechten Lohn« zur »Schlüsselproblematik«[74] der Sozialethik und zum »Prüfstein für die Gerechtigkeit des gesamten ökonomischen Systems«. Die familiengerechte Entlohnung basierte immer noch – zu Beginn der 1980er Jahre – auf der Vorstellung eines männlichen Haushaltsvorstands, bezog nun aber auch mögliche staatliche Transferleistungen des expandierenden Wohlfahrtsstaats mit ein, um mögliche Defizite der Lohnpolitik durch staatliche Leistungen zu ergänzen.

---

72 Zit. nach: ebd.
73 Sozialenzyklika Laborem Exercens, deutsche Fassung abrufbar unter URL: <http://www.vatican.va/holy_father/john_paul_ii/encyclicals/documents/hf_jp-ii_enc_14091981_laborem-exercens_ge.html> [19.7.2014].
74 Ebd., § 19.1.

IV.

Im Kontext der Dekolonisierung sollte die Frage des Mindestlohns noch eine zusätzliche Weiterung erfahren und zu einem wichtigen Gegenstand der Auseinandersetzung um »Entwicklung«, »Modernisierung« und die Globalisierung sozialer Rechte im 20. Jahrhundert werden. Autoritär-populistische Staaten wie Brasilien und Argentinien führten, teils noch vor 1939[75], eigene Mindestlohngesetze ein. Indien beispielsweise verabschiedete unmittelbar nach der Unabhängigkeit im Jahr 1948 einen »Act to provide for fixing minimum rates of wages in certain employments« (»Minimum Wages Act«), der die Verantwortung für verschiedene Branchen zwischen Zentral- und Regionalregierungen aufteilte, die Lohnfindung eigenen Ausschüssen übertrug und stark regional und branchenspezifisch differenzierte.

Zugleich unterschied die indische Gesetzgebung zwischen »living wage«, »minimum wage« und »fair wage«, wobei der »Mindestlohn« eine absolut untere Grenze der Existenzsicherung markierte, die aber unterhalb eines eigentlich nötigen »living wage« lag.[76]

Reichweite und Praxis des Mindestlohns unterschieden sich von Land zu Land und spiegelten die unterschiedlichen Machtverhältnisse zwischen Staat, Gewerkschaften und Arbeitgebern sowie die Traditionen sozialstaatlicher Intervention wider. Die wenigsten Länder hatten, wie die USA in ihrem 1938 verabschiedeten »Fair Labor Standards Act«[77], ein Gesetz erlassen, das einen Mindestlohn für das gesamte Land bestimmte. Schon zuvor hatten einzelne Bundesstaaten, an der Spitze Massachusetts 1912, eigene Regelungen geschaffen, die die Gründung von »wage boards« und einen Mindestlohn für die weiblichen Beschäftigten der Bürstenindustrie vorsahen – mit dem Erfolg, dass das Einkommen der Arbeiterinnen deutlich anstieg, sogar über dem Einkommenszuwachs männlicher Beschäftigter lag und das Gesetz als Vorlage für die Einführung von branchenspezifischen Mindestlöhnen für Frauen in acht anderen Bundesstaaten galt.[78]

Andere Länder, wie vor allem die kommunistischen Staaten Osteuropas, kannten eigene, durch die Regierung erlassene Dekrete, die nicht nur den Prozess der Lohnfindung, sondern die Entscheidung über den Lohn selbst regulierten und dies nicht etwa unabhängigen Kommissionen überließen.[79] Solche Expertengruppen waren eine dritte Variante, die darauf beruhte, dass die Regierung mehr oder weniger unabhängige Lohnkommissionen einsetzte, die regional, lokal oder branchenspezifisch tätig waren. Die 1945 in »Wage Councils« umbenannten britischen »trade boards« waren solche paritätisch besetzten Lohnämter, in denen Vertreter der Arbeitgeber, Arbeitnehmer und Neutrale saßen und dem Arbeitsminister Vorschläge unterbreiteten. Grundlage sollten umfangreiche Erhebungen

---

75 *Frederico Luiz Barbosa de Melo/Ademir Figueiredo/Adhemar S. Mineiro* u.a., Rescuing the Minimum Wage as a Tool for Development in Brazil, in: International Journal of Labour Research Bd. 4, 2012, H. 1, S. 27–44, hier: S. 30–32.

76 Government of India/Ministry of Labour (Hrsg.), Report of the Committee on Fair Wages, Simla 1949, S. 32; ausführlich dazu *Jörg Severin*, Mindestlohnregelungen in Entwicklungsländern. Das Beispiel Indien, Diss., Hamburg 1975, S. 90–103.

77 Zu den USA, die ebenfalls eine sehr frühe und intensive Debatte über »minimum wages« geführt haben und führen, vgl. unter anderem *David Neumark/William L. Wascher*, Minimum Wages, Cambridge, MA 2008, zur Geschichte vor allem: S. 9–34.

78 Ebd., S. 12ff.; *Vivian Hart*, Bound by Our Constitution. Women, Workers, and the Minimum Wage, Princeton, NJ 1994.

79 Für die Sowjetunion vgl. unter anderem *Tatyana Chetvernina*, Minimum Wages in Russia. Fantasy Chasing Fact, in: *Guy Standing/Daniel Vaughan-Whitehead* (Hrsg.), Minimum Wages in Central and Eastern Europe. From Protection to Destitution, Oxford 1995, S. 49–67, insb. S. 50ff.; zu Ungarn vgl. *Jenő Koltay*, The Impact of the Minimum Wage on Hungarian Wages and Industrial Relation, in: ebd., S. 85–101, insb. S. 86–88.

der Wirtschafts- und Lohnsituation der jeweiligen Branche sein. Der Arbeitsminister hatte dann das Recht, die Vorschläge zu übernehmen und in Verordnungsform zu gießen oder sie, sollten sie zu hoch oder zu niedrig sein, zur Überarbeitung an die »wage boards« zurückzugeben.[80] Eine weitere Möglichkeit bestand darin, dass Lohnuntergruppen durch Entscheidungen der Arbeitsgerichte festgelegt wurden und auf diesem Wege Mindestlöhne galten.[81]

Vielfach war zu beobachten, dass gerade die besonders schwach organisierten Arbeitergruppen – Landarbeiter, Haushaltsgehilfen, vielfach Frauen, Beschäftigte in kleinen Gewerbebetrieben – explizit aus den Regelungen ausgenommen wurden. Das galt insbesondere für Schwellen- oder sogenannte Entwicklungsländer wie Indien. Dort beobachteten die ILO-Experten bereits Mitte der 1960er Jahre eine Vielzahl an Schwierigkeiten, Mindestlöhne durchzusetzen:[82] eine fehlende bürokratische Infrastruktur der Lohnfindung und Überwachung, die kleinteilige landwirtschaftliche Struktur, das Analphabetentum und der niedrige Grad der Verschriftlichung von Vertragsbeziehungen zwischen Arbeitgebern und Arbeitnehmern, schwache Gewerkschaften oder die Tradition der Entlohnung durch Naturalien – alles Probleme, die in ähnlicher Form ebenso für afrikanische oder lateinamerikanische Länder wie Peru oder Kolumbien galten und auch die sektoralen Ungleichzeitigkeiten und die Kluft zwischen stark agrarisch und industriell geprägten Regionen widerspiegelten.

Oft bestimmten die Regierungen tripartistische Lohnausschüsse, die dann örtliche, regionale oder nationale Vorschläge erarbeiteten. Von entscheidender Bedeutung waren vielfach die Statistiker der jeweiligen Arbeitsministerien, die die Entscheidungsgrundlagen erarbeiteten, mit deren Hilfe dann über »decent work« entschieden wurde.[83] Das letzte Wort hatte dann aber vielfach das Staatsoberhaupt. Wie sehr sich die jeweiligen nationalen Besonderheiten in der Mindestlohnfrage widerspiegelten, lässt sich besonders am Beispiel Südafrikas zeigen. Die Arbeitsmarkt- und staatliche Lohnpolitik waren getragen von einer spezifischen Form der sogenannten »Civilized Labour Policy«, mit deren Hilfe ›weiße‹ Beschäftigte besser geschützt werden sollten. Der 1957 erlassene »Wage Act« diente formal dazu, Löhne in den Branchen festzulegen, in denen es eine Mehrheit nicht gewerkschaftlich organisierter Beschäftigter gab; die Regelung ließ aber zahlreiche Ausnahmen zu und schloss explizit die ›schwarzen‹ Homelands aus – eine Möglichkeit, an diesen Grenzregionen des Apartheidsregimes besonders niedrige Löhne zu erlauben.[84] Inklusion und Exklusion unerwünschter oder gering geachteter Arbeitsverhältnisse gehören mithin immer zu einem wesentlichen Mechanismus staatlicher Mindestlohnpolitik.

Was sich seit den 1960er Jahren beobachten ließ, war, wie sehr sich die Debatte um »soziale Rechte« und das »Existenzminimum« verband mit den Problemen der Dekolonisierung und dem »richtigen« Weg in die »Moderne«: Für die ILO hatte der Brite Dudley Seers, Direktor des gerade erst gegründeten »Institute of Development Studies« an der University of Sussex, in seinem Gutachten über die neue Rolle der Mindestlöhne formuliert: Mindestlöhne seien in den Entwicklungsländern

80 Zu den verschiedenen Varianten vgl. die Übersicht in: International Labour Office (Hrsg.), Minimum Wage Fixing and Economic Development, Genf 1969, S. 91.
81 Ebd., S. 90, 93 und 112.
82 International Labour Conference/International Labour Office (Hrsg.), Verfahren zur Festsetzung von Mindestlöhnen und damit zusammenhängende Probleme, unter besonderer Berücksichtigung der Entwicklungsländer (2), Genf 1969, S. 26.
83 International Labour Conference/International Labour Office (Hrsg.), Verfahren zur Festsetzung von Mindestlöhnen und damit zusammenhängende Probleme, unter besonderer Berücksichtigung der Entwicklungsländer (1), Genf 1968, S. 17f.
84 *Guy Standing/John Sender/John Weeks*, Restructuring the Labour Market. The South African Challenge, Kapstadt 1996, S. 13f.

»Teil einer Batterie von Maßnahmen in einer Angriffsstrategie [...], deren Hauptziel die Bekämpfung der Armut ist. Diese Maßnahmen fallen in zwei Gruppen, die beide der Verwirklichung dieses grundlegenden Zieles dienen: Maßnahmen zur Beschleunigung der Entwicklung und Maßnahmen zur Änderung der Einkommensverteilung.«[85]

Mindestlöhne, so die Annahme, könnten dazu beitragen, die strukturellen Ungerechtigkeiten der Lohnverteilung und die »Unterentwicklung« der ›Dritten Welt‹ zu beseitigen. Der Bericht war nicht blind für die möglichen Folgen höherer Preise in den labilen Ökonomien. Gleichzeitig war er aber doch von einer zeitgenössisch typischen Euphorie beseelt, mithilfe der neuen Lohnpolitik einen Weg aus der Verarmung der ›Dritten Welt‹ zu finden.

Indes stießen diese Vorschläge innerhalb der ILO und des Arbeitgeberlagers auf massive Kritik. Während die Mehrheit der Gewerkschaften die Mindestlöhne vor allem als Teil universalistischer sozialer Mindeststandards und damit gleichsam als neues soziales Grundrecht verstanden wissen wollte, argumentierten die Arbeitgeber vor allem mit den vermeintlichen gesamtwirtschaftlichen Folgen, mit möglicher Inflation und Arbeitslosigkeit – ein Angstdiskurs, dessen Grundmelodie die Arbeitgeber seit den späten 1970er Jahren immer wieder mit einigem Erfolg anstimmen und dessen Klang bis in die Gegenwart hallt.

Dass das Thema des Mindestlohns seit Mitte/Ende der 1960er Jahre für die ILO an Bedeutung gewann, dürfte mehrere Gründe haben:[86] Die zentrale Vorstellung von »Entwicklung« basierte auf dem modernisierungstheoretisch begründeten Gleichklang von westlicher Demokratie und wirtschaftlicher Expansion – und auf der Abwehr der kommunistischen Feinde der »offenen Gesellschaft«. Mit Mindestlöhnen hatten insbesondere die in der ILO dominierenden US-amerikanischen Gewerkschafter gute Erfahrungen gemacht, und sie galten mithin als ein antitotalitäres Exportgut der westlichen Welt, das sowohl die Prinzipien der ILO-Gründungsakte von Philadelphia, die Freiheit von Zwang und Diskriminierung, also die Einheit von bürgerlichen und politischen Freiheiten gewährleistete, als auch ein neues Instrument der globalen Armutsbekämpfung sein könnte. Mindestlöhne waren ein bedeutender, wenn auch nicht der wichtigste Teil des von der ILO 1969 verabschiedeten »World Employment Programme«, in dessen Mittelpunkt die Überwindung der Armut in ›Entwicklungsländern‹ stehen sollte.

Indes: Ob Mindestlöhne tatsächlich zur Armutsbekämpfung beitragen konnten, blieb auch innerhalb der Gewerkschaften und der ILO selbst umstritten. Schließlich bedeutete die Forderung nach Mindestlöhnen als einem universellem Recht zugleich immer auch die Anerkennung nationaler Grenzen und Volkswirtschaften. Reformistischer, bescheidener, konnten die Forderungen kaum sein. Mit Mindestlöhnen die Armut und »Unterentwicklung« bekämpfen: Wie sollte das gehen? Was eigentlich war der Maßstab für das »Existenzminimum«? Und: Waren Mindestlöhne nicht am Ende lediglich ein Instrument zur Besserstellung der bereits besser organisierten und besser geschützten Arbeiter großer Industrien oder des öffentlichen Sektors, während dieses Instrument den tatsächlich Bedürftigen gar nicht zugutekommen konnte? Alles Fragen, auf die die Antworten äußerst

---

85 International Labour Conference/International Labour Office (Hrsg.), Verfahren zur Festsetzung von Mindestlöhnen und damit zusammenhängende Probleme, unter besonderer Berücksichtigung der Entwicklungsländer, Anhang: Auszüge aus dem Bericht der Sachverständigentagung über die Festsetzung von Mindestlöhnen und damit zusammenhängenden Problemen, unter besonderer Berücksichtigung der Entwicklungsländer, Genf 1969, S. 83.

86 Folgendes nach: *Daniel Maul*, Help Them Move the ILO Way – The International Labour Organization and the Modernization Discourse in the Era of Decolonization and the Cold War, in: Diplomatic History 33, 2009, S. 387–404; *ders.*, Der transnationale Blick. Die Internationale Arbeitsorganisation und die sozialpolitischen Krisen Europas im 20. Jahrhundert, in: AfS 47, 2007, S. 349–371.

kontrovers ausfielen und die nicht selten quer durch die unterschiedlichen nationalen Gewerkschaften verliefen, die in der ILO organisiert waren – zumal mit Blick auf die neuen Prioritäten, die sich in der Debatte um »Entwicklung« und der Universalisierung sozialer Rechte seit den 1970er Jahren herausgebildet hatten: das Menschenrecht auf den Zugang zu den »basic needs«, die eine Gesellschaft ihren ärmsten Mitgliedern gewähren sollte. Das hieß: ein Minimum an Gütern zur Versorgung der eigenen Familie, für Nahrung, Obdach, Kleidung, Trinkwasser, Gesundheit und Bildung. Und dafür schien nicht wenigen der modernisierungseuphorischen Entwicklungsstrategen weniger der Mindestlohn prioritär als die Förderung arbeitsintensiver Produktion in Ländern der ›Dritten Welt‹ und damit eine sehr spezifische Form des Industrialismus.

Dass die Mindestlohndebatte seit den späten 1970er und frühen 1980er Jahren von der internationalen politischen Agenda zunehmend schwand[87], hatte aber noch einen anderen, wichtigeren Grund: der Siegeszug neoliberaler Politik, der Regierungsantritt Margaret Thatchers in Großbritannien und Ronald Reagans in den USA. Das neue Credo des »freien Markts« meinte ja, in national sehr unterschiedlichen Tonlagen, eine grundsätzliche Kritik am sozialstaatlichen Konsens der Nachkriegszeit; ein Ende des staatlichen Dirigismus setzte auf die erlösende Kraft der freien Märkte. Es war vor allem die Regierung Thatcher, die mit ihrer Agenda der arbeitsmarktpolitischen Liberalisierung gegen das seit Beginn des Jahrhunderts etablierte System der Mindestlohnfindung vorging. Erst zog die Regierung Thatcher ihre Unterschrift unter die Convention der ILO aus dem Jahr 1928 über »the creation of minimum wage-fixing machinery« zurück und begründete dies damit, dass diese Vereinbarung die Handlungsfähigkeit der Regierung einschränke. Mindestlöhne, wie sie die »wage boards« aushandelten, würden zu Jobverlusten vor allem bei jungen britischen Arbeitern führen, die auf dem überregulierten britischen Arbeitsmarkt keinen Platz fänden. Dann höhlte Thatcher den Geltungsbereich der Tarifkommissionen aus, bis schließlich unter ihrem Nachfolger John Major die »wage boards« ganz aufgehoben wurden.

Aber nicht dieser Teil der britischen Mindestlohnerfahrung spielt gegenwärtig die entscheidende Rolle, sondern die Entscheidung der nachfolgenden Labour-Regierung, im Jahr 1999 den gesetzlichen Mindestlohn wieder einzuführen und eine darüber wachende »Low Pay Commission« einzusetzen.[88] Drei Gründe dürften dabei eine besondere Rolle spielen. Erstens gründet die Einführung der Mindestlöhne auf einem langwierigen und sehr schmerzhaften Lernprozess der britischen Gewerkschaften, der mit einem rapiden Mitgliederschwund und einer immer größeren Zahl an Beschäftigten verbunden war, die von den Gewerkschaften nicht mehr erreicht wurden. Zweitens orientierte sich Labour mit seiner Forderung nach einem Mindesteinkommen in Höhe eines durchschnittlichen männlichen Jahreseinkommens an jenen Traditionen, die an die »Fairness« der Unternehmer appellierten – und mit der bereits Winston Churchill 1909 für die Einführung der »trade boards« geworben hatte. Drittens sollten die massiven Widerstände nicht vergessen werden, die Labour im Unternehmer- und Gewerkschaftslager zu überwinden hatte, um seine Politik und insbesondere eine unabhängige »Low Pay Commission« durchzusetzen, die den einen zu niedrige Vorschläge machte, den anderen zu hohe.

In der Bundesrepublik galten staatlich geregelte Mindestlöhne bis Ende der 1990er Jahre als etwas Unvorstellbares. Darüber sprachen die Briten, die Amerikaner, nicht aber die

---

87 Dazu *Rodgers/Lee/Swepston*, The International Labour Organization, S. 135f.
88 Ausführlich dazu: *William Brown*, The Process of Fixing the British National Minimum Wage, 1997–2007, in: British Journal of Industrial Relations 47, 2009, S. 429–443; zur Arbeit der »Low Pay Commission« vgl. *ders.*, The Low Pay Commission, in: *Linda Dickens/Alan C. Neal* (Hrsg.), The Changing Institutional Face of British Employment Relations, Alphen aan den Rijn 2006, S. 63–78.

fest im Tarifsystem verankerten deutschen Gewerkschaften. Erst im Zuge der Auseinandersetzungen mit der rot-grünen Arbeitsmarktpolitik, den Zumutbarkeitsregeln der Hartz-IV-Gesetze und den Erfahrungen, wie sie allen voran die schwächer organisierten Gewerkschaften in den Dienstleistungsbranchen mit dem rasant wachsenden Niedriglohnsektor machten, kam es zu einer heftig geführten Diskussion innerhalb des DGB; einer Diskussion, die schonungslos zeigte, wie stark sich die Arbeitsbedingungen außerhalb der von den Gewerkschaften so massiv geschützten Stammbelegschaften unter »Rot-Grün« verändert hatten – und wie verletzlich die Arbeitsverhältnisse jenseits des »Normalarbeitsverhältnisses« für die oft weiblichen, migrantischen Arbeitskräfte in der boomenden, sehr heterogenen Dienstleistungsbranche waren. Dass nun gerade in der Bundesrepublik im Bundestagswahlkampf 2013 das britische Beispiel als besonders leuchtend galt, scheint ein weiteres Indiz für den grundsätzlichen Wandel des »Rheinischen Kapitalismus« zu sein. Denn man kann die Entscheidung über »einen gerechten Lohn für ein gerechtes Tagewerk« auch als einen Erfolg in der Niederlage bewerten. Denn mit der Einsicht, dass Mindestlöhne notwendig sind, um die Defizite des zerborstenen und ausgehöhlten deutschen Flächentarifvertrags auszugleichen, wird ein wesentliches Element des wohlfahrtsstaatlichen Kapitalismus deutscher Prägung zu Grabe getragen. Insofern macht die Orientierung am angelsächsischen Vorbild mit seiner wesentlich niedrigeren Grundsicherung und seinen deutlich höheren Zumutbarkeitsregeln durchaus Sinn – freilich nicht aus freien Stücken, sondern eher aus der Erkenntnis heraus, wie sehr die Deregulierung und Flexibilisierung der Arbeitsmärkte die Bundesrepublik tatsächlich radikal verändert haben. Die Debatte um Mindestlöhne weist darauf hin, dass traditionelle Sphären institutionalisiert vermittelter Anerkennung, wie beispielsweise Tarifsysteme, zunehmend an Bindekraft verlieren. Mindestlöhne sind demnach ein Versuch, dem Verlust sozialer Anerkennung einer wachsenden Gruppe von Beschäftigten, vielfach Migranten, ältere oder schlecht qualifizierte Arbeitnehmer, Alleinerziehende, kleine Gewerbetreibende und »Ich-AGs«, im rasant gewachsenen Niedriglohnsektor entgegenzuwirken und ihre marktvermittelte Missachtung zu kompensieren. Eine Geschichte des Mindestlohns verweist in sozialgeschichtlicher Perspektive auf diese veränderten Sollbruchstellen unterschiedlicher wohlfahrtsstaatlicher und arbeitsmarktpolitischer Regime und ihrer Gerechtigkeitsvorstellungen[89] – und sie lenkt den Blick auf die sich im Laufe des 20. Jahrhunderts wandelnden sozialen, ethnischen und geschlechtsspezifischen Erfahrungswelten[90] unterschiedlicher Arbeitnehmergruppen. Eine Geschichte des Mindestlohns verweist damit auf gesellschaftliche Inklusions- und Exklusionsprozesse, auf Anerkennung und Missachtung, auf sozialen Statuserhalt und Statusverlust, sich wandelnde industrielle Konflikte und die Ausgestaltung und Praxis der Implementierung »sozialer Menschenrechte«. Die Suche nach dem »gerechten Lohn für ein gerechtes Tagewerk« ist damit Teil jener seit dem 19. Jahrhundert zu beobachtenden Versuche der Regulierung kapitalistischer Produktionsverhältnisse; eine Suche, die am Beginn des 21. Jahrhunderts weniger abgeschlossen ist denn je.

---

89 *Nils Simon/Aino Simon*, Der Mindestlohn als internationaler Arbeitsstandard, in: *Ellen Ehmke/ Michael Fichter/Nils Simon* u. a. (Hrsg.), Internationale Arbeitsstandards in einer globalisierten Welt, Wiesbaden 2009, S. 316–338, insb. S. 324–335; die Autoren weisen zudem darauf hin, dass staatlich geregelte Mindestlöhne in Ländern, die über kein ausgeprägtes System industrieller Beziehungen verfügen, einen »sozialen Dialog« über den »gerechten Lohn« in Gang setzen könnten.

90 Zu den geschlechtsspezifischen Folgen der Einführung von Mindestlöhnen vgl. unter anderem *Euan Phimister/Ioannis Theodossiou*, Gender Differences in Low Pay Labour – Mobility and the National Minimum Wage, in: Oxford Economic Papers 61, 2009, S. 122–146; *John T. Addison/ Orgul Demet Ozturk*, Minimum Wages, Labor Market Institutions, and Female Employment and Unemployment. A Cross-Country Analysis, in: Industrial and Labour Relations Review 65, 2012, S. 779–809.

Mareike Witkowski

Ein Relikt des 19. Jahrhunderts?

Hausgehilfinnen von 1918 bis in die 1960er Jahre

»Meine Mutter hat durch den Pfarrer erfahren, dass die jemanden suchten[,] und ich wollte unbe-dingt nicht, ich wollte nicht, ich wollte Kinderlehrerin werden. Da hat meine Mutter gesagt, also, bevor du irgendwas lernen kannst, musst du ein Jahr in den Haushalt. Das war damals so. Und ich war damals noch nicht so aufmüpfig. Ich hab das getan, was man mir gesagt hat. Ich bin dann einfach hingegangen und dann musste ich zu meiner Enttäuschung auch noch da schlafen. Das war das Schlimmste für mich.«[1]

So berichtete die 71-jährige Helene Gräfe darüber, wie sie zu ihrer ersten Anstellung im Alter von 14 Jahren kam. Aufgewachsen war sie in einfachen Verhältnissen in der Nähe von Oldenburg, wo sie auch die Volksschule besucht hatte. Der Arbeitstag von Helene Gräfe begann vor dem Frühstück und endete nach dem Abendbrot. Ihr oblagen alle Arbei-ten im Haushalt, ausgenommen das Kochen, das die Hausfrau für sich vorbehielt. Diese ließ sich von ihr als »Gnädige Frau« anreden, der Hausherr sollte mit seinem Titel »Herr Obermedizinalrat« angesprochen werden. Zu den Pflichten der 14-jährigen Helene Gräfe gehörten auch das Säubern der Wäsche, das noch von Hand erledigt wurde, und das Sta-peln von Torf zum Heizen. Gegessen hat sie in der Küche und ansonsten stand ihr das ehemalige Zimmer des Sohnes der Familie zum Schlafen zur Verfügung, das jedoch gleichzeitig auch als Abstellraum genutzt wurde. Die Schilderung von Helene Gräfe erin-nert an das Leben eines Dienstmädchens im 19. Jahrhundert, wie es beispielsweise Doro-thee Wierling in ihrem grundlegenden Werk »Mädchen für alles. Arbeitsalltag und Le-bensgeschichte städtischer Dienstmädchen um die Jahrhundertwende«[2] beschrieben hat. Das oben zitierte Interview fand jedoch im Sommer 2009 statt und Helene Gräfe berich-tete aus ihrer Dienstzeit im Jahr 1953. Das Beispiel lässt erkennen, dass etliche Kennzei-chen des Dienstmädchens im 19. Jahrhundert und die Ungleichheiten, denen es unterwor-fen war, genauso für ihre Berufsgenossinnen im 20. Jahrhundert zutrafen: Sie waren zum einen jung und kamen zumeist aus dem ärmlichen, ländlichen Milieu. Die Arbeit als Haus-gehilfin, wie die Dienstmädchen nach 1918 genannt wurden, war eine typische Durch-gangsstation auf dem Weg zum eigenen Haushalt oder einer anderen beruflichen Tätig-keit. Die Berufsgruppe wurde nicht selten als ›Relikt‹[3] des 19. Jahrhunderts betrach-tet, für die die hausrechtliche Abhängigkeit charakteristisch war.[4] Während Gesellen und Lehrlinge nur noch selten unter einem Dach mit ihren Meistern lebten, war dies für die Hausgehilfinnen bis weit in die erste Hälfte des 20. Jahrhunderts noch üblich. Die im Pri-vathaushalt Tätigen nahmen daher eine Zwitterstellung ein: Sie waren zum einen Arbeit-nehmerinnen und zum anderen ein Teil der Familie. Wie im hausrechtlichen Abhängig-keitsverhältnis üblich, sahen es viele Hausfrauen als ihre Aufgabe an, erzieherisch auf die

---

1 Interview mit Helene Gräfe (Name geändert) am 10. Juni 2009. Gräfe wurde 1938 geboren. Nach dem Ende der Volksschule arbeitete sie auf Drängen der Mutter im Haushalt. Hier blieb sie für ein Jahr und suchte sich danach eine Lehrstelle als Lederwarenstepperin.
2 *Dorothee Wierling*, Mädchen für alles. Arbeitsalltag und Lebensgeschichte städtischer Dienst-mädchen um die Jahrhundertwende, Bonn 1987.
3 Vgl. beispielsweise *Ulla Knapp*, Frauenarbeit in Deutschland, Bd. 2: Hausarbeit und geschlechts-spezifischer Arbeitsmarkt im deutschen Industrialisierungsprozeß, München 1986, S. 143.
4 Vgl. hierzu: *Hannes Stekl*, Hausrechtliche Abhängigkeit in der industriellen Gesellschaft, in: Wiener Geschichtsblätter 30, 1975, H. 4, S. 301–313.

Angestellten einzuwirken. Diese Konstellation brachte zahlreiche Probleme mit sich, wie im Folgenden gezeigt werden wird. Neben den Schwierigkeiten, die aus dem Abhängig-keitsverhältnis resultierten, war auch die rechtliche Absicherung der Berufsgruppe stets mehr als prekär, auch im 20. Jahrhundert.

Für die Hausgehilfinnen stellte das Jahr 1918 nicht nur wegen des Kriegsendes einen Einschnitt dar. Eine der ersten Handlungen des »Rats der Volksbeauftragten« in der Revolution nach dem Ersten Weltkrieg war es, die veralteten Gesindeordnungen abzuschaffen. Was an die Stelle der abgeschafften Ordnungen treten sollte, bestimmte bis zum Jahr 1955 die Diskussionen um die Hausgehilfinnen. Die 1960er Jahre stellen deswegen das Ende des Untersuchungszeitraums dar, weil sich bis dahin der Wandel von der im Arbeit-geberhaushalt lebenden Hausgehilfin zur stundenweise tätigen Reinigungskraft vollzo-gen hatte.[5] In diesem Aufsatz möchte ich den Ungleichheiten, denen die Hausgehilfinnen im 20. Jahrhundert unterworfen waren, auf zwei Ebenen nachgehen: Zum einen sind hier die alltäglichen sozialen Praxen zu nennen, die die Hierarchien für alle deutlich machten. Diese äußerten sich, wie zum Beispiel im Fall von Helene Gräfe, in der unterschiedlichen Ansprache. Während sie die altmodisch anmutenden Anreden »Gnädige Frau« und »Herr Obermedizinalrat« nutzen musste, riefen ihre Arbeitgeberin und ihr Arbeitgeber sie mit ihrem Vornamen. Das Thema »Hausgehilfinnen« lässt sich ideal als Fokus nutzen, um auf die komplexen Beziehungsgeflechte unterschiedlicher Schichten zu blicken, wobei die Protagonistinnen auf beiden Seiten in erster Linie Frauen waren. Die im Haushalt Tätigen sollen jedoch nicht allein als Ausgebeutete dargestellt werden, sondern als handelnde Subjekte, deren Handlungsrahmen in diesem Aufsatz beschrieben wird.

Der Arbeitsalltag und das Zusammenleben mit der Arbeitgeberfamilie lassen sich am besten für die Zeit der 1920er und 1950er Jahre nachzeichnen. Berufsforscher und Berufs-forscherinnen unternahmen in diesen Jahren groß angelegte Befragungen von Berufsschü-lerinnen und Berufsschülern.[6] Innerhalb einer Schulstunde sollten sich diese anonym zum Beispiel zum Thema »Mein Beruf« äußern. Allein für die 1950er Jahre liegen über 600 voll-ständige Aufsätze von Hausgehilfinnen vor, die einen Einblick in deren Arbeits- und Lebens-welt geben.[7] Neben den alltäglichen hinzunehmenden Ungleichheiten waren die im Haushalt Tätigen auch auf der gesetzlichen Ebene lange Zeit im Nachteil. Kein anderes Arbeitsverhält-nis wurde so spät verrechtlicht wie das der Hausgehilfinnen. Erst im Jahr 1955 konnte ein Tarifvertrag abgeschlossen werden, der einen Achtstundentag vorsah. Die Forderung nach einer geregelten Arbeitszeit bestand jedoch schon seit dem Anfang des 20. Jahrhunderts.

Seit der Wende vom 19. zum 20. Jahrhundert gibt es einen Untergangsdiskurs: Haus-gehilfinnen, so die fast einhellige Meinung der Historikerinnen und Historiker[8], seien eine

---

5 Auf die Situation in der DDR wird in diesem Aufsatz nicht eingegangen.

6 Hier sind an erster Stelle die Veröffentlichungen von Else Schilfarth zu nennen. *Else Schilfarth*, Die psychologischen Grundlagen der heutigen Mädchenbildung, Bd. 1: Berufsgestaltung, Leipzig 1926, und *dies.*, Die psychologischen Grundlagen der heutigen Mädchenbildung, Bd. 2: Lebens-gestaltung, Leipzig 1927.

7 Die unveröffentlichten Aufsätze stammen aus dem »Roessler-Bestand« des Archivs »Deutsches Gedächtnis« des Instituts für Geschichte und Biographie der Fernuniversität Hagen. Im Archiv befinden sich circa 75.000 Aufsätze von Berufsschülerinnen und -schülern zu unterschiedlichen Themen, zum Beispiel zum Arbeitsplatz, zur Freizeit oder zu Erinnerungen an den vergangenen Krieg.

8 Vgl. beispielsweise *Uta Ottmüller*, Die Dienstbotenfrage. Zur Sozialgeschichte der doppelten Ausnutzung von Dienstmädchen im deutschen Kaiserreich, Münster 1978, S. 42; *Toni Pieren-kemper*, »Dienstbotenfrage« und Dienstmädchenarbeitsmarkt am Ende des 19. Jahrhunderts, in: AfS 18, 1988, S. 173–201, hier: S. 201; *Ruth Goebel*, Dienstbotenzeitungen. Die »Dienstboten-frage« und Erzählungen für Dienstmädchen in deutschen Dienstbotenzeitungen zwischen 1898 und 1932, Frankfurt am Main 1994, S. 25f.

aussterbende Berufsgruppe. Diese Diagnose hatte zur Folge, dass kaum zum Thema »Hausgehilfinnen im 20. Jahrhundert« geforscht wurde.[9] In diesem Aufsatz, der in diese Lücke vorstoßen möchte, wird eine andere These verfolgt. Die Berufsgruppe der Hausgehilfinnen verschwand nicht, sondern sie passte sich dem gesellschaftlichen Wandel an, wenn auch zeitverzögert.[10] Die heutige Reinigungskraft ist in der Tradition der Dienstmädchen des 19. Jahrhunderts und der Hausgehilfinnen der ersten Hälfte des 20. Jahrhunderts zu sehen. Die Veränderungen der Berufsgruppe lassen sich damit als »Zeichen einer sich wandelnden Gesellschaft«[11] lesen.

I. DAS »HAUSGEHILFINNENPROBLEM«[12] VON 1918 BIS IN DIE 1960ER JAHRE

Der Aufsatz untersucht die Berufsgruppe über fünf Jahrzehnte und drei unterschiedliche politische Systeme hinweg. In den einzelnen folgenden Kapiteln wird die spezifische Entwicklung der Hausgehilfinnen in der jeweiligen Zeit herausgearbeitet, es werden aber auch die Kontinuitäten über die Systemveränderungen hinaus verdeutlicht. Gesetzesdiskussionen wurden vor allem in den 1920er Jahren geführt, fanden dann einen fast vollständigen Abbruch während der NS-Herrschaft und wurden erst in der Bundesrepublik abgeschlossen. Die Arbeitsbedingungen der Hausgehilfinnen veränderten sich hingegen nur langsam und relativ unabhängig von der jeweiligen politischen Ordnung.

Weimarer Republik

Das folgende Schaubild zeigt, dass die Zahl der Hausgehilfinnen vom Ende des 19. Jahrhunderts bis 1933 kontinuierlich sank. Trotz der stetig sinkenden absoluten und auch relativen Zahlen stellten die Hausgehilfinnen 1933 nach den Arbeiterinnen (981.173) die zweitgrößte weibliche Berufsgruppe.[13] Differenziert man die sehr heterogene Gruppe der Arbeiterinnen noch aus, dann gab es keine andere Tätigkeit, die Frauen so häufig ausübten wie die der Hausgehilfin.

Das Zusammenleben und Arbeiten in einem Haushalt gestaltete sich äußerst komplex und lässt sich nicht allein auf die einfache Formel »Ausgebeutete – Ausbeuter« bringen. Hausfrau und Hausgehilfin teilten in gewisser Hinsicht ein gleiches Schicksal, beide waren an den Haushalt gebunden. Ihre Arbeit blieb unsichtbar und war nur dann erkennbar, wenn sie nicht verrichtet wurde. Während die Hausgehilfin für ihre Tätigkeit einen Lohn

---

9 Im Gegensatz zu Deutschland liegen für zahlreiche andere Länder neuere Forschungen vor. Vgl. beispielsweise *Raffaella Sarti*, Per una storia del personale domestico in Italia. Il caso di Bologna (secc. XVIII–XIX), Turin 1994; *Vanessa H. May*, Unprotected Labor. Household Workers, Politics, and Middle-Class Reform in New York, 1870–1940, Chapel Hill, NC 2011; *Lucy Delap*, Knowing Their Place. Domestic Service in Twentieth-Century Britain, Oxford/ New York etc. 2011, S. 3.

10 Für Großbritannien hat Lucy Delap eine ganz ähnliche These formuliert. Vgl. *Delap*, Knowing Their Place, S. 3.

11 *Wierling*, Mädchen für alles, S. 15.

12 Selke Schulz schreibt analog zur »Dienstbotenfrage« im 19. Jahrhundert von einem »Hausgehilfinnenproblem« im 20. Jahrhundert. Während es im 19. Jahrhundert vor allem um die Behebung des Mangels an gutem Personal ging, drehten sich die Debatten im 20. Jahrhundert vor allem um die Ausgestaltung des Arbeitsverhältnisses und um die rechtliche Absicherung. Vgl. *Selke Schulz*, Die Entwicklung der Hausgehilfinnen-Organisationen in Deutschland, Tübingen 1961, S. 9f.

13 Statistisches Jahrbuch für das Deutsche Reich 1935, S. 25. Nicht einbezogen wurden die mithelfenden Familienangehörigen.

Abbildung 1: Hausgehilfinnen 1895–1933[14]

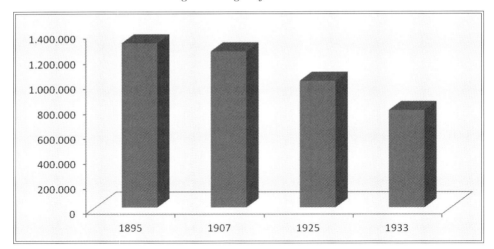

erhielt, ›belohnte‹ die Familie die Hausfrau mit Liebe und Zuneigung.[15] Die Angestellte lebte in einer Familie, die nicht ihre eigene war, oder, wie es Anneliese Hain, die mit einer Hausgehilfin in den 1920er und 1930er Jahren groß geworden war, ausdrückte: »Sie gehörte zur Familie und sie gehörte auch nicht zur Familie.«[16] Dass sie nicht dazugehörte, zeigte sich unter anderem, wie Hain berichtete, darin, dass sie in der Küche aß. In den

---

14 Alle Zahlen für das Jahr 1895 entnommen aus: Statistisches Jahrbuch für das Deutsche Reich 1913, S. 16 und 18 f. Herangezogen wurde die Kategorie »Dienende bei der Herrschaft«. Alle Zahlen für das Jahr 1907 entnommen aus: ebd., S. 16 und 18 f. Herangezogen wurde die Kategorie »Dienende bei der Herrschaft«. Alle Zahlen für das Jahr 1925 entnommen aus: Volks-, Berufs- und Betriebszählung vom 16. Juni 1925, Berufszählung. Die berufliche und soziale Gliederung der Bevölkerung des Deutschen Reiches (Statistik des Deutschen Reiches, Bd. 45, H. 3), Berlin 1929, S. 433; Statistisches Jahrbuch für das Deutsche Reich 1929, S. 23; Statistisches Jahrbuch für das Deutsche Reich 1935, S. 18. Herangezogen wurde die Kategorie weibliche »Hausangestellte 1925 überhaupt im Haushalt des Arbeitgebers lebend«, die den »Dienenden bei der Herrschaft« am nächsten kommt. Sowohl das Gebiet als auch die Zählweise hatten sich seit der Berufszählung 1907 geändert. Ein direkter Vergleich der Zahlen ist daher nicht möglich. Es lässt sich dennoch ein Trend ablesen. Vgl. hierzu: *Wolfgang Fritz*, Historie der amtlichen Statistiken der Erwerbstätigkeit in Deutschland. Ein fragmentarischer Abriß: Darstellung, Quellen, Daten, Definitionen, Chronik, Köln 2001, S. 17–19. Alle Zahlen für das Jahr 1933 entnommen aus: Volks-, Berufs- und Betriebszählung vom 16. Juni 1933, Berufszählung. Die berufliche und soziale Gliederung der Bevölkerung des Deutschen Reiches (Statistik des Deutschen Reiches, Bd. 453, H. 2), Berlin 1936, Tab. 2 b, S. 196; Statistisches Jahrbuch für das Deutsche Reich 1935, S. 18. Herangezogen wurde die Kategorie »Im Haushalt ihres Arbeitgebers lebende Hausangestellte«, die den Kategorien der Jahre 1907 und 1925 am ehesten entspricht.

15 *Ela Hornung*, Sie sind das Glück, sie sind die Göttin! Glück und Arbeit in bürgerlichen Hauswirtschaftsratgebern, in: *Monika Bernold/Andrea Ellmeier/Johanna Gehmacher* u.a., Familie: Arbeitsplatz oder Ort des Glücks? Historische Schnitte ins Private, Wien 1990, S. 105–133, hier: S. 117.

16 Interview mit Anneliese Hain am 24. August 2012. Anneliese Hain wurde 1915 in Königsberg geboren und wuchs mit Hausangestellten auf. Ihr Vater war Beamter bei der Reichsbahn. In Erinnerung ist ihr vor allem »Helene« geblieben, zu der sie ein enges Vertrauensverhältnis hatte.

1920er Jahren waren die getrennten Mahlzeiten noch die Regel.[17] Die Kommensalität, das gemeinsame Einnehmen der Speisen, stellte seit jeher einen gemeinschaftsstiftenden Akt dar. Genau dieses galt es jedoch aus Sicht vieler Arbeitgeberinnen und Arbeitgeber zu verhindern. Die unterschiedliche Schichtzugehörigkeit wurde dadurch unterstrichen, dass die Angestellten in der Küche aßen. Die Mahlzeiten lassen sich als Codes lesen, über die Hierarchien transportiert wurden, wie es Mary Douglas 1972 formulierte: »If food is treated as a code, the messages it encodes will be found in the pattern of social relations being expressed. The message is about different degrees of hierarchy, inclusion and exclusion, boundaries and transactions across the boundaries.«[18] Die beschriebene Praxis machte für die Hausgehilfinnen, die nach der Schulzeit in einen fremden Haushalt gingen, auch den Übertritt in einen neuen Lebensabschnitt deutlich. So berichtete eine 15-Jährige Mitte der 1920er Jahre: »Denn es ist doch recht hart, wenn man denken muß, daß sie daheim traulich zusammensitzen und ich muß allein in meinem Stübchen essen«.[19]

Neben getrennten Mahlzeiten war die Anrede eine weitere Möglichkeit, Standesgrenzen deutlich zu machen. Dies hing eng mit dem häufig noch jungen Alter der Hausgehilfinnen zusammen. Hiervon berichtete auch Anneliese Hain. Ihre Mutter wurde in den 1920er und 1930er Jahren noch ganz selbstverständlich mit »Gnädige Frau« angesprochen. Trotz ihres damals noch »kindlichen Alters« nannten die Hausgehilfinnen sie »Fräulein Liese«. Die Angestellten wurden jedoch selbstverständlich geduzt. Diese Praxis verortete die im Haushalt Beschäftigten indirekt auf der Ebene von Kindern, die ansonsten die Einzigen waren, die grundsätzlich mit »Du« angesprochen wurden. Diese hierarchische Einordnung stieß jedoch nicht nur auf Kritik, sondern wurde gerade von jugendlichen Hausgehilfinnen auch sehr begrüßt, wie Beispiele aus den 1920er Jahren deutlich machen. So berichtete eine 15-Jährige:

»Auch meine größte Freude ist es, daß mir meine Frau zu jeder Arbeit hilft. Am Nachmittag darf ich mit meiner Frau und den Kindern spazieren gehen. Überhaupt macht meine Herrschaft mit mir gar keine Ausnahme, sie behandelt mich wie ihr Kind, wo das Kind ist, bin auch ich. Der Ausgang ist mir freigestellt, die meiste Zeit gehe ich mit meiner Herrschaft. Also bin ich doch nicht ganz verlassen, und es wird Gott noch weiterhelfen.«[20]

Der Ausschnitt zeigt, dass sie sich als Familienmitglied imaginierte und nicht nur als einfache Arbeitskraft, die jederzeit austauschbar war. In dem von der Hausangestellten gezeichneten Bild ihrer Lebenssituation wirkte noch die Vorstellung hausrechtlicher Abhängigkeit nach, der zufolge die Arbeitgeber die Arbeitskraft der Angestellten einforderten, jenen aber auch Schutz gewährten.[21]

Das Arbeitsverhältnis der 1920er und beginnenden 1930er Jahre erinnerte noch stark an das der Dienstmädchen um die Jahrhundertwende. Der Lohn der im Arbeitgeberhaushalt lebenden Hausgehilfin setzte sich zusammen aus dem Barlohn sowie aus Kost und Logis. Außerdem war es üblich, dass die Angestellten zu Weihnachten größere Geschenke bekamen. Diese waren jedoch eine freiwillige Leistung.[22] Viele minderjährige Hausge-

---

17 Beispiele finden sich dafür unter anderem in: *Marie Baum/Alix Westerkamp*, Rhythmus des Familienlebens. Das von einer Familie täglich zu leistende Arbeitspensum, Berlin 1931, S. 19.

18 *Mary Douglas*, Deciphering a Meal, in: Daedalus. Journal of the American Academy of Arts and Sciences 101, 1972, Nr. 1, S. 61–81, hier: S. 61.

19 Zit. nach: *Schilfarth*, Die psychologischen Grundlagen der heutigen Mädchenbildung, Bd. 1, S. 100, Aufsatz Nr. 66.

20 Zit. nach: ebd., S. 49, Aufsatz Nr. 128.

21 Vgl. hierzu: *Christina Benninghaus*, Die anderen Jugendlichen. Arbeitermädchen in der Weimarer Republik, Frankfurt am Main/New York 1994, S. 220.

22 Vgl. *Wilhelm Schulz*, Die Fragen des Gesinderechts nach Aufhebung der Ausnahmegesetze, Berlin 1920, S. 50.

hilfinnen mussten einen Teil oder ihren ganzen Lohn zu Hause abgeben.[23] So berichtete 1923 eine 13-jährige Hausgehilfin der Berufsforscherin Else Schilfarth: »Ich durfte nichts verschlecken. Jeden Pfennig mußte ich ihr [der Mutter] geben. Ich tat es auch. Das freute sie und dann sagte sie immer: ›Das ist recht von dir, lern nur jetzt schon sparen, dann fällt es dir später nicht so schwer.‹«[24] Während sich einige darüber ärgerten, waren andere junge Frauen stolz darauf, dass sie nun ihren Eltern finanziell helfen konnten. Durften die Hausgehilfinnen ihren Lohn behalten, verwendeten sie diesen zunächst für die notwendigen Anschaffungen, vor allem für Kleidung und Schuhe. Erst nach diesen Ausgaben diente der Lohn auch dazu, sich kleinere Vergnügungen zu leisten, zumeist Kino, Theater oder Tanzveranstaltungen. Die ›Perle‹ im Haushalt, die es im Laufe ihres Lebens in der Arbeitgeberfamilie zu einem ansehnlichen Besitz gebracht hatte, ist vor allem eine literarische Fiktion und war in der Wirklichkeit nur sehr selten anzutreffen. Die durchschnittlichen Löhne inklusive der bezahlten Kosten für Nahrung und Unterkunft lassen sich in der Zeit der Weimarer Republik mit denen der Hilfsarbeiterinnen beziehungsweise ungelernten Arbeiterinnen in der Industrie vergleichen oder lagen über diesen. Die Arbeiterinnen hatten jedoch eine festgelegte Arbeitszeit, die zumeist deutlich niedriger war als die der Hausgehilfinnen. Beim Vergleich der Stundenlöhne schnitten daher die im Haushalt Beschäftigten schlechter ab als die ungelernten Industriearbeiterinnen.[25]

Zu den Hauptklagen der Hausgehilfinnen gehörte weniger der mangelnde Lohn, sondern vor allem die Schwere der Arbeit, die schlechte Verpflegung und die ungenügende Unterbringung. Im 19. Jahrhundert mussten die Dienstmädchen häufig auf Hängeböden oder in umfunktionierten Abstellräumen oder Bädern schlafen. Im 20. Jahrhundert verbesserte sich die Situation, wie mehrere Umfragen zeigen, blieb aber bis in die Nachkriegszeit für viele nach wie vor unbefriedigend. Von den 311 Hausgehilfinnen, die Johanna Ernst 1928 zu ihrer Schlafsituation befragte, gaben 85 an, zu Hause zu schlafen, 77 schliefen innerhalb der Wohnung der Arbeitgeberfamilie und 120 hatten ein Mansardenzimmer. Diese Zimmer unter dem Dach stellten häufig frühere Abstellräume dar, die notdürftig hergerichtet wurden. Außerdem waren die Mansardenzimmer in 118 Fällen nicht zu heizen. Das bedeutete, dass es im Sommer sehr heiß werden konnte und im Winter sehr kalt. Auch die hygienischen Vorrichtungen des Haushalts standen nicht allen Befragten offen. So gaben 69 Frauen an, dass sie nie die Badegelegenheit nutzen durften. 82 durften sich einmal die Woche baden, 31 noch seltener. 28 hingegen gaben an, dass sie so oft sie wollten, baden dürften.[26] Deutlich zeigt sich, wie groß die Unterschiede bei der Unterbringung waren und wie stark die Hausgehilfinnen vom Wohlwollen und den finanziellen Möglichkeiten der Arbeitgeberinnen und Arbeitgeber abhängig waren. Mutet uns heute die Unterbringung teilweise sehr spartanisch an, so stellte der Wechsel in einen fremden Haushalt in der ersten Hälfte des 20. Jahrhunderts für nicht wenige der jungen Frauen eine Verbesserung dar. Viele von ihnen kamen aus sehr ärmlichen Verhältnissen. In einer Studie des Jahres 1926 untersuchte Ilse Szagunn die Situation der Schlafgelegenheit von Charlottenburger Schülerinnen. Bei den ungelernten Arbeiterinnen, die sich vom sozialen Milieu am ehesten mit dem der Hausgehilfinnen vergleichen lassen, waren es 46,8 %, die sich das

---

23 Vgl. beispielsweise *Alice Salomon/Marie Baum*, Das Familienleben in der Gegenwart. 182 Familienbiographien, Berlin 1930, S. 162.

24 Zit. nach: *Schilfarth*, Die psychologischen Grundlagen der heutigen Mädchenbildung, Bd. 2, S. 19, Aufsatz Nr. 20.

25 Vgl. *Stefan Bajohr*, Die Hälfte der Fabrik. Geschichte der Frauenarbeit in Deutschland 1914 bis 1945, Marburg 1984, S. 208 f.

26 *Johanna Ernst*, Jugendliche Hausangestellte, in: Die Frau, Bd. 37, Dezember 1930, S. 98–105, hier: S. 101. Nicht alle Befragten beantworteten alle Fragen, daher weicht die Zahl der Antworten teilweise von der Zahl der Befragten ab.

Bett teilen mussten.[27] Bernhard Mewes kam bei seiner Auswertung der Angaben von über 200.000 Berufsschülern und Berufsschülerinnen aus dem Jahr 1927 zu ganz ähnlichen Zahlen.[28] Wie ungewohnt die neue Situation war, schilderte eine 17-jährige Hausgehilfin Mitte der 1920er Jahre: »Aber nach etwas sehne ich mich doch, nach meinen Geschwistern. Wenn ich nämlich immer ins Bett gehe, so bin ich ganz allein oben in meinem Dachstübchen. Daheim hatte ich Schlafgesellen. Nun, mit der Zeit werde ich's schon gewöhnen.«[29]

Die durchschnittliche Länge der Arbeitszeit von Hausgehilfinnen lässt sich nur schwer ermitteln, da es beständig Streitigkeiten darüber gab, was alles zur Arbeitszeit zu rechnen war. Besonders in der Diskussion stand dabei die Zeit der Rufbereitschaft. Laut einer Umfrage von Gertrud Israel unter circa 4.000 Hausgehilfinnen und deren Arbeitgeberinnen aus dem Jahr 1926 ging der durchschnittliche Arbeitstag von der früh (6 bis 8 Uhr) bis in den Abend hinein (20 Uhr).[30] Zu ähnlichen Ergebnissen kommt auch Johanna Ernst in ihrer bereits angesprochenen Befragung. Um Angaben über die täglichen Arbeitszeiten zu bekommen, erhob sie die Zeit des Arbeitsbeginns und des Arbeitsendes. Die reale Arbeitszeit lässt sich damit jedoch nur annähernd erfassen, da Pausen nicht mitberechnet wurden. Insofern kann eher von einer täglichen Arbeitsbereitschaft gesprochen werden, auch wenn diese in vielen Fällen mit der tatsächlichen Arbeitsbelastung in eins fiel. Unter zehn Stunden waren insgesamt 47 Hausgehilfinnen tätig, darunter 35 Tagmädchen. Einen Arbeitstag von über zehn Stunden hatten insgesamt 254 Befragte, davon arbeiten zwölf zwischen zehn und zwölf Stunden, 57 zwischen zwölf und 13 Stunden, 80 zwischen zwölf und 14 Stunden, 64 zwischen 14 und 15 Stunden, 17 zwischen 15 und 16 Stunden.[31]

Die überlangen Arbeitszeiten der Hausgehilfinnen waren einer der zentralen Diskussionspunkte der aufkommenden Debatte um ein Hausgehilfengesetz in den 1920er Jahren. Eine der ersten Tätigkeiten des »Rats der Volksbeauftragten« war die Abschaffung der Gesindeordnungen am 12. November 1918: »Die Gesindeordnungen werden außer Kraft gesetzt, außerdem die Ausnahmegesetze gegen die Landarbeiter.«[32] Mit einem einzigen Satz beendete der Rat damit eine seit Jahrhunderten gültige und immer nur leicht abgewandelte Rechtsgrundlage.[33] An die Stelle der Gesindeordnungen trat nun das Bürgerliche Gesetzbuch, das aber nur sehr unzureichend die Bedürfnisse der Berufsgruppe regelte. Die erste Initiative für ein neues Gesetz ging vom »Königsberger Hausfrauenverein« aus, der im Frühjahr des Jahres 1919 einen dementsprechenden Entwurf vorlegte. Dieser beinhaltete eine ununterbrochene neunstündige Nachtruhe sowie eine tägliche Ruhezeit von einer Stunde. Jeder zweite Sonntag und ein Nachmittag pro Woche waren den Hausgehilfinnen freizu-

---

27 Die Daten sind abgedr. in: *Erna Barschak*, Die Schülerin der Berufsschule und ihre Umwelt, Berlin 1926, S. 45. Charlottenburg gehörte zu den bessergestellten Berliner Bezirken, und so ist zu vermuten, dass in anderen Stadtteilen die Zahlen derjenigen, die kein Bett für sich hatten, noch höher waren.

28 *Bernhard Mewes*, Die erwerbstätige Jugend. Eine statistische Untersuchung, Berlin/Leipzig 1929, S. 2.

29 Zit. nach: *Schilfarth*, Die psychologischen Grundlagen der heutigen Mädchenbildung, Bd. 1, S. 98, Aufsatz Nr. 357.

30 *Gertrud Israel*, Arbeitsverhältnisse der Hausgehilfinnen, Berlin 1929, S. 34.

31 *Ernst*, Jugendliche Hausangestellte, S. 103.

32 Zit. nach: *Thomas Vormbaum*, Politik und Gesinderecht im 19. Jahrhundert, Berlin 1980, S. 383.

33 Durch ein Übergangsgesetz vom 4. März 1919 und den Artikel 178 der Weimarer Reichsverfassung wurde die Abschaffung bestätigt. Vgl. *Klaus Tenfelde*, Dienstmädchengeschichte. Strukturelle Aspekte im 19. und 20. Jahrhundert, in: *Hans Pohl* (Hrsg.), Die Frau in der deutschen Wirtschaft. Referate und Diskussionsbeiträge des 8. wissenschaftlichen Symposiums der Gesellschaft für Unternehmensgeschichte e.V. am 8. und 9. Dezember 1983 in Essen, Stuttgart 1985, S. 105–119, hier: S. 115.

geben.[34] Dem Vorschlag stimmte die Generalversammlung des Hausfrauenbundes zu und reichte den Entwurf weiter an die Nationalversammlung in Weimar. Hier blieb der Entwurf jedoch zunächst unbearbeitet liegen.[35] Im Jahr 1920 bereitete der »Vorläufige Reichswirtschaftsrat«[36] einen Gesetzentwurf vor, der im sozialpolitischen Ausschuss vorbereitet und intensiv diskutiert wurde.[37] Die Hausfrauenverbände nahmen als Vertretung der Arbeitgeberseite teil, für die Hausgehilfinnen sprachen die Vertreterinnen der einzelnen Hausgehilfenverbände. Die Kontroverse entspann sich vor allem zwischen der Arbeitgeberseite und Luise Kähler[38], die für den sozialdemokratisch orientierten »Zentralverband der Hausangestellten Deutschlands« sprach. Die meiste Diskussionszeit nahm die Frage ein, wie die Arbeitszeit geregelt werden könnte. Hierfür lagen drei Modelle vor. Die Arbeitgeberseite befürwortete eine Festlegung der Ruhezeit, während der Zentralverband für eine Festsetzung der Arbeitszeit eintrat. Einen Mittelweg zwischen diesen beiden Forderungen stellte die Einigung auf eine maximale Arbeitsbereitschaft dar. Hierzu zählte die Arbeitszeit, aber auch die Zeiten, in denen nur wenig oder gar keine Arbeit anfiel. Dies traf beispielsweise auf die Zeit zu, in der nur das Telefon beantwortet werden sollte oder Gäste erwartet wurden. Beide Positionen hingen eng damit zusammen, wie die jeweilige Seite das Arbeitsverhältnis bewertete. Die Hausfrauenverbände verwiesen darauf, dass sich der Dienst im Haushalt mit keinem gewerblichen Arbeitsverhältnis vergleichen ließe. Daher sei auch eine Festsetzung der Arbeitszeit, wie dies ansonsten üblich sei, nicht möglich. Hintergrund dieser Position war die alte Idee der hausrechtlichen Abhängigkeit, nach der sich die Arbeitskräfte ganz ihren Arbeitgebern verschrieben. Der Zentralverband hingegen strebte eine Versachlichung des Arbeitsverhältnisses an und forderte daher für die Hausgehilfinnen die gleichen Rechte wie für andere Arbeiterinnen. Die starken Ungleichheiten, denen die Hausgehilfinnen unterworfen waren, sollten so zumindest in Teilen abgemildert werden. Weder die Arbeitgeberseite noch der Zentralverband konnten die jeweiligen Forderungen ganz durchsetzen. So sah der Entwurf eine tägliche Arbeitsbereitschaft von 13 Stunden (abzüglich zwei Stunden für Ruhe- und Essenspausen) vor sowie entsprechend eine Ruhezeit von elf Stunden.[39]

Neben der Arbeitszeit war vor allem die Frage eines speziellen Ausweises umstritten. Hier konnten sich die Hausfrauenverbände durchsetzen. Sie verwiesen in diesem Zusammenhang auf die besondere Vertrauensstellung, die die Hausgehilfinnen einnehmen würden: »Es gibt kaum ein Berufsverhältnis, wo sich die Notwendigkeit eines solchen Ausweises aus dem ganzen Verhältnis so organisch ergibt, wie gerade bei der Aufnahme in die häusliche Gemeinschaft.«[40] Die sozialdemokratisch orientierten Vertreterinnen verwie-

---

34 Vgl. *Olga Friedemann*, Wege in den hauswirtschaftlichen Beruf. Entstehung, Entwicklung und Durchführung der hauswirtschaftlichen Berufsausbildung in Deutschland mit den derzeitig gültigen Vereinbarungen und Bestimmungen, Königsberg 1934, S. 15.

35 Ebd., S. 18.

36 Der Reichswirtschaftsrat entstand aus dem Gedanken der Räterepublik. Er sollte das Parlament auf dem Gebiet aller sozialen und wirtschaftlichen Fragen ergänzen. Die Besetzung erfolgte durch Vertreter und Vertreterinnen der Arbeitnehmer und der Arbeitgeber. Eine endgültige Verfassung des Reichswirtschaftsrats wurde nie beschlossen und so verblieb er der »Vorläufige Reichswirtschafsrat«.

37 Der Entwurf wurde zuvor im »Arbeitsausschuss für den Entwurf eines Hausgehilfinnengesetzes« vorbereitet. Vgl. hierzu das Protokoll der 57. Sitzung des Sozialpolitischen Ausschusses vom 10. März 1922, Bundesarchiv Berlin (BAB), R/401, Nr. 520, S. 469.

38 Zur Biografie von Luise Kähler vgl.: *Rüdiger Zimmermann*, Kähler, Luise (geb. Girnth) (1869–1955). Oftmals die einzige Frau unter vielen Männern, in: *Siegfried Mielke* (Hrsg.), Gewerkschafterinnen im NS-Staat. Verfolgung, Widerstand, Emigration, Essen 2008, S. 199–202.

39 Entwurf eines Hausgehilfengesetzes vom 20. September 1921, BAB, R/401, Nr. 1390.

40 Protokoll der 63. Sitzung des Sozialpolitischen Ausschusses vom 25. März 1922, BAB, R/401, Nr. 521, S. 349.

sen hingegen darauf, dass diese »Gesindebücher« ein Relikt aus dem vorangegangenen Jahrhundert seien. Dieses Sonderrecht nur für die Hausgehilfinnen würde diese unter Generalverdacht stellen und damit diskriminieren. Sie konnten sich jedoch mit ihren Argumenten nicht durchsetzen.[41]

Nach langen Debatten zu den einzelnen Unterpunkten kam der Entwurf im Unterausschuss zur Abstimmung. Insgesamt wurde dieser mit neun zu vier Stimmen abgelehnt.[42] Für den Entwurf stimmte unter anderem der katholische Berufsverband der Hausgehilfinnen, dagegen die Vertreterinnen der Hausfrauenverbände. Letztere hielten an der von ihnen vorgeschlagenen neunstündigen Nachtruhe anstelle einer Festsetzung der Arbeitsbereitschaft fest.[43] Der Zentralverband enthielt sich, weil er einer Arbeitsbereitschaft von 13 Stunden nicht zustimmen wollte.[44] Trotz dieses Votums ging der Vorschlag des Unterausschusses weiter an den »Vorläufigen Reichswirtschaftsrat«. Hier erlitten die Vertreterinnen der Hausgehilfinnen eine weitere Niederlage. Die Vorlage wurde nicht, wie gehofft, zu ihren Gunsten verändert, sondern noch verschärft, so sah der neue Entwurf nur noch eine elfstündige Nachtruhe vor, die »in der Regel« ununterbrochen sein sollte.[45] Die letzte Hoffnung, die für die Hausangestellten noch blieb, war, dass ihnen der Reichstag mit seiner sozialdemokratischen Mehrheit besser gesonnen sei als der mit Vertretern der Arbeitgeber und Arbeitnehmer annähernd paritätisch besetzte »Vorläufige Reichswirtschaftsrat«. Aufgrund der einsetzenden Wirtschaftskrise im Jahr 1923 kam der Vorschlag jedoch nie im Reichstag zur Diskussion.[46] Erst mit dem Abebben der Wirtschaftskrise wandten sich die Regierungsvertreter wieder den Hausgehilfinnen zu. 1924 wurde vom Vorsitzenden der SPD-Reichstagsfraktion, Hermann Müller, und von weiteren Parteimitgliedern ein neuer Antrag vorbereitet. Die Sozialdemokraten gaben die Forderung nach einer festgelegten Arbeitszeit auf, der Antrag sah eine Arbeitsbereitschaft von elf zusammenhängenden Stunden vor. In dieser Zeit mussten den Hausgehilfinnen Pausen gewährt werden, die insgesamt mindestens zwei Stunden zu betragen hatten.[47] Zu einem endgültigen Beschluss kam es jedoch wieder nicht. Dies hing eng damit zusammen, dass sich die Lage für die Hausgehilfinnen auf dem Arbeitsmarkt gewandelt hatte. Die Notwendigkeit, ein Gesetz einzuführen, wurde häufig damit begründet, dass der Beruf attraktiver gemacht werden müsse. Ansonsten wären immer weniger junge Frauen bereit, eine Stelle im Privathaushalt anzutreten. Ausgelöst durch die Wirtschaftskrise des Jahres 1923 wandelte sich der Mangel an Hausgehilfinnen jedoch in einen Mangel an Arbeitsstellen. Damit schwand auf der Seite der Arbeitgeberinnen und Arbeitgeber der Druck, gesetzliche Bestimmungen zuzulassen.

Erst 1926 kam erneut Bewegung in die Frage, wie ein Hausgehilfengesetz aussehen müsste. Das Reichsarbeitsministerium gab gemeinsam mit den Verbänden der Hausgehilfinnen und den Hausfrauenorganisationen eine Umfrage zu den Arbeitsverhältnissen in Auftrag, um eine bessere Entscheidungsgrundlage zu haben.[48] Der 1928 von Regierungs-

---

41 Ebd., S. 350 f.

42 Vgl. *Harry Hauschild*, Der Vorläufige Reichswirtschaftsrat 1920–1937, Berlin 1926, S. 299.

43 Änderungsvorschläge des Verbandes deutscher Hausfrauenvereine e.V. zum Regierungsentwurf des Hausgehilfengesetzes, BAB, R/401, Nr. 1390, S. 258.

44 *Renate Bridenthal*, Class Struggle around the Hearth. Women and Domestic Service in the Weimar Republic, in: *Michael N. Dobkowski/Isidor Wallimann* (Hrsg.), Towards the Holocaust. The Social and Economic Collapse of the Weimar Republic, Westport, CT 1983, S. 243–264, hier: S. 249.

45 Mitteilungen des Vorläufigen Reichswirtschaftsrates Nr. 17, 13.5.1922, BAB, R/401, Nr. 1390, S. 98.

46 Vgl. *Bridenthal*, Class Struggle around the Hearth, S. 249.

47 Verhandlungen des Reichstages, 3. Wahlperiode, 1924/1925, Bd. 398, Drucksache 479.

48 Von den insgesamt 10.000 ausgesandten Fragebögen wurden knapp über 4.000 ausgefüllt zurückgesandt. Bei der Auswertung kam die Leiterin der Studie, Gertrud Israel, zu einem insgesamt

seite vorgelegte Referentenentwurf führte wieder zu heftigen Diskussionen. Der Entwurf enthielt keinerlei Begrenzung der Arbeitszeit, sondern legte lediglich eine Nachtruhe von neun Stunden fest. Selbst diese ging jedoch einigen Hausfrauenverbänden schon zu weit. So schrieb die Vorsitzende des Hannoveraner Hausfrauenvereins Berta Hindenberg-Delbrück:

»In einem Haushalt mit kleinen Kindern zum Beispiel müssen selbstverständlich kleine Unterbrechungen der 9stündigen Nachtruhe auch von der Hausgehilfin ertragen werden, ohne dass dafür Schlafstunden am Tage zu gewähren sind. Dafür gibt es im häuslichen Leben andere Ruhe- und Erfrischungsmöglichkeiten, Spaziergänge, ruhige Näharbeit, und dergl. – alles Dinge, die unmöglich in ›unabdingbaren‹ Gesetzesbestimmungen festgelegt werden können.«[49]

Zur Abstimmung kam der Gesetzesentwurf jedoch nie. Wieder war es die Wirtschaftskrise, die andere Entscheidungen vordringlicher erscheinen ließ. Für die Hausgehilfinnen wirkten sich die Diskussionen der 1920er Jahre ohne eine Entscheidung in zweierlei Weise negativ aus: Zum einen fehlte es nach wie vor an einer gesetzlichen Regelung des Arbeitsverhältnisses, zum anderen wurden sie mit dem Verweis auf das kommende Hausgehilfengesetz bei anderen arbeitsrechtlichen Bestimmungen ausgeschlossen.[50] Der Kampf zwischen den Hausfrauenorganisationen und den Verbänden der Hausgehilfinnen war sehr ungleich. Während aufseiten des sozialdemokratisch orientierten Zentralverbands im Jahr 1919 die Höchstzahl von 31.000 Frauen organisiert war, konnte der »Reichsverband deutscher Hausfrauenvereine« im Jahr 1922 insgesamt 250.000 Mitglieder vermelden.[51] Die christlich orientierten Verbände der Hausgehilfinnen traten in den Diskussionen sehr moderat auf.[52] Somit stand der Zentralverband mit seinen weiterreichenden Forderungen allein dar. Das Gesetz scheiterte weniger an der komplizierten Materie als an dem fehlenden Druck durch die Arbeitnehmerinnen, deren Macht begrenzt war.[53] Mit der Zerschlagung der freien Gewerkschaften im Mai 1933 schwand der Druck, das Arbeitsverhältnis der Hausgehilfinnen zu verrechtlichen, noch weiter.

Nationalsozialismus

In den Jahren von 1933 bis 1939 stiegen in den öffentlichen Statistiken erstmalig seit dem Ende des 19. Jahrhunderts die absoluten Zahlen der im Haushalt beschäftigten Frauen. Dies lässt sich jedoch vor allem daraus erklären, dass die sogenannten ›Pflichtjahrmädel‹, die im Haushalt arbeiteten, mit zu den Hausgehilfinnen gezählt wurden. Darüber hinaus verzerrte sich das Bild, da die Statistiker 1939 die nun ›heimgekehrten‹ österreichischen Hausangestellten mitzählten.

---

sehr positiven Befund. Dieser, so räumte sie ein, hing jedoch eng mit dem Sample zusammen. So wurden zum einen organisierte Hausgehilfinnen über ihre Verbände befragt und zum anderen erhielten die Arbeitnehmerinnen die Fragebögen von ihren Arbeitgeberinnen, die diese wiederum von den Hausfrauenvereinen bezogen. Diejenigen, die den Fragebogen weitergaben, waren sich vermutlich relativ sicher, dass die Verhältnisse in ihrem Haushalt positiv dargestellt würden. In den Verbänden der Hausgehilfinnen waren in erster Linie sehr engagierte, zumeist bessergestellte Arbeitnehmerinnen tätig. Somit gibt die Studie eher Auskunft darüber, wie die Arbeitssituation gutgestellter Hausgehilfinnen sich darstellte, und weniger, wie das Alltagsleben des Gros der Frauen aussah. Die Ergebnisse wurden 1929 veröffentlicht, weite Teile der Studie waren jedoch auch schon vorher bekannt. Vgl. *Israel*, Arbeitsverhältnisse der Hausgehilfinnen.

49 Hausfrau und Hausgehilfin. Das kommende Hausgehilfengesetz von Berta Hindenberg-Delbrück, o. D., Niedersächsisches Hauptstaatsarchiv Hannover, Hann. 320 I Nr. 35.

50 Vgl. hierzu auch: *Benninghaus*, Die anderen Jugendlichen, S. 205.

51 Vgl. *Bridenthal*, Class Struggle around the Hearth, S. 246.

52 Ebd.

53 Vgl. *Heinrich August Winkler*, Der Schein der Normalität. Arbeiter und Arbeiterbewegung in der Weimarer Republik 1924 bis 1930, Berlin/Bonn 1985, S. 109.

Abbildung 2: Hausgehilfinnen 1925–1939[54]

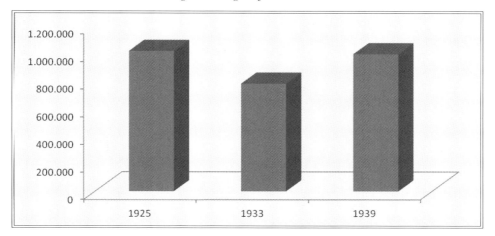

Den vermeintlichen zahlenmäßigen Anstieg der Berufsgruppe nutzten die Nationalsozialisten propagandistisch weidlich aus, um für den Beruf zu werben, den sie als idealen Frauenberuf darstellten. Laut der nationalsozialistischen Ideologie war der Privathaushalt die Keimzelle für eine funktionierende Volkswirtschaft und die deutsche Familie bildete den Kern der ›Volksgemeinschaft‹. Den Hausgehilfinnen kam dabei in zweifacher Weise eine besondere Bedeutung zu. Zum einen hatten sie eine zentrale Stellung innerhalb des Haushalts und entlasteten durch ihre Arbeit die Hausfrauen und Mütter. Zum anderen galt der Beruf als die ideale Vorbereitung auf die Aufgaben, die den Frauen im Nationalsozialismus zugeschrieben wurden.[55] »Die Hausgehilfin«, so Ingrid Wittmann, »bildete die Personifizierung des nationalsozialistischen Frauenideals schlechthin«.[56]

Trotz der steigenden absoluten Zahlen an Hausgehilfinnen wurde ab 1934 stetig ein Mangel an geeigneten Kräften beklagt, was sich auch mit Kriegsbeginn nicht änderte. So führte der Sicherheitsdienst der SS in seinen Meldungen das Beispiel einer Hausgehilfin an, die 1942 folgendes Inserat aufgab: »Einfaches, 21-jähriges Mädchen vom Lande sucht Stellung als Hausgehilfin oder Stütze mit Kochkenntnissen.« Daraufhin erhielt sie 70 Briefe, 20 Anrufe, 15 Besuche und zwei Telegramme.[57] Der Mangel an Hauspersonal ging vor allem auf eine steigende Nachfrage zurück. Offizielle Stellen, zum Beispiel das Reichs-

---

54 Zu den Zahlen der Jahre 1925 und 1933 vgl. Anm. 13. Alle Zahlen für das Jahr 1939 entnommen aus: Volks-, Berufs- und Betriebszählung vom 17. Mai 1939, Berufszählung. Die Berufstätigkeit der Bevölkerung des Deutschen Reiches (Statistik des Deutschen Reiches, Bd. 556, H. 1), Berlin 1942, Tab. 2b, S. 165; Volks-, Berufs- und Betriebszählung vom 17. Mai 1939, Berufszählung. Die Berufstätigkeit der Bevölkerung des Deutschen Reiches (Statistik des Deutschen Reiches, Bd. 556, H. 2), Berlin 1942, Tab. 3a, S. 4. Herangezogen wurde die Kategorie »Im Haushalt ihres Arbeitgebers lebende hauswirtschaftliche Gehilfen für private Dienste«, die am ehesten den Kategorien der Jahre 1925 und 1933 entspricht.

55 Vgl. *Friedemann*, Wege in den hauswirtschaftlichen Beruf, S. 61.

56 *Ingrid Wittmann*, »Echte Weiblichkeit ist ein Dienen« – Die Hausgehilfin in der Weimarer Republik und im Nationalsozialismus, in: Frauengruppe Faschismusforschung (Hrsg.), Mutterkreuz und Arbeitsbuch. Zur Geschichte der Frauen in der Weimarer Republik und im Nationalsozialismus, Frankfurt am Main 1981, S. 14–48, hier: S. 40.

57 SD-Bericht vom 11. Juni 1942, in: *Heinz Boberach* (Hrsg.), Meldungen aus dem Reich 1938–1945. Die geheimen Lageberichte des Sicherheitsdienstes der SS, Herrsching 1984, Bd. 10, S. 3822.

arbeitsministerium, begründeten dies damit, dass nach 1933 ein wirtschaftlicher Aufschwung eingesetzt habe. Dieser ermöglichte es mehr Haushalten, sich eine Hilfskraft zu leisten. Gleichzeitig gingen immer mehr Frauen einer Berufstätigkeit nach, was sich mit Haushalt und Familie nur vereinbaren ließ, wenn sie dafür eine Hilfskraft anstellten.[58] Die Nationalsozialisten sahen in dem Fehlen von häuslichen Arbeitskräften eine große Gefahr.[59] So schrieb etwa die Zeitschrift »Volk und Rasse« im Jahr 1938: »Die Lage ist also bereits derart, daß in vielen Familien die Geburt weiterer Kinder durch den Mangel an Hilfskräften im Haushalt ernsthaft in Frage gestellt erscheint.« Ziel müsse es sein, so der Verfasser, »den wertvollsten und opferfreudigsten Müttern unseres Volkes ihre unendliche aufreibende Arbeit zu erleichtern«, damit ihre Kraft erhalten bliebe und »schließlich auch [der] Wille zum Kinde« gesteigert werde.[60] Vermehrter Kinderreichtum war in der nationalsozialistischen Ideologie die Grundlage für die Vormacht und kriegerische Ausdehnung des Deutschen Reichs. Die Bedeutung der Hausgehilfinnen wurde in der Propaganda immer wieder deutlich gemacht. Konkrete gesetzliche Maßnahmen, die eine Verbesserung des Arbeitsverhältnisses zum Ziel hatten, wurden daraus jedoch nicht abgeleitet.

Die Nationalsozialisten werteten die Debatten während der Zeit der Weimarer Republik als Ausdruck der Klassenkämpfe, die durch die Machtübernahme nun endgültig überwunden sein sollten. Die nicht gelungene Verrechtlichung zeige, »wie unfähig die Demokratie« gewesen sei.[61] Vor allem die Forderung nach einer begrenzten Arbeitszeit sei für den privaten Haushalt

»ganz unmöglich […] und jeder weiß, daß jede Hausfrau von früh bis abend auf dem Posten sein muß, also eine lange Zeit der Arbeitsbereitschaft (evtl. mit mehreren auch längeren Arbeitspausen während dieser Zeit) gefordert werden muß, wenn die Hausgehilfin der Hausfrau tatsächlich eine Stütze bedeuten soll«.[62]

Wie der im Zitat und in den Gesetzesdiskussionen der 1920er Jahre immer wieder eingebrachte Begriff der Arbeitsbereitschaft zu füllen war, zeigt das Beispiel einer Berliner Hausgehilfin aus dem Jahr 1938. Die 39-Jährige berichtete über ihren Arbeitsalltag in einem Ärztehaushalt ohne Kinder:

»Ich mußte dort manchmal sechzehn Stunden am Tag arbeiten. […] Wenn abends Besuch kam, mußte man auch da sein; der Doktor hatte immer abends Besuch, tagsüber arbeitete er ja. Man mußte aufbleiben, bis der Besuch ging, dann mußte man ihn hinunterführen, wenn das Haus zu war, das war oft erst um zwölf. In der Zwischenzeit wusch man das Geschirr ab, obwohl man das natürlich auch noch morgens hätte machen können. Es war eben so Sitte, daß das Mädchen zur Hand sein mußte.«[63]

---

58 Vgl. *Erna Hamann*, Der Arbeitseinsatz der Hausgehilfinnen unter besonderer Berücksichtigung der Nachwuchsfrage, in: Hauswirtschaftliche Jahrbücher. Bericht für Hauswirtschaft in Wissenschaft und Praxis, hrsg. v. d. Reichsfrauenführung, Januar 1942, S. 1.

59 Der hierzu gehörende Themenkomplex »Zwangsarbeiterinnen in privaten Haushalten« wird in diesem Aufsatz nicht behandelt. Vgl. hierzu: *Mareike Witkowski*, In untergeordneter Stellung. Hausgehilfinnen im Nationalsozialismus, in: *Nicole Kramer/Armin Nolzen* (Hrsg.), Ungleichheiten im »Dritten Reich«. Semantiken, Praktiken, Erfahrungen, Göttingen 2012, S. 155–175.

60 *Oeter*, Die Hausgehilfin. Eine vordringliche Aufgabe der Bevölkerungspolitik, in: Volk und Rasse Bd. 11, 1938, S. 375–376. Vermutlich handelt es sich bei dem Verfasser um Hans Dietrich Oeter.

61 Vgl. zum Beispiel *Eva Zuberbier*, Die nationalsozialistische Auffassung vom häuslichen Dienst der deutschen Frau und ihre praktische Verwirklichung. Neue Wege in den hauswirtschaftlichen Beruf und zur Ausbildung in der Hauswirtschaft durch die Abteilung Volkswirtschaft-Hauswirtschaft im Deutschen Frauenwerk, Leipzig 1939, S. 11.

62 Ebd.

63 Zit. nach: *Irmgard Weyrather*, »Ich bin noch aus dem vorigen Jahrhundert«. Frauenleben zwischen Kaiserreich und Wirtschaftswunder, Frankfurt am Main 1985, S. 254.

Das Beispiel zeigt, wie alte Muster (»[e]s war eben so«) nicht verändert wurden, auch wenn es in diesem Fall ein Leichtes gewesen wäre, hätte der Hausherr die Gäste zur Tür begleitet und wäre der Abwasch am nächsten Morgen erledigt worden. Die Tür nicht selber öffnen zu müssen, galt als Ausweis eines höheren Standes, die bestehenden Ungleichheiten wurden auf einer symbolischen Ebene für alle Anwesenden deutlich. Aus einer späteren Sicht vermerkte die Hausgehilfin dazu: »Die Frau stand nicht auf, dafür war das Mädchen da. Das wußte man, und das machte man eben. Man kannte es nicht anders.«[64] Sich den Anweisungen der ›Herrschaft‹ zu widersetzen war für viele Mädchen und junge Frauen in der ersten Hälfte des 20. Jahrhunderts noch undenkbar.

Öffentliche Debatten um das Hausgehilfengesetz fanden während der NS-Herrschaft nicht mehr statt. Mit der Etablierung der ›Volksgemeinschaft‹, so die Argumentation, sei eine gesetzliche Regelung nicht mehr nötig, da sich jeder der Gemeinschaft verpflichtet fühle und in diesem Sinne handeln würde. Für die Hausgehilfinnen stellte die propagierte ›Volksgemeinschaft‹ ein Versprechen auf sozialen Aufstieg und Gleichheit dar. Die nationalsozialistische Propaganda kämpfte im Sinne der Volksgemeinschaftsideologie gegen die Hierarchie ausdrückende Anrede. So schlug die Zeitschrift »Die deutsche Hausgehilfin« statt der Bezeichnung »Gnädige« die Anrede »Frau« und den Nachnamen vor.[65] In der Zeit des Nationalsozialismus wurde das Bild eines harmonischen Miteinanders zwischen Hausgehilfin und Arbeitgeberfamilie gezeichnet:

»Wie schön ist es für ein Mädchen, wenn sie weiß, daß sie in der Familie wirklich aufgenommen wird. Die Hausfrau gibt dem Mädchen Bücher zu lesen. Sie bespricht mit ihr ihre Sorgen. Das Mädchen geht mit der erwachsenen Tochter des Hauses gemeinsam zum B[und]d[eutscher]M[ädchen]. Oder mit der Hausfrau in die Frauenschaft. Die Ereignisse in der Familie gehen auch sie an.«[66]

Setzte die Propaganda auf die Egalisierung der Unterschiede zwischen den Arbeitnehmerinnen und ihren Arbeitgeberinnen und Arbeitgebern, ohne diese jedoch ganz auflösen zu wollen, so bevorzugten die erlassenen Gesetze eindeutig die Arbeitgeberseite. Das »Gesetz zur Befreiung der Hausgehilfinnen von der Pflicht zur Arbeitslosenversicherung« vom 12. Mai 1933 sah beispielsweise vor, dass die Arbeitgeberseite keine Beiträge zur Arbeitslosenversicherung mehr zahlen musste.[67] Die Maßnahme fand im Rahmen der Bekämpfung der Arbeitslosigkeit statt, die mittelständischen Haushalte sollten es sich leisten können, eine Hausgehilfin einzustellen.[68] Für diese hatte das Gesetz jedoch einen entscheidenden Nachteil: Im Falle von Arbeitslosigkeit waren sie nicht mehr versichert. Kurz darauf trat am 1. Juni 1933 das Gesetz zur »Überführung weiblicher Arbeitskräfte in die Hauswirtschaft« in Kraft.[69] Dieses sah vor allem Steuererleichterungen für die Arbeitgeberseite vor. Sie konnten die bei ihnen beschäftigte Hausgehilfin wie ein weiteres Kind vom zu versteuernden Einkommen absetzen.[70] Die Steuervergünstigungen hatten aus der

---

64 Zit. nach: ebd., S. 254f.

65 »Gnädig ist nur einer, unser Herrgott!«, in: Die deutsche Hausgehilfin. Mitteilungsblatt des deutschen Heimarbeiter- und Hausgehilfinnenverbandes 2, 1934, Nr. 3, S. 19.

66 *Zuberbier*, Die nationalsozialistische Auffassung, S. 16.

67 Vgl. *Detlev Humann*, »Arbeitsschlacht«. Arbeitsbeschaffung und Propaganda in der NS-Zeit 1933–1939, Göttingen 2011, S. 136.

68 *Gerda Harms*, Praktisches aus der Hauspersonalvermittlung, in: Die Arbeitslosenhilfe. Fachzeitschrift für Arbeitsvermittlung, Berufsberatung, unterstützende Arbeitslosenhilfe, Notstandsarbeiten und Arbeitsbeschaffung 1936, H. 1, S. 6–9, hier: S. 8.

69 Vgl. *Humann*, »Arbeitsschlacht«, S. 136.

70 Vgl. *Onno Schirmacher*, Die Arbeit in der Hauswirtschaft. Ein Beitrag zur Neuordnung des Hausgehilfenwesens, [Nordhausen] 1936, S. 88. Ab dem Oktober 1934 konnte die Arbeitgeberseite weitere Steuervergünstigungen geltend machen, wenn sie eine Hausgehilfin beschäftigte. Für bis zu drei Hilfen waren im Monat Sonderausgaben von bis zu 50 RM steuerfrei. Vgl. hierzu auch: *Humann*, »Arbeitsschlacht«, S. 136.

Sicht der Nationalsozialisten gleich zwei Vorzüge: Zum einen sollten sie die Arbeitslosigkeit unter den Hausgehilfinnen verringern, zum anderen führte es die Frauen in die ›naturgemäß‹ für sie bereitstehenden Bereiche zurück.

Dienten die ersten erlassenen Gesetze vor allem der Bekämpfung der Arbeitslosigkeit, so wandten sich die sogenannten Treuhänder der Arbeit im Jahr 1934 den Arbeitsverhältnissen zu und erließen »Richtlinien für Hausgehilfen«.[71] Diese hatten jedoch keinen gesetzlichen Charakter. Die darin enthaltenen Regelungen waren nicht bindend, sondern stellten Soll-Bestimmungen dar. Bedeutung erhielten die Richtlinien vor allem dadurch, dass die Deutsche Arbeitsfront diese als Grundlage im Falle von Streitigkeiten heranzog.[72] Die lange umstrittene Arbeitsdauer regelte zunächst einzig eine bayerische Richtlinie, die eine Arbeitszeit von zehn Stunden vorsah. Bis 1937 wurde dieser Passus auch in die Bestimmungen der anderen Länder übernommen, es blieb aber bei einer Soll-Formulierung.[73] Besonders ungeschützt blieben die minderjährigen Hausgehilfinnen, die in der Berufsgruppe überproportional vertreten waren. 1938 wurde zwar ein verändertes Jugendschutzgesetz erlassen, das die Hausgehilfinnen aber ausdrücklich ausklammerte.[74]

Auch die in der Folge erlassenen Bestimmungen und Gesetze schützten eher die Arbeitgeberseite als die Hausgehilfinnen. So durften diese ab 1939 nicht mehr einfach kündigen, wenn sie in einer kinderreichen Familie tätig waren.[75] Gerade diese Familien sollten mit einer Hilfe versorgt werden. Hier erwartete die Hausgehilfin aber häufig auch die meiste Arbeit, weswegen viele kinderlose Haushalte vorzogen. Um dem entgegenzuwirken, führte der Reichsarbeitsminister neben der Beschränkung des Arbeitsplatzwechsels auch ein Anreizsystem ein, das die Hausgehilfinnen in die größeren Familien locken sollte. Per Erlass vom Juli 1941 wurde diesen eine Ausstattungsbeihilfe gewährt, wenn sie vier Jahre oder länger in einem Haushalt mit mindestens drei Kindern unter 14 Jahren gearbeitet hatten. Nach vier Jahren hatten sie sich dann die Anwartschaft auf eine Beihilfe von 600 RM erworben, die sich bis zur Höchstsumme von 1.500 RM jedes Jahr um 150 RM erhöhte. Ausgezahlt wurde die Summe allerdings erst bei der Eheschließung oder der Vollendung des 30. Lebensjahres.[76] Die Verordnung brachte jedoch keine »fühlbare Besserung«[77] für die kinderreichen Familien, wie der Sicherheitsdienst der SS vermeldete. Die Aussicht darauf, in vier Jahren eine Beihilfe zu bekommen, lockte kaum mehr junge Frauen in die größeren Familien.[78]

Keine der Anordnungen führte zu einer fühlbaren Verbesserung der Situation der Hausgehilfinnen. In der Kriegszeit wurde der Mangel häufig zuerst an die Angestellten weitergegeben. So berichtete eine Hausgehilfin aus der Zeit des Zweiten Weltkriegs:

»[I]ch mußte alleine in der Küche essen. Meistens aß ich das gleiche wie die anderen, die Frau gab mir immer etwas auf den Teller. Manchmal allerdings aßen sie besser als ich. Und im Krieg, als es Lebensmittelkarten gab, hortete sie die Butter. Mir gab sie immer die älteste Butter, die teilweise schon grün war. Wie ich sah, die Butter ist schon grün, da dachte ich: Jetzt gehst du aber rein, wenn der Doktor mit am Tisch sitzt, und sagst es zu ihr. Ich ging rein und sagte: ›Frau Doktor, die Butter

---

71 Vgl. *Schulz*, Die Entwicklung der Hausgehilfinnen-Organisationen, S. 119; vgl. *Schirmacher*, Arbeit, S. 110.
72 Vgl. *Schulz*, Die Entwicklung der Hausgehilfinnen-Organisationen, S. 119.
73 Ebd., S. 120.
74 Vgl. *Wittmann*, »Echte Weiblichkeit ist ein Dienen«, S. 41.
75 Vgl. hierzu beispielsweise *Hamann*, Der Arbeitseinsatz der Hausgehilfinnen, S. 2.
76 Ebd., S. 4.
77 Vgl. beispielsweise SD-Bericht vom 18. September 1941, in: *Boberach*, Meldungen aus dem Reich, Bd. 8, S. 2785.
78 Vgl. beispielsweise SD-Bericht vom 16. Februar 1942, in: *Boberach*, Meldungen aus dem Reich, Bd. 9, S. 3332.

kann ich nicht mehr essen, die schmeckt ja wie Seife.‹ Da kam sie mit raus in die Küche und sagte: ›Ja, ja, Bescheidenheit ist eine Zierde, doch weiter kommt man ohne sie.‹«[79]

Die Schilderung der Situation macht deutlich: Die Hausgehilfin, die bereits 39 Jahre alt war, befand sich in einer abhängigen Stellung, das Essen wurde ihr von der Hausfrau zugeteilt. Die Lebensmittelmarken, die allen zustanden, hatte diese von ihr eingesammelt, insofern war es auch ihre frische Butter, die am Tisch der Herrschaften gegessen wurde. Um sich dagegen zu wehren, suchte sie bewusst eine Situation, in der der sehr viel zugänglichere Hausherr anwesend war. Dass sie in der Folge frische Butter bekam, führte sie auf sein Intervenieren zurück. Im Verlauf des Untersuchungszeitraums trauten sich immer mehr Hausgehilfinnen, eine ungenügende Arbeitssituation zu monieren und auf Abhilfe zu drängen.

Bundesrepublik

Da es auch in der Bundesrepublik einen Mangel an Hausgehilfinnen gab, mussten die Arbeitgeberinnen und Arbeitgeber zunehmend bessere Arbeits- und Lebensbedingungen bieten. Ein Vergleich der Zahlen vor und nach 1945 ist problematisch. Zum einen bezogen sich die Angaben auf ein anderes Gebiet und zum anderen wurde nicht mehr zwischen den im Haushalt lebenden Hausgehilfinnen und denen, die jeden Tag zur Arbeit kamen, unterschieden. Deswegen wird im Folgenden auf die Zahlen der beschäftigten Frauen im »Häuslichen Dienst« zurückgegriffen.

Abbildung 3: Häusliche Dienste 1939–1961[80]

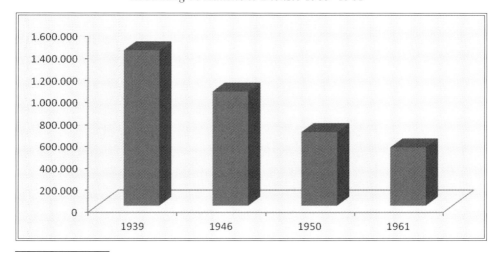

79 Zit. nach: *Weyrather*, »Ich bin noch aus dem vorigen Jahrhundert«, S. 255.
80 Die Zahlen für 1939 beziehen sich auf das Deutsche Reich, die Zahlen der Jahre 1950 und 1961 auf die Bundesrepublik. Alle Zahlen für das Jahr 1939 entnommen aus: Volks-, Berufs- und Betriebszählung vom 17. Mai 1939, Berufszählung. Die Berufstätigkeit der Bevölkerung des Deutschen Reiches (Statistik des Deutschen Reiches, Bd. 556, H. 1), Berlin 1942, Tab. 2b, S. 165; Volks-, Berufs- und Betriebszählung vom 17. Mai 1939, Berufszählung. Die Berufstätigkeit der Bevölkerung des Deutschen Reiches (Statistik des Deutschen Reiches, Bd. 556, H. 2), Berlin 1942, Tab. 3a, S. 4. Herangezogen wurde die Kategorie »Im Haushalt ihres Arbeitgebers lebende hauswirtschaftliche Gehilfen für private Dienste« und »Nicht im Haushalt ihres Arbeitgebers lebende hauswirtschaftliche Gehilfen für private Dienste«. Alle Zahlen für das Jahr 1946 entnommen aus: Volks- und Berufszählung vom 29. Oktober 1946 in den vier Besatzungszonen

Deutlich zeigt sich, dass während des Kriegs und in der direkten Nachkriegszeit die Zahl der Hausgehilfinnen weiter sank. Sie stellten aber nach wie vor eine der größten weiblichen Berufsgruppen dar. So waren 1950 noch weit über eine halbe Million Frauen im häuslichen Dienst beschäftigt. Nach Kriegsende bot die Arbeit im Privathaushalt vor allem für diejenigen jungen Mädchen und Frauen, die ihre Eltern verloren hatten, deren Elternhaus durch den Krieg zerstört wurde oder die flüchten mussten, die Möglichkeit, sowohl Unterkunft als auch Verpflegung zu erhalten. »Irgendwo musste man unterkommen«, kommentierte Elisabeth Baewer ihre Entscheidung nach dem Krieg als Hausgehilfin zu arbeiten. Ohne einen festen Wohnsitz konnte sie keine Lebensmittelmarken bekommen und so kam »nur« die Arbeit als »Dienstmädchen« in Betracht.[81] Gerade in den sogenannten »Flüchtlingsländern« Bayern, Niedersachsen und Schleswig-Holstein sank die Zahl der beschäftigten Hausgehilfinnen wesentlich weniger als in den anderen Bundesländern.[82] Je mehr sich die wirtschaftlichen Verhältnisse in der Bundesrepublik besserten, desto weniger Hausgehilfinnen gab es. Berufsforscher und Berufsforscherinnen führten dies nicht auf die mangelnde Nachfrage zurück, sondern auf das mangelnde Angebot an Arbeitskräften. Dadurch setzte sich ein Kreislauf in Gang: Durch die große Nachfrage, die nicht gedeckt werden konnte, hatten die Hausgehilfinnen die Möglichkeit, höhere Löhne zu fordern. Die höheren Löhne brachten jedoch wiederum die Hausfrauen dazu, auf eine Hausgehilfin zu verzichten beziehungsweise diese durch eine Stundenfrau zu ersetzen.[83] Während die Zahl der Hausgehilfinnen abnahm, stieg im gleichen Zeitraum die Zahl der weiblichen Reinigungskräfte.

Der sich insgesamt abzeichnende Wandel von der im Arbeitgeberhaushalt lebenden Hausgehilfin hin zur stundenweise Beschäftigten lässt sich in den 1950er und 1960er Jahren häufig auch auf der persönlichen Ebene nachvollziehen. So half die ehemalige Hausgehilfin nach ihrer Hochzeit weiterhin bei der alten Arbeitgeberfamilie aus, kam stundenweise oder übernahm einzelne Arbeiten, zum Beispiel das Putzen oder die Wäsche. Hierdurch konnte sie einen in vielen Fällen existenziell notwendigen Beitrag zum eigenen

---

und Groß-Berlin, Berufszählung, hrsg. vom Ausschuss der deutschen Statistiker für die Volks- und Berufszählung 1946, Textteil, Berlin 1953, Tab. 17 und 18, S. 47 und 51. Herangezogen wurde die Kategorie »Persönliche Dienstleistung mit Aufnahme in die private Hausgemeinschaft« und »Persönliche Dienstleistung ohne Aufnahme in die private Hausgemeinschaft«, was den Kategorien des Jahres 1939 am ehesten entspricht. Herangezogen wurden wie 1939 die Zahlen der weiblichen Erwerbspersonen. Alle Zahlen für das Jahr 1950 entnommen aus: Die Berufliche und soziale Gliederung der Bevölkerung der Bundesrepublik Deutschland nach der Zählung vom 13.9.1950 (Statistik der Bundesrepublik Deutschland, Bd. 36, Teil 1, H. 29), Stuttgart 1953, S. 172. Statistisches Jahrbuch für die Bundesrepublik Deutschland 1953, S. 111. Herangezogen wurde die Kategorie »Hausgehilfin«. Alle Zahlen für das Jahr 1961 entnommen aus: Statistisches Jahrbuch für die Bundesrepublik Deutschland 1963, S. 149. Herangezogen wurde die Kategorie »Häusliche Dienste«.

81 Interview mit Elisabeth Baewer am 25. September 2012. Elisabeth Baewer wurde 1930 geboren. Ihre Mutter starb, als sie neun Jahre alt war. Nach 1945 war ihr Vater zunächst noch in Gefangenschaft und Elisabeth Baewer und ihre Schwester mussten eine Möglichkeit finden, ihren Lebensunterhalt zu sichern. Dazu gingen beide als »Dienstmädchen« in den Privathaushalt. Elisabeth Baewer arbeitete in insgesamt drei Haushalten. Nachdem sie mit 17 Jahren ihren Mann kennengelernt hatte, kündigte sie als Hausgehilfin und erlernte den Beruf der Schneiderin. 1967 ließ sie sich von ihrem Mann scheiden und arbeitete dann noch einmal für zwei Jahre als Haushälterin zunächst beim dänischen Botschafter und dann in einem Konsulatshaushalt.

82 Vgl. Die beschäftigten Arbeiter, Angestellten und Beamten in der Bundesrepublik Deutschland 1938 und 1951 (Veröffentlichungen des Bundesministeriums für Arbeit auf dem Gebiete der Arbeit und Sozialstatistik, Bd. 6), Bonn 1951, S. 6–7.

83 Vgl. *Burkart Lutz/Leo Bauer/Jürgen von Kornatzki*, Berufsaussichten und Berufsausbildung in der Bundesrepublik, Hamburg 1964, S. 166.

Abbildung 4: Häusliche Dienste/Reinigungsberufe[84]

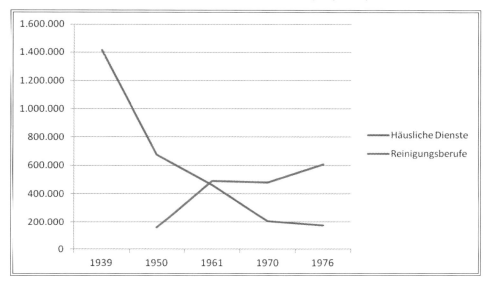

Familienhaushalt leisten.[85] Sie entsprach damit aber ganz den gültigen Weiblichkeitsvorstellungen: In der Hauptsache arbeiteten die Frauen in ihrem eigenen Haushalt und verdienten, in einem für Frauen als angemessen angesehenen Bereich, noch ein wenig dazu. Haupternährer blieb der Mann, während die frühere Hausgehilfin die Rolle der Hausfrau und Mutter übernahm. Seit den 1960er Jahren entwickelte sich die Teilzeitarbeit mehr und mehr zum gängigen Erwerbsmodell für verheiratete Frauen und Mütter.[86] Gerade die Hauswirtschaft gehörte zu den Wirtschaftsbereichen, in denen immer häufiger in Teilzeit gearbeitet wurde. Das noch weit ins 20. Jahrhundert hineinreichende hausrechtliche Abhängigkeitsverhältnis, das sich sowohl auf die Arbeitszeit als auch auf die darüber hinausgehende Zeit erstreckte, wurde von einem »sachlich« geprägten Arbeitsverhältnis abgelöst.

Der Wandel der Berufsgruppe lässt sich auch als eine Antwort auf den zu geringen Wandel des Arbeitsverhältnisses deuten. An den langen Arbeitszeiten änderte sich zunächst kaum etwas. So sahen die Richtlinien der Gewerkschaft Nahrung-Genuß-Gaststätten aus dem Jahr 1949 eine tägliche Arbeitsdauer von maximal zehn Stunden vor, wobei die Arbeit in der Zeit von 6 bis 21 Uhr abgeleistet werden sollte. Den Hausgehilfinnen waren ein freier Nachmittag (ab 15 Uhr) und ein freier Abend in der Woche zu gewähren.[87] Diese

---

84 Im Jahr 1939 führten die Statistiker die Reinigungsberufe noch nicht gesondert auf. Alle Zahlen für das Jahr 1950 entnommen aus: Statistisches Jahrbuch für die Bundesrepublik Deutschland 1952, S. 88. Zahlen für das Jahr 1961 entnommen aus: Die Erwerbspersonen nach Berufsklassen, Berufsordnungen, Berufsgruppen und Stellung im Beruf, 6. Juni 1961, Ergebnis der Volks- und Berufszählung (Beilage zum Heft 5/1966 der »Arbeits- und sozialstatistischen Mitteilungen«), Bonn 1966, S. 18. Die Zahlen für 1970 sind entnommen aus: Statistisches Jahrbuch für die Bundesrepublik Deutschland 1975, S. 140. Die Zahlen für 1976 sind entnommen aus: Statistisches Jahrbuch für die Bundesrepublik Deutschland 1977, S. 99.
85 Vgl. *Knapp*, Frauenarbeit in Deutschland, S. 314.
86 Vgl. *Christine von Oertzen*, Teilzeitarbeit und die Lust am Zuverdienen. Geschlechterpolitik und gesellschaftlicher Wandel in Westdeutschland 1948–1969, Göttingen 1999, S. 229f.
87 Richtlinien der Industriegewerkschaft Nahrung-Genuß-Gaststätten, Landesverband Niedersachsen, zur Bezahlung der Hausgehilfinnen und hauswirtschaftlichen Hilfskräfte vom 7. März 1949. Niedersächsisches Hauptstaatsarchiv Hannover, Hann. 275 Nr. 788.

Vorgaben wurden aber in vielen Fällen nicht beachtet. So berichtete beispielsweise Elisabeth Baewer, dass sie als 16-Jährige im Jahr 1946 von morgens früh bis häufig abends um 23 Uhr gearbeitet habe. Sie versah allein den Haushalt mit acht Personen, was viel Zeit und Kraft kostete.[88] Für das Jahr 1954 gab die Hauptabteilung Frauen des Deutschen Gewerkschaftsbunds an, dass 57,7 % der Hausangestellten über 60 Stunden arbeiteten und 51,9 % keinen Urlaub erhielten.[89] Die Essener Medizinalrätin Mang kam nach ihrer Befragung von 3.112 Jugendlichen, darunter 1.740 Mädchen, im Jahr 1957/58 zu dem Ergebnis, dass in keiner anderen Berufsgruppe die Verstöße gegen das Jugendschutzgesetz so umfangreich waren wie bei den in der Hauswirtschaft arbeitenden Berufsschülerinnen.[90] Dies hing unmittelbar mit der fehlenden Kontrolle zusammen. Kaum eine andere Berufsgruppe war so stark vom Wohlwollen der Arbeitgeberinnen und Arbeitgeber abhängig wie die der Hausgehilfinnen.

Die Qualität der Unterbringung änderte sich im 20. Jahrhundert ebenfalls nur langsam. Elisabeth Baewer, von der schon die Rede war, berichtete von ihrer Tätigkeit im Jahr 1945, dass sie auf der Couch im Wohnzimmer geschlafen habe. Tagsüber musste sie sich in der Küche aufhalten. In einem Schrank war ihr ein kleines Fach freigeräumt worden. Wegen der unerträglichen Arbeitsbedingungen kündigte sie nach einem Vierteljahr, aber auch in ihrer neuen Arbeitsstelle verbesserte sich ihre Wohnsituation nicht; sie musste weiterhin mit dem Sofa vorliebnehmen. Da die Arbeitgeberin Schneiderin war, fanden abends häufig noch Anproben im Wohnzimmer statt, sodass die 15-Jährige warten musste, bis sie endlich ins Bett gehen konnte. Erst bei ihrer dritten Anstellung bekam sie eine »Mädchenkammer«. »Das war schon was«, kommentierte sie diesen Schritt. Deutlich wird in dem Interview, wie sehr sie diesen kleinen Bereich der Privatsphäre als Verbesserung der Lebenssituation empfand.[91] In ihrem im Jahr 1960 bereits in der 22. Auflage erschienenen Ratgeber für Hausfrauen wies Gertrud Oheim darauf hin, dass bei der Unterbringung der Hausgehilfinnen »noch vieles im argen«[92] liege. An die Hausfrauen erging die Forderung, ein gemütliches, qualitativ angemessenes Zimmer bereitzustellen. Mit dem zunehmenden Mangel an Hausgehilfinnen wurde jedoch eine immer bessere Unterbringung geboten. Eine gute Unterkunft löste allerdings nicht das Problem, dass nach wie vor zwei sehr unterschiedliche Schichten unter einem Dach lebten.

Gerade in sehr reichen Hausständen war die Einkommensschere, und damit die spürbaren Ungleichheiten, zwischen den Arbeitgeberinnen beziehungsweise Arbeitgebern und den Arbeitnehmerinnen groß. So berichtete Edeltraut Merker[93], die 1957 in einem reichen Düsseldorfer Haushalt arbeitete, dass die Tochter ihrer Arbeitgeberin zu ihrem Geburtstag folgenden Wunsch äußerte: »Ich wünsche mir zu meiner roten Lederjacke einen roten Opel Rekord.« Das Auto bekam sie geschenkt, ein für die damals 17-jährige Hausgehilfin

---

88 Interview mit Elisabeth Baewer am 25. September 2012.
89 DGB-Bundesvorstand (Hrsg.), Geschäftsbericht des Bundesvorstandes des Deutschen Gewerkschaftsbundes 1954/1955, Düsseldorf 1956, S. 541. Im Bericht wird leider nicht angegeben, auf welcher Umfrage die Werte beruhen.
90 Vgl. *Mang*, Die berufliche und soziale Situation der weiblichen Jugendlichen aus der Sicht des Berufsschularztes, in: Der öffentliche Gesundheitsdienst. Monatsschrift für Gesundheitsverwaltung und Sozialhygiene 21, 1960, H. 10, S. 421–427, hier: S. 423.
91 Interview mit Elisabeth Baewer am 25. September 2012.
92 *Gertrud Oheim*, Das praktische Haushaltsbuch, 22., neubearb. Aufl., Gütersloh 1960, S. 449.
93 Edeltraut Merker wurde 1940 geboren und verbrachte ihre Kindheit in Ostdeutschland. Als 16-Jährige tat sie es ihrer Schwester gleich und ging in den Westen. Ihre Mutter wusste davon zunächst nichts, stimmte dann aber dem Arbeitsverhältnis in Düsseldorf zu. Hier arbeitete sie in den Jahren 1957 bis 1959 als Hausgehilfin. Nachdem Edeltraut Merker 1959 schwanger wurde, musste sie gehen und zog zurück nach Weißenfels.

unvorstellbarer Vorgang.[94] Ihre Arbeitgeberin verwies zudem explizit auf die ›Standesunterschiede‹. Edeltraut Merker war mit dem fast gleichaltrigen Enkelsohn der Arbeitgeberin ins Kino gegangen. Dies steckten die Nachbarn sofort der Hausherrin. Noch auf dem Nachhauseweg fing sie ihre Angestellte ab und schärfte ihr ein, dass dies nicht noch einmal vorkommen dürfe, da sie ja ein »anderer Stand« sei.[95] Die ›Standesunterschiede‹ machten sich aber auch im Alltäglichen bemerkbar. Der Hund der Familie erhielt jeden Tag 500 Gramm Fleisch angebraten, worauf die Hausherrin streng achtete. Edeltraut Merker und eine weitere Hausgehilfin bekamen die Reste der Mahlzeit der Arbeitgeberfamilie, die dann in der Küche erneut aufgetischt wurden. Somit war ihr Essen im Gegensatz zum Hundefutter zumeist schon kalt.

Die Klagen der Hausgehilfinnen klangen in den 1940er und 1950er Jahren denen der Jahrzehnte davor sehr ähnlich. So schrieb eine ehemalige Hausgehilfin im Jahr 1948 in einem Leserbrief zu dem Thema »Wo bleiben die Hausgehilfinnen?«, der in der Zeitschrift »Die Frau von heute« abgedruckt wurde:

»Ja, wo bleiben sie? Ich selber bin von Beruf Hausgehilfin, und ich würde auch gern wieder in den Haushalt gehen, wenn die Hausfrauen oder die Familienmitglieder begreifen würden, daß wir auch Menschen sind, die Empfinden haben. Durch das ewige Hetzen von morgens bis abends und mangelhafte Ernährung dazu bin ich sehr krank geworden. Warum ist es nicht möglich, daß die Arbeitszeit etwas geregelt ist? Dann kommt durchschnittlich der Kampf um den Ausgang hinzu. Immer muß man um diese Dinge, die vom menschlichen Standpunkt selbstverständlich sein sollten, kämpfen. Mit etwas mehr gerechtem Denken und Empfinden für unsern Beruf wäre es möglich, daß manches junge Mädchen oder Frau in den Haushalt gehen würde.«[96]

Gesetzliche Regelungen, die den angeprangerten Missständen hätten entgegenwirken können, wurden nur zögerlich in Angriff genommen, auf eine Begrenzung der Arbeitszeit mussten die Hausgehilfinnen noch bis 1955 warten.

Die Richtlinien der Reichstreuhänder der Arbeit aus der Zeit des Nationalsozialismus galten offiziell noch bis 1952 und wurden erst mit dem »Erlass der Richtlinien des Bundesarbeitsministers für die Regelung der Arbeitsbedingungen von Hausgehilfinnen im Bundesgebiet« aufgehoben. Auch diese Richtlinien hielten an den Soll-Bestimmungen fest, so sollte die Arbeitszeit »in der Regel« zehn Stunden pro Tag nicht überschreiten. Für Hausgehilfinnen unter 18 Jahren sahen die Bestimmungen eine tägliche Arbeitszeit von nicht mehr als neun Stunden und für unter 16-Jährige nicht mehr als acht Stunden vor. Auch für die minderjährigen Hausgehilfinnen bestand der Zusatz »in der Regel«, was bedeutete, dass hierdurch ein Spielraum geschaffen wurde, den die Hausfrauen, Hausgehilfinnen und im Extremfall die Richter auszuloten hatten. Zu einer klaren Regelung konnte sich der Gesetzgeber auch bei der Ernährung nicht durchringen, diese sollte ausreichend und nahrhaft und »in der Regel« derjenigen der übrigen Familienmitglieder gleichwertig sein.[97]

Erst der 6. Juli 1955 stellte für die rechtliche Lage der Hausgehilfinnen einen Einschnitt dar. Erstmals wurde ein Manteltarifvertrag abgeschlossen. Verhandlungspartner waren der Deutsche Hausfrauenbund und die Gewerkschaft Nahrung-Genuß-Gaststätten. Die Posi-

---

94 Interview mit Edeltraut Merker am 19. Juli 2012. Sie selber verdiente zunächst 45 Mark, der Lohn wurde aber schrittweise auf 90 Mark angehoben, was einem mittleren Lohn entsprach. Der Preis für einen Opel Rekord überstieg damit bei Weitem ihren Jahresverdienst.
95 Interview mit Edeltraut Merker am 19. Juli 2012.
96 Die Frau von heute, 1948, H. 7, S. 18, zit. nach: *Doris Schubert* (Hrsg.), Frauenarbeit 1945–1949. Quellen und Materialien, Düsseldorf 1984, S. 341.
97 Richtlinien für die Regelung der Arbeitsbedingungen (ohne Löhne) von Hausgehilfen im Bundesgebiet, abgedr. in: Hauswirtschaftliche Berufsausbildung, erweiterter Sonderdruck aus Heft 6/1955 »Berufskunde«, hrsg. vom Bundesministerium für Arbeit und von der Bundesanstalt für Arbeitsvermittlung und Arbeitslosenversicherung, Bonn 1955, S. 27–28.

tion der Arbeitgeberseite hatte sich deutlich gewandelt; so vermerkte die Vorsitzende des Hausfrauenbundes Fini Pfannes zum Abschluss des Vertrags:»Die Hausfrau muß endlich lernen, daß sie kein Mädchen für alles, sondern eine Angestellte hat, die sich durch die Arbeit ihren Lebensunterhalt verdient.«[98] Da es sich dabei um einen tarifrechtlichen Vertrag handelte, konnten ohne eine Allgemeinverbindlichkeitserklärung nur diejenigen davon profitieren, die einer Gewerkschaft angehörten. Elisabeth Kamm schätzte in einem Artikel für die Wochenzeitschrift »Die ZEIT«, dass circa 10 % aller Hausgehilfinnen organisiert seien.[99] Eine Einschätzung, mit der sie eher deutlich zu hoch als zu niedrig gelegen haben dürfte. Alle Diskussionen, die dem Abschluss folgten, drehten sich um den darin erstmals festgehaltenen Achtstundentag. Der SPIEGEL sprach von der »einhelligen Empörung«, die der Vertrag unter den Hausfrauen ausgelöst habe.[100] Sie sahen sich von ihrer Vorsitzenden Fini Pfannes nicht gut vertreten. Der Achtstundentag, über Jahrzehnte Symbol für die Gleichstellung des häuslichen Arbeitsverhältnisses mit anderen Berufen, stellte etwas »in der Hauswirtschaft noch nie Dagewesenes«[101] dar. Die Argumente gegen diese Regelung glichen denen der Jahrzehnte davor. Der Haushalt ließe sich nicht in ein starres Schema pressen, wie dies in der Fabrik möglich sei.

Die Allgemeinverbindlichkeitserklärung, die von beiden Vertragspartnern beim Bundesarbeitsministerium beantragt wurde, verzögerte sich, weil zahlreiche Verbände, insbesondere konfessionelle Frauenverbände, dagegen Einspruch einlegten.[102] Die Einwände bezogen sich vor allem darauf, ob der Deutsche Hausfrauenbund mit seinen 150.000 Mitgliedern überhaupt der zulässige Verhandlungspartner gewesen sei, da er deutlich weniger als die Hälfte der Arbeitgeberinnen und Arbeitgeber vertrat. Dies war jedoch eine der Bedingungen für eine Allgemeinverbindlichkeitserklärung. Der Hausfrauenbund reagierte mit einem pragmatischen Argument: Wenn das Aussterben der »Dienstmädchen« aufgehalten werden soll, müsse schnell gehandelt werden. »Sonst«, so die Vorsitzende des Hausfrauenbundes Fini Pfannes, »sind bald nur noch Aufwartefrauen zu haben, die 1,20 Mark Stundenlohn verlangen«.[103] Gegen die Allgemeinverbindlichkeitserklärung sprach sich auch der »Berufsverband katholischer Hausgehilfinnen in Deutschland« aus.[104] Die Eingaben waren erfolgreich, denn am 6. Juni 1956 wurde die Allgemeinverbindlichkeit abgelehnt.

Die Festlegung auf den Achtstundentag für Hausgehilfinnen hatte viel Wirbel ausgelöst. Bei der Untersuchung der zeitgenössischen Presse stellt sich jedoch eher der Eindruck ein, dass eine Sicherung der Arbeitsbedingungen gar nicht mehr vonnöten gewesen sei. Die Zahl der Hausgehilfinnen hatte sich stark verringert, sodass diese bei Arbeitsantritt Bedingungen stellen konnten. Wie sich die Verhältnisse verändert hatten, zeigt beispielhaft eine Anzeige aus dem Jahr 1958, die der SPIEGEL abdruckte: »Zuverlässige Hausgehilfin mögl. zum 1.4. von kinderlosem Ehepaar gesucht. Großes Zimmer mit Zentralhzg. vorhanden. Gute Referenzen früherer Angestellter verfügbar. Pers. Vorstellung ab 17 Uhr erwünscht.«[105] Nicht mehr die Hausgehilfinnen, sondern die Arbeitgeberseite musste mit Referenzen aufwarten. Wie knapp Hausgehilfinnen waren, zeigt ein Bericht über den Münchner Madame-Ball, auf dem sich die selbst ernannte High Society traf. Im Jahr 1961 war der Hauptpreis bei der Tombola eine Hausgehilfin. Süffisant wies der Redakteur des

98 Fini Pfannes. Die Perle in der Muschel, in: Der SPIEGEL, 14.12.1955, hier: S. 24.
99 Vgl. *Elisabeth Kamm*, Achtstundentag für Hausgehilfinnen?, in: Die ZEIT, 9.2.1956.
100 Fini Pfannes. Die Perle in der Muschel, hier: S. 22.
101 *Schulz*, Die Entwicklung der Hausgehilfinnen-Organisationen, S. 190.
102 Vgl. ebd., S. 192.
103 Fini Pfannes. Die Perle in der Muschel, hier: S. 22.
104 Vgl. *Schulz*, Die Entwicklung der Hausgehilfinnen-Organisationen, S. 196.
105 Hohlspiegel, in: Der SPIEGEL, 2.4.1958.

SPIEGEL darauf hin, dass in den Vorjahren Hunde und ein Reitpferd verlost worden seien.[106] Im Jahr 1963 brachte das Nachrichtenmagazin einen längeren Bericht über die aktuelle Lage der Hausangestellten. Tenor des Beitrags war, dass diese ausgesprochen gut sei. Ausgangspunkt der Berichterstattung war die Studie einer Soziologiestudentin, die erkunden wollte, »zu welchen Opfern deutsche Hausfrauen bereit sind, um die knappste Spezies auf dem deutschen Arbeitsmarkt zu ergattern: eine Hausgehilfin«. Gestoßen war sie dabei auf Hausfrauen, die neben einem sehr attraktiven Lohn von 200 bis 300 Mark, freier Kost und Logis, noch »Kleinwagen, Fernsehen und Ferien im Schloss« boten.[107] Dem Bericht war eine Zeichnung des bekannten Karikaturisten Markus aus der Zeitung »Die Welt« beigefügt, die das rare Gut »Hausgehilfin« versinnbildlichte.

Abbildung 5: »Soziales Sittenbild«

Die Welt

Einen Mangel gab es jedoch nur an Hausgehilfinnen, die bereit waren, im Arbeitgeberhaushalt zu leben. Das Leben und Arbeiten unter einem Dach mit den Arbeitgeberinnen und Arbeitgebern entsprach nicht mehr den Vorstellungen von persönlicher Freiheit. Mussten es die Frauen hinnehmen, dass sie während der Arbeitszeit einer Fremdbestimmung unterlagen, so sollte dies nicht noch für den Feierabend gelten.

---

106 Personalien, in: Der SPIEGEL, 1.11.1961. Aus der nächsten Ausgabe des SPIEGEL geht hervor, dass von diesem Vorhaben doch abgesehen wurde, weil die Aktion zu viel Kritik erfuhr. Vgl. Brillant im Ohr und Goldstaub auf der Lippe. Ein Bericht über den Madame-Club, in: Der SPIEGEL, 8.11.1961.
107 Kleinwagen, Fernsehen und Ferien im Schloss. SPIEGEL-Report über Hausgehilfinnen in Deutschland, in: Der SPIEGEL, 30.10.1963, hier: S. 71.

II. FAZIT

In keinem anderen Berufsverhältnis trafen zwei Schichten so stark aufeinander wie in dem der Hausgehilfinnen. Die Hierarchie war dabei vom Moment der Einstellung an klar: Die Angestellten mussten sich in den fremden Haushalt einfügen, die bestehenden Regeln beachten und den Anweisungen der Arbeitgeberinnen und Arbeitgeber folgen. Die unterschiedliche Stellung wurde durch zahlreiche alltägliche Praktiken immer wieder verdeutlicht, gefestigt und manchmal auch aufgeweicht. Schützende Gesetze, die die starke Abhängigkeit von den Arbeitgeberinnen und Arbeitgebern gemildert hätten, kamen nicht zustande, trotz der Jahrzehnte andauernden Diskussionen. Die untergeordnete Stellung im Berufsalltag und die Benachteiligung bei der Gesetzgebung hingen eng miteinander zusammen. Die Vereinzelung in den Haushalten und die überlangen Arbeitszeiten machten ein gewerkschaftliches Engagement nur schwer möglich. Da zahlreiche Frauen den Beruf als eine Durchgangsstation zum eigenen Haushalt oder einer anderen Tätigkeit betrachteten, sahen sie in einem verstärkten Engagement auch gar keine Notwendigkeit. Die Vertretung der Arbeitnehmerseite blieb daher schwach, die organisierten Hausfrauen konnten bei den Diskussionen deutlich mehr Druck aufbauen und hatten wesentlich bessere Kontakte zu den Entscheidungsträgern. Die Hausgehilfinnen fanden jedoch ihre Strategien, um die Arbeitssituation zu verbessern. So lässt sich für den ganzen Untersuchungszeitraum feststellen, dass es keine andere Berufsgruppe gab, die so häufig ihren Arbeitsplatz wechselte.[108] Da insgesamt betrachtet deutlich häufiger ein Mangel an Arbeitskräften als an freien Arbeitsstellen bestand, war dies ein sehr effektives Mittel, um die eigene Situation zu verbessern. Dies war in vielen Fällen auch nötig, erinnerten doch zahlreiche Beschäftigungsverhältnisse von Hausgehilfinnen im 20. Jahrhundert an die Abhängigkeitsverhältnisse des 19. Jahrhunderts. Die im Haushalt arbeitenden Frauen stellten insofern durchaus ein Relikt aus dem vorangegangenen Jahrhundert dar. Deutlich lassen sich aber auch der Wandel der Berufsgruppe und die Anpassung an die Gegebenheiten des 20. Jahrhunderts erkennen. Vielfach ging dieser Prozess jedoch nur langsam vonstatten – für viele Frauen zu langsam. Sie nutzten die vielen neuen Möglichkeiten und ergriffen einen anderen Beruf oder wechselten in das Reinigungsgewerbe. Bis heute arbeiten die meisten Reinigungskräfte stundenweise, ›live-ins‹ stellen eine Minderheit dar.

Zwischen 50 und 100 Millionen Hausangestellte sind laut Schätzungen der Expertinnen und Experten der Internationalen Arbeitsorganisation (ILO) heute weltweit in privaten Haushalten tätig.[109] Die Ähnlichkeit zu der Situation der Hausgehilfinnen in der ersten Hälfte des 20. Jahrhunderts ist frappierend. 83 % der heute im Haushalt Beschäftigten sind weiblich und ein Großteil stammt aus unterprivilegierten Verhältnissen. Ihnen werden vor allem die anstrengenden und schmutzigen Arbeiten übertragen. Die Löhne sind nach wie vor gering, ebenso das Prestige der Arbeit. In Deutschland sind heute die Arbeitsverhältnisse über Gesetze und Tarifabschlüsse geregelt. Da jedoch ein beträchtlicher Teil der Arbeitnehmerinnen illegal arbeitet, sind diese Frauen nach wie vor vom Wohlwollen der Arbeitgeberinnen und Arbeitgeber abhängig.

---

108 Vgl. beispielsweise *Renate Haack*, Berufswunsch und Berufswahl in familiensoziologischer Sicht. Eine Untersuchung an Hand der Schülerkarten von 13.300 Mädchen, Köln 1958, S. 375; *Walter Jaide*, Die Berufswahl. Eine Untersuchung über die Voraussetzungen und Motive der Berufswahl bei Jugendlichen von heute, München 1961, S. 130.

109 Bericht des Generaldirektors der ILO zur Durchführung des Programms der IAO 2010/2011 vom 7. Mai 2012, URL: <http://www.ilo.org/ilc/ILCSessions/101stSession/reports/reports-submitted/WCMS_180148/lang--en/index.htm> [5.2.2014].

Jan Stoll

»Behinderung« als Kategorie sozialer Ungleichheit

Entstehung und Entwicklung der »Lebenshilfe für das geistig behinderte Kind« in der Bundesrepublik Deutschland in den 1950er und 1960er Jahren[*]

Neuere Ansätze des noch jungen Forschungsfeldes der Disability Studies beziehungsweise der Disability History legen nahe, »Behinderung« als Kategorie sozialer Ungleichheit zu untersuchen.[1] Die historische Ungleichheitsforschung hat die Geschichte von Menschen mit Behinderungen[2] bislang weitgehend übersehen[3], wenngleich einige, vor allem politikgeschichtliche Arbeiten seit einigen Jahren vorliegen.[4] Als Ergebnis dieser Studien können die ungleichen Verteilungsmodi sozialpolitischer Leistungen für Menschen mit Behinderungen in der Bundesrepublik Deutschland hervorgehoben werden, die sich nach einer

---

[*] Ich danke den Teilnehmerinnen und Teilnehmern des Autorenworkshops des Archivs für Sozialgeschichte sowie des Oberseminars am Lehrstuhl für Geschichte der Neuzeit der Christian-Albrechts-Universität zu Kiel und Professor Dr. Gabriele Lingelbach, Dr. Wilfried Rudloff, Steffen Dörre und den Kollegen im DFG-Projekt »Geschichte von Menschen mit Behinderung in Deutschland nach 1945«, Bertold Scharf und Sebastian Schlund, für Anregungen und Kritik.

[1] Vgl. *Markus Dederich*, Körper, Kultur und Behinderung. Eine Einführung in die Disability Studies, Bielefeld 2007.

[2] Der Begriff »Menschen mit Behinderungen« resultiert aus den Diskussionen um eine Bezeichnung, die nicht von negativen Konnotationen belastet ist, und signalisiert, anders als der Begriff »Behinderte«, dass die Eigenschaft »behindert« den betreffenden Personen nicht immanent ist. Vielmehr soll die Bezeichnung deutlich machen, dass es sich um eine zugeschriebene beziehungsweise durch gesellschaftliche Rahmenbedingungen verursachte Eigenschaft handelt. Die Bezeichnung »Menschen mit geistiger Behinderung« wiederum wird teilweise ebenfalls als diskriminierend verstanden. Da die Diskussionen um eine adäquate, nicht diskriminierende, aber treffende Bezeichnung noch keine allgemein anerkannte Terminologie erbracht haben, sei an dieser Stelle darauf verwiesen, dass Selbstbeschreibungen wie »Menschen mit Lernschwierigkeiten« oder »besonderem Förderbedarf« existieren und immer stärkeren Gebrauch finden. Im Folgenden wird aus Gründen der besseren Lesbarkeit der Begriff »(geistig) Behinderte« verwendet, es sei an dieser Stelle aber auf dessen Problematik hingewiesen. Vgl. etwa die Positionen der Selbstvertretungsorganisation von Menschen mit Lernschwierigkeiten »People First«, URL: <http://www.people1.de/was_mensch.html> [29.1.2014]; vgl. auch *Rainer Kluge*, Der Paradigmenwechsel in der Behindertenbewegung und Politik. Bestandsaufnahme und Fragen zum Prozess, in: Sonderpädagogische Förderung heute 54, 2009, H. 2, S. 154–164.

[3] Vgl. *Hans-Walter Schmuhl*, Menschen mit Behinderungen im Spannungsfeld von Exklusion und Inklusion. Vorüberlegungen zu einer notwendigen Erweiterung der Sozialgeschichte Deutschlands im 20. Jahrhundert, in: *Jan Cantow/Katrin Grüber* (Hrsg.), Eine Welt ohne Behinderung. Vision oder Alptraum?, Berlin 2009, S. 24–50, hier: S. 24.

[4] Vgl. beispielsweise *Wilfried Rudloff*, Überlegungen zur Geschichte der bundesdeutschen Behindertenpolitik, in: Zeitschrift für Sozialreform 49, 2003, S. 863–886; vgl. die Beiträge von *dems.*, Rehabilitation und Hilfen für Behinderte, in den Bänden der Reihe »Geschichte der Sozialpolitik in Deutschland seit 1945«, hrsg. vom Bundesarchiv und dem Bundesministerium für Arbeit und Soziales, Baden-Baden 2001–2008; vgl. auch *Elsbeth Bösl*, Politiken der Normalisierung. Zur Geschichte der Behindertenpolitik in der Bundesrepublik Deutschland, Bielefeld 2009; mit kulturgeschichtlichem Schwerpunkt: *Carol Poore*, Disability in Twentieth-Century German Culture, Ann Arbor 2007. Eine frühe Ausnahme ist *Walter Fandrey*, Krüppel, Idioten, Irre. Zur Sozialgeschichte behinderter Menschen in Deutschland, Stuttgart 1990.

Hierarchisierung der unterschiedlichen Behinderungsarten richteten: Aufgrund des elektoralen Gewichts der Betroffenen, ihrer Organisationsfähigkeit, des Medieninteresses, des Einflusses der Expertenkultur, der Binnenlogik des Systems sozialer Sicherung und des moralischen Kapitals der Betroffenen verschoben und erweiterten sich die behindertenpolitischen Themenkonjunkturen.[5] Kriegsbeschädigte waren demnach die erste Gruppe, der Sozialleistungen und Rentenansprüche zugesprochen wurden, erst nach und nach bezog die Sozialpolitik Menschen mit anderen Behinderungsarten in ihre Leistungssysteme ein. Die Disability History macht darauf aufmerksam, dass Behinderung auch ein Problem der gesellschaftlichen Perzeption ist. Sie wendet sich explizit gegen Sichtweisen auf Behinderung, die von einem individuellen Defekt des Betroffenen ausgehen, der mittels medizinischer, rehabilitativer oder prothetischer Maßnahmen zu beheben sei, wie es das sogenannte medizinische Modell von Behinderung postulierte.[6] Seit den 1970er Jahren sprachen sich Vertreterinnen und Vertreter der Disability Studies für ein soziales Modell von Behinderung aus. Hier wurden nun die gesellschaftlichen Barrieren betont, die den Betroffenen behinderten. Die theoretische Unterscheidung von Schädigung *(impairment)* und Behinderung an Teilhabe *(disability)* machte diese Perspektivverschiebung deutlich. Kritisiert wurden nunmehr vor allem architektonische Hindernisse und gesellschaftliche Normsetzungen, die Menschen mit Behinderung von der Partizipation am sozialen Leben ausschlossen. Erweiterungen erfuhr dieses Modell durch eine konstruktivistische Perspektive, die Behinderung explizit als sozial und kulturell konstruiert versteht, womit gesellschaftliche Prozesse der Definition, der Aus- und Abgrenzung und der Herstellung von Normalität und Ungleichheit in den Fokus rücken. Konstatiert man also, dass Behinderung in unterschiedlichen sozialen und kulturellen Kontexten unterschiedlich definiert wird, wird »Behinderung« als Kategorie der Aus- und Abgrenzung und der Hierarchisierung historisch untersuchbar. Die Schwerpunkte des Erkenntnisinteresses liegen dann auf gesellschaftlichen Norm- und Wertsetzungen, die zu Inklusions- oder Exklusionsprozessen beitragen: Behinderung wird zu einem analytischen Zugriff auf Phänomene der Hierarchisierung.[7] So lassen sich konkrete Fragen nach den daraus abgeleiteten sozialen Praktiken von Ungleichheit sowie deren Wandel stellen. Während das medizinische Modell körperliche Abweichung als Personeneigenschaft und persönliches Defizit wahrnahm und Ungleichheit damit als individuelles Problem aufgefasst wurde, kann also erst eine Perspektive, die Behinderung als soziale Interaktion aufgreift, diese Verschiedenheit als potenzielle soziale Ungleichheit analysieren.

Der Konnex von Behinderung und sozialer Ungleichheit wurde bislang vor allem in der soziologischen Forschung hergestellt und hier primär als horizontale Ungleichheit identifiziert, die sich in soziale Ungleichheit übersetzen kann.[8] Betont wurde hier auch die

5 Vgl. *Wilfried Rudloff*, Sozialstaat, Randgruppen und bundesrepublikanische Gesellschaft. Umbrüche und Entwicklungen in den sechziger und frühen siebziger Jahren, in: *Franz-Werner Kersting* (Hrsg.), Psychiatriereform als Gesellschaftsreform. Die Hypothek des Nationalsozialismus und der Aufbruch der sechziger Jahre, Paderborn/München etc. 2003, S. 181–219, hier: S. 196.
6 Vgl. *Elsbeth Bösl*, Was ist Disability History? Zur Geschichte und Historiografie von Behinderung, in: *dies./Anne Klein/Anne Waldschmidt* (Hrsg.), Disability History. Konstruktionen von Behinderung in der Geschichte – Eine Einführung, Bielefeld 2010, S. 29–43.
7 Vgl. *Anne Waldschmidt/Werner Schneider*, Disability Studies und Soziologie der Behinderung. Kultursoziologische Grenzgänge – Eine Einführung, in: *dies.* (Hrsg.), Disability Studies, Kultursoziologie und Soziologie der Behinderung. Erkundungen in einem neuen Forschungsfeld, Bielefeld 2007, S. 9–28, hier: S. 15.
8 Vgl. *Michael Maschke*, Behinderung als Ungleichheitsphänomen – Herausforderung an Forschung und politische Praxis, in: ebd., S. 299–320; vgl. auch *Jutta Jacob/Swantje Köbsell/Eske Wollrad* (Hrsg.), Gendering Disability. Intersektionale Aspekte von Behinderung und Geschlecht, Bielefeld 2010; vgl. *Gabriele Winker/Nina Degele*, Intersektionalität. Zur Analyse sozialer Ungleichheiten, Bielefeld 2009.

gegenseitige Bedingtheit horizontaler und vertikaler Formen von Ungleichheiten. Während vertikale Ungleichheiten ein hierarchisches Strukturprinzip darstellen und vor allem durch den Zugang zu materiellen Ressourcen wie der Einkommens- und Vermögensdistribution bemessen werden, können horizontale Ungleichheiten durch Diskriminierungs- und Exklusionsstrukturen in gesellschaftlich wirksame Hierarchien übertragen werden. So kann beispielsweise ein privat zu finanzierender Pflegebedarf ein Armutsrisiko darstellen, ebenso wie der kostenpflichtige Zugang zu Förderungs- und Bildungseinrichtungen für Menschen mit Behinderungen soziale Exklusion nach sich ziehen mag.[9] Der Blick auf die Verteilungskämpfe um sozialstaatliche Ressourcen ermöglicht dann nicht nur Blicke auf das Drängen, die Gleichheitsversprechen des Grundgesetzes einzulösen, sondern eröffnet auch Einsichten in die Strategien der Abwendung von sozialer Ungleichheit. Soziale Notlagen hängen aber auch vom Zugang zu Lebensbereichen wie Arbeit, Bildung, Wohnen und dergleichen ab, weil diese für Menschen mit Behinderungen erhöhte Hürden zur Teilhabe aufweisen oder den Zugang aufgrund von negativen Stereotypen ganz verweigern.[10] Dabei wird deutlich, dass Ungleichheit auch ein »Wahrnehmungsproblem« ist, das eines Akteurs bedarf, der sie thematisiert.[11] Soziale Ungleichheit wird demnach nicht nur anhand vertikaler Ungleichheiten hergestellt, sondern auch durch den Zugang zu anderen Ressourcen, wie der Teilhabe an zentralen gesellschaftlichen Bereichen wie dem Bildungswesen oder der Verteilung sozialer Anerkennung.

So wurde über Ungleichheit in der Bundesrepublik Deutschland nie nur in Kategorien der Einkommensverteilung diskutiert. In den 1960er Jahren begann Armut vor dem Hintergrund des sozialstaatlichen Ausbaus in den öffentlichen Diskussionen zunehmend in den Hintergrund zu treten.[12] Neue Formen sozialer Randständigkeit gerieten in den Mittelpunkt der Aufmerksamkeit, die mit dem Begriff der »Randgruppen« belegt wurden.[13] Diese Randgruppen kennzeichne eine »relative Ferne zur ›Kerngesellschaft‹« und eine nur eingeschränkte Teilhabe am sozialen Leben. Dazu wurde auch die sehr heterogene Gruppe der Menschen mit Behinderung gezählt, die durch ihre Abweichung von gesellschaftlich definierter körperlicher, geistiger oder psychischer Normalität und durch ihre Inanspruchnahme bestimmter gesundheitlicher und sozialpolitischer Hilfen aber eine spezifische Gruppe bildeten.[14] Quantitativ handelte es sich dabei keineswegs um ein marginales Phänomen: So waren 1966 mindestens 4,1 Millionen Menschen von Behinderung betroffen, also etwa 7 % der westdeutschen Bevölkerung.[15]

---

9 Vgl. beispielsweise *Corinna Barkholdt/Gerhard Nagele*, Armut durch Pflegebedürftigkeit. Das ungelöste Problem deutscher Sozialpolitik, in: *Walter Hanesch* (Hrsg.), Sozialpolitische Strategien gegen Armut, Opladen 1995, S. 404–428.

10 Vgl. *Maschke*, Behinderung als Ungleichheitsphänomen, S. 303f.; vgl. *Sighard Neckel/Ferdinand Sutterlüty*, Negative Klassifikationen. Konflikte um die symbolische Ordnung sozialer Ungleichheit, in: *Wilhelm Heitmeyer/Peter Imbusch* (Hrsg.), Integrationspotenziale einer modernen Gesellschaft, Wiesbaden 2005, S. 409–428.

11 Vgl. *Thomas Mergel*, Gleichheit und Ungleichheit als zeithistorisches und soziologisches Problem, in: ZHF 10, 2013, S. 307–320.

12 Vgl. *Rudloff*, Sozialstaat, Randgruppen und bundesrepublikanische Gesellschaft, S. 191f.

13 *Friedrich Fürstenberg*, Randgruppen in der modernen Gesellschaft, in: Soziale Welt 16, 1965, S. 236–245, hier: S. 237. Folgendes Zitat: ebd.

14 Vgl. *Wilfried Rudloff*, Rehabilitation und Hilfen für Behinderte, in: *Michael Ruck/Marcel Boldorf* (Hrsg.), Bundesrepublik Deutschland 1957–1966. Sozialpolitik im Zeichen des erreichten Wohlstandes, Baden-Baden 2007, S. 463–501, hier: S. 467.

15 So die Angaben aus dem Mikrozensus von 1966, die allerdings auf Selbsteinschätzungen beruhen; vgl. *Rudloff*, Sozialstaat, Randgruppen und bundesrepublikanische Gesellschaft, S. 195. Schätzungen gingen von bis zu sechs Millionen Betroffenen aus. Vgl. *Norbert Breeger*, Selbstorganisationsversuche Behinderter unter besonderer Berücksichtigung Körperbehinderter. De-

Aus diesen Perspektiven soll »Behinderung« als Kategorie sozialer Ungleichheit am Beispiel der behindertenpolitischen Interessenorganisationen in der frühen Bundesrepublik untersucht werden: Die »Lebenshilfe für das geistig behinderte Kind« – oder kurz »Lebenshilfe« –, so die These, reagierte mit ihrer Gründung im Jahr 1958 auf mehreren Ebenen auf Ungleichheiten in Bezug auf bildungspolitische Missstände, auf sozialpolitische Versorgung und Fürsorge, auf gesellschaftliche Bilder von Behinderung und auf Hierarchisierungen von Menschen mit Behinderung in der Bundesrepublik. Die Initiativen der Lebenshilfe, die den Zugang zu den Ressourcen Teilhabe am Bildungswesen, materielle Ausstattung und soziale Anerkennung eröffnen oder erweitern sollten, stehen hier im Mittelpunkt des Interesses. Es geht nicht darum, immer weitere Differenzierungskategorien sozialer Ungleichheit ausfindig zu machen und zu addieren. Vielmehr sollen Verflechtungen unterschiedlicher Faktoren sozialer Ungleichheit Berücksichtigung finden, etwaige spezifische Faktoren für Menschen mit geistigen Behinderungen herausgearbeitet und nach ihrer Aussagekraft im Blick auf soziale Ungleichheit befragt werden. Dies wird am Beispiel des Akteurs Lebenshilfe exemplifiziert, der in den 1960er Jahren die Wahrnehmung sozialer Ungleichheit ausweitete. Um dies zu verdeutlichen, werde ich zunächst auf die Politiken und Strategien der Kriegsopferverbände eingehen, deren Handlungsfelder und politischen Ergebnisse ihrer Bemühungen die öffentliche Wahrnehmung von Behinderung sowie die Behindertenpolitik der frühen Bundesrepublik dominierten (I). Erst vor diesem Hintergrund wird eine Bedeutungsverschiebung der betrachteten Ressourcen deutlich, wie sie aus den Arbeitsschwerpunkten der Lebenshilfe hervorgeht, deren Gründung im zweiten Schritt dargestellt wird (II). Anschließend werden die Auseinandersetzungen der Lebenshilfe um drei zentrale Ressourcen für Menschen mit geistigen Behinderungen beleuchtet: die Teilhabe der Kinder mit geistigen Behinderungen am Bildungswesen, die die Lebenshilfe über ihre Sonderschulkonzepte anstrebte (III), die materielle Ausstattung, die über politische Einflussnahme der Lebenshilfe verbessert werden sollte (IV), und die soziale Anerkennung von Menschen mit geistigen Behinderungen, der sich die Öffentlichkeitsarbeit der Lebenshilfe verschrieben hatte (V). Im Ausblick (VI) wird diskutiert, inwieweit diese Arbeit der Lebenshilfe wiederum neue Ungleichheiten hervorgebracht hat.

I. KRIEGSOPFERVERBÄNDE UND BEHINDERTENPOLITIK IN DER FRÜHEN BUNDESREPUBLIK

Wenn von Menschen mit Behinderung in der frühen Bundesrepublik die Rede ist, sind es zunächst die Kriegsversehrten, die aufgrund ihrer schieren Anzahl und Organisationskraft in den Fokus rücken.[16] Allein die beiden größten Kriegsbeschädigtenorganisationen, der »Verband der Kriegsbeschädigten, Kriegshinterbliebenen und Sozialrentner Deutschlands« (VdK) und der »Reichsbund der Kriegsbeschädigten, Kriegsteilnehmer und Kriegshinterbliebenen« (Reichsbund), versammelten über zwei Millionen Mitglieder, sie waren damit nach den Gewerkschaften die größten Verbände der Nachkriegszeit.[17] Der erschwerte Zugang zum Arbeitsmarkt und die diskriminierenden rechtlichen Zugangsvoraussetzungen zu Versorgungsbezügen machten die soziale Ungleichheit der Kriegsbeschädigten aus.

---

fizite staatlicher Sozial- und Behindertenpolitik und eine mögliche Reaktion der Betroffenen, Halbjahresarbeit für Diplom-Soziologen, Hamburg 1978.

16 Vgl. *James M. Diehl*, The Thanks of the Fatherland. German Veterans after the Second World War, Chapel Hill/London 1993; *David A. Gerber*, Disabled Veterans, the State, and the Experience of Disability in Western Societies, 1914–1950, in: Journal of Social History 36, 2003, S. 899–916; *Poore*, Disability in Twentieth-Century German Culture, S. 56–61.

17 Vgl. *Wilfried Rudloff*, Im Schatten des Wirtschaftswunders. Soziale Probleme, Randgruppen und Subkulturen 1949 bis 1973, in: *Thomas Schlemmer/Hans Woller* (Hrsg.), Bayern im Bund. Gesellschaft im Wandel, München 2002, S. 347–467, hier: S. 368.

Dementsprechend forderten die Kriegsopferverbände neben der Verbesserung der sozial-politischen Versorgung die Wiedereingliederung in Erwerbsarbeit. Hierüber sollte eine weitestgehende Annäherung an geltende gesellschaftliche Normen erlangt und die sozialen Ungleichheiten abgemildert werden. So war die medizinische und berufliche Rehabilitation, die den körperlich Geschädigten in die Lage versetzen sollte, einem Erwerbsberuf nachzugehen, das maßgebliche Konzept zur »Lösung des Schwerbeschädigtenproblems durch Arbeit«[18] – wie es zeitgenössisch formuliert wurde – und vor dem Hintergrund des Arbeitskräftebedarfs des Wiederaufbaus auch ein politisch forciertes Anliegen.[19] Die Kriegsopferverbände konnten mit einer staatstragenden Rhetorik, einem oft wiederholten Bekenntnis zur Demokratie und der Betonung, durch die Kriegsbeschädigung ein Opfer für die Gemeinschaft erbracht zu haben, ihre sozialpolitischen Forderungen an die Bundesrepublik in vielen Fällen behaupten und avancierten somit zur Gruppe mit der stärksten versorgungspolitischen Aufmerksamkeit der Bundesrepublik. Das im Dezember 1950 erlassene Bundesversorgungsgesetz, das die Rentenversorgung der Kriegsversehrten regelte, war in seiner Entstehung und in seiner Durchführung ein Beleg für die Durchsetzungskraft der Kriegsopferverbände:[20] Denn sie erreichten unter anderem, in die Beratungen zu den Gesetzgebungen im Bundesministerium für Arbeit einbezogen zu werden. In der Folge beteiligten sie sich an den Beratungen der Beiräte für Versorgung beim Ministerium[21] sowie beim Bundesausschuss der Kriegsbeschädigten- und Kriegshinterbliebenenfürsorge.[22] Über diese politischen Beratungsfunktionen konnten die Kriegsbeschädigtenverbände direkten Einfluss auf die Ausgestaltung der Gesetzestexte und Durchführungsverordnungen nehmen und dadurch ihre Ausstattung mit materiellen Ressorcen und die Zugangsregelungen zum Arbeitsmarkt beeinflussen. Daneben waren die Kriegsopferverbände über personale Überschneidungen auch im Bundestag repräsentiert.[23] Vertreterinnen und Vertreter der Verbände waren als Parlamentarier in den Ausschüssen aktiv, in denen sozialpolitische Gesetzesmaßnahmen zur Versorgung der Kriegsopfer parteiübergreifend beraten wurden, bevor sie in die Lesungen des Bundestagsplenums eingingen.

Die schwerbeschädigten Kriegsopfer waren überwiegend Männer[24], deren Selbstverständnis durch die Behinderung infolge der Kriegseinwirkung geprägt war. Sie hatten oftmals eine reguläre Schul-, Berufs- oder Hochschulbildung erhalten. Da es sich bei der Kriegsbeschädigung um eine sogenannte erworbene Behinderung handelte, kennzeichnete der Bruch zwischen einer Zeit vor der körperlichen Behinderung und einer Zeit mit dieser Behinderung ihren Erfahrungshintergrund. Das Selbstverständnis, das durch die Kriegsopferorganisationen transportiert wurde, lehnte sich an diesen Erfahrungsbruch an. Durch

---

18 So der programmatische Titel einer Schrift des Mediziners *Wolfgang Albert*, Lösung des Schwerbeschädigtenproblems durch Arbeit. Betrachtungen und Untersuchungen zur Resozialisierung Körperbehinderter, Berlin 1956.

19 Vgl. *Bösl*, Politiken der Normalisierung, insb. S. 47–54 und 243–264.

20 Vgl. *Diehl*, The Thanks of the Fatherland, S. 109–140.

21 Vgl. Der Bundesminister für Arbeit an den Staatssekretär des Innern im Bundeskanzleramt, 26.4.1950, Bundesarchiv Koblenz (BAK), B 136/9083.

22 Vgl. Manuskript der Rede des Bundesinnenministers Dr. Lehr, gehalten bei der Eröffnung der 1. Sitzung des Bundesausschusses der Kriegsbeschädigten- und Kriegshinterbliebenenfürsorge, 8.12.1950, Bayerisches Hauptstaatsarchiv München (Bay. HStA), Landeshauptfürsorgestelle Nr. 22.

23 Vgl. *Wolf Donner*, Die sozial- und staatspolitische Tätigkeit der Kriegsopferverbände. Ein Beitrag zur Verbandsdiskussion, Berlin 1960, S. 28.

24 Vgl. etwa die Angaben bei *Albert*, Lösung des Schwerbeschädigtenproblems, S. 16, wonach knapp zwei Drittel der Schwerbeschädigten Männer waren. Darauf, dass es sich hierbei auch um ein normatives Erfassungsproblem handelt, da Rehabilitation männlich gedacht war, macht nicht zuletzt *Bösl*, Politiken der Normalisierung, S. 220, aufmerksam.

die Schädigung, die infolge der Befehlsausführung entstanden war, sei »ein unlösbares Verhältnis zum Staat begründet«[25] worden, wie es der Hauptgeschäftsführer des VdK und SPD-Bundestagsabgeordnete, Helmut Bazille, im Jahr 1951 ausdrückte. Es war auch dieses Verhältnis, das für eine scharfe Abgrenzung der Kriegsopferverbände von sogenannten zivilen Behinderten sorgte. Diese stellten eine Gefahr für die Versorgung der Kriegsopfer dar, denn sie waren direkte Konkurrenten um die sozialpolitischen Gelder und Begünstigungen. Zudem wurden Zivilbehinderte – wie bereits nach dem Ersten Weltkrieg – als »Behinderte zweiter Klasse« angesehen, da sie ihre Behinderung nicht aus der vermeintlich ehrenvollen Aufopferung für die Nation, dem »Dienst am Ganzen«[26], erworben hatten.[27] Ihnen wurde gewissermaßen eine eigene Schuld an ihrer Behinderung zugeschrieben, konnte man Unfallopfern doch Unvorsichtigkeit oder Unachtsamkeit und den Eltern der von Geburt an Behinderten in Tradition eugenischer Denkmuster eine Schuld durch erbliche Belastung oder Fehlverhalten unterstellen. Das militärische Opfer hingegen wurde mit Heiligkeit in Verbindung gebracht und die eigene Unschuld an der Kriegsbeschädigung herausgestellt: Die Kriegsbeschädigten erzählten ihre Erinnerungen und Erfahrungen als »Passionsgeschichte«.[28] Sie beharrten auf einem kausalen Betrachtungsprinzip, das die Leistungen des Staats für dessen ehemalige Soldaten an die Ursache der Behinderung knüpfte. Erst mit dem Schwerbehindertengesetz von 1974 verlor dieses Prinzip rechtlich seine Gültigkeit, da hier das finale Prinzip durchgesetzt wurde, das die Art der Behinderung für die Verteilung von Ressourcen ausschlaggebend machte.[29] Die Politik der Kriegsbeschädigtenverbände bildete in Anlehnung an die sozialpolitische Versorgungstradition den Maßstab der bundesrepublikanischen Behindertenpolitik und trug so zunächst zu einer Hierarchisierung innerhalb der Gruppe der Menschen mit Behinderungen bei, die sich auch in Gesetzestexten niederschlug und damit Ungleichbehandlung auf Dauer stellte.[30] Diese Perpetuierung sozialer Ungleichheit stellte in Form der Binnenhierarchisierung ein wirkungsstarkes Deutungs- und Rechtfertigungsmuster sowie gleichzeitig eine »problematische Form der Ungleichbehandlung« dar.[31]

---

25 Helmut Bazille (MdB), Rede des Hauptgeschäftsführers des VdK Deutschlands auf dem Verbandstag des VdK am 14.10.1951 in Trier zum Thema »VdK – Volk und Staat«, Bay. HStA, Landeshauptfürsorgestelle Nr. 128.

26 Vgl. *Donner*, Die sozial- und staatspolitische Tätigkeit der Kriegsopferverbände, S. 177.

27 Zur Tradition der Versorgung vgl. *Christoph Sachße*, Von der Kriegsfürsorge zum republikanischen Sozialstaat, in: *Ursula Röper/Carola Jüllig* (Hrsg.), Die Macht der Nächstenliebe. Einhundertfünfzig Jahre Innere Mission und Diakonie 1948–1998, Berlin 1998, S. 194–215; *Klaus-Dieter Thomann*, Rehabilitation und Selbstbestimmung von Menschen mit Behinderungen in Deutschland – gestern und heute, in: *Herbert Rische* (Hrsg.), Selbstbestimmung in der Rehabilitation. Chancen und Grenzen, Ulm 2000, S. 27–42; zur Herkunft der »Krüppelfürsorge« vgl. *Philipp Osten*, Die Modellanstalt. Über den Aufbau einer »modernen Krüppelfürsorge« 1905–1933, Frankfurt am Main 2004; vgl. auch *Petra Fuchs*, »Körperbehinderte« zwischen Selbstaufgabe und Emanzipation. Selbsthilfe – Integration – Aussonderung, Neuwied 2001.

28 Vgl. *Thomas Kühne*, Zwischen Vernichtungskrieg und Freizeitgesellschaft. Die Veteranenkultur der Bundesrepublik (1945–1995), in: *Klaus Naumann* (Hrsg.), Nachkrieg in Deutschland, Hamburg 2001, S. 90–113, hier: S. 99f.

29 Vgl. *Rudloff*, Sozialstaat, Randgruppen und bundesrepublikanische Gesellschaft, S. 203f.

30 Die Produktion von Ungerechtigkeiten durch den Wohlfahrtsstaat selbst identifiziert Christoph Sachße als eine »wohlfahrtsstaatliche Paradoxie«; vgl. *Christoph Sachße*, Wohlfahrtsstaat in Deutschland. Strukturen, Paradoxien, Perspektiven, in: *Andreas Wollasch* (Hrsg.), Wohlfahrtspflege in der Region. Westfalen-Lippe während des 19. und 20. Jahrhunderts im historischen Vergleich, Paderborn 1997, S. 269–282, hier: S. 278f.

31 Vgl. *Wilfried Rudloff*, Rehabilitation und Hilfen für Behinderte, in: *Hans Günter Hockerts* (Hrsg.), Bundesrepublik Deutschland 1966–1974. Eine Zeit vielfältigen Aufbruchs, Baden-Baden 2006, S. 557–591.

Das Bundesversorgungsgesetz, das 1951 in Kraft trat, garantierte Kriegsbeschädigten, Kriegswitwen und -waisen unter bestimmten Voraussetzungen Rentenzahlungen und verhinderte damit soziale und finanzielle Armut und milderte Ungleichheiten ab. Das System der Fürsorge funktionierte auch deshalb für Kriegsbeschädigte gut, da sie in den Fürsorgestellen der Länder selbst oftmals eine Anstellung fanden. So dominierten die Kriegsopferverbände die Definitionen dessen, was als Behinderung in der Öffentlichkeit und von sozialpolitischen Akteuren hauptsächlich wahrgenommen wurde. Von den gesetzlichen Regelungen, die die Kriegsopferverbände erreichten, konnten zwar später, in der sozial-liberalen Ära, auch andere Gruppen der sogenannten zivilen Körperbeschädigten profitieren, zunächst aber waren diese Gruppen sowie auch Kinder oder Frauen mit Behinderungen, psychisch Kranke und geistig Behinderte weitgehend von den Maßnahmen der Versorgung ausgenommen. Das Beispiel der Kriegsopferverbände machte den Zeitgenossen – und damit auch anderen von Behinderung Betroffenen – aber zugleich die Durchsetzungskraft von organisierten Interessen deutlich und diente damit, wenn nicht als Vorbild, so doch als allgegenwärtige Vergleichsfolie für neu entstehende Interessenorganisationen.

II. MENSCHEN MIT GEISTIGEN BEHINDERUNGEN IN DEN 1950ER JAHREN UND DIE GRÜNDUNG DER »LEBENSHILFE FÜR DAS GEISTIG BEHINDERTE KIND E. V.«

Die Lebenslagen von Menschen mit geistiger Behinderung standen in den 1950er Jahren weder im Fokus der Öffentlichkeit noch der Sozialpolitik. Partizipation am gesellschaftlichen Leben oder wichtigen gesellschaftlichen Teilbereichen wie Bildung oder Arbeitsmarkt waren nicht denkbar, da Betroffene aus medizinischer Perspektive als Patienten mit unheilbaren Defekten angesehen wurden. Materielle Ressourcen waren aufgrund fehlender sozialpolitischer Regelungen kaum vorhanden. Menschen mit geistigen Behinderungen wurden nicht wahrgenommen und genossen entsprechend keine soziale Anerkennung. Die Gründe hierfür lagen neben der Dominanz der Opfererzählungen der Kriegsversehrten in der Beharrlichkeit eugenischen Denkens[32] oder in anderen Vorstellungen von Minderwertigkeit oder mangelnder Leistungsfähigkeit begründet. So waren auch die Nachwirkungen nationalsozialistischer Verfolgung und Ermordung spürbar: Bis 1945, teilweise darüber hinaus, sind etwa 300.000 Menschen den Euthanasie-Aktionen des NS-Regimes zum Opfer gefallen[33], darunter etliche »Schwachsinnige«, Schüler von Hilfsschulen und Anstaltsinsassen. Dementsprechend gab es in der jungen Bundesrepublik kaum Menschen mit geistiger Behinderung. Erst nach und nach wurden wieder Kinder mit geistigen Behinderungen geboren. Gefördert wurde diese Gruppe aber kaum, im Gegenteil, sie war auf Institutionen der konfessionellen Behindertenhilfe angewiesen, die sich seit dem ausgehenden 19. Jahrhundert entwickelt hatten. Heil-, Pflege- oder psychiatrische Anstalten hatten unmittelbar nach 1945 vielfach größte Schwierigkeiten, den Alltag zu bewältigen, viele Insassen starben infolge von Hunger oder Krankheiten.[34] Über die Nachkriegszeit

---

32 Vgl. etwa *Anne Cottebrune*, Eugenische Konzepte in der westdeutschen Humangenetik, 1945–1980, in: JMEH 10, 2012, S. 500–518; *Britta-Marie Schenk*, Behinderung – Genetik – Vorsorge. Sterilisationspraxis und humangenetische Beratung in der Bundesrepublik, in: ZHF 10, 2013, S. 433–454.

33 Vgl. *Heinz Faulstich*, Die Zahl der ›Euthanasie‹-Opfer, in: *Andreas Frewer/Clemens Eickhoff* (Hrsg.), »Euthanasie« und die aktuelle Sterbehilfe-Debatte: Die historischen Hintergründe medizinischer Ethik, Frankfurt am Main/New York 2000, S. 218–234; vgl. auch *Richard J. Evans*, Zwangssterilisierung, Krankenmord und Judenvernichtung im Nationalsozialismus. Ein Überblick, in: *Klaus-Dietmar Henke* (Hrsg.), Tödliche Medizin im Nationalsozialismus. Von der Rassenhygiene zum Massenmord, Dresden 2008, S. 31–45, hier: S. 41.

34 Vgl. *Cornelia Brink*, Grenzen der Anstalt. Psychiatrie und Gesellschaft in Deutschland 1890–1980, Göttingen 2010, S. 360–371.

hinaus bestanden durch die Heimunterbringung Benachteiligungen. Menschen mit geisti-
gen Behinderungen wurden in der Regel fernab von Städten untergebracht. Erziehung,
Bildung oder Ausbildung waren in dieser »auf Verwahrung und Absonderung angelegten
Monokultur der Heimunterbringung«[35] nicht vorgesehen. Tom Mutters, der spätere Le-
benshilfe-Initiator, sprach später durchaus drastisch vom »jämmerliche[n] Anblick dieser
Kinder, die zum Teil mit fixierten Händchen tagein, tagaus in dicht aneinander gereihten
Holzbetten in einem nach Urin und Kot stinkenden Raum zur Decke starrten und nur so
dahinvegetierten«.[36] Eine Alternative zur Anstaltseinweisung bestand für die Eltern geistig
behinderter Kinder lediglich in der Betreuung im Elternhaus, die jedoch nicht finanziell
unterstützt wurde. Förderung, Erziehung und Bildung lagen dann bei den Eltern, was angesichts der Persistenz eugenischen Denkens in gesellschaftlichen Wertvorstellungen immer wieder als aufreibender Kampf gegen Diskriminierung und Vorurteile im sozialen
Umfeld beschrieben wurde oder dazu führte, dass Eltern ihre Kinder vor der Umwelt versteckten.[37] Die nationalsozialistische Rassenhygiene hatte zudem heilpädagogische Re-
formbestrebungen der Weimarer Republik weitgehend unterbunden, sodass für die Son-
der- und Heilpädagogik in der jungen Bundesrepublik von einem Reformstau gesprochen
werden kann – jahrzehntealte Konzepte dominierten die Fürsorge, die zu diesem Zeitpunkt weit von internationalen Standards entfernt war. Staatliche Hilfsmaßnahmen, geschweige denn garantierte Rechte, existierten kaum. Da sich an dieser Situation – rechtlich wie organisatorisch – in den 1950er Jahren nichts änderte, charakterisierte Wilfried
Rudloff das Nachkriegsjahrzehnt auch als »verlorenes Jahrzehnt« für geistig Behinderte.[38]

In dieser Situation begann mit der 1958 gegründeten »Bundesvereinigung Lebenshilfe
für das geistig behinderte Kind e. V.« eine neue Interessenorganisation ihre Arbeit, die sich
den Belangen von Menschen mit geistigen Behinderungen widmete. 15 Eltern geistig
behinderter Kinder und Experten gründeten auf Initiative des Niederländers Tom Mutters
die Lebenshilfe. Mutters erklärte seine Motivation später mit seinen Erfahrungen als Ver-
bindungsoffizier des UN-Hochkommissars für Flüchtlinge. In dieser Funktion war er für
55 Kinder von Flüchtlingen in einem hessischen Hospital verantwortlich, die aufgrund
ihrer teilweise schweren geistigen Behinderungen von ihren Eltern in Deutschland zurück-
gelassen worden waren. Diese Erfahrung war für ihn ausschlaggebend, eine Verbands-
gründung nach dem Vorbild US-amerikanischer Elternselbsthilfevereine auch in der Bundesrepublik zu initiieren.[39] Den Vorsitz der Bundesvereinigung führten Richard Mittermaier, Medizinprofessor aus Frankfurt am Main, und Bert Heinen, Amtsgerichtsrat und
in dieser Position Jugendrichter in Bonn. Beide Vorsitzende waren zugleich Eltern eines
geistig behinderten Kindes. Zum zwölfköpfigen wissenschaftlichen Beirat zählten nam-
hafte Mediziner, Psychologen und Pädagogen, unter ihnen auch die Mitinitiatoren der
Lebenshilfe, Professor Werner Villinger und Professor Hermann Stutte, deren Tätigkeiten

---

35 *Wilfried Rudloff*, Das Ende der Anstalt? Institutionalisierung und Deinstitutionalisierung in der
     Geschichte der bundesdeutschen Behindertenpolitik, in: *Bösl/Klein/Waldschmidt*, Disability
     History, S. 169–190, hier: S. 169.
36 *Tom Mutters*, Notwendig: Gründung einer nationalen deutschen Elternorganisation, in: *Martin
     Th. Hahn* (Hrsg.), Verantwortung für Menschen mit geistiger Behinderung. Zeitzeugen des 20.
     Jahrhunderts berichten, Reutlingen 2007, S. 247–262, hier: S. 251f.
37 Vgl. etwa *Ingeborg Thomae*, Werden und Wachsen, in: Bundesvereinigung Lebenshilfe für
     geistig Behinderte (Hrsg.), Lebenshilfe für geistig Behinderte. Rückblick, Ausblick, Marburg
     1983, S. 5–18.
38 *Wilfried Rudloff*, Rehabilitation und Hilfen für Behinderte, in: *Günther Schulz* (Hrsg.), Bundes-
     republik Deutschland 1949–1957. Bewältigung der Kriegsfolgen, Rückkehr zur sozialpoliti-
     schen Normalität, Baden-Baden 2006, S. 515–557.
39 Vgl. *Mutters*, Notwendig: Gründung einer nationalen deutschen Elternorganisation, S. 255.

als Gutachter für Sterilisationsverfahren und die Euthanasie-Aktionen des NS-Regimes erst in den 1980er und 1990er Jahren kritisch thematisiert wurden.[40]

Die Ziele der Lebenshilfe bestanden satzungsgemäß in der Konzipierung neuer, familiennaher und ambulanter Bildungs- und Betreuungseinrichtungen, die der sozialen Eingliederung dienen und in der Förderung »modellhafte[r] Hilfseinrichtungen« münden sollten. Die erste Satzung sah die Aufgabe der Vereinigung in der

> »Förderung aller Maßnahmen und Einrichtungen, die eine wirksame Lebenshilfe für geistig Behinderte aller Altersstufen bedeuten. Dazu gehören z.b. heilpädagogische Kindergärten, heilpäd[agogi- sche] Sonderklassen der Hilfsschule, Anlernwerkstätten und ›Beschützende Werkstätten‹.«[41]

Diese umfassenden Hilfen und Einrichtungen sollten durch eine Öffentlichkeitsarbeit der Lebenshilfe ergänzt werden, die »mit allen geeigneten Mitteln für ein besseres Verständnis der Öffentlichkeit gegenüber den besonderen Problemen der geistig Behinderten« wirbt.[42] Die Verbesserung der gesetzlichen Grundlagen hatte Tom Mutters 1965 als wichtiges Ziel des Verbands herausgestellt.[43] Demnach hatte die Lebenshilfe mit dem Zugang zum Bildungswesen, einer Öffentlichkeitsarbeit, die die soziale Anerkennung von Menschen mit geistigen Behinderungen fördern sollte, und der Verbesserung sozialpolitischer Gesetzesmaßnahmen die unterschiedlichen, für sie zentralen Felder der Ungleichheit identifiziert.

Als Elternverband kam der Lebenshilfe eine doppelte Aufgabe zu: Einerseits war das selbst gesteckte Ziel mit der sozialen Eingliederung und der Verbesserung der Hilfen für geistig Behinderte umrissen, andererseits bestand die Arbeit des Verbands explizit auch in der Organisation und Bereitstellung von Hilfen für die Eltern geistig behinderter Kinder.[44] So gründeten die Eltern eigene Kreise innerhalb der Lebenshilfe, die unter anderem dem gegenseitigen Austausch dienen sollten.[45] Sie forderten auch die Einrichtung von Elternsprechstunden, die Organisation von Nachbarschaftshilfen und die Vermittlung von Kur- und Ferienmöglichkeiten für Mütter behinderter Kinder.[46] Die Eltern strebten untereinander aber auch zum Beispiel die Organisation von Ferienprogrammen an: Demnach sollten sich Eltern bereitfinden, einem Kind für eine bestimmte Zeit eine Art Ferienaufenthalt zu ermöglichen, um im Gegenzug zu einem anderen Zeitpunkt das eigene Kind in diesen Austausch schicken zu können. Dies diene der Abwechslung der Kinder, denen ein Urlaub ermöglicht werde, wie auch der Erholung der Mütter. Der Auf- und Ausbau der Beratung betroffener Eltern sollte auch einer möglichst frühen Erfassung der geistig behinderten Kinder dienen.[47] Dahinter stand die Annahme, dass eine wirkungsvolle Förderung mög-

---

40 Vgl. den knappen Überblick über die Thematisierungskonjunkturen bei *Wolfgang Jantzen*, Eklektisch-empirische Mehrdimensionalität und der »Fall« Stutte. Eine methodologische Studie zur Geschichte der deutschen Kinder- und Jugendpsychiatrie, in: Zeitschrift für Heilpädagogik 44, 1993, H. 7, S. 454–472.

41 Satzung des Vereins »Lebenshilfe für das geistig behinderte Kind« e.V., Bonn, BAK, B 142/ 551-2.

42 Ebd.

43 Vgl. *Tom Mutters*, Ansprache vor der Mitgliederversammlung der Bundesvereinigung in Marburg, 16.1.1965, Archiv der Lebenshilfe, Marburg, Akt Teil 1 Chronik »H«, MV 1-4, 60-71, zit. nach: *Ruck/Boldorf*, Bundesrepublik Deutschland 1957–1966, Dokumentationsteil, Dok. Nr. 4/165.

44 Vgl. Gründungsprotokoll der »Lebenshilfe für das geistig behinderte Kind«, 23.11.1958, URL: <http://50-jahre.lebenshilfe.de/50_jahre_lebenshilfe/1950er/downloads/Gruendungsprotokol l.pdf> [29.1.2014].

45 Vgl. Elterngemeinschaften der Lebenshilfe in Hamburg, in: Vierteljahrsschrift der Lebenshilfe (Lebenshilfe) 2, 1963, H. 2, S. 82.

46 Vgl. Elternwünsche an die Organisation der Lebenshilfe, in: Lebenshilfe 3, 1964, H. 1, S. 51–52.

47 Vgl. *Mutters*, Ansprache vor der Mitgliederversammlung der Bundesvereinigung in Marburg, 16.1.1965.

lichst frühzeitig einsetzen müsse, um die Entwicklung des Kindes zu beeinflussen. Hierzu
sei eine Registrierung und Meldung bei den Behörden von Nöten, um entsprechende Maßnahmen planen und veranlassen zu können. Die thematisierten Ungleichheiten betrafen
die Kinder mit geistigen Behinderungen durch Diskriminierung und Ausschlüsse sowie
die Eltern durch gesellschaftliche Stigmatisierung und ein verstärktes Armutsrisiko. Die
sich organisierenden Eltern traten dementsprechend auch für ihr eigenes Ansehen und die
finanzielle Kompensation ihrer etwaigen Mehraufwendungen gegenüber Eltern von Kindern ohne Behinderung ein.

Die schnelle Verbreitung der Idee der Elternvereinigung und deren zügiges Anwachsen
machten deutlich, dass ein großer Bedarf an Informationen und Hilfen sowohl für die
Eltern als auch für die Kinder existierte. Bereits sechs Jahre nach der Gründung der Bundesvereinigung zählte die Lebenshilfe bundesweit 14.000 Mitglieder in über 100 Orts-
vereinen, in einigen Bundesländern hatte die Lebenshilfe Landesarbeitsgemeinschaften
gebildet, um Einfluss auf die Landesparlamente und -behörden nehmen zu können.[48]

III. TEILHABE VON KINDERN MIT GEISTIGEN BEHINDERUNGEN AM BILDUNGS-
WESEN

Eine erste der im Folgenden zu betrachtenden Ressourcen ist die Teilhabe an zentralen
gesellschaftlichen Bereichen. Die Partizipationsmöglichkeiten am Bildungswesen stellten
für die Arbeit der Lebenshilfe ein wesentliches Ziel dar. Dementsprechend war dies eines
der ersten Gebiete, auf dem sie ihre Aktivitäten entfaltete. Das Diktum der Zeit hatte zu
Beginn der 1950er Jahre der Psychiater Hans Gruhle niedergeschrieben: »Alle Schwachsinnigen sind erziehbar. Diese These setzt freilich die Anerkennung der weiteren These
voraus, daß zwischen Dressur und Erziehung kein Unterschied besteht.«[49] Die rechtliche
Situation und die daraus abgeleitete Praxis setzten »Bildungsfähigkeit« für den Schulbesuch voraus. Kinder, denen diese Voraussetzung fehlte, wurden von der Schulpflicht zu-
rückgestellt und erhielten in der Folge keine schulische Bildung.[50] Die Lebenshilfe kritisierte den Begriff der Bildungsfähigkeit, da er ausschließlich mit den Kulturtechniken des
Lesens, Schreibens und Rechnens verbunden werde. Seine Konsequenz sei eine »Situation
der nahezu völlig fehlenden schulischen Erziehung«[51] für Kinder mit geistiger Behinderung. Dadurch würden nach eigenen Schätzungen 55.000 Kinder von der Schulbildung
ausgeschlossen[52], was von den Protagonisten der Lebenshilfe als Ausdruck »pädagogische[r] Schwäche und Hilflosigkeit« und letztlich »als eine leise Art der Euthanasie«[53]
bezeichnet wurde. In einer Denkschrift wandte sich die Lebenshilfe 1960 gegen diese Interpretation des Begriffs der Bildungsfähigkeit und schlug demgegenüber eine neue Lesart vor. Unter den

48 Vgl. *Richard Mittermaier*, Wir sind auf dem Weg, in: Lebenshilfe 3, 1964, H. 1, S. 1–3.
49 *Hans W. Gruhle*, Die Erziehbarkeit der Schwachsinnigen, in: Zeitschrift für Heilpädagogik 3,
    1952, H. 2, S. 45–46.
50 Ausnahmen bestanden in vereinzelten Klassen engagierter Hilfsschullehrer, so in München oder
    Berlin; vgl. etwa die Hinweise bei *Otto Speck*, Schulen für nicht-hilfsschulfähige schwachbild-
    bare Kinder in Bayern, in: Zeitschrift für Heilpädagogik 15, 1964, H. 7, S. 351–356.
51 *Heinz Bach*, Die Lebenshilfe zieht Bilanz, in: Lebenshilfe 7, 1968, H. 4, S. 186–191, hier: S. 187.
52 Bundesvereinigung Lebenshilfe für geistig behinderte Kinder e.V., Denkschrift zur Lage der
    geistig behinderten Kinder, die noch bildungsfähig sind, aber nicht durch öffentliche Bildungs-
    einrichtungen erfaßt werden, 1960, URL: <http://50-jahre.lebenshilfe.de/50_jahre_lebenshilfe/
    1960er/downloads/Denkschrift.pdf> [29.1.2014].
53 Vgl. *Heinz Bach*, Grundsätzliche Überlegungen zur Sonderschule für praktisch Bildbare, in:
    Lebenshilfe 4, 1965, H. 4, S. 196–199, hier: S. 196.

»von jedem Schulbesuch ausgeschlossenen Kindern befinden sich sehr viele, die zwar nur in bescheidenem Maße das Lesen, Schreiben und Rechnen erlernen würden, sich aber doch oft in überraschender Weise bei entsprechender heilpädagogischer Betreuung im motorischen und praktischen Bereich als durchaus bildungsfähig erweisen«.[54]

Mit einem Verweis auf die Diskrepanz zwischen den Regelungen des Rechts auf Erziehung im Grundgesetz einerseits, die Schulpflicht andererseits sowie auf die gängigen Konsequenzen einer Ausschulung aufgrund mangelnder Bildungsfähigkeit begründete die Lebenshilfe die Notwendigkeit einer Ausdehnung des Bildungsbegriffs auf »motorische bzw. lebenspraktische Bildungsfähigkeit«.[55] Mit dieser Kritik und den Teilhabeforderungen der Lebenshilfe ging eine Erweiterung von Formen der Ungleichheit einher: War die Exklusion von Kindern mit geistigen Behinderungen aus dem Bildungswesen bislang weitgehend pädagogischer Standard, trat mit der Lebenshilfe ein Interessenverband auf, der diese Praxis nun als Ungleichheit auffasste und Alternativen anbot, die die Betroffenen in das Bildungssystem inkludieren sollten. Die Schaffung neuer Schulformen machte die Partizipation am Bildungswesen für Kinder mit geistigen Behinderungen möglich, die bislang als schulbildungsunfähig galten und von jeglicher schulischer Bildung ausgeschlossen blieben.

In der Folge forderte die Lebenshilfe die Errichtung entsprechender Sondereinrichtungen. Gemäß den ursprünglichen Ideen der Lebenshilfe sollten solche Schulen in staatlicher Trägerschaft entstehen, wozu eine entsprechende gesetzliche Verankerung angestrebt wurde. Heilpädagogisch ausgebildete Lehrkräfte sollten, unterstützt von »Jugendleiterinnen und Kindergärtnerinnen«, die Erziehung und Bildung der Kinder mit geistigen Behinderungen übernehmen. Vorbilder solcher Schulen existierten in Wien oder Zürich, aber auch in den Niederlanden, Großbritannien und den USA. Auch dort werde das »Schwergewicht [der] Erziehungs- und Bildungsarbeit auf die Entwicklung der praktischen Fähigkeiten zu Fertigkeiten und auf die Gewöhnung an Grundformen des gesellschaftlichen Zusammenlebens« gelegt.[56] Zunächst jedoch richtete die Lebenshilfe selbst solche Schulen als Modellversuche ein: Es musste ein Beleg erbracht werden, dass schulische Bildung geistig behinderter Kinder möglich sei und es musste bewiesen werden, dass geistig behinderte Kinder dieser Bildung bedurften. Die modellhafte Einrichtung solcher Schulen sollte Erfahrungen auf diesem Gebiet sammeln helfen, um schließlich auch Mitarbeiter ausbilden und Behörden und Öffentlichkeit überzeugen zu können.[57] Dass die Lebenshilfe hier Erfolge verbuchen konnte, zeigen die Schulreformen in den 1960er Jahren. Hessen hatte 1962 als erstes Bundesland Kinder mit geistigen Behinderungen in die Schulpflicht einbezogen, andere Bundesländer folgten.[58] Oftmals gingen diese Schulen auch bald in staatliche oder kommunale Trägerschaft über oder wurden zumindest von dort finanziert.[59]

Mitte der 1960er Jahre kritisierte Tom Mutters aber noch den eklatanten Mangel an Einrichtungen für Kinder mit geistigen Behinderungen: Von den etwa 55.000 Kindern seien ein Drittel »aufgrund besonderer Umstände« nicht in Tagesschulen zu erfassen, dem Bedarf der verbleibenden 35.000 Kinder stünde gegenüber, dass nur 10 % in diesen Einrichtungen untergebracht werden könnten: Entsprechend seien weitere 31.500 Plätze zu schaffen.[60]

---

54 Lebenshilfe, Denkschrift zur Lage der geistig behinderten Kinder, 1960.
55 Ebd.
56 Ebd.
57 Vgl. *Bach*, Die Lebenshilfe zieht Bilanz.
58 Vgl. *Rudloff*, Im Schatten des Wirtschaftswunders, S. 406.
59 Vgl. *Wilhelm Lückert*, »Die Heilpädagogische Sonderschule« in Kassel anerkannt, in: Lebenshilfe 1, 1962, H. 1, S. 30–31.
60 Zu diesen und den folgenden Angaben vgl. *Mutters*, Ansprache vor der Mitgliederversammlung der Bundesvereinigung in Marburg, 16.1.1965.

Ähnlich schlechte Zahlen seien auch für den Bereich der vorschulischen Bildung wie der beruflichen Ausbildung und Tätigkeit zu verzeichnen: Nur 3 % der Kinder im Kindergartenalter besuchten einen Sonderkindergarten, nur 10 % der Jugendlichen und jungen Erwachsenen besuchten eine Anlern- oder Beschützende Werkstatt. Auch in dem Bereich der Unterbringung in Heimen und Anstalten monierte Mutters einen Platzmangel, sodass der weitere Ausbau von Sondereinrichtungen gefordert wurde.

Die Diskussionen um die Ausrichtung und Aufstellung der Sonderschulen wurden unter anderem in der Vierteljahrsschrift der Lebenshilfe geführt. Die Sonderschule für geistig Behinderte, so stellte es der Heidelberger Lebenshilfe-Gründer und spätere Professor für Geistigbehindertenpädagogik Herbert Höss heraus, »ist eine Schule; sie ist keine Stätte der bloßen Bewahrung und der schlichten Betreuung, sondern der Erziehung und Bildung nach heilpädagogischen Grundsätzen und eigenen Bildungsplänen«.[61] Konkretisiert wurden diese Pläne unter anderem vom Schulausschuss der Lebenshilfe.[62] In diesem Ausschuss versammelten sich Mitglieder der Lebenshilfe, die als Fachkräfte aus der Praxis und als wissenschaftliche Experten besonderes Interesse an pädagogischen Fragen hatten. Sie fungierten als schulpolitische Pressure-Group der Lebenshilfe und waren in dieser Funktion auch kompetente Ansprechpartner für Behörden und Verwaltungen. So wandte sich der Schulausschuss auch mit Denkschriften an sozial- und bildungspolitische Instanzen im Bund und in den Ländern. Die bildungspolitischen Ideen wurden hier von den Fachleuten ausformuliert und thesenartig präsentiert. Im Dezember 1965 und wiederum im März 1966 übersandten sie Vorschläge an die Länderministerien, in denen unter anderem die Schülerschaft der Sonderschulen definiert und die Einschulungsvoraussetzungen festgelegt wurden.[63] Auch diese Empfehlungen des pädagogischen Ausschusses der Lebenshilfe wurden nach und nach in die Richtlinien der einzelnen Bundesländer integriert und schließlich auch von der Kultusministerkonferenz aufgegriffen.[64]

Die Lebenshilfe konzipierte die Forderungen nach Teilhabe an zentralen gesellschaftlichen Bereichen für Menschen mit geistigen Behinderungen aber breiter und umfassender, als nur auf das Bildungswesen bezogen. Den Schwerpunkt bildeten die Empfehlungen zur Einrichtung von Sonderschulen, zeitgleich erhob sie auch die Forderung, sowohl im Vorfeld wie auch im Anschluss an die schulische Ausbildung weitere Sondereinrichtungen zu schaffen. Die Lebenshilfe sah die Einrichtung von Sonderkindergärten zur Vorbereitung auf die Sonderschule ebenso vor wie den Aufbau von geschützten Werkstätten im Anschluss an die Sonderschule, in denen eine Berufsvorbereitung und entsprechende berufliche Tätigkeiten unter besonderer heilpädagogischer Betreuung stattfinden sollten. Dabei sollte der Sonderkindergarten »lebenspraktisch bildungsfähige Kinder« erfassen und sie auf den Besuch der Sonderschulen vorbereiten.[65] Es gehe um »›normale‹ Kinder-

---

61 Vgl. *Herbert Höss*, Die Sonderschule für geistig behinderte Kinder. Name – Eingliederung in das Schulwesen – Gesamtbildungsprogramm der Lebenshilfe, in: Lebenshilfe 4, 1965, H. 1, S. 28–34.

62 Vgl. Bundesvereinigung Lebenshilfe für das geistig behinderte Kind (Hrsg.), Die schulische Förderung des geistig behinderten Kindes, Marburg 1966.

63 Lebenshilfe für das geistig behinderte Kind e. V., Empfehlungen des Schulausschusses. Zur Ordnung von Erziehung und Unterricht an Sonderschulen für geistig Behinderte, Dezember 1965, Hauptstaatsarchiv Stuttgart, EA 8/402 Bü. 345.

64 Vgl. Ständige Konferenz der Kultusminister der Länder der Bundesrepublik Deutschland, Schulausschuss (Hrsg.), Empfehlung zur Ordnung des Sonderschulwesens, Nienburg 1972, S. 26–28; *Heinz Mühl*, Pädagogische Förderung schwer geistig behinderter Kinder und Jugendlicher, in: Bundesvereinigung Lebenshilfe für geistig Behinderte e. V. (Hrsg.), Hilfen für schwer geistig Behinderte. Eingliederung statt Isolation, Marburg 1978, S. 60–67, hier: S. 61.

65 *Ingeborg Thomae*, Der Sonderkindergarten – seine Aufgabe und Arbeitsweise, in: Lebenshilfe 3, 1964, H. 1, S. 10–19, hier: S. 10.

gartenarbeit, doch ohne ›normale‹ Erwartung«, bei der die Erziehung zur Gemeinschaft, zur Höflichkeit, Ordnung und Sauberkeit im Vordergrund stehe.[66] Die Aufgabe des Sonderkindergartens sei aber nicht nur die möglichst früh einsetzende pädagogisch fundierte Erziehung, sondern auch die Entlastung der Eltern und die Verbesserung des Familienklimas.[67] In Hinblick auf den Aufbau und die konzeptionelle Ausrichtung der Beschützenden Werkstätten wandte sich Tom Mutters, aufgrund von Erfahrungen in den Niederlanden, gegen ein missverstandenes Konzept ›Beschützender Werkstätten‹, das durch »irgendeine Beschäftigung das Selbstgefühl der Behinderten zu stimulieren« suche, die Familien entlasten möchte und damit einen lediglich karitativen Zweck verfolge:

»Abgesehen davon, daß der Boden des Mitleids zu unsicher ist, darauf eine gut funktionierende soziale Einrichtung für Hilfsbedürftige aufzubauen, […] hat sich in der Praxis dieser Werkstätten erwiesen, daß die bloße Beschäftigung als solche in vielen Fällen eine sehr unzulängliche Hilfe bedeutet.«[68]

Es gehe vielmehr um produktive Arbeit, die »nicht nur die Lebensfreude und das Lebensglück der Betroffenen sprunghaft erhöht, sondern auch eine bessere soziale Anpassung« erziele. Dabei spiele auch die Entlohnung eine besondere Rolle, die nicht nur in Form eines Taschengelds geschehen dürfe, sondern nach der Leistung des Betroffenen: Wobei sich die Leistung in den vorgeschlagenen Entlohnungssystemen nicht ausschließlich auf die Arbeitsleistung bezog, sondern auch die Entwicklung des Arbeitnehmers aus pädagogischer Perspektive berücksichtigen sollte. So werde in niederländischen Werkstätten auch »Interesse, Fleiß, Benehmen, Sauberkeit, die Sorge für das Werkzeug, die Befolgung der Vorschriften usw.« bewertet, die in die Lohnzahlungen mit einflössen.[69] Dabei sei – so der Vorsitzende der Lebenshilfe Mittermaier –:

»[d]as Wort ›Schutz‹ […] in zweifacher Hinsicht zu verstehen. Beschützende Werkstätten, weil diejenigen, die dort eine nützliche und für sie passende Arbeit verrichten, sich als unter besonderem Schutze stehend fühlen sollten. […] Diese Werkstätten müssen aber auch ›beschützt‹ sein. Die Allgemeinheit, der Staat, die Kommunen müssen ihre schützende Hand darüber halten, damit sie in der offenen Konkurrenz bestehen können.«[70]

Deutlich wird bei der Formulierung der Lernziele für Kinder und Jugendliche mit geistigen Behinderungen sowie den Berufsbezeichnungen der Mitarbeiter der Sondereinrichtungen, dass in der Lebenshilfe traditionelle Vorstellungen von Geschlechterrollen dominierten. So wurden Angestellte explizit als »Kindergärtnerinnen« oder »Sonderpädagogen« bezeichnet[71] und die Lernziele nach geschlechtsspezifischen Vorstellungen von Arbeit differenziert: Mädchen wurden selbstverständlich im hauswirtschaftlichen Bereich ausgebildet, Jungen dagegen auf handwerkliche Tätigkeiten vorbereitet.[72] Die sozialen Praktiken des Ausschlusses der Kinder mit geistigen Behinderungen aus dem Bildungssystem wurden von der Lebenshilfe als Ungleichheit herausgestellt und

---

66 Ebd., S. 11.
67 Vgl. *Hildegard Hetzer*, Ambulante Erziehungshilfe für geistig behinderte Kinder. Wertvolle Erfahrungen aus einem Sonderkindergarten, in: Lebenshilfe 1, 1962, H. 1, S. 22–23.
68 *Tom Mutters*, Beschützende Werkstätten für geistig Behinderte (Schriften der Lebenshilfe), 1959, S. 2, BAK, B 142/551-1.
69 Ebd.
70 *Richard Mittermaier*, Aufgaben und Ziele der ›Lebenshilfe‹ (Informationsschrift Nr. 6), 1960, BAK, B 142/551-2.
71 Vgl. beispielsweise *Heinz Bach*, Idee und Gestalt der Sonderschule für geistig behinderte Kinder, in: Bundesvereinigung Lebenshilfe für das geistig behinderte Kind (Hrsg.), Die schulische Förderung des geistig behinderten Kindes, Marburg 1966, S. 9–19.
72 Vgl. beispielsweise Berufsschulunterricht in der Beschützenden Werkstatt. Aus den Erfahrungen in Hessen, in: Lebenshilfe 4, 1965, H. 4, S. 203–205.

legitimierten die Forderung nach Teilhabe der Betroffenen am Bildungswesen. Zunächst wurden eigens errichtete private Bildungseinrichtungen betrieben, die im Laufe der 1960er Jahre in staatliche Trägerschaft übergingen. Die Lebenshilfe und ihr Schulausschuss konnten ihre bildungspolitischen Vorstellungen weitgehend durchsetzen und erwiesen sich damit als wirksame Lobby. Denn die Empfehlung von Bildungszielen und -methoden der Sonderschulen fanden sich bald in den Richtlinien der Kultusministerien der Länder oder des Deutschen Bildungsrats wieder. Gegen Ende der 1960er Jahre bestanden bereits über 500 private Bildungseinrichtungen sowie knapp 300 Sonderschulen für geistig behinderte Kinder im Bundesgebiet.[73] Mit der Lebenshilfe hatte so ein neuer Akteur, der die bis dato vernachlässigte Gruppe von Menschen mit geistigen Behinderungen vertrat, eine Erweiterung der Auffassungen von Ungleichheit und Gleichheit bewirkt und deren sozialpolitische Einhegung in der frühen Bundesrepublik befördert.

IV. MATERIELLE RESSOURCEN

Eine zentrale Ressource sozialer Ungleichheit, die in diesem Abschnitt im Vordergrund stehen soll, ist der Zugang zu oder die Ausstattung mit materiellen Gütern. In erster Linie ging es hier um finanzielle Kompensationen an die Eltern von Kindern mit geistigen Behinderungen sowie um die materielle Sicherung der geschaffenen Einrichtungen. Damit stehen wiederum die Beeinflussung gesetzlicher Regelungen und die damit verbundenen Möglichkeiten der politischen Einflussnahme und des Lobbying[74] durch die Lebenshilfe im Vordergrund. Im Gegensatz zu den Kriegsopferverbänden konnte die Lebenshilfe nicht ohne Weiteres in bestehende Gremien Einzug halten, war doch die Beteiligung an diesen Gremien an gesetzlich festgelegte Aufgaben geknüpft und diese hatten wiederum weitgehend nur die Kriegsbeschädigten im Blick. Erst Mitte der 1970er Jahre kam es in den Beiräten für Versorgung und Fürsorge zu Diskussionen, inwieweit neben den Kriegsopferverbänden weitere Verbände, die auch zivile Behinderte, geistig Behinderte und psychisch Kranke vertraten, einberufen werden müssten.[75]

Die Lebenshilfe hatte die »Verbesserung der gesetzlichen Grundlagen für unsere Arbeit« als eines ihrer wichtigsten Ziele herausgestellt.[76] Dabei lagen die legislativen Felder, die die Grundlagen der Arbeit der Lebenshilfe bildeten, weit verstreut: Bildungspolitisch wurde eine gesetzliche Verankerung des Rechts auf schulische Bildung angestrebt, was auf Länderebene im Laufe der 1960er Jahre geschah, fürsorgerechtlich wurden einzelne Maßnahmen des 1961 erlassenen Bundessozialhilfegesetzes kritisiert und versicherungs-

---

73 Vgl. *Berthold Budde*, 50 Jahre Lebenshilfe. Aufbruch – Entwicklung – Zukunft, 1958–2008, Marburg 2008, S. 24.

74 Vgl. *Ulrich von Alemann/Rolf G. Heinze*, Auf dem Weg zum liberalen Ständestaat? Einführung in die Korporatismusdiskussion, in: *dies.* (Hrsg.), Verbände und Staat. Vom Pluralismus zum Korporatismus. Analysen, Positionen, Dokumente, Opladen 1979, S. 38–49; *Thomas von Winter*, Vom Korporatismus zum Lobbyismus. Paradigmenwechsel in Theorie und Analyse der Interessenermittlung, in: Zeitschrift für Parlamentsfragen 35, 2004, S. 761–776; vgl. auch den Sammelband von *Thomas Leif/Rudolf Speth* (Hrsg.), Die fünfte Gewalt. Lobbyismus in Deutschland, Bonn 2006, hier insbesondere den Aufsatz von *Rudolf Speth*, Wege und Entwicklungen der Interessenpolitik, S. 38–52. Zu Behindertenverbänden vgl. *Markus Hammerschmidt*, Behindertenverbände im sozialpolitischen Entscheidungsprozeß, Frankfurt am Main/New York 1992.

75 Entwurf Bayerisches Staatsministerium für Arbeit und Sozialordnung an VdK und Reichsbund, 2.8.1974, Bay. HStA, Landeshauptfürsorgestelle Nr. 14.

76 *Mutters*, Ansprache vor der Mitgliederversammlung der Bundesvereinigung in Marburg, 16.1.1965.

rechtlich waren Fragen der Sozialversicherung virulent. Hierzu erwiesen sich die fachliche Spezialisierung und die Mitarbeit namhafter Experten in der Lebenshilfe als aussichtsreich. Denn die Überzeugungskraft der Lebenshilfe gründete auf der wissenschaftlichen Fachkenntnis und der Reputation der dort versammelten Psychiater, Mediziner und Pädagogen.

So empfahl der wissenschaftliche Beirat der Lebenshilfe Maßnahmen zur Durchführung des Bundessozialhilfegesetzes, die unter anderem die Abgrenzung des Personenkreises förderungswürdiger geistig behinderter Kinder betrafen.[77] Der Sozialbeirat gab 1966 zum Beispiel Empfehlungen ab, wie das Gesetz novelliert werden müsste.[78] Hier stand vor allem eine Erweiterung der Zuständigkeit des überörtlichen Sozialhilfeträgers auf der Wunschliste der Lebenshilfe; dieser solle künftig auch für die Finanzierung der Tageseinrichtungen für Behinderte verantwortlich sein. Im Sinne der vertretenen Eltern forderte die Lebenshilfe auch die Anhebung der Einkommensgrenze bei der Hilfe zur Pflege sowie die Kostenfreiheit derjenigen Eltern, deren behindertes Kind sich in Tagesstätten oder Beschützenden Werkstätten befand. Denn die Schwächen des Bundessozialhilfegesetzes lägen auf der Hand:

> »Die Fragen der örtlichen und überörtlichen Trägerschaft, der Einkommensgrenze, die für den Blinden doppelt so hoch liegt wie für den gleichfalls lebenslänglich hilfsbedürftigen geistig Behinderten, der Lohnzahlung in den Beschützenden Werkstätten, um nur einige zu nennen, bedürfen weiterhin intensiver Bearbeitung.«[79]

Ein Schreiben richtete der Bundesvorsitzende der Lebenshilfe, Professor Eberhard Schomburg, 1968 auch an den Vorsitzenden des Bundestagsausschusses für Sozialpolitik, den SPD-Politiker Professor Ernst Schellenberg. Er verdeutlichte die bestehende Ungleichheit, die im Laufe der 1960er Jahre aufgrund der eingeführten Schulpflicht eingetreten war. Angesichts der Tatsache, dass die Anzahl der Sonderschulen, die Ende der 1960er Jahre zur Verfügung standen, den Bedarf noch nicht ausreichend decken konnten und die Eltern für private Bildungseinrichtungen, wie sie unter anderem die Lebenshilfe unterhielt, Schulgelder entrichten mussten, kritisierte Schomburg:

> »Schon seit langem bemühen wir uns darum, daß die Unterhaltspflichtigen von geistig behinderten Kindern im Schulalter, die die Bildungsstätten besuchen, von dem Kostenbeitrag freigestellt werden. Wir haben hierbei insbesondere auf den Gleichheitsgrundsatz des Grundgesetzes hingewiesen. Es ist unseres Erachtens nicht zu vertreten, daß für behinderte Kinder nur aus dem Grunde, daß die Sonderschulen, die sie besuchen sollten, nicht vorhanden sind, der Schulbesuch zu bezahlen ist.«[80]

Schomburg forderte das Sozialhilfegesetz dahin gehend zu ändern, dass die Kosten für die Beschulung »im Rahmen der Eingliederungshilfe für Kinder gewährt wird, die im schulpflichtigen Alter stehen, ohne Rücksicht auf Einkommen und Vermögen des Behinderten und seiner Eltern, von der Sozialhilfe getragen werden«.[81] Eine Erweiterung der Mitsprachemöglichkeiten bedeutete dann 1967 der Zusammenschluss unterschiedlicher Elternverbände zur »Bundesarbeitsgemeinschaft Hilfe für Behinderte« (BAG), um auf diesem Weg mehr Gewicht im politischen Raum zu erreichen. Neben der Lebenshilfe

---

77 Vgl. Wissenschaftlicher Beirat der Lebenshilfe zum Bundessozialhilfegesetz, in: Lebenshilfe 2, 1963, H. 2, S. 83.

78 Vgl. Vorschläge zur Novellierung des Bundessozialhilfegesetzes durch den Sozialbeirat der Lebenshilfe, in: Lebenshilfe 5, 1966, H. 3, S. 148.

79 *Mutters*, Ansprache vor der Mitgliederversammlung der Bundesvereinigung in Marburg, 16.1.1965.

80 Bundesvereinigung Lebenshilfe für das geistig behinderte Kind, Prof. Dr. E. Schomburg, an den Vorsitzenden des Bundestagsausschusses für Sozialpolitik, Prof. Dr. Schellenberg, 23.12.1968, Archiv der sozialen Demokratie Bonn, SPD-Bundestagsfraktion, Fünfte Wahlperiode, Nr. 709.

81 Ebd.

waren hier der Verband der Eltern der Contergan-geschädigten Kinder sowie der »Spasti-kerverband« vertreten. Mit der Gründung der BAG konnten Eltern behinderter Kinder der etablierten Bundesarbeitsgemeinschaft der Freien Wohlfahrtspflege, die als Vereini-gung von Trägern der Behindertenhilfe agierte, eine gewichtige Stimme zur Seite stellen. In dieser Konstellation und mit dem neuen Vertretungsanspruch für behinderte Kinder konnte die BAG Einfluss gewinnen und wurde in sozialpolitische Gremien einbezogen.

Während die Initiativen zur Verbesserung der gesetzlichen Grundlagen die materielle Erleichterung der Eltern zum Ziel hatten, sollte die Erweiterung des Kreises förderungs-würdiger Personen weitere Menschen mit geistigen Behinderungen als Begünstigte in sozialpolitischen Regelungen berücksichtigen. Beides zielte auf eine finanzielle Kom-pensation der Eltern. Zudem betraf die Forderung nach Lohnzahlungen die Jugendlichen und Erwachsenen mit geistigen Behinderungen selbst. Die sozialpolitische Hierarchisie-rung unterschiedlicher Behindertengruppen diente an dieser Stelle auch als Argument für die Ausweitung wohlfahrtsstaatlicher Leistungen, wie der Verweis auf die Einkommens-grenzen der Menschen mit Sehbehinderungen zeigte. Mutters argumentierte mit Blick auf diese bestehende Regelung mit der ebenfalls lebenslänglichen Hilfsbedürftigkeit von Menschen mit geistigen Behinderungen und versuchte so, die vorteilhafteren Einkom-mensgrenzen für Blinde auch auf die von ihm vertretene Gruppe auszuweiten.

Durch die Fachleute im Bundesvorstand der Lebenshilfe oder den wissenschaftlichen Beiräten – oftmals Professoren – wurde der Charakter als Expertenverband untermauert. Dadurch wurde der Zugang zu ministeriellen oder behördlichen Kreisen erleichtert, da die Bedeutung von politischer Planung und beratenden Gremien in den 1960er Jahren zunahm.[82] Beim Blick auf die Auseinandersetzungen um materielle Ressourcen fällt auf, dass diese in den 1960er Jahren vor allem die Eltern der Kinder mit geistigen Behinderun-gen entlasten sollten. Dabei sind die Forderungen nach Leistungsgewährung ohne Rück-sicht auf bestehende Einkommen und Vermögen klassische Forderungen des Bürger-tums.[83] Auch Bildung – viele der Protagonisten der Lebenshilfe waren Professoren – und ein entsprechender Habitus sowie die wissenschaftliche und gesellschaftliche Reputation dürften für die Artikulation von Interessen und die Tatsache, mit diesen Anliegen an ent-sprechenden Stellen angehört zu werden, ausschlaggebend gewesen sein. In bürgerlicher Tradition standen auch die geschlechtsspezifischen Rollenzuweisungen:[84] Ein Blick auf

---

82 Vgl. *Michael Ruck*, Ein kurzer Sommer der konkreten Utopie – Zur westdeutschen Planungs-geschichte der langen 60er Jahre, in: *Axel Schildt/Detlef Siegfried/Karl Christian Lammers* (Hrsg.), Dynamische Zeiten. Die 60er Jahre in beiden deutschen Gesellschaften, Hamburg 2003, S. 362–401; vgl. auch *Wilfried Rudloff*, Verwissenschaftlichung der Politik? Wissenschaftliche Politikberatung in den sechziger Jahren, in: *Peter Collin/Thomas Horstmann* (Hrsg.), Das Wis-sen des Staates. Geschichte, Theorie und Praxis, Baden-Baden 2004, S. 216–260; *Lutz Raphael*, Die Verwissenschaftlichung des Sozialen als methodische und konzeptionelle Herausforderung für eine Sozialgeschichte des 20. Jahrhunderts, in: GG 22, 1996, S. 165–193.

83 Zum Zusammenhang von Bürgerlichkeit und politischer und gesellschaftlicher Liberalisierung vgl. *Eckart Conze*, Eine bürgerliche Republik? Bürgerlichkeit in der westdeutschen Nachkriegs-gesellschaft, in: GG 30, 2004, S. 527–538. Vgl. auch den Sammelband *Manfred Hettling/Bernd Ulrich* (Hrsg.), Bürgertum nach 1945, Hamburg 2005, darin insbesondere den Beitrag von *Heinz Bude*, Bürgertumsgenerationen in der Bundesrepublik, S. 111–132; vgl. auch *Gunilla Budde/ Eckart Conze/Cornelia Rauh*, Einleitung. Bürgertum und Bürgerlichkeit nach 1945, in: *dies.* (Hrsg.), Bürgertum nach dem bürgerlichen Zeitalter. Leitbilder und Praxis nach 1945, Göttin-gen 2010, S. 7–25.

84 Vgl. ebd.; sowie *Ute Frevert*, Umbruch der Geschlechterverhältnisse? Die 60er Jahre als geschlech-terpolitischer Experimentierraum, in: *Axel Schildt/Detlef Siegfried/Karl Christian Lammers* (Hrsg.), Dynamische Zeiten. Die 60er Jahre in beiden deutschen Gesellschaften, Hamburg 2003, S. 642–660.

die Positionen und Zuständigkeiten innerhalb der Lebenshilfe zeigt, dass die verbands-interne Arbeitsteilung entlang stereotyper Zuschreibungen verlief. Nicht grundsätzlich, aber doch auffällig ist die Dominanz von Männern in verbandspolitischen und beratenden Positionen, während Frauen in der Lebenshilfe sehr viel häufiger mit der konkreten Behindertenhilfe im Ortsverein beschäftigt waren. Zwar wurden auch Forderungen nach einer der »geleistete[n] Arbeit entsprechend[en]« Entlohnung der Angestellten der beschützenden Werkstätten laut[85], aber diese richteten sich weniger an das politisch-administrative System als vielmehr an die eigenen Trägereinrichtungen. Zunächst einmal zielten die Forderungen zur Verbesserung der materiellen Ausstattung und nach weiteren Erleichterungen jedoch auf den Abbau sozialer Ungleichheiten gegenüber der privilegierten Gruppe der Kriegsbeschädigten und auch gegenüber Nichtbehinderten, indem auf eine finanzielle Kompensation der erforderlichen Mehraufwendungen der Eltern gedrängt wurde.

V. SOZIALE ANERKENNUNG

Im Folgenden wird soziale Anerkennung als Ressource betrachtet, die als wichtiger Bestandteil gesellschaftlicher Teilhabe gelten kann. Die Lebenshilfe wandte sich diesem Bereich über ihre Öffentlichkeitsarbeit zu, die auf die Veränderung der Wahrnehmung von Menschen mit geistigen Behinderungen und deren öffentlichem Bild zielte. Dazu trug bereits die Namenswahl bei: Wurden Menschen mit geistigen Behinderungen bis in die 1950er Jahre als »Schwachsinnige« oder »Oligophrene« bezeichnet, wandte sich die Lebenshilfe von dieser zunehmend als diskriminierend empfundenen Bezeichnung ab und etablierte den neutraleren Begriff »geistige Behinderung« in ihrem Vereinsnamen. Dieser Ausdruck wurde für den deutschen Sprachgebrauch maßgeblich von der Lebenshilfe geprägt.[86] Anknüpfend an den in den USA gebräuchlichen Terminus der »mentally handicapped«, bot die Namenswahl eine Übersetzung an, die erstaunlich schnell und positiv aufgenommen wurde. Gründungsmitglied Bert Heinen beschrieb 1968 die Erwägungen, die hinter dieser Namenswahl standen, indem er einerseits betonte, dass ein Begriff gewählt werden sollte, der »die Optik« bezeichne, »weil die sichtbare geistige Behinderung faßbarer sei als andere Gruppenmerkmale«.[87] Andererseits sei, obgleich wegen der stärkeren Werbewirkung die Formulierung »das geistig behinderte Kind« gewählt wurde, von vornherein an eine die Lebensspanne umfassende Bezeichnung gedacht worden, wie der Namensteil »Lebenshilfe« verdeutliche. Als sichtbarsten Erfolg dieser »sprachpolitischen Bemühungen« kann die Formulierung im Bundessozialhilfegesetz (BSHG) vom 30. Juni 1961 angesehen werden, benannte und adressierte der Gesetzgeber hier doch erstmals ausdrücklich »körperlich, geistig und seelisch Behinderte«.[88] Hans-Walter Schmuhl konstatierte, dass »die sprachliche Gleichsetzung von Menschen mit körperlichen, geistigen und seelischen Behinderungen im BSHG […] manchen Unterschied im sozialen Status« einebnete.[89]

---

85 *Mutters*, Beschützende Werkstätten für geistig Behinderte, S. 2, BAK, B 142/551-1.
86 Vgl. *Schmuhl*, Menschen mit Behinderungen, S. 41.
87 *Bert Heinen*, Lebenshilfe – warum gerade dieser Name?, in: Lebenshilfe 7, 1968, H. 4, S. 179.
88 Vgl. *Hans-Walter Schmuhl*, Exklusion und Inklusion durch Sprache – Zur Geschichte des Begriffs Behinderung, Berlin 2010, S. 87.
89 Ebd. Diese hier genannte Regelung der Eingliederungshilfe stellte aber nur eine »Kann«-Leistung dar. Eine vollständige rechtliche Gleichstellung ließ noch bis 1974 auf sich warten. Vgl. *Friederike Föcking*, Fürsorge im Wirtschaftsboom. Die Entstehung des Bundessozialhilfegesetzes von 1961, München 2007, S. 317–323.

Einen Wandel öffentlicher Wahrnehmung von Behinderung und zugleich eine Aufmerksamkeitssteigerung für die Lebenshilfe und deren Arbeit leitete der Contergan-Skandal
1961 ein.[90] Die Einnahme des Schlaf- und Beruhigungsmittels Contergan während der
Schwangerschaft wurde mit, teilweise schweren, körperlichen Behinderungen Neugeborener in Verbindung gebracht, von denen etwa 5.000 betroffen waren. Nachdem Vermutungen über diesen Zusammenhang bekannt wurden, griffen die Medien den Fall auf und
thematisierten Fragen nach Hilfen für diese Kinder sowie nach den Ursachen und Verantwortlichen des Contergan-Skandals. Da das Ziel der Lebenshilfe, soziale Anerkennung
für Menschen mit Behinderung zu erweitern, zunächst einmal auch bedeutete, dass die
Bevölkerung die Betroffenen überhaupt wahrnahm, erwies sich die mediale Aufmerksamkeit infolge des Contergan-Skandals auch für die Lebenshilfe und Menschen mit geistigen Behinderungen als wirkungsvoll. Erstmals in der Bundesrepublik wurde einer breiteren Öffentlichkeit deutlich, dass »Behinderung« nicht ausschließlich ein Phänomen war,
das Männer betraf, die im Krieg eine Verwundung erlitten hatten, sondern auch Säuglinge, Kleinkinder und Kinder. Hier war nun, anders als es vielen Zeitgenossen noch bei
Erwachsenen mit Behinderungen möglich erschien, keine Mitverantwortung der Kinder
mit Behinderung zu konstatieren. Das Ausmaß dieses Arzneimittelskandals, die folgende
Skandalisierung durch die Presse sowie der öffentliche Druck durch die entstandenen Verbände der Eltern der »Contergankinder« hatten zudem gesellschaftliche und politische
Reaktionen herausgefordert. Dazu zählte auch die Fernsehlotterie »Aktion Sorgenkind«,
die 1964 unter Federführung des ZDF und durch die Mitwirkung der Lebenshilfe ins Leben gerufen wurde. Über Fernsehsendungen wurden Spenden für Einrichtungen der Behindertenhilfe akquiriert, denn der »Contergankomplex […] erfüllte wesentliche Voraussetzungen für ein substantielles Spendenaufkommen: Der Spendenzweck ließ sich klar
umgrenzen, das moralische Kapital der Spendenempfänger war hoch und das mediale Interesse groß«.[91] Von der Verteilung der eingeworbenen Gelder profitierte wiederum auch
die Lebenshilfe, die mit diesen Mitteln unter anderem Busse für den Transport von Kindern beschaffte oder Tagesstätten ausstattete. Insgesamt war die »Aktion Sorgenkind« bei
der Produktion von Bildern und Vorstellungen von Behinderung seit den 1960er Jahren
der wohl bedeutendste Akteur.[92] Berichte von der Verwendung der gespendeten Gelder
zeigten die finanziell bedachten Einrichtungen und Kinder auf eine Weise, die die Dankbarkeit der betroffenen Kinder transportierte und beim Zuschauer Mitleid erregen sollte,
um weitere Zuwendungen anzuregen.

So hatte der Skandal auch einen Wandel der Vorurteilshaushalte beschleunigt, der verbreitete Annahmen über Behinderung und deren Ursachen infrage stellte: Das Bild des
bemitleidenswerten, schutzbedürftigen und dankbaren behinderten Kindes, das über die
Spendenwerbung transportiert wurde, war vielleicht kein neues Stereotyp, nun aber eine
über das Fernsehen weitverbreitete Forderung an Menschen ohne Behinderung. Zudem
geriet die eugenische These der Degeneration ins Wanken[93], nach der die Ursachen einer
Behinderung bei den Eltern eines betroffenen Kindes zu finden seien, da diese Träger von

---

90 Vgl. *Willibald Steinmetz*, Ungewollte Politisierung durch die Medien? Die Contergan-Affäre,
   in: *Bernd Weisbrod/Thomas Mergel* (Hrsg.), Die Politik der Öffentlichkeit – die Öffentlichkeit
   der Politik. Politische Medialisierung in der Geschichte der Bundesrepublik, Göttingen 2003,
   S. 195–228.
91 *Bösl*, Politiken der Normalisierung, S. 92f.
92 Vgl. *Gabriele Lingelbach*, Konstruktionen von ›Behinderung‹ in der Öffentlichkeitsarbeit und
   Spendenwerbung der Aktion Sorgenkind seit 1964, in: *Bösl/Klein/Waldschmidt*, Disability History, S. 127–150, hier: S. 128.
93 *Peter Weingart/Jürgen Kroll/Kurt Bayertz*, Rasse, Blut und Gene. Geschichte der Eugenik und
   Rassenhygiene in Deutschland, Frankfurt am Main 1988, insb. S. 27–36.

Erbkrankheiten sein müssten.[94] Zwar betrafen die durch den Wirkstoff Thalidomid hervorgerufenen, meist körperlichen Behinderungen nicht den Kreis der von der Lebenshilfe vertretenen Personen, aber die Lebenshilfe konnte mit ihrer Expertise von der Skandalisierung und ihren Folgen profitieren. Denn die neu entstehenden Stiftungen und Einrichtungen zur Förderung waren auf erfahrene Beratung angewiesen, die die Lebenshilfe anbieten konnte.

Obwohl die 1960er Jahre eine Ausweitung der Aufmerksamkeit für Menschen mit Behinderung bedeuteten und sich Vorurteile wandelten, waren insbesondere Menschen mit geistigen Behinderungen nach wie vor auch mit negativen Stereotypen belegt. Markiert wird die ambivalente Haltung der Öffentlichkeit durch den »Fall Aumühle«[95], der im Oktober 1969 die bundesrepublikanische Presselandschaft bewegte.[96] Ein Wiesbadener Kinderarzt hatte vom bischöflichen Ordinariat in Passau das Gehöft Aumühle im niederbayerischen Ort Fürsteneck gekauft, um dort ein Heim für geistig behinderte Kinder zu errichten. Eine Interessengemeinschaft um die Honoratioren des Orts – Unternehmer und Gastronomen unter Führung des katholischen Geistlichen – versuchte daraufhin, das Wohnheim mit dem Argument der Gefahr für den Tourismus zu verhindern. Den Höhepunkt der Auseinandersetzungen und den Beginn der medialen Skandalisierung[97] stellten die Ausschreitungen der Fürstenecker Bürger dar, in deren Verlauf eine Gruppe geistig behinderter Kinder, die mit Betreuer und Heimleiter zur Besichtigung des Gehöfts anreiste, gewaltsam vertrieben, der Heimleiter verprügelt und das Gebäude schließlich in Brand gesteckt wurde.

So oszillierten die öffentliche Meinung und das Verhalten gegenüber Menschen mit geistigen Behinderungen in den 1960er Jahren zwischen Mitleid und aggressiver Ablehnung. Die Skandalisierung solcher Fälle verweist aber darauf, dass die mediale Öffentlichkeit für Themen, die die sogenannten Randgruppen betrafen, sensibilisiert war und Menschen mit Behinderungen zunehmend wahrnahm. Dazu trug auch die mediale Resonanz infolge von Besuchen Prominenter in Einrichtungen der Lebenshilfe bei, die den Raum für die Darstellung der eigenen Arbeit[98] und die Werbung um die soziale Anerkennung für die Betroffenen erweiterte. Explizit wandte sich die Lebenshilfe gegen gesell-

---

94 Vgl. *Alexander von Schwerin*, 1961: Die Contergan-Bombe. Der Arzneimittelskandal und die neue risikoepistemische Ordnung der Massenkonsumgesellschaft, in: *Nicholas Eschenbruch/ Viola Balz/Ulrike Klöppel* u. a. (Hrsg.), Arzneimittel des 20. Jahrhunderts. Historische Skizzen von Lebertran bis Contergan, Bielefeld 2009, S. 255–282, hier: S. 264f.

95 *Oskar Neisinger*, Die Welt auf altbayrisch, in: Publik, 2.4.1971.

96 Vgl. *Rudloff*, Sozialstaat, Randgruppen und bundesrepublikanische Gesellschaft, S. 181.

97 Vgl. beispielsweise Folgenreiches Komplott gegen geplantes Kinderheim, in: Frankfurter Allgemeine Zeitung, 22.10.1969; Pfarrer seines Amtes enthoben – Geistlicher ist Wortführer der Gegner des abgebrannten Kinderheimes, in: Bremer Nachrichten, 22.10.1969; Burgfrieden in der ausgebrannten Aumühle – Landrat und Bürgermeister wollen einen neuen Standort für unerwünschtes Kinderheim suchen helfen, in: Süddeutsche Zeitung, 23.10.1969; Muß Kinderheimarzt kapitulieren? Haus für Behinderte soll nun an anderer Stelle eingerichtet werden, in: Frankfurter Rundschau, 24.10.1969; Jagdszenen in Niederbayern – Wie die Fürstenecker gegen die geistig behinderten Kinder zu Felde zogen, in: Saarbrücker Zeitung, 25.10.1969; *Roswin Finkenzeller*, Die Fürstenecker hüllen sich in Schweigen – Wer war der Brandstifter? Hochgeputschte Stimmung beim Lagerfeuer, in: Frankfurter Allgemeine Zeitung, 27.10.1969; *Kai Hermann*, Was nützt uns ein soziales Gewissen?, in: Der SPIEGEL, 27.10.1969.

98 Vgl. beispielsweise SWF-Sendung über Einrichtungen der Lebenshilfe, in: Lebenshilfe 1, 1962, H. 3, S. 39; vgl. auch Bayerischer Landtagsausschuss für Kulturpolitik zu Besuch in Münchner Sonderschule, in: Lebenshilfe 2, 1963, H. 4, S. 180; *Ingeborg Thomae*, Die Schwester von Präsident Kennedy in der Bonner Tagesstätte der Lebenshilfe, in: Lebenshilfe 2, 1963, H. 4, S. 164–166.

schaftliche Vorurteile und »Überreste abergläubischer Auffassungen«.[99] Dieser Wandel ist jedoch nicht nur auf die Lebenshilfe zurückzuführen, auch gesellschaftliche Prozesse wie die medialen Wandlungsprozesse in den 1960er Jahren und die allgemein gestiegene Aufmerksamkeit für sogenannte Randgruppen waren ausschlaggebend. Indem sie über ihre Öffentlichkeitsarbeit soziale Anerkennung für Menschen mit geistigen Behinderungen einforderte, versuchte die Lebenshilfe, Ungleichheiten zu begegnen. Das bedeutete zunächst, auf Menschen mit geistigen Behinderungen als Gruppe mit spezifischen Anforderungen und besonderem Hilfebedarf aufmerksam zu machen. Denn mit der Wahrnehmung als hilfsbedürftige Gruppe konnte ein höheres moralisches Kapital der Betroffenen in der Öffentlichkeit ebenso einhergehen wie die politische Anerkennung eines Problems, das sozialpolitischer Maßnahmen bedurfte. Nicht zuletzt erhoffte sich die Lebenshilfe, mit der öffentlichen Aufklärungsarbeit zum Abbau von Diskriminierung beizutragen.

VI. AUSBLICK

Die frühen Initiativen der Lebenshilfe geben Aufschluss über Formen sozialer Ungleichheit und über deren Thematisierung und Wahrnehmung in der bundesrepublikanischen Gesellschaft der späten 1950er und 1960er Jahre. Ganz anders als die Kriegsbeschädigten, die vor allem auf finanzielle Kompensationen und Partizipation am Arbeitsmarkt drängten, waren Menschen mit geistigen Behinderungen von Diskriminierungs- und Exklusionsstrukturen betroffen. Dementsprechend wandelten sich auch die Thematisierung und Gewichtung der verhandelten Ressourcen sowie die Wahrnehmung von Ungleichheit. Gegen die strukturelle Exklusion aus dem Bildungssystem setzte die Lebenshilfe ihre Konzepte von »praktischer Bildbarkeit« und ihre Initiativen zum Auf- und Ausbau des Sonderschulwesens, um die Teilhabe am Bildungswesen zu erreichen. Die Versuche zur Beeinflussung der legislativen Grundlagen dienten der Verbesserung der materiellen Ausstattung und Kompensation der Eltern und sollten die Chancen der Kinder mit geistigen Behinderungen erhöhen. Deutlicher als bislang wurde mit den Initiativen der Lebenshilfe auch, dass soziale Anerkennung für die Wahrnehmung von Menschen mit geistigen Behinderungen eine wichtige Ressource darstellte, mit deren Hilfe Diskriminierungsstrukturen abgebaut werden sollten. Blickt man aus dieser Perspektive auf Behinderung als Kategorie sozialer Ungleichheit, richtet sich das Augenmerk stärker auf soziale Exklusion und Diskriminierungsstrukturen und die gesellschaftlichen Kontexte der Entstehung und Bearbeitung sozialer Ungleichheiten.

Die veränderte Betrachtung von Ungleichheit hatte zudem starke Fürsprecher zur Voraussetzung, um gegen die sozialpolitische und gesellschaftliche Hierarchisierung zu wirken. Dabei handelte es sich bei der Lebenshilfe selbst um einen Akteur mit guter materieller Basis und hohem sozialen Prestige. Blickt man abschließend noch einmal auf die von Rudloff vorgeschlagene Stufenleiter des Aufgreifens behindertenpolitischer Themen[100], erscheint die Lebenshilfe zwar nicht als Interessenvertretung mit massivem elektoralem Gewicht, aber doch mit hoher interessenpolitischer Organisationsfähigkeit. Das Medieninteresse war zu Beginn der 1960er Jahre gestiegen, das moralische Kapital der Betroffenen war hoch und maßgebliche Experten, die sich mit Problemen von Menschen mit geistigen Behinderungen befassten, waren selbst Mitglieder der Lebenshilfe und von deren wissenschaftlichen Ausschüssen.

---

99 *Tom Mutters*, Die Idee einer gemeinsamen Hilfe kam zum Durchbruch, in: Lebenshilfe 7, 1968, H. 4, S. 174–178, hier: S. 174.
100 Vgl. *Rudloff*, Sozialstaat, Randgruppen und bundesrepublikanische Gesellschaft, S. 196.

Die hier betrachteten 1950er und 1960er Jahre können demnach, mit dem Blick auf die Problematisierung von Ressourcen von Ungleichheit durch die Interessenorganisationen von Menschen mit Behinderungen, als Zeit des Übergangs von Forderungen nach materieller Absicherung zu Forderungen nach gesellschaftlicher Teilhabe gelten. So ist die Lebenshilfe auch vor dem Hintergrund des gesellschaftlichen Wertewandels und der gesellschaftlichen Liberalisierung zu sehen[101], wenngleich zum Beispiel Vorstellungen von Geschlechterrollen traditionellen Sichtweisen verhaftet blieben.

Mit der Ausweitung der Wahrnehmung und Betrachtung von Ungleichheit sind auch weitere gesamtgesellschaftliche Wandlungsprozesse eng verwoben. Erstens befand sich die bundesrepublikanische Gesellschaft in einer Phase steigenden Wohlstands und steigenden Konsums. in der die Diskussionen um materielle Armut abzunehmen begannen und ein Klima des gesellschaftlichen Wandels einsetzte.[102] Die Herausbildung einer stärker an Freizeit und Konsum orientierten Gesellschaft hatte die Teilhabe an diesem gesellschaftlichen Leben zu einem zentralen Faktor von Ungleichheit werden lassen.

Zweitens ist seit den 1960er Jahren ein Funktionswandel von Öffentlichkeit und der Medien zu verzeichnen. Journalisten begannen, sich nicht mehr nur als Sprachrohr von Regierungsstellen zu verstehen, vielmehr definierten sich Medien zunehmend als vierte Gewalt, als Korrektiv des politischen Felds und Kritiker gesellschaftlicher Verhältnisse.[103] Medien ›entdeckten‹ mehr und mehr gesellschaftliche Randgruppen, berichteten über deren soziale Verhältnisse und forderten Verbesserungen ein.

Drittens stellte aus sozialpolitischer Perspektive das Bundessozialhilfegesetz von 1961 einen wichtigen Schnitt in der Behindertenpolitik dar: Mit der Etablierung von Eingliederungshilfen lag der Fokus der sozialpolitischen Maßnahmen nicht mehr ausschließlich auf der Wiederherstellung der Arbeitsfähigkeit. Vielmehr zählte nun auch die Teilnahme am Leben der Gesellschaft zu den Zielen von Behindertenpolitik, die damit »jene ökonomisch-sozialutilitaristische Schlagseite [verlor], die sie bisher ausgezeichnet hatte«.[104] Sozialpolitik erhob zunehmend den Anspruch, Gesellschaftspolitik zu gestalten.[105] Die gesellschaftliche Teilhabe war gleichsam zur gesetzlich verankerten Norm geworden, die Bundeskanzler Willy Brandt am Ende des Jahrzehnts in seiner Regierungserklärung am 28. Oktober 1969 zum Ziel seiner Amtszeit erhob, als er »Behinderten« Chancen in Beruf und Gesellschaft zu öffnen versprach.[106]

---

101 Vgl. *Tobias Sander*, Der Wertewandel der 1960er und 1970er Jahre und soziale Ungleichheit. Neue Befunde zu widersprüchlichen Interpretamenten, in: Comparativ 17, 2007, H. 1, S. 101–118; vgl. *Axel Schildt*, Materieller Wohlstand – pragmatische Politik – kulturelle Umbrüche. Die 60er Jahre in der Bundesrepublik, in: *ders./Detlef Siegfried/Karl Christian Lammers* (Hrsg.), Dynamische Zeiten. Die 60er Jahre in beiden deutschen Gesellschaften, Hamburg 2003, S. 21–53; vgl. *Ulrich Herbert*, Liberalisierung als Lernprozeß. Die Bundesrepublik in der deutschen Geschichte – eine Skizze, in: *ders.* (Hrsg.), Wandlungsprozesse in Westdeutschland. Belastung, Integration, Liberalisierung, 1945–1980, Göttingen 2002, S. 7–49.

102 Vgl. *Schildt*, Materieller Wohlstand; vgl. *Rudloff*, Sozialstaat, Randgruppen und bundesrepublikanische Gesellschaft, S. 192, der darauf aufmerksam macht, dass das Abflauen der Debatte nicht mit dem Verschwinden des Phänomens gleichzusetzen ist.

103 Vgl. *Christina von Hodenberg*, Die Journalisten und der Aufbruch zur kritischen Öffentlichkeit, in: *Ulrich Herbert*, Wandlungsprozesse in Westdeutschland. Belastung, Integration, Liberalisierung, 1945–1980, Göttingen 2002, S. 278–311.

104 Vgl. *Rudloff*, Überlegungen zur Geschichte der bundesdeutschen Behindertenpolitik, S. 874.

105 Vgl. *Hans Günter Hockerts*, Metamorphosen des Wohlfahrtsstaats, in: *Martin Broszat* (Hrsg.), Zäsuren nach 1945. Essays zur Periodisierung der deutschen Nachkriegsgeschichte, München 1990, S. 35–45.

106 Vgl. Bundeskanzler Willy Brandt, Erklärung der Bundesregierung, 28.10.1969, in: *Hans Ulrich Behn* (Hrsg.), Die Regierungserklärungen der Bundesrepublik Deutschland, München 1971, S. 205–235, hier: S. 207 und 226.

Von der Lebenshilfe maßgeblich angestoßen wurden viertens Professionalisierungs-
und Akademisierungsprozesse innerhalb der Pädagogik. Im Zuge der Debatten um eine
Reform des Bildungssystems[107] und vor dem Hintergrund des Ausbaus der Sonderschulen
war ein starker Nachholbedarf im Bereich der Sonder- und Heilpädagogik offensichtlich
geworden, der von den Experten der Lebenshilfe mit dem Verweis auf Theorien, Methoden
und Einrichtungen in den Niederlanden oder in den USA vehement eingefordert wurde.[108]
Der Mitte der 1960er Jahre bundesweit erste Lehrstuhl mit dem Schwerpunkt »Geistigbehindertenpädagogik« in Mainz wurde mit dem langjährigen Bundesvorstand der Lebenshilfe, Heinz Bach, besetzt. Ende der 1960er Jahre setzten Reformdebatten auch auf
dem Feld der Sozialen Arbeit und Sozialpädagogik ein, die einen Professionalisierungs-
schub auslösten und das Fach an Hochschulen verankerten.[109] Damit einher ging auch eine
Verschiebung der Deutungshoheiten, die aus den Pfadabhängigkeiten des Systems der Behindertenhilfe resultierte: Mediziner und Psychiater hatten ein wissenschaftliches Deu-
tungs- und Kategorisierungssystem etabliert, das den sogenannten »Schwachsinn« an In-
telligenzminderung festmachte und geistige Behinderung damit als medizinisches Problem
definierte, das nun um pädagogische Perspektiven ergänzt wurde.

Fünftens zeichnete sich mit dem Ende der Nachkriegszeit[110] seit den späten 1950er Jahren auch ein Aufweichen der Binnenhierarchisierung innerhalb der Gruppe der Menschen
mit Behinderungen ab. Die Hegemonie der Kriegsopferverbände wurde durch die Neu-
gründungen von Selbsthilfe- und Elternverbänden infrage gestellt. So ist auch festzustellen, dass sich die Universalkategorie »Behinderung« in den 1960er Jahren als Kollektiv-
bezeichnung für Menschen mit körperlichen, geistigen und psychischen bleibenden Be-
einträchtigungen durchzusetzen begann.[111]

Sechstens sind die Erfolge der Lebenshilfe im Ausbau der ambulanten Versorgung und
Fürsorge für Menschen mit geistigen Behinderungen auch vor dem Hintergrund der bundesrepublikanischen Familienpolitik und den gesellschaftlichen Rollenbildern der Geschlechter zu kontextualisieren. Die Abwendung von der Bewahrung in Großanstalten
und Heimen und die Konzipierung ambulanter Tageseinrichtungen entsprach den politischen Normen und Werten von Familie, zumal die Rollen in der verbandlichen Behindertenhilfe traditionell verteilt waren: Die Mütter waren eher für die sorgenden und pflegerischen Tätigkeiten der konkreten Behindertenhilfe in den Ortsvereinigungen zuständig,
die Väter waren eher in den Bereichen Organisation, Politikkontakte und Öffentlichkeitsarbeit tätig. Die Arbeitsteilung entsprach auch in dem Bereich der von der Lebenshilfe
formulierten Bildungsziele der Sonderschulen den dichotomen Geschlechtszuschreibun-

107 Vgl. etwa *Alfons Kenkmann*, Von der bundesdeutschen »Bildungsmisere« zur Bildungsre-
      form in den 60er Jahren, in: *Axel Schildt/Detlef Siegfried/Karl Christian Lammers* (Hrsg.),
      Dynamische Zeiten. Die 60er Jahre in beiden deutschen Gesellschaften, Hamburg 2003, S.
      402–423.
108 Vgl. *Konrad Josef*, Schulrecht für alle holländischen Kinder, in: Lebenshilfe 1, 1962, H. 1, S.
      22–27; *I. de Valck*, Bei dem ›Vergißmeinnicht‹ in Utrecht. Über den Kontakt zwischen norma-
      len und behinderten Kindern, in: Lebenshilfe 1, 1962, H. 3, S. 20–21; *Georg Gries*, Vortrags-
      reise nach Schweden und Dänemark, in: Lebenshilfe 2, 1963, H. 2, S. 89–90.
109 Vgl. *Imbke Behnken/Jürgen Zinnecker*, »Hi ha ho, die Bonzen komm'n ins Klo!« Sozial-
      pädagogische Studentenbewegung und Modernisierung Sozialer Arbeit in Deutschland, in:
      Westfälische Forschungen 48, 1998, S. 257–282.
110 *Matthias Frese/Julia Paulus*, Geschwindigkeiten und Faktoren des Wandels. Die 1960er Jahre
      in der Bundesrepublik, in: *Matthias Frese/Julia Paulus/Karl Teppe* (Hrsg.), Demokratisierung
      und gesellschaftlicher Aufbruch. Die sechziger Jahre als Wendezeit der Bundesrepublik, Pa-
      derborn 2003, S. 1–23.
111 Vgl. *Bösl*, Politiken der Normalisierung, S. 132.

gen, wenn Mädchen auf hauswirtschaftliche Arbeiten, Jungen hingegen auf handwerkliche Tätigkeiten vorbereitet wurden.

Allerdings muss auch die Ambivalenz der Erfolge der Lebenshilfe betont werden: Nicht nur der »Fall Aumühle« machte darauf aufmerksam, dass es sich nicht um eine ausschließliche Erfolgsgeschichte handelte. Die Frage, ob »mit dem Aufbau all der neuen Strukturen tatsächlich ein Schritt in Richtung gesellschaftlicher Integration getan« war[112], wie es die Ziele der Lebenshilfe vorsahen, erschien aus Sicht einer jüngeren Generation von Eltern seit dem Ende der 1970er Jahre zunehmend fraglich, denn »[d]ie neue Welt der Sonderschulen, Beschützenden Werkstätten und Tagesstätten für geistig Behinderte beispielsweise hatte die Gefahr individueller Isolierung zwar gemindert, zugleich aber auch die Gefahr kollektiver Gettoisierung heraufbeschworen«.[113] Mit der weitgehenden Übernahme der Vorschläge und Richtlinien der Lebenshilfe in die Bildungspläne der Kultusministerien der Länder ging zudem auch eine neue Grenzziehung einher, die für neue Formen der Ungleichheit sorgte. Denn die Lebenshilfe hatte durch die negativ formulierten Kriterien der Einschulungsvoraussetzungen eine neue Differenzierung und Hierarchisierung eröffnet und Kinder mit mehrfachen, schweren Behinderungen vom Schulunterricht ausgeschlossen, mithin explizit von der Partizipation am Sonderschulsystem exkludiert. Zudem gerieten auch die Lernziele selbst in die Kritik: Die weitmögliche Annäherung der Betroffenen an gesellschaftliche Normvorstellungen und ein möglichst geringes sozial abweichendes Verhalten, wie sie durch die Sozialerziehung in den Sonderschulen angestrebt wurden, standen für die Zeitgenossen nicht im Widerspruch zum Ziel der sozialen Integration. Der diskriminierende Charakter von einer als sozial konstruiert verstandenen Normalität wurde erst in den 1970er Jahren von der entstehenden Behindertenbewegung verstärkt thematisiert und zum Ausgangspunkt der Kritiken an Trägern der Behindertenhilfe und Sozialpolitikern.

---

112 *Rudloff*, Sozialstaat, Randgruppen und bundesrepublikanische Gesellschaft, S. 202.
113 Ebd.

Wilfried Rudloff

Ungleiche Bildungschancen, Begabung und Auslese

Die Entdeckung der sozialen Ungleichheit in der bundesdeutschen Bildungspolitik und die Konjunktur des »dynamischen Begabungsbegriffs« (1950 bis 1980)

Am 1. Juli 1965 bot sich der bundesrepublikanischen Öffentlichkeit ein zu dieser Zeit noch relativ ungewohnter Anblick. In zahlreichen deutschen Universitätsstädten gleichzeitig fanden an diesem Tag studentische Demonstrationen statt, circa 110.000 Studenten[1] gingen auf die Straße, einer der größten Mobilisierungserfolge der Studentenschaft in den 1960er Jahren. Der Protest richtete sich gegen den seit über einem Jahr in der Öffentlichkeit lebhaft diskutierten »Bildungsnotstand«.[2] In Städten wie Heidelberg las man dabei Plakataufschriften wie »Mehr Arbeiterkinder an die Uni« oder »Arbeiter, Bauern, Katholiken sind nicht dümmer, sondern benachteiligt«.[3] Die Ungleichheitsfrage, so konnte man hier erkennen, hatte ihren Weg in die öffentliche Bildungsdebatte gefunden.

Bildungssysteme produzieren notwendig Ungleichheit – eine ungleiche Verteilung von Zugängen und Zertifikaten, Qualifikationen und Kompetenzen, Berufs-, Status- und Lebenschancen.[4] Soziale Ungleichheit im Bildungswesen bedeutet: Aufgrund unterschiedlichen Bildungsverhaltens und infolge ungleicher Beteiligung an den im Bildungssystem vorgesehenen Bildungswegen bestehen für die sozialen Herkunftsgruppen und Schichten einer Gesellschaft ungleiche Chancen, nach ihrer Wertigkeit abgestufte Bildungszertifikate zu erwerben – und damit wiederum ungleiche Chancen, bestimmte Statuspositionen im Schichtungsgefüge, die den Nachweis solcher Patente zur Voraussetzung haben, zu erklimmen. Bildungskarrieren und Bildungsabschlüsse sind damit wesentliche Determinanten sozialer Ungleichheitsstrukturen moderner Gesellschaften. In welchem Maße Bildungssysteme die in einer Gesellschaft anzutreffenden Muster sozialer Ungleichheit konservieren und legitimieren, in welchem Maße sie diese korrigieren und begrenzen, vor allem aber, in welchem Maße dies jeweils als wünschenswert erachtet wird, ist Gegenstand der politischen Auseinandersetzung. Diese Auseinandersetzung unterliegt zyklischen Schwankungen; in jeder neuen Themenkonjunktur gewinnt die kognitive Rahmung, politische Ausrichtung und mediale Verstärkung des Diskurses neue Züge. Dies soll im Folgenden vor allem für die Zeit von den 1950er bis zu den späten 1970er Jahren untersucht werden, als die Ungleichheitsfrage einen bis dahin unbekannten Stellenwert erlangte.

Als positiver Komplementär- und Gegenbegriff zur »Ungleichheit der Bildungschancen« gewann in den 1960er Jahren parteiübergreifend die Maxime der »Chancengleichheit« breite Ausstrahlungskraft. Auf keinem anderen Politikfeld erlangte sie eine solche Prominenz wie in der Bildungspolitik. Freilich war nicht immer aus dem Begriff heraus schon

---

1 *Helmut Bilstein*, Studenten als Bildungsreformer. Bilanz der Aktion Bildungswerbung, Opladen 1970, S. 23.
2 *Nick Thomas*, Protest Movements in 1960s West Germany. A Social History of Dissent and Democracy, New York 2003, S. 54f.
3 Vgl. die Bilder der Heidelberger Demonstration, in: info. Nachrichten für die Studenten der Ruperto Carola Heidelberg, SS 1965, Nr. 49/50, 16.7.1965, S. 1 und 3–6. Exemplar in: Bundesarchiv Koblenz (BAK), N 1225, Nr. 296.
4 Vgl. allg.: *Anna Brake/Peter Büchner*, Bildung und soziale Ungleichheit. Eine Einführung, Stuttgart 2012.

zu erkennen, welche Zielvorstellungen sich genau hinter dem programmatischen Losungs-
wort verbargen; oft ließen vielmehr erst die Forderungen, die mit dem Prinzip begründet
wurden, auf dessen Bedeutungsgehalt schließen. In der wissenschaftsnahen Diskussion
schälten sich mehrere Varianten heraus, die sich auf drei Grundtypen reduzieren lassen.[5]
Ein formaler Chancengleichheitsbegriff beschränkte sich darauf, die formale Gleichheit
der Schüler im ungehinderten Zugang zu den Bildungseinrichtungen zu gewährleisten. Die
ungleichen Lernvoraussetzungen, die Kinder unterschiedlicher sozialer Herkunft mitbrachten, und die Barrieren informeller Art, die sie in der Entfaltung ihrer Begabungen
behinderten, blieben dabei unbeachtet. Ein meritokratischer Begriff von Chancengleichheit sah diese als verwirklicht an, wenn für die schulische Auslese nur noch die individuelle Leistungsfähigkeit entscheidend war. Er stellte eine ausgemachte Wettbewerbsformel
dar, basierend auf dem Leistungsprinzip. Exogene Barrieren und Hindernisse, bedingt
durch die soziale Herkunft, waren beiseitezuräumen. Der repräsentative Chancengleichheitsbegriff schließlich zog eine noch weiter gehende Konsequenz aus der Erkenntnis,
dass die formale Gleichheit der Startbedingungen nicht genügte, um die Ungleichheitsmuster in der Bildungsbeteiligung nachhaltig abzuschwächen. Gefolgert wurde deshalb,
dass es nicht nur um Gleichheit in den Startbedingungen, sondern auch in den Ergebnissen
gehen musste; als Referenzgröße für die anzustrebende Angleichung der Chancen hatte
der jeweilige Anteil der Schichten an der Bevölkerung zu gelten. Aus ungleichen Milieubedingungen stammende Kinder sollten im Namen der Gleichheit ungleich behandelt werden, um soziale Benachteiligungen mit den Mitteln der pädagogischen Intervention kompensieren zu können. Gleiche Bildungsangebote verstärkten Divergenzen, nur ungleiche
konnten sie korrigieren. Jedem dieser Begriffsverständnisse lag mithin eine andere Ansicht zugrunde, wann Ungleichheit als ungerecht angesehen werden musste und wann sie
hingegen als legitim gelten konnte.

Die Thematisierungsgeschichte sozialer Ungleichheit im Bildungssystem ist die Geschichte des Zusammenspiels von Wissenschaft, Politik und Medien. Bei diesen Wechselwirkungen hat man es nicht mit linearen Austauschbeziehungen zu tun, in deren Verlauf
etwa fest verschnürte Wissenspakete von der Wissenschaft in die Sphäre der Politik und
der medialen Öffentlichkeit weiterwandern, sondern mit einer an die je eigenen Rationalitäten und Bedürfnisse angepassten, deshalb partikularen Aneignung, Verarbeitung und
Verwendung von Daten und Deutungen durch die entsprechenden Akteure.[6] Wie dies geschah und in welchen Brechungen, soll im Folgenden an einem bestimmten Ausschnitt
des Diskurses illustriert werden.

---

5 Zum Folgenden mit unterschiedlichen Gewichtungen: *Walter Müller/Karl Ulrich Mayer*, Chancengleichheit durch Bildung? Untersuchungen über den Zusammenhang von Ausbildungsab-
schlüssen und Berufsstatus, Stuttgart 1976, S. 25ff.; *Alfons Otto Schorb*, Zur Gleichheit der
Chancen im Bildungswesen, in: Civitas 11, 1972, S. 61–79; *Heinz Heckhausen*, Chancengleichheit, in: *Hans Schiefele/Andreas Krapp* (Hrsg.), Handlexikon zur Pädagogischen Psychologie,
München 1981, S. 54–61; *James Coleman*, The Concept of Equality of Educational Opportunity,
in: Harvard Educational Review 38, 1968, S. 7–22; *Torsten Husén*, Social Influences on Educational Attainment. Research Perspectives on Educational Equality, Paris 1975, S. 30–40; er-
hellend ferner: *Heinz Heckhausen*, Leistungsprinzip und Chancengleichheit, in: *Heinrich Roth/
Dagmar Friedrich* (Hrsg.), Bildungsforschung. Probleme – Perspektiven – Prioritäten, Teil 1,
Stuttgart 1975, S. 101–152; *Helmut Heid*, Zur Paradoxie der bildungspolitischen Forderung nach
Chancengleichheit, in: Zeitschrift für Pädagogik 34, 1988, S. 1–17.
6 Vgl. hierzu grundsätzlich: *Peter Weingart*, Die Stunde der Wahrheit? Zum Verhältnis der Wissen-
schaft zu Politik, Wirtschaft und Medien in der Wissensgesellschaft, Weilerswist 2001; *Matthias
Wingens/Ansgar Weymann*, Die Verwendung soziologischen Wissens in der bildungspolitischen
Diskussion, Bremen 1988.

Mit der Wiederentdeckung der sozialen Ungleichheit in den 1960er Jahren erlangten überkommene Diskurse eine veränderte Rahmung. Alte Fragestellungen gewannen dadurch, dass sie als soziales Ungleichheitsphänomen diskutiert wurden, neuen Bedeutungsgehalt. Ihre politische Stoßrichtung konnte sich dadurch auf grundlegende Weise verändern. Die Rekalibrierung alter Diskurse soll am Beispiel von zwei Zentralbegriffen und Problemfeldern der Bildungspolitik vorgeführt werden: am Begabungsbegriff und am Ausleseproblem, zwei Bestandteilen des Bildungsdiskurses, die dadurch, dass sie seit Beginn der 1960er Jahre verstärkt im Lichte sozialer Schichtungs- und damit Ungleichheitskategorien wahrgenommen wurden, anschlussfähig für neue politische Lesarten wurden. Die zentrale Fragestellung des Beitrags lautet mithin, wie der Sachverhalt der sozialen Ungleichheit in der sozialwissenschaftlichen und auch psychologischen Bildungsforschung jener Jahre neu konfiguriert wurde und welche Resonanz die so entwickelten Deutungsmuster in der interessierten Öffentlichkeit und im politischen Diskurs zu erzeugen vermochten. Beschrieben wird der zyklische Verlauf eines Diskurszusammenhangs, bei dem die hier als Sonde verwandten Begriffe in ihrer Wahrnehmung und ihrem Verständnis neu bestimmt wurden und mehrfach ihren politischen Nutzwert änderten. Als roter Faden dient dabei vor allem der Begriff der Begabung, dessen wechselhafte Konfigurierung im Hinblick auf den Ungleichheitsdiskurs verfolgt werden soll.

Begabung ist ein Schlüsselbegriff für die Interpretation sozialer ungleicher Bildungschancen. Während sich der Begriff der Begabung auf das Individuum in seinen Potenzialen und Fähigkeiten bezieht, richtet soziale Ungleichheit den Blick auf die gesamtgesellschaftlichen Verteilungsmuster der Chancen, an bestimmten sozialen Gütern teilzuhaben. Zwischen beiden Ebenen vermittelt der Begriff der sozialen Schicht. Erst dieser macht die dauerhaften Muster sozialer Ungleichheit hinter dem scheinbar zufälligen Ensemble individueller Verschiedenheiten sichtbar. Umstritten ist allerdings, was dabei genau geschieht. Denn je nach Verständnis von Begabung lässt sich der Vorgang der sozialen Schichtung unterschiedlich interpretieren. Bei einem Begabungsverständnis, in dessen Mittelpunkt die individuellen Anlagen stehen, sortieren sich, vereinfacht gesagt, die Begabungsgrade parallel zum sozialen Schichtungsgefälle, Menschen steigen je nach Begabung auf oder ab in andere Schichten. Soziale Ungleichheit ist hier Ausdruck menschlicher Ungleichheit. Bei einem Verständnis von Begabung, das die Umwelteinflüsse in das Zentrum stellt, besitzen Individuen als Mitglieder einer sozialen Schicht unterschiedliche soziale Chancen. Ungeachtet ihrer individuellen Begabungen sind ihrer sozialen Mobilität durch die Schichtzugehörigkeit Grenzen gesetzt. Menschliche Ungleichheit ist hier Ausdruck sozialer Ungleichheit. Bildungsungleichheit ist also im einen Fall primär eine Konsequenz individueller Ungleichheit, im anderen sozialer Ungleichheit. Für die Vorstellungen von sozialer Gerechtigkeit liegt in der letzteren Sichtweise eine ungleich größere Herausforderung.

Dieser Beitrag beschränkt sich auf die Dimension der sozialen Ungleichheit, verstanden als unterschiedliche Bildungsbeteiligung sozialer Schichten und Herkunftsgruppen. Die in den zeitgenössischen Debatten vielfach in engem Zusammenhang damit diskutierten Problemfelder ungleicher Bildungschancen der Geschlechter, Konfessionen und (städtischen beziehungsweise ländlichen) Regionen bleiben dabei ebenso ausgespart wie die seit den 1970er Jahren allmählich ins öffentliche Bewusstsein tretende Frage der marginalen Bildungschancen von Kindern mit Migrationshintergrund. Erst recht nicht ist beabsichtigt, in die methodisch anspruchsvolle Frage einzusteigen, welche Datensätze, statistischen Methoden und Deutungen aus heutiger Sicht am besten geeignet sind, die Frage nach den tatsächlichen Entwicklungslinien der sozialen Ungleichheit im Bildungswesen in jenen Jahrzehnten zu beantworten. Was hier vielmehr interessiert, ist die Frage, wie sich zeitgenössisch durch die Konstruktion und Interpretation neuer Datensätze, Wissensbestände und Deutungsfiguren die politischen Konturen des Ungleichheitsthemas veränderten.

I. DIE ENTDECKUNG DER SOZIALEN UNGLEICHHEIT IM BILDUNGSWESEN

Das Aufleben eines bildungspolitischen Ungleichheitsdiskurses in der Bundesrepublik war auf enge Weise mit der Entstehung und Entwicklung der bundesdeutschen Bildungssoziologie verknüpft.[7] Die Bildungssoziologie hatte allerdings einen späten Start. An ihre Anfänge kann man ein Gutachten Helmut Schelskys für den »Deutschen Ausschuss für das Erziehungs- und Bildungswesen« stellen, das der Hamburger Soziologe 1956 vorgelegt und im Jahr darauf veröffentlicht hatte.[8] Schelskys Gutachten erlangte indes nicht etwa deshalb besondere Bedeutung, weil hier die Ungleichheitsperspektive erstmals Einzug in den bildungssoziologischen Diskurs gehalten hätte. Das war 1956 noch keineswegs der Fall. Schelsky ging, ganz im Gegenteil, davon aus, dass die Schule unter den Vorzeichen einer relativen Nivellierung der Klassen- und Schichtungsunterschiede aufgehört habe, als Spiegelbild der Klassengesellschaft zu dienen, sodass sich die – bei ihm im Grunde bereits vorausgesetzte – Gleichheit der Bildungschancen ungebremst in eine Druckwelle sozialen Aufstiegswillens habe übersetzen können, welche als Ausgangspunkt enorm gestiegener sozialer Erwartungen aller Schichten nun von der Schule bewältigt werden müsse. Für Schelsky galt Mitte der 1950er Jahre nicht nur, dass »die Aufstiegs- und Ausbildungswünsche höherer Art universal geworden sind«, sondern mehr noch, dass »alle außerschulischen Determinanten, z.B. ein vorgegebener Klassenstatus, für das Erstreben oder Fernbleiben von bestimmten Berufsgruppen und damit Schulgattung weitgehend unwirksam geworden« waren.[9] Es war in diesem Kontext, dass er das Wort von der Schule als der »zentralen sozialen Dirigierungsstelle«[10] prägte, die über den künftigen sozialen Status und die Lebenschancen des Einzelnen entschied, ein Diktum, das gut zwei Jahrzehnte lang zum unverwüstlichen Kernbestand des bildungspolitischen Zitatschatzes gehören sollte. Schelskys Deutung war für den bildungspolitischen Diskurs der 1950er Jahre indes gerade darin charakteristisch, dass sie der empirischen Dimension der sozialen Ungleichheit im Bildungswesen kein besonderes Gewicht beimaß. Immerhin sah er

---

7　Vgl. *Beate Krais*, Bildungsexpansion und soziale Ungleichheit in der Bundesrepublik Deutschland, in: *Axel Bolder/Walter R. Heinz/Klaus Rodax* (Hrsg.), Die Wiederentdeckung der Ungleichheit. Aktuelle Tendenzen in Bildung für Arbeit, Opladen 1996, S. 118–146; *Beate Krais*, Erziehungs- und Bildungssoziologie, in: *Harald Kerber/Arnold Schmieder* (Hrsg.), Spezielle Soziologien. Problemfelder, Forschungsbereiche, Anwendungsorientierungen, Hamburg 1994, S. 556–576.

8　*Helmut Schelsky*, Soziologische Bemerkungen zur Rolle der Schule in unserer Gesellschaftsverfassung, in: *ders.*, Schule und Erziehung in der industriellen Gesellschaft, Würzburg 1957, S. 9–50.

9　Ebd., S. 19; zu Schelskys Konzept einer »nivellierten Mittelstandsgesellschaft« vgl. *Hans Braun*, Helmut Schelskys Konzept der »nivellierten Mittelstandsgesellschaft« und die Bundesrepublik der 50er Jahre, in: AfS 29, 1989, S. 199–223; *Paul Nolte*, Die Ordnung der Gesellschaft. Selbstentwurf und Selbstbeschreibung im 20. Jahrhundert, München 2000, S. 330ff.

10　*Schelsky*, Soziologische Bemerkungen zur Rolle der Schule, S. 17f.; zur Rezeption vgl. beispielsweise die Ausführungen von Bundesinnenminister Gerhard Schröder vor dem Deutschen Bundestag, Verhandlungen des Deutschen Bundestages, Stenographische Berichte, 3. Wahlperiode, 23. Sitzung, 18.4.1958, Sp. 1231–1240, hier: Sp. 1232; Eröffnungsrede *Josef Hermann Dufhues* (Geschäftsführender Vorsitzender der CDU), in: Bildung in der modernen Welt. 3. Kulturpolitischer Kongreß der CDU/CSU am 9. und 10. November 1964 in Hamburg, Bonn 1965, S. 2.

sich bald veranlasst, seine These vom »Universalwerden der Aufstiegsbedürfnisse« selbst zu revidieren.[11]

Fahrt nahm die bildungssoziologische Ungleichheitsforschung in der Bundesrepublik erst mit Ralf Dahrendorf auf. Der junge Soziologe hatte beobachtete, »daß Deutschland unter allen modernen Gesellschaften das Land ist, in dem am wenigsten von der Ungleichheit der sozialen Chancen gesprochen wird, obwohl diese Ungleichheiten hier ausgeprägter sind als andernorts«.[12] Dahrendorf hatte während seines Aufenthalts an der London School of Economics in den 1950er Jahren Bekanntschaft mit den führenden Exponenten der ungleich weiter entwickelten britischen Bildungssoziologie gemacht[13]; nach seinem Ruf an die Universität Tübingen baute er eine Forschungsgruppe auf, die sich in Vielem an die Fragestellungen jener britischen Untersuchungen anlehnte.[14] Daraus gingen zwei Publikationen aus Dahrendorfs eigener Feder hervor, die sofort weite Kreise zogen: »Arbeiterkinder an deutschen Universitäten«[15], ursprünglich ein Vortrag aus dem Sommer 1964, und »Bildung ist Bürgerrecht«[16] von 1965. Beiden Schriften waren auszugsweise Veröffentlichungen in der Wochenzeitung »Die ZEIT« vorausgegangen, beide wurden in Politik und Medien mit beträchtlicher Aufmerksamkeit bedacht. Die Bildungsbeteiligung der »Arbeiterkinder« wurde zur entscheidenden empirischen Messgröße für die ungerechte Verteilung der Bildungschancen, und Dahrendorfs Feststellung, dass Arbeiterkinder nur 5 % der deutschen Studentenschaft stellten, obwohl ihre Familien die Hälfte der Bevölkerung ausmachten, drang tief in das Bewusstsein der interessierten Öffentlichkeit ein. Als gesellschaftspolitische Kennziffer sollte sie fortan unzählige Male zitiert werden. Eines von zahllosen Beispielen war ein Artikel in der »Welt am Sonntag« vom 5. Juni 1966, in dem es unter Verwendung – allerdings auch Verzerrung – der von Dahrendorf unterbreiteten Zahlen hieß:

»Während 50 Prozent unserer Bevölkerung in Arbeiterfamilien leben, sind auf unseren Universitäten Studenten aus solchen Familien nur zu fünf Prozent vertreten. Während also nur jeder zehnte deutsche Student aus einer Arbeiterfamilie kommt – sind es in Frankreich jeder fünfte, in England und Schweden jeder dritte. […] Können wir uns das leisten? Man weiß längst: nein.«[17]

Die internationale Vergleichsperspektive, die Dahrendorf in seiner Schrift angerissen hatte, ließ die sozialen Disparitäten in der Bundesrepublik noch drastischer erscheinen, mochte seine ebenfalls gern zitierte Gegenüberstellung des Anteils der Arbeiterkinder an

---

11 Schelsky machte es dem Deutschen Ausschuss regelrecht zum Vorwurf, jene Deutung, die er ihm selbst vorgetragen hatte, tatsächlich auch übernommen zu haben; *Helmut Schelsky*, Anpassung oder Widerstand? Soziologische Bedenken zur Schulreform, Heidelberg 1961, S. 57.
12 *Ralf Dahrendorf*, Arbeiterkinder an deutschen Universitäten, Tübingen 1965, S. 35.
13 Vgl. *ders.*, Über Grenzen. Lebenserinnerungen, München 2002, S. 159.
14 *Hansgert Peisert*, Wanderungen zwischen Wissenschaft und Politik. Biographische Notizen über R. D., in: *ders./Wolfgang Zapf* (Hrsg.), Gesellschaft, Demokratie und Lebenschancen. Festschrift für Ralf Dahrendorf, Stuttgart 1994, S. 3–40, hier: S. 10ff.
15 *Dahrendorf*, Arbeiterkinder an deutschen Universitäten.
16 *Ders.*, Bildung ist Bürgerrecht. Plädoyer für eine aktive Bildungspolitik, Bramsche/Osnabrück 1965.
17 *P. von Janko*, So soll die Gesamtschule der Zukunft aussehen, in: Welt am Sonntag, 5.6.1966 (vgl. *Werner Schulz*, Gesamtschule und Tagespresse. Analysen von Berichten und Meinungen zu einer kontroversen erziehungspolitischen Thematik, Bochum 1983, S. 57). Der Artikel zog hier statistisch etwas verwegene Schlussfolgerungen, denn Dahrendorf hatte den Anteil der Arbeiterstudenten ins Verhältnis zu dem Anteil der Arbeiterschicht an der Gesamtbevölkerung gesetzt und war dabei für Frankreich zu einem Verhältnis von 1:5, für England und Schweden von 1:3 und für die Bundesrepublik von 1:10 gelangt. Vgl. *Dahrendorf*, Arbeiterkinder an deutschen Universitäten, S. 8.

den Studierenden von 5 % in der Bundesrepublik und 25 %[18] in England auch nicht ganz unproblematisch sein.[19]

Die amtliche Bildungsstatistik in der Bundesrepublik hielt allerdings für eine Erhellung der ungleichen Bildungschancen nicht allzu viel brauchbares Datenmaterial bereit. Vergleichsweise günstig war noch die Datenlage für die Hochschulen, wo für alle Studierenden seit Anfang der 1950er Jahre der Beruf des Vaters mit erhoben wurde.[20] Dahrendorf stellte diese Angaben dem Schichtungsbild gegenüber, das Morris Janowitz[21] für die mittleren 1950er Jahre ermittelt hatte, um die extrem unproportionale und gegenläufige Verteilung der beiden Bezugsgrößen zu demonstrieren.

Tabelle 1: Schichtungsbild der Gesamtbevölkerung und der Studentenschaft 1955/56 in Prozent[22]

	Gesamtbevölkerung	**Studentenschaft**
Obere Mittelschicht	4,6	47,2
Untere Mittelschicht	38,6	47,4
Obere Unterschicht	13,3	–
Untere Unterschicht	38,6	5,0
Unklassifizierbar	4,9	0,4

Über die soziale Rekrutierung der Schülerschaft wusste die amtliche Statistik weit weniger zu berichten. Alternative Daten standen, wenn überhaupt, dann nur sehr punktuell zur

18 1961 hatte Dahrendorf sogar einen Wert von 35 % genannt. Vgl. *Ralf Dahrendorf*, Von der Industriegesellschaft zur Bildungsgesellschaft. Soll Deutschland wieder hinterherhinken?, in: Offene Welt, Dezember 1961, Nr. 74, S. 535–546, hier: S. 541.

19 *Dahrendorf*, Arbeiterkinder an deutschen Universitäten, S. 7; Dahrendorf berief sich dabei auf den damals noch unveröffentlichten Aufsatz von *Heinrich Popitz*, Die Ungleichheit der Chancen im Zugang zur höheren Schulbildung (dann erschienen in: *Ludwig von Friedeburg* [Hrsg.], Jugend in der modernen Gesellschaft, Köln/Berlin 1965, S. 392–408, hier: S. 392). Es blieb weitgehend unbemerkt, dass die britische Statistik einen sehr viel weiteren Kreis von Beschäftigten der Arbeiterklasse zurechnete als die bundesdeutsche, worauf *Stephen Jessel* in der »Educational Times« vom 6.10.1971 hinwies. Legte man die britische Klassifizierungsweise zugrunde, erhöhte sich auch der fragliche Anteil an den Studierenden für die Bundesrepublik erheblich; vgl. auch: Wie viele Arbeiterkinder auf Gymnasien?, in: Die Höhere Schule 25, 1972, S. 117f. Wählte man hingegen die Anteilswerte der Studierenden an den Jahrgangsangehörigen zur Bezugsgröße, wie sie der viel beachtete Robbins-Bericht über die britischen Universitäten 1963 für den Geburtsjahrgang 1940/41 vorlegte, nahm sich das Bild deutlich anders aus: Nur 4 % der Studierenden, deren Väter »manual skilled occupations« nachgingen, und weitere 2 % von Vätern, die »semi- and un-skilled manual occupations« nachgingen, nahmen in Großbritannien ein Vollzeitstudium auf; Committee on Higher Education, Higher Education. Report of the Committee appointed by the Prime Minister under the Chairmanship of Lord Robbins 1961–63, London 1963, S. 50f. (Dahrendorf verwies zwar auf den Robbins-Report, nahm diese Ziffern aber nicht zur Kenntnis).

20 Seit 1952 enthielten die regelmäßigen Stichprobenerhebungen des Studentenwerks zusätzliche und weiter differenzierte Angaben zur sozialstatistischen Gliederung der Studierenden. Vgl. *Gerhard Kath* (Hrsg.), Das soziale Bild der Studentenschaft in Westdeutschland und Berlin, hrsg. v. Verband Deutscher Studentenwerke, o.O. 1952, S. 28ff.

21 *Morris Janowitz*, Soziale Schichtung und Mobilität in Westdeutschland, in: Kölner Zeitschrift für Soziologie und Sozialpsychologie 10, 1958, S. 1–37.

22 *Dahrendorf*, Arbeiterkinder an deutschen Universitäten, S. 9.

Verfügung. Der Deutsche Philologenverband hatte zwar von 1951 bis 1953 eine Vollerhebung der Schüler an den höheren Schulen in Hessen durchgeführt, es dann aber vorgezogen, die Daten unveröffentlicht zu lassen.[23] Mehr als ein Jahrzehnt lang war man deshalb für den Schulbereich auf die Zahlen Karl Valentin Müllers angewiesen, von denen noch näher die Rede sein wird.[24] Erst 1963 fasste dann die Kultusministerkonferenz den Beschluss, im Rahmen der amtlichen Schulstatistik turnusmäßig auch eine Erhebung zur sozialen Herkunft der Schüler durchzuführen.[25] Realisiert wurde dieses Vorhaben jedoch lediglich im Jahr 1965, wobei man sich auf die Ermittlung der vorwiegenden Berufstätigkeit der Eltern von Gymnasiasten beschränkte.[26] Die Ergebnisse für die 10. und 13. Klasse der gymnasialen Schülerschaft, klassifiziert nach der Stellung des Vaters im Beruf, bündelt die folgende Tabelle, aus der nicht nur die sozial ungleiche Rekrutierung, sondern auch der Umstand ersichtlich wird, dass sich der soziale Ausleseprozess zulasten der Arbeiterkinder auf dem Weg zum Abitur noch weiter fortsetzte.

Tabelle 2: Soziale Herkunft der Gymnasiasten 1965 nach der amtlichen Statistik in Prozent[27]

Stellung des Vaters im Beruf	10. Schuljahr	13. Schuljahr
Beamte	25,1	27,6
Angestellte	33,6	32,0
Selbstständige	20,5	18,2
Freie Berufe	9,0	12,5
Arbeiter	10,0	6,4
ohne Angaben	1,8	3,3

23 Das nährte Mutmaßungen, die ungünstigen Ergebnisse zur Bildungsbeteiligung der unteren Schichten hätten den Verband von einer Veröffentlichung zurückschrecken lassen. Vgl. *Caspar Kuhlmann*, Schulreform und Gesellschaft in der Bundesrepublik Deutschland 1946–1980. Die Differenzierung der Bildungswege als Problem der westdeutschen Schulpolitik, in: Schulreform im gesellschaftlichen Prozeß. Ein interkultureller Vergleich, Bd. 1, Stuttgart 1972, S. 1/133.
24 Daheim hatte allerdings schon 1961 die Befragung einer repräsentativen Stichprobe der Bevölkerung von 1959 durch das Institut für Mittelstandsforschung genutzt, um zu ermitteln, dass »die Bindung der Schulbildung der Söhne weder an den Beruf noch an die Schulbildung der Väter entscheidend lockerer geworden war«; *Hansjürgen Daheim*, Soziale Herkunft, Schule und Rekrutierung der Berufe, in: *David V. Glass/René König* (Hrsg.), Soziale Schichtung und soziale Mobilität, Köln/Opladen 1961, S. 200–217, hier: S. 212.
25 Erweiterung des Programms der Kulturstatistik. Beschluss der KMK vom 19./20.9.1963 (Kasseler Beschluss), Anlage I zur Niederschrift über die 97. Kultusministerkonferenz vom 19./20.9.1963, BAK, B 138, Nr. 2885.
26 *Hans K. Kullmer*, Die soziale Herkunft der Gymnasiasten im 10. und 13. Schuljahrgang. Ergebnis einer Individualbefragung vom 15. Mai 1965, in: Wirtschaft und Statistik 1967, S. 520–522 und 606*; vgl. auch *Helmut Köhler*, Amtliche Bildungsstatistik im Wandel, in: Max-Planck-Institut für Bildungsforschung (Hrsg.), Bildung in der Bundesrepublik Deutschland. Daten und Analysen, Bd. 2, Hamburg 1980, S. 1215–1285, insb. S. 1248f.; *Peter Lundgreen*, Sozialgeschichte der deutschen Schule im Überblick, Teil II: 1918–1980, Göttingen 1981, S. 120–129.
27 *Kullmer*, Die soziale Herkunft der Gymnasiasten im 10. und 13. Schuljahrgang; vgl. auch *Norbert Weber*, Privilegien durch Bildung. Über die Ungleichheit der Bildungschancen in der Bundesrepublik Deutschland, Frankfurt am Main 1973, S. 31.

Allerdings bildete die »Stellung im Beruf« nur eine sehr grobe Kategorie zur Bestimmung der sozialen Schichtung, sie »zählt den Unternehmer mit dem Gastwirt zu den Selbstän-digen, den Prokuristen mit der Verkäuferin zu den Angestellten, den Richter mit dem Ei-senbahn-Schrankenwärter zu den Beamten«.[28] Mindestens ebenso interessant waren des-halb die Binnendifferenzen innerhalb der Berufsgruppen. So entstammten 1965, in umge-kehrtem Verhältnis zu dem jeweiligen Anteil an den Erwerbstätigen, 12 % der Oberprima-ner aus Familien höherer Beamter, 8 % aus Familien mittlerer Beamter und nur 5 % aus Familien unterer Beamter.[29] Auch innerhalb der Arbeiterschaft stellten sich in allen Sta-tistiken die Facharbeiter deutlich besser als un- und angelernte Arbeiter.

Angesichts der schmalen Datenlage und des begrenzten Wissensstands zur sozialen Di-mension der Bildungsbeteiligung gewannen die bildungssoziologischen Untersuchungen lokalen und regionalen Zuschnitts, die Mitte der 1960er Jahre in Tübingen und andernorts angefertigt wurden, zusätzliches Gewicht. Sie fußten auf selbst erstellten Stichproben und Befragungen, lokalem und regionalem Datenmaterial oder auch unveröffentlichten Sta-tistiken und ließen einen ersten – nicht allzu großen – Fundus an Arbeiten entstehen, der auf längere Zeit zum Kernbestand der bildungssoziologischen Ungleichheitsforschung zählen sollte. Hansgert Peiserts sozialgeografische Kartografierung von Räumen geringer Bildungsintensität[30] (basierend auf einer Sonderauswertung der Volkszählungsdaten von 1961), Susanne Grimms interviewgestützte Studie zur Bildungsabstinenz der Arbeiter[31], Hannelore Gersteins Untersuchung zum vorzeitigen Abgang an baden-württembergischen Gymnasien[32] wie auch Dahrendorfs gemeinsam mit seinen Schülern im Auftrag des baden-württembergischen Kultusministeriums durchgeführte Analyse des Drop-out-Problems[33] entstammten allesamt der Tübinger Forschungswerkstatt. Eine vom schleswig-holsteini-schen Kultusministerium angeregte, an der Hochschule für Internationale Pädagogische Forschung in Frankfurt am Main durchgeführte Studie von Gerhardt Petrat untersuchte den Zusammenhang von sozialer Herkunft und Schullaufbahn in drei norddeutschen Krei-sen[34]; der Sozialgeograf Robert Geipel nutzte Daten aller hessischen Gymnasien über ihre Absolventen von 1955 bis 1964, um die bildungspolitischen »Passivräume« in Hessen sichtbar zu machen.[35] Vielfach gaben dabei angelsächsische Forschungen den Anstoß zu deutschen Nachfolgestudien, so etwa bei einer von Ulrich Oevermann am Soziologischen Institut der Universität Frankfurt durchgeführten Untersuchung zum Zusammenhang von Sozialisation, Sprachkompetenz und Schulerfolg bei Realschülern.[36] Auf Interviews und Fragebögen beruhende Erhebungen gingen den Gründen und Erklärungsfaktoren nach, die aufseiten der Eltern, aber auch der Lehrerschaft Bildungsentscheidungen und schuli-

---

28 *Lundgreen*, Sozialgeschichte der deutschen Schule im Überblick, S. 121.
29 Wirtschaft und Statistik 1967, S. 606*.
30 *Hansgert Peisert*, Soziale Lage und Bildungschancen in Deutschland, München 1967.
31 *Susanne Grimm*, Die Bildungsabstinenz der Arbeiter. Eine soziologische Untersuchung, Mün-chen 1966.
32 *Hannelore Gerstein*, Erfolg und Versagen im Gymnasium. Ein Bericht über die soziale und leistungsmäßige Abhängigkeit des vorzeitigen Abgangs, Weinheim/Basel 1972.
33 *Hansgert Peisert/Ralf Dahrendorf* (Hrsg.), Der vorzeitige Abgang vom Gymnasium. Studien und Materialien zum Schulerfolg an den Gymnasien in Baden-Württemberg 1953–1963, Vil-lingen 1967.
34 *Gerhardt Petrat*, Soziale Herkunft und Schullaufbahn. Eine Untersuchung, durchgeführt an Schülern in drei Kreisen des Landes Schleswig-Holstein, 2., überarb. Aufl., Weinheim/Berlin etc. 1969 (zuerst Frankfurt am Main 1964).
35 *Robert Geipel*, Sozialräumliche Strukturen des Bildungswesens. Studien zur Bildungsökonomie und zur Frage der gymnasialen Standorte in Hessen, Frankfurt am Main/Berlin etc. 1965.
36 *Ulrich Oevermann*, Sprache und soziale Herkunft. Ein Beitrag zur Analyse schichtenspezifi-scher Sozialisationsprozesse und ihrer Bedeutung für den Schulerfolg, Frankfurt am Main 1972.

sches Übergangsverhalten beeinflussten. Bei all dem waren die Grenzen zwischen psychologischen, soziologischen und pädagogischen Untersuchungsansätzen oft fließend.

Nach und nach sickerten einzelne Thesen, Befunde und Ergebnisse dieser Forschungen, wie bruchstückhaft auch immer, in den politischen Diskurs ein. Der hessische Kultusminister Ernst Schütte zum Beispiel berief sich auf dem Karlsruher Parteitag der SPD
1964 auf die Forschungen Geipels, als er die soziale Distanz der Arbeiter zum Gymnasium
beschrieb, die bewirke, dass von den ländlichen »Fahrschülern«, die zum Schulbesuch
täglich größere Distanzen überwinden mussten, bis zum Zeitpunkt des Abiturs oft nur
noch die Kinder der »Dorfintelligenz« (Pfarrer, Ärzte und Lehrer) übrig geblieben waren,
während die Arbeiterkinder, wie Geipel es formuliert hatte, vor dem »Transportwider-
stand« kapitulierten.[37] Je weiter die Entfernung zum Gymnasium war, so hatte auch die
liberale Bildungspolitikerin Hildegard Hamm-Brücher von Geipel gelernt, desto weniger
wurden die Schulen von Kindern aus Nichtakademikerfamilien besucht.[38]

Ein weiteres Beispiel soll hier als Pars pro Toto ausführlicher vorgestellt werden: 1965
hielt der Berliner Senator für das Schulwesen, Carl-Heinz Evers, auf dem Hessischen
Lehrertag der Gewerkschaft Erziehung und Wissenschaft (GEW) in Darmstadt einen programmatischen Festvortrag.[39] Die Wachablösung, die Mitte der 1960er Jahre unter den
SPD-Bildungsexperten vollzogen wurde, fand sich bei dieser Gelegenheit durch einen
bemerkenswerten Eklat unterstrichen: Der amtierende Staatssekretär im Hessischen Kultusministerium, Walter Müller, ein gestandener Sozialdemokrat, musste, nachdem er die
auf die allgemeine Einführung der Gesamtschule zielenden Reformpläne von Evers als zu
weitgehend und unrealistisch abgetan hatte, seine Rede aufgrund der immer lauter anschwellenden Unmutsbekundungen des Auditoriums vorzeitig abbrechen. Evers hingegen brillierte mit einem Panoramablick über die bildungspolitische Landschaft, der vieles
von dem enthielt, was bildungspolitisch an Neuem und Innovationsträchtigem Mitte der
1960er Jahre im Schwange war. Um den sozialen »Modernitätsrückstand« der Schule zu
illustrieren, führte Evers die noch taufrischen Untersuchungsergebnisse von Gerhardt
Petrat zum Zusammenhang von sozialer Herkunft und Schulerfolg in schleswig-holstei-
nischen Landkreisen vor, die gezeigt hatten, dass die soziale Auslese schon in der Grundschule einsetzte und sich in der Sekundarstufe noch weiter verstärkte, wozu auch die
»sprachlich-philologische Einseitigkeit« des Gymnasiums das Ihre beitrug. Die Zuhörer
erfuhren, dass in Petrats Untersuchungsgebiet in den 7. Klassen des Gymnasiums »nur 3
Prozent der Kinder von Lagerarbeitern, Boten, Seeleuten, Gärtnern, Fischermeistern, Im-
kern, Waldarbeitern, nur 2,5 der Kinder von Arbeitern im öffentlichen Dienst und nur 0,7
Prozent der Kinder von Fabrik- und Bauarbeitern« anzutreffen waren.[40] Im Lichte solcher
Zahlen konnte man sich, wie Evers befand, nicht mit der »theoretischen Position« trösten,
»das Gymnasium sei keine Standesschule, weil es ja Schulgeldfreiheit, Lehr- und Lern-
mittelfreiheit und Erziehungsbeihilfen« gebe. Evers informierte sein Publikum sodann

---

37 Parteitag der sozialdemokratischen Partei Deutschlands vom 23. bis 27. November 1964 in
Karlsruhe. Protokoll der Verhandlungen, Hannover 1964, S. 605.

38 *Hildegard Hamm-Brücher*, Auf Kosten unserer Kinder? Wer tut was für unsere Schulen – Reise
durch die pädagogischen Provinzen der Bundesrepublik und Berlin, Hamburg 1965, S. 71; vgl.
auch die Ausführungen des Staatssekretärs im Hessischen Kultusministerium, Walter Müller,
in der 38. Sitzung des Hessischen Landtags vom 7.4.1965, der sich ebenfalls auf Geipels Forschungen bezog; Hessischer Landtag, Stenographische Berichte, 5. Wahlperiode, S. 1633.

39 *Carl-Heinz Evers*, Bildungspolitik in Verantwortung für die Zukunft, in: Hessische Lehrerzei-
tung, Sondernr. 4a, 28.4.1965, S. 113–119, Hessisches Hauptstaatsarchiv Wiesbaden (HHStAW),
NL 1203/110; ähnlich auch schon Carl-Heinz Evers, Bildungsnotstand und Bildungschancen
(Vortrag auf dem Bundeskongress der Arbeitsgemeinschaft sozialdemokratischer Lehrer am
30.10.1964), S. 14ff., Landesarchiv Berlin, B Rep. 015, Nr. 322.

40 Quelle: *Petrat*, Soziale Herkunft und Schullaufbahn, S. 41–48 und 99ff.

über die soziolinguistischen Thesen Basil Bernsteins zur Benachteiligung von Unterschichtenkindern an der Mittelklasse-Institution Schule aufgrund ihres eingeschränkten sprachlichen Codes.[41] »Die Sprechweise dieser Kinder«, wurden Bernsteins Einsichten resümiert,

»sei knapp, ja unvollständig, ihr Wortgebrauch sei einfach. Solche Kinder kennen keine Differenzierungen und Nuancierungen. Dagegen kämen Kinder der Mittelschicht, wie Bernstein sie nennt, mit einer ganz anderen Sprachausstattung in die Schule. Sie könnten logisch modifizieren und akzentuieren durch grammatisch komplexe Satzkonstruktionen, nicht nur durch Gesten und Betonungen. Sie verwenden vor allem auch Konjunktive und Nebensätze. Hier sei die Sprache ein Medium der Beziehung.«[42]

Dringend notwendig sei deshalb, mit den Mitteln einer kompensatorischen Erziehung in Vorschulklassen und am Beginn der Grundschule den Versuch zu unternehmen, die Startchancen der benachteiligten Kinder anzugleichen. Schließlich versäumte auch Evers es nicht, Ralf Dahrendorfs Zahlen zur Unterrepräsentanz von Arbeiterkindern an den deutschen Universitäten Revue passieren zu lassen[43], wobei er sich zusätzlich noch auf schwedische und niederländische Studien zur Benachteiligung von Unterschichtenkindern im Bildungssystem berufen konnte. Zum längst noch nicht ausgeschöpften Begabungspotenzial unter den Jugendlichen verwies er auf eine schwedische Untersuchung, nach der das Dreifache der tatsächlich erreichten Zahl an Studierenden fähig war, die Hochschulreife zu erwerben.[44] Der programmatische Fluchtpunkt von Evers Ausführungen lag schließlich darin, die gerade erst als ein rohes Modell entwickelte Berliner Gesamtschule zum allgemeinen Muster einer »deutschen Schulreform« zu erheben, da sie »nicht mehr wie das gegenwärtige Sekundarschulwesen drei Klettertauen, sondern [...] mehr einer breiten Sprossenwand« gleiche, welche möglichst vielen Schülern auf differenzierten Wegen eine Förderung nach dem Maß ihrer Möglichkeiten zu sichern verspreche.

Wollte man im bildungspolitischen Geschehen etwas durchsetzen, zumindest aber seinen Argumenten größeres Gewicht verleihen, erlangten sozialstatistische Bezüge und Begründungen jetzt eine besondere Legitimations- und Durchschlagskraft. Das war nicht nur in der politischen Arena zu beobachten. Ein Beispiel mag dies verdeutlichen: 1965 stellte ein Aktionsausschuss der Elternschaft aus dem Windecker Raum, der sich für die Errichtung eines neuen Gymnasiums starkmachte, die Ergebnisse vor, die er bei einer Erhebung zum sozialen Einzugsbereich der angestrebten Neugründung zusammengetragen hatte. Danach war eine genügende Zahl von Schüler vorhanden, um eine solche Schule zu bestücken. 70 % der Eltern erklärten allerdings, von dem Besuch einer weiterführenden Schule abzusehen, wenn eine solche nicht in örtlicher Nähe errichtet würde. Schlagend

---

41 In deutscher Übersetzung: *Basil Bernstein*, Soziokulturelle Determinanten des Lernens, in: *Peter Heintz* (Hrsg.), Soziologie der Schule, Köln/Opladen 1966, S. 52–79.

42 Evers hatte sich im Hinblick auf Basil Bernsteins Untersuchungen eigens ein Exposé vorlegen lassen, an das sich seine Ausführungen anlehnten: Vermerk Dr. Walter für Senator Evers betr. Basil-Bernstein-Aufsatz und Änderung Ihres Referates »Bildungsnotstand und Bildungschancen«, 17.12.1964, Landesarchiv Berlin, B Rep. 015, Nr. 679.

43 Quelle: *Dahrendorf*, Arbeiterkinder an deutschen Universitäten, S. 7f.

44 Bei dieser Bezugsstudie handelte es sich um eine auch methodisch richtungweisende Untersuchung von Kjell Härnqvist, die 1958 erschienen war; über sie wurde zum Beispiel auf einer OECD-Tagung im Jahr 1961 ausführlich berichtet: *Pieter de Wolff/Kjell Härnqvist*, The Estimation of Reserves of Ability, in: *A.[lbert] H. Halsey* (Hrsg.), Ability and Educational Opportunity, Paris 1961, in deutscher Übersetzung: *Pieter de Wolff/Kjell Härnquist*, Die Schätzung von Begabungsreserven, in: *Hans Peter Widmaier* (Hrsg.), Begabung und Bildungschancen. Eine Veröffentlichung der OECD, Frankfurt am Main/Berlin etc. 1967, S. 121–152, insb. S. 130ff. und 148f.

war vor diesem Hintergrund jedoch vor allem die Zusammensetzung des Interessenten-
kreises, zu dem 44 % Arbeiterkinder, 9 % Landwirtskinder, 6 % Handwerkerkinder, 23 %
Angestelltenkinder und 8 % Beamtenkinder gehörten. »Starker Zug zur höheren Schule.
44 Prozent der Kinder kommen aus Arbeiterfamilien«, titelte die lokale Presse, im Bewusstsein, damit ein als besonders wirksam erachtetes Argument geltend zu machen.[45]

Im traditionsverhafteten Bildungsdiskurs der 1950er Jahre weitgehend abwesend, entwickelte sich die Ungleichheitsfrage so ein Jahrzehnt später zu einer Leitdimension bildungspolitischer Lagebeschreibung und Profilbildung. Seit 1972 erweiterten die Mikrozensusdaten im Übrigen auch die Basis, auf der Aussagen über die soziale Ungleichheit
im Bildungssystem getroffen werden konnten. Die Anteile der sozialen Herkunftsgruppen
an der Gesamtzahl der Kinder ließen sich jetzt mit den Anteilen an der Schülerschaft der
verschiedenen Schularten in Beziehung setzen. Beamtenfamilien stellten demnach 7 %
aller Kinder im Alter von 15 und mehr Jahren, aber 18 % der Gymnasiasten, Facharbeiter-
familien 23 % aller Kinder, hingegen nur 11 % der Gymnasiasten, ungelernte Arbeiter
ebenfalls 23 % aller Kinder, jedoch nicht mehr als 6 % der Gymnasiasten, Angestellte
wiederum 19 % aller Kinder, aber 35 % der Gymnasiasten.[46] Die nach sozialer Schichtzugehörigkeit unterschiedenen Übertrittsquoten nach der Grundschule, die für einen längeren Zeitraum für Baden-Württemberg vorlagen, ergänzten dieses Bild. 1975/76 wechselten im Südwesten 80 % der Kinder von Akademikern auf das Gymnasium über, jedoch
nur 12 % der Arbeiterkinder und 10 % der Kinder selbstständiger Landwirte.[47] Eine Zusatz-
erhebung zum Mikrozensus 1972 ließ ferner deutlich werden, dass die Bildungsziele der
Eltern stärker vom beruflichen Status abhingen als von den väterlichen Einkommensverhältnissen.[48]

Mitte der 1970er Jahre legte das Bundesministerium für Bildung und Wissenschaft
(BMBW) eine eigene Bestandsaufnahme zum Thema »Arbeiterkinder im Bildungssystem«[49] vor, ein zweiter Bericht gleichen Titels folgte fünf Jahre später.[50] Die sozialdemokratischen Bundesminister, 1976 Helmut Rohde, 1981 Björn Engholm, ließen eine Bilanz
der Anstrengungen von anderthalb Jahrzehnten ziehen, in denen die Verminderung der
sozialen Ungleichheit ein hochrangiges Ziel bundesdeutscher Bildungspolitik gewesen
war. Aus dem Vergleich der Mikrozensusdaten für 1972 und 1979 ließ sich in groben
Zügen die Entwicklung der Bildungsbeteiligung in den 1970er Jahren ablesen.

---

45 Starker Zug zur höheren Schule. 44 Prozent der Kinder kommen aus Arbeiterfamilien, in: Ha-
    nauer Anzeiger, 6.3.1965 (HHStAW, Abt. 504, Nr. 1727).
46 *Luitgard Trommer-Krug*, Soziale Herkunft und Schulbesuch, in: Max-Planck-Institut für Bil-
    dungsforschung (Hrsg.), Bildung, Bd. 1, S. 217–281, hier: S. 229 und 256; vgl. *Wolfgang Rei-
    mann*, Soziale Herkunft der Schüler an den allgemeinbildenden Schulen, in: Wirtschaft und
    Statistik 1974, S. 332–339.
47 *Trommer-Krug*, Soziale Herkunft und Schulbesuch, S. 232.
48 Ebd., S. 238ff.
49 Der Bundesminister für Bildung und Wissenschaft, Arbeiterkinder im Bildungssystem, Bonn
    1976; in einem ihrer beiden Hauptteile, der Analyse von Ausmaß und Ursachen der sozialen
    Ungleichgewichte im Bildungssystem, war der Bericht von einer Forschergruppe der Pädago-
    gischen Hochschule Hannover verfasst worden.
50 Der Bundesminister für Bildung und Wissenschaft, Arbeiterkinder im Bildungssystem, Bad
    Honnef 1981.

Tabelle 3: Verteilung der 13- bis 14-jährigen Schüler in den einzelnen Schularten nach der beruflichen Stellung des Familienvaters 1972 und 1979 in Prozent[51]

| Schulart | Berufliche Stellung des Familienvorstands | | | | | | | | | | Schüler insgesamt (ohne Differenzierung nach sozialer Herkunft | |
| | Selbstständige und mithelfende Angehörige | | Beamte | | Angestellte | | Arbeiter | | Nicht Erwerbstätige | | | |
	1972	1979	1972	1979	1972	1979	1972	1979	1972	1979	1972	1979
Integrierte Gesamtschule	–	2,8	–	3,7	–	4,0	–	4,3	–	3,4	–	3,9
Hauptschule	49,2	39,2	28,7	20,7	36,0	26,3	73,0	62,7	66,0	59,8	57,5	46,3
Realschule	22,3	26,7	22,5	24,2	24,5	29,0	16,3	20,5	12,0	17,3	19,0	23,5
Gymnasium	24,6	28,7	45,7	49,6	36,1	38,2	6,3	9,5	16,0	14,3	19,2	23,4
Übrige	3,8	2,6	3,1	1,8	3,3	2,5	4,5	3,0	6,5	5,2	4,2	2,9
Summe	100	100	100	100	100	100	100	100	100	100	100	100
Schüler insgesamt	15,5	14,2	8,1	8,4	20,5	25,6	47,0	42,4	8,5	9,4	100	100

Drei Gesichtspunkte verdienen es, beim Blick auf die Tabelle besonders hervorgehoben zu werden. So sehr die Hauptschule an Zulauf eingebüßt hatte: Noch immer wurde sie vom größten Anteil der Schülerschaft besucht, vor allem deshalb, weil sie die Haupt-Schule der Arbeiterkinder geblieben war. Bemerkenswert war zugleich, dass die Realschule, verglichen mit den anderen Schulformen, zwischen den Berufsgruppen vergleichsweise ausgeglichene Anteilswerte aufwies; sozial ausgewogen stellten sich im Übrigen auch – bei niedrigen Werten – die neu geschaffenen Gesamtschulen dar. Was den Besuch des Gymnasiums anging, hatten alle Erwerbstätigengruppen noch einmal zugelegt, jedoch war der Anteilswert bei den Beamtenkindern 1979 noch immer fünfmal so hoch wie der unter den Arbeiterkindern, von denen nur knapp 10 % das Gymnasium besuchten und die seit Mitte des Jahrzehnts, wie bei zusätzlicher Berücksichtigung der Daten des Mikrozensus von 1976 erkennbar wurde, keinen Zuwachs mehr verzeichnet hatten.

Was die Hochschulen anging, war die gute Nachricht aus der Sicht des Jahres 1981, dass sich der Anteil der Arbeiterkinder an den Studierenden der Universitäten und Technischen Hochschulen vom Jahr 1967 bis 1979 von 7 auf 14 % verdoppelt hatte. An den seit Anfang der 1970er Jahre entstandenen Fachhochschulen lag er gar bei 27 %[52] – die Fachhochschulen waren, wie die Realschule im Sekundarschulwesen, die eigentlichen Aufstiegsschleusen für Kinder aus Arbeiterfamilien. Die schlechte Nachricht war auch hier, dass die Anteile der Studienanfänger an der gleichaltrigen Wohnbevölkerung nach wie vor sehr ungleich unter den sozialen Herkunftsgruppen verteilt waren. Die Untersuchung des BMBW schätzte die Anteilswerte 1978 für die Kinder der Selbständigen auf 28 %, für die der Beamten auf 44 %, für die der Angestellten auf 27 %, für die Arbeiterkinder jedoch nur auf 8 %. Beunruhigend war zudem, dass sich, ähnlich wie bei den Übergängen auf das Gymnasium, der Anstieg des Anteils der Arbeiterkinder an den Studierenden seit Mitte der 1970er Jahre nicht mehr nennenswert fortgesetzt hatte. Das BMBW erklärte dieses Stagnieren im Wesentlichen mit den verschlechterten Beschäftigungsperspektiven, die das Übergangsverhalten und die Bildungsambitionen der Arbeiterfamilien stärker beeinfluss-

---

51 Ebd., S. 11.
52 Ebd., S. 36–40.

ten, als dies bei anderen Sozialgruppen zu beobachten war.[53] Diese Entwicklung setzte sich auch in den 1980er Jahren noch weiter fort.

Bezeichnend war nun, wie die Schrift des BMBW aus dem Jahr 1981 in der »ZEIT« aufgenommen wurde, in derselben Wochenzeitung, in der 18 Jahre zuvor Dahrendorfs Artikel über die »Arbeiterkinder an den deutschen Universitäten« ein weithin vernommenes Startsignal für die Ungleichheitsdebatte in der bundesdeutschen Bildungspolitik gegeben hatte. Das Thema, so hieß es nunmehr an gleicher Stelle, sei ein »pädagogischer Ladenhüter«, seit über zehn Jahren gründlich ausdiskutiert, als »Zahlenlotto mit Arbeiterkindern« antiquiert und obendrein unseriös. Das wieder einmal bemühte »Arbeiterkind« sei in der sozialen Wirklichkeit ein Artefakt: Habe es die Tochter eines Landbriefträgers, die bildungsstatistisch als ein privilegiertes Beamtenkind gelte, nicht weit schwerer als der Facharbeitersohn in einer Arbeiterstadt wie Wolfsburg? Der Minister solle zugeben, forderte der Autor, dass man an den Universitäten bereits unnötig viele und dabei keineswegs immer hinreichend geeignete Studenten habe. Auch könne es nicht Aufgabe des Gymnasiums sein, sich in ihrem Bildungshorizont immer mehr der »nicht unbedingt intellektuell geprägten Welt der Arbeiterfamilie« zu nähern. Die Schule könne zwar die Gleichheit der Chancen bieten, »aber nicht die Gleichheit der Charaktere, diese Chancen wahrzunehmen«.[54] Wirklich benachteiligte Arbeiterkinder – und hier war künftig am wenigsten mit Widerspruch zu rechnen – seien die Ausländerkinder. Andere Presseberichte taten Engholms Bericht schlichtweg als ideologisch ab. Die Wochenzeitung »Rheinischer Merkur/Christ und Welt« etwa titelte: »Klassenkrampf. Bildungsminister Engholms Probleme«.[55] Positive und negative Stellungnahmen hielten sich in der Presse zwar ungefähr die Waage.[56] Was sich in den Kommentaren aber abzeichnete, war, dass sich ein Teil der medialen wie auch der politischen Öffentlichkeit von der Ungleichheitsfrage mehr und mehr abwandte. Seit den 1980er Jahren sollte es um die Frage der ungleichen Bildungsbeteiligung dann für längere Zeit sehr viel ruhiger werden.

Unterm Strich führte die Bildungsexpansion zu beträchtlichen Niveaueffekten: Die Chancen, ihre Kinder auf weiterführende Schulen schicken zu können, verbesserten sich für alle Sozialgruppen. Auch wenn sich der Chancengewinn der Arbeiterkinder aufgrund des hohen Bevölkerungsanteils der Arbeiterschaft in eine leichte Erhöhung ihres Anteils an den weiterführenden Schulen übersetzte, waren damit jedoch keine tief greifenden Struktureffekte verbunden gewesen. Die Chancenunterschiede zwischen den Gruppen verringerten sich zwar, verloren deshalb aber nicht ihre Grundmuster. Immerhin, auf der Ebene der Realschulen ist es zu einer Umverteilung der Chancen zugunsten der unteren Schichten gekommen, allerdings verlor der mittlere Abschluss auf den Ausbildungs- und Arbeitsmärkten zugleich an Wert. Je größer die Anteile von Personen mit höheren Bildungsabschlüssen waren, beobachteten 1976 die Soziologen Walter Müller und Karl Ulrich Mayer in einem Gutachten für den Deutschen Bildungsrat, desto mehr Bildung mussten Kinder aus niedrigen sozialen Schichten erhalten, »nur damit ihre beruflichen Chancen sich nicht verschlechtern«.[57] Vom Zuwachs an den Gymnasien profitierten stärker die Mittelschichten als die Arbeiterschicht; insbesondere die Kinder ungelernter Ar-

53 Ebd., S. 15f.
54 *Werner Klose*, Unseriöses Spiel mit Zahlen. Niemand weiß genau, wer ein »Arbeiterkind« ist, in: Die ZEIT, 19.4.1982.
55 *Paul F. Reitze*, Klassenkrampf. Bildungsminister Engholms Probleme, in: Rheinischer Merkur/ Christ und Welt, 2.4.1982.
56 So im Ergebnis: *Norbert Schreiber*, Pressereaktionen auf die Publikation »Arbeiterkinder im Bildungssystem« (Arbeitsbericht 5 – Projekt: Bildungsverläufe in Arbeiterfamilien), Konstanz 1982, S. 29f.
57 *Müller/Mayer*, Chancengleichheit durch Bildung?, S. 72.

beiter wurden weiter abgehängt. Der Anteil der Studienanfänger an den Gleichaltrigen der jeweiligen Herkunftsgruppe stieg bei den Beamtenkindern zwischen 1969 und 1989 um 15 %, bei den Angestelltenkindern um 9 %, bei den Arbeiterkindern aber nur um 2 %. Von den einzelnen Übergangspassagen zwischen den Bildungsstufen her betrachtet, vollzog sich der deutlichste Abbau sozialer Disparitäten beim Übertritt zu den weiterführenden Schulen, während »die Fortsetzung der Bildungskarriere nach der mittleren Reife und nach dem Abitur in unveränderter Weise durch Herkunftsbedingungen bestimmt« war.[58] Von den vier Ungleichheitsdimensionen der Bildungsbeteiligung Schichtzugehörigkeit, Geschlecht, Konfession und Region war die soziale Herkunft damit diejenige mit der stärksten Persistenz.[59]

II. NATIVISTISCHER BEGABUNGSBEGRIFF UND SOZIALE SCHICHTUNG

Noch keine Zeit habe sich so intensiv mit den Problemen der Intelligenz und Begabung[60] auseinandergesetzt wie die jetzige, befand Anfang der 1960er Jahre der Göttinger Pädagoge Heinrich Roth[61], die Schlüsselfigur bei der Neubestimmung des erziehungswissen-

---

58 *Walter Müller / Dietmar Haun*, Bildungsexpansion und Bildungsungleichheit, in: *Wolfgang Glatzer* (Hrsg.), Einstellungen und Lebensbedingungen in Europa, Frankfurt am Main/New York 1993, S. 225–268, Zitat S. 261; *dies.*, Bildungsungleichheit im sozialen Wandel, in: Kölner Zeitschrift für Soziologie und Sozialpsychologie 46, 1994, S. 1–42.

59 Zusammenfassende Darstellungen: *Helmut Köhler*, Bildungsbeteiligung und Sozialstruktur in der Bundesrepublik. Zu Stabilität und Wandel der Ungleichheit von Bildungschancen, Berlin 1992; *Rainer Geißler*, Soziale Schichtung und Bildungschancen, in: *ders.* (Hrsg.), Soziale Schichtung und Lebenschancen in der Bundesrepublik Deutschland, Stuttgart 1987, S. 79–110; *ders.*, Die Sozialstruktur Deutschlands. Zur gesellschaftlichen Entwicklung mit einer Zwischenbilanz zur Vereinigung, Bonn 1996, S. 259–264; *Herbert Eigler / Rolf Hansen / Klaus Klemm*, Quantitative Entwicklungen: Wem hat die Bildungsexpansion genutzt?, in: Jahrbuch der Schulentwicklung 1, 1980, S. 45–71; *Hans-Ulrich Wehler*, Deutsche Gesellschaftsgeschichte, Bd. 5: Bundesrepublik und DDR 1949–1990, München 2008, S. 193–197; neuere Bilanzierungen mit verändertem Datenmaterial und Methodenrepertoire, dabei meist mit einem günstigeren Urteil hinsichtlich des Abbaus sozialer Disparitäten: *Müller / Haun*, Bildungsexpansion und Bildungsungleichheit; *dies.*, Bildungsungleichheit im sozialen Wandel; *Walter Müller / Reinhard Pollak*, Weshalb gibt es so wenige Arbeiterkinder in Deutschlands Universitäten?, in: *Rolf Becker / Wolfgang Lauterbach* (Hrsg.), Bildung als Privileg. Erklärungen und Befunde zu den Ursachen der Bildungsungleichheit, Wiesbaden 2007, S. 303–342; *Rolf Becker*, Soziale Ungleichheit von Bildungschancen und Chancengerechtigkeit, in: ebd., S. 157–185; *Ursula Henz / Ineke Maas*, Chancengleichheit durch die Bildungsexpansion, in: Kölner Zeitschrift für Soziologie und Sozialpsychologie 47, 1995, S. 605–633; *Bernhard Schimpl-Neimanns*, Soziale Herkunft und Bildungsbeteiligung. Empirische Analysen zu herkunftsspezifischen Bildungsungleichheiten zwischen 1950 und 1989, in: ebd. 52, 2000, S. 636–669; *Hans-Peter Blossfeld*, Changes in Educational Opportunities in the Federal Republic of Germany. A Longitudinal Study of Cohorts Born Between 1916 and 1965, in: *Yossi Shavit / ders.* (Hrsg.), Persistent Inequality. Changing Educational Attainment in Thirteen Countries, Boulder, CO 1993, S. 51–74 (allerdings skeptischer hinsichtlich des Ungleichheitsabbaus).

60 Begabung, gemeinhin verstanden als spezifische Eignung für Leistungen in einem bestimmten Kulturbereich, war zwar von Intelligenz als unspezifischer intellektueller Leistungsdisposition verschieden, wurde jedoch oft in engem Zusammenhang damit diskutiert. Vgl. *Helmut Skowronek*, Begabung, in: *Dieter Lenzen* (Hrsg.), Pädagogische Grundbegriffe, Bd. 1, Hamburg 1989, S. 150–157.

61 *Heinrich Roth*, Der Wandel des Begabungsbegriffs, in: *ders.*, Jugend und Schule zwischen Reform und Restauration, Hannover/Berlin etc. 1961, S. 81–113, hier: S. 81; es handelt sich um die erweiterte Fassung eines Vortrags im Südwestfunk vom 26.11.1960.

schaftlichen Begabungsbegriffs in der Bundesrepublik. Der bildungspolitische Hintergrund war offenkundig. Wollte man die Bildungschancen mehren und die Zahl der höheren Abschlüsse steigern, musste zunächst mehr Klarheit darüber geschaffen werden, welche ungenutzten Begabungspotenziale noch vorhanden waren. Und wollte man gegen die Ungleichheit der Bildungschancen angehen, so setzte dies voraus, dass das Reservoir an Begabungen bisher nicht nur ungenügend, sondern auch selektiv genutzt worden war. Damit verschränkt war eine Reihe grundlegender Fragen: Ließ sich die geläufige Annahme noch weiter aufrechterhalten, dass dem dreigliedrigen Schulwesen drei unterschiedliche Begabungstypen entsprachen? Oder war die Dreigliedrigkeit eher ein Hemmnis für die volle Entfaltung der unterschiedlichen Begabungen? Hatte man sich unter Begabung und »Bildsamkeit« etwas Plastisches vorzustellen, eine auf äußere Umstände und Einflussnahme nachhaltig reagierende Größe? Oder handelte es sich eher um einen biologisch bestimmten Anlagenfaktor, der nur in engen Grenzen zu beeinflussen war? In welchem Verhältnis standen die beiden Faktoren »Anlage« und »Umwelt« bei der Entfaltung von Begabung und Bildsamkeit zueinander? Und schließlich: Was konnte geschehen, um den individuellen Begabungspotenzialen pädagogisch besser gerecht zu werden, die Gaben und Fähigkeiten der Kinder und Jugendlichen zu wecken, zu fördern und zu stärken?

In den 1950er Jahren wurde die Begabungsdiskussion weitgehend von der pädagogischen Psychologie beherrscht, die über Themen wie Begabungsstruktur und Begabungstypen, Begabungsschwund und Begabungsverschiebung, Reifestadien und Entwicklungsstufen diskutierte.[62] Die Frage der sozialen Ungleichheit drang in diesen Themenkreis noch kaum vor, schon gar nicht in dem Maße, wie dies ein Jahrzehnt später der Fall sein würde. Eine gewichtige Ausnahme gab es jedoch: Schon kurz nach dem Zweiten Weltkrieg war die Frage nach der Verteilung der Begabungen im Schichtungsbild zum Gegenstand empirischer Untersuchungen gemacht worden. In Auftrag gegeben worden waren diese Forschungen 1946 vom niedersächsischen Kultusminister Adolf Grimme, durchgeführt von dem Soziologen und Sozialanthropologen Karl Valentin Müller.[63] In den frühen 1950er Jahren schlossen sich ergänzende Untersuchungen in Schleswig-Holstein, Bayern, Niedersachsen, Baden-Württemberg und Nordrhein-Westfalen an, durch deren Ergebnisse Müller seine Befunde im Wesentlichen bestätigt sah.[64] Das ursprüngliche empirische Ma-

---

62 Vgl. etwa: *Aloys Wenzl*, Theorie der Begabung. Entwurf einer Intelligenzkunde, Heidelberg 1957; *Kurt Strunz*, Begabungstypen und Höhere Schule. Über Recht und Grenzen begabungstypologischer Rücksichten an unseren Oberschulen, Würzburg 1960; und besonders *Karl Mierke*, Begabung, Bildung und Bildsamkeit. Betrachtungen über das Bildungsschicksal des mittelmäßig begabten Schulkindes, Bern/Stuttgart 1963.

63 *Karl Valentin Müller*, Die Begabung in der sozialen Wirklichkeit, Göttingen 1951; Müller hatte sich während der NS-Zeit seine ›wissenschaftlichen Sporen‹ mit sozial- und rassenanthropologischen Untersuchungen verdient, unter anderem im besetzten Osteuropa. Zu den früheren Forschungen und zum Werdegang Müllers, der seit 1955 Professor für Soziologie und Sozialanthropologie an der Hochschule für Wirtschafts- und Sozialwissenschaften in Nürnberg war, vgl. *Michael Schwartz*, »Proletarier« und »Lumpen«. Sozialistische Ursprünge eugenischen Denkens, in: VfZ 42, 1994, S. 537–570, hier: S. 564ff.; *Hans-Christian Harten/Uwe Neirich/Matthias Schwerendt*, Rassenhygiene als Erziehungsideologie des Dritten Reichs. Bio-bibliographisches Handbuch, Berlin 2006, S. 245ff.

64 *Karl Valentin Müller*, Begabung und soziale Schichtung in der hochindustrialisierten Gesellschaft, Köln/Opladen 1956; zu Müllers Begabungsuntersuchungen vgl. *Peter Drewek*, Die Begabungsuntersuchungen Albert Huths und Karl Valentin Müllers nach 1945. Zur wissenschaftsgeschichtlichen Bedeutung des konservativen Begabungsbegriffs in der Nachkriegszeit, in: Zeitschrift für Pädagogik 35, 1989, S. 197–217; *Kuhlmann*, Schulreform und Gesellschaft in der Bundesrepublik Deutschland 1946–1980, S. 1 und 121ff.; vgl. auch insgesamt *Jürgen Zimmer*, Wissenschaft und Schulwesen. Ein interkultureller Vergleich zur Funktion der Psychologie im Ablauf von Schulreformen, Diss., Berlin 1975, hier: S. 12ff.

terial, eine Erhebung unter den schulpflichtigen Jungen der Jahrgänge 1932 bis 1937 im Regierungsbezirk Hannover 1946, baute, sowohl was die soziale Herkunft als auch was den Grad und die Art der Begabung anging, allein auf der Einschätzung der Lehrer auf.[65] Ähnlich verhielt es sich für die nachfolgenden Untersuchungen, für die teilweise auch Schulnoten herangezogen wurden.

Müller glaubte mit seinen Untersuchungen den Nachweis erbracht zu haben, dass die Verteilung der Begabungsgrade im soziologischen Gesamtbild überaus umweltstabil und vornehmlich erbbedingt war. Der Testfall, auf dem sich dieses Urteil vornehmlich gründete, lag im Vergleich der einheimischen, in ihrer sozialen Umwelt belassenen Schüler, mit den heimatvertriebenen, extremen Umweltveränderungen ausgesetzten Schülern. Dem empirischen Zahlenbild, das er vorlegte, war zu entnehmen, dass sich ungeachtet der gravierenden Unterschiede in den Umweltbedingungen eine zwischen Einheimischen und Flüchtlingen im Wesentlichen gleiche Verteilung der Begabungsgrade je nach sozialer Herkunft der Kinder ergab.[66] Müllers Befunden zufolge dominierten in beiden Sozialgruppen die höchsten Begabungsgrade mit beträchtlicher Regelmäßigkeit in den höheren Schichten, während sich die niedrigeren stärker in den unteren Schichten ausgeprägt fanden.[67] Das führte den Sozialanthropologen zu dem Schluss, es bewirke die

»Zugehörigkeit zu einer (bei den Heimatvertriebenen: ehedem) gehobenen Sozialschicht [...] bei den Kindern eine entsprechend günstige Bewährungsgliederung nicht wegen des gleichweise gehobenen Lebensmilieus, sondern infolge der generationenlang vorangegangenen, die Erbanlagen überprüfenden Siebung der betreffenden Sozialschicht. Nicht die Milieugemeinschaft, sondern die Siebungsgemeinschaft verursacht das günstige Bewährungsbild.«[68]

Nach all dem war für Müller die entscheidende Knappheitsbedingung, welche die gesellschaftlichen Differenzierungsvorgänge steuerte, in den »zu höchster geistiger Bewährung entfaltbaren Anlagen« zu suchen und nicht in den Entwicklungs- und Durchsetzungsgelegenheiten für die vorhandenen Begabungspotenziale. Die anlagebedingte Begabung müsse als maßgeblicher Siebungsfaktor angesehen werden, das soziale Milieu spiele demgegenüber als Motor sozialer Differenzierung eine untergeordnete Rolle.[69] Die Schule als »Ausleseapparat« filtere, so Müllers weitere Schlussfolgerung, im Wesentlichen sachgerecht aus, denn die »Sozialsiebung« erfolge in erster Linie nach der Begabung, die wiederum als Summe anlagemäßiger Fähigkeiten zu verstehen war.

Wogegen Müller anhand seiner Befunde ankämpfte, war das in »gewissen vulgärsoziologischen Darlegungen [...] immer noch [...] beliebte Sozialmärchen vom sogenannten ›Bildungsmonopol‹ der wirtschaftlich begünstigten Schichten«.[70] Immerhin, seinen Untersuchungen ließ sich zur gleichen Zeit auch entnehmen, dass es mit der Selektionsfunktion der Schule durchaus seine Tücken hatte. Auch wenn sich die größten Anteile hoher Begabungen regelmäßig an der Spitze der Schichtungspyramide, die niedrigsten ebenso regelmäßig auf deren unterster Etage finden ließen, in absoluten Zahlen gemessen ruhte das Hauptreservoir der Gutbegabten im kleinen Mittelstand und den gelernten Arbeitern.[71]

---

65 *Karl Valentin Müller*, Zur Methode der soziologischen Begabtenforschung, in: Die Sammlung 5, 1950, S. 49–62.

66 *Karl Valentin Müller*, Zur Frage der Umweltstabilität der Schulbegabung, in: Die Sammlung 5, 1950, S. 300–307.

67 *Ders.*, Begabung und soziale Schichtung in der hochindustrialisierten Gesellschaft, S. 70ff.; *ders.*, Zur Frage der Umweltstabilität der Schulbegabung.

68 *Ders.*, Begabung und soziale Schichtung in der hochindustrialisierten Gesellschaft, S. 78.

69 Ebd., S. 117f.

70 *Ders.*, Begabungsreserven, in: Die pädagogische Provinz 14, 1960, S. 4–9, hier: S. 7.

71 *Ders.*, Begabung und soziale Schichtung in der hochindustrialisierten Gesellschaft, S. 25ff.; *ders.*, Die sozialen Standorte des Begabtennachwuchses, in: Die Sammlung 5, 1950, S. 356–364.

Anhand der niedersächsischen Daten ließ sich feststellen, dass der Anteil der – mithilfe der beiden Beurteilungskategorien »unbedingt« beziehungsweise »bedingt oberschulfähig« ermittelten – Gutbegabten an den Schülern, die trotz dieser Beurteilung an der Volksschule verblieben, drastisch stieg, je niedriger in der sozialen Schichtung ihre Väter angesiedelt waren. Blieben 13 beziehungsweise 24 % der Oberschichtkinder (Akademiker, höhere Beamte, Unternehmer) an der Volksschule, so waren es bei der »unteren Mittelschicht« (zum Beispiel Kleinbauern, untere Beamte, gelernte Arbeiter) 59 beziehungsweise 81 %, bei der Unterschicht (der ungelernten Arbeiter, Landarbeiter, Bergarbeiter und Tagelöhner) 74 beziehungsweise 87 %.[72] Das »Schulsystem wählte demnach seine höheren Schüler«, wie auch Müller befand, »keineswegs sozial unparteiisch, d.h. ohne Rücksicht auf soziale Unterschiede lediglich nach der Begabung aus, sondern berücksichtigte ganz ausschlaggebend die soziale Stellung der Väter« und schließe den Löwenanteil der begabten Arbeiterkinder damit »von den üblichen gangbaren Pfaden mittelbaren sozialen Aufstiegs aus«.[73] Die Ungleichheit der Aufstiegschancen gleichwertiger Begabungen, die damit zutage trat. versuchte Müller freilich dadurch wieder zu relativieren, dass er sie zum notwendigen »Sauerteig« gesellschaftlichen Lebens erklärte. Die an sich »elitefähigen Elemente«, die aus ihren angestammten Sozialschichten nicht herausfanden, erhielten eine unverzichtbare Mittler- und Dolmetscherfunktion zwischen den sozialen Schichten zugeteilt. Die Grundsätze der liberalen Ordnung, also der freie Wettbewerb bei gleichen Chancen, würden keineswegs preisgegeben, wenn man darauf verzichte, diese Prinzipien »zu Tode zu reiten«.[74] Spätere Erhebungsbefunde in zwei hessischen Landkreisen ließen Müller 1960 dann schließlich zu der Überzeugung gelangen, dass in der Arbeiterschaft kaum mehr oberschulgeeignete Begabungsreserven vorhanden waren, ja dass die gelernten wie ungelernten Arbeiter inzwischen gegenüber den höheren Schichten in überdurchschnittlichem Maße dahin tendierten, auch für die höhere Bildung ungeeignete Kinder auf das Gymnasium zu schicken. Für den Nürnberger Sozialforscher stand nunmehr fest, »daß die höhere Schule bei ihrer Auslese keineswegs als vorurteilsvolle ›Standesschule‹ handelt, sondern in ihrer sozialen Nachsicht fast des Guten zuviel tut«.[75]

Müllers Forschungen besaßen Gewicht, weil sie als empirische Untersuchungen lange Zeit weitgehend konkurrenzlos blieben. Kritiker hielten sie zwar wegen der Unzuverlässigkeit des Lehrerurteils für irreführend. War es schon bedenklich, das schlichte Lehrerurteil mit der tatsächlichen Begabungsanlage gleichzusetzen, dann erst recht, so der Pädagoge Erich Lehmensick, vom Phänotyp auf den Genotyp zu schließen.[76] Einstweilen vermochten derartige Bedenken aber nichts daran zu ändern, dass Müllers Deutungen beträchtlichen Widerhall in Wissenschaft, Politik und interessierter Öffentlichkeit fanden. Seine Stimme war keineswegs die eines kaum beachteten Außenseiters. Unter Vertretern der pädagogischen Psychologie waren Vorstellungen von einer starken erblichen Determination der Begabung weitverbreitet. Wilhelm Arnold, Psychologieprofessor in Würzburg, sah 1962 Müllers Auffassung als bestätigt an, Begabung sei zu einem erheblichen Teil erbabhängig und zu einem geringeren Teil milieuabhängig.[77] Karl Mierke, Bildungs-

---

72 *Ders.*, Die Begabung in der sozialen Wirklichkeit, S. 32.
73 *Ders.*, Die sozialen Standorte des Begabtennachwuchses, S. 364.
74 *Ders.*, Begabung und soziale Schichtung in der hochindustrialisierten Gesellschaft, S. 15 und 120f.
75 *Ders.*, Zur Frage des Begabungspotentials und der Begabungsreserven, in: Schmollers Jahrbuch für Gesetzgebung, Verwaltung und Volkswirtschaft 80, 1960, S. 707–719.
76 *Erich Lehmensick*, Die begabungsstatistischen Untersuchungen und die erzieherische Verantwortung, in: Die Sammlung 5, 1950, S. 688–700; vgl. auch *ders.*, Die Meinungsbildung über die Grenzen der Bildsamkeit und die erbpsychologischen Untersuchungen, in: ebd. 5, 1950, S. 458–475.
77 *Wilhelm Arnold*, Begabungswandel und Sozialstruktur, in: Arbeitswissenschaft 2, 1962, S. 37–41, hier: S. 41.

psychologe in Kiel, befand 1963 unter Berufung auf Müllers Zahlen, es »dürfte aber heute jedes Gerede von einem Bildungsprivileg der begüterten Volksschichten abwegig sein«.[78] Albert Huth, Schulpsychologe am Institut für Lehrerbildung in München-Pasing, schätzte 1954 den Anteil der Anlagen auf 60–75 %, den der Umwelt auf 25–40 %, freilich ohne diese Annahme empirisch stichhaltig absichern zu können.[79] Auch den Gymnasiallehrern war ein solches Denken nicht fremd. In den Reihen des Deutschen Philologenverbandes, dessen Vorsitzender für Mittelfranken Müller zeitweilig war[80], traf man die Überzeugung an, dass es »kaum noch einen Mensch[en] von Begabung und Leistungsfähigkeit gibt, dem aus sogenannten ›sozialen‹ Gründen der Aufstieg erschwert würde«. In der Schule zuerst trete

»die geistige und charakterliche Schwäche der überwältigenden Mehrzahl der Durchschnittlichen und Unterdurchschnittlichen in brutaler Nacktheit als Ursache ihrer Misserfolge zutage [...]. Der niedrigen Geburt und der sozialen Ungerechtigkeit ist nichts mehr zuzuschreiben, und diese Enthüllung, die man früher mit allen Kräften hintertrieben hatte, fängt an, die durch allgemeine Zugänglichkeit der Bildungswerte erstrebte Mehrung des Massenglücks in ihr Gegenteil zu verkehren«.[81]

In der Kulturpolitischen Abteilung des Bundesinnenministeriums berief man sich ebenfalls auf Müllers Forschungen und schob noch in den frühen 1960er Jahren den Vorwurf einer einseitigen und ungerechten sozialen Auslese durch die Höhere Schule beiseite.[82] Im Ministerium ging man unter Berufung auf Müllers Zahlen davon aus, dass aus den Reihen der Oberschicht jedes zweite, aus der gehobenen Mittelschicht jedes vierte Kind, aus der gehobenen Grundschicht lediglich jedes 22., von der Grundschicht gar nur jedes 67. Kind aufgrund entsprechender Begabung die Oberschule besuchen müsste.[83] Immerhin stimmte das Ministerium mit Müller auch darin überein, dass sich in absoluten Zahlen gemessen »der breite Mittelstand und die gehobene Arbeiterschaft als der vorwiegende Mutterboden des tüchtigen Nachwuchses« herausgestellt hatten.[84] Den Umstand, dass diese Begabungsreserven bislang, was die Arbeiterkinder anging, zu großen Teilen ungenutzt geblieben waren, lastete man, wieder unter Berufung auf Müller, den Eltern an:

»Den Grund für das Fehlen der wirklich begabten Arbeiterkinder in der Oberschule sieht Müller weniger in der wirtschaftlichen Not dieser Schicht als vielmehr in der Indolenz und der Interesse-

---

78 *Mierke*, Begabung, Bildung und Bildsamkeit, S. 149.

79 *Albert Huth*, Begabung und Leistung, in: Die Bayerische Schule 7, 1954, S. 40–45, hier: S. 41.

80 *Hans-Günter Rolff*, Die Schule und das soziale Milieu des Kindes, in: Die deutsche Schule 58, 1966, S. 263–275, hier: S. 264.

81 *Adolf Grote*, Bemerkungen zu dem Rahmenplan von 1959, in: Mitteilungsblatt des Landesverbandes der Philologenvereine in Nordrhein-Westfalen, Dezember 1959, S. 1–3. Bei einer Befragung von hessischen Gymnasiallehrern stimmten Mitte der 1960er Jahre zwei Drittel dem Karl Valentin Müller entlehnten Satz zu, die Begabung beruhe überwiegend auf Erbanlagen und könne daher nicht erworben werden; *Gerwin Schefer*, Das Gesellschaftsbild des Gymnasiallehrers, in: *Hans Hielscher* (Hrsg.), Die Schule als Ort sozialer Selektion, Heidelberg 1972, S. 116–131, hier: S. 125.

82 BMI, Ref. III 3, Entwurf einer Denkschrift zu den Fragen der Hochschulreife und des zweiten Bildungsweges, [1963], BAK, B 138, Nr. 1161.

83 Die Zahlen bei: *Karl Valentin Müller*, Das »Bildungsmonopol«. Seine soziologische Bedeutung als politisches Schlagwort und soziale Realität, in: Zeitschrift für Politik 8, 1961, S. 218–234, hier: S. 228. Sie bezogen sich auf die Verhältnisse in Schleswig-Holstein im Jahr 1951 und enthielten insofern eine Verwechslung, als die Zahl für die Grundschicht irrtümlich mit der Zahl für ungelernte Arbeiter einer ebenfalls von Müller an gleicher Stelle zitierten Untersuchung zum Regierungsbezirk Hannover aus dem Jahr 1946 vertauscht wurde.

84 Exposé: Kurzfassung von K. V. Müller: Begabung und soziale Schichtung in der hochindustrialisierten Welt, BAK, B 138, Nr. 1161.

losigkeit der Eltern dieser Kinder. Er stellte hier eine mangelnde Bereitschaft zum Konsumverzicht fest, Vorurteile gegen eine höhere Bildung und mangelnde Kenntnisse über höhere Berufsmöglichkeiten.«[85]

Indes eigneten sich Müllers Zahlen auch als Argumentationsgrundlage für sozialdemokratische Bildungspolitiker, die – wie der Bremer Schulsenator Willy Dehnkamp – mit umgekehrter Stoßrichtung auf jene Befunde zurückgriffen, die Müller zum äußerst ungleichen Oberschulbesuch der begabten Schüler unterschiedlicher sozialer Herkunft geliefert hatte. Im Gegensatz zu Müllers eigener Argumentationsführung zog Dehnkamp aus diesen Zahlen den Schluss: »Das Bildungsmonopol der Oberschicht, offiziell beseitigt und scheinbar, aber nur scheinbar, längst überwunden, wird hier wieder erkennbar.«[86] Mit Müller ließ sich, so wollte es scheinen, also auch gegen Müller argumentieren. Das hatte sich im Übrigen bereits gezeigt, als Müllers Zahlenreihen 1958 vor das Forum des Bundestags gelangt waren, wo sie ausführlich von Bundesinnenminister Gerhard Schröder (CDU) zitiert wurden. Dessen Absicht war es gewesen, dem ebenfalls mit Müllers Daten, nur eben in umgekehrter Richtung argumentierenden SPD-Abgeordneten Ulrich Lohmar in die Parade zu fahren.[87] Lohmar hatte die geringe Zahl der Arbeiterkinder an den Universitäten beklagt, Schröder hingegen ging es in seiner Replik darum, anhand von Müllers Befunden zu demonstrieren, dass der Begabungsvorrat in der »Grundschicht« nun einmal begrenzt sei. So oder so: Müllers Zahlenmaterial genoss eine Art Monopolstellung bei der empirischen Unterfütterung begabungsbezogener Argumente.[88]

Allerdings gab es auch schon in den 1950er Jahren Stimmen, die einem anderen Verständnis von Begabung das Wort redeten. Die wichtigste unter ihnen war die von Heinrich Roth, zunächst noch Dozent an einer Lehrerbildungseinrichtung, seit 1956 dann Professor an der Hochschule für Internationale Pädagogische Forschung in Frankfurt am Main. Unter dem Einfluss amerikanischer Erfahrungen und Forschungen wandte sich Roth, der 1950 sieben Monate zu Studienzwecken in den Vereinigten Staaten verbracht hatte, schon in den frühen 1950er Jahren gegen die Verengung der Begabungsforschung auf Intelligenztests und Intelligenzleistungen. Begabung war etwas Komplexeres als dies – nicht die beim Intelligenztest gemessene Anfangsleistung neuen Aufgaben gegenüber, sondern eine mögliche Endleistung in der Aneignung bestimmter Leistungsformen, bei der es wesentlich auf die Einflüsse und Einwirkungen der Umwelt ankam. Begabungsentfaltung durfte also nicht einfach als innere Reifung und Realisierung einer in nuce schon vorhandenen Eigenschaft verstanden werden. Es handelte sich vielmehr um einen Prozess, bei dem latente Möglichkeiten und Potenziale von außen geweckt, angeregt und zum Wachsen gebracht wurden. Indem Roth so den Akzent von der Begabung als einer im Schüler ruhenden, anlagebedingten Größe auf den Vorgang des »Begabens«, die Schaffung äußerer, das Lernen begünstigende Bedingungen und Anregungen verlagerte, suchte er »Be-

---

85 Ebd.
86 *Willy Dehnkamp*, Freie Bahn für den zweiten Bildungsweg, in: Die Mobilisierung des Geistes. Unsere Aufgaben in der zweiten industriellen Revolution, hrsg. v. Vorstand der SPD, Bonn [1956], S. 45–48, hier: S. 46; ebenso aufgrund von Müllers Zahlen: *Willi Eichler*, Die Herausforderung des Geistes durch die Technik, in: Die neue Gesellschaft 4, 1957, S. 163–170, hier: S. 166.
87 Verhandlungen des Deutschen Bundestages, Stenographische Berichte, 3. Wahlperiode, 23. Sitzung, 18.4.1958, S. 1224–1244 und 1252–1273, hier: S. 1256 (Abg. Lohmar) und 1269 (Bundesminister Schröder); vgl. auch *Alfred Hoffmann*, Die bildungspolitischen Vorstellungen der CDU und SPD. Eine pädagogische Analyse ihrer Entwicklung von 1945–1965, Diss., Erlangen-Nürnberg 1968, S. 229f.
88 Verhandlungen des Deutschen Bundestages, Stenographische Berichte, 3. Wahlperiode, 23. Sitzung, 18.4.1958, S. 1269.

gabung« als pädagogisches Wirkungsfeld neu aufzuwerten.[89] Auf der einen Seite war Begabung, schrieb er Anfang der 1960er Jahre, durchaus, wie es dem überkommenen Verständnis entsprach, als »Anlage, Selbstentfaltung, Reifung, potentielle geistige Mitgift« zu begreifen. Aber aus pädagogischer Sicht war die andere Seite der Begabung entscheidender: der Umstand, dass sie für ihre Entfaltung und für ihr Wirksamwerden von der Intensität und Qualität der Lernprozesse abhing, in die sie verwickelt wurde.[90]

III. DIE AKTIVIERUNG DER »BEGABUNGSRESERVEN« UND DIE UNTERSCHICHTEN

Wenn seit Beginn der 1960er Jahre über den Begabungsbegriff neu nachgedacht wurde, spielte dafür eine ganze Reihe von Umständen eine Rolle. Darunter der wichtigste lag in dem zunehmend erwachenden Bewusstsein, dass die Zahl der qualifizierten Arbeitskräfte einen Grundfaktor wirtschaftlichen Wachstums darstellte und die Bundesrepublik gerade auf diesem Gebiet gegenüber anderen Nationen ins Hintertreffen zu geraten drohte. Die Frage erlangte mit dem Mauerbau und dem Versiegen des Fachkräftezustroms aus der DDR verschärfte Dringlichkeit. »Die Erschließung aller ›Begabungsreserven‹ ist eine lebenswichtige Notwendigkeit, wenn wir im Wettbewerb der Nationen bestehen und unsere demokratische Lebensform sichern wollen«, erklärte 1965 der Berliner Schulsenator Carl-Heinz Evers (SPD).[91] Sollte aber auf die Frage, wie die wachsende Nachfrage nach qualifizierten Arbeitskräften gestillt werden konnte, eine angemessene Antwort gegeben werden, musste zunächst einmal geklärt werden, ob und in welchem Umfang überhaupt noch ungenutzte Begabungsressourcen vorhanden waren. Ob die »Reserven« an Begabungen tatsächlich genügend Spielräume für eine Expansion der weiterführenden Schulen ließen, war indes durchaus umstritten. Der schon in den 1950er Jahren als Schulreformer hervortretende Philosoph, Philologe und vormalige Leiter eines Landschulheims Georg Picht hatte sich 1958 überzeugt gezeigt, dass die Begabungsreserven in Volks- und Mittelschulen ohne Weiteres ausreichten, um die Abiturientenzahl, wie für nötig gehalten, um die Hälfte zu erhöhen.[92] Er hatte dafür vonseiten der Gymnasiallehrer energischen Widerspruch geerntet.[93] Der Deutsche Ausschuss für das Erziehungs- und Bildungswesen, dem Picht als besonders einflussreiches Mitglied angehörte, führte gegen skeptische Begabungsprognosen das bald geläufigere Argument ins Feld, »der starre Begabungsbegriff,

---

89 *Heinrich Roth*, Begabung und Begaben. Über das Problem der Umwelt in der Begabungsentfaltung, in: Die Sammlung 7, 1952, S. 395–407.

90 *Roth*, Der Wandel des Begabungsbegriffs, S. 108; vgl. auch *ders.*, Pädagogische Anthropologie, Bd. 1: Bildsamkeit und Bestimmung, Hannover 1968, S. 151 ff.; *Hans Scheuerl*, Begabung und gleiche Chancen. Zur Frage der »Startgerechtigkeit« im Schulwesen, Heidelberg 1958, S. 26, der bezeichnenderweise aber noch fast völlig ohne Diskussion der Ungleichheitsfrage und ohne soziologische Perspektive auskam.

91 C.[arl]-H.[einz] Evers, Schul- und Bildungspolitik im kommenden Jahrzehnt. Vortrag im Ettlinger Kreis am 24.6.1965, S. 3, Geheimes Staatsarchiv (GStA) Berlin, VI. HA, NL Hellmut Becker, Karton 125, Nr. 275.

92 *Georg Picht*, Zehn Thesen über die Höhere Schule, in: Frankfurter Hefte 13, 1958, S. 831–840, hier: S. 833 f.

93 Ein Vertreter des Philologenverbandes befand, es könne »nicht nachdrücklich genug vor einem höchst unbegründeten Optimismus hinsichtlich des ungenutzten ›Schatzes von Begabungen‹ gewarnt werden. Das mag für die Sowjetunion und andere Staaten gelten – Deutschland mit seinem hochdifferenzierten und schon im vorigen Jahrhundert weit in das ›flache Land‹ ausgreifenden Bildungswesen verfügt keineswegs mehr über beliebig große Reserven, auf die man nur zurückgreifen braucht.« *Walter Dederich*, Zu den Zehn Thesen von Georg Picht über die höhere Schule, in: Die Höhere Schule 12, 1959, S. 23–26, hier: S. 26; vgl. auch *Otto Bessenrodt*, Begabungsreserven?, in: ebd., S. 4–6.

auf den sich diese Prognosen zu stützen pflegen«, verkenne »die Plastizität der menschlichen Natur«.[94] Dagegen legten nun wieder viele Kritiker des Ausschusses Einspruch ein, wobei man sich dann gern auf Albert Huth und Karl Valentin Müller berief.[95] Der hessische Kultusminister Ernst Schütte (SPD) hingegen, vormals Professor an einer Pädagogischen Akademie, zeigte sich von den Ausführungen des Deutschen Ausschusses tief beeindruckt: »Begabung ist keine gegebene Tatsache, kein Naturquantum, das nur sozusagen ein wenig entfaltet werden muß. Begabung [...] muß vor allen Dingen geweckt werden.«[96]

Auch die Soziologen begannen, sich stärker für die Begabungsfrage zu interessieren. Nachdem in der Deutschen Gesellschaft für Soziologie 1958 ein »Ausschuss für Schul- und Erziehungssoziologie« gegründet worden war, widmete der hier versammelte, überschaubare Kreis an Interessierten gleich in seiner zweiten Sitzung der »Ideologie von der Auslese der Begabten« eine längere Debatte. Allgemein beklagt wurde hier die Vernachlässigung des Begabtenproblems in der deutschen soziologischen Forschung, sehr im Unterschied zu den angloamerikanischen Ländern. Theodor W. Adorno warnte vor einer »Verdinglichung« des Begabungsbegriffs, nur in Ausnahmefällen könne von »natürlicher Veranlagung« die Rede sein. Die Kriterien der Bewährung und die Auslese der »Reproduktionsunwerten« müssten, wie Adorno fand, zum Gegenstand einer kritischen Analyse gemacht werden. Der Schelsky-Schüler Janpeter Kob, einer der frühen Bildungssoziologen der Bundesrepublik, gewährte Einblicke in erste Ergebnisse seiner Untersuchungen zum Verhältnis von Schule und Elternhaus und unterstrich dabei den engen Zusammenhang von elterlichen Bildungszielen und schulischer Leistung der Kinder.[97] Die noch vollends in den Kinderschuhen steckende Bildungssoziologie, so wurde bei dieser Gelegenheit deutlich, stieß schon in ihren Anfangsgründen auf die Frage der schichtspezifischen Sozialisationsbedingungen[98], während sich aus der Frage nach den vorhandenen Begabungsreserven ebenso schnell die Frage nach dem Zusammenhang von Begabung und sozialer Schichtung ergab.

Wie die meisten »großen« Themen der Bildungspolitik war auch die Begabungsfrage ein international diskutiertes Problem. Ähnlich wie bei anderen grundlegenden Problemstellungen erwies sich hier die OECD als wichtige Drehscheibe für den Austausch von Analyseansätzen, Leitkonzepten und empirischen Vergleichsdaten. Eine 1961 in Schweden abgehaltene internationale Konferenz der OECD zum Thema »Begabung und Bildungs-

---

94 Rahmenplan zur Umgestaltung und Vereinheitlichung des allgemeinbildenden Schulwesens (14.2.1959), in: Empfehlungen und Gutachten des Deutschen Ausschusses für das Erziehungs- und Bildungswesen 1953–1965, Gesamtausgabe, hrsg. v. *Hans Bohnenkamp/Walter Dirks/Doris Knab*, Stuttgart 1966, S. 59–115, hier: S. 93.

95 Vgl. »Der Rahmenplan«. Stellungnahme des deutschen Philologen-Verbandes, 1959, S. 16f., Landesarchiv NRW, Abt. Rheinland, NW 137, Nr. 464; die Stellungnahmen des Deutschen Philologen-Verbandes, des Deutschen Altphilologenverbandes und des Deutschen Arbeitgeberverbandes, in: *Alfons Otto Schorb* (Hrsg.), Für und wider den Rahmenplan. Eine Dokumentation, Stuttgart 1960, S. 26–32, 127–130 und 163–165; vgl. dann die Antwort des Deutschen Ausschusses auf seine Kritiker: Zur Diskussion des Rahmenplans. Kritik und Antwort (2.7.1960), in: Empfehlungen und Gutachten des Deutschen Ausschusses für das Erziehungs- und Bildungswesen, S. 117–219, hier: S. 151ff.

96 Aufstieg durch Bildung. Kulturpolitisches Forum im Rahmen des 3. Deutschlandtreffens der SPD am 30. August 1963 in Hamburg, Bonn [1963], S. 33.

97 Protokoll der zweiten Besprechung des Ausschusses für Schul- und Erziehungssoziologie am 12.7.1958 im Institut für Sozialforschung, S. 7f., GStA Berlin, VI. HA, NL Hellmut Becker, Karton 68, Nr. 22; vgl. dann: *Janpeter Kob*, Erziehung in Elternhaus und Schule. Eine soziologische Studie, Stuttgart 1963.

98 Vgl. zu diesem Komplex auch *Dieter Geulen*, Bildungsreform und Sozialisationsforschung, in: Zeitschrift für Sozialisationsforschung und Erziehungssoziologie 3, 1983, S. 189–200.

chancen« ließ bereits die Richtung erkennen, welche die Diskussion bald auch in der Bundesrepublik nehmen würde.[99] Die Teilnehmer zeigten sich entschlossen, unter den im Bildungswesen derzeit gegebenen Umständen nicht etwa genetische Faktoren als die entscheidende Schranke für die Mobilisierung von Begabungsreserven anzusehen, sondern Faktoren »wirtschaftlicher, umweltbedingter oder bildungspolitischer Art«. Begabung wurde »in der gegenwärtigen Situation als ein künstliches Produkt des Erziehungswesens aufgefasst«, als eine abhängige Variable übergreifender Prozesse wirtschaftlicher und sozialer Entwicklung.[100] Allseits wurde davon ausgegangen, dass viele Begabungen noch nicht entdeckt, genutzt und ausgeschöpft wurden.[101] Für Frankreich wurde der Befund mitgeteilt, dass ein Drittel bis die Hälfte der Schüler, die sich nicht um die Aufnahme in die höhere Schule bemühten, sehr wohl die geistigen Fähigkeiten dazu besäßen.[102] Dass die größten Begabungsreserven in den unteren Schichten anzutreffen waren, und dass diese wiederum durch ihre größere »soziale Distanz« (Ralf Dahrendorf) zu den sprachlichen und kulturellen Anforderungen der höheren Schule benachteiligt waren, galt ebenfalls als ausgemacht. Die Schlussfolgerung, die daraus gezogen, allerdings nicht von allen Teilnehmern in gleichem Umfang geteilt wurde, lautete, man müsse von einer frühzeitigen Auslese abgehen und zu flexibleren Strukturen mit Gesamtschulcharakter übergehen.[103]

Die Fragen nach dem wachsenden »Nachwuchsbedarf« und der gestiegenen Nachfrage nach höheren Qualifikationen[104] sowie, kehrseitig dazu, nach den noch ungenutzt schlummernden »Begabungsreserven« regten in der Bundesrepublik der frühen 1960er Jahre eine ganze Reihe von empirischen Erhebungen an. Aufhorchen ließ 1962 eine von dem Bildungsökonomen Friedrich Edding gemeinsam mit einem Mitarbeiter vorgelegte Studie zur unterschiedlichen Bildungsintensität in den Bundesländern.[105] Wenn in Rheinland-Pfalz 4 % der männlichen Jugend das Abitur machten, im benachbarten Hessen aber der doppelte Anteil, wenn in Schleswig-Holstein 30 % der 16-Jährigen eine weiterführende Schule besuchten, im Saarland hingegen nur 13 %, so war klar, dass diese Unterschiede nicht in regionalen Begabungsunterschieden begründet liegen konnten. Mit den Länder-

---

99 *Widmaier*, Begabung und Bildungschancen.

100 *A.[lbert] H. Halsey*, Konferenzbericht, in: ebd., S. 153–186, hier: S. 164f.

101 Einen guten Überblick über die internationalen Versuche, die Begabungsreserven auszuloten, gibt sowohl in methodischer Hinsicht wie für die Ergebnisse *Husén*, Social Influences on Educational Attainment, S. 73–107; *ders.*, Begabung und Bildungspolitik. Die Bedeutung von Erbanlagen und Milieueinflüssen für die Bildungsreform, Hannover/Dortmund etc. 1975, S. 47–66.

102 *Halsey*, Konferenzbericht, S. 167.

103 Vgl. auch *George S. Papadapoulos*, Die Entwicklung des Bildungswesens von 1960 bis 1990. Der Beitrag der OECD, Frankfurt am Main/Berlin etc. 1996, S. 39f.; *Myung-Shin Kim*, Bildungsökonomie und Bildungsreform. Der Beitrag der OECD in den 60er und 70er Jahren, Würzburg 1994, S. 46ff.

104 Vgl. in der Bundesrepublik zum Beispiel Verein Deutscher Ingenieure, Denkschrift zur Ausweitung der Ingenieurschulkapazitäten, Düsseldorf 1956, Landeshauptarchiv Koblenz, 910, Nr. 6001; Deutscher Bundestag 3. Wahlperiode, Drucksache 225: Technischer Nachwuchs. Bestand 1956, Bedarf bis 1970 und Deckung des Bedarfs. Eine Denkschrift des Bundesministeriums des Innern. Vorgelegt von K. Fr. Scheidemann und Herbert Gassert, 1957; Hans Heckel, Zahlen des Schulwesens und seiner Kosten in der Bundesrepublik, [Januar 1958], BAK, B 138, Nr. 9522; *ders.*, Die deutsche Schule in Zahlen, in: Frankfurter Hefte 13, 1958, S. 237–244.

105 *Roderich von Carnap/Friedrich Edding*, Der relative Schulbesuch in den Ländern der Bundesrepublik 1952–1960, Frankfurt am Main 1962; *Friedrich Edding*, Die Bildungsintensität der Bundesländer, in: Neue Sammlung 2, 1962, S. 466–473; *ders.*, Unterschiede im Schulbesuch zwischen den Bundesländern, in: *ders.*, Ökonomie des Bildungswesens. Lehren und Lernen als Haushalt und als Investition, Freiburg im Breisgau 1963, S. 336–348.

unterschieden im Schulbesuch war vielmehr der Beweis erbracht, dass in vielen Ländern Begabungsreserven schlummerten, die in anderen längst schon genutzt wurden. Die Nachwuchs-, Qualifikations- und Begabungsfrage wurde zunehmend zu einem Politikum. Der Bundesminister für wissenschaftliche Forschung, Hans Lenz (FDP), bekannte im Bundestag, dass ihn Eddings Untersuchungen nachdenklich gestimmt hatten[106], den Sozialdemokraten dienten sie als Beleg für die nun immer nachdrücklicher erhobene Forderung, dass eine Erschließung der Begabungsreserven notwendig und möglich war.[107]

Offiziellen Anstrich besaß eine 1963 vom bayerischen Kultusministerium veranlasste Erhebung, welche die Volksschullehrer nach der Zahl der für den Übertritt zur Mittelschule oder zum Gymnasium geeigneten Schüler sowie der Zahl der trotz Eignung nicht angemeldeten Schüler befragte. Dem Ministerium war es dabei, wie Kultusminister Ludwig Huber (CSU) beteuerte, darum zu tun, »aus der Primitivität der Zahlenfiktionen«[108] herauszukommen, die in der öffentlichen Diskussion über das unausgeschöpfte Reservoir an Begabungen kreisten. Das Ergebnis lautete: 7 % des Altersjahrgangs nutzten die Übertrittsmöglichkeit zur Höheren Schule nicht, 9 % sahen von der Möglichkeit zum Übergang an die Mittlere Schule ab.[109] Solche Befunde ließen auch die Öffentlichkeit aufhorchen. »Im Bayerischen Wald werden die sogenannten Begabtenreserven auch nicht annähernd ausgeschöpft«, berichtete 1964 die Süddeutsche Zeitung. »Rund fünfzig Prozent der begabten Volksschüler gehen allein im Landkreis Cham der Höheren Schule verloren.«[110] Das bayerische Kultusministerium reagierte mit einer ganzen Palette von Maßnahmen.[111] In großer Zahl wurde die Broschüre »Aus Ihrem Kind soll etwas werden« verteilt und so eine breite Bildungswerbungskampagne gestartet. Darüber hinaus wurden in allen bayerischen Regierungsbezirken »Schulberater« eingesetzt, deren Aufgabe es unter anderem sein sollte, Öffentlichkeit und Presse mit Informationen über schulische Fragen zu versorgen, Aufklärungsveranstaltungen durchzuführen, bei der Gründung weiterführender Schulen mitzuwirken oder an Lehrerkonferenzen teilzunehmen. Im Mittelpunkt ihrer Tätigkeit stand jedoch die Einzelberatung von Eltern und Schülern.[112] Hinzu kamen die Einführung der Fahrtkostenfreiheit für den Schulweg, ein eigenes bayerisches Begabtenförderungs-

106 Verhandlungen des Deutschen Bundestages, Stenographische Berichte, 4. Wahlperiode, 118. Sitzung, 4.3.1964, S. 5452 (die gesamte Debatte S. 5439–5491).

107 *Willi Eichler*, Gleiche Chancen für jeden Bildungswilligen, in: V-Dokumentation: Deutsche Gemeinschaftsaufgaben. Aufstieg durch Bildung, [1964] (Beilage zum Vorwärts), S. 2f.

108 *Ludwig Huber*, Begabtenförderung als politische Aufgabe, in: Bildung in der modernen Welt. 3. Kulturpolitischer Kongreß der CDU/CSU am 9. und 10. November 1964 in Hamburg, Bonn 1965, S. 45–62, hier: S. 54.

109 *Eberhard Ruprecht*, Bayern überprüft seine Begabtenreserven, hrsg. v. Bayerischen Staatsministerium für Unterricht und Kultus, München 1965; Vermerk E. Ruprecht: Erhebung über Begabungsreserven, 13.3.1964, Bayerisches Hauptstaatsarchiv München (BayHStA), MK 66043.

110 *Werner Huber*, Zuwenig Chancen für begabte Schüler, in: Süddeutsche Zeitung, 24.1.1964. Bei der Landtagsdebatte über den bayerischen Kulturhaushalt 1964 stand die Frage nach der Aktivierung der Bildungsreserven im Mittelpunkt der Erörterungen; Entwurf eines nicht abgesandten Schreibens des Staatssekretärs im Kultusministerium an den Präsidenten des Bayerischen Landtags, September 1964, BayHStA, Mk 66043.

111 *Norbert Lehning*, Bayerns Weg in die Bildungsgesellschaft. Das höhere Schulwesen im Freistaat Bayern zwischen Tradition und Expansion 1949/50–1972/73, Bd. 2, München 2006, S. 828–876.

112 Niederschrift über die 1. Sitzung des »Arbeitskreises Begabtenreserven und Werbung für den Besuch weiterführender Schulen« im Rahmen der Ständigen Kommission für Bildungsplanung am 7. September 1965, BayHStA, MK 66043; Niederschrift über die Tagesordnung der 4. Dienstbesprechung der Schulberater im Kultusministerium am 27.10.1966 und über die Auswertung der zum 5.10.1966 vorgelegten Berichte der Schulberater, BayHStA, MK 66043.

gesetz (das bald durch ein bundesweites Ausbildungsförderungsgesetz abgelöst wurde) sowie, auf einer allgemeineren Ebene, der Ausbau des zweiten Bildungswegs und die Einführung des neuartigen Instruments der Schulentwicklungsplanung, deren erklärtes Ziel es war, die Bildungsbeteiligung zu steigern und regionale Disparitäten auszugleichen.[113]

Allerdings war die bayerische Untersuchung, ein Jahr später mit etwas verfeinerter Berechnungsart und deutlich niedrigeren Ergebnissen wiederholt[114], von methodisch eher schlichter Natur gewesen. Besonders dadurch, dass sie sich ganz auf das Lehrerurteil verlassen hatte, handelte sie sich den Einwand ein, den Subjektivitätsfaktor nicht kontrolliert zu haben.[115] Hinzu kam, wie etwa Carl-Heinz Evers monierte, dass der Aussagewert von Untersuchungen über die »Begabungsreserven«, die nach einem solchen Muster angelegt waren, aus einer bildungsreformerischen Perspektive, die auf Strukturveränderungen zielte, schon deshalb begrenzt bleiben musste, als »sie das So-Sein der weiterführenden Schulen als invariant voraussetz[t]en«.[116]

Andere Explorationen im Reich der »Begabungsreserven« bedienten sich deshalb eines aufwendigeren Instrumentariums.[117] Bereits 1960 hatte der Psychologe Willi Ferdinand die Viertklässler eines Schulaufsichtsbezirks in Düsseldorf mithilfe eines Intelligenztests untersucht und festgestellt, dass 16 % der auf der Volksschule verbliebenen Jungen und 11 % der Mädchen eine überdurchschnittliche Begabung besaßen.[118] 1963 ließ die Industriestadt Duisburg untersuchen, wie groß das an der Volksschule verbliebene Potenzial jener Begabungen war, die an sich für die weiterführende Schule geeignet gewesen wären.[119] Der Kölner Psychologe Josef Hitpass stützte sich bei seiner Studie auf ein begabungsdiagnostisches Testverfahren und gelangte zu dem Ergebnis, dass 4,2 % der Schüler des 5. Volksschuljahres zu jener Gruppe von überdurchschnittlich Begabten zählten, für die, wären sie auf eine weiterführende Schule gewechselt, eine hohe Wahrscheinlichkeit bestanden hätte, die Mittlere Reife zu erlangen.[120] Diese »Reserve« entsprach immerhin einem Fünftel der Zahl jener Schüler, die erfolgreich eine weiterführende Schule besuchten. Hitpass bezog erstmals auch die soziale Herkunft der Schüler in seine Untersuchung mit ein und stellte fest, dass 66 % der »Begabungsreserve« Familien gelernter und unge-

---

113 *Lehning*, Bayerns Weg in die Bildungsgesellschaft, S. 841–856, 864–876 und 887–921; *Wilfried Rudloff*, Bildungsboom und »Bildungsgefälle« – regionale Disparitäten, regionale Bildungsplanung und Bildungsexpansion in der alten Bundesrepublik, in: Westfälische Forschungen 50, 2010, S. 335–371, hier: S. 351ff.

114 *Hans Lohbauer*, Begabtenreserven an den Bayerischen Volksschulen, in: Zeitschrift des Bayerischen Statistischen Landesamtes 97, 1965, S. 85–106.

115 So auch intern, vgl. Bayerisches Statistisches Landesamt, Erhebung über die Begabtenreserven an den öffentlichen Volksschulen in Bayern 1964, 1. Teilbericht, 5.4.1965, S. 11, BayHStA, MK 66043; Studienprofessor Kurt Haase. Welche Schüler sind geeignet für den Besuch einer Höheren Schule? Eine Gegenüberstellung der Stadt- und Landschulaufsichtsbezirke in Oberfranken, Februar 1965, ebd. Zahlreiche Untersuchungen führten in diesen Jahren zu dem Ergebnis, dass das Lehrerurteil gegenüber intelligenz- und leistungspsychologischen Testverfahren als unzuverlässiger Eignungsprognose als unzuverlässiger gelten musste.

116 C.[arl]-H.[einz] Evers, Schul- und Bildungspolitik im kommenden Jahrzehnt. Vortrag im Ettlinger Kreis am 24.6.1965, S. 3, GStA Berlin, VI. HA, NL Hellmut Becker, Karton 125, Nr. 275.

117 Vgl. als Überblick: *Udo Undeutsch*, Die psychische Entwicklung der heutigen Jugend, München 1966, S. 20ff.

118 *Willi Ferdinand*, Noch einmal: Begabungsreserven, in: Neue Deutsche Schule 15, 1963, S. 192–194; vgl. auch *ders.*, Ausschöpfung von Begabungsreserven, in: ebd., S. 366–368.

119 Duisburg lieferte exakte Daten, in: Vorwärts, 6.11.1963 (Landesarchiv NRW, Abt. Rheinland, NW 147, Nr. 19, fol. 111).

120 *Josef Hitpass*, Begabungsreserve 1963, in: Pädagogische Rundschau 17, 1963, S. 1023–1040.

lernter Arbeiter entstammten (Gelernte: 54 %, Ungelernte: 12 %).[121] Der Psychologe hielt es in seinen Schlussfolgerungen für »nicht verantwortbar, dass dieses breite Begabungspotential in Familien mit sozio-ökonomisch niedrigem Status, die immerhin fast 50 % unserer Bevölkerung ausmachen, […] verloren geht«.[122] Die Duisburger Befunde bewogen den dortigen SPD-Beigeordneten Fritz Holthoff im Vorfeld des Kulturpolitischen Kongresses der SPD 1964, eine stärkere Ausschöpfung der Begabungsreserven in der Arbeiterschaft zu fordern und der Landesregierung hier Versäumnisse vorzuwerfen. Kultusminister Paul Mikat (CDU) sah sich darauf zu der Erklärung veranlasst, »dass er sich ebenfalls zu einer stärkeren Erfassung der Begabungsreserven in der Arbeiterschaft bekenne«, freilich nur, um den Schichtungshintergrund sogleich wieder zu relativieren, indem er bemerkte, man dürfe »diese Frage nicht durch fragwürdige statistische Zahlen belasten, die aus einer überholten Klassenvorstellung stammen«. In der gegenwärtigen dynamischen Gesellschaft sei es kaum möglich, »die Bevölkerung in Arbeiter und z.B. bürgerliche Gruppen zu unterteilen«.[123] Willi Eichler hingegen, im SPD-Vorstand für die Bildung zuständig, argumentierte, bis zu 60 % der noch unerschlossenen Begabungsreserven seien aus den Kreisen der Arbeiterschaft zu erwarten.[124]

Weitere Untersuchungen folgten, oft mit deutlich auseinanderliegenden Ergebnissen. Mittels begabungspsychologischer Testverfahren wurde für oberpfälzische Schüler ermittelt, dass eine Reserve von nur 2,5 % für die Höhere Schule geeigneter Volksschüler und von lediglich 4 % hinreichend Begabter unter den Realschülern bestand, weshalb hier bereits vor einer allzu nachdrücklichen Bildungsoffensive gemahnt wurde, die zu übersehen drohe, »dass wir auch eine ausreichend große Bildungsmittelschicht behalten müssen«.[125] Andere Studien deuteten wieder auf größere Reserven hin.[126] Kurt Heller gelangte für die baden-württembergischen Hauptschüler des Jahres 1965/66 unter Auswertung verschiedener Testverfahren zu einer Gymnasial-Eignungsreserve von 4 bis 10 % und einer Realschul-Eignungsreserve von 11 bis 17 %, wobei das Potenzial für die Realschule in Handwerkerfamilien, für die Gymnasien in Arbeiterfamilien überdurchschnittlich groß

---

121 Vgl. auch *Josef Hitpass*, Einstellungen der Industriearbeiterschaft zu höherer Bildung. Eine Motivuntersuchung, Ratingen 1963, S. 36 f.; *ders.*, Abiturientendefizit. Versagt unser Schulsystem?, Ratingen 1964, S. 28 ff.

122 *Ders.*, Begabungsreserve 1963, S. 1037 f. Eine nach gleichem Muster angelegte Erhebung für die Stadt Saarbrücken ergab, dass 6,9 % der Fünftklässler der Volksschule für eine weiterführende Schule geeignet waren, von denen allerdings nur ein Drittel den unteren Sozialschichten entstammte; *Karl Samstag*, Die Saarbrücker Begabungsreserve 1964, in: Pädagogische Rundschau 18, 1964, S. 1175–1184.

123 Pressenotiz Landesregierung Nordrhein-Westfalen: Prof. Mikat nimmt zu kulturpolitischen Äußerungen des Landtagsabgeordneten Holthoff Stellung, 2.6.1964, Landesarchiv NRW, Abt. Rheinland, NW 147, Nr. 2, Bl. 40–42; zum politischen Hintergrund vgl. auch *Dieter Düding*, Zwischen Tradition und Innovation. Die sozialdemokratische Landtagsfraktion in Nordrhein-Westfalen 1946–1966, Bonn 1995, S. 235.

124 *Eichler*, Gleiche Chancen für jeden Bildungswilligen, S. 3.

125 *Dietrich Rüdiger*, Oberschuleignung. Theorie und Praxis der psychologischen Eignungsuntersuchungen, München 1966, S. 220 f.

126 So etwa eine Stichprobe aus 49 über das Bundesgebiet verteilten Schulklassen, die 1963/64 das ungenutzte Begabungsreservoir auf 12 % bezifferte, wobei die absolute Zahl der für den Besuch der weiterführenden Schulen geeigneten, aber nicht vorgesehenen Arbeiterkinder im Vergleich zu den Nichtarbeiterkindern als doppelt so hoch ermittelt wurde; *Helmut Paul*, Begabungsreserven bei Arbeiterkindern. Ergebnisse einer empirischen Untersuchung über die bildungshemmenden und bildungsfördernden Umstände und Motive, in: *Wilhelm Arnold*, Begabung und Bildungswilligkeit, München/Basel 1968, S. 85–117, hier: S. 89–91; *ders.*, Begabungsreserven bei Arbeiterkindern, in: *Ferdinand Merz* (Hrsg.), Bericht über den 25. Kongress der Deutschen Gesellschaft für Psychologie Münster 1966, Göttingen 1967, S. 40–49.

war.[127] Dass die Ergebnisse der empirischen Begabungssuche derart uneinheitlich ausfielen, hatte nicht zuletzt methodische Gründe: Die Verwendung verschiedener Testverfahren, die andersgeartete Bildung und Zusammensetzung der verwendeten Stichproben und die unterschiedlich angesetzten Grenzwerte für die Klassifizierung von Begabungsgraden und Eignungsstufen trugen dazu bei, dass die Befunde erheblich voneinander abwichen. Nicht überall ließ man sich im Übrigen davon überzeugen, dass es sich bei der Aufgabe, brachliegende Begabungsreserven zu aktivieren, wirklich um ein lohnendes Unternehmen handelte. Albert Huth beispielsweise hielt weiter an der Auffassung fest, dass nur 5 % der Jugendlichen die nötigen Eigenschaften zur Erlangung der Hochschulreife mitbrachten: »Das Schlagwort von der Verdoppelung der Abiturientenzahl ist demnach eine ziemlich utopische Wunschvorstellung«.[128]

Am systematischsten war in Baden-Württemberg bei der Ermittlung der Begabungsreserven vorgegangen worden. Den Anstoß hierzu hatten die Untersuchungen zur regionalen Disparität der Bildungsbeteiligung gegeben, die an Dahrendorfs Soziologischem Institut in Tübingen von Hansgert Peisert durchgeführt wurden. Peisert hatte durch Auswertung der Volkszählungsdaten von 1961 homogene »Regionen geringer Bildungsdichte« identifiziert, in denen der Besuch von weiterführenden Schulen unter den 16- bis 19-Jährigen 5 % nicht überschritt.[129] Von den Ergebnissen beeindruckt, die ihm Peisert unterbreitete, beschloss Kultusminister Wilhelm Hahn (CDU), in einem der schulischen Notstandsgebiete Psychologen mit der Durchführung von Begabungstests zu beauftragen, um die bislang ungenützten Potenziale unter den Schülern auszuloten.[130] Die begabungspsychologischen Untersuchungen in einem nordbadischen Raum westlich des Taubertals gelangten zu dem Ergebnis, dass angesichts der vorhandenen, bislang aber in hohem Maße unausgeschöpften Begabungspotenziale die Zahl der Übertritte auf die Gymnasien verdoppelt, die auf die Realschulen vervierfacht werden konnte.[131] Eine Nachfolgeuntersuchung, durchgeführt von den neu eingerichteten Bildungsberatungsstellen in Baden-Württemberg, dehnte den Untersuchungsansatz der Vorgängerstudie auf alle 19 von Peisert ausgewiesenen Regionen geringer Bildungsdichte im Land aus; sie führte zu ähnlichen Ergebnissen.[132] Im Schnitt hatte hier der Prozentsatz der 16- bis 19-Jährigen,

---

127 *Kurt Heller*, Aktivierung von Bildungsreserven, Bern/Stuttgart 1970, S. 174f.

128 Die Begabungen für die höhere Schule (Interview mit Prof. Dr. Albert Huth), in: Staats-Zeitung, Rheinland-Pfalz, 14.6.1964 (Landesarchiv NRW, Abt. Rheinland, NW 147, Nr. 19, fol. 111); für die unter Gymnasiallehrern anzutreffende Hartnäckigkeit der Vorstellung fehlender Begabungsreserven vgl. auch *Schefer*, Das Gesellschaftsbild des Gymnasiallehrers, S. 117.

129 Später veröffentlicht unter dem Titel: *Hansgert Peisert*, Soziale Lage und Bildungschancen in Deutschland, München 1967.

130 Aktenvermerk Regierungsrat Piazolo: Maßnahmen in Notstandsgebieten, 27.7.1964, Hauptstaatsarchiv (HStA) Stuttgart, EA 3-505, Nr. 608; Aktenvermerk Regierungsrat Piazolo vom 18.8.1964, ebd.; Gutachten Aurin (Leiter der Abteilung für Jugendkunde an der Landesanstalt für Erziehung und Unterricht)/Wiesbrock (Dozent für Psychologie an der Pädagogischen Hochschule Schwäbisch Gmünd): Erschließung von Begabungsreserven und Bildungsförderung, April 1964, ebd.

131 Die intensive Beratung der Eltern, die sich dem anschloss, führte zu dem Ergebnis, dass bei einer Quote von 42,5 % der Schüler, die für die weiterführenden Schulen als geeignet angesehen wurden, nur in 5,7 % der Fälle den Empfehlungen nicht gefolgt wurde. Vgl. *Kurt Aurin*, Ermittlung und Erschließung von Begabungen im ländlichen Raum. Untersuchung zur Bildungsberatung in Baden-Württemberg in den Landkreisen Buchen, Tauberbischofsheim, Künzelsau, Villingen 1966, die Zahlen auf S. 92.

132 *Kurt Aurin* u. a., Gleiche Chancen im Bildungsgang. Bericht der Bildungsberatungsstellen von Baden-Württemberg über Begabung und Schuleignung, Villingen 1968; vgl. auch *Kurt Aurin*, Zur regionalen Differenzierung schulischen Begabungspotentials, in: Raumforschung und Raumordnung 28, 1970, S. 202–211.

die eine weiterführende Schule besuchten, 1961 unter 3 % gelegen. Nun wurde ein Anteil von 41 % der Jungen und Mädchen des vierten Schuljahrs ermittelt, die aufgrund eingehender Eignungs- und Begabungsuntersuchungen für den Besuch von Realschule und Gymnasium als geeignet angesehen wurden. Die Verteilung dieser Kinder auf die einzelnen Sozialgruppen verhielt sich im Fall der Realschule proportional zur lokalen Sozialstruktur der Bevölkerung, während bei den Gymnasialempfehlungen weiterhin Akademiker- und gehobene Angestellten- und Beamtenfamilien überproportional vertreten waren. Auf genetische Erklärungen hierfür verzichtete der Bericht; vielmehr hieß es gut milieutheoretisch, die relative Abhängigkeit von Schuleignung und Begabung von der sozialen Herkunft beruhe »auf den unterschiedlich günstigen Entfaltungsbedingungen, der in selbstverständlicher Weise bildungsfördernden und -motivierenden Einflussnahme des jeweiligen häuslichen Milieus wie auch des Lebenskreises der einzelnen Sozialgruppen«.[133] Dass es sich in drei Viertel der Fälle, bei denen die Wahl der weiterführenden Schule der Empfehlung der Bildungsberatung nicht folgte, um Kinder aus Bauern-, Fach- und Industriearbeiterfamilien und aus Familien ungelernter Arbeiter handelte, deutete zugleich an, dass in diesen Schichten nach wie vor Hemmungen, Unsicherheiten und Sperren gegenüber den weiterführenden Schulkarrieren, insbesondere aber gegenüber dem Gymnasium bestanden.[134]

IV. KRITIK DER ÜBERGANGSAUSLESE UND ERPROBUNG DER FÖRDERSTUFE/ ORIENTIERUNGSSTUFE

Mit der Forderung nach einer Expansion der höheren Bildung geriet zugleich auch das Problem der Übergangsauslese in die Auseinandersetzung. Wenn tatsächlich noch Begabungsreserven größeren Ausmaßes vorhanden waren, dann lag die Frage nahe, inwieweit es mit den Filterungsmethoden des bestehenden Auslesesystems zu tun hatte, wenn diese derart häufig ungenutzt und unerkannt blieben. Man habe »zu lange von oben nach unten ausgelesen«, dies sei »der entscheidende Grund für den geringen ›output‹ an Abiturienten«, befand 1964 der für die Höheren Schulen zuständige Abteilungsleiter im rheinlandpfälzischen Kultusministerium.[135] Wenn sich die Schule zur zentralen Verteilungsinstanz sozialer Chancen entwickelt hatte, dann war die Selektion beim Übertritt auf die weiterführenden Schulen die entscheidende Schwelle, die dabei passiert werden musste. An ihrer Ausgestaltung, ihren Maßstäben und ihren Ergebnissen entschied sich nicht zuletzt, ob und in welchem Ausmaß der normative Anspruch der Chancengleichheit Faktizität erlangte.

Die Kritik an dem Verfahren der bundesdeutschen Übergangsauslese, das in den frühen 1960er Jahren, je nach Bundesland durchaus verschieden, aus Grundschulgutachten, Aufnahmeprüfung und Probezeit bestand, richtete sich gegen die begrenzte Prognosekraft

---

133 *Ders.*, Gleiche Chancen im Bildungsgang, S. 57f.
134 Zu den Erklärungsansätzen hierzu, deren Ermittlung in die Untersuchung einbezogen worden war, vgl. *ders.*, Ermittlung und Erschließung von Begabungen im ländlichen Raum, S. 98ff.; *ders.*, Begabungsbestand und Bildungsbereitschaft, in: *Widmaier*, Begabung und Bildungschancen, S. 187–240, hier: S. 221ff.; zum baden-württembergischen Schulentwicklungsplan und dessen Richtwerten hinsichtlich der Eignung für die weiterführenden Schulen vgl. *Peter Hage*, Bildungspolitik im Zielkonflikt. Funktion, Organisation und Planung der Bildungsreform in Baden-Württemberg am Beispiel des Schulentwicklungsplanes I, Konstanz 1972.
135 *Heinrich Schoene*, Die Berechtigung und die Wirtschaftlichkeit der Auslese, in: Recht und Wirtschaft der Schule 5, 1964, S. 353–359. Zur Gegenposition der Gymnasiallehrerschaft vgl. *Kurt Diedrich*, Die Schülerauslese in soziologischer und pädagogischer Sicht, in: Recht und Wirtschaft der Schule 1/2, 1960/61, S. 48–53.

und Zuverlässigkeit von Lehrerurteil und Aufnahmeprüfung, gegen die subjektiven Ein-
färbungen der Grundschulgutachten unter dem unterschwelligen Einfluss sozialer Wert-
schätzungskomponenten und gegen die Uneinheitlichkeit und mangelnde Vergleichbarkeit der bei Zensurgebung und Prüfungen einfließenden Bewertungsmaßstäbe. Die deutschen Test- und Begabungspsychologen förderten seit den frühen 1960er Jahren in einer
wachsenden Zahl von Untersuchungen die Inkonsistenzen der bestehenden Ausleseverfahren und -methoden zutage.[136] Zu den am stärksten beachteten Arbeiten zählte dabei eine
an der Hochschule für Internationale Pädagogische Forschung angefertigte Untersuchung,
die auf einer bundesweiten Erhebung von 1961/62 beruhte und retrospektiv an einem
Sample von Schülern die Prognosesicherheit der überkommenen Ausleseverfahren prüfte. Ihre Befunde bestätigten die inzwischen vielfach zu vernehmende Auffassung, »dass
die Auslese […] nur völlig unzureichend in der Lage sei, die für das gegenwärtige Gymnasium geeigneten Schüler zu erfassen«.[137] Eine solche Kritik an der Übergangsauslese
drohte das gegliederte Schulsystem insgesamt zu treffen.[138]

Wo sich die Überprüfung der Ausleseverfahren auf den Zusammenhang von Auslese
und sozialer Schichtung erstreckte, zeigte sich erneut, dass gleich begabte Kinder je nach
sozialer Herkunft sehr unterschiedliche Chancen besaßen. Eine der sorgfältigsten Untersuchungen, die auf psychologischen Testverfahren bei einem Sample von hessischen
Volksschulkindern aus den Jahren 1963/65 beruhte, führte zu dem Ergebnis, »dass geeignete Kinder der oberen Sozialschicht weiterführende Schulen zu 87 % (bzw. das Gymnasium zu 60 %) besuchten, Arbeiterkinder dagegen nur zu 39 (bzw. 19) Prozent«.[139] Als
Folge waren Kinder höherer Sozialschichten an den untersuchten Gymnasien zu 80 %
überrepräsentiert, Arbeiterkinder zu 54 % untervertreten. Arbeiterkinder, so ergaben andere Untersuchungen, gingen zudem häufiger und früher von weiterführenden Schulen ab

---

136 *Albrecht Gaupp*, Schülerauslese als diagnostisches Problem, in: Zeitschrift für diagnostische
     Psychologie und Persönlichkeitsforschung 3, 1955, S. 222–245; *Udo Undeutsch*, Auslese für
     und durch die höhere Schule, in: *Hans Thomae* (Hrsg.), Bericht über den 22. Kongress der
     Deutschen Gesellschaft für Psychologie in Heidelberg vom 27. September bis 1. Oktober
     1959, Göttingen 1960, S. 175–197; *ders.*, Die Sexta-Aufnahmeprüfung. Kritik und Verbesse-
     rungsmöglichkeiten, in: Der Gymnasialunterricht 1960, H. 2, S. 7–22; *Günter Pröbsting*, Auf-
     nahmeprüfung in Sexta und Bewährung im Unterricht, in: Die deutsche Schule 52, 1960, S.
     369–374; *Josef Hitpass*, Ist unsere Aufnahmeprüfung haltbar, in: Pädagogische Rund-
     schau 17, 1963, S. 433–439; *Karlheinz Ingenkamp/Friedrich Arntzen*, Pädagogisch-psycholo-
     gische Untersuchung zum Übergang auf weiterführende Schulen, Weinheim 1963; *Theodor
     Gebauer*, Vergleichende Untersuchung über den Voraussagewert von Aufnahmeprüfung und
     Testuntersuchung für den Erfolg auf weiterführenden Schulen, in: *Karlheinz Ingenkamp* (Hrsg.),
     Schulkonflikt und Schülerhilfe, Weinheim 1965, S. 97–141; *Rüdiger*, Oberschuleignung, S.
     11–29; *Lothar Tent*, Die Auslese von Schülern für weiterführende Schulen. Möglichkeiten und
     Grenzen, Göttingen 1969; *Karlheinz Ingenkamp*, Pädagogische Diagnostik. Ein Forschungs-
     bericht über Schülerbeurteilung in Europa, Weinheim/Basel 1975; *ders.*, Überblick über die
     prognostische Bewährung der Grundschulgutachten und Zensuren, in: *ders.* (Hrsg.), Die Frag-
     würdigkeit der Zensurgebung. Texte und Untersuchungsberichte, Weinheim/Basel 1977, S.
     278–298.
137 *Walter Schultze/Werner Knoche/Elisabeth Thomas*, Über den Voraussagewert der Auslesekri-
     terien für den Schulerfolg am Gymnasium, Frankfurt am Main 1964, S. 70.
138 Im Deutschen Philologenverband, wo man diese Kritik als Herabsetzung der Höheren Schule
     empfand, führte man die Fehlentscheidungen bei der Auslese nicht zuletzt auf die zu große
     Milde bei den Aufnahmeprüfungen zurück: Werde ein zu hoher Prozentsatz in die Sexta auf-
     genommen, müssten die Ausfälle eben entsprechend zahlreich sein. Vgl. *Walter Dederich*, Aus-
     lese, in: Die Höhere Schule 13, 1960, S. 31–33.
139 *Tent*, Die Auslese von Schülern für weiterführende Schulen, S. 151.

als Mittelschichtkinder, was die soziale Selektivität noch weiter verstärkte.[140] Auch die psychologische Diagnostik sah sich damit vor die Frage gestellt, inwiefern diese Befunde mehr als Folge von Anlage- oder von Umweltnachteilen anzusehen waren. Wo der Zusammenhang von Auslese und sozialer Herkunft zum Thema gemacht wurde, lag eine mögliche Antwort auch weiterhin darin, aus der positiven Korrelation, die bei begabungs- und leistungsdiagnostischen Testuntersuchungen zwischen Schuleignung, Schulleistung und Position im sozialen Schichtungsgefüge festgestellt wurde, die Schlussfolgerung zu ziehen, »dass die Schüler der weiterführenden Schulen sich vorwiegend aus den beiden oberen Schichten des Volkes rekrutieren müssen und die Kinder des Arbeiter- und Handwerkerstandes trotz großzügiger finanzieller Unterstützung von Seiten des Staates eine Minderheit bleiben müssen«.[141] Eine solche Sicht tendierte dann dahin, die jeweils konkret angetroffene soziale Ungleichheit für vorgegeben zu erklären und dauerhaft zu ratifizieren.

In dem Maße jedoch, wie nativistische Erklärungsmodelle von Begabung und Leistung an Überzeugungskraft verloren, rückten andere Deutungen stärker in den Vordergrund, darunter insbesondere zwei: zum einen der Verweis auf die »Milieusperren« und auf die Fremdheit der niederen Schichten gegenüber der höheren Bildung, zum anderen aber der Hinweis auf die Mittelschichten-Bias der schulischen Auslese. Das eine Mal lag der Schwarze Peter dann bei den Familien, das andere Mal bei den Schulen; beide Male lag diesen Deutungen die Überzeugung zugrunde, dass »vor allem in den unteren Schichten vorhandene wertvolle Begabungen zu einem erheblichen Teil unentdeckt bleiben«.[142] Nimmt man an dieser Stelle nur das zweite Argument, so wurden in den 1960er Jahren eine Reihe von Studien vorgelegt, die nachzuweisen suchten, dass in das Eignungsurteil der ihrerseits meist aus den mittleren Schichten stammenden Lehrer Kriterien mit einflossen, die statt des tatsächlichen Leistungsvermögens die soziale Herkunft bewerteten.[143] Eine 1964 bei Osnabrücker Volksschülern der vierten Klasse vorgenommene Untersuchung, die hier als Beispiel herausgegriffen werden soll, gelangte zu dem Ergebnis, dass das Eignungsurteil der Lehrer, gemessen an den Ergebnissen eines standardisierten Leistungstests, die Kinder aus höheren sozialen Schichten spürbar begünstigte, die aus niede-

---

140 *Gerstein*, Erfolg und Versagen im Gymnasium, S. 72f., 81f. und 90ff.; *dies.*, Erfolg und Misserfolg im Hinblick auf strukturelle, leistungsmäßige und soziale Faktoren – Vorbericht einer repräsentativen sozialstatistischen Untersuchung, in: *Peisert/Dahrendorf*, Der vorzeitige Abgang vom Gymnasium, S. 126–143, hier: S. 139ff.; *Klaus Müller*, Der Schulerfolg der Übergänger auf weiterführenden Schulen im Landkreis Landau-Nord, in: *Karlheinz Ingenkamp* (Hrsg.), Schüler- und Lehrerbeurteilung. Empirische Untersuchungen zur pädagogischen Diagnostik, Weinheim/Basel 1977, S. 111–145, insb. S. 141.

141 *Maria Nelles-Bächler*, Der Einfluß der sozialen Klassenzugehörigkeit auf Schul- und Intelligenzleistungen, Sonderbeilage zu: Neue deutsche Schule 1965, H. 7, S. 22; zum testpsychologisch festgestellten Anstieg der Schuleignung mit der sozialen Schichtungsgruppe vgl. beispielsweise *Rudolf H. Weiß*, Untersuchung zur Schuleignungsermittlung in Stuttgart. Analysen – Bewährungskontrolle – Konsequenzen für die Bildungsplanung, in: Bildungsberatung in der Praxis. Aus der Arbeit der Bildungsberatungsstellen in Baden-Württemberg, Villingen 1975, S. 21–68, hier: S. 37f.

142 *Erich Hylla*, Begabung und Erziehung, in: Mitteilungen und Nachrichten der Hochschule für Internationale Pädagogische Forschung 34/35, Oktober 1963, S. 18–35, hier: S. 34.

143 *Fritz Latscha*, Der Einfluß des Primarlehrers, in: *Franz Hess/ders./Willi Schneider*, Die Ungleichheit der Bildungschancen. Soziale Schranken im Zugang zur Höheren Schule, Freiburg im Breisgau 1966, S. 183–258 (eine Untersuchung für Basel); *Günther Steinkamp*, Die Rolle des Volksschullehrers im schulischen Selektionsprozeß, in: Hamburger Jahrbuch für Wirtschafts- und Gesellschaftspolitik 12, 1967, S. 302–324 (eine Untersuchung für Hamburg); zurückhaltender in dieser Hinsicht urteilte *Karlheinz Ingenkamp*, Zur Problematik der Zensurgebung, in: *Rudolf Biermann* (Hrsg.), Schulische Selektion in der Diskussion, Bad Heilbrunn 1976, S. 79–100, hier: S. 87.

ren Schichten hingegen merklich benachteiligte.[144] Von den demnach für weiterführende
Schulen geeigneten Kindern ungelernter Arbeiter wurden nur 54 % auch von den Klassenlehrern als geeignet erachtet, von den Facharbeiterkindern 60 %, von den Schülern aus
der Schicht der Akademiker, leitenden Angestellten und höheren Beamten hingegen 90 %.
Von den Schülern, die gemäß der ermittelten Testergebnisse als ungeeignet eingeschätzt
wurden, wurden aus der obersten Schicht 73 % seitens der Klassenlehrer dennoch für geeignet gehalten, von den Kindern ungelernter Arbeiter und Facharbeiter indes nur 16 beziehungsweise 27 %. Auch andere empirische Untersuchungen zeigten, dass Grundschullehrerempfehlungen Unterschichtkinder bei gleich guten Noten »im großen Ausmaß«
gegenüber Mittelschichtkindern benachteiligten.[145] Dass die Schule als Einrichtung sozialer Selektion, wie diese Befunde nahelegten, gleich begabte Kinder ungleich filterte, wurde
seit den späten 1960er Jahren zunehmend als schulpolitische Herausforderung empfunden. Eine verbreitete Erklärung hierfür war, dass Mittelschichtkinder den Leistungs- und
Verhaltenserwartungen der Institution leichter entsprechen konnten, »weil eben diese
Erwartungen, nicht zuletzt bedingt durch die sozioökonomischen Zusammenhänge, den
Normen der Mittelschicht angepasst sind und weil bestimmte Lerninhalte, wie die Sprache, in mittelschichtspezifischer Ausprägung im Unterricht verbindlich werden«.[146]
   Unterstützt durch solche Befunde entwickelte sich die soziale Auslese am Übergang
zur höheren Bildung – wie auch innerhalb der weiterführenden Schulen – mehr und mehr
zum Politikum. In einem Entwurf zum »Bildungsbericht '70« der Bundesregierung, dem
bildungspolitischen Auftaktprogramm der sozial-liberalen Regierungskoalition, war zu
lesen:

»In zahlreichen – auch internationalen – Untersuchungen wurde nachgewiesen, daß die Auslese um
so schichtspezifischer ausfällt, je früher sie erfolgt. Es gelang immer erst dann, befähigte Kinder
aus bisher benachteiligten Schichten für anspruchsvollere Bildungsgänge zu gewinnen, wenn die in
der sozialen Ordnung vorhergehende Schicht voll erfasst war.«[147]

Der endgültige »Bildungsbericht« formulierte dann vorsichtiger, aber immer noch deutlich
genug, die frühzeitige Auslese nach dem 4. Schuljahr wirke sich weiterhin so aus, »dass
die soziale Schichtung der Bevölkerung im Bildungswesen erhalten und reproduziert«
werde, wozu auch die formal egalitäre Grundschule beitrage, indem sie die Leistungen
der Kinder nach den Maßstäben einer »letzten Endes doch schichtenspezifischen Bildungstradition« beurteile.[148]
   Eine wesentliche Antwort auf die Probleme der sozialen Übergangsauslese lag in der
Lockerung der Ausleseverfahren. Die Kultusministerien verschoben die Gewichte von
der aufnehmenden Schule zur abgebenden Grundschule und stärkten die Bedeutung des
Elternwillens.[149] Aufnahmeprüfung und Probeunterricht waren bald nur noch in einigen

144 *Otmar Preuß*, Soziale Herkunft und die Ungleichheit der Bildungschancen. Eine Untersuchung
    über das Eignungsurteil des Grundschullehrers, Weinheim/Basel 1972, S. 53f.; vgl. beispielsweise auch *Paul*, Begabungsreserven bei Arbeiterkindern (1966), S. 44.
145 *Ruth Gresser-Spitzmüller*, Lehrerurteil und Bildungschancen. Eine Untersuchung über den
    Einfluß des Grundschullehrers auf die Wahl weiterführender Schulen, Weinheim/Basel 1973,
    S. 208ff., Zitat S. 208 (baden-württembergische Stichprobe).
146 *Rudolf Biermann*, Zur Praxis schulischer Selektion, Düsseldorf 1975, S. 17.
147 Bericht über Bildungs- und Wissenschaftspolitik, 1. Entwurf, o. D., BAK, B 138, Nr. 12372.
148 Bildungsbericht '70. Bericht der Bundesregierung zur Bildungspolitik, Bonn 1970, S. 42 und
    53.
149 Der Schulausschuss der Kultusministerkonferenz hatte sich – unter dem Eindruck der Kritik
    des »Deutschen Ausschusses« an der bestehenden Auslese und um dessen Forderung nach
    Einführung einer zweijährigen Förderstufe abzuwehren – im Jahr 1960 mit der Übergangsauslese befasst und einen Beschluss entworfen, den das Plenum der KMK dann im Dezember

Bundesländern für den Fall vorgesehen, dass sich Elternwille und Grundschulurteil widersprachen; in anderen Ländern wurde im Konfliktfall eine Probezeit eingeschaltet, an deren Ende die Klassenkonferenz verbindlich entschied.[150] Zu einer Umgestaltung der Verfahren durch Verwendung standardisierter Schulleistungs- und Begabungstests, wie es vielen Testpsychologen vorgeschwebt hatte, kam es nicht. Zum zentralen Streitpunkt, wie das System der Auslese neu zu ordnen war, entwickelte sich stattdessen die Frage, ob im Anschluss an die Grundschule eine besondere Förder- beziehungsweise Orientierungsstufe eingerichtet werden sollte. Vorgeschlagen hatte eine solche Gelenkstelle zwischen Grundschule und Sekundarstufe 1959 der »Deutsche Ausschuss für das Erziehungs- und Bildungswesen«. Die Förderstufe sollte den – entwicklungspsychologisch als verfrüht angesehenen – Moment der Auslese über das 10. Lebensjahr hinauszögern, sie sollte individuelle Begabungspotenziale besser erkennbar machen und die Auslese verobjektivieren; und sie sollte durch den gemeinsamen, sich sukzessive in Leistungsgruppen differenzierenden Unterricht die Übergänge auf die weiterführenden Schulen ebnen.[151]

Entsprechende Schulversuche liefen seit den 1960er Jahren in einer Reihe von Bundesländern; die CDU-Länder hielten sich eher zurück. Am weitesten ging das sozialdemokratisch regierte Hessen, wo die Förderstufe 1969 vom Schulversuch zur Regelform aufgewertet wurde und schrittweise obligatorisch gemacht werden sollte.[152] »Erkenntnisse und Erfahrungen der Begabungsforschung, der Lernpsychologie sowie der Soziologie fordern eine Veränderung und Umgestaltung der herkömmlichen Schulsysteme«, hieß es in den Richtlinien für die Förderstufe, die das hessische Kultusministerium 1967 erließ: »Allen Kindern soll unabhängig von ihrer sozialen Herkunft durch behutsame Förderung und Lenkung ein Bildungsweg eröffnet werden, der ihrer individuellen Leistungsfähigkeit entspricht.«[153] Worum es der Förderstufe gehen sollte, war also nicht lediglich, die Auslese zu perfektionieren: Durch Fördern und Wecken von Begabungen sollte zugleich auch

---

1960 verabschiedete; er beließ allerdings den Ländern genügend Flexibilität in der konkreten Gestaltung des Verfahrens. Vgl. Niederschrift über die 64. Sitzung des Schulausschusses der KMK am 24./25.3.1960, S. 17–23, HHStAW, Abt. 504, Nr. 5581b; Niederschrift über die 66. Sitzung am 14./15.7.1960, S. 13–15, HHStAW, Abt. 504, Nr. 5582; Niederschrift über die 68. Sitzung am 3./4.11.1960, S. 2 (in der Anlage der verabschiedete Beschlussentwurf), HHStAW, Abt. 504, Nr. 5583.

150 *Hermann Avenarius/Bernd Jeand'Heur*, Elternwille und staatliches Bestimmungsrecht bei der Wahl der Schullaufbahn. Die gesetzlichen Grundlagen und Grenzen der Ausgestaltung von Aufnahme- bzw. Übergangsverfahren für den Besuch weiterführender Schulen, Berlin 1992, S. 24–30; *Rosemarie Portmann*, Übergang ist Ländersache, in: *dies./Karl A. Wiederhold/Hartmut Mitzlaff* (Hrsg.), Übergänge nach der Grundschule, Frankfurt am Main 1989, S. 42–47; *Gustav Fölsch*, Das Aufnahmeverfahren für die Gymnasien in den Bundesländern, in: Die Höhere Schule 17, 1964, S. 106–108.

151 Rahmenplan zur Umgestaltung und Vereinheitlichung des allgemeinbildenden Schulwesens, in: Empfehlungen und Gutachten des Deutschen Ausschusses für das Erziehungs- und Bildungswesen, S. 59–115; vgl. auch: Zur Diskussion des Rahmenplans – Kritik und Antwort, in: ebd., S. 117–219, insb. S. 173–183.

152 *Bernd Frommelt* (Hrsg.), Beispiel Förderstufe. Probleme einer strukturverändernden Reform und ihrer wissenschaftlichen Begleitung, Frankfurt am Main/Berlin etc. 1980; die Klage von auf ihr Elternrecht pochenden Eltern führte 1972 zu einem Urteil des Bundesverfassungsgerichts, das die Verfassungsmäßigkeit des Gesetzes im Wesentlichen bestätigte, wobei den Eltern aber die Möglichkeit zugebilligt werden musste, ihre Kinder statt auf die Förderstufe auf weiterführende öffentliche Schulen außerhalb des Schulbezirks oder auf private Ersatzschulen zu schicken; *Heinz Brauburger*, Förderstufenurteil des Bundesverfassungsgerichts, in: Recht der Jugend und des Bildungswesens 21, 1973, S. 172–175.

153 Der Hessische Kultusminister: Vorläufige Richtlinien für die Förderstufe, 18.12.1967, HHStAW, Abt. 504, Nr. 868.

ein Beitrag dazu geleistet werden, Begabungsreserven zu aktivieren und die sozialen Ungleichheiten im Bildungswesen abzubauen. 1984/85 wurden in Hessen nicht ganz zwei Drittel der Schüler der infrage kommenden Schuljahrgänge von der Förderstufe erfasst.[154] Je mehr die Landesregierung die Ausbreitung der Förderstufe zu forcieren suchte, umso stärker wuchsen allerdings auch die politischen Widerstände. Der Streit erreichte seinen Höhepunkt, als die SPD-Landesregierung die Förderstufe 1985 zum künftig einzigen Schulangebot in den Klassen 5 und 6 erhob, eine Maßnahme, die nach dem Machtantritt der ersten CDU-geführten Landesregierung in Hessen 1987 umgehend rückgängig gemacht wurde.

Die Weiterentwicklung der »Förder-« zur »Orientierungsstufe«, bei der die Gewichte noch stärker von der negativen Auslese weg und noch stärker hin zur Förderung und individuellen Orientierung der Schüler verschoben werden sollten, wurde 1970 vom »Strukturplan« des Deutschen Bildungsrats vorgeschlagen.[155] Sie fand Eingang in den Bildungsgesamtplan der »Bund-Länder-Kommission für Bildungsplanung« von 1973, wurde hier jedoch mit einem Sondervotum der CDU-Länder versehen, das neben der schulformunabhängigen eine schulformabhängige Variante forderte.[156] Erneut waren es drei übergeordnete Ziele, die mit der Orientierungsstufe verbunden waren: Erstens sollte die Entscheidung über die Schullaufbahn der Schüler dadurch, dass sie bis zum Ende der 6. Klasse offengehalten wurde, auf eine verlässlichere Grundlage gestellt werden als bei der bisherigen Übergangsauslese. Zweitens sollte die Benachteiligung der unteren sozialen Schichten bei den Übertritten zu den weiterführenden Schulen abgebaut werden. Drittens schließlich erhoffte man sich, dass von der gemeinsamen Beschulung heterogen zusammengesetzter Lerngruppen eine sozialintegrative Wirkung ausgehen würde.[157]

Die Umsetzung verlief in den Bundesländern höchst unterschiedlich; am weitesten ging sie in Niedersachsen, wo die selbstständige Orientierungsstufe flächendeckend eingeführt (und 2004 abgeschafft) wurde.[158] Hessen und Niedersachsen waren unter den Flächenländern, was die Erprobung der Förder- beziehungsweise Orientierungsstufe anging, die beiden Spitzenreiter; hier wurden zugleich auch die größten Anstrengungen unternommen, die neue Schulstufe durch wissenschaftliche Begleituntersuchungen zu evaluieren. Für den am besten untersuchten Fall, die hessische Förderstufe, gelangten diese Arbeiten in ihren regionalen und zeitlichen Momentaufnahmen alles in allem zu dem Ergebnis, dass die Ziele der neuen Schulform, zusätzliche Begabungen zu aktivieren, die Prognosesicherheit der Übergangsauslese zu erhöhen und mehr Schülern aus den unteren Schichten den Weg zu den weiterführenden Schulen zu öffnen, im Großen und Ganzen erreicht worden waren.[159] Manche Befunde mochten sich bei näherer Betrachtung allerdings als

154 *Christoph Führ*, Schulpolitik in Hessen (1945–1994), in: *ders.*, Bildungsgeschichte und Bildungspolitik, Köln 1997, S. 219–236, hier: S. 225.

155 Deutscher Bildungsrat, Strukturplan für das Bildungswesen, Stuttgart 1970, S. 141ff.; vgl. auch Deutscher Bildungsrat, Bericht '75. Entwicklungen im Bildungswesen, Bonn 1975, S. 101–136.

156 *Hans Haenisch/Jörg Ziegenspeck*, Die Orientierungsstufe. Schulentwicklung zwischen Differenzierung und Integration, Weinheim/Basel 1977; *Rolf Winkeler*, Die Diskussion um die Orientierungsstufe in den Schulreformansätzen seit 1945, in: *Jörg Ziegenspeck* (Hrsg.), Bestandsaufnahme: Orientierungsstufe. Texte zu einer aktuellen Problematik, Braunschweig 1975, S. 18–55.

157 *Claudia Schuchart*, Orientierungsstufe und Bildungschancen. Eine Evaluationsstudie, Münster/New York etc. 2006, S. 28ff.

158 *Haenisch/Ziegenspeck*, Die Orientierungsstufe.

159 *Hans Haenisch*, Förder- und Orientierungsstufe. Bilanz bisheriger Untersuchungen, in: *Bernd Frommelt* (Hrsg.), Beispiel Förderstufe. Probleme einer strukturverändernden Reform und ihrer wissenschaftlichen Begleitung, Frankfurt am Main/Berlin etc. 1980, S. 46–74.

weniger eindeutig erweisen. Die Steigerung der Übergänge auf die weiterführenden Schulen betraf in der Frühphase mehr die Realschulen als die Gymnasien, und nicht immer war ganz klar, wie viel davon auf das Konto der Förderstufe ging, wie viel im allgemeinen Trend lag und wie viel unabhängig von der neuartigen Schulform dem Umstand zuzurechnen war, dass die Errichtung von Förderstufen meist mit der Erweiterung der Angebotsstrukturen in schulisch bisher unterausgestatteten Räumen verbunden war, womit ein eigenständiger Mobilisierungseffekt gegeben sein mochte.[160] Die ermittelten Übergangsquoten stiegen für die Kinder aller sozialen Schichten, dabei Mitte der 1960er Jahre am stärksten bei jenen der unteren Angestellten und Beamten.[161] Was den Leistungsvergleich mit den Schülern des gegliederten Systems anging, waren die Ergebnisse erst recht uneinheitlich und widersprüchlich; hier bot sich den Kritikern am ehesten eine offene Flanke.[162] Für die seitens der politischen Akteure am stärksten beachtete Untersuchung, 1967 von den Frankfurter Pädagogen Erich E. Geißler, Richard Ph. Krenzer und Adalbert Rang vorgelegt, stand gleichwohl fest, dass die Förderstufe dazu beigetragen hatte, »das Bildungsinteresse ›unterer‹ sozialer Schichten zu wecken. Ohne Zweifel ist es ihr gelungen, Kinder an weiterführende Schulen übergehen zu lassen, die vor der Einführung der Förderstufe mit Sicherheit auf der Volksschule geblieben wären.«[163] Vorsichtiger urteilte eine andere, wenig später erschienene Evaluationsstudie zur hessischen Förderstufe: Die Benachteiligung von Kindern der Arbeiterschicht bei gleicher Schulleistung bestand demnach auch in der Förderstufe weiter fort, der Zusammenhang zwischen sozialer Herkunft und schulischer Einstufung habe sich allerdings etwas abgeschwächt.[164] In ähnlicher Weise beobachtete schließlich auch eine die niedersächsische Orientierungsstufe Mitte der 1970er Jahre untersuchende Arbeit, dass durch die neue Schulreform die Chancengleichheit erhöht worden war. Bei den Kindern von un- und angelernten wie auch von Facharbeitern war die Unterrepräsentation an den Gymnasien abgebaut, wenn auch keineswegs aufgehoben, an den Realschulen sogar eine relativ ausgewogene Repräsentation der Schichten erreicht worden.[165]

Die hessische Förderstufe erwies sich nicht nur unter dem Gesichtspunkt des Elternrechts als umstritten. Neben einer ganzen Reihe von wiederkehrenden Kritikpunkten – dem zu großen Begabungsgefälle in den leistungsheterogenen Kernkursen, dem noch härteren Leistungsdruck im Zuge der Ein- und Umstufungen, der größeren Durchlässigkeit ›nach

---

160 Eine systematische und gründliche Kritik der Untersuchungen bei *Schuchart*, Orientierungsstufe und Bildungschancen, S. 81–99, 126–143 und 198–215.

161 *Helga Thomas*, Orientierungsstufe als Ansatzpunkt zur Innovation der Sekundarstufe I, in: Westermanns Pädagogische Beiträge 25, 1973, S. 63–69.

162 Vgl. schon *Fritz Uplegger/Hans Götz*, Die förderstufenähnlichen Schulversuche in Hessen. Untersuchungen und Materialien zur Unterrichtsgestaltung und vergleichenden Leistungsmessung im 5. und 6. Schuljahr, Hannover 1963; neben den im Folgenden genannten Untersuchungen vgl. hierzu auch *Erich E. Geißler/Richard Ph. Krenzer/Adalbert Rang*, Fördern und Auslesen. Eine Untersuchung an hessischen Schulen mit Förderstufe, Frankfurt am Main/Berlin etc. 1967; *Jürgen Wendeler*, Schulsystem, Schulleistungen und Schülerauslese. Eine Vergleichsuntersuchung zwischen der Förderstufe und dem traditionell gegliederten Schulsystem, Weinheim/Basel 1974; als Beispiel für das Aufgreifen dieser Schwachstelle vgl. die sich auf das Gutachten von Geißler, Krenzer und Rang beziehenden Ausführungen des Abg. Christian Schwarz-Schilling (CDU) in: Hessischer Landtag, Stenographische Berichte, 6. Wahlperiode, 35. Sitzung, 4.7.1967, S. 1819.

163 *Geißler/Krenzer/Rang*, Fördern und Auslesen, S. 32–50, Zitat S. 49.

164 *Wendeler*, Schulsystem, Schulleistungen und Schülerauslese, S. 84ff., Zitat S. 100.

165 *Horst Neumann/Jörg Ziegenspeck*, Fördern und verteilen – oder: Was leistet die Orientierungsstufe? Übergänge zu den weiterführenden Schulen vor (1966–1971) und nach (1972–1976) Einführung der schulformunabhängigen Orientierungsstufe, Bad Heilbrunn 1979, S. 144ff.

unten‹ als ›nach oben‹ in den leistungsdifferenzierten Niveaukursen – legten die Kritiker
den Finger auch auf das von Geißler, Krenzer und Rang betonte Defizit der Förderstufe,
neben die verbesserte Auslesemethodik keine vergleichbar entwickelte Methodik des
Förderns zu stellen vermocht zu haben.[166] In der Tat hatten die drei Frankfurter Universi-
tätspädagogen, erklärte Befürworter der Förderstufe, geschrieben, die zweijährige Förder-
stufenzeit müsse genutzt werden, Begabungen nicht nur gerechter als bisher zu erfassen
und auszulesen, sondern im Hinblick auf die soziokulturell benachteiligten Kinder überhaupt erst zu wecken.[167] Erich E. Geißler wurde in einer Stellungnahme für das Kultusministerium noch etwas deutlicher:

»Hauptpunkt unserer kritischen Einwände war: daß sich die Lehrer der Förderstufe noch zu wenig
am einem dynamischen Begabungsbegriff (Begabung als Begaben) orientieren, dass sie – bislang –
noch zu stark einem statischen Begabungsbegriff anhängen (Begabung als Anlage). Dies zeigt sich
vor allem in der derzeitigen Überbetonung der Auslesefunktion. Eben an diesem von uns kritisierten statischen Begabungsbegriff ist aber das traditionelle Schulwesen orientiert.«[168]

Der Begabungsbegriff erwies sich so auch für die Bewertung der Förderstufe als zentral.
Das lenkt zurück zu der Frage, welche neue Entwicklung das Verständnis von Begabung
in den 1960er Jahren nahm.

V. »BEGABUNG UND LERNEN«: DER NEUE BEGABUNGSBEGRIFF UND DIE »BILDUNGSBARRIEREN«

Zur gleichen Zeit, als sich ein neues Interesse an den nicht ausgeschöpften und gar nicht
erst erkannten Begabungsreserven regte, war der überkommene Begabungsbegriff mehr
und mehr infrage gestellt worden. Im gleichen Maße, wie sich die Verteidiger des bildungspolitischen Status quo hinter ihm verschanzten, heftete sich dem »statischen« Begabungsbegriff der Verdacht an, er diene einem gesellschaftlichen Interesse: der Bewahrung des Gegebenen als eines vermeintlich von Natur aus Vorgezeichneten, er sei also im
Grunde ein ideologischer Begriff.[169] Mit der Bildungsexpansion schien sich hingegen auch
der Begabungsbegriff immer weiter auszudehnen. Die entscheidende Wegmarke bei seiner Neubestimmung setzte 1968 der – in Kreisen der Erziehungswissenschaften lange
Zeit legendäre – Gutachtenband des Deutschen Bildungsrats »Begabung und Lernen«[170],
herausgegeben von Heinrich Roth, mit 12. Auflagen und rund 60.000 verkauften Bänden
bis 1980 eine Art pädagogischer Bestseller, wiewohl nicht eben eine leichte Lesekost.[171]

---

166 Vonseiten des Deutschen Philologenverbandes: *Helmut Jacobi*, Die Förderstufe in Hessen,
    in: Die Höhere Schule 22, 1969, S. 7–12; für eine ähnliche, wenn auch etwas wohlwollendere
    Haltung seitens der CDU-Opposition im Landtag, als dort das Gutachten von Geißler, Krenzer
    und Rang diskutiert wurde: Hessischer Landtag, Stenographische Berichte, 6. Wahlperiode,
    16. Sitzung, 27.9.1967, S. 668–672.
167 *Geißler/Krenzer/Rang*, Fördern und Auslesen, S. 109.
168 Erich E. Geißler, Stellungnahme zur Landtagsanfrage, o.D., HHStAW, Abt. 504, Nr. 865.
169 *Walter Hammel*, Begabung im Wandel, in: Die deutsche Schule 59, 1967, S. 660–676, hier: S.
    666; ausführlicher *ders.*, Bildsamkeit und Begabung, Hannover 1970, S. 99ff.
170 *Heinrich Roth* (Hrsg.), Begabung und Lernen. Ergebnisse und Folgerungen neuer Forschun-
    gen, Stuttgart 1968; zur Neubestimmung des Begabungsbegriffs vgl. etwa auch *Hylla*, Bega-
    bung und Erziehung; *Hammel*, Begabung im Wandel.
171 Vgl. *Hans-Georg Herrlitz*, Heinrich Roth: »Begabung und Lernen«. Zur aktuellen Bedeutung
    eines Gutachtenbandes von 1969, in: Die deutsche Schule 93, 2001, S. 89–98. Spricht Herrlitz
    noch von dem »in der deutschen Bildungsgeschichte des 20. Jahrhunderts […] wichtigste[n]
    Dokument für den Versuch, die Schulreformdebatte auf eine wissenschaftliche Grundlage zu
    stellen« (S. 93), so erhebt Walter Jungmann den Band schlichtweg zum »wichtigsten Doku-

Mit hohem Aufwand sollte dort der alte Begabungsbegriff zu Grabe getragen werden. Begabung, so lautete Roths Ausgangsüberlegung für die Bandkonzeption, war keineswegs als »Naturkonstante« zu verstehen, die durch angeborene Momente weitgehend festgelegt war. Die von »Begabung und Lernen« popularisierte Auffassung betrachtete Begabung vielmehr als nach Höhe und Richtung »in weiten Grenzen entwicklungs- und steigerungsfähig«.[172] Der Herausgeber unterstrich in seinem Einleitungsbeitrag die Abhängigkeit der Begabung von Lernprozessen und die Abhängigkeit der Lernprozesse von einerseits Sozialisations-, andererseits Lehrprozessen. Einer der am häufigsten zitierten Sätze des Bandes, Roths Einleitung entnommen, lautete: »Begabung ist nicht nur Voraussetzung für Lernen, sondern auch dessen Ergebnis.«[173] Eine solche Perspektive konnte weitreichenden Reformabsichten zur Begründung dienen. Wenn Höhe und Richtung der Begabung vor allem als Produkt der Lernprozesse erschienen, in die die Schüler eingebunden und verwickelt wurden, wenn Anreize, Angebote und Anforderungen der Umwelt ebenso daran beteiligt waren wie angeborene Faktoren, dann eröffneten sich gerade unter dem Gesichtspunkt der Chancengleichheit neue Spielräume für die Schule und stellten sich ihr neue Aufgaben. Begabungstheorie und Schulorganisation, so befand Roth, stimmten nicht mehr überein und mussten neu aufeinander bezogen werden.[174]

Roth achtete bei seiner Herausgebertätigkeit sehr darauf, dass die so abgesteckte Grundlinie in Erinnerung behalten wurde. Gegenüber dem Humangenetiker Horst Ritter etwa, der gemeinsam mit seinem Kollegen Wolfgang Engel einen Beitrag über »Genetik und Begabung« beisteuerte, machte er mit Blick auf seine eigene Lesart der erbbiologischen und psychologischen Literatur geltend,

»daß man die gleichen Forschungen verschieden interpretieren kann, aber ich glaube nicht, daß ich zu sehr über das Erlaubte hinausgegangen bin, wenn ich umweltoptimistischer interpretiert habe. […] Es geht eben mehr darum, wie viel Hoffnung und aus welchen Gründen die Humangenetik diese der Pädagogik machen kann.«[175]

Bei der Diskussion des Beitrags von Engel und Ritter im Kreis der Autoren wurde dann noch einmal festgehalten, die Humangenetik könne leistungsfördernden Einrichtungen und Methoden keine bestimmbare Grenze entgegensetzen, sie könne vielmehr nur darauf dringen, solche Unternehmungen zu intensivieren. Zugleich wurde die Mahnung ausgesprochen, »daß sich die Humangenetik in den bildungspolitischen Forderungen zurückhalten und nur den Grund ihrer Möglichkeiten erweisen solle, damit es nicht wirke, als solle von der ›Biologie‹ her die Schule konstituiert werden«.[176] Auch war Roth sehr darauf bedacht, dass der viel diskutierten These Benjamin Blooms nicht zu breiter Raum gewährt wurde, wonach sich 80 % der Varianz des IQs im Alter von 17 Jahren bereits aus dem im Alter von 8 Jahren gemessenen IQ voraussagen ließen (und nur noch etwa 20 % der Intel-

ment der deutschen Schulreformdebatte des 20. Jahrhunderts«; *Walter Jungmann*, Pädagogische Grenzgänge zwischen Engagement und Distanzierung. Einführende Anmerkungen zu Person und Werk Heinrich Roths, in: *ders./Kerstin Huber* (Hrsg.), Heinrich Roth – »moderne Pädagogik« als Wissenschaft, Weinheim/München 2009, S. 7–20, hier: S. 13.

172 Heinrich Roth, Strukturausschuß und Bildungskommission, 27.9.1966, BAK, N 1393, Nr. 222.

173 *Heinrich Roth*, Einleitung und Überblick, in: *ders.* (Hrsg.), Begabung und Lernen. Ergebnisse und Folgerungen neuer Forschungen, Stuttgart 1968, S. 17–67, hier: S. 22.

174 Zu Roth vgl. *Dietrich Hoffmann*, Heinrich Roth oder die andere Seite der Pädagogik. Erziehungswissenschaft in der Epoche der Bildungsreform, Weinheim 1995, insb. S. 48ff.

175 Heinrich Roth an Horst Ritter, Institut für Humangenetik und Anthropologie Freiburg, 21.2.1967, BAK, B 251, Nr. 286.

176 Protokoll der 3. Sitzung des Unterausschusses »Begabung, Begabtenförderung, Begabtenauslese« am 28./29.4.1967, S. 16ff., Zitat S. 18, BAK, N 1393, Nr. 222.

ligenzentwicklung zwischen 8 und 17 Jahren stattfände).[177] Als der Psychologe Heinz Heckhausen bei der Diskussion seines Beitrags unter den Autoren aus Blooms Thesen schloss, dass nach dem achten Lebensjahr »nur eine außerordentlich starke Umweltanregung die Kapazität noch verändern« könne, erntete er sogleich reichlichen Widerspruch. Heckhausen versah die Darlegung von Blooms These in seinem motivationspsychologischen Gutachten dann immerhin mit der ergänzenden Erläuterung, dass die Deutung Blooms keineswegs so verstanden werden dürfe, als sei der Einfluss des späteren schulischen Unterrichts zu vernachlässigen.[178]

Ein Ziel von »Begabung und Lernen« sollte es sein, die »Bildungsbarrieren« zu benennen, die einer vollen Entfaltung von Begabung und Leistungsfähigkeit im Wege standen.[179] Die Autoren sahen sich damit auch vor die Frage gestellt, inwieweit hier Faktoren wirksam wurden, die mit der sozialen Herkunft und Schichtung verknüpft waren. Der Band vereinte unter diesem Gesichtspunkt durchaus unterschiedliche Perspektiven. Wilhelm Arnold stieß in seinem auf Interviews und Fragebögen gestützten Beitrag zur Bildungswilligkeit der Eltern auf schichtungsbezogene Unterschiede in der Disposition, die Kinder auf weiterführende Schulen zu schicken.[180] 86 % der befragten Landwirte wurden als bildungsunwillig eingestuft, während der Gruppe der Metallarbeiter zu 70 % zumindest eine mittlere Bildungswilligkeit attestiert wurde. Als hauptsächliche Gründe dafür, dass Eltern ihre Kinder trotz Eignung nicht auf eine weiterführende Schule anmeldeten, nannte Arnold »Ungewißheit, Uniformiertheit und Resignation in Bezug auf die Frage, ob ihr Kind auch tatsächlich geeignet« war, kurzum das mangelnde Vertrauen in die Leistungsfähigkeit der Kinder. Auch das abschreckende Image des Gymnasiums, das als »relativ streng, fremd, schwierig, mehr für Männer bestimmt, aufregend und anstrengend« wahrgenommen wurde, trug dazu bei, die Eltern vor der Wahl eines höheren Bildungswegs abzuhalten.[181] Arnolds Befunde ließen sich einbetten in die weiter gespannten Ausführungen des Pädagogen Klaus Mollenhauer, die dem Zusammenhang von Sozialisation und Schulerfolg gewidmet waren.[182] Der Kieler Pädagoge, als Vertreter einer kritischen Erziehungswissenschaft an sich anders positioniert als Arnold, stellte die divergierenden Erziehungsideale der sozialen Schichten gegenüber und sah die in amerikanischen Untersuchungen gewonnene, eher holzschnittartige These, Kinder der Unterschichten seien vorwiegend passivistisch, gegenwartsorientiert und familistisch, Mittelschichtkinder überwiegend aktivistisch, zukunftsorientiert und individualistisch, auch durch deutsche Forschungsergebnisse bestätigt. Diesen Wertorientierungen, im Verlauf schichtspezifischer Sozialisationsprozesse gewonnen, entspreche ein höheres Aspirationsniveau hinsichtlich der Bildungswege und -karrieren bei den Mittelschichten, ein geringeres bei den Unter-

---

177 _Benjamin S. Bloom_, Stabilität und Veränderung menschlicher Merkmale, Weinheim/Basel 1971, S. 100 (das amerikanische Original stammte aus dem Jahr 1964).

178 Protokoll der 2. Sitzung des Unterausschusses »Begabung, Begabtenförderung, Begabungsauslese« am 3./4.3.1967, S. 6–10, sowie Protokoll der 4. Sitzung am 13./14.10.1967, S. 5–12, BAK, B 251, Nr. 286; _Heinz Heckhausen_, Förderung der Lernmotivierung und der intellektuellen Tüchtigkeit, in: _Heinrich Roth_ (Hrsg.), Begabung und Lernen. Ergebnisse und Folgerungen neuer Forschungen, Stuttgart 1968, S. 193–228, hier: S. 201.

179 Heinrich Roth an Karl Dietrich Erdmann, den Vorsitzenden der Bildungskommission des Deutschen Bildungsrates, 18.4.1967, BAK, N 1393, Nr. 222.

180 _Wilhelm Arnold_, Bildungswilligkeit der Eltern im Hinblick auf ihre Kinder, in: _Heinrich Roth_ (Hrsg.), Begabung und Lernen. Ergebnisse und Folgerungen neuer Forschungen, Stuttgart 1968, S. 357–375; vgl. auch _Arnold_, Begabung und Bildungswilligkeit.

181 Die beiden Zitate _Arnold_, Bildungswilligkeit der Eltern, S. 362.

182 _Klaus Mollenhauer_, Sozialisation und Schulerfolg, in: _Heinrich Roth_ (Hrsg.), Begabung und Lernen. Ergebnisse und Folgerungen neuer Forschungen, Stuttgart 1968, S. 269–296, insb. S. 279ff.

schichten.[183] Ähnlich dichotomisch argumentierte der Frankfurter Soziologe Ulrich Oever-mann, dessen soziolinguistische Ausführungen an Basil Bernsteins Unterscheidung eines »elaborated code« der Mittelschichten und eines »restricted code« der Unterschichten an-knüpften. Sie verwiesen auf die schichtspezifischen Divergenzen in der Aneignung sprach-licher Kompetenzen, die sich unmittelbar auf die sozialen Selektionsprozesse in der Schu-le auswirkten.[184]

Konzentrierten sich diese Abhandlungen auf die Nachfrageseite, die Schüler und ihre Herkunftsmilieus, so rückten andere stärker die Mechanismen sozialer Selektion auf der Angebotsseite, der Seite der Schulen, ins Blickfeld. Entwarfen jene Beiträge eine Art Pathologie der Sozialisationsbedingungen in der Arbeiterfamilie, zogen diese das über-kommene Bild von der Objektivität schulischer Ausleseverfahren und der Neutralität der Schule im Prozess der sozialen Auslese in Zweifel. Der Psychologe Karlheinz Ingen-kamp, einer der bekanntesten Kritiker der bestehenden Übergangsauslese, stellte die vor-liegenden Forschungsergebnisse zur geringen Vergleichbarkeit und begrenzten Prognose-sicherheit des Lehrerurteils bei Zensurgebungen und Schulempfehlungen vor. Auch er unterstrich, dass Kinder aus höheren Schichten zu einem weit größeren Teil, als es in der tatsächlichen Leistung der Kinder begründet lag, eine Empfehlung für das Gymnasium erhielten, während Unterschichtenkinder bei den Schulempfehlungen tendenziell benach-teiligt wurden. Zudem war auch er der Auffassung, dass die Lehrer in ihrem Urteil durch den sozioökonomischen Status des Elternhauses beeinflusst wurden. Eigene Untersuchun-gen des Autors für Berlin ergaben, dass 68 % der Kinder mit Vätern in akademischen und leitenden Berufen eine Gymnasialempfehlung erhielten, aber nur 6 % der Arbeiterkinder. Da die Eltern in Berlin das Recht besaßen, die Empfehlung durch ihre eigene Wahl zu kor-rigieren, verzerrte sich die Übergangsauslese noch um ein Weiteres: Wo die Grundschule keine Empfehlung erteilt hatte, korrigierten die Eltern aus den höheren Schichten dies in der Hälfte der Fälle, während Eltern aus Arbeiterkreisen diesen Weg nur in 1,4 % der Fälle wählten.[185] Der bereits zum Topos gewordene Mittelstands-Charakter der Schule erfuhr hier eine neuerliche Bestätigung[186] – wozu auch beitrug, dass sich das besondere Gewicht des philologisch-sprachorientierten Auslesemaßstabs in der höheren Schule als Begünstigung der Mittelschichtkinder und Benachteiligung der Unterschicht interpretie-ren ließ.[187]

Auf diese Weise ließen die Beiträge zu »Begabung und Lernen« nach und nach ein viel-schichtiges Gesamtbild der bestehenden »Bildungsbarrieren« und »Milieusperren« ent-stehen, ähnlich dem, wie es von einer wachsenden Zahl bildungssoziologischer und -psy-chologischer Studien herausgearbeitet worden war: ein breites Panorama an Ursachen

---

183 Ebd., S. 272 und 280f.
184 *Ulrich Oevermann*, Schichtenspezifische Formen des Sprachverhaltens und ihr Einfluß auf die kognitive Prozesse, in: *Heinrich Roth* (Hrsg.), Begabung und Lernen. Ergebnisse und Folge-rungen neuer Forschungen, Stuttgart 1968, S. 297–356; vgl. dann ausführlich: *ders.*, Sprache und soziale Herkunft; zu Oevermanns Kritik an Bernsteins Thesen und deren Weiterentwick-lung vgl. *Wulf Niepold*, Sprache und soziale Schicht. Darstellung und Kritik der Forschungs-literatur seit Bernstein, Berlin 1971, S. 55–65.
185 Vgl. im Einzelnen auch *Karlheinz Ingenkamp*, Untersuchungen zur Übergangsauslese, Wein-heim/Berlin 1968, S. 175ff.
186 *Heckhausen*, Förderung der Lernmotivierung und der intellektuellen Tüchtigkeit, S. 211; der Begriff »Mittelklassen-Institution« wurde erstmals verwandt bei *Charlotte Lütkens*, Die Schule als Mittelklassen-Institution, in: *Peter Heintz* (Hrsg.), Soziologie der Schule, Köln/Opladen 1966, S. 22–39.
187 *Udo Undeutsch*, Zum Problem der begabungsgerechten Auslese beim Eintritt in die Höhere Schule und während der Schulzeit, in: *Heinrich Roth* (Hrsg.), Begabung und Lernen. Ergebnis-se und Folgerungen neuer Forschungen, Stuttgart 1968, S. 377–405, insb. S. 393ff. und 400.

und Erklärungsfaktoren, die für die bestehenden Muster sozialer Ungleichheit im Bildungswesen verantwortlich gemacht werden konnten. Versucht man, auch über die Deutungsangebote von »Begabung und Lernen« hinaus, dieses Feld grob zu ordnen, lassen sich neun Faktoren herausschälen, die, bei sehr unterschiedlicher Gewichtung, als Widerstände gegen eine stärkere Bildungsbeteiligung der sozial benachteiligten Schichten ausgemacht worden waren.[188] Sie teilten sich auf in einerseits soziokulturelle Milieubedingungen und andererseits schulische Filterungsmechanismen. Auf der einen Seite waren dies:[189] 1. Die »soziale Distanz« der Eltern zum Schulsystem (Unkenntnis, Fremdheit, Unsicherheit, mangelnder Erfahrungshintergrund)[190], 2. niedrigere »Bildungswilligkeit« und geringer entwickelte Bildungsaspirationen (elterliche Schulziele für die Kinder, Leistungsmotivation und Berufsvorstellungen)[191], 3. das erzieherische Milieu von Familie und Peergroups (Vorbilder, Sprachgebrauch[192], Wertehorizonte, Erziehungsstil, sozialer Anpassungsdruck), 4. die Unsicherheit über das Leistungsvermögen der Kinder sowie in geringerem Maße 5. Scheu vor den Opportunitätskosten und materiellen Belastungen beim Beschreiten des höheren Bildungswegs.[193] Auf der Seite von Schule, Lehrern und Infrastrukturen zählten hingegen zu den maßgeblichen Barrieren:[194] 1. die soziale Schlagseite der schulischen Selektionsfilter (Benachteiligungen bei Prüfungen und Auslesemechanismen, soziale Filterwirkung des dreigliedrigen Schulsystems), 2. das Lehrerverhalten (Mittelstandshorizont, soziale Vorurteile, bei Dahrendorf gar der Vorwurf des »pädagogischen Defätismus«[195]), 3. die Bildungsinhalte (lebensweltliche Fremdheit der vermittelten Kenntnisse und Inhalte für die Unterschichten) und 4. die vor allem auf dem

188 Für die Systematik vgl. vor allem *Klaus Rodax*, Einleitung [zu den Beiträgen zum Thema »Entwicklung und Analyse der Bildungsbeteiligung nach sozialer Herkunft«], in: *ders.* (Hrsg.), Strukturwandel der Bildungsbeteiligung 1950–1985. Eine Bestandsaufnahme im Spiegel der amtlichen Bildungsstatistik, Darmstadt 1989, S. 221–231, hier: S. 222.

189 Vgl. auch *Weber*, Privilegien durch Bildung, S. 37–71; *Klaus Rothe*, Chancengleichheit, Leistungsprinzip und soziale Ungleichheit. Zur gesellschaftspolitischen Fundierung der Bildungspolitik, Berlin 1981, S. 153–185; *Jürgen Feldhoff*, Schule und soziale Selektion. Schule als Vermittlungsinstanz von Sozialchancen, in: Die deutsche Schule 61, 1969, S. 676–689; *Willi Schneider*, Die soziale Bedingtheit der Ausbildungschancen. Eine internationale Übersicht, in: *Franz Hess/Fritz Latscha/ders.*, Die Ungleichheit der Bildungschancen. Soziale Schranken im Zugang zur Höheren Schule, Freiburg im Breisgau 1966, S. 11–78, hier: S. 48ff.

190 Hierauf hatten besonders Ralf Dahrendorf und seine Mitarbeiter abgehoben; vgl. *Dahrendorf*, Von der Industriegesellschaft zur Bildungsgesellschaft, hier: S. 544f.; *ders.*, Arbeiterkinder an deutschen Universitäten, S. 19f.; *Grimm*, Die Bildungsabstinenz der Arbeiter (mit der Unterscheidung von »Informationsdistanz« und »affektiver Distanz«); vgl. aber auch *Theodor Loehrke/Edeltraud Gebauer*, Gründe für oder gegen die Wahl weiterführender Schulen in verschiedenen Bevölkerungskreisen, Frankfurt am Main 1967, S. 27–67; *Hitpass*, Einstellungen der Industriearbeiterschaft zu höherer Bildung, S. 49ff.; *Rudolf Pettinger*, Arbeiterkinder und weiterführende Schule, Weinheim/Berlin etc. 1970, S. 119ff.

191 *Arnold*, Bildungswilligkeit der Eltern im Hinblick auf ihre Kinder; *ders.*, Begabung und Bildungswilligkeit; *Kob*, Erziehung in Elternhaus und Schule; *Dahrendorf*, Bildung ist Bürgerrecht, S. 77; *Rita Baur*, Elternhaus und Bildungschancen. Eine Untersuchung über die Bedeutung des Elternhauses für die Schulwahl nach der 4. Klasse Grundschule, Weinheim/Basel 1972, S. 296.

192 Vgl. neben den bereits genannten Arbeiten von Basil Bernstein und Ulrich Oevermann: *Peter Martin Roeder*, Sprache, Sozialstatus und Bildungschancen, in: *ders./Artur Pasdzierny/Willi Wolf*, Sozialstatus und Schulerfolg. Bericht über empirische Untersuchungen, Heidelberg 1965, S. 5–32.

193 *Hitpass*, Einstellungen der Industriearbeiterschaft zu höherer Bildung, S. 58–69.

194 Vgl. auch *Weber*, Privilegien durch Bildung, S. 71–104.

195 *Dahrendorf*, Bildung ist Bürgerrecht, S. 90; ansonsten etwa die in Anm. 143 genannten Arbeiten.

Land anzutreffenden »Transportwiderstände«[196] (das Fehlen geeigneter schulischer Angebote im erreichbaren Nahraum). Eine zwingende Rangordnung der Erklärungsfaktoren ergab sich dabei nicht, jede Interpretation akzentuierte andere Ursachenbündel. Was bei all dem jedoch deutlich wurde: Das bisherige biologische Erklärungsmodell sozialer Ungleichheit war von zwei neuen, sich gegenseitig ergänzenden und überlagernden Modellen in den Hintergrund gedrängt worden – einem auf die familiär-milieugebundene Sozialisation bezogenen Modell und einem Modell, das auf die in der institutionellen Ordnung des Schulwesens begründete soziale Selektivität bezogen war. Eine einflussreiche Arbeit, verfasst von Hans-Günter Rolff, einem Mitarbeiter des Berliner Instituts für Bildungsforschung in der Max-Planck-Gesellschaft und baldigen Leiter des Planungsstabs des Berliner Schulsenators, rückte 1967 den über die Generationenfolge sich zirkulär reproduzierenden »Sozialcharakter« der sozialen Schichten in den Mittelpunkt der Deutung und suchte die Muster sozialer Auslese durch die Kontrastierung der im Prozess der Sozialisation gewonnenen Verhaltensdispositionen und Einstellungen mit dem Erwartungs- und Erfahrungshorizont der Schule als Sozialisationsagentur zu erklären.[197]

Kehrt man von hier aus noch einmal zu »Begabung und Lernen« zurück, bleibt die Frage zu beantworten, welche bildungspolitischen Schlussfolgerungen die Autoren des Gutachtenbandes zogen und welche Reformmaßnahmen sie befürworteten. Nimmt man einmal nur die schulorganisatorischen Empfehlungen, wurde allein hier schon ein denkbar weiter Bogen gespannt. Der in den einzelnen Beiträgen entworfene, ungewichtete Katalog der Anregungen umfasste etwa die Vorverlegung des Schuleintritts um ein Jahr, den Ausbau des Kindergartens zur Vorschule und die Erprobung kompensatorischer Erziehungsprogramme für Kleinkinder aus benachteiligten Schichten. Für die Binnenorganisation der Schule umschloss er die innere Differenzierung der Schuljahrgänge mithilfe von fachspezifischen Leistungs- und Tüchtigkeitsgruppen, aber auch die verstärkte Abstimmung der Lehrpläne zwischen den Schularten, um ein höheres Maß an Durchlässigkeit zu gewährleisten. Für die äußere Schulstruktur regte er nicht nur eine einheitliche Beobachtungsstufe für alle Schüler im 5. und 6. Schuljahr an (das heißt eine Förderstufe), sondern unterbreitete auch den Vorschlag, als Korrekturinstanz für milieubedingte Benachteiligungen Unterricht in Ganztagsschulen anzubieten sowie – noch sehr behutsam vorgetragen – Gesamtschulmodelle zu erproben. Was schließlich die Fragen des Lehrerurteils und der Übergangsauslese anging, wurde gefordert, die Zuverlässigkeit und den Voraussagewert der bisherigen Beurteilungsverfahren dadurch zu erhöhen, dass sie durch standardisierte Tests ergänzt und sprachliche Kriterien bei der Leistungsmessung zurückgestuft wurden.[198] Fast alle dieser Vorschläge sollten, auch wenn dies meist nur in Form von Modellversuchen oder Versuchsprogrammen geschah, in den Folgejahren erprobt

---

196 *Robert Geipel*, Sozialräumliche Strukturen des Bildungswesens. Studien zur Bildungsökonomie und zur Frage der gymnasialen Standorte in Hessen, Frankfurt am Main/Berlin etc. 1965, insb. S. 14f.; vgl. auch *ders.*, Geographische Voraussetzungen für die Mobilisierung der Begabungsreserven in Hessen, in: Mitteilungen und Nachrichten des Deutschen Instituts für Internationale Pädagogische Forschung, Nr. 36/37, April 1964, S. 46–53.

197 *Hans G. Rolff*, Sozialisation und Auslese durch die Schule, Heidelberg 1967, insb. S. 36 (nach neun Auflagen 1997 in einer Neuausgabe erschienen); hilfreich für Verständnis und Einordnung: *Dieter Geulen*, »Sozialisation und Auslese durch die Schule« – revisited, in: *Bernd Frommelt/Klaus Klemm/Ernst Rösner* u.a. (Hrsg.), Schule am Ausgang des 20. Jahrhunderts. Gesellschaftliche Ungleichheit, Modernisierung und Steuerungsprobleme im Prozeß der Schulentwicklung, Weinheim/München 2000, S. 45–58.

198 Statt vieler Einzelnachweise: *Helmut Skowronek*, Synopse der in den einzelnen Gutachten formulierten Folgerungen, in: *Heinrich Roth* (Hrsg.), Begabung und Lernen. Ergebnisse und Folgerungen neuer Forschungen, Stuttgart 1968, S. 551–566, hier: S. 556ff. und 561f.

werden.[199] Die meisten wurden später dann wieder aufgegeben, einige, wiewohl in eher
randständiger Form, allerdings auch auf Dauer gestellt (zum Beispiel die Gesamtschule
und, weit marginaler, die Ganztagsschule). Keiner dieser Reformversuche hat das Schulsystem grundlegend zu verändern vermocht.

»Begabung und Lernen« war ein beeindruckendes Kompendium. Entscheidend war
aber nicht allein, wie der Band geschrieben worden war, sondern mehr noch, wie er gelesen und wie er aufgenommen wurde. Im Deutschen Bildungsrat selbst hatte lediglich Hans
Maier, zu diesem Zeitpunkt noch Professor für Politikwissenschaft in München, Einspruch
gegen die »völlige Dynamisierung der Begabung« erhoben, bei der dann »die Rolle der
Bildungsmotivierung einseitig der Gesellschaft zugeschoben« und der Akzent allzu reso-
lut von dem Umstand einer vorgegebenen Begabung auf den sozialen Prozess des »Begabens« verlagert werde.[200] Das Echo in den Medien war, soweit vorhanden, positiv und
zustimmend, bisweilen gar euphorisch, wenn auch jeder etwas anderes aus den Gutachten
zog. Fritz Heerwagen, als Journalist des »Handelsblatts« einer der aufmerksamsten Beobachter des bildungspolitischen Diskurses jener Jahre, befand in seiner Besprechung, der
Band habe die Theorie der drei natürlichen Begabungstypen »unwiderruflich als eine
unhaltbare Fiktion, als Resultat einer vorwissenschaftlichen Vulgär-Anthropologie des-
avouiert«, das gegliederte Schulsystem verliere damit seine Rechtfertigung.[201] In der
»Welt« schloss Günter Erfurth aus der Lektüre, bundesdeutsche Schulen würden ihre
Schüler nicht genügend fördern, überdies sei das System der Schülerbeurteilung zutiefst
fragwürdig und müsse durch neue, objektivierende Verfahren ergänzt werden. Die Gutachten seien jedenfalls »von der Art, daß jeder Lehrer sie gelesen haben muß, wenn er
nicht leichtfertig die angebahnte Entwicklung versäumen will«.[202] Die ausführliche Besprechung im Flaggschiff der deutschen Erziehungswissenschaft, der »Zeitschrift für Pädagogik«, begrüßte den »Nachweis, dass die Lernentwicklung des jungen Menschen stärker von gesteuerten und ungesteuerten Lerneinflüssen der Umwelt als vom biologischen
Erbe bestimmt« sei und entdeckte in den Beiträgen eine »Fülle von fundierten Entschei-
dungshilfen zum Abbau jener Lernbehinderungen, die durch die soziale Schichtung und
Selektion auftreten«.[203]

Die Rezeption und Popularisierung des neuen Begabungsbegriffs erfolgte auf vielen
Wegen. Einer der wichtigsten lag in der Vermittlung durch pädagogische Lehrbücher. Beträchtlich trug zur Popularisierung des milieutheoretischen Begabungsverständnisses das
bis Ende der 1970er Jahre in der Auflage von 407.000 Exemplaren erschienene »Funkkolleg Erziehungswissenschaft« bei, das durch die Hände einer großen Zahl von Lehramts-

---

199 Vgl. beispielsweise: *Theodor Gebauer/Erich Müller/Alexander Sagi*, Begabungsförderung im
      Vorschulalter. Versuche des Landes Baden-Württemberg, Stuttgart 1971; für die Grundschul-
      debatte: *Erwin Schwartz* (Hrsg.), Grundschulkongreß '69, 3 Bde., Frankfurt am Main 1970,
      vor allem Bd. 1: Begabung und Lernen im Kindesalter, und Bd. 2: Ausgleichende Erziehung
      in der Grundschule; für die Ganztagsschule vgl. die Empfehlung: Einrichtung von Schulversu-
      chen mit Ganztagsschulen, in: Deutscher Bildungsrat, Empfehlungen der Bildungskommissi-
      on 1967–1969, Stuttgart 1970, S. 43–68; ferner: *Harald Ludwig*, Entstehung und Entwicklung
      der modernen Ganztagsschule in Deutschland, Bd. 2, Köln/Weimar etc. 1993, S. 546ff.
200 Geschäftsstelle des Deutschen Bildungsrates: Ergebnisprotokoll über die 13. Sitzung des Struk-
      turausschusses vom 23. bis 25.10.1969, S. 33, BAK, N 1393, Nr. 216.
201 *Fritz Heerwagen*, Ein Schulsystem wird entlarvt. Die Forschung über Begabung und Lernen
      zerstört Elite-Ideologien, in: Handelsblatt, 21./22.2.1969.
202 *Günter Erfurth*, Auch Intelligenz läßt sich erlernen, in: Die Welt, 13.2.1969.
203 *Friedemann Maurer/Christa Schell/Gerhard Schusser*, Begabung und Lernen. Der Gutachten-
      band des Deutschen Bildungsrats, in: Zeitschrift für Pädagogik 16, 1970, S. 275–293, hier: S.
      293.

studenten und -absolventen gegangen sein dürfte.[204] Hier wurde die Aufgabe des statischen, biologischen Begabungsbegriffs mit der Freisetzung eines neuen pädagogischen Optimismus in Verbindung gebracht, der die »Konzeption der Begabung als dynamischer, individuell formbarer Größe« zur Grundlage hatte; es sei inzwischen weithin akzeptiert, hieß es in dem Begleitband zum Funkkolleg, »dass es den von Natur aus Dummen, Unintelligenten, Unbegabten nicht gibt«.[205] In Theodor Wilhelms in vielen Auflagen erschienener »Pädagogik der Gegenwart«, ein zweites wichtiges Beispiel, las man in der Ausgabe von 1977, die Pädagogik habe ihre Vorstellungen über die Grenzen, die den Menschen kraft Vererbung und Anlage gezogen seien, erheblich revidiert, sie beschäftige nicht mehr die Frage, wie viel oder wenig jeder begabt sei, sondern wie viel jeder Einzelne »begabt« werden könne. Die Chancen, die individuelle Lernfähigkeit durch eine so verstandene »Begabung« zu steigern, sei keineswegs gleich verteilt, gerade die Kinder der unteren Sozialschichten entbehrten vielfach der benötigten Anregungen. Wie das Bildungssystem in diese Richtung hin ›demokratisiert‹ werden könne, war für Wilhelm »das bildungspolitische Thema des Tages«.[206]

Vor allem durch die Vermittlungsschienen der medialen Rezeption, der Politikberatung und der Publizistik sprang der neue Begabungsbegriff auch in die Sphäre der Politik über. Für die AG Schulpolitik des Bildungspolitischen Ausschusses der SPD verdeutlichte 1968 ein Papier der Berliner Soziologin Gertrud Winkler die schulischen Konsequenzen, die daraus zu ziehen waren, wenn man davon ausging, »daß die Begabung nicht voll biologisch determiniert ist, daß das genetische Potential sich nicht automatisch in hohe Leistungsfähigkeit umsetzt, sondern sich stets erst im Prozeß der ständigen Herausforderung durch eine anregende Umwelt entfaltet«.[207] Der nordrhein-westfälische Bildungspolitiker Fritz Holthoff hatte sich schon 1965 auf Roth und dessen Begabungsbegriff berufen. Für Holthoff, von 1966 bis 1970 Kultusminister in Düsseldorf, gab Roths Begabungsbegriff den »Anstoß zu der Abkehr von der Auffassung, daß die Begabung eine Konstante sei, die sich im Alter von 10 Jahren hinreichend erweise«.[208] Im Hessischen Landtag belehrten sich der konservative Oppositionssprecher Wolf von Zworowsky (CDU) und Kultusminister Ernst Schütte (SPD) 1969 gegenseitig, wie »Begabung und Lernen« zu verstehen sei: Bei-

---

204 *Günter C. Behrmann*, Die Erziehung kritischer Kritiker als neues Staatsziel, in: *Clemens Albrecht/ders./Michael Bock* u.a., Die intellektuelle Gründung der Bundesrepublik. Eine Wirkungsgeschichte der Frankfurter Schule, Frankfurt am Main/New York 1999, S. 448–496, hier: S. 477ff.

205 *Wolfgang Klafki*, Erziehungswissenschaft. Eine Einführung, Bd. 3, Frankfurt am Main 1971, S. 80.

206 *Theodor Wilhelm*, Pädagogik der Gegenwart, 5., völlig umgearb. Aufl., Stuttgart 1977, S. 252f. Die Passage war in der 3. Aufl. von 1963 so noch nicht enthalten gewesen. Nur am Rande sei hier erwähnt, dass 1969 konkurrierend zu »Begabung und Lernen« auch ein vom Deutschen Philologenverband angeregter Sammelband erschien, der ebenfalls den Anspruch erhob, den aktuellen Wissensstand zum Thema »Begabungsforschung und Bildungsförderung« zusammenzutragen. Er fiel zwar deutlich heterogener aus und enthielt auch einen unbeirrt an eugenischen Deutungsmustern festhaltenden biologischen Beitrag, betonte in anderen Beiträgen jedoch genauso die Plastizität von »Begabung« und den Zusammenhang von Schulleistung und sozialem Milieu. Einen Gegenentwurf zu dem Band von Roth konnte man dies kaum nennen; vgl. *Heinz-Rolf Lückert* (Hrsg.), Begabungsforschung und Bildungsförderung als Gegenwartsaufgabe, München/Basel 1969.

207 *Gertrud Winkler*, Zur Begründung der Organisation von Vorschul- und Grundschulerziehung, März 1968, Archiv der sozialen Demokratie, Bonn, SPD-Parteivorstand, Neuer Bestand, Nr. 3054.

208 *Fritz Holthoff*, Begabung im Kraftfeld von Elternhaus und Schule, in: Kulturpolitik und Menschenbildung. Beiträge zur Situation der Gegenwart. Festschrift für Paul Luchtenberg, Neustadt an der Aisch 1965, S. 279–288, hier: S. 279.

de nahmen den neuen Gutachtenband in Anspruch, um ihre politischen Positionen zu legitimieren.[209] Wie sein Vorgänger hing dann auch Ludwig von Friedeburg, hessischer Kultusminister von 1969 bis 1974, dem Begabungsbegriff von »Begabung und Lernen« an. Friedeburg, im Kreis der SPD-Minister der entschlossenste Promotor eines gesellschaftspolitisch motivierten Umbaus des Bildungswesens, hielt die Begabungsfrage 1971 für entschieden und rief seinen Zuhörern in Erinnerung:

»Freilich ist es noch gar nicht so lange her, daß wir uns mit Auffassungen auseinandersetzen mussten, die zu beweisen suchten, daß ein Naturgesetz Begabung eher in der Erbmasse der Ober- als der Unterschicht verankert habe. Es war dies eine Vorstellung, […] die zwischenzeitlich durch die Fülle sozialwissenschaftlicher Untersuchungen zum Problemkreis von Begabung und Lernen in einer Weise widerlegt worden ist, daß selbst konservative Schulpolitiker heute kaum noch auf sie sich berufen.«[210]

Was schließlich die Bundesregierung anging, war im »Bildungsbericht '70« der sozialliberalen Koalition zu lesen:

»Die Ergebnisse der internationalen Bildungsforschung haben erbracht, daß Begabung und Lernfähigkeit stärker als bisher angenommen von der sozialen Umwelt und den komplexen Wechselbeziehungen zwischen dem Betätigungsfeld eines Kindes und den Angeboten und Anforderungen der Umgebung abhängen.«

Das Bildungswesen eines demokratischen Staats, hieß es weiter, müsse es als seine Aufgabe betrachten, »im Bildungswesen eine durch ungünstige soziale Umweltbedingungen verhinderte oder behinderte Entfaltung von vorhandenen Anlagen auszugleichen«.[211] Hans Leussink, der erste, 1969 ins Amt gelangte Bundesminister für Bildung und Wissenschaft, hatte Roth zum Gespräch nach Bonn eingeladen, um sich persönlich über die neuen Begabungstheorien ins Bild setzen zu lassen.[212] Auf dem SPD-Parteitag bezeichnete er es 1971 »als gesicherte wissenschaftliche Erkenntnis«, »daß Begabung nicht an bestimmte soziale Gruppen gebunden ist, sondern sehr stark davon abhängt, wie sie herausgefordert und gefördert wird«.[213]

Wie bereits aus den Schlussfolgerungen von »Begabung und Lernen« deutlich wurde, bildete der »dynamische Begabungsbegriff« die Grundlage für einen breiten Strauß an Reformvorschlägen. Als deren Krönung wurde von sozialdemokratischer Seite allerdings bald die Einführung der Integrierten Gesamtschule angesehen. In vielen der zahllosen Versuche, die Notwendigkeit dieses Schultyps zu begründen, spielte das Begabungsargument eine prominente Rolle. Ein Beispiel dafür muss an dieser Stelle genügen. Jürgen Raschert, umtriebiger Mitarbeiter des Berliner Instituts für Bildungsforschung und ein gefragter Berater der Politik in jenen Jahren, legte dem Deutschen Bildungsrat, wie erbeten, 1967 eine Denkschrift vor, die die seinerzeit kursierenden Begründungsansätze für die Gesamtschule bündeln sollte.[214] An erster Stelle stand dabei die Forderung nach der »Egalisierung der Bildungschancen«. Die Begabungen der weitaus meisten Unterschich-

---

209 Hessischer Landtag, Stenographische Berichte, 6. Wahlperiode, 48. Sitzung, 27.2.1969, S. 2520 und 2525–2527.

210 Vortrag Ludwig von Friedeburg: Chancengleichheit in unserer Gesellschaft, Eröffnungsvortrag der Hochschulwoche für staatswissenschaftliche Fortbildung für Angehörige des gehobenen Dienstes am 24.10.1971, HHStAW, Abt. 504, Nr. 3111.

211 Bildungsbericht '70. Bericht der Bundesregierung zur Bildungspolitik, Bonn 1970, S. 37.

212 *Heinrich Roth*, Der Lehrer und seine Wissenschaft. Erinnertes und Aktuelles. Ein Interview von Dagmar Friedrich zu seinem 70. Geburtstag, Hannover/Dortmund etc. 1976, S. 104.

213 Parteitag der Sozialdemokratischen Partei Deutschlands vom 11. bis 14. Mai [1970] in Saarbrücken, Hannover/Bonn 1970, S. 540.

214 Jürgen Raschert, Die Gesamtschule. Eine Zusammenstellung von Argumenten für und wider die integrierte und differenzierte Gesamtschule, Januar 1967, BAK, N 1393, Nr. 93.

tenkinder würden, so Raschert, schon deshalb unzureichend gefördert, weil diese Kinder »die Volksschule besuchen, in der es nach Selektion der frühzeitig erkennbaren Begabungen – im sozialen Klima einer negativen Auslese – an Lernmotivation, an Anreizen und Herausforderungen fehlt«.[215] Die Gesamtschule biete demgegenüber, etwa durch die leistungsspezifische Förderung in Fachleistungskursen, weit mehr Förderungsmöglichkeiten und ziehe »so die Konsequenzen aus der Einsicht der modernen Begabungstheorie, dass Begabungen nicht statisch vorgegeben sind, sondern herausgefordert und entwickelt werden können«. In einer Schule, in der die Auslese auf das 9. Schuljahr verschoben, die Benachteiligung durch »schichtspezifische Lehrervorurteile« vermieden und Begabungen durch Differenzierung eingehend erprobt und sichtbar gemacht werden könnten, besitze die Entscheidung über den weiteren Bildungsweg nicht mehr jenen Wagnischarakter, der Unterschichteneltern vielfach von der Wahl eines höheren Bildungswegs abschrecke.

Die Begabungsfrage behielt damit aber auch für die weiteren Geschicke der Gesamtschule ausschlaggebende Bedeutung, denn die beiden zentralen Streitpunkte und Bewertungsachsen im Konflikt um den neu erprobten Schultypus blieben auf sie ausgerichtet: die Frage nach der Erhöhung der sozialen Chancengleichheit und die Frage nach der begabungsgerechten Leistungsförderung. Während die Befürworter der Gesamtschule Anfang der 1980er Jahre nach der einen Seite hin auf Befunde der Begleitforschung verweisen konnten, wonach die Gesamtschule nicht nur eine »begabungsgerechtere« und offenere Gestaltung der Schullaufbahnen bewirkte, sondern auch mehr Kinder aus den unteren Schichten zu höheren Abschlüssen gelangen ließ[216], brachten ihre Gegner nach der anderen Seite hin gegen sie vor, dass sie die unterschiedlichen Begabungen aufgrund ihrer heterogenen Schülerschaft nicht angemessen zu fördern imstande sei und im erreichten Leistungsniveau hinter dem gegliederten Schulsystem zurückbleibe.[217] Der Streit hierüber sollte nie zu einem Abschluss gelangen. Freilich, in den frühen 1970er Jahren lagen Befunde der Begleitforschung, auf die man sich hätte berufen können, noch lange nicht vor.

---

215 Vgl. etwa auch *Hildegard Hamm-Brücher*, Bildungspolitik 1968 – Sackgasse und kein Ausweg?, in: *Herbert Gudjons/Andreas Köpke* (Hrsg.), 25 Jahre Gesamtschule in der Bundesrepublik Deutschland, Bad Heilbrunn 1996, S. 15–19, hier: S. 16f. (ein Vortrag aus dem Jahr 1969).

216 Als wichtigste Evaluationsstudie vgl. hierzu *Helmut Fend*, Gesamtschule im Vergleich. Bilanz der Ergebnisse des Gesamtschulversuchs. Weinheim/Basel 1982, S. 98–106 und 125–186; vgl. auch: Bund-Länder-Kommission für Bildungsplanung und Forschungsförderung, Modellversuche mit Gesamtschulen. Auswertungsbericht der Projektgruppe Gesamtschule, Bühl 1982, S. 412ff.; vgl. dazu: *Klaus-Jürgen Tillmann*, Schülerlaufbahnen, Abschlüsse, Chancengleichheit. Anmerkungen zu einem merkwürdigen »Konsenskapitel« im BLK-Gesamtschulbericht, in: Die Deutsche Schule 75, 1983, S. 199–211.

217 Vgl. die divergierenden Deutungen der vorliegenden Befunde wissenschaftlicher Vergleichsuntersuchungen zu den fachlichen Leistungen von Gesamtschülern und Schülern des traditionellen Schulsystems durch einen Gesamtschulsympathisanten (Jürgen Raschert) und einen Gesamtschulskeptiker (Eduard Pütterich vom bayerischen Kultusministerium), in: Bund-Länder-Kommission, Modellversuche mit Gesamtschulen, S. 535–543; auffallend war vor allem das schlechte Abschneiden der Gesamtschulen in Nordrhein-Westfalen im Leistungsvergleich mit den Schulen des gegliederten Systems, vgl. Gesamtschule in Nordrhein-Westfalen. Abschlussbericht der Wissenschaftlichen Beratergruppe Gesamtschulversuch in Nordrhein-Westfalen, Köln 1979; vgl. insgesamt und bilanzierend auch: *Jürgen Baumert*, Gesamtschule, in: Enzyklopädie Erziehungswissenschaft, Bd. 8: Erziehung im Jugendalter – Sekundarstufe I, hrsg. v. *Ernst-Günther Skiba/Christoph Wolf/Konrad Wünsche*, Stuttgart 1993, S. 228–269, hier: S. 249–260.

VI. DAS PENDEL SCHLÄGT ZURÜCK: BEGABUNGSBEGRIFF UND BILDUNGS-
    POLITISCHE POLARISIERUNG

Zu diesem Zeitpunkt schien sich der dynamische Begabungsbegriff auf breiter Front durchgesetzt zu haben. Das neue Begabungsverständnis trat dabei in vielen Varianten und Abstufungen auf und es machte bisweilen auch in Spielformen auf sich aufmerksam, die deutlich über das hinausgingen, was in »Begabung und Lernen« verfochten worden war. So erschien 1970 im Hausorgan der erziehungswissenschaftlichen Linken unter dem Titel »Alle Schüler schaffen es« ein Artikel des renommierten amerikanischen Psychologen Benjamin Bloom, dessen Kernthese lautete, bei unterschiedlich bemessenem Zeitaufwand und individuell zugeschnittenen Lerneinheiten könne fast jeder Schüler alle gesetzten Lernziele erreichen. Begabung stellte hier bloß noch ein Maß für den Zeitaufwand dar, den ein Schüler brauchte, um ein bestimmtes Lernziel zu erreichen. Eine solche Botschaft ließ sich auch als Verheißung interpretieren, dass eine proportionale Idee von Chancengleichheit tatsächlich einlösbar war.[218] Umgekehrt wurde der pädagogische Optimismus des »zielerreichenden Lernens«, der in Blooms Thesen seinen Ausdruck fand (»mastery learning« in dessen Terminologie), von seinen Kritikern als trügerische Selbstüberhebung einer Pädagogik interpretiert, welche sich anmaße, die kindliche Lernfähigkeit nahezu unbegrenzt anheben zu können – und damit als Negierung der anthropologischen Grundtatsache menschlicher Unterschiedlichkeit.

Tatsächlich sollte die nahezu unangefochtene Dominanz des neuen Begabungsbegriffs nicht lange währen. Zu Beginn der 1970er Jahre begannen sich die Vorzeichen der Debatte neuerlich umzukehren. Wiederum – und stärker noch als bei der Neubestimmung des Begabungsverständnisses in den 1960er Jahren – waren es Einflüsse aus dem angloamerikanischen Raum, welche die Diskussion in Gang setzten, wenn auch diesmal in umgekehrter Richtung. 1969 hatte in den USA ein Artikel des Psychologen Arthur Jensen (Berkeley) für enormes Aufsehen gesorgt.[219] Jensen wandte sich gegen den von Milieutheoretikern verbreiteten »Glaube an die beinahe unbegrenzte Plastizität des Intellekts« und die »einem Ostrazismus gleichkommende Leugnung biologischer Faktoren in individuellen Unterschieden«.[220] Die Intelligenzstudien, die Jensen auswertete, führten ihn zu der Auffassung, der Großteil der mittels des IQ gemessenen Intelligenzunterschiede sei genetisch bedingt. Der genetische Anteil an der Intelligenzvarianz, die Erblichkeit des IQ, belief sich nach Jensens Schätzung auf etwa 80 %. Im Lichte dieser Ergebnisse mochte es dann auch nicht mehr überraschen, dass die in den Vereinigten Staaten unternommenen Versuche, durch besondere Förderprogramme (»head-start«) die milieubedingten Entwicklungsrückstände sozial benachteiligter Kinder zu korrigieren, keine nachhaltige Wirkung zu zeigen vermocht hatten. Mit der Feststellung, dass die Versuche »kompensatorischer Erziehung« gescheitert waren, hatte Jensen seinen Artikel eingeleitet, eine Auffassung, zu deren Bekräftigung sich, jenseits des Anlage-Umwelt-Streits, Anfang der 1970er Jahre gewichtige Begleit- und Evaluationsstudien anführen ließen.[221] Für die Frage der sozialen

---

218 *Benjamin S. Bloom*, Alle Schüler schaffen es, in: betrifft: erziehung, 2.11.1970.
219 *Arthur R. Jensen*, How Much Can We Boost IQ and Scholastic Achievement, in: Harvard
     Educational Review 39, 1969, S. 1–123.
220 *Arthur R. Jensen*, Wie sehr können wir Intelligenzquotient und schulische Leistung steigern?,
     in: *Helmut Skowronek* (Hrsg.), Umwelt und Begabung, Stuttgart 1976, S. 63–155, hier: S. 66
     (leicht gekürzte deutsche Übersetzung).
221 *Harold Silver/Pamela Silver*, An Educational War on Poverty. American and British Policy-
     Making 1960–1980, Cambridge/New York etc. 1991, S. 266f.; *Renate Dau*, Projekt »Head
     Start« in Kritik und Gegenkritik. Modellfall eines kompensatorischen Vorschulprogramms?,
     in: Zeitschrift für Pädagogik 17, 1971, S. 507–515.

Ungleichheit kaum weniger bedeutsam war überdies, dass Jensen das Bestehen genetisch bedingter schichtspezifischer Intelligenzunterschiede für erwiesen hielt, zu deren Erklärung er die soziologische These anführte, »dass die durch soziale Mobilität und Partnerwahl erfolgte Auslese zu einer genetischen Komponente bei den schichtspezifischen Intelligenzunterschieden geführt habe«.[222]

Jensens Thesen hatten in den Vereinigten Staaten enormes Aufsehen erregt und für erbitterte Debatten gesorgt[223]; ihr Nachhall war auch im bundesdeutschen Bildungsdiskurs zu vernehmen.[224] Mochte der Protest gegen seine Thesen auch noch so vehement ausfallen: Jensens Ansichten erwiesen sich keineswegs als die Randposition eines wissenschaftlichen Einzelgängers. Der Psychologe Richard J. Herrnstein veröffentlichte 1971 im »Atlantic Monthly« einen Artikel, der an Jensens Befunde anschloss, ebenso von einem genetischen Anteil an den Intelligenzunterschieden von 80 % ausging, eine enge Korrelation zwischen IQ und sozialer Klasse diagnostizierte und das Zukunftsbild einer sozialen Rangordnung zeichnete, die gerade weil sie auf Chancengleichheit beruhte, umso mehr durch die Erblichkeit des IQ determiniert war.[225] In Großbritannien zielten, nicht minder umstritten und angefeindet, die populär gehaltenen, auch in deutscher Übersetzung erschienenen Bücher des Psychologen Hans Jürgen Eysenck in dieselbe Richtung: Unterschiede in der schulischen Begabung und Leistungsfähigkeit waren in starkem Maße von der erblichen Mitgift bestimmt, und dieser Umstand würde in dem Maße noch weiter verstärkt werden, je mehr die Bildungsmöglichkeiten egalisiert und alle Kinder nach gleichem Muster behandelt würden.[226]

---

222 *Arthur Jensen*, Erblicher IQ – oder Pädagogischer Optimismus vor einem anderen Gericht, in: Neue Sammlung 11, 1971, S. 71–76, hier: S. 73f. (eine Zusammenfassung seiner zentralen Thesen).

223 Für eine Deutung der Jensen-Debatte aus einer wissenschaftsethischen Perspektive vgl. *Yaron Ezrahi*, The Jensen Controversy. A Study in the Ethics and Politics of Knowledge in Democracy, in: *Charles Frankel* (Hrsg.), Controversies and Decisions. The Social Sciences and Public Policy, New York 1976, S. 149–170; vgl. auch *Lee J. Cronach*, Five Decades of Public Controversy Over Mental Testing, in: ebd., S. 123–147, insb. S. 126ff. Stürmische Proteste hatte sich Jensen in den USA vor allem mit der Annahme eingehandelt, die niedrigeren Intelligenzquotienten der schwarzen Bevölkerung, die im Vergleich mit der weißen Bevölkerung ermittelt worden waren, würden vornehmlich auf genetischen Faktoren beruhen und nur in geringerem Maße auf Umwelteinflüssen.

224 *Gerhard Schusser*, Vererbung, Intelligenz und Schulleistung. Die von A. Jensen ausgelöste Debatte in der amerikanischen Erziehungswissenschaft, in: Zeitschrift für Pädagogik 16, 1970, S. 203–218; *Reinhard Fatke*, Zur Kontroverse um die Thesen A. Jensens, in: ebd., S. 219–226; *Hartmut von Hentig*, Erbliche Umwelt – oder Begabung zwischen Wissenschaft und Politik, in: Neue Sammlung 11, 1971, S. 51–71; *Helmut Skowronek*, Nach Jensen: Ist »Begabung« neu zu bewerten?, in: *ders.* (Hrsg.), Umwelt und Begabung, Stuttgart 1976, S. 227–239; vgl. allgemein zur Jensen-Debatte und ihrer bundesdeutschen Rezeption: *Michael Lenz*, Anlage-Umwelt-Diskurs. Historie, Systematik und erziehungswissenschaftliche Relevanz, Bad Heilbrunn 2012, S. 219–246.

225 *Richard Herrnstein*, IQ, in: The Atlantic Monthly, September 1971, S. 43–64.

226 *Hans Jürgen Eysenck*, Vererbung, Intelligenz und Erziehung. Zur Kritik der pädagogischen Milieutheorie, Stuttgart 1975, S. 22f. (zuerst engl. 1971); vgl. auch *ders.*, Die Ungleichheit der Menschen, München 1975; zum Revival erbbiologischer Intelligenztheorien in England und Amerika in den 1970er Jahren vgl. *Adrian Wooldridge*, Measuring the Mind. Education and Psychology in England c. 1860–c. 1890, Cambridge/New York etc. 1994, S. 363–379; vgl. als Auseinandersetzung mit den neuen Ansätzen aus Sicht eines prominenten Vertreters der milieutheoretischen Perspektive: *Torsten Husén*, Begabung und Bildungspolitik. Die Bedeutung von Erbanlagen und Milieueinflüssen für die Bildungsreform, Hannover/Dortmund etc. 1975 (zuerst engl. 1974).

Auch in der Bundesrepublik fing der dynamische Begabungsbegriff bald an, an Glanz zu verlieren. Auf der politischen Bühne waren es vor allem die Vordenker der christdemo-kratischen Bildungspolitik, die ihn infrage stellten. Hans Maier, inzwischen Kultusminister in Bayern, sprach von der Gefahr einer einseitigen Begabungstheorie, bei der die »condi-tio humana ins beliebig Machbare überschritten« werde[227], und von einem »falschen Be-gabungsbegriff«, der alle für begabt halte und es der Gesellschaft und den Lehrern aufla-de, »dass diese Begabung auch wirklich entfaltet« werde.[228] Diese »neue Simplifizierung«, welche auf einem Umschlagen der einseitig biologistischen Deutung des Begabungs-begriffs in ihr exaktes Gegenteil beruhe und die dabei so tue, als sei Begabung »in belie-bigem Umfang pädagogisch herstellbar«, sei, wie Maier befand, zum Leitmotiv der mo-mentanen Schulpolitik geworden, und nur der Einspruch der Finanzminister setze ihren Verfechtern noch Grenzen. Wenn aber aus dem »Recht auf Bildung« ein »Recht auf Be-gabung« werde, sei »eine sachliche Diskussion der Probleme unseres Bildungswesens kaum mehr möglich«.[229]

Noch deutlicher in seiner Kritik war der baden-württembergische Kultusminister Wil-helm Hahn, der seit Mitte der 1970er Jahre den »falschen Begabungsbegriff« in aller Schärfe attackierte: Ein egalitärer Begabungsbegriff, der behaupte, »daß alle gleich leis-tungsfähig sind«, und glaube, dass Begabung »beliebig machbar« sei, habe zu einem ufer-losen Bestreben nach Gleichheit geführt. Die egalitären Tendenzen im Bildungswesen hätten, indem sie Abitur und akademische Bildung zum alleinigen Fluchtpunkt ihrer Be-strebungen gemacht hätten, »als eine einseitige Bevorzugung der theoretischen Begabun-gen und damit als Hindernis für eine individuelle Entfaltung« gewirkt.[230] Tatsächlich sei der egalitäre Begabungsbegriff aber selbst »unsozial«, Demokratie beruhe auf der Aner-kennung der Gleichwertigkeit des Ungleichen.[231] Wie Hahn in einem Konzeptpapier für den Kulturpolitischen Ausschuss der CDU im Jahr 1975 befand, hätten die praktischen Erfahrungen ebenso wie die wissenschaftlichen Erkenntnisse gezeigt, dass die politische Schlussfolgerung aus dem vom Kopf wieder auf die Füße gestellten Begabungsverständ-nis nur ein differenziertes Bildungssystem sein könne, das nicht nur den unterschiedlichen Begabungshöhen, sondern auch den unterschiedlichen Begabungsrichtungen gerecht zu werden verspreche.[232] Nicht ein integriertes, sondern ein differenziertes und arbeitstei-liges Bildungswesen entspreche der Natur des Menschen (wie auch dem damit konvergie-renden Bedarf der Gesellschaft).[233] Integrierte Schulsysteme hingegen gingen an den ge-gebenen Begabungsstrukturen vorbei, förderten die Zementierung eines einheitlichen und unrealistischen Begabungsbegriffs und leisteten der Nivellierung Vorschub.

---

227 *Hans Maier*, Wiedergewinnung des Erzieherischen. Plädoyer für eine neue Bildungspolitik, in: *ders.*, Anstöße. Beiträge zur Kultur- und Verfassungspolitik, Stuttgart 1978, S. 345–356, hier: S. 351 (Vortrag auf dem Kultur-Kongress der CSU 1972 in Augsburg).

228 *Ders.*, Die überforderte Schule, in: *ders.*, Kulturpolitik. Reden und Schriften, München 1976, S. 66–87, hier: S. 70 (Antwort auf eine Interpellation der CSU-Fraktion im Bayerischen Land-tag am 28.1.1976).

229 *Ders.*, Zwischenrufe zur Bildungspolitik, Osnabrück 1972, S. 24f.

230 Wilhelm Hahn, Perspektiven eines neuen bildungspolitischen Konzeptes, [Januar 1975], Ar-chiv für Christlich-Demokratische Politik (ACDP), Sankt Augustin, 01-392/001/3.

231 Wilhelm Hahn, Vormarsch zur Bildungspolitik der Vernunft, [1974], ACDP, 01-392/005/1; vgl. auch ders., Hat die Bildungsreform versagt? Theorie und Praxis der Bildungspolitik im Umbruch – Referat in der Politischen Akademie Eichholz vom 20.3.1974, ebd.

232 Wilhelm Hahn, Perspektiven eines neuen bildungspolitischen Konzeptes, [Januar 1975], ACDP, 01-392/001/3; vgl. auch *Wilhelm Hahn*, Die bildungspolitische Wende zum Jahreswechsel 1975, in: Lernen und Lehren 1, 1975, H. 1, S. 3–14.

233 Ebd., S. 7.

Sekundiert und beraten wurde Hahn von Wolfgang Brezinka, Professor für Pädagogik in Konstanz und Autor einer Streitschrift gegen die Pädagogik der Neuen Linken.[234] Brezinka und Hahn hatten schon auf derselben Seite gestanden, als es zwischen der Universität Konstanz und dem baden-württembergischen Kultusminister zu einem schweren Konflikt um die dortige Universitätsverfassung gekommen war.[235] Brezinka veröffentlichte 1976 in der Zeitschrift des Instituts für Bildungsplanung und Studieninformation in Stuttgart einen Beitrag zum Thema »Vererbung, Chancengleichheit, Schulorganisation«, der weitgehend auf einer Linie mit Hahns Überlegungen lag.[236] Er berief sich auf die Veröffentlichungen des Dreigestirns Jensen, Eysenck und Herrnstein, deren Interpretationen laut Brezinka nur wiedergaben, was unter Biologen und Psychologen längst als gesicherte Erkenntnis galt. Den auf Chancengleichheit ausgerichteten Begabungstheoretikern um Heinrich Roth wurde zum Vorwurf gemacht, sie hätten die erbbedingten Grenzen der Bildsamkeit außer Acht gelassen und von »moralischem Sendungsbewusstsein und politischen Weltverbesserungsabsichten beseelt […] alte pädagogische Wunschträume von der Vervollkommnung der Menschen durch Erziehung in unkritischer Weise wiederbelebt«. »Progressive Schulpolitiker« hätten diese »luftigen Ideen« alsdann zur Grundlage für zahlreiche schulorganisatorische Neuerungen gemacht, die von der Vorschule über die Förder- und Orientierungsstufe bis zur Gesamt- und zur Ganztagsschule reichten und auch alle möglichen Formen von »kompensatorischer Erziehung« mit einschlössen. Auch wenn für jeden Einsichtigen von vornherein klar gewesen sei, dass die Versprechungen sozialen Aufstiegs, die in den 1960er Jahren von den Bildungspolitikern aller Parteien gemacht wurden, unmöglich erfüllt werden konnten, sei es so zu einem jahrelangen Wettlauf der Landesregierungen um die größtmögliche Vermehrung von Gymnasien und Hochschulen gekommen. Die Folge sei nun aber eine noch schärfere Auslese, da auf die begrenzten Spitzenpositionen eine beträchtlich gestiegene Zahl von Bewerbern komme – ein Effekt, der jedenfalls den auf Systemdestabilisierung und -überwindung hinarbeitenden Vertretern der Neuen Linken nur recht sein könne.[237]

Nicht ganz zu Unrecht wies Brezinka allerdings auch darauf hin, dass jene Psychologen, die den genetischen Anlagen wieder die gebotene Berücksichtigung geschenkt hätten, deshalb nicht etwa den weniger leistungsfähigen Kindern die erzieherischen Hilfen vorenthalten wollten. Und hierin dann doch weit vorsichtiger als Hahn, hielt er es genauso wenig für gerechtfertigt, die Förderstufe oder Gesamtschule mit erbbiologischen und intelligenztheoretischen Argumenten bekämpfen zu wollen, wie er es umgekehrt für irrig hielt, sie mit milieutheoretischen Argumenten zu legitimieren. Eine Kritik am Gesamtschulsystem allein vom Begabungsbegriff her, ließ Brezinka den Kultusminister wissen,

---

234 *Wolfgang Brezinka*, Erziehung und Kulturrevolution. Die Pädagogik der Neuen Linken, München 1974 (zur Kritik des milieutheoretischen Begabungsbegriffs: S. 108ff.).

235 Der Streit wurde um die Grundordnung der Universität ausgetragen, bei dem sich der Kultusminister auf die Seite der hochschulinternen Minderheit um Brezinka schlug; vgl. etwa Wolfgang Brezinka an Ministerpräsident Hans Filbinger, 30.4.1969, HStA Stuttgart, EA 1/924, Bü 4231.

236 *Wolfgang Brezinka*, Vererbung, Chancengleichheit, Schulorganisation, in: Lehren und Lernen 2, 1976, H. 4, S. 1–7; wie Brezinka an Hahn schrieb, hatte der Artikel zunächst der Tageszeitung »Die Welt« vorgelegen, die ihn aber sinnentstellend gekürzt hatte (Schreiben vom 1.12.1975, ACDP, 01-392/001/2). Hahn, der in einem Antwortschreiben an Brezinka vom 20.2.1976 weitgehende Übereinstimmung feststellte (ebd.), dürfte den Aufsatz an die Zeitschrift weitergeleitet haben.

237 Immerhin öffneten die Herausgeber von »Lehren und Lernen« auch einer Kritik von Hahns Position ihre Spalten, verfasst vom stellvertretenden Fraktionsvorsitzenden der SPD-Landtagsfraktion in Baden-Württemberg, einem Reutlinger Studienprofessor; vgl. *Gerhard Noller*, Begabungstheorie und Bildungspolitik, in: Lehren und Lernen 2, 1976, H. 4, S. 72–78.

sei kaum hinreichend begründet, denn das System setze den von Hahn ansonsten ganz zu recht kritisierten einheitlichen Begabungsbegriff nicht zwingend voraus.[238] Dessen Anhänger betonten vielmehr ja gerade, dass man durch die Gesamtschule als Schulform besser den individuellen Begabungsunterschieden gerecht werden könne. Brezinka riet Hahn daher, bei seiner Kritik des »egalitären Begabungsbegriffs« stärker zu differenzieren.

»Wie ich schon im Gespräch angedeutet habe, müßte man in dieser Frage sehr vorsichtig argumentieren. Vor allem scheint mir Ihre Behauptung, daß die unterschiedlichen Begabungen der Menschen und der unterschiedliche Bedarf der Gesellschaft konvergieren, zumindest missverständlich, vermutlich aber geradezu falsch zu sein, sofern Sie mit Begabung die ererbte Ausstattung des Menschen meinen.«[239]

Die Leistungsfähigkeit des Einzelnen sei auch nicht einfach als Abbild seiner genetischen Möglichkeiten zu verstehen, sondern das Resultat eines komplizierten Zusammenspiels zwischen der genetischen Ausstattung und dem System der sozial-kulturellen Anforderungen und Lerngelegenheiten der Gesellschaft. Brezinka befand deshalb: »In dieser Frage scheinen mir jedenfalls den Liberalen stichhaltigere wissenschaftliche Argumente zur Verfügung zu stehen als den Konservativen.«[240] An Hahns Verdikt gegen den »egalitären Begabungsbegriff« und an der damit verknüpften Kritik integrierter Schulsysteme änderten Brezinkas Nuancierungen indes nichts.

Hahn und Maier standen mit ihrer Ablehnung des milieutheoretischen Begabungsbegriffs keineswegs alleine. Wie sich am bayerischen Beispiel verdeutlichen lässt, wurden in ihrem ministeriellen und politischen Umfeld bald ähnliche Stimmen laut. Die Elternzeitschrift des bayerischen Kultusministeriums (»schule und wir«) verkündete 1976 den »Abschied vom Milieu«: Die »Theorie von der beliebigen Machbarkeit des Menschen, vom Begabtwerden durch die Umwelt« habe sich als »leerer Wunschtraum« erwiesen. Nicht der Einheitsschule, so die Schlussfolgerung, sondern dem gegliederten Schulwesen mit seiner Vielfalt der Wege, Richtungen und Ausbildungsziele gehöre deshalb die Zukunft.[241] In den »Politischen Studien«, herausgegeben von der CSU-nahen Hanns-Seidel-Stiftung, machte 1975 deren Mitherausgeber Wilhelm Arnold, Professor für Psychologie in Würzburg und zweiter Vorsitzender der Stiftung, unter dem Titel »Begabung und Lernen« Front gegen all das, was er als einseitige gesinnungspolitische Vorherrschaft der Milieutheoretiker in der Bundesrepublik interpretierte. Vormals selbst einer der Autoren jenes Gutachtenbandes »Begabung und Lernen«, auf den hier implizit angespielt wurde, schüttete er jetzt die Schalen seines Zorns über die »heute noch in der Begabenstheorie befangenen Politiker« aus, »die jenes unehrliche Versprechen gegeben haben, man könne und werde allen die gleiche Chance durch die Bildung ermöglichen«. Die Suche nach Begabungsreserven sei in einen gefährlichen Run auf die Höheren Schulen umgeschlagen, während doch zumindest angloamerikanische Psychologen und Pädagogen wie Jensen schon länger »vor dem sozialistischen Elan der Begabenstheorie gewarnt« hätten.[242] Aber auch in anderen Bundesländern rechneten CDU-Bildungspolitiker nun mit dem dynamischen Begabungsbegriff ab. Im Hessischen Landtag, einem Hauptschauplatz der Schulkämpfe der 1970er Jahre, rief der CDU-Schulexperte Heinz Lauterbach 1977, als

238 Wolfgang Brezinka an Wilhelm Hahn, 23.1.1975, ACDP, 01-392/001/2; vgl. auch den ungezeichneten Vermerk vom 10.2.1976 bzgl. des Artikels Brezinkas über »Erziehung zwischen Vererbung, Chancengleichheit und Schulorganisation«, ebd.
239 Ebd.
240 Ebd.
241 Zit. nach: *Carl-Ludwig Furck*, Begabungsmodelle als Mittel der Politik, in: Pädagogik 40, 1988, H. 2, S. 47–50, hier: S. 48.
242 *Wilhelm Arnold*, Begaben und Lernen – Forschungspolitische Perspektiven, in: Politische Studien 28, 1977, S. 7–19, Zitate: S. 12.

die dort regelmäßig wiederkehrenden Grundsatzdebatten um die Gesamtschule eine Neuauflage erlebten, noch einmal die Ausstrahlungskraft und Legitimationswirkung in Erinnerung, die »Begabung und Lernen« rund ein Jahrzehnt zuvor besessen hatte, um dann
aber um so deutlicher zu betonen, dass die Lehre vom dynamischen Begabungsbegriff
durch die Diskussion um die Thesen Arthur Jensens in ihrer ganzen Brüchigkeit entlarvt
worden sei.[243] Dass den Autoren von »Begabung und Lernen« auch bei dieser Gelegenheit unterstellt wurde, sie hielten den Menschen für »beliebig begabbar«, und Roth vorgehalten wurde, Erbanlagen hätten für ihn überhaupt keine Rolle mehr gespielt, musste
der wenig für Differenzierungen geeigneten Natur des politischen Debattenstils zugerechnet werden. Im Übrigen machte nun auch die konservative Presse von den neuen Möglichkeiten Gebrauch, sich auf die wissenschaftliche Gegenposition zum milieutheoretisch
ausgerichteten Begabungsbegriff zu beziehen. Kurt Reumann befand 1976 in einem ge-
samtschulkritischen Leitartikel der Frankfurter Allgemeinen Zeitung, es habe sich in den
letzten zehn Jahren vieles verändert: Wo seinerzeit die Hypothese, »daß von Haus aus alle
gleich begabt seien, die jeweilige Umwelt die Begabungen indessen unterschiedlich stark
entwickle«, zu dem durch das Postulat der Chancengleichheit begründeten Ruf nach der
Einheitsschule geführt habe, habe inzwischen »die Umwelttheorie stark an Boden verloren« und die Überzeugung, »man könne mit der Schule die Gesellschaft verändern«,
schwere Einbußen erlitten.[244] Im Rheinischen Merkur warf Paul F. Reitze Bundesbildungs-
minister Engholm dann 1982 bereits vor, er wolle vom »biologisch unstrittigen Prinzip
der natürlichen Zuchtwahl, weniger darwinistisch formuliert: von Erbkonstanten der Begabung«, noch immer nichts wissen.[245]

Der schärferen bildungspolitischen Profilbildung, welche die Union seit den frühen
1970er Jahren anstrebte, sollte es dienen, wenn sich ihr kulturpolitisches Programm 1976
von dem Begriff der Chancengleichheit, den sich bis dahin auch sie auf die Fahnen geschrieben hatte, verabschiedete, um fortan auf den der »Chancengerechtigkeit« umzu-
schalten. Dieser Austausch der Begriffe stellte nicht bloß eine semantische Retusche dar.
Er wurde von einer Akzentverschiebung begleitet, bei der statt des Ziels, ungleiche Ver-
wirklichungschancen auszugleichen, wieder mehr auf die Unterschiede der menschlichen
Anlagen und Begabungen verwiesen wurde, denen die Schule gerecht werden musste.[246]
Der Begriff der Chancengleichheit geriet in den Verdacht, als trojanisches Pferd für die
Nivellierung der individuellen Begabungen und für die Funktionalisierung der Schule zu
Zwecken der Gesellschaftsveränderung missbraucht zu werden.[247] Das 1978 verabschie-

243 Hessischer Landtag, Stenographische Berichte, 8. Wahlperiode, 58. Sitzung, 6.7.1977, S. 3446.

244 *Kurt Reumann*, Politisierte Gesamtschule, in: Frankfurter Allgemeine Zeitung, 1.11.1976.

245 *Paul F. Reitze*, Klassenkrampf. Bildungsminister Engholms Probleme, in: Rheinischer Mer-
kur/Christ und Welt, 2.4.1982. Ein Rückblick auf den dynamischen Begabungsbegriff im
Lichte neuer Forschungsergebnisse, Mitte der 1980er Jahre von einem führenden Vertreter der
pädagogischen Psychologie in Deutschland vorgenommen, führte hingegen noch zu keiner
grundsätzlichen Revision; vgl. *Franz E. Weinert*, Vom statischen zum dynamischen zum statischen Begabungsbegriff? Die Kontroverse um den Begabungsbegriff Heinrich Roths im Lichte
neuer Forschungsergebnisse, in: Die Deutsche Schule 76, 1984, S. 353–365; anders jedoch 20
Jahre später derselbe Autor, der nun aufgrund neuer Forschungsbefunde weit mehr die genetisch bedingte Stabilität interindividueller Unterschiede in der kognitiven Kompetenz heraus-
strich; vgl. *ders.*, Begabung und Lernen. Zur Entwicklung geistiger Leistungsunterschiede, in:
Neue Sammlung 40, 2000, S. 353–368.

246 »Freiheit, Solidarität, Gerechtigkeit«. Grundsatzprogramm 1978, in: *Jörg-Dieter Gauger*, Kontinuität und Wandel – Bildungsbegriff und Bildungssystem in den Grundsatzerklärungen der CDU
zwischen 1945 und 2011, Sankt Augustin/Berlin 2011, S. 219–255 (Anhang 13), hier: S. 223.

247 Vgl. auch *Lutz-Rainer Reuter/Bernhard Muszynski*, Bildungspolitik. Dokumente und Analysen. Opladen 1980, S. 22.

dete Grundsatzprogramm der CDU erklärte in seinem bildungspolitischen Teil, es habe sich als Illusion erwiesen, »daß grundsätzlich jeder Schüler jeden Schulabschluß erreichen könne. Diese Vorstellung hat von den angeborenen Fähigkeiten eines Menschen zu wenig und von seiner Förderung durch die Schule zu viel erwartet.«[248] Die Schule müsse von ihrem gesellschaftspolitischen Auftrag der Angleichung des Ungleichen entlastet werden. Nicht ohne Grund hatte sich Hans Maier Mitte der 1970er Jahre von einem in den Vereinigten Staaten viel diskutierten Buch begeistert gezeigt, in dem Christopher Jencks, politisch ein Linker, gezeigt hatte, wie wenig die Schule dazu beizutragen vermochte, die Muster sozialer Ungleichheit abzubauen – als Instrument sozialer Egalisierung schien sie denkbar ungeeignet zu sein.[249] Die Abkehr von jenem Begabungsbegriff, welcher der expansiven Phase der bundesdeutschen Bildungsreformjahre zugrunde gelegen hatte, wurde nun zum festen Bestandteil des bildungspolitischen Deutungs- und Forderungsrepertoires der Union. Wie der Entwurf der schulpolitischen Leitsätze, der dem Bundesfachausschuss für Kulturpolitik der CDU 1980 zur Beschließung vorgelegt wurde, vor Augen führte, hatte sich diese Perspektive zu einem stabilen Narrativ der gescheiterten sozialdemokratischen Bildungsreformen ausgeformt. Dem einseitig auf Steigerung der Abiturientenzahlen ausgerichteten Reformkurs der SPD, hieß es dort neuerlich, habe ein egalitärer Begabungsbegriff zugrunde gelegen, der unterschiedliche Begabungen, Fähigkeiten und Neigungen verneint habe und die an sich berechtigte Forderung nach Gleichheit der Chancen in den irrigen Ruf nach Gleichheit der Ergebnisse habe umschlagen lassen. Die Folge seien unglückliche Schüler, ratlose Eltern und Spannungen zwischen Schule, Elternhaus und Ausbildungsstätte gewesen.[250]

Erneut standen also die Konjunkturen des Begabungsbegriffs in engem Zusammenhang mit den Veränderungen der bildungspolitischen Rahmenbedingungen und Konfliktlagen. Dass der dynamische Begabungsbegriff, kaum etabliert, schon wieder unter heftigen Beschuss geriet, war nicht allein dem wechselnden innerwissenschaftlichen Pendelausschlag zuzuschreiben. Denn wo Anfang der 1960er Jahre der steigende Bedarf an gehobenen Bildungsabschlüssen eine Suche nach Begabungsreserven in Gang gesetzt hatte, warfen die geschrumpften Finanzspielräume, die aufkommende Rede vom »akademischen Proletariat« und die zunehmende Überfüllung von Gymnasien und Hochschulen ein Jahrzehnt später die Frage auf, ob die Bildungsexpansion, und damit die Aktivierung ungenutzter Begabungen, nicht bereits zu weit gegangen war. Wo im Jahrzehnt zuvor die Entdeckung der je nach Schicht-, Geschlechter-, Konfessions- und Regionszugehörigkeit

---

248 26. Bundesparteitag der Christlich Demokratischen Union Deutschlands. Niederschrift, Ludwigshafen, 23.–25. Oktober 1978, Bonn o.J., Anhang I: Grundsatzprogramm der Christlich Demokratischen Union Deutschlands, S. 25; vgl. auf dem gleichen Parteitag auch die kontroverse Diskussion um die semantische Kurskorrektur von der Chancengleichheit hin zur Chancengerechtigkeit (S. 157–163).

249 *Hans Maier*, Blitz aus dem Himmel der Bildungspolitik. Zu Christopher Jencks' Buch »Inequality«, in: Süddeutsche Zeitung, 30./31.3.1974; *ders.*, Chancengleichheit – Chancenungleichheit?, in: Schulreport 1975, H. 1, S. 25; auf Deutsch war das Buch 1973 erschienen: *Christopher Jencks*, Chancengleichheit, Hamburg 1973; zur Aufnahme des Buchs in der konservativen Presse und zu seiner Verwendung gegen die bundesdeutschen Chancengleichheitspolitik vgl. *Robert Frohn*, Chancengleichheit – gibt es die? Eine Studie der Harvard-Universität sollte manchen Schulreformern zu denken geben, in: Rheinischer Merkur, 25.10.1974; wissenschaftlich einflussreich waren im Übrigen auch: *Pierre Bourdieu/Jean-Claude Passeron*, Die Illusion der Chancengleichheit. Untersuchungen zur Soziologie des Bildungswesens am Beispiel Frankreichs, Stuttgart 1971 (die Reproduktion sozialer Ungleichheit durch die Schule beruhe auf der familialen Vererbung kulturellen Kapitals).

250 Schulpolitische Leitsätze der CDU, von der Bundesgeschäftsstelle der CDU am 22.2.1980 an die Mitglieder des Bundesfachausschusses Kulturpolitik verteilt, BayHStA, MK 80709.

ungleichen Bildungschancen eine starke Mobilisierungswirkung auf die Bildungspolitik entfaltet hatte, machte sich nunmehr verstärkt der Eindruck breit, dass sich die Schule nur in sehr engen Grenzen als Instrument des Ausgleichs disparater Lebenschancen eigne. Wo eben noch der milieutheoretische Begabungsbegriff eine Politik der Expansion, Mobilisierung und Chancenangleichung zu legitimieren geeignet erschienen war, taugte jetzt ein wieder stärker erbbiologisch fundierter Begabungsbegriff dazu, die Unterschiede in den Lern- und Leistungspotenzialen der Schüler zu unterstreichen und so die Grenzen ihrer pädagogischen Aktivierbarkeit aufzuzeigen. Wo schließlich die Forderung nach Chancengleichheit im Bildungswesen noch vor wenigen Jahren Gemeingut aller Parteien gewesen war, hatte sich inzwischen eine antipodische Deutung der Ungleichheitsfrage durchgesetzt, bei der es die eine Seite nicht mehr nur bei einer formalen Startgleichheit belassen wollte, während die andere eine solche Politik der Chancengleichheit unter das Verdikt der Gleichmacherei und Nivellierung stellte.

VII. FAZIT

Die Ungleichheit der Bildungschancen war eine Entdeckung des Bildungsdiskurses der 1960er Jahre. Ihr steiler Aufstieg im Themenspektrum der bundesdeutschen Bildungspolitik wurde begünstigt durch das gleichzeitige Entstehen einer bildungssoziologischen Ungleichheitsforschung, die maßgeblich daran beteiligt war, die neue Sicht auf die sozialen Disparitäten im Bildungswesen auszuprägen. Der Modernitätsrückstand des deutschen Bildungssystems, auf Bundes- wie auf Länderebene ein zentrales Thema der innenpolitischen Auseinandersetzung dieses Jahrzehnts, wurde nicht zuletzt auch als Defizit an sozialer Chancengleichheit wahrgenommen, verkörpert durch die mangelnde Bildungsbeteiligung der »Arbeiterkinder«. Der Aufmerksamkeitszyklus währte, unterstützt durch die mediale Rezeption des Ungleichheitsthemas, etwa anderthalb Jahrzehnte. In den späten 1970er und frühen 1980er Jahren neigte sich die Themenkonjunktur ihrem Ende zu. Dieses Abflauen hatte seine Ursachen einerseits in den veränderten externen Rahmenbedingungen – dem parteipolitischen Gezeitenwechsel, den sich verengenden finanziellen Spielräumen und dem demografisch bedingten Ende der Hochphase der Bildungsexpansion – und hing andererseits mit der ernüchternden Erfahrung zusammen, dass sich ein Abbau der sozialen Bildungsungleichheit wenn überhaupt, dann nur sehr mühsam und in kleinen Schritten erreichen ließ. Die emblematische Figur des »Arbeiterkinds«, soviel war inzwischen zu erkennen, hatte verglichen mit den Beamten- und Angestelltenkindern nur sehr eingeschränkt zu den Profiteuren des Bildungsbooms gehört.

Ein zentraler, in seiner Auslegung stark umkämpfter Bestandteil des neuen Bildungsdiskurses der 1960er Jahre war der Begriff der Begabung. An ihm lässt sich demonstrieren, wie überkommene Elemente des bildungspolitischen Diskurses dadurch, dass sie im Lichte des neuen Paradigmas der sozialen Ungleichheit interpretiert wurden, einen veränderten Bedeutungsgehalt und eine neue politische Stoßrichtung erlangten. In der Neujustierung des Begabungsbegriffs, zunächst durch die beteiligten Wissenschaften, dann auch durch die Politik, lag eine wichtige Voraussetzung für jene aktive und expansive Bildungspolitik, wie sie seit Mitte der 1960er Jahre zunehmend gefordert worden war. War der Begabungsbegriff bis dahin noch stark von erbbiologischen Deutungselementen durchsetzt gewesen, trug die milieutheoretische Umdeutung, die nun einsetzte, zur Begründung vieler der Reformmaßnahmen bei, die in jenen Jahren auf die politische Agenda gelangten: die verstärkte Suche nach »Begabungsreserven«, die Neuordnung der Ausleseverfahren, die Schulversuche mit Förderstufen, Orientierungsstufen und Gesamtschulmodellen. Paradigmatisch hierfür war der Gutachtenband »Begabung und Lernen«, dessen weit ausstrahlende Botschaft das Terrain der Bildungspolitik in ein neues Licht zu tauchen schien. Anders als der alte, »statische« Begabungsbegriff, dessen Vordenker von einem »natürlichen« Parallelgefälle zwischen den Stufen der sozialen Schichtungshierarchie und den anlagebedingten Begabungsgraden ausgingen, ermutigte der »dynamische« Begabungsbegriff die Suche nach neuen Modellen der Begabungsmobilisierung und -förderung. Er lenkte die Aufmerksamkeit auf die in ihren Bildungschancen benachteiligten sozialen Schichten und rückte jene »Milieusperren« und »Bildungsbarrieren« in das Blickfeld, die einer höheren Bildungsbeteiligung der Unterschichten im Wege zu stehen schienen. Für die Politik der Jahre des Bildungsbooms erwies er sich damit als hochkompatibel.

Nachdem in den angloamerikanischen Diskussionsforen der Anlage-Umwelt-Streit neu ausgebrochen und in der Bundesrepublik die schon immer fragile bildungspolitische Konsensbasis zunehmend zerronnen war, begann sich im Laufe der 1970er Jahre auch im Begabungsdiskurs der Wind erneut zu drehen. So wie sich die Union von der – stark sozialdemokratisch eingefärbten – Maxime der Chancengleichheit verabschiedete, ging sie nun auch zum milieutheoretischen Begabungsbegriff auf Abstand. Das von den Vordenkern christdemokratischer Bildungspolitik propagierte Begabungsverständnis rückte stattdessen wieder stärker die anlagebedingten Grenzen der Bildsamkeit in den Vordergrund und betonte die naturgegebene Ungleichheit zwischen den Menschen. Sie anzuerkennen hieß aus Sicht der Union aber auch, in einem nach Begabungsstufen und -typen differenzierten Schulsystem die bessere Förderungsmöglichkeit zu erkennen. Auch was den Begabungsbegriff anging, deutete sich damit an, dass nun mehr und mehr eine Phase der Bildungspolitik eingeläutet wurde, die der Frage der sozialen Ungleichheit nicht mehr die Aufmerksamkeit zu schenken bereit war, wie dies im Jahrzehnt zuvor der Fall gewesen war.

Jenny Pleinen

»Health inequalities« und Gesundheitspolitik im Großbritannien der »Ära Thatcher«

I. Aktuelle Debatten zur »Ära Thatcher«

Die geschichtswissenschaftliche Auseinandersetzung mit den 1980er Jahren ist in vollem Gange – in Großbritannien wird sie mit einer besonderen Schärfe geführt. Ein wichtiger Grund dafür ist die polarisierende Wirkung der Person Margaret Thatchers, die ihr Tod im April 2013 erneut eindringlich gezeigt hat: Im Vorfeld und während ihrer zeremoniellen Beerdigung mit vollen militärischen Ehren – einer symbolischen Anerkennung, die keinem ihrer Vorgänger seit dem 1965 verstorbenen Winston Churchill zuteilwurde – traf sich auf den Straßen einiger Städte des Königreichs wie Liverpool, Derry, Belfast, Bristol sowie in Brixton und anderen Teilen Londons eine bunte Mischung politisch und kulturell motivierter Thatcher-Gegner, um unter den Klängen des zum Hit avancierten Lieds »Ding-Dong! The Witch is Dead« gemeinsam deren Tod zu feiern.[1]

Der in der britischen Geschichtswissenschaft traditionell stark vertretene Zugang über die Biografie des jeweiligen Premierministers[2] wird im Fall Thatcher durch die Kongruenz der Grenzen des Jahrzehnts und ihrer Regierungszeit noch verstärkt: Die 1980er Jahre werden sowohl von Kritikern als auch von Anhängern als »Ära Thatcher« interpretiert. Selbst der britische Sozialhistoriker Arthur Marwick, der sich gegen die seiner Meinung nach zu starke Fixierung auf politische Entscheidungen wandte und ihre Auswirkungen auf die Lebensbedingungen breiter Bevölkerungsschichten bestritt, räumte der von Thatcher bewirkten »Revolution« eine herausragende Bedeutung ein.[3] Bereits im Laufe der 1980er Jahre hat sich hierzu ein Narrativ etabliert, dem nahezu alle populären und auch viele wissenschaftliche Darstellungen folgen: Margaret Thatcher brach demzufolge quasi im Alleingang – und zunächst gegen den Mainstream ihrer eigenen Partei – mit dem seit dem Zweiten Weltkrieg etablierten sozial- und wirtschaftspolitischen Konsens, der im Großbritannien der späten 1970er Jahre zu einem sklerotischen Stillstand geführt hatte. Diese Entwicklung kulminierte in den Streiks des »Winter of Discontent« von 1978/79, der mit seinen die Bürgersteige verstopfenden Müllbergen einen wichtigen Teil der ritualisierten Bildsprache des Narrativs lieferte. Der Fokus liegt dabei auf dem Konflikt zwischen Regierung und Gewerkschaften (zugespitzt im Bergarbeiterstreik von 1984/85), der Privatisierung staatlicher Konzerne, der scheinbar kompromisslosen Umsetzung monetaristischer Prinzipien sowie auf dem Falklandkrieg gegen Argentinien. Die Auseinandersetzung um die Ära Thatcher ist dabei besonders davon geprägt, dass es im Interesse sowohl der Kritiker als auch der Befürworter der ehemaligen Regierungschefin liegt, Thatchers Selbstdarstellung einer bedingungslosen Konsequenz bei der Umsetzung politischer Ideologie zu reproduzieren.[4]

---

1 Das Lied stammt aus dem 1939 veröffentlichten Musicalfilm »The Wizard of Oz« und erreichte im April 2013 Platz 2 der britischen Charts. Aufgrund seiner Verknüpfung mit den sogenannten »death parties« entschied die BBC, das Lied in Chartsendungen nur kurz anzuspielen, anstatt es – wie bei hohen Platzierungen üblich – ganz zu übertragen. URL: <http://www.bbc.com/news/entertainment-arts-22145306> [15.4.2014].

2 *Dominik Geppert*, Großbritannien seit 1979. Politik und Gesellschaft, in: Neue Politische Literatur 54, 2009, S. 62–85, hier: S. 64.

3 *Arthur Marwick*, British Society since 1945, London 2003, S. 236.

4 Vgl. *Hywel Williams*, The Lady Was for Turning, in: The Guardian, 13.6.2007.

Das beschriebene Narrativ wurde während der letzten Jahre in zahlreichen neuen Überblicksdarstellungen zu den 1980er Jahren hinterfragt und neu diskutiert, die sich allerdings nur zum Teil auf die nach Ablauf der regelmäßigen 30-Jahresfrist freigegebenen Regierungsdokumente stützen.[5] Infrage gestellt wird dabei unter anderem, ob die Darstellung eines nationalen Niedergangs vor Thatcher tatsächlich zutreffend ist und ob ihre Politik Großbritannien bis heute entscheidend prägt, wie es die durch den Journalisten Simon Jenkins geprägte Bezeichnung »Thatchers Kinder« sowohl für ihre Nachfolger im Amt des Premierministers als auch für die Gesellschaft allgemein postuliert.[6] Autoren wie Richard Vinen und Graham Stewart weisen in ihren Büchern zur Ära Thatcher darauf hin, dass etwa die Neuorientierung der britischen Wirtschaftspolitik hin zum Monetarismus bereits unter der Kanzlerschaft von Denis Healey (Labour) geschah, der die Ausgaben der öffentlichen Hand stärker zurückführ als Thatcher, obwohl Haushaltsdisziplin im Programm der Tories von zentraler Bedeutung war und in dem von Labour nicht.[7] Auch der Konsens, gegen den sich Thatcher wandte, wird neu definiert: Dieser habe nicht in den wohlfahrtsstaatlichen Regelungen der 1950er Jahre bestanden, sondern im veränderten Konsens der 1970er Jahre. Dazu zählt Stewart auch die Versuche der Regierungen Wilson und Callaghan, die Inflation durch Obergrenzen für Lohnsteigerungen einzudämmen. Seiner Darstellung zufolge war die Aufgabe dieser Strategie unter Thatcher nichts Neues, sondern vielmehr eine Rückkehr zu den während der 1950er und 1960er Jahre üblichen Lohnverhandlungen zwischen Arbeitgebern und Gewerkschaften ohne nennenswerte staatliche Interventionen.[8]

Die Auseinandersetzung um den revolutionären Charakter ihrer Politik wird meist ohne eine genaue Differenzierung nach Politikfeldern geführt, was jedoch angesichts erheblicher Unterschiede nötig ist. Die Sozialpolitik ist dabei von besonders großer Bedeutung, da die starke Zunahme sozialer Ungleichheit während der Ära Thatcher den wohl wichtigsten Kritikpunkt an der Politik der konservativen Regierung darstellt: Zwischen 1979 und 1990 stieg der Gini-Koeffizient der Verteilung des verfügbaren Nettoeinkommens von 27 auf 37 an und lag damit deutlich höher als in den übrigen EG-Mitgliedstaaten und leicht über dem der USA.[9] Während das oberste Fünftel der britischen Gesellschaft im

---

5 Diese Debatte wird in Großbritannien stärker als etwa in der Bundesrepublik an einer Schnittstelle zwischen Journalismus und akademischer Geschichtswissenschaft geführt. Ein wichtiger Grund dafür, warum die geschichtswissenschaftliche Debatte über die 1980er Jahre in der politischen Öffentlichkeit Großbritanniens zuletzt auf besonders großes Interesse getroffen ist, liegt darin, dass viele Thatcher-kritische Kommentatoren die wirtschaftspolitischen Weichenstellungen dieser Zeit wie Deregulierungen im Finanzsektor und Deindustrialisierung als Vorgeschichte der 2008 einsetzenden Finanzkrise und ihrer Auswirkungen auf die stark von Finanzdienstleistungen geprägte Wirtschaft des Landes interpretieren. Vgl. als Beispiel: *Will Hutton*, If Thatcher's Revolution Had Truly Saved Us, Why Is Britain in Such a Mess Today?, in: The Guardian, 13.4.2013.

6 Jenkins sieht Thatchers entscheidende Wirkung neben dem Umschwung von Sozialismus zu Privatisierung und Marktwirtschaft vor allem in einer – von ihm sehr negativ bewerteten – Verlagerung von Kompetenzen der Gemeinde- und Stadträte hin zur nationalen Regierung. Vgl. dazu: *Simon Jenkins*, Thatcher and Sons. A Revolution in Three Acts, London 2006, und *ders.*, Thatcher's Children, in: The Guardian, 23.9.2006.

7 *Graham Stewart*, Bang! A History of Britain in the 1980s, London 2013; *Richard Vinen*, Thatcher's Britain. The Politics and Social Upheaval of the Thatcher Era, London 2009.

8 Vgl. *Stewart*, Bang, S. 17f. Dabei berücksichtigt Stewart jedoch nicht die Rolle der Politik bei Gehaltsverhandlungen in den verstaatlichten Konzernen.

9 Growing Unequal? Income Distribution and Poverty in OECD Countries, hrsg. von der OECD, Paris 2008. Der Gini-Koeffizient ist das am häufigsten verwendete Maß für soziale Ungleichheit, unter anderem da seine hohe Normierung eine anschauliche Vergleichbarkeit ermöglicht. Gesellschaften mit einem Wert von null zeigen dabei eine völlige Einkommensgleichheit, solche mit 100 (oder eins, je nach Berechnung) eine völlig ungleiche Einkommensverteilung. Insgesamt existieren

Laufe der 1980er Jahre sein Einkommen um 58 % steigern konnte, verdiente das unterste Fünftel nur 7 % mehr.[10] Die Fixierung auf die Person Thatcher und ihre stellenweise konfrontative Rhetorik zum Wohlfahrtsstaat – etwa ihre positiven Referenzen auf »Victorian values« und »self-reliance«[11] – führt dazu, dass die konkrete Sozialpolitik der konservativen Regierung eher verblasst. Sie war von einem Nebeneinander von Brüchen und Kontinuitäten geprägt: Die Abkehr vom sozialen Wohnungsbau stellte in Kombination mit dem rabattierten Verkauf bereits vom Staat gebauter Häuser an ihre bisherigen Mieter (»Right-to-buy«-Politik) eine markante Zäsur der britischen Sozialpolitik dar und begünstigte im Zusammenspiel mit hoher Arbeitslosigkeit, niedriger Einkommensentwicklung der unteren sozialen Schichten sowie einem Boom der Immobilienpreise eine Zunahme der Obdachlosigkeit. Andere Veränderungen wie die Koppelung der Basisrente an die Inflationsrate statt an die Entwicklung der Gehälter waren eher graduell, ließen aber die Höhe der einzelnen Ansprüche seit den 1980er Jahren relativ absinken. Sozialleistungen wie Familienzuschüsse und Invalidenrenten stiegen demgegenüber sowohl insgesamt als auch individuell deutlich an, statt gekürzt zu werden.[12]

Als eher graduell lassen sich letztlich auch die Veränderungen im nationalen Gesundheitssystem bezeichnen – zumindest gemessen am Anspruch auf Radikalität, die der Thatcher-Regierung insgesamt zugeschrieben wird und die die Thatcher-Fraktion innerhalb des Kabinetts nach einem eher vorsichtigen Wahlkampf im Jahr 1979 für sich reklamierte. Thatcher selbst propagierte relativ erfolgreich[13] ein organischeres Deutungsmuster als das der Revolution, dem zufolge ihre Politik einer zwar sehr unangenehmen, aber für die Genesung des Patienten »Großbritannien« notwendigen Medizin glich.[14] Es ist nicht ganz ohne Ironie, dass gerade der »National Health Service« (NHS) – der Kern des sozialistischen Gesellschaftsprojekts eines »New Jerusalem«, das die Labour-Regierung unter Clement Attlee formuliert hatte[15] – von dieser »Medizin« gemessen an anderen Ausgabenbereichen der öffentlichen Hand weitgehend verschont blieb: Das Prinzip eines staatlichen Gesundheitsdienstes für alle Bürger blieb auch unter Thatcher erhalten. Der Umgang der Regierung mit dem NHS und dessen Leistung wurde jedoch in der britischen Öffentlich-

---

14 verschiedene Gini-Varianten (*Shlomo Yitzhaki/Edna Schechtman*, The Gini Methodology. A Primer on a Statistical Methodology, New York 2013, S. 1). Kritikpunkte am Gini-Koeffizienten bestehen etwa darin, dass er den absoluten Wohlstand einer Gesellschaft nicht berücksichtigt und daher sehr unterschiedliche Lebensbedingungen als vermeintlich gleich darstellt.

10 Eigene Berechnung auf Grundlage der Daten in: ONS, The Distribution of Household Income 1977 to 2006/07, in: Economic & Labour Market Review 2, 2008, Nr. 12, S. 18–31.

11 Besonders prominent in einem häufig zitierten Fernsehinterview mit dem Journalisten und Labour-Abgeordneten Brian Walden vom 16.1.1983. Der Text des Interviews findet sich auf URL: <http://www.margaretthatcher.org/document/105087> [10.4.2014].

12 *Charles Boix*, Political Parties, Growth and Equality. Conservative and Social Democratic Economic Strategies in the World Economy, Cambridge/New York etc. 1998, S. 194f.

13 Vgl. als Beispiele für die Übernahme dieses Deutungsmusters: *Andrew Marr*, A History of Modern Britain, Basingstoke 2009, S. 381; *Eric J. Evans*, Thatcher and Thatcherism, London 1997, S. 11.

14 So zum Beispiel in einem Times-Interview von 1980. Vgl. dazu: *John Campbell*, Margaret Thatcher. The Iron Lady, Bd. 2, London 2008, S. 86. Wie zahlreiche andere Anstöße war diese Metapher eine Idee des *Tory-Grandees* Keith Joseph. Vgl. *Charles Moore*, Margaret Thatcher. The Authorized Biography, Bd. 1: Not For Turning, London 2013, S. 229–266.

15 Attlee verwandte diese Referenz auf ein Gedicht von William Blake als Formel für seine Reformbemühungen am Ende seiner Rede vor der Labour Party Conference in Scarborough während des letztlich erfolglosen Wahlkampfs von 1951: »I will not cease from mental strife, Nor shall my sword sleep in my hand, Till we have built Jerusalem In England's green and pleasant land.« Der Text der Rede findet sich auf URL: <http://www.britishpoliticalspeech.org/speech-archive.htm?speech=161> [12.4.2014].

keit häufig kritisch diskutiert. Ein wichtiger Bestandteil dieser Debatten stellt seit den 1980er Jahren das Konzept der »health inequalities« dar. Unter diesem Begriff verhandelten britische Politiker, Journalisten und Wissenschaftler die Frage, warum Gesundheit – und damit letztlich Lebenschancen – trotz des seit den 1940er Jahren egalitären Zugangs zu Gesundheitsfürsorge innerhalb der britischen Gesellschaft ungleich verteilt blieben. Der Begriff stellte daher eine Schnittstelle zwischen zwei politischen Aushandlungsprozessen dar: Es geht zum einen um die Diskussion über die Verantwortung des Staats für die Gesundheit seiner Bürger und zum anderen um die Debatte über die starke Zunahme sozialer Ungleichheit in Großbritannien. Im Folgenden soll der Ursprung des Konzepts der »health inequalities« rekonstruiert und seine Rolle in den politischen Debatten der Ära Thatcher analysiert werden. Anschließend wird der Frage nachgegangen, welches Wissen über »health inequalities« dabei berücksichtigt wurde und wie sich die sozialen Problemlagen während der 1980er Jahre entwickelten.

II. DER BEGRIFF DER »HEALTH INEQUALITIES«

Die Karriere des »Health-Inequalities«-Konzepts begann in den 1970er Jahren, als Protestbewegungen die soziale Situation von Minderheiten und die alltäglichen Diskriminierungen, die sie häufig prägten, in den westlichen Demokratien stärker in den Fokus der politischen Debatten rückten.[16] Diese Auseinandersetzungen waren Teil nationaler und internationaler Kontroversen; die Situation der Afroamerikaner in den USA nahm dabei eine Vorreiterrolle ein. Hatten während der 1950er und frühen 1960er Jahre politische und rechtliche Diskriminierungen im Vordergrund gestanden, konzentrierten sich die Reformdiskussionen der späten 1960er und 1970er Jahre darauf, dass Minderheiten trotz der erreichten bürgerrechtlichen Gleichstellung sozial benachteiligt waren: Sie waren häufiger arm, wurden am Arbeitsmarkt strukturell diskriminiert und hatten einen schlechteren Zugang zu Bildung und Gesundheitsversorgung als die Mitglieder der Mehrheitsgesellschaft. Anfang der 1960er Jahre starben Schwarze in den USA durchschnittlich acht Jahre früher als Weiße, unter anderem bedingt durch eine doppelt so hohe Sterblichkeitsrate von Säuglingen und Kleinkindern.[17] Martin Luther King Jr. betonte diese existenzielle Dimension sozialer Ungleichheit in einer Rede im Frühling 1966: »Of all forms of inequality, injustice in healthcare is the most shocking and the most inhuman.«[18] Schwarze Feministinnen wiesen seit Anfang der 1970er Jahre unter dem Schlagwort der »Intersectionality« zudem darauf hin, dass sich die Ungleichheitsfaktoren »Armut«, »Rasse« und »Gender« gegenseitig verstärkten.[19]

---

16 Auch das Extrembeispiel des Apartheidsystems in Südafrika fand international starke Beachtung und befeuerte international die politische Auseinandersetzung mit rassistisch oder ethnisch begründeter Diskriminierung. Vgl. *Carl Skutsch* (Hrsg.), Encyclopedia of the World's Minorities, London 2005, S. 1267.

17 *David Satcher/George E. Fryer Jr./Jessica McCann* u.a., What If We Were Equal? A Comparison Of The Black-White Mortality Gap in 1960 and 2000, in: Health Affairs 24, 2005, S. 459–464.

18 Es existiert kein Manuskript zu dieser Rede, sie gilt aber durch Zeitzeugenaussagen als gesichert und spielt eine wichtige Rolle in den Auseinandersetzungen um die Gesundheitsreformen der Obama-Regierung seit 2009. Vgl. zur Verifizierung des Zitats: *Amanda Moore*, Tracking Down Martin Luther King, Jr.'s Words on Health Care, veröffentlicht auf URL: <http://www.huffingtonpost.com/amanda-moore/martin-luther-king-health-care_b_2506393.html> [4.4.2014].

19 Vgl. *Janneke van Mens-Verhulst/Lorraine Radtke*, Socio-Cultural Inequities in Health Research. What Does the Intersectionality Framework Offer?, in: *Marian Tankink/Marianne Vysma* (Hrsg.), Roads & Boundaries. Travels in Search of (Re)Connection, Diemen 2011, S. 123–131.

Begünstigt wurde die durch die Protestbewegung vorangetriebene internationale Politisierung ungleicher Gesundheitsressourcen auch durch die Entwicklung völkerrechtlicher Normen. Im Jahr 1976 trat der 1966 abgeschlossene Internationale Pakt über wirtschaftliche, soziale und kulturelle Rechte in Kraft, durch den die Unterzeichnerstaaten jeder Person – nicht nur den eigenen Staatsbürgern – in ihrem Staatsgebiet ein Recht auf Zugang zum höchstmöglichem Standard an physischer und psychischer Gesundheit(-sfürsorge) zusprachen.[20]

Vor diesem Hintergrund internationaler Diskussionen um Diskriminierung und soziale Rechte löste ein 1980 in Großbritannien veröffentlichter Regierungsbericht zu »health inequalities« – der sogenannte »Black-Report« – eine intensive Forschung zum Zusammenhang zwischen sozialer Ungleichheit und Gesundheit aus.[21] Die Pionierwirkung des Berichts lag nicht in neuen Daten, da er sich als Sekundäranalyse auf schon publizierte Studien und amtliche Statistiken bezog, sondern in seinem Ansatz, der Soziologen einen fruchtbaren Zugang zum während der 1970er Jahre weitgehend von Medizinern dominierten Feld der Gesundheitsforschung eröffnete. In Großbritannien inspirierte der Black-Report mit seinem materialistischen Konzept von »health inequalities« eine ganze Generation meist junger und politisch eher links stehender Forscher, die sich während der nächsten 30 Jahre intensiv mit den von der Kommission aufgeworfenen Fragen beschäftigten und häufig auch die Folgekommissionen zu diesem Thema besetzten. Michael Marmot, der als Vertreter dieser Forschergeneration seit den 1990er Jahren ein zentraler Akteur im Feld der britischen und internationalen Forschung zu öffentlicher Gesundheit ist und ein sozioökonomisches Gesundheitsmodell vertritt[22], beschrieb die Wirkung des Black-Reports wie folgt: »[I]t summarized the evidence, gave it focus, reached conclusions and hence brought it to public attention [...] and set the agenda both for research and policy discussions over the next two decades.«[23] Der Black-Report wurde durch den Umgang der Thatcher-Regierung mit ihm, auf den später noch einzugehen sein wird, zu einem gemeinschaftsstiftenden Bezugspunkt für Soziologen und andere Forscher, die die konservative Gesundheits- und Sozialpolitik der 1980er und frühen 1990er Jahre als unsozial ablehnten.[24]

---

20 Article 12, International Covenant on Economic, Social and Cultural Rights, veröffentlicht auf der Webseite des UN-Hochkommissars für Menschenrechte, URL: <http://www.ohchr.org/EN/ProfessionalInterest/Pages/CESCR.aspx> [30.1.2014].

21 *Peter Townsend/Nicholas Davidson* (Hrsg.), Inequalities in Health. The Black-Report and the Health Divide, London 1992.

22 Marmot war Mitglied der Kommission zum Acheson-Report, der dem Black-Report 1998 folgte, und gründete 1994 das interdisziplinäre »International Centre for Health and Society« an der University of London, das sich zu einer der wichtigsten Forschungsstellen zu globalen und nationalen Gesundheitsproblemen entwickelte. Er war außerdem Vorsitzender der WHO-Kommission zu sozialen Determinanten von Gesundheit, deren Empfehlungen 2011 in die »Deklaration von Rio« mündeten, durch die die Auffassung, Unterschiede im Gesundheitszustand seien primär eine Folge sozialer Umstände, offiziell Teil der WHO-Linie wurde. Vgl. dazu: »Rio Political Declaration on Social Determinants of Health« vom 21.10.2011, veröffentlicht auf: URL: <http://www.who.int/sdhconference/declaration/Rio_political_declaration.pdf> [9.4.2014].

23 Vgl. *Michael Marmot*, From Black to Acheson. Two Decades of Concern with Inequalities in Health. A Celebration of the 90th Birthday of Professor Jerry Morris, in: International Journal of Epidemiology 30, 2001, S. 1165–1171, hier: S. 1165; *George Davey Smith/Mel Bartley/David Blane*, The Black Report on Socioeconomic Inequalities in Health 10 Years on, in: British Medical Journal 301, 1990, S. 373–377.

24 Die ausgeprägte Gegnerschaft des linksgerichteten Lagers der während der 1970er und 1980er durch scharfe ideologische Gegensätze gespaltenen britischen Soziologie gegenüber Thatcher wurde durch die Wissenschaftspolitik der Regierung noch verstärkt: Die sozialwissenschaftlichen Fakultäten an britischen Universitäten hatten allein zwischen 1981 und 1983 Budget-

Das Forschungskonzept der »health inequalities« verbreitete sich über den britischen Kontext hinaus schnell in den USA und etwas verzögert auch in Westeuropa. Es war insgesamt mit einem Aufschwung einer Forschungsrichtung verbunden, die individualistischen Erklärungen für Gesundheit und Krankheit kritisch gegenüberstand. Ein Teil dieser erstarkenden Sozialepidemiologie untersuchte den Einfluss des sozioökonomischen Status (SES) und anderer sozialer Determinanten auf die Wahrscheinlichkeit von Gruppen und Individuen, an bestimmten Krankheiten zu leiden oder verfrüht zu sterben.[25] Andere Forscher innerhalb dieser Richtung knüpften explizit an den relationalen »Health-Inequalities«-Ansatz an, der stärker auf ungleiche Verteilung von Ressourcen und Teilhabe innerhalb der Gesellschaft abzielte als der SES.[26] Die Verwendung innerhalb der Forschung ist dabei unterschiedlich: Der Begriff kann erstens meinen, dass de facto ungleiche Zugänge zu Gesundheitsleistungen existieren und bestimmte Gruppen dabei benachteiligt werden – etwa weil sie sich die Versorgung nicht leisten können, weil sie bei Knappheit zuletzt bedacht werden oder weil die Versorgung nicht ihren speziellen Bedürfnissen entspricht. Zweitens wird unter »health inequalities« der Gesundheitszustand und daraus resultierend die Lebenserwartung sozialer Gruppen verstanden, und zwar unabhängig davon, welchen Zugang zu Gesundheitsleistungen sie haben. Eine solche output-orientierte Definition des Begriffs ist insgesamt häufiger anzutreffen, weil die darauf aufbauende Forschung von der staatlichen Erfassung demografischer Entwicklungen profitieren kann.

III. Entstehung und Rolle des Black-Reports

Dass sich Unterschiede in Besitz und Einkommen in ungleichen (Über-)Lebenschancen niederschlugen, war zunächst einmal keine neue Erkenntnis und während des 20. Jahrhunderts auch ohne das Label der »health inequalities« immer wieder Gegenstand politischer Debatten und sozialstaatlicher Interventionsversuche gewesen. Schon die liberalen Wohlfahrtsreformen der 1900er und 1910er Jahren hatten – unter anderem durch eine Professionalisierung des Hebammenberufs und kostenlose Schulspeisungen – auf ein Absenken der unter armen Briten hohen Kinder- und Müttersterblichkeit abgezielt und eine vergünstigte Krankenversicherung für Arbeiter mit niedrigem Einkommen eingeführt.[27] Mit der Gründung des »National Health Service« und der steuerfinanzierten Bereitstel-

---

kürzungen von 13 % zu verkraften, sodass viele Nachwuchswissenschaftler in diesem Feld entweder ihre Stelle verloren oder keine Anstellung finden konnten. Gleichzeitig öffnete sich die besser ausgestattete Medizin nur zögerlich für Medizinsoziologen. Vgl. *Fran Collyer*, Mapping the Sociology of Health and Medicine. America, Britain and Australia Compared, Basingstoke/New York 2012, S. 110.

25 Vgl. als Beispiele für diese Forschungslandschaft: *J. Michael Oakes/Peter H. Rossi*, The Measurement of SES in Health Research. Current Practice and Steps Towards a New Approach, in: Social Science & Medicine 56, 2003, S. 769–784; und *Bruce G. Link/Jo Phelan*, Social Conditions as Fundamental Causes of Disease, in: Journal of Health and Social Behavior 1995 (Extra Issue), S. 80–94.

26 Seit den 1990er Jahren deutet sich eine Ausdifferenzierung zwischen »health inequalities« und »health inquity« an: Während »health inequalities« in einigen jüngeren Arbeiten eher »natürliche« (sozial unveränderbare) Unterschiede wie Geschlecht und genetische Dispositionen für Krankheiten meint, bezieht sich »health inquity« auf Unterschiede, die durch sozioökonomische Umstände und durch sie hervorgerufene Einschränkungen für das Individuum entstehen. Vgl. dazu: *Margaret Whitehead*, The Concepts and Principles of Equity and Health, in: International Journal of Health Services 22, 1992, S. 429–445.

27 Midwives Act of 1902, 2 Edw. VII, Sp. 17; Children Act of 1908, 8 Edw. VII, Sp. 67; National Insurance Act of 1911, 1 and 2 Geo. V, Sp. 55.

lung einer für den Patienten kostenlosen Gesundheitsversorgung schien in den 1940er Jahren dann die Lösung des Problems gefunden zu sein. Der NHS verzeichnete einen enormen Zustrom armer Patienten, die sich bisher Krankenhausbehandlungen und Operationen nicht hatten leisten können. Auch die kostenlose Primärversorgung war ein Meilenstein: Im Gegensatz zu den Arbeitern in der Nationalversicherung hatten ihre Frauen und Kinder für die Behandlung durch den Hausarzt bisher selbst zahlen müssen, wozu viele Familien – insbesondere solche mit vielen Kindern – nicht in der Lage gewesen waren.

Der NHS hatte seit seiner Gründung mit einer Knappheit an Ressourcen zu kämpfen, die zu langen Wartelisten für Facharztbehandlungen und Operationen führte. Zur ersten Winterkrise – einer Überbelastung der Einrichtungen durch zusätzliche Patienten mit schweren Grippeerkrankungen – kam es bereits 1952. Auch der Bau weiterer Zentralkrankenhäuser, den sowohl konservative als auch Labour-Regierungen seit Ende der 1950er Jahre priorisierten, konnte die Überlastung des Systems nicht beheben.[28] Trotz dieser Defizite ließe sich die demografische Entwicklung der Nachkriegsjahrzehnte als Erfolgsgeschichte einer Kombination wachsender Prosperität, medizinischen Fortschritts und gesellschaftlicher Teilhabe durch den NHS erzählen: Der Anteil der Bevölkerung, der älter als 75 Jahre alt wurde, stieg zwischen 1950 und 2000 von 28 auf 59 % an und nur noch 1 % der Bevölkerung statt 11 % verstarb Ende des 20. Jahrhunderts im Kindes- und Jugendalter. Medizinhistoriker wie Thomas McKeown haben die zentrale Rolle der Gesundheitsfürsorge und Medizin bei diesen demografischen Veränderungen allerdings bestritten und stattdessen ökonomische Veränderungen in den Fokus gestellt.[29]

Abbildung 1: Erreichtes Lebensalter der Bevölkerung in England und Wales[30]

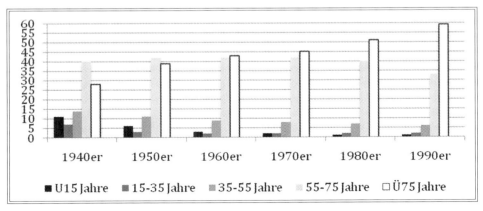

Zudem wurde aus den Reihen des NHS bereits seit den 1960er Jahren die Diagnose kommuniziert, dass die positive Gesamtentwicklung von Gesundheit und Lebenserwartung trotz formal gleichem Zugang zu medizinischer Behandlung auf einer ungleichen Entwicklung basierte. Die amtlichen Todesstatistiken, die regelmäßig durch das »British Medical Journal« veröffentlicht und analysiert wurden, untermauerten diesen Befund: Sie erfassten in Großbritannien neben der Todesursache bereits seit den 1920er Jahren auch

28 *Ulrike Lindner*, Gesundheitspolitik in der Nachkriegszeit. Großbritannien und die Bundesrepublik im Vergleich, München 2004, S. 115–117.

29 *Thomas McKeown*, The Role of Medicine. Dream, Mirage or Nemesis?, Oxford 1979.

30 Daten entnommen aus: *John Charlton*, Trends in All-Cause Mortality 1841–1994, in: *ders./Mike Murphy* (Hrsg.), The Health of Adult Britain 1841–1994, Bd. 1, London 1997, S. 17–29, hier: S. 24.

die soziale Stellung der Verstorbenen und teilten die Bevölkerung anhand der beruflichen Qualifikation in fünf (später sieben) Klassen ein. Frauen, die nicht selbst voll erwerbstätig waren, wurden dabei in dieselbe Klasse wie ihr Mann eingeordnet. Das in britischen Statistiken zwischen 1911 und 2001 verwendete Klassenmodell[31] ging davon aus, dass die berufliche Qualifikation des männlichen Ernährers Einkommen, Bildungsstand und Lebensstandard der ganzen Familie prägte – Faktoren wie der Einfluss von Arbeitslosigkeit oder Genderunterschiede spielten bei dieser Einteilung keine Rolle. Der zentrale Indikator, mit dem klassenspezifische Abweichungen der Gesundheit gemessen wurden, waren standardisierte Mortalitätsraten, die angaben, wie sich die Wahrscheinlichkeit der Angehörigen einer Klasse, vor dem Erreichen des Rentenalters zu sterben, zum Durchschnitt der Gesellschaft verhielt.[32]

Abbildung 2: Standardisierte Mortalitätsraten nach sozialer Klasse[33]

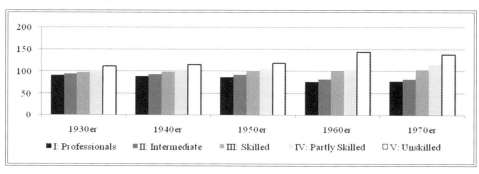

Die relative Wahrscheinlichkeit eines vorzeitigen Todes hatte sich demnach für die unterste soziale Klasse der ungelernten Arbeiter im Verhältnis zum Rest der britischen Gesellschaft deutlich erhöht – ihre standardisierte Mortalitätsrate stieg von 115 % während der 1940er Jahre auf 143 % während der 1960er Jahre an. Den geringsten Unterschied zeigte die Lebenserwartung der sozialen Klassen ausgerechnet während der von Massenarbeitslosigkeit und -armut geprägten 1930er Jahre. Nachdem Infektionskrankheiten wie Tuberkulose, Diphtherie und Masern, die klassenübergreifend die häufigste Todesursache dargestellt hatten, durch effektivere Quarantänemaßnahmen, Impfungen und die Behandlung mit Antibiotika eingedämmt worden waren, wirkten sich klassenspezifische Lebensumstände und Lebensstile stärker aus.[34] Die Teilhabe am medizinischen Fortschritt der zweiten Hälfte des 20. Jahrhunderts, die der NHS vermittelte, konnte diesen Trend zu größerer Ungleichheit nicht aufhalten, obschon die absolute Lebenserwartung aller sozialen Klassen kontinuierlich anstieg.

---

31 Vgl. zur multiplen Funktion der Klasse als statistischer Kategorie, Selbstbeschreibung gesellschaftlicher Gruppen und historiografischer Analysekategorie: *Kerstin Brückweh/Martina Steber*, Aufregende Zeiten. Ein Forschungsbericht zu Neuansätzen der britischen Zeitgeschichte des Politischen, in: AfS 50, 2010, S. 671–701, hier: S. 676–688.

32 Vgl. als Beispiel: o.A., Occupational Mortality. New Data for England and Wales, in: British Medical Journal, 1958, S. 637f.

33 Daten entnommen aus: *David Gordon/Elisabeth Lloyd/Martyn Senior* u.a., Targeting Poor Health. Wales NHS Resource Allocation Review, Bristol 2002, S. 7, URL: <http://www.bristol.ac.uk/poverty/downloads/regionalpovertystudies/NHS-RAR(2).pdf> [28.7.2014].

34 *John Charlton/Mike Murphy*, Trends in Causes of Mortality 1841–1994 – an Overview, in: *dies.* (Hrsg.), The Health of Adult Britain 1841–1994, Bd. 1, London 1997, S. 30–57.

Für die seit 1974 regierende Labour-Partei wurde die Gesundheitspolitik vor dem Hintergrund dieses Befunds steigender Ungleichheit und finanzieller Engpässe zunehmend zum Problem. Ihr Wahlmanifest von 1974 hatte zwar keine größeren Mehrausgaben für den NHS versprochen, sondern sich auf eine Angleichung von Standards durch die Abschaffung privater Gesundheitsleistungen konzentriert.[35] Der NHS spielte im Selbstverständnis von Labour jedoch eine zentrale Rolle, und die De-facto-Kürzung der NHS-Mittel im Budget von 1977/78, die Kanzler Denis Healey vor dem Hintergrund eines an Einsparzusagen geknüpften Kredits des Internationalen Weltwährungsfonds veranlasst hatte, brachte der Regierung heftige Kritik aus den eigenen Reihen ein. Vor allem die mit der Partei affiliierte »Socialist Medical Association« (SMA, seit 1981 »Socialist Health Association«) drängte auf eine Ausweitung von Gesundheitsleistungen und eine Stärkung der Prävention. Bei einer Rede im März 1977 vertröstete der für den NHS zuständige Sozialminister David Ennals Forderungen nach höheren Gesundheitsausgaben mit Verweis auf die klammen Kassen auf wirtschaftlich bessere Zeiten, betonte aber gleichzeitig, dass die Ziele der Regierung mit der sozialistischen Agenda der SMA übereinstimmten:

»We must move from the concept of making services equally available to everyone to making health equally available to everyone. [...] It is a long-term objective, because we simply don't know exactly how and where we can break the cycle of subnormal health or inadequate health in deprived families. I am sure you will agree with me that this is a thoroughly socialist objective.«[36]

Der Minister kündigte in diesem Rahmen die Einrichtung einer Expertenkommission an, die der Regierung durch bessere Informationen über den Zusammenhang zwischen sozialer Ungleichheit und Gesundheit helfen sollte, diesen Kreislauf zu durchbrechen. Labours Ansprechpartner war dabei vor allem der an der SMA beteiligte Soziologe Peter Townsend, während die formale Leitung der Kommission bei dem Mediziner Sir Douglas Black, dem Präsidenten der Ärztekammer, lag. Der Auftrag der Kommission bestand darin, Datenmaterial zu »health inequalities« in Großbritannien – wenn möglich auch international vergleichend – zu sammeln und Empfehlungen für Reformen auszusprechen.

Die Kommission zog den Quotienten aus der Mortalitätsrate der fünften Klasse – der ungelernten Arbeiter – und der Rate der ersten Klasse – der Führungskräfte – als zentralen Indikator für »health inequalities« heran. Für das Jahr 1971 lag der Quotient bei 2,5 – ungelernte Arbeiter, die insgesamt 8,4 % der Bevölkerung ausmachten, starben also zweieinhalbmal so häufig wie Führungskräfte (5 % der Bevölkerung) vor dem Erreichen des Rentenalters.[37] Es war diese griffige Formel, die aus dem Report am häufigsten zitiert werden und den größten politischen Effekt haben sollte.

Im Bericht angeführte Einzelbefunde wiesen darauf hin, dass eine Vielzahl von Faktoren wie Geschlecht, Ethnizität, Einkommen, Arbeitslosigkeit, Bildungsgrad, Lebensstil, die Wohnsituation und der Besitz eines Autos den Gesundheitszustand erheblich beeinflussten. Einige dieser Befunde waren durchaus überraschend: So hatten in Indien oder der Karibik geborene Angehörige der unteren sozialen Schichten im Großbritannien der frühen 1970er Jahre eine deutlich höhere Lebenserwartung als die Durchschnittsbevölkerung.[38] Auch der Faktor »Geschlecht« hatte erhebliche Auswirkungen auf die Lebens-

---

35 The Labour Party Manifesto, October 1974.
36 *David Ennals*, »Speech to the Socialist Medical Association, 27.03.1977«, veröffentlicht auf URL: <http://www.sochealth.co.uk/resources/public-health-and-wellbeing/poverty-and-inequality/the-black-report-1980/the-origin-of-the-black-report/david-ennals-speech-to-the-socialist-medical-association/> [17.4.2014].
37 *Townsend/Davidson*, The Black Report, S. 49.
38 Selbst wenn man berücksichtigt, dass es sich um Migranten der ersten Generation handelte, die als Commonwealth-Angehörige zwar keinem vom Einwanderungsland organisierten medizinischen, aber durchaus einem sozialen Selektionsprozess unterzogen worden waren, der offen-

erwartung der britischen Bevölkerung: Ende der 1970er Jahre war er so wirkmächtig, dass Frauen aus der untersten Klasse trotz der zu unterstellenden erheblichen Unterschiede im verfügbaren Familieneinkommen durchschnittlich ebenso lange lebten wie männliche Mitglieder der obersten Klasse.[39]

Die in den Daten dokumentierten multiplen Dimensionen von Ungleichheit spielten in der Analyse des Berichts jedoch nur eine untergeordnete Rolle. Der Black-Report brach mit der während der 1970er Jahre dominanten Vorstellung, dass die bekannten unterschiedlichen Mortalitätsraten der sozialen Klassen primär aus drei Gründen zustande kamen: Umwelteinflüsse, Verhaltensweisen und Vererbung.[40] Er argumentierte demgegenüber, die vorliegenden Ergebnisse ließen den Schluss zu, dass Ungleichheiten im Gesundheitszustand hauptsächlich durch materielle Deprivation zustande kämen, die dem Einfluss der engeren Gesundheitspolitik in ihrer aktuellen Konzeption entzogen seien. Der Bericht interpretierte Verhaltensweisen wie Rauchen, Alkoholkonsum oder Ernährung primär als Folge sozioökonomischer Determinanten.[41]

Der Kommissionsmeinung zufolge waren die unteren sozialen Klassen trotz der kostenlosen Gesundheitsversorgung innerhalb des NHS benachteiligt, da sie unter anderem seltener den Arzt aufsuchten als die beiden oberen Klassen. Die Kommission sah statt einer Angebotspolitik, die auf die Qualität der Einrichtungen und offensichtliche Hindernisse wie Wartelisten fokussierte, eine deutliche Ausweitung sozialstaatlicher Leistungen (zum Beispiel die Wiedereinführung von Schulspeisungen und die Ausgabe von Milch in Schulen) und eine aktivierende Gesundheitspolitik vor, welche die gefährdeten Gruppen zur Nutzung der NHS-Angebote anhalten sollte. So sei etwa deutlich mehr frühzeitige Prävention und Intervention bei Kindern aus den am stärksten depravierten Gegenden nötig.

Der Black-Report kombinierte bei seiner Analyse auch Daten, die unterschiedliche Bezugsgrößen aufwiesen: So stammten zum Beispiel die einzigen Daten zur unterschiedlichen Nutzung primärer Versorgungsangebote durch die sozialen Klassen, die in den Schlussfolgerungen der Kommissionen einen wichtigen Rang einnahmen, aus dem Jahr 1955[42], während der Bericht mit standardisierten Sterblichkeitsraten aus dem Jahr 1971 arbeitete. Solche Lücken wurden nicht durch eigene Primärforschung gefüllt, sodass der Bericht letztlich kaum verlässliche Korrelationen aufzeigen konnte. Zum umfangreichen Maßnahmenkatalog, den der Report vorschlug, gehörte allerdings auch gezielte weitere Forschung zu »health inequalities«.[43]

Verglichen mit der Pionierwirkung im medizinsoziologischen Forschungsfeld war die Reaktion der politischen Auftraggeber der Studie eher verhalten: Die Black-Arbeitsgruppe überreichte ihre Ergebnisse 1979 der Regierung, die zu diesem Zeitpunkt bereits seit

---

sichtlich kranke Personen seltener auswandern ließ als gesunde, wiesen diese Gruppen auffällig niedrige Mortalitätsraten auf: 73 (Indien und Pakistan) beziehungsweise 75 (West Indies) gegen 110 bei ungelernten Arbeitern, die im Vereinigten Königreich und Irland geboren worden waren. »Professionals«, also Hochqualifizierte, die »bürgerlichen« Berufen nachgehen, beispielsweise Ärzte, Juristen oder Pfarrer, aus dem Commonwealth wiesen hingegen deutlich höhere Werte auf als ihre sozial tiefer stehenden Landsleute. Diese Anomalie lässt sich mit geringen Zahlen der oberen sozialen Klassen unter den Einwanderern erklären, von denen unverhältnismäßig viele extra zur Behandlung schwerer Erkrankungen nach Großbritannien gekommen waren. Vgl. ebd., S. 51.

39 *Angela Donkin/Peter Goldblatt/Kevin Lynch*, Inequalities in Life Expectancy by Social Class, 1972–1999, in: Health Statistics Quarterly 15, 2002, S. 7.

40 *Sally MacIntyre*, The Black Report and Beyond. What Are the Issues?, in: Social Science & Medicine 44, 1997, S. 723–745.

41 *Townsend/Davidson*, Black-Report, S. 114f.

42 Ebd., S. 54.

43 Ebd., S. 160–208.

einigen Monaten von der konservativen Partei unter Premierministerin Margaret Thatcher gestellt wurde. Der neue Gesundheitsminister Patrick Jenkin ließ 1980 mit weniger als 300 Exemplaren nur eine relativ kleine Zahl an Kopien anfertigen und verzichtete auf die bei großen Regierungsberichten eigentlich übliche Drucklegung. Jenkin stellte dem kopierten Originaltext ein knappes Vorwort voraus, in dem er sich im Namen der Regierung von den Forderungen der Kommission distanzierte: Der Bericht sei nicht nur daran gescheitert, die tatsächlichen Ursachen der »health inequalities« herauszuarbeiten, sondern auch daran, die Effizienz der von der Kommission vorgeschlagenen Maßnahmen zu beweisen. Unabhängig von dieser Kritik an der Aussagekraft des Berichts sei die Umsetzung der Vorschläge mit Mehrkosten von über 10 % des Budgets des Sozialstaats insgesamt zu beziffern, was angesichts der ökonomischen Situation als illusorisch abgelehnt werden müsse. Jenkin argumentierte, er sei in seiner Kritik am Bericht ebenso wie mit seiner Entscheidung für eine lediglich interne Publikation in geringer Auflage der Einschätzung der politisch neutralen Beamten seines Ministeriums gefolgt.[44] Sowohl die Opposition als auch die maßgeblichen medizinischen Fachjournale kritisierten das Vorgehen der Regierung jedoch scharf: Aus Sicht der Kritiker hatten Jenkin und der Rest des Kabinetts versucht, einen nicht zu ihrer politischen Agenda passenden wissenschaftlichen Befund zu unterdrücken.[45] 1982 veröffentlichte der Penguin-Verlag den Bericht in einer gekürzten Fassung.

Der Black-Report war 1979/80 Gegenstand mehrerer Debatten des Unterhauses sowie einer Debatte im Oberhaus. Labour befand sich dabei im Zwiespalt zwischen einer konstruktiven Mitarbeit an Reformen zu Problemlagen und einer möglichst effektiven Skandalisierung der Regierungspolitik. Die Opposition verfolgte dementsprechend zwei kaum vereinbare Ziele: Die Regierung zu einer Umsetzung der im Bericht genannten Maßnahmen zu bewegen und die Wählerschaft gleichzeitig davon zu überzeugen, dass die Tories an der Lebenssituation unterer sozialer Schichten kein ernsthaftes Interesse hätten. Eine Strategie der Opposition bestand darin zu betonen, wie viele Leben von Arbeitern pro Jahr unnötig verloren gehen würden, wenn der Staat die geforderten Investitionen nicht vornehme. Es wurde also eine direkte Kausalität unterstellt, durch die der Staat als die für die »health inequalities« verantwortliche Instanz in den Vordergrund trat: »If the dreams of Professor Peter Townsend are not applied, it will probably mean 30,000 avoidable working-class deaths per year. That is what the right hon. Gentleman [= Jenkin] is trying to brush under the carpet, and it is not good enough.«[46] Die umfassende Umsetzung der Vorschläge im Black-Report zu verweigern, sei daher Ausdruck jenes neuen »unsozialen« Geistes, der mit dem Sieg Margaret Thatchers in der britischen Regierung Einzug gehalten habe.

Die Regierung reagierte eher defensiv – so gingen die konservativen Abgeordneten kaum auf Einzelergebnisse des Berichts ein, auch wenn diese ihre Position in einigen Fragen gestärkt hätten. Die Kommission hatte mit Verweis auf Zensusdaten aus den Jahren 1970 bis 1975 zum Beispiel festgehalten, dass die standardisierten Mortalitätsraten der untersten Klasse denen der Mittelschichten (und damit dem gesellschaftlichen Durchschnitt) glichen, wenn sie in Eigentumswohnungen oder eigenen Häusern lebten. Mieter sowohl von privaten Immobilien als auch von Sozialwohnungen aus dieser Klasse zeig-

---

44 *Patrick Jenkin*, Dispelling the Myths of the Black Report. A Memoir, in: Contemporary British History 3, 2002, H. 16, S. 123–130.

45 *Townsend/Davidson*, Black-Report, S. 1–32; Debatten des Unterhauses am 3.2.1981, Hansard, Bd. 998, 1981, S. 133–134.

46 Redebeitrag *Roland Moyle*, Debatten des Unterhauses am 27.10.1980, Hansard, Bd. 991, 1980, S. 65–166.

ten hingegen eine deutlich kürzere Lebenserwartung.[47] Trotz dieses Befunds findet sich in den Parlamentsprotokollen kein Verweis auf eine zu erwartende positive Auswirkung der »Right-to-buy«-Politik, die die Regierung gerade implementiert hatte.[48]

Vereinzelt plädierte die Regierung jedoch bereits für ein vom Gleichheitsideal abweichendes Ziel, das Minister Jenkin wie folgt zusammenfasste:

>The right hon. Gentleman may be right. I have never regarded it as a fundamental part of my political philosophy to achieve a greater equality. I have devoted my political life to raising the quality of service for everyone. It matters to me far less that there is inequality, provided that I can point to a steady improvement in the condition of the people.«[49]

Verbessert werden sollte die Gesundheit aller durch eine Orientierung an klaren Effizienz-Zielen wie der Absenkung von Wartezeiten, statt nicht vorhandenes Geld für sozialpolitische Maßnahmen auszugeben, deren Wirkung spekulativ sei. Das Argument, Ungleichheit sei akzeptabel, solange alle Klassen am Fortschritt partizipierten, sollte für den politischen Erfolg der Konservativen während der 1980er Jahre zentral werden.

IV. DIE GESUNDHEITSPOLITISCHEN AUSEINANDERSETZUNGEN DER 1980ER JAHRE

Die Debatten um den Black-Report stellten nur den Auftakt einer Reihe intensiver Kontroversen um den NHS und seine Leistungen dar, die Politik und Medien Großbritanniens während der 1980er Jahre beschäftigten.

Abbildung 3: Number of Media Stories on Health[50]

	1983	1985	1987	1989	1990	1991	1992	1993	1994	1995	1996
Telegraph	82	110	157	408	349	269	240	222	206	246	295
Times	97	170	181	77	318	202	230	216	209	214	268
Guardian	111	153	153	35	331	296	273	287	280	353	362
Independent	0	0	0	300	358	318	270	284	256	299	331
Total (excludes Independent)	290	433	491	520	998	767	743	725	695	813	925
Total (includes Independent)	290	433	491	820	1356	1085	1013	1009	951	1112	1256

Eine dichte Medienberichterstattung über den NHS, die weitaus eher von harscher Kritik an seinen Leistungen als von Lob geprägt war, war in Großbritannien traditionell üblich und hing mit der zentralen Rolle des Gesundheitsdienstes im britischen Wohlfahrtsstaat zusammen: Defizite wie die ritualisierte Skandaldiagnose, die Gesundheitseinrichtungen seien der winterlichen Grippewelle nicht gewachsen, und lange Wartelisten für Operationen oder Krebsbehandlungen wurden in Großbritannien seit den frühen 1950er Jahren

---

47 *Townsend/Davidson*, Black-Report, S. 52.
48 Housing Act of 1980, Sp. 51.
49 Redebeitrag *Patrick Jenkin*, Debatten des Unterhauses am 27.10.1980, Hansard, Bd. 991, 1980, S. 65–166.
50 *Roger Jowell/John Curtice/Alison Park* u. a. (Hrsg.), British Social Attitudes the 14th Report. The End of Conservative Values (BSA 14), Aldershot 1997, S. 70.

immer wieder zum Politikum. Im Gegensatz zu den Gesundheitssystemen anderer Länder war der NHS nicht durch ein komplexes Nebeneinander und die Verflechtung staatlicher, privatwirtschaftlicher sowie gemeinnütziger Akteure geprägt, sondern bot Kritikern durch die alleinige Zuständigkeit des Staats ein klares Ziel. Private Krankenversicherungen blieben in Großbritannien auch während der 1980er Jahre auf einem vergleichsweise niedrigen Level (1983: 11 %; 1993: 15 %)[51] und in vielen dieser Fälle handelte es sich um Versicherungspolicen, die nur bestimmte Teilleistungen abdeckten wie etwa Zahnersatz oder Einzelzimmer bei Krankenhausaufenthalten. Akteure, die überhaupt nicht mit NHS-Einrichtungen in Kontakt kamen, stellten daher eine sehr kleine Minderheit dar. Die überwältigende Mehrheit der Briten zog folgerichtig den Staat – genauer gesagt die jeweilige Regierung – für ihren Zugang zu medizinischer Versorgung und deren Qualität zur Verantwortung.

Zudem war die Gesundheitspolitik von Beginn an eine Schwachstelle der neuen konservativen Regierung: Laut Umfrageergebnissen war der Umgang mit dem NHS eines von zwei Politikfeldern, bei dem die Mehrheit der Befragten eine Zuständigkeit von Labour-Politikern vorzog.[52] Die Konservativen hatten in ihrem Wahlprogramm von 1979 versprochen, das universelle Prinzip des NHS trotz einer stärkeren Förderung privater Zusatzversicherungen zu erhalten und sein Budget von Kürzungen auszunehmen: »It is not our intention to reduce spending on the Health Service, indeed, we intend to make better use of what resources are available.«[53] Vor allem seit dem Erfolg im Falklandkrieg von 1982 formulierte Thatcher jedoch eine radikale Kritik am Wohlfahrtsstaat, die dieses Versprechen infrage zu stellen schien. Im Vorfeld der Wahlen von 1983 versuchte Thatcher, Ängste vor einer möglichen Privatisierung des NHS mit dem Slogan »The National Health Service is safe in our hands« zu besänftigen.[54]

Die Labour Party versuchte, die Zweifel am Bekenntnis der Konservativen zum Erhalt des NHS für sich zu nutzen, und erhob die Gesundheitspolitik während der 1980er Jahre zu einem ihrer Kernthemen. In ihrem Programm für die Parlamentswahlen von 1983 versprach Labour, als Regierungspartei den Ausbau privater Gesundheitsleistungen zu stoppen und private Krankenhäuser sowie die Pharmaindustrie als Teil des NHS zu verstaatlichen – gleichzeitig sagte das Programm nur relativ moderate Budgetsteigerungen von inflationsbereinigten 3 % zu. Das Wahlprogramm griff zahlreiche Forderungen des Black-Reports zur Prävention und Gesundheitsförderung auf. Es sprach jedoch lediglich von einer Beseitigung von Ungleichheiten in der Gesundheitsversorgung und nicht – wie es Labour-Abgeordnete in diversen Parlamentsdebatten getan hatten – von einer Abschaffung der »health inequalities« als Ziel.[55] Im Wahlkampf 1983 gelang es Labour nicht, die Präferenz der Wähler für ihre Gesundheitspolitik auch in eine politische Mehrheit zu übersetzen. Im Laufe des Wahlkampfs verloren sozialpolitische Themen, bei denen sich Labour als die ›mitfühlendere‹ Partei positionieren konnte, zunehmend an Bedeutung.[56] Demgegenüber nahmen verteidigungspolitische Debatten einen deutlich größeren Raum ein. Die vom Labour-Vorsitzenden Michael Foot ins Zentrum des Wahlkampfs gestellte Strategie unilateraler nuklearer Abrüstung traf laut einer nationalen Meinungsumfrage bei nur 16 %

51 Abbildung entnommen aus: *Roger Jowell/John Curtice/Lindsay Brook* u. a. (Hrsg.), British Social Attitudes the 11th Report (BSA 11), Aldershot 1994, S. 55.

52 Das andere Politikfeld war das des »industrial peace«. Vgl. *Rudolf Klein*, The New Politics of the NHS. From Creation to Reinvention, Oxford 2010, S. 113.

53 Conservative Party Manifesto, 1979.

54 *Rudolf Klein*, Why Britains' Conservatives Support a Socialist Health Care System, in: Health Affairs 4, 1985, S. 41–58, hier: S. 42.

55 British Labour Party Election Manifesto, 1983.

56 *David Butler/Dennis Kavanagh*, The British General Election of 1983, London 1984, S. 132f.

der Wahlbevölkerung auf Zustimmung und über 50 % befürchteten, Großbritannien würde unter einer Labour-Regierung nicht angemessen verteidigt.[57] Hinzu kamen parteiinterne Streitigkeiten sowie die Konkurrenz der 1981 gegründeten SDP–Liberal Alliance, sodass Labour bei der Wahl Einbußen von 9 % hinnehmen musste und die Konservativen mit einer überwältigenden Unterhausmehrheit von 144 Abgeordneten weiterregieren konnten.

Die Strategie der Opposition zur Gesundheitspolitik als Schwachpunkt der Regierung scheiterte unter anderem, weil die Tories in diesem Punkt gerade kein ausreichend polarisierendes Gegenmodell boten. Thatcher und ihre engeren Berater hatten durchaus erwogen, den NHS zu privatisieren[58], hielten eine solche Reform aber für politisch nicht durchführbar. So beauftragte die Regierung den »Central Policy Review Staff« (CPRS)[59] zwar damit, mögliche Alternativen zu den ständig steigenden Ausgaben der öffentlichen Hand auszuarbeiten. Der dem Kabinett vorgelegte Entwurf vom September 1982 schlug neben der Einführung von Schulgeld an öffentlichen Schulen auch die Umstellung des Gesundheitswesens auf eine verpflichtende private Krankenvollversicherung vor.[60] Er stieß bei den eher traditionellen Ministern der sogenannten »Wet«-Fraktion[61] aber auf herbe Kritik, und als der Economist die Vorschläge publik machte, distanzierte sich Thatcher offiziell von dem Entwurf.[62] Im Gegensatz zum weitverbreiteten (Selbst-)Bild einer »conviction politician«, die politische Entscheidungen ausschließlich aus Überzeugung und nicht etwa mit Blick auf Mehrheiten traf[63], spielten wahltaktische Überlegungen bei der Aufgabe

---

57 Ebd., S. 282.

58 Dominik Geppert hat darauf hingewiesen, dass Thatcher als Oppositionschefin den NHS als Errungenschaft pries, gleichzeitig aber bereits die Effizienz des staatlichen Monopolsystems aufgrund fehlenden Wettbewerbs infrage stellte. Vgl. dazu: *Dominik Geppert*, Thatchers konservative Revolution. Der Richtungswandel der britischen Tories (1975–1979), München 2000, S. 110f.

59 Der CPRS war 1971 von Premierminister Edward Heath innerhalb der Kabinettskanzlei eingerichtet worden, um als unabhängige Recherchereinheit den Informationszufluss für alle Minister sicherzustellen. Vgl. zur Konzeption des CPRS: *Peter Hennessy*, The Prime Minister. The Office and Its Holders since 1945, New York 2001, S. 339.

60 Long-Term Options. Memorandum by the Central Policy Review Staff C (82) 31, National Archives, CAB 129/215/6. Die von Vinen aufgestellte These (*Vinen*, Thatcher's Britain, S. 292.), weder Thatcher noch Mitglieder ihres Kabinetts hätten je ernsthaft eine Privatisierung des NHS erwogen, lässt sich angesichts dieser Quelle nicht aufrechterhalten.

61 Der Begriff »Wets« (im Gegensatz zu »Dries«) wurde meist von Journalisten, teilweise aber auch innerhalb der konservativen Partei selbst als Bezeichnung für Kabinettsminister verwendet, die Vorbehalte gegenüber einer radikalen Umsetzung monetaristischer Prinzipien äußerten.

62 Mountains out of Molehills?, in: The Economist, 9.10.1982. Angesichts heftiger Widerstände auch in der eigenen Partei verbreitete Thatcher in zahlreichen Publikationen eine Version der Ereignisse, der zufolge der CPRS auf eigene Faust radikale Vorschläge unterbreitet habe, die weder sie noch ihre Minister je ernsthaft erwogen hätten. Vgl. als Beispiel: *Margaret Thatcher*, The Downing Street Years 1979–1990, New York 1999, S. 277. Das PR-Debakel, das das Memorandum zur Wohlfahrtsreform auslöste, trug dazu bei, dass Thatcher den CPRS nach der Wahl von 1983 auflöste und seine Aufgaben an die unter Premierminister Harold Wilson eingerichtete »Number 10 Policy Unit« übertrug, die ausschließlich dem Premierminister zuarbeitete. Vgl. *Richard Wilson*, Policy Analysis as Policy Advice, in: *Michael Moran/Martin Rein/Robert E. Goodin* (Hrsg.), The Oxford Handbook of Public Policy, Oxford/New York etc. 2006, S. 152–168, hier: S. 163.

63 Der Begriff wurde häufig von Journalisten in Interviewfragen verwendet, Thatcher brachte ihn aber auch selbst auf. Sie definierte ihn in einem Fernsehinterview für den US-amerikanischen Sender CBS im Mai 1986 wie folgt: »[I]f you are a conviction politician you believe in certain things. I do those things because I believe they are right and my job is to try to get over what I believe is right. People can choose then whether they follow that or follow others.« Der Text des Interviews findet sich auf URL: <http://www.margaretthatcher.org/document/106399> [23.5.2014].

radikaler Privatisierungspläne in der Gesundheitspolitik eine zentrale Rolle: Während der 1980er Jahre war die überwältigende Mehrheit (phasenweise über 80 %) der britischen Bevölkerung dafür, mehr und nicht etwa weniger Steuergelder für den NHS auszugeben, auch wenn dies auf Kosten anderer staatlicher Ausgaben ging.

Abbildung 4: First or Second Priority for Extra Spending

	1983	1986	1990	1991	1993	1995	1996
	%	%	%	%	%	%	%
Health	63	75	81	74	70	77	80
Education	50	57	60	62	57	66	66
Housing	20	21	20	21	22	14	12
Police and prisons	8	7	7	6	10	10	11
Help for industry	29	16	6	10	14	9	9
Social security benefits	12	11	13	11	13	11	8
Base	*1761*	*3100*	*2797*	*2918*	*2945*	*1234*	*3620*

Anders fielen die Umfrageergebnisse der »British Social Attitudes survey« (BSA) zur Sozialhilfe aus: Obwohl die relative Armut in der britischen Gesellschaft vor allem seit 1986 stark anstieg – 1985 lebten 12,8 % aller Briten von weniger als 60 % des nationalen Medianeinkommens; 1990 waren es 22,2 %[64] –, gab nur maximal jeder achte Befragte an, der Staat solle vor allem hierfür mehr Geld ausgeben.[65] Eine konsequente Privatisierung des NHS war nicht nur in der Gesamtgesellschaft unbeliebt, sondern auch unter konservativen Wählern und Unterstützern. Nur 31 % dieser für den Erfolg der Regierung zentralen Gruppe gaben an, überhaupt für eine Ausweitung privater Medizin im britischen Gesundheitssystem zu sein, von einer vollständigen Privatisierung ganz zu schweigen.[66] Dieses Bekenntnis zu einer starken Rolle des Staats im Gesundheitswesen schien kaum an die Leistungsfähigkeit des Systems gekoppelt zu sein, da 1983 nur 23 % der konservativen Befragten (1990: 36 %) angaben, selbst weitgehend oder sehr zufriedenstellende Erfahrungen mit dem NHS gemacht zu haben.[67]

Ohne die Option einer systematischen Privatisierung blieben der Regierung Thatcher nur eher geringfügige Maßnahmen zur Kostensenkung, wie etwa die Rückkehr der unter der letzten Labour-Regierung beendeten Privatbettenbelegung in NHS-Krankenhäusern oder die ebenfalls bereits von vorherigen Regierungen erprobten Zuzahlungen zu Medikamenten. Die individuellen Zuzahlungen stiegen während der 1980er Jahre zwar an, jedoch blieben 85 % der Medikamentenabgabe zuzahlungsfrei, da Kinder, Senioren, Behinderte und Geringverdiener davon weiterhin ausgenommen waren.[68]

---

64 Daten entsprechend den Angaben des Institute for Fiscal Studies.
65 BSA 14, S. 53.
66 *Roger Jowell/Colin Airey* (Hrsg.), British Social Attitudes the 1984 Report, Aldershot 1984, S. 88.
67 BSA 11, S. 54.
68 *Henry J. Aaron/William B. Schwartz*, Can We Say No? The Challenge of Rationing Health Care, Washington 2005, S. 16.

Betrachtet man die Finanzierung des NHS während der übrigen Regierungszeit Thatchers, so zeigt sich das Scheitern radikaler Reformen: Trotz der zentralen Bedeutung, welche die Reduktion von Staatsausgaben im politischen Programm Thatchers einnahm, wurden die Mittel für den NHS nicht gekürzt. Die untenstehende Grafik zeigt die Entwicklung zweier inflationsbereinigter Wachstumsraten seiner Finanzierung[69], wobei sich das Realwachstum auf die Inflation insgesamt bezieht und das Volumenwachstum das Budget in Relation zur Inflation im Gesundheitssektor (wie Gehälter und Kosten für Medikamente) setzt. Das Volumenwachstum ist daher der aussagekräftigere Indikator für die Ausstattung des NHS und dieser lag während der Regierungszeit Thatchers bei einem Jahresdurchschnitt von 1,8 %, verglichen mit 1,5 % während der 1970er Jahre. Anfang der 1990er Jahre zeigten Umfragen, dass nur noch eine kleine Minderheit von 5 % der Bevölkerung befürchtete, die konservative Regierung könnte den NHS privatisieren.[70]

Abbildung 5: NHS-Finanzierung 1973–1997

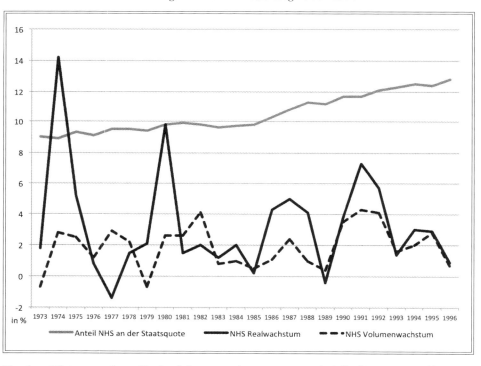

Vor dem Hintergrund von Budgetkürzungen insgesamt – wobei die Staatsquote allerdings erst 1986 wieder auf das Niveau zum Zeitpunkt der konservativen Regierungsübernahme sank – wird die Priorisierung des NHS noch deutlicher, da sein Anteil an den Staatsausgaben insgesamt während der Regierungszeit Thatchers von 9,4 % auf 11,7 % anstieg. Der britische Staat gab während der 1980er Jahre nicht nur mehr Geld für das Gesund-

---

69 Eigene Darstellung auf Grundlage folgender Daten: Die Wachstumsraten des NHS sind aus *Jennifer Dixon/Anthony Harrison*, Funding the NHS. A Little Local Difficulty, in: British Medical Journal 314, 1997, S. 216–219, entnommen. Der Anteil des NHS an der Staatsquote basiert auf eigener Berechnung auf Grundlage der Angaben des Institute for Fiscal Studies.
70 *Boix*, Political Parties, S. 194.

heitssystem aus als geplant, sondern er war auch stärker in das Mikromanagement des Systems involviert: Die von den Tories zu Oppositionszeiten geplante Dezentralisierung des NHS zugunsten lokaler Entscheidungsstrukturen ließ sich ab 1983 nicht mehr umsetzen, da der Konflikt zwischen steigendem Kostendruck auf der einen und einem zumindest gedeckelten Budgetwachstum auf der anderen Seite nach Meinung des Kabinetts nur mit zentralstaatlicher Planung und Effizienzsteigerung zu lösen war.[71]

V. SOZIOÖKONOMISCHE DEPRIVATION VERSUS »LIFESTYLE CHOICES«: »HEALTH INEQUALITIES« WÄHREND DER 1980ER JAHRE

Während der 1980er Jahre entwickelten sich die Lebenserwartungen der obersten und untersten sozialen Klassen der britischen Gesellschaft mit zunehmender Geschwindigkeit auseinander: Hatte der Quotient der Mortalitätsraten für das Jahr 1980 noch 2,5 betragen, so lag er 1990 bereits bei 2,9. Diese Polarisierung schien die These des Black-Reports zu bestätigen, dass nicht Gesundheitspolitik im engeren Sinne, sondern die Entwicklung sozialer Ungleichheit und materielle Deprivation »health inequalities« hervorriefen. Aber auch Ansätze, die größere Gesundheitsungleichheiten mit Lebensstilfaktoren erklärten, hatten eine gewisse Plausibilität: Studien zu Krankheiten, deren Ursachen relativ eindeutig im Lebensstil lagen, konnten auf die Längsschnittdaten der amtlichen Sterbestatistiken zurückgreifen. Sie zeigen, dass sich beispielsweise Leberzirrhose, die primär durch übermäßigen Alkoholkonsum verursacht wird und während der 1920er Jahre noch eine Domäne der Oberschichten gewesen war, seit den 1960er Jahren zu einer Krankheit der unteren sozialen Schichten entwickelt hatte. Briten mit geringer beruflicher Qualifikation starben daran Ende der 1980er Jahre mehr als doppelt so häufig wie der gesellschaftliche Durchschnitt.[72] Zusätzlich wurden während der 1980er Jahre in Großbritannien erstmals Studien durchgeführt, bei denen die Teilnehmer systematisch nach als Risikofaktoren eingestuften Verhaltensweisen wie Rauchen, einseitige Ernährung und Bewegungsmangel gefragt wurden.[73] Das Datenmaterial zeigte zwar, dass die in der Gesundheitsforschung häufig vorgebrachte These, gesundheitsfördernde Kampagnen wie die gegen Rauchen vergrößerten nur den Abstand zwischen den sozialen Klassen, indem sie das ohnehin gesundheitsbewusste Verhalten der oberen Klassen verstärkten und das gleichbleibende Verhalten der unteren Klassen stigmatisierten, so zugespitzt nicht zutraf.[74] Der Raucheranteil sank vielmehr in beiden sozialen Klassen ab – allerdings von so unterschiedlich hohen Niveaus, dass ungelernte Arbeiter immer noch doppelt so häufig rauchten wie Führungskräfte.[75] Auch der Vorsatz, das Rauchen in nächster Zeit aufgeben zu wollen, folgte

---

71 *Klein*, The New Politics of the NHS, S. 105.

72 Iain K. Crombie und Elaine Precious weisen zwar darauf hin, dass die Vermutung eines steigenden Alkoholkonsums nicht mit den Selbstbeschreibungen der unteren sozialen Klassen in diesem Zeitraum übereinstimmt, sehen aber keine alternative Erklärung für häufigere Erkrankung an Leberzirrhose. Vgl. dazu: *Iain K. Crombie/Elaine Precious*, Changes in the Social Class Gradient of Cirrhosis Mortality in England and Wales across the 20th Century, in: Alcohol and Alcoholism 46, 2011, S. 80–82.

73 *Mel Bartley/David Blane*, Trends and Scenarios in Public Health in the UK, in: *Amanda Killoran/Michael P. Kelly* (Hrsg.), Evidence-based Public Health. Effectiveness and Efficiency, Oxford/New York etc. 2010, S. 3–15, hier: S. 8.

74 Vgl. als Beispiele für diese These: *Geoffrey Rose*, The Strategy of Preventive Medicine, Oxford 1992, sowie *Katherine L. Frohlich*, The Creation of a Smoking Class. How Prevention Efforts Can Deepen Social Inequalities in Health, veröffentlicht auf URL: <http://bibliothek.wzb.eu/artikel/2010/f-15741.pdf> [11.4.2014].

75 *Bartley/Blane*, Trends and Scenarios in Public Health in the UK, S. 9.

laut einer Umfrage des BSA Anfang der 1990er Jahre klassenspezifischen Mustern.[76] Die Frage, ob sozioökonomische Umstände oder von ihnen geprägte, letztlich aber von Individuen entsprechend ihren persönlichen Vorlieben getroffene Entscheidungen der ausschlaggebende Faktor bei der Entstehung ungleicher Sterbemuster waren, ließ sich auch auf Grundlage der wachsenden Datenmenge nicht eindeutig beantworten. Kritiker der Lebensstilforschung wie Meredeth Turshen warfen ihr vor, die Schuld an Erkrankungen den Opfern gesellschaftlicher Umstände zuzuschieben und den Umgang mit sozial Schwachen insgesamt negativ zu beeinflussen.[77]

Entgegen solchen Befürchtungen stand die britische Gesellschaft einer Benachteiligung von Patienten aufgrund ihres Lebensstils in weiten Teilen ablehnend gegenüber: Danach befragt, ob sich Faktoren wie Alter, Rauchen oder Übergewicht auf den Zugang zu knappen Gesundheitsleistungen auswirken sollten, gab die überwältigende Mehrheit der Interviewten Mitte der 1990er Jahre an, dies abzulehnen oder nicht entscheiden zu können. Diese ablehnende Mehrheit war beim Faktor »Alter« am größten (74%) und beim Faktor »Rauchen« am kleinsten (58%). Der Anteil der Befragten, der auch die tatsächliche Praxis im NHS als egalitär einschätzte, war jedoch geringer – bei den Faktoren »Alter« und »Gewicht« ging noch eine knappe Mehrheit (59% beziehungsweise 53%) davon aus, dass sie bei der medizinischen Behandlung der Betroffenen keine Rolle spielten. Anders beim Rauchen: Mehr als die Hälfte der Befragten gab an, Nichtraucher würden ihrer Einschätzung nach im NHS bevorzugt behandelt.[78]

Der Nachfolger des Black-Reports kam 1987 zu einer ähnlich ambivalenten Einschätzung der Frage, inwiefern der NHS seinem Anspruch einer egalitären Behandlung der Patienten gerecht wurde. Der Whitehead-Report fasste auf Auftrag des Londoner Gesundheitsrats die Ergebnisse diverser sozialepidemiologischer Studien zusammen, die sich zum Teil widersprachen. So bezog der Bericht mit Verweis auf zwei Studien zu fehlenden Klassenunterschieden im Gesundheitsbewusstsein Stellung gegen die Lebensstilforschung und gegen die Annahme einer Kultur der Armut, die zu einem generationenübergreifenden Deprivationskreislauf führe.[79] Gleichzeitig hielt er fest, dass der Konsum der unteren Klassen – und vor allem der arbeitsloser Männer mit geringer Ausbildung – deutlich mehr Risikofaktoren und Extreme aufwies als der gesellschaftliche Durchschnitt.[80] Ähnlich wie der Black-Report füllte auch der Whitehead-Report bestehende Lücken der Datenlage nicht durch eigene Primärforschung. Der Bericht zog die Bilanz, dass die NHS-Einrichtungen, die von Mittel- und Oberschichten genutzt wurden, grundsätzlich nicht besser ausgestattet waren als die in ärmeren Einzugsgebieten und einen ähnlichen Behandlungsstandard boten. Ungelernte Arbeiter und ältere Personen bildeten jedoch zwei Gruppen, deren Mobilität so weit eingeschränkt war, dass es für sie schwieriger war, einen Arzt zu erreichen.[81] Hausbesuche, die solchen Problemen hätten abhelfen können, führten Ärzte auch ohne finanzielle Anreize häufiger in Haushalte der obersten Klasse, die bereits die ambulanten NHS-Angebote überdurchschnittlich stark nutzten, als in Haushalte der tendenziell unterversorgten Risikogruppen.[82] Eine andere vom Whitehead-Report zitierte Studie wies darauf hin, dass Patienten klassenübergreifend eine ähnliche Häufigkeit an

---

76 *Roger Jowell / Lindsay Brook / Bridget Taylor* u. a. (Hrsg.), British Social Attitudes the 8th Report, Aldershot 1991, S. 158.

77 *Meredeth Turshen*, The Politics of Public Health, New Brunswick, NJ 1989.

78 BSA 14, S. 64.

79 Ebd., S. 68 f.

80 Ebd., S. 65.

81 *Margaret Whitehead*, The Health Divide. Inequalities in Health in the 1980's, London 1987, S. 46.

82 Ebd., S. 47.

Hausarztbesuchen aufwiesen, die jedoch unterschiedlich zustande kam. Die Frequenz an Hausarztbesuchen ist für das britische Gesundheitssystem ein besonders wichtiger Indikator, da Patienten sowohl für stationäre Krankenhausbehandlungen als auch für ambulante Behandlungen durch die an die Krankenhäuser angeschlossenen Fachärzte eine Überweisung durch ihren Hausarzt benötigten. Während Angehörige der obersten Klasse sich häufiger aus eigener Initiative präventiv untersuchen ließen, gingen ungelernte Arbeiter eher aufgrund bereits bestehender Gesundheitsprobleme zu Hausärzten und erhielten im Anschluss mehr Kontrolltermine.[83] Es gab also sowohl Hinweise dafür, dass Hausärzte das Phänomen der »health inequalities« durch eine höhere Sensibilität gegenüber den medizinischen Bedürfnissen der oberen Klassen verstärkten als auch dafür, dass sie versuchten, die unteren Klassen trotz finanzieller Restriktionen engmaschiger zu betreuen.

Obwohl das Budget des NHS während der 1980er Jahre sektionsinflationsbereinigt um 16,5 %[84] stieg, wuchs die Zahl von Patienten auf Wartelisten in diesem Zeitraum noch einmal deutlich an. Die zusätzlichen Mittel reichten nicht aus, um die durch den medizinischen Fortschritt dieser Zeit möglich gewordenen Operationen und Behandlungen zügig für alle betroffenen Patienten zu finanzieren. Großbritannien nahm jedoch beispielsweise bei der Entwicklung besserer Immunsuppressiva und der darauf aufbauenden Transplantationsmedizin eine Vorreiterrolle ein: Im Jahr 1987 wurde in einem NHS-Krankenhaus die weltweit erste kombinierte Herz-Lungen-Leber-Transplantation erfolgreich durchgeführt.[85] Die Frage der Verteilung knapper Ressourcen wurde während der 1980er Jahre vor dem Hintergrund einer erheblich veränderten Konstellation der britischen Gesundheitspolitik verhandelt, die neue Formen von Ungleichheit produzierte: Eine Vielzahl von Patienten- und Angehörigenorganisationen betrieb nun intensive Kampagnen- und Lobbyarbeit für die speziellen Forschungs- und Versorgungsbedürfnisse ihrer Mitglieder. Erste Ansätze dieser Entwicklung lassen sich in der Konsumentenbewegung der 1950er Jahre ausmachen – nun verdichtete und professionalisierte sich der Einsatz für Patientenrechte. Die verfolgten Ziele variierten je nach der Situation der Mitglieder: Die Zuweisung zusätzlicher Mittel für die Erforschung von Heilmöglichkeiten spielte bei fast allen Gruppen eine wichtige Rolle. Bei Krankheiten, die wie HIV/Aids oder Schizophrenie mit starken sozialen Stigmatisierungen einhergingen, stellte zusätzlich der Abbau von Diskriminierungen sowohl innerhalb als auch außerhalb des Gesundheitssystems eine wichtige Forderung dar.[86] Der wachsende Einfluss advokatischer Interessenvertretung im Gesundheitssystem schuf eine direkte Kommunikationsebene zwischen Patienten und Politik, die es vor den 1980er Jahren in dieser Form nicht gegeben hatte. Sie ermöglichte Anpassungen des Gesundheitssystems an spezielle Bedürfnisse und Ängste von Patienten über den zwischen Arzt und Patienten verhandelten Einzelfall hinaus.[87] Einzelfälle wurden wesentlich schneller zum Politikum als zuvor. Einflussmöglichkeiten auf politische

---

83 Ebd., S. 50.

84 Eigene Berechnung auf Grundlage der Angaben bei *Dixon/Harrison*, Funding the NHS.

85 *David Hamilton*, A History of Organ Transplantation. Ancient Legends to Modern Practice, Pittsburgh, PA 2012, S. 380–412.

86 *Christine Hogg*, Patient, Power and Politics. From Patients to Citizens, London 1999, S. 42.

87 *Rebecca Dresser*, The Role of Patient Advocates and Public Representatives in Research, in: *Ezekiel J. Emanuel/Christine Grady/Robert A. Crouch* u. a. (Hrsg.), The Oxford Textbook of Clinical Research Ethics, Oxford/New York etc. 2011, S. 231–241, hier: S. 231. Dresser zeigt auch die Nachteile des Einflusses von Patientenorganisationen auf: Diese lenkten Aufmerksamkeit und finanzielle Mittel zu stark in behandlungsorientierte Forschung, wodurch die Grundlagenforschung zu kurz komme. Außerdem sei ihre Priorisierung des bestmöglichen Ausgangs für jeden einzelnen Patienten mit der Logik von Doppelblindstudien, die einen zentralen Rang in der biomedizinischen Forschung einnehmen, nicht vereinbar, da ein Teil der Teilnehmer solcher Studien statt des potenziell lebensrettenden Medikaments nur ein Placebo erhält.

Entscheidungen waren unter den Patienten und Angehörigen jedoch ungleich verteilt: Organisationen, die es – seit den 1970er Jahren zunehmend unterstützt durch professionelle Lobbyisten[88] – verstanden, Marketingstrategien wie die telegene Inszenierung von Opfern der jeweiligen Krankheit geschickt mit dem Einsatz prominenter Unterstützer zu kombinieren, setzten sich in der von der Logik moderner Massenmedien geprägten Aufmerksamkeitsökonomie stärker durch als andere.[89]

Die Regierung Thatcher reagierte ungeachtet ihrer ansonsten tendenziell abwehrenden Haltung gegenüber Interessengruppen[90] auf die wachsende Bedeutung der Patientenorganisationen, indem sie eine Charta zu Patientenrechten (»Patient's Charter«) plante, die schließlich 1991 unter Thatchers Nachfolger John Major veröffentlicht wurde. Die Charta stärkte die Position der Patienten im Gesundheitssystem, indem sie unter anderem die maximale Wartezeit für Krankenhaus- und Facharztbehandlungen auf zwei Jahre beschränkte.[91] Hier ging es auch – aber durchaus nicht nur – um wahlchirurgische Eingriffe, deren jahrelange Herauszögerung zwar keine Lebensgefahr für die Patienten bedeutete, aber ihre Lebensqualität zum Teil empfindlich einschränkte und für entsprechenden Unmut sorgte. Anders als von den Patientenorganisationen gefordert, enthielt die Patienten-Charta eher unverbindliche Standards sowie Absichtserklärungen der Politik und nicht Rechte im juristischen Sinne. Patienten konnten teure Behandlungen, deren Kosten das Budget des zuständigen Krankenhauses überstiegen, auch nach ihrer Einführung nicht einklagen. Die konservative Regierung wollte die Vorstellung des Patienten als selbstbewussten Konsumenten medizinischer Leistungen durch die Charta im politischen Mainstream verankern und zugleich Bedenken gegen die geplante Einführung NHS-interner Märkte ausräumen. Letzteres ging auf die Vorschläge eines Weißbuchs zu möglichen Gesundheitsreformen zurück, das die Regierung 1989 veröffentlicht hatte. Der Kern dieses Reformprojekts bestand darin, die Finanzierung medizinischer Leistungen organisatorisch von ihrer Bereitstellung zu trennen. Manager innerhalb des NHS sollten dafür verantwortlich sein, unter verschiedenen Anbietern denjenigen zu finden, der für einen Fixpreis die beste Qualität bot. In der öffentlichen Auseinandersetzung um die Vorschläge des Weißbuchs stellte der zuständige Staatssekretär Kenneth Clark das Prinzip der geplanten internen Märkte jedoch etwas anders dar und betonte vor allem, dass die Finanzierung von Einrichtungen an den Zulauf von Patienten gekoppelt werden sollte. Wechselten Patienten also aufgrund besserer Ergebnisse oder kürzerer Wartelisten zu einem anderen Arzt oder Krankenhaus, sollten diese künftig mehr Mittel erhalten.[92] Das Konzept stieß auf harsche Kritik nicht nur seitens der Opposition, sondern auch der Ärztekammern, da es aus deren Sicht den gemeinwohlorientierten Geist des NHS durch finanzielles Kalkül ersetzen wollte und damit die umfassende Versorgung der Patienten nach medizinischem Bedarf und nicht nach finanziellen Erwägungen infrage stellte. Wenn die Gesundheitspolitik der Ära Thatcher als radikal bezeichnet werden kann, dann weil sie die skizzierte Reform ohne auch nur kosmetische Zugeständnisse an ihre zahlreichen Kri-

---

88 *Matthew Hilton/James McKay/Nicholas Crowson* u.a., The Politics of Expertise. How NGOs Shaped Modern Britain, Oxford 2013, S. 114.

89 Frühe Beispiele für »Celebrity Endorsement« sind die US-amerikanische Antirauchenkampagne mit Yul Brynner von 1985, der 1987 durch den Sänger Paul Simon gegründete »Children's Health Fund« sowie das Engagement von Prinzessin Diana für HIV-Infizierte und Leprakranke seit 1987.

90 Vgl. *Hilton/McKay/Crowson*, The Politics of Expertise, S. 142.

91 Vgl. zur »Patient's Charter«: *Hogg*, Patient, Power and Politics, S. 43.

92 Vgl. *Penelope M. Mullen*, Which Internal Market? The NHS White Paper and Internal Markets, in: *Grahame Thompson/Jennifer Frances/Rosalind Levačić* u.a. (Hrsg.), Markets, Hierarchies and Networks. The Coordination of Social Life, London 1998, S. 96–104.

tiker umsetzte[93] – die fundamentalen Prinzipien des NHS änderten sich durch die internen Märkte jedoch nicht.

Ungeachtet der Veränderungen der 1980er Jahre zeigt die Geschichte des britischen Gesundheitssystems seit seiner Gründung zwei Konstanten: eine gemessen an seinen umfangreichen Aufgaben – sowohl bei der Versorgung mit medizinischer Behandlung für alle britischen Bürger als auch im britischen Wohlfahrtsstaat – chronische Unterfinanzierung und eine relativ hohe Effizienz beim Einsatz knapper Ressourcen.

VI. FAZIT

Die Regierungszeit Margaret Thatchers brachte für die Geschichte Großbritanniens erhebliche Veränderungen mit sich, deren Darstellung in der nationalen Historiografie häufig so stark betont wird, dass wichtige Kontinuitäten im Verhältnis zwischen Bürger und Staat eher verblassen. Eine solche Kontinuität besteht darin, dass der britische Staat weiterhin eine – gemessen an anderen Demokratien – bemerkenswert starke Rolle im Gesundheitssystem einnahm, da grundlegende Privatisierungen hier im Gegensatz zu anderen Bereichen nie mehrheitsfähig waren. Der universelle Zugang zu medizinischer Behandlung konnte jedoch die gesamtgesellschaftliche Entwicklung einer zunehmenden sozialen Ungleichheit nicht ausgleichen, die mit einer deutlich auseinanderstrebenden Entwicklung der Lebenserwartung und des Gesundheitszustands sozialer Gruppen einherging. Sozioökonomische Deutungen dieser »health inequalities« erlebten während der 1980er Jahre innerhalb der medizinsoziologischen Forschung einen Aufstieg, befanden sich aber auch immer mehr in einer Konkurrenz mit Ansätzen, die Lebensstilfaktoren wie Rauchen oder Ernährung für solche Unterschiede verantwortlich machten.

In den britischen Debatten der 1980er Jahre wurden »health inequalities« immer wieder als Gerechtigkeitsproblem thematisiert – letztlich erwies sich das Argument der konservativen Regierung, Ungleichheit sei als Preis hinzunehmen, solange Lebenserwartung und Gesundheitszustand (analog zum Lebensstandard) für alle insgesamt stiegen, in dieser Phase jedoch als politisch mehrheitsfähig.

---

93 Vgl. *Klein*, The New Politics of the NHS.

Christiane Reinecke

Disziplinierte Wohnungsnot

Urbane Raumordnung und neue soziale Randständigkeit in Frankreich und Westdeutschland

Die Beseitigung der akuten Wohnungsnot und die Schaffung besserer urbaner Verhältnisse für alle sozialen Schichten gehörten in der Nachkriegszeit zu den zentralen Versprechen westeuropäischer Wohlfahrtsstaaten. Nachdem das Kriegsgeschehen in vielen Städten massive Zerstörungen zur Folge gehabt hatte, stellte der verbreitete Wohnungsmangel bis weit in die 1960er Jahre ein zentrales gesellschaftliches Problem dar. Dass die umfassende Politik des sozialen Wohnungsbaus, die in Frankreich wie in Westdeutschland mit einem staatlich finanzierten Bauboom einherging, tief greifende Veränderungen im Stadtbild mit sich brachte, ist in der historischen Literatur ausführlich behandelt worden.[1] Deutlich weniger haben sich Historikerinnen und Historiker hingegen mit den längerfristigen sozialen Implikationen der Wohnungs- und Stadtplanungspolitik befasst.[2] Dabei führten zeitgenössische politische Akteure besonders gern die Zahl neu erbauter Wohnungen an, um die Leistungen des Wohlfahrtsstaats hervorzuheben. Auch verbanden sie mit der Neuordnung des urbanen Raums umfassende Erwartungen an eine Reform der sozialen Verhältnisse. Wohnungspolitik, Stadtplanung und sozialer Wohnungsbau waren nicht allein Instrumente zur Ordnung des Raums, sondern sie stellten wichtige sozialpolitische Instrumente dar.

Angesichts dessen ist es kaum überraschend, dass die Kritik an der Segregation und Konzentration bestimmter Gruppen im urbanen Raum in den Massenmedien, politischen Debatten und der Sozialforschung einen zentralen Schauplatz der Auseinandersetzung mit den Grenzen des Wohlfahrtsstaats bildete – sowie überhaupt der Auseinandersetzung mit Gleichheit oder Ungleichheit.[3] Immer wieder diente in der zweiten Hälfte des 20. Jahrhunderts die Warnung vor urbanen Problemzonen, Slums oder Gettos, vor Segregation und sozialer Polarisierung dazu, an die Moral der eigenen Gesellschaft zu appellieren, oder umgekehrt dazu, in Anflügen moralischer Panik vor einer Gefährdung der öffentli-

---

1 Zum Wohnungsbau der Nachkriegszeit in Frankreich und Westdeutschland vgl. *Jeffry M. Diefendorf*, In the Wake of War. The Reconstruction of German Cities after World War II, Oxford/ New York etc. 1993; *Ingeborg Flagge* (Hrsg.), Geschichte des Wohnens, Bd. 5: 1945 bis heute. Aufbau, Neubau, Umbau, Stuttgart 1999; *Danièle Voldman*, La reconstruction des villes françaises de 1940 à 1954. Histoire d'une politique, Paris 1997; *Thibault Tellier*, Le temps des HLM 1945–1975. La saga urbaine des Trente Glorieuses, Paris 2007; *Brian W. Newsome*, French Urban Planning 1940–1968. The Construction and Deconstruction of an Authoritarian System, New York 2009.

2 Zum Desiderat der Erforschung sozialräumlicher Konstellationen in der Bundesrepublik vgl. auch *Axel Schildt*, Die Sozialgeschichte der Bundesrepublik Deutschland bis 1989/90, München 2007. Zur Bedeutung (urbaner) Räume für aktuelle Ungleichheits- und Armutsdebatten vgl. die Beiträge in: *Hartmut Häußermann/Martin Kronauer/Walter Siebel* (Hrsg.), An den Rändern der Städte. Armut und Ausgrenzung, Frankfurt am Main 2004.

3 Die historische Analyse der von urbanen Kontexten ausgehenden Problematisierung sozialer Ungleichheit zwischen 1950 und 1990 ist das Thema des Habilitationsprojekts, aus dem die vorliegenden Überlegungen hervorgehen und das den Arbeitstitel »*Badlands* oder die moralische Ökonomie der Wohlstandsgesellschaft. Urbane Marginalität in Frankreich und Westdeutschland« trägt.

chen Sicherheit zu warnen, die in der Regel mit Migranten oder den unteren Schichten in Verbindung gebracht wurde.[4]

Daher ist es lohnenswert, sich in der zeitgeschichtlichen Forschung den wechselnden Topografien des Sozialen und ihrer Problematisierung durch die Zeitgenossen zuzuwenden: zum einen, weil damit jene Verschiebungen im Umgang mit sozialer Ungleichheit erkennbar werden, die sich auf die Beobachtung des Nahraums Stadt bezogen.[5] Zum anderen, weil im Zusammenhang mit urbaner Ungleichheit und dem Versuch, soziale Probleme über räumliche Arrangements zu lösen, offenkundig wird, dass die versuchte Einhegung sozialer Ungleichheit auch im modernen Wohlfahrtsstaat eine Arbeit am Verhalten der Bürgerinnen und Bürger darstellte, die wiederum eng mit sozialtechnologischen Vorstellungen verknüpft war.[6] Das wird besonders an der Art und Weise deutlich, wie im westdeutschen und französischen Wohlfahrtsregime mit Familien umgegangen wurde, die im Rahmen der städtischen Wohnungspolitik als »asozial«, »sozial schwach« oder »nicht angepasst« klassifiziert wurden – und die im Zentrum der vorliegenden Analyse stehen. Zugespitzt formuliert, lassen sich an den Verschränkungen zwischen räumlicher Regulierung und sozialer Ungleichheit in Frankreich und Westdeutschland zwei Punkte zeigen: zum einen, dass die Auseinandersetzung mit Armut und Marginalität in den westeuropäischen Nachkriegsgesellschaften auf vielfältige Weise mit urbanen Entwicklungen verflochten war. Zum anderen, dass auch in den 1960er Jahren – und damit zur Blütezeit der europäischen Wohlfahrtsstaaten – Wohlfahrtsregime Ungleichheit nicht nur eindämmten, sondern auch selbst hervorbrachten.[7]

Versuche, über institutionell-räumliche Arrangements – wie das Gefängnis, die Klinik, das Armenhaus – die Kontrolle und Disziplinierung der Staatsbürger zu erreichen, reichen weit zurück, wie Michel Foucault und andere eindrücklich gezeigt haben. Demnach fanden mit der Etablierung des modernen Verwaltungsstaats disziplinierende »Techniken des Selbst« Verbreitung, die darauf abzielten, dass der Einzelne das eigene Verhalten und die eigenen Instinkte kontrollierte und optimierte. Folgt man Foucault in seiner Unterscheidung dreier Regierungstypen, kam zu Souveränität und Disziplinierung noch eine Form der gouvernementalen Herrschaft hinzu, die weniger vom politischen Subjekt als von der Ressource Bevölkerung und ihrer Selbstregulierung, ihrer Steuerung und Optimierung im Verhältnis zu Wirtschaft und sozialem Leben ausging.[8] Der auf die Verbesserung der

---

4 Zu dem Versuch, die normativen Ansprüche, die an wohlfahrtsstaatliche Arrangements gestellt werden, über den Rückgriff auf das Konzept der »moral economy« zu fassen, vgl. *Steffen Mau*, Welfare Regimes and the Norms of Social Exchange, in: Current Sociology 52, 2004, S. 53–74; sowie überhaupt zur produktiven Neuwendung des Konzepts *Didier Fassin*, Les économies morales revisitées, in: Annales. Histoire, Science Sociales 64, 2009, S. 1237–1266.

5 Zur Bedeutung von »Nahraumverhältnissen« für die Beschreibung des Sozialen vgl. *Markus Schroer*, Räume, Orte, Grenzen. Auf dem Weg zu einer Soziologie des Raums, Frankfurt am Main 2006, hier: S. 27.

6 Peter Baldwin vertritt sogar die These, dass im modernen Wohlfahrtsstaat des fortgeschrittenen 20. und 21. Jahrhunderts die formale Kontrolle des Verhaltens der Bürger wieder an Einfluss gewinnt. *Peter Baldwin*, The Return of the Coercive State? Behavioral Control in Multicultural Society, in: *Thaza V. Paul/Gilford J. Ikenberry/John A. Hall* (Hrsg.), The Nation-State in Question, Princeton, NJ 2003, S. 106–135.

7 Zu dieser Blütezeit westeuropäischer Sozialstaaten vgl. den Überblick bei *Hartmut Kaelble*, Sozialgeschichte Europas. 1945 bis zur Gegenwart, München 2007.

8 *Michel Foucault*, Geschichte der Gouvernementalität I: Sicherheit, Territorium, Bevölkerung. Vorlesung am Collège de France 1977–1978, hrsg. v. *Michel Sennelart*, Frankfurt am Main 2004, insb. S. 13–51 und 87–133. Zu Foucaults Analyse der Gouvernementalität vgl. zudem die luzide Darstellung von *Mitchell Dean*, Governmentality. Power and Rule in Modern Society, London 1999.

Lebensbedingungen hinarbeitende Wohlfahrtsstaat, die Gesundheitspolitik, die nationale Ökonomie, das sich optimierende Selbst – sie alle können als Institutionen einer solchen gouvernementalen Herrschaft gelten.

Das heißt indes nicht, dass Formen der räumlichen Regulierung, der versuchten Kontrolle und Integration von Problembevölkerungen mithilfe einer veränderten Anordnung des physischen Raums in modernen Wohlfahrtsregimen keinen Platz mehr hatten.[9] Ganz im Gegenteil entsprach es der Logik eines seit der Zwischenkriegszeit einflussreichen sozialtechnologischen Denkens und Handelns, dass soziale Experten versuchten, über eine Neuordnung des urbanen Raums und räumliche Arrangements eine Ordnung des Sozialen und eine Einhegung sozialer Probleme zu erreichen.[10] Umfassende Projekte des *slum clearance* und *urban renewal* ebenso wie die Arbeit an einer sozialen Durchmischung der Bevölkerung zeugen davon, dass in den westeuropäischen Wohlfahrtsstaaten des fortgeschrittenen 20. Jahrhunderts sozialräumliche Regulierung keineswegs obsolet wurde.[11] Um zu verstehen, wie die Arbeit an der sozialen mit der Arbeit an der urbanen Ordnung verknüpft war, konzentriert sich die vorliegende Analyse auf den zeitgenössischen Umgang mit *mal-logés* (schlecht Untergebrachten) und Obdachlosen. Angesichts der in Frankreich wie in Westdeutschland noch immer vorherrschenden Wohnungsknappheit sorgte die Situation von Familien, die über keine reguläre Unterkunft verfügten, in den 1960er Jahren für Aufsehen. Die Analyse nähert sich dem Umgang mit diesen Familien, indem sie eine wissensgeschichtliche Perspektive mit der Untersuchung administrativer Praktiken verknüpft. Sie folgt dem Ordnungsdenken und Handeln der Verwaltungen ausgehend von deren internen Stellungnahmen. Vor allem aber bezieht sie die sozialwissenschaftliche Wissensproduktion ein, die zwar eigenen Logiken folgte, sich aber auf urbane Politiken bezog und sie in einem weiteren gesellschaftlichen Zusammenhang verortete. Was zu unterschiedlichen Zeiten als »soziale Ungleichheit« galt, wird hier in erster Linie als ein Deutungsphänomen verstanden. Zwar kann für alle Gesellschaften angenommen werden, dass der Zugang zu Ressourcen und Chancen ungleich verteilt war, doch war es stets die spezifische Ausdeutung dieses multidimensionalen Phänomens, die (politische, wirtschaftliche, soziale) Handlungen ausrichtete.[12] Umso mehr, als dem Un-

---

9 Zu den sozialen Implikationen und dem Wandel räumlicher Regulierung am Beispiel New Yorks vgl. *Themis Chronopoulos*, Spatial Regulation in New York City. From Urban Renewal to Zero Tolerance, New York 2011. Speziell mit Blick auf den Umgang mit ethnischer Segregation in Westeuropa vgl. *Sybille Münch*, Integration durch Wohnungspolitik? Zum Umgang mit ethnischer Segregation im europäischen Vergleich, Wiesbaden 2010, sowie zur Wahrnehmung von Armut und urbaner Segregation im deutsch-deutschen Vergleich *Christoph Lorke*, Sozialutopie vs. Problemviertel: Wahrnehmung urbaner Segregation im geteilten Deutschland, in: *Thomas Großbölting/Rüdiger Schmidt* (Hrsg.), Gedachte Stadt – Gebaute Stadt. Urbanität in der deutsch-deutschen Systemkonkurrenz (i.E.). Für eine Langzeitperspektive auf sozialräumliche Regulierung vgl. *Lutz Raphael*, Grenzen von Inklusion und Exklusion. Sozialräumliche Regulierung von Armut und Fremdheit im Europa der Neuzeit, in: Journal of Modern European History 11, 2013, S. 147–167.

10 Thomas Etzemüller, der das Dispositiv des »social engineering« als »Kombination von Sozialtechnologien, einem Ordnungsmodell und einem dezidierten Gestaltungsimperativ« charakterisiert, sieht als dessen Hochphase die Zeit vom Ersten Weltkrieg bis etwa zum Beginn der 1960er Jahre. *Thomas Etzemüller*, Social Engineering als Verhaltenslehre des kühlen Kopfes. Eine einleitende Skizze, in: *ders.* (Hrsg.), Die Ordnung der Moderne. Social Engineering im 20. Jahrhundert, Bielefeld 2009, S. 11–39, hier: S. 30.

11 Zum Ende einer modernistischen Stadtplanungspolitik des »urban renewal« auch aus sozialpolitischen Gründen vgl. *Christopher Klemek*, The Transatlantic Collapse of Urban Renewal. Postwar Urbanism from New York to Berlin, Chicago/London 2011.

12 Zum Ungleichheitsbegriff in der Soziologie vgl. *Heike Solga/Peter A. Berger/Justin Powell*, Soziale Ungleichheit – Kein Schnee von gestern! Eine Einführung, in: *dies.* (Hrsg.), Soziale

gleichheitsbegriff (anders als der Rede von sozialer Schichtung) die Kritik an einem Zuviel an Unterschieden implizit ist. »Soziale Ungleichheit« ist aus Sicht der historischen Forschung damit sowohl ein vergangenes soziales Phänomen als auch ein Element vergangener gesellschaftlicher Selbstbeschreibungen.[13] Es ist der letztgenannte Aspekt, der im Folgenden im Vordergrund steht: Der Fokus liegt auf der sich wandelnden Problematisierung von Benachteiligung oder Privilegierung durch die zeitgenössischen Akteure.

Da Experten des urbanen Sozialen wie Sozialarbeiter, Soziologen und Städteplaner oft über nationale Grenzen hinaus vernetzt waren, folgt die Analyse einer vergleichs- und verflechtungsgeschichtlichen Perspektive. Sie geht vom französischen Beispiel auf der einen und dem westdeutschen Beispiel auf der anderen Seite aus – und zwar in erster Linie, weil beide Länder in ihrer Politik des sozialen Wohnungsbaus und ihrer Boom-Erfahrung der Nachkriegsjahre erstaunliche Parallelen aufwiesen, weil sie zugleich aber mit einer Reihe unterschiedlicher Problemlagen zu kämpfen hatten: Frankreich erlebte in der zweiten Hälfte einen Urbanisierungsschub, der im deutschen Fall deutlich früher eingesetzt hatte und sehr viel weiter vorangeschritten war. Während beide Länder innerhalb Europas zu den wichtigsten Zielländern der innereuropäischen Arbeitsmigration zählten, kam im französischen Fall der Zuzug aus den kolonialen beziehungsweise ehemals kolonialen Gebieten hinzu, der für Verwaltung und Gesellschaft eine weitere Herausforderung bedeutete. Umso interessanter ist es, sich angesichts dieser Parallelen und Unterschiede mit der französischen und westdeutschen Entwicklung zu befassen und zu untersuchen, inwiefern sich der Umgang mit urbaner Randständigkeit dort ähnelte oder unterschied. Der erste Abschnitt behandelt daher die gestaffelten Wohnlösungen für obdachlose Familien in Westdeutschland, um dann in einem zweiten Abschnitt den Umgang mit sogenannten *mal-logés* im französischen Wohlfahrtsregime – und dessen Kritik durch die Zeitgenossen – zu untersuchen. Der dritte Abschnitt situiert dann die Verschiebungen, die sich im Umgang mit urbaner Ungleichheit in beiden Ländern abzeichneten, im weiteren Kontext der Herstellung sozialer Probleme durch den Wohlfahrtsstaat und des Abschieds von sozialtechnologischen Vorstellungen.

I. OBDACHLOSIGKEIT, KOMMUNALE NOTUNTERKÜNFTE UND DIE DISZIPLINIERUNG DER WOHNUNGSNOT

»In Mannheim wohnt man nicht am Hinteren Riedweg«, schrieb der ZEIT-Journalist Hanspeter Neumann 1968. »Hat man jedoch das Pech, dort zu wohnen, ist man abgestempelt als Asozialer.«[14] Beim Hinteren Riedweg handelte es sich um eine aus etwa zweihundert Baracken und Einfachhäusern bestehende städtische Obdachlosensiedlung. Neumann war kaum der Einzige, der sich für das »Elendsviertel am Rande Mannheims« interessierte. Am Übergang zu den 1970er Jahren erschienen in der überregionalen Presse und im Fernsehen zahlreiche Artikel und Dokumentationen, die sich mit den Obdachlosensiedlungen in westdeutschen Großstädten befassten.[15] Die Mannheimer Siedlung in

Ungleichheit. Klassische Texte zur Sozialstrukturanalyse, Frankfurt am Main 2009, S. 11–46. Zur Historisierung sozialer Ungleichheit als Element gesellschaftlicher Selbstbeschreibungen vgl. die Beiträge in: *Christiane Reinecke/Thomas Mergel* (Hrsg.), Das Soziale ordnen. Sozialwissenschaften und gesellschaftliche Ungleichheit im 20. Jahrhundert, Frankfurt am Main 2012.

13 Zur Geschichte sozialer Ungleichheit im sozialstaatlichen Kontext vgl. die Beiträge in: AfS 47, 2007; sowie *Hans Günter Hockerts/Winfried Süß* (Hrsg.), Soziale Ungleichheit im Sozialstaat. Die Bundesrepublik Deutschland und Großbritannien im Vergleich, München 2010.

14 *Hanspeter Neumann*, Abgestempelt. Elendsviertel am Rande Mannheims, in: Die ZEIT, 8.3.1968.

15 Vgl. unter anderem *Edith Zundel*, Die Gesellschaft der Obdachlosen, in: Die ZEIT, 2.6.1967; *Ernst Klee*, »'Ne Alkoholfahne wie'n Heiligenschein«, in: Die ZEIT, 3.4.1970; Hier wurde die

Waldhof-Ost, die mit geschätzten 4.000 Bewohnerinnen und Bewohnern zu einer der größten der Bundesrepublik zählte, diente ihnen als beliebtes Beispiel. Beinah alle diese Berichte stellten Obdachlosigkeit als ein zentrales, wenn nicht als *das* zentrale kommunalpolitische Problem dar. Viele stützen sich auf erst kürzlich erschienene sozialwissenschaftliche Studien. Durchgehend ging es den Autorinnen und Autoren nicht um Menschen, die auf der Straße lebten, sondern um Familien, die Anfang der 1970er Jahre noch in vergleichsweise großer Zahl in kommunalen Notunterkünften wohnten.

Die westdeutschen Kommunen verbanden mit Obdachlosen in den ersten Nachkriegsjahrzehnten nicht primär Menschen, die auf der Straße lebten. Diese wurden als Nichtsesshafte erfasst. Vielmehr waren es die Bewohner der in zahlreichen Städten fortbestehenden Lager und kommunal verwalteten Notunterkünfte, auf die sich der Begriff der Obdachlosigkeit bezog. Die Auflösung dieser Unterkünfte wurde im Laufe der 1950er Jahre immer wieder gefordert und in Teilen auch umgesetzt, ließ sich angesichts der zahlreichen dort lebenden Familien aber nur zögerlich umsetzen – und blieb bis weit in die 1970er Jahre auf der politischen Agenda. Direkt nach Kriegsende hatten Barackenlager, Wohnlauben und Obdachlosenbunker vielen Bombenopfern und Flüchtlingen als temporäre Unterkünfte gedient. Bis Mitte der 1950er Jahre wurden insbesondere die metallenen Nissenhütten primär mit Flüchtlingen und Vertriebenen in Verbindung gebracht. Im Zuge des Wiederaufbaus und angesichts der rasch wachsenden Zahl von Neubauten entwickelten sich die weiter bestehenden Lager jedoch rasch zum Inbegriff einer unterprivilegierten Lebenssituation. Während neue oder modernisierte Wohnungen zum Symbol einer von weiten Teilen der Bevölkerung erfahrenen Hebung des Lebensstandards wurden, war das Leben in Notunterkünften spätestens Ende der 1950er Jahre zu einem Synonym für Armut geworden.

Ungeachtet der umfassenden Neubaupolitik nahm der Bedarf an diesen Unterkünften in den 1960er Jahren kaum ab, sondern zu. In den zeitgenössischen Debatten wurde stets auf das Beispiel Kölns verwiesen, wo die Zahl der als obdachlos Registrierten zwischen 1955 und 1961 von 6.563 auf 16.363 Personen und bis 1966 dann auf 18.423 Personen angewachsen war.[16] Duisburg zählte 1966 gut 14.600 Obdachlose, Hamburg knapp 15.600.[17] Indes führten viele Kommunen keine Statistiken, insofern schwanken die Schätzungen für die gesamte Bundesrepublik. Zeitgenössische Publikationen gingen um 1970 dementsprechend vage von 500.000, 800.000 oder 1.000.000 als obdachlos Betreuten aus.[18] Anders als in den direkten Nachkriegsjahren machten dabei nicht mehr Flüchtlinge und Bombenopfer die maßgebliche Bevölkerung der Notunterkünfte aus: Sie hatten die Lager

---

Marktwirtschaft zum Fluch. SPIEGEL-Report über sozial benachteiligte Gruppen in der Bundesrepublik, Part I: Obdachlose, in: Der SPIEGEL, 28.9.1970; *Ulla Hofmann*, Fünf Menschen in einem Zimmer ohne Wasseranschluss, in: Frankfurter Allgemeine Zeitung, 6.2.1970; *Vilma Sturm*, Bedrängnisse derer, die am Rande leben, in: Frankfurter Allgemeine Zeitung, 6.12.1970; *Siegfried Diehl*, Schwere Wege aus dem Getto, in: Frankfurter Allgemeine Zeitung, 15.4.1972; *Petra Michaely*, Warum sammelt Frau Schumann Tabletten?, in: Frankfurter Allgemeine Zeitung, 22.9.1973.

16 Vgl. die Angaben bei *Peter Höhmann*, Zuweisungsprozesse bei Obdachlosen. Zur Produktion sozialer Probleme durch Instanzen sozialer Kontrolle, Diss., Regensburg 1973, S. 29. Zu den steigenden Zahlen allgemein vgl. *Fritz Haag*, Wohnungslose Familien in Notunterkünften. Soziales Bezugsfeld und Verhaltensstrategien, München 1971, S. 16; Deutscher Städtetag (Hrsg.), Hinweise zur Obdachlosenhilfe, Köln 1968, S. 5.

17 Ebd.

18 Ebd.; *Ursula Christiansen*, Obdachlos weil arm. Gesellschaftliche Reaktionen auf die Armut, Gießen 1973, S. 29, *Klaus Schulz*, Die Rechtsstellung des Obdachlosen nach Bundes- und allgemeinem Sicherheitsrecht, Diss., Würzburg 1970, S. 12.

zu diesem Zeitpunkt größtenteils verlassen.[19] Die große Mehrheit bildeten stattdessen einkommensschwache Familien, die aufgrund von Mietschulden und infolge von Sanierungsmaßnahmen ihre früheren Wohnungen hatten räumen müssen. Deren Obdachlosigkeit war in erster Linie Ausdruck eines sozialen Problems, das eng mit Verschiebungen in der Wohnungspolitik verknüpft war.[20] Denn dass Mietschulden ein für einkommensschwache Haushalte immer größeres Problem darstellten, hing damit zusammen, dass die Bundesregierung im Laufe der 1960er Jahre die Mietpreisbindungen, die seit Kriegsende bestanden hatten, für immer mehr Gebiete aufhob.[21] Zugleich nahm infolge erster Sanierungsmaßnahmen die Zahl an nicht sanierten innerstädtischen Altbauwohnungen ab, in denen die Mieten traditionell am niedrigsten waren. Die fortgesetzt hohe Zahl an Obdachlosen galt dabei primär als ein Problem von Großstädten, die nach dem Krieg insgesamt mit größeren Wohnungsproblemen kämpften.

Darin, dass zahlreiche Familien weiterhin in Obdachlosenlagern wohnten, sahen die zuständigen Verwaltungsbeamten jedoch nicht primär eine Begleiterscheinung des herrschenden Wohnungsmangels, sondern den Ausdruck einer sozialen Schwäche. Sie unterschieden zwischen verschuldeter und unverschuldeter Obdachlosigkeit, normalem oder abweichendem Verhalten. So differenzierte eine Mitarbeiterin, die der Präsident des Hamburger Wohnungsamts 1954 mit der Befragung von Nissenhüttenbewohnern beauftragt hatte, zwischen »ordentlichen« und »tüchtigen« Familien auf der einen Seite und »sozial sehr schwachen« auf der anderen Seite. Obwohl in den Nissenhütten die »sozial schwachen Familien« zweifellos überwogen, erklärte die promovierte Mitarbeiterin Margarethe Bischke in ihrem Bericht, sei damit nicht gesagt, dass »alles irgendwie Tüchtige sich bereits im Wege der Selbsthilfe anderweitige [sic] Wohnraum verschafft« habe.[22] Die »große Unterschiedlichkeit im sozialen Niveau« machte ihr Sorgen, ebenso wie die Begleiterscheinungen des Lagerlebens:

»Die ordentlichen Familien empfinden es geradezu als Makel, hier noch wohnen zu müssen. Nicht selten werden sie von den Bewohnern benachbarter Häuser beschimpft und als Menschen zweiten Grades bezeichnet. [...] Je ordentlicher die Familien sind, umso dringender ist der Wunsch, aus dem Lager herauszukommen.«

Umso sinnvoller erschien es Bischke, den »ordentlichen Familien« bei der Umquartierung Priorität einzuräumen. Die »asozialen Familien« wiederum empfahl sie in den Nissenhütten zu belassen – aus erzieherischen Gründen: »Es könnte von erzieherischem Wert sein, wenn sich herumspräche, dass eine ordentliche Lebensführung Voraussetzung ist für die Zuweisung einer ordentlichen Wohnung.«[23] Bereits im Vorjahr hatte Bischke in einem Bericht eine Politik der Disziplinierung durch spezifische Wohnlösungen empfohlen, um

---

19 *Haag*, Wohnungslose Familien in Notunterkünften, S. 12f. Die Wohnungsämter gestanden Flüchtlingen in den 1950er Jahren oft eine hohe Dringlichkeitsstufe zu, sodass die Betroffenen relativ schnell aus den Behelfsunterkünften in neue Wohnungen ziehen konnten.

20 Ebd., S. 16f.; *Schulz*, Die Rechtsstellung des Obdachlosen, S. 11; *Dagmar Krebs*, Anwendung der Stress-Theorie in einer Felduntersuchung an Obdachlosen, Diss., Mannheim 1971, S. 8 und 12f.

21 Zur Entwicklung der Wohnungsmärkte sowie ihrer staatlichen Regulierung vgl. *Lidwina Kühne-Büning/Werner Plumpe/Jan-Ottmar Hesse*, Zwischen Angebot und Nachfrage, zwischen Regulierung und Konjunktur, in: *Flagge*, Geschichte des Wohnens, S. 153–232, insb. S. 158–162, sowie zu den politischen Hintergründen der Wohnungsprobleme *Lorke*, Sozialutopie vs. Problemviertel.

22 Zusammenfassender Bericht Dr. Bischke, 12.3.1954, Staatsarchiv (StA) Hamburg, 353-4, Amt für Wohnungswesen, 610, Bd. 1.

23 Ebd.

den betreffenden Bewohnern »Gelegenheit zu geben, in geordnete Verhältnisse hineinzu-
wachsen und sich in eine wirtschaftlich[e] und gesunde Lebensgemeinschaft zu fügen«.[24]

Aufschlussreich sind diese erzieherischen Maßgaben, weil sie in den folgenden Jahren
handlungsleitend für die weitere Räumungspolitik der Verwaltung und deren Zuteilung
von Sozialwohnungen wurden. Dass Familien, die in irregulären Unterkünften wohnten,
sich erst an geordnete Verhältnisse gewöhnen und lernen mussten, sich in die Gemeinschaft einzufügen, wurde zu einer zentralen Maßgabe nicht nur der Hamburger Wohnungspolitik, sondern auch der anderer westdeutscher Großstädte. Da es dem vorherrschenden Armutsverständnis entsprach, die Ursachen für schlechte Wohnverhältnisse bei
den Betroffenen selbst zu suchen, etablierten die großstädtischen Verwaltungen in den
1950er Jahren ein mehrstufiges System, das auf die Eingliederung oder Resozialisierung
von Familien abzielte, die über keine reguläre Unterkunft verfügten.[25] Als Vorbild diente
ihnen ein Drei-Stufen-System, das Köln Mitte der 1950er Jahre etabliert hatte. Die unterste Stufe dieses Systems bildeten Obdachlosenunterkünfte, die in der Regel isoliert am
Stadtrand lagen und sehr einfach ausgestattet waren. Die zweite Stufe bildeten geringfügig besser ausgestattete sogenannte Übergangswohnungen. Auf der dritten Stufe folgten
Normalwohnungen im sozialen Wohnungsbau.

Dieser Dreiteilung entsprach eine Einteilung der obdachlosen Familien entsprechend
ihrer Eingliederungsfähigkeit. Ulrich Brisch, der als Kölner Sozialdezernent besonders
aktiv für das dort etablierte System warb, unterschied in einer Denkschrift von 1960 zwischen zwei Gruppen: 1. »förderungswürdigen Obdachlosen« und damit Personen, die
»nach ihrer sozialen Struktur nur vorübergehend in der Betreuung der Obdachlosenfür-
sorge stehen, […] die im übrigen aber der sozialen Hebung würdig sind«; sowie 2. »Asoziale[n] oder stark sozialabile[n] Personen, die sich in die bürgerliche Gesellschaft nicht
einzuordnen vermögen und deren soziale Hebung nicht oder nur unter unverhältnismäßig
hohen Aufwendungen möglich ist«.[26] Durchaus in der Tradition eines Gemeinschaftsden-
kens, das klare Grenzen zwischen zur Gemeinschaft Gehörigen und außerhalb der Gemeinschaft Stehenden beziehungsweise für die Gemeinschaft Schädlichen zog[27], plädierte
Brisch für die räumliche Isolation der Sozialabilen auf der einen und die Überweisung
der Förderungswürdigen in Übergangshäuser und Normalwohnungen auf der anderen Seite.[28] Wie in Köln orientierten sich zahlreiche großstädtische Kommunen an solchen zwei-

---

24 Ähnliche Vorschläge machten die Vertreter der städtischen Wohnungsgesellschaften, die emp-
   fahlen, Familien, die lange in Notwohnungen gelebt hatten, nicht direkt in Neubauwohnungen
   einzuweisen, sondern sie »etappenweise an ein geordnetes Wohnen« zu gewöhnen. Bericht Dr.
   Bischke, 19.12.1953, StA Hamburg, 353-4, Amt für Wohnungswesen, 610, Bd. 1.
25 Für einen Zwischenstand hinsichtlich der Politik unterschiedlicher Städte vgl. die Antworten
   auf einen diesbezüglichen Rundbrief des Deutschen Städtetags, 18.8.1958, Landesarchiv Berlin, B Rep. 142-09, Nr. 6/30-54, Bd. 1.
26 *Ulrich Brisch*, Denkschrift über das Obdachlosenproblem im Stadtgebiet Köln, Köln 1957;
   ders., Moderne Formen der Jugend- und Familienhilfe in sozialen Brennpunkten, in: Land-
   schaftsverband Rheinland (Hrsg.), Fortbildungstagung für Fachkräfte in Tageseinrichtungen
   für Kinder in sozialen Brennpunkten, Köln 1969, S. 5–24.
27 Zum Ordnungsmodell des Volksgemeinschaft in der Stadtplanung vgl. *David Kuchenbuch*, Geordnete Gemeinschaft: Architekten als Sozialingenieure. Deutschland und Schweden im 20.
   Jahrhundert, Bielefeld 2010; sowie zur Tradition des Volksgemeinschaftsdenkens in der Architektur *Sylvia Necker*, Konstanty Gutschow (1902–1978). Modernes Denken und volksgemeinschaftliche Utopie eines Architekten, Hamburg 2012.
28 Gängiger wurde die Einteilung in a) sozial unangepasste, nicht oder nur mit besonderem Aufwand eingliederungsfähige Familien, b) sozial unangepasste, in der Regel mit sozialen Hilfen
   eingliederungsfähige Familien, c) sozial unangepasste Familien. Vgl. *Haag*, Wohnungslose Familien in Notunterkünften, S. 27.

oder dreigliedrigen Schemata, um zu entscheiden, welche Familien für den normalen sozialen Wohnungsbau geeignet waren und welche in Obdachlosensiedlungen verbleiben sollten. Mit der Überweisung in Übergangswohnungen verbanden sie wiederum die explizite Erwartung, deren schrittweise Anpassung an ein ›Normalverhalten‹ zu erreichen.[29]

Es entsprach der Logik eines seit der Zwischenkriegszeit einflussreichen sozialtechnologischen Denkens, dass die Verwaltungsexperten damit versuchten, über eine Ordnung des Raums geordnete soziale Verhältnisse zu schaffen. Ihr Handlungsprogramm der Integration in die Gemeinschaft übertrugen sie auf ein räumliches Arrangement. Die Mitglieder der Sozial- und Arbeitsverwaltungen präsentierten diese Maßnahme als eine neue Praxis. Dennoch lässt sie sich einordnen in weiter zurückreichende Traditionen der Disziplinierung über die Einweisung in Arbeits- und Armenhäuser. Unterschiede zwischen sozial- oder christdemokratisch verwalteten Städten waren dabei nicht erkennbar. Während München das Mehr-Stufen-System unter einer SPD-Regierung etablierte, waren sowohl Köln als auch Hamburg CDU-regiert, als sie die entsprechende Regelung Mitte der 1950er Jahre einführten. Bischke und Brisch wiederum, die eine Mitglied der Hamburger Wohnungs-, der andere der Kölner Sozialverwaltung, die sich in ihrem Plädoyer für die disziplinierende Wirkung der Segregation »sozial Schwacher« ähnelten, hatten beide ihre Dissertationen zur Gewerkschaftsbewegung geschrieben; und damit zu einem Thema, das eine Nähe zur Arbeiterbewegung nahelegte.[30] Dass sich die großstädtischen Kommunen in ihrer Politik der sozialräumlichen Regulierung glichen, war damit kaum einer spezifischen parteilichen Orientierung zuzuschreiben.

Allerdings trugen sie mit ihrer Politik selbst zur Herstellung sozialer Probleme bei. Kombiniert mit dem Wunsch, Problemfamilien zu isolieren, führte die Notwendigkeit niedriger Baukosten dazu, dass die großstädtischen Kommunen ihre Siedlungen in städtischer Randlage errichteten. Die eingangs erwähnte Mannheimer Siedlung war dafür typisch. Sie lag direkt neben den Bahngleisen an der Grenze zu einem Fabrikgelände und damit in einem Gebiet, das für andere Bauherren unattraktiv war.[31] Dementsprechend schlecht war die verkehrstechnische Anbindung. Die Bewohner der Waldhof-Baracken, die meist über kein Auto verfügten, schränkte das in ihrer Mobilität ein. Zudem erhöhte die betont einfache Ausstattung das Konfliktpotenzial innerhalb der Siedlung: indem die dünnen Wände, verknüpft mit der dichten Belegung der Räume, zu Beschwerden über den hohen Lärmpegel führten und es an Ausweichraum mangelte. Auch brachte es die schlichte Bauweise mit sich, dass sich die Baracken sichtbar von ihrer Umgebung abhoben. Das hatte vor allem zwei Effekte: Zum einen nahm die übrige Stadtbevölkerung die Siedlungsbewohner als separate Einheit wahr und brachte sie mit abweichenden Verhältnissen in Verbindung. Zum anderen unterschieden die Siedlungsbewohner selbst klar zwischen sich und »den Anderen«.

Der Boxer Charles »Charly« Graf, der in den 1970er Jahren zu einem Star der westdeutschen Box-Szene wurde, wuchs in Waldhof auf. In seiner Autobiografie beschreibt er die beengten Verhältnisse in der Einzimmerbaracke, die er mit seiner Mutter bewohnte:

---

29 Brisch fasste diese Erwartung 1969 zusammen, indem er erklärte, die Übergangshäuser seien »der Drehpunkt des beabsichtigten Erziehungszweckes«: Sie ersparten intakten Familien das Schicksal der Obdachlosenunterkunft, erlaubten es aber, soziallabile Personen einer »genauen Überprüfung und Bewährungszeit zu unterziehen«. *Brisch*, Moderne Formen der Jugend- und Familienhilfe, S. 14.

30 *Margarethe Bischke*, Entwicklungstendenzen der modernen deutschen Gewerkschaftsbewegung, Diss., Breslau 1931; *Ulrich Brisch*, Die Rechtsstellung der deutschen Gewerkschaften, Diss., Köln 1950. Brisch fungierte später als Diözesan-Caritasdirektor in Köln.

31 Zu der Siedlung vgl. vor allem *Krebs*, Anwendung der Stress-Theorie; Forschungsgruppe Gemeindesoziologie, Obdachlosigkeit. Gemeindesoziologische Untersuchung. Kurzbericht, Teil I–II, Mannheim 1971; *Hans-Joachim Noack*, Begraben in Baracken, in: Die ZEIT, 3.3.1972.

»Es war alles sehr eng, und so etwas wie Privatsphäre konnte man sich in dieser Baracke überhaupt nicht aufbauen. [...] Da mussten sich also siebzig oder achtzig Personen die Toiletten und die Waschbecken teilen – fünf Klos für achtzig Personen, dazu eine einzige Badewanne – für mich war das damals normal«.[32]

Von sich selbst spricht Graf wiederholt als »Barackler«, und er schildert seine Versuche, Außenstehenden die eigene Herkunft zu verbergen. Als er seine erste Freundin kennen-lernte, die ein eigenes Auto besaß, ließ er sich von ihr wochenlang im gut situierten Ost-heim »vor einem besonders schönen Haus« absetzen, um danach die sieben Kilometer nach Waldhof zu laufen: »Ich hatte regelrecht Angst, als Bewohner der Benz-Baracken erkannt zu werden.« Zugleich betont er den engen Zusammenhalt der dort Wohnenden.[33] Als eine Gruppe von Soziologen die Bewohner Waldhofs Anfang der 1970er Jahre für ein Forschungsprojekt der Universität Mannheim befragte, unterstrich sie in ihrer Analyse dementsprechend vor allem eines: die soziale Isolation der dort Lebenden.[34]

Auch verwaltungsintern wuchsen in den späten 1960er Jahren die Zweifel an dem eige-nen System der hierarchisierten Wohnungspolitik. Das war umso mehr der Fall, als es ver-mehrt zu Protesten der Stadtbevölkerung kam und in der überregionalen Presse die Kritik wuchs. Dass Ende der 1960er Jahre immer mehr Städte wissenschaftliche – meist sozio-logische – Untersuchungen zu obdachlosen Familien in Auftrag gaben, war ein Ausdruck dieser Skepsis.[35] Für München galt das ebenso wie für Hamburg, für Mannheim wie für Köln, Düsseldorf oder Dortmund. Nicht alle dieser Auftragsstudien wurden veröffentlicht. Einige zirkulierten lediglich verwaltungsintern, andere flossen in Dissertationen ein.[36] Ihre Autorinnen und Autoren stellten Obdachlosigkeit als ein wachsendes Problem der kommunalen Politik dar. Überhaupt war ihren Arbeiten eine Reihe von Punkten gemein:

1. Sie konzentrierten sich auf die Situation obdachloser Familien und ließen Alleinstehen-de und Nichtsesshafte als eine besondere Problemgruppe außen vor. Im Mittelpunkt standen beinahe durchgehend kinderreiche deutsche Familien, die über ein unter-durchschnittliches Einkommen verfügten, deren Haushaltsvorstand aber in der Mehr-heit arbeitstätig war (wenngleich meist in einer niedrigen Berufsposition). Diese Grup-pe stellte den größten Teil der Bevölkerung in Obdachlosensiedlungen. Als Indikator für ihre benachteiligte Lage führten die Autorinnen und Autoren dabei oft die über-durchschnittlich hohe Zahl an Kindern an, die die Sonderschule besuchten; in vielen Siedlungen lag ihr Anteil um die 50 % (gegenüber 3 % in der Bundesrepublik insge-samt). Migrantische Familien tauchten in den Statistiken quasi nicht auf, der Anteil an Rentnern sowie überhaupt der Altersdurchschnitt waren in der Regel niedrig.[37]

---

32 *Charly Graf/Armin Himmelrath*, Kämpfe für dein Leben. Der Boxer und die Kinder vom Wald-hof, Ostfildern 2011, S. 18.
33 »Wir waren arm, wurden nicht akzeptiert und stammten aus schwierigen Familienverhältnis-sen. Und das schweißte uns als Freunde natürlich zusammen«. Ebd., S. 19f. und 22.
34 *Krebs*, Anwendung der Stress-Theorie, S. 266.
35 Zu dieser Praxis vgl. *Karolus Heil*, Modell kommunaler Obdachlosigkeit, in: Archiv für Kom-munalwissenschaften 9, 1970, S. 109–127.
36 Vgl. unter anderem *Haag*, Wohnungslose Familien in Notunterkünften; *Krebs*, Anwendung der Stress-Theorie; *Höhmann*, Zuweisungsprozesse bei Obdachlosen; *Schulz*, Die Rechtsstellung des Obdachlosen; *Gert Iben*, Randgruppen der Gesellschaft. Untersuchungen über Sozialstatus und Erziehungsverhalten obdachloser Familien, München 1971; *Ursula Adams*, Nachhut der Gesellschaft. Untersuchung einer Obdachlosensiedlung in einer westdeutschen Großstadt, Frei-burg im Breisgau 1971; Direktorium Investitionsplanungs- und Olympiaamt, Wohnungen für Obdachlose, München 1967; *Laszlo A. Vaskovics*, Segregierte Armut. Randgruppenbildung in Notunterkünften, Frankfurt am Main 1976.
37 *Haag*, Wohnungslose Familien in Notunterkünften, S. 31–36, insb. S. 36; *Adams*, Nachhut der Gesellschaft, S. 41; *Krebs*, Anwendung der Stress-Theorie, S. 34 (60 %).

2. Das zentrale Problem dieser Familien machten die Autorinnen und Autoren nicht in deren wirtschaftlichen Lage aus, sondern in der Kumulation unterschiedlicher Formen der Benachteiligung, wie mangelnder Bildung, Erziehungsproblemen und dem begrenzten Zugang zu Ressourcen und öffentlichen Infrastrukturen. Vor allem hoben zeitgenössische Studien die soziale Isolation der untersuchten Familien hervor sowie ihre eingeschränkte Teilhabe am kulturellen, politischen und sozialen Leben.
3. Dem entsprach eine Verschiebung in der wissenschaftlichen Terminologie, indem Obdachlosigkeit Ende der 1960er Jahre vermehrt als Ausdruck einer sozial produzierten »Marginalität« oder »Randständigkeit« dargestellt wurde.

Als sich der Sozialwissenschaftler Fritz Haag im September 1966 gemeinsam mit seiner Ehefrau in ein Hamburger Wohnlager begab, um mit ihr dort zwei Monate lang als »wohnungsloses Ehepaar« unterzukommen, war sein Ziel de facto, wie er schrieb, die »verdeckt teilnehmende Beobachtung« der dort lebenden Familien.[38] Seine Beobachtungen benutzte Haag, um Interviews vorzubereiten, die er später gemeinsam mit Studenten durchführte. Überhaupt flossen in seine Forschung drei Arbeitskontexte ein: erstens die Seminararbeit mit Studierenden der Sozialpädagogik, die in den Hamburger Wohnunterkünften praktische Erfahrungen sammeln sollten; zweitens die Tätigkeit als Gutachter für eine Kreisstadt bei Hamburg, die ihn mit einem Gutachten zu kommunalen Notunterkünften beauftragt hatte. Drittens diente Haag der Aufenthalt in den Notunterkünften als Ausgangspunkt für seine Dissertation, die er 1970 abschloss.

Sein Vorgehen war charakteristisch für die Art und Weise, wie Obdachlosigkeit in der Bundesrepublik als ein neues gesellschaftliches Problem konstruiert wurde. Denn dass sich Obdachlosigkeit sowie überhaupt die Lage von Randgruppen um 1970 zu einem eigenen Forschungs- und Handlungsfeld entwickelte, dem sich Verbände ebenso zuwandten wie politische Kreise, hing damit zusammen, dass hier zwei Entwicklungen zusammenkamen: Zum einen versuchten kommunalpolitische Akteure, über die Kommission wissenschaftlicher Studien die öffentliche Aufmerksamkeit auf ein wachsendes soziales Problem zu lenken.[39] Zum anderen entdeckte eine jüngere Generation von Soziologen und Erziehungswissenschaftlern die Untersuchung von und Arbeit mit Randgruppen als ein neues Forschungsfeld. Die einzige soziologische Studie, die in den frühen 1960er Jahren zum Thema der Obdachlosigkeit entstanden war, hatte sich auf die Erhebung von Daten zur sozialen und demografischen Struktur der Bewohner beschränkt.[40] Die Ende der 1960er Jahre angestoßene Welle an Auftragsforschungen schlug andere Wege ein: Die mit den Studien betrauten, in der Regel jüngeren Forscher verknüpften ihre Analyse mit theoretischen Konzepten und brachten die Situation der Obdachlosen mit Formen der sozialen Kontrolle in Verbindung. Zudem forderten sie, in den Notunterkünften neue Methoden der sozialen Arbeit aufzugreifen, die auf die Mitsprache und Teilhabe der Bewohner abzielten. Selbstaktivierung wurde zu einem zentralen Stichwort, wobei sich die Autoren an Praktiken der Gemeinwesenarbeit und Aktionsforschung orientierten, die im angloameri-

---

38 Haag spricht von der Rolle des »verdeckt teilnehmenden Beobachters«. *Haag*, Wohnungslose Familien in Notunterkünften, S. 89.

39 Zu der Bedeutung, die Zeitgenossen dem Problem der Obdachlosigkeit zumaßen, vgl. unter anderem *Höhmann*, Zuweisungsprozesse bei Obdachlosen, S. 10. Zum Interesse bundesweit agierender Verbände an dem Thema vgl. etwa: Deutscher Verein für öffentliche und private Fürsorge (Hrsg.), Obdachlosigkeit: Ursachen, Folgen, Maßnahmen. Bericht über die Hauptausschusstagung am 13. und 14. April 1967, Köln 1967; Deutscher Städtetag, Hinweise zur Obdachlosenhilfe.

40 *Otto Blume*, Die Obdachlosen in Köln. Sozialstrukturelle Untersuchung der Bewohnerschaft von Obdachlosen-Unterkünften im Kölner Raum, Göttingen 1960.

kanischen Raum verbreitet waren.[41] Vor allem aber bedienten sie sich einer neuen Semantik der Ungleichheit, indem sie die Situation obdachloser Familien über den Begriff der »Randständigkeit« erfassten. In der Regel ging diese Einordnung mit einer Kritik an der wohlfahrtsstaatlichen Bürokratie einher – die, indem sie die als Problemfälle klassifizierten Familien in gesonderten Unterkünften unterbrachte, deren Sichtbarkeit erhöhte und damit zu ihrer Stigmatisierung durch die übrige Bevölkerung beitrug; eine Stigmatisierung, die wiederum die soziale Isolation der Familien erhöhte.[42] Das mit der Notwendigkeit der Resozialisierung begründete Drei-Stufen-System, erklärte etwa der Volkswirt Peter Höhmann, der seine Dissertation im Rahmen eines DFG-finanzierten Forschungsprojekts zur »Integration marginaler Gruppen« schrieb, leiste gegenwärtig lediglich einen »Beitrag zur Herstellung von Distanz zwischen Obdachlosen und ihrer sozialen Umgebung sowie zur endgültigen Verfestigung des zugewiesenen Status«.[43]

Während zu Beginn der 1960er Jahre noch von abweichendem Verhalten und »Asozialität« die Rede war, wurde es Ende des Jahrzehnts üblicher, Obdachlosigkeit als Ausdruck einer gesellschaftlich produzierten Ungleichheit oder »Randständigkeit« darzustellen. Dass selbst in den Reihen der sozial-liberalen Bundesregierung 1973 darüber nachgedacht wurde, ein Aktions- und Forschungsprogramm zur »Eingliederung sozialer Randgruppen« aufzulegen, ist charakteristisch dafür, dass der Begriff – als dessen Paradebeispiel stets die Obdachlosen dienten – als Problembegriff eine weite Verbreitung erfuhr.[44] Die historische Forschung hat dieses neue Interesse an Randständigkeit als eine kurze Episode der Auseinandersetzung mit sozialer Ungleichheit gedeutet. Sie führt die Randgruppenforschung als Beispiel einer politisierten Forschung an, die sich im Schlepptau der Studentenbewegung maßgeblich aus der Hoffnung auf eine Revolutionierbarkeit des marginalisierten Subproletariats speiste.[45] Doch übersieht eine solche Deutung drei wesentliche Punkte: Sie verkennt erstens den großen und durchaus nachhaltigen Einfluss der Randgruppenforschung auf die Verwaltungspraxis sowie die weitere Problematisierung sozialer Ungleichheit in der Bundesrepublik. Sie übersieht zweitens, wie grundlegend die Verschiebung vom Bild einer individuell verschuldeten Ungleichheit zu einem Verständnis war, das gesellschaftliche Prozesse in den Mittelpunkt rückte. Drittens schließlich blendet eine solche Deutung aus, dass der Anstoß für die Randgruppenforschung nicht aus dem studentischen Umfeld kam, sondern es städtische Verwaltungen unterschiedlicher politischer Orientierung waren, die einen Großteil der Studien zu Obdachlosigkeit in Auftrag gaben.

---

41 Haag etwa schloss seine Studie damit, dass er eine sozialtherapeutische Intervention empfahl, die *community work* und *action research* kombinierte. Ziel sollte die Arbeit mit allen lokal beteiligten Gruppen sowie die Selbstaktivierung und ausgewogene Artikulation von Problemen sein. *Haag*, Wohnungslose Familien in Notunterkünften, S. 141f.

42 Zu einem in den ausgehenden 1960er Jahren eingeleiteten »Paradigmenwechsel bei der Beobachtung von sozialer Ungleichheit« vgl. auch *Lorke*, Sozialutopie vs. Problemviertel.

43 *Höhmann*, Zuweisungsprozesse bei Obdachlosen, S. 105.

44 Entwurf eines Aktionsprogramms der Bundesregierung zur Eingliederung »sozialer Randgruppen«, 7.1.1973, Bundesarchiv Koblenz, B/189/21991.

45 *Lutz Leisering*, Zwischen Verdrängung und Dramatisierung. Zur Wissenssoziologie der Armut in der bundesrepublikanischen Gesellschaft, in: Soziale Welt 44, 1993, S. 486–511, hier: S. 497; *Stephan Leibfried/Wolfgang Voges*, Vom Ende einer Ausgrenzung? Armut und Soziologie, in: *dies.* (Hrsg.), Armut im modernen Wohlfahrtsstaat, Opladen 1992, S. 9–33, hier: S. 10. Für eine deutlich differenzierte Sicht vgl. *Benjamin Ziemann*, Die Metaphorik des Sozialen. Soziologische Selbstbeschreibungen westeuropäischer Gesellschaften, in: *Lutz Raphael* (Hrsg.), Theorien und Experimente der Moderne. Europas Gesellschaften im 20. Jahrhundert, Köln 2012, S. 193–228, hier: S. 218–224.

Zwar lassen sich zahlreiche der entstandenen Studien durchaus im weiteren Umfeld der Studentenbewegung verorten, doch orientierten sich diese Analysen – anders als von der Forschung suggeriert – stark an konkreten Fragen der kommunalen Verwaltungspraxis. Auch stießen sie auf ein breites mediales Interesse und nahmen zugleich zentrale Fragen und Topoi späterer Ungleichheitsdebatten vorweg. Dass der CDU-Sozialpolitiker Heiner Geißler Mitte der 1970er Jahre mit seinen Reden und seiner Streitschrift zur »Neuen Sozialen Frage« eine neue politische Debatte anregte, ist bis dato vor allem als eine Reaktion auf den Ölpreisschock, eine wachsende soziale Unsicherheit und letztlich als frühes Zeichen eines fundamentalen Strukturwandels betrachtet worden.[46] Doch wenngleich Geißler den Ausschluss von gesellschaftlicher Teilhabe auch deswegen als zentralen Moment sozialer Benachteiligung darstellen mochte, um den sozialdemokratischen Arbeitnehmerstaat zu kritisieren[47], so ist doch schwerlich zu übersehen, dass er damit Probleme in den Fokus rückte, die zuvor in ganz ähnlicher Weise im Rahmen der Randgruppenforschung formuliert worden waren.

II. »C'EST LE SYSTÈME DU LOGEMENT QUI PRODUIT LES MARGINAUX«. DIE KRITIK AN DER HERSTELLUNG SOZIALER MARGINALITÄT[48]

»Ich habe die Hölle der *bidonvilles* – denn das sind sie – hinter mir gelassen«. Unter dieser Überschrift veröffentlichte »France Soir« am 13. November 1965 einen Leserbrief von Thérèse Nadji.[49] Die viel gelesene Tageszeitung publizierte den Brief im Rahmen einer mehrteiligen Artikelserie, die sich ausführlich mit den zahlreichen Barackenlagern, sogenannten *bidonvilles*, in der Peripherie von Paris befasste. Thérèse Nadji schrieb darin, sie könne als ehemalige Bewohnerin der Zeitung nur beipflichten – und tatsächlich bekräftigte ihre Schilderung des Alltags in dem Lager »La Folie« in Nanterre das in den übrigen Artikeln gezeichnete Bild. Sie habe seinerzeit, erklärte sie, im Luftfahrtministerium gearbeitet und habe jeden Morgen eine halbe Stunde früher losgemusst, um im WC eines Cafés im Spiegel zu überprüfen, ob sie ausreichend sauber und gekämmt gewesen sei; schließlich sei es bei lediglich dem Licht einer Kerze schwer gewesen, tadellos auszusehen. Doch ging Nadji nicht allein auf die Wohnbedingungen ein – auf die unzureichende Versorgung mit Strom und Wasser, den Schlamm, die Ratten, die in den Baracken immer wieder ausbrechenden Feuer –, sondern auch auf die stigmatisierende Behandlung durch Außenstehende: Der Platz zum Wasserholen, schrieb sie, habe sich in »La Folie« an einer Schnellstraße befunden, sodass man die verächtlichen Blicke der sogenannten ›normalen‹ Nachbarn habe ertragen müssen. Und wenn die Bewohner von Nanterre bei ihrem Sonntagsspaziergang vorbeigekommen seien, hätten sie die Bewohner angeschaut wie noch nie zuvor gesehene Tiere. Es sei, kurzum, der reine Irrsinn gewesen, und als sie schließlich herausgekommen sei aus dieser Schlammhöhle, sei sie wie benommen gewesen. Zugleich betonte Nadji die große menschliche Wärme der Camp-Bewohner unter-

---

46 *Heiner Geißler*, Die Neue Soziale Frage. Analysen und Dokumente, Freiburg im Breisgau 1976.
47 Vgl. dazu vor allem *Marcel Boldorf*, Die »Neue Soziale Frage« und die »Neue Armut« in den siebziger Jahren. Sozialhilfe und Sozialfürsorge im deutsch-deutschen Vergleich, in: *Konrad H. Jarausch* (Hrsg.), Das Ende der Zuversicht? Die siebziger Jahre als Geschichte, Göttingen 2008, S. 138–156; *Winfried Süß*, Armut im Wohlfahrtsstaat, in: *Hockerts/Süß*, Soziale Ungleichheit im Sozialstaat, S. 19–41.
48 »Es ist das Wohnungssystem, das Randständige hervorbringt«. *Maurice Chevallier*, Une cité de transit: Marginalité, Marginalisation et Démarginalisation, in Zusammenarbeit mit *Thomas Regazzola*, Lyon 1973, S. 518.
49 »Je sors de l'enfer des bidonvilles, voilà ce que c'est«, in: France Soir, 13.11.1965, Leserbrief von Thérèse Nadji, verfasst am 23.10.1965.

einander. Mit der Veröffentlichung ihres Briefs, schloss sie schließlich, sei sie einverstanden; sie verstecke nicht, dass sie in einem *bidonville* gelebt habe, und wolle, dass man endlich die Augen öffne für etwas, das es im 20. Jahrhundert nicht geben dürfe,»noch nicht einmal in unserer Vorstellung«.

Ihre Schilderung war in mehrfacher Hinsicht charakteristisch für die zeitgenössische Auseinandersetzung mit den provisorischen Siedlungen, die bis weit in die 1970er Jahre hinein an den Rändern französischer Städte existierten: erstens, weil die Schilderungen der Lager sich ähnelten und häufig auf den Schlamm, die Enge, das Ungeziefer, die wenigen Wasserstellen, die Stigmatisierung durch die übrige Bevölkerung, aber auch auf die starke Solidarität der Lagerbewohner untereinander verwiesen wurde. Zweitens, weil das am westlichen Rande von Paris gelegene und in der Mehrzahl von Algeriern bewohnte »La Folie« in Nanterre stärker als andere Lager in der öffentlichen Debatte stand. Und drittens, weil »France Soir« mit Thérèse Nadji nicht von ungefähr eine Migrantin mit nordafrikanischem Hintergrund als typische Bewohnerin eines *bidonville* präsentierte. In Teilen entsprach das der Bevölkerungsstruktur der Barackenlager, da nordafrikanische und südeuropäische Arbeitsmigranten tatsächlich den größten (wenngleich keineswegs alleinigen) Teil der Bewohnerschaft stellten. Vor allem aber spiegelte es den Fokus der französischen Politik wider, die sich im Zusammenhang mit den *bidonvilles* und ihrer Auflösung im Laufe der 1960er Jahre immer mehr auf nordafrikanische und zumal algerische Migranten als zentrale Risiko- und Problembevölkerung konzentrierte. Das galt auch für das System staatlicher Übergangslager, das die Regierung im Zusammenhang mit der Auflösung der *bidonvilles* installierte.

Die gravierende Wohnungsnot der Nachkriegszeit wurde im französischen Fall noch verschärft durch einen späten Urbanisierungsschub, in dessen Folge eine wachsende Zahl von Migranten aus französischen ländlichen Regionen sowie den Kolonien und anderen europäischen Ländern in die französischen Städte zog. Trotz der beachtlichen staatlichen Investitionen in den Bau von Sozialwohnungen kämpften insbesondere einkommensschwache Haushalte mit einem Mangel an erschwinglichem Wohnraum. Ähnlich wie in Westdeutschland sahen sie sich mit langen Wartelisten, vor allem aber mit den zu hohen Mieten für die öffentlich subventionierten Sozialwohnungen, sogenannten HLM, konfrontiert.[50] Für migrantische Familien kam erschwerend hinzu, dass die Wohnungsgesellschaften, denen die Verwaltung der HLM oblag, sie bei der Zuteilung außen vor ließen oder ihren Zugang quotierten. Auf dem freien Mietmarkt wiederum wurden sie gegenüber französischen Mietern benachteiligt.[51] Während im Zuge innerstädtischer Sanierungen – wie in Westdeutschland – die Zahl an erschwinglichen Altbauwohnungen sank, blieben wenige Alternativen. An erster Stelle zählten dazu jene meist selbst errichteten *bidonvilles*, die an den Rändern zahlreicher Städte existierten. Im Jahr 1966 lebten laut einer (deutlich zu niedrigen) offiziellen Schätzung um die 75.000 Personen in solchen La-

---

50 *Voldman*, La Reconstruction des villes françaises; *Tellier*, Le temps des HLM; *Annie Fourcaut*, Les Premiers Grands Ensembles en Région Parisienne: Ne pas Refaire la Banlieue?, in: French Historical Studies 27, 2004, S. 195–218.

51 Vgl. unter anderem *Marie-Claude Blanc-Chaléard*, Quotas of Foreigners in Social Housing: A Legacy of the Algerian War? Les Canibouts, Nanterre (1959–1968), in: Metropolitics, 11.4.2012, URL: <http://www.metropolitics.eu/Quotas-of-foreigners-in-social.html> [14.1.2014], sowie am Beispiel Lyons: *Bettina Severin-Barboutie*, From the City Perimeters to the Centre of the Political Arena: Deprived Neighbourhoods and Urban Policies in Postwar France, in: Urban Research & Practice 5, 2012, S. 62–75, hier: S. 65. Allgemein zur Geschichte der Wohnungspolitik im Umgang mit algerischen Migranten vgl. *Marc Bernadot*, Loger les immigrés. La Sonacotra 1956–2006, Bellecombe 2008; *Marie-Claude Blanc-Chaléard*, Des bidonvilles à la ville. Migrants des trente glorieuses et résorption en région parisienne. Mémoire d'HDR, Université Panthéon-Sorbonne, Paris 2008.

gern, davon der Großteil Migranten sowie ein deutlich geringerer Anteil an einkommens-schwachen französischen Familien.[52] Die Regierung unternahm seit 1959 wiederholt den Versuch, die *bidonvilles* aufzulösen; zumal als Mitte der 1960er Jahre der öffentliche Druck zunahm.[53] Zahlreiche Lager bestanden dennoch bis weit in die 1970er Jahre fort.

Die Politik der forcierten Auflösung von Slum-Gebieten, die eng verknüpft war mit der Beseitigung innerstädtischer Arbeiterquartiere wie den *courées* in Roubaix oder Lille, lässt sich in eine Tradition der hygienisch-technischen Modernisierung einschreiben.[54] Ob es sich dabei nun um innerstädtische Altbaugebiete oder die zu beseitigenden *bidon-villes* handelte: In beiden Fällen läutete ihre Kennzeichnung als verslumt oder gesund-heitsschädigend städtebauliche Maßnahmen, meist ihren Abriss, ein. In beiden Fällen ging diese Kennzeichnung des urbanen Raums zudem mit einer Kennzeichnung der Be-wohnerschaft einher. Die Klassifikation der Wohnbevölkerung anhand ihres Sozialver-haltens, ihrer »Integration«, »Adaptation« oder ihres »Entwicklungsstands« bildete auch in Frankreich ein zentrales Element staatlicher Sanierungspolitiken. Wer Zugang zu So-zialwohnungen erhalten sollte, war aus Verwaltungssicht nicht allein eine Frage von ver-fügbarem Wohnraum und vorhandenen finanziellen Mitteln, sondern erforderte eine Prio-risierung entsprechend dem jeweiligen Verhalten.[55] Dementsprechend konnte der Bewoh-ner eines *bidonville*, das aufgelöst wurde, ebenso wie der Mieter eines als verslumt ge-kennzeichneten innerstädtischen Gebiets nicht fest damit rechnen, in eine reguläre Sozial-wohnung umgesetzt zu werden. Vielmehr etablierte die französische Regierung für die Bevölkerung dieser Räume ein System von Übergangssiedlungen und billigen Einfachst-und Notwohnungen.

Überhaupt wandten sich die Mitglieder der französischen Regierung in der zweiten Hälfte der 1960er Jahre der Situation sogenannter Unangepasster und schlecht Unterge-brachter, *handicapés-inadaptés* und *mal-logés*, zu. Die interministeriellen Arbeitsgrup-pen, die dazu eingerichtet wurden, fassten eine Reihe von Problembevölkerungen unter diesen Begriffen zusammen: kinderreiche Familien, einkommensschwache Haushalte, Migranten, alte Leute, Menschen mit körperlichen Behinderungen. Diese Gruppen einte aus Sicht der ministerialen Autoritäten, dass sie sich allesamt den Normen der etablierten Wohnungspolitik entzogen und in ihren Bedürfnissen sowie ihrem Verhalten andere Prak-tiken erforderten. Zu den Lösungen, die die Regierung in diesem Zusammenhang propa-gierte, gehörte der Ausbau eines gestaffelten Systems von Wohnlösungen. Den Dreh- und Angelpunkt dieser Politik bildeten auch in Frankreich sogenannte *cités de transit*. Deren

---

52 *Yvan Gastaut*, Les bidonvilles, lieux d'exclusion et de marginalité en France durant les trente glorieuses, in: Cahiers de la Méditerranée 69, 2004, S. 233–250, hier: S. 241.

53 Zu den Berichten in der Presse vgl. unter anderem *Gastaut*, Les bidonvilles.

54 Zur Übertragung der im Umgang mit den *bidonvilles* erprobten administrativen Mechanismen auf die Sanierungspolitik in Roubaix und Lille vgl. Centre de recherches économiques, so-ciologiques et de gestion (CRESGE) (Hrsg.), La Résorption de l'habitat insalubre. Eléments pour une théorie des services. Etude effectuée pour le CORDES, Lille 1976. Zur Geschichte der sozialhygienischen Wohnungs- und Reformpolitik vgl. *Peter Hall*, Cities of Tomorrow. An Intellectual History of Urban Planning and Design in the Twentieth Century, Oxford 2002, S. 32ff. und 240ff.; *Friedrich Lenger*, Metropolen der Moderne. Eine europäische Stadtgeschichte seit 1850, München 2013, S. 131ff.

55 Vgl. die Einteilung, die eine Arbeitsgruppe des Bau- und Wohnungsministeriums 1966 vornahm und bei der unterschieden wurde zwischen 1. »normalen Familien«, deren Integration als voll-zogen galt und deren Zugang zu einer HLM angeraten schien; 2. Familien, die von einer kurz-fristigen Integration profitieren sollten und deren Überweisung in eine *cité de transit* daher rat-sam schien; sowie 3. Familien, deren Integration nur auf lange Dauer möglich schien. *Jean-Paul Tricart*, Genèse d'un dispositif d'assistance: Les »cités de transit«, in: Revue française de so-ciologie 18, 1977, S. 601–624.

konkrete bauliche Struktur variierte, doch kennzeichnete sie eine spärliche Ausstattung, siedlungsähnliche Struktur – und die Lage in randstädtischen, schlecht angebundenen Gebieten. Ganz ähnlich der Übergangswohnungen in westdeutschen Großstädten dienten die *cités de transit* nicht allein der vorübergehenden Unterbringung von Familien aus aufgelösten Barackenlagern und Sanierungsgebieten. Vielmehr wurden ihnen disziplinierende Aufgaben zugedacht. Kombiniert mit einer sozialpädagogischen Betreuung sollten sie dazu beitragen, die dort Wohnenden zu sozialisieren und zu einem ›Normalverhalten‹ zu erziehen.[56] Allerdings war diese Politik der sozialräumlichen Integration im französischen Fall mit (post-)kolonialen Logiken verflochten: Immer weniger standen »asoziale« französische Familien und immer häufiger migrantische und zumal algerische Familien im Zentrum der Bemühungen um Anpassung und Zivilisierung.[57]

Um in einem HLM unterzukommen, ohne die Gesellschaft oder sich selbst zu belasten, müssten die in *bidonvilles* lebenden Familien von Arbeitsmigranten ausreichend entwickelt *(évoluées)* sein, erklärte die für die Großregion Paris zuständige Préfecture de la Seine 1967: Sie müssten über ein befriedigendes soziales Verhalten verfügen, Mobiliar besitzen, das den Vorschriften der Wohnungsgesellschaften entsprach, und einen Lohn in ausreichender Höhe erhalten. Überhaupt erforderte die soziale Hebung der Familien aus Sicht der Präfektur ein mehrstufiges Verfahren. An erster Stelle sollten die zuständigen Beamten eine genaue Kenntnis der sozialen Entwicklung der Familien, ihrer Ressourcen und ihrer Fähigkeit erlangen, sich in die Gesellschaft einzufügen. Auf dieser Basis sollten sie dann die Entscheidung treffen, ob die Betreffenden in eine Übergangssiedlung zu überweisen seien, ob in eines der noch einfacher ausgestatteten Heime oder – seltener – in ein HLM.[58] Der Prozess der sozialen Hebung, erklärte die Präfektur, erfordere ebenso eine Kenntnis des Milieus wie die (provisorische) Umsiedlung; er erfordere pädagogische Arbeit, eine abermalige Prüfung der Ressourcen und Fähigkeiten der Betroffenen – und schließlich, falls möglich, deren eigentliche Hebung, die in der Überweisung in eine normale Sozialwohnung bestand. Indes bezweifelten die Beamten, dass alle umzusiedelnden Familien gleichermaßen integrierbar waren: Zwar gestand die Präfektur zu, dass man sich um die soziale Hebung der »besten und am besten qualifizierten Elemente« bemühen müsse, von denen man erwartete, dass sie sich integrierten. Doch dürfe man nicht vergessen, schlossen die Beamten, dass andere dieses Ziel nicht erreichen konnten – angesichts

---

56 »Les cités des transit peuvent être définies comme des ensembles d'habitations affectées au logement provisoire des familles, occupantes à titre précaire, dont l'accès en habitat définitif ne peut être envisagé sans une action socio-éducative destinée à favoriser leur insertion sociale et leur promotion. [...] le travail social servirait à normaliser sur le modèles des habitants des HLM des populations qui échappent pour des raisons diverses aux valeurs idéologiques dominantes.« Circulaire interministerielle, 19.4.1972, zit. nach: *Claude Liscia*, Le travail social, le logement et l'argent, in: Les Temps Modernes 31, 1976, S. 1092–1120, hier: S. 1092. Zu einer früheren Form dieser Definition vgl. die konzeptionellen Überlegungen der Groupe interministériel permanent pour la résorption de l'habitat insalubre, 6.10.1971, Centre des archives contemporaines (CAC), 1970097/27, Unterakte: Habitat insalubre.

57 *Minayo Nasiali*, Order the Disorderly Slum: »Standardizing« Quality of Life in Marseille Tenements and Bidonvilles, in: Journal of Urban History 38, 2012, S. 1021–1035; *Françoise de Barros*, Des »Français musulmans d'Algérie« aux »immigrés«. L'importation de classifications coloniales dans les politiques du logement en France (1950–1970), in: Actes de la recherche en sciences sociales 159, 2005, S. 26–53; *Amelia H. Lyons*, Des bidonvilles aux HLM. Le logement des familles algériennes en France avant l'indépendance de l'Algérie, in: Hommes et Migration 2006, S. 35–49, hier: S. 45f.; *Muriel Cohen/Cédric David*, »Cités de transit«. The Urban Treatment of Poverty During Decolonisation, in: Metropolitics, 28.3.2012, URL: <http://www.metropolitiques.eu/Cites-de-transit-the-urban.html> [3.12.2013].

58 Die Heime – als die im französischen Fall unterste Stufe eines Drei-Stufen-Systems – firmierten teilweise unter der Bezeichnung *cité d'accueil*, teilweise unter *centre de hébergement*.

mangelnder Ressourcen oder angesichts ihrer unzureichenden Entwicklung *(évolution)*. Umso mehr stelle sich die Frage, wie sich deren Zukunft in Frankreich gestaltete.[59] Die administrative Praxis der versuchten Integration der migrantischen Lagerbewohner überlagerte sich also mit einer Politik der Auswahl und Exklusion, die sich ihrerseits an kolonialen Ordnungsvorstellungen orientierte, indem sie die *évolution* der ehemals kolonialen Subjekte und ihre ›Zivilisierung‹ in das Zentrum rückte.

Die wissenschaftliche Auseinandersetzung mit dieser Politik sowie überhaupt mit urbaner Ungleichheit bildete auch in Frankreich eher ein Forschungsfeld am Rande denn ein Kernthema der Soziologie. Allerdings standen die Soziologen, die sich damit in den 1960er Jahren vermehrt befassten, zwar tendenziell am Beginn ihrer Karriere, waren aber oft an einflussreichen Institutionen angebunden. Sie profitierten nicht allein von der voranschreitenden Institutionalisierung und Anerkennung der Soziologie im universitären Kontext, sondern auch von einer sich im Laufe der späten 1960er und 1970er Jahre stark ausweitenden Forschungsförderung durch die französische Regierung. Dass sie im Rahmen dieser Auftragsforschungen eine deutliche Kritik am staatlichen Handeln formulierten, wirft ein etwas anderes Licht auf die verbreitete These von der besonders staatskritischen französischen Stadtsoziologie.[60] Zwar war die in deren Reihen formulierte Kritik an staatlicher Disziplinierung und Kontrolle tatsächlich stark von marxistischen Strömungen geprägt. Doch ist im Zusammenhang mit urbanen Fragen kaum zu übersehen, dass die intellektuelle Distanz zur Politik finanziell-institutionell mit einer vergleichsweise großen Nähe einherging.

Als der Soziologe Maurice Chevallier zu Beginn der 1970er Jahre einen Forschungsvertrag mit einer interministeriellen Agentur zur Forschungsförderung, der DGRST[61], abschloss, war er so kaum der einzige Sozialwissenschaftler, der von einer Behörde den Auftrag erhielt, sich mit dem Verhältnis von Wohnumgebung und sozialen Problemen zu befassen; ein Verhältnis, das Chevallier anhand einer *cité de transit* in der Pariser Region erforschte.[62] Zu Beginn der 1970er Jahre gaben zahlreiche öffentliche Stellen Forschungen in Auftrag, die sich mit den Übergangslagern befassten.[63] Auffallend ist, dass diese

---

59　Schreiben der Préfecture de la Seine an das Cabinet du Secrétaire Général, 1967, CAC, 19770317/1, Unterakte: Bilan résorption, 1966–1968.

60　*Michel Amiot*, Contre l'État, les sociologues. Éléments pour une histoire de la sociologie urbaine en France (1900–1980), Paris 1986. Deutlich differenzierter, aber mit einem Fokus auf die Zeit seit den 1980er Jahren: *Sylvie Tissot*, L'État et les quartiers. Genèse d'une catégorie de l'action publique, Paris 2007.

61　Die DGRST,»Délégation générale à la recherche scientifique et technique«, wurde in den 1960er Jahren etabliert. Zur Bedeutung der Auftragsforschung und der Verbindung zwischen »Dispositiven der Beauftragung und der Finanzierung, die zwischen den 1960er und 1990er Jahren« in Frankreich etabliert wurden, vgl. die Beiträge in: *Philippe Bezes/Michel Chauvière/Jacques Chevallier* u.a. (Hrsg.), L'État à l'épreuve des sciences sociales. La fonction recherche dans les administrations sous la Ve République, Paris 2005, darin insb. *Alain Chatriot/Vincent Duclert*, Fonder une politique de recherche. Les débuts de la DGRST, S. 23–36.

62　Die Analyse der *cité de transit* machte nur einen Teil der Studie aus, der andere widmete sich der Situation »normaler Familien«, die in HLM wohnten. Vgl. *Chevallier*, Une cité de transit.

63　Ebd. Vgl. zudem die von der Sanierungskommission ORSUCOMN finanzierten Forschungen des CRESGE, La résorption; *Tricart*, Genèse d'un dispositif d'assistance; sowie deren zahlreiche, seit 1970 schrittweise erschienenen Studienberichte in: CAC, 19910712/34, Unterakte: Documentation sur la résorption de l'habitat insalubre en métropole nord et en région parisienne, 1968–1974. Vgl. zudem die Arbeiten von Claude Liscia und Françoise Orlic, finanziert vom GRECOH, einer dem Bauministerium unterstellten Forschungsbehörde: *Claude Liscia/ Françoise Orlic*, Les Cités de Transit. Un Grand Renfermement, in: Les Temps Modernes 30, 1974, S. 585–616; *Claude Liscia*, L'enfermement des cités de transit, Paris 1977; *ders.*, Le travail social, le logement et l'argent. Vgl. schließlich auch die in Teilen vom Bauministerium

durchgehend von jüngeren Forschenden erstellten Studien sich in ihrer Stoßrichtung glichen. Obschon sie im Auftrag von regierungs- oder regierungsnahen Institutionen erstellt wurden, einte sie die Kritik an einer Politik der disziplinierend-erzieherischen Unterbringung. Chevallier etwa, der als Mitglied einer stadtsoziologischen Forschergruppe eine Reihe von Auftragsstudien zu den Effekten der staatlichen Wohnungspolitik durchführte, schrieb in seiner Arbeit, die Bewohner der Übergangssiedlungen seien nicht allein einkommensschwach, sondern multidimensional benachteiligt. Maßgeblich führte Chevallier das auf einen administrativen Prozess zurück, der zwar darauf abzielen mochte, drängende soziale oder wirtschaftliche Probleme zu lösen, der auf diese Weise aber eine Bevölkerung hervorbrachte, deren einzige Gemeinsamkeit darin bestand, eine ›Restgröße‹ der gewöhnlichen institutionellen Abläufe zu sein: »Es ist das Wohnungssystem, das die Randständigen hervorbringt.«[64] Ähnlich wie zeitgleich die Kritiker westdeutscher Notunterkünfte unterstrich Chevallier, dass die sichtbar schlechten Bedingungen in den französischen Übergangssiedlungen zu einer Stigmatisierung der Bewohnerschaft beitrugen – sowie zu deren Desorganisation und ihrem Verlust an Soziabilität. Die negative Selbstwahrnehmung und Isolation der *cité-de-transit*-Bewohner betrachtete er letztlich als eine Folge von deren administrativen Marginalisierung.

Dass Marginalität institutionell hergestellt und durch die Logiken der Sozial- und Wohnungsverwaltung hervorgebracht wurde, behauptete am Übergang zu den 1970er Jahren eine Reihe von Forschenden, die sich mit der französischen Politik der Auflösung von Slums und Lagern befassten.[65] Sie alle wiesen in ihren Arbeiten darauf hin, dass die Randständigkeit der in Lagern und staatlichen Übergangswohnungen lebenden Familien dadurch hervorgebracht wurde, dass es sich bei ihnen um Gruppen handelte, die aus verschiedenen Gründen nicht in normalen Sozialwohnungen untergebracht werden konnten und deren ›Restdasein‹ im administrativen Sinne in eine de facto randständische Existenz umschlug. Noch stärker als im westdeutschen Fall ging diese kritische Stoßrichtung mit einer semantischen Verschiebung einher. In den 1950er und 1960er Jahren waren es vor allem Vertreter des katholischen Milieus gewesen, die vor einem Fortbestand von »Armut« gewarnt und an die Solidarität der Franzosen appelliert hatten, während in den Reihen staatsnaher technokratischer Experten eher die *inadaptation* oder das *handicap social* einkommensschwacher Familien bemängelt wurden. Am Übergang zu den 1970er Jahren kritisierte nun eine wachsende Zahl von meist dem linken Milieu verhafteten Sozialwissenschaftlern die Produktion von »Marginalität« durch soziale, wirtschaftliche oder staatliche Praktiken. Sie setzten sich damit von einem in Verwaltungskreisen dominierenden Verständnis ab, dem zufolge die soziale Lage von Familien mit Wohnungsproblemen in erster Linie auf deren individuelles Fehlverhalten zurückzuführen war.[66] Dass es de facto primär algerische sowie überhaupt migrantische Familien waren, die langfristig in den Übergangssiedlungen und in Sozialwohnungen von niedriger Qualität unterkamen beziehungsweise von dort nur zögerlich weitervermittelt wurden, thematisierten die meisten dieser Forscher indes nur am Rande. Ihr Fokus lag auf Fragen der Klasse und sozialen

---

unterstützten Arbeiten von *Michel Pialoux/Bruno Théret*, État, classe ouvrière et logement social (I), in: Critiques de l'économie politique 9 (NS), 1979, S. 22–71; *dies.*, État, classe ouvrière et logement social (II), in: Critiques de l'économie politique 10 (NS), 1980, S. 53–93. *Michel Freyssenet/Tomaso Regazzola/Jacques Retel*, Ségrégation spatiale et déplacements sociaux dans l'agglomération parisienne de 1954 à 1968, Paris 1971.

64 *Chevallier*, Une cité de transit, S. 518.
65 Vgl. die Angaben in Anm. 63.
66 Bericht von André Trintignac, Oktober 1970, CAC, 199771141/1, Unterakte: VI Plan, Commissariat Général du Plan. Intergroupe Handicapés-Inadaptés, Groupes des Handicapés Sociaux.

Differenz. Einfluss auf die weitere Verwaltungspraxis hatten sie aber auch mit dieser Kritik kaum: Denn wenngleich es Bestrebungen gab, mit der voranschreitenden Auflösung der *bidonvilles* auch die Übergangssiedlungen schrittweise abzubauen, bestanden zahlreiche *cités de transit* noch in den 1980er Jahren. Sie hatten kaum einen transitorischen Charakter, sondern beherbergten viele ihrer Bewohner langfristig, und die dortigen Wohnbedingungen waren eindeutig zu einem Synonym für Armut und Exklusion geworden.[67]

III. FAZIT

Anders als mit Blick auf das frühe 20. Jahrhundert hat sich die historische Forschung mit sozialer Ungleichheit im fortgeschrittenen 20. Jahrhundert – zumal in Deutschland – bis dato vor allem im Zusammenhang mit der Geschichte des Wohlfahrtsstaats und sozialpolitischer Setzungen befasst. Wie problematisch die Vernachlässigung des Nahraums Stadt in diesem Zusammenhang ist, zeigt der Umgang mit obdachlosen und schlecht untergebrachten Familien. Denn in Westdeutschland wie in Frankreich entzündete sich an deren Situation eine breite öffentliche Debatte um die Reichweite und Grenzen des eigenen Wohlfahrtsstaats. In beiden Ländern wird an der Lage eben dieser Familien zudem die enge Verknüpfung von sozialen und urbanen Topografien deutlich.

Die lange vorherrschende Wohnungsnot und die Umstrukturierung des urbanen Raums brachten in Frankreich und in Westdeutschland soziale Probleme in beträchtlichem Ausmaß mit sich. Das zeigt die Ende der 1960er Jahre noch vergleichsweise hohe Zahl an Familien, die in randstädtischen Barackenlagern und staatlich beziehungsweise kommunal verwalteten Notunterkünften wohnten. Abgesehen davon, dass in beiden Ländern auch die massive staatliche Neubautätigkeit den Mangel an Wohnraum nur langsam auszugleichen vermochte, bildeten Verschiebungen in der Wohnungspolitik den zentralen Anlass für deren prekäre Lage. Vor allem für einkommensschwache Familien minderten Sanierungsprojekte sowie (in Westdeutschland) die Aufhebung der Mietpreisbindung deren Optionen auf dem Mietmarkt, während ihnen der Zugang zu normalen Sozialwohnungen verwehrt blieb, weil sie den Kriterien der Wohnungsämter nicht gerecht wurden oder sie die Mieten in den Sozialwohnungen nicht zahlen konnten. Die historische Forschung hat das Ausmaß der dadurch verursachten Obdachlosigkeit im Falle der Bundesrepublik weitgehend ignoriert[68], doch interessieren sich derzeit im Zusammenhang mit postkolonialen Fragen immer mehr Historiker für die französischen *bidonvilles* und ihre Auflösung. Sie lenken den Blick auf die Bedeutung kolonialer Ordnungsvorstellungen sowie den Sonderstatus algerischer Familien, um deren Separierung einerseits, Integration und ›Zivilisierung‹ andererseits sich die französischen Autoritäten bemühten.[69] Die hierarchisierte Wohnungspolitik, die auf die soziale Hebung, Disziplinierung und Integration von Problembevölkerungen abzielte, wird auf diese Weise in ihrer Verflechtung mit migrationspolitischen Zielen erkennbar: als ein ethnisierter Mechanismus der Hierarchisierung, Inklusion und Exklusion.[70] In Westdeutschland war es dagegen weniger die »gefährliche Klasse« der

---

67 Vgl. dazu *Jean-François Laé/Numa Murard*, L'argent des pauvres. La vie quotidienne en cité de transit, Paris 1985; *Mogniss H. Abdallah*, Cités de transit. En finir avec un provisoire qui dure!, in: Plein droit 2006, H. 1, S. 52–56.

68 Zur zeitgenössischen Auseinandersetzung mit den Notunterkünften in der Bundesrepublik vgl. allerdings *Lorke*, Sozialutopie vs. Problemviertel.

59 Vgl. dazu unter anderem *Nasiali*, Order the Disorderly Slum; *de Barros*, Des »Français musulmans d'Algérie«; *Lyons*, Des bidonvilles aux HLM; *Cohen/David*, »Cités de transit«; *Blanc-Chaléard*, Des bidonvilles à la ville.

70 Zum Verhältnis von Wohnungs- und Migrationspolitik vgl. zudem *Jim House/Andrew S. Thompson*, Decolonisation, Space and Power: Immigration, Welfare and Housing in Britain and France,

Migranten, die im Zusammenhang mit Notunterkünften als Risikobevölkerung identifiziert wurde – diese Debatte entzündete sich an innerstädtischen Sanierungsgebieten –, sondern es waren maßgeblich kinderreiche deutsche Familien, die über keine reguläre Unterkunft verfügten und die weniger als gefährliche Klasse denn als außerhalb der Gemeinschaft stehende Arme die Aufmerksamkeit der Sozialverwaltungen erregten.[71]

Von diesen Unterschieden abgesehen, ähnelten sich die französische und westdeutsche Sozialverwaltung in ihrem Versuch, über räumliche Arrangements und eine Politik der gestaffelten Wohnlösungen Familien zu disziplinieren, die über keine reguläre Unterkunft verfügten und die deswegen als der sozialen Hebung bedürftig galten. Ihre Praxis der dem Zugang zu normalen Sozialwohnungen vorgeschalteten Überweisung in Obdachlosen- und Übergangssiedlungen lässt sich einreihen in eine lange Tradition der Disziplinierung über institutionell-räumliche Arrangements, wobei in diesem Fall die staatliche Erziehung zum ›Normalverhalten‹ in erster Linie auf die Integration in die (nationale) Gemeinschaft abzielte. Indes trugen die Verwaltungen damit zur Herstellung neuer Probleme bei: Denn die zu den Bewohnern der Notunterkünfte und Übergangssiedlungen erhobenen Daten, deren Stigmatisierung durch die übrige Bevölkerung sowie die nachhaltigen Schulprobleme ihrer Kinder legen nahe, dass die Überweisung in die öffentlich verwalteten Siedlungen die soziale Stellung der betreffenden Familien nicht verbesserte, sondern im Gegenteil verschlechterte. Die Praxis der hierarchisierten Wohnungspolitik brachte demnach neue soziale beziehungsweise sozialräumliche Hierarchien hervor.

Allerdings vollzog sich in der Auseinandersetzung mit dieser Politik sowie überhaupt mit den Ursachen sozialer Benachteiligung ein maßgeblicher Wandel. Geht man von der Wissensproduktion zu Wohnungsproblemen aus, verlor das Bild einer primär selbst verschuldeten Benachteiligung um 1970 an Einfluss, während sich der Blickpunkt auf Fragen der Inklusion und Partizipation verlagerte. In Frankreich wie in Westdeutschland identifizierten zahlreiche Sozialforscher die Marginalität bestimmter sozialer Gruppe als ein neues soziales Problem.[72] Sie ordneten insofern die Gesellschaft neu, als sie eine ganze Reihe von Gruppierungen unter dem Begriff der Randständigkeit zusammenfassten: Obdachlose und Familien mit Wohnungsproblemen, Behinderte, teilweise Migranten, alte Menschen und Kinderreiche. Für sie alle schien zu gelten, dass ihre soziale Lage über die eventuelle Zugehörigkeit zur Arbeiterklasse nicht ausreichend erfasst war. Und für sie alle machten die betreffenden Forscher stark, dass ihre Benachteiligung sich maßgeblich in sozialer Isolation und dem Ausschluss von Teilhabe ausdrückte, dass diese Situation aber nicht primär individuell verschuldet war. Der Begriff der Marginalität diente damit einer alternativen Beschreibung des Unten und Außen der Gesellschaft, und es war diese alternative Beschreibung, die besonders häufig herangezogen wurde, um die soziale Positionierung von Familien mit Wohnungsproblemen zu analysieren. Dass deren Randständigkeit durch die Sozial- und Wohnungsverwaltung (mit) hervorgebracht wurde, behaupteten am Übergang zu den 1970er Jahren die meisten Autoren, die sich mit Barackenlagern

---

1945–74, in: *Andrew S. Thompson* (Hrsg.), Writing Imperial Histories, Manchester 2013, S. 240–267.

71 Zu den Ende der 1960er Jahre einsetzenden Debatten um Gettoisierung und Segregation im Zusammenhang mit dem Zuzug von Migranten vgl. *Christiane Reinecke*, Auf dem Weg zu einer neuen sozialen Frage? Ghettoisierung und Segregation als Teil einer veränderten Krisensemantik der 1970er Jahre, in: Informationen zur modernen Stadtgeschichte 2012, S. 110–131.

72 Die bisherige Forschung geht von einer deutlich späteren Verbreitung von Exklusion und Marginalität als Elementen einer transnationalen Sprache sozialer Ungleichheit aus. *Didier Fassin*, Exclusion, underclass, marginalidad. Figures contemporaines de la pauvreté urbaine en France, aux États-Unis, et en Amérique latine, in: Revue française de sociologie 37, 1996, S. 37–75, hier: S. 40–47. Der deutsch-französische Vergleich legt nahe, dass beide Begriffe bereits um 1970 zu wichtigen Vokabeln der Ungleichheit aufstiegen.

und Übergangssiedlungen befassten. Ihre Kritik an der Herstellung urbaner Marginalität war eng verknüpft mit einer Kritik am Staat als disziplinierender und kontrollierender Instanz und ging in Westdeutschland wie in Frankreich mit der Forderung nach einer inklusiveren Verwaltungspraxis, nach mehr Mitsprache, Selbstaktivierung und kooperativen Formen der Wissensproduktion und sozialen Arbeit einher. Diese Forderungen, die in Teilen zu Veränderungen in der sozialpädagogischen Betreuung von Notunterkünften führten, deuten auf einen schrittweisen Abschied von sozialtechnokratischen Vorstellungen hin. Soziale Wohnprobleme sollten demnach nicht mehr in erster Linie über eine Ordnung des Raums gelöst werden, sondern über pädagogische Maßnahmen, Kommunikation und Partizipation.

Im Zusammenhang mit den Verschiebungen in der Problematisierung sozialer Ungleichheit ist vor allem im deutschen Fall übersehen worden, dass die Auseinandersetzung mit Randständigkeit keineswegs nur eine isolierte Episode darstellte und sie sich auch nicht auf marxistische Kreise beschränkte. Im Gegenteil: Die Situation von Obdachlosen oder *mal-logés* stellte um 1970 maßgeblich deswegen ein wachsendes Forschungs- und Interventionsfeld dar, weil sich darin die Interessen unterschiedlicher Akteursgruppen trafen: 1. der kommunalen Sozialverwaltung im westdeutschen, der ministerialen Autoritäten im französischen Fall, die auf der Suche nach Lösungen für ein wachsendes soziales Problem waren; 2. lokal agierender Wohlfahrtsorganisationen und Sozialarbeiter, die an der Erprobung neuer Methoden der sozialen Arbeit interessiert waren; 3. einer neuen Generation von Sozialwissenschaftlern, die Ende der 1960er Jahre zu promovieren begannen und für die sich über die Forschungsaufträge von Kommunen und Verbänden neue Möglichkeiten der finanzierten Forschung eröffneten. Sie fanden in der Auseinandersetzung mit Marginalität und Resozialisation ein Themenfeld, zu dem in den USA bereits ein Forschungskorpus bestand und das zugleich mit Blick auf eine gesellschaftspolitisch interessierte Öffentlichkeit Aufmerksamkeit versprach.

Nicht allein, dass auf kommunalpolitischer Ebene die Situation sogenannter obdachloser Familien als eines der, wenn nicht als *das* zentrale kommunalpolitische Problem gehandelt wurde, sondern auch, dass diese lokale Sorge in den späten 1960er Jahren eine sozialwissenschaftliche Wissensproduktion anstieß, die ihrerseits bei Presse und Fernsehen auf ein breites mediales Interesse stieß: All das deutet darauf hin, dass eine öffentliche Auseinandersetzung mit Armut und sozialer Ungleichheit in der Bundesrepublik durchaus schon vor dem viel beschworenen Strukturbruch einsetzte. Das gilt in ähnlicher Weise auch für Frankreich, wenngleich die Dynamik dort weniger von kommunalen als von ministerialen Akteuren ausging, und katholische Gruppen und politische Aktivisten für den beschriebenen Wandel eine wichtigere Rolle spielten. Geht man von der Auseinandersetzung mit Obdachlosigkeit und Wohnungsproblemen aus, war die neue Aufmerksamkeit für soziale Ungleichheit in den 1970er Jahren nicht so sehr Teil einer Geschichte nach dem Ölpreisschock als vielmehr Teil einer Geschichte der westdeutschen und französischen Wohlfahrtsgesellschaften, die im Nachzug von ›1968‹ reflexiver wurden, indem eine jüngere Generation von Sozialforschern und Journalisten die etablierten Praktiken und Vorstellungen infrage stellte.

Sarah Haßdenteufel

Prekarität neu entdeckt

Debatten um die »Neue Armut« in Frankreich, 1981–1984

In der öffentlichen Debatte aller westeuropäischen Länder tauchte zu Beginn der 1980er Jahre der Begriff der »Neuen Armut« auf. Unterschiedliche Akteure brachten diese Bezeichnung in die Diskussion ein, deren inhaltliche Füllung von Land zu Land – und auch innerhalb eines Landes – divergierte. Als inhaltliche Merkmale der »Neuen Armut« wurden unter anderem die steigende Anzahl von Menschen, die auf Sozialhilfe oder andere Formen minimaler Unterhaltszahlungen angewiesen waren, die Ausbreitung der Armut auf immer größere Teile der Bevölkerung, die wachsende Verschuldung sowie die Situation von Obdachlosen, Arbeitslosen und Alleinerziehenden verhandelt.[1] Auch in Frankreich begann man zu dieser Zeit, von einer »nouvelle pauvreté« zu sprechen; die Karriere dieses Begriffs ist jedoch erstaunlich kurz. Denn zum dominierenden Konzept der französischen Armutsdebatte der 1980er Jahre wurde die Auffassung von Armut als Exklusion, die sich seit der Mitte des Jahrzehnts verbreitete und die Idee der »Neuen Armut« weitgehend aus der öffentlichen Debatte verdrängte.[2]

Dennoch soll die »Neue Armut« hier im Fokus stehen, da unter diesem Begriff Armut nach jahrzehntelanger Nichtbeachtung erstmals wieder prominent öffentlich thematisiert wurde. In diesem Beitrag soll gezeigt werden, wie über die Debatte um die »Neue Armut« das Armutsthema, das in Frankreich ähnlich wie in der Bundesrepublik Deutschland[3] seit den 1960er Jahren weitgehend aus der öffentlichen Debatte verschwunden war, in Frankreich politisch wiederentdeckt wurde und auf die politische Agenda rückte, noch bevor sich die Auffassung von Armut als Exklusion durchsetzte.

Um diese These zu belegen, wird die politische Neuentdeckung der Armut im Folgenden analysiert. Zu Beginn soll die Frage nach dem empirischen Kern der »Neuen Armut« und deren kommunikative Verarbeitung beantwortet werden. Anschließend wird die Debatte in drei Schritten nachgezeichnet. Zunächst soll das Aufkommen des Begriffs »Neue Armut« bei verschiedenen Akteuren chronologisch dargestellt werden, um daraufhin die Frage nach dessen inhaltlichen Füllung zu stellen und abschließend die sozialpolitischen Reaktionen auf die Debatte zu fokussieren.

I. NEUE ARMUT, ALTE ARMUT – DER EMPIRISCHE KERN DER DEBATTE UM DIE »NEUE ARMUT« UND DEREN KOMMUNIKATIVE VERARBEITUNG

Kann man Armut überhaupt als neu bezeichnen? Sicher: Je nachdem, in welcher Epoche und Gesellschaft sie auftritt, nimmt Armut unterschiedliche Erscheinungsformen an und wäre insofern immer neu, da einem ständigen Wandlungsprozess unterworfen. Aus einer anderen Perspektive kann aber auch argumentiert werden, dass es sich bei Armut um ein

---

1 Vgl. *Graham J. Room/Bernd Henningsen*, Neue Armut in der Europäischen Gemeinschaft, Frankfurt am Main/New York 1990, S. 30–37.

2 Vgl. *Serge Paugam*, Von der Armut zur Ausgrenzung. Wie Frankreich eine neue soziale Frage lernt, in: Zeitschrift für Sozialreform 44, 1998, S. 339–358, hier: S. 339.

3 Vgl. *Petra Buhr/Lutz Leisering/Monika Ludwig* u. a., Armutspolitik und Sozialhilfe in vier Jahrzehnten, in: *Bernhard Blanke/Hellmut Wollmann* (Hrsg.), Die alte Bundesrepublik. Kontinuität und Wandel, Opladen 1991, S. 512–514.

Phänomen handelt, das die Menschheit vom Beginn ihrer Existenz an begleitet, und insofern unbedingt als alt zu bezeichnen ist.

Auch für das Frankreich der 1980er Jahre lässt sich Armut als ein Phänomen beschreiben, das in der Zeit »nach dem Boom«[4] zwar einerseits zahlreiche Veränderungen erfahren hat, mit dem die Gesellschaft andererseits aber ganz sicher vertraut war. Denn obwohl Frankreich wie auch die Bundesrepublik und fast alle westeuropäischen Staaten nach dem Ende des Zweiten Weltkriegs und der Überwindung der unmittelbaren Nachkriegsnot ein wirtschaftliches Wachstum von bisher ungekanntem Ausmaß erlebt hatte[5], war Armut dort keineswegs verschwunden, so wie es die Abwesenheit des Themas in den öffentlichen Debatten eventuell suggerieren könnte. Im Gegenteil, die relative Einkommensarmut erreichte in Frankreich bis in die Mitte der 1970er Jahre noch ein erstaunlich hohes Niveau. Legt man die in Frankreich üblicherweise verwendete Armutsdefinition an und erklärt die Haushalte als einkommensarm, deren Einkünfte unter 50 % des durchschnittlichen Nettoeinkommens aller Haushalte liegen, dann können im Jahr 1975 noch 16,3 % der französischen Haushalte als arm bezeichnet werden. Eine deutliche Abnahme ist bis zum Ende des Jahrzehnts sichtbar, sodass sich 1979 nur noch 12,3 % der Haushalte unter dieser Grenze befanden.[6] Die große öffentliche Aufmerksamkeit, die dem Armutsthema im Laufe der 1980er Jahre in Frankreich zuteil wurde, lässt einen spektakulären Anstieg der Armutsquote vermuten – aber darauf finden sich in der Statistik keine Hinweise. Eher ist festzustellen, dass sich die Armutsquote während der 1980er Jahre weitgehend stabilisierte. So lag sie – immer noch gemessen an der 50 %-Grenze – im Jahr 1984 bei 11,5 % und 1992 bei nur noch 10,1 %.[7]

Kann man mit diesem Blick auf die Statistik dem Konzept der »Neuen Armut« jeglichen Bezug zur empirischen Realität aberkennen? Dieses Urteil wäre zu schnell gesprochen. Denn auch wenn sich statistisch kein genereller Anstieg der Armut nachweisen lässt, so werden Veränderungen hinsichtlich der Einkommensstruktur doch deutlich sichtbar, wenn die Charakteristika der betroffenen Haushalte näher unter die Lupe genommen werden. Zum Beispiel wird deutlich, dass zwar ein bemerkenswerter Rückgang der Altersarmut konstatiert werden kann, gleichzeitig aber mit der starken Zunahme der Jugendarmut eine neue Problemgruppe in den Fokus rückt. Auch im Hinblick auf die Haushaltszusammensetzung zeichnen sich Veränderungen ab: So stieg beispielsweise der Anteil der Alleinerziehenden und der kinderreichen Familien unter den armen Familien im Verlauf der 1980er Jahre deutlich an.

Als weitere Neuheit ist hervorzuheben, dass der Anteil der armen Haushalte, die zur Existenzsicherung auf soziale Transfers angewiesen waren, ebenfalls im besagten Jahrzehnt stark anstieg.[8] Wie lässt sich diese zunehmende Abhängigkeit der französischen Haushalte von Sozialtransfers erklären? Gewiss ist sie wie Armut generell als multikausales Phänomen zu betrachten. Einen wichtigen Erklärungsfaktor stellt die Arbeitslosigkeit dar, die sich seit den 1970er Jahren in Europa ausbreitete und von der auch Frankreich nicht verschont blieb. Nachdem die Arbeitslosigkeit dort noch bis 1974 unter 3 % gelegen hatte, stieg sie seitdem kontinuierlich an, um 1980 bei 6,3 % zu liegen und 1985 sogar die 10 %-Grenze zu erreichen.[9] Nicht nur wurden in dieser Zeit immer mehr Menschen in Frankreich arbeitslos, sie blieben es auch länger: Die Anzahl der Langzeitarbeitslosen,

---

4 Vgl. *Anselm Doering-Manteuffel/Lutz Raphael*, Nach dem Boom. Perspektiven auf die Zeitgeschichte seit 1970, Göttingen 2008.

5 Vgl. *Room/Henningsen*, Neue Armut in der Europäischen Gemeinschaft, S. 28.

6 Vgl. *Jean-Hugues Déchaux*, Pauvretés ancienne et nouvelle en France, in: Revue de l'OFCE 30, 1990, S. 7–33, hier: S. 12–14.

7 Vgl. *Paugam*, Von der Armut zur Ausgrenzung, S. 340f.

8 Vgl. ebd., S. 344f.

9 Vgl. Direction de l'animation de la recherche, des études et des statistiques, 40 ans de politique de l'emploi, Paris 1996, S. 363.

also derjenigen, die ein Jahr oder länger arbeitssuchend waren, stieg ebenfalls seit 1974 an und erreichte ihren Höchststand 1987, als die Statistik mehr als eine Million Langzeitarbeitslose in Frankreich erfasste.[10]

Insofern kann bestätigt werden, was oben schon allgemein formuliert wurde: Die Herausbildung neuer Risikogruppen für Armut und neuer Ursachen für Armut sowie die Abhängigkeit einer stetig anwachsenden Zahl von Haushalten von Sozialtransfers können zweifellos als neue Entwicklungen bezeichnet werden, in Anbetracht derer dem Konzept der »Neuen Armut« ein harter empirischer Kern zu attestieren ist. Gegen diese Behauptung spricht, dass die Armutsquote im Laufe der 1980er Jahre nicht anstieg, sondern sich – wie oben beschrieben – lediglich stabilisierte. Unter diesem Blickwinkel könnte auch der Begriff der »Neuen Armut« als wenig relevant erscheinen: Zu leicht lässt er sich doch als politische Strategie enttarnen, die durch das Etikett »›neu« Aufmerksamkeit für ein eigentlich altes Phänomen erheischen möchte. Für diese Vermutung spricht außerdem, dass es sich bei dieser Debatte noch nicht einmal um die erste Neuentdeckung der Armut im Frankreich des 20. Jahrhunderts handelte, da die Franzosen schon in der Zwischenkriegszeit die Massenarbeitslosigkeit zur »Neuen Armut« erklärt hatten[11] – ein weiteres Argument zur Erhärtung der These Christoph Kühbergers, der behauptet, das Armutsphänomen sei prädestiniert dazu, ständig neu entdeckt zu werden.[12]

Warum soll hier trotzdem an der Analyse eines Begriffs festgehalten werden, der sich doch im Voraus zu großen Teilen als ein politisches Schlagwort demaskieren lässt? Weil – um mit Lutz Leisering zu sprechen – auch oder gerade Schlagwörter besondere Aufmerksamkeit verdienen, da sich in diesen die gesellschaftliche Wirklichkeit verdichtet.[13] Es soll also im Folgenden nicht darum gehen, das Konzept im Hinblick auf seine empirische Triftigkeit hin zu analysieren, vielmehr soll danach gefragt werden, was die Zeitgenossen dazu brachte, ein jahrhundertealtes Phänomen wie Armut gerade zu diesem Zeitpunkt als neu zu entdecken und nach jahrzehntelanger Verdrängung wieder ins Zentrum der öffentlichen Debatte zu bringen. Welche Akteure waren an dieser Rethematisierung beteiligt? Vor allem: Welche wirtschaftlichen und sozialen Realitäten wurden in der Debatte um die »Neue Armut« verarbeitet? Denn es kann vermutet werden, dass auch die vielfältigen Wandlungsprozesse der französischen Wirtschaft und Gesellschaft, wie das seit 1974 deutlich abgebremste Wirtschaftswachstum, die Transformationen auf dem Arbeitsmarkt und insbesondere die oben skizzierte Ausbreitung der Arbeitslosigkeit, speziell der Dauerarbeitslosigkeit, in den Debatten um Armut verarbeitet wurden, ebenso wie die Entstehung neuer Formen des Zusammenlebens und ein fortschreitender Wertewandel[14],

---

10　Vgl. *Serge Paugam/Marion Selz*, La perception de la pauvreté en Europe depuis le milieu des années 1970. Analyse des variations structurelles et conjoncturelles, in: Économie et Statistique 383–385, 2005, S. 283–305, hier: S. 305.

11　Vgl. *André Gueslin*, Une histoire de la grande pauvreté dans la France du XXe siècle, Paris 2013, S. 72–78.

12　Vgl. *Christoph Kühberger*, Armut in historischer Perspektive – Zugänge der Geschichtswissenschaft, in: *Sylvia Hahn/Nadja Lobner/Clemens Sedmak* (Hrsg.), Armut in Europa 1500–2000, Innsbruck/Wien etc. 2010, S. 261–278.

13　Leisering führt dieses Argument für seine Analyse der Konzepte der Zweidrittelgesellschaft und der Risikogesellschaft an, vgl. *Lutz Leisering*, Zweidrittelgesellschaft oder Risikogesellschaft? Zur gesellschaftlichen Verortung der »neuen Armut« in der Bundesrepublik Deutschland, in: *Karl-Jürgen Bieback/Helga Milz* (Hrsg.), Neue Armut, Frankfurt am Main/New York 1995, S. 58–92, hier: S. 59.

14　Vgl. *Jean-François Sirinelli*, 1973–1974: La fin des »Trente Glorieuses«, mais le cœur des »Vingt décisives«, in: *Bernhard Gotto/Horst Möller/Jean Mondot* u.a. (Hrsg.), Nach »Achtundsechzig«. Krisen und Krisenbewusstsein in Deutschland und Frankreich in den 1970er Jahren, München 2013, S. 45–49.

aufgrund derer auch in Frankreich eine Diskussion um den Zäsurcharakter dieser Zeit entstanden ist.[15] Der Begriff der »Neuen Armut« soll damit nicht nur als Begleiterscheinung einer empirischen Realität, sondern auch als Zeitdiagnose verstanden werden.

II. ANALYSE DER POLITISCHEN AKTEURSKONSTELLATION

Die erste explizite Abgrenzung einer »nouvelle pauvreté«[16] von einer »pauvreté traditionnelle«[17] findet sich in einem Armutsbericht. Bei dem Bericht, der im Februar 1981 unter dem Titel »Contre la précarité et la pauvreté« erschien, schnell aber unter dem Namen seines Verfassers als »Rapport Oheix« bekannt geworden war, handelt es sich um den ersten von der Regierung in Auftrag gegebenen Armutsbericht für Frankreich. Zuvor hatten schon zwei andere Berichte die Armut in Frankreich zu ihrem Gegenstand gemacht, allerdings war der Auftrag dafür nicht von der Regierung erteilt worden: Im März 1979 erschien auf Initiative des Wirtschafts- und Sozialrats ein Bericht unter dem Titel »La lutte contre la pauvreté«[18]; es folgte der Bericht »La pauvreté et la lutte contre la pauvreté«[19], der im Rahmen des ersten Armutsbekämpfungsprogramms der Europäischen Kommission von 1975 in Auftrag gegeben und im Dezember 1980 veröffentlicht worden war. Erst nachdem die Arbeit an diesen beiden Berichten schon im Gange war, beziehungsweise für den ersten war sie sogar bereits abgeschlossen, ergriff auch die Regierung in diesem Bereich die Initiative: Im Juni 1980 beauftragte Premierminister Raymond Barre den Staatsrat Gabriel Oheix mit der Ausarbeitung eines Armutsberichts für Frankreich.

Von einer neuen Armut oder einem Wandel der Armut ist in den beiden Berichten von 1979 und 1980 noch keine Rede, und auch in den Anweisungen Barres an Oheix tauchen diese Aspekte nicht auf. Im Gegenteil, die Formulierungen Barres spiegeln eindeutig das Armutsbild wider, das in den *Trente Glorieuses*[20] verbreitet war. Beispielsweise beauftragt Barre den Staatssekretär damit, Maßnahmen zur Reduktion der »îlots de pauvreté«[21] aus-

---

15 Vgl. zum Beispiel *Jean-François Sirinelli*, Les Vingt Décisives. Le passé proche de notre avenir (1965–1985), Paris 2007; aus dem deutschsprachigen Bereich vgl. beispielsweise *Doering-Manteuffel/Raphael*, Nach dem Boom; *Konrad H. Jarausch*, Verkannter Strukturwandel. Die siebziger Jahre als Vorgeschichte der Probleme der Gegenwart, in: ders. (Hrsg.), Das Ende der Zuversicht? Die siebziger Jahre als Geschichte, Göttingen 2008, S. 9–26; ein guter Überblick über die verschiedenen für die Zeit nach 1970 in Deutschland und Frankreich geprägten Begriffe findet sich bei: *Horst Möller*, Die 1970er Jahre als zeithistorische Epochenschwelle, in: *Bernhard Gotto/ders./Jean Mondot* u.a. (Hrsg.), Nach »Achtundsechzig«. Krisen und Krisenbewusstsein in Deutschland und Frankreich in den 1970er Jahren, München 2013, S. 1–11.
16 *Gabriel Oheix*, Contre la précarité et la pauvreté. 60 Propositions, Paris 1981, S. 15.
17 Ebd., S. 14.
18 *Henri Pequignot*, La lutte contre la pauvreté, in: Journal officiel. Avis et rapports du Conseil économique et social, 6.3.1979, S. 366–443.
19 Fondation pour la recherche sociale, La pauvreté et la lutte contre la pauvreté. Rapport français présenté à la commission des communautés européennes, Paris 1980.
20 Der Begriff der *Trente Glorieuses* bezeichnet in Frankreich die Zeit zwischen 1945 und 1975 und spricht dieser dabei ähnlich positive Charakteristika zu, wie es in der Bundesrepublik für ungefähr die gleiche Zeit der Terminus »Wirtschaftswunder« oder für Italien der Begriff des *miracolo economico* macht. Im Unterschied zu diesen beiden Ländern war die Bezeichnung der *Trente Glorieuses* allerdings keine zeitgenössische, sondern wurde erst 1979 im Rückblick auf die vergangenen 30 Jahre durch den Ökonom Jean Fourastié geprägt. Vgl. *Rémy Pawin*, Retour sur les »Trente Glorieuses« et la périodisation du second XXe siècle, in: Revue d'histoire moderne et contemporaine 60, 2013, S. 155–175, hier: S. 155–159; *Jean Fourastié*, Les Trente Glorieuses: ou la révolution invisible de 1946 à 1975, Paris 1979.
21 Vgl. *Oheix*, Contre la précarité et la pauvreté, S. 1.

zuarbeiten. Der Begriff »Armutsinseln« ist dabei keine genuin in Frankreich entwickelte Bezeichnung, sondern er wurde schon 1958 von John Kenneth Galbraith in seinem Essay »The Affluent Society« benutzt, in dem »insular poverty« als Armut von ländlichen, wenig entwickelten und strukturschwachen Gebieten definiert wurde. Die Existenz dieser Inseln bezeichnete Galbraith explizit als marginales Phänomen.[22] In Frankreich verbreitete sich diese Metapher in den 1960er Jahren.[23] Die Bezeichnung von Armutssituationen als »Inseln von Armut« im Meer einer sonst vorgeblich wohlhabenden französischen Gesellschaft macht deutlich, welche marginale Stellung dem Armutsphänomen für die französische Gesellschaft in dieser Zeit beigemessen wurde. Barre bediente sich hier also eines für die Charakterisierung von Armut in den *Trente Glorieuses* üblichen Begriffs.

Oheix jedoch widmete den Arbeitsauftrag um; in der Einleitung des Berichts führte er aus, dass er die Unterscheidung zwischen neuen und traditionellen Formen der Armut als wichtige Voraussetzung für seine Arbeit und generell für die Suche nach geeigneten Mitteln zur Armutsbekämpfung ansah. Daher beschäftigte er sich in einem Unterkapitel explizit mit der Definition und Abgrenzung dieser beiden Phänomene. Von einer Reduktion der »Inseln von Armut« ist dagegen an keiner Stelle des Berichts mehr die Rede.[24] Es lässt sich vermuten, dass diese gewandelten Begrifflichkeiten auch einen Wandel der Vorstellungen von Armut widerspiegeln. Ob dies der Fall ist, soll in dem folgenden Kapitel näher untersucht werden. In jedem Fall kann an dieser Stelle bilanziert werden, dass der Bericht von Oheix einen wichtigen Wendepunkt im Hinblick auf die Begrifflichkeiten zur Beschreibung von Armut darstellt.

In der Forschung wird dem Bericht darüber hinaus eine wichtige Rolle für die Thematisierung der »Neuen Armut« und die Entwicklung der Armutspolitik zugewiesen. Der Rapport wird als Auslöser einer breiten Medienaufmerksamkeit für die »Neue Armut« gesehen[25], ihm wird großer Einfluss auf die Bildung von Problembewusstsein für die »Neue Armut« in Regierungskreisen bescheinigt[26], und der Wandel der Armutspolitik als seine Folge dargestellt.[27] Ein deutlich erhöhtes Interesse der Medien am Armutsthema lässt sich mit dem Erscheinen des Berichts tatsächlich feststellen. Die Tageszeitung »Le Monde« berichtete beispielsweise nicht nur ausführlich über die Übergabe des Berichts an die Regierung[28], sondern widmete in diesem Zeitraum auch eine Serie von Artikeln dem Thema der »Neuen Armut«.[29] Ein politisches Echo darauf blieb jedoch zunächst aus – insofern ist die These nach dem direkten Einfluss des Berichts auf die Armutspolitik infrage zu stellen. Im Parlament wurde der Bericht nicht einmal debattiert; es ist bezeichnend,

---

22　Vgl. *John Kenneth Galbraith*, The Affluent Society, Cambridge, MA 1958.

23　*Michel Messu*, Pauvreté et exclusion en France, in: *François-Xavier Merrien* (Hrsg.), Face à la pauvreté. L'Occident et les pauvres hier et aujourd'hui, Paris 1994, S. 139–169.

24　Vgl. *Oheix*, Contre la précarité et la pauvreté, S. 13–17.

25　Vgl. *Déchaux*, Pauvretés ancienne et nouvelle en France, S. 8.

26　*Johann Wilhelm*, Neue Armut in Frankreich. Sozialpolitische und sozialarbeiterische Reaktionen, in: Neue Praxis 6, 1986, S. 515–528, hier: S. 519.

27　*Noëlle Mariller*, Le plan gouvernemental français contre la pauvreté et la précarité, in: *Alain Fracassi/Marie France Marques/Jacques Walter* (Hrsg.), La pauvreté. Une approche plurielle, Paris 1985, S. 104–114, hier: S. 105.

28　Vgl. *Michel Castaing*, Un rapport préconise l'attribution d'un »soutien social« aux plus démunis, in: Le Monde, 24.3.1981; *ders.*, Un nouveau rapport sur la pauvreté en France. Un développement inquiétant, in: Le Monde 17.4.1981.

29　Vier Artikel erschienen im Rahmen dieser Serie mit dem Obertitel »Pauvres de toujours et pauvres d'aujourd'hui« zwischen Januar und März 1981. Vgl. *Michel Castaing*, I. Les ratés de l'école et de l'administration, in: Le Monde 3.3.1981; *ders.*, II. De la salle commune au blockhaus, in: Le Monde 4.3.1981; *ders.*, III. Les deux mamelles sèches, in: Le Monde, 5.3.1981; *ders.*, IV. Des trous dans la couverture sociale, in: Le Monde, 6.3.1981.

dass es sich bei einer der ersten Erwähnungen des »Rapport Oheix« in der Nationalversammlung – die übrigens auch erst im Jahr 1984 zu finden ist – um die Kritik eines Abgeordneten handelt, der das völlige Vergessen des Berichts beklagte.[30]

Den Bericht ereilte damit das gleiche Schicksal, das 1979 und 1980 schon der Armutsbericht des Wirtschafts- und Sozialrats sowie der im Auftrag der Europäischen Kommission erstellte Armutsbericht erlitten hatten: Nach einem kurzen Interesse der Medien geriet er weitgehend in Vergessenheit, wurde nicht zum Ausgangspunkt einer großen öffentlichen Debatte um Armut und gab auch keinen direkten Anstoß für die Umsetzung neuer
armutspolitischer Maßnahmen. Über die Gründe für die fehlende politische Aufmerksamkeit für den »Rapport Oheix« können nur Vermutungen angestellt werden. Sicher spielt
der Zeitpunkt seines Erscheinens eine Rolle. Im Februar 1981 hatte Gabriel Oheix der
Regierung Barre den fertigen Bericht übergeben; jedoch blieb diese Regierung nur noch
wenige Monate im Amt und wurde nach der Wahl François Mitterrands zum Staatspräsidenten, der anschließenden Parlamentsauflösung, den Neuwahlen und der Niederlage bei
den darauffolgenden Parlamentswahlen von einer neuen sozialistischen Regierung abgelöst.[31] Dass diese nur wenig Interesse an einem von der konservativen Vorgängerregie-
rung erstellten Bericht hatte, ist anzunehmen. Eine ausreichende Erklärung liefert das
Übergabedatum des Berichts jedoch nicht, denn erstens kann umgekehrt argumentiert
werden, dass der Bericht mit seinem Erscheinen kurz vor den Wahlen geradezu dazu prädestiniert gewesen sei, ein großes Wahlkampfthema zu werden – so wie es bei der folgenden Präsidentschaftswahl im Jahr 1988 mit dem Armutsbericht Joseph Wresinskis für den
französischen Wirtschafts- und Sozialrat der Fall gewesen ist.[32] Zweitens kann das Argument des Veröffentlichungsdatums mit dem Verweis auf die Reaktionen auf die anderen
beiden Armutsberichte entkräftet werden. Denn obwohl diese mit ausreichendem zeitlichen Abstand zu den Wahlen veröffentlicht worden waren, riefen sie ebenfalls keinerlei
politische Reaktionen hervor. Beides lässt darauf schließen, dass Armut in Frankreich
noch bis 1981 als ein Thema galt, für das die Öffentlichkeit kaum sensibilisiert war und
von dessen Aufgreifen sich die politischen Parteien folglich nichts versprachen. Insgesamt kann der Bericht jedoch wie gesagt als wichtige Wegmarke in der Thematisierung
der »Neuen Armut« gewertet werden, weil darin erstmals die explizite Unterscheidung
zwischen neuen und traditionellen Formen von Armut enthalten war.

Öffentliche Aufmerksamkeit für das Thema der »Neuen Armut« lässt sich erst im
Herbst 1984 feststellen; nur schwerlich kann diese aber mit dem mehr als drei Jahre zuvor
erschienenen Armutsbericht in Verbindung gebracht werden. Viel eher waren es Akteure
aus dem kommunalen und kirchlichen Bereich, die das Thema an die Öffentlichkeit herantrugen. Schon im Mai 1984 hatte der »Secours Catholique«, der französische Caritasverband, eine Ausgabe seiner monatlich erscheinenden Zeitschrift »Messages« dem Thema

---

30 Der Abgeordnete Jacques Barrot hatte kritisiert: »Je regrette vivement que les recommanda-
   tions du rapport Oheix aient été complètement oubliées depuis 1981«. Vgl. *Jacques Barrot*, in:
   JO. Débats parlementaires, AN, 13.12.1984, S. 6918.
31 Vgl. *Sirinelli*, Les Vingt Décisives, S. 213–227.
32 Der 1987 unter dem Titel »Grande pauvreté et précarité économique et sociale« veröffentlichte
   Bericht plädierte unter anderem für die Einrichtung eines garantierten Mindesteinkommens,
   das im folgenden Wahlkampf ein zentrales Thema wurde. Alle Kandidaten, die sich 1988 für
   das Amt des Präsidenten zur Wahl stellten, sprachen sich im Vorfeld der Wahl für die Einführung des Mindesteinkommens aus und präsentierten verschiedene Konzepte dafür. Auch wenn
   dies nicht allein auf die Forderung des Berichts zurückzuführen ist, kommt diesem aber eine
   Rolle bei der Sensibilisierung der Öffentlichkeit für dieses Thema zu. Vgl. *Joseph Wresinski*,
   Grande pauvreté et précarité économique et sociale, in: Journal Officiel. Avis et rapport du
   Conseil économique et social, 28.2.1987, S. 1–104; *Laurent Geffroy*, Garantir le revenu. Histoire et actualité d'une utopie concrète, Paris 2002, S. 54.

»Pauvres aujourd'hui«[33] gewidmet und darin das Aufkommen einer »Neuen Armut« fest-gestellt. Diese Veröffentlichung wiederum wurde von der Sozialkommission der französischen Bischofskonferenz aufgegriffen, die im September 1984 mit einer Erklärung unter dem Titel »Attention pauvretés!«[34] an die Öffentlichkeit trat. Auch hier wurde die Existenz neuer Formen von Armut festgestellt und die Regierung zum Handeln aufgefordert.

Die Erklärung der Bischofskonferenz muss vor dem Hintergrund der französischen Kir-che verstanden werden, die die öffentliche Stellungnahme zu gesellschaftlichen Fragen grundsätzlich als eine ihrer wichtigen Aufgaben ansah. Bereits in der ersten Hälfte des 20. Jahrhunderts hatte sich in Frankreich die katholische Laienbewegung »Action Catho-lique« als Laboratorium zur Einübung zivilgesellschaftlicher Verantwortungsübernahme erwiesen und damit wichtige Grundlagen für das spätere politische Handeln französischer Katholiken und der Kirche gelegt.[35] Nachdem sich in dieser Zeit vor allem die unter dem Dach der »Action Catholique« versammelten Verbände zu politischen Fragen geäußert hatten, machte die Bischofskonferenz selbst von ihrem Recht, sich zu versammeln und gemeinsame Erklärungen zu veröffentlichen, das sie mit dem Ende des Konkordats 1905 erworben hatten, insbesondere seit dem Ende des Zweiten Weltkriegs Gebrauch. Seitdem hatte sie zu einem breiten Spektrum gesellschaftlich relevanter Fragen Position bezogen[36], sich vor 1984 jedoch noch nicht zu Armut in der französischen Gesellschaft geäußert. Allerdings folgten auf »Attention pauvretés!« weitere Erklärungen zu diesem Themen-komplex[37], sodass die Erklärung als Beginn der aktiven Einmischung der französischen Kirche in die Armutsdebatte gewertet werden kann.

Ungefähr zur gleichen Zeit richtete eine weitere Organisation ihren Appell zur Be-kämpfung der »Neuen Armut« an die Regierung, nämlich die »Association des Maires des Grandes Villes de France« (AMGVF), welche die Bürgermeister aller französischen Großstädte vereinigte. Unter ihnen tat sich vor allem der Bürgermeister von Paris, Jacques Chirac, hervor, der das Aufkommen neuer Formen von Armut in seiner Stadt beklagte.[38] Daraufhin hatte sich eine Arbeitsgruppe der AMGVF gegründet, die am 9. Oktober dem Senat und der Presse eine Liste von Vorschlägen zur Armutsbekämpfung präsentierte.[39] Von den Medien wurden diese Aktionen aufmerksam verfolgt und dokumentiert. Zeitungs-

---

33 Messages du Secours Catholique 360, 1984.

34 Commission sociale de l'épiscopat français, Attention pauvretés!, Paris 1984.

35 *Klaus Große Kracht*, Französische Katholiken vor der politischen Herausforderung: Die Katho-lische Aktion in Frankreich in der ersten Hälfte des 20. Jahrhunderts, in: *Arnd Bauerkämper/Jürgen Nautz* (Hrsg.), Zwischen Fürsorge und Seelsorge. Christliche Kirchen in den europäischen Zivil-gesellschaften seit dem 18. Jahrhundert, Frankfurt am Main/New York 2009, S. 155–174, hier: S. 171–174.

36 Die Themen im Vorfeld der Erklärung »Attention pauvretés« reichten von Stellungnahmen zur Todesstrafe (1978) über Probleme der Grundbesitzverteilung im ländlichen Raum (1978) bis hin zur nuklearen Abschreckung (1983). Als übliches Prozedere bei der Erarbeitung dieser Texte galt, dass einzelne Mitglieder oder die verschiedenen Kommissionen eine erste Version des Erklärungstextes ausarbeiteten und diese anschließend der einmal jährlich zusammenkom-menden Vollversammlung der französischen Bischöfe zur Abstimmung vorlegten. Vgl. *Denis Maugenest*, Le discours sociale de l'épiscopat, in: *ders.* (Hrsg.), Le mouvement social catho-lique en France au XXe siècle, Paris 1990, S. 189–214, hier: S. 207–211.

37 Beispielsweise »La solidarité, une urgence« von 1987 und »Face au défi du chômage, créer et partager« von 1988. Vgl. ebd.

38 Vgl. *Marc Ambroise-Rendu*, Vagabonds, clandestins, handicapés sans ressources. M. Chirac rend le gouvernement responsable des nouvelles formes de pauvretés à Paris, in: Le Monde, 20.7.1984.

39 Vgl. Association des Maires des Grandes Villes de France, Les maires de grandes villes et la montée de la pauvreté, 1985 (unveröffentlicht), S. 1f. Eine Kopie dieser Studie wurde freundli-cherweise von Béatrice Clayssen aus dem Archiv der AMGVF bereitgestellt.

artikel mit Titeln wie »M. Chirac rend le gouvernement responsable des nouvelles formes de pauvreté à Paris«[40] und »Les évêques invitent les Français à combattre la nouvelle pauvreté«[41] weisen darauf hin, dass der Begriff der »Neuen Armut« auch für mediale Schlagzeilen gern aufgegriffen wurde und in der Presse seit spätestens Juli 1984 präsent war.

Auch im Parlament kam das Thema im Oktober 1984 nach jahrelanger Abwesenheit wieder auf die Tagesordnung. Insbesondere zwei Anfragen im Rahmen der Fragestunden an die Regierung[42] konfrontierten Sozialministerin Georgina Dufoix mit der Frage, welche Lösungen die Regierung für das Problem der »Neuen Armut« bereithalte.[43] Welche Parteien waren es, die das Thema in die Nationalversammlung und an die Regierung herantrugen? Beide Anfragen wurden von Abgeordneten der liberal-konservativen UDF (Union pour la Démocratie Française) gestellt. Nachdem es in der AMGVF hauptsächlich Chirac als Vertreter des konservativen RPR (Rassemblement pour la République) gewesen war, der sich um das Thema Armut bemüht hatte, könnte die Schlussfolgerung naheliegen, dass »Neue Armut« in Frankreich insbesondere ein Anliegen konservativ-liberaler Politiker gewesen sei. Mit Blick auf die politischen Absichten der Akteure lässt sich die »Neue Armut« aber vor allem als klassisches Thema der Opposition identifizieren, das von dieser genutzt wurde, um Kritik an der Politik der Regierung zu üben. Diese Strategie wird vor allem im Agieren Chiracs sehr deutlich, der vor der Presse seine eigenen Pläne zur Armutsbekämpfung präsentierte mit den Worten »Nous y mettrons le gouvernement devant ses responsabilités«[44] und damit ganz offen der Regierung die Schuld für die Armut zuschob. Insofern wird hier deutlich, was Lutz Leisering schon für die Armutsdebatte der Bundesrepublik festgestellt hat, nämlich dass die Armutsfrage nicht a priori ein Anliegen des linken Parteienspektrums darstelle, während sie im rechten eher verdrängt werde. Schreckensbilder von Armut, so Leisering, können prinzipiell jeder Partei nützlich sein.[45] In diesem Fall wird deutlich, dass Armut auch der Opposition als Thema dienen kann, um ihre Regierungskritik zu formulieren und mithilfe der Medien in die Öffentlichkeit zu tragen.

Armut wurde so zu einem Thema, das zunächst in den Medien, dann auch in den politischen Institutionen aufgegriffen wurde. Kurz darauf avancierte es überdies zum Gegenstand der politischen Intervention, denn die Regierung wies zwar jegliche Schuldvorwürfe entschieden von sich[46], entschied sich jedoch schon wenige Tage nach den ersten parlamentarischen Anfragen zu Armut zum Handeln. Am 17. Oktober 1984 wurde von der Sozialministerin ein »Programme de lutte contre la pauvreté et la précarité«[47] im Ministerrat vorgestellt und dort beschlossen.

---

40 *Ambroise-Rendu*, Vagabonds, clandestins, handicapés sans ressource.
41 *Alain Woodrow*, Les évêques invitent les Français à combattre la nouvelle pauvreté, in: Le Monde, 4.10.1984.
42 Im Rahmen der *Questions au gouvernement* haben die französischen Abgeordneten die Möglichkeit, zweimal pro Woche Fragen zu Themen einzubringen, die nicht auf der Tagesordnung der Nationalversammlung verankert sind. Jeder Fraktion steht bei dieser Fragestunde eine festgelegte Zeit für ihre Fragen zu; die Themen der Anfragen müssen der Regierung vorher nicht kommuniziert werden. Vgl. die Internetpräsenz der französischen Nationalversammlung, URL: <http://www.assemblee-nationale.fr/controle/questions.asp> [26.3.2014].
43 Vgl. *Adrien Zeller*, in: JO. Débats parlementaires, AN, 3.10.1984, S. 4473; *Loïc Bouvard*, in: ebd., 12.10.1984, S. 4674.
44 Zit. nach: *Ambroise-Rendu*, Vagabonds, clandestins, handicapés sans ressource.
45 Vgl. *Lutz Leisering*, Zwischen Verdrängung und Dramatisierung. Zur Wissenssoziologie der Armut in der bundesrepublikanischen Gesellschaft, in: Soziale Welt 44, 1993, S. 486–411, hier: S. 497.
46 Vgl. *Georgina Dufoix*, in: JO. Débats parlementaires, AN, 3.10.1984, S. 4473; *Raymond Courrière*, in: ebd., 12.10.1984, S. 4674.
47 Vgl. *Julien Damon*, L'»urgence sociale« au prisme de sa ligne budgétaire. Autour du »47.21«, in: Revue Française des Affaires Sociales 1, 2001, S. 13–35, hier: S. 21.

Insgesamt erfolgte die Prägung des Begriffs der »Neuen Armut« in Frankreich also vor allem durch kommunal agierende Akteure wie die AMGVF und den »Secours Catholique«, die darin ihre Erfahrungen auf lokaler Ebene verarbeiteten. Durch ihr medienwirksames Agieren und insbesondere mit der Unterstützung der Oppositionsparteien, die mit der Skandalisierung der »Neuen Armut« ihre Kritik an der Regierung ausdrücken konnten, trugen sie das Thema auf die Bühne der nationalen Politik. Warum aber kam es gerade im Herbst 1984 zur Öffnung der Debatte um ein Schlagwort, das schon seit mindestens 1981 im Umlauf war? Die Verdichtung der Debatte ist nicht nur im Kontext des von den Akteuren angeführten Anstiegs der Hilfsbedürftigkeit zu lesen, sondern es ist zu vermuten, dass auch die Dezentralisierungsgesetze von 1982/83 einen wichtigen Einfluss auf die Mobilisierung der kommunalen Akteure ausübten. Zwar war natürlich auch in Frankreich schon vor diesem Zeitpunkt die Sozialhilfe Angelegenheit der Kommunen, jedoch wurden diesen mit der *Loi Defferre* darüber hinaus weitere Kompetenzen im sozialen Bereich übertragen, die zuvor noch in den Händen des Zentralstaats gelegen hatten.[48] Diese Verschiebung der Zuständigkeiten zwischen Staat und Kommunen kann als Katalysator der Debatte um die »Neue Armut« gedeutet werden.

Es kam also im Herbst 1984 zu einer diskursiven Öffnung der Armutsdebatte unter dem Schlagwort der »Neuen Armut«. In die Debatte, die in den beiden vorausgehenden Jahrzehnten vor allem von Sozialarbeitern und Wohlfahrtsverbänden geführt worden war, schalteten sich zunehmend auch kommunale Verbände, kirchliche Institutionen, politische Parteien, die Regierung und die Medien ein.

III. WAS IST DAS NEUE AN DER »NEUEN ARMUT«? – DIE INHALTLICHE FÜLLUNG DES BEGRIFFS

In ihrer Studie zur »Neuen Armut« in der Europäischen Gemeinschaft machen Graham J. Room und Bernd Henningsen darauf aufmerksam, dass die inhaltliche Füllung des Armutsbegriffs in den verschiedenen europäischen Ländern sehr unterschiedlich ausfällt und eine klare Definition fehlt – was unter anderem damit zusammenhängen dürfte, dass der Begriff von ganz verschiedenen Akteuren und in unterschiedlichen Kontexten gebraucht worden ist.[49] Wie im vorausgehenden Kapitel gezeigt wurde, waren es auch in Frankreich mehrere Akteursgruppen, die sich den Begriff der »Neuen Armut« zu eigen machten. Ihre Beschreibungen des Phänomens, das sie als »Neue Armut« identifizierten, weisen dennoch überraschend große Ähnlichkeiten auf; vor allem drei Aspekte fanden sich bei allen Akteuren.

Zunächst wurden der quantitative Anstieg der Bedürftigkeit und die Rückkehr zu handfesten materiellen Notlagen – meist an erster Stelle – hervorgehoben. Insbesondere die kommunal agierenden Akteure, also der »Secours Catholique« und die AMGVF, wiesen immer wieder auf die Schwierigkeiten hin, auf die sie in ihrer Arbeit vor Ort stießen. Wiederholt berichtete der »Secours Catholique« beispielsweise von den ansteigenden Anfragen nach Kleidung, Nahrung, finanzieller Unterstützung und Übernachtungsmöglichkeiten, die an seine Beratungsstellen gerichtet wurden: »Partout les Délégations du Secours Catholique établissent le même constat: de plus en plus de personnes viennent frapper à leur porte.«[50] Zur Unterstützung seiner Argumentation veröffentlichte der Verband eine

---

48 Vgl. *Michel Borgetto*, Les compétences en matière sociale, in: Annuaire des collectivités locales 22, 2002, S. 185–202, hier: S. 187–190; *ders.*, La décentralisation du »social«: De quoi parle-t-on?, in: Informations sociales 6, 2010, S. 6–11.

49 Vgl. *Room/Henningsen*, Neue Armut in der Europäischen Gemeinschaft, S. 33–37.

50 Vgl. *Yves Casalis/Daniel Druesne*, Pauvres aujourd'hui, in: Messages du Secours Catholique 360, 1984, S. 9–13, hier: S. 9.

Statistik über die Entwicklung der Hilfsanfragen in fünf seiner Delegationen, aus der hervorgeht, dass in diesen Städten die Gesuche zwischen 1981 und 1983 um bis zu 79 % angestiegen waren.[51] Ganz ähnliche Feststellungen finden sich in den Berichten der AMGVF. Als Anlass für ihr Engagement im Bereich der Armutsbekämpfung nannte die Bürgermeisterunion die steigende Anzahl der Hilfsanfragen an kommunale Sozialhilfebüros und beschrieb die Erhöhung der Mittel für diese, die seit 1982 notwendig war, um der Überforderung der lokalen Sozialhilfeeinrichtungen mit der »aggravation de ce phénomène de paupérisation«[52] zu begegnen. Schon der Begriff der »paupérisation«, der von der AMGVF häufig verwendet wurde, wie auch der Titel »Les maires de grandes villes et la montée de la pauvreté«[53], unter dem die Vorschläge der Bürgermeister zur Armutsbekämpfung ein Jahr später zusammengefasst wurden, lassen darauf schließen, wie zentral der Aspekt der quantitativen Ausdehnung der Armut für die AMGVF war. Das neue Ausmaß der Bedürftigkeit, das die bisher gekannten Dimensionen zu übersteigen schien, sowie die Rückkehr zu konkreten materiellen Notlagen, die man als Relikte der Vergangenheit überwunden geglaubt hatte, sind also wichtige Aspekte der Definition der »Neuen Armut« in Frankreich zu Beginn der 1980er Jahre.

Mit der oben zitierten Statistik, mit der der »Secours Catholique« auf den Anstieg der Armut aufmerksam machte, hob der Verband ein weiteres Merkmal hervor, das für ihn die »Neue Armut« charakterisierte. Er führte aus, dass die Menschen, die in seinen verschiedenen Delegationen um Hilfe baten, seit dem Beginn des Jahrzehnts nicht nur zahlreicher geworden seien, sondern dass es sich dabei auch zu einem Großteil um Personen handele, die dem französischen Caritasverband bisher ganz unbekannt gewesen seien, da sie niemals zuvor seine Hilfe in Anspruch genommen hatten. Diese Ausbreitung wurde als große Verunsicherung wahrgenommen: »Le plus inquiétant, c'est la progression de ce cancer dans des couches sociales plutôt épargnées jusque-là.«[54] Aus den Informationen, welche die verschiedenen Delegationen über ihre Klientel zusammenstellten, zeichnete der Verband das Bild eines an seine Tür klopfenden »Neuen Armen«. Es entsprach einem alleinstehenden Mann mittleren Alters mit französischer Staatsangehörigkeit, kurzum: einem »Français moyen«[55], einem Durchschnittsfranzosen, wie es der Caritasverband selbst nannte. Traditionelle Risikogruppen für Armut wie alte Menschen, Flüchtlinge, Migranten oder Frauen scheinen unter diesen »Neuen Armen« kaum vertreten gewesen zu sein. Groß war offenbar das Erstaunen des Verbands über die plötzliche Bedürftigkeit dieser »Français ›moyens‹ qui, historiquement, n'avaient aucune raison de devenir pauvres, des personnes qui, jusqu'à présent, arrivaient à joindre les deux bouts«.[56]

Von der Sozialkommission der Bischöfe wurde dieser Aspekt der Ausbreitung der Armut auf bisher davon verschonte Bevölkerungsgruppen mit ganz ähnlichen Begrifflichkeiten charakterisiert. Auch hier taucht das Motiv des Durchschnittsfranzosen auf, wenn die »Neue Armut« resümierend wie folgt charakterisiert wurde:

»Si on parle de ›nouveaux pauvres‹ à propos de tous ceux qui viennent grossir les rangs des demandeurs d'aides, ce n'est pas qu'en son fond la pauvreté ait changé. Non. Elle reste identique à elle-même, insupportable et dégradante. Mais ce qui paraît nouveau, c'est qu'elle atteint des ›Français moyens‹.«[57]

---

51 Vgl. ebd.
52 Vgl. Association des Maires des Grandes Villes de France, Les maires de grandes villes, S. 6.
53 Vgl. ebd.
54 *Casalis/Druesne*, Pauvres aujourd'hui, S. 9.
55 Ebd.
56 Ebd.
57 Commission sociale de l'épiscopat français, Attention pauvretés!, S. 2.

Offensichtlich griffen die Bischöfe hier auf, was schon vorher in der an vielen Stellen von ihr zitierten Veröffentlichung des »Secours Catholique« beschrieben worden war. Auch in der Studie der Bürgermeisterunion AMGVF wurde festgestellt: »Des catégories sociales habituellement peu touchées sont dorénavant concernées.«[58] Zuvor hatte auch schon der Armutsbericht von Oheix für die Definition der »Neuen Armen« formuliert: »Il ne s'agit donc pas ici de familles jugées socialement pauvres, mais de ménages normalement insérés dans la société.«[59] Mit anderen Begriffen wurde von sämtlichen Akteuren die gleiche Idee formuliert: »Normal in die Gesellschaft integrierte Haushalte« seien von der »Neuen Armut« betroffen.

Es wirkt nahezu absurd, dass die verschiedenen Akteure so nachdrücklich betonten, dass Armut auch ›normale Menschen‹ treffen könne, und übereinstimmend ihr großes Erstaunen darüber ausdrückten. Dieses Erstaunen über eine heute recht offensichtliche Tatsache kann teilweise durch den Rückblick auf die zuvor die französische Gesellschaft dominierenden Armutsbilder erklärt werden. Denn in den 1960er Jahren und bis in die Mitte der 1970er Jahre wurde die Armutsdebatte in Frankreich vor allem unter dem Schlagwort der sozialen Unangepasstheit (*inadaptation sociale*) und unter dem Leitmotiv der Psychologisierung der sozialen Ungleichheiten geführt. Armut wurde ausgedeutet als ein individuelles Problem der Betroffenen, die sich nicht an die moderne Gesellschaft anpassen konnten oder wollten; Lösungen wurden entsprechend in individueller, psychologisierender Behandlung der Betroffenen gesehen.[60]

Auf die nun im Fokus stehenden Problemgruppen ließ sich dieses Konzept jedoch kaum anwenden, denn von den Akteuren wurden diese als Personen ohne besondere Handicaps beschrieben. Es ist zu vermuten, dass hier insbesondere die durch Arbeitslosigkeit verarmten Personen im Vordergrund standen, denn wie oben erläutert bildete sich in dieser Zeit eine strukturelle Dauerarbeitslosigkeit heraus, die einen wichtigen Faktor für die Entstehung von Armut darstellte. Nur schwerlich konnte die Arbeitslosigkeit, die sich deutlich in bestimmten Regionen Frankreichs konzentrierte (wie den von den Strukturproblemen des industriellen Sektors hart getroffenen nordfranzösischen Regionen) und die außerdem Beschäftigte in bestimmten Sektoren (wie beispielsweise dem Textilgewerbe und der Bauindustrie)[61] besonders betraf, noch als Resultat einer individuellen psychologischen Disposition ausgedeutet werden.

Psychologisierende Erklärungen für Armut wurden insofern vor dem Hintergrund der Entwicklung des Arbeitsmarkts unbrauchbar. Welche Ursachen für die Entstehung von Armut rückten die Akteure stattdessen ins Zentrum ihrer Argumentation? Schon die Arbeitsgruppe um Oheix hatte 1981 die Frage nach der Entstehung der »Neuen Armut« gestellt und hob bei ihrer Antwort im Bericht den Aspekt der Prekarität hervor, als sie die Risikogruppen für die »Neue Armut« wie folgt beschrieb: »Il s'agit de ménages en situation précaire, c'est-à-dire vulnérables à toute diminution de leur pouvoir d'achat.«[62] Weiterhin wird ausgeführt, dass die als prekär bezeichneten Haushalte zunächst nicht durch

---

58 Association des Maires de Grandes Villes de France, Les maires de grandes villes, S. 5.

59 *Oheix*, Contre la précarité et la pauvreté, S. 15.

60 Vgl. *Serge Paugam*, Die elementaren Formen der Armut, Hamburg 2008, S. 202–206. Als Paradebeispiel für diese Vorstellung von den sozial unangepassten Armen kann die Veröffentlichung von René Lenoir aus dem Jahr 1974 gesehen werden: In seiner Monografie mit dem Titel »Les exclus. Un Français sur dix« listet er verschiedene Zielgruppen der Sozialhilfe wie delinquente und drogenabhängige Jugendliche, psychisch Kranke, Alkoholiker, Kriminelle, Selbstmordgefährdete und Ausländer mit Integrationsschwierigkeiten auf und fasst sie unter dem Stichwort der sozial Unangepassten zusammen. Vgl. *René Lenoir*, Les exclus. Un français sur dix, Paris 1974.

61 Vgl. *Ralph Schor*, Histoire de la société française au XXe siècle, Paris 2005, S. 403–407.

62 Vgl. *Oheix*, Contre la précarité et la pauvreté, S. 15.

ein Fehlen von Ressourcen gekennzeichnet seien, allerdings durch sehr geringe Einkünfte und fehlende Rücklagen, sodass die geringste Änderung ihres Einkommens schon das Abrutschen in Armut bedeuten könne. Dieser prekäre Zustand, der quasi die Vorstufe zur Armut darstellte, wurde von Oheix als Ursprung der »Neuen Armut« verstanden.[63] Welchen zentralen Stellenwert dieser Aspekt der Prekarität für Oheix einnahm, lässt sich daran ablesen, dass er ihn in den Titel seiner Studie stellte und den Bericht über die Reduktion der »îlots de pauvreté«[64] umwidmete zu einer Studie »Contre la précarité et la pauvreté«.[65] Damit prägte der Staatsrat keinen völlig neuen Begriff; schon in den 1970er Jahren hatte sich dieser zunächst im politischen und dann im sozialwissenschaftlichen Diskurs Frankreichs etabliert und wurde vor allem im Kontext der »précarité de l'emploi«[66], der unsicheren Beschäftigungsverhältnisse, verwendet. Als neu kann aber doch die feste Verbindung des Begriffs mit Armut gesehen werden, die hier von Oheix erstmals vorgenommen wurde[67] und sich in den folgenden Jahren etablierte.[68] Andere Akteure griffen den Begriff ebenfalls für ihre Definition der »Neuen Armut« auf. Im Appell der Sozialkommission der Bischöfe heißt es beispielsweise:

»La situation de ces ›nouveaux pauvres‹ est le plus souvent le résultat de basculements brutaux en état de précarité, de vulnérabilité par rapport à toute diminution de leur pouvoir d'achat, ne disposant d'aucune ›avance‹ que ce soit en argent, en santé, en relation ou en capacités diverses. Le moindre choc – chômage, maladie, retards et blocages administratifs, rupture familiale … – les fait basculer dans la spirale inextricable de la pauvreté.«[69]

Der Terminus »basculer« (abgleiten, umkippen), der hier von den Bischöfen, aber auch von anderen Akteuren verwendet wurde[70], illustriert deutlich ihre Vorstellung davon, wie Menschen zu »Neuen Armen« werden konnten: Ihr Leben kippte von einer prekären Situation um zur Armut. Ob die Existenz von Menschen am Rande der Armutsschwelle wirklich als etwas Neues zu bezeichnen ist, lässt sich mit triftigen Gründen anzweifeln. Mit Fug und Recht kann hier eingewandt werden, dass beispielsweise auch die Industriearbeiter des 19. Jahrhunderts nach dieser Definition als prekär eingestuft werden könnten, und es sich dabei ganz eindeutig um kein neues Phänomen handelte. Allerdings ließe sich die Neuetikettierung wiederum mit einem Bruch mit dem Armutsbild der *Trente Glorieuses* erklären. Denn in dieser Zeit setzte sich die Vorstellung durch, dass Armut ein Phänomen sei, in das man nicht plötzlich abrutschte, sondern das vielmehr von Generation zu Generation weitergegeben werde. Oheix hatte 1981 definiert: »La pauvreté traditionnelle est celle des diverses catégories sociales qui connaissent ou, parfois, qui reproduisent, à travers plusieurs générations, des situations d'exclusion sociale.«[71] Zudem führte er aus, dass Immobilität ein Kennzeichen der traditionellen Armut sei, und zwar sowohl in beruf-

---

63 Oheix bezeichnet die Prekarität auch als »un type de situation où la pauvreté n'est que potentielle«, also als potenzielle Armut. Vgl. ebd., S. 13.

54 Ebd., S. 1.

55 Ebd.

66 Vgl. *Jean-Claude Barbier*, La précarité. Une catégorie française à l'épreuve de la comparaison internationale, in: Revue française de sociologie 46, 2005, S. 351–371, hier: S. 352–355.

67 Vgl. *Patrick Cingolani*, La précarité, Paris 2011, S. 81–89.

68 Prominente Beispiele dafür sind die Armutsbekämpfungsprogramme, die seit 1984 unter dem Titel »Programmes de lutte contre la pauvreté et la précarité« aufgelegt wurden, und der Armutsbericht von Joseph Wresinski für den Wirtschafts- und Sozialrat, der 1987 unter dem Titel »Grande pauvreté et précarité économique et sociale« erschien. Vgl. *Damon*, L'»urgence sociale« au prisme de sa ligne budgétaire, S. 21; *Wresinski*, Grande pauvreté et précarité économique et sociale.

69 Commission sociale de l'épiscopat français, Attention pauvretés!, S. 3.

70 Vgl. *Casalis/Druesne*, Pauvres aujourd'hui, S. 9.

71 *Oheix*, Contre la précarité et la pauvreté, S. 14.

licher, familiärer als auch in geografischer Hinsicht.[72] Mit dem Bild eines ganz plötzlich in die Armut abrutschenden Franzosen passt diese Auffassung nicht mehr zusammen. Wie schon für den psychologisierenden Ansatz kann vermutet werden, dass auch dieses Armutsbild vor allem im Hinblick auf die sich ausbreitende Arbeitslosigkeit nicht mehr aufrechtzuhalten war und das bisherige statische Armutsbild daher durch ein dynamischeres ersetzt wurde. Die traditionellen Armutsbilder brachen also insbesondere vor dem Hintergrund struktureller Verschlechterungen des Arbeitsmarkts auf.

Welche Erklärungen wurden von den Zeitgenossen selbst für den von ihnen festgestellten Wandel der Armut vorgebracht und was sahen sie als Ursache der wachsenden Prekarität? Wie Oheix hoben auch die Bischöfe den Wandel des Arbeitsmarkts im Zuge der Wirtschaftskrise und die Probleme der Arbeitslosigkeit und der unsicheren Beschäftigung hervor. In einer langen Ausführung unter dem Titel »Nouvelles ruptures«[73] erläuterten sie, wie diese Probleme den Menschen nicht nur ihre materielle Existenzgrundlage entzogen, sondern auch deren soziale Bindungen schwächten. Die oben geäußerte Vermutung, die Debatte um die »Neue Armut« könne als Verarbeitung wirtschaftlicher und gesellschaftlicher Wandlungsprozesse in der Zeit »nach dem Boom«[74] gelesen werden, trifft insofern nur teilweise zu, denn wie hier deutlich wird, ist die Debatte vor allem als Verarbeitung der Transformationen des Arbeitsmarkts und weniger als Reaktion auf den sozialen Wandel zu deuten.

Daneben erscheint aber auch ein Problem ganz anderer Natur, dass Oheix schon angeprangert hatte und das in der Erklärung der Bischöfe, wie oben zitiert, in der Formulierung »retards et blocages administratifs«[75] umschrieben wurde. Oheix hatte dieses sogar auf die gleiche Stufe mit dem Problem der Arbeitslosigkeit gestellt: »L'incertitude des revenus […] tient autant à l'incertitude de l'emploi […] qu'à l'incertitude des prestations sociales.«[76] Nicht nur die neuen Unsicherheiten des Arbeitsmarkts, sondern auch die Unsicherheiten und Unregelmäßigkeiten bei der Auszahlung der Sozialleistungen wurden demnach als Ursachen der »Neuen Armut« gesehen. Damit stand neben der Wirtschaftskrise und deren Auswirkungen auf den Arbeitsmarkt der Sozialstaat selbst in der Kritik als ein Verursacher dieser sozialen Ungleichheiten. Im gesamten Bericht von Oheix stellte die Entstehung von Armut durch die Unregelmäßigkeiten der Sozialverwaltung sogar den roten Faden dar und war anscheinend auch einer der Aspekte, der den Anstoß für den Auftrag zur Abfassung des Berichts gab.[77] Wie kommt es, dass der französische Sozialstaat, zu dessen Aufgabe doch eigentlich die Vermeidung von Armut gehören sollte, jetzt angeklagt wurde, selbst Mitverantwortung an der Armut zu tragen? Die Anklage verwundert zunächst insbesondere in Anbetracht der ambitiösen Sozialreformen der 1970er Jahre, bei denen der französische Sozialstaat einen deutlichen Willen gezeigt hatte, die Situation für traditionelle Risikogruppen von Armut wie Behinderten (durch die Einführung der »Allocation aux adultes handicapés« im Jahr 1975) und alten Menschen (durch mehrere Erhöhungen des »Minimum vieillesse« im Laufe des Jahrzehnts) zu verbessern.[78]

---

72 Vgl. ebd.
73 Commission sociale de l'épiscopat français, Attention pauvretés!, S. 4.
74 *Doering-Manteuffel/Raphael*, Nach dem Boom.
75 Commission sociale de l'épiscopat français, Attention pauvretés!, S. 4.
76 *Oheix*, Contre la précarité et la pauvreté, S. 7.
77 Im Bericht beschrieb der Verfasser den Zusammenhang von Armut und Verwaltungsproblemen als »C'est précisément ce dont devait se préoccuper le Groupe de Travail«. Vgl. *Oheix*, Contre la précarité et la pauvreté, S. 6.
78 Vgl. *Ingo Bode*, Solidarität im Vorsorgestaat. Der französische Weg sozialer Sicherung und Gesundheitsversorgung, Frankfurt am Main/New York 1999, S. 98–100; *Pierre Guillaume*, Les ajustements de l'Etat-providence en France dans les années soixante-dix, in: *Bernhard Gotto/Horst Möller/Jean Mondot* u. a. (Hrsg.), Nach »Achtundsechzig«. Krisen und Krisenbewusstsein in Deutschland und Frankreich in den 1970er Jahren, München 2013, S. 61–68.

Tatsächlich hatten die Maßnahmen auch dazu geführt, die Armut gerade bei diesen beiden Gruppen maßgeblich zu reduzieren.[79] Laut Oheix, dem Verfasser des Armutsberichts, hatten aber eben dieser Ausbau und die fortschreitende Ausdifferenzierung des französischen Sozialhilfesystems auch gegenteilige Aspekte erzeugt. Insbesondere die Aufgliederung der Unterstützungen in verschiedene »blocs sociaux«[80], die alle ihre eigene Logik hätten und ihren eigenen Regeln folgten, habe die Hilfesuchenden in eine Art Labyrinth der Sozialverwaltung versetzt, in dem die Betroffenen oft selbst nicht mehr wüssten, an wen sie sich mit ihrem Antrag wenden sollten, und zwischen den Zuständigkeiten der verschiedenen Stellen hin- und hergeschickt würden.[81] Diese Beschreibung der Probleme des französischen Sozialstaats muss vor dem Hintergrund gelesen werden, dass Frankreich – als eines der letzten westeuropäischen Länder[82] – zu diesem Zeitpunkt noch keine generelle Mindestsicherung eingeführt hatte, wie sie in der Bundesrepublik beispielsweise mit der im Bundessozialhilfegesetz vorgesehenen Hilfe zum Lebensunterhalt seit 1961 existierte.[83] Stattdessen war die Sozialhilfe in Frankreich in verschiedene »minima sociaux« aufgegliedert, die alten, behinderten, arbeitslosen, arbeitsunfähigen und alleinerziehenden Menschen ihre Einkünfte bis zu einer festgelegten Summe aufstockte, aber keine Mindestsicherung außerhalb dieser Kategorien vorsah.[84] Die von Oheix beschriebenen Antragsteller pendelten also ohne eine grundlegende Mindestsicherung zwischen den verschiedenen Stellen der Sozialverwaltung.

Geprägt wurde das Konzept der Prekarität, das – wie oben gezeigt wurde – eng mit dem Begriff der »Neuen Armut« verbunden und grundlegend für dessen Deutung ist, also von drei Entwicklungen: erstens vom Wandel des Arbeitsmarkts, zweitens von der zunehmenden Unsicherheit der Beschäftigung und drittens – und das ist bemerkenswert – von der zunehmenden Spezialisierung des Sozialstaats. Insofern wurden nicht nur Transformationen der Wirtschaft, sondern auch die Entwicklung des Sozialstaats selbst, die beide als Erzeuger von Ungleichheiten im Fokus standen, in der Debatte um die »Neue Armut« verarbeitet.

IV. WAS TUN GEGEN DIE »NEUE ARMUT«? – PROGRAMME ZUR ARMUTS-
BEKÄMPFUNG

Die Frage nach den Lösungsvorschlägen für das an die Öffentlichkeit gebrachte Problem der »Neuen Armut« soll in diesem letzten Kapitel im Zentrum stehen. Insbesondere ist danach zu fragen, ob der Wandel des Armutsbilds auch zu neuen sozialpolitischen Konzepten führte, kurz gesagt: Folgte auf die Debatte um »Neue Armut« auch eine neue Armutspolitik?

Wie oben gezeigt erreichte die Debatte um die »Neue Armut« im Oktober 1984 auch die französische Nationalversammlung, wo verschiedene Abgeordnete die Regierung nach

---

79 Vgl. *Axelle Brodiez-Dolino*, Combattre la pauvreté. Vulnérabilités sociales et sanitaires de 1880 à nos jours, Paris 2013, S. 219–245.
80 Vgl. *Oheix*, Contre la précarité et la pauvreté, S. 22.
81 Ebd., S. 22–24.
82 In Frankreich wurde die soziale Mindestsicherung erst im Jahr 1988 mit dem Gesetz über das *Revenu minimum d'insertion* eingeführt. Zu Beginn der 1980er Jahre verfügten neben Frankreich lediglich Spanien, Italien, Portugal, Griechenland und Luxemburg noch über keine soziale Mindestsicherung. Vgl. *Serge Paugam*, Représentations de la pauvreté et modes d'assistance dans les sociétés européennes, in: *ders.* (Hrsg.), L'Europe face à la pauvreté. Les expériences nationales du revenu minimum, Paris 1999, S. 13–44, hier: S. 13.
83 Vgl. ebd.
84 Vgl. *Bode*, Solidarität im Vorsorgestaat, S. 89–107.

ihrem Vorgehen gegen die Armut befragten. Auf ihre Antwort ließ die sozialistische Regierung nicht lange warten, denn das »Programme de lutte contre la pauvreté et la précarité« wurde schon am 17. Oktober 1984, also zwei Wochen nach den ersten parlamentarischen Anfragen zur Armut, im Ministerrat vorgestellt.[85] Das Programm kann nicht nur aufgrund seiner zeitlichen Nähe, sondern auch aufgrund der Begrifflichkeiten – verwendet wurde der Prekaritätsbegriff – als eine direkte Reaktion auf die Diskussion um die »Neue Armut« verstanden werden. Die Vermutung, dass es sich also an den als neu entdeckten Problemlagen ausrichtete und versuchte, neue Lösungen für diese zu finden, liegt daher nahe. Allerdings wurde diese Erwartung von dem Programm in jeder Hinsicht enttäuscht. In der Nationalversammlung hatte Sozialministerin Georgina Dufoix die Prioritäten der Regierung bei der Umsetzung des Programms wie folgt umrissen: »Elles [les priorités] tournent toutes autour des priorités suivantes: hébergement et logement, secours d'urgence pendant l'hiver, utilisation du surplus agricoles.«[86] Armutsbekämpfung bedeutete für die Ministerin vor allem das Vorgehen gegen Hunger und Obdachlosigkeit. Entsprechend wurden die 500 Millionen französischen Francs, die im Budget für das Armutsbekämpfungsprogramm bereitgestellt worden waren, aufgeteilt: Mit 41 % war der Löwenanteil davon für die Verteilung von Nahrungsmitteln vorgesehen, 23 % standen für die Bereitstellung von Notunterkünften zur Verfügung, während 20 % in einen Garantiefonds zur Zahlung von Mietschulden sowie Strom- und Gasrechnungen fließen sollten.[87] Neue sozialpolitische Konzepte entstanden nicht.

Wie kann dieser Rückgriff auf so traditionelle Formen der Armutsbekämpfung nach einer großen Debatte um die Neuheit der Armut erklärt werden? Schon die Zeitgenossen suchten nach Antworten auf diese Frage. Der Generalsekretär der Organisation »ATD Quart Monde«[88] rückte dabei beispielsweise die unzureichende Vorbereitung auf das neue Problem in den Fokus:

»La nation ne s'était pas suffisamment préparée, elle n'avait pas mis en place des structures pour faire face au-delà de l'urgence, aux situations de grande pauvreté. Elle a donc répondu à la même manière qu'il y a 30 ans par la soupe populaire, la banque alimentaire, l'ouverture du métro la nuit, etc.«[89]

Sicher spielte es eine Rolle, dass das Programm in extremer Eile konzipiert worden war, da es im Abstand von nur zwei Wochen auf die große mediale Debatte um die »Neue Armut« folgte. Viel Zeit für Reflexion über die Ausarbeitung neuer Methoden zur Armutsbekämpfung blieb den Verantwortlichen nicht. Ein Blick auf die Entwicklung der französischen Armutspolitik in den darauffolgenden Jahren verdeutlicht allerdings, dass diese Erklärung nur zum Teil greift. Denn nachdem das »Programme de lutte contre la pauvreté et la précarité«, das für die Dauer eines Winters konzipiert worden war, im März 1985 ausgelaufen war, wurde im Oktober 1985 ein weiteres Programm mit dem gleichen Namen, einer Finanzierung über dasselbe Budgetkapitel und einer sehr ähnlichen inhalt-

---

85 Vgl. Communiqué du Conseil des ministres, L'action contre la pauvreté, 17.10.1984, URL: <http://discours.vie-publique.fr/notices/846002597.html> [29.1.2014].

86 *Georgina Dufoix*, in: JO. Débats parlementaires, AN, 13.11.1984, S. 5975.

87 Die übrigen 16 % wurden auf andere Unterstützungsleistungen aufgeteilt. Vgl. *Damon*, L'»urgence sociale« au prisme de sa ligne budgétaire, S. 21.

88 Der Priester Joseph Wrésinski hatte 1957 »ATD Quart Monde« im Obdachlosenlager von Noisy-le-Grand gegründet. Die Nichtregierungsorganisation setzte sich die Bekämpfung der extremen Armut zum Ziel und fokussierte dabei insbesondere den Aspekt der Selbsthilfe. Vgl. *Frédéric Viguier*, Pauvreté et exclusion. Des nouvelles catégories de l'État Social, in: Regards croisés sur l'économie 4, 2008, S. 152–161, hier: S. 154f.

89 *Joseph Wresinski*, Conférence de presse du rapporteur, 9 février 1987, in: Revue Quart Monde 126, 1988, S. 8–13, hier: S. 8.

lichen Ausgestaltung ins Leben gerufen. Auch in den folgenden Jahren wurden die Programme mit regelmäßiger Wiederkehr im jeweiligen Oktober des Jahres erneuert. Selbst die politische Zäsur im März 1986 markiert keinen Einschnitt, denn auch nach der Änderung der Mehrheitsverhältnisse im Parlament wurden die Programme jährlich erneuert und noch bis 1990 unter dem gleichen Namen weitergeführt – obwohl die neue konservative Regierung unter Premierminister Chirac deutlich weniger Mittel für deren Finanzierung bereitstellte.[90] Lebensmittelverteilung blieb damit ein wichtiger Bestandteil der Armutspolitik der Regierung. Auch außerhalb der staatlichen Sozialpolitik lässt sich ein genereller Trend hin zur Güterverteilung als Abhilfe gegen Armut in der zweiten Hälfte der 1980er Jahre in Frankreich feststellen. Mit der Gründung der »Restaurants du Cœur« im Jahr 1985 und der »Banques Alimentaires« 1984 entstanden zwei sehr aktive Projekte, die die Nahrungsverteilung zu ihrer Hauptaufgabe und Daseinsberechtigung erhoben.[91]

Wenn der Verweis auf den Zeitdruck keine hinreichende Erklärung für die Konzeption der Programme bietet, wie kann dann die Rückkehr zur Lebensmittelverteilung als Option der Sozialpolitik erklärt werden? Teilweise sind diese Maßnahmen ganz einfach als Reaktion auf die in der Öffentlichkeit erhobenen Forderungen zu sehen. Denn obwohl sie keine nachhaltige Lösung für die von verschiedenen Akteuren nachgezeichneten Probleme der Prekarität oder die administrativen Schwierigkeiten der Sozialverwaltung boten, so können sie doch sehr wohl als Antworten auf die wiederholt proklamierte Ausbreitung der materiellen Bedürftigkeit eingeordnet werden. Immer wieder machten kommunale Akteure auf die steigenden Anfragen nach Essen, Kleidung und einer Unterkunft für die Nacht aufmerksam. Die oben zitierte Erklärung der Sozialkommission der französischen Bischöfe hatte sogar als ihren Untertitel den Satz gewählt: »On a faim aujourd'hui en France.«[92] Die Verteilung von Essen kann also zunächst als eine logische Folge auf den in der Debatte immer wieder akzentuierten Hunger der französischen Bevölkerung gesehen werden.

Der Soziologe Serge Paugam bietet eine weitere Erklärung dafür, dass solche traditionellen Fürsorgestrukturen in modernen und wohlhabenden Ländern noch nicht verschwunden sind, indem er auf die Problematik der Sozialhilfesysteme hinweist, die auf spezielle Kategorien als Zielgruppen ausgerichtet sind. Oft verhindere diese Spezialisierung, dass mit der Sozialhilfe alle Bedürftigen erreicht werden. Es bleiben nämlich diejenigen ausgeschlossen, die sich in keine der existierenden Kategorien einordnen lassen – und dann kann nur mit fakultativen oder außergesetzlichen Unterstützungen geholfen werden.[93] Wie oben erläutert folgte auch die französische Sozialhilfe vor der Einführung der Mindestsicherung im Jahr 1988 der Logik der verschiedenen Kategorien von Zielgruppen. Insofern könnten auch die im Herbst 1984 eingeführten Programme zur Armutsbekämpfung als Suche nach einer Unterstützungsmöglichkeit jenseits dieses spezialisierten Systems gedeutet werden. Dass die Programme somit ihrem im Titel proklamierten Anspruch der Bekämpfung der Prekarität nicht gerecht werden konnten, liegt auf der Hand. Vielmehr erhöhten sie auf Dauer die Armut der Betroffenen, indem sie sie in die Abhängigkeit von

---

90 *Damon*, L'»urgence sociale« au prisme de sa ligne budgétaire, S. 15; das entsprechende Budget-kapitel wurde nach 1991 umbenannt in »Développement sociale et prévention de l'exclusion« und trug dann seit 1994 den Namen »Intégration et lutte contre l'exclusion«, was die Durchsetzung des Exklusionsbegriffs im Laufe der 1980er Jahre widerspiegelt.

91 Die erste »Banque alimentaire« in Frankreich wurde im November 1984 auf die gemeinsame Initiative der Verbände »Secours Catholique«, »Emmaüs« und »Armée du Salut« hin gegründet, während die »Restaurants du Cœur« auf eine Idee des Schauspielers Coluche zurückgehen. Vgl. *Gueslin*, Une histoire de la grande pauvreté, S. 229–234.

92 Commission sociale de l'épiscopat français, Attention pauvretés!, S. 1.

93 *Paugam*, Die elementaren Formen der Armut, S. 262–264.

Güterverteilungen brachten, die übrigens noch nicht einmal permanent eingerichtet wurden, sondern nur für die Dauer des jeweiligen Winters.

Insgesamt erfolgte die sozialpolitische Antwort auf die Debatte um die »Neue Armut« also prompt und orientierte sich begrifflich an den Schlagwörtern der hier nachgezeichneten Debatte. Inhaltlich richteten sich die neuen Programme zur Armutsbekämpfung jedoch nur teilweise an den in der Debatte angeführten Problemlagen aus, denn sie stellten zwar Lösungen für das Problem der neuen materiellen Bedürftigkeiten dar, lieferten jedoch keine Antwort auf das Problem der Prekarität, das in der Debatte als hauptsächliches Charakteristikum der »Neuen Armut« hervorgehoben worden war.

V. FAZIT

Die Ausdehnung der Armut auf bisher von ihr verschonte Bevölkerungsgruppen sowie die Rückkehr zu konkreten materiellen Bedürftigkeiten wurden in der französischen Debatte als hauptsächliche Charakteristika der »Neuen Armut« diskutiert. Grundlegend für die Definition der »Neuen Armut« war dabei der Begriff der Prekarität, verstanden als die Existenz am Rande der Armutsschwelle. Die Ursachen des Phänomens wurden von den an der Debatte beteiligten Akteuren in den durch die Wirtschaftskrise entstehenden Unsicherheiten der Beschäftigung und in der Arbeitslosigkeit gesucht, aber auch der Sozialstaat selbst wurde auf die Anklagebank gestellt und dem Vorwurf ausgesetzt, durch die zunehmende Spezialisierung des Sozialhilfesystems und den ansteigenden Verwaltungsaufwand neue Ungleichheiten zu schaffen. Die Debatte ist daher nicht nur als Verarbeitung des wirtschaftlichen Wandels und dessen Folgen, sondern auch als Verständigung über den Sozialstaat und dessen Entwicklung zu lesen.

Sie stellt außerdem nicht nur eine Debatte um soziale Ungleichheiten, sondern auch um Unsicherheiten dar, denn die genannten Charakteristika der »Neuen Armut«, insbesondere der Aspekt der Prekarität und die Vorstellung, dass Armut potenziell jeden treffen könne und nicht mehr auf eine präzise umrissene Personengruppe begrenzt sei, bedeuteten einen Bruch mit dem die *Trente Glorieuses* dominierendem Armutsbild, der in der Bevölkerung eine große Beunruhigung auslöste.

Die genannten Brüche mit dem bisher gesellschaftlich dominierendem Armutsbild waren es, die zur Neuetikettierung des Armutsphänomens führten und ihm auch eine ganz neue Aufmerksamkeit einbrachten: Mit der Debatte um die »Neue Armut« wurde das Armutsthema aus seiner marginalen Stellung, in der es sich seit mehr als zwei Jahrzehnten befand, heraus und ins Zentrum der öffentlichen Debatte geführt. Hervorzuheben sind vor allem zwei Aspekte, die die Debatte charakterisieren und von den vorausgehenden Diskussionen um Armut unterscheiden. Erstens die diskursive Öffnung: Nachdem es zuvor hauptsächlich Sozialarbeiter, Wohlfahrtsverbände und zum Teil auch Sozialwissenschaftler waren, die sich mit dem Thema auseinandersetzten, verlief die Debatte im Herbst 1984 nicht nur zwischen diesen traditionellen Akteuren der Armutsdebatte, sondern entspann sich zwischen kommunalen Verbänden, kirchlichen Institutionen, Wohlfahrtsverbänden, Medien sowie Politikern der lokalen und nationalen Ebene. Ein Wandel der Armutsdebatte vom Expertendiskurs hin zu einer breiten öffentlichen Debatte ist also feststellbar. Zweitens rückte Armut auf die politische Agenda und wurde mit den »Programmes de lutte contre la pauvreté et la précarité« auch zum Gegenstand konkreter sozialpolitischer Intervention. Zwar hat die Analyse gezeigt, dass diese Programme sich nur dem Namen nach an den Schlagwörtern der Debatte orientierten, im Prinzip aber auf traditionelle Mittel der Armutsbekämpfung zurückgriffen und keine Lösungen für das als Leitmotiv der »Neuen-Armut«-Debatte diskutierte Problem der Prekarität boten. Anstatt Antworten auf dieses Problem zu suchen und seine Ursachen zu beheben, beschränkte sich die Politik 1984 noch darauf, die sichtbaren Ausdrucksformen des Phänomens zu lindern. Als beachtliche Neuerung ist es jedoch zu werten, dass die französische Sozialpolitik mit diesen Programmen explizit das Problem der Armut fokussierte – denn auch das war in den vorausgehenden beiden Jahrzehnten nicht der Fall.

Die Öffnung der Debatte und die politische Intervention folgten allerdings nicht sofort auf die Neuentdeckung der Armut. Wie oben gezeigt war die erste Abgrenzung einer »Neuen« von einer »traditionellen Armut« schon 1981 in einem Armutsbericht vorgenommen worden und zunächst ohne jegliche Aufmerksamkeit geblieben – was auf eine zu diesem Zeitpunkt noch kaum für das Armutsthema sensibilisierte Öffentlichkeit schließen lässt. Erst die öffentliche Skandalisierung des Themas durch verschiedene, insbesondere kommunal agierende Akteure, in einer Zeit der Dezentralisierung, führte dazu, dass das Schlagwort der »Neuen Armut« im Herbst 1984 ins Zentrum der Aufmerksamkeit und auf die politische Agenda rückte.

Christoph Weischer

Soziale Ungleichheiten 3.0

Soziale Differenzierungen in einer transformierten Industriegesellschaft

In diesem Beitrag soll die Entwicklung sozialer Ungleichheiten in der Bundesrepublik Deutschland analysiert werden, die sich im Kontext der Transformation der klassischen wohlfahrtsstaatlich regulierten Industriegesellschaft einstellen; dieser Prozess setzt in den 1970er Jahren ein.[1] Angemessener wäre es, von zwei Industriegesellschaften (West/Ost) mit je spezifischen Produktions- und Regulierungsweisen zu sprechen; angesichts der vorherrschenden fordistischen Produktionsmodi gibt es aber auch vielerlei Ähnlichkeiten.[2] Es soll gezeigt werden, wie sich in dieser Zeit nicht nur die Formen der gesellschaftlichen Produktion verändert haben, sondern auch die Muster der wohlfahrtsstaatlichen Regulierung und vor allem die der Reproduktion in den privaten Haushalten (Geschlechter- und Generationenverhältnisse, Erwerbsmodelle, Kapitalausstattungen, demografische Veränderungen). Der modifizierte Typ sozialer Ungleichheitsverhältnisse, der sich im Zusammenspiel dieser Entwicklungen einstellt, soll als »Ungleichheit 3.0« bezeichnet werden. Er unterscheidet sich systematisch von den Ungleichheitsstrukturen der wohlfahrtsstaatlich regulierten Industriegesellschaft (2.0) und von denen der noch wenig regulierten frühen Industriegesellschaft (1.0).

Zunächst werden ausgehend von einer Skizze der klassischen Industriegesellschaft die Charakteristika des Transformationsprozesses dargestellt (I), um dann die damit verbundenen Ungleichheitseffekte zu analysieren (II). In der Zusammenschau dieser Entwicklungen (III) lassen sich schließlich die Spezifika sozialer Differenzierungen in einer transformierten Industriegesellschaft (IV) präzisieren.

Der Begriff der sozialen Ungleichheit wird im Folgenden als deskriptiver Begriff zur Charakterisierung differenter Lebenslagen genutzt. In ähnlicher Weise wird auch der Begriff der sozialen Differenzierung unabhängig von normativen und theoretischen Positionierungen[3] verwandt. Lebenslagen können über die längerfristig differente Ausstattung mit wichtigen Ressourcen charakterisiert werden; diese umfassen vor allem ökonomisches und kulturelles Kapital (eventuell auch soziales und andere Humankapitalien). Im Folgenden stehen vor allem monetäre Ungleichheiten im Zentrum des Interesses. Um zu klären, wie soziale Ungleichheiten entstehen, wie sie sich reproduzieren und verändern, werden drei Arenen unterschieden, die einen je spezifischen Beitrag zur Differenzierung oder Homogenisierung sozialer Lagen leisten (Abbildung 1).[4]

---

1 An späterer Stelle wird diese Einordnung noch weiter reflektiert.

2 Andreas Wirsching geht davon aus, dass sich in den kommunistischen Ländern Osteuropas eine eigene Form des Fordismus entwickelt habe, »mit lebenslanger Arbeitsplatzsicherheit und sozialer Fürsorge bei allerdings minderer Produktivität und niedrigem Lebensstandard«. Vgl. *Andreas Wirsching*, Der Preis der Freiheit. Geschichte Europas in unserer Zeit, München 2012, hier: S. 261.

3 Vgl. die Darstellung von *Thomas Schwinn*, Institutionelle Differenzierung und soziale Ungleichheit, in: *ders.* (Hrsg.), Differenzierung und soziale Ungleichheit. Die zwei Soziologien und ihre Verknüpfung, Frankfurt am Main 2004, S. 9–68.

4 Eine genauere Erläuterung des Modells findet sich in *Christoph Weischer*, Sozialstrukturanalyse. Grundlagen und Modelle, Wiesbaden 2011, S. 38ff.

Abbildung 1: Analytisches Modell

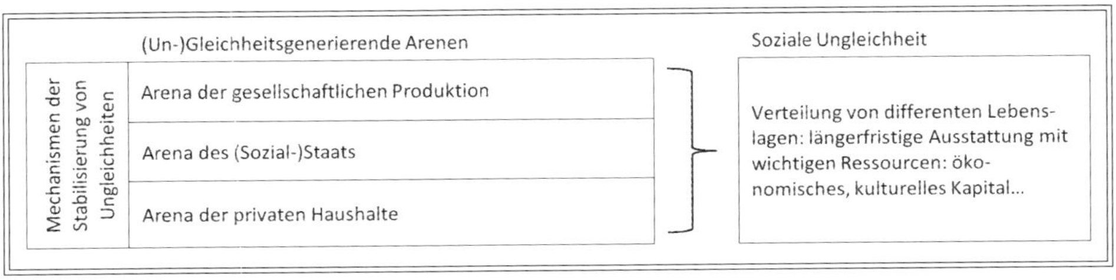

Mechanismen der Stabilisierung von Ungleichheiten	(Un-)Gleichheitsgenerierende Arenen	Soziale Ungleichheit
	Arena der gesellschaftlichen Produktion	Verteilung von differenten Lebenslagen: längerfristige Ausstattung mit wichtigen Ressourcen: ökonomisches, kulturelles Kapital...
	Arena des (Sozial-)Staats	
	Arena der privaten Haushalte	

In der Arena der Produktion wird der gesellschaftliche Reichtum produziert und es entstehen differente Einkommen, mit denen zum Beispiel selbstständige und abhängige Arbeit entgolten werden. Zugleich werden hier die materiellen Voraussetzungen für den Sozialstaat erwirtschaftet. In der Arena des (Sozial-)Staats beziehungsweise der subsidiären Akteure wird der gesellschaftliche Produktions- und Reproduktionsprozess reguliert; diese Arena fungiert als Umverteilungsinstanz; schließlich werden hier im Sinne der Wohlfahrtsproduktion Güter und Dienstleistungen erbracht beziehungsweise beauftragt. Die Arena der privaten Haushalte fungiert auf der Mikroebene als Kumulations- und Umverteilungsinstanz; hier werden aber auch im Prozess der Haushaltsproduktion Güter und Dienstleistungen hergestellt; schließlich werden Arbeitskräfte für die Erwerbsarbeit bereitgestellt und es wird insbesondere durch Mobilisierung unbezahlter (meist weiblicher) Arbeit deren Reproduktion organisiert. Die einzelnen Arenen zeichnen sich durch je spezifische Akteurskonstellationen, Handlungsstrategien und -logiken, Kapitalien beziehungsweise Ressourcen und Machtverhältnisse aus.

Über das Zusammenwirken der drei Arenen stellen sich dann spezifische Lebenslagen ein: So werden im Produktionsprozess Einkommen erzielt; über den Sozialstaat werden diese Einkommen umverteilt oder es werden Transfereinkommen gezahlt; schließlich erfolgen auf der Haushaltsebene weitere Umverteilungen zum Beispiel zwischen Partnern oder zwischen Erwachsenen und Kindern. Die Arenen sind durchaus als Kampffelder (im Sinne Pierre Bourdieus) zu begreifen, in denen unterschiedliche Akteure beziehungsweise damit verbundene soziale Gruppen um Macht und Einfluss kämpfen. Soziale Ungleichheiten stellen sich dann im Zusammenspiel verschiedener Arenen als ein (eher) abgeleitetes Phänomen ein; es sind manchmal eher nicht intendierte Handlungsfolgen, Effekte der Ungleichzeitigkeit oder relationale Effekte, die zum sozialen Auf- und Abstieg einer Gruppe beitragen.

Zur Vollständigkeit des analytischen Modells sei noch auf die Mechanismen verwiesen, die arenenübergreifend zur Stabilisierung von Ungleichheiten beitragen[5], indem diese institutionell und personell ›vererbt‹ werden, indem sie in Bildern und Symbolen, aber auch in Körpern stabilisiert werden. Auf diesen Bereich kann hier leider nicht weiter eingegangen werden.

I. DIE TRANSFORMATION DER INDUSTRIEGESELLSCHAFT

Wenn von der Transformation der Industriegesellschaft gesprochen wird, so ist damit nicht die Industriegesellschaft des späten 19. und frühen des 20. Jahrhunderts gemeint, sondern jene wohlfahrtsstaatlich regulierte Industriegesellschaft (2.0), die in Deutschland ab den 1930er Jahren und vor allem im Nachkriegsboom der 1950er und 1960er Jahre entstanden ist. Als argumentative Referenz sollen kurz die zentralen Differenzierungsprinzipien dieser Industriegesellschaft skizziert werden.

---

5 Vgl. ebd., S. 287ff.

Soziale Ungleichheit in der wohlfahrtsstaatlich regulierten Industriegesellschaft

Von zentraler Bedeutung ist nach wie vor die Unterscheidung von Kapital und Arbeit entlang der Logik kapitalistischer Produktion; beide Pole haben sich jedoch erheblich ausdifferenziert. Es kommt auf der Kapitalseite zu einer Ausdifferenzierung von produktivem Kapital und Finanzkapital; in den Unternehmen kommt es zu einer Teilung der unternehmerischen Tätigkeit. Auch innerhalb der abhängigen Arbeit stellen sich vielerlei formelle und informelle Differenzierungen ein: nach der Stellung in der Hierarchie, nach Leistung beziehungsweise Qualifikation, nach manueller und nicht manueller Arbeit, nach Sozialversicherungsstatus, nach dem Geschlecht, nach Migrationshintergrund.[6] Auch der Ausbau der Staatätigkeit führt zu einer Komplizierung sozialer Lagen. Neben der Ausdifferenzierung der Erwerbsarbeit bilden die Unterscheidung von entlohnter und nicht entlohnter Arbeit und die typischerweise geschlechtliche Zuweisung dieser Arbeiten zentrale Differenzierungsmomente. Von besonderer Bedeutung ist die arenenübergreifende Verzahnung und Stabilisierung von Differenzierungen zum Beispiel durch ein Geschlechterregime, das eine spezifische Form der Teilung von entlohnter und nicht entlohnter Arbeit (Male-Breadwinner-Modell), eine spezifische Entlohnungsstruktur (Familienlöhne für die Männer, Zuverdienst für Frauen) und schließlich spezifische Formen der sozialstaatlichen Regulierung (zum Beispiel Ehegattensplitting, erwerbsbezogene Sozialleistungen, Familienlöhne) verknüpft. Mit dem Ausbau des Sozialstaats sind neben den erwerbsbezogenen Klassen sogenannte Versorgungsklassen[7] entstanden, die temporär oder längerfristig von öffentlichen Transfers abhängig sind. Soziale Lagen werden so in hohem Maße von der Stellung im wohlfahrtsstaatlich regulierten Produktions- und Reproduktionsprozess geprägt.

Auf der diskursiven Ebene kam es tendenziell zu einer Dethematisierung sozialer Ungleichheiten, so verschwand der Klassenbegriff nach und nach aus dem politischen Raum. Bildungsbezogene Ungleichheiten wurden im Vorfeld der Bildungsexpansion breit diskutiert, waren dann aber – bis zur ersten PISA-Studie von 2000 – nicht länger von medienöffentlichem Interesse. Die differenten Lagen von Männern und Frauen waren bis zur zweiten Frauenbewegung in die Privatheit verbannt, Migrantinnen und Migranten wurden den ›Anderen‹ zugerechnet bis nach und nach die ›Einwanderungsgesellschaft‹ akzeptiert wurde.

Im letzten Drittel des 20. Jahrhunderts setzte ein allmählicher Transformationsprozess dieser klassischen wohlfahrtsstaatlich regulierten Industriegesellschaft (Modus 2.0) ein; mittelbar veränderten sich so auch die damit verbundenen Ungleichheitsstrukturen. Dieser Transformationsprozess stellt sich zunächst als Wandel der gesellschaftlichen Produktion dar; er wird aber von gesellschaftsweiten Reinterpretations- und Reorganisationsprozessen begleitet, die in allen Arenen ihre Wirkung zeigen.

Die Transformation der gesellschaftlichen Produktion

Die langfristigen Veränderungen der produktiven Basis der kapitalistischen Industriegesellschaft lassen sich zunächst in der Branchenperspektive (Wirtschaftszweige) rekonstruieren.[8] In Ost- und Westdeutschland gewann zunächst der sekundäre Sektor erheblich

---

6 Vgl. dazu *Chris Tilly/Charles Tilly*, Work Under Capitalism, Boulder, CO 1998.

7 Vgl. *M. Rainer Lepsius*, Soziale Ungleichheit und Klassenstrukturen in der Bundesrepublik Deutschland. Lebenslagen, Interessenvermittlung und Wertorientierungen, in: *Hans Ulrich Wehler* (Hrsg.), Klassen in der europäischen Sozialgeschichte, Göttingen 1979, S. 166–209.

8 Vgl. Daten aus der Volkswirtschaftlichen Gesamtrechnung des Bundes (Statistisches Bundesamt, destatis 2013) sowie aus verschiedenen Jahrgängen der Statistischen Jahrbücher der Bundesrepublik Deutschland und der DDR.

an Bedeutung, bis ab den 1970er Jahren insbesondere im Westen der tertiäre Sektor die Oberhand erlangte. Das populäre und auch in Teilen der Sozialwissenschaft kaum hinterfragte Bild eines Wandels von der Industrie- zur Dienstleistungsgesellschaft ist jedoch irreführend. Die »materielle Produktion«, wo auch immer sie lokalisiert ist, verschwindet nicht; vielmehr wird sie systematisch durch Dienstleistungen (zum Beispiel Forschung und Entwicklung) vorbereitet, begleitet und durch darauf bezogene Dienstleistungen (vom Produkt zur Problemlösung) ergänzt.[9] Darüber hinaus kommt es zu Verschiebungen von vormals haushaltlich erbrachten Dienstleistungen zu öffentlichen oder marktförmig erbrachten Leistungen.

»Das Ergebnis all dieser Entwicklungen ist eine immer engere Verflechtung und Vernetzung der verschiedenen Wirtschaftsbereiche, so daß traditionelle Branchenabgrenzungen zunehmend unscharf und fließend werden. Der Prozeß der Tertiarisierung bedeutet somit nicht, daß industrielle Produkte durch Dienstleistungen verdrängt werden, sondern daß alte Güter durch qualitativ neuartige Güter verdrängt werden, bei denen in manchen Fällen kaum noch auszumachen ist, ob sie ein industrielles Produkt oder eine Dienstleistung darstellen.«[10]

In Deutschland kommt es in weitaus geringerem Maße als in vergleichbaren Ländern zu einer Erosion der industriellen Basis. Vor diesem Hintergrund wird im Folgenden von einer transformierten Industriegesellschaft gesprochen.

Aus der Perspektive der ausgeübten Berufe (vgl. Abbildung 3) liegt der statistische Umschlagpunkt von sekundären zu tertiären Tätigkeiten etwa zehn Jahre früher, als es aus der Branchenperspektive erscheint.[11] Demnach haben viele Transformationsprozesse bereits

---

9 Vgl. dazu *Eckhard Heidling/Fritz Böhle/Thomas Habler* (Hrsg.), Produktion mit Dienstleistung. Integration als Zukunftschance, München 2010.

10 *Henning Klodt/Rainer Maurer/Axel Schimmelpfennig*, Tertiarisierung in der deutschen Wirtschaft, Tübingen 1997, S. 56. Vgl. auch *Gerold Ambrosius*, Sektoraler Wandel und internationale Verflechtung. Die bundesdeutsche Wirtschaft im Übergang zu einem neuen Strukturmuster, in: *Thomas Raithel/Andreas Rödder/Andreas Wirsching* (Hrsg.), Auf dem Weg in eine neue Moderne? Die Bundesrepublik Deutschland in den siebziger und achtziger Jahren, München 2009, S. 17–30. Dementsprechend unterscheidet sich auch die Logik des tertiären Sektors von der, die die Vertreter dieses Modells postuliert hatten. »Es war nicht in erster Linie die Endnachfrage der privaten Haushalte, sondern vor allem die Vorleistungsnachfrage der Unternehmen, von der die stärksten Impulse ausgingen« (*Klodt/Maurer/Schimmelpfennig*, Tertiarisierung in der deutschen Wirtschaft, S. 55f.).

11 Dieser Befund verweist auf die Probleme, den Wandel der Industriegesellschaft zu datieren. Es ist »ein Wandel, der sich für die Zeitgenossen eher inkrementell darstellt, während die langfristigen Auswirkungen von Veränderungen zunächst kaum erkennbar waren« (*Knud Andresen/Ursula Bitzegeio/Jürgen Mittag*, Arbeitsbeziehungen und Arbeitswelt(en) im Wandel. Problemfelder und Fragestellungen, in: *dies.* (Hrsg.), »Nach dem Strukturbruch«? Kontinuität und Wandel von Arbeitsbeziehungen und Arbeitswelt(en) seit den 1970er-Jahren, Bonn 2011, S. 7–22, hier: S. 12). So haben im Bereich der Produktion wichtige Veränderungen weitaus früher eingesetzt. Mit dem Zechensterben erodierte ein wichtiger Eckpfeiler der Montanindustrie. Die Rationalisierung und frühe Informatisierung durch erste Bürocomputer lieferte schon in den frühen 1960er Jahren einen Vorgeschmack auf spätere Entwicklungen. Im (sozial-)staatlichen Bereich setzen mit der Bildungsexpansion und der Arbeitsmigration bereits in den späten 1950er und frühen 1960er Jahren lang wirkende Veränderungsprozesse ein. Auch auf der Haushaltsebene stieg die Erwerbsquote von Frauen – von der Kriegswirtschaft und einem leichten Einbruch in den 1950er Jahren abgesehen – im 20. Jahrhundert kontinuierlich an (vgl. *Walter Müller/Angelika Willms/Johann Handl*, Strukturwandel der Frauenarbeit 1880–1980, Frankfurt am Main/New York 1983, S. 35). Die endgültigen Kinderzahlen liegen im ganzen 20. Jahrhundert unter dem sogenannten Ersatzniveau und gehen sehr gleichmäßig zurück (vgl. *Weischer*, Sozialstrukturanalyse, S. 210). Auch die Erosion des männlichen Alleinernährermodells setzte bereits in den 1950er Jahren ein und nahm danach einen sehr gleichmäßigen Verlauf (vgl. *Christoph Weischer*,

weit eher als Mitte der 1970er Jahre begonnen, aber diese Veränderungen verliefen recht langsam (Bildungsexpansion, Veränderung der Ernährermodelle, Migration). Zudem wirkten systemische (DDR) und institutionelle Rahmungen (Ausrichtung der Regulierungspolitik von Interessenverbänden und sozialstaatlichen Akteuren am klassischen Industriemodell und den damit verbundenen nationalistischen, ethnozentrischen oder sexistischen Normalmodellen) sowie die Nichtwahrnehmung des Wandels durch die politische Öffentlichkeit oder die Wissenschaft (zum Beispiel die Industriesoziologie) eher retardierend.

Gesellschaftsweite Reorganisations- und Reinterpretationsprozesse

Im Rahmen der Transformation der Industriegesellschaft vollziehen sich in allen drei Arenen seit den 1970er Jahren Prozesse der Reinterpretation und der Reorganisation, die vielerlei Ähnlichkeiten aufweisen. Überall kommt es zu einer Reorganisation von Arbeitsteilungen und Arbeitsorganisation: Zum einen wird die Arbeitsteilung zwischen innen und außen (zum Beispiel im Kontext von *Make-or-Buy*-Entscheidungen) neu definiert; zum anderen wird die Binnenorganisation der Arbeit neu strukturiert. Ein großer Teil dieser Reorganisationen lässt sich zudem im Sinne der *boundary-work* begreifen: Es geht um die Neubestimmung von organisationalen Grenzen, um räumliche beziehungsweise politische Grenzen, um die Grenzen von menschlicher Arbeit und Technik und schließlich um die Grenzen von entlohnter und nicht entlohnter Tätigkeit. Diese Reorganisationsprozesse gehen mit Reinterpretationsprozessen der Handlungssituation der beteiligten Akteure einher: Unternehmen definieren sich selbst und ihre Gewinnstrategien neu, sie arbeiten an Storys für Investoren; sozialstaatliche Einrichtungen diskutieren ihr Leitbild und in den Haushalten wird um die Rollenbilder von Männern, Frauen und Kindern gestritten. Einen Überblick über die gesellschaftsweiten Reorganisations- und Reinterpretationsprozesse gibt die Abbildung 2; die Darstellung soll Prozesse exemplifizieren und erhebt keinen Vollständigkeitsanspruch.

Diese Reinterpretations- und Reorganisationsprozesse sollten nicht unidirektional begriffen werden; man hat es mit einem großen Experimentierfeld zu tun; es werden Veränderungen vorgenommen, sie werden korrigiert, zurückgenommen; es werden neue Versuche gestartet. Es sind zudem vernetzte Prozesse: im Sinne der wechselseitigen Reaktion auf andere Akteure und im Sinne der Ausstrahlung von Reinterpretations- und Reorganisationsparadigmen (organisationales Lernen). Man hat es selten mit ökonomischen, politischen oder technologischen Determinismen zu tun: Das heißt, die Nutzung neuer Technologien oder Infrastrukturen, neuer politischer oder ökonomischer Handlungsmöglichkeiten geht auf strategische Entscheidungen zurück, die im Kontext bestimmter Fortschritts- und Optimierungsgeschichten getroffen werden. Somit hängen Prozesse der (individuellen und kollektiven) Reinterpretation und Reorganisation eng zusammen.[12] Wenn einmal die ›Wissens-‹ oder die ›globalisierte Gesellschaft‹ ausgerufen wurde und wichtigen Akteuren plausibel erscheint, dann werden diese Konzepte wirkmächtig.[13]

Paid and Unpaid Work in the Context of Household Strategies, Unpublished Working Paper Presented at the Workshop »›(De-)Standardisation‹ of Work Biographies in the 20th Century«, Berlin 2012, S. 5).

12 Das lässt sich gut an den sich verändernden Methoden des »Accounting« (und ihrer Durchsetzung) zeigen, die nach und nach zum Beispiel den Blick auf den Erfolg oder Misserfolg eines Unternehmens verändern. In ähnlicher Weise wirken die Ranking- und Rating-Praktiken.

13 Vgl. dazu *Thomas W. Zeiler*, Offene Türen in der Weltwirtschaft, in: *Akira Iriye/Jürgen Osterhammel* (Hrsg.), Geschichte der Welt 1945 bis heute. Die globalisierte Welt, München 2013, S. 184–356.

Abbildung 2: Übersicht über die Reinterpretations- und Reorganisationsprozesse
in den verschiedenen Arenen

	Produktion	(Sozial-)Staat und subsidiäre Akteure	Private Haushalte
Reinterpretationsprozesse:			
• Diskurse	• Lean Management, Lean Production, Netzwerkunternehmen, Zurück zum Kerngeschäft • Globalisierung • Global Sourcing, globale Produktionsketten • Qualitätsmanagement, Zero Defects • Standortkonkurrenz der Produktion	• Leitbilddebatten, Paradigmata der sozialen Sicherungssysteme: Fordern und Fördern, schlanker Staat <> sorgender Staat, Verantwortung des Sozialstaats <> Eigenverantwortung/Ehrenamt, Prävention und Vorsorge • Standortkonkurrenz von Nationalstaaten • Qualitätssicherung	• Neuaushandlung von Generationsrollen, Geschlechterrollen • Neubestimmung der Aufgaben der Familien/des Haushalts (z.B. in Abgrenzung zur Schule, zum Betrieb) • Eigenverantwortung • Employability/Verwirklichungschancen • Beschleunigung <> Entschleunigung, Burn-Out <> Bore-Out
• Reinterpretationsakteure	Organisationsberater, Analysten, Ratingagenturen, internationale Organisationen	Organisationsberater, Analysten, Ratingagenturen, internationale Organisationen, EU	Beratungsstellen (z.B. Ehe-, Erziehungs-, Bildungsberatung), Beratung durch Medien
• Steuerungsinstrumente	• Stakeholder-Value > Shareholder-Value/Finanzialisierung • Accounting, Controlling, Cost-Center • Rating von Unternehmen und Finanzprodukten • Best-Practice-Modelle, Benchmarking	• Rating/Ranking von Nationalstaaten, Regionen, Kommunen • Budgetierung, Buchhaltung und Controlling • Zielvereinbarungen, Eingliederungsvereinbarungen • Evaluation • Orientierung an Best-Practice-Modellen	• Eheverträge • Lebensläufe • Coaching • Mentoring-Programme
Reorganisationsprozesse:			
• Finanzialisierung	• Auflösung der Deutschland AG, Bedeutungszuwachs der Börsenfinanzierung, • Veränderungen des Accounting	• Deregulierung der Finanzmärkte • Public-Private-Partnership	• private Versicherung von Risiken (Gesundheit, Alter, …) • Bildungsdarlehen
• Outsourcing (organisationale Verschiebung)	Auslagerung der Güter- und Dienstleistungsproduktion in eigene private Unternehmen, an Alleinunternehmer, Scheinselbstständige	Auslagerung der Güter- und Dienstleistungsproduktion in private oder wohlfahrtsverbandliche Unternehmen (Aufgabenverschiebung zwischen Sozialstaat und Wohlfahrtsverbänden, Privatisierung öffentlicher Dienste)	teilweise Auslagerung der Güter- und Dienstleistungsproduktion in private oder wohlfahrtsverbandliche Unternehmen, Alleinunternehmer bzw. an andere Haushalte (Verwandtschaft, Nachbarschaft, …)
• Mergers and Acquisitions	Fusionen, (feindliche) Übernahmen, Restrukturierung, Verkauf von Betriebsteilen	Gebietsreformen, Funktionalreformen, Neuordnung/Zusammenlegung von Verwaltungseinheiten	
• Onshoring/Offshoring (geografische Verschiebung im nationalen/internationalen Rahmen)	Auslagerung der Güter- und Dienstleistungsproduktion in andere Unternehmensstandorte, Regionen, Länder	Neuaushandlungen von Aufgaben zwischen Bund, Ländern und Kommunen bzw. EU/Euro-Ländern und Nationalstaaten (europäische Integration, Wiedervereinigung)	(zeitweise) Migration des Haushalts, einzelner Haushaltsmitglieder, Binnenmigration
• Technisierung/Rationalisierung der bisherigen Produktion	Rationalisierung von zumeist wenig qualifizierter (manueller, nicht manueller) Arbeit	Rationalisierung von zumeist wenig qualifizierter (manueller, nicht manueller) Arbeit	Einsatz von Haushaltsmaschinen, aufbereiteten Vorprodukten
• Reorganisation (der verbliebenen Arbeit)	Verflachung von Hierarchien, Reorganisation der Qualitätskontrolle, Cost-Center, Leistungsbemessung	Formalisierung und Standardisierung von Abläufen, Leistungsbemessung	Neuaushandlung der Teilung von Erwerbs- und Haushaltsarbeit zwischen Geschlechtern und Generationen
• Verschiebungen zwischen entlohnter und nicht entlohnter Arbeit	• der arbeitende Kunde • Nichtentlohnung von Erwerbstätigen (unbezahlte Mehrarbeit, …)	• ehrenamtliche Arbeit • Nichtentlohnung von Erwerbstätigen (unbezahlte Mehrarbeit, unrealistische Vorgabezeiten, …)	• Einsatz externer Arbeitskraft (national <> internationale, legal <> illegal) • Nichtentlohnung von Erwerbstätigen (unbezahlte Mehrarbeit, …)
• Beschäftigung und Entlohnung	• Befristung, Leiharbeit, Werkverträge • Niedriglöhne • Schwarzarbeit, Beschäftigung von sog. Illegalen	• Befristung, Leiharbeit, Werkverträge • Niedriglöhne	• Befristung, Leiharbeit, Werkverträge • Niedriglöhne • Schwarzarbeit, Beschäftigung von sog. Illegalen

Es entstehen auf allen Ebenen professionelle Akteure und Institutionen, die systematisch Reinterpretations- und Reorganisationsprozesse forcieren, unterstützen, analysieren: Organisationsberatungen, Rating-Agenturen, Controlling-Abteilungen. Diese wirken vornehmlich im Bereich der Produktion beziehungsweise des Sozialstaats. Sie wirken aber auch in die Haushalte hinein: Coaching, Fallmanagement, Schuldnerberatung, Erziehungsberatung, Bonitätsprüfungen sind Beispiele hierfür. Dabei werden die analytischen Potenziale der Wirtschafts-, Sozial- und Humanwissenschaften – im schlechten und im guten Sinne – auf breiter Linie genutzt. Es sind die an den Fachhochschulen und Universitäten seit den 1960er Jahren ausgebildeten Expertinnen und Experten, die nach und nach die organisationsintern qualifizierten Praktikerinnen und Praktiker ersetzen oder sich in gänzlich neuen Praxisfeldern einrichten. In diesem Sinne hat man es in allen Arenen mit einem neuen Typ von Professionalität zu tun, der im Kontext der Logiken der jeweiligen Arena und im Kontext wechselnder Paradigmen – in Abgrenzung zu den vorherrschenden Optimierungsparadigmen und ihren Vertreterinnen und Vertretern – ganz unterschiedliche Optimierungen hervorbringt: Optimierungen der Technik, der Arbeitsorganisation, der Logistik, der Beratung und Information, der sozialen Unterstützung. Die Logiken dieser Optimierungen sind durchaus verschieden und arenenspezifisch, aber die Denkfiguren und Techniken ihrer Implementierung weisen vielerlei Homologien auf. Angesichts des unsteten Verlaufs der Transformationsprozesse spielen Phänomene der Zeitlichkeit eine wichtige Rolle: Wer springt zu welchem Zeitpunkt auf welchen Zug, wer verlässt ihn rechtzeitig? Wem gelingt es, sich rechtzeitig veränderten Rahmenbedingungen anzupassen?

Viele wissenschaftliche Deutungsangebote versuchen, diese Transformationsprozesse auf einen gemeinsamen Nenner zu bringen: so zum Beispiel die Neoliberalismus-, die Landnahme- beziehungsweise Vermarktlichungs- oder die Finanzkapitalismusthese.[14] Ganz anders wird argumentiert, wenn der Eintritt in eine »reflexive Moderne« konstatiert oder der »neue Geist des Kapitalismus«, das »unternehmerische Selbst« oder Prozesse der Beschleunigung analysiert werden.[15] Auch die Industriesoziologie war an der Deutungsarbeit beteiligt: so die Rede von »neuen Produktionskonzepten« beziehungsweise »flexibler Spezialisierung« oder die Fordismus-Postfordismus-These.[16]

Alle Diagnosen sind vordergründig schlüssig, aber sie verleihen den Prozessen eine größere Konsistenz, indem sie einen omnipotenten Ökonomismus beziehungsweise Finanzialismus oder Kulturalismus unterstellen und die relative Autonomie der Akteure, die wirksamen Gegenkräfte und die relative Trägheit von Institutionen (das Vermögen, Ver-

---

14 Vgl. *Klaus Dörre*, Die neue Landnahme, in: *ders./Stephan Lessenich/Hartmut Rosa*, Soziologie – Kapitalismus – Kritik. Eine Debatte, Frankfurt am Main 2009, S. 21–86, oder die Beiträge in *Paul Windolf*, (Hrsg.), Finanzmarkt-Kapitalismus. Analysen zum Wandel von Produktionsregimen, Wiesbaden 2005.
15 Vgl. *Ulrich Beck/Anthony Giddens/Scott Lash*, Reflexive Modernisierung. Eine Kontroverse, Frankfurt am Main 1996; *Luc Boltanski/Ève Chiapello*, Der neue Geist des Kapitalismus, Konstanz 2003; *Ulrich Bröckling*, Das unternehmerische Selbst. Soziologie einer Subjektivierungsform, Frankfurt am Main 2007; *Hartmut Rosa*, Kapitalismus als Dynamisierungsspirale – Soziologie als Gesellschaftskritik, in: *Klaus Dörre/Stephan Lessenich/ders.*, Soziologie – Kapitalismus – Kritik. Eine Debatte, Frankfurt am Main 2009, S. 87–125.
16 Vgl. *Horst Kern/Michael Schumann*, Das Ende der Arbeitsteilung? Rationalisierung in der industriellen Produktion. Bestandsaufnahme, Trendbestimmung, München 1984, und *Michael J. Piore/Charles F. Sabel*, Das Ende der Massenproduktion. Studie über die Requalifizierung der Arbeit und die Rückkehr der Ökonomie in die Gesellschaft, Berlin 1985. Diesen Systematisierungen stand auf der anderen Seite zum Beispiel Deutschmanns These von den »Managementmoden« entgegen (vgl. *Christoph Deutschmann*, Die Mythenspirale. Eine wissenssoziologische Interpretation industrieller Rationalisierung, in: Soziale Welt 48, 1997, S. 55–70).

änderungsansinnen zu entschärfen, umzudeuten, zu unterlaufen)[17] unterschätzen. Trotz der scheinbar gleichsinnigen Prozesse sollten die spezifischen Motive der Akteure differenziert analysiert werden; sowohl Ökonomismus wie Kulturkritik stehen einer präzisen Diagnose entgegen.

Eine nicht unwichtige Rolle spielen auch die sich wechselseitig affirmierenden diskursiven Prozesse. Anselm Doering-Manteuffel und Lutz Raphael sprechen von einem »unvermuteten Zusammentreffen dreier im Ursprung völlig unabhängiger Komponenten«: Digitalisierung, Neoliberalismus, Entfaltung des Individuums.[18] Andreas Wirsching fasst die Veränderungen in den Diskursen (von politischen Akteuren, Experten und Beratern) und die Möglichkeiten der Regulation treffend zusammen. Demnach handelten die Diskurse

»nicht mehr primär von staatlichen Strukturen, die es zum Schutz der Arbeit gegen zu hohe Kapitalabhängigkeit ins Werk zu setzen gelte. Im Gegenteil: Die Deregulierungs-, Privatisierungs- und Entstaatlichungsmaßnahmen der 1980er und 1990er Jahre verbanden sich […] mit dem politischen Eingeständnis, die Mächte der Globalisierung nicht bändigen zu können. Wenn man aber faktisch weder der Technik noch den Marktgesetzen in der globalen Wirtschaft ausweichen konnte, dann galt es letztendlich, den Menschen selbst anzupassen: seine Gewohnheiten, Fähigkeiten, Arbeitstechniken gleichsam zu modernisieren.«[19]

Damit rückte zum Beispiel das Konzept der Employability in den Fokus sozialpolitischer Interventionen. Dennoch sollten aber auch die Anschlusspunkte dieser neuen Orientierung nicht übersehen werden; so waren im Kontext kooperativer Gewerkschaftspolitik schon früher Lohn-Leistungs-Pakte zwischen betrieblicher Interessenvertretung und Geschäftsleitung geschlossen worden.

II. DIE ENTWICKLUNG DER VERSCHIEDENEN ARENEN UND IHRE FOLGEN FÜR SOZIALE DIFFERENZIERUNGEN

Im Folgenden sollen unter Verwendung des oben skizzierten Modells wichtige Transformationsprozesse der Industriegesellschaft beschrieben und ihr Beitrag zur sozialen Ungleichheit aufgezeigt werden. Mit den verschiedenen Arenen sind je spezifische Prozesse der Einkommensgenerierung, -umverteilung und -verwendung verbunden. Erst im Zusammenspiel der Arenen entstehen schließlich die ungleichen Einkommenslagen, die im folgenden Abschnitt (III) behandelt werden.

---

17 Vgl. dazu zum Beispiel *Kathleen Thelen*, How Institutions Evolve. The Political Economy of Skills in Germany, Britain, the United States, and Japan, Cambridge/New York etc. 2004, oder *Michael Faust/Reinhard Bahnmüller/Christiane Fisecker*, Das kapitalmarktorientierte Unternehmen. Externe Erwartungen, Unternehmenspolitik, Personalwesen und Mitbestimmung, Berlin 2011.

18 *Anselm Doering-Manteuffel/Lutz Raphael*, Der Epochenbruch in den 1970er-Jahren. Thesen zur Phänomenologie und den Wirkungen des Strukturwandels »nach dem Boom«, in: *Knud Andresen/Ursula Bitzegeio/Jürgen Mittag*, Arbeitsbeziehungen und Arbeitswelt(en) im Wandel. Problemfelder und Fragestellungen, in: *dies.* (Hrsg.), »Nach dem Strukturbruch«? Kontinuität und Wandel von Arbeitsbeziehungen und Arbeitswelt(en) seit den 1970er-Jahren, Bonn 2011, S. 25–40, hier: S. 31.

19 *Wirsching*, Der Preis der Freiheit, S. 250ff. Ganz ähnlich verweist Anthony Giddens auf den »Dschagannath-Wagen« (vgl. *Anthony Giddens*, Konsequenzen der Moderne, Frankfurt am Main 1995, hier: S. 173).

Entwicklung der Arbeit und Beschäftigung

Mit der Transformation der industriegesellschaftlichen Produktionsweise gehen erhebliche Veränderungen der Erwerbsarbeit, der Entlohnung und der Beschäftigungsformen einher. *Veränderungen der Arbeit*: Während die Branchenperspektive den sektoralen Wandel betriebsbezogen (nach dem Schwerpunkt der wirtschaftlichen Tätigkeit) beschreibt, ermöglicht es die Berufsperspektive weitaus besser, den Wandel der Arbeit zu erfassen. So kommt auch die Tertiarisierung der Berufe im sekundären Sektor in den Blick. Wie Abbildung 3 zeigt, sind die Grundmuster der Entwicklung ähnlich der Branchenperspektive.

Abbildung 3: Erwerbstätige nach Sektoren (Zuordnung nach Berufsfeldern)[20]

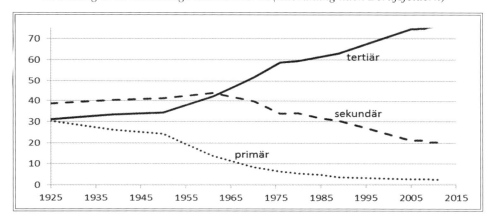

Neben dem säkularen Rückgang von landwirtschaftlichen Berufen findet sich in der Nachkriegszeit der bekannte Chiasmus der rückläufigen sekundären und der wachsenden tertiären Berufe. Der Gleichstand von Erwerbstätigen in Produktions- und Dienstleistungsberufen wird wie erwähnt aber bereits in der ersten Hälfte der 1960er Jahre erreicht. Das heißt, der Umschlagpunkt von der Produktions- zur Dienstleistungsdominanz liegt deutlich mehr als zehn Jahre früher als die betriebliche Perspektive suggeriert. So arbeiteten bereits in den Hochzeiten der Industriegesellschaft mehr Beschäftigte in sogenannten Dienstleistungs- als in Produktionsberufen. In Abbildung 4 wird der damit verbundene Wandel sozialrechtlicher und qualifikatorischer Art dargestellt.

Neben den bekannten Verschiebungen zwischen Arbeitern und Angestellten ist für Fragen der sozialen Ungleichheit von besonderem Interesse, dass eher jene Gruppen anwachsen, die eine hohe Binnenstreuung der Einkommen aufweisen, so zum Beispiel qualifizierte und leitende Angestellte, die oberen Beamtenlaufbahnen und die Selbstständigen.

Im Prozess der Tertiarisierung erhöhen sich die von den Erwerbstätigen geforderten Qualifikationen deutlich (Abbildung 5). Noch Mitte der 1980er Jahre hatten sich Arbeitsplätze für qualifizierte (berufliche Ausbildung beziehungsweise Hochschulabschluss) und weniger qualifizierte Beschäftigte etwa die Waage gehalten. 2012 machen die ersteren mehr als 70 % der Arbeitsplätze aus. Vor allem der Anteil der Hochqualifizierten hat sich

---

20 In dieser und den folgenden Darstellungen beziehen sich Angaben zwischen 1949 und 1989 nur auf die alten Bundesländer. Eigene Berechnungen nach *Reinhard Stockmann/Angelika Willms-Herget*, Erwerbsstatistik in Deutschland, Frankfurt am Main/New York 1985, S. 178–180; *Klodt/Maurer/Schimmelpfennig*, Tertiarisierung in der deutschen Wirtschaft, S. 52; Statistisches Bundesamt, Bevölkerung und Erwerbstätigkeit, Fachserie 1, Reihe 4.1.2, Wiesbaden 2012.

Abbildung 4: Stellung im Beruf[21]

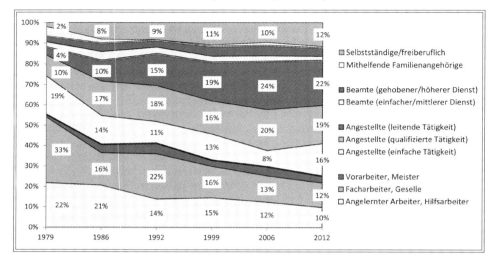

fast verdreifacht. In hohem Maße vollzogen sich diese Veränderungen zwischen 1996 und 2004; nicht zufällig fällt in diesen Zeitraum auch ein deutlicher Anstieg der Arbeitslosenquote. Sowohl die Arbeitsplätze, die längere Einarbeitungen erfordern, wie auch die, die keine Ausbildung voraussetzen, gehen zurück. Auch hier sind es eher die Gruppen mit einer hohen Einkommensstreuung, die zunehmen.

Abbildung 5: Entwicklung der erforderlichen Berufsausbildung[22]

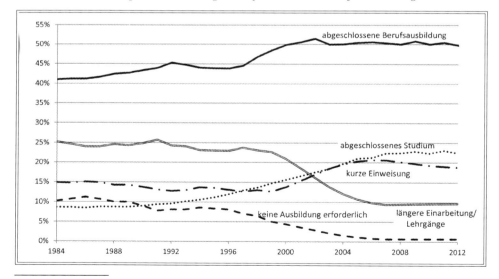

---

21 Eigene Berechnungen auf Basis der Erwerbstätigenbefragung. Das Verhältnis der qualifizierten zu den leitenden Angestellten wurde wegen Veränderungen der Abgrenzung im Jahr 2006 und 2012 auf dem Stand von 1999 eingefroren.
22 Sozio-oekonomische Panel (SOEP), eigene Berechnungen, gleitendes Mittel, ungewichtet. Die Daten gehen auf Angaben der Beschäftigten zurück.

Die skizzierten Veränderungen der Arbeit und der Strukturbruch in den neuen Bundesländern gingen mit einem erheblichen Anstieg der Arbeitslosigkeit, insbesondere der Langzeitarbeitslosigkeit, einher. Während sich die Zahl der Langzeitarbeitslosen nach dem
Einsetzen der Massenarbeitslosigkeit zunächst bis Anfang der 1980er Jahre unter 200.000
bewegte, wurden in den 1980er Jahren zumeist Werte über 600.000 erreicht. Nach der
deutsch-deutschen Vereinigung stiegen die Zahlen über die Marke von einer Million.
Nach den Spitzenwerten von fast 1,9 Millionen ging die Langzeitarbeitslosigkeit infolge
der Hartz-Reformen, statistischer Bereinigungen und des wirtschaftlichen Aufschwungs
auf heute etwa eine Million zurück.[23]

Veränderungen der Beschäftigung: Im Prozess der Transformation der Industriegesellschaft verändert sich die Zusammensetzung der Beschäftigten nachhaltig und Prozesse
der Deregulierung führen zu einer Differenzierung der Beschäftigungsformen. Der Frauenanteil an den Arbeitnehmern lag 1960 personell betrachtet bei 33,7 %, bezogen auf das
Arbeitsvolumen waren es 32,8 %. Zwischen 1970 und 1980 kam es personell zu einem
ersten deutlichen Anstieg (drei Prozentpunkte) der Erwerbsbeteiligung der Frauen; in den
1980er und 1990er Jahren verflachte der Anstieg (1,4 beziehungsweise 1,8 Prozentpunkte). Nach der Jahrtausendwende ist erneut ein stärkerer Anstieg (3,1 Prozentpunkte) zu
verzeichnen, sodass 2010 mit 49,8 % fast die Parität bei den beschäftigten Arbeitnehmern
erreicht wurde. Der Anstieg des Anteils am Arbeitsvolumen bleibt demgegenüber etwas
zurück; er lag 2010 bei 42,9 %; das heißt, bedingt durch durchschnittlich geringere Arbeitszeiten kommt es zu einer wachsenden Diskrepanz (die sogenannte Arbeitslücke) der
Anteile. Das spiegelt sich (Abbildung 6) in einem rückläufigen Anteil von Vollzeitbeschäftigten, einem deutlichen Zuwachs von Teilzeittätigkeiten und einem leichten Zuwachs
von Nebentätigkeiten.

Abbildung 6: Entwicklung der Arbeitszeit[24]

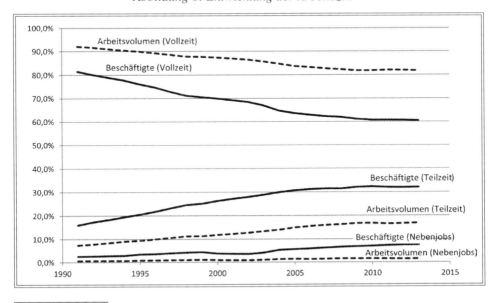

23 Eigene Zusammenstellung nach Angaben der statistischen Jahrbücher und Institut Arbeit und
    Qualifikation (IAQ), Sozialpolitik aktuell, Langzeitarbeitslose 1993–2012 (abbIV43).
24 Eigene Berechnungen nach Daten des Institut für Arbeitsmarkt- und Berufsforschung (IAB)
    (FB A2).

Teilzeit- und geringfügige Beschäftigung werden zusammen mit befristeter Beschäftigung und Leiharbeit in jüngerer Zeit unter der – nicht sehr glücklichen – Bezeichnung »atypische Beschäftigung« zusammengefasst. Deutliche Zuwächse hat seit der Jahrtausendwende neben der Teilzeitarbeit (von 3,9 im Jahr 2000 auf 5,7 Millionen 2011) und der geringfügigen Arbeit (von 5,5 im Jahr 2003 auf 7,5 Millionen 2012) die befristete Beschäftigung (von 2,1 im Jahr 2000 auf 2,7 Millionen 2012) erfahren. Die Leiharbeiterinnen und Leiharbeiter machen mit circa 0,9 Millionen den geringsten Beschäftigtenanteil aus, ihr Anteil hat sich aber seit 2000 fast verdreifacht[25] – die hier genannten Werte dürfen nicht summiert werden, da Doppelzählungen vorliegen. In einer Erläuterung vermerken die Vertreter des Instituts Arbeit und Qualifikation (IAQ), dass die vorliegenden Daten keinen hinreichenden Befund liefern, um die landläufige These einer Verdrängung von Normalarbeit durch atypische Arbeit zu bestätigen.

Seitens der Arbeitgeber boten die im Prozess der Deregulierung entstandenen atypischen Beschäftigungsformen zum einen die Möglichkeit des flexiblen Einsatzes von Arbeitskraft und damit der Umschichtung von unternehmerischen Risiken auf die Beschäftigten. Zum anderen konnten diese Beschäftigungsverhältnisse genutzt werden, um die durchschnittliche Entlohnung der Beschäftigten zu drücken. Neben diesem direkten Einfluss auf die Entlohnung lassen sich auch indirekte Effekte vermuten; so wird den Normalbeschäftigten zum Beispiel durch die Anwesenheit einer größeren Zahl von Leiharbeiterinnen und Leiharbeitern auch ihre Ersetzbarkeit vor Augen geführt. Für die Beschäftigten ermöglichten es die in der Zeitperspektive atypischen Beschäftigungsformen zum einen, die sogenannten Probleme der Vereinbarung von Arbeit und Familie (unter der Prämisse einer nur wenig veränderten häuslichen Arbeitsteilung) zumindest ansatzweise zu lösen. Zum anderen bot der Haushaltszusammenhang häufig eine Möglichkeit, die mit atypischen Beschäftigungsformen verbundenen Risiken zu kompensieren.

Die folgenden Darstellungen (Abbildung 7) zeigen, dass Minijobs und Leiharbeitsverhältnisse vor allem im unteren Einkommenssegment zu finden sind.[26]

Ein etwa gleich großer Anteil findet sich aber auch in den drei höheren Segmenten. Beide Grafiken zeigen, dass der oberste Einkommensbereich (Q4) nur in geringem Maße von atypischen Beschäftigungsverhältnissen betroffen ist; die Deregulierungen am Arbeitsmarkt wirken also selektiv, wenngleich sie durchaus die Mitte erfassen.[27] Die Minijobs scheinen in den unteren Segmenten die Funktion zu haben, Einkommenseinbußen abzufedern; in den höheren Segmenten dienen sie eher der Verbesserung der Einkommenslage.

---

25 IAQ, Sozialpolitik aktuell, Abhängig Beschäftigte in atypischen Erwerbsformen 2000–2012 (abbIV29), URL: <http://www.sozialpolitik-aktuell.de/tl_files/sozialpolitik-aktuell/_Politikfelder/ Arbeitsmarkt/Datensammlung/PDF-Dateien/abbIV29.pdf> [11.1.2014].

26 Diese und einige folgende Darstellungen differenzieren nach Quartilen (Q1–Q4) der Nettoäquivalenzeinkommen von Haushalten; dabei werden die Individuen im Haushaltszusammenhang betrachtet. Verglichen mit den in vielen Darstellungen verwandten Individualbetrachtungen werden die verschiedenen Beschäftigungstypen hier im Kontext der Erwerbsstrategien der Haushalte betrachtet. Zur Ermittlung der Nettoäquivalenzeinkommen wird den Individuen ein gewichteter Anteil am Haushaltseinkommen zugerechnet. In die Gewichtung gehen die Skaleneffekte größerer Haushalte und die unterschiedlichen Bedarfe von Erwachsenen und Jugendlichen beziehungsweise Kindern ein. Die Befunde des WSI-Verteilungsberichts (S. 42 beziehungsweise 44) konnten nicht repliziert werden. Vgl. *Brigitte Unger/Reinhard Bispinck/Toralf Pusch* u.a., WSI-Verteilungsbericht 2013, November 2013, URL: <www.boeckler.de/pdf/p_ wsi_report_10_2013> [25.7.2014].

27 Auch eine mit dem SOEP 2011 vorgenommene Auswertung über die sozialräumliche Verortung atypischer Beschäftigungsformen zeigt, dass diese von der Teilzeitbeschäftigung und ABM-Stellen abgesehen hinsichtlich der Bezahlung und der Qualifikation bei etwa 90 % des Durchschnitts liegen.

Abbildung 7: Anteil der Minijobberinnen und Minijobber und
der Leiharbeiterinnen und Leiharbeiter an den Beschäftigten[28]

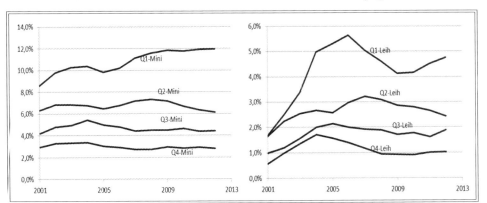

Wie die Zahlen zur Entwicklung der befristeten Beschäftigung und der Leiharbeit zeigen, ist es partiell zu einem Rückgang der Beschäftigungssicherheit gekommen; auch der vor allem durch die Privatisierung bedingte Bedeutungsverlust des Öffentlichen Dienstes führt zu höheren beruflichen Unsicherheiten; ähnlich wirken sich unternehmerische Strategien zur Verschiebung von Risiken auf den Arbeitnehmer (Werkverträge, Jahresarbeitszeitmodelle, erfolgsbezogene Bezahlung, Scheinselbstständigkeit) aus. Trotz dieser Entwicklungen hat sich die durchschnittliche Dauer der (bisherigen) Betriebszugehörigkeit zwischen 1992 und 2008 von 10,3 auf 10,8 Jahre erhöht[29]; auch für den davorliegenden Zeitraum bleiben die Zugehörigkeitsdauern stabil.[30]

Abbildung 8: Entwicklung der Stundenlöhne[31]

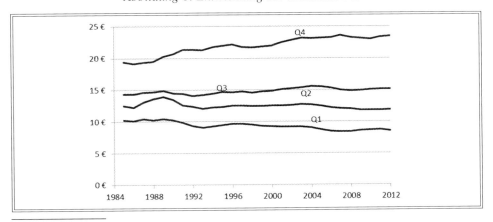

28 Eigene Berechnungen mit SOEP (V29).
29 Vgl. *Thomas Rhein*, Beschäftigungsdynamik im internationalen Vergleich. Ist Europa auf dem Weg zum »Turbo-Arbeitsmarkt«?, in: IAB-Kurzbericht 19, 2010, S. 3.
30 Vgl. *Marcel Erlinghagen/Matthias Knuth*, Keine Spur vom »Turbo-Arbeitsmarkt«, in: Institut Arbeit und Technik, Jahrbuch 2000/2001, Gelsenkirchen 2001, S. 233–248.
31 Eigene Berechnungen mit SOEP (V29), rechnerische Stundenlöhne (inklusive aller Sonderzahlungen) nach Quartilen, nur Personen mit Arbeitseinkommen, in Preisen von 2005, gleitendes Mittel.

Veränderung der Entlohnung: Die durchschnittlichen Stundenlöhne der abhängig Beschäftigten haben sich seit Mitte der 1980er Jahre nicht erhöht; das betrifft sowohl die Brutto- wie die Nettolöhne. Diese Entwicklung ist umso bedenklicher, da der Zuwachs der erforderlichen Qualifikationen und der Produktivität wie auch die Tertiarisierung eigentlich eine deutliche Erhöhung der durchschnittlichen Entlohnung bedingen sollten. Um die Spezifika dieser Entwicklung zu beleuchten, sollen im Weiteren verschiedene Teilgruppen von Beschäftigten unterschieden werden.

Abbildung 8 zeigt, dass sich die Stagnation der Löhne vor allem in den beiden mittleren Quartilen (der Haushalts-Nettoäquivalenzeinkommen) wiederfindet; im unteren Quartil kommt es sogar zu einem Rückgang der Stundenlöhne. Im obersten Quartil sind deutliche Zuwächse zu erkennen, die bei einer Betrachtung des obersten Dezils sogar noch deutlicher ausfallen.[32]

In Abbildung 9 (oben) wird ersichtlich, wie sich die am Arbeitsplatz erforderlichen Qualifikationen auf die Höhe des Bruttostundenlohns auswirken. Wie erwartet zeigt sich abhängig von der erforderlichen Qualifikation eine erhebliche Lohndifferenzierung. So liegt der Median-Stundenlohn der Hochschulabsolventen annähernd doppelt so hoch wie der Stundenlohn derer, die nur eine kürzere oder längere Einarbeitung erfahren haben. In der zeitlichen Entwicklung findet sich bei dem mittleren – bezogen auf das Arbeitsvolumen macht diese Gruppe mehr als die Hälfte der abhängig Beschäftigten aus – und höheren[33] Anforderungsniveau ein geringer Rückgang; im niedrigen Anforderungsbereich werden zunächst Zuwächse erreicht, die sich dann aber nicht stabilisieren.

Abbildung 9: Entwicklung der nach Anforderungsniveau und
Beschäftigungstyp differenzierten Stundenlöhne[34]

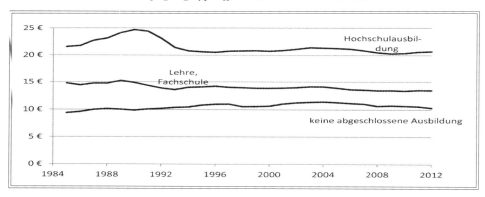

---

32 Vgl. WSI-Verteilungsbericht 2013, S. 37.
33 Wirsching thematisiert diesen Befund: »Die weitverbreitete Auffassung, die Produktivität Arbeit werde von der neuen Produktivität Wissen abgelöst, traf den Kern nicht. Gebraucht wurde vielmehr höher qualifizierte Arbeit, die zwar in spezifischer Weise wissensbasiert war [...], aber immer noch Lohnarbeit blieb. Und wenn diese Arbeitskraft zugleich flexibel, hochmobil, leicht zu rekrutieren und ebenso leicht wieder zu entlassen war, so glich sie tatsächlich einer Art postindustrieller Reservearmee« (*Wirsching*, Der Preis der Freiheit, S. 256).
34 Die aus den Daten des SOEP ermittelten Stundenlöhne liegen systematisch unter den Angaben der amtlichen Statistik. Eigene Berechnungen mit SOEP (V29), rechnerische Stundenlöhne (inklusive aller Sonderzahlungen) nach erforderlicher Qualifizierung, nur Personen mit Arbeitseinkommen, in Preisen von 2005, gleitendes Mittel. Vgl. auch *Karl Brenke/Markus M. Grabka*, Schwache Lohnentwicklung im letzten Jahrzehnt, DIW Wochenbericht, 2011, Nr. 45, S. 3–15, hier: S. 6 und 10.

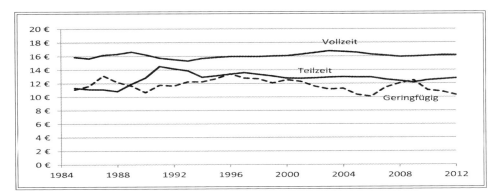

Der mittlere Bruttostundenlohn von Männern liegt um etwa ein Fünftel höher als der der Frauen, dieser Lohnabstand ist zwischen 2000 und 2010 konstant geblieben. Während der Abstand der Medianstundenlöhne von Frauen und Männern im mittleren Anforderungsbereich ›nur‹ etwa 15 % beträgt, liegt er sowohl bei den hohen wie bei den niedrigen Anforderungen deutlich über 20 %.[35] Einen genaueren Einblick liefert die Aufschlüsselung der Stundenlöhne nach verschiedenen Beschäftigungsformen. Abbildung 9 (unten) offenbart erhebliche Lohnunterschiede zwischen Vollzeit- und Teilzeit- beziehungsweise geringfügig Beschäftigten. In der zeitlichen Entwicklung zeigt sich jedoch, dass alle Beschäftigtengruppen mit einer Stagnation der Entlohnung konfrontiert sind.

Es stellt sich die Frage, wie weit die dargestellte Entwicklung der Stundenlöhne mit den Strukturveränderungen der Beschäftigten (höherer Frauenanteil, geringere Arbeitszeiten, gestiegene Qualifikationsanforderungen) zusammenhängen. Karl Brenke und Markus Grabka klären dies durch eine Simulation, bei der die Struktur der abhängig Beschäftigten rechnerisch konstant gehalten wird. Das Ergebnis weicht kaum von der tatsächlichen Entwicklung ab, da sich ›positive‹ (höhere Anforderungen) und ›negative‹ (wachsender Frauenanteil, sinkende Arbeitszeit) Effekte ausgleichen.[36]

In der Haushaltsperspektive, wo es zu einer Kumulierung der Arbeitseinkommen von mehreren Einkommensbezieherinnen und -beziehern und gegebenenfalls aus mehreren Erwerbstätigkeiten kommt, entwickeln sich die Arbeitseinkommen ganz ähnlich wie die Stundenlöhne (Abbildung 8). Durch den Haushaltseffekt schwächen sich aber die Einbußen beim unteren Quartil (–6 statt –19 %) ab; im obersten Quartil nehmen jedoch auch die Zuwächse zu (+33 statt +19 %).[37] Das heißt, es kommt in dem untersuchten Zeitraum zu einer Aufspreizung der Arbeitseinkommen der Haushalte.

Zusammenfassend ist zu konstatieren, dass der Tertiarisierungsprozess, der Zusammenbruch der DDR, die globalen wie die betrieblichen Reorganisationsprozesse und schließlich die Deregulierungen des Arbeitsmarkts das Feld der Arbeit nachhaltig verändern. Auch der deutliche Anstieg des erforderlichen Qualifikationsniveaus führt dazu, dass eine nicht kleine Gruppe von weniger qualifizierten Beschäftigten oder von Wendeverlierern an den Rand gedrängt wird (Frühverrentung, Langzeitarbeitslosigkeit, versagter Berufseinstieg). Die Beschäftigtenstruktur wird deutlich weiblicher; die Beschäftigungsformen werden vielfältiger, ohne dass sich jedoch die durchschnittliche Beschäftigungsdauer verkürzt. Dennoch ist zu fragen, wie sich die guten und die schlechten Jobs verteilen und wie

---

35 *Brenke/Grabka*, Schwache Lohnentwicklung im letzten Jahrzehnt, S. 7. Die Angaben beziehen sich auf den Median der Bruttostundenlöhne.

36 Auch eine Simulation, die die sektorale Struktur konstant hält, kommt nur zu sehr geringen Abweichungen.

37 Eigene Berechnungen mit dem SOEP (V29), nur Haushalte mit Arbeitseinkommen.

sich die steigende Erwerbsquote von zunehmend gut qualifizierten Frauen auf die Verteilung der Beschäftigungschancen auswirkt. Bei der Entlohnung ist eine durchschnittliche
Stagnation zu beobachten. Der Fahrstuhleffekt, der die Entwicklung bis zu den 1970er
Jahren geprägt hatte, setzt sich nicht fort; der Fahrstuhl fährt aber (für die meisten) auch
nicht wieder nach unten. Bei Berücksichtigung der gestiegenen Qualifikation und Produktivität bedeutet das jedoch einen deutlichen Lohneinbruch. Vermittelt über die (kompensierenden) Erwerbsstrategien der Haushalte kommt es zu einer Aufspreizung der Arbeitseinkommen. Langfristig zeichnet sich eine Tendenz vom Familienlohn des klassischen Wohlfahrtsstaats zum Individuallohn ab.

Entwicklung des Sozialstaats

Der (Sozial-)Staat, dessen Expansion wesentlich auf die gesellschaftlichen Auseinandersetzungen um die Frage der sozialen Ungleichheit zurückgeht, greift regulierend in den
Prozess der gesellschaftlichen Produktion und Reproduktion ein. Der Staat beziehungsweise subsidiäre Akteure sichern ökonomische und kulturelle Kapitalien (zum Beispiel
Eigentumstitel, Rentenansprüche, Bildungstitel), sie klassifizieren (Staatsbürger, EU-Bür-
ger und Ausländer mit fein abgestuften Rechten, aber auch Arbeitslose, Schwerbehinder-
te, Rentner oder Nichtzurechnungsfähige) und setzen diese Klassifizierungen machtvoll
durch, sie sichern wesentliche Produktionsvoraussetzungen (zum Beispiel Eigentumsver-
hältnisse) und Infrastrukturen, sie fördern den Erwerb von Kapitalien (zum Beispiel Ver-
mögensbildung, Bildungspolitik) oder sie verteilen Kapitalien und Lebensrisiken um (innerhalb beziehungsweise zwischen Generationen). Sie sichern Teilhabechancen (Sanktionierung von Diskriminierungen) und die körperliche und geistige Unversehrtheit (zum
Beispiel Sanktionierung von Kriminalität und häuslicher Gewalt oder sexuellem Missbrauch). Das heißt, der Sozialstaat ist zugleich an der Dekrementierung sozialer Ungleichheit und an ihrem Erhalt oder gar ihrer Inkrementierung beteiligt. Hans Günter Hockerts
macht deutlich, dass das Grundversprechen der modernen Sozialstaatlichkeit nicht Gleichheit, sondern Sicherheit war; dementsprechend diagnostiziert er einen »weite[n], spannungsreiche[n] Optionsraum [...]. Denn der Sozialstaat kann soziale Ungleichheit nicht
nur reduzieren und limitieren, sondern auch konservieren, ja sogar selber produzieren und
legitimieren«.[38] Lutz Leisering und Christian Marschallek spezifizieren diese Argumentation, indem sie sagen: »Wohlfahrtsstaatlichkeit zielt zwar nicht auf Gleichheit, aber auf
die Begrenzung von Ungleichheit.«[39]

   Im Prozess der Transformation der Industriegesellschaft stellen sich dem Sozialstaat
viele neue Aufgaben (zum Beispiel Entwicklung der neuen Bundesländer, Regulierung
von Migration und ›Integration‹, Qualifizierung in der Wissensgesellschaft, Bewältigung
des ›demografischen Wandels‹); das Volumen bestehender Leistungssysteme nimmt zu
(bei den Renten und Pensionen, zeitweilig auch bei der Arbeitslosenunterstützung); zudem
müssen Sicherungssysteme neuen Problemlagen angepasst werden (Pflege, Flexicurity,
Alleinerziehende). Schließlich gilt es auch, die Modi der sozialstaatlichen Regulierung
– vor allem die Frage, wie diese Leistungen von wem finanziert und erbracht werden –
immer wieder neu zu prüfen. All diese Prozesse stehen mit Fragen von alten und neuen
sozialen Ungleichheiten in Beziehung. Die folgende Darstellung konzentriert sich auf die

---

38 *Hans Günter Hockerts*, Einführung, in: *ders./Winfried Süß* (Hrsg.), Soziale Ungleichheit im So-
    zialstaat. Die Bundesrepublik Deutschland und Großbritannien im Vergleich, München 2010,
    S. 9–18, hier: S. 11.
39 *Lutz Leisering/Christian Marschallek*, Zwischen Wohlfahrtsstaat und Wohlfahrtsmarkt. Alters-
    sicherung und soziale Ungleichheit, in: *Hans Günter Hockerts/Winfried Süß* (Hrsg.), Soziale
    Ungleichheit im Sozialstaat. Die Bundesrepublik Deutschland und Großbritannien im Ver-
    gleich, München 2010, S. 89–115, hier: S. 91.

unmittelbaren Zusammenhänge von sozialstaatlichem Handeln und sozialer Ungleichheit und verfolgt diese aus einer summarischen Perspektive. So geht es zum einen um die Entwicklung und die Ungleichheitseffekte der öffentlichen Transferzahlungen und zum anderen um die Frage der Finanzierung des Sozialstaats und die damit verbundenen Verteilungseffekte. Implizit spielt aber auch der Sozialstaat als Arbeitgeber eine nicht unwichtige Rolle für die soziale Ungleichheit.

Entwicklung der öffentlichen Transfers: In der Einkommenszusammensetzung der privaten Haushalte spielen Transfereinkommen eine zunehmende Rolle. Bis in die 1970er Jahre lag der Anteil der Transfereinkommen noch bei 16 beziehungsweise 17 %, um dann bis 1980 auf über 21 % anzuwachsen. 2003 wurde mit 24,1 % ein Maximalwert erreicht, der mit der Neuregelung der Arbeitslosenunterstützung und dem Rückgang der Arbeitslosigkeit bis 2012 wieder auf unter 22 % zurückging.[40] Auswertungen mit dem Soziooekonomischen Panel (SOEP) zeigen[41], dass Transfereinkommen in allen Segmenten der Einkommensverteilung eine wichtige Rolle spielen. In den 1990er Jahren kam es in allen Quartilen zu einem deutlichen Anstieg der Transfereinkommen, der dann mit der Jahrtausendwende in eine Stagnation überging.

Die folgende Darstellung differenziert nach einzelnen Transfereinkommen. Bei den Renten (+12 %) und bei den Leistungen aus der privaten Altersversorgung (+30 %) kommt es auch nach der Preisbereinigung zu deutlichen Zuwächsen.

Abbildung 10: Entwicklung einzelner Transfereinkommen (E) und -abgaben (A)[42]

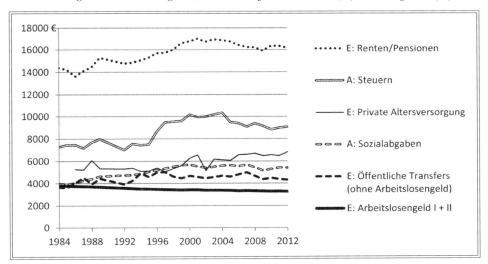

Auch die Leistungen aus öffentlichen Transfers (Kindergeld, Wohngeld, Grundsicherung, jedoch keine Arbeitslosenleistungen) wuchsen an. Demgegenüber kam es bei den Leistungen aus Arbeitslosengeld und -hilfe beziehungsweise aus Arbeitslosengeld I und II zu einem deutlichen Rückgang (–15 %). Dieser verlief wohlgemerkt sehr kontinuierlich. Ein Effekt der Hartz-Reformen (Hartz IV) lässt sich aus dieser Perspektive nicht erkennen.

---

40 Vgl. Statistisches Jahrbuch 1989, S. 560, und Statistisches Bundesamt (2012), Arbeitstabellen aus dem Bereich Lebensunterhalt und Konsum.
41 SOEP (V29). Vgl. auch WSI-Verteilungsbericht 2013, S. 39.
42 Eigene Berechnung auf Basis des SOEP (V29), in Preisen von 2005. Die Angaben für 1990 und 1991 wurden wegen unplausibler Werte substituiert.

Reformen der Arbeitsmarktpolitik: Die Hartz-Reformen sind im medienöffentlichen und im politischen Diskurs über soziale Ungleichheit zu einem Sinnbild für den paradigmatischen wie den materiellen Wandel des Sozialstaats geworden. Diese Reformen sind zusammen mit den Deregulierungen des Arbeitsmarkts als ein sozialpolitisches Projekt zu begreifen, das den Abschied vom Arbeitsregime der klassischen Industriegesellschaft markiert. Vor dem Hintergrund einer langen Phase der Massenarbeitslosigkeit besaß es eine gewisse Plausibilität. Exemplarisch für diesen Diskurs sei hier auf einen Beitrag von Rolf Heinze und Wolfgang Streeck verwiesen:»Das eigentliche Beschäftigungsdefizit der deutschen Volkswirtschaft liegt nicht im industriellen Sektor und nicht in erster Linie bei den hochqualifizierten Dienstleistungen, sondern im Bereich *niedrigproduktiver Dienstleistungsarbeit*.« Mit Blick auf die Erfahrungen anderer Länder wird konstatiert, dass Dienstleistungen ein anderes Arbeitsregime als das industrielle erfordern:»andere Arbeitszeiten, andere Entlohnungsformen, andere Qualifizierungseinrichtungen, andere Formen der sozialen Sicherung«.[43] Eine wichtige Bedeutung für diese Argumentation hatte auch die von Amartya Sen und anderen vorgebrachte Kritik an der sozialstaatlichen Duldung hoher Arbeitslosenquoten in Deutschland beziehungsweise in Europa.[44] Diese Stellungnahmen machen deutlich, dass aus der Perspektive des Sozialstaats die Deregulierung des Arbeitsmarkts und die Reorganisation des Arbeitslosen- und Sozialhilfebezugs neben dem Kostenaspekt auch als ein Beitrag zur Reduzierung von Ungleichheit geplant waren.

Die Einschätzungen der Wirkungen dieser Reformen fallen sehr kontrovers aus. Markus Promberger verweist darauf, dass sich trotz der Aktivierungsrhetorik der Protagonisten und der Rede vom Paradigmenwechsel (vom sorgenden zum fordernden Sozialstaat) der Kritiker kein Bruch, kein radikaler Wandel erkennen lässt:

»Langsamer Wandel auf bereits lange bestehenden Pfaden prägt das Bild. […] In längerfristiger historischer Perspektive war der versorgende Wohlfahrtsstaat meist auch aktivierend, und auch der aktivierende Wohlfahrtsstaat muss immer auch dem Grundrecht seiner Bürger auf eine Unterstützung bei Hilfebedürftigkeit nachkommen.«[45]

Dennoch leugnet er nicht den allmählichen paradigmatischen Wandel. So dominiere im SGB II die Vorstellung»von einem vollständig dem Erwerbsparadigma subsumierten Ar-

---

43 Die Wirtschaftspolitik und die politische Regulierung müssen sich stärker an den Problemen kleinerer Unternehmen orientieren. Insgesamt wird ein »Überdenken von Gerechtigkeitsvorstellungen [gefordert], die aus der Vollbeschäftigungswirtschaft der Nachkriegszeit stammen. Die wichtigste soziale Differenz […] ist nicht die zwischen verschiedenen Arbeitslöhnen, sondern die zwischen Arbeitenden auf der einen Seite und Arbeitslosen, Sozialhilfeempfängern und ›stillen Reservisten‹ auf der anderen Seite«. Zur Beschäftigungspolitik heißt es, dass Staat und Selbstverwaltung durch die Dynamik des Markts ergänzt werden müssten. »Auch die Denkweisen müssen sich ändern. […] Aus Arbeit herausgenommen zu werden ist weder eine Wohltat noch gar ein Recht; (fast) jeder Arbeitsplatz ist besser als keiner […]. Auch neigen Menschen dazu, sich in Abhängigkeit und Randständigkeit einzurichten, wenn ihnen die Erfahrung vorenthalten wird, daß sie für sich selbst sorgen können« (*Rolf G. Heinze/Wolfgang Streeck*, Institutionelle Modernisierung und Öffnung des Arbeitsmarktes. Für eine neue Beschäftigungspolitik, in: *Jürgen Kocka/Claus Offe* [Hrsg.], Geschichte und Zukunft der Arbeit, Frankfurt am Main/New York 2000, S. 234–261, hier: S. 255ff.).

44 So heißt es bei Sen:»Tatsächlich läßt sich behaupten, das hohe Niveau der Arbeitslosigkeit in Europa werfe für sich genommen zumindest ein ebenso wichtiges Problem der Ungleichheit auf wie die Einkommensverteilung selbst« (*Amartya Kumar Sen*, Ökonomie für den Menschen. Wege zu Gerechtigkeit und Solidarität in der Marktwirtschaft, München/Wien 2000, hier: S. 119).

45 Vgl. *Markus Promberger*, Fünf Jahre SGB II – Versuch einer Bilanz, in: WSI-Mitteilungen 62, 2009, S. 604–611, hier: S. 609.

beitsbürger, von dem nunmehr der Verhaltenskanon des ›normalen‹, eigenverantwortlich und rational handelnden, nachindustriellen bürgerlichen Arbeitnehmers erwartet wird«.[46] Die darin deutlich werdende Abkehr vom Bild des Fürsorgeempfängers, wie es sich in der Sozialgesetzgebung der 1950er und 1960er Jahre fand, korrespondiere jedoch durchaus mit dem Selbstbild der Mehrheit der Unterstützungsempfänger – Promberger verweist dann jedoch auch auf Gruppen, wo das neue Bild des zu aktivierenden Arbeitsbürgers an Grenzen stößt: (alleinerziehende) Eltern mit kleinen Kindern, Menschen mit psychischen oder physischen Krankheiten, gering Qualifizierte.

Gerhard Bäcker, Gerhard Bosch und Claudia Weinkopf kommen bei der Bewertung der Hartz-Gesetze beziehungsweise der dadurch angestoßenen Deregulierungen zu einer ganz anderen Einschätzung. Dem ersten Eindruck (deutlicher Rückgang auch der Langzeitarbeitslosigkeit) halten sie entgegen, dass ein kausaler Zusammenhang mit den Neuregelungen nicht herzustellen sei.[47] Auch die These, dass der Verbleib in Arbeitslosigkeit der mangelnden Bereitschaft zur Arbeitsaufnahme geschuldet sei, weisen sie zurück. Es sei vielmehr zu einem erheblichen Druck gekommen, auch schlechte Jobs anzunehmen; dies führe aber zu keiner nachhaltigen Eingliederung. Die hier zu beobachtende höhere Konzessionsbereitschaft strahle auch auf andere Beschäftigte aus.[48]

Finanzierung des Sozialstaats: Für die Frage der sozialen Ungleichheit ist es bedeutsam, wie die Redistributionsleistungen des Sozialstaats erbracht werden. Die Finanzierung folgt grundsätzlich einem Prinzip der Leistungsfähigkeit, das heißt, die erforderlichen Beiträge und Steuern werden leistungsabhängig (Einkommenshöhe) erhoben. Cornelius Torp merkt dazu an, dies spiegele einen »solidarischen Grundkonsens wider, der zwar nicht in erster Linie auf Umverteilung angelegt ist, ein gewisses Maß an redistributiven Wirkungen zur Erreichung des Sicherungsziels billigend in Kauf nimmt«.[49]

Wie der obigen Abbildung 10 zu entnehmen ist, kommt es seit Mitte der 1980er Jahre zu einem deutlichen Anstieg (circa 25 %) der von den Haushalten entrichteten Steuern und Sozialabgaben.[50]

Die Verteilung dieser Lasten auf die verschiedenen Einkommenssegmente (Abbildung 11) zeigt, dass die größten (anteiligen) Lasten vom obersten Quartil getragen werden. Die relative Belastung der drei oberen Quartile geht leicht, die des unteren Quartils deutlicher zurück.

Sozialstaat als Arbeitgeber: Der Sozialstaat hatte neben seinen regulierenden und redistributiven Funktionen auch als Arbeitgeber eine wichtige Rolle für soziale Aufstiege.

---

46 Ebd., S. 610.
47 »Der Aufschwung war im Wesentlichen von der Zunahme des Exports aus dem verarbeitenden Gewerbe getragen, der sich vor allem auf die Entwicklung innovativer Produkte, die hohe Lieferzuverlässigkeit und Fertigqualität, im Kern also auf Erfolge in der Innovations- und Qualifizierungspolitik und nicht auf niedrige Löhne, zurückführen lassen« (*Gerhard Bäcker/Gerhard Bosch/Claudia Weinkopf*, Vorschläge zur künftigen Arbeitsmarktpolitik: integrativ – investiv – innovativ. Gutachten für das Thüringer Ministerium für Wirtschaft, Arbeit und Technologie, Duisburg 2011, S. 48).
48 »Die tatsächliche oder empfundene Gefahr, bei Verlust des Arbeitsplatzes sehr schnell auf das Niveau der existenzminimalen Grundsicherung und auf Bedürftigkeitsprüfungen verwiesen zu werden, hat zu einer hohen Unsicherheit der Arbeitnehmer/innen insgesamt geführt« (ebd., S. 48).
49 *Cornelius Torp*, Gerechtigkeitsprinzipien in der Konstruktion sozialer Sicherung, in: *Hans Günter Hockerts/Winfried Süß* (Hrsg.), Soziale Ungleichheit im Sozialstaat. Die Bundesrepublik Deutschland und Großbritannien im Vergleich, München 2010, S. 117–137, hier: S. 134.
50 Die hier dargestellten Abgaben werden im sozioökonomischen Panel rechnerisch ermittelt. Möglichkeiten der Steuerersparnis oder der Steuerhinterziehung gerade bei höheren Einkommen führen dazu, dass hiermit das Umverteilungspotenzial eher überschätzt wird. Vgl. auch WSI-Verteilungsbericht 2013, S. 38, Anm. 15.

Abbildung 11: Durchschnittliche Steuer- und Abgabenbelastung der Quartile[51]

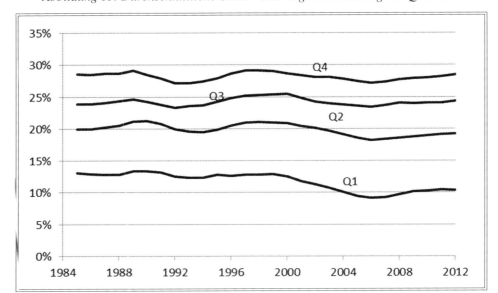

Dementsprechend haben die in den 1980er Jahren einsetzenden Prozesse der Privatisierung öffentlicher Dienste (formelle, materielle und funktionale Privatisierungen[52]) auch Einfluss auf Fragen der sozialen Ungleichheit. Vor allem die funktionalen Privatisierungen führen zur Entstehung eines Wohlfahrtsmarkts, ohne dass es dabei jedoch zu einem »marktradikalen Umbau« gekommen ist.[53] Alle Privatisierungsformen haben unmittelbar oder mittelbar Auswirkungen auf die davon betroffenen Arbeitsplätze.

In Verbindung mit der Privatisierung öffentlicher Dienste hat sich die Zusammensetzung der verbliebenen Beschäftigten erheblich verändert. Schon in der Differenzierung nach dem Sozialversicherungsstatus wird deutlich, dass sich die Zahl der Arbeiter von 37 % im Jahr 1950 auf 12 % im Jahr 2005 verringert hat; bei den übrigen Gruppen überwiegt der Anteil der Beamten den der Angestellten; der Unterschied wird jedoch geringer, sodass im Jahr 2005 ein Beamtenanteil von 46 % und ein Angestelltenanteil von 42 % zu verzeichnen ist. Mindestens genauso gravierend ist die Entwicklung der Laufbahntypen, die Zahl der Angestellten und Beamten im einfachen und mittleren Dienst geht kontinuierlich zurück (von 82 beziehungsweise 57 % auf 50 beziehungsweise 33 % im Jahr 2005).[54] Das heißt, der öffentliche Dienst als sicherer Hafen wird zunehmend zu einem Hafen derer, die dieses Hafens am wenigsten bedürften.

Torp kommt in seiner Analyse der Gerechtigkeitsprinzipien, die dem deutschen (und dem britischen) Sozialstaat zugrunde liegen, zu dem Ergebnis, dass sich kein einheitliches Prinzip erkennen lasse. Am ehesten finde sich ein solches Prinzip bei der Finanzierung;

---

51 Eigene Berechnungen mit dem SOEP (V29), gleitendes Mittel.

52 *Reimut Zohlnhöfer/Herbert Obinger*, Ausverkauf des »Tafelsilbers«. Privatisierungspolitik in EU- und OECD-Staaten, in: Politische Vierteljahresschrift 46, 2005, S. 602–628, hier: S. 604.

53 Vgl. dazu *Hans Günter Hockerts*, Vom Wohlfahrtsstaat zum Wohlfahrtsmarkt, in: *Norbert Frei/Dietmar Süß* (Hrsg.), Privatisierung. Idee und Praxis seit den 1970er Jahren, Göttingen 2012, S. 70–87, hier: S. 84.

54 Die Daten gehen zurück auf: *Charles B. Blankert*, Öffentliche Finanzen in der Demokratie. Eine Einführung in die Finanzwissenschaft, München 2008, S. 476.

hier herrsche mit den einkommensabhängigen Abgaben ein Leistungsfähigkeitsprinzip vor. In Deutschland sei die Leistungsabhängigkeit jedoch durch die Beitragsbemessungs-grenze begrenzt; umgekehrt führe die höhere Sozialleistungsquote zu einem höheren Ge-samtumfang der Redistribution. Auf der Ausgabenseite finde sich in den einzelnen Teil-systemen ein »Amalgam verschiedener Gerechtigkeitsprinzipien«:[55] Zugangsgleichheit und Bedarfsprinzip im Gesundheitswesen, Beitrags-Leistungsäquivalenz in der Arbeits-losen- und in der Alterssicherung. In jüngerer Zeit gewinne vor allem im Bereich der Arbeitslosigkeit das Bedürftigkeitsprinzip (vor allem nach den Hartz-Reformen) an Be-deutung. Ähnliches zeichnet sich im Bereich der Alterssicherung ab, wenn die staatliche Sicherung an Bedeutung verliert und die privaten und betrieblichen Sicherungen nur eine Teilgruppe der Erwerbstätigen erfassen.

Abbildung 12 zeigt zum einen den erheblichen Zuwachs der Einkommensungleichheit bei den Markteinkommen, zum anderen den doch deutlich moderateren Zuwachs der Ungleichheit bei den Nettoeinkommen, das heißt nach den sozialstaatlichen Transfers. So betrachtet ist das sozialstaatliche Umverteilungspotenzial auch nach den Reorganisa-tionsprozessen der vergangenen Jahrzehnte noch erheblich. Der Grad der Umverteilung kann als Verhältnis ausgedrückt werden; so gelingt es im gesamten Zeitraum, die Un-gleichheit der Markteinkommen um durchschnittlich 39 % zu reduzieren; zwischenzeit-lich werden sogar Werte von 42 % erreicht.

Abbildung 12: Gini-Reduktion durch Redistribution[56]

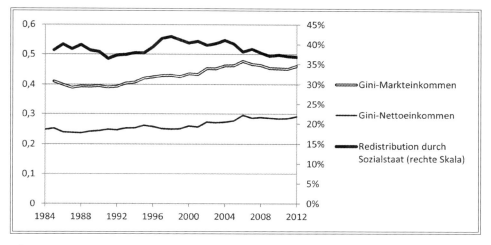

Die Daten zur relativ stabilen Reduktion der Einkommensungleichheit durch die Umver-teilung verweisen darauf, dass wichtige sozialstaatliche Instrumente nach wie vor funk-tionieren, so habe zum Beispiel die »intakte Einkommenssteuer-Progression über weite Teile der Einkommen dazu geführt [...], dass die deutlich steigende Ungleichheit bei den Markteinkommen im Zeitverlauf zu einer nicht ganz so starken Steigerung der Ungleich-heit bei den verfügbaren Einkommen führte«.[57]

---

55 *Torp*, Gerechtigkeitsprinzipien in der Konstruktion sozialer Sicherung, S. 134.
56 Eigene Berechnungen mit Daten des SOEP.
57 WSI-Verteilungsbericht 2013, S. 39.

Entwicklung der Haushalte

Haushalte beziehungsweise deren Mitglieder stellen auf der einen Seite die zentrale Analyseeinheit der Ungleichheitsforschung dar; auf der anderen Seite sind sie aber auch als ungleichheitsrelevante Akteure zu begreifen, indem hier Entscheidungen getroffen und reproduziert werden, die für Fragen der sozialen Ungleichheit von hoher Bedeutung sind.[58] Mit Strukturentscheidungen werden die Rahmenbedingungen, unter denen Haushalte agieren, gesetzt; das sind Entscheidungen über die Gründung, die Veränderung (zum Beispiel Geburten, Aufnahme beziehungsweise Auszug von Haushaltsmitgliedern) beziehungsweise die Auflösung eines Haushalts, Entscheidungen über seine räumliche Verortung (verschiedene Formen der Migration) und schließlich Entscheidungen über den Verbindlichkeitsgrad und die Rechtsform des Haushalts. Produktionsentscheidungen betreffen die Versorgung des Haushalts mit Einkommen beziehungsweise mit Gütern und Dienstleistungen für die Reproduktion. Die Reproduktion beinhaltet die (Wieder-)Herstellung der Arbeitsvermögen und die Versorgung der nicht mehr beziehungsweise noch nicht Erwerbsfähigen. Anlageentscheidungen werden im Zusammenhang meist längerfristiger (Anlage-)Strategien getroffen und zielen darauf, das ökonomische, kulturelle oder das Humankapital der Haushaltsmitglieder zu erhalten und zu verbessern. Im Folgenden sollen diejenigen Entscheidungen untersucht werden, die für soziale Ungleichheiten von besonderer Bedeutung sind.

Entwicklung der Haushaltsstruktur und der ›demografische Wandel‹: In dem hier untersuchten Zeitraum setzt sich der säkular zu beobachtende Geburtenrückgang weiter fort.[59] Zudem führen längere Phasen der Ausbildung und Berufseinmündung, die gestiegene (aber nach wie vor geschlechtsspezifisch unterschiedliche) Lebenserwartung und das veränderte Partnerschaftsverhalten zu einer nachhaltigen Veränderung der Haushaltsstruktur. Viele dieser Entwicklungen hängen eng mit sozialpolitischen Veränderungen zusammen – vermutlich hatten auch die jüngsten arbeitspolitischen Maßnahmen Einfluss auf die Veränderungen der Haushaltsgröße beziehungsweise -struktur.[60] Parallel zu dieser Entwicklung steigt der Bevölkerungsanteil mit Migrationshintergrund weiter an, die strukturellen Veränderungen verlaufen bei dieser Gruppe jedoch in ähnlicher Weise.

Diese Transformationen führen unmittelbar (Migration) oder mittelbar (Geburtenzahlen, steigende Lebenserwartung) zu einer veränderten Zusammensetzung der Bevölkerung in den Nationalgesellschaften; das heißt zu einer veränderten Grundgesamtheit, auf die Ungleichheitsaussagen bezogen werden. Diese Veränderungen werden oft nicht sehr trennscharf als »demografischer Wandel« bezeichnet; präziser gefasst sind es im Wesentlichen die Folgeeffekte der hier dargestellten und früheren Veränderungen im strategischen Verhalten von Haushalten. Zudem sind der ›demografische Wandel‹ und seine Folgeeffekte nicht unerheblich von politisch beeinflussbaren Faktoren abhängig; zum Beispiel von der Dauer der Ausbildungs- oder Erwerbsphase, von der Erwerbsbeteiligung, von der Migrationspolitik; eine zentrale Rolle spielt auch die Entwicklung der Produktivität.

---

58 Vgl. dazu *Christoph Weischer*, Die Bedeutung von Haushalten für soziale Ungleichheiten, in: *Banu Citlak/Angelika Engelbert/David H. Gehne* u.a. (Hrsg.), Lebenschancen vor Ort. Familie und Familienpolitik im Kontext, Leverkusen 2014, S. 89–100.

59 In der Perspektive der endgültigen Kinderzahlen verläuft dieser Rückgang über das ganze 20. Jahrhundert relativ gleichmäßig. Vgl. dazu *Weischer*, Sozialstrukturanalyse, S. 210ff.

60 Andreas Peichl und seine Mitautoren merken hierzu an, »the so-called ›Hartz‹ reforms generated incentives for young unemployed adults to leave their parents' house earlier in order to receive a certain social benefit« (*Andreas Peichl/Nico Pestel/Hilmar Schneider*, Does Size Matter? The Impact of Changes in Household Structure on Income Distribution in Germany, Forschungsinstitut zur Zukunft der Arbeit, IZA DP No. 4770, February 2010, S. 24), URL: <ftp.iza.org/dp4770.pdf> [25.7.2104].

Die Folgen dieser kurz- beziehungsweise längerfristigen Strukturveränderungen für soziale Ungleichheiten sind ambivalent. Rückläufige Kinderzahlen führen zu rechnerisch reicheren Haushalten, umgekehrt führt die rückläufige Haushaltsgröße aber auch zu einer Verringerung des Umverteilungspotenzials. Zudem gewinnen mit der längeren Ausbildungs- und Altersphase Transfereinkommen (und deren Unterschiede) an Bedeutung. Die verschiedenen Zuwanderungsgruppen weisen sehr unterschiedliche Qualifikationsniveaus auf, es überwogen in den letzten 30 Jahren jedoch jene mit eher unterdurchschnittlichen Qualifikationen, was sich in zunehmendem Maße auf die Erwerbschancen auswirkt.

Erwerbsverhalten: Die durchschnittliche Erwerbsquote (Männer und Frauen) der 15- bis 64-Jährigen hat sich in Westdeutschland zwischen 1960 und 1980 bei Werten zwischen 66 und 68 % zunächst nur wenig verändert. Zu einem deutlichen Anstieg kam es in den 1980er Jahren (3,7 Prozentpunkte). Nach einer Latenzphase in den 1990er Jahren stieg die Quote dann in der Dekade nach der Jahrtausendwende mit 5,4 Prozentpunkten weiter deutlich an; das setzte sich bis 2012 fort. Die geschlechtsspezifischen Quoten verlaufen dabei gegenläufig. Die Quote der Männer ging von über 90 % (1960) auf fast 80 % (2004) zurück und liegt heute bei 82 %. Die Frauenerwerbsquote lag 1960 bei 47,6 % und ging bis 1970 auf 46,2 % zurück. Danach findet sich von Dekade zu Dekade ein deutlicher Anstieg; besonders stark war das Wachstum zwischen 1980 und 1990 sowie zwischen 2000 und 2010. Heute liegt der Wert in Westdeutschland bei 70,6 %.[61] In Ostdeutschland ist die Frauenerwerbstätigkeit in den 1990er Jahren zunächst um acht Prozentpunkte zurückgegangen; bis 2011 kam es jedoch zu einem erneuten Anstieg, der annähernd die Werte der frühen 1990er Jahre erreichte.

Die wachsende Frauenerwerbsquote und die bereits geschilderte Veränderung des Beschäftigungsumfangs (vgl. Abbildung 6) tragen dazu bei, dass sich die Ernährermodelle in Paarhaushalten nach und nach verändern.

Abbildung 13: Entwicklung der Ernährermodelle[62]

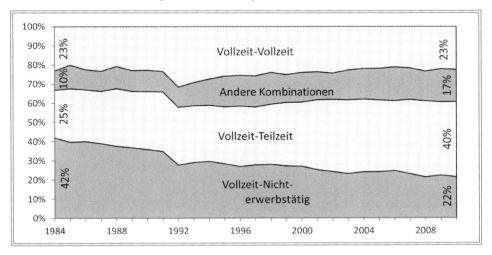

---

61 IAQ, Sozialpolitik aktuell, Erwerbsquoten und Erwerbstätigenquoten alte und neue Bundesländer, nach Geschlecht 1960–2012 (tabIV31), URL: <http://www.sozialpolitik-aktuell.de/tl_files/sozialpolitik-aktuell/_Politikfelder/Arbeitsmarkt/Datensammlung/PDF-Dateien/tabIV31.pdf> [11.1.2014].
62 Nur gemischtgeschlechtliche Paare bis 60 Jahre. Vgl. *Weischer*, Paid and Unpaid Work, S. 4.

Die Zahl der nach dem Alleinernährer-Modell agierenden Haushalte geht deutlich von 42 auf 22 % zurück; die Zahl der weiblichen Ernährerinnen steigt dabei leicht an. Die Zahl der Haushalte mit zwei Vollerwerbstätigen bleibt konstant; das heißt, der deutliche Anstieg der Frauenerwerbsquote hängt vor allem mit den Haushalten zusammen, die (meist männliche) Vollzeit- mit (meist weiblicher) Teilzeitarbeit verknüpfen. Darüber hinaus nimmt die Vielfalt der Erwerbskombinationen zu.

Entwicklung der Qualifikation: Die schulische und berufliche Qualifizierung und die damit verbundenen Erwerbschancen haben sich seit den 1960er Jahren deutlich verändert; dieser Trend setzt sich auch in dem hier beobachteten Zeitraum fort. Während die mittlere berufliche Qualifikation in der Bevölkerung beziehungsweise bei den Neueingestellten nach wie vor eine hohe, aber relativ gleichbleibende Rolle spielt, geht der Anteil der formal[63] wenig Qualifizierten deutlich zurück; das betrifft sowohl den Bevölkerungsanteil wie den Anteil an den Neueingestellten.

Abbildung 14: Berufsausbildung der Neueingestellten[64]

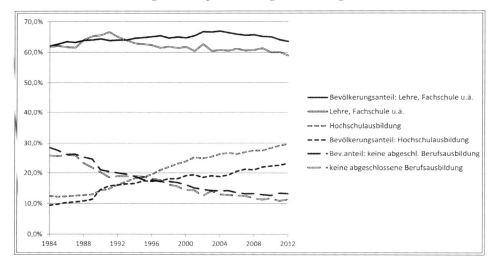

Umgekehrt steigt der Anteil derer, die eine Hochschulqualifizierung aufweisen; hier eilt der Anteil an den Neueingestellten, der auf 30 % ansteigt, dem Bevölkerungsanteil voraus.

Für die soziale Ungleichheit ist es bedeutsam, wie sich die Verbesserungen der Qualifizierung im Haushaltszusammenhang darstellen. Abbildung 15 zeigt, dass die Bildungshomogamie in Paarhaushalten ansteigt und somit Umverteilungseffekte (von Einkommens- und Beschäftigungsrisiken) tendenziell zurückgehen.

Zwar steigt die empirisch beobachtbare Differenz der Bildungsjahre der Partner im Lauf der Zeit leicht an; vergleicht man diesen Anstieg jedoch mit dem angesichts der Bildungsexpansion theoretisch zu erwartenden Zuwachs zeigt sich, dass dieser deutlich hinter dem bei zufälliger Partnerwahl zu erwartenden Anstieg zurückbleibt; die Relation geht zurück, die Bildungshomogamie steigt somit.

---

63 Hier spielt auch das Problem nicht zertifizierter Qualifikationen oder der Nichtanerkennung ausländischer Zertifikate eine Rolle.
64 Berufsausbildung der Neueingestellten im Vergleich zur Berufsausbildung der Bevölkerung im Alter von 30 und 65 Jahren, gleitendes Mittel, eigene Berechnungen SOEP (V29), gewichtet.

Abbildung 15: Bildungshomogamie[65]

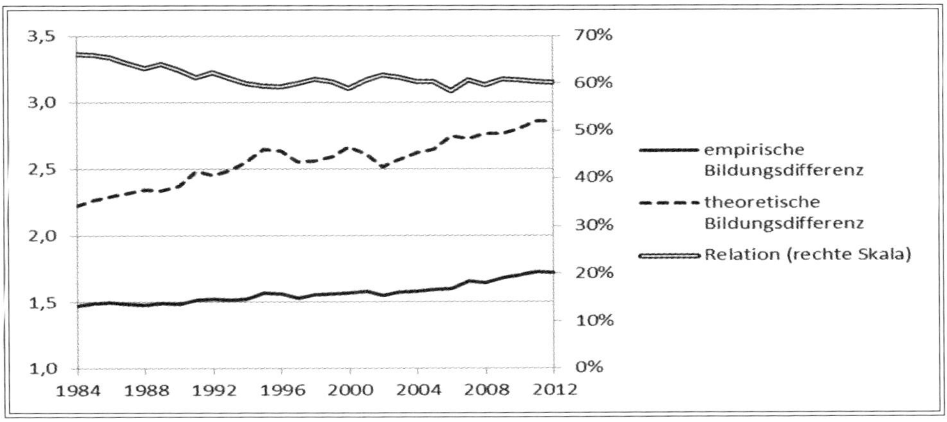

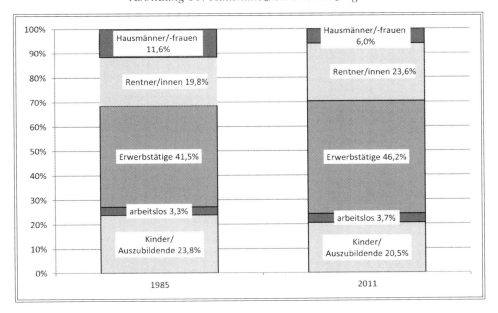

Im Folgenden soll nun das Zusammenwirken dieser Entwicklungen (Veränderungen der Haushaltsstruktur beziehungsweise der Demografie, des Erwerbsverhaltens und der Qualifikation) analysiert werden. Es kommt zu einer deutlichen Veränderung der Haushaltszusammensetzung (Abbildung 16): Der Anteil der Kinder und Jugendlichen geht zurück; Gleiches gilt für die Hausmänner und -frauen. Deutliche Anstiege finden sich demgegenüber bei Erwerbstätigen und Rentnerinnen und Rentnern.

Abbildung 16: Haushaltszusammensetzung[66]

---

65 Eigene Berechnungen SOEP (V29), gewichtet.
66 Eigene Berechnungen SOEP (V28), gewichtet.

Diese Veränderungen führen nach und nach auch zu einer Neuzusammensetzung der Haushaltseinkommen.[67] Die Bedeutung der nicht selbstständigen Erwerbsarbeit wächst zunächst bis Mitte der 1980er Jahre an und geht dann wieder auf den Stand der 1960er Jahre zurück. Selbstständige Arbeit verliert als Einkommensquelle zunächst an Bedeutung, schließlich stabilisiert sich ihr Einkommensanteil. Mit der demografisch und politisch bedingten Ausweitung der Altersphase (und mit der Arbeitslosigkeit) wächst die Bedeutung von sozialen Leistungen. In dem Anstieg der Vermögenseinkommen, sie liegen 2012 bei 16 %, spiegelt sich sowohl deren Funktion als Alterssicherung für Selbstständige wie ihre Funktion als Zusatzeinkommen für vermögende abhängig Beschäftigte.

Mit Blick auf die jeweils dominierende Quelle des Einkommens zeigt sich, dass trotz des Zuwachses der Erwerbstätigen der Anteil der vorwiegend von Erwerbsarbeit finanzierten Personen weitgehend konstant bleibt. Die Finanzierung durch haushaltliche Transfers geht deutlich zurück, umgekehrt steigt der Anteil derjenigen, die vorwiegend durch öffentliche Transfers finanziert werden. Zudem kommt es mit dem ›demografischen Wandel‹ auch zu einem deutlichen Anstieg der Finanzierung durch Renten und Pensionen.

Abbildung 17: Überwiegender Lebensunterhalt[68]

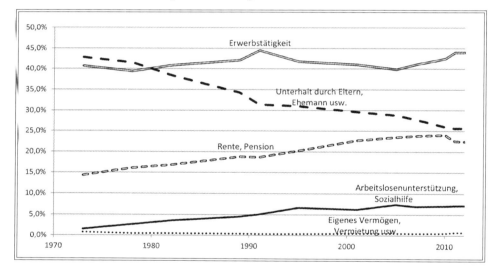

Mit der rückläufigen Haushaltsgröße sinkt das Umverteilungspotenzial der Haushalte (Abbildung 18), sodass Ungleichheiten aus dem Produktionsbereich beziehungsweise dem Sozialsystem in weit geringerem Maße durch haushaltliche Umverteilungen abgemildert werden. Zudem gehen die über die Äquivalenzgewichtung ermittelten rechnerischen Einkommensgewinne durch Skalen- und Bedarfseffekte zurück.

In der Zusammenschau dieser Entwicklungen kann von einer Ausweitung der (un-)gleichheitsbezogenen Handlungsoptionen von Haushalten gesprochen werden; diese gehen auf den Ausbau des Sozialstaats (Bildungssystem, soziale Sicherungssysteme, Unter-

---

67 Angaben nach Statistisches Jahrbuch 1989 (1960–1986) und Datenbank destatis (1991–2012). Bis 1986 werden die Vermögenseinkommen zusammen mit den Einkommen aus selbstständiger Arbeit ausgewiesen. Die privaten Haushalte umfassen auch die privaten Organisationen ohne Erwerbszweck.
68 Eigene Berechnung mit Mikrozensus 1973–2007 und Statistisches Bundesamt, Fachserie Bevölkerung und Erwerbstätigkeit, Ergebnisse des Mikrozensus.

Abbildung 18: Gini-Reduktion durch Redistribution[69]

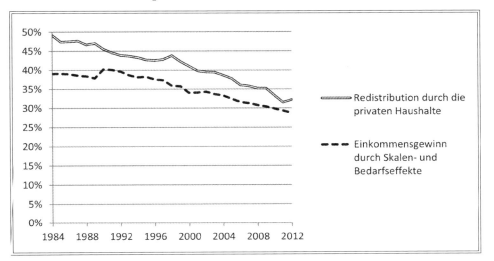

stützungs- und Beratungsangebote), die Veränderung von Normen beziehungsweise Rollenbildern (Familie, Geschlecht, Alter) und vielerlei technische beziehungsweise medizinische Entwicklungen zurück. Selbstverständlich unterscheiden sich die Möglichkeiten, diesen neuen Raum der Optionen zu nutzen, gravierend nach der sozialen Ausgangslage. Auch wenn die Bildungsexpansion recht erfolgreich war, findet sich in Deutschland eine hartnäckige Reproduktion von Bildungsungleichheit. Es ist ähnlich wie bei der Lohnentwicklung zu einem Fahrstuhleffekt gekommen: eine Anhebung des durchschnittlichen Niveaus bei Fortbestand der strukturellen Differenzen. In der klassischen Industriegesellschaft, wie sie noch bis in die 1960er Jahre zu finden war, hatten feste geschlechtsspezifische Rollenverteilungen, feste Lebenslaufmodelle und ein durchschnittlich niedriges Bildungsniveau rein ökonomisch betrachtet als eine Ungleichheitsbegrenzung fungiert; das veränderte sich im hier betrachteten Zeitraum nachhaltig.

III. ENTWICKLUNG SOZIALER UNGLEICHHEITEN SEIT DEN 1980ER JAHREN

Nun werden die disparaten Entwicklungen in den verschiedenen Arenen zusammengeführt, um zu klären, wie sich im Kontext der Transformation der Produktions- und Reproduktionsstrukturen einer Industriegesellschaft und ihrer Regulierung (und Re-Regulierung) monetäre soziale Ungleichheiten verändern. Für die Darstellung wird zum einen die Verteilungsperspektive genutzt; zum anderen wird nach der sozialen Lage spezifischer Gruppen gefragt.

Soziale Ungleichheit aus der Verteilungsperspektive

Abbildung 19 zeigt die Verteilung der Nettoäquivalenzeinkommen in Westdeutschland in den Jahren 1985 und 2011.

Man hat es mit eingipfeligen Verteilungen zu tun, die sich um ein Zentrum gruppieren; das heißt, man kann nicht von einer Polarisierung im Sinne eines abgrenzbaren armen

---

69 Eigene Berechnungen mit Daten des SOEP. Vgl. dazu auch *Jan Goebel/Peter Krause*, Gestiegene Einkommensungleichheit in Deutschland, in: Wirtschaftsdienst 87, 2007, S. 824–832.

Abbildung 19: Entwicklung der Einkommensverteilung[70]

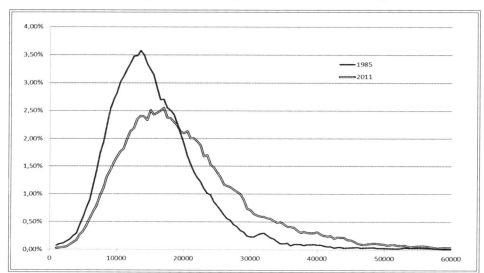

und eines reichen Pols sprechen. Die Verteilung hat, wenn man von der rechten Flanke absieht, die Gestalt einer Normalverteilung; Normalverteilungen gehen statistisch betrachtet auf das relativ gleichgewichtige Zusammenspiel vieler einkommensrelevanter

Abbildung 20: Entwicklung der Einkommensdezile[71]

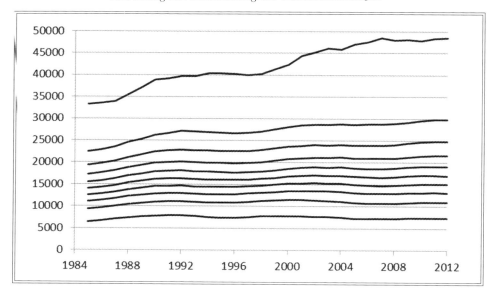

70 Eigene Berechnungen mit SOEP (V28), Nettoäquivalenzeinkommen (Westdeutschland), Jahresangaben, in Preisen von 2005.
71 Eigene Berechnungen mit SOEP (V29), Nettoäquivalenzeinkommen nach Dezilen, in Preisen von 2005, gleitendes Mittel.

Faktoren zurück. Im Zeitvergleich wird erkennbar, dass es zwischen 1985 und 2011 zu deutlichen Einkommenszuwächsen gekommen ist (durchschnittlich um mehr als ein Viertel); sie finden sich vor allem in der oberen Einkommenshälfte. Dieser Trend wird noch deutlicher, wenn man die Entwicklung der einzelnen Einkommensdezile (Abbildung 20) vergleicht. In allen Dezilen wächst das Einkommen deutlich an. Während es in den unteren fünf Dezilen zwischen 17 und 21 % sind; werden in den beiden oberen Dezilen sogar 33 beziehungsweise 45 % erreicht.

Nach wie vor finden sich bei den Einkommen deutliche West-Ost-Unterschiede. So gestaltet sich die Einkommensverteilung im Osten deutlich steiler; sie ähnelte auch im Jahr 2011 eher der Verteilung in den alten Bundesländern im Jahr 1984 (vgl. Abbildung 19).

Summarisch kann der Zuwachs der Ungleichheit als Gini-Index der Nettoäquivalenzeinkommen ausgedrückt werden; dieser steigt, wie der Abbildung 12 zu entnehmen ist, von 0,25 auf 0,28. Die Ost-Werte liegen dabei etwa 0,04 Einheiten unter den West-Werten; der regionale Abstand verringert sich nur geringfügig. Die zu recht monierte Untererfassung von Spitzeneinkommen in den auf Befragungen zurückgehenden Datensätzen kann durch die Einbeziehung von Daten aus der Steuerstatistik vermieden werden. Damit fallen die Werte des Gini-Index deutlich höher aus; der Trend verläuft aber weitaus flacher: So stieg er zwischen 1992 und 2003 nur von 0,34 auf 0,35.[72] Diese Zuwächse der Einkommensungleichheit gehen auf die verschiedenen zuvor erörterten Trends in der Arena der gesellschaftlichen Produktion und des Sozialstaats zurück. Zudem veränderte sich die Zusammensetzung der Haushalte und der Einkommensquellen. Rechnerisch wurde versucht, diesen Haushaltseffekt genauer zu bestimmen[73]; demnach können etwa 15 % des Anstiegs der Einkommensungleichheit der Nettoäquivalenzeinkommen auf den Effekt der sich verändernden Haushaltsstruktur zwischen 1991 und 2007 zurückgeführt werden.

Die wachsende Einkommensungleichheit wird nicht selten als zunehmende Polarisierung oder als sich öffnende Einkommensschere interpretiert. Angesichts der Verteilungsbetrachtung und der Analyse der Entwicklung einzelner Gruppen sollte man – wie unten noch genauer gezeigt wird – eher von einer Aufspreizung der Einkommensverteilung sprechen. Die Gewinne reichen weit stärker in die (viel beschworene) Mitte der Gesellschaft hinein. In der längerfristigen Perspektive zeigt sich, dass die Einkommensverteilung – hier als Verteilung der Quintile dargestellt – doch recht stabil bleibt.[74]

Die Berechnung von Armutsquoten erlaubt eine Fokussierung auf das untere Segment der Einkommensverteilung. Die west- beziehungsweise die gesamtdeutsche Armutsquote bewegte sich in den 1980er und 1990er Jahren von kleineren Ausreißern abgesehen zwischen 10 und 11 %. Nach der Jahrtausendwende kam es dann zu einer steigenden Armutsquote, sodass 2011 ein Wert von 14,9 % erreicht wurde. Auch hier zeigt sich mit 12,5 % im Westen und 20,2 % im Osten ein deutliches West-Ost-Gefälle.[75] Im zeitlichen Verlauf wird erkennbar, dass sich die Hartz-Reformen in der Summe eher reduzierend als steigernd auf die Armutsquote ausgewirkt haben; der oben konstatierte Anstieg der Armutsquoten setzte bereits Anfang der 2000er Jahre ein.

Eine weitere Fokussierung der Perspektive auf verfestigte Armut ist mit der von Olaf Groh-Samberg vorgeschlagenen Kombination von Indikatoren möglich: Neben der über fünf Jahre gemittelten Einkommenssituation gehen die Faktoren »Arbeitslosigkeit«,

---

72 Vgl. *Stefan Bach/Giacomo Corneo/Viktor Steiner*, From Bottom to Top. The Entire Income Distribution in Germany, 1992–2003, in: Review of Income and Wealth 55, 2009, S. 331–359, hier: S. 324.
73 Vgl. *Peichl/Pestel/Schneider*, Does Size Matter?.
74 Dabei gilt es jedoch zu beachten, dass die Einkommens- und Verbrauchsstichprobe (EVS) nicht die Spitzeneinkommen erfasst.
75 Vgl. SOEP-Monitor Person 1984–2011, SOEP Survey Papers 119, Berlin 2013.

Abbildung 21: Entwicklung der Einkommensquintile[76]

West					
1962	9,4	13,4	16,7	21,4	39,1
1973	10,5	14,3	17,6	22,1	35,5
1978	10,5	14,3	17,7	22,2	35,3
1988	9,9	14,4	17,9	22,4	35,4
1990	9,4	14,0	17,7	22,5	36,4
1993	9,5	13,9	17,9	22,5	36,4
1998	9,6	14,3	17,6	22,4	36,2
2003	9,5	14,1	17,8	22,6	36,1
2008	8,7	13,6	17,6	22,7	37,4
Ost					
1990	11,8	15,8	19,2	22,9	30,2
1993	11,9	15,6	18,7	22,0	32,0
1996	11,2	15,3	18,7	22,3	32,5
2003	10,9	14,9	18,3	22,6	33,4
2008	9,7	14,2	18,0	22,8	35,3

»Wohnsituation« und »finanzielle Rücklagen« in das Maß ein. Die verfestigte Armut stieg in Westdeutschland von 6 (1984/88) auf 10 % (2005/9), in Ostdeutschland von 4 (1992/96) auf 11 % (2005/9) an.[77]

Exkurs: Vermögensverteilung

Bei der Erfassung der Vermögensbestandteile stellen sich erhebliche Erhebungsprobleme; das geht unter anderem auf die verschiedenen Vermögensarten beziehungsweise die damit verbundenen Bewertungsprobleme und auf die Auskunftsbereitschaft der Befragten zurück. Hinzu kommt, dass die Vermögen bei Selbstständigen beziehungsweise abhängig Beschäftigten unterschiedliche Funktionen haben und die von abhängig Beschäftigten erworbenen Renten- und Pensionsansprüche typischerweise nicht in den Vermögensberechnungen berücksichtigt werden.[78] Auch im Lebensverlauf offenbaren sich erhebliche Vermögensunterschiede.

Grundsätzlich hat man es bei den Vermögen mit einer weitaus stärkeren Konzentration zu tun als bei den Einkommen. Im Zeitverlauf lässt sich dies verdeutlichen, wenn man nicht die Vermögen selbst, sondern die daraus entstandenen Einkommen untersucht. So zeigen Markus Grabka und Jan Goebel, dass sich die Gini-Werte der Ungleichheit der Vermögenseinkommen zwischen 1991 und 2012 von 0,83 auf 0,89 erhöht haben.[79] Eine Aufschlüsselung dieser Entwicklung (Abbildung 22) zeigt, dass die (ohnehin geringen) Ver-

---

76 EVS-Daten, eigene Darstellung nach Daten aus *Rainer Geißler*, Die Sozialstruktur Deutschlands. Zur gesellschaftlichen Entwicklung mit einer Bilanz zur Vereinigung, Wiesbaden 2006, S. 83, und Statistisches Bundesamt, Fachserie 15.6., Wiesbaden 2008, S. 60 f.

77 Vgl. *Olaf Groh-Samberg*, Armut verfestigt sich – ein missachteter Trend, in: APuZ 51–52, 2010, S. 9–15, hier: S. 14.

78 Ein Ansatz zur Integration findet sich bei *Markus M. Grabka / Peter Westerheide / Richard Hauser* u. a., Integrierte Analyse der Einkommens- und Vermögensverteilung, Bonn 2008.

79 Vgl. *Markus M. Grabka / Jan Goebel*, Rückgang der Einkommensungleichheit stockt, in: DIW Wochenbericht 80, 2013, Nr. 46, S. 13–23, hier: S. 18.

mögenseinkommen im untersten Einkommensquartil weiter zurückgehen. Im zweiten und dritten Quartil kommt es dann zu gewissen Zuwächsen.

Abbildung 22: Entwicklung der Vermögenseinkommen[80]

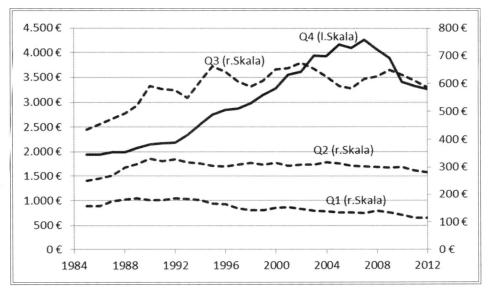

Auf ganz anderem Niveau bewegen sich die Vermögenseinkommen im obersten Einkommensquartil; hier kam es bis 2007 zu erheblichen Zuwächsen. Die Folgen der Finanzmarktkrise sind zwar deutlich erkennbar; der Einbruch führte aber nur auf die Werte der Jahrtausendwende zurück.[81]

Die Lage spezifischer sozialer Gruppen

Nun soll untersucht werden, wie sich zwischen 1985 und 2011 mit der Auffächerung der Einkommensverteilung die Lage spezifischer sozialer Gruppen veränderte. Ein wichtiges Ergebnis deutete sich bereits mit der Rechtsverschiebung der Einkommensverteilung (Abbildung 19) an. Die durchschnittliche Einkommenslage hat sich in dem untersuchten Zeitraum um mehr als ein Viertel verbessert; dieser Zuwachs (+27 %) stellte sich jedoch nicht für alle ein.[82] Absolute Absteiger sind die Arbeitslosen (−9 %); ihre Lage verschlechtert sich deutlich. Relative Absteiger sind Arbeiter (+14 %), einfache Angestellte (+16 %) und Auszubildende (+19 %) sowie Nichterwerbstätige (+20 %) – also zum Beispiel Hausfrauen und -männer. Sie erfahren Einkommenszuwächse; diese liegen jedoch unter den durchschnittlichen Zuwächsen. Absolute und relative Aufsteiger sind schließlich Rentnerinnen und Rentner (+33 %), Beamte (+40 %), qualifizierte und leitende Angestellte (+34 %) sowie die sehr heterogene Gruppe der Freiberufler und Selbstständigen (+43 %).

---

80 Eigene Berechnungen mit SOEP (V29), äquivalenzgewichtete Vermögenseinkommen nach Quartilen, in Preisen von 2005, gleitendes Mittel.

81 Eine ähnliche Entwicklung zeigt der Vermögensproxy; in diesen Wert gehen die Vermögenseinnahmen und der Nettomietwert von selbst genutztem Wohneigentum ein. Vgl. *Christoph Burkhardt/ Markus M. Grabka/Olaf Groh-Samberg* u.a., Mittelschicht unter Druck?, Gütersloh 2013, S. 38.

82 Die Angaben gehen auf eigene Berechnungen mit dem SOEP 2011 zurück; sie beziehen sich auf den Median des Nettoäquivalenzeinkommens.

Abbildung 23: Statusgruppen im sozialen Raum 2011[83]

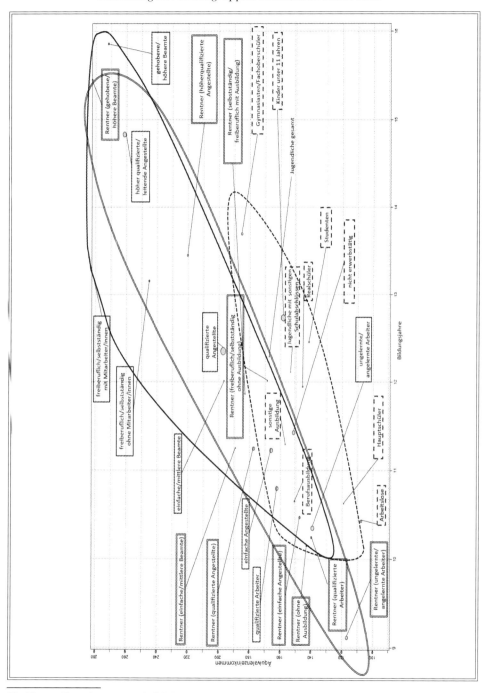

83 Eigene Berechnungen mit SOEP (V28).

In Ost und West kam es zu ähnlichen Einkommenszuwächsen; die Differenz bleibt aber konstant[84], sodass auch 2011 die Nettoäquivalenzeinkommen im Osten nur bei circa 80 % der Westeinkommen lagen. In ähnlicher Weise verhält sich die Einkommensentwicklung der Geschlechter zwischen 1985 und 2011; bei gleichen Zuwächsen verbleiben die Äquivalenzeinkommen der Frauen bei 95 % der Einkommen der Männer.[85] Der Einkommenszuwachs von Bürgern mit indirektem Migrationshintergrund liegt überdurchschnittlich bei 37 %; bei einem direkten Migrationshintergrund sind es nur 23 %.

In Abbildung 23 werden die Statusgruppen nach ihrer Größe, ihrem durchschnittlichen Einkommen und der durchschnittlichen Bildung[86] in einen Flächenraum eingetragen.

Man findet bei den Erwerbstätigen (einfache Linie) deutliche Unterschiede in den Mittelwerten. So kann das Segment der Arbeiter, Angestellten und Selbstständigen klar gegeneinander abgegrenzt werden. Man hat es stets nicht nur mit Unterschieden im Einkommen, sondern auch in der durchschnittlichen Qualifizierung zu tun. Diese Unterschiede setzen sich in der Rentenphase (Doppellinie) ungebrochen fort oder verschärfen sich sogar. Auch in der Jugend- und Ausbildungsphase (gestrichelte Linie) finden sich deutliche Differenzierungen.

In Abbildung 24 werden die in den mittleren Werten deutlich unterscheidbaren Gruppen (in vereinfachter Form) in der Verteilungsperspektive dargestellt.

Abbildung 24: Verteilung der Nettoäquivalenzeinkommen im Jahr 2011[87]

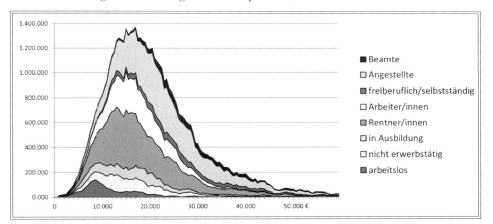

Dabei wird deutlich, dass es auf diesem Differenzierungsniveau zu erheblichen Überlagerungen der verschiedenen Statusgruppen kommt; man findet nicht links die Arbeiter, dann die Angestellten und so fort. Bei genauerem Hinsehen wird jedoch deutlich, dass sich die Verteilung einiger Gruppen im mittleren und oberen Einkommensbereich deutlich verengt. Die relativ hohen Werte von Auszubildenden und Arbeitslosen gehen vor allem auf Haushaltseffekte, das heißt bessergestellte Partnerinnen und Partner, zurück. Auch eine

---

84 Das Bezugsjahr ist hier 1995.
85 Verglichen mit den deutlichen Differenzen bei den Arbeitseinkommen werden hier die Ausgleichseffekte der Haushaltskonstellation wirksam; die Differenzen gehen somit auf mehrheitlich weibliche Alleinerziehenden- und Hochaltrigen-Haushalte zurück.
86 In der Vertikalen ist das Nettoäquivalenzeinkommen, in der Horizontalen sind die rechnerischen Bildungsjahre eingetragen. Jugendliche wurden nach den Bildungsjahren ihrer Eltern verortet.
87 Eigene Berechnungen mit SOEP (V28).

feinere Aufschlüsselung der Gruppen bringt kein grundsätzlich anderes Bild.[88] Das heißt, man hat es bei deutlich unterscheidbaren sozialen Gruppen mit hohen Binnendifferenzen innerhalb der Gruppen zu tun, die dann diese erheblichen Überlagerungen hervorbringen. Für die Einschätzung sozialer Ungleichheitsverhältnisse (und ihrer alltagsweltlichen Perzeption) ist dieses Nebeneinander von hoher Überlappung (in der Verteilungsperspektive) und deutlicher Differenz (in der Durchschnittsperspektive) von zentraler Bedeutung.

Exkurs: Die medienöffentlichen und wissenschaftlichen Ungleichheitsdiskurse

In diesem Beitrag wird von einem deutlichen, angesichts der veränderten Rahmenbedingungen aber moderaten Zuwachs von Ungleichheitsphänomenen ausgegangen; das kontrastiert mit der medienöffentlichen Debatte und Teilen des wissenschaftlichen Diskurses. Daher ist zu fragen, wie es zu diesem Kontrast kommt. In der vorliegenden Analyse wurde durchgängig versucht, Trendbeschreibungen durch mehrere Indikatoren empirisch zu fundieren und einen längerfristigen Beobachtungszeitraum zu wählen. Viele Analysen zur Einkommensentwicklung (zum Beispiel Löhne), zur Prekarität (zum Beispiel atypische Beschäftigung, *working poor*) oder zu Transfereinkommen (ALG II, Renten) verbleiben auf der Individualebene; die kompensierenden Effekte der privaten Haushalte geraten nicht in den Blick.

Die typischerweise verwendeten Datensätze weisen einige systematische Schwächen auf. Es gibt einen Kreis von besonders reichen und auch besonders armen Personen, die in Repräsentativ-Befragungen (und insbesondere in Panels) typischerweise nur schlecht erfasst werden. Das heißt, die Spitzeneinkommen von Bankerinnen und Bankern, Managerinnen und Managern oder die Nöte von Tafelbesucherinnen und -besuchern, die in den medienöffentlichen Diskursen eine wichtige Rolle spielen, sind in den hier genutzten Datensätzen (aber auch in anderen) nur unzureichend erfasst. Der verbreitete Einsatz von Gewichtungen kann diese Probleme allenfalls reduzieren, da sich bei Referenzuntersuchungen wie dem Mikrozensus viele Unschärfen in ähnlicher Weise stellen. Weitaus größere Probleme bereitet die Erhebung von Vermögen, insbesondere von Spitzenvermögen. Auch die gängigen Modelle der Schätzung von Steuern und Abgaben unterschätzen die Möglichkeiten der legalen oder illegalen Entlastung von Steuern. Schließlich führen Probleme der Preisbereinigung zu einer Unterschätzung der Belastung ärmerer Haushalte.[89] Grundsätzlich wirken jedoch die meisten dieser Probleme zeitunspezifisch, sodass die skizzierten Trends davon nur bedingt betroffen sind.

In letzter Instanz spielen natürlich die interpretativen Rahmungen eine zentrale Rolle. Wenn man den klassischen regulierten Industriekapitalismus als Referenzrahmen wählt[90] und dessen Ungleichheitsmomente (Sexismus, Rassismus, Klassismus, Heteronormativismus) ausblendet und auf vertikale Differenzierungsmuster fokussiert, kommt man zwangsläufig zu einem anderen Blick auf die jüngeren Entwicklungen, als wenn man versucht, sowohl Gewinne wie Verluste in den Blick zu nehmen, und die Veränderung der Maßstäbe berücksichtigt.[91]

---

88 Vgl. dazu *Christoph Weischer*, Die Modellierung des Sozialen Raums, in: *Nicole Burzan/Peter A. Berger* (Hrsg.), Dynamiken (in) der gesellschaftlichen Mitte, Wiesbaden 2010, S. 107–134, hier: S. 121f.

89 Vgl. *Pirmin Fritzer/Friedrich Fessler*, The Distribution of Inflation among Austrian Households, in: Monetary Policy and the Economy 2013, H. 3, S. 12–28.

90 Vgl. dazu zum Beispiel den bezeichnenden Titel von *Elmar Altvater*, Das Ende des Kapitalismus, wie wir ihn kennen, Münster 2006, oder die neuere Arbeit von *Wolfgang Streeck*, Gekaufte Zeit. Die vertagte Krise des demokratischen Kapitalismus, Berlin 2013.

91 So vermerkt Rosanvallon, dass das »neue Zeitalter der Ungleichheiten [...] mit gegenläufigen Formen einer erhöhten Sensibilität für Diskriminierungen und zunehmender Anerkennung von

IV. FAZIT: SOZIALE UNGLEICHHEIT IN DER TRANSFORMIERTEN INDUSTRIE-
GESELLSCHAFT

Die langfristig recht stabile Einkommensverteilung (Abbildung 21) und der im internationalen Vergleich moderate Zuwachs des Gini-Index lassen vermuten, dass sich sozialstrukturell eigentlich gar nicht viel geändert hat; das ist so nicht zutreffend. Klassische Ungleichheitsmomente verlieren an Bedeutung, andere gewinnen jedoch an Bedeutung. Es kommt zudem auf allen Ebenen zu einer Veränderung der Thematisierung von Ungleichheit.

Entwicklung von Ungleichheitsmomenten

Differente Arbeitspraktiken und damit verbundene Ungleichheiten, die auf verschiedene Sektoren (industriell/vorindustriell, primär/sekundär/tertiär), Branchen, Sozialversicherungsgruppen (Arbeiter/Angestellte/Beamte, Abhängig Beschäftigte/Selbstständige) oder Tätigkeitsinhalte (manuell/nicht manuell, körperlich/geistig) zurückgehen, verlieren tendenziell an Bedeutung. Das hängt mit Prozessen der Höherqualifizierung, der Technisierung und Informatisierung, der betrieblichen Reorganisation von Tätigkeiten und der Herausbildung von Arbeitskraftunternehmern zusammen.

Bei den geschlechtsspezifischen Ungleichheiten gibt es zum einen viele Hinweise für einen Bedeutungsverlust dieser Differenzierung: Die Unterschiede in der Qualifizierung gehen deutlich zurück; es kommt zu einem säkularen Anstieg der Erwerbsbeteiligung; tendenziell verbessert sich auch die Stellung in der Hierarchie. Viele rechtliche Kodifizierungen, die geschlechtsspezifische Differenzierungen hervorgebracht oder affirmiert haben, sind verschwunden; häusliche Gewalt- und Ungleichheitsverhältnisse wurden entprivatisiert. Diese Entwicklung wurde durch die wissenschaftliche und medienöffentliche Thematisierung und die gesellschaftliche Dauerbeobachtung dieser Differenzen vorbereitet und begleitet. Zum anderen bleiben ein erheblicher Entlohnungsabstand, ein *Ceiling*-Effekt, differente Qualifikationswege und Branchen und die weiterhin sehr ungleiche Verteilung der nicht entlohnten Arbeit in den Haushalten. Auch auf der Ebene der Bilder und Normalvorstellungen von den Geschlechtern stellt sich die Situation eher durchwachsen dar.

In erheblichem Maße haben Stadt-Land-Unterschiede an Bedeutung verloren; während es in der ersten Hälfte des 20. Jahrhunderts sinnvoll war, städtische und ländliche Sozialstrukturen differenziert zu analysieren, haben sich diese Unterschiede heute eingeebnet. Umgekehrt nehmen regionale Disparitäten spätestens mit der Integration der neuen Bundesländer deutlich zu.

Mit dem Wandel des gesellschaftlichen Produktions- und Reproduktionsprozesses und seiner Regulierung ist auf allen Ebenen ein Bedeutungszuwachs von Bildungsungleichheiten verbunden; das betrifft nicht nur den Zugang zu Erwerbsarbeit, sondern gleichermaßen den Zugang zu Weiterbildung oder anderen sozialstaatlichen Leistungen und schließlich auch das private Leben.

Der (sozial differenzierte) Anstieg der Lebenserwartung und die (zeitweise) Politik der Frühverrentung (zur Entlastung des Arbeitsmarkts beziehungsweise zur Bewältigung der Vereinigungsfolgen) haben zu einer deutlichen Ausweitung der Ruhestandsphase geführt; das impliziert jedoch, dass Ungleichheiten in der Altersversorgung in höherem Maße auf

---

Differenzen einhergeht« (*Pierre Rosanvallon*, Die Gesellschaft der Gleichen, Hamburg 2013, S. 263). In ähnlicher Weise skizziert Jens Beckert für die USA einen Trend, »in dessen Zentrum die Gesetzgebung zu Chancengleichheit auf dem Arbeitsmarkt steht«. So komme es »zu einer Verbesserung der Chancen bisher benachteiligter Gruppen, bei gleichzeitiger Zunahme von sozialer Ungleichheit« (*Jens Beckert*, Wer zähmt den Kapitalismus?, in: *ders./Bernhard Ebbinghaus/Anke Hassel* u.a. [Hrsg.], Transformationen des Kapitalismus, Frankfurt am Main 2006, S. 425–442, hier: S. 437).

die gesellschaftliche Ungleichheitsbilanz durchschlagen. Ein ähnlicher Effekt ergibt sich durch die langen Ausbildungs- und Berufseinmündungsphasen.

Wie im Haushaltskapitel gezeigt wurde, haben sich mit der zumindest partiellen Erosion von starren Geschlechts- und Generationsrollen und mit dem Qualifikationszuwachs auch die ungleichheitsbezogenen Handlungsoptionen der Haushalte erweitert. Sie sind nicht länger nur die Instanz, die soziale Ungleichheiten erleidet; sie werden auch zu einer Instanz, die Ungleichheiten (bewusst oder unbewusst) produziert und reproduziert. Der Bedeutungszuwachs der haushaltlichen Handlungsoptionen führt nicht nur zu einer Veränderung im Ungleichheitsgeschehen, sondern auch zu Veränderungen in der Deutung von Ungleichheiten.

Mit den säkularen Einkommenszuwächsen und den Erfolgen des Sozialstaats entstehen 50 Jahre nach der Bildungsexpansion und Nachkriegsprosperität bedeutende Kumulationseffekte. Es kommt zu biografischen und bei erfolgreicher Vererbung auch zu generationellen Kumulationsprozessen, ein Phänomen, das früher auf das Bildungsbürgertum oder die Unternehmerschaft begrenzt war. Das betrifft nicht nur das ökonomische, sondern auch das kulturelle Kapital. Man hat es sozialstrukturell betrachtet nicht mehr mit der ersten Generation von Einkommens- und Bildungsaufsteigerinnen und -aufsteigern zu tun, der Bourdieu in seiner Studie zu den feinen Unterschieden sehr treffend den Schweiß des Aufstiegs zuschrieb, sondern mit der zweiten und dritten Generation. Auch die Ost-West-Ungleichheiten hängen neben der Lohndifferenzierung und der Branchenstruktur erheblich mit den kumulierten Unterschieden zusammen, die sich insbesondere in den Vermögen ausdrücken; Ähnliches gilt für die Unterschiede von Migranten und Nichtmigranten.

Auch wenn die vielerorts zu findende zeitgenössische Wahrnehmung eines beschleunigten sozialen Wandels trügt, hat man es mit verschiedenen eher langfristig verlaufenden Wandlungsprozessen in Produktion und Reproduktion wie im Feld der politischen Regulierung zu tun. Damit hängen soziale Lagen auch davon ab, wie gut es Einzelnen gelingt, zeitspezifische Chancen zu nutzen und auf Veränderungen der ökonomischen, politischen und sozialen Rahmenbedingungen oder auf Veränderungen der durchschnittlichen Produktions- und Reproduktionsstrategien ihrer Mitmenschen zu reagieren. Auch die variierenden Generationsstärken haben unterschiedliche Möglichkeitsräume eröffnet. Soziale Ungleichheiten gehen damit auch auf Timing-Effekte zurück: So gestalten sich zum Beispiel die Erfolgschancen von Migrantinnen und Migranten angesichts des ökonomischen, politischen und sozialen Wandels je unterschiedlich; Migration heißt heute Zuwanderung in eine transformierte Industriegesellschaft (mit den damit verbundenen Einkommens- und Bildungszuwächsen). Die durchschnittliche soziale Differenz von Neuzugewanderten und Autochthonen war in den 1960er Jahren weitaus geringer.

In der globalen Perspektive ist zu beobachten, dass es im Kontext der europäischen Integration beziehungsweise der Globalisierung tendenziell zu einem Abbau der Ungleichheiten zwischen den Ländern kommt; umgekehrt steigt aber in den meisten Fällen die Ungleichheit innerhalb der Länder.

Veränderung der Ungleichheitsdiskurse

Die hier analysierten Prozesse der Transformation der klassischen Industriegesellschaft reichen weit über den Wandel der ›realen Verhältnisse‹ hinaus; es geht auch um einen Wandel der politischen, medienöffentlichen und privaten Interpretation; schließlich ist auch der Wandel der wissenschaftlichen Interpretation nicht zu unterschätzen.[92] Es kommt

---

92 *Karl Ulrich* Mayer kommt 2004 nach einer Durchsicht der Sozialstrukturforschung zur Nachkriegsphase zu einem ernüchternden Befund: »Bei genauerer Prüfung ist der Realitätsbezug allerdings weithin ungesichert und zum Teil zweifelhaft. Die rasche Abfolge von Integration und Ausgrenzung, verschärften Klassenlagen und Zerfall der Klassengesellschaft, Entschichtung

zu einer Modifizierung des Ungleichheitshorizonts und einer Neubewertung von Ungleichheiten: Die Lebenssituation der Frauen bleibt nicht länger im Privaten verborgen, die der Migrantinnen und Migranten wird nicht länger als die der »Ausländer« oder Fremden ausgeblendet, Menschen mit wenig Ressourcen werden nicht länger als »Asoziale« oder Außenseiter, und somit als Andere, begriffen. Insbesondere die Auseinandersetzung um die Paradigmata sozialstaatlichen Handelns (zum Beispiel um das »Fordern und Fördern«) und die damit verbundene Bewertung sozialpolitischer Reformen offenbart eine Ausdifferenzierung von Diskursen; exemplarisch lässt sich das an den Positionen von Anthony Giddens, Pierre Rosanvallon, Amartya Sen auf der einen und Colin Crouch und Wolfgang Streeck[93] auf der anderen Seite zeigen.[94]

Auch auf der alltagsweltlichen Ebene kommt es in hochmobilen und kommunikativ vernetzten Migrationsgesellschaften zu einer Multiplizierung von räumlichen und paradigmatischen Referenzen für Ungleichheitsdiskurse, je nachdem ob ein regionaler, nationaler, europäischer oder globaler Vergleichsmaßstab herangezogen wird.[95] Diese Aufsplitterung der Diskurse wird schließlich auch für die wissenschaftliche Analyse zum Problem, weil damit differente Bezugspunkte von Gleichheits- und Gerechtigkeitsdiagnosen entstehen.

Soziale Ungleichheit 3.0

Der Titel dieses Beitrags soll indizieren, dass man es in den transformierten Industriegesellschaften tendenziell mit einem neuen oder modifizierten Typ sozialer Ungleichheit zu tun hat. Wenn man die Ungleichheiten in der frühen wohlfahrtsstaatlich noch kaum regulierten Industriegesellschaft als Soziale Ungleichheit 1.0 und die Ungleichheiten der klassischen wohlfahrtsstaatlich regulierten Industriegesellschaft als Soziale Ungleichheit 2.0 bezeichnet, so bietet es sich an, die Entwicklung der letzten Jahrzehnte (eine transformierte Industriegesellschaft, ein entwickelter beziehungsweise re-regulierter Wohlfahrtsstaat und reorganisierte Hauswirtschaften) als die Herausbildung eines neuen Modus (Soziale Ungleichheit 3.0) zu begreifen. Dabei ist die Ungleichheit 3.0. mehr als ein Effekt von technischen (zum Beispiel Mikroelektronik), ökonomischen (Globalisierung) oder regulatorischen (Umbau des Sozialstaats) Veränderungen; es ist in Anlehnung an das Web 2.0 (ein Produkt beziehungsweise eine Dienstleistung, an deren Erstellung die Nutzerinnen und Nutzer in gewissem Maße beteiligt sind) eine Ungleichheitskonstellation, an der die, die diese Ungleichheit erfahren, in weitaus höherem Maße selbst beteiligt sind als zuvor. Damit soll verdeutlicht werden, dass sowohl die durchschnittlichen Handlungsoptionen der privaten Haushalte (diese Einschätzung ist nicht mit der neoliberalen Lesart von Eigenverantwortung zu verwechseln) wie auch deren Unterschiede erheblich zugenommen haben. Was den einen Möglichkeiten der Entfaltung und der Emanzipation beziehungsweise Anerkennung bietet, kann sich anderen als Verhaltenszumutung und große Belastung darstellen.

---

und Restratifizierung verweist auf ein Ausmaß an Diskontinuität, das für Sozialstrukturen ungewöhnlich wäre« (*Karl Ulrich Mayer*, Sinn und Wirklichkeit, in: *Karl-Siegbert Rehberg* (Hrsg.), Soziale Ungleichheit, Kulturelle Unterschiede, Teil 2, Frankfurt am Main/New York 2006, S. 1329–1355, hier: S. 1337).

93 Gemeint sind seine jüngeren Veröffentlichungen.

94 Vgl. *Anthony Giddens*, Die Frage der sozialen Ungleichheit, Frankfurt am Main 2001; *Rosanvallon*, Die Gesellschaft der Gleichen; *Amartya Kumar Sen*, Der Lebensstandard, Hamburg 2000; *Colin Crouch*, Über das befremdliche Überleben des Neoliberalismus, Frankfurt am Main 2011; *Streeck*, Gekaufte Zeit.

95 Vgl. dazu *Steffen Mau*, Transnationale Vergesellschaftung. Die Entgrenzung sozialer Lebenswelten, Frankfurt am Main 2007.

Die Entwicklung der letzten Jahrzehnte hat auch mit einigen Spezifika der Ungleichheit 2.0 beziehungsweise der Nachkriegskonstellation zu tun. In dieser Zeit war es durch Kriegsfolgen, Flucht und Vertreibung, später durch die fordistischen Egalisierungen[96] beziehungsweise den ausgebauten Sozialstaat und die Durchsetzung von geschlechtsspezifischen Normalbiografien beziehungsweise des männlichen Alleinernährermodells (und deren politischer Kontrolle) zu einem deutlichen Rückgang zum Beispiel von Einkommensungleichheiten gekommen. Man hat es demgegenüber in den folgenden Jahrzehnten mit multipel strukturierten Ungleichheiten zu tun; das heißt, sie entstehen und reproduzieren sich in ganz unterschiedlichen Arenen. Es gibt nicht länger die eine Zentralinstanz (die Stellung im gesellschaftlichen Produktionsprozess), die über soziale Lagen entscheidet; Ungleichheitsverhältnisse werden darüber hinaus auf der (entwickelten) wohlfahrtsstaatlichen wie auf der haushaltlichen Ebene gebrochen.

»Selbstverständlich bestehen auch weiterhin Ungleichheiten zwischen Gruppen (Reiche und Arme, Manager und Arbeiter, usw.), doch haben sie sich gewissermaßen individualisiert, was ihre Wahrnehmung verändert. Ungleichheiten resultieren inzwischen ebenso sehr aus (individuellen) Situationen, die variieren, wie aus (sozialen) Lagen, die sich reproduzieren.«[97]

Die hier präsentierten Befunde zeigen jedoch, dass auch diese »Individualisierungen« durchaus Strukturen aufweisen.

Der in der Zusammenschau zu beobachtende Fortbestand (trotz hoher Ungleichheits- und Armutswerte) noch moderater Ungleichheitsverhältnisse in Deutschland (!) sollte nicht zu der Einschätzung verleiten, dass sich Ungleichheiten gleichermaßen von selbst regeln (wenn man dem Markt oder den Individuen nur freien Lauf lässt oder den Sozialstaat konserviert). Vielmehr ist die Konstellation neben der (derzeit) relativ guten ökonomischen Lage zum einen das Ergebnis einer im Saldo immer noch erfolgreichen – wenn auch verbesserungswürdigen – Regulierung des gesellschaftlichen Produktions- und Reproduktionsprozesses (und der darum geführten Auseinandersetzungen); zum anderen ist sie das Ergebnis von mitunter mühevollen Emanzipations-, Kompensations- und Anpassungsstrategien der privaten Haushalte.

---

96 Vgl. dazu Robert Castels Konzept der Lohnarbeitsgesellschaft: *Robert Castel*, Die Metamorphosen der sozialen Frage. Eine Chronik der Lohnarbeit, Konstanz 2008.
97 *Rosanvallon*, Die Gesellschaft der Gleichen, S. 268.

Forschungsberichte und Sammelrezensionen

Rainer Behring

Italien im Spiegel der deutschsprachigen Zeitgeschichtsforschung

Ein Literaturbericht (2006–2013)

In den vergangenen beiden Jahrzehnten haben sich die Geschichte und Gesellschaft Italiens im 20. Jahrhundert zu einem bevorzugten Arbeitsgebiet der deutschsprachigen Zeitgeschichtsforschung entwickelt. Musste sich Wolfgang Schieder in einem grundlegenden Literaturbericht über »Italien in der zeitgeschichtlichen Forschung Deutschlands«, der im Jahr 1993 erschien, noch »auf die Präsentation der historischen Forschung über das faschistische Italien« beschränken[1], so hat seitdem nicht nur die Geschichte Italiens seit 1945 ein wachsendes Interesse gefunden, es ist auch eine stetig zunehmende Zahl von vergleichenden und beziehungsgeschichtlichen Studien zu Italien und Deutschland entstanden.[2] Ein Ende dieser Entwicklung ist nicht abzusehen: Nachdem mit Wolfgang Schieder, Rudolf Lill, Jens Petersen und Gerhard Schreiber eine Generation deutscher Experten auf dem Gebiet italienischer Zeitgeschichte in den Ruhestand getreten ist – vor allem Schieder bleibt allerdings in unvermindertem Ausmaß aktiv –, wird das Arbeitsfeld auch gegenwärtig an einer ganzen Reihe von Lehrstühlen und Instituten intensiv beackert.[3] Neben dem Institut für Zeitgeschichte in München mit Hans Woller und Thomas Schlemmer als Italienspezialisten und dem Deutschen Historischen Institut in Rom, an dem neben dem zuständigen Referenten Lutz Klinkhammer auch der gegenwärtige Direktor Martin Baumeister die Geschichte der Neuesten Zeit prominent vertritt, sind beispielsweise der Lehrstuhl von Gabriele B. Clemens an der Universität des Saarlandes zu nennen, die derzeit die einschlägige Arbeitsgemeinschaft für die Neueste Geschichte Italiens leitet, sowie die Lehrstühle von Petra Terhoeven in Göttingen und Oliver Janz an der Freien Universität Berlin.

Aus den Forschungen der vergangenen Jahre sind einige erste Gesamtdarstellungen, eine Reihe von Monografien und mehrere Sammelbände hervorgegangen, die im Folgenden gesichtet und kritisch kommentiert sowie auf ihre Tragfähigkeit und auf weiterführende Perspektiven geprüft werden sollen. Einen instruktiven Einstieg in die Thematik vermittelt der von Petra Terhoeven herausgegebene Sammelband »Italien, Blicke«, der kaleidoskopartig zwölf thematisch und methodisch ganz unterschiedliche Beiträge der aktuellen deutschsprachigen Italienforschung mit einem überwiegend zeitgeschichtlichen

---

1 *Wolfgang Schieder*, Italien in der zeitgeschichtlichen Forschung Deutschlands, in: NPL 38, 1993, S. 373–391, Zitat S. 376.

2 Beide Aspekte verbindet *Gian Enrico Rusconi/Hans Woller* (Hrsg.), Parallele Geschichte? Italien und Deutschland 1945–2000, Berlin 2006. Der Sammelband geht auf eine im September 2002 in Trient veranstaltete Tagung zurück.

3 Vgl. zu den mit der neuesten Geschichte Italiens befassten Forschungsinstituten neben *Schieder*, Italien in der zeitgeschichtlichen Forschung Deutschlands, S. 373–375, insbesondere den Forschungsbericht von *Werner Daum/Christian Jansen/Ulrich Wyrwa*, Deutsche Geschichtsschreibung über Italien im »langen 19. Jahrhundert« (1796–1915). Tendenzen und Perspektiven der Forschung 1995–2006, in: AfS 47, 2007, S. 455–484, hier: S. 455–458, an den der vorliegende Beitrag chronologisch anschließt. Dabei wird »deutschsprachig« pragmatisch verwendet und schließt sowohl Forschungsarbeiten österreichischer oder schweizerischer Provenienz ein wie auch italienische Forscher, die in deutscher Sprache publizieren und mit der deutschsprachigen Forschungslandschaft vernetzt sind.

Schwerpunkt umfasst.[4] Einige der Aufsätze seien kurz annotiert: Martin Baumeister (S. 43–60) resümiert das traditionelle Bild einer Erfolgsgeschichte der Emanzipation der italienischen Juden zwischen Risorgimento und Faschismus und ihrer weitgehenden Assimilation und gesellschaftlichen Integration, um es abschließend infrage zu stellen. Er plädiert für eine differenzierende und unvoreingenommene Revision dieser Sichtweise, um mehr »Klarheit über die Virulenz des Antisemitismus im modernen Italien« zu gewinnen und um das jüdische Leben auf der Apenninen-Halbinsel und sein gesellschaftliches Umfeld »gerade in ihren weniger hellen Seiten in eine auch traurige europäische ›Normalität‹ einzuordnen« (S. 59 f.). Charlotte Tacke (S. 133–158) hinterfragt in einer äußerst lesenswerten Detailstudie zu einem Massenaufmarsch der organisierten italienischen Jägerschaft vor Mussolini im Juni 1932 einige wesentliche Hypothesen der aktuellen Faschismusforschung: Sie betont die Substanz des faschistischen Regimes als Oberklassenherrschaft, die mit einem erheblichen Maß an Korruption im Miteinander von traditionellen und neuen Eliten verbunden gewesen sei, und macht gravierende Anzeichen für eine Auflösung des vom Regime proklamierten Konsenses breiter Bevölkerungsschichten schon seit Mitte der 1930er Jahre deutlich. Insgesamt sei es dem faschistischen Regime nicht gelungen, Ansätze einer charismatischen Herrschaft zu verstetigen. Auch sei die von Mussolini und seinen Parteiführern proklamierte Schaffung eines »neuen Menschen« ein bloßes Projekt geblieben. Malte König (S. 209–234) bietet eine für die deutsche Leserschaft vorzügliche Aufbereitung der Vorgeschichte, des Zustandekommens und der – nicht nur begrüßenswerten – Folgen des revolutionär wirkenden Gesetzes 180, das 1978 die Auflösung der psychiatrischen Anstalten in Italien in die Wege leitete und bis heute ein weltweit beachtetes Experiment darstellt. Zwei Beiträge schließlich behandeln italienisch-deutsche Zusammenhänge: Petra Terhoeven (S. 185–208) beleuchtet mit Methoden der Verflechtungs- und Transfergeschichte das transnationale Zusammenwirken des deutschen und italienischen Linksextremismus und -terrorismus in den 1970er Jahren, insbesondere die eigenwillige Wahrnehmung der Selbstmorde von Führungskräften der »Roten-Armee-Fraktion« im Gefängnis Stammheim 1977 im italienischen öffentlichen Diskurs. Christof Dipper (S. 281–300) warnt anhand zweier Fallstudien zu Familie und Industriekultur im italienisch-deutschen Vergleich in überzeugender Weise vor einer leichtfertigen Parallelisierung der Geschichte dieser beiden spät entstandenen Nationalstaaten; er plädiert plausibel für die differenzierende Untersuchung je unterschiedlicher Wege in die Moderne gerade auch Deutschlands und Italiens.

Insgesamt ist der Sammelband auch deshalb von Wert, weil er einige wesentliche Aspekte aufgreift, die in der deutschsprachigen Zeitgeschichtsforschung zu Italien besondere Beachtung finden und die deshalb im Folgenden mehrfach wieder begegnen werden: die offene Frage der Reichweite und Wirkmächtigkeit antijüdischer Ressentiments oder eines antisemitischen Rassismus im modernen Italien, das Problem der Einordnung der faschistischen Herrschaft innerhalb des Spektrums diktatorischer Herrschaftsformen im 20. Jahrhundert, Aspekte von Erinnerungskultur und Vergangenheitspolitik im Italien der Gegenwart, nicht zuletzt die Frage von spezifischen italienisch-deutschen Beziehungen und Verflechtungen seit dem späten 19. Jahrhundert bis hin zur Problematik von Parallelen und Vergleichbarkeiten zwischen den beiden Staaten und Gesellschaften. Im Zentrum des Interesses steht unter dem letztgenannten Gesichtspunkt bislang ein Vergleich zwischen der faschistischen und der nationalsozialistischen Bewegung und Herrschaft. Dabei kann es auch skeptischen Historikern gewiss nicht darum gehen, wie Lutz Klinkhammer unter Berufung auf nicht belegte »Forschungen und Aussagen von Historikern über den Faschismus« behauptet, den italienischen Faschismus »als prinzipiell nicht vergleichbar

---

4 *Petra Terhoeven* (Hrsg.), Italien, Blicke. Neue Perspektiven der italienischen Geschichte des 19. und 20. Jahrhunderts, Vandenhoeck & Ruprecht Verlag, Göttingen 2010, 302 S., kart., 32,90 €.

mit dem deutschen Nationalsozialismus« darzustellen (S. 259). Ein solcher Vergleich erscheint ohne Weiteres sinnvoll, und er bietet sich an. Er kann jedoch, sofern er ergebnisoffen vorgeht, auch zu dem Ergebnis gelangen, dass die Unterschiede zwischen den beiden Herrschaftsformen als gravierender einzuschätzen sind als ihre Gemeinsamkeiten.

I. GESAMTDARSTELLUNGEN ZU ITALIEN IM 20. JAHRHUNDERT

Zum vielleicht wichtigsten Zentrum der Erforschung italienischer Zeitgeschichte im deutschen Sprachraum hat sich in den vergangenen beiden Jahrzehnten das Institut für Zeitgeschichte in München entwickelt. Mittelpunkt und treibende Kraft zugleich ist hier Hans Woller, der sich seit den 1980er Jahren intensiv der Geschichte Italiens widmet, zwei auch ins Italienische übersetzte Standardwerke zum Faschismus in seiner europäischen Dimension[5] und zur Abrechnung mit dem Faschismus in Italien[6] verfasste und als Chefredakteur der Vierteljahrshefte für Zeitgeschichte dafür sorgt, dass in diesem zentralen Periodikum Aufsätze zu Themen der italienischen Zeitgeschichte regelmäßig vertreten sind. Woller legt nun die erste umfassende deutschsprachige Darstellung zur »Geschichte Italiens im 20. Jahrhundert« vor.[7] Er spricht zurückhaltend nicht von einer Gesamtdarstellung, sondern von einer »problemorientierte[n] Analyse mit essayistischen Elementen«, »die der Chronologie folgt« und »den Bereich der Politik-, Wirtschafts- und Sozialgeschichte privilegiert« (S. 15). Die 25 Kapitel gliedern sich in drei Teile, die das liberale, das faschistische und das demokratische Italien mit den Zäsuren 1922 und 1945 behandeln.

Tatsächlich handelt es sich, das lässt sich ohne Übertreibung sagen, um eine vorzügliche Synthese, die den Stand der deutschen, italienischen und angloamerikanischen Forschung bündelt, dabei eigene Akzente setzt und eigenständige Interpretationsangebote präsentiert. Das Buch wird ohne Weiteres zu einem Standardwerk avancieren, was eine ausführliche Besprechung im Rahmen des vorliegenden Beitrags rechtfertigt. Drei wesentliche interpretatorische Schneisen seien skizziert: Da ist zunächst die Rolle der Staatswirtschaft, die über alle System- und Politikwechsel hinweg das ökonomische »Modell Italien« mit seinen Erfolgen und Misserfolgen bis in die jüngste Gegenwart hinein kennzeichnete und das Land von anderen westlichen Industriestaaten unterschied. Woller sieht es charakterisiert durch die staatliche Bereitstellung und Zuweisung von Rohstoffen und Ressourcen insbesondere in den Bereichen Energieversorgung, Stahl- und Chemieindustrie, durch eine vom Staat garantierte Politik niedriger Löhne zur Förderung des Exports sowie durch den systematischen Auf- und Ausbau staatlich gelenkter Großbetriebe, die mit gleichermaßen in Staatsregie agierenden Banken kooperierten (S. 21f.). Bereits der Beginn der Hochindustrialisierung in den nordwestlichen Regionen Italiens seit dem späten 19. Jahrhundert erfolgte im Zeichen dieses staatsdirigistischen Modells. Das faschistische Regime entwickelte es unter zunehmenden Autarkiebestrebungen mit der Gründung mächtiger Staatsholdings wie dem Ölversorgungsunternehmen AGIP oder dem bald gigantischen Industrie- und Bankenverbund IRI weiter, in dem unter der direkten Aufsicht und Einflussnahme von Politikern Manager, Techniker und Bürokraten weite Teile der produzierenden Wirtschaft verwalteten. Dieses Modell wurde wiederum unter denselben Etiketten und mitsamt großen Teilen des Personals durch die Republik übernommen und in den 1950er und 1960er Jahren erneut ausgeweitet. Es wurde zur Grundlage des italienischen Wirtschaftswunders in der zweiten Nachkriegszeit, wuchs sich jedoch mit der Ausweitung des Sozialstaats und der Zunahme gewerkschaftlicher Macht seit den 1970er

---

5 *Hans Woller*, Rom, 28. Oktober 1922. Die faschistische Herausforderung, München 1999.
6 *Ders.*, Die Abrechnung mit dem Faschismus in Italien 1943 bis 1948, München 1996.
7 *Ders.*, Geschichte Italiens im 20. Jahrhundert (Europäische Geschichte im 20. Jahrhundert), Verlag C. H. Beck, München 2010, 480 S., geb., 39,95 €.

Jahren auch zum wesentlichen Bestandteil eines Belastungssyndroms aus, das durch das beide Seiten korrumpierende, kaum noch transparente Zusammenwirken von Politik und Wirtschaft, nachlassende Innovationskraft bei steigenden Kosten und schließlich durch die Abwälzung sämtlicher entstehender Lasten auf den Staatshaushalt gekennzeichnet war. Nicht zufällig sprachen Beobachter von in der westlichen Welt einzigartigen Ähnlichkeiten mit den Staatswirtschaften des Ostblocks. Am Ende stand und steht, nicht zuletzt auch aufgrund des von Woller wiederholt angesprochenen Problems ubiquitärer Steuerhinterziehung besonders im mittelständischen Handel und Gewerbe Italiens, die unbewältigte Last immenser Staatsschulden. Gleichwohl weist Woller immer wieder auf die Tatsache hin, dass das italienische Modell staatlicher Wirtschaftsförderung und -kontrolle auch ein Erfolgsmodell war, das zum guten Teil die Industrialisierung und wirtschaftliche Modernisierung Italiens überhaupt erst ermöglicht habe.

Die zweite Leitfrage, die zumindest die erste Hälfte des Bandes prägt, ist die nach der Rolle von Imperialismus, Krieg und Rassismus in der Geschichte des italienischen Nationalstaats. Woller analysiert nicht bloß die Selbstwahrnehmung und -darstellung einer seit der Staatsgründung im imperialistischen Wettlauf zu kurz gekommenen, sich territorial unvollendet wähnenden und noch dazu unter spektakulären militärischen Misserfolgen etwa 1896 im Kolonialkrieg gegen Äthiopien leidenden Nation, die zu immer erneuten Versuchen kriegerischer Expansion verleitet habe, er verweist darüber hinaus auf ein verbreitetes Überlegenheitsdenken im nationalen Diskurs und auf potenziell rassistische Prädispositionen unter italienischen Nationalisten seit der Jahrhundertwende. Beides wirkte zusammen und kulminierte erstmals während der Eroberung Libyens im italienischen Krieg gegen das Osmanische Reich 1911/12. Woller wirft die Frage auf, inwiefern die entgrenzte Gewaltausübung gegenüber der libyschen Bevölkerung in diesem kolonialistischen Annexionskrieg bereits auf die Exzesse des frühen Faschismus vorausweist. Krieg und Gewalt, auch im Gefolge der Erfahrungen von Millionen Soldaten im Ersten Weltkrieg, seien jedenfalls, so der hier interessierende Teil von Wollers Definition des Faschismus, Geburtshelfer, Lebenselixier und Fluchtpunkt dieser politischen Bewegung und des daraus resultierenden Regimes gewesen. Darüber hinaus habe der Faschismus »eine neue Ordnung, einen totalitären Staat schaffen« wollen, »der – in einer Art anthropologischer Revolution – einen neuen Menschen hervorbringen sollte« (S. 89).

Woller folgt mit der Fixierung auf Krieg und Rassismus als den zentralen Wesenselementen der faschistischen Herrschaft einem Pfad, der die Forschung der beiden vergangenen Jahrzehnte zunehmend dominiert. Seine Motivation für die Konzentration insbesondere auf den Komplex des faschistischen Antisemitismus legte Woller in einem gemeinsam mit Thomas Schlemmer verfassten programmatischen Aufsatz im Jahr 2005 offen dar: Es geht ihm explizit um ein »Plädoyer für den historischen Vergleich« zwischen Faschismus und Nationalsozialismus in der Absicht,

»Perspektiven aufzuzeigen, die sich aus den neuen Erkenntnissen zum Problemkomplex Rassismus/Antisemitismus für die vergleichende Faschismusforschung ergeben könnten, die durch die einseitige Konzentration auf politische Systeme, Herrschaftstechniken und ideologische Kontroversen oder Divergenzen zunehmend steril geworden ist«.[8]

Diese Zielsetzung bringt für Wollers »Geschichte Italiens« das analytische Problem mit sich, dass die nationalsozialistische Herrschaft als hier gleichsam impliziter Vergleichsmaßstab vom Leser stets mitgedacht wird, der Faschismus diesem Vergleich jedoch in keiner Weise standhält: Woller selbst räumt unumwunden ein, dass vor der Vernichtungsdynamik und der Schreckensbilanz des NS-Regimes »alles andere verblaßt« (S. 187) – ein

---

8 *Thomas Schlemmer/Hans Woller*, Der italienische Faschismus und die Juden 1922 bis 1945, in: VfZ 53, 2005, S. 165–201, Zitate S. 196 und 169.

Blick auf den kroatischen Ustascha-Staat oder das Rumänien des Zweiten Weltkriegs würde für eine Einordnung des faschistischen Antisemitismus übrigens zusätzlich von Nutzen sein –, und er zitiert einleitend den einflussreichen italienischen Journalisten Indro Montanelli, dem zufolge Mussolinis Regime »eine Parodie des wahren totalitären Faschismus« gewesen sei (S. 11). Dieser Auffassung möchte Woller dezidiert entgegenwirken, indem er den verbrecherischen und gewalttätigen Charakter der faschistischen Bewegung betont und die imperialistische und kriegerische Außenpolitik des Regimes, dessen rassistische Gewalt- und Vernichtungsaktionen im Zuge der weiteren Unterwerfung Libyens, der Eroberung und Besetzung Äthiopiens und der Besatzungsherrschaft auf dem Balkan während des Zweiten Weltkriegs sowie die antijüdische Gesetzgebung und Verfolgung ab 1938 hervorhebt. Dabei bleibt die Darstellung allerdings, auch wenn Woller auf die dynamische Entwicklung, auf Radikalisierungsschübe und Phasenverschiebungen in 20 Jahren faschistischer Herrschaft verweist, nicht frei von Widersprüchen und Brüchen.

Da ist zum einen die Vorstellung vom Krieg als Lebenselixier und Fluchtpunkt des Faschismus. Gewiss führte Mussolini Kriege, der Duce selbst ließ 1939/40 mehrfach verlauten, er wolle mit seinem Land auf jeden Fall an dem europäischen Krieg zur Neuverteilung des Kontinents und anliegender Territorien teilnehmen, und sein Regime endete ruhmlos im Krieg. Woller beschreibt Mussolinis mitunter ausufernde Expansions- und Annexionsgelüste und spricht von einem gigantischen Eroberungsprogramm. Doch das waren Träume fern jeder Realität, die mit dem wirtschaftlichen und militärischen Potenzial Italiens nicht einmal ansatzweise in Übereinstimmung zu bringen waren. Tatsächlich war Mussolini nach dem intensiv vorbereiteten Eroberungskrieg gegen Äthiopien nur noch auf kurze Feldzüge aus, die unter möglichst geringem Einsatz an Menschen und Material zu einem Maximum an Beute führen sollten. Der andauernde Krieg als Selbst- und Daseinszweck, der Hitlers Denken und seine Herrschaft so sehr kennzeichnete, lag dem faschistischen Duce fern, seinen Generälen, Admirälen und einfachen Soldaten, möchte man hinzufügen, noch viel ferner. So spricht Woller gelegentlich selbst korrekt davon, dass der Faschismus »vor kriegerischer Expansion nicht zurückschreckte« (S. 13), er apostrophiert zutreffend »das gerissene Freibeutertum des Faschismus« (S. 223). Das aber ist etwas ganz anderes als der permanente Krieg als Selbstzweck, der vielleicht einigen faschistischen Militanten als Erbe aus Weltkrieg und Kolonialkriegen eingeimpft war, das faschistische Regime als Ganzes aber nicht ausmachte und seine Außenpolitik zumindest so lange nicht prägte, bis sie zunehmend unter den dominierenden Einfluss des nationalsozialistisch beherrschten Deutschen Reiches geriet. Nicht zufällig spricht Woller an einer Stelle von der »imperialistische[n] Leine« Hitlers (S. 165f.), an der der faschistische Bündnispartner Italien letztlich hing. Die außenpolitischen Alternativen, die sich Italien in den 1920er und 1930er Jahren boten, seine Beziehungen zu den Westmächten und der traditionelle nationalstaatliche Egoismus als Leitmotiv faschistischer Außenpolitik kommen bei Woller insgesamt zu kurz. Wenn das faschistische Königreich Italien sich ab 1935/36 allmählich und dann seit 1939/40 dezidiert an den NS-Staat und seine Kriegspolitik band, dann verrät das möglicherweise mehr über das staatsmännische Unvermögen und die mangelnde Weitsicht Mussolinis als über das Wesen des faschistischen Regimes.

Allein auf Mussolini, so Woller, sei es in der Phase zwischen dem Beginn des Zweiten Weltkriegs und dem Kriegseintritt Italiens im Juni 1940 angekommen (S. 169). Das verweist auf die Frage nach der Konsistenz des faschistischen Herrschaftssystems. Woller betont dessen relative Stabilität, vermutet einen verbreiteten Konsens als Grundlage von Mussolinis Diktatur, und führt als Belege etwa die Lageberichte der faschistischen Präfekten oder die vergleichsweise Milde der politischen Strafjustiz an. Der Faschismus sei sogar »schon weit vorangekommen« auf seinem Weg zur »totalitäre[n] Erfassung, Mobilisierung und Umgestaltung der Gesellschaft zum Zwecke imperialer Expansion« und zur

Bildung »einer homogenen Volksgemeinschaft« (S. 188). An anderer Stelle jedoch gibt Woller zu erkennen, »Mussolini und die Revolutionäre seiner Partei mussten immer wieder erleben, dass ihr Volk den hohen Ansprüchen nicht genügte«, dass »die intensiven Bemühungen, dem Volk die alte bürgerliche Gesittung auszutreiben und eine neue faschistische Moral einzuimpfen, nur allzu oft ins Leere« liefen (S. 154). Überhaupt wurde eine totale Mobilisierung zum Kriege nicht einmal ansatzweise versucht. Woller beschreibt die zunehmenden Absetzbewegungen weiter Teile der Bevölkerung seit Beginn des Kriegs 1940, verstärkt seit 1942/43, und die Begeisterungsstürme anlässlich der Nachricht vom Sturz des Duce im Juli 1943. Die Realität der von Mussolini angestrebten neuen Ordnung sah eher so aus: ein lahmender, völlig überforderter Militärapparat, ein desinteressiertes und beiseitestehendes Bürgertum, eine selbstsüchtige Wirtschaft und eine völlig apathische Landbevölkerung vor allem im Süden Italiens. So weit her war es offenkundig nicht mit der Schaffung des »neuen Menschen« und einer neuen Ordnung, deren Konzept und Realisierung Woller nicht wirklich anschaulich machen kann.

Die im Abessinienkrieg 1935/36 und generell in den afrikanischen Kolonien Italiens zutage tretende, auch rassistisch motivierte Gewalt und die Segregationspolitik gegenüber den einheimischen Bevölkerungen und Kulturen sind inzwischen unbestritten. Sie verdienen jedoch, intensiver als Woller es tut, in die gesamteuropäische Kolonialgeschichte des 20. Jahrhunderts eingeordnet zu werden (Stichworte wären hier etwa der Kolonialkrieg in Deutsch-Südwestafrika 1904–1908, der spanisch-französische Krieg gegen die Rif-Kabylen in den 1920er Jahren, das französische Vorgehen in Madagaskar 1947/48 oder das Verhalten der britischen Kolonialbehörden gegenüber der Mau-Mau-Bewegung in Kenia noch in den frühen 1950er Jahren). Woller ruft nachdrücklich die ungeheuren Verbrechen der italienischen Eroberer in Äthiopien und die nur zu schätzende, vermutlich sechsstellige Zahl der Opfer von Krieg und Besatzung dort ins Bewusstsein. Als mutmaßliche Motive des Ausmaßes an willkürlicher Gewaltanwendung müssen jedoch neben spezifisch faschistischen und rassistischen Momenten auch die selbst auferlegte Notwendigkeit für das Regime, angesichts krisenhafter Erscheinungen im Innern endlich einen fulminanten militärischen und imperialistischen Erfolg vorzuweisen und dabei auf keinen Fall zu scheitern, sowie der beim italienischen Militär nicht vergessene blamable Misserfolg beim ersten Eroberungsversuch 1896 erörtert werden; dabei erscheint es folgerichtig, dass Regime und Streitkräfte ihre modernsten und effizientesten Waffen einsetzten. Der Übergang von ausgedehnten Massakern unter dem Vorwand der Bekämpfung von Aufständischen einerseits zum organisierten Völkermord andererseits ist gewiss fließend. Die vorsätzliche, ideologisch motivierte Ermordung von zu rassisch minderwertig oder unerwünscht erklärten Menschen(-gruppen) als Selbstzweck, wie sie die NS-Herrschaft praktizierte, ist gleichwohl etwas kategorial anderes. Kontinuitätslinien in Richtung des deutschen Rassen- und Vernichtungskriegs im Osten Europas, wie sie Woller unter Berufung auf Wolfgang Schieder nahelegt (S. 149), bedürfen präziserer Überlegung, Erforschung und Begründung. Das gilt ebenso für die absolute und relative Qualität der italienischen Besatzungsherrschaft auf dem Balkan und in Griechenland von 1941 bis 1943 (vgl. auch S. 182f.).[9]

_____

9 Leider fehlt in Wollers Buch der gerade für eine deutsche Leserschaft unerlässliche Hinweis auf die Ermordung von rund 5.000 italienischen Soldaten durch Einheiten der Wehrmacht auf der griechischen Insel Kephalonia im September 1943. Die italienischen Verbände dort hatten sich geweigert, vor den Deutschen zu kapitulieren. Dieser Massenmord sowie weitere systematische Ermordungen italienischer Offiziere und Soldaten auf dem Balkan und in Griechenland anlässlich des italienischen Kriegsaustritts spielen in der italienischen Erinnerung eine wichtige Rolle; in Deutschland sind sie nach wie vor nur Spezialisten bekannt. Sie werfen zudem ein Schlaglicht auf die eklatanten phänotypischen Unterschiede zwischen faschistischer und nationalsozialistischer Gesinnung und Herrschaft.

Ähnliche Vorbehalte betreffen die Interpretation des vom faschistischen Regime seit 1938 gesetzlich verordneten Antisemitismus. Woller legt die seit der Entstehung des Faschismus in Teilen der Bewegung vorhandenen, aber nie dominierenden antisemitischen Tendenzen dar und postuliert wenig plausibel eine Wandlung Mussolinis zum Antisemiten (»Der Rassist und Antisemit, der Mussolini im Stillen immer gewesen war, fand jetzt gewissermaßen zu sich selbst«, S. 158[10]). Woller spricht von einem im faschistischen Italien grassierenden »antisemitischen Fieber«, das seit 1922 »langsam, aber stetig« gestiegen sei:

»Eine gefährliche Höhe erreichte es bereits 1934, als nach der Verhaftung einer antifaschistischen Widerstandsgruppe, der auch einige Juden angehörten, eine antisemitische Kampagne vom Zaun gebrochen wurde, deren Urheber in den höchsten Regierungsämtern saßen. Ab 1936 wies die Fieberkurve dann noch einmal steil nach oben – jetzt tauchten vielerorts antisemitische Schmierereien auf, und jetzt hetzte auch die Presse in rohester Form gegen die Juden. 1938 gab die Regierung Mussolini schließlich den Startschuss für ein umfassendes Gesetzeswerk zum Schutz der italienischen Rasse, das rein rassistisch begründet war und in seiner engstirnigen Regelungssucht in mancher Hinsicht sogar weiter ging als die Nürnberger Gesetze von 1935« (S. 156).

Diese antisemitische Gesetzgebung seit 1938 sowie deren propagandistische Untermalung und pseudowissenschaftliche Grundierung und ihre Auswirkungen auf die Betroffenen werden detailliert beschrieben.

»Das Ziel, das Mussolinis Faschisten damit verfolgten, kam nirgendwo deutlicher zum Ausdruck als in dem 1940 ersonnenen Projekt einer ››Endlösung‹ *all'italiana*‹, die darauf hinausgelaufen wäre, die überwiegende Mehrheit der im Königreich lebenden Juden binnen zehn Jahren aus dem Land zu jagen und diejenigen, die in sogenannten Mischehen lebten oder diesen entstammten, gewissermaßen zu arisieren« (S. 161).

Dem Abessinienkrieg kommt in dem von Woller dargelegten Konzept, dem zufolge ein in der faschistischen Bewegung (oder doch in der italienischen Gesellschaft? – das wird nie ganz klar[11]) latent vorhandener Antisemitismus im Laufe eines Radikalisierungsprozesses hervorbrach und akut wurde, die Rolle eines Reaktionsbeschleunigers zu: Der ohnehin verbreitete, genuine, sich gegen schwarze Afrikaner, aber auch gegen die slawische Bevölkerung jenseits des Isonzo und der Adria richtende italienische Rassismus habe nun seinen Fokus folgerichtig auch auf die jüdische Bevölkerung gelegt. Gleichwohl, so bleibt festzuhalten, wurde ein in der italienischen Gesellschaft und selbst in der faschistischen Bewegung tatsächlich eher randständiger rassistisch grundierter Antisemitismus, der bis 1938 das faschistische Regime gerade nicht prägte, erst im Rahmen der außenpolitisch motivierten und dann rasch ideologisch unterfütterten Annäherung an das Deutsche Reich seit 1935/36 wirkmächtig; und auch dann haftete ihm etwas Künstliches, rein Willkürliches, jederzeit Widerrufliches an. Woller selbst verweist an zwei Stellen auf die instrumentale Qualität des faschistischen Antisemitismus in seiner staatspolitischen Ausprägung (S. 154 und 158).

Dennoch sieht Woller »die Ursachen der Radikalisierung von 1936 und der Rassengesetze von 1938 in der Ideologie und im Herrschaftssystem des Faschismus selbst« und mutmaßt,

»dass die Wurzeln sogar noch tiefer reichen und insbesondere mit dem traditionellen *superiorità*-Denken zusammenhängen, das bereits vor dem Ersten Weltkrieg zunehmend rassistische Züge ge-

---

10 Vgl. dagegen noch *Schlemmer/Woller*, Der italienische Faschismus und die Juden, S. 176: »Der faschistische Diktator kannte ursprünglich keine antisemitischen Ressentiments«.

11 Ebd., S. 178f., sprechen Schlemmer und Woller dezidiert von »einer autochthonen, in der italienischen Gesellschaft verwurzelten Judenfeindschaft«, auf der »der rassistische Antisemitismus und seine Propagandisten« aufbauen konnten.

wonnen und angesichts der Herausforderung des Krieges in Abessinien in einer regelrechten rassistischen ›Obsession‹ seinen Gipfelpunkt erreicht hatte« (S. 157).

Wenigstens angedeutet sei hier die alternative, zumindest komplementäre Deutung, dass Mussolini seit Mitte der 1930er Jahre zunehmend vom Modell der deutschen Diktatur fasziniert war, sie als Vorbild ansah (so Woller selbst, S. 158) und deshalb den ihm zuvor fremden Rassenantisemitismus auch für Italien als Staatsgrundgesetz zu übernehmen trachtete. Wie nachdrücklich und konsequent die diskriminierende, auf die gesellschaftliche Separierung und Ausgrenzung sowie theoretisch auf die Vertreibung der ohnehin relativ wenigen Juden in Italien zielende Gesetzgebung angewandt wurde, welche Lücken und Ausnahmen es in den Vorschriften und in der Praxis gab, stellt derzeit ein bevorzugtes Thema der Forschung dar. Woller erweckt den Eindruck einer eher unnachsichtigen Anwendung und Durchsetzung der antisemitischen Gesetze und Verordnungen, konzediert aber, dass »nach allem, was wir wissen, […] der militante Antisemitismus in Italien nicht mehrheitsfähig« war (S. 161). Die Deportation und Ermordung von italienischen Juden oder von in rassistischer Kategorisierung zu Juden erklärten Menschen aus Italien blieb jedenfalls den deutschen Besatzern ab 1943 vorbehalten, denen dann freilich faschistische Kollaborateure Vorschub leisteten. Dabei ist es merkwürdig, dass Woller im Rahmen einer »Geschichte Italiens im 20. Jahrhundert« die Rettung von rund 80 % der italienischen Juden oder 40.000 Menschen weder erwähnt noch erklärt, die trotz der Präsenz deutscher Behörden und Sicherheitsorgane durch die tätige Mithilfe der italienischen Gesellschaft in Verstecken oder bei Regimegegnern überlebten. Ebenso unerwähnt lässt Woller die Tatsache, dass das italienische Militär bis in höchste Führungsebenen hinein in seinen Besatzungsgebieten in Frankreich, Griechenland und Kroatien die dortigen Juden bis 1943 vor dem deutschen Zugriff schützte, sehr zum Unwillen der nationalsozialistischen Verbündeten, ja sogar noch weiteren Juden Zutritt zu den eigenen Besatzungszonen verschaffte: Auch dadurch wurden immerhin Tausende Menschen vor den deutschen Mördern gerettet. Offenkundig funktionierte die Transformation des in gemeineuropäischer kolonialistischer Tradition stehenden, gegen schwarze Afrikaner gerichteten Rassismus in einen Rassenantisemitismus deutscher Provenienz innerhalb der königlichen italienischen Armee nicht so, wie es Wollers Modell impliziert.

Kurzum, dem Bemühen, einen genuinen rassenantisemitisch fundierten Faschismus in Bewegung und Regime als handlungsleitend zu konstatieren, ermangelt es einstweilen noch an Plausibilität und Stringenz, zumal Wollers Bild von Mussolini dessen vielfach belegte opportunistische, rein an Machtgewinn und -erhalt orientierte, jede dauerhafte ideologische Fixierung scheuende Persönlichkeitsstruktur nicht hinreichend berücksichtigt.[12] Schließlich ist es auffallend, dass Wollers Darstellung der Zeit nach 1945 keine Hinweise auf Rassismus oder gar Antisemitismus in der italienischen Gesellschaft enthält, nicht einmal in der Kontinuität der politischen und wirtschaftlichen Eliten. Wenn es ihn bis 1943/45 als genuines, verbreitetes und wirkmächtiges Phänomen gab, wo ist er anschließend geblieben? Erst im Zusammenhang mit der Entstehung der Lega Nord ab den 1980er Jahren und den populistischen Wahlkämpfen Silvio Berlusconis erfährt der Leser wieder von rassistischen Ausfällen und Parolen; Hinweise auf den Alltag im Umkreis mancher italienischer Fußballstadien hätte Woller hinzufügen können. Das Leitmotiv eines verbreiteten, auch antisemitisch aufgeladenen italienischen Rassismus würde jedenfalls an Überzeugungskraft gewinnen, wenn es die auf 1945 folgenden Jahrzehnte nicht aussparte.

Den dritten Interpretationsstrang, der die zweite Hälfte des Buchs und somit Wollers Analyse der Italienischen Republik seit 1946 prägt, bildet schließlich die prinzipielle Funktionsfähigkeit und Erfolgsträchtigkeit des politischen, wirtschaftlichen und gesell-

---

12 Aufschluss darüber wird Wollers in Arbeit befindliche Mussolini-Biografie bieten müssen.

schaftlichen Systems in Italien. Woller verschweigt nicht die Belastungsfaktoren und strukturellen Probleme, die das Land und das Leben in ihm prägen, er schildert alltägliche Korruption und klientelare Beziehungen, Steuerbetrug und organisierte Kriminalität und den Zusammenhang all dessen mit den herrschenden politischen Parteien. Doch macht Woller in überzeugender Weise deutlich, dass trotz dieser Schattenseiten im italienischen Wirtschaftswunder die 1950er und 1960er Jahre für Italien im Kern eine Erfolgsgeschichte darstellten, durch die das Land in vieler Hinsicht zu den nord- und westeuropäischen Nachbarn aufschloss. In gleicher Weise würdigt Woller eindringlich die Reformen und den Ausbau des Sozialstaats unter den Mitte-links-Regierungen der 1960er und 1970er Jahre, die ebenso auch im europäischen Vergleich beachtlich erscheinen, zumal nicht zuletzt der rückständige Süden Italiens in diesen Jahren merklich von den ökonomischen und sozialen Errungenschaften profitierte. Selbst die wirtschaftlichen Erfolge des sozialistischen Ministerpräsidenten Bettino Craxi in den 1980er Jahren und die immer erneuten Reformanstrengungen der wechselnden Regierungen seit den 1990er Jahren, die einen gewaltigen Umbruch des Parteiensystems und ein zumindest vorübergehendes Aufbäumen von Justiz und Gesellschaft im Kampf gegen die allgegenwärtige Korruption erlebten, weiß Woller ins rechte Licht zu setzen. Dabei ist besonders Wollers abgeklärte und nüchterne Beurteilung und Einordnung des Phänomens »Berlusconi« hervorzuheben: Dieser habe im Grunde eine ähnliche Reformpolitik wie sein Kontrahent Romano Prodi vertreten, müsse ebenso wie andere Mitbewerber im politischen Geschäft letztlich die Spielregeln respektieren und ende oft in spektakulären Rückzügen. Diese begrüßenswerte Entdämonisierung Silvio Berlusconis gesellt sich zu Wollers insgesamt optimistischer Sicht auf die Zukunft Italiens, dessen politisches System in den Wirren der vergangenen beiden Jahrzehnte insgesamt eher übersichtlicher und normaler geworden und dessen Wirtschaftskrise keineswegs irreversibel sei. In diesem Zusammenhang verweist Woller auf die zunehmende Bedeutung Europas für den Weg Italiens in das 21. Jahrhundert. Leider kommt genau diese Rolle Italiens im Prozess der europäischen Einigung in Wollers Buch insgesamt zu kurz, ebenso wie generell die Frage nach dem Ort und der Rolle, die der italienische Nationalstaat im internationalen System des 20. Jahrhunderts eingenommen hat. Das ändert nichts daran, dass Woller ein gleichermaßen material- wie gedankenreiches und noch dazu gut lesbares Werk vorgelegt hat, das die Beschäftigung mit der neuesten Geschichte Italiens im deutschen Sprachraum auf eine neue, solide Grundlage stellt.

Das wird man von der »Geschichte Italiens« vom Risorgimento bis heute aus der Feder Gerhard Feldbauers nicht behaupten können.[13] Der 1933 geborene, in der DDR promovierte und habilitierte Historiker und Publizist präsentiert sich als Vertreter eines ungebrochenen kommunistischen Weltbilds in der Nachfolge von Marx, Engels und Lenin, dessen weitere Quellen bevorzugt die italienischen Kommunistenführer Antonio Gramsci und Palmiro Togliatti, geschichtswissenschaftliche Handbücher aus der DDR, Tageszeitungen des »Partito Comunista Italiano« (PCI) und seiner Nachfolgeorganisationen oder auch aktuelle Interpreten der italienischen Geschichte und Gesellschaft aus dem linkssozialistischen oder kommunistischen Lager sind. Feldbauers italienische Geschichte handelt demgemäß von Klassenherrschaft und Unterdrückung und von dem Widerstand, den revolutionäre Kämpfer, streikende Arbeiter, aufrechte Antifaschisten und klassenbewusste Kommunisten ihr entgegensetzten. Emphatisch erinnert der Verfasser an »die zahlreichen Aufstände, die leidenschaftliche Entschlossenheit, mit der sie geführt wurden, die großen Opfer, die sie forderten« (S. 8), vom Risorgimento über den bürgerlichen Nationalstaat und die faschistische Diktatur bis zur Regierung Berlusconis und seiner Bündnispartner, die für ihn einfach nur noch rechtsextrem, faschistoid oder auch faschistisch ist. Ange-

---

13 *Gerhard Feldbauer*, Geschichte Italiens. Vom Risorgimento bis heute (Neue kleine Bibliothek, Bd. 132), PapyRossa Verlag, Köln 2008, 360 S., kart., 19,90 €.

sichts der »katastrophalen Niederlage« der Linken bei Berlusconis erneutem Wahlerfolg
2008 werde Italiens Zukunft

»entscheidend davon abhängen, dass sich die italienischen Kommunisten und das progressive Bürgertum dem Erfahrungsschatz der revolutionären italienischen Geschichte zuwenden, welche die
Tatsache prägte, dass der italienische Nationalstaat von einem Bürgertum durchgesetzt wurde, das
unter dem Druck einer radikaldemokratischen revolutionären Volksbewegung agierte« (S. 342).

Diese dem ganzen Text zugrunde liegende Weltanschauung mit ihren klaren Freund-Feind-
Schemata, ihrem revolutionären Pathos, ihrem in der Tradition der DDR stehenden plaka-
tiven Antifaschismus und einer kommunistischen Geradlinigkeit, vor der der Eurokom-
munismus und die Bemühungen Enrico Berlinguers und späterer kommunistischer Re-
formpolitiker um eine konstruktive Zusammenarbeit mit den Kräften des bürgerlichen
Lagers kaum Gnade finden, gibt durchaus Raum für einige interessante und von Sachkenntnis geprägte Passagen, so etwa zum Einfluss der faschistischen Nachfolgeorganisa-
tion »Movimento Sociale Italiano« (MSI) in Politik und Gesellschaft der italienischen
Republik bis in die 1990er Jahre hinein. Gleichwohl handelt es sich bei Feldbauers wenig
geordneter Schrift über weite Strecken eher um ein politisches Pamphlet, das sich nicht
zuletzt gegen »das die Weltherrschaft beanspruchende Washington« (S. 294) beziehungsweise den »Weltherrschaftskurs der USA« (S. 307) richtet. Es kann der Forschung schon
aufgrund der äußerst selektiven und größtenteils veralteten Literaturgrundlage keine Impulse vermitteln, es sei denn, sie unterzöge sich der Aufgabe, die von Feldbauer begierig
aufgegriffenen und als Tatsachen dargestellten Verschwörungstheorien, die die Geschichte der Italienischen Republik durchziehen[14] und die Hans Woller souverän am Rande liegen lässt, im Detail zu widerlegen. So ist es für Gerhard Feldbauer klar, dass Aldo Moros
Entführung und Ermordung 1978 das Resultat eines von US-amerikanischen und italienischen Geheimdiensten und seinem innerparteilichen Rivalen Giulio Andreotti inszenier-
ten Komplotts waren. Es ist ebenso mühselig, gegen so etwas ernsthaft zu argumentieren,
wie Feldbauers Vorstellung als fixe Idee zu entlarven, die italienische Regierungspolitik
seit dem Zweiten Weltkrieg sei in praktisch jeder Hinsicht maßgeblich von der CIA ge-
steuert worden.[15]

Der Turiner Politikwissenschaftler Gian Enrico Rusconi zählt zu den wenigen Persönlichkeiten der italienischen Zeitgeschichtsforschung, deren Werke regelmäßig auch ein
deutsches Publikum erreichen. Er kann ohne Weiteres dem Umkreis der deutschsprachigen Zeitgeschichtsforschung zugerechnet werden, zumal er seit Jahren auch in Koopera-
tionsprojekten mit dem Münchener Institut für Zeitgeschichte aktiv ist und darüber hinaus als Direktor des Italienisch-Deutschen Historischen Instituts in Trient fungierte. Rusconis umfangreiche Darstellung »Deutschland, Italien, Europa. Vom Machtstaat zur ›Zi-
vilmacht‹«[16] erscheint in aktualisierter und erweiterter deutscher Übersetzung unter dem
etwas irreführenden Titel »Deutschland – Italien. Italien – Deutschland. Geschichte einer
schwierigen Beziehung von Bismarck bis zu Berlusconi«.[17] Zwar sollen »die Beziehun-

---

14 Hinreichend seriös dazu für eine deutsche Leserschaft *Alessandro Silj*, Verbrechen, Politik, De-
    mokratie in Italien, Frankfurt am Main 1998.
15 Kaum mehr als einen 1943 einsetzenden, chronologisch bis Mitte 2011 erweiterten, im Wortlaut
    über weite Strecken identischen Ableger seiner »Geschichte Italiens« bietet *Gerhard Feldbauer*,
    Wie Italien unter die Räuber fiel. Und wie die Linke nur schwer mit ihnen fertig wurde (Neue
    kleine Bibliothek, Bd. 169), PapyRossa Verlag, Köln 2012, 218 S., kart., 14,90 €.
16 *Gian Enrico Rusconi*, Germania, Italia, Europa. Dallo stato di potenza alla »potenza civile«,
    Turin 2003.
17 *Ders.*, Deutschland – Italien, Italien – Deutschland. Geschichte einer schwierigen Beziehung
    von Bismarck bis zu Berlusconi, Ferdinand Schöningh Verlag, Paderborn/München etc. 2006,
    XII + 410 S., geb., 39,90 €.

gen zwischen Deutschland und Italien in den vergangenen einhundertfünfzig Jahren [...] den Gegenstand dieses Buches« bilden, zumindest »in ihren wichtigsten Etappen« (S. XI). Doch bietet Rusconi zugleich weniger und auch mehr. Es fällt schwer, den Inhalt des Bandes überhaupt auf einen Nenner zu bringen.

Einerseits behandelt Rusconi mit den Instrumentarien traditioneller Politikgeschichte – es geht tatsächlich um die Geschichte politischer Entscheidungen und explizit auch der Männer, die solche Entscheidungen zu treffen hatten – einige Stationen der deutsch-italienischen Beziehungen: das preußisch-italienische Kriegsbündnis von 1866 als Ausgangspunkt lang währender italienischer Frustration, den Dreibund und Italiens Weg in den Ersten Weltkrieg, das Achsenbündnis im Krieg von 1939/40 bis 1943/45, die zwischenstaatlichen Neuanfänge im Zeichen gemeinsamer Europapolitik unter Konrad Adenauer und Alcide De Gasperi, schließlich eine von Rusconi mit Beunruhigung konstatierte Entfremdung zwischen beiden Staaten seit den 1990er Jahren, denen er eine eher idealisierende schlaglichtartige Betrachtung des vermeintlich wohlwollenden Verständnisses vorausschickt, das Bundesaußenminister Hans-Dietrich Genscher Italien entgegengebracht habe. Das ergibt alles andere als eine zusammenhängende Gesamtdarstellung, eröffnet aber eine Reihe von Einsichten etwa in den Zustand des politischen und gesellschaftlichen Systems im Italien des Jahres 1914/15, als »die latente Krise des italienischen Liberalismus beziehungsweise seine Niederlage« bereits »unabwendbar« erschienen (S. 98), in den sich erst 1935/36 anbahnenden Kurswechsel der außenpolitischen Orientierung des faschistischen Regimes weg von der traditionellen Orientierung an Großbritannien, oder in die persönliche Zwangslage, in der sich 1939/40 ein Mussolini wähnte, der um keinen Preis noch einmal das Odium des vermeintlichen Verrats gegenüber seinem deutschen Bündnispartner auf sich nehmen wollte, der im Rückblick auf das »Syndrom von 1915« zumindest als potenzieller deutscher Vorwurf erneut im Raum stand. Rusconi erkennt darin ein wesentliches Motiv für den italienischen Kriegseintritt 1940. Wichtig gegenüber der Interpretation Wollers erscheinen im Übrigen Rusconis massive Hinweise auf die verbreitete Opposition gegen Mussolinis Kriegskurs, ja auf die dezidierte Abneigung gegen einen Kampf an deutscher Seite nicht nur in seiner engsten politischen und militärischen Führung, sondern auch in der Bevölkerung, sowie auf Mussolinis eigene Absicht, nicht vor Ablauf von drei bis vier weiteren Jahren nach Abschluss des ›Stahlpakts‹ einen Krieg überhaupt anzuvisieren. Zu der Vorstellung einer überstürzten und letztlich nicht wirklich von langer Hand geplanten Beteiligung am Zweiten Weltkrieg passt schließlich die Beobachtung, dass Italien ohne jegliche militärische Operationsplanung agierte und selbst die italienische königliche Kriegsmarine über keine Strategie für die Kriegführung gegen Großbritannien im Mittelmeer verfügte. Von Krieg als Lebenselixier und Fluchtpunkt des Faschismus ist hier keine Rede, vielmehr kultivierte das faschistische Regime Rusconi zufolge bloß »den nationalen Kriegsmythos«, »ohne die entsprechenden Grundlagen zu schaffen« (S. 135).

Andererseits schneidet Rusconi in eher unsystematischer und assoziativer Weise eine Fülle von Themen und Gesichtspunkten an, die sich aus seiner Zielsetzung ergeben, wechselseitige Stereotype, Gemeinplätze, Klischees und Vorurteile im deutsch-italienischen Verhältnis aufzuzeigen und auf ihre Entstehung und ihren historischen Gehalt hin zu überprüfen. Es geht ihm um die Erhellung des komplexen Zusammenhangs »zwischen Stereotypen, Erinnerung, Narrativen und historischer Rekonstruktion, geopolitischem Kontext und politischem Handeln« (S. 6). Im Zentrum steht dabei die Gegenüberstellung von deutscher ›Anmaßung‹ und italienischer ›Unzuverlässigkeit‹. Rusconi kreist immer wieder um diese Thematik, ohne jedoch zu konkreten Ergebnissen zu kommen. Für die Zeit vor 1945 scheint es ihm in erster Linie darum zu gehen, der Vorstellung eines italienischen Verrats in den Situationen des Bündniswechsels im Ersten und im Zweiten Weltkrieg

1914/15 und 1943 zu begegnen. Das ist obsolet, da, wie Rusconi selbst zu erkennen gibt, davon seit Langem nirgends ernsthaft die Rede ist. Für die Phase seit 1945 treibt ihn das offenkundige Missverhältnis zwischen der – seit 1990 noch einmal sprunghaft gewachsenen – politischen und wirtschaftlichen Stärke der Bundesrepublik Deutschland und einem Italien um, das stets um Einfluss ringt und doch immer eine zweitrangige Macht im internationalen System und selbst im europäischen Raum und Einigungsprozess bleibt. Die Bundesrepublik habe sich die wohlwollende italienische Unterstützung bei der Wiedereingliederung in die europäische Staatengemeinschaft und in das westliche Bündnis nach 1945 zunutze gemacht, lasse Italien aber insbesondere seit den Ereignissen rund um die deutsche Vereinigung 1989/90 bei wichtigen Entscheidungen außen vor. Insgesamt erweckt Rusconi für die vergangenen eineinhalb Jahrhunderte deutsch-italienischer Geschichte den Eindruck, Deutschland habe Italien regelmäßig für seine Zwecke instrumentalisiert. Inwieweit dieser Eindruck sich selbst der Qualität eines Stereotyps nähert, sei dahingestellt. Ein größeres Maß an gedanklicher Stringenz hätte dem Buch, das bezeichnenderweise auf ein Resümee verzichtet, ohne Zweifel gutgetan.

Die Geschichte Italiens ist immer auch in besonderer Weise die Geschichte seiner Städte und Regionen. Aus der Sicht einer deutschsprachigen Zeitgeschichtsforschung ist Südtirol von besonderem Interesse. Der neuesten Geschichte der heutigen autonomen Provinz Bozen als Teil der autonomen Region Trentino-Alto Adige hat sich der über Jahrzehnte an der Universität Innsbruck wissenschaftlich beheimatete Rolf Steininger in einer Fülle von Darstellungen und Dokumenteneditionen intensiv gewidmet. Als Essenz seiner Forschungen präsentierte Steininger 1999 eine knappe Gesamtdarstellung der Geschichte Südtirols seit dem Ende des Ersten Weltkriegs, die nun erneut in der ungekürzten Taschenbuchausgabe einer überarbeiteten und erweiterten Fassung aus dem Jahr 2003 erscheint.[18] Insofern reicht die Darstellung nicht ganz bis an die Gegenwart heran. Sie bietet gleichwohl eine ebenso informative und engagierte wie lesenswerte Grundlage für eine erste Annäherung an das Problemfeld Südtirol im 20. Jahrhundert, die um so wertvoller ist, als die meisten der hier zu besprechenden Bücher auf die Thematik nur ganz am Rande eingehen. Steininger beschreibt kurz den Einzug italienischer Truppen in Südtirol im November 1918 und die zunächst militärisch bestimmte Verwaltung und geht ausführlich auf die gedankliche Vorarbeit ein, die insbesondere Ettore Tolomei, ein Lehrer für Geschichte und Geografie und späterer Ministerialbeamter, seit den 1890er Jahren in einer Fülle von pseudowissenschaftlichen Publikationen und Denkschriften zugunsten der Brennergrenze für den italienischen Nationalstaat, der vermeintlich notwendigen ›Re-Italianisierung‹ der Südtiroler Bevölkerung und der Umbenennung geografischer und topografischer Bezeichnungen geleistet hat. Die Vorstellungen der Faschisten koinzidierten mit Tolomeis Weltbild, und seit den frühen 1920er Jahren setzte eine rigorose Politik der Italianisierung des Gebiets und seiner Bewohner ein, die Steininger als unerträglich für die angestammte Bevölkerung ansieht. Der forcierte Zuzug von Italienern vor allem in der öffentlichen Verwaltung[19] und die Ansiedlung eines Industriegebiets bei Bozen mitsamt Arbeitskräften aus dem Süden wurden mit der strikten Unterdrückung deutscher Sprache und Tiroler Kultur verbunden.

Nachdem sich die Option der großen Mehrheit der Südtiroler 1939/40 für eine Übersiedlung ins Deutsche Reich beziehungsweise in von diesem neu zu erobernde Gebiete im Zuge einer angestrebten »volklichen Flurbereinigung« als, wie Steininger es nennt, »›Endlösung‹ der Südtirolfrage« (S. 33) nicht in der verfügbaren Zeit realisieren ließ und

---

18 *Rolf Steininger*, Südtirol. Vom Ersten Weltkrieg bis zur Gegenwart, Haymon-Taschenbuch Verlag, Innsbruck/Wien 2012, 222 S., kart., 9,95 €.

19 Vgl. dazu *Andrea Di Michele*, Die unvollkommene Italianisierung. Politik und Verwaltung in Südtirol 1918–1943, Innsbruck 2008 (zuerst ital. 2003).

Südtirol von 1943 bis 1945 faktisch deutscher Herrschaft unterstand, bestanden 1945/46 vage Hoffnungen aufseiten der Südtiroler Bevölkerung, ihr Gebiet in ein neues demokratisches Österreich integrieren und so die Einheit Tirols wiederherstellen zu können. Diese bei ihrer Gründung 1945 nicht zuletzt in der Südtiroler Volkspartei (SVP) gehegten Hoffnungen auf Selbstbestimmung trogen jedoch: Steininger, der immer auch die internationale Dimension des Südtirolproblems einbezieht, erklärt das nicht nur mit der generell geringen Neigung der Siegermächte, Österreich auf Kosten Italiens zu vergrößern, er verweist auf die speziell im britischen Außenamt verbreitete Furcht vor einer möglichen Ausweitung des Einflusses der Sowjetunion, die in Österreich als kaum auszurechnende Besatzungsmacht agierte, über den Alpenkamm hinaus. So erfolgten trotz des Gruber-de-Gasperi-Abkommens vom 5. September 1946, das letztlich unter britischem Druck als Arbeitsgrundlage für die weitere Behandlung des Südtirolproblems zwischen Italien und Österreich zustande kam, erneute italienische Repressionen und Schikanen gegen die deutschsprachigen Südtiroler. Steininger spricht von einer nicht zuletzt auch in personeller Hinsicht »direkten Fortsetzung der ehemals faschistischen Politik« (S. 109). Jahrzehntelange Verhandlungen angesichts besonders in den 1960er Jahren eskalierender Sprengstoffanschläge Tiroler Extremisten, denen die italienischen Behörden mit Härte begegneten, und seit den 1980er Jahren wachsender neofaschistischer Anhängerschaft unter der italienischen Bevölkerung führten, auch unter Einschaltung der UNO, bis 1992 zu einer offiziellen Streitbeilegung zwischen der nicht immer glücklich agierenden Schutzmacht Österreich und der italienischen Regierung. Die große Mehrheit der Südtiroler und ihrer politischen Führung hatte sich ohnehin längst von der Vorstellung verabschiedet, ihr Land aus der Italienischen Republik aus- und Österreich eingliedern zu können. Tatsächlich hat sich vor dem Hintergrund wirtschaftlicher Prosperität so etwas wie ein geregeltes Nebeneinander, aber kein wirkliches Miteinander zwischen den beiden Volksgruppen eingestellt. Steininger erkennt darin insgesamt eine Erfolgsgeschichte mit optimistisch stimmenden Zukunftsperspektiven, nicht zuletzt aufgrund der nunmehr völlig offenen Grenzen zu Nord- und Osttirol, spricht aber mit Blick auf die in die Gegenwart hineinragende Vergangenheit und die aus ihr überkommenen Probleme unumwunden von der »Unrechtsgrenze« und von »mehr als 80 Jahre[n] Südtirol unter fremder Herrschaft« (S. 203; 199).

II. ITALIEN IM ZEITALTER DER WELTKRIEGE

Obgleich die Verlagerung der italienischen Nordgrenze an den Brenner und die damit verbundene Teilung Tirols sowie die Eingliederung Südtirols in das Staatsgebiet Italiens für die betroffene deutschsprachige Bevölkerung bis heute von nachhaltiger Bedeutung sind, handelte es sich dabei keineswegs um die gravierendsten Folgen der Intervention Italiens an der Seite der Entente im Krieg gegen die Mittelmächte, die am 23. Mai 1915 mit der italienischen Kriegserklärung gegen Österreich-Ungarn begann. Vielmehr stellt sich die Teilnahme Italiens am Ersten Weltkrieg als die vielleicht wesentlichste Voraussetzung für die Entstehung und politische Durchsetzung der faschistischen Bewegung dar. Lässt allein das schon die eminente Bedeutung dieses Kriegs für die Geschichte Italiens im 20. Jahrhundert aufscheinen, so macht Holger Afflerbach als ausgewiesener Experte für die Geschichte des deutsch-österreichisch-italienischen Dreibundes wie für den Ersten Weltkrieg in einem Sammelband zum Kriegseintritt Italiens 1915, der aus einer eintägigen Tagung des Instituts für Zeitgeschichte und des Italienisch-Deutschen Historischen Instituts in Trient hervorging[20], auf weitere Zusammenhänge aufmerksam: Die italienische Beteiligung

---

20 *Johannes Hürter/Gian Enrico Rusconi* (Hrsg.), Der Kriegseintritt Italiens im Mai 1915 (Schriftenreihe der Vierteljahrshefte für Zeitgeschichte, Sondernr.), Oldenbourg Verlag, München 2007, 143 S., kart., 24,80 €.

am Ersten Weltkrieg werde »in der deutschen und internationalen Historiographie« zu Unrecht »als zweitrangiges Ereignis unter den vielen europäischen Tragödien des 20. Jahrhunderts« behandelt, Italien »als bloßer Nebenkriegsschauplatz« angesehen. Dabei sei der italienische Kriegseintritt am 23. Mai 1915 »eines der zentralen politischen Ereignisse des 20. Jahrhunderts« gewesen. »Er hatte ungeheure Folgen für Italien und seine ehemaligen Verbündeten, also für Österreich-Ungarn und das Deutsche Reich, sowie für ganz Europa«, sei »in Wahrheit von erstrangiger Bedeutung« und verdiene unser fortdauerndes Interesse (S. 53f.). Als Begründung für diese Aufwertung seines Untersuchungsgegenstands führt Afflerbach nicht bloß die an die 1,8 bis zwei Millionen zählenden menschlichen Verluste im italienisch-österreichischen (und ab August 1916 auch italienisch-deutschen) Krieg, an den Fronten und unter der Zivilbevölkerung, an – der italienische Kriegseintritt habe schon damit »eine politische und humanitäre Katastrophe erster Ordnung« nach sich gezogen, gerade auch »für Italien selbst, obwohl es am Ende siegreich war« (S. 98). Über diesen Tatbestand hinaus, durch den das liberale System Italiens in seinen Grundfesten erschüttert und der Faschismus erst ermöglicht worden sei, sei der *intervento*, mutmaßt Afflerbach, »entscheidend für den Ausgang des Ersten Weltkrieges« gewesen, indem er starke österreichische Kräfte gebunden, einen nachhaltigen Sieg der Mittelmächte über Russland 1915 verhindert und insgesamt »auf lange Sicht« deren Niederlage besiegelt habe (S. 54, vgl. auch S. 98).

Diese These dürfte angesichts des zähen Widerstands und des Siegeswillens aufseiten der Westmächte und deren faktischer Unterstützung durch das Arsenal der Vereinigten Staaten überzogen sein – Nicola Labanca (S. 73–84) spricht im selben Band plausibler davon, das italienische Militär habe »eine wichtige, wenn auch nicht entscheidende Rolle beim Sieg der Entente über die Mittelmächte« gespielt (S. 84). Sie macht aber deutlich, warum noch immer mit Vehemenz über die Gründe diskutiert wird, die eine kleine Elite italienischer Politiker einschließlich König Viktor Emanuel III. dazu verleiteten, aus dem im August 1914 deklarierten Status der Neutralität herauszutreten und sich mit der vertraglich zugesicherten Aussicht auf territoriale Beute dem Krieg der Entente anzuschließen. Gian Enrico Rusconi (S. 13–52) macht dafür primär machtpolitische Motive geltend, die im zeitlichen Horizont des Spätimperialismus als legitim zu betrachten und nicht primär moralisch zu bewerten seien: Gewiss seien eine Neigung zum Hasard und politische Fehleinschätzungen im Spiel gewesen, im Kern jedoch sei es darum gegangen, die Gelegenheit zu nutzen, um Italien zum Status einer vollen und gleichberechtigten Großmacht zu verhelfen, ihm im Rahmen seiner geopolitischen Ausrichtung einen Machtzuwachs im Adria- und Balkanraum und letztlich die Hegemonie im Adriaraum zu verschaffen. Im Übrigen habe es im internationalen System keine Seite an Zweckbestimmtheit und Zynismus fehlen lassen.[21] Afflerbach (S. 53–72) dagegen argumentiert radikal gegen die Sinnhaftigkeit der italienischen Entscheidung für den Krieg: Er sieht ein völlig verantwortungsloses Handeln der italienischen Regierung und der Militärs, die über den mörderischen und langwierigen Charakter des Kriegs nicht im Unklaren zu sein brauchten und sich in sorglosem Optimismus hinsichtlich des zu erwartenden Kriegsverlaufs ergingen, verweist auf die zeitgenössisch geäußerten Alternativen zum Kriegseintritt und erkennt in dem Entschluss zum *intervento* »einen durch nichts zu rechtfertigenden ›Akt des Wahnsinns‹, der sich für das Land furchtbar rächte« (S. 67f.). Afflerbach kann sich den Weltkrieg gut ohne Beteiligung Italiens vorstellen. Sowohl Rusconi wie Afflerbach lassen im Übrigen auch innenpolitische Motive der Entscheidungsfindung der italienischen Regierung aufscheinen – die Bewahrung des liberalen, aber im Konfliktfall gegebenenfalls auch monarchisch-autoritären politischen Systems angesichts eines diffusen Bedrohungsszenarios, in dem

---

21 Vgl. dazu neben Rusconis Beitrag in diesem Sammelband auch *ders.*, Deutschland – Italien, S. 86–103.

sich radikal interventionistische Minderheiten auf der Straße revolutionärer Umtriebe zu bedienen schienen. Bemerkenswert ist zuletzt, wie Rusconi und Afflerbach bei manchen inhaltlichen Differenzen sich methodisch durchaus nahestehen, wenn beide angesichts der Entwicklung der Dinge in Italien 1914/15 die Rolle der Kontingenz betonen, kontrafaktische Argumente anbringen und sich dezidiert zur Bedeutung einer Geschichte des politischen Handelns und politischer Entscheidungen bekennen.

Als Entstehungsbedingung insbesondere der ausgeprägten Gewaltbereitschaft, welche die Protagonisten und Aktivisten der faschistischen Bewegung von deren Beginn an prägte, spielt der Erste Weltkrieg auch in Wolfgang Schieders knapper Synthese zum italienischen Faschismus eine Rolle.[22] Entscheidend für die Erklärung der Ermöglichung faschistischer Herrschaft erscheint dem dezidierten Sozialhistoriker jedoch, dass »Italien infolge des Ersten Weltkrieges einer dreifachen gesellschaftlichen Systemkrise ausgesetzt war«, die »sich aus drei säkularen Entwicklungsprozessen« der Moderne ergab, die wiederum »in diesem Land infolge ihres nahezu gleichzeitigen Auftretens zu einer kumulativen Krise führten«: Es handele sich »um die relative Gleichzeitigkeit von unvollendeter Nationsbildung, ungelösten Verfassungskonflikten und unbewältigten wirtschaftlichen Wachstumskrisen, durch welche die besonderen historischen Rahmenbedingungen für die Entstehung des Faschismus in Italien geschaffen wurden«. Schieders eigentliche Darstellung setzt dann aber doch recht unvermittelt mit der Biografie und dem Charakter Mussolinis, der Frühgeschichte des Faschismus und der Ernennung des faschistischen Parteichefs zum Ministerpräsidenten am 30. Oktober 1922 durch König Viktor Emanuel III. ein – das letztgenannte Ereignis wird nicht unter Bezugnahme auf »säkulare Entwicklungsprozesse« erklärt, sondern weitaus bescheidener; es sei »strukturell in den inneren Widersprüchen des politischen Systems Italiens nach 1918 angelegt« gewesen (S. 31). Im Hauptteil des Büchleins behandelt Schieder ebenso konzise wie präzise die Herausbildung des faschistischen Diktatursystems bis 1929 und dieses System selbst, wie es bis 1943 Bestand hatte. In einem Epilog geht er gleichermaßen fundiert auf die kurze Geschichte der *Repubblica Sociale Italiana* (RSI) von 1943 bis 1945 ein, die primär als deutscher Satellitenstaat von Hitlers Gnaden zu verstehen ist, aber auch den radikalsten genuin faschistischen Kräften noch einmal Gelegenheit zu einer allein geografisch beschränkten Terrorherrschaft bot. Ein Ausblick auf den Umgang der Italiener mit der faschistischen Vergangenheit in ihrer kollektiven Erinnerung rundet den Band ab, der als Einstieg in die Thematik und zur zuverlässigen Erstinformation geeignet ist und die entsprechenden Abschnitte in Wollers Darstellung sinnvoll zu ergänzen vermag.[23]

In manchem sind die Ausführungen Schieders nüchterner gehalten als diejenigen Hans Wollers. Beide erkennen in Benito Mussolini die Zentralfigur sowohl der Bewegung als auch des Regimes: »Ohne den politischen Willen, aber auch ohne die ideologische Wendigkeit und die persönliche Rücksichtslosigkeit« des Parteiführers, so Schieder, »hätte sich der Faschismus in seiner historischen Form nicht entfalten können«. Schieder betont wiederholt Mussolinis zahlreiche politische Kehrtwendungen, verdeutlicht die geringe Bedeutung ideologischer Festlegungen für sein Handeln, vermisst im Grunde eine politische Botschaft des Faschistenführers. Aus der Sicht der Jahreswende 1919/20 resümiert Schieder angesichts einer weiteren radikalen Kurskorrektur Mussolinis nach diversen politischen Misserfolgen der jungen Bewegung, derartige »Wendemanöver« sollten »für seinen politischen Stil bezeichnend werden: Er hielt sich künftig stets alle Möglichkeiten offen, um

---

22 *Wolfgang Schieder*, Der italienische Faschismus. 1919–1945, Verlag C. H. Beck, München 2010, 127 S., kart., 8,95 €.

23 Zur kontrastierenden Ergänzung der Interpretationen von Schieder und Woller sollte allerdings immer noch der korrespondierende Abschnitt bei *Rudolf Lill*, Geschichte Italiens in der Neuzeit, 4., durchges. Aufl., Darmstadt 1988, S. 290–385, herangezogen werden.

sich dann skrupellos für diejenige Richtung zu entscheiden, die ihm den größten politischen Vorteil zu bringen schien« (S. 17–19). Immerhin gelang es Mussolini, mittels einer Doppelstrategie, die die Attitüde des kompromissbereiten Staatsmanns mit der latenten putschistischen Bedrohung durch seine radikalen und gewalttätigen Parteigänger verband, rasch zum Regierungschef aufzusteigen, um als solcher allmählich durch die sorgfältige Austarierung von bürokratischem Parteifaschismus und monarchischem Staatsfaschismus zu einer persönlichen Führerherrschaft zu gelangen, die ihm sicher schien, solange sein Regime politisch erfolgreich war oder sich zumindest propagandistisch so darzustellen vermochte. Schieder verdeutlicht, wie sowohl Propaganda als auch Zwang, Überwachung und Polizeiterror zur Herstellung oder zumindest der Fiktion eines gewissen Maßes an Zustimmung zu dieser Herrschaft beitrugen, wobei der Mythos des Duce eine wesentliche Rolle spielte. Bei all dem ging es Mussolini um nichts als seinen persönlichen Machterhalt (vgl. etwa das einschlägige Zitat auf S. 37: »Wir haben die Macht und wir werden sie behalten. Wir werden sie gegen jedermann verteidigen. In diesem unseren festen Willen, die Macht zu behalten, besteht die Revolution«). Selbst die Kriege des faschistischen Regimes seien in diesem Sinne »immer auch innenpolitisch motivierte Kriege« gewesen (S. 70), wobei nicht ganz klar wird, ob die vermeintliche massenhafte Zustimmung der italienischen Bevölkerung zum Krieg gegen Äthiopien stärker auf die erfolgreiche Propaganda des Regimes oder auf Zwang und auf Autosuggestion der Verantwortlichen zurückzuführen war (S. 71). Auch hinsichtlich des 1938 staatlich verordneten Antisemitismus macht Schieder dessen funktionalen, im Grunde unideologischen und rein willkürlichen Charakter deutlich: Das »internationale Judentum« sei als »neuer Feind« des Regimes den schon bestehenden Feindbildern hinzugefügt worden, weil es »willkürlich für die vom Völkerbund gegen Italien wegen des Überfalls auf Abessinien verhängten Sanktionen verantwortlich gemacht« wurde. Seit 1937 sei Italien dann »in die Reihe der antisemitischen Verfolgerstaaten Europas« eingetreten. »Diese Marginalisierung der ›Anderen‹ zielte auf die Festigung der kollektiven Massenloyalität der Italiener, die über die Konstruktion eines neuen Feindbildes eine besondere faschistische Identität erhalten sollten« (S. 61 f.). Im Faschismus sei es in Bezug auf die Juden »nie zu einem angewandten Rassismus« mit tödlichen Folgen gekommen; »der Faschismus wollte die Juden wieder ins Ghetto zurückdrängen, nicht aber als solche vernichten«.[24] Der Vorstellung des faschistischen »neuen Menschen« schließlich steht Schieder betont skeptisch gegenüber: »Wodurch der Zukunftsmensch allerdings charakterisiert sein sollte, ist nie eindeutig definiert worden, geschweige denn, daß dies Projekt in die Praxis umgesetzt worden wäre« (S. 64 f.). Mussolini erscheint in dieser Darstellung Schieders übrigens nicht persönlich als Rassist oder Antisemit.

Es gelingt Wolfgang Schieder in insgesamt plausibler Weise, den italienischen Faschismus auf einige essenzielle Grundzüge zu reduzieren: massive Gewaltbereitschaft und -anwendung nach innen und außen, ein im Grunde objektloser Aktionismus als wesentlicher Existenzmodus von Bewegung und Regime, Willkür und Unbeständigkeit in der politischen und gesellschaftlichen Zielsetzung, Machtgewinn und -erhalt als Selbstzweck einer auf massenhaften Konsens bedachten despotischen Herrschaft (wobei die soziale Fundierung dieser Herrschaft bei Schieder nicht untersucht und die Frage nach ihren möglichen Nutznießern nicht gestellt wird). Einige Widersprüche und Ungereimtheiten in Schieders Interpretation seien allerdings vermerkt:[25] 1. Eine inhaltliche oder auch nur darstellerische Vermittlung zwischen den von Schieder herangezogenen, modernisierungstheoretisch

---

24 So fast wörtlich auch schon *Lill*, Geschichte Italiens in der Neuzeit, S. 346.
25 Vgl. auch *Rainer Behring*, Rezension zu: *Wolfgang Schieder*, Faschistische Diktaturen. Studien zu Italien und Deutschland, Göttingen 2008, in: Jahrbuch Extremismus & Demokratie 21, 2009, S. 350–353.

grundierten Voraussetzungen für die Entstehung des Faschismus und einer dann doch konventionellen, politik-, verfassungs- und letztlich ereignisgeschichtlich akzentuierten Darstellung wird nicht geleistet. 2. Dem generell ideologiefernen, wendungsreichen, opportunistischen Politiker Mussolini wird ab 1925 plötzlich das »Programm einer faschistischen Außenpolitik« zugeschrieben (S. 53), Ende der 1930er Jahre sogar »ein atemberaubendes imperialistisches Parallelprogramm zu dem Hitlers«, eine »Art Stufenplan«. Schieder scheint das selbst nicht ernst zu nehmen, spricht er doch davon, Mussolini habe begonnen, »von einer faschistischen Weltmachtrolle zu phantasieren« (S. 75). Schieder gibt klar zu erkennen, dass das faschistische Regime sich wirtschaftlich, logistisch und militärisch in keiner Weise auf einen Krieg vorbereitete, der der Realisierung eines solchen scheinbaren Programms adäquat gewesen wäre. Noch in der Situation des Frühjahrs 1940 »schwankte Mussolini […] hin und her und gab weder der Rüstungsindustrie noch dem Generalstab klare Anweisungen«, um dann schließlich nach langem Zaudern erst, als der deutsche Sieg in Frankreich kurz bevorstand, »in aller Eile zu handeln, um noch an der französischen Kriegsbeute beteiligt zu werden«. Der »Gegensatz zwischen der bellizistischen Rhetorik des ›Duce‹ und dem bescheidenen Ergebnis« der dann planlos unternommenen Kriegsanstrengungen der königlichen Armee hätte in der Tat »nicht größer sein können« (S. 84f.). 3. In Wirklichkeit kann keine Rede davon sein, dass, wie Schieder behauptet, das faschistische Regime gar schon »vor der Entstehung der ›Achse‹ bedingungslos auf Krieg angelegt war«. Es war gewiss auf außenpolitische Erfolge angewiesen, meinte zu diesem Zweck auf militärische Abenteuer setzen zu müssen, war aber eben nicht auf den europäischen Großmächtekrieg fixiert, in den es erst durch seine Annäherung an das Deutsche Reich schuldhaft verwickelt wurde. In diesem Zusammenhang entbehrt Schieders Hypothese jeder Logik, der zufolge »Mussolinis Diktaturregime früher zusammengebrochen wäre, wenn es sich nicht an das geistesverwandte NS-Regime in Deutschland angeschlossen hätte« (S. 77). Erst das willkürliche Zusammengehen mit dem Deutschen Reich spätestens seit dem ›Stahlpakt‹ vom Mai 1939 brachte Italien überhaupt in eine Situation, in der es, dessen Führung (zunächst einmal!) drei bis vier Jahre europäischen Frieden anstrebte, mit einem vom deutschen Bündnispartner vom Zaun gebrochenen geplanten Eroberungskrieg konfrontiert wurde. Hätte Mussolinis Regime in dieser durchaus offenen Situation 1939/40 Abstand vom Deutschen Reich gewahrt oder gar auf die jederzeit mögliche Option einer Reorientierung auf Großbritannien zurückgegriffen, würde es mit einiger Wahrscheinlichkeit auf absehbare Zeit überdauert haben, länger jedenfalls, als es die zunehmende Absorption durch Hitlers Herrschaftssystem und Kriegspolitik zuließ. 4. Schieders Darstellung der faschistischen Außenpolitik ist in sich inkonsistent. Die Beziehungen zu den Westmächten werden wie bei Woller vernachlässigt, Züge einer Politik der berechnenden Äquidistanz zwischen ihnen und dem Deutschen Reich in der Tradition italienischer Außenpolitik, wie sie bis Ende der 1930er Jahre zu beobachten waren, als bloßer Schein abgetan (S. 74f.). Der Behauptung, Mussolini habe sich bereits »seit Hitlers Machtergreifung Schritt für Schritt an den geistesverwandten deutschen Diktator gebunden« (S. 55), folgt unvermittelt die Erkenntnis, erst die während des Abessinienkriegs »von Frankreich und England im Völkerbund gegen Italien durchgesetzten Sanktionen trieben ihn Hitler in die Arme« (S. 74). Die schwierigen, komplexen und widerspruchsvollen Beziehungen zwischen dem faschistischen Italien und dem nationalsozialistischen Deutschen Reich erscheinen insgesamt im Sinne von Schieders Konzept der »beiden faschistischen Diktaturen« (S. 83) geglättet. 5. Entschiedener Widerspruch muss gegen Schieders zentrale Behauptung vorgebracht werden, der Nationalsozialismus habe sich bei seiner Entstehung am italienischen Faschismus orientiert (S. 7). Der Nationalsozialismus entstand mit allen seinen Ingredienzien 1919/20 ohne jeden Zusammenhang mit dem Faschismus: Das gilt gleichermaßen für Hitlers Weltanschauung mitsamt seinem rassistischen Antisemitismus und seiner rein machtpolitischen Präferenz für ein deutsches Bündnis mit Italien wie für die Entstehung der NSDAP und ihres Parteiprogramms und für die antibolschewistischen und judenfeindlichen gewalttätigen Horden ehemaliger und verhinderter Kriegsteilnehmer, die etwa während des Kapp-Lüttwitz-Putsches im März 1920 mit ihren Hakenkreuzen am Helm eine nationale diktatorische Regierung forderten und letztlich eine Wiederaufnahme des Kriegs zur Zerreißung des Friedensvertrags von Versailles und zur militärischen Wiedererrichtung einer deutschen Herrschaft im Osten Europas anvisierten. Zu all dem bedurfte es keines Anstoßes aus Italien und keines Faschismus, von dessen kümmerlichen Anfängen man damals in Deutschland kaum Kenntnis hatte.

Die Mehrzahl der deutschsprachigen Detailstudien zur italienischen Geschichte im 20. Jahrhundert widmet sich im Berichtszeitraum weiterhin der faschistischen Herrschaft. Wolfgang Schieder selbst steuert eine Mischung aus Monografie und Dokumentenedition über »Deutsche in Audienz beim Duce« bei.[26] Folgt man der Darstellung Schieders, so verbrachte Mussolini als Regierungschef das Gros seiner Arbeitszeit an seinem Schreibtisch – der seit Herbst 1929 in einem monumentalen »Arbeitszimmer« im römischen Palazzo Venezia stand –, um dort einen unablässigen Strom von Besuchern zu empfangen, vormittags Partei- und Staatsfunktionäre – bezeichnenderweise ist bei Schieder nichts über das Führungspersonal der königlichen Armee und Marine zu erfahren – zu politischen Besprechungen oder zur Erteilung von Aufträgen, nachmittags überwiegend in- und ausländische Gäste verschiedener Art zu Gesprächen. Schieder untersucht die Bedeutung dieser Audienzen unter Rückgriff auf kulturgeschichtliche Ansätze und erkennt in ihnen ein Pendant zu den bekannten öffentlichen Massenaufmärschen im Angesicht des Duce: Das »von Mussolini entwickelte Audienzsystem« müsse »als herrschaftspolitisch instrumentelles Handeln in ritualisierter Form verstanden werden«. Die Audienzen hätten ebenso wie die Massenveranstaltungen den Charakter politischer Inszenierungen getragen und seien gleichermaßen als eine Form von charismatischer Politik zu betrachten; Mussolini habe hier »seine charismatische Überwältigungstaktik« gegenüber ausgewählten Besuchern aus dem In- und Ausland angewandt (S. 13f.). Schieders Analyse zielt auf die Form der Audienzen, nicht auf die Inhalte der Gespräche; es geht ihm um den Stil, nicht den Inhalt von Politik. Entsprechend ist im kulturwissenschaftlichen Jargon die Rede vom »Erfahrungsraum sozialer Interaktion [...], in dem spezifische ›Diskurse‹ stattgefunden haben«, und von dem »Versuch, die neuerdings häufiger angemahnte kulturelle Dimension von Politik an einem konkreten Beispiel zu untersuchen« (S. 20f.). Schieders Fazit lautet knapp: Die Audienz erweise sich als ein zentrales Element von Mussolinis Herrschaft, »sie repräsentierte im faschistischen Italien Mussolinis persönliche Diktatur« (S. 53).

Allerdings möchte Schieder zugleich im Sinne seiner These eines vom italienischen Vorbild ausgehenden Faschismus als gesamteuropäischer Bewegung einen Beitrag zu den Fragen leisten, wie sich anhand der Audienzen Mussolinis der »Transfer des italienischen Ursprungsfaschismus« vollzogen habe, der ohne dieses Audienzsystem nicht denkbar gewesen sei (S. 21), und wie es dem Duce gelungen sei, seinen jeweiligen Besucher »zu einem Botschafter des Faschismus zu machen« (S. 40). Dabei sind die Inhalte der Gespräche vielleicht doch nicht ganz unwichtig. Sie erschließen sich exemplarisch aus den Berichten deutscher Besucher Mussolinis – für den Zeitraum von 1923 bis 1943 machte Schieder knapp 200 deutsche Gäste vor allem anhand der überlieferten Audienzlisten ausfindig[27] –, die er gesammelt hat und von denen 32 in dem Band abgedruckt sind. Ihr Wert

---

26 *Wolfgang Schieder*, Mythos Mussolini. Deutsche in Audienz beim Duce, Oldenbourg Verlag, München 2013, 404 S., geb., 39,80 €.
27 Deren Dokumentation geht nicht ohne Fehler vor sich: Es waren somit »im jährlichen Durchschnitt« nicht »etwa 20 deutsche Besucher« in Privataudienz (S. 66), sondern knapp zehn;

ist recht unterschiedlich: Teilweise handelt es sich um zeitgenössische Veröffentlichungen, teils um Auszüge aus stilisierten Erinnerungen – die Memoiren von Leni Riefenstahl etwa sind hier inhaltlich völlig wertlos. Von besonderer Aussagekraft sind vor allem die authentischen Aufzeichnungen der Journalisten Sven von Müller und Roland Strunk sowie des Reichsministers Hans Frank aus den Jahren 1935/36 (S. 297–307 und 317–319), die Hinweise auf den Beginn von Mussolinis außenpolitischer Umorientierung in diesem Zeitraum und auf seine Einschätzung des Kriegs gegen Äthiopien zu geben vermögen.

Wenn verschiedene deutsche Besucher, so auch die liberalen und dem Faschismus gegenüber durchaus nicht unkritischen Journalisten und Schriftsteller Emil Ludwig und Theodor Wolff, aus ihren Gesprächen mit Mussolini bis in die 1930er Jahre hinein den Eindruck gewannen, der italienische Diktator sei weder auf außenpolitische Aggression noch auf die Ausbreitung des Faschismus bedacht, dann wird man das mit Wolfgang Schieder für das Ergebnis von Verstellung und Täuschung bis hin zur Lüge halten. Weniger überzeugend ist diese Interpretation im Hinblick auf die dezidierte Feststellung Mussolinis und vieler seiner Besucher bis Mitte der 1930er Jahre, dem Faschismus sei der Antisemitismus fremd, gerade das unterscheide ihn vom Nationalsozialismus und generell von der deutschen Rechten. Wenn man aber Schieders insgesamt berechtigte Skepsis gegenüber den stilisierten und berechnenden Äußerungen Mussolinis teilt, dann muss man diesen Maßstab methodisch auch gegenüber Aussagen anwenden wie jener zu Joseph Goebbels Ende Mai 1933, Hitler könne sich auf ihn verlassen, »ich gehe mit ihm durch dick und dünn« (S. 275), oder zu Hans Frank von Ende September 1936: »Der Führer war mir immer ein idealer Gedanke. Ich stand immer zu ihm. Auch in schwersten Zeiten« (S. 319).

Selbst wenn die Bedeutung des »Audienzsystems« für die Erklärung von Mussolinis Herrschaft und des faschistischen Regimes von Wolfgang Schieder wohl überschätzt wird, so bietet seine Arbeit doch einen wichtigen Beitrag zur Biografie Mussolinis, die zahlreiche Mosaiksteine enthält und manches Aperçu überliefert, so die Beobachtung des Journalisten Kurt Kornicker, Mussolini sei »ein geradezu phänomenaler Schauspieler« (S. 246). Von eminenter Bedeutung für die Erkenntnis des Wesens faschistischer Herrschaft ist Schieders Beobachtung hinsichtlich der italienischen Audienzgäste des Diktators, Mussolini habe »über die Jahre hinweg Repräsentanten der gesellschaftlichen, wirtschaftlichen und kulturellen Eliten des faschistischen Regimes« empfangen,

»also Industrielle, Banker, Wissenschaftler, Künstler, Architekten und erfolgreiche Sportler, aber auch zahlreiche Vertreter des Adels und vor allem auch viele Frauen der besseren Gesellschaft. Arbeiter oder einfache Bauern, überhaupt Angehörige der Unterschichten, finden sich nicht unter den Audienzbesuchern, die Zielgruppe seiner Audienzen war für Mussolini ausschließlich die Oberschicht des faschistischen Regimes« (S. 57).

Auch habe Mussolinis Personenkult der bloßen »Vortäuschung eines politischen Massenkonsenses« gedient (S. 138).

Weniger als Monografie denn als monumentaler polythematischer Steinbruch präsentiert sich Daniela Liebschers Tübinger Dissertation »zur internationalen Freizeit- und So-

---

Mussolini reiste im März 1922 gewiss nicht »beunruhigt durch den Abschluß des Rapallovertrages« nach Deutschland (S. 129 und 220); Wilhelm Frick wurde als Reichsminister des Innern nicht 1941 abgesetzt (S. 195); Sterbedatum und -ort Gerhart Hauptmanns sind falsch angegeben (S. 217); »Arnoldo« statt Arnaldo Mondadori (S. 75; 80; 402); »Albert von Kesselring« (S. 374–377; 401). Absurd ist es, eine in einer Aktennotiz vom 2. April 1936 wiedergegebene Bemerkung Mussolinis zur Situation »in der belagerten Festung« zu kommentieren als eine »ironische Anspielung auf die NS-Propaganda, die seit 1942 von einer belagerten ›Festung Europa‹ sprach« (S. 313 mit Anm. 7). Tatsächlich ging es um die aktuelle Situation im von den Völkerbundsanktionen bedrängten Italien.

zialpolitik des faschistischen Italien und des NS-Regimes«.[28] Die Verfasserin verfügt über eine beeindruckende Sachkenntnis, die sich nicht zuletzt in den zum Ende des Buchs hin immer umfangreicher werdenden monströsen Anmerkungen niederschlägt, in denen neben Aktenstücken vor allem Beiträge aus Organen der faschistischen und nationalsozialistischen Publizistik zu Fragen der Sozial- und Arbeiterpolitik dokumentiert werden. Die Frage nach der spezifischen Aussagekraft dieser Art von regimetreuen Veröffentlichungen wird nicht erörtert. Die Untersuchung hat auch einen Gegenstand: »die Entstehung, die Phasen und die Ausgestaltung der totalitären internationalen Freizeitpolitik« der beiden Regime in Italien und Deutschland »als Gegenentwurf zur internationalen Sozialpolitik« der Genfer, in Anlehnung an den Völkerbund und die reformistischen Gewerkschaften agierenden Internationalen Arbeitsorganisation. Das Buch

»beschreibt [!] die Beziehungsgeschichte zwischen den staatlichen Vertretern des italienischen Königreichs, des Deutschen Reichs sowie den jeweiligen Nichtregierungsorganisationen und Parteiverbänden in- und außerhalb der Genfer Internationalen Arbeitsorganisation jeweils vor und nach den Übergängen von der Demokratie zur Diktatur«

sowie »die Wechselbeziehungen zwischen dem faschistischen und dem nationalsozialistischen Regime […] nicht allein als Teil der italienischen oder deutschen Nationalgeschichte […], sondern auf den internationalen Kontext bezogen« (S. 18). In transnationaler Perspektive gehe es dabei um »doppelte und ineinander verflochtene Transfer- und Vergleichsstrukturen« (S. 42). Um dieses überwältigende Programm abzuarbeiten, befasst sich Liebscher einleitend mit Forschungskonzept, Forschungsstand, Quellenlage und Gliederung. Allein eine erkenntnisleitende Fragestellung sucht man in der Einleitung dieser Arbeit ebenso vergeblich wie ein greifbares Ergebnis in ihrer Schlussbetrachtung.

Tatsächlich beschreibt Liebscher über Hunderte von Seiten hinweg, und zwar eingestandenermaßen: Sie »beschreibt die Ereignisse und Hintergründe« (S. 443), sucht »die Geschichte der internationalen Sozialpolitik der Zwischenkriegszeit zu beschreiben« (S. 615), möchte »die Eskalationsdynamik der Wechselbeziehungen […] im Detail beschreiben« (S. 621) und macht sich noch auf der vorletzten Seite Gedanken über »die Beschreibung der faschistischen und der nationalsozialistischen Sozialpolitik und vor allem ihrer Wechselbeziehungen« (S. 636). Das alles ist folgerichtig nicht analytisch, wenig erkenntnisfördernd und schon gar nicht zielgerichtet. Dementsprechend mäandert die Darstellung vor sich hin, beschreibt eben die vergleichsweise gelungene Integration der Vertreter des faschistischen Regimes in die Gremien und Kongresse der Internationalen Arbeitsorganisation und des Internationalen Arbeitsamts in Genf bis zur Zäsur des italienischen Angriffskriegs gegen Äthiopien 1935/36, den radikal lärmenden und polternden Bruch Robert Leys als prototypischer Vertreter des NS-Regimes mit diesen Institutionen gleich im Juni 1933, den Vorbildcharakter der faschistischen Freizeitorganisation »Opera Nazionale Dopolavoro« für die NS-Gemeinschaft »Kraft durch Freude« (KdF), die schwierigen Beziehungen dieser beiden Einrichtungen von anfänglichem Überschwang 1933 über die baldige demonstrative Abgrenzung insbesondere von deutscher Seite und die Wiederannäherung 1936–1938 bis hin zu erneuten Differenzen auf dem Weg in den Krieg, die Ansätze in Deutschland und Italien zur Schaffung einer internationalen sozial- und freizeitpolitischen Konkurrenzorganisation zu den dem Gedanken der Demokratie, des Friedens und der individuellen Selbstbestimmung verpflichteten Genfer Einrichtungen. Das alles ist durchsetzt mit Exkursen zu Themen, die jeweils als Gegenstand eigener Monografien geeignet wären: die formalen und sozialpolitischen Unterschiede zwischen der Deutschen

---

28 *Daniela Liebscher*, Freude und Arbeit. Zur internationalen Freizeit- und Sozialpolitik des faschistischen Italien und des NS-Regimes (Italien in der Moderne, Bd. 16), SH-Verlag, Köln 2009, 693 S., geb., 49,80 €.

Arbeitsfront (DAF) und den in Italien beibehaltenen Gewerkschaften, die Vertreter der »jungen Generation« um das Jahr 1930 als Experten für arbeitswissenschaftliche und sozialpolitische Modernisierung und ihr Verhältnis zu den politischen Strömungen über die Zäsuren von 1922, 1933 und 1945 hinweg, das gänzlich neuartige Phänomen massenhafter Freizeit infolge von Rationalisierung und Arbeitszeitverkürzung in den 1920er und 1930er Jahren und die von Wissenschaftlern, Regierungen und Nichtregierungsorganisationen gleichermaßen aufgeworfene Frage, wie die betroffenen Arbeiter und Angestellten damit umgehen sollten, der (para-)staatlich organisierte Massentourismus etwa in Form der berühmten KdF-Kreuzfahrten, die biografischen Parallelen zwischen den führenden sozialpolitischen Exponenten der Regime Robert Ley und Tullio Cianetti. Diese und weitere Themen werden berührt und mit Akribie bibliografisch erfasst, ohne jeweils wirklich gründlich erörtert zu werden, und den fortlaufenden Beschreibungen eingegliedert. Es bleibt dem Leser überlassen, zu entscheiden, was er davon für wichtig erachten möchte. Im Hinblick auf das Verhältnis zwischen Faschismus und Nationalsozialismus bietet der Band zahlreiche Hinweise auf die tief greifenden Differenzen der beiden Regime auch im Bereich der Sozialpolitik: Die nationalsozialistische Sozialpolitik war radikal und rassistisch, »denn sie ging von der Überlegenheit der arischen Rasse aus. Eine gleichberechtigte Partnerschaft mit ausländischen Sozialpolitikern konnte es folglich nicht geben« (S. 413). Das NS-Regime war im sozialpolitischen Bereich wie auch sonst auf Vorherrschaft in Europa und der Welt ausgerichtet und nahm selbst auf den italienischen Partner im Zweifel keinerlei Rücksicht. Die DAF-Führung verfolgte letztlich das Ziel, »auch die italienischen Faschisten in der internationalen Sozialpolitik zu verdrängen« (S. 590). Daniela Liebschers Buch lässt sich aufgrund der durchgehenden Hinweise auf wechselseitige Ressentiments, ja offen geäußerte Verachtung insbesondere der Nationalsozialisten gegenüber den Italienern, und auf fortgesetzte Auseinandersetzungen unter den beteiligten Sozialpolitikern, Experten und Journalisten, sowie auf eine andauernde Rivalität und einen ständigen Konkurrenzkampf um die vermeintliche Überlegenheit der jeweils eigenen Sozialpolitik gut als Beitrag zu den gravierenden Systemunterschieden zwischen Faschismus und Nationalsozialismus im Rahmen einer Beziehungsgeschichte miteinander unvereinbarer, spezifischer und im deutschen Falle rassistisch aufgeladener Nationalismen lesen. Die Beteiligten auf italienischer Seite äußerten übrigens nicht selten ihr distanziertes Unverständnis und ihr Erschrecken angesichts des von den Vertretern der NS-Herrschaft an den Tag gelegten Fanatismus und Antisemitismus.

Von gänzlich anderer Beschaffenheit ist die Göttinger Dissertation von Frauke Wildvang über die »Judenverfolgung im faschistischen Italien 1936–1944«.[29] Unter strikter Konzentration auf die Thematik und – methodisch durchaus sinnvoll – in der Darstellung weitgehend ohne Bezugnahme auf die Entwicklung in Deutschland fragt Wildvang nach den autogenen Wurzeln und Motiven der Entwicklung des faschistischen Regimes hin zu einer 1938 eingeführten antisemitischen Gesetzgebung und nach der Realität und den Auswirkungen der zumindest bis zur deutschen Besetzung des Landes 1943 autonom vorgenommenen Verfolgung jüdischer Menschen in Italien. Dabei geht es ihr am Beispiel der Stadt Rom um eine Erweiterung des Blickfelds durch die Einbeziehung eines breiten Spektrums aktiv Handelnder, weg von der Konzentration auf die Ebene der Regierung und der höheren Verwaltung hin zu den Akteuren auf der mittleren und unteren Ebene, auf die Vertreter der lokalen Administration und ihrer Polizeiorgane, auf potenzielle und tatsächliche Nutznießer der antijüdischen Maßnahmen und auf Denunzianten, aber auch auf die betroffenen jüdischen Italiener und ihre Reaktionen im Angesicht der rassistischen Gesetzgebung, beginnend im Frühherbst 1938 mit der völlig unerwarteten Entfernung

---

29 *Frauke Wildvang*, Der Feind von nebenan. Judenverfolgung im faschistischen Italien 1936–1944 (Italien in der Moderne, Bd. 15), SH-Verlag, Köln 2008, 408 S., geb., 39,80 €.

jüdischer Schüler und Studenten, Lehrer und Hochschuldozenten aus den öffentlichen Schulen und Hochschulen. In ihrem Bemühen, das Geschehen in Rom in den Jahren 1938 bis 1943/44 zugleich anschaulich zu machen und zu analysieren, sieht sich die Verfasserin allerdings durchgehend mit dem gravierenden Problem eines Mangels an authentischem Quellenmaterial konfrontiert. Frauke Wildvang holt das Mögliche aus Aufzeichnungen und Erinnerungen jüdischer Betroffener, einer offenbar durchweg splitterhaften Überlieferung der Verwaltungsorgane und einer ebenfalls eher dürftigen juristischen Aufarbeitung in der unmittelbaren Nachkriegszeit heraus. Ihr gelingen eindrucksvolle Skizzen etwa zur Fassungslosigkeit der zunächst besonders mit dem Verlust ihrer Arbeitsplätze und einer zunehmenden sozialen Ausgrenzung konfrontierten Juden oder zu Reaktionen in der nicht jüdischen Mehrheitsbevölkerung, aus der nach Kriegsbeginn 1940 Forderungen nach weiterer Diskriminierung der Juden erhoben wurden, teils aus wirtschaftlichen Motiven, die darauf abzielten, Juden aus den jeweils selbst betriebenen Gewerben zu verdrängen, teils aus Neid auf die vom Kriegsdienst ausgeschlossenen jungen jüdischen Männer, worauf das Regime 1942 schließlich mit deren partieller Heranziehung zu öffentlich sichtbarer, ökonomisch jedoch unsinniger Zwangsarbeit reagierte. Auch die Zustände im von deutschen Polizeiverbänden nur notdürftig kontrollierten Rom 1943/44 lässt Wildvang an Beispielen plastisch hervortreten, insbesondere die Atmosphäre allseitiger Bedrohung durch deutsche und italienische Sicherheitsorgane und deren oft auf eigene Rechnung tätige Handlanger, die vielfach in regelrechten Banden organisiert waren und aus materiellen Motiven Jagd auf Juden – die vor Ort zahlenmäßig geringen Vertreter der deutschen Besatzungsmacht agierten mit lukrativen Kopfgeldern – und Antifaschisten machten, sowie durch Denunzianten wie Nachbarn, Hausverwalter und selbst durch jüdische Verwandte.

Das zugrunde liegende Material lässt Miniaturen oft nur zu einigen wenigen Fällen zu, die auch eine gewisse Aussagekraft haben, es erlaubt aber keine wirklich belastbaren Analysen des Mehrheitsverhaltens von Akteuren und Bevölkerung im Rahmen der vom Regime verordneten antisemitischen Verfolgung. An dieser Stelle wird Wildvangs Interpretation der Befunde problematisch. Sie gibt zu, dass »die begrenzte Auswahl der Fälle keine allgemeingültigen Schlüsse« zulasse, spricht aber gleichwohl von einer »Vielzahl der Fälle von Denunziationen«, von der »Beteiligung zahlreicher italienischer Akteure«, und sie vermutet, »dass auch zahlreiche Akteure aus der vermeintlich abwartenden und passiven Mehrheit der Bevölkerung an der Verfolgung der Juden beteiligt waren«.[30] Und dann zieht sie doch einen Schluss, der durch das ausgebreitete Material nicht gedeckt wird:

»Auch wenn sich diese Annahme empirisch nur schwer nachweisen läßt, scheinen doch die verschiedenen Formen der Verschärfung der italienischen antijüdischen Politik ab 1938 und auch nach dem 8. September 1943 von einem öffentlichen Konsens getragen, ja sogar durch diesen erst ermöglicht worden zu sein« (S. 362).

Das schafft, ebenso wie ihre Bemerkung, »die italienische Bevölkerung duldete die antijüdische Verfolgung zu allen Zeitpunkten« (S. 375), Raum für grundsätzliche Überlegungen zum Verhalten und zu Handlungsmustern von Bevölkerungen in autoritären oder totalitären, auch terroristischen Regimen, die notwendigerweise oft spekulativ und kontrovers bleiben. Tatsächlich zieht Wildvang zur Frage des Denunziantenwesens die Ergebnisse der inzwischen reichhaltigen einschlägigen Literatur über die NS-Herrschaft heran, deren Übertragung auf den italienischen Fall aber methodisch fragwürdig erscheint. Dass Wildvang zu den zitierten Urteilen gelangt, ergibt sich letztlich allein aus ihrem mehrfach ausgesprochenen Untersuchungsziel, den vermeintlich den öffentlichen Diskurs und auch

---

30 Ebd., S. 361 f. Dieselben vagen Formeln dominieren auch die Schlussbemerkungen der Arbeit: »bei großen Teilen der italienischen Bevölkerung«, »von vielen«, »zahlreiche Denunzianten« (S. 365 und 372).

Teile der Geschichtswissenschaft dominierenden Mythos des vor allem im Vergleich zum Verhalten der Deutschen im Zweiten Weltkrieg guten Italieners, der *italiani brava gente*, zu zerstören (vgl. insbesondere die Einleitung, S. 9–16, und passim).

Abgesehen davon, dass ernsthafte Historiker und Sozialwissenschaftler gegenwärtig ohnehin kaum mit derartigen ganze Nationen betreffenden Charakterzuschreibungen arbeiten, führt ihr entsprechender Eifer die Verfasserin mitunter über das Ziel hinaus: So bietet das von ihr ausgebreitete Material massive Hinweise auf die in italienischen Polizeidienststellen offenkundig weit verbreitete, von potenziellen Opfern sogar als Gewohnheit angesehene Neigung, die nach der Gesetzgebung der *Repubblica Sociale Italiana* seit Ende November 1943 generell vorzunehmende Verhaftung aller Juden durch rechtzeitige Warnung der Betroffenen zu hintertreiben: »Dabei scheint es sich um eine relativ verbreitete Strategie gehandelt zu haben« (S. 309). Wildvang möchte hinter diesem Verhalten generell keine humanitären Motive vermuten, sondern in erster Linie eine rein eigennützige Überlegung einzelner Polizisten in Erwartung der herannahenden westalliierten Truppen: »Nur ein eher moderates Verhalten konnte auch unter einer neuen Regierung für den weiteren Verbleib im Staatsdienst sorgen« (S. 311). Doch zieht Wildvang aus dem letztlich nur spärlichen Material über das Verhalten der römischen Polizeibehörden wiederum einen zu weitgehenden Schluss: »Anders als das Narrativ der *italiani brava gente* und der Mythos von den guten *poliziotti* es suggerieren, verhielten sich während der Besatzungszeit nicht alle Polizisten widerständig oder halfen mehrheitlich den Verfolgten und Bedrohten« (S. 311). Es dürfte schwierig sein, in der wissenschaftlichen Literatur die Behauptung zu finden, alle römischen Polizisten seien widerständig gewesen – insofern kämpft Wildvang gegen die Windmühlenflügel eines selbst konstruierten Mythos. Die von Wildvang ausgebreiteten Einzelfälle reichen aber nicht einmal aus, um die Hypothese zu widerlegen, die italienische Polizei in Rom hätte unter deutscher Herrschaft mehrheitlich den verfolgten und bedrohten Juden geholfen, und sei es durch Obstruktion und Passivität. Immerhin breitet Frauke Wildvang ihr Material durchgehend unbefangen aus und erlaubt dem Leser dadurch ein eigenes Urteil. Auch bestreitet sie nicht die Rettung der Mehrzahl der italienischen und sich 1943/44 in Italien aufhaltenden ausländischen Juden aufgrund entscheidender Mithilfe der italienischen Bevölkerung und auch vieler kirchlicher Einrichtungen. Zudem setzt sich Wildvang ausführlich mit der Bewahrung der von 1941 bis 1943 unter italienischer Besatzungsherrschaft lebenden Juden vor den deutschen Mördern durch italienische Militärbehörden auseinander, in der sie allerdings wiederum nicht menschliche Regung, sondern lediglich die Sorge um die Aufrechterhaltung italienischer Souveränität gegenüber dem deutschen Bündnispartner erkennen möchte.

Aus der Not der unzureichenden Überlieferung zu ihrem exemplarischen Untersuchungsgegenstand Rom macht Frauke Wildvang eine Tugend, die ihr Buch um so wertvoller erscheinen lässt: Ihre Arbeit besteht zu großen Teilen nicht aus eigener Quellenforschung und -aufbereitung, präsentiert sich aber stattdessen als ein umfassender, kommentierter und im Sinne der Destruktion eines vermeintlichen *Bravo-italiano*-Mythos mit deutlicher Akzentsetzung versehener Bericht zur italienischen und internationalen Forschung über die faschistische Judenpolitik und -verfolgung und bietet damit eine eminent nützliche Transferleistung. Wildvang behandelt die Vorgeschichte auf der Suche nach autogenen Wurzeln eines italienischen und faschistischen Antisemitismus im Katholizismus und in der Nationalstaatsbildung und resümiert, dass die Antisemiten »in der liberalen Bewegung eine verschwindend kleine Minderheit bildeten«, der Antisemitismus »als Instrument politischer Mobilisierung und Integration in der politischen Kultur Italiens« zwischen 1861 und 1922 »keine signifikante Rolle« spielte und auch angesichts des Kriegs gegen das Osmanische Reich 1911/12 »der Antisemitismus [einer] kleinen, nationalistischen Strömung keine kritische Masse« erreichte (S. 49f.). Selbst das faschistische Regime

»kam bis in die 1930er Jahre weitgehend ohne eine antisemitische Disposition aus – ein fundamentaler Unterschied zum Nationalsozialismus« (S. 73). Wildvang erwähnt »die rassentrennende koloniale Gesetzgebung zwischen 1936 und 1940« in den afrikanischen Kolonien Italiens und erkennt in ihr »eindeutig eine fortschreitende Radikalisierung«; sie wähnt mit Wolfgang Schieder »eine enge Verbindung« zwischen »dem kolonialen und dem antisemitischen« Rassismus, »denn ebenso wie die rassistische Gesetzgebung in den Kolonien zielten die antijüdischen Gesetze auf die soziale Separation der jüdischen Minderheit«. Einen echten kausalen Zusammenhang mag sie letztlich aber mit gutem Grund nicht herstellen:

»Die für das faschistische Regime symptomatische Verbindung von Rassismus und Imperialismus generierte jedoch nicht zwingend eine antisemitische Komponente. Seit der Etablierung der faschistischen Herrschaft vergingen fünfzehn Jahre, bevor der lange ausgebildeten rassistischen Matrix der Antisemitismus gleichsam als sekundäre Disposition hinzugefügt wurde« (S. 70f.).

Tatsächlich wurden, und das stellt die grundlegende, vielfach wiederholte und variierte Einsicht von Wildvangs Dissertation dar,

»in Italien etwa ab Herbst 1936 antisemitische Elemente in Rhetorik und Praxis zunehmend vom Regime zur Mobilisierung instrumentalisiert […], blieb der Antisemitismus hier vor allem Mittel zum Zweck und wurde nicht zum ideologischen Primat, wohingegen der Antisemitismus den Nationalsozialismus im (ideologischen) Kern prägte« (S. 73).

Zahlreiche Befunde in Wildvangs Arbeit stützen diese Interpretation des faschistischen Antisemitismus als einer rein instrumentalen Funktion, als einer »sekundären Option«, die Ende der 1930er Jahre willkürlich aktiviert wurde (so schon S. 11 und passim), deren Umsetzung beliebig verschärft, aber auch, so ließe sich hinzufügen, wieder zurückgenommen werden konnte, sofern es dem Regime nützlich schien:[31] Die Eugenikprogramme italienischer Wissenschaftler unter dem Faschismus dienten keiner rassistischen Auslese oder Ausmerzung, sondern der Kontrolle und Vermehrung der Bevölkerung; nicht nur bei Mussolini selbst, sondern generell im italienischen Sprachverständnis implizierte die Verwendung des Worts »razza« zumindest bis 1938 keine rassenbiologische Konnotation, es bezeichnete schlicht ein Synonym von »Volk« oder »Nation«; noch in der »dottrina ufficiale del fascismo« aus dem Jahre 1937 findet sich »eine strikte Ablehnung einer rassischen Begründung von Nationalität« (S. 57, Anm. 128). Juden waren bis 1938 selbst an führenden Stellen im Staatsapparat und im »Partito Nazionale Fascista« (PNF) tätig, während rassistische Antisemiten auch danach keine Karrierevorteile erlangten. Die militärische Führung stand der Rassengesetzgebung offenkundig verständnislos gegenüber. Eine ideologisch-antisemitische Motivation ist in der Regel selbst bei den Faschisten, Polizisten oder Bandenmitgliedern nicht zu erkennen, die 1943/44 als freiwillige Helfer den deutschen Besatzungsorganen zu deren mörderischen Zwecken Juden zuführten. Ob Wildvang die gegen Juden gerichteten Enteignungen untersucht, die Berufsverbote oder die Zwangsarbeit, immer gelangt sie zu dem unzweideutigen Ergebnis, »dass Antisemitismus und antijüdische Verfolgung kein primäres Ziel des faschistischen Regimes waren«, »der Antisemitismus im Faschismus kein absolutes Ziel, sondern eine aktivierbare Option« darstellte (S. 125). Von den 3.634 bis Februar 1940 bearbeiteten Anträgen auf

---

31 Zumindest einen Hinweis darauf bietet Wildvangs Text: Zu dem im Hinblick auf die Überlebenschancen des Regimes bereits weit fortgeschrittenen Zeitpunkt Frühjahr/Sommer 1943 stellte die italienische Diplomatie im besetzten Griechenland Staatsangehörigkeitsbescheinigungen für in der deutschen Besatzungszone lebende nicht italienische Juden aus, um sie vor dem deutschen Zugriff zu retten, und das, obwohl die Gesetzgebung des Regimes zuvor »selbst die Staatsangehörigkeit aller nach dem 1. Januar 1919 eingebürgerten Juden widerrufen« hatte (ebd., S. 216f. mit Anm. 85).

Ausnahme von den antijüdischen Gesetzen wurden 3.415 positiv beschieden (S. 127, Anm. 283; es bleibt unerfindlich, warum diese Information in einer Anmerkung versteckt wurde)!

»Nicht ideologische Prämissen rassistisch-antisemitischer Provenienz, sondern Opportunitätsstrukturen sollten die antijüdische Verfolgung in Italien maßgeblich prägen«, und »seine spezifische Dynamik« erhielt der »exklusionäre Antisemitismus des faschistischen Regimes vor allem als Instrument innerer Mobilisierungslogiken, die sich insbesondere in den Kriegsjahren mit der zunehmend virulenteren Ausgrenzung des ›inneren Feindes‹ als handlungsleitend erweisen sollten« (S. 144). Die »kumulative Radikalisierung« der faschistischen Judenverfolgung, von der Wildvang in Anlehnung an Hans Mommsen wiederholt spricht, führte 1940 bis zu Überlegungen hinsichtlich einer Aussiedlung der italienischen Juden nach Madagaskar, und die bürokratische Erfassung der von den Rassegesetzen Betroffenen seit 1938 sollte den Deutschen etwa bei der Razzia im Gebiet des einstigen römischen Gettos im Oktober 1943 das Auffinden von Deportationsopfern erleichtern. Doch der faschistische Antisemitismus selbst war bis zuletzt nicht »eliminatorisch« oder »exterminatorisch«, wie Wildvang immer erneut klarmacht, er zielte nicht auf die physische Vernichtung von Menschen. Insgesamt schärft auch diese Untersuchung durchgehend den Blick für die fundamentalen Unterschiede zwischen Faschismus und Nationalsozialismus als Bewegungen und Regime.

Eine zentrale Frage bleibt in Frauke Wildvangs verdienstvoller und für jede weitere Beschäftigung mit der Thematik grundlegender Arbeit ungeklärt: die nach den Ursachen und Motiven der sich nach Auffassung der Verfasserin seit Mitte oder Herbst 1936 anbahnenden und sich im Laufe des Jahres 1938 manifestierenden antisemitischen Wende des Regimes. Ihre knappen Ausführungen dazu (S. 103f.) bleiben unbefriedigend. Ihr Hinweis auf überwiegend interne Faktoren – »eine im Faschismus angelegte ›totalitäre Intoleranz‹«, eine »Kampagne zugunsten der Einheit des italienischen Volkes«, die Forcierung einer »Faschisierung der italienischen Gesellschaft«, der Versuch einer Überwindung der drohenden inneren Erstarrung des Regimes oder »die Instrumentalisierung des Antisemitismus […] als eine Vorbereitung der italienischen Bevölkerung auf den [welchen?] bevorstehenden Krieg« – vermag nicht zu überzeugen, kann vor allem den Zeitpunkt der tief greifenden antisemitischen Wende nicht erklären. Den vermeintlichen Zusammenhang mit der »Entwicklung des kolonialen Rassismus im Kontext der Besatzungsherrschaft in Äthiopien«, durch den »die antijüdischen Gesetze als konsequente Übertragung rassistischer Konzepte und Praktiken auf das italienische Mutterland zu interpretieren« seien, hatte sie selbst bereits zu Recht als nicht zwingend gekennzeichnet – das gilt um so mehr, als dem Faschismus die Vorstellung einer jüdischen, außerhalb der italienischen Nation stehenden Rasse an sich fremd war. Mutmaßlich würde es weiterführen, der Überlegung, die die Verfasserin lediglich als »nicht auszuschließen« abtut, nämlich »dass auf italienischer Seite der Wille, die Allianz mit dem nationalsozialistischen Deutschland zu festigen, eine Rolle spielte«, in einem neuen Anlauf intensiv nachzugehen: Die außenpolitische Isolation Italiens gegenüber den Westmächten infolge der Aggression gegen Äthiopien und seine beginnende Annäherung an das Deutsche Reich standen 1936 in einer alles andere als zufälligen zeitlichen Koinzidenz mit der propagandistischen Vorbereitung auf einen möglichen antijüdischen Schwenk (vgl. dazu auch S. 85), ebenso wie 1938 die endgültige Aufgabe jeglichen italienischen Widerstands gegen eine deutsche Annexion Österreichs, der Staatsbesuch Hitlers in Rom und die partielle Zusammenarbeit der beiden Regime im durch handfeste Drohungen in Gang gesetzten Prozess der Auflösung der Tschechoslowakei mit der Installierung der antisemitischen Gesetzgebung. Die zunehmende außenpolitische Orientierung Mussolinis an Deutschland bildete den Hintergrund einer zumindest versuchsweisen Annäherung des faschistischen Regimes an den NS-Staat auch auf innen- und gesellschaftspolitischem Terrain (vgl. auch dazu einen vereinzelten Hinweis auf S. 92). Hier müssten weitere vergleichende und beziehungsgeschichtliche Untersuchungen im Kontext der internationalen Beziehungen ansetzen, die dann allerdings wiederum den Schwerpunkt auf die Ebene der Entscheidungsträger in der italienischen Partei und Regierung zurückzuverlagern hätten.[32]

Die Schlüsselrolle, die der in mehrfacher Hinsicht unter Bruch des Völkerrechts vorgenommene Angriffskrieg gegen den unabhängigen, dem Völkerbund angehörenden Staat Äthiopien für die weitere Entwicklung des faschistischen Regimes spielte, wird aus jeder möglichen Perspektive offenkundig, gleich ob man seine Folgen für die italienische Außenpolitik im Rahmen der internationalen Beziehungen, seine ruinösen Auswirkungen auf den italienischen Staatshaushalt, seinen Zusammenhang mit der Radikalisierung des faschistischen Rassismus oder seine innenpolitisch mobilisierende Funktion zur Überwindung einer möglichen inneren Krise angesichts einer nachlassenden Zustimmung der Bevölkerung zur Herrschaft Mussolinis betont. Der an der Universität Luzern lehrende Schweizer Historiker Aram Mattioli leitete dort am 3. Oktober 2005 anlässlich des 70. Jahrestags des Beginns der italienischen Aggression eine Tagung, deren Beiträge in einem Sammelband unter dem programmatischen Titel »Der erste faschistische Vernichtungskrieg« vorliegen.[33] Der Band ist schon deshalb wertvoll, weil er den Extrakt einiger kurz zuvor publizierter Monografien zum Thema enthält[34] und insofern eine leicht zugängliche Annäherung an den Stand der Forschung ermöglicht. Für Mattioli geht es darum, Italiens Aggression gegen das Kaiserreich Äthiopien als »ein Schlüsselereignis in der Gewaltgeschichte der Weltkriegsepoche« zu würdigen, ihre »historische Bedeutung als Laboratorium der Massengewalt« ins Licht der Forschung zu rücken und ihr die Beachtung zu geben, die dieser Angriffs- und Eroberungskrieg »eigentlich verdienen würde«. Immerhin sei der Abessinienkrieg »der erste Angriffskrieg« gewesen, »den ein europäisches Land in der Ära der kollektiven Sicherheit entfesselte« (S. 9). Dieser Krieg dauerte, so die Perspektive Mattiolis, aufgrund des anhaltenden Widerstands gegen die italienische Okkupation und der dadurch veranlassten fortgesetzten Vergeltungsmaßnahmen der Konterguerilla bis zur Befreiung des Landes durch britische Truppen 1941 an und bildete insofern einen integralen Teil des Zweiten Weltkriegs. Vor allem aber »charakterisierte diesen Konflikt nichts so sehr wie die Tatsache, daß die zivile Bevölkerung von Anfang an im großen Stil zum Opfer gemacht wurde« (S. 13). Insofern fügt sich dieser Krieg in die Entwicklung eines stetig steigenden Anteils ziviler Opfer im Verhältnis zu den getöteten

---

32 Die konzeptionslose und konfuse, ebenso oberflächliche wie fehlerbehaftete und aus lauter Versatzstücken zusammengeklaubte, am Zentrum für Antisemitismusforschung der Technischen Universität Berlin entstandene Dissertation von *Kilian Bartikowski*, Der italienische Antisemitismus im Urteil des Nationalsozialismus 1933–1943 (Zentrum für Antisemitismusforschung. Reihe Dokumente, Texte, Materialien, Bd. 77), Metropol Verlag, Berlin 2013, 208 S., kart., 22,00 €, demonstriert eindrücklich die Überforderung des Verfassers angesichts seiner Aufgabe. Eine reflektierte und systematische, gründliche und tiefschürfende, eigenständig argumentierende Studie zu der an sich dankbaren Thematik bleibt ein Desiderat.

33 *Asfa-Wossen Asserate/Aram Mattioli* (Hrsg.), Der erste faschistische Vernichtungskrieg. Die italienische Aggression gegen Äthiopien 1935–1941 (Italien in der Moderne, Bd. 13), SH-Verlag, Köln 2006, 197 S., geb., 29,80 €.

34 Das gilt vor allem für *Aram Mattioli*, Experimentierfeld der Gewalt. Der Abessinienkrieg und seine internationale Bedeutung 1935–1941, Zürich 2005, *Giulia Brogini Künzi*, Italien und der Abessinienkrieg 1935/36. Kolonialkrieg oder Totaler Krieg?, Paderborn/München etc. 2006, *Gabriele Schneider*, Mussolini in Afrika. Die faschistische Rassenpolitik in den italienischen Kolonien 1936–1941, Köln 2000, und *Petra Terhoeven*, Liebespfand fürs Vaterland. Krieg, Geschlecht und faschistische Nation in der italienischen Gold- und Eheringsammlung 1935/36, Tübingen 2003.

und verwundeten Kombattanten in bewaffneten Konflikten ein, die die Gewaltgeschichte des 20. Jahrhunderts seit dem Ersten Weltkrieg kennzeichnete. Mattioli und einige seiner Mitautoren rufen nachdrücklich die Brutalität der unter Einsatz von Bombenflugzeugen und Giftgas agierenden Kriegführung des Aggressors ins Bewusstsein, die offene Propagierung des gnadenlosen Vorgehens italienischer Soldaten gegen einen militärisch hoffnungslos unterlegenen, noch dazu als barbarisch oder minderwertig gezeichneten Gegner in der rasch aufblühenden Kriegsliteratur, die mörderischen Massaker der als neue Kolonialmacht auftretenden Besatzer und ihre darüber hinausreichenden Zerstörungsmaßnahmen gegen die Lebensgrundlagen der Bevölkerung etwa durch das Abbrennen von Dörfern oder die Vernichtung ganzer Viehherden.

Die Verantwortung der militärischen und politischen Führung vor Ort und in Italien bis hinauf zu Mussolini für die Art der Kriegführung und die mitunter zu Tötungsorgien ausufernden Vergeltungsmaßnahmen wird in den Darstellungen deutlich. Es handelte sich nicht allein um bloße Exzesse einzelner Einheiten, die auch vorkamen. Mattioli spricht vielmehr von »völkerrechtswidrigen Aufforderungen zum Massenmord« und erkennt »eine systematische Terror- und Ausrottungspolitik« bis hin zum »Soziozid«, der gezielten Ermordung von Angehörigen bestimmter sozialer Gruppen wie dem amharischen Adel, dem Klerus der äthiopisch-orthodoxen Kirche oder den jungen, aufstrebenden, teilweise im Westen ausgebildeten Eliten, durch die die geistigen Träger des antiitalienischen Widerstands vernichtet werden sollten (S. 18f.). Allerdings sind, und das spielt für die Gesamtinterpretation des Konflikts eine wesentliche Rolle, deutlich zwei Phasen zu unterscheiden, die grob durch die Ausrufung des faschistischen Imperiums durch Mussolini am 9. Mai 1936 nach der Eroberung von Addis Abeba und der Proklamierung des italienischen Sieges über das längst nicht vollständig besetzte Land getrennt werden: Zunächst ging es um die Eroberung Äthiopiens als eines alten Ziels des italienischen Imperialismus, dessen Realisierung von Teilen der Generalität auf Wunsch Mussolinis akribisch vorbereitet worden war und die aus Gründen der Selbsterhaltung des Regimes militärisch rasch voranschreiten musste und auf keinen Fall scheitern durfte, was die Anwendung aller zur Verfügung stehenden Mittel und die »Totalisierung der Kriegführung« als logische Folge ohne Weiteres erklärt; aufgrund der »beschränkten Ressourcen Italiens« konnte sich das Land »einen langen Krieg, ob in den Kolonien oder in der Metropole, niemals leisten« (Giulia Brogini Künzi, S. 34). Massenmorde oder die Vernichtung ganzer Bevölkerungsgruppen waren zu diesem Zweck weder vorgesehen noch waren sie geplant, vielmehr wurden in der ersten Jahreshälfte 1936, nach den ersten gewonnenen Schlachten, zumindest im Nordteil des Landes Versuche unternommen, die Zivilbevölkerung, den Klerus und die Eliten für eine Akzeptanz der italienischen Herrschaft zu gewinnen (Brogini Künzi, S. 39); noch zu Anfang des Jahres 1937 schien die militärische und politische Lage aus der Sicht der Besatzer auf dem Wege der Besserung und eine mittelfristige Beruhigung möglich zu sein (Matteo Dominioni, S. 121f.). Erst der zweifellos legitime, anhaltende Widerstand von Teilen der einheimischen Bevölkerung und insbesondere das gescheiterte Attentat auf den als Vizekönig amtierenden General Rodolfo Graziani am 19. Februar 1937 führten die italienische Seite zu den als Vergeltungsmaßnahmen verstandenen oder doch kaschierten Vernichtungsaktionen, die die Besatzungspolitik fortan kennzeichnen sollten. Hier ist eher ein prototypischer Fall von »kumulativer Radikalisierung« angesichts einer vom Aggressor so nicht vorhergesehenen Entwicklung zum Guerillakrieg zu konstatieren als die vorsätzliche, direkt mit der Invasion beginnende und ideologisch motivierte Tötung sozial oder gar biologistisch-rassistisch definierter Bevölkerungsgruppen. Das unterscheidet die Entwicklung in Äthiopien aber grundsätzlich von der deutschen Besatzungsherrschaft in Polen ab 1939, mit der Mattoli sie auf eine Stufe stellen möchte (S. 21f.).

Somit wies die Realität der Besatzungsherrschaft im äthiopischen Teil des neu gegründeten kolonialen Herrschaftsgebildes Italienisch-Ostafrika Züge eines anhaltenden Vernichtungskriegs gegen jegliche Regung eines aktiven Widerstands auf, geplant war das Unternehmen aber als herkömmlicher Eroberungskrieg gegen ein Territorium, dessen souveräne und gleichrangige Staatlichkeit weder von Italien noch von den dominierenden europäischen Kolonialmächten Frankreich und Großbritannien ernsthaft anerkannt wurde. Insofern handelte es sich tatsächlich um einen »anachronistischen Kolonialkrieg« in gemeineuropäischer Großmächtetradition, »in dem die Italiener noch einmal alle Verbrechen kopierten, welche die älteren Kolonialmächte seit jeher über eroberte Urbevölkerungen brachten«, auch wenn Aram Mattioli diese von Rudolf Lill vertretene Auffassung gerade überwinden möchte zugunsten der Vorstellung, der Abessinienkrieg habe »die ›Brücke‹ zwischen den Kolonialkriegen des imperialistischen Zeitalters und Hitlers Lebensraumkrieg« gebildet (S. 24f.). Doch Mattioli vermag diese Brückenfunktion nicht überzeugend darzulegen; er selbst verweist eben doch überwiegend auf Anklänge an den traditionellen Kolonialismus: So spricht er von einer »eigentliche[n] Schreckensherrschaft« Grazianis in Addis Abeba, »für die es in der Kolonialgeschichte Afrikas und Asiens« eben nicht keine, sondern »nur wenige Vorbilder gab« (S. 17), der Abessinienkrieg unterschied sich »von den meisten der früheren Kolonialkriege« (S. 11), offenbar aber doch nicht von allen; in Bezug auf die gegenüber der Zivilbevölkerung angewandte Gewalt kennt Mattioli »nicht viele Vorbilder« in der Geschichte der modernen Kolonialkriege, doch er kennt sie (S. 13); die Italiener seien in ihrem neuen afrikanischen Reich bei ihren Aktionen »zur Niederschlagung von ›Rebellionen‹ [...] weit systematischer gegen die zivile Bevölkerung« vorgegangen als England und Frankreich in ihren Überseebesitzungen (S. 21), und doch gehörten diese Maßnahmen offenkundig zur selben Kategorie.

Im Übrigen spricht Petra Terhoeven in dem Band ohne Weiteres vom »anachronistischen Kolonialkrieg« beziehungsweise »-unternehmen« (S. 74; 85), während Gerald Steinacher und Leopold Steurer darin »den letzten kolonialen Eroberungskrieg« erkennen und zu Recht konstatieren: »Italiens Eroberungsfeldzug in Äthiopien gehört zu den späten europäischen Kolonialkriegen; er war gleichzeitig einer der brutalsten« (S. 106; 91). Damit ist die Substanz dieses blutigen Unternehmens hinreichend präzise eingeordnet. Darüber hinaus erscheint es bemerkenswert, dass man sich in der faschistischen Führung offenbar generell wenig Gedanken darüber gemacht hatte, was man mit dem Land jenseits der bloßen militärischen Annexion eigentlich anstellen wollte: »Der Eroberung Ostafrikas waren denn auch keine konkreten Pläne über die spätere Nutzung vorausgegangen. Ein massiver Siedlungskolonialismus [...] ließ sich in Äthiopien nicht realisieren. Auch waren die Möglichkeiten wirtschaftlicher Ausbeutung des großen Landes nicht bekannt« (Brogini Künzi, S. 42). Nimmt man die wesentliche Erkenntnis von Gabriele Schneider hinzu, nach der das Regime vor 1936 auch keine ausgefeilte Rassenideologie als Grundlage für die Errichtung einer diskriminierenden und separierenden Kolonialherrschaft entwickelt hatte – eine für die Gesamteinschätzung des Stellenwerts von Rassismus im Faschismus wiederum bemerkenswerte Beobachtung! – und eine Rassenfrage eigentlich erst im Laufe des Eroberungskriegs ad hoc aufgeworfen wurde, zumal sich viele italienische Soldaten gegenüber den Einheimischen keineswegs so abweisend verhielten, wie es das Regime von ihnen erwartet hatte (S. 127–133), dann stellt sich um so mehr der Eindruck ein, dass die kriegerische Eroberung Äthiopiens außer in der imperialistischen, auf die Anerkennung eines gleichberechtigten Großmachtstatus bedachten Tradition italienischer Außenpolitik in erster Linie in dem der faschistischen Bewegung als spezifischem Wesensmerkmal eigenen objektlosen Aktionismus wurzelte, der sich hier in Form eines kolonialen Annexionismus manifestierte. Als Vernichtungskrieg war die italienische Aggression gegen Äthiopien jedenfalls nicht konzipiert worden.

Ein anderer Einwand gegen den programmatischen Titel des Bandes wiegt freilich schwerer: Er impliziert, dass es weitere »faschistische Vernichtungskriege« gegeben habe. Da das faschistische Regime keinen weiteren Vernichtungskrieg geführt hat – selbst hinsichtlich der italienischen Herrschaft auf dem Balkan 1941 bis 1943 spricht etwa Wolfgang Schieder neuerdings wieder vorsichtig von »einem defensiven Besatzungsterror«[35] –, liegt ihm implizit der Verweis auf den nationalsozialistischen Krieg zugrunde. Das wiederum beruht auf dem faschismustheoretischen Konstrukt der »beiden faschistischen Diktaturen«. Wer aber anders als Schieder, der im Nationalsozialismus nur eine »deutsche Abart« des italienischen Faschismus zu sehen vermag (S. 179), auf der Eigenständigkeit der nationalsozialistischen Bewegung und ihrer Herrschaft beharrt, wer in ihr die deutsche Diktatur, den Staat Hitlers oder Hitlers Herrschaft erkennt, die durch den Rassenstaat, den SS-Staat oder die Politik der Vernichtung und durch einen auf die Revolutionierung der europäischen und letztlich der globalen Staatengemeinschaft und ihrer Gesellschaftsordnungen abzielenden rassistisch grundierten Eroberungskrieg charakterisiert war, dem wird die bloß scheinbare Kategorie des »faschistischen Vernichtungskriegs« als analytisches Instrument nicht einleuchten. »Hitlers Weltanschauungssoldaten im Osten Europas« setzten keineswegs, wie Mattioli in arg verkürzender Perspektive meint, das fort, »was Mussolinis Legionäre in Ostafrika erprobten« (S. 25): Nichts spricht dafür, dass der spezifisch deutsche Eroberungs- und Vernichtungskrieg von 1939 bis 1945 in irgendeiner Hinsicht einen anderen Verlauf genommen oder eine andere Gestalt angenommen haben würde, hätte der anachronistische Kolonialkrieg des Königreichs Italien gegen das Kaiserreich Äthiopien 1935/36 nicht stattgefunden.

Ein weiterer, umfangreicher Sammelband widmet sich der deutsch-italienischen »›Achse‹ im Krieg«.[36] Er dokumentiert die Ergebnisse einer Tagung, die im April 2005 im Deutschen Historischen Institut in Rom in Zusammenarbeit mit dem Institut für Zeitgeschichte stattfand. Die 23 thematisch breit gestreuten Beiträge können hier nicht im Einzelnen besprochen werden; die Herausgeber selbst fassen die jeweiligen Resultate für den eiligen Leser einleitend zusammen (S. 19–30): Sie gehen relativ vorsichtig an die Frage einer gemeinsamen Identität der Regime in Italien und Deutschland heran, indem sie von den »immer engeren Beziehungen zwischen dem Deutschen Reich Adolf Hitlers und dem faschistisch-monarchischen Italien Benito Mussolinis« sprechen, von einer »ideologisch-politisch wie militärisch fundierten Allianz, die es sich zum Ziel gesetzt hatte, Europa im faschistisch-nationalsozialistischen Sinn umzustürzen«, »einer kontinuierlichen und immer intensiveren Annäherung im Zeichen von Hakenkreuz und Liktorenbündel« sowie von »Konvergenz« und einem »aggressiven außenpolitischen Gleichklang zwischen Berlin und Rom« (S. 11f.). Das erscheint hinreichend differenziert und konsensfähig und es hebt sich deutlich von der Vorstellung der »beiden faschistischen Diktaturen« ab. Allerdings betonen die Herausgeber in ihrer Einleitung, die meisten Beiträge des Bandes höben hervor, »daß es allen Strukturproblemen der Allianz und allen machtpolitischen Konflikten zwischen den Bündnispartnern zum Trotz mehr Gemeinsamkeiten als Unterschiede gegeben habe« (S. 30). Im Folgenden werden nur einige wenige beachtenswerte Erkenntnisse aus der Lektüre des Bandes angesprochen.

35 *Schieder*, Der italienische Faschismus, S. 90.
36 *Lutz Klinkhammer/Amedeo Osti Guerrazzi/Thomas Schlemmer* (Hrsg.), Die »Achse« im Krieg. Politik, Ideologie und Kriegführung 1939–1945 (Krieg in der Geschichte, Bd. 64), Ferdinand Schöningh Verlag, Paderborn/München etc. 2010, 539 S., geb., 48,00 €. – Ein Rezensionsexemplar eines weiteren Bandes der Reihe Italien in der Moderne, *Malte König*, Kooperation als Machtkampf. Das faschistische Achsenbündnis Berlin-Rom im Krieg 1940/41, Köln 2007, stand leider nicht zur Verfügung.

Hans Woller (S. 34–48) hebt das Überwiegen rein machtpolitischer Motive für die Annäherung Mussolinis an das Deutsche Reich bis 1936 und darüber hinaus hervor, und er
verdeutlicht die Rolle, die eine Reihe von Fehlkalkulationen des italienischen Diktators
auf seinem Weg in den Krieg spielte. Christof Dipper (S. 49–79) steuert gehaltvolle vergleichende Überlegungen zum Verhältnis von Faschismus und Nationalsozialismus zur
Moderne bei: Unter Anwendung eines strikt analytischen Begriffs von Modernisierung
stünden »Moderne und Faschismus in engem Zusammenhang«; man könne im Hinblick
auf die faschistische und die nationalsozialistische Bewegung »von Spielarten der Moderne sprechen [...], von denen die faschistische oder ›barbarische‹ Moderne eine ist« (S. 50).
Insbesondere seien die von beiden Regimen verfolgten, umfassend angelegten gesell-
schaftpolitischen Pläne und ihr Ausbau des Wohlfahrtsstaats modern gewesen. Dippers
Beitrag hat zwar mit der »›Achse‹ im Krieg« nur bedingt zu tun, er vermittelt aber wichtige sozialgeschichtliche Einblicke in das Wesen der faschistischen Herrschaft, die in den
übrigen hier zu besprechenden Publikationen merkwürdigerweise durchweg zu kurz
kommen: So hätten sich in der faschistischen Frauenorganisation »Fasci femminili« »fast
nur Frauen aus der Mittel- und Oberschicht« organisiert. Der Faschismus habe, wie Dipper
am Beispiel der Familienpolitik erläutert, »die überlieferte Klassengesellschaft kaum verändert« (S. 58f.). Zwischen Faschismus und Arbeiterschaft hätten stattdessen »nur negative Beziehungen« bestanden. Fabrik- und Landarbeiter, Kleinbauern und Pächter »teilten
eine Reihe von Erfahrungen, die im italienischen Faschismus durchweg negativer Natur
waren«: »Hunger, ja teilweise Unterernährung gehörte schon seit den zwanziger Jahren
für einen Großteil der italienischen Fabrikarbeiter und für die Masse der Landbevölkerung zum Alltag«, der sich im Laufe des Kriegs noch verschlechtern sollte (S. 74f.). Auch
in der Lohnpolitik des faschistischen Regimes suche man »vergeblich nach Zeichen der
Moderne«; ihr Hauptmerkmal seien »mehrfache drastische Lohnkürzungen« gewesen, die
»zu rascher Verarmung führten und immer wieder Streiks provozierten« (S. 70). Dipper
ruft damit nachdrücklich den sozialkonservativen Kern der faschistischen Diktatur, ihre
konsequente Bewahrung der Herrschaftsposition traditioneller Eliten als Grundzug und
Zweck des Regimes in Erinnerung, der sie so fundamental unterschied von dem der NS-
Herrschaft zugrunde liegenden Movens einer gesamtgesellschaftlichen Revolution nach
biologistisch-rassistischen und Leistungskriterien, wobei unter »Leistung« freilich auch
die eifrige Mitwirkung an Weltanschauungskrieg und Völkermord verstanden wurde.
    Ausgehend von der Beobachtung, dass die Zahl der im Zweiten Weltkrieg getöteten
Italiener bei 230.000 oder etwa 0,5 % der Bevölkerung lag, während die Vergleichszahl
im Falle Deutschlands über sieben Millionen Tote oder fast 10 % der Bevölkerung ausmachte, und Italien seinen Kampf im Sommer 1943 abbrach, während das Deutsche
Reich bis Ende April 1945 verbissen kämpfte, vergleicht MacGregor Knox (S. 80–107)
in einer ebenso sachkundigen wie brillanten Skizze das Verhältnis von Staat, Partei und
bewaffneter Macht im faschistischen Italien und im nationalsozialistischen Deutschland.
Diese fundierte Analyse belegt unabweislich die vollständige Differenz, ja Unvereinbar-
keit der beiden Regierungssysteme, Militärapparate und Gesellschaftsordnungen im Hinblick auf ihre Befähigung und Bereitschaft zur kriegerischen Expansion. Der Beitrag von
Knox ist vortrefflich geeignet, die Vorstellung massiv infrage zu stellen, Mussolinis vom
König abhängige und jederzeit widerrufliche Diktatur und Hitlers absolute Herrschaft
hätten mehr Gemeinsamkeiten als Unterschiede aufgewiesen. Zwei Aufsätze zur Koaliti-
onskriegführung der Achsenmächte bestätigen die traditionelle Auffassung, eine effiziente
militärische Kooperation Italiens und Deutschlands auf der strategischen Ebene habe zu
keinem Zeitpunkt bestanden und sei von beiden Seiten auch nicht angestrebt worden
(Jürgen Förster, S. 108–121). Der Zustand der italienischen Streitkräfte war hinsichtlich
der Anforderungen einer zeitgemäßen Kriegführung in vielerlei Hinsicht deplorabel.

Alessandro Massignani (S. 122–146) hebt darüber hinaus hervor, dass Italien am Zweiten Weltkrieg ohne »klar definierte Ziele« teilnahm. »Ernsthafte Kriegsvorbereitungen hatte Mussolini nicht getroffen.« Der Kriegseintritt des faschistischen Diktators erfolgte 1940 aufgrund »eine[r] opportunistische[n] Haltung […], die dahin tendierte, den Feind mit Hilfe des stärkeren Verbündeten zu besiegen, um anschließend die Beute mit ihm zu teilen«; der Duce hoffte mutmaßlich, »daß Italien dabei im wesentlichen mit einer Scheinpräsenz davonkommen würde« (S. 126; 146). Vorstellungen vom Krieg als Lebenselixier und Fluchtpunkt des Faschismus werden durch solche Befunde schwerlich gedeckt. Malte König (S. 176–193) arbeitet für den Zeitraum zwischen dem italienischen Kriegseintritt im Juni 1940 und dem Beginn des deutsch-sowjetischen Kriegs im Juni 1941 die zunehmende einseitige Abhängigkeit Italiens vom deutschen Bündnispartner heraus, nicht bloß im rein militärischen und (rüstungs-)wirtschaftlichen Bereich, sondern auch auf der Ebene der Diplomatie und der politischen Entscheidungen. König spricht von der Begrenztheit des außenpolitischen Handlungsspielraums für das faschistische Regime, der untergeordneten Stellung Italiens und der entsprechenden deutschen Vorherrschaft im Achsenbündnis. Auch er betont die stark divergierenden Interessen der beiden Mächte und konstatiert, »daß die ideologischen Bande zwischen den Bündnispartnern nicht ausreichten, um in kriegswichtigen machtpolitischen Fragen transparent zusammenzuarbeiten«. Letztlich habe die faschistische Regierung das deutsche Diktat akzeptiert, »weil sie von einem Sieg der deutschen Waffen ausging, an dem sie beteiligt sein wollte« (S. 190 f.). Insgesamt wird vor dem Hintergrund der politischen und militärischen Schwäche des eigenen Landes in allen einschlägigen Beiträgen eine Mischung aus Opportunismus und Fehleinschätzungen als Motiv für Mussolinis Kriegsbeteiligung im Windschatten der scheinbar sicheren deutschen Herrschaft über Europa und als Ursache des für Italien katastrophalen Verlaufs dieses Kriegs ersichtlich.

Nicola Labanca (S. 194–210) warnt in seinem Beitrag zum »Kolonialkrieg in Ostafrika 1935/36« davor, »in der Kriegführung der königlich-faschistischen Streitkräfte« dort »eine Art Vorwegnahme des späteren deutschen Vernichtungskrieges« zu sehen (S. 195). Labanca möchte Mussolinis Entscheidung zur Eroberung Äthiopiens mit »Gründen des internationalen Prestiges« erklären; es sei darum gegangen, Italien als Großmacht zu rehabilitieren und seine Stellung sowohl gegenüber den Westmächten wie gegenüber dem nationalsozialistischen Deutschland zu behaupten. Auch habe es sich um einen, wenn auch mit außergewöhnlichem Aufwand betriebenen, weitgehend herkömmlichen Eroberungskrieg gehandelt. »Der militaristische Charakter der italienischen Kolonialherrschaft« sei dagegen »erst durch das Andauern des antikolonialen Widerstands hervorgerufen« worden (S. 202 f.): »Hier lassen sich in der Tat Elemente finden, die es nahelegen, von genozidalen Maßnahmen und Vernichtungspraktiken zu sprechen«. Doch »Einsatzgruppen gab es nicht, auch keine verbrecherischen Befehle des Duce, die die militärische Disziplin zu untergraben drohten«, und »das rassistische Kolonialsystem der Italiener […] war hart, kann aber auf keinen Fall mit dem rassistischen System des Dritten Reichs gleichgesetzt werden«. »Der Äthiopienkrieg war kein Vernichtungskrieg, ebensowenig war er ein totaler Krieg«, lautet Labancas treffendes Fazit, das er mit der entsprechenden Charakterisierung von Mussolinis Herrschaft in Abgrenzung zum Nationalsozialismus verbindet: »Der italienische Faschismus blieb trotz allem ein – das Adjektiv ist hier von grundlegender Bedeutung – unvollkommener Totalitarismus« (S. 206–209). Davide Rodognos (S. 211–230) Versuch, die zeitgenössischen Überlegungen zur faschistischen Neuen Ordnung im Mittelmeerraum von 1940 bis 1943 zu skizzieren und in Beziehung zur Ausgestaltung von Hitlers Imperium zu setzen, verweist im Wesentlichen auf die Orientierung Italiens an traditionellen Praktiken zur Organisierung von Großräumen: »Das Profil dieser Pläne und die spätere faschistische Besatzungspolitik in Europa weisen zahlreiche gemeinsame

Züge mit dem englischen und französischen Imperialismus aus der zweiten Hälfte des 19.
Jahrhunderts auf«, ja

»die faschistische Propaganda griff immer wieder auf das Thema Frieden zurück. Mit der neuen
Ordnung, so hieß es, könne man die Ziele erreichen, an denen die Vision Woodrow Wilsons gescheitert sei: die Sicherung des Friedens, die Koordinierung der Wirtschaft und die gerechte Verteilung der Arbeit.«

Das unterschied sich, selbst wenn man eine zunehmend rassistische Grundierung einschlägiger faschistischer Überlegungen zur Neuorganisation der mediterranen Staaten
und ihrer Bevölkerungen in Rechnung stellt, so fundamental von der ebenso mörderischen
wie bellizistischen Realität der NS-Herrschaft über Europa, von Hitlers Weltanschauung
wie von der nationalsozialistischen Ideologie, dass man über Rodognos seinen eigenen
Befunden Gewalt zufügende Schlussfolgerung nur staunen kann: »Die italienische Besatzungspolitik wich in ihrer ideologischen Grundlegung kaum vom nationalsozialistischen
Vorgehen ab, war allerdings in der Ausführung weit weniger radikal« (S. 217; 230).

Weitere Aufsätze des Bandes befassen sich, ohne wegweisende zusätzliche Aspekte einzubringen, mit dem faschistischen Antisemitismus und seinen ideologischen Ursprüngen
in Italien, wobei Michele Sarfatti (S. 231–243) auf gelegentliche antisemitische und rassistische Äußerungen Mussolinis vor 1936 verweist und Amedeo Osti Guerrazzi (S. 434–
455) die Auswirkungen der antisemitischen Propaganda des Regimes seit 1938 auf das
Verhalten der Bevölkerung ausleuchtet, und mit der Besatzungspolitik Italiens im militärisch zertrümmerten Jugoslawien 1941 bis 1943. Die deutsche Vorherrschaft im eigentlich von Italien beanspruchten Balkanraum wird dabei ebenso deutlich wie die Konzep-
tions- und Hilflosigkeit der italienischen Bemühungen, mittels eines Nebeneinanders von
integrierenden Maßnahmen und gewaltsamen Repressalien die der eigenen Herrschaft
zugefallenen Territorien nachhaltig in den Griff zu bekommen. Ruth Nattermann (S. 319–
339) belegt am Beispiel des im italienischen Außenamt an exponierter Stelle tätigen Kar-
rierediplomaten Luca Pietromarchi die Rolle von humanitären, nicht zuletzt aus einer
katholischen Prägung, aber auch aus antideutschen Ressentiments und einem vollständigen Mangel an Verständnis für eine judenfeindliche Politik gespeisten Motiven für seine
zentrale Beteiligung an der Bewahrung von Juden in Kroatien vor der Auslieferung an
deutsche Behörden. Schließlich geht es in den abschließenden Beiträgen um das Verhältnis zwischen der deutschen Besatzungsherrschaft in Italien ab September 1943 und der
radikalfaschistischen *Repubblica Sociale Italiana*, die zwar vielfältigen Pressionen von
deutscher Seite ausgesetzt war, deren Protagonisten mit Mussolini an der Spitze gleichwohl in freiwilligem Konsens mit den nationalsozialistischen Besatzern agierten. Lutz
Klinkhammer (S. 472–491) macht hinsichtlich der Provinz Arezzo exemplarisch deutlich, auf welch verlorenem Posten die Polizeikräfte der RSI 1944 in ihrem aussichtslosen
Kampf gegen allgemeine Kriminalität, bewaffnete Banden und antifaschistische Partisanen standen: Die Auflösung jeglicher gesellschaftlichen Ordnung in diesem in mehrfacher
Hinsicht zweigeteilten Italien unter bürgerkriegsähnlichen Zuständen wird dabei ebenso
ersichtlich wie der mangelnde Rückhalt, den das spätfaschistische, allein von der deutschen Militärherrschaft aufrechterhaltene Regime von Salò in der Bevölkerung und selbst
unter seinen Ordnungskräften besaß. Aufs Ganze gesehen liefert der ertragreiche Sammelband wohl deutlich mehr Material für eine Herausarbeitung der gravierenden Unterschiede und expliziten Differenzen zwischen dem faschistischen Königreich Italien und
dem nationalsozialistischen Deutschen Reich als für eine Bestätigung der harmonisieren-
den, deduktiven Vorstellung der »beiden faschistischen Diktaturen«. Ein Mangel der Konzeption des Bandes besteht im Verharren der Autoren in einer Binnenperspektive: Das
Achsenbündnis wird nur aus sich selbst heraus betrachtet. Schon vom japanischen Bündnispartner ist nur ganz am Rande und rein zufällig gelegentlich die Rede. Eine Außensicht

auf das deutsch-italienische Bündnis, sei es aus japanischer, sowjetischer oder westlicher Perspektive, fehlt ebenso wie ein Blick auf seine italienischen und deutschen Gegner in Widerstand und Exil.

Die Folgen der Besetzung weiter Teile Italiens durch deutsche Truppen im Sommer 1943 führt die Kölner Dissertation von Carlo Gentile eindrucksvoll vor Augen, die das unfassbar brutale Vorgehen von Wehrmacht- und SS-Verbänden gegen die italienische Zivilbevölkerung unter dem Vorwand der Partisanenbekämpfung untersucht.[37] Die deutschen Truppen hinterließen von Neapel bis Südtirol eine blutige Spur von Morden, Massakern, Geiselerschießungen und Hinrichtungen, die von Deportationen in Lager und zur Zwangsarbeit nach Deutschland, von Plünderungen, Folter und Vergewaltigung begleitet waren. Gentile, der nicht zuletzt durch seine langjährige Tätigkeit als Sachverständiger in Ermittlungen wegen deutscher Kriegsverbrechen in Italien bei deutschen und italienischen Behörden für diese Aufgabe prädestiniert ist, zeichnet diese Spur akribisch nach und rekonstruiert die fraglichen Verbrechen detailliert. Das läuft mitunter Gefahr, in bloße Aufreihung zu verfallen, hat aber den Vorteil, eine hinreichende Differenzierung verschiedener Erscheinungsformen der Gewalttaten zu ermöglichen, von situativ gelagerten Einzelfällen über konkrete Vergeltungsmaßnahmen bis hin zu wahllosen Mordexzessen an Kindern, Frauen und Greisen. Dabei betont Gentile frappierende Unterschiede zwischen einzelnen Heeresdivisionen, die sich in Italien nahezu keiner Kriegsverbrechen schuldig machten, und bestimmten Verbänden wie der 16. SS-Panzergrenadierdivision »Reichsführer-SS« oder der Fallschirmpanzerdivision »Hermann Göring« der Luftwaffe, die allein für den Tod von mehr als 3.000 der von Gentile insgesamt auf rund 10.000 bezifferten zivilen Opfer deutscher Kriegsverbrechen in Italien verantwortlich waren. Selbst in diesen besonders fanatisierten Verbänden, deren Mannschaften überwiegend aus 17- bis 21-jährigen, weitgehend im NS-Regime sozialisierten Soldaten bestanden, waren allerdings wiederum nur einige wenige Einheiten herausragend an den Massakern beteiligt. Gentile weiß durchgehend in überzeugender Weise zu differenzieren, hebt die Handlungsspielräume und das unterschiedliche Verhalten von Soldaten und Offizieren innerhalb derselben Einheit hervor, beschreibt manche Massaker als dynamische Prozesse, die unter sukzessiven Abstufungen in einer Abfolge von Schüben erfolgten, unterscheidet zwischen einer Häufung von Bluttaten im Operationsgebiet und einer zumeist ruhigeren Situation im Hinterland. Auch eindeutige Befehle mussten nicht zwangsläufig zu Morden führen. Eine generelle Zuschreibung von Motiven für die enthemmte Gewaltausübung ist von daher nicht möglich: So spricht im Falle der Division »Reichsführer-SS« die Sozialisierung eines Großteils ihres Führungspersonals in der Verwaltung und Bewachung von Konzentrationslagern einerseits für das Vorwalten einer eindeutigen ideologischen Prägung. Andererseits macht Gentile plausibel, dass auch eine vorherige Tätigkeit von SS-Führern im Umkreis der Einsatzgruppen von SS und SD auf dem östlichen Kriegsschauplatz nicht notwendig in eine Fortsetzung entsprechender Mordtaten in Italien einmündete. Der Wunsch nach unmäßiger Vergeltung für Attentate auf eigene Kameraden, das subjektive Bedrohungsszenario angesichts einer zumeist übertrieben wahrgenommenen Gefährdung durch Partisanenverbände spielten ebenso eine Rolle wie schlichte Raublust oder Alkoholisierung. Opfer der Aktionen wurden allerdings überwiegend unbeteiligte Zivilisten, während Partisanen oft gar nicht aufzufinden waren. Bei der schon zeitgenössisch von deutschen Militärs als »Vernichtungsunternehmen« bezeichneten Massentötung von rund 770 Menschen im Umkreis des Apennin-Städtchens Marzabotto etwa ging es überhaupt nicht um die Bekämpfung von Partisanen, sondern um »die demonstrative Bestrafung

---

37 *Carlo Gentile*, Wehrmacht und Waffen-SS im Partisanenkrieg: Italien 1943–1945 (Krieg in der Geschichte, Bd. 65), Ferdinand Schöningh Verlag, Paderborn/München etc. 2012, 466 S., geb., 34,90 €.

einer als feindlich betrachteten Bevölkerung«; Gentile spricht hier von »entgrenzter militärischer Gewalt gegen Zivilisten [...] im Kontext des nationalsozialistischen Weltanschauungskrieges« (S. 239; 254f.).

III. ITALIEN ALS REPUBLIK

Mit seiner Darstellung über »Italien seit 1945« legt Christian Jansen, inzwischen Lehrstuhlinhaber für Neuere und Neueste Geschichte in Trier, die erste wissenschaftlichen Ansprüchen genügende, allerdings nicht mit Anmerkungen ausgestattete deutschsprachige Synthese zur Geschichte der Italienischen Republik vor.[38] Das Ergebnis vermag durchweg zu überzeugen. Jansen konzentriert sich auf »eine sozialgeschichtlich fundierte und kulturgeschichtlich erweiterte Politikgeschichte« (S. 10) und gliedert seinen Stoff nach einem Auftakt, der die fundamentalen Entscheidungen der Jahre 1943 bis 1948 darlegt, übersichtlich in eine Reihe von strukturgeschichtlichen Kapiteln, die etwa die Wirtschaft, die Südfrage inklusive der Mafia oder die für Italien spezifische Segmentierung der politischen Kultur in einen katholischen, einen kommunistisch-sozialistischen und einen liberal-laizistischen Sektor behandeln, um dann für den Zeitraum von den 1960er Jahren bis in die Gegenwart eine stärker erzählende, doch stets problemorientierte Form der Darstellung zu wählen. Der handbuchartige Charakter des Bandes mit zahlreichen sozialstatistischen Daten, einem durchgehenden Schwerpunkt auf der Entwicklung der gesellschaftlich-politischen Ordnung und der Parteienlandschaft und einer knappen, auf deutsch- und englischsprachige Titel konzentrierten kommentierten Bibliografie verbindet sich mit profunden Einblicken in Gegenstände, deren Erörterung man in ähnlichen Darstellungen sonst eher vermisst: So geht es um den Familiarismus als ein die italienische Gesellschaft bis heute zutiefst prägendes Phänomen, um die angemessene Einordnung Italiens als mediterranes Land, das in mancherlei Kontexten eher an Spanien, Griechenland oder dem Maghreb gemessen werden muss als an West- oder Mitteleuropa, um den Zusammenhang von Fotoromanen und Alphabetisierung oder um die Bedeutung der *cantautori*, der politisch und gesellschaftlich engagierten italienischen Songwriter und Sänger.

Bemerkenswert ist ein eigenes Kapitel über die Außenpolitik der Italienischen Republik, die einerseits den Bruch mit der Politik des *sacro egoismo* und des »Lumpenimperialismus« vollzog – die, wie Jansen zu Recht betont, das liberale wie das faschistische Italien charakterisiert hatte –, sich in engem Anschluss an die USA nach Westen orientierte und sich ebenso konstruktiv in das atlantische Bündnis wie in die Europäische Gemeinschaft einfügte. Allerdings lassen sich immer wieder Bemühungen beobachten, mit den nunmehrigen europäischen Mittelmächten Frankreich, Großbritannien und bald auch der Bundesrepublik Deutschland gleichzuziehen und damit an das traditionelle Streben Italiens nach einer gleichberechtigten Rolle im internationalen Mächtesystem anzuknüpfen, insbesondere durch ein selbstbewusstes Auftreten im Mittelmeerraum und durch ein verstärktes Engagement im nördlichen Afrika und im Nahen Osten. Freilich scheiterten diese Bemühungen allzu oft, und auch das gehört eher in den Traditionsbestand italienischer Außenpolitik, an Konzeptionslosigkeit und Übereifer ebenso wie an den letztlich unzureichenden ökonomischen wie machtpolitischen Mitteln. Jansen liefert wertvolle Ansatzpunkte für eine Gesamteinschätzung der Rolle Italiens im 20. Jahrhundert im internationalen System wie unter geopolitischen Aspekten. Einen weiteren Aspekt struktureller Kontinuität im politischen System Italiens eröffnen Bemerkungen zur Regierungsweise herausgehobener politischer Führungsfiguren, wenn Jansen auf Ähnlichkeiten im Umgang etwa mit Parteiapparaten oder Justiz bei Mussolini, Bettino (»Benito«) Craxi und Berlusconi verweist.

---

38 *Christian Jansen*, Italien seit 1945 (Europäische Zeitgeschichte, Bd. 3), Vandenhoeck & Ruprecht Verlag, Göttingen 2007, 255 S., kart., 16,90 €.

Gleichermaßen bedeutsam sind Jansens Hinweise auf die kontinuierliche Rolle des *trasformismo*: Diese spezifisch italienische Art und Weise, im nationalen Parlament mit wechselnden Mehrheiten zu regieren, unter weitgehender Auflösung eines Gegensatzes zwischen Regierung und Opposition sowie mit Abgeordneten, die jederzeit bereit sind, sich und ihre Klientel für die Verfolgung beliebig austauschbarer politischer Ziele zur Verfügung zu stellen, prägte im Grunde, unter je unterschiedlichen Rahmenbedingungen, das gesamte 20. Jahrhundert, das liberale ebenso wie das frühfaschistische Italien und eben die Republik, die nicht zuletzt auf diese Weise immer auch den kommunistischen Systemgegner, den mächtigen PCI, bis hin zur indirekten Regierungsbeteiligung einband.

Ob sich das mit dem politischen Umbruch der 1990er Jahre, wie Jansen meint, grundlegend geändert hat und sich in die Richtung eines Systems zweier klar getrennter und in der Regierungsverantwortung alternierender Lager entwickeln wird, bleibt abzuwarten und erscheint gerade gegenwärtig wieder eher ungewiss. Jansens Sichtweise hängt an dieser Stelle mit der für seine Darstellung fundamentalen Interpretation zusammen, der zufolge es in Italien eine »Erste Republik« gegeben habe, die mit dem Zusammenbruch des Parteiensystems 1993 untergegangen sei, während sich seitdem eine »Zweite Republik« herausbilde. Diese Perspektive ist weit verbreitet[39], und Jansen arbeitet für die Zeit seit Mitte der 1970er Jahre Vorzeichen eines drohenden Kollapses der politischen Ordnung heraus, der nicht zuletzt aus der Unfähigkeit der politischen Klasse resultiert habe, trotz gesamtwirtschaftlicher Prosperität wachsende gesellschaftliche Spannungen durch tief greifende Reformen abzubauen. Doch Jansen selbst liefert massive Gegenargumente gegen die analytische Trennung zweier aufeinanderfolgender Republiken: Der »Umbruch von 1991 bis 1993« habe »keine politisch-kulturelle Revolution ausgelöst«, »es gab kein gesellschaftliches Umdenken und keine Abkehr von korrupten und klientelistischen Verhaltensweisen, die als ›normal‹ galten und von denen allzu viele profitierten«.

»In der Gesellschaft und in der öffentlichen Meinung […] blieb eine (selbst)kritische Auseinandersetzung mit den tieferen Ursachen der Systemkrise aus. Sie wurde kaum in Verbindung gebracht mit der Alltagskultur, mit Vetternwirtschaft, Bestechlichkeit, Schwarzarbeit oder Steuerhinterziehung.«

Selbst die Kommunistische Partei und ihre Nachfolgeorganisationen hätten bei der Aufarbeitung der Ursachen für das Desaster des politischen Systems versagt und es versäumt, neue Perspektiven für die politische Kultur aufzuzeigen. »Man wählte ›neue‹ Parteien, die jedoch die alten klientelistischen und familiaristischen Strukturen nicht antasteten« (S. 210), das Wahlsystem wurde ständig revidiert, ohne dabei jedoch zu einem überzeugenden Resultat zu gelangen, an eine grundlegende Überarbeitung der Verfassung oder gar deren Neuschöpfung ist bis heute nicht zu denken. Kurzum: »Vom Zusammenbruch des Parteiensystems war keine politisch-kulturelle Erneuerung ausgegangen« (S. 223). Das lässt die von Jansen zugrunde gelegte Einteilung in »Erste« und »Zweite« Republik fragwürdig erscheinen. Dessen ungeachtet ist sein Buch für jede Annäherung an die bisherige Geschichte der Italienischen Republik uneingeschränkt zu empfehlen.

Mit Christian Jansens Kompendium und Hans Wollers Ausführungen im dritten Teil seiner Geschichte Italiens liegen nunmehr zwei aktuelle zeitgeschichtliche Darstellungen zur Italienischen Republik in deutscher Sprache vor, die bis nahe an die Gegenwart heranreichen, wissenschaftlich begründet argumentieren und erste Interpretationsangebote darreichen.[40] Durch sie wird die »Kleine Geschichte Italiens« seit 1943 aus der Feder von

---

39 Vgl. als frühe geschichtswissenschaftliche Darstellung mit diesem Interpretationsmuster bereits *Aurelio Lepre*, Storia della prima Repubblica. L'Italia dal 1942 al 1992, Bologna 1993.

40 Vgl. auch die knappen Skizzen von *Rudolf Lill*, Italien als demokratische Republik, in: *Wolfgang Altgeld* (Hrsg.), Kleine italienische Geschichte, Stuttgart 2002, S. 431–484, und *Volker Reinhardt*, Geschichte Italiens. Von der Spätantike bis zur Gegenwart, München 2003, S. 293–316.

Friederike Hausmann, die 1989 erstmals veröffentlicht wurde und seitdem in zahlreichen kaum überarbeiteten, aber immer wieder fortgeschriebenen und so auf den neuesten Stand gebrachten Neuausgaben erschienen ist, zugleich überholt und aufgehoben.[41] Die der Chronologie folgende, erzählende, überwiegend politikgeschichtlich ausgerichtete, aber auch den Zusammenhang der wirtschaftlichen Strukturen Italiens mit den zahlreichen Skandalen und Krisen der Republik beleuchtende Darstellung der auch als Übersetzerin renommierten Italienkennerin bewegt sich letztlich eher im journalistisch-publizistischen Rahmen als im Bereich der Wissenschaft.[42] Gleichwohl vermag die Lektüre mit Blick auf die Ereignisgeschichte eine Reihe von Ergänzungen zu den Texten von Jansen und Woller zu liefern, und sie lässt erkennen, dass Jansens Buch Hausmanns Werk einiges zu verdanken hat.

Eine umfassende, monografische, aus den Quellen gearbeitete Gesamtdarstellung zur Geschichte der Italienischen Republik wird die deutschsprachige Zeitgeschichtsforschung auf absehbare Zeit mutmaßlich nicht hervorbringen. Schon die Zahl einschlägiger Spezialstudien ist, gemessen an der derjenigen, die zu Themen des faschistischen Italien vorgelegt wurden, nach wie vor gering. Einem zentralen Gegenstand widmet sich die Münchener, am Institut für Zeitgeschichte entstandene Dissertation von Tobias Hof, die anhand von Parlamentsdebatten, Regierungsakten, Berichten von Untersuchungskommissionen und publizistischen Quellen die Reaktionen des italienischen Staats auf die terroristische Herausforderung der 1970er Jahre analysiert.[43] Mit einem Ansatz, der Politikgeschichte mit Elementen der Perzeptionsforschung verbindet, möchte Hof auf der nationalen Makroebene eine Pionierstudie zu einer Problematik vorlegen, die anders als die terroristischen Gruppen und ihr Handeln selbst bislang kaum untersucht worden sei. Seine Kernfrage lautet, ob es in überschießender Reaktion auf die terroristische Bedrohung zu einem Verfall des Rechtsstaats und des parlamentarischen Regierungssystems gekommen sei. Nach einem für das Untersuchungsthema unerheblichen »ereignisgeschichtlichen Überblick über die Jahre 1958 bis 1992« und einigen wenig zielführenden Überlegungen zur Problematik der Perzeption des Terrorismus in Regierung und Parlament behandelt Hof im 200 Seiten umfassenden Hauptteil seiner Arbeit die »Anti-Terrorismus-Politik« des italienischen Staats, die in vier Phasen einzuteilen sei und die neben Regierung, Parlament und Parteien die Justiz und den Sicherheitsapparat zu berücksichtigen habe.

Die Ergebnisse von Hofs methodisch sauberer, gründlicher und unvoreingenommener Untersuchung fallen differenziert aus: Einerseits sei für die Terrorismusbekämpfung auf legislativer Ebene insgesamt eine »Flickschusterei« kennzeichnend gewesen, »mit der immer wieder kleinere oder größere Defizite« des Strafgesetzbuchs, der Strafprozessordnung oder der Zustände in den italienischen Haftanstalten bereinigt werden sollten und die mit misslichen Folgen etwa auch bei der überstürzten und zunächst kontraproduktiven Reform der Geheimdienste 1977/78 zu beobachten gewesen sei (S. 192). In den Anti-Terrorismus-Konzepten habe zwischen 1969 und 1982 durchgehend »die Symptombekämpfung gegenüber der Ursachenbekämpfung« dominiert (S. 310), wobei allerdings auch Hof nicht präzise zu sagen vermag, worin die Ursachen der in Italien im europäischen Vergleich besonders ausgeprägten terroristischen Welle der 1970er Jahre bestanden oder

---

41 *Friederike Hausmann*, Kleine Geschichte Italiens von 1943 bis zur Ära nach Berlusconi, Klaus Wagenbach Verlag, aktual. u. erw. Neuausg., Berlin 2006, 252 S., kart., 12,90 €.

42 Dasselbe gilt für ein weiteres Buch von *Friederike Hausmann*, Italien (Die Deutschen und ihre Nachbarn), Verlag C. H. Beck, München 2009, 231 S., geb., 18,00 €, das für die Zeit der Republik einige zusätzliche Hinweise zur Einschätzung der Mafia und des italienischen Justizsystems gibt.

43 *Tobias Hof*, Staat und Terrorismus in Italien 1969–1982 (Quellen und Darstellungen zur Zeitgeschichte, Bd. 81), Oldenbourg Verlag, München 2011, X + 409 S., geb., 49,80 €.

gar wie sie erfolgreich zu beseitigen gewesen wären. Der unscharfe Begriffsinhalt des Worts »terroristisch« in Gesetz(esdekret)en, erweiterte Befugnisse für Polizeiorgane und Strafverfolgungsbehörden oder eine Verlagerung von Entscheidungen in verfassungsmäßig nicht vorgesehene Zirkel von Spitzenvertretern der Parteien seien, so Hof, einerseits durchaus kritisch zu bewerten. Andererseits, und darin liegt die Haupterkenntnis seiner Arbeit, bestätigt Hof die grundsätzliche Verfassungskonformität sämtlicher zum Zwecke der Terrorismusbekämpfung getroffenen Maßnahmen und fällt ein insgesamt »positive[s] Urteil« (S. 335) über die kontinuierlich gewahrte Rechtsstaatlichkeit und das gerade angesichts der terroristischen Herausforderung funktionierende parlamentarische System der Italienischen Republik.

Nachdem bis über die Mitte der 1970er Jahre hinaus die Passivität des Staats das Anwachsen des Terrorismus begünstigt habe, sei die Anti-Terrorismus-Politik der Folgejahre durchaus erfolgreich gewesen, wozu neben konkreten Maßnahmen wie einer Bündelung und Spezialisierung von Polizeieinheiten oder der Einführung und mehrfachen Ausweitung einer Kronzeugen- und schließlich Aussteigerregelung auch eine stärkere Einbeziehung der Bevölkerung in einen umfassenden Konsens zur Beendigung der grassierenden Gewalt beigetragen habe. Der PCI habe die maßgeblich von der »Democrazia Cristiana« (DC) gestellten Regierungen konstruktiv unterstützt und dabei ein hohes Maß an demokratisch-rechtsstaatlichem Verständnis an den Tag gelegt. Letztlich sei das politische System aufgrund seiner Kompromissfähigkeit und eines sich entspannenden Verhältnisses zwischen großen Teilen der Bevölkerung und den Exponenten der politischen Klasse gestärkt aus der Auseinandersetzung zwischen Staat und Terrorismus hervorgegangen – Hof verweist anhand einer Reihe von Beispielen auf die fundamentale Bedeutung des *trasformismo* als eines allgegenwärtigen spezifischen Strukturmerkmals italienischer Politik, das die Einbindung der verfassungstreuen Teile des Parteiensystems, die Integration weiter Kreise der Bevölkerung im Kampf gegen den Terrorismus und letztlich selbst die Wiedereingliederung von Sympathisanten und Aktivisten der Terrorgruppen in die Gesellschaft ermöglicht habe. Gerade angesichts dieser grundlegenden Einsicht in ein Spezifikum der italienischen Kultur des Politischen erscheint es aber fragwürdig, wenn Hof diese erfolgreich bestandene Bewährungsprobe des politischen Systems schließlich doch nur als »ein Intermezzo in der Geschichte der ›Ersten Republik‹« interpretiert, die 1992 einem Kollaps erlegen sei (S. 347): Sofern man der Zäsur der Jahre 1993/94 anders als Hof eine geringere, im Ergebnis doch nur relative Bedeutung zuspricht, dann wird man aus den Erkenntnissen seiner Arbeit vielmehr zu dem Schluss kommen können, die *Repubblica Italiana* werde auch weiterhin Krisen unterschiedlicher Art zu überwinden in der Lage sein und aus bestandenen Herausforderungen gestärkt hervorgehen. Unabhängig von dieser Frage der Interpretation besticht Hofs Arbeit durch eine ausgesprochen sachliche Beurteilung des Problems des rechten Terrorismus in Italien – der allerdings in Hofs Darstellung durchgehend im Schatten des Linksterrorismus steht, wofür in erster Linie die Quellenlage und ganz generell die unterschiedliche Transparenz der beiden Phänomene verantwortlich ist – und durch seine Ablehnung sämtlicher Verschwörungstheorien. So gebe es im Hinblick auf die rechtsterroristische Gewalt – und das gilt genauso für die linksterroristische – »bislang keine stichhaltigen Beweise für eine direkte Beteiligung prominenter politischer Akteure« oder ausländischer Instanzen; der Rechtsterrorismus sei vielmehr »eine Antwort auf den zunehmenden Einfluß der Linken in Politik und Gesellschaft« seit den 1960er Jahren gewesen (S. 338). Eine angesichts ihres vermeintlichen Versagens oder Wegsehens, aber auch angeblich nicht rechtsstaatskonformer Methoden »pauschale Verurteilung der Justiz- und Polizeibehörden, wie sie vielfach die italienischen Linken betrieb[en]«, sei »irreführend«. Die Wortführer des linken Meinungsspektrums seien vielmehr von vornherein »per se von einem Fehlverhalten der Beamten ausgegangen«: Insbesondere, »sobald die Behörden oder auch die Politik einen Erfolg vorweisen konnten, vergingen nur wenige Stunden, bis die ersten kritischen Stimmen und Verschwörungstheorien in den Medien auftauchten. Eine erfolgreiche Arbeit ohne Abgleiten in illegale Methoden wurde dem Staat nicht zugetraut.« Derartige Ressentiments würden bis heute »eine sachliche Analyse der Auseinandersetzung zwischen Staat und Terrorismus« behindern (S. 336).

Ein Sammelband mit vergleichend angelegten knappen Aufsätzen über »Staat und Terrorismus in der Bundesrepublik Deutschland und [in] Italien 1969–1982« führt im Hinblick auf den italienischen Fall nicht über Tobias Hofs solide, auch als erste deutschsprachige Synthese brauchbare Studie hinaus, zumal er selbst mit zwei Beiträgen darin vertreten ist.[44] Das Bändchen resultiert aus einer gemeinsamen Tagung des Italienisch-Deutschen Historischen Instituts in Trient und des Instituts für Zeitgeschichte und erschien in einer kleinen Reihe mit dem Titel »Zeitgeschichte im Gespräch«, die von Thomas Schlemmer und Hans Woller für das als Herausgeber fungierende Münchener Institut redaktionell betreut wird. Beides gilt auch für zwei weitere hier anzuzeigende Publikationen, die den Schritt in die unmittelbare Gegenwartsgeschichte wagen: In einem Band wird in einer Runde von Historikern, Publizisten und Vertretern des deutsch-italienischen Kultur- und Wissenschaftsaustauschs die Frage erörtert, inwiefern im Sinne einer von Gian Enrico Rusconi aufgeworfenen These von einer »schleichenden Entfremdung« zwischen Italien und Deutschland seit dem Umbruch von 1989/90 gesprochen werden könne.[45] Zwar sei im engeren Bereich der bi- und internationalen Beziehungen auf dem Feld der »großen Politik« aufgrund des wachsenden Einflusses und Gewichts der erweiterten Bundesrepublik Deutschland einerseits, der demgegenüber relativ geringeren Bedeutung Italiens, das darüber hinaus durch gravierende innenpolitische Verwerfungen seit den 1990er Jahren zusätzlich geschwächt und auf sich selbst zurückgeworfen sei, andererseits durchaus eine gewisse zunehmende Distanz und ein Auseinanderdriften zwischen den beiden Staaten zu beobachten. Doch sei eine solche binationale, auf das Politische beschränkte Perspektive angesichts des europäischen Einigungsprozesses und der Globalisierungstendenzen möglicherweise ohnehin überholt, und die Kooperation, Interaktion und gegenseitige Verflechtung etwa auf wirtschaftlichem Gebiet und im Bereich des kulturellen und wissenschaftlichen Austauschs verweise insgesamt eher auf eine zunehmende Konvergenz. Hans Woller (S. 17–24) meint in diesem Sinne sogar, man könne »mit gutem Recht von einer *special relationship* sprechen […], die den Kern des neuen Europa in sich trägt« (S. 23), und warnt vor einem gefährlichen Alarmismus. Der informative, insgesamt eher feuilletonistisch als wissenschaftlich argumentierende Band enthält nützliche Hinweise auf Dialog-, Interaktions- und Transferprozesse im Bereich der deutsch-italienischen Zeitgeschichtsforschung, die sich aus Sicht der deutschen Diskutanten in einer relativen Blütephase befindet, während Gustavo Corni (S. 123–132) für die italienische Seite ein kontinuierliches Desinteresse nördlich der Alpen an den Ergebnissen der italienischen Deutschlandforschung beklagt. Ein weiterer, unter Beteiligung deutschsprachiger und italienischer Forscher entstandener Tagungsband der Reihe »Zeitgeschichte im Gespräch« widmet sich aus verschiedenen Perspektiven der Politik Silvio Berlusconis von 1994 bis 2009.[46] Der Be-

44 *Johannes Hürter/Gian Enrico Rusconi* (Hrsg.), Die bleiernen Jahre. Staat und Terrorismus in der Bundesrepublik Deutschland und Italien 1969–1982 (Zeitgeschichte im Gespräch, Bd. 9), Oldenbourg Verlag, München 2010, 128 S., kart., 16,80 €.

45 *Gian Enrico Rusconi/Thomas Schlemmer/Hans Woller* (Hrsg.), Schleichende Entfremdung? Deutschland und Italien nach dem Fall der Mauer (Zeitgeschichte im Gespräch, Bd. 3), Oldenbourg Verlag, München 2008, 136 S., kart., 16,80 €.

46 *Gian Enrico Rusconi/Thomas Schlemmer/Hans Woller* (Hrsg.), Berlusconi an der Macht. Die Politik der italienischen Mitte-Rechts-Regierungen in vergleichender Perspektive (Zeitgeschichte im Gespräch, Bd. 10), Oldenbourg Verlag, München 2010, 164 S., kart., 16,80 €.

fund ist betont nüchtern und sachlich: Berlusconi und sein Mitte-rechts-Bündnis stehen in vielerlei Hinsicht in einer die Jahrzehnte und auch den Umbruch von 1992 bis 1994 überdauernden Kontinuität italienischer Politik; die inhaltlichen Differenzen in der politischen Linie erscheinen auch gegenüber der Mitte-links-Regierungen von Romano Prodi eher gering, wie am Beispiel der Europa-, Familien- und Arbeitsmarktpolitik dargelegt wird. Hans Woller und Gian Enrico Rusconi sind weithin einig in ihrem Urteil, dem zufolge von einem italienischen Sonderweg unter den Regierungen Berlusconis keine Rede sein könne; »das demokratische Regelwerk funktioniert, die Selbstheilungskräfte sind nicht gelähmt, außerdem wacht auch die Europäische Union über Italien« – »der Berlusconismus gehört in das Spektrum demokratischer Politik und muß in seiner Besonderheit studiert werden« (S. 23; 154).

Aram Mattioli scheint die Entwicklung mit größerer Sorge zu betrachten. Er analysiert in einer fakten- und zitatenreichen Monografie »die Aufwertung des Faschismus im Italien Berlusconis«.[47] Mattioli möchte einen in Italien grassierenden geschichts- und erinnerungspolitischen Revisionismus aufzeigen, den er eng mit einer anhaltenden politischen Rechtsentwicklung im Land verbunden sieht, und so einen historisch informierten Beitrag zur Analyse des gegenwärtigen Italien liefern. Er meint, einen umfassend angelegten »revisionistischen Umbau der Erinnerungskultur« zu erkennen, der in der Absicht erfolge, »Mussolinis vermeintlich milde Diktatur ganz oder wenigstens in Teilen weiss zu waschen« (S. 21). Dabei schießt Mattioli schon einleitend über das Ziel hinaus und verfällt in jenen Alarmismus, zu dem besonnene Beobachter wie Hans Woller und Gian Enrico Rusconi keinen Anlass sehen: So spricht Mattioli nicht bloß von einer in der italienischen Gesellschaft verbreiteten »revisionistische[n] ›Normalität‹«; Italien sei vielmehr »zu einem Land ohne historisches Gedächtnis geworden«, das Berlusconis Populismus in eine »Demokratie ohne wirkliche Demokratie« verwandelt habe »und damit in einen Zustand, der zu schlimmen Befürchtungen Anlass gibt« (S. 9f.). Das überschätzt maßlos die Möglichkeiten eines einzelnen Politikers, der sich dem Votum des Wahlvolks, der Öffentlichkeit und schließlich auch des Staatspräsidenten letztlich immer gefügt hat. Tatsächlich kann keine Rede davon sein, dass der »politisch-ideologische Missbrauch der Geschichte«, wie er von rechten Kräften in Italien zweifellos gefördert wird, »eine Gefahr für ein zivilisiertes Zusammenleben« darstelle (S. 153).

Im Darstellungsteil seines Buchs gibt Mattioli fundiert und engagiert Auskunft über die seit den 1980er Jahren verstärkt an die Öffentlichkeit tretenden Tendenzen und Bemühungen, das Verbrecherische an der faschistischen Diktatur herunterzuspielen, Mussolini selbst als gutmütigen Modernisierer darzustellen, die gewalttätige Eroberungs- und Besatzungspolitik des Faschismus in Abrede zu stellen oder die Anhänger und Aktivisten der spätfaschistischen *Repubblica Sociale* von Salò als Kinder ihrer Zeit mit den antifaschistischen Kämpfern der Resistenza moralisch auf eine Stufe zu stellen. Auch zeigt er haarsträubende Beispiele profaschistischer Aktivitäten von Politikern bis hinauf in Regierungsränge auf, die etwa Straßen nach faschistischen Politikern benennen oder mit erhobenem rechtem Arm Polizeiparaden abnehmen. Doch wird zugleich auch die Gegenwehr gesellschaftlicher Kräfte deutlich, sobald solche Handlungen ein bestimmtes Maß, das dieser Gesellschaft eben tolerierbar erscheint, übersteigen. Gleichzeitig verfolgt Mattioli ganz sachlich den Weg des einstigen Führers der faschistischen Sozialbewegung MSI Gianfranco Fini, der über die Umwandlung seiner Partei in die rechtskonservative »Alleanza Nazionale« (AN) und deren schließliche Auflösung den größten Teil der einstigen (neo-)faschistischen Anhängerschaft an die freiheitlich-demokratische Gesellschaft heran- und in die Partizipation an der Regierungsmacht hineingeführt hat. Mattioli bezweifelt nicht die

---

47 *Aram Mattioli*, »Viva Mussolini!« Die Aufwertung des Faschismus im Italien Berlusconis, Ferdinand Schöningh Verlag, Paderborn/München etc. 2010, 201 S., kart., 19,90 €.

grundlegende Läuterung Finis und die Ernsthaftigkeit seiner Abwendung insbesondere
von den rassistischen Ingredienzien des neofaschistischen Weltbilds. Er vermag darin aber
nicht eine Leistung zu erkennen, die dazu beitragen kann, die politisch-gesellschaftliche
Ordnung Italiens durch die Integration der einstigen Systemopposition auch auf der rechten Seite des Spektrums zu normalisieren und letztlich zu stärken. Stattdessen geißelt er
die Fortexistenz mehrerer faschistischer Splittergruppen, deren Personal dem Kurs Finis
nicht zu folgen vermochte und die sich untereinander ebenso zerstritten und noch randständiger präsentieren als die diversen, mehr oder weniger orthodoxen Nachfolgeorganisationen des kommunistischen PCI.

Mattiolis Kritik am System Berlusconi geht bis hin zu konkreten Handlungsanweisun-
gen: Der Ministerpräsident habe »die revisionistische Umdeutung der Geschichte« zuge-
lassen, »wo er sie hätte stoppen müssen« (S. 145). Es fällt dem Schweizer Historiker sichtlich schwer, es hinzunehmen, dass auch diesseits von glorifizierenden und verharmlosen-
den, politisch motivierten Versuchen zur Umdeutung oder gar Verfälschung von historischen Erkenntnissen in Gesellschaft und Wissenschaft Auffassungen existieren – und im
italienischen öffentlichen Diskurs vielleicht auch dominieren –, die nicht mit seiner extremen Gesamtinterpretation der faschistischen Diktatur als einem »Megatötungsregime«
übereinstimmen. Dabei geht Mattioli, um dieses Urteil zu untermauern, mit Zahlen generell großzügig und methodisch unvorsichtig um. So ist es unbestritten, dass Mussolini ein
Verbrecher war, doch ob er »den Tod von mindestens einer Million Menschen verschul-
dete«, erscheint fraglich (S. 144). Die Behauptung, italienische Truppen hätten von 1941
bis 1943 in Jugoslawien und Griechenland »geschätzte 400.000« Menschen umgebracht
(S. 60), dürfte einer kritischen Überprüfung nicht einmal annähernd standhalten[48] – die
Italiener müssten dann auf der Balkanhalbinsel pro Tag allein mehr als 400 Menschen
getötet haben, wofür jeglicher Anhaltspunkt fehlt. An anderer Stelle übernimmt Mattioli
ohne Abgleich die von Brunello Mantelli ins Gespräch gebrachte, auch nicht wirklich
plausible Zahl von »250.000 Opfern« der italienischen Okkupation in Jugoslawien, gibt
aber zu, dass »sich die genaue Zahl nicht angeben lässt« (S. 107). Richtig ist es gewiss,
dass »die italienischen Besatzer eine Spur von Tod und Verwüstung durch Jugoslawien«
zogen und in den Partisanengebieten »Tausende von Menschen« exekutierten, »unabhängig davon, ob es sich dabei um bewaffnete Kämpfer oder um unbeteiligte Dorfbewohner
handelte« (ebd.) – das verweist jedoch auf eine gänzlich andere Dimension. Ebenso sorg-
los hantiert Mattioli in sämtlichen seiner hier zu besprechenden Publikationen mit Zahlen
von Todesopfern italienischer Herrschaft in Libyen und Ostafrika. Auch hier spricht Mattioli einerseits pauschal von »eine[r] halbe[n] Million Menschen«, die »Mussolinis Legionäre« umgebracht hätten (S. 60), später dann von »den vielen tausend afrikanischen Opfern der faschistischen Gewaltherrschaft in Libyen und Ostafrika« (S. 79), was wiederum
eine ganz andere Größenordnung suggeriert.[49] Gerade wenn Mattioli das faschistische
Italien als »Megatötungsregime« klassifizieren und es damit offensichtlich auf eine Stufe
mit dem nationalsozialistischen Deutschen Reich und der stalinistischen Sowjetunion
stellen und das mit möglichst großen Opferzahlen untermauern möchte, dann empfiehlt
es sich, akribisch und methodisch reflektiert vorzugehen. Im Übrigen bleibt es nicht ohne
inneren Widerspruch, wenn Mattioli Hannah Arendt dafür kritisiert, dass sie dem faschistischen Italien die »eigentlich totalitären Züge« absprach und es in eine Reihe mit den autoritären Regimen in Portugal, Ungarn und Spanien stellte (S. 59), um dann an anderer Stelle

---

48 Vgl. zur Einordnung in die tatsächlichen Dimensionen und Verhältnisse nur *Marie-Janine Calic*,
    Geschichte Jugoslawiens im 20. Jahrhundert, München 2010, S. 137–173, insb. S. 169f. und
    173.
49 Vgl. auch die stark differierenden und kaum miteinander zu vereinbarenden Zahlenangaben bei
    Asserate/Mattioli, Der erste faschistische Vernichtungskrieg, S. 10, 20f., 28f. und 124–126.

von einer Franco-Diktatur zu sprechen, »die viel mit dem Mussolini-Regime gemeinsam hatte« (S. 152). Insgesamt geben die von Mattioli angeführten Tatsachen gewiss keinen Anlass zu der Befürchtung, die Italienische Republik – die ganz davon abgesehen ja auch noch Probleme ganz anderer Qualität zu bewältigen hat – werde von einer »Aufwertung des Faschismus« in ihren Grundfesten bedroht.

IV. ARCHITEKTUR UND STÄDTEBAU

Der Regensburger Ordinarius Franz J. Bauer liefert mit seiner Monografie über »Rom im 19. und 20. Jahrhundert« bewusst keine umfassende Stadtgeschichte.[50] Er konzentriert sich vielmehr auf den Bereich der Stadtplanung und Architektur, auf die Entwicklung des äußeren Stadtbilds, und möchte »zeigen, wie das heutige Rom entstanden ist, als urbaner Organismus wie als Ort kollektiver Erinnerung und symbolischer Konstruktion von Identität« (S. 15). Das Ergebnis ist eine ebenso lesenswerte wie gut lesbare Synthese einer abundanten, vor allem italienischen Literatur, die gleichermaßen als historische Untersuchung, als Handbuch zur Stadtentwicklung Roms wie auch als mit Engagement und Emphase geschriebener Reiseführer benutzt werden kann. Dabei kommen sozialgeschichtliche Aspekte nicht zu kurz, so wenn verschiedentlich auf das Schicksal der römischen Unterschichten eingegangen wird, die entweder im Zuge der fortlaufenden Innenstadtsanierung kurzerhand entfernt, in periphere Vorstadtgegenden umgesiedelt oder schlicht sich selbst überlassen wurden und in Barackenlagern und frühen Slums vegetierten, oder die, aus den umliegenden Regionen als billige Arbeitskräfte angelockt, unter ganz ähnlichen Umständen irgendwie in Rom überleben mussten: Für die einfache Arbeiterbevölkerung oder gar für die subproletarischen Schichten wurde von den kommunalen und staatlichen Behörden zu keiner Zeit in angemessener Weise geplant und gebaut. Die Planung eilte den Realitäten stets hinterher, und die Züge einer Metropole der ›Dritten Welt‹, die Teile von Roms Außenbezirken heute kennzeichnen, lassen sich in Ansätzen schon in das Rom der liberalen und der faschistischen Ära zurückverfolgen. Besonders deutlich wird erneut, dass der Faschismus sich gesellschaftspolitisch allein an den Wünschen der Oberschichten orientierte: Die Reihe der *governatori*, der Mussolini persönlich unterstehenden Stadtregenten Roms, eröffnete mit Filippo Cremonesi, der bereits im liberalen Rom Bürgermeister war, ein Industrieller, der »die Interessen der Haus- und Grundeigentümer, der Unternehmer und der Finanzkreise bediente«; ihm folgten im Amt des *governatore* mit der kurzzeitigen Ausnahme des faschistischen Multifunktionärs Giuseppe Bottai ausschließlich Fürsten aus der römischen Hocharistokratie (S. 222f.).

Das unter wissenschaftlichem Gesichtspunkt zentrale Thema, das Bauer aufzeigt und variiert, bildet generell die vielfältige Kontinuität zwischen dem liberalen und dem faschistischen Rom. So waren die großen Straßendurchbrüche und die *sventramenti*, die »Ausweidungen« von Altstadtbezirken, keine Spezialität der faschistischen Rompolitik; sie charakterisierten vielmehr die stadtplanerischen Bemühungen seit 1870. Die Freilegung und Konservierung antiker und christlicher Monumente, die Hinzufügung monumentaler Architekturkomplexe für Zwecke staatlicher Verwaltung und nationaler Repräsentation, auch konkret die Prachtboulevards rund um den Kapitolshügel oder die geplante Ausdehnung der Stadt in Richtung auf das Meer verbanden die städtebaulichen Anstrengungen und Visionen von 1870 bis 1943, ebenso wie große Teile des dazu eingesetzten Personals an Architekten und Stadtplanern den scheinbaren Bruch von 1922/25 (wie

---

50 *Franz J. Bauer*, Rom im 19. und 20. Jahrhundert. Konstruktion eines Mythos, Verlag Friedrich Pustet, Regensburg 2009, 352 S., geb., 34,90 €. Faktisch behandelt der Band die Zeit von 1870 bis 1942/43.

auch den von 1943/48) überdauerten. Die Rompolitik des Faschismus zielte Bauers Urteil
zufolge nicht in grundsätzlich neue Richtungen, sie übersteigerte eher vorhandene Ansätze, schritt stärker vom nationalen zum imperialen Anspruch fort und berief sich dabei
unablässig auf das Beispiel des antiken Römischen Reichs, dem es nachzueifern galt.
Rom, »der Kapitale«, sollte dabei »in Selbstbewusstsein und Selbstdarstellung des neuen
Regimes eine alles überragende Rolle zufallen« (S. 199). Stilistisch unterscheidet Bauer
in der Architekturpolitik des faschistischen Regimes am Beispiel Roms drei, bei allem
relativ pluralistischen Nebeneinander vorwaltende Phasen – Mussolinis Sprunghaftigkeit
und Uneindeutigkeit wird auch anhand dieses Sujets erkennbar. Nach einer bruchlosen
Anknüpfung an den monumentalen Eklektizismus der liberalen Ära, den Bauer als eigen-
tümlich stillos und beliebig empfindet, sei in der ersten Hälfte der 1930er Jahre eine Umorientierung auf den Rationalismus der klassischen Moderne erfolgt, dem wiederum um
1935/36 ein erneuter, nicht zuletzt ideologischen Ausdrucksbedürfnissen entspringender
Schwenk hin zu »schwer lastende[n], wuchtige[n] Baukörper[n] aus hermetisch sich ver-
schließendem, von Fenstern nur sparsam durchbrochenem Mauerwerk« gefolgt sei. Bauer
verbindet mit dieser dritten Phase mitsamt ihrer »frappierende[n] Anklänge an den nationalsozialistischen Reichskanzlei- und Reichsparteitagsstil« seine grundsätzliche Einschätzung eines tief greifenden Wandels des Regimes:

»Die späten 1930er waren die Jahre der innenpolitischen Verhärtung und Radikalisierung der faschistischen Diktatur und des immer engeren Anschlusses Italiens an das Deutschland Hitlers – von
der ›Achse Rom-Berlin‹ 1936, dem Staatsbesuch des ›Führers‹ in Rom und den Rassegesetzen nach
deutschem Muster im Jahr 1938 bis zum ›Stahlpakt‹ von 1939 eine Allianz des Verbrechens, die
Mussolinis Italien schließlich mit in den Abgrund des Zweiten Weltkriegs riss« (S. 248).

Die Resultate der faschistischen Bautätigkeit beurteilt Franz J. Bauer mit erstaunlicher
Unvoreingenommenheit: »Für den Historiker ist es eine professionelle Herausforderung,
das Objektivitätsgebot auch gegenüber den kulturellen Hervorbringungen eines verwerflichen Regimes in Anschlag zu bringen.« Eine »dogmatische Verurteilung des Stadtum-
baus als Akt des Vandalismus […] nur aus ideologisch-moralisierendem Eifer« lässt Bauer
jedenfalls nicht gelten (S. 244). Er versteht die faschistische, in der Tradition der liberalen
Vorgängerregierungen stehende Umgestaltung Roms vielmehr als ein Element nachho-
lender Modernisierung, die nicht nur im stadtplanerischen Bereich weithin erfolgreich,
sondern auch architektonisch in formaler und ästhetischer Hinsicht vielfach gelungen sei,
was sich etwa am Beispiel des Foro Mussolini (heute Foro Italico) oder dreier von vier
1933 bis 1935 errichteten neuen Postämtern nachvollziehen lasse. Die monumentalen
Überreste der für 1942 geplanten Weltausstellung *Esposizione Universale di Roma* (EUR),
die sich im Süden Roms noch heute besichtigen lassen, bezeichnet Bauer gar ganz unbefangen als »beeindruckend eigenständig«, »ästhetisch überzeugend«, »faszinierend« und
»atemberaubend«, von »magische[r] Suggestivkraft«; dem kubischen Gebäude des *Palazzo della Civiltà Italiana* nähere man sich »am besten nachts, wenn es, magisch illumi-
niert, über dem EUR beinahe zu schweben scheint« (S. 278–280; 292; 298).
    Gewiss weist Bauer an anderer Stelle deutlich darauf hin, dass die Architektur »dem
Regime als Mittel zur monumentalen Manifestation der faschistischen Idee und Identität,
zur Gewinnung und Befestigung des gesellschaftlichen Konsenses und darüber hinaus
auch zur politischen Erziehung der Massen« diente. In erster Linie erkennt er aber in der
Bauwut des faschistischen Regimes, deren Resultate bis heute die italienische Halbinsel
überziehen – »wohl kein anderer Staat hat in der ersten Hälfte des 20. Jahrhunderts mehr
politische Energie in öffentliche Bauten jedweder Art und Bestimmung gelenkt als das
faschistische Italien« –, den Ausweis des Faschismus als eines Phänomens nicht des Rück-
schritts, sondern des Fortschritts. Damit habe er »in der Tradition einer ausgesprochen mo-
dernisierungsgeneigten Strömung der bürgerlichen Eliten des Landes« gestanden, »welche

gerade angesichts der Entwicklungsverzögerung im 19. Jahrhundert in forcierter Industrialisierung und beschleunigtem Wachstum die einzige Chance Italiens sahen, sich als ›verspäteter‹ Nationalstaat in der internationalen Mächtekonkurrenz zu behaupten« (S. 200f.). Mit dieser Interpretation setzt sich Bauer vom Mainstream der deutschsprachigen Faschismusforschung ab. Gleichzeitig ordnet Bauer die Bauten des Faschismus ansatzweise in den Zusammenhang der internationalen National- und Staatsarchitektur ein und gelangt zu dem Ergebnis, dass es verfehlt wäre, von einem spezifisch faschistischen Baustil der 1930er Jahre zu sprechen. Öffentliches Bauen erfolgte generell überwiegend im monumental-repräsentativen, klassizistischen Formenkanon »mit mächtig aufstrebenden Steinfassaden oder reichlicher Verwendung majestätischer Säulenfronten«, von den USA bis zur UdSSR, in Demokratien, autoritären und totalitären Staaten gleichermaßen: »Die 1930er Jahre waren stilgeschichtlich einer gemeinsamen Internationale der ›monumentalen Ordnung‹ verpflichtet« (S. 295f.).

Einen interpretatorischen Gegenpol zu Bauers Arbeit bietet ein von Aram Mattioli und Gerald Steinacher herausgegebener Sammelband über »Architektur und Städtebau im Italien Mussolinis«.[51] Die Herausgeber verbinden die »seltsame Faszination«, die davon seit einigen Jahren ausgehe, mit einem »rechtsgerichtete[n] Geschichtsrevisionismus«. Einschätzungen von Baukomplexen wie dem einstigen Foro Mussolini als »architektonischem Meisterwerk«, das »einer positiven Neubewertung unterzogen werden« solle, seien »wissenschaftlich unhaltbar« und »bizarr«, »weil sie die im Faschismus realisierte Architektur konsequent aus ihren hochpolitischen Entstehungskontexten herauslösen« (Vorwort, S. 9f.). Gewiss spricht auch Mattioli von »Avantgarde-Architekten«, welche in Italien »zum Teil atemberaubende Bauwerke entwarfen, die bis heute als Zeugnisse der italienischen Moderne bewundert werden«; auch habe Mussolini »das öffentliche Bauen als einen Motor gesellschaftlicher Veränderung« eingesetzt (S. 14f.). Doch müsse dieses Schaffen aus historischem Blickwinkel als »zentraler Bestandteil einer totalitären Gesellschaftsutopie« analysiert und in die faschistische Zielsetzung der »Um- und Neugestaltung der italienischen Gesellschaft« eingeordnet werden, die »seit 1936 gar um eine ›anthropologische Revolution‹ und die Erschaffung eines neuen Menschentyps« erweitert worden sei. Mussolinis Architektur- und Städtebaupolitik habe »stets im Dienst konkreter bevölkerungs-, sozial-, innen- und machtpolitischer Ziele« gestanden; der Diktator »setzte die Architektur gezielt ein, um zu verführen, zu beeindrucken und einzuschüchtern« (S. 14f.; 34f.). Selbst wenn der Duce »die zurückgebliebene Infrastruktur des Landes auf den neuesten Stand bringen und die visionäre Gestaltungskraft, Leistungsfähigkeit und ›Modernität‹ des faschistischen Regimes« habe »unter Beweis stellen« wollen, so könne man äußerstenfalls »von einer Moderne ohne wirkliche Modernität ausgehen oder aber von einer vorgetäuschten Modernität« (S. 16 mit Anm. 18 auf S. 37). Jedenfalls müssten Architektur und Städtebau des Faschismus »künftig vermehrt in ihren politischen Entstehungs- und Funktionskontexten analysiert werden«, lasse sich »die zum Teil bemerkenswerte formal-ästhetische und praktisch-funktionale Qualität der faschistischen Architektur« nicht »von ihrem verwerflichen ideologischen und politischen Inhalt abstrahieren« (S. 35f.).

Wie das konkret umzusetzen sei, exemplifiziert Mattioli selbst am Beispiel der imperialen Raumordnung in Italienisch-Ostafrika, speziell des dortigen Straßen- und Städtebaus: »Stadtplanung war hier Herrschaftsmittel und diente der Durchsetzung der neuen faschistischen Gesellschaft.« Das bemerkenswerte modernistisch-urbanistische Ensemble des eritreischen Asmara etwa müsse man »als stadtgewordenen Rassismus und Relikt faschisti-

---

51 *Aram Mattioli/Gerald Steinacher* (Hrsg.), Für den Faschismus bauen. Architektur und Städtebau im Italien Mussolinis (Kultur – Philosophie – Geschichte, Bd. 7), Orell Füssli Verlag, Zürich 2009, 406 S., geb., 29,90 €.

schen Reichsdenkens« begreifen (S. 342 und 347). Mit einem insgesamt geringerem Maß
an Rigorismus behandeln die anderen Autoren des Bandes Themen wie die Stadtgründun-
gen in den trockengelegten Pontinischen Sümpfen südlich von Rom, die Anfänge des
Autobahnbaus im faschistischen Italien, ausgewählte einzelne Bau- und Umgestaltungs-
projekte des Regimes oder die monumentalen totenburgartigen Bauwerke in den 1918/19
von Österreich-Ungarn neu erworbenen Grenzgebieten des Königreichs Italien, in die die
Überreste der Gefallenen des Ersten Weltkriegs überführt und dort der politisch aufgeladenen nationalen Erinnerung dienlich gemacht wurden. Im Ganzen bestätigen die Beiträge die Beobachtungen Franz J. Bauers zur eminenten Bedeutung öffentlichen Bauens für
das faschistische Regime, zu den drei aufeinanderfolgenden Phasen jeweils bevorzugter
Architekturstile, aber auch zu dem relativen Pluralismus verschiedener Stile und Archi-
tektenschulen, der sich nicht so ohne Weiteres in einen Gegensatz von Traditionalisten
und Modernisten zwängen lässt, wenn auch den Ersteren die zentralen staatlichen Reprä-
sentationsbauten vorbehalten waren, während Letztere überwiegend auf Funktionsbauten
wie Bahnhöfe, Postämter und Parteigebäude in der Provinz beschränkt blieben. Beachtlich erscheinen die Hinweise von Jonas Briner auf die Vielzahl von Architekturwettbe-
werben im Zusammenhang mit öffentlichen Ausschreibungen, deren Entwürfe und Ergebnisse in der faschistischen Öffentlichkeit breit und kontrovers diskutiert wurden und die
möglicherweise als eine Art Surrogat für die mangelnde politische Partizipation in der
Diktatur dienten, und auf die partielle Einbindung unterschiedlicher, auch rationalistischer
Architekten(-gruppen) unter Ausschluss von Extrempositionen bei den Projektvergaben
als einer typischen Form faschistischer Konsensbildung (S. 161–188). Unter sozialge-
schichtlichem Aspekt wiederum bemerkenswert ist die Erwägung Daniela Spiegels (S. 111–
136), Mussolini sei aus Gründen seiner auf Konsens abzielenden Politik im Laufe der
1930er Jahre vor einer stärkeren Förderung der modernistischen Architektur zurückgeschreckt, denn »hätte er fortan tatsächlich ausschließlich die Modernisten gefördert, hätte
dies die einflußreiche bürgerliche Oberschicht verstimmt, die den substanziellen Kern des
Regimes bildete und die Moderne als Staatsarchitektur mehrheitlich ablehnte« (S. 123).
    Der bereits mit verschiedenen Arbeiten zur stalinistischen und zur nationalsozialisti-
schen Architektur und Stadtgestaltung hervorgetretene Berliner Architektursoziologe und
Stadtplaner Harald Bodenschatz (S. 45–64) hält noch einmal fest, dass von einem einheitlichen faschistischen Städtebau keine Rede sein könne, und betont generell die Offenheit
des Regimes für unterschiedliche kulturelle Strömungen; im Übrigen verweist er auf die
Tatsache, dass für die öffentlichen Bauten im faschistischen Italien im Gegensatz zur
Sowjetunion und zum ›Dritten Reich‹ keine Zwangsarbeiter herangezogen wurden. Insgesamt beurteilt er die Frage der Einschätzung faschistischer Bautätigkeit und ihrer Bewertung aus heutiger Sicht äußerst differenziert und abgewogen: Die Architektur im faschistischen Italien sei in keiner Weise durch außergewöhnliche Monumentalität gekennzeichnet gewesen, weder im Verhältnis zur vorherigen Bautätigkeit in Rom und Italien
noch im internationalen zeitgenössischen Vergleich. Außerdem müsse man bei allen Be-
urteilungen baulicher Hinterlassenschaften zwischen den Produkten selbst und den Produktionsverhältnissen, unter denen sie entstanden seien, analytisch unterscheiden. Im
Städtebau einer Diktatur seien nicht allein Herrschaft, Unterdrückung und Terror zu erkennen. Gerade im Faschismus mitsamt seinen »meist übersehenen Anstrengungen hinsichtlich einer Modernisierung der verkehrs-, stadttechnischen und sozialen Infrastruktur« sei
es auch um »die Herstellung von kultureller Hegemonie« gegangen, um »das Werben um
Konsens und Vertrauen seitens breiter Teile der Bevölkerung, insbesondere der neuen
Mittelschichten, die von der Diktatur profitierten«. Die »zahlreichen neuen Infrastruktur-
anlagen passen nicht in das oft gezeichnete Bild einer starren, stagnativen, nur rückwärts
orientierten Staatsform und werden oft ausgeblendet«. Bei einer Sichtweise, die die Pro-

duktion von Konsens und damit auch die Konsolidierung der Diktatur in den Blick nehme, sei es »keineswegs selbstverständlich, dass der Städtebau negativ codiert werden muss«.

»Städtebau sollte faszinieren, begeistern, zum Konsens animieren, was eine entsprechende Gestaltung und Nutzung voraussetzte. Die Form war also keineswegs vor allem als Unterdrückung konzipiert […] und sie war auch nicht einfach populistisch. […] Mit der schönen Form sollten die Anstrengungen zur Modernisierung der Infrastruktur ins rechte Bild gesetzt werden. Die Form war nicht nur Show und Schein, sondern nützte vor allem denjenigen Schichten, die von der Politik des Regimes profitierten.«

Die aufstrebenden Mittelschichten, vor allem die zahlenmäßig stark zunehmenden Angestellten der staatlichen oder halbstaatlichen Institutionen, fanden ihre Arbeitsplätze und Wohnungen in den neuen Bauten, deren auf Konsens zielende Form »noch heute oder heute wieder Zustimmung produziert«. Der repressive Charakter der Diktatur sei dagegen »weniger in der einschüchternden Form als in den Verhältnissen der Produktion dieser Form zu finden, etwa in der Beseitigung der kommunalen Autonomie und der Ausbürgerung der Stadtarmut«. Aus der Sicht des Architektursoziologen schließlich könnten und müssten die Hinterlassenschaften des faschistischen Städtebaus »auch hinsichtlich ihrer Gebrauchsqualität für heute und morgen diskutiert werden«. Sie seien »mehr als ein Erinnerungsraum: Sie sind auch ein Lebensraum [!] von heute« (S. 60–62).

Eine willkommene und unschätzbare Ergänzung zu den letztlich doch unzureichend illustrierten Bänden von Bauer und Mattioli/Steinacher bildet die eindeutig monumentale und faszinierende, im Folioformat mehrere Kilogramm schwere Dokumentation »Städtebau für Mussolini«, die von einer kleinen Autorengruppe unter der Leitung von Harald Bodenschatz erarbeitet wurde.[52] Der Impetus des Unternehmens ergibt sich aus der Feststellung, es sei,

»unabhängig davon, wie jeweils Modernisierung definiert wird, […] unübersehbar, dass das faschistische Regime in vielerlei Hinsicht, auch in Architektur, Städtebau beziehungsweise Infrastruktur, Modernisierungsprozesse nicht nur geduldet, sondern aktiv angeschoben hat – Prozesse, die man durchaus als diktatorische Modernisierung bezeichnen muss, um überhaupt den Charakter der Diktatur verstehen zu können« (Einleitung, S. 9f.).

Die Darstellungstexte des mit zahlreichen, oft farbigen Fotografien, zeitgenössischen Abbildungen und Plänen opulent ausgestatteten Bandes befassen sich ausführlich mit den Projekten zur Umgestaltung Roms und ihrer Umsetzung, mit den Neustadtgründungen im Agro Pontino und andernorts in Italien, mit dem faschistischen Städtebau und der Architektur in den größeren Städten Italiens und kursorisch auch in den italienischen Überseegebieten, von den Inseln des Dodekanes über Albanien und Libyen bis nach Italienisch-Ostafrika. Zusätzlich bietet der Band reflektierende Texte zu den Produktionsverhältnissen des Städtebaus und seinen Produkten im Sinne der von Bodenschatz vorgeschlagenen Differenzierung, zur Rezeptionsgeschichte und zu den institutionellen und legislativen Bedingungen von Städtebau und Architektur im faschistischen Italien. Es handelt sich um ein Grundlagenwerk, das nicht zuletzt aufgrund seines präzisen dokumentarischen Duktus und der instruktiven Abbildungen Maßstäbe setzt und dem Leser die Gelegenheit verschafft, sich selbst ein Urteil zu bilden.

---

52 *Harald Bodenschatz* (Hrsg.), Städtebau für Mussolini. Auf der Suche nach der neuen Stadt im faschistischen Italien (Schriften des Architekturmuseums der Technischen Universität Berlin, Bd. 4), DOM publishers, Berlin 2011, 519 S., geb., 98,00 €. – Der Band enthält (S. 218–285) auch eine ausführliche, von der Verfasserin selbst erstellte Zusammenfassung der Dissertation von *Daniela Spiegel*, Die Città Nuove des Agro Pontino im Rahmen der faschistischen Staatsarchitektur, Petersberg 2010.

V. LÄNDERKUNDE, GESELLSCHAFT, POLITISCHES SYSTEM

Abschließend seien einige aktuelle Werke annotiert, die nicht primär zeitgeschichtlich orientiert sind, sich aber mit ihrer sozial- und politikwissenschaftlichen, ökonomischen und geografischen Schwerpunktsetzung dazu eignen, strukturelle Grundlagen für eine Beschäftigung mit der Gegenwartsgeschichte Italiens aufzuzeigen und damit als willkommene Hilfsmittel zu dienen. Da ist zunächst die wissenschaftliche Länderkunde zu Italien aus der Feder von Klaus Rother und dem inzwischen verstorbenen Franz Tichy zu nennen, die in ihrem Ursprung auf eine 1985 erschienene Arbeit zurückgeht, die zum Jahr 2000 vollständig neu bearbeitet wurde und nun in einer aktualisierten Auflage vorliegt.[53] Es handelt sich um ein reich bebildertes, mit vorzüglichen farbigen Karten und zahlreichen Tabellen, Schaubildern und Statistiken ausgestattetes Grundlagenwerk mit einem deutlichen geografischen Schwerpunkt, dessen Abschnitte zu geschichtlichen Entwicklungen und politischen Strukturen eher zu vernachlässigen sind. Stattdessen liefert der Band umfassende Informationen zu Staatsgebiet und Naturraum, Bevölkerung und Städten, Landwirtschaft, Industrie und Dienstleistungen sowie einige knappe thematische Beiträge zur italienischen Familie, zu »Mode – ein Glanzstück Italiens« (man mag zuerst staunen, doch gibt gerade dieser kleine Aufsatz einen Hinweis auf die ständig steigende Zahl chinesischer Klein- und Kleinstfirmen im Bereich der Textilproduktion etwa in der Provinz Prato, deren ökonomische Rolle und soziale Problematik es in geschichtswissenschaftliche Arbeiten noch nicht geschafft haben) sowie zur Mezzogiorno- und zur Europapolitik Italiens. Den einzigen Einwand gegen den Band liefert die Tatsache, dass viele statistische Daten und Zahlenangaben im Text aus den 1960er und 1970er Jahren stammen und neuere Werte oft nur in einem Nachsatz hinzugefügt werden. Indes sind gerade die entsprechenden Fakten beispielsweise zur industriellen Entwicklung seit dem späten 19. Jahrhundert einschließlich der Verweise auf zeitgenössische Spezialliteratur für den Historiker von unverändertem Nutzen. Allein schon zur Weitung der Perspektiven sei der Band allen an Italien interessierten Geschichtswissenschaftlern nachdrücklich empfohlen.

Ein Sammelband über »das politische Italien«[54] geht auf ein Themenheft der Zeitschrift »Der Bürger im Staat« über Italien zurück, das 2010 von der Landeszentrale für politische Bildung Baden-Württemberg herausgegeben wurde[55] – interessierte Leser mögen lieber auf das reichlicher, farbig und qualitativ besser illustrierte Original zurückgreifen, zumal die Buchausgabe die darin enthaltenen Aufsätze unverändert bis hin zu den sachlichen und sprachlichen Fehlern übernommen hat. Der Band umfasst neben einem Überblicksartikel von Malte König über den Faschismus (S. 69–95) Beiträge von deutschen und italienischen Autoren zu Mezzogiorno und organisierter Kriminalität, zu Italien als Einwanderungsland, Parteiensystem und politischer Kultur, Berlusconi, dem schwierigen Prozess der Föderalisierung Italiens, zu Frauenrollen, schließlich zu gegenseitiger Wahrnehmung und Stereotypen im italienisch-deutschen Verhältnis und zur insgesamt erfolgreichen Integrationsgeschichte italienischer Migranten in Deutschland. Teilweise mit kaum veränderten Texten derselben Autoren zu denselben Themen, doch insgesamt tiefschürfender, umfangreicher und mit einem breiteren Themenspektrum präsentiert sich ein aktueller »Länderbericht Italien«, der von der Bundeszentrale für politische Bildung vertrieben wird.[56] Er soll Kontinuität und Wandel der italienischen Republik über die Zäsur von

---

53 *Klaus Rother/Franz Tichy*, Italien (Wissenschaftliche Länderkunden), Wissenschaftliche Buchgesellschaft, 2., überarb. Aufl., Darmstadt 2008, X + 238 S., geb., 44,90 €.

54 *Siegfried Frech/Boris Kühn* (Hrsg.), [Das politische] Italien. Gesellschaft, Wirtschaft, Politik und Kultur, Wochenschau Verlag, Schwalbach im Taunus 2012, 350 S., kart., 16,80 €.

55 Der Bürger im Staat 60, 2010, H. 2.

56 *Karoline Rörig/Ulrich Glassmann/Stefan Köppl* (Hrsg.), Länderbericht Italien, Bonn 2012.

1992/94 herausarbeiten – von der »Zweiten Republik« habe aufgrund ihrer vielfältigen Verflechtungen mit der »Ersten Republik« »weder ein radikaler Bruch mit der Vergangenheit noch eine Erneuerung der italienischen Demokratie erwartet werden« können (S. 461) – und enthält, überwiegend aus der Feder italienischer Autoren, zusätzliche Aufsätze etwa zu den historischen Voraussetzungen des heutigen Italien, zum Verhältnis von Religion und Gesellschaft, zu Familie, Jugend, Bildung und Ausbildung, Wirtschaft, Finanzpolitik und Wohlfahrtsstaat, ferner zur Rolle der Justiz und wiederum zum Komplex »Mafia und organisierte Kriminalität«, zu dem beide Sammelbände weitaus fundierter Auskunft geben als sämtliche oben besprochenen zeitgeschichtlichen Arbeiten. Nützlich ist ein konziser Abriss zur jüngsten Vergangenheit der italienischen Außen-, Sicherheits- und Europapolitik von Carlo Masala, dem zufolge die enge Anlehnung der Italienischen Republik an die Vereinigten Staaten als Schutzmacht von allen politischen Parteien des demokratischen Spektrums als Teil der italienischen Staatsräson betrachtet wird; Masala betont darüber hinaus die starke Kontinuität und beeindruckende Beständigkeit italienischer Außenpolitik über den mehrfachen Wechsel zwischen Mitte-links- und Mitte-rechts-Regierungen seit Anfang der 1990er Jahre hinweg. Die Herausgeber konstatieren in ihrem Fazit drei miteinander verwobene Problemkreise, die die jüngste Entwicklung Italiens ebenso wie die Geschichte der Republik seit 1948 kennzeichneten und die sich darüber hinaus bis in die Phase der Nationalstaatsgründung zurückverfolgen ließen: die Ineffizienz und Ineffektivität der öffentlichen Institutionen, die strukturellen Schwächen der italienischen Wirtschaft und die daraus resultierende Verschuldung des gesamtstaatlichen Haushalts sowie die sich teilweise noch vertiefenden gesellschaftlichen Spaltungen (S. 459). Die Herausforderungen, vor denen Italien stehe, seien gewaltig; es könnten vorerst nur die Probleme formuliert, keine Lösungen angeboten werden.

In ähnlicher Weise betont der Politikwissenschaftler Helmut Drüke in der nunmehr dritten, stark erweiterten und aktualisierten Auflage seines Buchs zu Wirtschaft, Gesellschaft und Politik Italiens, das sich aus bescheidenen Anfängen 1986 zu einem Standardwerk entwickelt hat[57], Italien stehe im Vergleich mit anderen entwickelten Industrieländern vor besonders brisanten Herausforderungen. »Wenn das Land auf den bisher eingeschlagenen Pfaden bleibt, könnten sie neue Verschärfungen bestehender wirtschaftlicher, sozialer und politischer Probleme nach sich ziehen« (S. 389). Drükes Werk bietet im Kern profunde Informationen zu allen denkbaren Bereichen der wirtschaftlichen Grundlagen und Entwicklungen des Landes, zur sozialen Gliederung der Bevölkerung und den sozialpolitischen Einrichtungen und Akteuren, zum politischen System[58] insbesondere in seiner Ausprägung nach dem Umbruch von 1992/94, ferner zum Bildungswesen und den Informations- und Kommunikationsmedien Italiens. In seinen Schlussüberlegungen führt Drüke die drängendsten ungelösten Probleme auf: die Südfrage, die Zukunftsfähigkeit hinsichtlich der wirtschaftlichen Wettbewerbsfähigkeit und des gesellschaftlichen Zusammenhalts, die demografisch ungünstige Bevölkerungsstruktur mit zunehmender Überalterung, ein fragwürdiges Sozialmodell, das auch gut ausgebildeten Jugendlichen wenig Zugang zu adäquaten Arbeitsplätzen bietet, alarmierende Rückstände in der Innovationstätigkeit, eine unbewegliche und defizitäre Energie- und Umweltpolitik sowie nicht zuletzt auch eine »unterentwickelte politische Kultur«. Hier zählt Drüke eher zu den Alarmisten, wenn er konstatiert, in den letzten 15 Jahren sei »ein Rückschritt in der Qualität des politischen Systems und der Demokratie eingetreten«. An der Spitze werde »seit 1994 ein autoritärer Populismus mit Orientierungen und Verhaltensweisen gepflegt, die mit der Errungenschaft der Demokratie westlicher Prägung nicht vereinbar sind«; das politische System werde sich

---

57 *Helmut Drüke*, Italien. Wirtschaft – Gesellschaft – Politik, VS Verlag, 3., erw. u. aktual. Aufl., Wiesbaden 2012, 439 S., kart., 34,95 €.

58 Vgl. dazu auch *Stefan Köppl*, Das politische System Italiens. Eine Einführung, Wiesbaden 2007.

»von seiner Aushöhlung erholen müssen« (S. 398f.). Wenigstens bestreitet er nicht, dass das möglich ist. Die Zukunft wird erweisen, ob die systemstrukturell orientierten Sozial- und Politikwissenschaftler mit ihrer Betonung der unbewältigten Probleme Italiens oder die vor einem erfahrungsgeschichtlichen Hintergrund urteilenden Historiker mit ihrem Vertrauen auf die vielfach unter Beweis gestellte Problemlösungskapazität der *Repubblica Italiana* der Gegenwart des Landes eher gerecht werden.

VI. AUSBLICK

In welche Richtung könnte, in welche Richtung sollte sich vielleicht die künftige Beschäftigung der Zeitgeschichtsforschung im deutschsprachigen Raum mit Italien in nächster Zeit entwickeln? Einige Zielpunkte scheinen unabweislich. So demonstriert der in den hier besprochenen Arbeiten weiterhin zu konstatierende Schwerpunkt auf der Ära des Faschismus – inhaltlich im engeren Sinne wie auch gleichsam als Fluchtpunkt der Mehrzahl der Darstellungen – eindringlich die Notwendigkeit, auch das liberale Italien und die Zeit seit 1943/48 verstärkt in den Blick zu nehmen. Während sich die geschichtswissenschaftliche Beschäftigung mit der Italienischen Republik aus leicht einsichtigen Gründen ohnehin mit fortschreitender Zeit intensivieren wird und die Vielfalt möglicher Themen hier offensichtlich ist, bedarf es beharrlicher und kontinuierlicher Anstöße, um die Geschichte des jungen italienischen Nationalstaats von 1861/70 bis 1922 nicht vollends aus dem Fokus der Geschichtswissenschaft diesseits der Alpen zu verlieren: Nicht allein als Beispiel eines nationalstaatlichen Entwicklungspfads im Europa des Imperialismus sowie des Ersten Weltkriegs und seiner Nachwirkungen und schon gar nicht als bloße Vorgeschichte des Faschismus, sondern unter der leitenden Fragestellung, welche Chancen und welchen Eigenwert dieses liberale Italien im Hinblick auf sein politisches und gesellschaftliches System, seine wirtschaftliche und kulturelle Entwicklung hatte, verdient das Königreich Italien vor 1922 eine neue, unbefangene und offene Betrachtung; der letztlich willkürliche Unterschied zwischen Neuester und Zeitgeschichte sollte dabei kein Hindernis darstellen. Gerade im europäischen Kontext und in der Gegenüberstellung insbesondere mit Deutschland, Frankreich und Großbritannien, aber auch mit Spanien, würden sich für diesen Zeitraum der italienischen Geschichte, dessen Bearbeitung durch deutsch(sprachig)e Forscher(innen) derzeit praktisch ruht[59], vielfältige Perspektiven eröffnen.

Methodisch wird eine Ausweitung von der im Vorstehenden zu verfolgenden Konzentration auf die politische und Sozialgeschichte auf Aspekte der Kultur- und Mentalitätengeschichte unausweichlich sein.[60] Ebenso scheint der Trend zu vergleichenden oder verflechtungs- und transfergeschichtlich vorgehenden Studien, insbesondere zu Deutschland und Italien, ungebrochen: Dagegen lässt sich gegenwärtig nicht gut argumentieren; einige der hier vorgestellten Arbeiten lassen aber die Warnung vor einer möglichen Überforderung einzelner Forscher(innen) angesichts zu gewagter und überdimensionierter Projekte nicht unangebracht erscheinen. Als Mindestkriterium für solche Unternehmen erscheinen eine präzise, zielführende Fragestellung sowie eine inhaltliche und auf die Menge des zu bearbeitenden Materials bezogene strikte Eingrenzung des Untersuchungsfelds angebracht. Ohnehin stellt möglicherweise eine auf Italien beschränkte Arbeit gleich welcher Thema-

---

59 Vgl. etwa das Verzeichnis von bei der Arbeitsgemeinschaft für die Neueste Geschichte Italiens gemeldeten laufenden Qualifikationsarbeiten unter URL: <www.uni-saarland.de/lehrstuhl/ clemens/ag-italien/forschung.html> [20.3.2014], das überhaupt nur am Lehrstuhl von Oliver Janz in Berlin einschlägige Projekte aufführt.

60 Vgl. dazu bereits *Oliver Janz*, Das symbolische Kapital der Trauer. Nation, Religion und Familie im italienischen Gefallenenkult des Ersten Weltkriegs, Tübingen 2009.

tik schon eine hinreichende Herausforderung dar. Zudem kann ein sinnvoller Vergleich eigentlich erst erfolgen, wenn für beide oder gar alle Vergleichsobjekte eine annähernd kompatible Basis an Erkenntnissen vorliegt. Die reichliche Verwendung des Zauberworts »transnational« allein macht jedenfalls noch keine gute Untersuchung aus. Gewiss sind Anstrengungen zu einer Überwindung nationalstaatlich begrenzter Horizonte und zur Einbeziehung europäischer Perspektiven immer zu begrüßen. Doch die vorrangige und vorgängige, konzentrierte Erforschung von Problemen allein der italienischen Geschichte kann, wie insbesondere die Dissertationen von Frauke Wildvang und Tobias Hof erweisen, zu brauchbareren und nachhaltigeren Ergebnissen führen als die heillose Verstrickung in transnationale Perspektiven.

Der Faschismus steht weiterhin im Zentrum der deutschsprachigen Zeitgeschichtsforschung zu Italien. Dabei erscheint die Tendenz einer zunehmenden Verengung der Perspektive einerseits auf die kriegerisch-expansiven und rassistischen Tendenzen des faschistischen Regimes, andererseits auf dessen vermeintlich vorwaltende Gemeinsamkeiten mit der nationalsozialistischen Diktatur bedenklich, zumal der Vergleich mit dem Nationalsozialismus gegenwärtig durchweg nicht ergebnisoffen vorgenommen wird, sondern dem expliziten Ziel dient, im Sinne eines »generischen« Faschismusbegriffs eine Art Zwillingshaftigkeit der beiden Regime aufzuzeigen, von der tatsächlich nicht die Rede sein kann. Dabei bietet das faschistische Italien an sich schon eine Fülle von offenen Forschungsfragen, denen zunächst einmal unabhängig von der Entwicklung im Deutschen Reich und von den deutsch-italienischen Beziehungen nachzugehen wäre: Wie verhält es sich mit der offenbar sehr kontrovers beurteilten, aber nirgends intensiv diskutierten Frage nach dem Verhältnis von Faschismus und Moderne und nach der Rolle von Modernisierung für den Faschismus?[61] Wie stand es um die soziale Grundierung der faschistischen Herrschaft, von welcher Beschaffenheit war der viel zitierte, faktisch jedoch primär vom Regime selbst propagierte Konsens der Bevölkerung? Vom antifaschistischen Widerstand, von Gegnerschaft gegen Mussolinis Politik in den Reihen von Partei, Militär und Verwaltung oder auch nur vom Dissens großer Teile der Bevölkerung ist in den hier besprochenen Arbeiten kaum je die Rede. Wie funktionierte überhaupt der faschistische Staat? Weder Wolfgang Schieders bloße Chiffre von der »als charismatisch anzusehende[n] Führerherrschaft« noch Hans Wollers Eingeständnis, »restlos überzeugende Antworten« auf die Frage, »was die faschistische Diktatur denn eigentlich gewesen sei«, könne es nicht geben, führen da wirklich weiter.[62] Konkrete, quellengesättigte und reflektierte Untersuchungen zu dem »neuen Menschen«, den Mussolini und seine faschistischen Meinungsmacher im Munde führten, stehen in deutscher Sprache ebenso aus wie Studien zur Realität der Vorbereitung des Regimes auf den großen Krieg, auf den es angeblich so versessen war. Auf diesen Feldern ist Raum für eine Fülle von Detailstudien, die dann wiederum als Grundlage eines unvoreingenommenen Vergleichs mit der Entwicklung im nationalsozialistisch beherrschten Deutschen Reich dienen können, aber nicht müssen.

Eine mindestens so große und sinnvolle Aufgabe wie der Vergleich zwischen Faschismus und Nationalsozialismus stellt im Übrigen die Einordnung des faschistischen Regimes in die Kontinuität der politischen und gesellschaftlichen Entwicklung Italiens im Gesamt-

---

61 Nur um das Problem zu verdeutlichen, seien zwei Aussagen von Wolfgang Schieder aus den Jahren 2009 und 2005 zitiert, die der Berichterstatter nicht leicht auf einen Nenner zu bringen vermag: »Trotz seiner scheinbar rückwärtsgewandten Ideologie war der italienische Faschismus ein Projekt der Moderne« (*Mattioli/Steinacher*, Für den Faschismus bauen, S. 68); »Man sollte [...] aufhören, dem Faschismus weiterhin ein Modernisierungspotential zu unterstellen« (*Schieder*, Faschistische Diktaturen, S. 375).

62 *Schieder*, Mythos Mussolini, S. 32 (vgl. auch *ders.*, Der italienische Faschismus, S. 9f.); *Woller*, Geschichte Italiens, S. 187.

zusammenhang des 20. Jahrhunderts dar, wie sie Hans Woller am Beispiel der Industrialisierungs- und Wirtschaftspolitik eindrucksvoll vorführt. Ob Sozial-, Steuer-, Arbeitsmarkt- oder Bildungspolitik, Verwaltung, Polizei und Militär, das Verhältnis von Kirche und Staat oder der Umgang von Regierungen und Parteien mit der Rückständigkeit des Südens und mit dem organisierten Verbrechen, ob die Institution des *trasformismo* oder insbesondere die Außenpolitik des italienischen Nationalstaats: Überall finden sich Ansatzpunkte, die Frage von Kontinuität und Bruch zwischen liberalem, faschistischem und republikanischem System aufzuwerfen und spezifisch italienische Pfade zu verfolgen[63], ohne den Blick zwanghaft auf die scheinbare Affinität zur Entwicklung in Deutschland zu richten. Von zusätzlichem Nutzen würden Regional- und Lokalstudien sein, aber auch Untersuchungen zu Personen, Parteien und gesellschaftlichen Organisationen über ereignisgeschichtliche Einschnitte hinweg. Eine engagierte und motivierte Zeitgeschichtsforschung zu Italien im 20. Jahrhundert, der immer auch die Aufgabe von Transfer und Synthese der Ergebnisse einschlägiger italienischer und internationaler Forschungen zukommen wird, steht jedenfalls vor einer Fülle von reizvollen Herausforderungen.

---

63 Unter diesen Aspekten darf mit Spannung die Gesamtdarstellung zur italienischen Geschichte im 19. und 20. Jahrhundert unter dem Titel »Von Napoleon zu Berlusconi« erwartet werden, die von Oliver Janz angekündigt wird.

Annemone Christians/Nicole Kramer

Who Cares?

Eine Zwischenbilanz der Pflegegeschichte in zeithistorischer Perspektive

Von den einstigen Ansätzen einer eher affirmativen und methodisch wenig reflektierten Berufsgeschichte ist die Geschichte der Pflege heute weit entfernt. Drei Richtungen der Fortentwicklung lassen sich dabei deutlich erkennen: 1. Konzentrierten sich die ersten Studien meist noch auf einzelne Krankenschwestern und deren Verdienste um die Krankenpflege, hat sich der Fokus inzwischen geweitet. Nicht nur, dass die Pflegenden mittlerweile umfassend sozialhistorisch untersucht und ihre Arbeitsbedingungen sowie ihr Arbeitsalltag dokumentiert worden sind.[1] Die Beschäftigung mit Pflege hat damit einen wichtigen Beitrag zur Erforschung der Institution Krankenhaus geleistet, vor allem deren Innenleben beleuchtet. Mehr noch geht es auch um die Gepflegten und deren Angehörige, wobei hierfür wichtige Impulse von der medizinhistorischen Patientengeschichte ausgingen.[2] Je mehr die Forschung den relationalen Charakter von Pflege ernst nahm, desto mehr öffnete sie sich gesellschaftsgeschichtlichen Fragestellungen. 2. Die Beschäftigung mit dem Nationalsozialismus, insbesondere mit der Mitwirkung von Pflegekräften an der Verfolgungs- und Vernichtungspolitik im ›Dritten Reich‹, hat ein Bewusstsein für das Gewaltpotenzial und damit für die Ambivalenz pflegerischen Handelns gefördert. Diese zunächst empirisch induzierte Reflexion hat in den Konzepten Michel Foucaults ihr theoretisches Rüstzeug gefunden. Die Analyse von Praktiken und Techniken der Disziplinierung hat sich auch jenseits der Forschung zur NS-Herrschaft als Grundfrage etabliert.[3] 3. Die ersten Pflegehistorikerinnen betrieben insofern bereits früh Frauengeschichte, als sie die persönlichen und beruflichen Emanzipationsbestrebungen von Krankenschwestern nachzeichneten. Mithin feierten sie ihre Protagonistinnen als Protofeministinnen und übersahen dabei geflissentlich deren Bemühungen, traditionelle Gesellschaftsverhältnisse zu stabilisieren.[4] Mittlerweile wich die eher identifikatorische Frauen- nicht nur einer kritischeren Geschlechtergeschichte, vielmehr ist die Pflege ein Feld, auf dem sich Historiker – insbesondere in den angelsächsischen Ländern – intersektionaler Ansätze bedienen und nach dem Zusammenspiel verschiedener Differenzkategorien, wie Geschlecht, Klasse, Ethnizität und auch Religion fragen.[5]

---

1 *Sabine Braunschweig*, Einleitung, in: *dies.* (Hrsg.), Pflege – Räume, Macht und Alltag. Beiträge zur Geschichte der Pflege, Chronos Verlag, Zürich 2006, 302 S., kart., 24,80 €, S. 9–13.

2 Zum Ansatz der Patientengeschichte, der auch körpergeschichtliche Fragestellungen integriert, vgl. *Eberhard Wolff*, Perspektiven der Patientengeschichtsschreibung, in: *Norbert Paul/Thomas Schlich* (Hrsg.), Medizingeschichtsschreibung. Aufgaben, Probleme, Perspektiven, Frankfurt am Main/New York 1998, S. 311–334.

3 *Heinrich Recken*, Von Aarau nach Jena. Rückblick und Ausblick auf 16 Jahre Historische Pflegeforschung, in: *Andrea Thiekötter/Heinrich Recken/Manuela Schoska* u. a. (Hrsg.), Alltag in der Pflege – Wie machten sich Pflegende bemerkbar? Beiträge des 8. Internationalen Kongresses zur Geschichte der Pflege 2008, Frankfurt am Main 2009, S. 27–38, hier: S. 28; *Doris Arnold*, Pflege und Macht – Der Beitrag Foucaults, in: *Braunschweig*, Pflege – Räume, Macht und Alltag, S. 155–164.

4 *Patricia D'Antonio*, Revisiting and Rethinking the Rewriting of Nursing History, in: Bulletin of the History of Medicine 73, 1999, S. 268–290, hier: S. 281.

5 *Patricia D'Antonio/Julie A. Fairman/Jean C. Whelan*, Introduction, in: *dies.* (Hrsg.), Routledge Handbook of the Global History of Nursing, Abingdon/New York 2013, S. 1–8, hier: S. 1. Das

Der folgende Forschungsbericht wird Grundtendenzen und neuere Trends, wie sie sich in diesen kurz skizzierten Entwicklungslinien ankündigen, nachvollziehen. Wir greifen dafür über den Bereich, der sich als historische Pflegeforschung beziehungsweise *nursing history* etabliert hat, hinaus. Bereits 1978 hat die ehemalige Krankenschwester Teresa Christy die »American Association for the History of Nursing«[6] gegründet, die bis heute eine der wichtigsten Periodika der Pflegegeschichte, die »Nursing History Review«, herausgibt. Einen ähnlichen Forschungszusammenschluss gibt es in Großbritannien mit der »History of Nursing Society«[7], die einer der führenden Ausbildungsstätten des Landes, dem »Royal College of Nursing«, angeschlossen ist.[8] In Deutschland wird Pflege zum einen vonseiten der Medizingeschichte in institutionalisierter Form vor allem am Institut für Geschichte der Medizin der Robert Bosch Stiftung in Stuttgart betrieben.[9] Zum anderen entwickelte sich im Zusammenhang mit der in Deutschland eher späten Akademisierung der Pflege ein weiterer von der Medizingeschichte unabhängiger Forscherinnenkreis, was sich in der Gründung der Sektion »Historische Pflegeforschung« innerhalb der Deutschen Gesellschaft für Pflegewissenschaft niederschlug.[10]

Diese Verbünde, Netzwerke und Zeitschriften haben viel dazu beigetragen, eine in geschichtswissenschaftlichen Methoden wesentlich versiertere Generation von Forscherinnen und Forschern herauszubilden. Sie regen regelmäßig selbstreflexive Diskussionen um eine Standortbestimmung der Geschichte der Pflege an, besonders lässt sich das im angelsächsischen Raum beobachten.[11] Allerdings ist die Geschichte der Pflege auch das Anliegen von Historikerinnen und Historikern, die sich Feldern wie dem Gesundheitswesen, dem Wohlfahrtsstaat oder dem der sozialen Arbeit widmen. Besonderes Augenmerk wollen wir auf eine für das 20. Jahrhundert wichtige Erweiterung des Begriffs der Pflege richten. Pflege umfasst sowohl Handlungen aus dem medizinisch-gesundheitsfürsorgerischen wie aus dem psychosozialen Bereich. Neben Krankenschwestern und Ärzten geht es auch um Erzieher, Therapeuten, Hebammen, Alten- oder Familienpfleger. Diese thematisch-inhaltliche Erweiterung lässt sich zugleich in einer semantischen Verschiebung greifen, die sich besonders im Englischen nachvollziehen lässt: Pflege versteht sich nicht mehr nur im Sinne von »nursing« als gesundheitsbezogene Betreuung und Versorgung durch professionelle Kräfte.[12] Viel-

---

Differenzkriterium der Religion macht wiederum die deutschsprachige historische Pflegeforschung sehr stark; vgl. hierfür vor allem die Beiträge von Karen Nolte, zum Beispiel: *Karen Nolte*, Protestant Nursing Care in Germany in the 19th Century. Concepts and Social Practice, in: ebd., S. 167–183.

6 URL: <http://www.aahn.org> [30.7.2014].

7 Neben der »History of Nursing Society« gibt es seit 2000 auch die Forschungsstelle des »UK Centre for the History of Nursing and Midwifery« in Manchester, URL: <http://www.nursing. manchester.ac.uk/ukchnm/> [17.6.2014].

8 *Monica Baly*, A Brief History of the Royal College of Nursing History of Nursing Society and Its Journal, 1983–1994. Part I – The Early Years, in: International History of Nursing Journal 1, 1995, Nr. 2, S. 75–82; *dies.*, A History of the Royal College of Nursing History of Nursing Society: Part II, in: International History of Nursing Journal 1, 1996, Nr. 3, S. 61–70.

9 Seit 2005 gibt es das Schwerpunktprogramm »Sozialgeschichte der Pflege« am Robert-Bosch-Institut für Geschichte der Medizin, vgl. URL: <http://www.igm-bosch.de/content/language1/html/10372.asp> [17.6.2014].

10 URL: <http://www.dg-pflegewissenschaft.de/2011DGP/sektionen/pflege-und-gesellschaft/historische-pflegeforschung> [17.6.2014].

11 *Janet Wilson James*, Writing and Rewriting Nursing History. A Review Essay, in: Bulletin of the History of Medicine 58, 1984, S. 568–584; *D'Antonio*, Revisiting and Rethinking the Rewriting of Nursing History; *Celia Davies*, Rewriting Nursing History – Again?, in: Nursing History Review 15, 2007, S. 11–28.

12 *Virginia Henderson*, The Concept of Nursing, in: Journal of Advanced Nursing 53, 2006, S. 21–31, hier: S. 26.

mehr weitet das sehr viel offenere Konzept der »Care«-Arbeit den Fokus: Die kritische Auseinandersetzung der Genderforschung mit dem Wohlfahrtsstaat hat »care«, verstanden als »activities and relations involved in meeting the physical and emotional requirements of dependent adults and children«[13], sowohl als sozialpolitische Berücksichtigung unbezahlter Familienarbeit als auch als soziale Dienstleitung konzeptionalisiert. Es geht um Handlungen, die auf die Befriedigung individueller, teils intimer Bedürfnisse im gesundheitsfürsorgerischen ebenso wie im sozialen Bereich zielen. Kennzeichnend sind der direkte Kontakt und die relationale Dimension. Eine solche Definition bezieht professionelle Pflegende ebenso ein wie ungelernte Kräfte und die Hilfe durch Familienangehörige und Freunde. Dieser Zugang ermöglicht Pflege als grundlegende soziale Handlung zu begreifen, ist sich aber zugleich der geschlechtsspezifischen Codierung als Reproduktionsarbeit bewusst und fragt danach, inwieweit sich eine Verlagerung in andere Bereiche der Gesellschaft feststellen lässt.

Der folgende Forschungsbericht wird zeigen, dass Pflege nicht mehr nur ein Thema von und für Spezialisten ist. Das Themenfeld weist über das Interessengebiet der Pflegepraktiker und auch der Medizingeschichte hinaus. Für frühere Epochen mag dies schon seit geraumer Zeit gelten, doch auch für die Geschichte des 20. Jahrhunderts lässt sich mittlerweile eine ähnliche Entwicklung konstatieren. »Pflege« ist in zentrale zeithistorische Themenfelder wie Krieg, Rassismus und Gewalt, aber auch Armut, Gesundheit, Familie, Erziehung, Behinderung, Alterung oder Wohlfahrtsstaat integriert.

Das erste Kapitel ist Überblicks- und Einführungswerken gewidmet, mit denen sich die Pflegegeschichte als eine Forschungsperspektive sichtbar macht. Im zweiten Kapitel stehen berufs- und institutionengeschichtliche Arbeiten im Mittelpunkt. Gefragt wird, inwieweit sich dieser eher traditionelle Zugang inzwischen auch kritisch und theorieversiert versteht. Der dritte Teil blickt auf Forschungsliteratur, die Pflege als einen Machtraum analysiert. Das Spannungsverhältnis von Pflege, Kontrolle und Gewalt steht hier im Zentrum. Schließlich sollen im vierten Abschnitt Studien behandelt werden, die den Fokus weiten und sich über die Krankenpflege hinaus der »Care«-Arbeit widmen, die durch die demografische Alterung, aber auch durch den Wandel von Vorstellungen, wie behinderte und hilfsbedürftige Menschen leben können sollten, an Bedeutung gewann. Zur Diskussion stehen dabei die Frage nach der Rolle des Wohlfahrtsstaats und das Verhältnis zwischen privat-familiärer und öffentlich-staatlicher Pflege. Zeitlich umfasst der Forschungsbericht die Neuzeit und trägt damit dem zäsurübergreifenden Interesse der Pflegegeschichte Rechnung. Als Zeithistorikerinnen möchten wir jedoch vor allem diskutieren, welche Erschließungskraft die Forschung zur Pflege für das Verständnis des 20. Jahrhunderts als »Zeitalter der Extreme« hat. Denn Heilen und Helfen waren und sind eng verknüpft mit Kontrollieren, Einschränken und Töten. Dem Umgang mit Kranken und Krankheit liegt eine Steuerungs- und Selektionsfunktion inne, ebenso wie eine definitorische Hoheit über die Abgrenzung von Normalität zum »Abnormalen«. Der Pflege kommt damit auch für die Beschäftigung mit den großen sozialgeschichtlichen Topoi des 20. Jahrhunderts – wie Ex- und Inklusionsprozessen und Social Engineering – ein analytisches Potenzial zu, dem wir anhand der besprochenen Studien nachspüren.

I. ÜBERBLICKE UND GRUNDLAGEN

Die Organisation pflegegeschichtlicher Forschung im deutschsprachigen Raum spiegelt sich auch in den Publikationen. Wichtiger Treffpunkt sind die seit 1992 stattfindenden

---

13 *Mary Daly/Jane Lewis*, The Concept of Social Care and the Analysis of Contemporary Welfare States, in: British Journal of Sociology 51, 2000, S. 281–298, hier: S. 285.

Internationalen Kongresse zur Geschichte der Pflege, die jedoch im Wesentlichen von Wissenschaftlern aus Deutschland, Österreich und der Schweiz bestritten werden und deren Ergebnisse sich in Sammelbänden niederschlagen.[14] Wie die Pflegegeschichte insgesamt decken diese ein breites Spektrum ab, ziehen sich über Epochengrenzen und umfassen verschiedene Länder. Der von Sabine Braunschweig herausgegebene Titel »Pflege – Räume, Macht und Alltag« zeigt, wie sehr sich die Forschung von der einstmals auf klassische Krankenpflege konzentrierten Perspektive gelöst hat. Die einzelnen Beiträge geben Einblick in die Herausbildung des Berufs der Röntgenschwester (Monika Dommann, S. 107–120) am Anfang des 20. Jahrhunderts, der durch den Einsatz von moderner Technik Prestige versprach, sowie in den Alltag der Gruppe psychiatrischer Pflegekräften (Dorothe Falkenstein, S. 95–106), worunter viele Männer waren. Untersuchungen wie die zu den Hauspflegerinnen (Bettina Racine-Wirz, S. 121–128), die in den 1950er Jahren in der Schweiz als eine Mischung aus Krankenschwester und Hausangestellte tätig wurden, um teure Krankenhausaufenthalte zu vermeiden, deuten die Erweiterung der medizinisch-gesundheitsfürsorgerischen Tätigkeiten um soziale Komponenten an. In Karen Noltes Beitrag (S. 165–174) lernt man Pflegende, konkret Diakonissen im 19. Jahrhundert, als Seelsorger kennen, die Sterbende religiös begleiteten und dabei wenn nötig auch normativen Druck ausübten, um den günstigen Moment für Bekehrung zu nutzen. Die von der Autorin ausgewerteten Briefe, die die Diakonissen ans Mutterhaus schrieben und in denen sie von ihrer Arbeit berichteten, erweisen sich als bemerkenswerte Quelle für die Frage nach Tod und Religion.[15] Patrick Bernhard widmet sich einer pflegehistorisch bisher wenig beachteten Gruppe: den Zivildienstleistenden (S. 141–154).[16] Ihre Bedeutung schlägt sich nicht nur zahlenmäßig nieder (sie stellten 1990 immerhin 12 % der Vollzeitbeschäftigten in Einrichtungen, ein Zehntel von ihnen blieb nach der Dienstzeit im Sozialsektor). Zudem trieben sie als Außenstehende, die eine gewisse Lust hatten, bestehende Verhältnisse zu hinterfragen, den Reformprozess in Heimen maßgeblich voran. Dies galt für die Zeit um 1968 ebenso wie für die späteren Jahrzehnte, sodass dieser Veränderungsdrang eher lebenszyklisch als generationell erklärt werden kann.

Synthetisierende Beiträge bleiben in den Sammelbänden generell leider eher knapp oder fallen ganz weg. Fest steht: An spannenden empirischen Befunden fehlt es nicht, sie müssen jedoch mehr auf ihre Bedeutung für den Zugang der Pflegegeschichte hin befragt werden. Ansatzpunkte für eine Konzeptualisierung der Geschichte der Pflege zeichnen sich dabei deutlich ab: Inwieweit sorgen die selbstreflektierende Art vieler Pflegender und die Dokumentationsforderungen ihrer Tätigkeit für eine charakteristische Quellengrundlage, die Einblick in den Pflegealltag, aber auch in die Lebensumstände kranker, alter und sterbender Menschen gibt? Welche Perspektiven eröffnet eine Pflegegeschichte, die sich als Gesellschaftsgeschichte von Krankheit, Behinderung, Abhängigkeit und Tod versteht? Wie solch eine Standortbestimmung, die zugleich eine Reflexion über Methoden und Merkmale des pflegehistorischen Zugangs ist, aussehen kann, haben die englischsprachi-

---

14 *Braunschweig*, Pflege – Räume, Macht und Alltag. Vgl. auch *Elisabeth Seidl/Ilsemarie Walter* (Hrsg.), Rückblick für die Zukunft. Beiträge zur historischen Pflegeforschung, Wien/München etc. 1998; *Thiekötter/Recken/Schoska*, Alltag in der Pflege.

15 Vgl. auch *Karen Nolte*, Pflege von Sterbenden im 19. Jahrhundert. Eine ethikgeschichtliche Annäherung, in: *Susanne Kreutzer* (Hrsg.), Transformationen pflegerischen Handelns. Institutionelle Kontexte und soziale Praxis vom 19. bis 21. Jahrhundert, Göttingen 2010, S. 87–108.

16 Hintergrund des Aufsatzes ist die Studie von *Patrick Bernhard*, Zivildienst zwischen Reform und Revolte. Eine bundesdeutsche Institution im gesellschaftlichen Wandel 1961–1982, München 2005. Darin geht es jedoch eher um die Ursprünge, Anfänge und Veränderung des Zivildienstes und weniger um ihre Wirkung auf die Einrichtungen, in denen die Kriegsdienstverweigerer tätig waren.

gen Kolleginnen vorgemacht.[17] Erst jüngst haben drei führende Pflegehistorikerinnen aus den USA ein Handbuch herausgegeben, das Pflege in eine globalhistorische Perspektive rückt. Ein solcher Fokus überrascht nicht, verfolgt man die weltgeschichtliche Ausrichtung der Geschichtswissenschaft. Der Band von Patricia D'Antonio, Julie A. Fairman und Jean C. Whelan zeugt von einer sehr produktiven Einschreibung in den neuesten historiografischen Trend. Das Thema »Pflege«, so die Herausgeberinnen, zwingt dazu, die Globalgeschichte von der Ebene der Diskurse auf die der Praktiken zu bringen, und zeigt, wie sich Nationalgrenzen überschreitende Ideen- und Wertetransfers lebensweltlich niederschlugen. Das Interesse für die Tätigkeit der Pflegenden sensibilisiert für die gegenseitige Beeinflussung kolonialer und indigener Gesundheitsregimes, die sich spätestens am Krankenbett kreuzten. Die globalhistorische Herausforderung ermuntert schließlich dazu, erneut über die kulturelle Bedingtheit von Pflegepraktiken und -standards nachzudenken, vor allem die Bedeutung religiöser Rahmungen (auch jenseits christlicher Traditionen) zu untersuchen.

Überlegungen zur Konzeption der Pflegegeschichte finden sich auch in der Quellensammlung zur Geschichte der Krankenpflege, ein von der Robert Bosch Stiftung gefördertes Projekt, das der Pflegegeschichte mehr Präsenz in der Lehre geben soll.[18] Die Autorinnen und Autoren zielen dabei weniger auf die fachhistorische Lehre als auf die pflegewissenschaftliche Ausbildung, was sich insofern auf die Gestaltungskriterien auswirkt, als die Kommentierung großes Gewicht auf allgemeingeschichtliche Erläuterungen legt. Die Quellen reichen von Ordnungen, Dienstanweisungen, Protokollen von Schwesternkonferenzen bis hin zu Artikeln aus Zeitschriften und Auszügen aus Oral-History-Interviews. Die beiden letztgenannten Quellengruppen sind in jüngerer Zeit als besonders wertvoll für die (zeitgeschichtliche) Pflegeforschung erkannt worden.[19] Insgesamt sind die Quellen fünf thematischen Teilbereichen zugeordnet: Religion und Ethik, berufliche Entwicklung, Alltag, Geschlechterverhältnisse sowie Eugenik und Nationalsozialismus. In dieser Auswahl lässt sich ansatzweise ein Forschungsprogramm erkennen, das traditionelle Schwerpunkte mit neuen verbindet. Besonders überzeugend ist dies, wenn es um die Analyse von Geschlechterverhältnissen geht, wobei die Kategorie »Gender« nicht nur altbekannte Fragen nach der Verweiblichung der Pflegeberufe anleitet[20], sondern ebenso solche nach der Funktion und den Problemen von Männern in dieser Profession.[21]

Die einschlägigen Pflegeexperten, die für die genannten Arbeiten verantwortlich zeichnen, haben 2009 einen weiteren, zweisprachigen Sammelband vorgelegt. Das Buch mit

---

17 *D'Antonio/Fairman/Whelan*, Routledge Handbook. Ein früheres Beispiel ist *Ellen Condliffe Lagemann* (Hrsg.), Nursing History: New Perspectives, New Possibilities, New York 1983. Hier wird die durch die Geschlechtergeschichte angeregte Neuorientierung der Pflege diskutiert.

18 *Sylvelyn Hähner-Rombach* (Hrsg.), Quellen zur Geschichte der Krankenpflege. Mit Einführungen und Kommentaren, Mabuse-Verlag, Frankfurt am Main 2008, 739 S. + 1 CD-ROM, geb., 34,00 €. Die Quellen sind auf der beiliegenden CD-ROM einsehbar, während im Band nur die Kommentierungen und Überblicksartikel publiziert sind.

19 *Eva-Maria Ulmer*, Eine Schwester und ihre Zeitschrift: Elsa Fleischmann, geb. Hilliger, in: *Thiekötter/Recken/Schoska*, Alltag in der Pflege, S. 263–273; *Nadine Rauner*, Die Entwicklung der Fachzeitschriften für Krankenpflege vom ausgehenden 19. Jahrhundert bis 1945 am Beispiel des »Deutschen Krankenpflege-Zeitung«, in: ebd., S. 275–291, hier: S. 289; *Mathilde Hackmann*, Interviews in der historischen Pflegeforschung, in: Pflege 12, 1999, S. 28–33.

20 *Susanne Kreutzer*, Vom »Liebesdienst« zum modernen Frauenberuf. Die Reform der Krankenpflege nach 1945, Frankfurt am Main/New York 2005; *Andrea Bergler*, Von Armenpflegern und Fürsorgeschwestern. Kommunale Wohlfahrtspflege und Geschlechterpolitik in Berlin und Charlottenburg 1890 bis 1914, Stuttgart 2011.

21 Vgl. *Hähner-Rombach*, Quellen zur Geschichte der Krankenpflege (CD-ROM), Dokumente IV 5, IV 10 und IV 11.

dem Titel »Alltag in der Krankenpflege: Geschichte und Gegenwart« ist ebenfalls aus einer
Tagung hervorgegangen, der »Zweiten Internationalen Tagung zur Pflegegeschichte« des
Instituts für Geschichte der Medizin der Robert Bosch Stiftung, schafft es jedoch durch
eine bündelnde Einführung, dem Risiko der »Verinselung« einzelner Beiträge zu ent-
gehen.[22] Sylvelyn Hähner-Rombach eröffnet darin zwei große Bezugsräume: Zu Untersuchungen der Arbeitsmilieus zählt sie Bereiche wie die Gemeinde- und Hauspflege, Spe-
zialeinrichtungen, die Psychiatriepflege und die Pflege im Ausland; Analysen zu Auswirkungen auf Arbeitsalltag und Berufsverständnis bezieht sie zum einen auf Krankheitsfol-
gen bei den Pflegenden selbst, zum anderen auf deren Erwartungen an eine Karriere oder
berufliche Erfüllung. Hähner-Rombach erschafft damit ein konzeptionelles Gerüst, in
dem sich zwischen den folgenden Beiträgen fruchtbare Bezüge herstellen lassen. So machen die Aufsätze zur häuslichen Krankenpflege christlicher Wohltätigkeitsvereine in
England in der zweiten Hälfte des 19. Jahrhunderts (Stuart Wildman, S. 47–62) und zur
Gemeindepflege durch Diakonissen der Henriettstiftung nach dem Zweiten Weltkrieg
(Susanne Kreutzer, S. 81–100) spannende Parallelen der Selbstwahrnehmung – zwischen
Abhängigkeit und Eigenständigkeit – deutlich. Weitere Aufsätze legen fragwürdige An-
werbepraktiken zur Anstellung südkoreanischer Schwestern in chronisch unterversorgten
Krankenhäusern in der Bundesrepublik der 1960er Jahre frei (Ulrike Winkler, S. 169–
182) oder widerlegen Wahrnehmungen der Pflege als Kostenfaktor ohne sichtbare Erfolge. John C. Kirchgessner (S. 281–308) kann zeigen, dass Krankenpflegende des Universi-
täts-Hospitals von Virginia in den späten 1940er bis 1960er Jahren einen deutlichen Anteil am erwirtschafteten Einkommen des Hospitals hatten.

Das Thema »Pflege« beschäftigt nicht nur die (historische) Forschung, sondern stellt in
jüngerer Zeit ein bedeutendes politisches Diskussions- und Handlungsfeld dar. Aus Anlass
der Reformdiskussion um die Pflegeversicherung zeigte das Berliner Medizinhistorische
Museum der Charité im Jahr 2011 eine Ausstellung zu Geschichte und Alltag der Krankenpflege. In der Kürze des dazu erschienenen Ausstellungskatalogs bietet die Herausgeberin Isabel Atzl eine Tour de Force durch 200 Jahre Pflegegeschichte.[23] Neben Fotografien von Exponaten der Ausstellung – Schätze aus der medizinhistorischen Sammlung
der Charité – enthält der schmale Band einen gegenwartsbezogenen, programmatischen
Ansatz. Er will die Bedeutung der Pflege anhand der Entwicklung ihrer Anforderungspro-
file und Kernkompetenzen konturieren und stärken. Vor dem Hintergrund eines sich in
Zukunft massiv erweiternden Pflegebedarfs, der im scharfen Kontrast zu gegenwärtigen
Gehalts- und Anstellungssituationen steht, ist der Titel des Ausstellungskatalogs damit als
implizite Anklage zu verstehen: Who cares?

II. BERUFS- UND INSTITUTIONENGESCHICHTE: ZWISCHEN IDENTITÄTSBILDUNG UND KRITISCHER AUFARBEITUNG

Zwei Bereiche fanden in der jüngeren deutschen Pflegegeschichtsforschung zunehmende
Beachtung: die Professionalisierung der Kranken- und Altenpflege sowie deren Alltags-
und Erfahrungsperspektive. Die jeweils entstandenen Untersuchungen verbindet das Interesse, der Pflege eine eigenständige Berufsgeschichte zuzuerkennen. Anfang der 2000er
Jahre sahen Medizinhistoriker wie Wolfgang Woelk hierin noch ein markantes For-

---

22 *Sylvelyn Hähner-Rombach* (Hrsg.), Alltag in der Krankenpflege. Geschichte und Gegenwart/
   Everyday Nursing Life, Past and Present (Medizin, Gesellschaft und Geschichte, Beiheft 32),
   Franz Steiner Verlag, Stuttgart 2009, 307 S., kart., 45,00 €.
23 *Isabel Atzl* (Hrsg.), Who cares? Geschichte und Alltag der Krankenpflege, Mabuse-Verlag,
   Frankfurt am Main 2011, 127 S., kart., 19,90 €.

schungsdesiderat[24], dessen sich seither jedoch angenommen wurde. Einige dieser neueren Arbeiten betrachten die Entwicklungsetappen der Pflege hin zu einem eigenständigen Berufsfeld und schreiben eine Erfolgs- oder zumindest Etablierungsgeschichte fest.[25] Dabei ist die historisch-wissenschaftliche Beschäftigung als Teil des beobachteten Professionalisierungsprozesses zu sehen – und wurde bereits selbst zum Untersuchungsgegenstand.[26]

Im Fokus der berufsgeschichtlichen Arbeiten standen vor allem die Verwissenschaftlichung der Pflegearbeit sowie die spannungsreiche Entwicklung, innerhalb derer Pflege von einer überwiegend religiös motivierten Tätigkeit zu einer weltlichen wurde. Einen wichtigen Beitrag leistete hier Christoph Schweikardt mit seiner 2008 erschienenen Habilitationsschrift.[27] Ihm geht es insbesondere um das Verhältnis des preußischen Staats zum Pflegewesen, das er erstmalig und in einer »longue durée« von Anfang des 19. Jahrhunderts bis etwa 1914 in den Blick nimmt. Er setzt den staatlichen Umgang mit der Krankenpflege in Relation zu deren beruflicher Konturierung und Modernisierung. Er legt frei, dass die ungünstige politisch-rechtliche Verortung des Pflegewesens außerhalb der traditionellen Heilberufe fast über den gesamten Untersuchungszeitraum hinweg eine starke Entwicklungsbremse darstellte. Als »unproduktiver« Kostenfaktor hatte die Pflege im preußischen Medizinalwesen zu Beginn des 19. Jahrhunderts einen niedrigen Rang – trotz ihrer wahrnehmbaren Bedeutung für die Patienten.[28] Die Lücke, die das staatliche Desinteresse hinterließ, füllte zunächst die konfessionelle Krankenpflege. Mehrere Versuche, die (weltliche) Pflege durch staatliche Anerkennung – der Ausbildung, des Berufsstands – aufzuwerten und neben dem »heilenden« Medizinalwesen zu qualifizieren, scheiterten. Erst nach den Krisenerfahrungen zum Beispiel durch die Choleraepidemie der 1870er Jahre offenbarten sich Ende des 19. Jahrhunderts deutliche Missstände im staatlichen Medizinalwesen, die den politischen Reformdruck erhöhten. Die Einführung eines staatlichen, jedoch fakultativen Examens nach einem Jahr der Krankenpflegeausbildung im Jahr 1907 bedeutete schließlich einen Teilerfolg. Sie markiert einen wichtigen Professionalisierungsschritt, setzte allerdings nur einen Minimalstandard. Christoph Schweikardts umsichtige Darstellung, die sowohl den Blick auf England als Mutterland und Vorbild des »nursing« miteinbezieht als auch den Anteil des Ärztestands an der schleppenden Anerkennung der Pflege auslotet, endet am Vorabend des Ersten Weltkriegs. Zwar waren bis

---

24 Vgl. *Wolfgang Woelk*, Rezension von *Birgit Panke-Kochinke* (Hrsg.), Die Geschichte der Krankenpflege (1679–2000). Ein Quellenbuch, Frankfurt am Main 2001, in: sehepunkte 2, 2002, Nr. 3, URL: <http://www.sehepunkte.de/2002/03/2846.html> [17.6.2014].

25 Aus den seit 2000 erschienenen Publikationen zur Pflegegeschichte im deutschsprachigen Raum vgl. unter anderem *Gabriele Dorffner*, »… ein edler und hoher Beruf«. Zur Professionalisierung der österreichischen Krankenpflege, Strasshof 2000; *Dorothe Falkenstein*, »Ein guter Wärter ist das vorzüglichste Heilmittel …«. Zur Entwicklung der Irrenpflege vom Durchgangs- zum Ausbildungsberuf, Frankfurt am Main 2000; *Silvia Käppeli*, Vom Glaubenswerk zur Pflegewissenschaft. Geschichte des Mit-Leidens in der christlichen, jüdischen und freiberuflichen Krankenpflege, Bern/Göttingen etc. 2004; *Margit Sailer*, Zukunft braucht Vergangenheit. Die berufspolitische Entwicklung der österreichischen Krankenpflege von 1918–1938, Strasshof/Wien 2003; *Marianne Schmidbaur*, Vom »Lazaruskreuz« zu »Pflege aktuell«. Professionalisierungsdiskurse in der deutschen Krankenpflege 1903–2000, Königstein im Taunus 2002.

26 Vgl. *Heinrich Recken*, Stand und Perspektiven der Historischen Pflegeforschung in Deutschland, in: Pflege & Gesellschaft 11, 2006, S. 124–132; *Christoph Schweikardt*, Entwicklungen und Trends in der deutschen Krankenpflege-Geschichtsschreibung des 19. und 20. Jahrhunderts, in: Medizinhistorisches Journal 39, 2004, S. 197–218.

27 *Christoph Schweikardt*, Die Entwicklung der Krankenpflege zur staatlich anerkannten Tätigkeit im 19. und frühen 20. Jahrhundert. Das Zusammenwirken von Modernisierungsbestrebungen, ärztlicher Dominanz, konfessioneller Selbstbehauptung und Vorgaben preußischer Regierungspolitik, Martin Meidenbauer Verlag, München 2008, 339 S., kart., 52,90 €.

28 Ebd., S. 267.

1914 nahezu 200 Prüfungsstationen für Krankenpfleger an konfessionellen und städtischen Krankenhäusern eingerichtet und eine relativ flächige staatliche Anerkennung konfessionellen Pflegepersonals in Preußen erreicht. Zu weiteren, von Pflegeexperten dringlich geforderten Reformen der Ausbildungsdauer und Fortbildung kam es in den Kriegsjahren und Anfang der 1920er Jahre jedoch nicht.

Im Spannungsfeld von konfessioneller Krankenpflege und staatlichem Regelungsanspruch bewegt sich auch die Arbeit von Cornelia Ropers, deren 2010 erschienene Dissertation die katholische Pflegeausbildung in der Sowjetischen Besatzungszone, in der DDR und in der Transformationsphase 1989/90 untersucht.[29] Ropers Studie ergänzt die 2006 veröffentlichten Ergebnisse von Andrea Thiekötter zur staatlichen Krankenschwesternausbildung in der DDR und bietet gleichzeitig eine interessante Vergleichsfolie.[30] Sie zeigt Wechselwirkungen zwischen staatlich vorgegebenen Professionalisierungsschritten einerseits und den Erfahrungen aus der konfessionellen Pflegearbeit andererseits. So konnten die Berliner Ordinarienkonferenz und die Caritas zum Beispiel durchsetzen, dass im Lehrplan der kirchlichen Pflegeausbildung der Glaubenslehreunterricht im gesamten Untersuchungszeitraum erhalten blieb. Claudia Ropers macht jedoch ebenfalls deutlich, dass die Etablierung und Vereinheitlichung der katholischen Krankenpflegeschulen nur in dem Maße voranschritt, wie es das sozialistische Regime zuließ. Den analytischen Grundfragen der Arbeit – unter anderem nach Gründen für die staatliche Gewährung konfessioneller Pflege – hätte man stellenweise mehr Raum gewünscht. In ihrem dokumentarischen Ansatz liefert die Studie aber detailreiche Einsichten in Professionalisierungs- und Verhandlungsprozesse und überzeugt durch die konsequente methodische Einbindung von Zeitzeugeninterviews mit Pflegeexperten.

Sowohl in Claudia Ropers Untersuchung als auch bei Christoph Schweikardt wird deutlich, dass die Initiativen einzelner Einrichtungen – wie zum Beispiel der Berliner Charité – einen entscheidenden Einfluss auf die Berufsgeschichte der Pflege hatten. Mehrere lokalgeschichtliche Spezialuntersuchungen zu konfessionellen, kommunalen oder universitären Krankenhäusern und Pflegeeinrichtungen haben hierzu institutionengeschichtliche Ergebnisse beigesteuert.[31] Diese sind gerade dann sehr bereichernd, wenn sie das etablierte Narrativ der Pflegeberufsgeschichte – fehlende Anerkennung im 19. Jahrhundert, späte Professionalisierung – mit lokalen Befunden brechen. Zum Beispiel kann Fritz Dross in seiner 2004 zum Düsseldorfer Krankenhauswesen erschienenen Arbeit »Krankenhaus und lokale Politik 1770–1850« zeigen, dass das dortige Schwesternpersonal bereits um 1805 per Statut zum Besuch von Krankenpflegekursen verpflichtet wurde. Hier festigte sich also sehr früh ein – zumindest zeitweiliger – Ausbildungsstandard.[32]

---

29 *Cornelia Ropers*, Katholische Krankenpflegeausbildung in der SBZ/DDR und im Transformationsprozess (Studien zur kirchlichen Zeitgeschichte, Bd. 4), LIT Verlag, Berlin/Münster 2010, 351 S., kart., 34,90 €.

30 Vgl. *Andrea Thiekötter*, Pflegeausbildung in der Deutschen Demokratischen Republik. Ein Beitrag zur Berufsgeschichte der Pflege, Frankfurt am Main 2006.

31 Vgl. unter anderem *Frieder Berres*, 150 Jahre Krankenhaus in Königswinter 1845–1995. Ein Beitrag zur Geschichte der Krankenfürsorge, Siegburg 1995; *Eckart Frantz* (Hrsg.), St. Josefs-Krankenhaus Potsdam Sanssouci 1862–2012. »Die Liebe Christi drängt uns«, Berlin 2012; *Kerstin Stockhecke/Hans-Walter Schmuhl* (Hrsg.), Von Anfang an evangelisch. Geschichte des Krankenhauses Gilead in Bielefeld, Gütersloh 2013; *Traudel Weber-Reich*, Pflegen und Heilen in Göttingen. Die Diakonissenanstalt Bethlehem 1866 bis 1966, Göttingen 1999; *Stefan Wolter*, Geschichte der allgemeinen Krankenhäuser in der Stadt Eisenach, 2 Bde., Norderstedt 2006.

32 *Fritz Dross*, Krankenhaus und lokale Politik 1770–1850. Das Beispiel Düsseldorf (Düsseldorfer Schriften zur Neueren Landesgeschichte und zur Geschichte Nordrhein-Westfalens, Bd. 67), Klartext Verlag, Essen 2004, 400 S., kart., 24,90 €, S. 316f.

Neben der Studie von Dross, deren Fokus auf dem historischen Prozess einer »Erfindung des Krankenhauses« liegt, ist die Bandbreite jüngerer Untersuchungen zu Pflegeinstitutionen groß: Sie reicht von überblickshaften Lesebüchern wie Ernst Peter Fischers Band zur Geschichte der Charité seit 1710 bis hin zu einer detailreichen Studie über eine Teilanstalt der von bodelschwinghschen Fürsorgeeinrichtung Bethel, erarbeitet und herausgegeben von Matthias Benad und Hans-Walter Schmuhl.[33]

Der Wissenschaftspublizist Fischer versteht die Beschäftigung mit der Charité als Teil einer Geschichte der modernen Medizin, die er in seinem Beitrag mit großen Schritten durchmisst. Der gefällig geschriebene Abriss von 300 Jahren Medizinal- und Sozialgeschichte orientiert sich an den politischen und wissenschaftlichen Persönlichkeiten, die die Charité prägten. So erscheinen für die ersten 200 Jahre der Hausgeschichte als Entwicklungshelfer insbesondere der preußische König Friedrich Wilhelm I. – Namensgeber des Krankenhauses –, der Arzt Christoph Wilhelm Hufeland sowie Rudolf Virchow, Nestor der medizinischen Wissenschaften. Mit Virchow benennt Fischer überdies den pflegewissenschaftlich relevantesten Akteur der Charité. Virchow forderte bereits 1860 die Qualifizierung einer nicht konfessionellen Krankenpflege. Erst knapp 50 Jahre später wurde diese an der Charité institutionalisiert: Die Gründung einer »Königlichen Schwesternschaft« 1907 als erste Pflegerinnengemeinschaft an einem weltlichen Krankenhaus erfolgte vier Jahre, nachdem mit der »Berufsorganisation der Krankenpflegerinnen Deutschlands« der deutsche Pionier-Verband für Belange von professionellen Pflegerinnen ins Leben gerufen worden war. Fischer erwähnt ansonsten die prekäre Gehaltssituation der ersten Berufspflegerinnen, geht aber nicht auf weitere Professionalisierungsetappen ein. Die Tiefenbohrungen überlässt er zwei weiteren Bänden, die anlässlich des 300-jährigen Charité-Jubiläums im Jahr 2010 erschienen sind.[34]

Anlass für die historische Untersuchung der »Bethelkolonien« bot deren Neustrukturierung Anfang der 2000er Jahre. Zunächst als Arbeiterkolonie gegründet, entwickelte sich Bethel-Eckardtsheim zu einer wichtigen Teilanstalt der bethelschen Fürsorgegemeinde[35] und zu einem eigenständigen Pflegekomplex. Diesem widmet sich der detailreiche Sammelband von Benad und Schmuhl. Darin werden einerseits strukturelle Aspekte der Anstaltsgründung und -entwicklung erarbeitet, andererseits die einzelnen Arbeitsfelder der dortigen Fürsorge untersucht (vor allem Wohnungslosenhilfe, Fürsorge für Epileptiker und Tuberkulose-Kranke, Psychiatrie, Jugendsozialarbeit, Suchthilfe, Behindertenwerkstätten). So entsteht ein multiperspektivisches Bild der christlich motivierten Anstaltsarbeit von den 1880er Jahren bis in die Gegenwart, das auch Einzelschicksale von Pfleglingen und Unterstützten miteinbezieht. Die Dreiteilung des Bandes in »Grundstrukturen«, »Arbeitsfelder« und »Geschichtlicher Abriss« sorgt für eine gewisse Unübersichtlichkeit. Sowohl die baulichen und organisatorischen Strukturen als auch die Arbeitsfel-

---

33 *Ernst Peter Fischer*, Die Charité. Ein Krankenhaus in Berlin 1710 bis heute, Siedler Verlag, München 2009, 287 S., geb., 19,95 €; *Matthias Benad/Hans-Walter Schmuhl* (Hrsg.), Bethel-Eckardtsheim. Von der Gründung der ersten deutschen Arbeiterkolonie bis zur Auflösung als Teilanstalt (1882–2001), Kohlhammer Verlag, Stuttgart 2006, 640 S., geb., 38,00 €.

34 *Johanna Bleker/Volker Hess* (Hrsg.), Die Charité. Geschichte(n) eines Krankenhauses, Berlin 2010; *Karl Max Einhäupl/Detlev Ganten/Jakob Hein* (Hrsg.), 300 Jahre Charité – im Spiegel ihrer Institute, Berlin/New York 2010. Der letzte Band widmet der Krankenpflege ein eigenes, wenn auch kurzes Kapitel.

35 Zur Mutteranstalt Bethel liegen einige Spezialuntersuchungen vor, eine Gesamtdarstellung steht jedoch noch aus. Vgl. *Matthias Benad* (Hrsg.), Bethels Mission, Bd. 1: Zwischen Epileptischenpflege und Heidenbekehrung, Bielefeld 2001; *ders.* (Hrsg.), Bethels Mission, Bd. 3: Mutterhaus, Mission und Pflege, Bielefeld 2003; *Nicolas Tsapos*, Wie Frauen zu Patientinnen werden. Soziale Kategorisierung in psychiatrischen Krankenakten der von Bodelschwinghschen Anstalten Bethel (1898–1945), Frankfurt am Main 2012.

der werden in ihrer chronologischen Entwicklung dargestellt, sodass ein separater geschichtlicher Abriss zunächst irritiert. Er bietet den Autoren jedoch die Möglichkeit, den
Einfluss genauer zu vermessen, den »vier politische Systeme, zwei Kriege, zwei Revolu-
tionen und zwei Währungsreformen«[36] auf Bethel-Eckardtsheim nahmen. So gelingt eine
präzise Analyse der Anstaltspflege als Mikrokosmos, in dem sich die Beziehung zwischen
Pflegenden und Befürsorgten im Laufe des 20. Jahrhunderts stark wandelte. Die großen
pflegegeschichtlichen Prozesse – Spezialisierung, Pädagogisierung, Verrechtlichung –
vollzieht die Studie empirisch belegt und konkret nach. Dazu dienen ihr Therapiekonzepte
in ihrem Wandel, Personalstrukturen und »Pfleglings«-Wahrnehmungen.

Die Beziehungen und Machtgefälle zwischen Pflegenden und den ihnen Anvertrauten
rückten jüngst verstärkt in den Mittelpunkt. Obwohl die Gewalt in Heimen spätestens seit
der Heimkampagne 1969 auch außerhalb von Fachkreisen kein Geheimnis mehr war[37],
gaben erst Peter Wensierskis Enthüllungsdokumentation »Schläge im Namen des Herren« und die Skandale um das Berliner Canisius-Kolleg sowie die Odenwaldschule Anstoß für eine umfassende (historische) Aufarbeitung.[38] Betroffene meldeten sich zu Wort,
um öffentlich das ihnen widerfahrene Unrecht anzuklagen. Aufträge an Historiker, dem
nachzugehen und das Ausmaß zu eruieren, folgten; die Studie über das Johanna-Helenen-
Heim in Volmarstein ist ein Produkt dieser ›von unten‹ in Gang gebrachten Aufarbeitung.
Hans-Walter Schmuhl und Ulrike Winkler, ein erprobtes Forscherteam, das mittlerweile
einige Beiträge an der Schnittstelle von Pflege, Disability Studies und Heimerziehung
vorgelegt hat[39], rekonstruieren die Geschichte einer Einrichtung für körperbehinderte Kinder und Jugendliche in den Jahren zwischen 1947 und 1967, die innerhalb des Volmarsteiner
Komplexes weit hinter der Klinik und der beruflichen Rehabilitation rangierte, was sich in
der schlechten baulichen und personalen Ausstattung bemerkbar machte. Ganz im Sinne
der Grundidee von Oral History nutzen sie diese, um das in den Archivalien nicht Doku-
mentierte zum Vorschein zu bringen: die Perspektive der Kinder und Jugendlichen, vor allem die von ihnen täglich gemachte Erfahrung von physischer und psychischer Gewalt.[40]

Die Autoren verstehen ihre Studie nicht nur als fachhistorischen Beitrag, sondern auch
als Medium der Opfer, in dem das Unrecht als solches mit Verweis auf die damalige
Rechtslage dokumentiert und anerkannt werden soll. Die Einordnung in größere Kontexte
wie durch den knappen Verweis auf die bundesrepublikanische Behindertenpolitik und den

---

36 *Benad/Schmuhl*, Bethel-Eckardtsheim, S. 20 (Einleitung).
37 *Marita Schölzel-Klamp/Thomas Köhler-Saretzki*, Das blinde Auge des Staates. Die Heim-
    kampagne von 1969 und die Forderungen der ehemaligen Heimkinder, Bad Heilbrunn 2010.
    Zur Wirkung der Heimkampagne auf die Reform der Heime vgl. *Wilfried Rudloff*, Sozialstaat,
    Randgruppen und bundesrepublikanische Gesellschaft. Umbrüche und Entwicklungen in den
    sechziger und frühen siebziger Jahren, in: *Franz-Werner Kersting* (Hrsg.), Psychiatriereform
    als Gesellschaftsreform. Die Hypothek des Nationalsozialismus und der Aufbruch der sechzi-
    ger Jahre, Paderborn/München etc. 2003, S. 181–219, hier: S. 207.
38 *Peter Wensierski*, Schläge im Namen des Herrn. Die verdrängte Geschichte der Heimkinder in
    der Bundesrepublik, München 2006. Vgl. zur politischen Diskussion auch: Abschlussbericht des
    vom Bundestag beauftragten Runden Tisches »Heimerziehung in den 50er und 60er Jahren«, Ber-
    lin 2010, URL: <http://www.rundertisch-heimerziehung.de/documents/RTH_Abschlussbericht.
    pdf> [17.6.2014].
39 *Hans-Walter Schmuhl/Ulrike Winkler*, »Als wären wir zur Strafe hier«. Gewalt gegen Menschen
    mit geistiger Behinderung – der Wittekindshof in den 1950er und 1960er Jahren, Bielefeld
    2012; *dies.* (Hrsg.), Welt in der Welt. Heime für Menschen mit geistiger Behinderung in der
    Perspektive der Disability History, Stuttgart 2012.
40 *Hans-Walter Schmuhl/Ulrike Winkler*, Gewalt in der Körperbehindertenhilfe. Das Johanna-
    Helenen-Heim in Volmarstein von 1947 bis 1967 (Schriften des Instituts für Diakonie- und
    Sozialgeschichte an der Kirchlichen Hochschule Wuppertal/Bethel, Bd. 18), Verlag für Regio-
    nalgeschichte, Bielefeld 2013, 326 S. + 1 CD-ROM, geb., 19,00 €, hier: S. 24f.

Bezug auf Erving Goffmans Konzept der »totalen Institution«[41] geschieht eher dezent. Allerdings gewinnen Schmuhl und Winkler wichtige Einsichten über Bedingungen und Logiken der Gewalt in der Pflege, vor allem dort, wo sie konsequent der Frage nach dem »Warum« nachgehen. Dank ihrer reichen Quellengrundlage können sie zeigen, wie wichtig der Faktor »Personal« war: Durch Krieg und Flucht traumatisierte Schwestern, die für die Arbeit unterqualifiziert waren, trafen dabei auf eine Lehrerin, die besondere Härte gegen Körperbehinderte predigte. Ärzte und Anstaltsleitung interessierten sich kaum für diesen Teil der Anstalt und ignorierten Zeugnisse über Missstände, die es schon früh gab. Ein Instrument wie die Heimaufsicht, die seit 1961 laut dem Jugendwohlfahrtsgesetz auch für die Kinder und Jugendlichen des Johanna-Helenen-Heims zuständig war, blieb zunächst ohne Wirkung.

Eine Einzelfallstudie hat freilich einen begrenzten Radius, doch schon jetzt stehen weitere Untersuchungen zur Verfügung und andere werden folgen.[42] Die durch die politische Diskussion in Gang gesetzte Aufarbeitungswelle hat insofern auch einen genuin wissenschaftlichen Nutzen: Türen zu sonst häufig verschlossenen Heimarchiven öffnen sich und Zeitzeugenprojekte sichern die Erfahrungen von ehemaligen Befürsorgten und Pflegern. Zusammengenommen entwickelt sich hier die Grundlage, um eine Synthese der Pflege in Heimen von der Praxis her zu schreiben und nicht wie bisher von der Ebene politischer Vorgaben und Diskurse. Dass diese nur bedingt das Leben in Heimen prägten, zeigen die bereits vorliegenden Studien eindrücklich.

III. PFLEGE – KONTROLLE, MACHT, GEWALT

Im Umgang mit Kranken und Hilfsbedürftigen werden Pflegekräfte mit deren intimsten Lebensbereichen konfrontiert und haben darauf Einfluss. In der Kranken- oder Altenpflege übernehmen Schwestern und Pfleger zeitweilig oder dauerhaft die Verantwortung für physische und psychische Bedürfnisse, in der psychiatrischen Pflege ist dieses hierarchische Verhältnis noch stärker ausgeprägt. Erst mit der Herausbildung patientenorientierter Pflegetheorien in der zweiten Hälfte des 20. Jahrhunderts verfestigte sich der Anspruch, den Unterstützten in seiner individuellen körperlichen und geistigen Integrität weitgehend zu respektieren und in den Pflegeprozess einzubeziehen.[43] Paradigmatische Grundsätze zum Patientenschutz dienen seither als Leitfaden für das Selbstverständnis der Pflege. Ihre tatsächliche Umsetzung in der Praxis ist ein zentraler Bestandteil der gegenwärtigen Pflegewissenschaft.

---

41 Zur aktuellen Diskussion um Goffmans Konzept, vor allem die Kritik an seiner eher dichotomischen Unterscheidung zwischen der Welt des Personals und der Welt der Insassen, vgl. zum Beispiel die Beiträge in: *Martin Scheutz* (Hrsg.), »Totale Institutionen« (Wiener Zeitschrift zur Geschichte der Neuzeit 8, 2008).

42 Vgl. zum Beispiel *Margret Kraul/Dirk Schumann/Rebecca Eulzer* u.a., Zwischen Verwahrung und Förderung. Heimerziehung in Niedersachsen, 1949–1975, Opladen/Berlin etc. 2012. Für die Schweiz *Urs Hafner*, Heimkinder. Eine Geschichte des Aufwachsens in der Anstalt, Baden 2011; *Sylvelyn Hähner-Rombach*, »Das ist jetzt das erste Mal, dass ich darüber rede …«. Zur Heimgeschichte der Gustav Werner Stiftung zum Bruderhaus und der Haus am Berg gGmbH 1945–1970, Frankfurt am Main 2013. Zudem sind einige Projekte gestartet worden, wie zum Beispiel das »Interdisziplinäre Forschungs- und Ausstellungsprojekt zur Heimerziehung der Jahre 1953–1973 in Jugend- und Erziehungsheimen des LWV Hessen« an der Universität Kassel und das zeitlich sehr weit gefasste Projekt »Regime der Fürsorge«. Geschichte der Heimerziehung in Tirol und Vorarlberg (1945–1990)« an der Universität Innsbruck.

43 Vgl. *Doris Arnold/Karin Kerstin/Renate Stemmer*, Podiumsgespräch: Pflegewissenschaft im paradigmatischen Diskurs – Bedeutung für das Pflegehandeln, in: Pflege & Gesellschaft 11, 2006, S. 170–182.

Pflegen ist Machtausübung. Die spezifische Akteursbeziehung von Pflegendem und Gepflegten produziert zahlreiche Spannungsverhältnisse: von (uneigennütziger) Sorge und (dankbarer) Bedürftigkeit, von existenzieller Dienstleistung und Abhängigkeit, im äußersten Fall von gewaltvoller Entmündigung und Ausgeliefertsein. Gleichzeitig unterliegt jene Machtausübung den veränderlichen Einflüssen von vorherrschenden politischen Strukturen, weltanschaulichen Systemen sowie medizinischen und bevölkerungstheoretischen Erkenntnissen. Darüber hinaus werden Pflegekräfte auch von den Zwängen und Rationalitäten des (institutionellen) Arbeitsumfelds beeinflusst, in dem die Pflege stattfindet – unterliegen also auch dadurch einer Machteinwirkung. Das theoretische Konzept für diese Einordnung stammt von Michel Foucault, auf den die jüngere Pflegewissenschaft deutlich Bezug nimmt. Foucault prägte in seinen gesellschafts-, diskurs- und ordnungstheoretischen Arbeiten Schlüsselbegriffe wie »Biomacht« und »Gouvernementalität« und erfasste damit Machtverhältnisse zwischen Staat, Administration und Gesellschaft im historischen Wandel. Ein Fokus liegt bei Foucault auf Medikalisierung, Devianzforschung sowie staatlicher Bevölkerungspolitik, weshalb seine Theorien in der historischen Pflegeforschung als anschlussfähig gelten.[44]

Der foucaultsche Ansatz findet insbesondere in Arbeiten Anwendung, die sich mit der Pflege als Teil des sozialrassistischen, (erb-)biologistischen Verfolgungsapparats im Nationalsozialismus beschäftigen. Sie analysieren die Aushöhlung und Instrumentalisierung der konfessionellen und weltlichen Kranken-, Alten- und vor allem Behindertenpflege in der NS-Biopolitik als drastischste Verzerrung des beschriebenen Machtgefälles.[45] Das foucaultsche Gouvernementalitätsprinzip bietet für die jüngste Arbeit von Thomas Foth das theoretische Gerüst: In seiner 2013 erschienenen Studie »Caring and Killing. Nursing and Psychiatric Practice in Germany, 1931–1943« blickt Foth auf die Mitwirkung von Psychiatrie-Schwestern an den nationalsozialistischen Krankenmorden am Beispiel der Heil- und Pflegeanstalt Langenhorn bei Hamburg. Er untersucht darin unter anderem das System der diakonischen Mutterhäuser als Ausbildungszentren einer einflussreichen Fachelite – der Schwesternschaft –, die im Netzwerk der an der Euthanasie beteiligten Institutionen zentral positioniert war. Im ›Dritten Reich‹ wurde die Pflege damit zum »vital aspect in the government of populations because of its ability to influence the conduct of conduct«.[46] Foth will außerdem verstehen, wie die grundsätzlich philanthropische Bedürftigenhilfe offenbar übergangslos die systematische Ermordung von Schutzbefohlenen internalisieren konnte. Dazu vermisst er das Handlungsfeld, in dem psychiatrische Pflegekräfte während des NS-Regimes agierten: Zum einen wurde es vom Nützlichkeitskalkül und rassenhygienischen Volksgesundheitswahn der Nationalsozialisten bestimmt. Damit steht dieses Handlungsfeld auch im direkten Zusammenhang zur ›Volksgemeinschaft‹,

---

44 Vgl. zum Beispiel *Arnold*, Pflege und Macht – Der Beitrag Foucaults; *Bettina Blessing*, »Gepflegte« Normalität? Machtstrukturen in der stationären Krankenpflege um 1900 in Regensburg, in: *Braunschweig*, Pflege – Räume, Macht und Alltag, S. 175–184; *Dave Holmes/Denise Gastaldo*, Nursing as Means of Governmentality, in: Journal of Advanced Nursing 38, 2002, S. 557–565. Auch die oben genannte Studie *Dross*, Krankenhaus und lokale Politik 1770–1850, bezieht sich mit ihrer lokalen Analyse einer »Krankenhaus-Erfindung« in Düsseldorf auf Foucaults »Geburt der Klinik« (1963).

45 Vgl. zum Beispiel *Susan Benedict*, Killing while Caring: The Nurses of Hadamar, in: Issues in Mental Health Nursing 24, 2003, S. 59–79; *Ulrike Gaida*, Zwischen Pflegen und Töten. Krankenschwestern im Nationalsozialismus. Einführung und Quellen für Unterricht und Selbststudium, Frankfurt am Main 2006.

46 *Thomas Foth*, Caring and Killing. Nursing and Psychiatric Practice in Germany, 1931–1943, Universitätsverlag Osnabrück/V & R unipress, Göttingen 2013, 279 S., geb., 44,99 €, S. 56.

die in der jüngeren NS-Forschung ein viel diskutiertes Analyseobjekt darstellt.[47] Zum anderen war es vom Selbstverständnis der (zeitgenössischen) Psychiatrie als Normalisierungs- und Disziplinierungswissenschaft geprägt. Es ist ein großer Vorzug von Foths Arbeit, dass sie die Entgrenzung und Radikalisierung des ›Pflege‹-Handelns im Nationalsozialismus im Kontext der Macht- und Autoritätstechniken in der psychiatrischen Praxis nachvollzieht – und deren kontinuierliche Präsenz weit über die Zäsuren von 1933 und 1945 hinaus freilegt.

Es liegen mittlerweile zahlreiche Studien zur Einbindung der psychiatrischen Pflege in die NS-Patientenmorde vor; mehrere wurden aus dem Impetus regionaler oder institutionenbezogener Aufarbeitung heraus erarbeitet.[48] Einige Untersuchungen erweiterten – bereits in den 1990er Jahren – die zeitliche Perspektive über das ›Dritte Reich‹ hinaus und fragten, ähnlich wie Thomas Foth, nach Langzeitentwicklungen der psychiatrischen Pflege und Behandlung. Die tödliche Radikalisierung der Praxis in Heil- und Pflegeanstalten im Nationalsozialismus – beziehungsweise im Zweiten Weltkrieg – bildet für fast alle diese Arbeiten den analytischen Flucht- oder Ausgangspunkt.[49]

Daneben sind seit den 1980er Jahren mehrere Bücher erschienen, in denen die verschiedenen Bereiche der Krankenpflege im ›Dritten Reich‹ berufs- und strukturhistorisch untersucht werden. Wegweisend war hier der 1984 erstmals erschienene Sammelband »Krankenpflege im Nationalsozialismus«, herausgegeben von Hilde Steppe, der nach mehrfachen Erweiterungen und Aktualisierungen nun in der zehnten Auflage vorliegt.[50] Die dort versammelten Beiträge blicken sowohl auf die Weimarer Republik als auch auf die NS-Diktatur und fragen nach Kontinuitäten und Brüchen in der Normierung der Pflege. Auch Zeitzeugen kommen zu Wort und geben Einsichten in die rassenhygienisch ausgerichtete Pflegepraxis. Damit begann die Beschäftigung mit Fürsorge und Pflege als Teil der NS-Gewaltgeschichte etwa zeitgleich mit der ersten großen Welle historischer Forschung zu nationalsozialistischer Medizin, Gesundheitspolitik, Rassenhygiene und Euthanasie.[51]

---

47 Einen aktuellen, umfassenden Überblick über den Forschungsstand zur NS-›Volksgemeinschaft‹ bietet *Janosch Steuwer*, Was meint und nützt das Sprechen von der ›Volksgemeinschaft‹? Neuere Literatur zur Gesellschaftsgeschichte des Nationalsozialismus, in: AfS 53, 2013, S. 487–534.

48 Vgl. unter anderem *Hilde Steppe/Eva-Maria Ulmer*, »Ich war von jeher mit Leib und Seele gerne Pflegerin«. Über die Beteiligung von Krankenschwestern an den »Euthanasie«-Aktionen in Meseritz-Obrawalde, Frankfurt am Main 2009; *Dorothee Roer* (Hrsg.), Psychiatrie im Faschismus. Die Anstalt Hadamar 1933–1945, Bonn 1986; *Bernhard Richarz*, Heilen, Pflegen, Töten. Zur Alltagsgeschichte einer Heil- und Pflegeanstalt bis zum Ende des Nationalsozialismus, Göttingen 1987; *Michael von Cranach/Hans-Ludwig Siemen* (Hrsg.), Psychiatrie im Nationalsozialismus. Die bayerischen Heil- und Pflegeanstalten zwischen 1933 und 1945, München 2012; *Jutta M. Bott*, »Da kommen wir her, da haben wir mitgemacht …«. Lebenswirklichkeiten und Sterben in der Lippischen Heil- und Pflegeanstalt Lindenhaus während der Zeit des Nationalsozialismus, Lemgo 2001; *Kristina Hübener*, Brandenburgische Heil- und Pflegeanstalten in der NS-Zeit, Berlin 2002.

49 Vgl. unter anderem *Heinz Faulstich*, Von der Irrenfürsorge zur »Euthanasie«. Geschichte der badischen Psychiatrie bis 1945, Freiburg im Breisgau 1993; *Dirk Blasius*, »Einfache Seelenstörung«. Geschichte der deutschen Psychiatrie 1800–1945, Frankfurt am Main 1994; *Rolf Castell/ Jan Nedoschill/Madeleine Rupps* u. a. (Hrsg.), Geschichte der Kinder- und Jugendpsychiatrie in Deutschland in den Jahren 1937 bis 1961, Göttingen 2003; *Babette Quinkert/Philipp Rauh/Ulrike Winkler* (Hrsg.), Krieg und Psychiatrie 1914–1950, Göttingen 2010; *Wolfgang Rose*, Anstaltspsychiatrie in der DDR. Die brandenburgischen Kliniken zwischen 1945 und 1990, Berlin 2005.

50 *Hilde Steppe* (Hrsg.), Krankenpflege im Nationalsozialismus, 10. Aufl., Frankfurt am Main 2013.

51 Es seien hier exemplarisch nur die programmatischen Veröffentlichungen genannt, die als Initialzündung für die darauffolgende, erschöpfende Forschung gesehen werden können: *Norbert Frei* (Hrsg.), Medizin und Gesundheitspolitik in der NS-Zeit, München 1991; *Hans-Walter*

Ein starker Forschungstrend zeigte sich darin, verschiedene pflegerische Berufsgruppen auf ihre Funktion und Bedeutung im erbbiologistischen NS-Verfolgungsapparat hin zu untersuchen. Zu nennen sind hier unter anderen die Arbeiten zur NS-Schwesternschaft (Birgit Breiding), zu Hebammen (Wiebke Lisner) sowie zu Fürsorgerinnen (Lilo Haag, Esther Lehnert).[52] Nicht zuletzt zählt dazu auch der Band »Das Deutsche Rote Kreuz unter der NS-Diktatur 1933–1945«, mit dem Birgitt Morgenbrod und Stephanie Merkenich 2008 erstmalig eine quellengesättigte Gesamtdarstellung des größten deutschen Pflegeverbands im ›Dritten Reich‹ vorlegten und darin dessen enge Zusammenarbeit mit der Reichsführung herausarbeiteten.[53]

Die genannten Studien machen in unterschiedlichen Perspektiven die großen Handlungsräume deutlich, die Pflegekräfte nutzen konnten und können. Sie widerlegen damit implizit auch Vorstellungen der Pflege als fremdbestimmte Mittlertätigkeit zwischen ärztlicher Autorität und Bedürftigem und sprechen ihr ein bedeutendes Machtpotenzial zu. Gewaltanwendungen und Missbrauch durch Pflegende spielen deshalb in der jüngeren Alltagsgeschichte ebenfalls eine wichtige Rolle und wurden in letzter Zeit vor allem anlässlich von Skandalen in Pflegeheimen untersucht (vgl. auch Kapitel II).

Der Gewaltausübung durch Pflegende stehen deren eigene Gewalterfahrungen gegenüber. Arbeiten wie die von Sabine Braunschweig zu sexuellen Übergriffen im psychiatrischen Pflegealltag der ersten Hälfte des 20. Jahrhunderts zeigen die psychische und physische Herausforderung, die übergriffige Patienten für das Fachpersonal der Basler Heil- und Pflegeanstalt darstellten.[54] Die »Überbürdung der Krankenpflegerin«, die häufig in frühzeitiger Pensionierung mündete, wurde bereits zeitgenössisch als Problem wahrgenommen. Doch der persönliche professionelle Umgang mit aggressiven Patienten und schwierigen Anstaltssituationen ist nur eine Facette des Gewalterlebens durch Pflegende. Die Pflege von Soldaten und Versehrten unter den traumatisierenden Bedingungen eines Kriegs erhält von der historischen Pflegeforschung besondere Aufmerksamkeit – zumal die Kriegskrankenpflege seit der englischen Krankenschwester Florence Nightingale und deren Einsatz im Krimkrieg des 19. Jahrhunderts eine exponierte Bedeutung für die Professionalisierung des Berufsstands innehat. Die Untersuchungen dazu verfolgen vor allem drei Perspektiven: Zur Pflegehistorie im Ersten und Zweiten Weltkrieg findet zumeist eine erfahrungsgeschichtliche Annäherung durch Zeitzeugenberichte statt[55]; berufsgeschichtliche Ansätze fokussieren längere Zeitläufe im 19. und 20. Jahrhundert und stellen

---

Schmuhl, Rassenhygiene, Nationalsozialismus, Euthanasie. Von der Verhütung zur Vernichtung »lebensunwerten Lebens« 1890–1945, Göttingen 1987; *Gisela Bock*, Zwangssterilisation im Nationalsozialismus. Studien zur Rassenpolitik und Geschlechterpolitik, Opladen 1986.

52 *Birgit Breiding*, Die braunen Schwestern. Ideologie, Struktur, Funktion einer nationalsozialistischen Elite, Stuttgart 1998; *Wiebke Lisner*, »Hüterinnen der Nation«. Hebammen im Nationalsozialismus, Frankfurt am Main 2006; *Lilo Haag*, Berufsbiographische Erinnerungen von Fürsorgerinnen an die Zeit des Nationalsozialismus, Freiburg im Breisgau 2000; *Esther Lehnert*, Die Beteiligung von Fürsorgerinnen an der Bildung und Umsetzung der Kategorie »minderwertig« im Nationalsozialismus. Öffentliche Fürsorgerinnen in Berlin und Hamburg im Spannungsfeld von Auslese und »Ausmerze«, Frankfurt am Main 2003.

53 *Birgitt Morgenbrod/Stephanie Merkenich*, Das Deutsche Rote Kreuz unter der NS-Diktatur 1933–1945, Paderborn/München etc. 2008.

54 *Sabine Braunschweig*, Sexuelle Zwischenfälle – ein Störfaktor im psychiatrischen Pflegealltag der ersten Hälfte des 20. Jahrhunderts?, in: *Hähner-Rombach*, Alltag in der Krankenpflege, S. 147–167.

55 *Birgit Panke-Kochinke*, Unterwegs und doch daheim. (Über-)Lebensstrategien von Kriegskrankenschwestern im Ersten Weltkrieg in der Etappe, Frankfurt am Main 2004; *dies./Monika Schaidhammer-Placke*, Frontschwestern und Friedensengel. Kriegskrankenpflege im Ersten und Zweiten Weltkrieg. Ein Quellen- und Fotoband, Frankfurt am Main 2002.

Pflegesituationen in verschiedenen Konflikten einander gegenüber[56]; psychiatriegeschichtliche Arbeiten widmen sich kriegsbedingten Traumata und schildern gezielte Therapiemethoden.[57] Viele der vorliegenden Studien zur Kriegskrankenpflege bleiben bei einer dichotomen Trennung der Pfleger- von der Patientenperspektive, schildern deren jeweiligen Umgang mit der Ausnahmesituation. Dabei könnten gerade hier Bezüge aufeinander Erkenntnisse über die Komplexität des Pfleger-Gepflegten-Verhältnisses hervorbringen.

IV. PFLEGE ALS »CARE«-ARBEIT UND DIE ROLLE DES WOHLFAHRTSSTAATS

Der Staat entwickelte sich seit der Einführung kollektiver sozialer Sicherungssysteme zu einem zentralen Akteur bei der Bereitstellung von Pflege. Aus Studien, die sich der Armutspolitik und Wohlfahrtsstaatlichkeit im lokalen Rahmen widmen, lässt sich daher einiges ziehen, was zum Beispiel die Bedingungen und Praxis der Krankenpflege anbelangt. Besonders einschlägig sind solche Arbeiten, die sich den Erfahrungen und Handlungen von Individuen, also Armen und Kranken, widmen, wobei sie als Hauptquelle meist Bittbriefe sowie Gutachten und Berichte heranziehen.[58] Diese Forschungsrichtung – in Großbritannien bereits gut etabliert – hat in den letzten Jahren unter anderem durch Projekte des Deutschen Historischen Instituts in London und den Trierer Sonderforschungsbereich »Armut und Fremdheit. Wandel von Inklusions- und Exklusionsformen von der Antike bis zur Gegenwart« auch in Deutschland Auftrieb erhalten.[59] Martin Kriegers Dissertation »Arme und Ärzte, Kranke und Kassen« ist Teil dieser Konjunktur[60], die – wenngleich nicht explizit – wichtige pflegehistorische Fragestellungen aufgreift. Im Mittelpunkt der Arbeit stehen die Strukturen und Praktiken der Gesundheitsversorgung im nach wie vor wenig erforschten ländlichen Bereich (konkret dienen vier Kreise aus den Regierungsbezirken Trier und Koblenz als Fallbeispiele) sowie die Deutungen und das Verhalten armer Kranker. Der Untersuchungszeitraum umfasst die Jahrzehnte zwischen 1869 und 1930 (hier dient Ewald Fries Periodisierungsvorschlag als Orientierung), das heißt die Situation vor Einführung des Sozialversicherungssystems sowie dessen Durchsetzung und

---

56 *Annett Büttner*, Die konfessionelle Kriegskrankenpflege im 19. Jahrhundert, Stuttgart 2013; *Astrid Stölzle*, Kriegskrankenpflege im Ersten Weltkrieg. Das Pflegepersonal der freiwilligen Krankenpflege in den Etappen des Deutschen Kaiserreichs, Stuttgart 2013; *Eric Taylor*, Wartime Nurse. One Hundred Years from the Crimea to Korea 1854–1954, London 2001.

57 *Hans-Georg Hofer* (Hrsg.), War, Trauma and Medicine in Germany and Central Europe (1914–1939), Freiburg im Breisgau 2011.

58 *Andreas Gestrich*, Das Leben der Armen. »Ego-Dokumente« als Quellen zur Geschichte von Armut und Armenfürsorge im 19. Jahrhundert, in: *Anke Sczesny/Rolf Kießling/Johannes Burkhardt* (Hrsg.), Prekariat im 19. Jahrhundert. Armenfürsorge und Alltagsbewältigung in Stadt und Land, Augsburg 2014, S. 39–60, hier: S. 43f.

59 Die britische Sozialgeschichte arbeitet schon seit Langem mit dieser Fragestellung vgl. *Steven King*, Voices of the Poor. Poor Law Depositions and Letters, London 2006. Forschung zu Deutschland findet sich in Sammelbänden wie *Andreas Gestrich/Steven King/Lutz Raphael* (Hrsg.), Being Poor in Modern Europe. Historical Perspectives 1800–1940, Oxford/Bern etc. 2006; *Sebastian Schmidt* (Hrsg.), Arme und ihre Lebensperspektiven in der Frühen Neuzeit, Frankfurt am Main/Berlin etc. 2008; *Andreas Gestrich/Elizabeth Hurren/Steven King* (Hrsg.), Poverty and Sickness in Modern Europe. Narratives of the Sick Poor, 1780–1938, London/New York 2012. Es liegen auch Spezialstudien vor: *Katrin Marx-Jaskulski*, Armut und Fürsorge auf dem Land. Vom Ende des 19. Jahrhunderts bis 1933, Göttingen 2008; *Eva Maria Lerche*, Alltag und Lebenswelt von heimatlosen Armen, Münster 2009.

60 *Martin Krieger*, Arme und Ärzte, Kranke und Kassen. Ländliche Gesundheitsversorgung und kranke Arme in der südlichen Rheinprovinz (1869 bis 1930) (Medizin, Gesellschaft und Geschichte, Beiheft 31), Franz Steiner Verlag, Stuttgart 2008, 452 S., kart., 64,00 €.

Stabilisierung. Krieger hat mit seiner Arbeit ein sich veränderndes Panorama gesund-
heitsfürsorgerischer Akteure gezeichnet und dabei ebenso einen Beitrag zur Implementa-
tion des Sozialstaats auf dem Land wie zu einer patientenzentrierten Sozialgeschichte der
Krankheit geleistet. Mit Blick auf die Zeit des Übergangs kann er Verschiebungen zwischen etablierten und neuen Pflegeakteuren vermessen, wobei sich vor allem drei Befunde herausstellen lassen: 1. Krieger kann zeigen, welch große Bedeutung »Laienheilern«
zukam, die sich ihr Wissen als Autodidakten angeeignet hatten oder sich als Vertreter al-
ternativer Heilkunde begriffen. Nicht nur, dass sie häufig besser erreichbar als ausgebildete Ärzte waren, sie verfügten auch über einen Vertrauensvorsprung, der sich erst im
Laufe des Untersuchungszeitraums verkleinerte. 2. Bei der Durchsetzung des Arzt- und
Krankenhauswesens spielte die Sozialversicherung, vor allem die Kranken- und Unfall-
versicherung eine entscheidende Rolle. Denn nur für diese Art der Behandlung galten die
Prinzipien der Kostenübernahme. Zwar änderte sich die Situation für die ganz Armen nur
wenig, denn sie hatten auch schon zuvor kostenlosen Zugang zur Gesundheitsfürsorge.
Bemerkenswert ist jedoch, dass sich die Zahlen der Ortskrankenkasse, deren Zugangsvoraussetzungen auch die Aufnahme ärmerer Bevölkerungsschichten zuließ, auf dem Land
dennoch rasch erhöhten. 3. Der Ausbau der staatlich-kommunalen Gesundheitsversorgung in Form von Krankenhäusern und Pflegestationen baute insbesondere auf dem Land
auf die konfessionelle, hier katholische, Krankenpflege auf, sowohl strukturell als auch
konzeptionell. Kirchliche Einrichtungen bildeten »Kerne und Knotenpunkte, der erstreb-
ten einheitlichen und gleichmäßigen ländlichen Krankenpflege«[61], die vonseiten des Staats
errichtet wurde. Konfessionelle Träger dominierten die Krankenpflegeausbildung auch
für das weltliche Personal. Sie haben sich – so lässt sich konstatieren – rasch an die neuen
Rahmenbedingungen des Sozialstaats angepasst und somit ihre Rolle in einer »mixed
economy of care« gesichert.

Noch deutlicher als im Fall der Krankenpflege lässt sich für das Feld der sozialen Arbeit von einer formativen Wirkung des Sozialstaats sprechen: Die Einführung sozialer
Sicherungssysteme brachten »neue Wissenschaftsdisziplinen und soziale Berufe« hervor,
die wiederum den Charakter des Wohlfahrtsstaats prägten.[62] Dieser Zusammenhang ist
freilich nicht neu, Sonja Matter hat mit ihrer 2011 publizierten Dissertation aber insofern
eine Forschungslücke geschlossen, als für die Schweiz – anders als in Deutschland[63] –
bisher kaum Studien zur Herausbildung der sozialen Arbeit vorliegen. Ihre Studie spannt
den Bogen von der Gründung der ersten sozialen Frauenschule um die Jahrhundertwende
bis in die 1960er Jahre, in denen sich die Armenpflege über die Fürsorge zur partner-
schaftlichen Sozialarbeit weiterentwickelt hat. Ihre drei chronologischen Großkapitel bilden Paradigmenwechsel in der Wissensproduktion sozialer Arbeit ab, wobei diese im
Kontext der beiden Weltkriege und der darauffolgenden Gründung des Völkerbunds beziehungsweise der Vereinten Nationen zu sehen sind. Matter setzt einerseits Akzente, indem sie den für Untersuchungen zur sozialen Arbeit üblichen frauengeschichtlichen Blick
weitet und die Männer systematisch einbezieht. Während die Frauen die Sozialarbeiterinnen-

---

61 Ebd., S. 163.
62 *Sonja Matter*, Der Armut auf den Leib rücken. Die Professionalisierung der sozialen Arbeit in
   der Schweiz (1900–1960), Chronos Verlag, Zürich 2011, 421 S., geb., 55,50 €, hier: S. 365.
63 Genannt seien hier nur *Carola Kuhlmann*, Alice Salomon. Ihr Lebenswerk als Beitrag zur Entwicklung der Theorie und Praxis sozialer Arbeit, Weinheim 2000; *Ralph Christian Amthor*,
   Die Geschichte der Berufsausbildung in der sozialen Arbeit. Auf der Suche nach Professionalisierung und Identität, Weinheim/München 2003; *Gisela Hauss/Susanne Maurer* (Hrsg.),
   Migration, Flucht und Exil im Spiegel der sozialen Arbeit, Bern/Stuttgart etc. 2010; *Sabine
   Hering/Richard Münchmeier*, Geschichte der Sozialen Arbeit. Eine Einführung, Weinheim/Basel
   2014. Die meisten dieser Arbeiten sind von Vertreterinnen und Vertretern der Sozial- und Erziehungswissenschaften erarbeitet, bedienen sich aber historischer Methoden.

ausbildung an Schulen organisieren wollten und sich damit auch durchsetzten, drangen männliche Fürsorger bereits 1908 auf eine Akademisierung, die jedoch erst in der Nachkriegszeit verwirklicht wurde. Andererseits rekonstruiert Matter, wie stark die Protagonistinnen der sozialen Arbeit durch internationale Konferenzen und Austauschprogramme an Prozessen des internationalen Wissenstransfers teilhatten.[64] Wie viele ihrer Schweizer Kollegen leuchtet sie damit die transnationale Dimension wohlfahrtsstaatlicher Genese aus[65], wobei sie auch die Grenzen des Transfers deutlich macht. Da die Beteiligung an internationalen Methodendiskussionen eher Frauensache war, die wiederum in der Schweiz erst spät Führungspositionen übernahmen, setzten sich international diskutierte methodische Neuerungen wie das »Social Casework« nur langsam durch.

Auch Osteuropa war lange Zeit ein weißer Fleck, was die Erforschung der Geschichte sozialer Arbeit betrifft. Im Laufe des gesamteuropäischen Annäherungs- und Vereinigungsprozesses nach 1989/90 setzte sich gar die Meinung durch, soziale Arbeit habe es in den Staaten hinter dem Eisernen Vorhang nicht gegeben. Hier setzt das 2001 gegründete »Network for Historical Studies in Gender and Social Work« an.[66] Es geht den Initiatorinnen und Initiatoren des Netzwerks nicht nur darum, eine Forschungslücke zu schließen, sondern das bisher westlich geprägte Bild von sozialer Arbeit durch die Erforschung der osteuropäischen Gegebenheiten zu modifizieren. Der von Sabine Hering herausgegebene Band »Social Care under State Socialism«[67], eines von mehreren Sammelwerken, die dem Netzwerk entsprungen sind, bietet viele anregende Einsichten in Strukturen und Praktiken sozialer Arbeit unter sozialistischer Herrschaft, das heißt in einem Sozialstaat, der auf Arbeit und Arbeitsfähige konzentriert war.

Dort wo es Träger und Traditionen sozialer Arbeit gab, wurden diese nach 1945 weitgehend zerschlagen.[68] Doch auch im Sozialismus gab es pflegebedürftige Alte, Waisen, Behinderte oder Suchtkranke. Wer kümmerte sich um sie? Die Beitragenden machen teils interessante Beobachtungen, wie etwa, dass die Aufgaben von Sozialarbeitern durch Kran-

---

64 Erste Ansätze zur Erforschung der transnationalen Vernetzung von Sozialarbeiterinnen finden sich schon bei *Lynne M. Healy*, International Social Work. Professional Action in an Independent World, Oxford/New York etc. 2001; *Sabine Hering/Berteke Waaldijk* (Hrsg.), Die Geschichte der Sozialen Arbeit in Europa (1900–1960). Wichtige Pionierinnen und ihr Einfluss auf die Entwicklung internationaler Organisationen, Opladen 2002. In Letzterem überwiegen allerdings komparativ arbeitende Beiträge.

65 Vgl. hierzu zum Beispiel *Madeleine Herren*, Sozialpolitik und die Historisierung des Transnationalen, in: GG 32, 2006, S. 452–559; *Matthieu Leimgruber*, The Historical Roots of a Diffusion Process. The Three-pillar Doctrine and European Pension Debates (1972–1994), in: Global Social Policy 12, 2012, S. 24–44; *Martin Lengwiler*, Unification, Standardization, Co-ordination: International Welfare Experts in Western Europe (20th Century), in: *Kerstin Brückweh/Dirk Schumann/Richard F. Wetzell* u.a. (Hrsg.), Engineering Society. The Role of the Human and Social Sciences in Modern Societies, 1880–1980, Basingstoke/New York 2012, S. 79–96.

66 Im Rahmen des Netzwerks fand ein von der Volkswagen-Stiftung gefördertes Projekt statt, dessen Ergebnisse bereits in folgenden Bänden veröffentlicht sind: *Kurt Schilde/Dagmar Schulte* (Hrsg.), Need and Care – Glimpses into the Beginnings of Eastern Europe's Professional Welfare, Opladen 2005; *Sabine Hering/Berteke Waaldijk*, Guardians of the Poor, Custodians of the Public. History of Eastern European Welfare (1900–1969), Opladen/Farmington Hills 2006.

67 *Sabine Hering* (Hrsg.), Social Care under State Socialism (1945–1989). Ambitions, Ambiguities and Mismanagement, Barbara Budrich Publishers, Opladen/Farmington Hills 2009, 268 S., kart., 28,00 €.

68 Vgl. dazu *Tomasz Inglot*, Welfare States in East Central Europe, 1919–2004, Cambridge/New York etc. 2008, S. 307–309. *Béla Tomka/Dorottya Szikra*, Social Policy in East Central Europe. Major Trends in the Twentieth Century, in: *Alfio Cerami/Peter Vanhysee* (Hrsg.), Post-Communist Welfare Pathways. Theorizing Social Policy Transformation in Central and Eastern Europe, Basingstoke/New York 2009, S. 17–34.

kenschwestern (Bulgarien) oder Lehrer (DDR) übernommen wurden. Eszter Varsas Ausführungen über die staatlichen Schutzmaßnahmen für Kinder in Ungarn, vor allem darüber, wie und warum Kinder aus Familien genommen wurden, macht auf regionale Spezifika aufmerksam. So war diese Maßnahme anfangs als eine Form der Armutspolitik gedacht, entwickelte sich jedoch immer mehr zu einem Instrument der Diskriminierung von Roma. Bemerkenswerte Befunde, wie zum Beispiel über den Aufbau zivilgesellschaftlicher Initiativen in Polen in den 1980er Jahren, die – teils mit Geldern aus dem Westen finanziert – wichtige Stützen der Armutsbekämpfung darstellten, werden leider ohne weitere Erläuterung in den Raum gestellt. Insgesamt bleibt ein recht gemischter Eindruck nach der Lektüre zurück. Problematisch erscheint vor allem, dass der Forschungsgegenstand bisweilen verschwimmt. In manchen Beiträgen geht es daher weniger um soziale Arbeit, sondern um Sozialgesetzgebung. Gleiches könnte man auch für den von Gisela Hauss und Dagmar Schulte herausgegebenen Sammelband »Amid Social Contradictions. Towards a History of Social Work in Europe« konstatieren.[69] Letztlich haben sie jedoch besser herauszustellen vermocht, dass das Netzwerk Forschungen angestoßen und gebündelt hat, die mit der Erschließung eines neuen geografischen Raums das Wissen über soziale Arbeit nicht nur ergänzen, sondern bisherige Befunde modifizieren und neue Einsichten ermöglichen. Soziale Arbeit war demnach nicht nur ein Anliegen der bürgerlichen Schichten, sondern auch eine Praxis innerhalb der Arbeiterbewegung, wie Kurt Schilde am Beispiel der Roten Hilfe ausführt.[70] In Ost- wie Westeuropa (beide Regionen sind in dem Sammelband gleichermaßen einbezogen) lässt sich die soziale Arbeit als die weibliche Form des Social Engineering beschreiben.

Aber ist soziale Arbeit Pflege? Es spricht einiges dafür, die Forschungen zu »care« stärker als bisher in die Pflegegeschichte zu integrieren. Die Definition von Mary Daly und Jane Lewis, die »care« als Tätigkeiten, die sich auf das Wohlbefinden und den psychischen wie physischen Zustand von Menschen beziehen, auffasst, greift soziale Arbeit ebenso auf wie Krankenpflege, aber auch die Betreuung alter, behinderter oder sterbender Menschen.[71] Aus Sicht der Pflegenden liegen »nursing« und »caring« ohnehin eng beieinander. Für die USA konnte gezeigt werden, dass einige Krankenschwestern, nachdem sie familienbedingt ihren Beruf aufgegeben hatten, private Betreuungsdienste anboten. Ihre Klientel waren meist chronisch Kranke, die sich reguläre Langzeitpflege nicht leisten konnten.[72] Wie sehr sich das Anforderungsprofil und Aufgabengebiet von Krankenschwestern mit der zunehmend wachsenden Zahl alter, gebrechlicher Menschen im England der 1950er bis 1970er Jahre veränderte, haben jüngst zwei Studien herausgearbeitet.[73] Einerseits wird deutlich, dass sich hier neue berufliche Möglichkeiten eröffneten, beispielsweise durch den Schritt in die Selbstständigkeit und die Eröffnung eines eigenen Heims. Anderer-

---

69 *Gisela Hauss/Dagmar Schulte* (Hrsg.), Amid Social Contradictions. Towards a History of Social Work in Europe, Opladen/Farmington Hills 2009.

70 Vgl. dazu auch *Sabine Hering/Kurt Schilde* (Hrsg.), Die Rote Hilfe. Die Geschichte der internationalen kommunistischen »Wohlfahrtsorganisation« und ihrer sozialen Aktivitäten in Deutschland (1921–1941), Opladen 2003.

71 *Daly/Lewis*, The Concept of Social Care and the Analysis of Contemporary Welfare States, S. 285.

72 *Susan M. Reverby*, Ordered to Care. The Dilemma of American Nursing, 1850–1945, Cambridge/New York etc. 1987, S. 176–179.

73 *Mayumi Hayashi*, The Care of Older People. England and Japan, a Comparative Study, London 2013, hier insb. S. 137–145; *Jane Brooks*, Managing the Burden. Nursing Older People in England, 1955–1980, in: Nursing Inquiry 18, 2011, S. 226–234. Dass sich mit dem Ausbau der Altenpflege eine Chance für Krankenschwestern bot, einen Expertenstatus zu reklamieren, zeigt für Australien: *Cecily Hunter*, Nursing and Care for the Aged in Victoria: 1950s to 1970s, in: ebd. 12, 2005, S. 278–286.

seits steht fest, dass die Pflege alter Menschen unbeliebt war. In geriatrischen Stationen von Krankenhäusern fand man daher oft Personal, das strafversetzt worden war und in Altenheimen arbeiteten durchschnittlich eher schlechter qualifizierte Krankenschwestern, wobei in beiden Fällen zu diskutieren wäre, welche Auswirkungen dies auf den Umgang mit den gebrechlichen Alten hatte.

Die Erweiterung der Pflegegeschichte um »care« erscheint umso gebotener, als sie neue Fragekomplexe anregt. Mehr als bisher würde das familiäre und private Umfeld der Gepflegten in die Untersuchung miteinbezogen. Dabei liegt – wie Arbeiten zur Betreuung von behinderten Erwachsenen und Kindern nahelegen – ein besonderer Erkenntnisgewinn darin, den Wechselwirkungen zwischen privaten und öffentlich-institutionellen Pflegearrangements nachzuspüren. Erste Befunde deuten an, dass Familien die Lebensbedingungen behinderter Angehöriger in Heimen maßgeblich beeinflussen konnten.[74] Darüber hinaus könnte der private Raum mit der für die Pflege in Einrichtungen fest etablierten Frage nach Macht- und Gewaltstrukturen kritischer, als dies im Moment der Fall ist, analysiert werden.

Schon jetzt liegen erste historische Studien vor, die sich an der Schnittstelle von »caring« und »nursing« bewegen. Etwa zeitgleich erschienen in den USA zwei Publikationen[75], die sich mit der Geschichte der »Care«-Arbeiter beschäftigen, wobei diese bei genauerem Hinsehen schwerlich als geschlossene Gruppe zu definieren sind und sich auch sonst eindeutigen Kategorisierungen entziehen. Eileen Boris und Jennifer Klein geht es um die »home health workers«, die sie als eine Mischung zwischen Krankenschwester und Hausangestellte beschreiben. Mignon Duffy fasst eine viel größere Untersuchungsgruppe ins Auge, nicht nur weil sie neben den ambulant Tätigen auch über die in Einrichtungen beschäftigten »Care«-Arbeiter schreibt. Vielmehr hat sie zudem eine weite Definition von »care«, in die sie auch die indirekte Versorgung wie zum Beispiel die Mahlzeitenzubereitung in Krankenhäusern und in Heimen einbezieht. Duffy hat es aber ebenso wie Boris und Klein mit Beschäftigungsverhältnissen zu tun, die häufig wenig reguliert und vielfach illegal sind, und mit Beschäftigten, die sich zum Teil selbst nicht als solche begreifen, sondern ihre Tätigkeit als Hingabe, Berufung oder Übergangslösung auffassen.

In beiden Büchern steht der Wohlfahrtsstaat, wie er sich mit dem Blick auf »Care«-Arbeiter darstellt, im Mittelpunkt. Ihre Erkenntnisse lassen sich in zwei Punkten zusammenfassen: Erstens ist die Berufsgruppe mit all den strukturellen Schwierigkeiten (Unterbezahlung, prekäre Arbeitsverhältnisse) ein Produkt wohlfahrtsstaatlicher Entscheidungen. Besonders deutlich können dies Boris und Klein in ihrer chronologisch aufgebauten Studie zeigen, wenn sie die Beschäftigungspolitik des »New Deal« untersuchen und herausarbeiten, wie Empfänger von Sozialleistungen in private Haushalte geschickt wurden. Vom Ausbau der Arbeitsrechte, der diese Ära ebenso prägte, profitierten sie jedoch nicht. Zweitens müssen die »Care«-Arbeiter im Zusammenhang mit den Hilfs- und Pflegebedürftigen gesehen werden, die angesichts knapper Mittel auf Dienstleistende in wenig regulierten Arbeitsverhältnissen angewiesen waren. Besonders scharf zeichnet Duffy den Interessenkonflikt, wenn sie die Race-Gender-Überlagerung betont, die sich aus der Ausbeutung von Migrantinnen ergab, die (›weißen‹) Frauen den Weg in die Erwerbsarbeit ermöglichte. Sie charakterisiert den Wohlfahrtsstaat damit nicht nur als »Produzenten

---

74 Vgl. hierfür die Sammelbände *Peter Bartlett/David Wright*, Outside the Walls of the Asylum. The History of Care in the Community, London 1999; *Pamela Dale/Anne Borsay* (Hrsg.), Disabled Children. Contested Caring, 1850–1979, London 2012.

75 *Mignon Duffy*, Making Care Count. A Century of Gender, Race, and Paid Care Work, Rutgers University Press, New Brunswick, NJ 2011, 204 S., geb., 72,00 $; *Eileen Boris/Jennifer Klein*, Caring for America. Home Health Workers in the Shadow of the Welfare State, Oxford University Press, Oxford/New York etc. 2012, 320 S., geb., 22,99 £.

sozialer Ungleichheit«.[76] Vielmehr richtet sie den Blick darauf, wie sozialpolitische Entscheidungen und Strukturen die Herausbildung »grauer« Pflegemärkte begünstigten.

Was können solche Studien zum Forschungsfeld der Geschichte der Pflege beitragen?
Sie stärken den intersektionalen Ansatz, denn diese Art von Pflegearrangements ist durch
das Zusammenspiel von Ethnizität, Gender und Klasse geprägt. Zudem fördern sie die
weitere Öffnung der Pflegegeschichte für transnationale Fragestellungen, die ein Licht
darauf werfen, wie Globalisierung auf die Lebenswelt kranker und hilfsbedürftiger Menschen wirkt.

V. FAZIT

Will man am Ende resümieren, welche Erschließungskraft einer Geschichte der Pflege
für die zeithistorische Forschung zukommt, was in der Einleitung als Frage aufgeworfen
wurde, lassen sich drei Punkte festhalten:

1. Der Blick auf die Pflege trägt dazu bei, der bisher eher auf Sozialprogrammatik und
   -gesetzgebung konzentrierten historischen Wohlfahrtsstaatsforschung zu einer stärkeren Ausrichtung auf die Praktiken zu verhelfen. Dies greift auch über die Frage nach
   der Implementierung sozialpolitischer Programme (wobei neben monetären Transfers
   soziale Dienste und Rechte sowie die Bereitstellung von Infrastruktur Beachtung finden) hinaus und zielt auf eine systematische Berücksichtigung der Wahrnehmungen
   und Erfahrungen von Leistungs- beziehungsweise Hilfsempfängern sowie von Pflegenden. Bisherige Grundannahmen über die Geschichte des Wohlfahrtsstaats gilt es,
   auf diese Weise zu modifizieren und zu hinterfragen. Beispielsweise wird sich damit
   unser Wissen über die Funktion des Wohlfahrtsstaats als Arbeitgeber erweitern, was
   wiederum – sieht man auf die weiblich dominierte Beschäftigtengruppe – ein umfas-
   senderes Bild über die sozialpolitisch gestalteten Geschlechterverhältnisse vermitteln
   kann. Die Einbeziehung der Praktiken und Deutungen wohlfahrtsstaatlichen Handelns
   verspricht zudem, gängige Interpretationen wie die der Expansions- beziehungsweise
   der Krisenphase auf ihre Gültigkeit hin zu diskutieren. Lässt sich weiterhin von einer
   »Blütezeit« sprechen, wenn man die Situation in Alters- und Behindertenheimen in
   den 1950er und 1960er Jahren betrachtet? Wie lassen sich Umbrüche der 1970er und
   1980er Jahre – wie die zunehmende Professionalisierung der Pflegearbeit, die Verrechtlichung der Pflegebeziehungen oder die Herausbildung eines Pflegemarkts – mit
   Blick auf die Gesamtentwicklung des Wohlfahrtsstaats interpretieren?

2. Mit der Pflege öffnet sich die Zeitgeschichte mehr als bisher Themen wie Behinderung,
   Krankheit und Sterben. Für eine ausgewogene Ausleuchtung individueller Lebenswelten im 20. Jahrhundert ist dies dringend notwendig[77], vor allem wenn man sich die
   steigende Zahl von Personen vergegenwärtigt, die zumindest im Alter mit physischen
   und psychischen Einschränkungen einerseits sowie Abhängigkeit von Dritten andererseits konfrontiert sind. Dabei handelt es sich nicht um thematische Neuentdeckungen,
   gerade »Behinderung« ist bereits ein beachtliches Forschungsfeld und die Disability

---

76 Vgl. zum Ansatz, die Produktion sozialer Ungleichheiten durch den Wohlfahrtsstaat zu erfor-
   schen: *Hans Günter Hockerts/Winfried Süß* (Hrsg.), Soziale Ungleichheit im Sozialstaat. Die
   Bundesrepublik Deutschland und Großbritannien im Vergleich, München 2010.
77 Die stärkere Erforschung der Lebenswelt in der jüngeren Zeitgeschichte fordert vor allem
   Frank Bösch, Das Nahe so fern. Die Lebenswelt als Herausforderung der Zeitgeschichtsschrei-
   bung, in: ZeitRäume. Potsdamer Almanach des Zentrums für Zeithistorische Forschungen 7,
   2011, S. 73–89.

History hat sich sogar als eigener Zugang durchgesetzt.[78] Mit dem relationalen Konzept der Pflege, das neben den hilfsbedürftigen Menschen auch deren Umfeld miteinbezieht, lässt sich der Weg hin zu einer stärker integrierenden Fassung der Gesellschaftsgeschichte beschreiten.

3. Der Reiz einer pflegehistorischen Perspektive liegt schließlich vor allem für das letzte Drittel des 20. Jahrhunderts darin, die häufig geforderte »Globalgeschichte im Kleinen« umzusetzen. Neben bereits erforschten Aspekten wie der Krankenpflege im kolonialen oder Entwicklungshilfekontext, sind globale Pflegeketten und die Diskussion um kultursensible Pflege weitere Ansatzpunkte eines solchen Zugangs. Am Krankenbett oder im Pflegeheim bieten sich Einblicke in transnationale Verflechtungen, die weit in private und sogar in intime Bereiche hineinreichen. Der Blick auf die Pflege macht somit weltgeschichtliche Zusammenhänge in zwischenmenschlichen Beziehungen sichtbar.

---

78 Einen Überblick gibt *Elsbeth Bösl/Anne Klein/Anne Waldschmidt* (Hrsg.), Disability History. Konstruktionen von Behinderung in der Geschichte. Eine Einführung, Bielefeld 2010.

Torben Lütjen

Aufstieg und Anatomie des amerikanischen Konservativismus nach 1945

Ein Forschungsbericht

I. VOM NISCHEN- ZUM DAUERTHEMA: DIE AMERIKANISCHE GESCHICHTSWIS-
    SENSCHAFT UND DER US-KONSERVATIVISMUS

Bei der Deutung ihrer eigenen Gegenwart können offenkundig auch die klügsten Historiker nicht weniger danebenliegen als die meisten ihrer Zeitgenossen.

Im Jahr des Präsidentschaftswahlkampfs 1964 erleben die USA die Geburtsstunde eines
neuen Konservativismus: Dem erzkonservativen Senator von Arizona, Barry Goldwater,
ist es mit der Unterstützung hunderttausender, zumeist junger Basisaktivisten gelungen,
die Nominierung als Präsidentschaftskandidat der Republikanischen Partei zu erringen.
Mit seinen Positionen steht Goldwater gegen alles, was Mitte der 1960er Jahre unter den
gesellschaftlichen und politischen Eliten des Landes als Ausweis von Modernität und
Fortschritt gilt: Goldwater lehnt die Bürgerrechtspolitik der Regierung Lyndon B. Johnsons ab, kämpft gegen die Sozialgesetzgebung des New Deal und hält die Außenpolitik
der USA im Kalten Krieg für schwach und verweichlicht; um den Kommunismus in seine
Schranken zu verweisen, schlägt er vor, die Vietcong mit kleineren Nuklearsprengköpfen
zu bombardieren. »A choice, not an echo« – das will Goldwater dem Land bieten, in dem
sich die beiden großen Parteien seiner Meinung nach viel zu wenig unterschieden und
kaum eine Alternative böten.[1]

Die Wahl allerdings verliert Goldwater haushoch. Gerade einmal fünf von 50 Bundesstaaten kann er gewinnen; der Rest des Landes fällt an den amtierenden Präsidenten Lyndon
B. Johnson. Damit scheint die hegemoniale Stellung des amerikanischen Konsensliberal-
lismus bestätigt, und ebenso interpretiert es der zu dieser Zeit wohl einflussreichste amerikanische Historiker Richard Hofstadter. »When, in all our history«, schreibt er wenige
Monate vor der Wahl im Oktober 1964 in der New York Review of Books, »has anyone
with ideas so bizarre, so archaic, so self-confounding, so remote from the basic American
consensus, ever got so far?«[2] Goldwaters Nominierung war für Hofstadter ein Ausrut-
scher der Geschichte, erklärbar nur durch die Verknüpfung merkwürdiger Zufälle. Goldwater vertrete einen »Pseudo-Konservativismus«, gespeist aus Ressentiments, Statusunsicherheiten und paranoiden Verschwörungstheorien.[3] So wie Hofstadter analysierten
viele andere Intellektuelle jener Zeit die konservative Bewegung: als Pathologie, die es
klinisch zu diagnostizieren, und nicht als Ideologie, die es zu analysieren galt.[4] Oder wie die

---

1 *Rick Perlstein*, Before the Storm. Barry Goldwater and the Unmaking of the American Consensus,
   New York 2001; *Elizabeth Tandy Shermer*, Barry Goldwater and the Remaking of the American
   Political Landscape, The University of Arizona Press, Tucson 2013, 281 S., geb., 55,00 $.

2 *Richard Hofstadter*, A Long View. Goldwater in History, in: The New York Review of Books,
   8.10.1964, URL: <http://www.nybooks.com/articles/archives/1964/oct/08/a-long-view-goldwater-
   in-history> [25.2.2014].

3 *Ders.*, Goldwater and Pseudo-Conservative Politics, in: *ders.* (Hrsg.), The Paranoid Style in
   American Politics, New York 2008, S. 93–141.

4 Exzellente Beispiele finden sich in den Beiträgen bei *Daniel Bell* (Hrsg.), The New American
   Right, New York 1955.

demokratischen Parteistrategen 1964 als Antwort auf Goldwaters Slogan »In your heart you know he's right« so überaus prägnant zurücktexteten: »In your guts you know he's nuts.« Heute hingegen zweifeln nur wenige daran, dass Goldwaters Kampagne den Grundstein für die späteren Erfolge der »Grand Old Party« legte, dass es eine jener Niederlagen war, in denen bereits der Keim späterer Triumphe schlummerte. Gewiss, Goldwater hatte nur sechs Bundesstaaten gewinnen können, aber diese lagen, von seinem Heimatstaat Arizona abgesehen, allesamt im tiefen Süden der USA, der bis dahin als »Solid South« eine Bastion der Demokraten gewesen war. Das war der Anfang vom Ende der rooseveltschen »New Deal Coalition« und der baldigen Dominanz der Republikaner dort. Außerdem schuf die Goldwater-Kampagne ein Netzwerk hoch motivierter Graswurzelaktivisten, die mittelfristig den Kurs der Partei bestimmen würden.[5] 1980 dann, mit der Wahl Ronald Reagans, eroberte der Goldwater-Flügel nicht nur die Republikanische Partei, sondern war auch gesamtgesellschaftlich mehrheitsfähig geworden.

Doch die Deutungen von Hofstadter und anderen hallten offensichtlich noch lange nach. Kaum anders wäre sonst zu erklären, wie lange der amerikanische Konservativismus in den folgenden Jahren eine Art blinder Fleck der US-Geschichtsschreibung blieb. So jedenfalls diagnostizierte es noch 1994 Alan Brinkley in einem seitdem viel zitierten Aufsatz – immerhin 14 Jahre nach der »Reagan Revolution«. Die amerikanischen Historiker, so Brinkley, hätten über das *progressive movement* und den amerikanischen Liberalismus weitaus intensiver geforscht als über die politische Gegenseite. Die Gründe dafür, so Brinkley, seien vielfältig. Zwar habe man nicht übersehen, dass es das gesamte 20. Jahrhundert über Versuche von Industriellen und konservativen Unternehmern gegeben habe, die sozialreformerischen Tendenzen des New Deal zu unterlaufen; doch eine Massenbasis für ein solches Projekt sei in der Meinung vieler sich eher als progressiv verstehender Historiker quasi undenkbar gewesen, was an die heutige, weitverbreitete, aber dennoch irrige Auffassung erinnert, bei der »Tea Party« handele es sich in Wahrheit lediglich um das Projekt einiger schwerreicher konservativer Mäzene samt eingekaufter Claqueure.[6] Überdies habe es sich beim sich nach 1945 formierenden Konservativismus um einen merkwürdigen ideengeschichtlichen Hybriden gehandelt, was womöglich ebenfalls die Beschäftigung mit dem Gegenstand erschwert habe. Folgerichtig rief Brinkley dazu auf, diese Schwierigkeiten zu überwinden und ein bisher kaum beackertes Forschungsfeld endlich zu betreten, denn dadurch müsste die amerikanische Geschichte insgesamt aus neuen Blickwinkeln und Erzählperspektiven gedeutet werden.[7]

20 Jahre später kann von einer Vernachlässigung kaum noch die Rede sein. Zugespitzt könnte man sagen, dass die Ignoranz der Obsession gewichen ist: Als »scholarly cottage industry« hat kürzlich Robert B. Horwitz die Erforschung des amerikanischen Konservativismus bezeichnet.[8] Da sind nicht nur die unzähligen Werke amerikanischer Historiker, die sich mittlerweile in fast allen denkbaren Einzelaspekten der Thematik gewidmet haben. Auch auf dem populären Buchmarkt ist der Boom an Biografien und übergreifenden

---

5 Vgl. *John Micklethwait/Adrian Wooldridge*, The Right Nation. Conservative Power in America, New York 2005, S. 59f.

6 Vgl. als eine der wenigen guten Darstellungen zur »Tea Party« und auch für deren Einordnung in die Geschichte des US-Konservativismus *Theda Skocpol/Vanessa Williamson*, The Tea Party and the Remaking of Republican Conservatism, Oxford University Press, Oxford 2012, 246 S., geb., 24,95 $.

7 Vgl. *Alan Brinkley*, The Problem of American Conservatism, in: AHR 99, 1994, S. 409–429; in eine ähnliche Richtung argumentierte bereits Michael Kazin zwei Jahre zuvor in einer Sammelrezension über den amerikanischen Konservativismus, vgl. *Michael Kazin*, The Grass-Roots Right. New Histories of U.S. Conservatism in the 20th Century, in: AHR 97, 1992, S. 136–155.

8 *Robert B. Horwitz*, America's Right. Anti-establishment Conservatism from Goldwater to the Tea Party, Cambridge 2013, preface, S. VI.

Gesamtdarstellungen der Bewegung und ihrer Protagonisten quasi ungebrochen. Jedenfalls: All diese Arbeiten (die nicht selten auch die gleiche Geschichte erzählen) in ihrer Gesamtheit zu würdigen, wäre selbst im Rahmen eines ausführlichen Forschungsberichts unmöglich. So kann es nur darum gehen, einige breite Schneisen in das Dickicht eines extrem ausdifferenzierten Forschungsfelds zu schlagen und dabei die entscheidenden Fragen und Kontroversen nachzuzeichnen – und schließlich vielleicht zu skizzieren, welche Innovationspotenziale sich daraus ergeben.[9]

Dabei soll es erstens um den amerikanischen Konservativismus als *intellectual history* gehen – ein Feld, das am frühesten bearbeitet wurde, um danach jedoch vernachlässigt zu werden, zweitens um Arbeiten, die sich mit den Akteuren und Strategien konservativer Mobilisierung seit den 1960er Jahren beschäftigt haben, drittens um die besondere Bedeutung der religiösen Rechten und viertens erscheint es lohnenswert, die Diskussionen abzubilden, die um die Frage kreisen, wie nachhaltig die *conservative revolution* das Land in den letzten Jahrzehnten wirklich verändert hat.

II. BEWEGUNG DER POLITISCHEN IDEEN? ZUR *INTELLECTUAL HISTORY* DES AMERIKANISCHEN KONSERVATIVISMUS

Wenn es einen Bereich gab, für den Brinkleys Klage schon 1994 unzutreffend erschien, dann war es fraglos die Geschichte konservativer Intellektueller. Das mochte zum Teil auch den historischen Tatsachen geschuldet gewesen sein. Im Selbstverständnis vieler Akteure – was angesichts des immer wieder durchbrechenden Antiintellektualismus einzelner Vertreter der Republikanischen Partei erstaunlich erscheinen mag – hatte man sich stets als ideenzentrierte Bewegung verstanden. Im Kosmos des amerikanischen Konservativismus spielten die Traktate und Bücher führender Intellektueller tatsächlich eine ungewöhnlich große Rolle. Es existiert bis zum heutigen Tage eine regelrechte »Schriftkultur«[10], zu der ein Kanon von einem knappen Dutzend wichtiger Bücher gehört: von Friedrich August von Hayeks »The Road to Serfdom«, Russel Kirks »The Conservative Mind« über William Buckleys »God and Man at Yale« und natürlich bis hin zu Ayn Rands dystopischem Roman-Bestseller »Atlas Shrugged«. Es ist jedenfalls auch für Forscher, die sich mit dem Innenleben der konservativen Organisationen vertraut gemacht haben, stets erstaunlich, wie stark dieses und andere Bücher dort von Aktivisten rezipiert und auch rezitiert werden.

Hinzu kam: Noch bevor sich die verschiedenen »Konservativismen« innerhalb der Republikanischen Partei zusammengeschlossen hatten, hatten sich als Konservative verstehende Intellektuelle bereits im Schulterschluss geübt. Genau das war das Thema von George Nashs »The Conservative Intellectual Movement in America« von 1976 – einem Buch also, das lange vor Brinkleys Bestandsaufnahme erschienen war und auch von diesem selbst als quasi einsamer Monolith zum Thema gewürdigt wurde.[11] Das Buch, zuletzt

---

9 Hingewiesen werden muss an dieser Stelle auch auf die ausführliche Überblicksdarstellung von *Kim Phillips-Fein*, Conservatism. A State of the Field, in: The Journal of American History 2011, S. 723–743; für eine generelle, sinnvolle, auch ideengeschichtliche Einordnung des *American Conservatism* im Vergleich zum europäischen Verständnis von Konservativismus vgl. *Michael Hochgeschwender*, Das Ende des Konsenses: Die Re-formation des US-amerikanischen *conservatism* seit den 1960er Jahren, in: Comparativ. Zeitschrift für Globalgeschichte und vergleichende Gesellschaftsforschung 16, 2006, H. 4, S. 131–166.

10 *Michael Lee*, The Conservative Canon and Its Uses, in: Rhetoric and Public Affairs 15, 2012, S. 1–40.

11 Vgl. *George H. Nash*, The Conservative Intellectual Movement in America since 1945. Thirtieth-Anniversary Edition, Wilmington 2006.

wieder 2006 in Neuauflage erschienen, hat dabei früh den Grundtenor der Interpretation bestimmt. Obgleich Nash der Bewegung in Sympathie verbunden war, ist die Mehrzahl seiner liberalen Fachkollegen diesem Grundtenor gefolgt. Deswegen scheint es geboten, seine Grundzüge noch einmal zu skizzieren. Nash identifizierte drei separate ideengeschichtliche Stränge des amerikanischen Konservativismus: *Libertarians*, *Traditionalists* und *Anti-Communists*. In der Gruppe der *Libertarians* würdigte er primär den Einfluss europäischer Ökonomen, vor allem Friedrich August von Hayek, aber auch Ludwig von Mises, die aus der Auseinandersetzung mit den totalitären Diktaturen den Schluss gezogen hatten, dass sich ökonomische Freiheit und individuelle Freiheit nicht trennen ließen; gab man das eine auf, dann war man, in den Worten Hayeks, bereits auf dem »Weg zur Knechtschaft«.[12] Natürlich war das anschlussfähig an ältere amerikanische Traditionen: »States' Rights«, »limited government« oder »rugged individualism«. Aber Nash beharrte darauf, dass der entscheidende intellektuelle Überbau von europäischen Ökonomen kam.[13] Erst danach hätten amerikanische Autoren, wie zum Beispiel Albert Jay Nock, eine ausgereifte Kritik an der Ordnung des New Deal vornehmen können.

Die zweite Gruppe, die Nash identifizierte, waren die *Traditionalists*. Sie fürchteten weniger die Allmacht des Staats als die Versuchungen der Moderne. Dem europäischen Verständnis von Konservativismus, etwa im Sinne Edmund Burkes, kam diese Gruppe von Denkern am nächsten. Ihre wichtigsten Vertreter waren Richard Weaver und vor allem Russell Kirk, dessen Buch »The Conservative Mind«[14] schnell zum Klassiker aufstieg. Sie forderten eine Rückbesinnung auf christliche Werte, fürchteten sich vor der Massengesellschaft, glaubten an Ordnung und Hierarchie und warnten vor übereilten gesellschaftlichen Reformen.

Nash identifizierte überdies eine eigenständige dritte Gruppe: die *Anti-Communists*. Ganz stringent erschien diese Trias allerdings nicht mehr, handelte es sich beim Antikommunismus doch weniger um eine eigenständige, entwickelte Weltanschauung, sondern eher um eine übergreifende, negative Integrationsideologie: Sie war der Zement, der die anderen Konservativismen zusammenhielt.

Nash zeichnete das Zusammenwirken wie das Aufeinanderprallen dieser drei Gruppen vor allem anhand der Diskussionszusammenhänge innerhalb der »National Review« nach, jener von William F. Buckley 1955 gegründeten Zeitschrift, die bald als quasi-offizielles Organ der Bewegung galt. Buckley hatte eben nicht nur klare Grenzen demarkiert und dabei ultra-rechte Bewegungen wie die antisemitische und rassistische »John Birch Society« herausgedrängt. Es war ihm auch gelungen, die teilweise äußerst extravaganten und exaltierten Autoren der ersten Jahre bei der Stange zu halten, und das obgleich Misstrauen oder sogar offene Feindschaft zwischen den Protagonisten eher die Regel war. Allein: Wie diese Spannungen intellektuell aufgelöst wurden, darüber erfuhr man schon bei Nash letztlich nur wenig. Dieser verwies, gewiss zu Recht, neben Buckleys Moderationskünsten auf die Arbeiten von Frank Meyer, der besonderes Talent bei der Amalgamierung der verschiedenen Strömungen gezeigt habe. 1964, dem Jahr der Goldwater-Kampagne, sei er endgültig zum Stichwortgeber der sogenannten Fusionisten innerhalb der Bewegung aufgestiegen, als er in seiner Anthologie »What is Conservatism?« gemeinsame, konsensfähige Grundlagen von *Traditionalists* und *Libertarians* aufzeigte: Widerstand gegen staatliche Planung, den Vorrang des Individuums gegen staatliche Bevormundung, Antikommunismus und die Interpretation der Verfassung in ihrem vermeintlich ursprünglichen Verständnis.[15]

---

12 *Friedrich August von Hayek*, The Road to Serfdom, New York 2008.
13 *Nash*, The Conservative Intellectual Movement in America since 1945, S. 2.
14 *Russell Kirk*, The Conservative Mind. From Burke to Eliot, 3., überarb. Aufl., Chicago 1960.
15 *Nash*, The Conservative Intellectual Movement in America since 1945, S. 266ff.; *Frank Meyer* (Hrsg.), What is Conservatism?, New York 1964.

Jedenfalls: Die Forschung hat sich in den letzten Jahren eher auf Nash gestützt, statt sich an ihm ernsthaft abgearbeitet zu haben; größtenteils wird die *intellectual history* der Bewegung in den Grenzen erzählt, die Nash 1976 vorgegeben hat.[16] Es gibt bisher noch immer keine Gesamtdarstellung der konservativen Ideengeschichte, die diese herausfordern würde. Freilich ist mittlerweile eine Gruppe von Denkern in den Mittelpunkt des Interesses gerückt, die bei Nashs erster Publikation diese Prominenz und Sichtbarkeit noch nicht besaß: die sogenannten *Neoconservatives*, eine Gruppe größtenteils jüdischer New Yorker Intellektueller um Irving Kristol und Norman Podhoretz.[17] Das Besondere an ihnen ist zunächst eine biografische Gemeinsamkeit: Bei fast allen handelt es sich um ehemalige Liberale, die in den 1960er Jahren aus Enttäuschung über die »Great Society« Lyndon B. Johnsons in das sich bereits formierte konservative Lager wechselten; Kristol selbst lieferte dabei die Definition für diese Art von konservativer Konversion: »A conservative is a liberal mugged by reality.«[18] In ihren innenpolitischen Positionen hatten sie bereits libertäre wie traditionalistische Positionen miteinander in Einklang gebracht (wenngleich sie weniger marktradikal waren als die ersteren), doch die entscheidende thematische Fixierung der *Neoconservatives* lag und liegt ohnehin auf einem ganz anderen Gebiet: Amerikas Rolle in der Welt. Beeinflusst von Leo Strauss und Carl Schmitt traten sie für eine interventionistische Außenpolitik ein, die neben klassischen, geostrategischen Motiven auch das Ziel verfolgte, Demokratie zu verbreiten. Seit dem 11. September hat diese Gruppe zumindest in der öffentlichen Debatte besondere Aufmerksamkeit erfahren: Sind es doch angeblich die *Neoconservatives* der »Zweiten Generation«, die innerhalb der Bush-Regierung besonders energisch auf den Regimewechsel im Irak drängten (wie etwa der stellvertretende Verteidigungsminister jener Jahre, Paul Wolfowitz).[19] Inwieweit dies zutreffend ist, wird erst durch die künftigen Arbeiten von Zeithistorikerinnen und -historikern festgestellt werden können, aber fraglos hat diese öffentliche Diskussion zu einer Intensivierung des Studiums der historischen Wurzeln der *Neoconservatives* beigetragen.[20]

Allerdings legen die gegenwärtigen Schwerpunkte nahe, dass die von Nash behauptete Balance von Traditionalisten und Libertären die Perspektive leicht verzerrt hat – scheinen die Ideen der letzteren schon damals und erst recht für unsere Gegenwart doch eine sehr viel größere Rolle zu spielen. Hatte Nash die Rolle der radikalen Verteidigerin eines ungezügelten Kapitalismus und Lobpreiserin des uneingeschränkten Egoismus, Ayn Rand, eher marginalisiert und buchstäblich als Randphänomen behandelt, gilt sie heute mit ihren millionenfach verkauften Romanen »Atlas Shrugged« und »The Fountainhead« als Wegbereiterin marktliberalen Denkens, die mehrere Generationen von Konservativen prägte,

---

16 Vgl. auch die Aufsatzsammlung von Nash, die mit dem Abstand von drei Jahrzehnten zu ähnlichen Schlussfolgerungen kommt wie bereits in seinem Hauptwerk: *George H. Nash*, Reappraising the Right. The Past and Future of American Conservatism, ISI Books, Wilmington 2009, 446 S., geb., 27,95 $.

17 Nur in Nashs letztem Kapitel (»Can the Vital Center Hold?«) spielen Kristol und andere *Neoconservatives* eine größere Rolle.

18 Zit. nach: *Allan J. Lichtman*, White Protestant Nation. The Rise of the American Conservative Movement, New York 2008, S. 284.

19 Vgl. das sehr anregende Buch über Geschichte und Gegenwart der Bewegung von *Micklethwait/Wooldridge*, The Right Nation, S. 198ff.

20 Besonders hervorzuheben ist dabei Benjamin Balints Geschichte des Magazins »Commentary«, an dessen ideologischer Standortverlagerung sich die Wandlungen der *Neoconservatives* zeigen, vgl. *Benjamin Balint*, Running Commentary. The Contentious Magazine that Transformed the Jewish Left into the Neoconservative Right, New York 2010; allgemeiner: *Justin Vaisse*, Neoconservatism. The Biography of a Movement, Cambridge, MA 2010.

wie vor allem die hervorragende Biografie von Jennifer Burns zeigt.[21] Während es hier
oder bei übergreifenderen Darstellungen zum *libertarian movement* häufig darum geht,
den bleibenden Einfluss dieser Strömung bis in die Gegenwart zu dokumentieren[22], handeln die wenigen Arbeiten über die *Traditionalists* eher von am Ende stark marginalisierten Einflüssen; das gilt etwa für die *Southern Agrarians*, eine Gruppe von Intellektuellen
aus den amerikanischen Südstaaten, die klassische Modernitätskritik betrieben, die Urba-
nisierung und Industrialisierung des Landes beklagten und eine Rückkehr zu Amerikas
Wurzeln als Agrarland forderten.[23] Im Laufe der 1950er und 1960er Jahre aber seien solche
und andere, eher im europäischen Sinne klassisch-konservative Positionen schließlich
immer stärker marginalisiert worden.[24] Andere, wie etwa Julian Zelizer, glauben, dass
Nashs Behauptung einer »Fusion« der verschiedenen Ideologeme in eine kohärente Weltanschauung eine Chimäre gewesen sei: Die konservative Bewegung sei ideologisch mindestens ebenso fragil gewesen wie die vorherige New-Deal-Koalition, ständig habe es
Formelkompromisse und Ad-hoc-Bündnisse gegeben; nie hätten sich die verschiedenen
Flügel auf einen gemeinsamen Nenner einigen können.[25]

Schließlich hat es insbesondere in den letzten Jahren mehrere Arbeiten gegeben, die
nicht die unmittelbare Zeit nach dem Zweiten Weltkrieg als die entscheidende intellektuelle Formierungsphase der Bewegung betrachten, sondern historisch weiter ausholen. Zum
einen gilt dieses für sehr breit angelegte, synthetisierende Arbeiten wie etwa Patrick Allitts
»The Conservatives«, der die Wurzeln konservativen Denkens von den *Federalists* bis in
die Bush-Jahre verfolgt.[26] Spezifischer sind zum anderen jedoch die Versuche, bereits die
1920er und 1930er Jahre als Formierungsphase des modernen Gegensatzes zwischen
amerikanischem *liberalism* und *conservatism* zu sehen. Allan Lichtman sieht in seinem
sehr kontrovers diskutierten Buch die 1920er Jahre als entscheidend an, als das weiße, protestantische Amerika sich aus Angst vor dem Verlust seiner kulturellen Vormachtstellung
radikalisierte – weswegen er als genuine Vorläufer der Bewegung den Ku-Klux-Klan und
andere rassistische Organisationen einstuft.[27] Geläufiger aber ist eine Neuperiodisierung,
die den Widerstand gegen die Sozialgesetzgebung des New Deal als Beginn konservativen Widerstands gegen den modernen Interventions- und Wohlfahrtsstaat ansieht.[28] So

---

21 *Jennifer Burns*, Goddess of the Market. Ayn Rand and the American Right, Oxford/New York
etc. 2009; vgl. außerdem aus neuerer Zeit, aber weniger explizit in Bezug auf Ayn Rands Bedeutung für den amerikanischen Konservativismus: *Anne C. Heller*, Ayn Rand and the World
She Made, New York 2009.

22 *Brian Doherty*, Radicals for Capitalism. A Freewheeling History of the Modern American
Libertarian Movement, New York 2007.

23 *Paul V. Murphy*, The Rebuke of History. The Southern Agrarians and American Conservative
Thought, Chapel Hill, NC 2001.

24 Vgl. *Jennifer Burns*, In Retrospect: George Nash's The Conservative Intellectual Movement in
America since 1945, in: Reviews in American History 32, 2004, S. 447–462; vgl. für eine eher
pessimistische Bestandsaufnahme auch die Arbeit von Historikern, die sich selbst zum traditio-
nell-konservativen Flügel der Bewegung zählen: *Kenneth L. Deutsch/Ethan Fishman* (Hrsg.),
The Dilemmas of American Conservatism, The University Press of Kentucky, Lexington, KY
2010, 232 S., geb., 40,00 $.

25 *Julian E. Zelizer*, Rethinking the History of American Conservatism, in: Reviews in American
History 38, 2010, S. 367–392.

26 *Patrick Allitt*, The Conservatives. Ideas and Personalities throughout American History, New
Haven, CT/London 2009.

27 *Lichtman*, White Protestant Nation. Vgl. hierzu die sehr kritische Rezension von *David Frum*,
Point of Origin, in: The New York Times, 29.6.2008, URL: <http://www.nytimes.com/2008/06/
29/books/review/Frum-t.html> [25.2.2014].

28 *Kim Phillips-Fein*, Invisible Hands. The Making of the Conservative Movement from the New
Deal to Reagan, New York 2009; *Gordon Lloyd/David Davenport*, The New Deal and Modern
American Conservatism. A Defining Rivalry, Stanford 2013.

sehen einige Roosevelts Vorgänger im Weißen Haus, Herbert Hoover, als wirklichen Spiritus Rector eines konservativen Laissez-faire[29], während andere die von Industrie-Tycoonen finanzierte »Liberty League« als Vorläufer identifizieren.[30]

III. Akteure und Strategien konservativer Mobilisierung

Doch wie bereits erwähnt: Stärker als von den ideengeschichtlichen Potenzialen der Bewegung hat sich die amerikanische Geschichtswissenschaft von deren Fähigkeit zur Massenmobilisierung fasziniert gezeigt – hier, in ihrer Strategie- und Organisationsfähigkeit, und nicht etwa in der Anziehungskraft konservativer Ideen, wird der eigentliche Grund für die lange anhaltende Erfolgsgeschichte der Bewegung gesehen. Dabei ist es allgemeiner Konsens, dass die 1950er und 1960er Jahre als Sattelzeit konservativer Sammlung gelten können und die Mobilisierung dann Ende der 1970er Jahre ihren Höhepunkt erreichte.[31] Sehr früh stand dabei zum einen die These des konservativen Backlash im Vordergrund: Als Reaktion auf die beschleunigte Modernisierung der Nachkriegszeit mit ihrer Infragestellung traditioneller Moralvorstellungen, eine teils militante Jugend- und Studentenkultur und schließlich auf das Scheitern der übertriebenen Hoffnungen in die Sozial- und Umverteilungspolitik der »Great Society« Lyndon B. Johnsons hätte sich insbesondere die weiße Mittelschicht für konservative Botschaften immer stärker empfänglich gezeigt.[32] Nichts freilich hat nach dieser Lesart so sehr das Ende demokratischer Dominanz eingeläutet wie die Bürgerrechtspolitik zur Beseitigung der Benachteiligung der Afroamerikaner im Süden der USA, symbolisiert durch den »Civil Rights Act« von 1964 und den »Voting Rights Act« von 1965. Die Partei entfremdete sich dadurch von ihrer bis dahin treusten Klientel: weißen, konservativen Wählern aus den Südstaaten.[33] Schon mit der Wahl Richard Nixons 1968 und seiner »Southern Strategy« konnte der Süden dann erstmals zur Bastion der Republikanischen Partei werden.[34]

Doch mit der Zeit hat sich der Akzent verlagert: Ohne die Veränderungen des gesellschaftlichen Klimas außer Acht zu lassen, liegt der Schwerpunkt heute stärker bei den spezifischen ›Leistungen‹ konservativer Eliten und wie sie aus den veränderten Rahmenbedingungen Kapital schlagen konnten. Dies gilt besonders für den jahrzehntelangen Aufbau eines intellektuellen Paralleluniversums, das die konservative Bewegung zum angeblich liberal geprägten »Establishment« errichtet hat, mit dem Ziel – so die allgemeine Auffassung –, die Hoheit über den öffentlichen Diskurs zu erobern: Zeitschriften, Zeitun-

---

29 Ebd.
30 *Phillips-Fein*, Invisible Hands.
31 *Bruce J. Schulman/Julian E. Zelizer* (Hrsg.), Rightward Bound. Making America Conservative in the 1970s, Harvard University Press, Cambridge, MA/London 2008, 384 S., kart., 22,50 €.
32 Auch in den Darstellungen konservativer Historiker spielt, bei aller Würdigung der »Heroen« der Bewegung wie etwa Ronald Reagan, die Backlash-These eine große Rolle, vgl. etwa *Steven F. Hayward*, The Age of Reagan. The Fall of the Old Liberal Order 1964–1980, New York 2001. Vgl. für eine neuere Darstellung zur Entfremdung der weißen Arbeiterklasse von der demokratischen Partei auch *Colleen Doody*, Detroit's Cold War. The Origins of Postwar Conservatism, University of Illinois Press, Urbana 2013, 192 S., geb., 50,00 $.
33 Vgl. hier stellvertretend für zahlreiche andere Arbeiten zum Komplex »Conservatism and Race« vor allem *Joseph E. Lowndes*, From the New Deal to the New Right. Race and the Southern Origins of Modern Conservatism, New Haven, CT/London 2008; *Dan T. Carter*, The Politics of Rage. George Wallace, the Origins of the New Conservatism, and the Transformation of American Politics, New York 1995.
34 Vgl. *Earl Black/Merle Black*, The Rise of Southern Republicans, Cambridge, MA/London 2003.

gen und Verlage, Schulen, Universitäten und vor allem konservative Thinktanks. Doch über letztere existieren trotz ihres unbestreitbar gewaltigen Einflusses auf republikanisch dominierte Regierungen bislang nur sehr wenig fundiert historische Studien; Arbeiten, die sich der Gründung des immerhin schon 1943 aus der Taufe gehobenen »American Enterprise Institute« widmen, sucht man ebenso vergeblich wie Arbeiten zur nicht minder einflussreichen »Heritage Foundation«, deren Gründung in den 1970er Jahren erfolgte.[35] Dabei sind die Spuren dieser Institutionen in vielen Einzelstudien stets gegenwärtig. Ein hervorstechendes Beispiel ist die Arbeit von Steven Teles, der den großen Einfluss einzelner Thinktanks bei seiner Geschichte des »Conservative Legal Movement«, das versuchte, konservative Ideen in den rechtswissenschaftlichen Fakultäten und juristischen Berufsverbänden durchzusetzen, angemessen würdigt.[36]

Anders sieht es bei der Forschung zu den Leitmedien der Bewegung aus: Insbesondere zur »National Review«, aber auch zu anderen Zeitschriften, existiert mittlerweile eine Fülle an Literatur.[37] Einzig die Geschichte des immens einflussreichen »Talk Radios« – allein der ultrakonservative Radio-Host Rush Limbaugh erreicht mit seinem Programm je de Woche Millionen Amerikaner – scheint bisher eher wenig Beachtung zu finden, wenngleich vereinzelt darauf hingewiesen wurde, dass auch hier die Wurzeln bis in die 1940er Jahre zurückreichen.[38]

Interessanterweise hat die Analyse der konservativen Massenorganisationen gezeigt, dass selbst inmitten der vordergründig so progressiven 1960er Jahre bereits längst gegenläufige Prozesse stattfanden – im Grunde also bevor eine militante *Counterculture* Angst und Verunsicherung in der amerikanischen Mittelklasse hätte hervorrufen können. Entscheidend erscheint hier vor allem die Rolle der Jugendorganisation »Young Americans for Freedom« (YAF), wie sie von Gregory Schneider und anderen analysiert wurde.[39] 1960 mit maßgeblicher Unterstützung von Buckley gegründet, hat sie versucht, ein Gegengewicht zur linken »Gegenkultur« an den amerikanischen Colleges zu schaffen, unter anderem durch ihre Unterstützung des Vietnamkriegs. Bei der Kampagne Barry Goldwaters

---

35 Vgl. allerdings neuerdings den »Insiderbericht« des mit »Heritage« affiliierten Historikers *Lee Edwards*, Leading the Way. The Story of Ed Feulner and the Heritage Foundation, New York 2013; allgemein zu konservativen Thinktanks: *Jason Stahl*, From Without to Within the Movement. Consolidating the Conservative Think Tank in the 1960s, in: *Laura Jane Gifford/Daniel K. Williams* (Hrsg.), The Right Side of the Sixties. Reexamining Conservatism's Decade of Transformation, Palgrave Macmillan, New York 2012, 284 S., geb., 90,00 $, S. 101–120. Stahl (auf S. 115, Anm. 3) versucht im Übrigen, diese Forschungslücke durch die schlechte Materiallage zu begründen. Vgl. weiterhin allgemeiner *Alice O'Connor*, Financing the Counterrevolution, in: *Bruce J. Schulman/Julian E. Zelizer* (Hrsg.), Rightward Bound. Making America Conservative in the 1970s, Cambridge, MA/London 2008, S. 148–170. Zahlreiche Hinweise auf den Aufbau einer konservativen Expertenkultur finden sich allerdings auch bei *Daniel T. Rodgers*, Age of Fracture, Harvard University Press, Cambridge 2011, 352 S., kart., 29,95 $.

36 Vgl. *Steven M. Teles*, The Rise of the Conservative Legal Movement. The Battle for Control of the Law, Princeton, NJ 2010.

37 Zum Überblick über konservative Zeitschriften im 20. Jahrhundert vgl. *Ronald Lora/William Henry Longton* (Hrsg.), The Conservative Press in Twentieth-Century America, Westport, CT 1999; *Jeffrey Peter Hart*, The Making of the American Conservative Mind. National Review and Its Times, Wilmington, DE 2005; *Carl T. Bogus*, Buckley. William F. Buckley Jr. and the Rise of American Conservatism, Bloomsbury Press, New York 2011, 416 S., kart., 20,00 $.

38 Vgl. *Heather Hendershot*, What's Fair on the Air? Cold War Right-Wing Broadcasting and the Public Interest, Chicago/London 2011.

39 Vgl. *Gregory L. Schneider*, Cadres for Conservatism. Young Americans for Freedom and the Rise of the Contemporary Right, New York/London 1999; *John A. Andrew III.*, The Other Side of the Sixties. Young Americans for Freedom and the Rise of Conservative Politics, New Brunswick, NJ 1997.

für die Nominierung als republikanischer Präsidentschaftskandidat 1963/64 spielten die Aktivisten der YAF schließlich eine entscheidende Rolle und zahlreiche Galionsfiguren der konservativen Bewegung gerieten hier zum ersten Mal mit Politik in Berührung. Allerdings lässt sich selten die Bewegung innerhalb solch fester Strukturen analysieren. Eher hat man den Eindruck, dass die Formierung und Mobilisierung des amerikanischen Konservativismus in den 1960er und 1970er Jahren im Rahmen kurzfristiger Issue-Kampagnen verlief: Ein bestimmtes Thema wurde virulent und mit Unterstützung konservativer Eliten gründeten sich Gruppen, die sich einzig und allein dieses Themas annahmen. Das galt etwa für die von Phyllis Schlafly gegründete STOP-ERA-Bewegung, die Anfang der 1970er Jahre aus Furcht vor dem Zerfall der traditionellen Familie Front gegen das »Equal Rights Amendment« (ERA) machte.[40] Doch auch wenn diese und andere Bewegungen danach schnell wieder von der Bildfläche verschwanden: Durch sie wurden Netzwerke zwischen den verschiedenen Akteuren geschaffen, die insbesondere in den Wahlkämpfen republikanischer Politiker wieder aktiviert werden konnten. Überhaupt gilt: Da die amerikanischen Parteien selbst als Organisationen rudimentär sind, waren die Wahlkampagnen von Politikern wie Richard Nixon, Barry Goldwater, Ronald Reagan bis hin zu George W. Bush stets die entscheidenden »Rallying Points«, durch die sich die Bewegung definierte und in denen über die programmatische Ausrichtung entschieden wurde.[41] Die Kampagnen Goldwaters und Reagans etwa sorgten so für jene Art von Gemeinschaft stiftendem Generationenerlebnis, wie es auf der politischen Linken mit der Teilnahme an sozialen Bewegungen der Fall war.

IV. DIE RELIGIÖSE RECHTE

Darüber hinaus stellt, wenig überraschend, die Analyse der Mobilisierung der christlichen Rechten einen wichtigen Schwerpunkt der historischen Forschung zum amerikanischen Konservativismus dar, wenngleich die Grenzen zu Nachbardisziplinen, wie etwa der Religionssoziologie, fließend verlaufen. In der Tat scheint kaum etwas so offenkundig zur Erklärung der gegenwärtigen Polarisierung der amerikanischen Politik beizutragen wie die »Culture Wars«[42] zwischen dem liberalen und konservativen Amerika. Viele Beobachter hat diese Entwicklung unvorbereitet getroffen, nicht nur, weil die amerikanische Gesellschaft nicht dem Säkularisierungspfad europäischer Gesellschaften folgte, sondern auch in der zweiten Hälfte des 20. Jahrhunderts tief religiös blieb. Darüber hinaus schien zunächst auch wenig dafür zu sprechen, dass dieses religiöse Revival tiefer gehende politische Konsequenzen haben würde. Religiöse Fragen spielten bis in die 1970er Jahre nur eine geringe Rolle in der amerikanischen Politik. Wenn sie dies taten, so schien religiöses Engagement – wie etwa beim »Civil Rights Movement« – eher mit progressiven Anliegen verknüpft. Strukturierend für die Konflikte im amerikanischen Parteiensystem waren zumindest vordergründig eher sozioökonomische und ethnische Konfliktlinien gewesen. In den 1970er Jahren aber änderte sich das und besonders mit dem Auftreten der religiösen

40 Vgl. hier vor allem die brillante Biografie von *Donald T. Critchlow*, Phyllis Schlafly and Grassroots Conservatism. A Woman's Crusade, Princeton, NJ 2005.
41 Vgl. zur Bedeutung der genannten Kampagnen für die Formierung und Identitätsbildung des amerikanischen Konservativismus: *Laura Jane Gifford*, The Center Cannot Hold. The 1960 Presidential Election and the Rise of Modern Conservatism, DeKalb 2009; *Perlstein*, Before the Storm; *Matthew Dallek*, The Right Moment. Ronald Reagan's First Victory and the Decisive Turning Point in American Politics, Oxford/New York etc. 2004; *Andrew P. Hogue*, Stumping God. Reagan, Carter, and the Invention of a Political Faith, Baylor University Press, Waco 2012, 343 S., geb., 49,95 $.
42 *James Davison Hunter*, Culture Wars. The Struggle to Define America, New York 1991.

Rechten entstand eine neue Konfliktlinie, die alte Cleavages überlagerte, bisweilen sogar verdrängte. Unter anderem ausgelöst durch die liberalen Entscheidungen des Supreme Court zu Abtreibung (Roe vs. Wade, 1973) und Schulgebet (Engel vs. Vitale, 1962), kam es dabei vor allem zur Politisierung und Mobilisierung der evangelikalen Bewegung.[43]

Der Begriff »evangelikal« selbst ist dabei äußerst unscharf, bezeichnet er doch keine zentralisierte Amtskirche, sondern dient als Oberbegriff für protestantische Gemeinden, die sich durch bestimmte gemeinsame Merkmale auszeichnen – die allerdings wiederum so umstritten sind, dass manche der Meinung sind, der Begriff sei insgesamt wenig brauchbar und man sollte ihn vielleicht ganz vergessen.[44] Dennoch hat die Forschung disziplinübergreifend an dem Begriff festgehalten.[45] Bezeichnet werden mit dem Oberbegriff »evangelikal« in der Regel konservative protestantische Kirchengemeinden, deren Gemeindemitglieder an der wörtlichen Interpretation der Bibel festhalten und eine persönliche Glaubenserfahrung, oft im Sinne einer religiösen Konversion, für sich beanspruchen – und sich somit als »born-again Christians«, als »wiedergeborene Christen« definieren. Entscheidend ist dabei, dass der evangelikale Protestantismus in der zweiten Hälfte des 20. Jahrhunderts rasant gewachsen ist – während die liberalen Kirchen des »Mainline Protestantism« ebenso markant schrumpften. In der Konsequenz kommt es seitdem zu einer moralisch hoch aufgeladenen Polarisierung des Landes, die jedoch zunächst vor allem ein Konflikt innerhalb des amerikanischen Protestantismus darstellt.

Um zwei Fragen kreist dabei die Diskussion: erstens, und diese Frage ist quasi vorgeschaltet und betrifft den amerikanischen Konservativismus noch nicht direkt: Wie erklärt sich das Wachstum des amerikanischen Evangelikalismus? Zweitens: Warum wird dieser dann schließlich Teil der konservativen Allianz? Denn dieser Prozess ist bei genauerer Betrachtung weitaus weniger zwangsläufig, als man meinen könnte.

Die diskutierten Gründe für den Aufstieg der evangelikalen Bewegung können hier nur angerissen werden: Zum einen haben zahlreiche Historiker und Soziologen vorgeschlagen, sie trotz ihrer konservativen Theologie eben gerade nicht als Gegenbewegung gegen die Moderne zu interpretieren, sondern als spezifischen Ausdruck von Modernität. So hätte die evangelikale Bewegung im Habitus zahlreiche Impulse aus den Jugendbewegungen und der *Counterculture* der 1960er Jahre aufgenommen und sich früher als andere Kirchen moderne Kommunikationsmittel zu eigen gemacht.[46] Die Betonung des individuellen Gotteserlebnisses und die Ablehnung klerikaler Hierarchien hätten überdies ebenso kongenial zu den Individualisierungserfahrungen in modernen Gesellschaften gepasst.[47] Eine zweite Erklärungsebene sieht den Erfolg des Evangelikalismus eng mit den Suburbanisierungsprozessen des Landes verknüpft. Insbesondere in den stark prosperierenden Bundesstaaten des Sunbelts im Südwesten der USA hätten evangelikale Kirchengemeinden mit ihrer Dienstleistungsmentalität und den nach den Gesetzen der Konsumgesellschaft strukturierten »Mega-Kirchen« jenen Sinn nach Gemeinschaftlichkeit ge-

43 Als generellen Überblick zum Komplex »Politik und Religion« in den USA vgl. *Kenneth D. Wald/Allison Calhoun-Brown*, Religion and Politics in the United States, Lanham, MD 2011.

44 Vgl. *Donald W. Dayton*, Some Doubts about the Usefulness of the Category »Evangelical«, in: *ders./Robert K. Johnston* (Hrsg.), The Variety of American Evangelicalism, Knoxville, TN 1991, S. 245–251.

45 Vgl. *Michael Hochgeschwender*, Amerikanische Religion. Evangelikalismus, Pfingstlertum und Fundamentalismus, Frankfurt am Main/Leipzig 2007.

46 Vgl. *Axel R. Schäfer*, Countercultural Conservatives. American Evangelicalism from the Postwar Revival to the New Christian Right, University of Wisconsin Press, Madison, WI/London 2011, 264 S., kart., 29,95 $.

47 Vgl. vor allem *Michael Lienesch*, Redeeming America. Piety and Politics in the New Christian Right, Chapel Hill, NC 1993; *James Davison Hunter*, Evangelicalism. The Coming Generation, Chicago/London 1987.

stillt, der in den aus den Boden schießenden Reißbrett-Siedlungen sonst kaum vorfindbar war.[48]

Dass alles freilich erklärt nicht unbedingt, warum sie ab den 1980er Jahren zum loyalsten Wählerblock der Republikanischen Partei wurden. Denn was heute als Selbstverständlichkeit gilt, ist tatsächlich, historisch betrachtet, eher eine Entwicklung jüngeren Datums. Zunächst hatten evangelikale Kirchenführer oft genug eine progressive Agenda verfolgt, standen etwa keinesfalls für einen schrankenlosen Kapitalismus. Und noch 1976, bei der Wahl des Südstaatlers Jimmy Carters, der selbst ein »born-again Christian« war, hatten die Demokraten eine Mehrzahl von ihnen für sich gewinnen können. Ironischerweise war es gerade Carter gewesen, der – im Nachgang der Watergate-Affäre – Moral und Politik aufs Engste miteinander verknüpft hatte, damit zahlreiche der führenden Köpfe der Bewegung für sich einnehmen konnte und so den Evangelikalismus erst endgültig in die Sphäre der Politik gelockt hatte.[49] 1980 aber, bei der Wahl Ronald Reagans, hatten sich die Verhältnisse bereits radikal umgedreht: Enttäuscht von der Carter-Regierung hatten sich die Führungseliten der Bewegung vom Präsidenten abgewendet[50]; 1979 hatte der Baptistenprediger Jerry Falwell die »Moral Majority« gegründet, die dafür sorgte, dass Reagan die Stimmen des evangelikalen Amerika mit großem Vorsprung gewann. Allerdings gehört es weiterhin zu einer der strittigsten Fragen in der Forschung über den amerikanischen Konservativismus, wie es auch fortan gelingen konnte, die Bewahrer christlicher Moralvorstellungen mit den libertären Elementen der Bewegung, die seit den 1960er Jahren innerhalb der »Grand Old Party« den Ton angaben, dauerhaft in eine Koalition zusammenzubringen.

Im Grunde sind es zwei verschiedene Interpretationen, die hier dominieren. Zum einen wird diese Allianz als das Resultat geschickter Bündnispolitik zwischen evangelikalen Kirchenführern, anderen christlichen Glaubensgemeinschaften sowie mit den übrigen Fraktionen innerhalb der Republikanischen Partei interpretiert. Der christlichen Rechten gelang es dabei in den 1970er Jahren zunehmend, die durchaus vorhandenen liberalen Einflüsse zu marginalisieren und etwa in der nationalen Dachvereinigung, der »National Association of Evangelicals« (NAE)[51], die Diskurshoheit zu erringen. Gleichzeitig achteten sie darauf, die früheren Konfessionsschranken (sowohl zu Katholiken als auch zu anderen protestantischen Kirchen) durch einen betont transkonfessionellen Ansatz, auch in der Liturgie, zu minimieren; tatsächlich kam es daher bald zu einer stärkeren Zusammenarbeit der konservativen Elemente in allen christlichen Konfessionen, was sich auch im Wahlverhalten niederschlug: Hatte es bis dahin ein reines Konfessions-Cleavage gegeben, da die Demokraten traditionell katholische ethnische Minderheiten der großen Emigrationswelle um 1900 (Iren, Polen, Italiener) an sich gebunden hatten, wählten fortan die konservativen und regelmäßig praktizierenden Christen aller Konfessionen überwiegend republikanisch, während liberalere Christen (und natürlich säkulare Wähler) den Demokraten bevorzugt ihre Stimme gaben.[52]

Überdies gab es die bewussten und gezielten Strategien konservativer »Bewegungsunternehmer«, eine Allianz zu schmieden – die hier jedoch erschöpfend kaum dargestellt

---

48 Vgl. *Eileen Luhr*, Witnessing Suburbia. Conservatives and the Christian Youth Culture, Berkeley, CA/Los Angeles etc. 2009; *Robert Booth Fowler*, Unconventional Partners. Religion and Liberal Culture in the United States, Grand Rapids, MI 1989.

49 Vgl. vor allem *J. Brooks Flippen*, Jimmy Carter, the Politics of Family, and the Rise of the Religious Right, Athens, GA 2011.

50 Vgl. auch *Hogue*, Stumping God.

51 So zum Beispiel *Schäfer*, Countercultural Conservatives.

52 Vgl. hierzu vor allem *Hunter*, Culture Wars.

werden können.[53] Eine bedeutende Rolle spielte dabei allerdings fraglos Paul Weyrich, der in den 1970er Jahren maßgeblich an der Gründung der wichtigsten konservativen Thinktanks mitgewirkt hatte und nun dafür sorgte, dass reiche Industrielle die moralischen Kreuzzüge der christlichen Rechten gegen Abtreibung oder Pornografie finanziell unterstützten. In der Reagan-Regierung schließlich drangen Aktivisten der Bewegung schnell in zahlreiche Schlüsselpositionen vor.[54] Auch wählte Reagan Versammlungen der religiösen Rechten, um wichtige programmatische Offensiven anzukündigen – so etwa 1983 bei der Jahresversammlung der NAE, wo er seine legendär gewordene »Evil Empire«-Rede über die Sowjetunion hielt. Eine andere Frage freilich ist, ob Reagan die Herzensthemen der »Christian Right« wirklich so am Herzen lagen, wie er vorgab; die Bilanz der von ihm vorangebrachten oder unterstützten Gesetzesvorlagen scheint – wie unten gezeigt wird – eine andere Sprache zu sprechen.

Es gibt jedoch noch eine zweite Interpretationslinie. Sie steht nicht unbedingt im Gegensatz zu jenen Arbeiten, die vor allem die Kooperation der verschiedenen Akteure und die großen habituellen Anpassungsleistungen der evangelikalen Bewegung würdigen. Aber im Ganzen stehen hier eher die ideologischen Schnittmengen zwischen den verschiedenen Flügeln der Bewegung im Vordergrund. Theoretisch, so der Kern des Arguments, mochte es zwar gewaltige Gegensätze geben zwischen einer religiösen Rechten, die den Eingriff des Staats zur Aufrechterhaltung von Moral und Ordnung fordert, und der libertären Auffassung, dass der Staat sich in das Privatleben der Bürger nicht einzumischen habe. Aber insbesondere in Fragen der Sozialpolitik, so die These, seien die Gemeinsamkeiten im Laufe des 20. Jahrhunderts gewachsen. Zum einen habe es trotz der Tatsache, dass evangelikale Christen häufig eine progressive Agenda verfolgt hätten, hier immer schon eine Affinität für puritanische Wirtschaftsauffassungen gegeben, nach denen wirtschaftlicher Erfolg ebenso verdient sei wie wirtschaftliches Scheitern, weswegen der Markt selbst die göttliche Ordnung der Dinge widerspiegele – und man daher in diesen so wenig wie möglich eingreifen solle.[55]

Zum anderen zeigen gerade viele der hervorragenden Regionalstudien der letzten Jahre, welchen Einfluss die Geografie sowie die generell gewaltigen inneramerikanischen Migrationsströme nach 1945 auf die Verschmelzung von kapitalistischer Wirtschaftsethik mit tiefer Religiosität hatten. Insbesondere in den boomenden Sunbelt-Staaten im Südwesten der USA – also dort, wo evangelikale Kirchen sich des größten Zulaufs erfreuten – hatten zahlreiche der zugezogenen Neuankömmlinge aus dem tiefen Süden der USA und auch den Rustbelt-Staaten einen rasanten sozialen Aufstieg hinter sich gebracht und lebten nun in den hochgradig individualisierten und privatistischen, gigantischen Suburbs rund um Städte wie Los Angeles oder auch Phoenix – Orte, die in ihrer sozioökonomischen Homogenität, aber auch in der für sie charakteristischen weitestgehenden Abwesenheit von Räumen öffentlicher Begegnung nicht unbedingt die Vorstellung von der Sinnhaftigkeit gesellschaftlicher Umverteilung förderten.

Insbesondere Darren Dochuk hat in seiner glänzenden Studie über Südkalifornien gezeigt, wie diese protestantische Migranten aus der Arbeiterklasse, die noch als New-Deal-Demokraten in den Sunbelt gezogen waren, empfänglich für libertäre Auffassungen über die Rolle des Staats wurden.[56] In eine ähnliche Richtung argumentierte schon Lisa Mc-

---

53 Vgl. noch immer *Lienesch*, Redeeming America.
54 *William C. Martin*, With God on Our Side. The Rise of the Religious Right in America, New York 1996.
55 Vgl. *William E. Connolly*, Capitalism and Christianity, American Style, Durham, NC 2008.
56 *Darren Dochuk*, From Bible Belt to Sun Belt. Plain-Folk Religion, Grassroots Politics, and the Rise of Evangelical Conservatism, W. W. Norton & Company, Inc., New York 2010, 520 S., geb., 35,00 $.

Girr in ihrer 2001 entstandenen Studie über Orange County. Noch stärker als Dochuk in seinem Buch hat sie herausgearbeitet, welche bedeutende Rolle die im Kalten Krieg boomende Militärindustrie bei der Formierung konservativer Weltbilder spielte. Ihre zentrale Stellung für die Ökonomie des Südwestens prägte ebenfalls das Weltbild vieler Amerikaner und machte diese auch für die aggressivere Außenpolitik der Republikanischen Partei zugänglich.[57] Diese und viele anderen Studien zum Sunbelt[58] machen somit auch deutlich, dass die Formierung des amerikanischen Konservativismus keineswegs primär aus Statusunsicherheiten resultierte und die Bewegung somit quasi aus klassischen Modernisierungsverlierern bestand. Vielmehr rekrutierte sie sich aus Amerikanerinnen und Amerikanern, die den optimistischen »American Creed« in ihren eigenen Gemeinschaften verkörpert sahen und Suburbia zum moralischen Gegenpol der von zahlreichen sozialen Problemen überhäuften amerikanischen Innenstädte stilisierten.

Eine besondere Konstellation bestand in dieser Hinsicht in den Südstaaten. Dort hatte man – spätestens seit dem New Deal – einer intervenierenden Rolle des Staats grundsätzlich positiv gegenübergestanden, und das galt auch und gerade für evangelikale Protestanten. Doch mit der Durchsetzung der Maßnahmen aus dem »Civil Rights Act« und dem »Voting Rights Act« kam es hier zu einer Neubewertung der Rolle der Zentralregierung in Washington, die nun primär mit der Aufhebung der Rassentrennung assoziiert wurde.[59] Überhaupt scheint die These plausibel, dass die Kontroversen um die Sozialpolitik auch viele rassistische Ressentiments absorbierten, die im öffentlichen Diskurs nicht länger sagbar erschienen, wurde doch suggeriert, bei den Empfängern staatlicher Umverteilung handle es sich in erster Linie um Afroamerikaner und andere Minderheiten.[60] Aus dieser Perspektive wählten jedenfalls viele konservative weiße Südstaatler die Republikanische Partei nicht trotz ihrer wirtschafts- und sozialpolitischen Positionen, sondern gerade wegen dieser.[61]

V. MÄCHTIG, ABER WIRKUNGSLOS? DIE KONTROVERSE UM DIE BILANZ DER »KONSERVATIVEN REVOLUTION«

Freilich gibt es seit einigen Jahren eine Gegenerzählung zur angeblichen Ära konservativer Dominanz seit 1968. Diese Gegenerzählung bestreitet dabei weder die Erfolge der konservativen Bewegung, die Republikanische Partei in ihrem Sinne umzugestalten, noch negiert sie die Wahlerfolge der Partei oder aber den Willen der Akteure zur durchaus grundlegenden gesellschaftlichen und politischen Transformation. Stattdessen bilanziert sie nüchtern, in welchen Bereichen Politik und Gesellschaft des Landes tatsächlich seit den 1960er und 1970er Jahren – den Dekaden einer vermeintlichen konservativen Tendenzwende – nach rechts gerückt sind. Eine solche Sichtweise allerdings enthüllt dann in der Tat die Grenzen der angeblichen »konservativen Revolution«.

---

57 *Lisa McGirr*, Suburban Warriors. The Origins of the New American Right, Princeton, NJ 2001.

58 Vgl. unter anderem *Matthew D. Lassiter*, The Silent Majority. Suburban Politics in the Sunbelt South, Princeton, NJ 2006; *Elizabeth Tandy Shermer*, Sunbelt Capitalism. Phoenix and the Transformation of American Politics (Politics and Culture in Modern America), University of Pennsylvania Press, Philadelphia, PA 2013, 432 S., geb., 49,95 $.

59 Vgl. *Kevin M. Kruse*, White Flight. Atlanta and the Making of Modern Conservatism, Princeton University Press, Princeton 2005, 352 S., geb., 50,00 $.

60 *Martin Gilens*, Why Americans Hate Welfare. Race, Media, and the Politics of Antipoverty Policy, Chicago/London 1999.

61 Vgl. etwa *Nancy MacLean*, Neo-Confederacy Against the New Deal. The Regional Utopia of the Modern American Right, in: *Matthew D. Lassiter/Joseph Crespino* (Hrsg.), The Myth of Southern Exceptionalism, Oxford/New York etc. 2009, S. 308–330.

Vergleicht man etwa die Ziele des amerikanischen Konservativismus bezüglich der Erhaltung traditioneller Moralvorstellungen mit den tatsächlichen Resultaten, dann muss die Bilanz recht nüchtern ausfallen. Mancher Ausnahme zum Trotz: Alles in allem dürfte die amerikanische Gesellschaft heute gewiss nicht weniger liberal sein als im Jahr 1968, als mit der Wahl Richard Nixons angeblich die Dekaden konservativer Vorherrschaft eingeläutet wurden. In der dominanten Populärkultur spielte und spielt Sex weiter eine bedeutende Rolle; Homosexualität ist weitaus akzeptierter, als es noch vor Jahrzehnten der Fall war, und in immer mehr Bundesstaaten sind gleichgeschlechtliche Ehen erlaubt; die Scheidungsraten sind beständig gestiegen (interessanterweise übrigens besonders in republikanisch dominierten Bundesstaaten) und die traditionelle Kernfamilie hat überhaupt insgesamt weniger Anhänger als in der Vergangenheit. Selbst bei der Frage der Religiosität der amerikanischen Gesellschaft ist die Lage komplizierter, als es die These von Amerikas Sonderweg der nicht vollzogenen Säkularisierung suggeriert: Denn die Anzahl jener, die angeben, überhaupt keiner Religion anzugehören, ist auch auf der anderen Seite des Atlantiks gewachsen, wenngleich nicht in so dramatischem Umfang wie in Europa.[62] Natürlich gibt es heute überall in den USA Inseln tiefer Religiosität und traditioneller Moralvorstellungen, aber »Mainstream-Amerika« haben all die Kreuzzüge der konservativen Bewegung offenkundig kaum erreicht.

Man mag einwenden, dass solch grundlegende gesellschaftliche Wandlungsprozesse ohnehin vom Willen politischer Akteure wenig zu beeinflussen sind. Nur: Was sagt dieses dann über die tatsächlichen Mentalitäten und Mehrheitsverhältnisse im Land aus? Vor allem aber haben konservative Politiker an jenen Stellen, wo konkrete politische Handlungsspielräume vorhanden waren, letztlich wenig getan, um die Vorhaben der religiösen Rechten zu unterstützen. Das ist auch die These des stark diskutierten Buchs von David T. Courtwright, »No Right Turn«.[63] Auch für ihn stellt die Präsidentschaft Ronald Reagans von 1981 bis 1989 so etwas wie den entscheidenden Lackmustest dar: So habe ausgerechnet Reagan, noch heute von der Bewegung hymnisch verehrt, für den Supreme Court keineswegs dezidierte Abtreibungsgegner nominiert. Obwohl später schließlich einige Einschränkungen durchgesetzt wurden, blieb die Grundsubstanz der Roe-vs.-Wade-Entscheidung damit unangefochten. Courtwright glaubt, dass die Machtbasis und die gesellschaftlichen Mehrheiten für eine solche Politik einfach gefehlt hätten und insbesondere republikanische Präsidenten daher zwar Themen des »Culture War« im Wahlkampf zur Mobilisierung der eigenen Basis nutzten, sie aber vor der tatsächlichen Umsetzung einer reaktionären Politik dann doch zurückgeschreckt seien. Vor allem jedoch – und das ist ein uns bereits geläufiges Argument – seien wirtschaftliche Interessen innerhalb der konservativen Koalition stets wichtiger gewesen und hätten Vorrang genossen.[64]

Allerdings: Selbst im Bereich der Wirtschafts- und Sozialpolitik kann man an der Durchschlagskraft der »Reagan Revolution« ebenso zweifeln wie an allen anderen ausgerufenen radikalen Kurswechseln. Dabei hat es hier am Willen zur Umgestaltung seitens der Akteure keinesfalls gemangelt. Gewiss: Reagan kürzte mehrmals die Steuern, deregulierte einige Wirtschaftsfelder und tat alles, um die Macht der amerikanischen Gewerkschaften zu brechen. Allerdings haben vor allem die Arbeiten historisch orientierter Politikwissenschaftler – in erster Linie ist hier Paul Pierson zu nennen – aufgezeigt, wie wenig sich dadurch im Ganzen die Architektur des Staats änderte, und wie schwer es fiel, die Reformen

---

62 Vgl. *Robert D. Putnam/David E. Campbell*, American Grace. How Religion Divides and Unites Us, New York 2010.

63 *David T. Courtwright*, No Right Turn. Conservative Politics in a Liberal America, Harvard University Press, Cambridge, MA/London 2010, 352 S., geb., 28,50 €.

64 Äußerst populär geworden ist diese These mit dem Buch von *Thomas Frank*, What's the Matter with Kansas? How Conservatives Won the Heart of America, New York 2005.

des New Deal zurückzudrehen. Reagan musste die meiste Zeit über mit einer demokratischen Mehrheit im Kongress umgehen, was seine Spielräume natürlich einschränkte, obwohl er im Vergleich zu späteren Präsidenten noch handlungsfähig erschien. Reagan ist überdies als »Great Communicator« beschrieben worden, aber auch er stieß mit seinen Zielen an Grenzen: Theoretisch mochte zwar eine Mehrheit der Amerikanerinnen und Amerikaner das *small government* befürworten, doch sobald es um konkrete Kürzungen in den Sozialversicherungen ging, hatten weder Reagan noch andere ein klares Mandat. Für die Beschneidung besonders teurer Sozialprogramme wie »Medicare« oder »Medicaid« etwa gab es selbst unter republikanischen Wählern keine wirkliche Mehrheit. Außerdem waren da Reagans ehrgeizige Rüstungspläne, die zwar den neokonservativen Falken gefielen, durch die aber das Ziel, den Staat kleiner statt größer zu machen, ebenfalls gefährdet wurde – eine Parallele zur späteren Präsidentschaft George W. Bushs. Am Ende der Präsidentschaft Reagans war die Staatsquote der USA praktisch kaum gesenkt worden.[65] So könnte man sagen, dass seit Ronald Reagan zwar die Abgabenlast sank, die eigentlich angedachten Kürzungen damit aber kaum Schritt hielten – mit den bekannten Finanzierungsproblemen für die Gegenwart. Oder wie es Paul Pierson und Jacob Hacker ausdrückten: Fortan versuchten die Republikaner, »a twenty-first-century government on a mid-twentieth-century tax haul« zu führen.[66]

Andere freilich geben zu bedenken, dass Amerikas Konservative zumindest den öffentlichen Diskurs nach rechts gezogen hätten: Nach Reagans Regentschaft sei es für die Politiker beider Parteien beinahe unmöglich geworden, für die Notwendigkeit von Steuererhöhungen zu plädieren. Die Demokraten brauchten lange, um sich von der eifernden Staatsfeindschaft des amerikanischen Konservativismus abzukoppeln; als Bill Clinton 1996 in seiner »State of the Union« erklärte: »The era of Big Government is over«, da schien die Hegemonie konservativen Denkens trotz eines Demokraten im Weißen Haus weiter zementiert.[67] Überdies: Als Reagan 1988 das Weiße Haus verließ, gab es zum ersten Mal seit Existenz solcher Umfragen eine Mehrheit unter den Amerikanern, die sich als »konservativ« bezeichnete. Die »Reagan Revolution«, so lässt es sich vielleicht zusammenfassen, hat die Köpfe der Amerikanerinnen und Amerikaner verändert – aber nicht die längeren Pfade der politischen Entwicklung durchbrochen, weil der fragmentarische Charakter des amerikanischen Institutionensystems radikalen Wandel zur einer unwahrscheinlichen Operation macht.

Interessanterweise schien diese Relativierung der konservativen Erfolgsgeschichte einherzugehen mit einer generellen Neubewertung der amerikanischen Politikgeschichte. Als »Triumph-Narrativ« hat etwa Hyrum Lewis große Teile der Geschichtsschreibung über den amerikanischen Konservativismus bezeichnet.[68] In diesem Triumph-Narrativ sind die 1930er bis 1960er Jahre die Wüstenjahre der Bewegung, voller Niederlagen und Demütigungen mit einigen einsamen Rufern in der Ödnis. Danach folgen die Jahre des Aufstiegs und der Blüte, durch die eine zuvor marginalisierte politische Idee zur Deutungsmacht aufsteigt. Bei all jenen schließlich, die diese Geschichte bis in die Gegenwart verlängern, wird dieses Narrativ dann oft in Form einer Parabel mit dem abermaligem Abstieg in die Bedeutungslosigkeit verbunden oder mindestens mit einer Form der intellektuellen Re-

---

65 Vgl. als konzise Zusammenfassung das kleine Büchlein von *Gil Troy*, The Reagan Revolution. A Very Short Introduction, Oxford/New York etc. 2010.

66 *Jacob S. Hacker/Paul Pierson*, Off Center. The Republican Revolution and the Erosion of American Democracy, New Haven, CT/London 2006, S. 46ff.

67 In diese Richtung argumentiert *David Farber*, The Rise and Fall of Modern American Conservatism. A Short History, Princeton University Press, Princeton, NJ 2010, 312 S., kart., 22,95 $, S. 210.

68 Vgl. *Hyrum Lewis*, Historians and the Myth of American Conservatism, in: The Journal of the Historical Society 12, 2012, S. 27–45.

gression seit den Bush-Jahren.[69] Mittlerweile jedoch haben viele Historiker darauf hingewiesen, dass wohl eher dieses zweite Drittel des 20. Jahrhunderts außergewöhnlich gewesen ist: Nur in jenen knapp drei Jahrzehnten zwischen Roosevelts New Deal und Johnsons
»Great Society« schien der Liberalismus unangefochten zu dominieren, war der ideologische Konsens zwischen den Eliten des Landes in der Tat beeindruckend. Aus dieser Perspektive betrachtet aber erscheint der angeblich so plötzliche und rasante Aufstieg des
Konservativismus aus dem Nichts eher wie die Rückkehr zur Normalität, zu jenem zähen
ideologischen »Stellungskrieg«[70] zwischen den Lagern, der fortan die Realität der Politik
in Washington und anderswo im Land bestimmte.

In den letzten zwei Jahrzehnten haben Historiker den amerikanischen Konservativismus von allen Seiten beleuchtet: Mit den Eliten der Bewegung haben sie sich ebenso intensiv beschäftigt wie mit den Basisaktivisten; wir wissen viel über interne Flügelkämpfe,
zentrale Strategien und sehr viel über unterschiedliche regionale Ausprägungen der Bewegung. Die Rolle der Religion wurde ebenso intensiv gewürdigt wie die Bedeutung
wohlwollender Finanziers. Die Frage ist daher berechtigt, ob angesichts der umfangreichen Arbeit auf diesem Feld überhaupt noch Lücken bestehen.

Relativ selten wurde zum Beispiel der Nexus zu eher kulturgeschichtlichen Fragestellungen gesucht. Der amerikanische Konservativismus war schließlich auch deswegen
mutmaßlich so erfolgreich, weil er es verstanden hat, einige der zentralen Elemente der
nationalen amerikanischen Mythologie zu vereinnahmen und damit zu definieren, was als
»amerikanisch« zu gelten habe. Das gilt für den »Frontier-Mythos« ebenso wie für das
puritanisch geprägte »Konversions-Narrativ« der Umkehr von einem als sündig oder feh-
lerhaft empfundenen Weg. Beides wurde von republikanischen Politikern immer wieder
brillant genutzt, um sich als wahre Hüter amerikanischer Identität zu inszenieren – aber
systematisch untersucht worden sind diese Komplexe kaum.[71] Und obgleich die Rolle
von Frauen bei der Mobilisierung und Organisation der Bewegung gewürdigt wurde[72],
würde man doch gern mehr darüber erfahren, wie es einer von zahlreichen klassisch mas-
kulinen Topoi durchzogenen Bewegung so erfolgreich gelungen ist, Frauen als besonders
präsente politische Aktivistinnen zu gewinnen.

Andere Desiderate wurden jüngst von Kim Phillips-Fein benannt und können an dieser
Stelle nur wiederholt werden: Wenig existiert zu den für den Konservativismus zentralen
Themen »Antifeminismus« und »Homophobie«; die Rolle konservativer Medien nach
1945 wurde kaum erforscht[73]; über die lokalen Parteiorganisationen der Republikanischen Partei existiert praktisch nichts; und schließlich ist die amerikanische Rechte nur
sehr selten im internationalen Kontext oder im Vergleich zu anderen politischen Strömungen mit ähnlichen Zielen und Motiven analysiert worden.[74]

Letzteres freilich würde deutlich machen, dass der amerikanische Konservativismus in
all seinen Eigenheiten und seiner ganzen Widersprüchlichkeit wohl am Ende doch weiterhin exzeptionell bleibt.

---

69 So etwa *Sam Tanenhaus*, The Death of Conservatism, New York 2009; vgl. auch die Arbeiten
    aus dem Inneren der Bewegung, die zu einem ähnlichen Schluss kommen, so zum Beispiel
    Francis Fukuyama, America at the Crossroads. Democracy, Power, and the Neoconservative
    Legacy, New Haven, CT/London 2007.
70 *Courtwright*, No Right Turn, S. 6.
71 Vgl. aber *David C. Bailey*, Enacting Transformation. George W. Bush and the Pauline Conver-
    sion Narrative in *A Charge to Keep*, in: Rhetoric and Public Affairs 11, 2008, S. 215–241.
72 Vgl. am Beispiel von Südkalifornien *Michelle M. Nickerson*, Mothers of Conservatism. Women
    and the Postwar Right, Princeton, NJ 2012.
73 Noch nicht erschienen ist die Dissertation von *Nicole Hemmer*, Messengers of the Right. Media
    and the Modern Conservative Movement (Dissertation, Columbia University, 2010).
74 Vgl. *Phillips-Fein*, Conservatism.

Peter Lösche

150 Jahre SPD

Die Literatur zum Jubiläum

Repräsentative Festveranstaltungen, glänzende Feiern, Ereignisse fast wie Staatsakte, große und großartige Ausstellungen, Bildbände und andere, oft voluminöse Bücher, Hunderte von Artikeln und Aufsätzen in der seriösen Presse: Es rauscht im deutschen Blätterwald – die SPD wird 150 Jahre alt.

Und der 100. Geburtstag von Willy Brandt, dem Charismatiker, wie es immer wieder heißt, wird zelebriert. Welch ein Kontrast zu den Jahrhundertfeiern vor 50 Jahren. Damals, 1963, war die SPD noch nicht Regierungspartei geworden. Ja, sie hatte sich nur wenige Jahre zuvor, nämlich im Godesberger Programm von 1959, offiziell vom Marxismus verabschiedet. Nur wenige Veranstaltungen machten 1963 auf das Jubiläum aufmerksam. Allein an einigen Universitäten war das Wetterleuchten der Studentenbewegung, der Außerparlamentarischen Opposition, zu spüren – und damit wachsende Neugier an der Geschichte der SPD und der sie tragenden sozialen Bewegung. Lehrveranstaltungen zur Geschichte der Arbeiterbewegung wurden angekündigt. Allerdings war das Interesse eher theoretischer Art. Wilhelm Weischedel und Hans-Joachim Lieber an der Freien Universität Berlin und Hermann Wein in Göttingen lasen über den »jungen Marx«.

Damals wie heute stellte und stellt sich die Frage, was ist, was heißt eigentlich »Arbeiterbewegung«, von der sich die SPD als Teil versteht. Die einschlägigen Lexika helfen etwas weiter, auch wenn sie zur »Identität« der SPD wenig zu sagen haben, diesem aktuell immer wieder beschworenen Begriff. So werden recht allgemein unter »Arbeiterbewegung« »unterschiedliche Formen des Selbstschutzes, der Selbsthilfe und der ökonomischen, politischen und kulturellen Befreiung der arbeitenden Klassen im 19. und 20. Jahrhundert« verstanden. Wie die meisten anderen Parteien in der deutschen Geschichte ist die SPD aus einer sozialen Bewegung hervorgegangen, nämlich zunächst aus einem Zusammenschluss von primär Handwerkern, dann zunehmend aus dem auf Lohnarbeit angewiesenen industriellen Proletariat.[1] Im Gegensatz zu dieser eher generellen Begrifflichkeit und mehr orientiert am deutschen Beispiel stehen Elemente der Organisationsförmigkeit und ein Mindestmaß an Institutionalisierung im Mittelpunkt des Verständnisses. So kann die Arbeiterbewegung in verschiedenen Lebensbereichen und Organisationsformen auftreten, nämlich (1) als Gewerkschaft und Interessenvertretung der Beschäftigten; (2) als politische Organisation, also als Partei; (3) als Genossenschaft und als wirtschaftliche Unternehmung; (4) als Freizeit und Bildungsvereinigung.[2] Als wichtiges Definitionskriterium kommt aber hinzu, dass die Arbeiterbewegung mit ihrer Partei und den kulturellen und anderen Vorfeldorganisationen über einen gewissen utopischen Überschuss verfügte, sich nämlich als Alternative zum gesellschaftlichen Status quo, zum je aktuellen Kapitalismus begriff. Auch wenn die SPD mit ihrer proletarischen Herkunft im vorigen Jahr so intensiv gefeiert worden ist, drängt sich doch die Frage auf, ob sie heute überhaupt noch als Partei der Arbeiterbewegung zu verstehen ist oder ob – radikal formuliert – das Ende der Arbeiterbe-

---

1 Vgl. *Karl-Heinz Klär*, Arbeiterbewegung, in: Lexikon des Sozialismus, hrsg. v. *Thomas Meyer/ Karl-Heinz Klär/Susanne Miller* u.a., Köln 1986, S. 38ff.

2 *Peter Lösche*, Arbeiterbewegung, in: *Dieter Nohlen/Rainer-Olaf Schultze* (Hrsg.), Lexikon der Politikwissenschaft, Bd. 1, München 2010, S. 28f.

wegung nicht längst erreicht und die Sozialdemokratie zu einer ganz ›normalen‹ Allerweltspartei geworden ist.

Neugierde ist angebracht, ob diese radikale, an die Wurzeln des sozialdemokratischen Selbstverständnisses gehende Problematik in die Jubiläumsliteratur Eingang gefunden hat. Ironisch an einem Beispiel formuliert: Im Jubiläums-Sonderheft des »Vorwärts« findet sich auf der hinteren Umschlagseite eine ganzseitige Anzeige der »Deutschen Vermögensberatung«, auf der hinteren Innenseite eine ganzseitige Anzeige der »Initiative Neue Soziale Marktwirtschaft«, die dem BDI nahesteht.[3] Um was geht es hier? Um einen Ausdruck der Emanzipation der SPD von der Arbeiterbewegung oder rein pragmatisch um die Finanzierung der Parteizeitschrift durch Unternehmer? Oder seriös formuliert: Existiert die alte Arbeiterbewegung, wie wir sie aus der Geschichte kennen, nicht mehr, nicht als organisierte Bewegung, »die durch eine gemeinsame Klassenidentität und das Projekt der Transformation des Kapitalismus zusammengehalten« wurde?[4] Dennoch bleibt die Realität, dass sich weder Klassen noch Klassenkonflikte noch Bedeutung und Schutzbedürftigkeit kapitalistischer Erwerbsarbeit aufgelöst haben – also nicht Ende, wohl aber Wandel von Arbeit und Kapitalismus?[5]

Diese radikale Frage nach dem Ende der Arbeiterbewegung könnte pragmatisch auch damit beantwortet werden, dass diese ihre Identität schlicht und einfach aus der historischen Kontinuität gewinnt, nämlich der ungebrochenen Existenz eines Organisationsnetzwerks und der rituellen Beschwörung einer Alternative zum kapitalistischen Status quo.

Im Folgenden werden wir unter anderem dieser Fragestellung folgen, angelegt an die Literatur zum 150-jährigen Jubiläum der SPD. Auf andere und mehr systematische Fragestellungen wird im Zusammenhang mit den besprochenen Büchern eingegangen werden, soweit sich diese überhaupt aus dem Konzept und Inhalt der Publikationen ergeben. Dabei geht es auch um den Versuch zu erkunden, ob und wenn ja welche neuen Erkenntnisse in der Forschung vorliegen beziehungsweise welche Publikationen so provokant und fantasievoll sind, dass sie zur Disputation beziehungsweise zum Nachrecherchieren einladen (Abschnitt II). Einleitend werden jedoch zunächst neue Überblicksdarstellungen vorgestellt (Abschnitt I). Gesondert wird auf lokale und biografische Studien eingegangen (Abschnitt III). Schließlich geht es um Lehrbücher, Gedenkbücher, Ausstellungskataloge sowie Reiseführer, die einen besonderen didaktischen Anspruch erheben (Abschnitt IV).

I. ÜBERBLICKSDARSTELLUNGEN

Unter den Überblicksdarstellungen ist an erster Stelle die von Bernd Faulenbach zu nennen[6], die angesichts des verheerend schlechten Wahlergebnisses der SPD bei der Bundestagswahl 2009 mit der Frage nach einer möglichen Krise der Partei anhebt. Verwiesen wird auf andere europäische Länder, in denen die dortigen Sozialdemokratien ebenfalls aktuell nicht mehr an der Macht sind. Natürlich fehlt in diesem Zusammenhang auch nicht die bekannte These von Ralf Dahrendorf vom Ende des sozialdemokratischen Jahrhunderts, da die Sozialdemokratien im Wesentlichen ihre Ziele erreicht hätten. Damit ist der Ton für die Darstellung der sozialdemokratischen Historie von der Revolution 1848/49 bis in un-

---

3 Vorwärts extra: Der lange Weg zu einem besseren Land. 150 Jahre Sozialdemokratie, Februar 2013.

4 *Hans-Jürgen Urban*, Arbeiterbewegung heute. Wandel der Arbeit – Wandel der Bewegung, in: APuZ 63, 2013, H. 40–41, S. 41–46, hier: S. 41.

5 Ebd., S. 42f.

6 *Bernd Faulenbach*, Geschichte der SPD. Von den Anfängen bis zur Gegenwart, Verlag C. H. Beck, München 2012, 144 S., kart., 8,95 €.

sere Gegenwart angeschlagen. Obwohl Faulenbach Vorsitzender der Historischen Kommission beim Parteivorstand der SPD ist, kommt seine Darstellung nicht parteifromm-unkritisch, sondern durchaus distanziert-selbstständig daher. Beschönigungen sind nicht zu finden. Realismus und um Objektivität bemühte Deskription dominieren.

So etwa schreibt der Autor zutreffend, dass der Rücktritt Willy Brandts vom Kanzleramt 1974 nicht in der Guillaume-Affäre begründet war, diese bestenfalls den äußeren Anlass abgab. Die eigentlichen Ursachen lagen bei den sich verstärkenden innerparteilichen Flügelkämpfen, bei den extremen Belastungen durch die Regierungsarbeit und bei den Attacken Herbert Wehners auf den Parteivorsitzenden (S. 90f.). Auch der Schlingerkurs der westdeutschen SPD 1989/90 in der Frage der Wiedervereinigung wird ehrlich von Faulenbach dargestellt. So war es dem Parteivorsitzenden Hans-Jochen Vogel nur mit Mühe gelungen, im Dezember 1989 eine Resolution in Parteivorstand und Parteirat durchzubringen, die die Wiederherstellung staatlicher Einheit zum Ziel sozialdemokratischer Politik erklärte. Der Kanzlerkandidat der Partei, Oskar Lafontaine, hatte aus seiner Skepsis gegenüber der Vereinigung keinen Hehl gemacht. Kein Wunder, dass die Partei im Herbst 1990 bei der Bundestagswahl eine vernichtende Niederlage hinnehmen musste (S. 111–116). Schließlich verschweigt Faulenbach auch nicht die innerparteiliche wie generelle Reaktion auf die Agenda 2010: Ein Exodus von Parteimitgliedern, besonders von gewerkschaftlich orientierten, vollzog sich und die Partei verlor ihr Image als Schutzmacht der »kleinen Leute«, ging ihrer Kompetenz im Bereich soziale Gerechtigkeit verloren (S. 130).

Auf vier Ebenen beschreibt Faulenbach die Geschichte der SPD. Da geht es zum einen um den ökonomisch-sozialen Hintergrund und Prozess, zugespitzt auf die Frage nach der Bewältigung der »sozialen Frage«, die in verschiedenen historischen Perioden – so der Verfasser – eine je unterschiedliche inhaltliche Bedeutung und politische Relevanz hatte. Zum anderen betont Faulenbach, dass die Sozialdemokratie außer der sozialen immer auch eine politische Bewegung gewesen sei. Etwas einseitig werden hier die außenpolitischen Probleme genannt, mit denen die Partei konfrontiert war: die Weltkriege, der Versailler Vertrag, die Stellung gegenüber dem Osten beziehungsweise gegenüber dem Westen, der Nationalsozialismus, die unerwartete Wiedervereinigung 1989/90. Drittens wird die innerparteilich-organisatorische Ebene behandelt und schließlich wird die SPD als Regierungs- und Oppositionspartei, also in den Institutionen des parlamentarischen Systems beschrieben. Faulenbach gelingt eine knappe, komprimierte, detailreiche und insgesamt gelungene Darstellung. Natürlich kann man angesichts von nur 140 Seiten in Kleinformat einwenden, dass dieser Sachverhalt zu kurz, jener jedoch im Vergleich zu umfänglich geraten sei. Gleichwohl: Die Deskription sozialdemokratischer Geschichte ist gut gelungen. An analytischen Passagen mangelt es da zuweilen, vielleicht auch notwendigerweise an Tiefe. Ein Beispiel: Bereits vor der ersten Bundestagswahl war die SPD bei Landtagswahlen hinter die CDU zurückgefallen, wurde für fast zwei Jahrzehnte zur Oppositionspartei, während für die Mehrheit der Wähler die CDU/CSU wie die geborene Regierungspartei aussah – und das, obwohl (oder vielleicht auch gerade deswegen?) Kurt Schumacher angesichts des ›Dritten Reichs‹ einen moralisch begründeten Führungsanspruch erhob, ein Mann, der in Konzentrationslagern fast zu Tode gequält worden war. Schumacher vertrat nach der knapp ausgegangenen Bundestagswahl von 1949 eine kompromisslose Haltung; er versuchte nicht, sich nach der Wahl an den nachfolgenden Koalitionsverhandlungen zu beteiligen. In der Sozialdemokratie wurde über die unverständigen Wähler lamentiert, insbesondere über die vielen Arbeiter, die ihre Stimme nicht der SPD gegeben hatten. Die Partei fand sich im Schmollwinkel wieder.[7] Einige analysierende Sätze von

---

7 *Franz Walter*, Die SPD. Vom Proletariat zur Neuen Mitte, Berlin 2002, S. 126f. und 132.

Faulenbach wären hier angebracht gewesen, warum nämlich die SPD so lange brauchte, um erst 1969 die Macht in Bonn zu übernehmen.

In seinem einleitenden Kapitel wirft Faulenbach die immer wieder beschworene Frage nach der Identität in der 150-jährigen SPD-Geschichte und in der Gegenwart der Partei auf. Der Kern dieser Identität liege, so der Autor im Schluss seiner Darstellung, in bestimmten Zielen, Werten und Haltungen. So sei die SPD die Partei, die dadurch Freiheit für alle verwirklichen wolle, dass sie diese mit Gleichheit und Solidarität in Beziehung setze. Dies laufe auf die Zähmung des Kapitalismus und die Ausdifferenzierung des Sozialstaats hinaus. Zur Identität der deutschen Sozialdemokratie gehöre dann auch, dass sie sich als Partei der Demokratie verstehe und international den friedlichen Ausgleich suche. Hinzu komme, dass sie als Bildungs- und Kulturbewegung der Fortschrittsidee verpflichtet gewesen sei (S. 136). Nun sind die genannten Kriterien recht abstrakt und allgemein; sie treffen gleichwohl ein Verständnis von kollektiver Identität, wie es sich in der Politikwissenschaft findet: Danach zeigt sich Identität bei Parteien in gemeinsamer Kultur, Werten, Überzeugungen und Interessen, die durch Institutionen und Symbole stabilisiert und symbolisiert werden.[8] Allerdings stellt sich die Frage, welche der genannten Kriterien nicht auch auf andere Parteien zutreffen, etwa auf konservativ-christliche Parteien wie die CDU/CSU, die – von der katholischen Soziallehre herkommend – auch für die Zähmung des Kapitalismus und den Ausbau des Sozialstaats eintreten. Was also ist – um Guido Westerwelles bürokratischen Begriff zu nehmen – das »Alleinstellungsmerkmal« der SPD im Unterschied zu anderen Parteien? Schade, dass der Autor diesen Schritt nicht geht, ihn vielleicht auch gar nicht zu tun vermag, weil die Unterschiede zwischen den Parteien nicht mehr so gravierend sind. Das Büchlein hätte an Qualität gewonnen, wenn derartige Probleme aufgenommen worden wären.

Positiv hervorzuheben bleibt aber, dass Faulenbach seine Darstellung nicht apodiktisch mit einer Art Zusammenfassung beendet, sondern einen ganzen Fragenkatalog neu öffnet als Herausforderung für die künftige Programmatik der deutschen Sozialdemokratie. Dazu gehört zum Beispiel, ob Themen wie Ökologie und Klima für viele Menschen ebenso wichtig sind wie soziale Gerechtigkeit. Kurz: ein gelungenes Buch, in Darstellung und Fragestellungen ein interessanter, detail- und faktenreicher Überblick der 150-jährigen Geschichte der SPD.

Angesichts der hohen Qualität des Buchs von Faulenbach ist zu dem von Andrea Nahles und Barbara Hendricks herausgegebenem »Für Fortschritt und Gerechtigkeit. Eine Chronik der SPD« wenig Positives zu sagen, ja es ist eigentlich überflüssig.[9] Das Buch ist gleichsam ein Produkt des Parteivorstands, es trägt einen parteioffiziellen Charakter. Da mag die von Ursula Walker, einer Historikerin, die allerdings nicht auf die Geschichte der Arbeiterbewegung spezialisiert ist, zusammengestellte Chronologie noch angehen. Diese basiert im Wesentlichen auf drei Veröffentlichungen, einer Chronologie[10] und zwei Überblicksdarstellungen.[11] Hier werden Ereignisse sorgfältig aufgezählt und aneinandergereiht. Was jedoch die im letzten Drittel des Buchs versammelten zwölf »Essays und Interviews zur 150-jährigen Geschichte der SPD« eigentlich bringen sollen, ist nicht klar. Sie sind jeweils zwei bis drei Seiten lang, also vom Umfang knapp bemessen. Bestenfalls kann man von Testimonials sprechen, also von einer Art Bekenntnissen zur deutschen Sozial-

---

8 *Günter Rieger*, Identität, in: *Nohlen/Schultze*, Lexikon der Politikwissenschaft, S. 381.

9 *Andrea Nahles/Barbara Hendricks* (Hrsg.), Für Fortschritt und Gerechtigkeit. Eine Chronik der SPD, vorwärts|buch Verlagsgesellschaft, Berlin 2013, 135 S., kart., 9,80 €.

10 *Franz Osterroth/Dieter Schuster*, Chronik der deutschen Sozialdemokratie. Daten, Fakten, Hintergründe, 5 Bde., Berlin 1975–2005.

11 *Heinrich Potthoff/Susanne Miller*, Kleine Geschichte der SPD 1848–2002, Bonn 2002, sowie *Franz Walter*, Die SPD. Biographie einer Partei, Berlin 2002.

demokratie, von Sigmar Gabriel über Hannelore Kraft, Andrea Nahles, Günter Grass bis
zu Hans-Jochen Vogel. Diese Statements kreisen recht oberflächlich um Stichworte wie
Solidarität, Gerechtigkeit, Chancengleichheit, Freiheit und Menschenwürde. Zwar wird
in den meisten Beiträgen implizit oder explizit von einer Vision geredet. Was jedoch gemeint ist, wo in diesem Zusammenhang der Funke einer Idee zündet, wie Neugier geweckt werden könnte, das bleibt dem Leser verschlossen. Allein Franziska Drohsel, ehemalige Vorsitzende der Jungsozialisten, provoziert, indem sie auf Rosa Luxemburg und
deren Diskussion von Reform und Revolution verweist. »Das sind immer noch Fragen,
die man sich als junge Sozialistin in der SPD stellt« (S. 122). Unklar ist, wer eigentlich
Adressat, also Leser des Bändchens sein soll. Es ist ein eher peinlicher Beitrag zum SPD-
Jubiläum.

Von ganz anderem Kaliber ist da der von Bernd Faulenbach und Andreas Helle herausgegebene Band »Menschen, Ideen, Wegmarken. Aus 150 Jahren deutscher Sozialdemokratie«.[12] Dies ist ein Sammelband mit mehr als 50 Beiträgen. In der sehr knappen, gerade eine Seite umfassenden Einleitung heißt es, es werde nicht versucht, eine »Meisterer-
zählung«, eine strenge Narration der Geschichte der Sozialdemokratie zu liefern, sondern
Geschichte in Einzelbeiträgen darzustellen (S. 11). Oder schlichter formuliert: Wir haben
es mit einem bunten Strauß von Essays, historischen Skizzen und Miszellen zu tun. Fast
alle Autorinnen und Autoren haben zu der von ihnen gewählten Thematik schon gearbeitet, neue Forschungsergebnisse sind also nicht zu erwarten, schon gar nicht bei Artikeln,
die nicht mehr als sechs bis acht Seiten umfassen. Auch ist die Qualität der Aufsätze von
Inhalt und Stil her vielfältig. Große Namen aus der Historikerzunft haben mitgewirkt:
Heinrich August Winkler schreibt über den »Preußenschlag«, also Franz von Papens
Staatsstreich 1932 gegen das demokratische Preußen; Reinhard Rürup befasst sich mit
der Ausrufung der Republik durch Philipp Scheidemann am 9. November 1918; Hans
Mommsen schreibt eine Art biografischen Lexikonartikel über Julius Leber. Das Buch ist
chronologisch in sieben Zeitabschnitte gegliedert, von den Anfängen der Arbeiterbewegung
in der Revolution von 1848 bis zur Sozialdemokratie nach der Epochenwende 1989/90.
Um einen Einblick in den umfänglichen Band zu geben, wird auf einige Artikel im Folgenden kurz eingegangen.

In einer kritischen Auseinandersetzung mit Ferdinand Lassalle und dem Lassalle-Kult
geht Helga Grebing differenziert argumentierend in die Anfangsjahre des ADAV zurück
(S. 18–26). Ihr geht es darum, die oft mythisch unterlegte Geschichte über die Anfänge der
deutschen Arbeiterbewegung infrage zu stellen. Sie hebt hervor, dass Lassalle eine radi-
kal-demokratische Variante des linken Liberalismus, zentralistisch und kleindeutsch-preu-
ßisch vertrat. Als Alt-Hegelianer brachte Lassalle eine etatistische Prägung in die sozialdemokratische Arbeiterbewegung, die durchaus im Widerspruch zu zivilgesellschaftlichen sozialen Bewegungen stand (S. 20f.). Peter Brandt (S. 189–198) erinnert in seiner
biografischen Skizze Ernst Reuters an die demokratischen und sozialistischen Struktur-
reformen, die die SPD nach dem Zweiten Weltkrieg vertrat und die in Berlin ihren Nie-
derschlag unter anderem in der Abschaffung des Berufsbeamtentums, in der Einrichtung
einer Einheitsversicherung, in Teilsozialisierungen, überbetrieblicher Mitbestimmung und
einer achtjährigen Einheitsschule fanden (S. 191). Allein schon am Einspruch der West-
Alliierten scheiterten diese Konzepte. Dietmar Süß setzt sich mit der Geschichte der Jusos
in den 1970er und 1980er Jahren auseinander (312–320). Er präsentiert einige interessante Informationen, die schon bekannt sind, die aber doch – im Vergleich zu den heutigen
Jusos – zeigen, welche Dynamik in dieser Jugendorganisation, gerade auch in ihren Flügelkämpfen, vorhanden war. Allerdings: Einmal in Parlamente gewählt, passten sich viele

---

12 *Bernd Faulenbach/Andreas Helle* (Hrsg.), Menschen, Ideen, Wegmarken. Aus 150 Jahren deut-
scher Sozialdemokratie, vorwärts|buch Verlagsgesellschaft, Berlin 2013, 431 S., geb., 35,00 €.

Juso-Funktionäre relativ schnell an die Funktionsweise des bundesrepublikanischen politischen Systems an, sodass sie rasch in den Geruch der Anpasser gerieten (S. 320). Einen interessanten Versuch unternimmt Klaus Wettig, indem er in zwei Beiträgen die Gebäude schildert und deren Architektur interpretiert, in denen nach dem Zweiten Weltkrieg die Zentrale der SPD untergebracht war, also die »Baracke«, das Erich-Ollenhauer-Haus (S. 264–270), und das Willy-Brandt-Haus (S. 392–395). Während die »Baracke« das Provisorium Bonn repräsentieren sollte, sollte der Ollenhauer-Neubau der nicht auf Repräsentation gerichteten Haltung der SPD gerecht werden (S. 268). Das Willy-Brandt-Haus in Berlin ist hingegen mehr als nur als Ort der Parteiverwaltung verstanden worden, sondern wird auch als Versammlungs- und als Ausstellungsort genutzt. Die beiden Beiträge hätten noch gewonnen, wenn stärker reflektiert worden wäre, inwieweit Politik, Ökonomie und Gesellschaft sich in dem jeweiligen Bau gespiegelt haben. Auch wäre ein Ansatz wie der in Adolf Arndts berühmten Vortrag »Demokratie als Bauherr« fruchtbar gewesen. Dass diese beiden Architektur-Artikel überhaupt Aufnahme in den Sammelband gefunden haben, ist aber positiv hervorzuheben.

Die Herausgeber haben offensichtlich den Mangel gespürt, dass sie ihren Autoren keine gemeinsame Fragestellung oder These mit auf den Weg gegeben haben. So fallen sie in Einleitung und Nachwort auf die wohlfeile Problematik von der Identität zurück. Im Hintergrund der Beiträge stehe durchgängig, so die Herausgeber, »die Frage nach dem, was die Sozialdemokratie ausmacht, also die Frage nach der Identität beziehungsweise die nach Identitätsvergewisserung und -erneuerung« (S. 11). Was dann aber nun »Identität« ist, mithilfe welcher Kriterien dieser Begriff unter Umständen operationalisiert werden kann, bleibt offen. Im Nachwort heißt es pathetisch-unsicher, dass die Geschichte für die Sozialdemokratie ein Weg sei, »sich der eigenen Identität zu vergewissern, die gewiss eine Identität im Wandel ist, doch Selbstbewusstsein und Orientierung verschafft« (S. 427). Trotz dieser Kritik: ein gelungenes, buntes Buch, nicht nur für Fachleute, auch für historisch Interessierte geeignet, in dem es Spaß machen kann, zu schmökern und zu stöbern.

II. Herausforderungen an die Forschung

Aus zwei Gründen gehört das Buch von Peter Brandt und Detlef Lehnert, »›Mehr Demokratie wagen‹. Geschichte der Sozialdemokratie 1830–2010«, in die Rubrik »Herausforderungen für die Forschung«.[13] Zum einen wird die Geschichte der deutschen Arbeiterbewegung in einer unkonventionellen, zur Diskussion anregenden Periodisierung dargestellt, zum anderen scheint das Buch einer erkenntnisleitenden Fragestellung zu folgen, nämlich der nach »Mehr Demokratie wagen«, also dem Motto der Regierungserklärung von Willy Brandt 1969. Vorausgeschickt sei jedoch, dass wir es hier mit einer detaillierten, kenntnisreichen und umfassenden Geschichte der deutschen Sozialdemokratie zu tun haben, die eingebettet ist in die allgemeine Sozial- und Politikgeschichte. In jedem Kapitel findet sich eine knappe Mitglieder- und Wählersoziologie der SPD. Einige wenige Illustrationen lockern den Text auf. Leider fehlt ein Personen- und Sachregister. Offensichtlich basiert das Werk in seinen historischen Kapiteln auf einer früheren Veröffentlichung von Detlef Lehnert[14], während das letzte Kapitel wohl überwiegend aus der Feder Peter Brandts geflossen ist.

---

13 *Peter Brandt/Detlef Lehnert*, »Mehr Demokratie wagen«. Geschichte der Sozialdemokratie 1830–2010, vorwärtsbuch Verlagsgesellschaft, Berlin 2013, 299 S., geb., 20,00 €.
14 *Detlef Lehnert*, Sozialdemokratie zwischen Protestbewegung und Regierungspartei 1848–1983, Frankfurt am Main 1983.

Auf den ersten Blick interessant, dann aber doch irritierend wirkt die von den Autoren vorgenommene Periodisierung der Geschichte der Sozialdemokratie. Sie bewegen sich in gleichmäßigen Schritten von 30 Jahren durch die Zeit, beginnend mit 1830 bis 1860, also gleichsam einer Vorphase der organisierten Arbeiterbewegung. Doch hat diese zeitliche Strukturierung etwas Starres, Krampfhaftes, auch Widersprüchliches. Ein extremes Beispiel dafür ist die Periode von 1920 bis 1950, die die Wirren der Weimarer Republik, die Brutalität des Nationalsozialismus und das beginnende Neo-Biedermeier der Adenauer-Kanzlerschaft umfasst. Nicht klar ist, ob diese Periodisierung nur die der Arbeiterbewegung oder die gesamte Sozial-, Wirtschafts- und Politikgeschichte umfasst. Welche Kriterien sind für die Periodisierung angelegt worden? Wer ist sozialer Träger der Demokratie in jeweils welcher Periode und warum gewesen? Nein, die Periodisierung bringt keinen Erkenntnisgewinn, provoziert aber heftige und durchaus fruchtbare Diskussionen.

Wer über Demokratie schreibt, muss sagen, wovon er redet. Eine Definition dieser Kategorie ist bekanntlich nicht einfach, wir haben es mit einem Allerweltsbegriff zu tun, der sich zudem in den Medien von Zeit und Gesellschaft abhängig wandelt. Gleichwohl ist es durchaus möglich, unterschiedliche Typen von Demokratie zu benennen und Indikatoren zu entwickeln. Mit dem Motto der brandtschen Regierungserklärung ist eigentlich eine erkenntnisleitende Fragestellung vorgegeben: Was heißt und was ist Demokratie in je unterschiedlichen Perioden? Wer ist Träger, wer Widersacher der Demokratie? Mithilfe dieser und weiterer Kategorien hätten Brandt und Lehnert ihr Buch zu strukturieren vermocht, hätten ein Konzept entwickeln können. Leider geschieht dies nicht. Vielmehr werden am Ende eines jeden Kapitels einige recht unverbundene Stichworte über »Demokratie« angehängt, ohne jede Systematik. Gleichwohl spürt man es natürlich auf jeder Seite: Für die Autoren ist die SPD die Demokratiepartei schlechthin. Nur erheblich gewonnen hätte das Buch, wenn diese These systematisch entfaltet worden wäre. An verschiedenen Stellen wäre es gut gewesen, weiter auszuholen, zum Beispiel die Rätebewegung 1918/19 zu diskutieren. Trug diese ein (direkt-)demokratisches Potenzial in sich? Stellen Rätekonzepte eine Alternative zum repräsentativen Parlamentarismus dar? Oder ein anderes Thema: Bedeuten die Stuttgarter Organisationsreform vom Mai 1958 und das Godesberger Programm einen Fortschritt für Demokratie und Emanzipation?

Auf ein Thema gehen die beiden Autoren nicht ein, das nach Veröffentlichung ihres Buchs virulent geworden ist, nämlich das Öffnen der Partei für Elemente direkter Demokratie, für Mitgliederbegehren, Mitgliederentscheide und Vorwahlen. Bekanntlich hat es im Herbst 2013 einen Mitgliederentscheid über den Beitritt der SPD zur Großen Koalition gegeben. Fast 80 % der Mitglieder haben sich beteiligt (bei einem Beteiligungsquorum von 20 %). 76 % der Mitglieder haben sich für, 24 % gegen die Große Koalition ausgesprochen. Der Parteivorsitzende, Sigmar Gabriel, sprach von einer Sternstunde innerparteilicher Demokratie. Lange vor dieser Abstimmung haben Franz Müntefering und Gabriel die Möglichkeit innerparteilicher Vorwahlen, nämlich die Nominierung von Kandidaten für öffentliche Ämter durch Wähler oder Mitglieder, ins Gespräch gebracht – und sind damit aus (vielleicht) guten Gründen gescheitert: Eine Parteimitgliedschaft würde sich dann nicht mehr lohnen, wenn bei einer offenen Vorwahl auch Nichtmitglieder abstimmen könnten. Die Macht der Parteifunktionäre ginge weitgehend verloren. Es sind diese Fragen nach direkter Demokratie, die heute relevant sind, die im vorliegenden Band aber nicht systematisch diskutiert werden.

Dies ist eigentlich umso erstaunlicher, als die beiden Verfasser gegenüber der Sozialdemokratie in den historischen Kapiteln eine durchaus kritische Haltung einnehmen: So kritisieren sie die schrödersche Agenda-Politik mit ihren Problemen für die Glaubwürdigkeit der Partei. Es wird Kritik an Friedrich Ebert und Gustav Noske geübt. Sie selbst nehmen in der Frage der Parteispaltung während des Ersten Weltkriegs eine Position zwischen

USPD und MSPD ein. Und in den Schlusspassagen argumentieren Brandt und Lehnert
für eine Stärkung der sozialen und repräsentativen Demokratie. Sie beschwören den We-
senskern der Sozialdemokratie, nämlich eine solidarische Gesellschaft der Freien und
Gleichen anzustreben (S. 275).

Der von Franz Walter und Felix Butzlaff herausgegebene Sammelband, »Mythen, Ikonen, Märtyrer. Sozialdemokratische Geschichten«, gehört in die Rubrik »Forschung«,
nicht weil hier originelle Untersuchungen vorgelegt werden, sondern weil in einer ganzen
Reihe von Essays Themen und Fragestellungen für künftige Forschungen angesprochen
und auch entwickelt werden.[15] Viele der Essays sind schwungvoll und lebendig geschrieben, man spürt die Freude der Autoren am Formulieren, die Neugier, etwas Neues zu
entdecken. Natürlich, da finden sich auch deskriptive, traditionelle Beiträge. Franz Walter
aber hat ein ganzes Haus voller junger Leute um sich versammelt, die hungrig und begeistert sind, die angetreten sind, unkonventionelle Thesen zu vertreten. Die Essays bieten
Themen, Argumente und Fragestellungen, denen man selbst schon immer gern nachgegangen wäre. In der Einleitung heißt es, die Sozialdemokraten besäßen aus ihrer 150-jäh-
rigen Geschichte den Stoff, um von »großen Konflikten, schlimmen Gefahren, üblen Ver-
folgungen, mutigen Frauen und Männern, tragischen Märtyrern, verwegenen Abenteurern,
aber auch von verächtlichen Konvertiten« zu erzählen. All dies ist die Basis für Mythen
und Legenden, für das große Epos (S. 9).

So umspannen die Beiträge die Zeit von der Gründungsgeschichte bis zum Wahlsieg
der SPD 1998. Drei große Blöcke strukturieren die Erzählungen, »Helden und Ikonen«,
»Orte und Ereignisse« sowie »Kultur und Projekt«. Gelungen der Eröffnungsbeitrag von
Franz Walter, in dem er – ähnlich wie Helga Grebing im oben besprochenen Band – Ferdinand Lassalle vom Denkmalsockel stürzt (S. 15–25). Die Lektüre bietet ein Lesevergnü-
gen; sie basiert auf einem früheren Aufsatz des Verfassers.[16] Recht nachdenklich kommt
der Aufsatz von Paru Fiona Ludszuweit und Matthias Micus daher, »Bekenner des Sozialismus – Motive, Hintergründe und Eigenschaften sozialdemokratischer Märtyrer« (S. 46–
58), der über sozialdemokratische Märtyrer handelt, nämlich über Rosa Luxemburg, Ludwig
Frank und Kurt Schumacher. Positiv ist hervorzuheben, dass die Autoren sich mühen, den
Begriff »Märtyrer« mithilfe von Kriterien zu fassen, die es überhaupt erst ermöglichen,
die drei genannten Persönlichkeiten miteinander zu vergleichen. Als Merkmale werden
genannt: Bekennermut, Überzeugungsstärke, Konfliktbereitschaft und Eigensinn, Vorbild-
rolle, Bereitschaft, persönliche Risiken einzugehen und Opfer zu bringen sowie das Privatleben der Politik unterzuordnen. Die Ära der Bekennerparteien und der Ideologien ist
aber vergangen – und damit auch die der Märtyrer. Interessant auch der Beitrag von Sören
Messinger und Jonas Rugenstein über den Umgang mit Abweichlern und Querdenkern in
der Erzählung der Sozialdemokratie, hier ausgeführt an den Beispielen von Johann Most
und Paul Levi (S. 68–78). Sehr einfühlsam schildert Robert Lorenz die Geschichte der
Sozialistischen Arbeiterjugend in der Weimarer Republik (S. 96–104). Er entwickelt, wie
der Mythos vom »Weimar der arbeitenden Jugend« entstehen und bis in die Bundesrepublik wirken konnte. Gelungen ist auch der Aufsatz von Felix Butzlaff über die jüdischen
Wurzeln der Sozialdemokratie (S. 203–212). Dessen These lautet, dass trotz sozialökono-
mischer Differenzen Juden und Arbeiter vieles gemeinsam hatten, das sie einte, so die
Erfahrung der Unterprivilegierten und die Ausgrenzung aus der Mehrheitsgesellschaft.
Zudem: Sozialismus als quasi-religiöse Weltanschauung stieß in das Sinnvakuum hinein,

15 *Franz Walter/Felix Butzlaff* (Hrsg.), Mythen, Ikonen, Märtyrer. Sozialdemokratische Geschich-
    ten, vorwärts|buch Verlagsgesellschaft, Berlin 2013, 302 S., geb., 20,00 €.
16 *Franz Walter*, Bohemien, Tribun und Organisator der sozialistischen Utopie. Aus dem exzentri-
    schen Leben des Ferdinand Lassalle, in: Indes. Zeitschrift für Politik und Gesellschaft 1, 2012,
    H. 2, S. 85–96.

das die jüdische Emanzipation hinterlassen hatte. Schließlich reflektiert Severin Caspari über die Mythen bildende Kraft des Arbeiterlieds für die Sozialdemokratie (S. 223–230). Ein Wir-Gefühl wurde durch gemeinsames Singen geschaffen, das nach innen integrierte, nach außen abgrenzte.

Ein gelungener Jubiläumsband, voller Thesen und Fragestellungen, informativ zudem. Der Lesefluss wird etwas gehemmt durch einen unsäglich langen Anmerkungsapparat von über 750 Annotationen – aber in Zeiten der Plagiatsjäger wohl unausweichlich. Herausgeber und Autoren haben also den prallen Stoff genutzt, der ihnen die 150-jährige Geschichte der SPD bot.

Franz Walter und Stine Marg haben ein unkonventionelles, anregendes Buch zur Geschichte der Arbeiterbewegung vorgelegt.[17] Sie richten ihr Augenmerk auf verschiedene, einzelne Thesen, Fragestellungen und Sachverhalte. Es geht also nicht um eine breite Beschreibung und Erzählung. Wenn man so will: Ein Appetitmacher, sich intensiver mit der sozialen Bewegung der Facharbeiter und ihren intellektuellen Genossen näher zu befassen. Die Veröffentlichung gehört insoweit in den Bereich der Forschung, als so provokante Thesen, bislang nicht oder doch wenig beachtete Sachverhalte präsentiert werden, dass sie eine Einladung zum Widerspruch, zum Nach- und Neurecherchieren sowie zur Formulierung von Antithesen bieten. Es sind drei Themen, die die Autoren besonders beachten. 1. Das Interesse gilt dem Typus des sozialistischen Bildungsbürgers in der Partei der Facharbeiterschaft, auch Spannungen zwischen Intellektuellen und Industrieproletariern. Diskutiert werden solche Persönlichkeiten wie Karl Marx und Ferdinand Lassalle, Karl Kautsky und Eduard Bernstein, Rudolf Hilferding und Hermann Heller. Aber auch Carlo Schmid, Richard Löwenthal, Peter von Oertzen, Erhard Eppler und Peter Glotz werden am Rande erwähnt, entsprechend ihrer, im Vergleich zu den Intellektuellen in den ersten 70 Jahren der Sozialdemokratie geringeren Bedeutung. 2. Das zweite große Thema ist »das sozialdemokratische Primat der Ordnung und Organisation, des vorsorgenden Plans und der gesellschaftlichen Prävention«. Zu Recht wird im Vorwort bereits gewarnt, dass »reformistische Sozialarchitekten den Leser bis an Abgründe führen«. (S. 7). 3. Schließlich wird gefragt, was von der alten sozialdemokratischen Sozialmoral, von den alten Normen und Motiven eigentlich geblieben ist, wenn die Emanzipation wesentlich vollbracht und das Zeitalter der Meritokratie erreicht ist. »Hat sich die Partei der einst Entrechteten durch den Aufstieg nicht selbst überflüssig gemacht?« (S. 8).

Nach diesen relativ allgemeinen Bemerkungen werden Walter und Marg in den folgenden Kapiteln konkret. Das Kapitel über »social engineering« beginnt mit den Kurzbiografien der Ehepaare Beatrice und Sidney Webb sowie Alva und Gunnar Myrdal, bis der (unvorbereitete) Leser plötzlich damit konfrontiert ist, dass Eugenik nicht allein bei den völkischen Rechten zu finden war, sondern in der Weimarer Republik in der Linken »eine eigene und spezifische Tradition« entwickelt hatte, zurückgehend bis zum »Verband der Vereine für Volksgesundheit« vor dem Ersten Weltkrieg. Walter und Marg argumentieren, dass eine derartige Position innerhalb der Sozialdemokratie »gerade in der Konsequenz der Moderne und des Fortschrittsdenkens lag, deshalb zu rationalistisch-planerischen Anmaßungen und Menschheitsoptimierungsutopien führte« (S. 83). Natürlich, die sozialdemokratischen Eugeniker verfügten über keinen großen Anhang in der SPD und ihren Nebenorganisationen und diese schrieben, redeten und agitierten lange vor Auschwitz. Gleichwohl: Warum sind solche inhumanen Positionen in der Arbeiterbewegung möglich gewesen? Weitere Forschungen sind nötig.

---

17 *Franz Walter/Stine Marg*, Von der Emanzipation zur Meritokratie. Betrachtungen zur 150-jährigen Geschichte von Arbeiterbewegung, Linksintellektuellen und sozialer Demokratie, Vandenhoeck & Ruprecht, Göttingen 2013, 160 S., kart., 19,99 €.

Aber das Buch ist nicht einseitig kritisch angelegt. Vielmehr geht es auch um die Stärken und positiven Seiten der SPD, etwa in dem Kapitel über den sozialdemokratischen Organisationskosmos. Hier wird nicht nur das Hohe Lied über den sozialdemokratischen Funktionär angestimmt, sondern die These vertreten, dass die Freizeit- und Nebenorganisationen überhaupt erst den Zusammenhalt der Arbeiterbewegung brachten, die unpolitischen Arbeiter an der Sozialdemokratie festhielten. Diese These erscheint plausibel, ob sie allerdings empirisch haltbar ist, dürfte fraglich sein. Nicht zuletzt kommt es hier wohl auf den Politikbegriff an – was heißt »unpolitischer Arbeiter«?

Im Band von Walter und Marg geht es ganz wesentlich um die Positionsbestimmung der SPD heute. Mit verschiedenen Thesen wird gespielt, neue Perspektiven werden eröffnet. Es bleibt nicht nur bei der These vom »Ende der Volksparteien«, sondern es wird gefragt, was danach komme. Eine gelungene Essay-Sammlung, über deren einzelne Beiträge der Leser sich aufregen kann, sich provoziert oder bestätigt fühlen mag. Aber auf jeden Fall kein Langweiler.

Entgegen dem, was sonst aus der Werkstatt Franz Walters kommt, finden sich hier gelegentlich größere stilistische Unebenheiten. Allein die Lektüre eines über 15 Zeilen gehenden Satzes bringt einen außer Atem (S. 124). Und leider ist auch mit den Daten zu Wahlergebnissen und zu den Mitgliedern nicht ganz sauber umgegangen worden.

Ein faszinierendes Buch hat Gunter Hofmann vorgelegt.[18] Eine Art Doppelbiografie, in der der Autor der Frage nachgeht, warum zwischen Willy Brandt und Helmut Schmidt so tief gehende Differenzen bestanden – und beide doch immer wieder zusammenkamen, sie sich im Zweifelsfall regelrecht zusammenrauften. Zwar gibt es über beide Kanzler Biografien, allgemeine Sekundärliteratur, autobiografische Veröffentlichungen (im Text werden immer wieder längere Passagen zitiert). Das Willy-Brandt- und das Helmut-Schmidt-Archiv standen Hofmann offen. Die Forschungslücke, in die der Autor hineinstößt, ist »das Ungesagte zwischen den beiden«, davon »handelt das Buch« (S. 18). Und in der Tat: Mit großer Sensibilität, mit Gespür für das Informelle, eben auch das »Ungesagte« charakterisiert Hofmann seine beiden Protagonisten – und ohne dabei ins Psychologisieren zu geraten. Es finden sich Thesen, die zum weiteren Forschen anregen. Das Buch selbst bietet einen Fortschritt in der Forschung, obwohl sein Verfasser Journalist ist – oder gerade weil er diesem Beruf nachgeht: Das ist nämlich ein durchaus mutiger methodologischer Schritt, diesem Quervergleich nachzugehen; der Band liest sich dazu auch noch wie der berühmte Krimi.

Hofmann geht von der These aus, dass die Beziehung zwischen Brandt und Schmidt kompliziert war, eben eine schwierige Freundschaft – »und das hing mit ihren Lebensgeschichten zusammen« (S. 11). Obwohl beide im Alter nur fünf Jahre auseinanderlagen, Brandt Jahrgang 1913, Schmidt Jahrgang 1918, konnte der Gegensatz zwischen beiden kaum größer sein: der eine in das sozialdemokratische Milieu hineingeboren, der andere ins kleinbürgerliche. Brandt war noch stark geprägt von der Weimarer Republik, für Schmidt war Weimar museale Geschichte. Der eine ging 1933 als Emigrant nach Skandinavien; der andere wurde bald ein normaler Wehrmachtssoldat. Der eine war Teil der Arbeiterbewegung, gehörte dazu, der andere war ein von Wehrmacht und Nachkriegszeit geprägter Politiker. Des einen Biografie kann nicht ohne die Geschichte der Arbeiterbewegung erzählt werden, der andere ist eher zufällig zur SPD gestoßen, ist mehr Teil der allgemeinen deutschen Nachkriegsgeschichte. Hofmann geht in Darstellung und Vergleich seiner beiden Protagonisten chronologisch, im Prinzip nach Lebensabschnitten gegliedert vor. Dabei werden nicht nur die Gegensätze zwischen beiden deutlich, sondern auch Übereinstimmungen, etwa in der Beurteilung von Julius Leber oder Ernst Reuter. Einfühlsam

---

18 *Gunter Hofmann*, Willy Brandt und Helmut Schmidt. Geschichte einer schwierigen Freundschaft, Verlag C. H. Beck, München 2012, 335 S., geb., 21,95 €.

und sensibel wird dabei nicht nur beschrieben, sondern aus den Biografien vorsichtig erklärt und interpretiert, an keiner Stelle aber moralisierend gewertet. Hier liegt die große Stärke des Autors. So gelingt es ihm, die beiden – scheinbar – unterschiedlichen Charaktere gegenüberzustellen, dabei aber auch jene Projektionen zu berücksichtigen, unter denen das jeweilige Persönlichkeitsbild sich darbot: Brandt fiel es nicht schwer, sich auf Experimente einzulassen, Schmidt warnte vor Risiken, er war Soldat, wollte überleben.»Brandt war nicht im Krieg. Er suchte Wege und Auswege, Öffnungen«. Schmidt hingegen bevorzugte das »Schließen«. Brandt zeigte Vertrauen, die Republik werde sich schon selbst erziehen. Schmidt war überzeugt, sie müsse erzogen werden. Willy Brandt, so Hofmann, war der Mann der Anfänge, auf Kontinuität legte hingegen Helmut Schmidt besonderen Wert (S. 283). Dann aber nimmt Hofmann sich das Klischeehafte, die Projektionen, die sich in beiden Persönlichkeitsbildern festgesetzt haben und mitschwingen, vor und differenziert: »Mir scheint, das Hamletsche an Schmidt und das Bismarcksche an Brandt geriet […] zu oft aus dem Blick« (S. 285).

Dabei benötigten, ja brauchten sich beide: Kanzler Schmidt den Parteivorsitzenden Brandt, Kanzler Brandt den Rationalisten Schmidt. Beider Führungsstil schien eigentlich unvereinbar. Dennoch wussten sie – gerade auch in Verbindung mit Herbert Wehner in der Troika – dass sie aufeinander angewiesen waren. Kein Wunder, dass zuweilen das Gerücht die Runde machte, die drei seien persönlich so verkracht, dass sie nur über Mittelsmänner, über Abgesandte miteinander redeten – aber immerhin, sie kommunizierten miteinander.

Im Schluss seines Buchs zieht Hofmann – offensichtlich zustimmend – eine Äußerung von Horst-Eberhard Richter heran, um das Verhältnis beider zu kennzeichnen als »Ergänzungsverhältnis der Eigenschaften beider«, ein Komplementärverhältnis, der eine strategischer Rechner, der andere Politiker der »compassion« (S. 303). Hofmann hat ein glänzendes Buch zur Geschichte der Bundesrepublik geschrieben. Brandt ist bis an sein Lebensende geborener Sozialdemokrat, Akteur in der Geschichte der Arbeiterbewegung gewesen, Schmidt hingegen rational kalkulierender Stratege, kein in der Wolle gefärbter Sozialdemokrat. Wurde »Brüder zur Sonne zur Freiheit« zum Abschluss eines Parteitags angestimmt, so fiel der eine kräftig in den Gesang ein, der andere lief etwas peinlich berührt rot an.

In die Kategorien »aktuelle Zeitgeschichte« und »Herausforderungen an die Forschung« gehört das voluminöse, faktenreiche, umfängliche, fast 900 Seiten lange Buch Edgar Wolfrums, »Rot-Grün an der Macht. Deutschland 1998–2005«.[19] Der Band stellt die erste historische Gesamtdarstellung der rot-grünen Koalition dar und handelt damit implizit und explizit auch von der Geschichte der deutschen Sozialdemokratie. Es waren nur sieben Jahre an der Macht, aber in denen ist – wie erst in der Rückschau ganz deutlich wird – viel geschehen, ist der Reformstau, der sich nach 16 Jahren Kohl aufgetürmt hatte, geplatzt, hat es in so kurzer Zeit so viele und so tiefe Veränderungen gegeben wie nie zuvor in der Geschichte der Bundesrepublik, vielleicht wie nie zuvor in der deutschen Geschichte. Man denke nur an das Staatsbürgerschaftsrecht, das 630-Mark-Gesetz, die Greencard, das Lebenspartnergesetz, die Riester-Reform, die Dauerbaustelle »Gesundheitsreform«, den Atomausstieg, die Öko-Steuer, das Dosenpfand, die Einrichtung eines Kulturstaatsministeriums, die Zwangsarbeiterentschädigung, vor allem aber die Agenda 2010.

Das Buch bietet eine detailreiche, ja detailversessene Chronologie, ein breites und umfassendes Panorama, eine Rekonstruktion und Revue der rot-grünen Regierungszeit, dicht aus den Quellen geschrieben – und diese, vor allem aber die publizistischen Dokumente in ihrem Tenor immer wieder übernehmend. Das Werk beginnt mit dem Macht-

---

19 *Edgar Wolfrum*, Rot-Grün an der Macht. Deutschland 1998–2005, Verlag C. H. Beck, München 2013, 848 S., geb., 24,95 €.

wechsel 1998, schreitet dann fort über den Kosovokrieg, die Terroranschläge von 9/11, den Afghanistan- und Irakkrieg, die Agenda 2010, bis zu den Neuwahlen 2005. Sehr gut als Handbuch geeignet; ein enzyklopädisches Nachschlagewerk. Gleichwohl versucht der Autor Fragestellungen und Thesen in der Einführung zu entwickeln, die dann aber nicht die drei folgenden Teile und 16 Kapitel des Bandes strukturieren. Einige zuweilen mit Pathos als Schlüsselkategorien einleitend benutzte Begriffe werden nicht operationalisiert, bleiben gleichsam in der Luft hängen. Die Globalisierung gilt Wolfrum als überwölbendes Dach, darunter vollzogen sich vier Tendenzen, bewegende Kräftefelder: Krieg und Frieden, das sich verändernde Gesicht Europas, die Krise des westlichen Sozialstaats sowie der Reformstreit. Da ist – an einigen Stellen fast bombastisch und schwülstig oder unverständlich – die Rede von »globaler Regierung«, »Scharnierzeit«, »Jahren des Umbruchs«, »historischem Ausmaß«, »gravierendem Umbruch«, von historisch und epochal. Die Arbeitshypothese, so Wolfrum, lautet: Es handelt sich um eine spannungsreiche Geschichte des Übergangs vom 20. ins 21. Jahrhundert. Oder, breiter angelegt, um eine Ausgipfelung des Strukturbruchs, den die moderne Zeitgeschichte im letzten Drittel des 20. Jahrhunderts ansetzt (S. 715). Wie gesagt: Weder die Arbeitshypothese noch die (scheinbar) zentralen Begriffe werden operationalisiert oder zur Strukturierung des Stoffs herangezogen.

Im Vordergrund steht Deskription. Diese macht auch die Stärke des Buchs aus. Zum Beispiel der Rücktritt von Oskar Lafontaine als Finanzminister und als Vorsitzender der SPD. Der Ablauf des Rücktritts wird detailliert geschildert, auch die »Schockstarre«, in die die SPD gefallen war, die Partei, die Lafontaine »im Griff« hatte und die ihn nachgerade zu lieben schien. In der Partei standen sich zwei Fraktionen gegenüber, die »Modernisierer«, die Monetaristen, darunter Gerhard Schröder, und die Traditionalisten, die Keynesianer, angeführt von Lafontaine. Wolfrum kommt zu dem Schluss, dass das Scheitern all seiner politischen Vorhaben Lafontaine zum Rücktritt aus seinen Ämtern bewog, nicht der Machtkampf mit dem Kanzler. Der Leser bekommt hier den Eindruck, als würde ein künstlicher Gegensatz formuliert, denn ganz offensichtlich waren es zwei Rücktrittsmotive, der verlorene Machtkampf mit Schröder um die stärkste Position im Kabinett und damit zusammenhängend das Unvermögen, die eigenen politischen Ziele durchzusetzen. Neue Erkenntnisse zum Rücktritt Lafontaines im März 1999 vermag Wolfrum uns nicht mitzuteilen. Allerdings sind die Ereignisse akribisch und zusammenhängend beschrieben. Das gilt auch für das Schröder-Blair-Papier, das im Juni 1999 veröffentlicht worden war und das von vielen in der deutschen Sozialdemokratie als programmatische Wende angesehen wurde. Wolfrum zitiert den Inhalt dieses Dokuments, referiert verschiedene Stellungnahmen zu dem Papier, nimmt aber selbst keine Position ein, ordnet es auch nicht recht ein. Er spricht noch am ehesten von »Modernisierung«.

Die folgenschwerste Reform für die SPD war natürlich die Agenda 2010. Wolfrum schildert sie in all ihren Verästelungen. Die Fehler und Probleme bei der Durchsetzung und Annahme der Agenda werden deutlich, nämlich schlicht und einfach die misslungene Vermittlung, die dilettantische Kommunikation in die Öffentlichkeit und der verheerende Fehler, Arbeiter und Angestellte, die arbeitslos wurden, schon nach zwölf Monaten mit Sozialhilfeempfängern gleichzustellen. Interessant ist, dass zunächst der Aufstand der Parteibasis ausblieb. Warum dies so war, dieser Frage geht Wolfrum leider nicht nach. Auch an dieser Stelle ist das Buch analytisch defizitär. Die Agenda war nicht nur die am tiefsten greifende und umfassendste Reform des deutschen Sozialstaats, sondern sie bewirkte auch eine Veränderung des deutschen Parteiensystems, das bis zu diesem Zeitpunkt (sieht man von der Etablierung der Grünen ab) erstaunlich stabil geblieben war. Jetzt demontierte die SPD sich selbst. Unfreiwillig wurde sie zum Geburtshelfer der Linkspartei. Denn mit dem innerparteilich und bei den Gewerkschaften anschwellenden Protest gegen die Agenda wurden die parteipolitischen Folgen immer deutlicher. Einst sozialdemokratische Wähler, auch Stammwähler, wanderten in das Nichtwählen ab, gingen zur WASG, zur Wählerinitiative für Arbeit und soziale Gerechtigkeit, und zur sich auch im alten Westdeutschland etablierenden Linkspartei. Bei bundesweiten Wahlen fand sich die SPD fortan im 30 %-Turm wieder. Auch Parteimitglieder und Gewerkschaftsfunktionäre verließen die Sozialdemokratie. Eine Partei links von der SPD hatte sich auf Dauer festgesetzt. Zugleich zeigt dieser Sachverhalt den Mut Schröders, auch gegen seine eigene Partei eine von ihm als notwendig erachtete Reform durchzusetzen. Dazu Wolfrum: »Schröder führte das Land in den wirtschaftlichen Aufschwung und seine Partei in die Wahlniederlage« (S. 582). Die Passagen und Kapitel über die Agenda und ihre Konsequenzen lesen sich in dem dicken Wälzer spannend und kurzweilig; fein ziseliert kommt die Darstellung daher.

Zu Recht hebt Wolfrum die Erfolge von Rot-Grün hervor. Waren zunächst große Hoffnungen mit der ersten ›linken‹ Regierung verbunden, so war diese bald außen-, dann aber auch innenpolitisch von der politischen Realität eingeholt, sodass deren eigentliche Leistung schließlich doch darin bestand, den Reformstau nach 16 Jahren Kohl gebrochen zu haben. Innerhalb weniger Jahre wurde aus dem »kranken Mann Europas« das Modell Deutschland. Diese übervollen Jahre ruft Wolfrum in Erinnerung, schildert sie im Detail und schafft so die Grundlage für weitere Studien über Rot-Grün an der Macht.

III. BIOGRAFIEN UND LOKALE UNTERSUCHUNGEN

In diesem Abschnitt werden biografische und lokale Studien zur Geschichte der deutschen Sozialdemokratie vorgestellt und diskutiert, die unter Umständen viele Informationen bringen, gleichwohl nicht oder bestenfalls punktuell die Forschung vorangebracht haben. Dabei gibt es von der Sache her durchaus Überschneidungen qualitativer Art mit den Publikationen, die im vorausgegangenen Kapitel besprochen worden sind.

Jürgen Schmidts Biografie über August Bebel, den »Kaiser der Arbeiter«, ist deswegen so interessant, weil sie unter einer klaren Fragestellung beziehungsweise These verfasst ist, die die Arbeit strukturiert.[20] Die Wahlerfolge der Sozialdemokratie in den Bundesländern nach 1945, aber auch im Reich vor 1914, hätten zu einer »durchgreifenden Professionalisierung der Politik« geführt, so die These des Autors. Der Lebensweg August Bebels stehe paradigmatisch für diese Entwicklung. Er habe sich zu einem bestimmten Zeitpunkt seines Lebens entschieden, für die Politik zu leben. In den 1880er Jahren habe es bei ihm einen Übergang gegeben vom Handwerker-Unternehmer zum Berufspolitiker (S. 11). Schmidt erwähnt an dieser Stelle die bekannte Auseinandersetzung Max Webers mit dem Begriff des Berufspolitikers, gelangt aber nicht selbst zu einer Definition von »Berufspolitiker«. So heißt es bei ihm, Bebel füge sich nicht nahtlos in die von Weber entwickelte Typologie. Hier nicht weiter systematisch gearbeitet zu haben, nicht Kriterien für »Berufspolitiker« entwickelt zu haben, ist um so bedauernswerter, als das Buch durchaus eine Dramatik enthält, die auf der Entwicklung hin zur Professionalisierung der Politik beruht. So aber nennt der Autor nur einige Phänomene, die seine These stützen: In Bebel habe sich die ganze Breite politischen Arbeitens entfaltet, nämlich Netzwerke knüpfen, Reden halten, Kongresse organisieren, das Geld der Partei in Wertpapieren anlegen, Wahlkämpfe vorbereiten und führen, politische Ziele und Ideen entwerfen. Organisator und Agitator, dies sind die beiden wichtigsten Merkmale, die Schmidt für Bebel verwendet. Hinzu kommt die Fähigkeit, als Volksredner aufzutreten. Der Autor reflektiert, ob Bebel Charisma besessen habe oder nicht – auch dieser Begriff gehört bekanntlich in eine Typologie

---

20 *Jürgen Schmidt*, August Bebel – Kaiser der Arbeiter. Biografie, Rotpunktverlag, Zürich 2013, 285 S., geb., 27,00 €.

von Politikern. »Von der Politik« lebte Bebel insofern, als er mit seinem 1881 errungenen Mandat für den sächsischen Landtag für jeden Sitzungstag zwölf Mark erhielt. Sein Buch »Die Frau und der Sozialismus« und auch andere Veröffentlichungen brachten auch einen finanziellen Erfolg. Zudem hatte Bebel seinen Anteil an einer Drechslerei verkauft. Allerdings legte er größten Wert darauf, nicht durch besoldete Parteiämter sein Geld zu verdienen und dadurch abhängig zu werden. Gleichwohl war es das sozialdemokratische Milieu insgesamt, so Schmidt, das »ihm erlaubte[,] von der Politik zu leben« (S. 168).

Durchgängig weist Schmidt darauf hin, welch gespaltene, widersprüchliche Persönlichkeit Bebel eigentlich gewesen ist, zerrissen zwischen Privatperson und Politiker. Da gab es den mit allen Wassern der kapitalistischen Geldanlage gewaschenen Arbeiterführer, den für das nationale Wohl eintretenden Internationalisten, den Vertreter eines männlichen Feminismus, den Theoretiker, der zwischen Reform und Ideologie pendelte, der in einer bürgerlichen Wohngegend lebte und doch jeden Tag den Zusammenbruch der bürgerlichen Gesellschaft, den großen Kladderadatsch, erwartete. Aber vielleicht gehört eine derartige Zerrissenheit einer Persönlichkeit auch zu den Kriterien, die in ihrer Summe einen Berufspolitiker ausmachen? Oder ist eine derartige Frage nichts anderes als eine Projektion aus unserer Gegenwart in das ausgehende 19. Jahrhundert?

Insgesamt eine gelungene Biografie des ersten großen Vorsitzenden der SPD, der Aufstieg aus der Armut in die Mittelschicht ist lebendig geschildert, durch Quellen – nicht zuletzt die Briefwechsel Bebels – angereichert.

Biografien und biografische Beiträge über Willy Brandt sind inzwischen Legion. Einer der besten Kenner des Lebenslaufs von Brandt, insbesondere der Exiljahre in Norwegen und der skandinavischen Zeit insgesamt, ist Einhart Lorenz, Professor für europäische Geschichte an der Universität Oslo.[21] Sehr schön arbeitet er heraus, wie der radikale Sozialist, der Lübeck in die Emigration verlassen hatte, angesichts der skandinavischen politischen Kultur zu einem Anhänger des parlamentarischen Regierungssystems geworden ist. Er lernte das Grundwerkzeug eines Politikers in einer parlamentarischen Parteiendemokratie kennen, nämlich Kompromisse schließen und Konsens herstellen. Damit verband Brandt auch die Perspektive einer pluralistischen linken Volkspartei. Auch sein Demokratieverständnis veränderte sich, so Lorenz: »Es ging Brandt nicht darum, Beschlüsse durchzuboxen, sondern dialogisch zu arbeiten, zu überzeugen und Meinungen zu bündeln« (S. 231). »Er glaubte an die Kraft der Gedanken, und dass Argumente überzeugen konnten.« Hier stellt sich die Frage, ob Lorenz nicht ein zu idealistisches Bild von Brandt und seinem Demokratieverständnis hat, ob er nicht die »bismarcksche Seite« seines Protagonisten, von der Gunter Hofmann immer wieder gesprochen hat, etwas unterschätzt. Man denke nur an den Kampf Brandts in der Berliner SPD in den 1950er Jahren: Da ist auch von den Brandt-Leuten mit Haken und Ösen gegen die sogenannte neumannsche Keulenriege intrigiert und manipuliert worden. Allerdings: Brandt gewann nicht nur größtes politisches Ansehen im Ausland als Repräsentant des »anderen Deutschland«, das galt – trotz aller Diffamierungen, die es in den Wahlkämpfen immer wieder gab – auch für die deutsche Gesellschaft, wie nicht zuletzt der »Willy-Wahlkampf« von 1972 und vor allem die bis heute andauernde liebevolle Verehrung für »W.B.« zeigte und zeigt. Spannende, für den Historiker wie Politikwissenschaftler relevante Passagen finden sich immer wieder bei Lorenz, so über politische Führung, über die Troika Brandt-Schmidt-Wehner, über die Wiedervereinigung und die schwankende und wankende Haltung der SPD in dieser Frage (nicht zuletzt in der Hauptstadtfrage). Das Buch von Lorenz ist direkt aus den Quellen gearbeitet, es kommt sehr solide, in vielen Abschnitten auch in trockener Schilderung der Ereignisse daher. Da gibt es keine künstliche Dramatisierung mit einer These oder provo-

---

21 *Einhart Lorenz*, Willy Brandt. Deutscher – Europäer – Weltbürger, Kohlhammer Verlag, Stuttgart 2012, 288 S., kart., 24,90 €.

kativen Fragestellung. In seiner zusammenfassenden Formulierung ist Lorenz wohl Recht zu geben: »Wenn man die oft äußerst simplen Konstruktionen und irreführenden Stereotypisierungen seines von außen geschaffenen Bildes ablöst, entdeckt man einen überaus komplexen, vielschichtigen Menschen voller Brüche, Gegenläufigkeiten, mit Wirklichkeitssinn und Möglichkeitssinn – und zugleich mit auffälligen Kontinuitäten« (S. 232f.).

Mehr als ein Dutzend Willy-Brandt-Biografien liegt heute vor, ihre Zahl ist aus Anlass des 100. Geburtstags des Parteiführers und Kanzlers im Jahr 2013 noch gestiegen. Dazu zählt auch Bernd Faulenbachs Biografie.[22] Dies ist ein gelungenes, kleines, knappes, aber dennoch irgendwie detailliertes Werk, das mit viel Sympathie für den Protagonisten abgefasst worden ist. Wie viele andere Autoren betont Faulenbach zu Recht, dass Brandt eine Jahrhundertgestalt gewesen sei – dies jedenfalls gilt für Deutschland und Europa. Wenn es einen roten Faden in der Darstellung gibt, dann den, herauszuarbeiten, welches die Wirkungen von Brandt – zum Teil bis in unsere Gegenwart – gewesen sind. So habe Brandt das Selbstverständnis und die Politik der deutschen Sozialdemokratie seit den 1950er Jahren geprägt. Dabei sei er an skandinavischen Vorbildern orientiert gewesen, habe den deutschen erstarrten sozialdemokratischen Traditionalismus überwinden wollen. Ferner habe Brandt wesentlich zur Veränderung des Politikbegriffs in Deutschland beigetragen, habe ihn demokratisiert und entideologisiert, zu seiner geistigen und kulturellen Liberalisierung beigetragen. Des Weiteren sei er dem Leitbild eines europäischen Deutschland gefolgt, das die traditionellen nationalstaatlichen Verengungen überwand. Mithin setzte er sich für eine europäische Friedensordnung und europäische Föderation ein. Und schließlich habe Brandt erhebliche Wirkung als jemand erreicht, der global dachte und entsprechende Politikkonzepte entwickelte. Die Biografie ist lebendig geschrieben, kann als erste Orientierung für Leben und Wirken von Brandt dienen. Personenregister, Zeittafel und eine Liste der Schriften von Brandt und der Literatur über Brandt finden sich im Anhang. Insgesamt also ein gelungener propädeutischer Band zu Brandts Leben im Kontext der Geschichte der deutschen, europäischen und internationalen Arbeiterbewegung.

Faulenbachs Darstellung basiert ganz wesentlich auf dem großen, bis heute nicht übertroffenen, fast 1.000 Seiten umfassenden Standardwerk von Peter Merseburger, das in erster Auflage 2002 erschien und jetzt in einer Neuauflage vorliegt.[23] Der Autor beginnt sein Buch im Vorwort gleichsam mit einem Paukenschlag: Adenauer hätten die Deutschen respektiert, Willy Brandt aber habe in der bundesrepublikanischen Geschichte polarisiert wie kein anderer Politiker, ausgenommen vielleicht Franz Josef Strauß. Brandt wurde »gehasst aber auch geliebt – schon um seiner Schwächen willen, die ihn den Menschen näher rückten« (S. 7). Auf den ersten Blick, so Merseburger, mag die Biografie Brandts widersprüchlich gewesen sein, linksrevolutionär in der Jugend, demokratischer Sozialist in der skandinavischen Emigration, Kalter Krieger in Berlin, Kanzler der Versöhnung mit dem Osten in Bonn, Begründer der deutschen Zweistaatlichkeit, dann aber wiederum energischer Fürsprecher einer schnellen deutschen Vereinigung. Ein »Stück ungebrochener Freiheitstradition« habe Kontinuität in sein Leben gebracht. Und in der Tat hat Brandt mehrere historische Epochen durchlebt, die Weimarer Republik, die Zeit des Nationalsozialismus, die deutsche Spaltung und schließlich die deutsche Vereinigung. Kenntnisreich und differenziert entfaltet Merseburger die Biografie Brandts, schreibt zudem in einem Stil, dass man das Buch kaum aus der Hand zu legen vermag. Etwa das Kapitel »Machtkampf an der Spree. Ernst Reuters junger Mann setzt sich durch«. Um in der Berliner Partei die Oberhand zu gewinnen, beginnt Brandt mit harter Kärrnerarbeit, wird 1949

---

22 *Bernd Faulenbach*, Willy Brandt (Beck'sche Reihe, Bd. 2780), Verlag C. H. Beck, München 2013, 128 S., kart., 8,95 €.
23 *Peter Merseburger*, Willy Brandt. 1913–1992. Visionär und Realist, Pantheon Verlag, München 2013, 926 S., kart., 19,99 €.

Vorsitzender des Kreisverbandes Wilmersdorf, ist in den verrauchten Kneipen Neuköllns und Schönebergs zu den Zusammenkünften der Abteilungen, der Ortsvereine, zu finden. Mit harten Bandagen wird um den Landesverband gekämpft, zwischen der sogenannten Keulenriege, angeführt von dem Traditionssozialisten Franz Neumann, und den Brandt-Anhängern. Brandt obsiegt schließlich. Doch in dieser Zeit – nicht zuletzt wegen Neumanns unfairem manipuliertem Spiel um die Macht – unterschied Brandt sich kaum von anderen innerparteilichen Parteikämpfern, stand im deutlichen Kontrast zu seiner geläuterten Persönlichkeit in den 1980er Jahren. Äußerst differenziert beschreibt Merseburger den Berliner Machtkampf. Dies gilt auch für jenes Kapitel, in dem es um den Rücktritt als Kanzler geht. Die Einschätzung, warum Brandt aufgegeben hat, ist realistisch, eignet sich nicht für irgendwelche Heroisierungen. Mehrere Gründe werden genannt: Die Ölkrise, die galoppierende Inflation, steigende Arbeitslosigkeit, ein monatelanger Streik der Fluglotsen, ›wilde Streiks‹, kräftezehrende Auseinandersetzungen um die Ostpolitik – und natürlich die Enttarnung Günter Guillaumes als Stasi-Spion. Brandt war zu diesem Zeitpunkt physisch und psychisch ausgelaugt, hatte gesundheitliche Probleme, vermochte sich einem innerparteilichen Gegner wie Herbert Wehner nicht zu widersetzen.

Merseburger hat bei den Recherchen zu seinem Buch von allen Seiten die beste Unterstützung erfahren. So hatte er Zugang zu einschlägigen Archiven, zum Willy-Brandt-Archiv im Archiv der sozialen Demokratie der Friedrich-Ebert-Stiftung, dem Briefwechsel von Günter Grass mit Brandt, es gab Interviews mit den engsten Mitarbeitern seines Protagonisten, mit zeitgenössischen Politikern sowie mit Familienangehörigen. Merseburger feiert Brandt als einen Großen, der gegen den Nationalsozialismus und Stalinismus gekämpft hat und der »den Abstand zwischen Macht und Moral in seiner Regierungszeit verringerte« (S. 862). Merseburgers Werk stellt mehr als nur eine gelungene Biografie dar, es bietet zugleich eine Geschichte der Bundesrepublik – sehr gut lesbar und höchst informativ.

Zu biografischen Werken gehören auch Autobiografien. So kritisch sie auch als Quelle zu betrachten sind und unter Umständen eine politische Funktion haben. Genau in diese Kategorie gehört durchaus das 2013 wieder aufgelegte Werk Willy Brandts: »Links und frei. Mein Weg 1930–1950«.[24] Denn das in erster Auflage 1982 erschienene Werk wurde in einer Zeit des Zerfalls der sozial-liberalen Koalition unter Helmut Schmidt veröffentlicht, sollte Mut machen, um die Endzeitstimmung, die sich innerhalb der Sozialdemokratie verbreitet hatte, zu überwinden. Dennoch stehen die Memoiren für sich. Sie umspannen Brandts Zeit der Jugend in Lübeck bis zur Rückkehr aus der Emigration und der Ankunft in Berlin. Es ist, wie Brandt selbst in einem kurzen Vorwort schreibt, der Weg eines Lübecker Arbeiterjungen, den es nach Zusammenbruch der Weimarer Republik zunächst nach Norwegen verschlägt, der im Exil mit deutschen Freunden verbunden bleibt und schließlich nach Deutschland nach dem Ende des Zweiten Weltkriegs zurückkehrt. Brandt ist noch in das alte sozialdemokratische Milieu hineingeboren worden und war zeitlebens davon geprägt. Durch die Erzählungen seines Großvaters war er noch ganz von August Bebel beeindruckt, etwas entfernter stand ihm Ferdinand Lassalle. Durchaus kritisch gegenüber der eigenen Biografie und den eigenen Prägungen kommen die Erinnerungen daher. So etwa kritisiert er, dass die Weimarer Demokratie nicht fest verankert war, der »Novemberumsturz« 1918 eine neue Verfassung hervorbrachte, die alten Mächte aber überlebten, die Bürokratie, die Justiz, die Universitäten, die militärische Führung (S. 43f.). Damit ist ein Thema angesprochen, das bis heute bei Historikern umstritten ist. Nachgerade bewegend sind die Seiten, die Brandt über Ernst Reuter schreibt, seinem väterlichen Freund. Reuter wurde, so Brandt, zu seiner »stärksten Erfahrung mit sozial-

---

24 *Willy Brandt*, Links und frei. Mein Weg 1930–1950, Hoffmann und Campe Verlag, Hamburg 2012, 495 S., geb., 24,99 €.

demokratischer Führerschaft« (S. 421f.). Reuter sei der natürliche Mittelpunkt jeder Gesprächsrunde gewesen. Im Anhang der Memoiren finden sich ein Namensverzeichnis und ein Glossar mit den Kurzbiografien der im Text erwähnten Persönlichkeiten. In der Summe: ein schwungvoll geschriebenes und gut lesbares Buch.

Weitere Autobiografien sind in dem Gedenkjahr 2012/13 erschienen, so die von Helga Grebing, der großen alten Dame der Geschichtsschreibung der Arbeiterbewegung: »Freiheit, die ich meinte. Erinnerungen an Berlin«.[25] Bei der Lektüre spürt der Leser in und zwischen den Zeilen die Wärme der sozialdemokratischen Arbeiterbewegung. Die SPD war für Grebing Heimat, obwohl sie aus dem katholischen Milieu kam. Also ein buntes, vielfältiges, keineswegs langweiliges Leben. Und zu Recht heißt es auf dem Buchumschlag, dass sich aus der individuellen Biografie das Lebensbild einer ganzen Generation entfalte, die in Kindheit und Jugend den Zweiten Weltkrieg und Nationalsozialismus erlitten und verarbeitet hat. Die ersten Kapitel scheinen langweilig zu sein, es geht um den Alltag in einer proletarisch-bäuerlichen Familie, man findet sich durch die ganze große Verwandtschaft kaum durch. Mit dem Älterwerden wird der Lebensweg auch bunter. So sind die Überlegungen, warum viele Jugendliche sich am »Führer« orientiert haben, auch heute noch bedenkenswert. Und die Bemerkung, sie, die heranwachsende Helga, wollte eine »Lebensanschau« haben, hätte sich gelohnt, weiter reflektiert zu werden. Der Leser spürt, wie die kleine und jugendliche Helga (und das trifft auch die erwachsene) äußerst ehrgeizig gewesen ist. Sie legt Wert darauf, ihre sehr guten Zensuren dem Leser mitzuteilen, das Reifezeugnis wird abgedruckt, und die Enttäuschung war groß, wenn die Noten nicht so gut wie erwartet ausfielen. Gelegentlich teilt unsere Autorin Banalitäten mit, die wenig über ihr Leben und die Geschichte der damaligen Zeit aussagen, so die Matrikel-Nummer, die sie am Beginn ihres Studiums an der Humboldt-Universität erhielt sowie die Nummer der SPD-Mitgliedskarte, die sie beim Eintritt in die Partei 1948 bekam. Im Gegensatz dazu sind ihre Überlegungen zu Aufgabe und Wirken der SPD hochgespannt: Sie sieht die Partei als Apostel an, die das Bürgertum für sich gewinnen solle. Höchstes Ziel sei es: »[a]lle Deutschen für den Sozialismus reif zu machen« (S. 126).

Gern hätte man noch mehr über die junge Helga Grebing erfahren. So schildert sie in kräftigen Strichen, wie sie sich von Nationalsozialismus und Kommunismus losgesagt hat. Doch wie hat sie sich vom katholischen Milieu abgegrenzt und emanzipiert? Grebing hat an der Freien Universität bei Hans Herzfeld über das Zentrum und die katholische Arbeiterschaft in der Weimarer Republik promoviert. Wie ist sie auf dieses Thema gestoßen? Sie schreibt, dass ihr ursprüngliches Katholisch-Sein wenig damit zu tun habe. Was dann? Schließlich: Warum hat sie »Sozialismus ist Arbeit« zu ihrer Devise, ihrem Motto gewählt? Darf Sozialismus keine Freude, keinen Spaß, keine Fröhlichkeit bringen?

Schade, dass Grebing mit ihren Memoiren, mit der detaillierten Schilderung im Jahr 1953 aufhört und nur noch ein knappes Kapitel über die Jahre 1953 bis 2011 anhängt. Gerade in diesen, hier in der Autobiografie fehlenden Lebensabschnitten hat Helga Grebing viele Berufe ausgeübt, sie machte Karriere, war erfolgreich. Allein die Reaktion der männlichen Kollegen in den Philosophischen Fakultäten auf diesen Neuankömmling könnte bestimmt einen weiteren Band füllen – voll heiterer, wunderbarer Anekdoten.

Zu den biografischen Quellen und zur Sekundärliteratur zählen auch Ausstellungen und damit verbundene Ausstellungskataloge, die für bestimmte Persönlichkeiten, zu Jubiläen wie dem aktuellen der SPD oder zu historischen Ereignissen zusammengestellt worden sind, in unserem Fall der von Bernd Braun und Walter Mühlhausen herausgegebene Katalog zur ständigen Ausstellung in der Reichspräsident-Friedrich-Ebert-Gedenk-

---

25 *Helga Grebing*, Freiheit, die ich meinte. Erinnerungen an Berlin, Verlag für Berlin-Brandenburg, Berlin 2012, 176 S., geb., 19,95 €.

stätte: »Vom Arbeiterführer zum Reichspräsidenten. Friedrich Ebert (1871–1925)«.[26] Eigentlich ist es »verlorene Liebesmüh«, über einen Katalog zu berichten, ohne doch
gleichzeitig die dazugehörige Ausstellung zu betrachten. Gleichwohl: Der Katalog steht
durchaus auch für sich. Nach einer biografischen Einführung werden die zehn Räume der
Ausstellung vorgestellt, eine Zeittafel und ein Literaturverzeichnis dienen der Orientierung. Immer wieder wird der Lebensweg Eberts vom Sattlergesellen zum Reichspräsidenten mit vollem Recht und gewissem Stolz hervorgehoben. So entsteht eine faktenreiche,
gelungene und durchaus differenzierte Geschichtserzählung, die nicht nur chronologisch
angelegt ist, sondern unter anderem drei Krisen besonders hervorhebt, den Kapp-Lüttwitz-
Putsch, die Besetzung des Ruhrgebiets durch die Franzosen sowie die Hyperinflation. Im
letzten Raum geht es um den Gegenwartsbezug Eberts und der Weimarer Republik. Die
Kontroverse, die seit Jahrzehnten unter Historikern ausgetragen wird, ob nämlich die
Chancen zur Demokratisierung in der Novemberrevolution genutzt worden sind oder
nicht, wird fair an verschiedenen Stellen der biografischen Einführung dargestellt. Kritiker bemängeln, dass es 1918 bis 1920 keinen Versuch einer Demokratisierung von Verwaltung, Wirtschaft und Militär gegeben habe, Ebert und die Mehrheit der Sozialdemokratie hätten Chancen zu einer tief greifenden und als notwendig erachteten Neuordnung
nicht genutzt. Ebert war bestenfalls ein Revolutionär wider Willen, hat mit seinen Genossen immerhin Reformen wie den Achtstundentag, das Wahlrecht für Frauen, das Verhältniswahlrecht und die Parlamentarisierung des Reichs durchgesetzt (S. 36, 43 und 70f.).
Letztlich ist Ebert, ein glänzender Organisator und Agitator, als Reichspräsident an den
Parteien gescheitert, die nicht willens beziehungsweise nicht in der Lage waren, politische
Verantwortung zu übernehmen, die wichtigste Rolle, die ihnen in einem parlamentarischen Regierungssystem zukommt. In der Summe: ein gelungener Katalog, der auf die
Ausstellung neugierig macht.

Ein echtes Geschenk zum 150. Geburtstag der deutschen Sozialdemokratie stellt die
Veröffentlichung des Protokollbuchs des ADAV Augsburg dar.[27] Dessen Original befindet
sich im Archiv der sozialen Demokratie in Bonn. Wie es dorthin gekommen ist, erfährt
der Leser allerdings nicht. Das Protokollbuch ist das einzige seiner Art und daher von
hohem Quellenwert – obwohl der Mikro- und Lokalgeschichte zuzurechnen. Im Protokollbuch spiegelt sich gleichsam der Alltag der Augsburger Lassalleaner. Dieses wird in
der vorliegenden Edition durch einige Reden führender Persönlichkeiten der Augsburger
Gemeinde sowie durch Kurzbiografien einiger führender Augsburger ADAV-Mitglieder
ergänzt. Äußerst spannend lesen sich die Passagen über Organisationsstruktur und Organisationspraxis des Augsburger Vereins. So wurde dieser »von oben herab« und im Prinzip
von einer einzelnen Person gegründet, die als Handwerker auf ihrer Walz mit lassaleanischen Gedanken in Kontakt gekommen war. Neun Personen waren beim Gründungsakt
anwesend, der sich – natürlich – in einem Gasthaus vollzog. Die zentralistische Struktur
des Vereins reflektierte sich in Bezeichnungen für Funktionäre wie »Bevollmächtigter«,
»Gemeindebeamter« und »Gemeindeversammlung«. Versammlungen fanden an jedem
Samstag statt, auch wenn dieser auf den 24. oder 31. Dezember fiel. Einige Versammlungen waren jedoch schlecht besucht, was allgemein bedauert wurde und Anlass gab, nach
den Ursachen zu fragen. Ja, mangels Mitgliedern mussten sogar einige Veranstaltungen

---

26 *Bernd Braun/Walter Mühlhausen* (Hrsg.), Vom Arbeiterführer zum Reichspräsidenten. Friedrich Ebert (1871–1925). Katalog zur ständigen Ausstellung in der Reichspräsident-Friedrich-
    Ebert-Gedenkstätte, Stiftung Reichspräsident-Friedrich-Ebert-Gedenkstätte, Heidelberg 2012,
    228 S., kart., 14,80 €.
27 *Karl Borromäus Murr/Stephan Resch* (Hrsg.), Lassalles »südliche Avantgarde«. Protokollbuch
    des Allgemeinen Deutschen Arbeitervereins der Gemeinde Augsburg (1864–1867) (Archiv für
    Sozialgeschichte, Beiheft 28), Verlag J. H. W. Dietz Nachf., Bonn 2012, 227 S., kart., 29,90 €.

ganz ausfallen. Inhaltlich ging es bei den Versammlungen darum, gleichsam die eigene Identität dadurch zu stärken, dass am Beginn aus Schriften von Lassalle vorgelesen wurde, man sich dann solchen Themen wie Wahlrecht, Bildung der eigenen Mitglieder und geschichtsphilosophischen Fragen und aktuellen Ereignissen zuwandte. Zutreffend weisen die Herausgeber darauf hin, dass das Protokollbuch auch zu einer allgemeinen Sozial-, Ideologie-, Bildungs- und Kulturgeschichte des ADAV beiträgt und gleichzeitig reichliches Material für die Rekonstruktion des bunten sozialen, politischen und kulturellen Kosmos einer ADAV-Gemeinde vorgelegt wird (S. 13f.). Anders formuliert: Eine Quelle wird zugänglich gemacht, die zu weiteren, auch vergleichenden Forschungen einlädt.

IV. LEHRBÜCHER, LEHRSTÜCKE, GEDENKBÜCHER

Die im Folgenden besprochenen Bücher haben zumeist einen pädagogisch-didaktischen Ansatz und Anspruch, sie gehören in den Bereich der politischen Bildung beziehungsweise der Geschichtspolitik, implizit oder explizit geht es um Aufklärung. Ihr Ziel ist es nicht, neue Forschungsergebnisse zu vermitteln. Dabei kann Didaktik so verstanden werden: Warum vermittle ich was wie? »Warum« fragt nach der Relevanz eines politischen Ereignisses, einer Person, Bewegung oder Organisation. »Was« fragt nach dem Gegenstand, mit dessen Hilfe ich den Bezug zur Relevanz herstelle. »Wie« fragt schließlich nach der Art und Weise, in der ich einen Gegenstand zu vermitteln vermag und seine Relevanz erläutere. Diese drei Fragen an die Geschichte der SPD anzulegen, ist brisant: Die Partei ist bekanntlich aus einer dynamischen sozialen Bewegung hervorgegangen, scheint aber zunehmend zu erstarren, museal zu werden, in Gedenksteinen und Monumenten ihre Geschichte zu zelebrieren. Antithetisch dagegen formuliert: Die SPD könnte Kraft, Zuversicht, Lebendigkeit und Energie aus ihrer Geschichte für ihre jeweilige Gegenwart und selbst Zukunft gewinnen. Lehrbücher, Lehrstücke, Gedenkblätter, Schulungsmaterial, Denkmale haben auf dieses These/Antithese-Paar eine Antwort zu suchen. Dabei eignen sich einige der im Folgenden besprochenen Bücher auch hervorragend zum Blättern und Schmökern, ohne einem zu ehrgeizigen didaktischen Anspruch zu folgen.

Ein Buch völlig eigener Art ist das von Anja Kruke und Meik Woyke herausgegebene »Deutsche Sozialdemokratie in Bewegung 1848 – 1863 – 2013«, das ursprünglich als Begleitband zur von der Friedrich-Ebert-Stiftung konzipierten Wanderausstellung »150 Jahre deutsche Sozialdemokratie. Für Freiheit, Gerechtigkeit und Solidarität« erschienen ist.[28] Der Band steckt voller Informationen und Quellen, ist inhaltlich und didaktisch glänzend aufbereitet und angelegt. Diese Publikation ist noch anregender als die Wanderausstellung selbst, die in 25 Städten zu sehen war. Sie lädt ein zum Blättern, Schmökern, Lesen und Lernen, zu weiterem Erkunden. »Meilensteine« strukturieren den Inhalt, horizontal und vertikal. Horizontal heißt in diesem Fall chronologisch, nämlich in sechs Perioden: Bis 1863, 1863–1918, 1918–1933, 1933–1945, 1945–1989/90 und nach 1989/90. Vertikal hingegen kommen eine inhaltliche Orientierung und das Angebot von reflektierenden Beiträgen und Quellen hinein, nämlich »Meilensteine der Ausstellung«: knappe historisch-beschreibende Skizzen der einzelnen Perioden (zum Beispiel »Wir sind viele. Der Aufstieg zur Massenpartei«, S. 62–77, oder »Mut der Verzweiflung – Die deutsche Sozialdemokratie 1933 bis 1945«, S. 158–167); »Vertiefende Essays« (etwa »Revolution oder Reform? Revisionismusstreit und Massenstreikdebatte 1890 bis 1914«, S. 78–87, oder »Erneuerung und Wandel im Exil. Zur Politik der sozialdemokratischen Organisationen 1933–1945«, S. 168–175); »Ikonen«, damit sind Bilder gemeint, die sich in das histo-

---

28 *Anja Kruke/Meik Woyke* (Hrsg.), Deutsche Sozialdemokratie in Bewegung 1848 – 1863 – 2013, Verlag J. H. W. Dietz Nachf., Bonn 2012 (2., verbesserte Aufl. 2013), 304 S., geb., 29,90 €.

rische Gedächtnis eingegraben haben (etwa ein Bild von Barrikaden aus der Revolution 1848, S. 36–41, oder Julius Leber vor dem Volksgerichtshof, S. 176–181); »Quellen, die Geschichte machten« (darunter »Das ›Sozialistengesetz‹«, S. 92–111, und »Für Freiheit und Demokratie. Die Rede von Otto Wels zur Ablehnung des nationalsozialistischen ›Ermächtigungsgesetzes‹«, S. 182–187); »Klassiker der Arbeiterbewegung neu gelesen« (zum Beispiel »August Bebel. Die Frau und der Sozialismus«, S. 98–103, und »Fritz Naphtali, Wirtschaftsdemokratie. Ihr Wesen, Weg und Ziel«, S. 144–149); »Arbeiterlied und (Werbe-)Filme (darunter »Der Oldie als Dauerbrenner: Die Internationale«, S. 104–131, und »Das ›Moorsoldatenlied‹: Dokument unmenschlichen Leidens und Zeugnis menschlichen Lebenswillens«, S. 194–201). 26 Autorinnen und Autoren sind an den Texten beteiligt. Der Leser braucht Zeit, sich in die Struktur einzulesen, nämlich die vertikale und die horizontale mit jeweils sechs Meilensteinen, sodass sich ein Schema von insgesamt 36 Meilensteinen ergibt, die es ermöglichen, die Geschichte der deutschen Sozialdemokratie auf eine etwas ungewöhnliche Weise zu rezipieren.

Die Beschreibungen in den inhaltlichen und interpretierenden Texten sind prägnant, stilistisch fast immer flüssig und gelungen. An Höhepunkte in der Geschichte der Arbeiterbewegung wird erinnert, einige werden vor dem Vergessen bewahrt. So etwa wird nicht das Gründungsjahr des ADAV 1863 als Ausgangspunkt des Erinnerns genommen, sondern es wird zurückgegangen bis in die Französische Revolution und ihre Wertetriade von Freiheit – Gleichheit – Brüderlichkeit. Es überrascht auch nicht, dass die politischen Schriften von Karl Marx durchaus in der Tradition der Französischen Revolution stehen. Als Freiheits- und Demokratiebewegung wird die Arbeiterbewegung als integraler Bestandteil der deutschen Geschichte, auch der Revolution von 1848/49 gesehen. Besonders betont wird als selbstständiger »Meilenstein« das »Manifest der Kommunistischen Partei«, das bis heute nichts von seiner sprachlichen Wucht verloren hat und das für die Ausnahmesituation des Jahres 1848, dem Publikationsjahr, steht und für den Versuch von Marx und Friedrich Engels, daraus politisches Kapital zu schlagen (S. 48). Auf einer ganz anderen Ebene sind die Lieder der Arbeiterbewegung, darunter nicht zuletzt die »Arbeiter-Marseillaise«, angelagert. Sie vermittelten Gefühle von Stärke, Mut, Siegeszuversicht, auch von Zusammengehörigkeit und Identität. So verbot das bismarcksche »Sozialistengesetz« 1878 auch die Arbeitersängervereine sowie das Singen auf Versammlungen (S. 57f.). Auf wiederum einer anderen Ebene fand sich das wohl populärste Buch in der Geschichte der deutschen Arbeiterbewegung, nämlich August Bebels »Die Frau und der Sozialismus«, 1879 in erster Auflage unter dem ›Sozialistengesetz‹ veröffentlicht. Es erschien dann in 53 Auflagen, 20 Sprachen und in 50 Ländern. Allein in Deutschland wurden zu Bebels Lebzeiten 200.000 Exemplare verkauft. Dieser Band erschien vielen Genossen als Anleitung für Theorie und Praxis der sozialistischen Weltanschauung. Auf dem Titelbild führte ein rot gewandeter Engel die dunkel gewandete Proletarierin in den Sonnen umstrahlten Tempel der Freiheit (S. 98ff.). Zu Recht fragt Helga Grebing, die Autorin dieses Beitrags, wo eigentlich die Kraft und Leidenschaft geblieben sei, die einst voller Zuversicht Bebel und seine Genossen beseelt hat: »Vergangene Zeiten oder Signal für einen neuen Aufbruch?« (S. 103). Endgültig in der Gegenwart angekommen sind die Autoren im sechsten Kapitel beziehungsweise beim Meilenstein für die Zeit nach 1989/90. Hier wird nicht nur selbstkritisch die Agenda 2010 und ihre Bedeutung für den Aufwuchs und die Stärkung einer innerparteilichen Opposition behandelt, sondern an den verschiedenen Meilensteinen wird auch der fundamentale Wandel der SPD weg von einer solidarischen Arbeiterpartei deutlich. Unter »Ikone« firmiert Gerhard Schröder als Medienkanzler (S. 280–283), als »Klassiker« Johannes Raus erste »Berliner Rede« von 2000 (S. 290–295) und statt – nicht mehr gesungener – Arbeiterlieder geht es um die Facebook-Gemeinde der SPD (S. 296–299).

Das Buch überzeugt auch durch die kritische Distanz, die die Autoren gegenüber ihrem Gegenstand einnehmen. So stellt Stefan Berger in seinem Beitrag über die Reaktion des »Vorwärts« auf die Novemberrevolution (S. 138–143) nachdrücklich die Frage, ob die MSPD 1918/19 die demokratische Massenbewegung ›von unten‹ nicht konsequenter hätte nutzen können, »um zentrale Elemente einer sozialen Demokratie dauerhaft in der deutschen Gesellschaft zu verankern« (S. 143). Und im aktuellen Kapitel über die Zeit nach 1989/90 werden unter »Klassiker« Gedanken und Argumente von Ulrich Beck über die »Risikogesellschaft« aufgenommen (S. 250–255), obwohl dieser ganz offenkundig kein »Klassiker« der Arbeiterbewegung ist, gleichwohl aber die innerparteiliche Diskussion belebt habe. Die Qualität des Buchs zeigt sich auch in den vielen Abbildungen, Faksimiles, Plakaten und Fotos, die den Text auflockern, lebendig machen. Am Ende jedes »Meilensteins« werden drei oder vier Titel weiterführender Literatur gelistet. In der Summe: ein in jeder Hinsicht gelungenes, dem Jubiläum adäquates Buch.

Von ähnlicher Qualität, wenn auch nicht Originalität und didaktischer Innovation, ist der vom Mannheimer TECHNOSEUM herausgegebene Katalog zur Großen Landesausstellung 2013 Baden-Württembergs »Durch Nacht zum Licht? Geschichte der Arbeiterbewegung 1863–2013«.[29] Auch hier handelt es sich um einen Begleitband zu einer repräsentativen, eher traditionell konzipierten Ausstellung. In seinem Grußwort stimmt der Ministerpräsident des Landes Baden-Württemberg, Winfried Kretschmann, die Besucher der Ausstellung ein, allerdings aus einer etwas angestrengten, gleichsam angegrünten Perspektive, indem er betont, die Arbeiterbewegung lege Zeugnis ab, »von der großen Tradition des Vereinswesens und der Selbstorganisation der Zivilgesellschaft in Deutschland« (S. 8). Dies ist nicht falsch, berücksichtigt aber nicht, was den eigentlichen Kern der Arbeiterbewegung ursprünglich ausgemacht hat, nämlich nicht nur soziale, sondern auch Klassenbewegung gewesen zu sein. Leider fehlt in dem Band eine begriffliche Auseinandersetzung mit dem, was eigentlich die Arbeiterbewegung ausgemacht hat. Der Titel der Ausstellung stammt von einem internationalen Knappenlied, das der Bergarbeiter Heinrich Kämpchen 1889 anlässlich eines aufsehenerregenden Streiks gedichtet hat. Die Ausstellung folgt der klassischen Chronologie. Die einzelnen Zeiträume werden durch sieben typische Produktionsmilieus charakterisiert. Den Veranstaltern ist es gelungen, zum Teil hervorragende Exponate zu gewinnen, so als Leihgabe des Internationalen Instituts für Sozialgeschichte in Amsterdam die Totenmaske von Ferdinand Lassalle. Die Exponate sind im Katalog abgedruckt, schmücken den »Ausstellungsrundgang«. Positiv hervorzuheben ist, dass ein Abschnitt dem »Niedergang und Neuanfang einer autonomen Arbeiterbewegung in der DDR« gewidmet ist (S. 287–307). Der letzte Abschnitt reicht bis in die Gegenwart, in ihm wird unter anderem auf das Problem der Leiharbeit und die aktuelle Finanz- und Schuldenkrise eingegangen, wird nach neuartigen Konflikten gefragt (S. 341–367). Am Schluss des Katalogs finden sich drei problemorientierte, die gesamte Geschichte der Arbeiterbewegung umfassende Essays, nämlich zu »Kapital und Arbeit in Deutschland von der Mitte des 19. Jahrhunderts bis zur Gegenwart« (S. 386–407), »Sozialdemokratie und Staat« (S. 408–423) sowie »Arbeiterbewegung und Geschlechterverhältnisse« (S. 424–439). Ein gelungener Katalog, der allerdings ohne Besuch der Ausstellung in seinen Stärken nicht zu goutieren sein dürfte.

---

29 *Horst Steffens/Torsten Bewernitz/Peter Birke* u.a., Durch Nacht zum Licht? Geschichte der Arbeiterbewegung 1863–2013. Katalog zur Großen Landesausstellung 2013 Baden-Württemberg, hrsg. v. TECHNOSEUM. Landesmuseum für Technik und Arbeit in Mannheim, TECHNOSEUM Verlag, Mannheim 2013, 450 S., geb., 20,00 €.

Didaktisch und methodisch sehr gelungen ist ein von der Friedrich-Ebert-Stiftung erar-
beitetes Lese- und Lernbuch der Sozialen Demokratie.[30] Dies ist eine außerordentlich
informative, den Stoff systematisch strukturierende Darstellung der Geschichte der deutschen Arbeiterbewegung von den Anfängen bis in die Gegenwart. Schon äußerlich wird
erkennbar, dass es sich hier wesentlich um Lehr- und Lernmaterial handelt. Auf dem Rand
der einzelnen Seiten werden Stichworte für die jeweils präsentierten Inhalte angegeben.
Dies hilft der Orientierung und im Zweifel auch der Memorierung. Grafiken, Statistiken,
Abbildungen, Organigramme, Zeitleisten und Info-Kästen ergänzen den Text. Am Beginn
eines jeden Kapitels findet sich eine Zusammenfassung des folgenden Inhalts, am Schluss
jeden Kapitels wird gefragt: »Was bedeutet das für die Soziale Demokratie?«. Von den
Autoren wird der – insgesamt erfolgreiche – Versuch unternommen, die Geschichte der
Sozialdemokratie entlang dreier Leitfragen nachzuvollziehen: »Mit welchen gesellschaftlichen Entwicklungen und zentralen Entscheidungssituationen war die Sozialdemokratie
konfrontiert? Wie interpretierte, behandelte und verarbeitete die Sozialdemokratie diese
Fragen und Entwicklungen programmatisch und strategisch, welche Diskurse führte sie?
Welche Erfolge, aber auch Niederlagen und Krisen lassen sich festhalten?« (S. 9f.). Wer
den Mut hat, Leitfragen zu formulieren, sollte auch in der Lage sein, zentrale Begriffe zu
definieren. Dies geschieht leider nicht immer. So wird recht defensiv geschrieben, was
sozial ist und was als demokratisch betrachtet werde, sei nie endgültig. Diese Kategorien
»unterliegen gesellschaftlichem, politischem und ökonomischem Wandel und müssen
dementsprechend stets überprüft werden« (S. 7). Dem ist entgegenzusetzen: Trotz des beschworenen Wandels lassen sich Begriffe auch für einen längeren Zeitraum beschreiben.
Dies gilt gerade dann, wenn es um den Zentralbegriff dieses Buchs geht, nämlich »Soziale
Demokratie«. Trotz dieses Einwands: Historische Darstellung und Interpretationen sind
glänzend gelungen, etwa die Darstellung der Arbeiterbewegung in drei Säulen, nämlich
politische Partei, Kulturorganisationen und Gewerkschaften; der Vergleich von Rätesystem
und parlamentarischem Regierungssystem; die Agenda 2010 und deren innerparteiliche
Folgen. Kurz: ein didaktisch und inhaltlich klug aufgebautes Bändchen, bestens geeignet
für Schüler, Studenten, Journalisten und – jene berühmt-berüchtigten – politisch Interessierten.
    In gleicher pädagogischer Absicht, nämlich Informationen zur Geschichte der deutschen
Arbeiterbewegung zu vermitteln und zur sozialen Demokratie zu erziehen, wenn auch auf
andere Weise und höherem Niveau, ist erschienen: Willy Brandt, »Im Zweifel für die Freiheit«. Reden zur sozialdemokratischen und deutschen Geschichte.[31] In dem von Klaus
Schönhoven herausgegebenen Band sind 49 Reden, ein Rundfunkvortrag sowie fünf Zei-
tungs- beziehungsweise Zeitschriftenartikel versammelt, insgesamt also 55 Dokumente.
Diese sind nicht chronologisch, sondern in thematischen Kapiteln gegliedert, so etwa
»Wegmarken der sozialdemokratischen Arbeiterbewegung im Kaiserreich und in der Weimarer Republik«, »Programm und Perspektiven der Sozialdemokratie nach 1945« und
»Nachdenken über das eigene Land«. Die ausgewogene und differenziert abgefasste Einleitung von Schönhoven ist dicht an den Quellen geschrieben, erläutert zudem den politischen und gesellschaftlichen Kontext, in dem eine Rede entstanden ist. Der Herausgeber
versteht diese Quellenedition als Beitrag zu Brandts intellektueller Biografie. Welch große
Bedeutung Brandt der Historie zugewiesen hat, zeigt ein Zitat aus seiner Rede zum hun-

---

30 *Michael Reschke/Christian Krell/Jochen Dahm* u. a., Geschichte der Sozialen Demokratie (Lese-
    bücher der Sozialen Demokratie), Friedrich-Ebert-Stiftung/Abteilung Politische Akademie, 3.,
    aktual. Aufl., Bonn 2013, 161 S., kart., 5,00 €.
31 *Willy Brandt*, »Im Zweifel für die Freiheit«. Reden zur sozialdemokratischen und deutschen
    Geschichte (Willy-Brand-Dokumente, Bd. 2), hrsg. u. eingel. v. *Klaus Schönhoven*, Verlag
    J. H. W. Dietz Nachf., Bonn 2012, 858 S., kart., 36,00 €.

dertsten Jubiläumsjahr der SPD: »Man muss eine Vergangenheit haben, um aus dieser Vergangenheit für die Zukunft lernen zu können« (S. 470).

Der Titel der Dokumentensammlung, »Im Zweifel für die Freiheit«, ist Brandts Abschiedsrede als Parteivorsitzender 1987 entnommen. Das Freiheitsverständnis von Brandt war anders als bei den Liberalen nicht individualistisch beschränkt, sondern besaß eine gesellschaftsbezogene Dimension. Persönliche und soziale Freiheit waren für Brandt nicht voneinander zu trennen (S. 9 f.). In eine bereits lange währende, bis heute aktuelle Debatte unter Historikern griff Brandt mehrfach ein, wenn er kritisierte, dass die Sozialdemokratie in der revolutionären Situation von 1918/19 ihre programmatischen Positionen nicht stärker durchgesetzt habe. Und er verband das Scheitern der Weimarer Republik mit ihrem Geburtsfehler: »Doch daran, dass die Schwächen und Versäumnisse von 1918/19 zu den Ursachen von 1933 gehören, daran gibt es für mich nicht den geringsten Zweifel« (S. 777).

Etwas danebengegangen in der Absicht, sozialdemokratische Geschichte und sozialdemokratisches Gedankengut zu verbreiten, ist das Büchlein »›Nie kämpft es sich schlecht für Freiheit und Recht!‹ 150 Jahre SPD«.[32] Die didaktischen Bemühungen sind unverkennbar und sollten anerkannt werden. Die Idee war, eine Art dokumentarisches Theaterstück zur Geschichte der SPD zu kreieren. Da gibt es zwei Sprecher, die als Chronisten auftreten und die verbindende und erläuternde Texte in chronologischer Abfolge sprechen. Es folgen dann Zitate von Klassikern der Sozialdemokratie, unter anderem von Ferdinand Lassalle, August Bebel, Hugo Haase, Karl Liebknecht, Friedrich Ebert, Kurt Schumacher, Erich Ollenhauer, Willy Brandt und Gerhard Schröder. Auch Quellen anderer Art werden präsentiert, so Auszüge aus dem Erfurter und Hamburger Programm oder aus einem Aufruf gegen den Kapp-Lüttwitz-Putsch. In der Summe ergibt sich so etwas wie »Geflügelte Worte der deutschen Sozialdemokratie«. In ihrem Vorwort schreibt die damalige Schatzmeisterin der SPD, Barbara Hendricks, dass aus dem Text, dem Theaterstück ein »Lehrstück« werde. Lehre für was, mit welchem Ziel, bleibt aber offen und unreflektiert. Die große Frage ist natürlich, ob heute ein derartiger Text überhaupt Interesse und Motivation generieren kann, sich mit der Geschichte der SPD zu befassen. Das Bändchen erinnert an Sprechchöre aus der Weimarer Republik, auch noch aus den 1950er Jahren – doch die sind inzwischen im Museum zu finden, gehören nicht mehr zur sozialdemokratischen Gegenwart.

Ganz anders ist ein Gedenkbuch zu bewerten, dessen Einrichtung auf Initiative von Hans-Jochen Vogel (SPD-Vorsitzender von 1987 bis 1991) auf dem Mannheimer Parteitag von 1995 beschlossen worden war.[33] Die erste Ausgabe erschien 2000, jetzt liegt die zweite, erweiterte Auflage vor. In Erinnerung gerufen werden Sozialdemokratinnen und Sozialdemokraten, die unter der nationalsozialistischen oder stalinistischen Diktatur verfolgt worden sind. Die hier genannten stehen stellvertretend für eine große Zahl Verfolgter. In das Gedenkbuch aufgenommen wurden Menschen, die durch Verfolgung ihr Leben verloren, ermordet wurden oder an den Folgen der Verfolgung starben oder mehr als ein halbes Jahr in Konzentrationslagern, Zuchthäusern und Gefängnissen eingesperrt waren. Berücksichtigt wurden auch solche, die Mitglieder der Sozialistischen Arbeiterpartei und des Internationalen Sozialistischen Kampfbunds waren. Gelungen bei der Auswahl derer, der gedacht wird, ist, dass nicht nur Prominente, sondern auch solche der Basis aufge-

---

32 *Helga Grebing/Susanne Miller/Klaus Wettig*, »Nie kämpft es sich schlecht für Freiheit und Recht!« 150 Jahre SPD. Texte und Bilder, Verlag J. H. W. Dietz Nachf., Bonn 2012, 90 S., kart., 9,90 €.

33 Vorstand der Sozialdemokratischen Partei Deutschlands (Hrsg.), Der Freiheit verpflichtet. Gedenkbuch der deutschen Sozialdemokratie im 20. Jahrhundert, vorwärts|buch Verlagsgesellschaft, 2., erw. Aufl., Bonn 2013, 584 S., geb., 60,00 €.

nommen worden sind. Beeindruckend bei der Schilderung vieler Biografien ist, wie die Widerständigkeit vieler Sozialdemokratinnen und Sozialdemokraten im ›Dritten Reich‹ erhalten geblieben ist. Allein wenn man bedenkt, wie Beerdigungen zu politischen Demonstrationen wurden. So versammelten sich im Mai 1936 trotz der Überwachung durch die Gestapo 5.000 Menschen bei der Beisetzung von Clara Bohm-Schuch, ehemalige Schriftleiterin der Frauenzeitschrift »Die Gleichheit« und 1919 bis 1933 Reichstagsabgeordnete. Ähnlich bei der Beerdigung von Franz Künstler, ehemaliges Mitglied des Reichstags und Vorsitzender der Berliner SPD seit 1931: Hier hatten sich 1942 mehr als 1.000 Genossen versammelt. Am Schluss des Bandes findet sich ein Beitrag über Widerstand und Verfolgung deutscher Sozialdemokratinnen und Sozialdemokraten im 20. Jahrhundert, der den historischen Hintergrund zusammenfassen soll, der sich durch die Biografien zieht (S. 541–568). Leider ist dieser Aufsatz recht deskriptiv, dringt nicht zu einer Systematisierung oder Typologisierung vor. Insgesamt jedoch ein gelungener Band, der nicht bei falscher Heroisierung stehen bleibt, sondern voller Stolz und Bescheidenheit die Kämpfe einzelner Sozialdemokratinnen und Sozialdemokraten gegen Diktaturen zeigt.

Zwei wunderbare Geschenke zum 150. Geburtstag der SPD sind erschienen, nämlich ein Führer zu den Plätzen der Berliner Arbeiterbewegung und ihrer Geschichte sowie ein weiterer Führer zu den Gedenkorten der deutschen Sozialdemokratie.[34] Klaus Wettig versteht sein Buch über die Gedenkorte als einen Beitrag zum herausragenden politischen Erbe der Sozialdemokratie und gegen einen anwachsenden ahistorischen Progressismus. Aus der Geschichte ließen sich Orientierung und Selbstbewusstsein gewinnen, und aus den Fehlern und Irrtümern der SPD könne man lernen (S. 13). Nach Bundesländern geordnet werden Gedenkorte verschiedener Art genannt und erklärt, so Grabmäler, Tagungsorte, Konzentrationslager und Gefängnisse, Wohnhäuser, Geburtshäuser, Partei- und Gewerkschaftshäuser, Versammlungs- und Sitzungsplätze. Dabei wird der Fokus auf Orte in Ostdeutschland gerichtet, da hier die sozialdemokratische Tradition von der SED systematisch zerstört worden ist. Nicht alle Konzentrationslager werden genannt, sondern nur jene, die einen besonderen Bezug zur Geschichte der Arbeiterbewegung gehabt haben wie Buchenwald, Dachau oder Moringen. Einige einst prominente Sozialdemokraten werden vor dem Vergessen bewahrt, so Fritz Erler, der große Parlamentarier und SPD-Fraktionsvorsitzende in den 1960er Jahren mit seinem Grab in Pforzheim. Die sozialdemokratische Solidargemeinschaft, wie sie sich in der Weimarer Republik voll entfaltet hatte, wird mit den Gewerkschaftssiedlungen in Berlin gewürdigt, darunter die Hufeisensiedlung in Berlin-Britz, seit 2008 von der UNESCO aufgenommen in die Liste des Weltkulturerbes. Bautzen in Sachsen wird beschrieben, unter den Nationalsozialisten wie unter den Stalinisten als Zuchthaus missbraucht. Doch auch heitere Plätze werden genannt, so die Gaststätte »Rheinlust« in Bonn, unweit des Bundestags, wo sich in den 1950er und 1960er Jahren bei Bier und Skat die »Kanalarbeiter«, eine innerparteiliche Fraktionierung, trafen. Selbst Gustav Heinemann soll sich in einer Zeit, in der er bereits zum Bundespräsidenten gewählt worden war, zum Skat dorthin haben fahren lassen. Das Haus, in dem die Kneipe lokalisiert war, ist den Bonner Neubauten zum Opfer gefallen (S. 168). In der Summe ergibt das Buch auf unkonventionelle Weise eine Chronologie der Geschichte der deutschen Arbeiterbewegung. Klaus Wettig ist für unermüdliche Recherchearbeiten zu danken. Beim Blättern und Schmökern bleibt man immer wieder hängen, liest neugierig nach, welche Prominenten auf dem Dorotheenstädtischen Friedhof in Berlin begraben sind, wer in Berlin-Friedrichsfelde auf der »Gedenkstätte der Sozialisten« geehrt wird und was es mit dem »Haus des Volksblattes« in Göttingen auf sich hatte.

---

34 *Helga Grebing/Siegfried Heimann* (Hrsg.), Arbeiterbewegung in Berlin. Der historische Reiseführer, Links Verlag, Berlin 2012, 133 S., kart., 14,90 €; sowie *Klaus Wettig*, Orte der Sozialdemokratie. Ein Reisebuch, vorwärts|buch Verlagsgesellschaft, Berlin 2013, 275 S., kart., 15,00 €.

Der »Historische Reiseführer« zur Geschichte der Berliner Arbeiterbewegung ist ein
hervorragendes »Hilfsmittel« bei Berlin-Besuchen. In diesem Bändchen wird deutlich,
wie sehr die Historie der Sozialdemokratie Teil der allgemeinen Berliner Geschichte ist.
Die Darstellung ist chronologisch in sechs Kapitel eingeteilt. Am Anfang eines jeden
Kapitels findet sich ein analytischer Beitrag, so – bezogen auf die Weimarer Republik –
über die »SPD als Klassen- und Verfassungspartei« oder »Solidargemeinschaft als Lebensform«. Bekanntlich ist Berlin eines der Zentren der Industrialisierung in Deutschland
gewesen und wurde nicht zuletzt auf dieser Grundlage zur Hauptstadt der Arbeiterbewegung. Bei Reichstagswahlen vor dem Ersten Weltkrieg errang die SPD über 70 % der ab-
gegebenen (männlichen) Stimmen. Positiv hervorzuheben ist, dass nicht nur Sozialdemokraten mit einer Erwähnung in dem Bändchen geehrt werden, sondern auch Kommunisten und Anarchisten. Dieses breite Verständnis von Arbeiterbewegung spiegelt sich auch
darin, dass nicht nur politische, sondern auch wirtschaftliche, kulturelle und Freizeitorga-
nisationen Erwähnung finden. Auch weniger bekannte Persönlichkeiten werden berücksichtigt, so Ernst Heilmann, der Fraktionsvorsitzende der SPD im Preußischen Landtag,
und Franz Künstler, der Berliner SPD-Vorsitzende am Ende der Weimarer Republik. Auch
der Beerdigung Künstlers wird gedacht, wie im Reiseführer Wettigs. Diese verlief mit
über tausend Teilnehmern vor dem Krematorium Baumschulenweg als Demonstration
gegen die Nationalsozialisten. Auch wird der Besuch der Britzer Hufeisensiedlung, Beispiel für das voll entfaltete sozialdemokratische Milieu in der Weimarer Republik, empfohlen, ebenso wie die Visite der ehemaligen Karl-Marx-Schule im benachbarten Neu-
kölln, die aus der Schulreformbewegung mit Fritz Karsen und Kurt Löwenstein hervorging. Der Berliner Reiseführer hätte noch gewonnen, wenn detaillierter und übersichtlicher beschrieben worden wäre, wie dieser, insbesondere die vorn und hinten beigegebe-
nen Karten der Berliner Innenstadt und der Umgebung, zu benutzen ist. Trotz dieser
Kritik: Die beiden Reiseführer zur Geschichte der Berliner und der deutschen Arbeiterbewegung sind ein gelungenes und würdiges Geschenk zum 150-jährigen Jubiläum der
SPD.

V. 150 JAHRE SPD – EIN FAZIT

150 Jahre SPD – eine Sturzflut von Publikationen scheint über uns hereingebrochen: Bücher, Aufsätze, Artikel, Ausstellungskataloge, Überblicksdarstellungen, lokale und biografische Studien, Gedenkblätter, feierliche Reden auf repräsentativen Veranstaltungen.
Gibt es so etwas wie den gemeinsamen Nenner, der alle Veröffentlichungen, Ansprachen
und Gedenkblätter miteinander verbindet, sie zusammenhält? Ein Begriff fällt ins Auge,
er findet sich vor allem in Vor- und Nachworten: Identität. Gefragt wird, was die Sozialdemokratie in der Vergangenheit, aber auch in der Gegenwart in besonderer Weise aus-
zeichnet und von anderen politischen Parteien und sozialen Bewegungen unterschieden
habe beziehungsweise unterscheidet, was ihre Identität ausmacht. Nachgerade hilflos
wird formuliert, wenn es um das Spezifische der SPD in der Gegenwart geht, um das, was
in Guido Westerwelles Bürokratendeutsch als »Alleinstellungsmerkmal« lief und läuft.
Wird die Suche nach Identität explizit, regelrecht programmatisch eingeklagt, so geht
dem implizit eine These voraus, die die Frage nach der Identität überhaupt erst plausibel
erscheinen lässt, nämlich die vom Ende der traditionellen sozialdemokratischen Arbeiterbewegung. Damit ist nicht Ralf Dahrendorfs Argument gemeint, dass die Arbeiterbewegung so erfolgreich gewesen sei, dass sie sich mit dem deutschen Sozialstaat gleichsam
selbst abgeschafft habe. Vielmehr werden in vielen der hier besprochenen Publikationen
eher deskriptiv historisch jene Gründe genannt, die für den fundamentalen Wandel der

SPD verantwortlich sind, die das Ende der Sozialdemokratie als sozialer Bewegung herbeigeführt haben. Es klingt banal, ist gleichwohl in unserem Zusammenhang an erster Stelle zu nennen: In ihrer Geschichte ist die traditionelle SPD immer eine Bewegung und Partei der Handwerker und Industriearbeiter gewesen, so sehr der Einfluss der Parteiintellektuellen auch nicht unterschätzt werden darf. Es war die Umstrukturierung vom sekundären zum tertiären Bereich, von den Arbeitern zu den Angestellten und schließlich die Entfaltung der Hightech-Gesellschaft, die der sozialdemokratischen Arbeiterbewegung gleichsam den Boden unter den Füßen wegzog. Damit begann auch das zu zerbröseln, was immer die Stärke der sozialdemokratischen Arbeiterbewegung ausgemacht hatte, nämlich die Solidargemeinschaft als Lebensform. Diese ging vom Facharbeiterplatz aus, umfasste alle Lebensbereiche, das Wohnen, die Freizeit, die Bildung. Die Organisationsvielfalt war im sozialdemokratischen Verständnis so etwas wie der Sozialismus im Kleinen und im Vorgriff auf die Zukunft. Zur programmatischen Grundüberzeugung gehörte die Überwindung des Kapitalismus durch den demokratischen Sozialismus. Mit der allmählichen Auflösung der Solidargemeinschaft ging der SPD eine Wählerbastion verloren, ein wesentlicher Indikator für die SPD als Volkspartei. Obwohl Volksparteien bemüht sind, viele Wählergruppen, verschiedene Klassen, Schichten, Konfessionen und Landsmannschaften anzusprechen, behalten sie ein spezifisches soziales Profil, so die SPD als Massenpartei auf Klassenbasis. Die Volkspartei SPD konnte sich ursprünglich ihrer Stammwählerinnen und -wähler sicher sein. Dies ist heute nicht mehr der Fall; ihr Anteil ist mit dem Ende der Solidargemeinschaft radikal geschrumpft. Der Spagat zwischen traditioneller Stammwählerschaft und neu zu gewinnenden (Mittel-)Schichten gelingt nicht mehr. Schließlich hat in den letzten zwei Jahrzehnten die Globalisierung der Sozialdemokratie selbst dann enge Grenzen gesetzt, wenn sie an der Macht war. Noch in seiner Rede zum 100-jährigen Jubiläum der SPD hatte Richard Löwenthal eine Triade formuliert, die den Erfolg der Sozialdemokratie ausmache, nämlich 1. der Kampf der modernen industriellen Arbeiterschaft um ihre Emanzipation; 2. die allgemeine Demokratisierung des Staats; 3. die Benutzung dieses Staats für die gesellschaftliche Kontrolle der ungeheuer entwickelten Produktivkräfte des industriellen Zeitalters.[35] Löwenthal hat hier einen engen Zusammenhang von Arbeiterinteressen und demokratischer Ordnung postuliert, der die Kontrolle und Steuerung des Kapitalismus möglich mache. So optimistisch diese Worte auch klingen, sie sind heute überholt. Die Globalisierung hat die Orientierung am nationalen Sozialstaat, hat die in den 1960er Jahren betriebene nationale keynesianische Wirtschafts- und Sozialpolitik unmöglich gemacht. Anja Kruke ist zu Recht noch einen Schritt weiter gegangen und hat argumentiert, dass die erfolgreiche Sozialstaatsbildung in Westeuropa in der Vergangenheit als Vorbild für eine globale Arbeiterbewegung gegolten habe. Das genaue Gegenteil sei aber richtig: »Aus heutiger Perspektive kann die europäische Arbeiterbewegung geradezu als Sonderfall der globalen Geschichte geschrieben werden.«[36]

Angesichts der fundamentalen Veränderungen, die seit den 1950er Jahren in Wirtschaft und Gesellschaft sowie in der sozialdemokratischen Partei selbst und in ihrer Positionierung im deutschen Parteiensystem abgelaufen sind, nimmt es nicht Wunder, dass nach der sozialdemokratischen Identität gefragt und geforscht wird, dass die Suche nach Identität in den Mittelpunkt der Jubiläumsliteratur gerückt ist. Wenn es überhaupt eine gemeinsame Fragestellung gibt, die diese Literatur zusammenhält, dann ist es die nach der Identität der SPD beziehungsweise danach, ob die Arbeiterbewegung, wie wir sie aus der Historie kennen, überhaupt noch existiert. Nur von einigen Autoren wird diese Fragestellung un-

---

35 *Richard Löwenthal*, Die Kontinuität der Bewegung – 100 Jahre Kampf um die Demokratie, in: Der Politologe. Berliner Zeitschrift für Politikwissenschaft 4, 1963, H. 13, S. 11–17, hier: S. 11.

36 *Anja Kruke*, Sonderfall Europa – Kleine Geschichte der Arbeiterbewegung, in: APuZ 63, 2013, H. 40/41, S. 3–11, hier: S. 3.

reflektiert positiv beantwortet, wird die Geschichte der Arbeiterbewegung kritiklos auf unsere Gegenwart projiziert. Im Übrigen wird die Identitätsfrage durchaus als Signal für den Niedergang der alten, historischen Arbeiterbewegung gesehen. In dieser war man sich seiner Identität bewusst, musste darüber nicht reflektieren, sondern lebte auf der Basis einer sozialen Bewegung auch im Alltag sozialdemokratische Prinzipien. Wird heute nach sozialdemokratischen Grundwerten und Identität gefragt, wird in der Regel mit der Triade der Französischen Revolution von 1789 geantwortet: Freiheit – Gleichheit – Brüderlichkeit. So ist es auch kein Zufall, dass in historischen Überblicksdarstellungen die Anfänge der sozialdemokratischen Arbeiterbewegung in das ausgehende 18. Jahrhundert beziehungsweise in die Revolution von 1848/49 verlegt werden. Das Problem hierbei ist jedoch, dass der Liberalismus mit seinen verschiedenen Parteien, ja inzwischen auch der Konservatismus, wie er in der CDU aufbewahrt wird, sich auf diese Wurzeln berufen. Ohne Zweifel ist die deutsche Sozialdemokratie heute – auch – die Partei des Liberalismus. Umso dringlicher wird dann aber die Frage, was dann die SPD von den anderen mit ihr konkurrierenden Parteien unterscheide. Aus dem Vergleich der verschiedenen Grundsatz- und Wahlprogramme und auch der konkreten Politiken, der *policies*, ergibt sich heute nicht das je Besondere einer Partei. An dieser Stelle öffnet sich dann die Begründung für Geschichtspolitik, nämlich – zugespitzt formuliert – die Instrumentalisierung der Geschichte, in unserem Fall der SPD, für aktuelle Zwecke, nicht zuletzt für das Herausarbeiten von Unterscheidungsmerkmalen zwischen den Parteien. Im Rückgriff auf die je besondere Historie sollen Differenzen zwischen den Parteien deutlich werden. Es ist zunächst banal: Jede Generation schreibt aus ihren je eigenen Bedürfnissen und Erfahrungen Geschichte neu. Geschichtspolitik stellt jedoch eine neue Qualität der Geschichtsschreibung dar: Geschichte wird bewusst herangezogen, Geschichtspolitik wird bewusst gemacht, um sie bestimmten aktuellen gesellschaftlichen, ökonomischen und politischen Zielen zu unterwerfen und auf diese Weise das besondere Profil zum Beispiel einer Partei herauszuarbeiten, um dazu beizutragen, Identität zu stiften. Geschichtspolitik wird jedoch nicht von den Parteien allein betrieben, sondern in Schulen und parteinahen Stiftungen staatlich gefördert. Dies geschieht in den verschiedenen Segmenten und Themenbereichen der politischen Bildung, etwa der »Aufarbeitung« der Geschichte des Nationalsozialismus oder des Vergleichs verschiedener Typen von Diktaturen. Bezogen auf die Geschichte und Gegenwart der Parteien dient Geschichtspolitik also durchaus der Identitätsstiftung, wie nicht zuletzt durch die Jubiläumsliteratur der SPD zu ihrem 150-jährigen Geburtstag erkennbar wird. Geschichtspolitik darf jedoch nicht vulgär als Instrumentalisierung von Geschichte für aktuelle Zwecke, also nicht als »Geschichtspropaganda« missverstanden werden. Vielmehr wird durchaus auch kritisch gefragt, welche Fehler in der Vergangenheit zum Beispiel in der Geschichte der Arbeiterbewegung gemacht worden seien. Kann man aus der Geschichte lernen, etwa aus der der Novemberrevolution? Welche Erkenntnisse bringt die Geschichte der Arbeiterbewegung für die Gegenwart? Bringt sie überhaupt Einsichten? Was fast völlig in der Jubiläumsliteratur fehlt, ist wenigstens die Diskussion darüber, dass die Sozialdemokratie aus einer gesellschaftskritischen, ja von ihrem Impetus her antikapitalistischen sozialen Bewegung hervorgegangen ist, also Alternativen zum gesellschaftlichen Status quo gedacht und angestrebt hat. Es wäre in der Jubiläumsliteratur durchaus darüber systematisch nachzudenken, warum die einst vertretenen Alternativen gescheitert sind. So bewegen sich Geschichtspolitik und Geschichtsschreibung primär in dem Kontext der Suche nach sozialdemokratischer Identität.

Trotz der vielen Bücher, Aufsätze und Artikel, die zum 150-jährigen Jubiläum der SPD erschienen sind, ist kein neuer Ansatz in der Forschung zur Geschichte der Arbeiterbewegung zu finden. Der Schwung einer sozialen Bewegung, die genuin an ihrer eigenen Geschichte interessiert war, ist verloren gegangen. So stehen Überblicksdarstellungen, Ausstellungskataloge und Gedenkblätter im Vordergrund. Das gilt auch für den akademischen Bereich. Im Vergleich zu den 1960er und 1970er Jahren: Wer hat heute noch Interesse, im Bereich der Geschichte der Arbeiterbewegung zu promovieren oder zu habilitieren? Anderes ist angesagt. Wenn überhaupt, dann wird Mikrogeschichte geschrieben, etwa zur Geschichte der »Hufeisensiedlung«.[37] Einen interessanten Ansatz hat Anja Kruke formuliert. Sie geht davon aus, dass die Geschichte der westeuropäischen Arbeiterbewegung nicht global Vorbild für Arbeiterbewegungen auf anderen Kontinenten gewesen sei, das europäische Modell nicht übertragbar sei. Vielmehr müssten alte Gewissheiten, Kategorien und Fragen überprüft werden, eine »neue Geschichtsschreibung zur Arbeiterbewegung« sei notwendig.[38] Wie diese zu konzipieren sei, wird allerdings nicht aufgeführt.

So wie die meisten anderen Parteien in der deutschen Geschichte ist die Sozialdemokratie aus einer sozialen Bewegung hervorgegangen. Die SPD ist aber heute im Prinzip eine Partei wie jede andere – auf der Suche nach ihrer Identität.

---

37 *Udo Gößwald/Barbara Hoffmann* (Hrsg.), Das Ende der Idylle? Hufeisen- und Krugpfuhlsiedlung in Britz vor und nach 1933. Begleitband zur gleichnamigen Ausstellung, Berlin 2013.
38 *Kruke*, Sonderfall Europa, S. 3 und 11.

Summaries

Chelion Begass/Johanna Singer, Poor Noble Women. New Perspectives of Social Inequality in Nineteenth Century Prussia

Usually the term »nobility« implies elite status and economic prosperity. In the same manner the history of nobility focuses primarily on questions regarding elite formation and elite change, whereas historical research on poverty mainly looks at the lower classes and ignores the nobility, in particular noble women. Based on petitions, a source material seldom used until today, the article foregrounds poor noble women in nineteenth century Prussia. Different approaches of the history of nobility, poverty and gender are combined in a new way in order to contribute to the discussion about the generation and dynamics of social inequality from a historical perspective. The paper firstly presents everyday life experiences and living environments of poor noble women by referring to three case studies. It subsequently describes petitions as a special source material for a new approach to the history of nobility and discusses its value. The fact that noble women lived in poverty and had to earn their living by regular gainful employment – in contrast to previous assumptions – raises the question of how this social group has to be seen in the context of well established concepts of the social structure of nineteenth century German society. Social inequality in regard to poor noble women can only be conceptualised by taking account of several factors generating inequality as well as their interaction and dynamics during the women's lives. By considering the several overlying social fractures a multidimensional image emerges, which enables a new perspective on the nineteenth century society as well as a differentiated analysis of social inequality.

Christine Fertig, Social Networks and Class Formation in the Rural Society. A Comparative Micro-Analysis (Westphalia, 1750–1874)

The paper discusses the connection between class limits and social networks in two parishes in Westphalia: Löhne (district of Herford) situated in the cloth-weaving area of Eastern Westphalia, and Borgeln (district of Soest) in the fertile Soest Börde with an increase in the production of cash crops during the period of investigation. In the nineteenth century both parishes were dominated by two different groups: a small stratum of wealthy peasants and small holders on the one hand and a broad unpropertied lower class on the other. Since Jürgen Kocka's seminal works, the nineteenth century is considered the essential period when social classes emerged in the context of the modernisation of economy and society. Following his concept, the process of class formation in rural regions has started already in the eighteenth century supposedly caused both by the industrial penetration of rural areas and a growing importance of relationships within the family. The concept of the rural society as a class society as well as the assumption of the growing importance of relationships within the family in Europe is critically discussed in the article. Statistical methods and formal network analysis provide the tools to examine the relations between different social strata. The acquisition of large databases and the adaptation of new methods, in particular historical network analysis, enable a precise examination of social relations between social groups. Jürgen Schlumbohm in his micro study of the parish Belm in the Osnabrück area, which like Löhne is situated in the textile region of Northwest Germany, has already pointed out that despite a pronounced social inequality there is no indication of class consciousness or even joint class activities. The article shows that there are rudiments of a »rural class society« to be found in the purely agrarian Soest Börde, whereas proto-industrialised Eastern Westphalia was characterised by a

»network community« with profound social relations between members of different social strata.

Eva Maria Gajek, Displaying Wealth. The Yearbook of Millionaires' Assets and Income
in Prussia
    The »Yearbook of Millionaires' Assets and Income« by Rudolf Martin was a novelty in
the history of Imperial Germany. Not only did it for the first time gather data about the
pecuniary circumstances of »rich people‹«, it also revealed their names and addresses.
Thus, from the mid-nineteenth century the Yearbook gave the growing assets a face and
made wealth visible as an extreme aspect of social inequality. There could not have been
a better time to publish a book like this than in spring 1911: The unequal tax burden was
keenly discussed in parliament and mass press, the system of the tax state met with a
growing opposition and the exchequer wanted to profit by the surplus in the course of
industrialisation. The article looks at the social brisance caused by the Yearbook at the
beginning of the twentieth century and shows how the Imperial society dealt with wealth
by drawing on its history of publication and reception. Based on the analysis of political
files, estates and media source material it will show that the contemporary understanding
of wealth was influenced by the interaction of statistic database, tax policies and tax limits,
social definitions and connotations as well as the influence of a powerful upper class. The
article concludes that, on the one hand, the Yearbook supported the argument of unequal
taxation among liberal circles of the Prussian Diet. The Prussian government on the other
hand saw the book as a breach of personal rights. The rich people, finally, who were subject of the Yearbook, were not concerned about the published information about them but
about where they appeared in the ranking list. The Yearbook triggered an intensive debate
not only about the validity of its data but also about social differences and the (future)
structure of state and society as a whole.

Sarah Haßdenteufel, Precarity Newly Discovered. Debates on »New Poverty« in France,
1981–1984
    With the advent of the catchphrase »New Poverty« at the beginning of the 1980s, the
topic of poverty re-entered the arena of public discourse in France after having been absent for decades. The article analyses the debate on the so called *nouvelle pauvreté* in three
steps: It firstly enquires after the actors involved, examines afterwards the content of the
phrase and finally focuses on the social political reactions caused by this debate. It shows
that the phrase »New Poverty« was primarily coined by municipal actors supported by the
opposition party who caught the attention of the media by starting to discuss this topic
publicly. The image of poverty dominating the 1980s differed significantly from the one
of the *Trente Glorieuses*, which became obvious in the debate culminating in autumn 1984,
for instance regarding the causes of poverty, its social importance and the at-risk groups.
The article argues that the traditional understanding of poverty collapsed in particular
against the backdrop of the structural problems of the labour market in France at that time
and the failure of the welfare state to address these issues. It finally shows that the new
understanding of poverty initially did not trigger a change in poverty policies. Instead the
French government reacted to the debate by drawing on traditional methods to tackle
poverty.

Sonja Matter, Poverty and Migration – Class and Nation. Welfare for »Strangers in Need«
at the Turn of the Twentieth Century
    At the end of the nineteenth century cities in Switzerland faced new challenges: In the
wake of industrialisation a growing number of people migrated into cities and towns where

their livelihoods were insecure in case of illness, accidents and unemployment. These »strangers in need« – who were either ›non-local‹ Swiss or foreign nationals – were at the lower end of the social hierarchy and were not entitled to claim benefits in their place of residence. The article explores how the categories of »class« and »nation« shaped the poor relief of »strangers in need«. In what way did the attempts to tie social rights and citizenship closer together affect structures of social inequality? New practices established in Switzerland during the first two decades of the twentieth century were groundbreaking: Exclusion measures towards Swiss people decreased, whereas at the same time foreign nationals in need were excluded even more rigorously. The formation of a nation state based society was accompanied by social exclusion: Welfare experts and state authorities considered social inequality not as a problem of the industrial capitalist society. In the context of a discourse on »Überfremdung« (infiltration by foreigners) which gained more and more strength, they problematised and addressed the distribution battle of persons with or without Swiss citizenship.

Jenny Pleinen, »Health Inequalities« and Health Care Policy in the United Kingdom during the »Thatcher Era«
The Thatcher era is considered a period of profound transition by researchers and the public alike due to privatisations and the weakening of the unions. The article firstly looks at the health care policy in the 1980s, a policy area with a relatively high consistency: The role of the state in the UK health care system remained strong compared with other democratic countries – even though at a relatively low level of funding like in previous decades. Furthermore, by drawing on the debates on »health inequalities«, the article focuses on how British society dealt with the fact that health and life chances were unequal despite an egalitarian health system.

Christiane Reinecke, Disciplined Housing Shortage. Urban Spatial Planning and New Social Marginality in France and West Germany
In the immediate post war period solving the housing shortage and improving the urban environment for all social strata were key promises in Western European welfare states. All the more shocking was the fact in the 1960s that the number of families living in hut camps and emergency accommodation was increasing instead of decreasing. In both France and West Germany the issue of »poorly accommodated« and »homeless« people was a pivotal aspect of the debate on questions of equality and inequality. For a better understanding, the analysis combines a history of knowledge perspective with the investigation of administrative practices and focuses on the interrelationship between government housing policy and the changing constructions of social problems. It shows the similarities between French and West German social services in their attempts to discipline families without regular accommodation by establishing staggered housing conditions. In France this hierarchised policy was closely related to a (post)colonial logic. In West Germany, on the other hand, it was mainly German families with many children who were seen as the risk population in context with the emergency accommodation, instead of the ›dangerous class‹ of migrants. However, in both countries a profound change in the debate on emergency accommodation became apparent: From the perspective of knowledge production on housing issues the view of a primarily self-imposed disadvantage lost ground around 1970 and the social conditionality of societal marginality with aspects such as inclusion and participation came to the fore.

Wilfried Rudloff, Unequal Education Opportunities, Ability and Selection. The Discovery of Social Inequality by Federal Education Policy and the Boom of the »Dynamic Concept of Ability« (1950–1980)

Educational careers and qualifications are fundamental determinants of social inequality. The article uses the concept of ability as a testing probe to explore the discovery and changes in the perception of social inequality between 1950 and 1980. It shows that older discourses were newly framed by the advancing paradigm of inequality which substantially changed its political direction. According to an understanding of ability foregrounding individual aptitudes, social inequality is the expression of human inequality. Yet when conceiving ability as primarily determined by environmental conditions, human inequality is the expression of social inequality. The adjustment of the concept of ability along the lines of milieu theory – first by scientists, then by politicians, teachers and the media – was an essential condition of the expansive educational policy of the 1960s and early 1970s. Unlike the concept of ability based on aptitude, whose pioneers assumed a parallel divide between the social stratification hierarchy and the level of ability, the ›dynamic‹ concept of ability from the period of the education boom suggested the search for new models of mobilisation, support and control of ability; it focused primarily on underprivileged social strata and groups. Methods of transition selection were changed, the model of a transition and orientation stage was tested, and the idea of the integrated comprehensive school was given a fresh impetus due to the new concept of ability. Yet along with the increasing party political polarisation during the 1970s the pendulum swang the other way regarding the concept of ability, and the topic of social inequality of education lost its importance.

Jan Stoll, »Disability« as Category of Social Inequality. Formation and Development of the Association »Lebenshilfe für das geistig behinderte Kind« in the Federal Republic of Germany during the 1950s and 1960s

The article investigates how social inequality of people with so-called mental disabilities was addressed in the Federal Republic of Germany during the 1950s and 1960s. Against the backdrop of the social political support for disabled ex-servicemen in the post war period and the power of their interest group, other groups of disabled people were largely ignored. Thus, people with mental disabilities frequently encountered exclusion and discrimination. The association »Lebenshilfe für das geistig behinderte Kind«, founded in 1958, for the first time offered parents and experts the possibility to act as an interest group for mentally disabled children in order to confront unequal treatment und to improve the situation of parents and children. On the basis of the work of this new lobby group for people with mental disabilities the article explores the efforts made for the participation of mentally disabled children in the education system, for the improvement of material resources and for social acceptance. Pedagogical and education policy experts developed concepts to educate mentally disabled children in special institutions. Other concerns were financial compensation for the parents and the funding of these education institutions. Public relations of the association finally aimed at social acceptance of mentally disabled people and at the reduction of discrimination. From this perspective, the »Lebenshilfe« association became the starting point of changing views on social inequality in the Federal Republic.

Dietmar Süß, »Fair Wages for Fair Work«? Reflections on the History of Minimum Wage

Wages, wage-setting and the demand for a minimum wage are parts of the social structure of inequality and political concepts which effect what is considered as sufficient to »secure one's living« at a given time. Thus, the controversy on »fair wages« is both old and up to date. The article explores the debates on minimum wage from the nineteenth century until the present and embeds them into the discussion on the globalisation of social rights. It looks at Germany and the United Kingdom as well as at the policy of the International Labour Organisation (ILO). It will be shown that minimum wages depend on changing logics of justice. The central assumption of the paper is: The debates on minimum wage reveal a basic tension in industrial, specialised societies and their modi of social integration.

Christoph Weischer. Social Inequality 3.0. Social Differentiation in a Transformed Industrial Society

The article reconstructs the development of social inequalities in the Federal Republic of Germany from the 1980s onwards. Based on a first systematisation of the transformation process it explores the development of inequality in several arenas relevant to distribution (production, state, private households). It then summarises and reconstructs the main currents of the transformation of inequality. Finally, it elaborates and substantiates the theorem of »Social Inequality 3.0«.

Mareike Witkowski, A Relict of the Nineteenth Century? Housemaids from 1918 until the 1960s

According to a view long held by researchers, the number of housemaids has declined from 1918 onwards and since 1945 at the latest the profession has finally disappeared. The article follows a different assumption: The occupational group of housemaids did not cease its existence but adapted to social change even if delayed in time. Today's cleaners have to be seen in the tradition of servants of the nineteenth century and housemaids of the first half of the twentieth century. Based on this assumption the article looks at inequalities of those employed in private households. Living in the household of the employer – which was still common during the period of investigation – clarified, established or broke open inequalities and caused many conflicts in particular. Apart from putting up with everyday life inequalities, housemaids were also legally disadvantaged for a long time. No other employment relationship was statutorily regulated as late as that of housemaids. Only in 1955 a labour agreement was reached to regulate working hours.

Résumés

Chelion Begass/Johanna Singer, Les femmes nobles désargentées. Nouvelles perspectives sur les inégalités sociales dans la Prusse du XIXᵉ siècle

De manière générale, on associe à la noblesse des représentations mettant en avant un statut d'élite et une situation de prospérité matérielle. L'histoire de la noblesse se concentre elle aussi au premier chef sur des questions liées à la formation et à la mutation des élites, tandis que la recherche historique sur la pauvreté se penche avant tout sur les classes sociales inférieures et exclut complètement la noblesse, et *a fortiori* les femmes nobles, de son champ de recherche. Le présent article s'intéresse aux femmes nobles désargentées dans la Prusse du XIXe siècle en s'appuyant sur une source jusqu'alors inutilisée pour étudier la noblesse, celle des requêtes. Pour ce faire, nous combinons d'une nouvelle manière des approches relevant de l'histoire de la noblesse, de la pauvreté et du genre afin d'apporter un éclairage historique sur les questions de la production et de la dynamique des inégalités sociales. Tout d'abord, nous présentons dans trois études de cas le cadre de vie et les expériences quotidiennes des femmes nobles désargentées, puis nous décrivons le genre de la requête en tant que nouvel accès à l'histoire de la noblesse et discutons de sa valeur en tant que source. Le fait que des femmes nobles aient vécu dans la pauvreté et qu'elles aient dû – contrairement à ce que l'on supposait jusqu'à présent – s'assurer le minimum vital par une activité rémunérée régulière mène à la question de savoir comment intégrer le groupe social considéré dans les représentations courantes de la structure de la société allemande au XIXe siècle. Dans le cas des femmes nobles désargentées, les inégalités sociales peuvent uniquement être appréhendées en prenant en compte plusieurs facteurs sources d'inégalités ainsi que leur interaction et leur dynamique dans la vie de ces femmes. La superposition complexe de lignes de fracture sociale variées permet l'émergence d'un cadre pluridimensionnel qui ouvre de nouvelles perspectives pour décrire la société du XIXe siècle et rend possible une analyse fine des inégalités sociales.

Christine Fertig, Réseaux sociaux et formation des classes dans la société rurale. Une micro-analyse comparative (Westphalie, 1750–1874)

L'article discute du lien entre les frontières de classes et l'interconnexion sociale dans deux paroisses de Westphalie. La première, Löhne (circonscription de Herford), se trouve en Westphalie orientale, région de filature et tissage du lin, la seconde, Borgeln (circonscription de Soest) dans la région fertile de la Soester Börde, dont la production de cultures commerciales a crû au cours de notre période d'étude. Dans les deux communes se faisaient face un petit groupe de paysans aisés, des petits propriétaires et une large classe inférieure non possédante. Depuis les travaux fondamentaux de Jürgen Kocka, le XIXe siècle est considéré comme la période décisive durant laquelle se sont formées les classes sociales sous l'effet de la modernisation de l'économie et de la société. En ce qui concerne le secteur rural, des processus de formation de classes, dont l'origine a été vue d'une part dans l'incursion de l'industrialisation dans l'espace rural et d'autre part, dans l'importance croissante des relations de parenté, ont déjà été observés pour la fin du XVIIIe siècle. La conception de la société rurale comme «société de classes» est soumise à un examen critique, tout comme la thèse de l'importance croissante des relations de parenté en Europe. Les liens entre les différents groupes sociaux sont analysés à l'aide de dispositifs statistiques et d'une analyse formelle de réseau. Le recensement d'un nombre important de données et l'application de nouvelles méthodes, en particulier celles de l'analyse historique de réseaux permettent de brosser un tableau plus précis des relations sociales entre les groupes sociaux. Dans sa micro-étude de la paroisse de Belm dans la circonscription d'Osnabrück, qui, tout comme Löhne, se trouvait dans la région textile du Nord-Ouest de l'Allemagne et comportait une structure sociale similaire, Jürgen Schlumbohm avait déjà remarqué que, malgré des inégalités sociales marquées, on ne pouvait trouver aucun indice de conscience de classe, ni même d'action commune de classe. Dans le présent article, nous montrons que l'on pouvait trouver une amorce de «société de classe rurale» dans la région de la Soester Börde, qui était purement agricole, tandis que la Westphalie orientale, proto-industrielle, reposait sur une «société en réseaux» avec des liens sociaux prononcés entre les membres des différentes classes.

Eva Maria Gajek, La richesse rendue visible. L'Annuaire des biens et des revenus des millionnaires en Prusse

L'«Annuaire des revenus et des biens des millionnaires» de Rudolf Martin constitua une nouveauté dans l'histoire de l'Empire: non seulement il rassembla pour la première fois des données sur la situation financière des «riches», mais il révéla également leurs noms et adresses. L'Annuaire conféra donc un visage à la croissance de la fortune depuis le milieu du XIXe siècle, faisant ainsi apparaître la richesse comme une manifestation extrême des inégalités sociales. Le moment prévu pour la parution d'un tel ouvrage au printemps de l'année 1911 n'aurait pas pu être mieux choisi: l'époque était marquée par de vifs débats au Parlement et dans la presse de masse à propos des inégalités dans les charges fiscales. Le système de l'Etat fiscal faisait l'objet de résistances de plus en plus grandes et le Trésor public voulait de plus en plus tirer profit de l'amélioration de la prospérité liée à l'industrialisation. L'article se penche sur le fort potentiel de polémique sociale de l'Annuaire au début du XXe siècle et illustre de manière exemplaire à l'aide de l'histoire de la publication et de l'influence de ce dernier le rapport à la richesse dans l'Empire. A partir de l'analyse d'archives politiques, de documents de succession et de sources médiatiques, il démontre l'union étroite entre les données statistiques, les limites des barrières fiscales fixées par les instances politiques, les imputations sociales et l'influence d'une classe supérieure puissante pour la conception de la richesse de l'époque. Il parvient ainsi à la conclusion que, tandis que l'Annuaire fut utilisé comme argument au sein des forces libérales dans le débat sur les inégalités dans les charges fiscales du Landtag de Prusse, le gouvernement prussien considéra l'ouvrage comme une attaque envers les droits de la personnalité. Ceux qui faisaient l'objet du livre, c'est-à-dire les «riches», ne virent pas de réel danger dans la publication des données les concernant, mais furent plutôt préoccupés par la place à laquelle elles apparaissaient. L'Annuaire ne fut pas uniquement à l'origine d'un échange intense à propos de la véracité des informations publiées, mais également d'un débat sur les différences sociales et l'ordre (futur) de l'Etat et de la société en général.

Sarah Haßdenteufel, La redécouverte de la précarité. Débats à propos de la «nouvelle pauvreté» en France, 1981–1984

Après avoir été absent des discussions durant des décennies, le thème de la pauvreté fit à nouveau son retour dans le débat public français avec le slogan de la «nouvelle pauvreté». L'article analyse en trois étapes le débat qui s'est articulé autour de cette notion: tout d'abord, il identifie les acteurs ayant pris part aux discussions, puis il s'interroge sur le remplissage conceptuel de la «nouvelle pauvreté» et enfin, il se penche sur les réactions sociales et politiques vis-à-vis de ce débat. Ce faisant, il montre que ce sont surtout les acteurs agissant au niveau communal qui ont forgé le concept de la «nouvelle pauvreté» en France. Par leurs actions médiatiques et le soutien des partis d'opposition, ils ont introduit le sujet dans le discours public. Divers points de rupture avec l'image de la pauvreté ayant dominé durant les Trente Glorieuses apparaissent dans ce débat qui culmine à l'automne 1984, en particulier en ce qui concerne le repérage des origines de la pauvreté, l'importance qui lui est attribuée sur le plan social ou encore, les groupes à risque évoqués dans les débats. L'article défend le point de vue suivant: les représentations traditionnelles se dissolvent, en particulier dans le contexte des problèmes structurels du marché du travail français à cette époque et de l'absence de prise en compte de ces derniers par l'Etat social. En conclusion, nous montrons que la nouvelle représentation de la pauvreté n'a tout d'abord pas conduit à une mutation dans la politique de gestion de la pauvreté, mais que le gouvernement français a eu recours aux méthodes traditionnelles de lutte contre la pauvreté avec les programmes qu'il a mis en place pour réagir au débat.

Sonja Matter, Pauvreté et migration – classe et nation. L'assistance aux «étrangers indigents» au tournant du XIXe au XXe siècle en Suisse
A la fin du XIXe siècle, les villes suisses se virent confrontées à de nouveaux défis. Avec l'industrialisation, de plus en plus de personnes dont l'existence n'était pas assurée en cas de maladie, d'accident ou de chômage, migrèrent dans les villes. Les «étrangers indigents» – parmi lesquels on comptait tant les Suisses nouvellement arrivés dans la localité et qui y étaient «étrangers» que les personnes venant de pays étrangers – se trouvaient tout en bas de l'échelle sociale et ne pouvaient prétendre à aucune aide de l'Etat dans leur lieu de résidence. L'article s'interroge sur la façon dont les catégories de «classe» et de «nation» ont influencé l'assistance aux «étrangers nécessiteux». Dans quelle mesure les efforts visant à combiner de manière plus étroite droits sociaux et citoyenneté eurent-ils des effets sur les structures des inégalités sociales? Les deux premières décennies du XXe siècle jouèrent un rôle décisif pour la Suisse dans l'établissement de nouvelles pratiques: les mesures d'exclusion envers les Suisses et les Suissesses dans le besoin diminuèrent, tandis que s'imposa dans le même temps une exclusion drastique des personnes étrangères vivant dans l'indigence. La formation d'une société envisagée dans le cadre de l'Etat national alla de pair avec un processus de fermeture sociale: les experts de l'assistance et les autorités politiques interprétèrent moins les inégalité sociales comme un problème de la société capitaliste industrielle. Dans le contexte de la montée en puissance du discours qui mettait en avant la surpopulation étrangère, ils problématisèrent et traitèrent davantage les tensions au sujet de la répartition des ressources entre les personnes ayant la nationalité suisse et celles qui ne l'avaient pas.

Jenny Pleinen, «Health inequalities» et politique de santé publique dans la Grande-Bretagne de l'ère Thatcher
L'ère Thatcher est considérée dans la recherche tout comme dans l'opinion publique britannique comme une phase de bouleversements décisive en raison des privatisations et de l'affaiblissement des syndicats. D'une part, l'article se penche sur la politique de santé publique dans les années 1980 et ainsi, sur un domaine politique caractérisé en comparaison par une grande continuité: comparé à d'autres démocraties, le rôle de l'Etat concernant le système de santé demeurait important en Grande-Bretagne, son implication dans le financement était cependant, comme dans les décennies précédentes, relativement faible. D'autre part, l'article se concentre à partir des débats portant sur les *health inequalities* sur le rapport de la société britannique au constat selon lequel la santé et les chances de vie étaient distribuées d'une façon de plus en plus inique malgré l'accès égalitaire au système de santé.

Christiane Reinecke, Contrôle de la pénurie de logements. Aménagement du territoire urbain et nouvelle marginalité sociale en France et en Allemagne de l'Ouest
La résorption de la pénurie aiguë de logements et la création de meilleures conditions de vie urbaines pour toutes les couches sociales faisaient partie des promesses centrales des Etats-providence d'Europe de l'Ouest durant l'après-guerre. La prise de conscience

que le nombre de familles vivant dans des baraquements ou des habitats d'urgence ne diminuait pas, mais augmentait plutôt, fut donc d'autant plus décisive. En France tout comme en RFA, les débats sur la question des «mal logés» et des «sans domicile fixe» constituaient un point central des discussions sur les questions d'égalité et d'inégalité. Pour pouvoir comprendre cette évolution, l'analyse combine une perspective relevant de l'histoire des savoirs à l'examen des pratiques administratives et met l'accent sur l'inter-action entre la politique du logement menée par l'Etat et les mutations dans la construction des problèmes sociaux. Elle montre que les administrations sociales françaises et ouest-allemandes présentèrent des similitudes dans leur tentative de contrôler les familles qui ne disposaient d'aucun logement régulier en mettant en place une politique de solutions échelonnées en matière d'habitat. Dans le cas français, cette politique hiérarchisée était intimement liée aux logiques (post-)coloniales. En RFA en revanche, c'était moins la «classe dangereuse» des migrants que les familles nombreuses allemandes qui était con-sidérée comme population à risque dans le contexte des habitats d'urgence. Toutefois, une profonde mutation se dessina dans les deux pays en ce qui concerne les discussions portant sur l'hébergement dans des baraquements ou des logements d'urgence: si l'on part de la production de savoir à propos des problèmes de logement, la conception selon laquelle les mal-logés étaient les premiers responsables de leur situation perdit de son influence autour de 1970, tandis que le centre d'intérêt se déplaça sur les questions d'inclusion et de parti-cipation ainsi que, d'une façon générale, sur la détermination par la société de la margi-nalité sociale.

Wilfried Rudloff, L'inégalité des chances d'éducation, talent et sélection. La découverte des inégalités sociales dans la politique éducative de la République fédérale et la conjoncture de la «conception dynamique du talent» (1950–1980)

Les parcours de formation et les diplômes de fin d'étude sont des facteurs déterminants dans les inégalités sociales. L'article utilise le concept de talent comme sonde permettant d'analyser la découverte et les changements de perception des inégalités sociales dans le système éducatif ouest-allemand entre 1950 et 1980. Nous voulons montrer comment l'avancée du paradigme d'inégalité contribua à apporter un nouveau cadre à des com-plexes discursifs plus anciens, ce qui permit une modification fondamentale de leurs gran-des lignes politiques. Si l'on considère que le talent repose sur des aptitudes individuelles, alors l'inégalité sociale est l'expression d'une inégalité humaine. Si l'on défend au con-traire une conception du talent qui place au premier plan les influences de l'environne-ment social, alors l'inégalité humaine est l'expression d'une inégalité sociale. Le réajus-tement du concept de talent qui s'appuie sur la théorie du milieu social et qui a été opéré par les sciences concernées, puis par la sphère politique, le corps enseignant et les médias, fournit un préalable essentiel pour la politique d'éducation expansive des années soixante et du début des années soixante-dix. A la différence du concept de talent qui met en avant les aptitudes individuelles et dont les précurseurs avaient postulé un parallèle dans les disparités entre la hiérarchie des classes sociales et les degrés de talent, le concept «dyna-mique» de talent des années du boom éducatif invita à chercher de nouveaux modèles permettant de mobiliser, de promouvoir et de guider le talent. Il attira en particulier l'at-tention sur les groupes et les classes sociales défavorisées. Les méthodes destinées à la sélection lors du passage dans la classe supérieure furent modifiées, on testa le modèle des classes de transition et des cycles d'orientation. L'idée des établissements d'enseigne-ment intégré (Gesamtschule) connut également un essor grâce au nouveau concept de talent. Cependant, cette tendance connut un revirement partiel en raison de la polarisation politique croissante durant les années soixante-dix. Le thème des inégalités sociales en matière d'éducation perdit de plus en plus en importance.

Jan Stoll, Le «handicap» comme catégorie d'inégalités sociales. Emergence et évolution de «l'aide à la vie pour les enfants souffrant d'un handicap mental» dans la RFA des années 1950 et 1960

L'article s'interroge sur la thématisation des inégalités sociales subies par les personnes présentant ce que l'on appelle des handicaps mentaux dans la RFA des années 1950 et 1960. Dans le contexte de l'assistance socio-politique apportée aux mutilés de guerre durant la période d'après-guerre et de la force des associations défendant leurs intérêts, les autres groupes de handicapés restèrent au départ largement laissés pour compte. C'est ainsi que les personnes présentant un handicap mental devaient faire face à un grand nombre d'exclusions et de discriminations. La création en 1958 de l'association «Aide à la vie pour les enfants souffrant d'un handicap mental» donna pour la première fois aux parents et aux professionnels la possibilité de se présenter comme une organisation défendant les intérêts des enfants souffrant d'un handicap mental afin de lutter contre les discriminations et améliorer la situation des enfants concernés et de leurs parents. En partant du travail de ce nouveau lobby pour la défense des personnes souffrant de handicaps mentaux, l'article étudie les efforts faits pour assurer la participation des enfants handicapés mentaux au système scolaire, pour améliorer les ressources matérielles ainsi que la reconnaissance sociale de ces enfants. Des experts en matière de politique d'éducation et de pédagogie développèrent des projets pour la scolarisation des enfants handicapés mentaux, qui furent testés dans des institutions créées par l'association. Cette dernière aspira également à une compensation financière pour les parents ainsi qu'à une garantie financière pour les institutions créées. Le travail effectué par l'association sur le plan des relations publiques avait en fin de compte pour objectif d'obtenir la reconnaissance des personnes présentant un handicap mental et d'éliminer les discriminations. De ce point de vue, l'association «Aide à la vie» constitue le point de départ d'une mutation dans l'appréhension des inégalités sociales dans la République fédérale.

Dietmar Süß, «Un salaire équitable pour une journée de travail équitable»? Réflexions à propos de l'histoire du salaire minimum

Les salaires, la détermination des salaires et la revendication de salaires minimums font partie des structures d'inégalités sociales et des projets d'organisation politique qui avaient un rôle à jouer dans la décision de savoir par exemple ce qui était considéré comme «assurant le minimum vital». C'est pourquoi les discussions sur le «salaire équitable» sont tout aussi anciennes qu'actuelles. L'article analyse les débats portant sur les salaires minimums depuis le XIXe siècle jusqu'à nos jours et les replace dans les discussions portant sur la mondialisation des droits sociaux. Dans cette perspective, il est question de l'Allemagne et de la Grande-Bretagne ainsi que de la politique de l'Organisation Internationale du Travail (OIT). L'article fait apparaître à quel point les salaires minimums dépendent de logiques d'équité spécifiques qui évoluent. La thèse centrale est la suivante: dans les débats portant sur les salaires minimums apparaît une tension fondamentale des sociétés industrielles fondées sur la division du travail et de leurs modes d'intégration sociale.

Christoph Weischer, Inégalités sociales 3.0. Différenciations sociales dans une société industrielle transformée

Dans le présent article, nous reconstruisons l'évolution des inégalités sociales dans la République Fédérale d'Allemagne depuis les années 1980. Sur la base d'une première systématisation du processus de transformation, nous nous attachons à l'évolution des phénomènes d'inégalité dans différents domaines pertinents en ce qui concerne la répartition (production, Etat, ménages) pour ensuite reconstruire les tendances dans la transformation des structures d'inégalité. Dans ce contexte, nous développons et justifions ensuite le théorème des «inégalités sociales 3.0».

Mareike Witkowski, Un reliquat du XIXe siècle? Les bonnes de 1918 jusqu'aux années 1960

Selon une thèse défendue depuis longtemps dans la recherche, il y a eu de moins en moins de bonnes depuis 1918 et le métier a complètement disparu à partir de 1945 au plus tard. Le présent article défend une autre thèse: la catégorie professionnelle des bonnes n'a pas disparu, mais elle s'est adaptée à la mutation de la société, même si le processus s'est déroulé de manière décalée dans le temps. Il faut voir la femme de ménage actuelle dans la tradition des domestiques du XIXe siècle et des bonnes de la première moitié du XXe siècle. En partant de cette prémisse, l'article s'intéresse aux inégalités qui ont frappé le personnel de maison. C'est avant tout la vie typique menée dans la maison de l'employeur durant notre période d'étude qui a conduit à de nombreux conflits au cours desquels des inégalités ont mises en évidence, fixées ou encore se sont peu à peu dissoutes. Hormis les inégalités auxquelles il a dû faire face quotidiennement, le personnel de maison a également longtemps été désavantagé sur le plan légal. Le contrat de travail des bonnes a été le dernier à obtenir un cadre juridique. Ce n'est qu'en 1955 qu'a pu être conclue une convention collective qui a fixé le temps de travail.

Die Mitarbeiterinnen und Mitarbeiter des Bandes

Chelion Begass, geb. 1983; M.A.; Studium der Neueren Geschichte, Alten Geschichte und Soziologie an der Universität Tübingen, der Université d'Avignon und der Université de Provence Aix-Marseille; Stipendiatin des deutsch-französischen Studienganges Tüb-Aix; seit 2011 wissenschaftliche Mitarbeiterin und Doktorandin am Sonderforschungsbereich 923 »Bedrohte Ordnungen« der Eberhard-Karls-Universität Tübingen; Dissertationsprojekt zum Thema »Armer Adel in Preußen zwischen konkurrierenden Gesellschaftsordnungen 1780–1830«.

Rainer Behring, geb. 1965; Dr.; Studium in Münster und Köln; seit 2014 Lehrbeauftrager am Lehrstuhl für Neuere Geschichte der Heinrich-Heine-Universität Düsseldorf. Zuvor 1998–2003 wissenschaftlicher Mitarbeiter am Hannah-Arendt-Institut und am Lehrstuhl für Zeitgeschichte der Technischen Universität Dresden, 2003–2012 Lehrtätigkeit an den Universitäten Dresden, Köln und Wuppertal. Veröffentlichungen u.a.: Demokratische Außenpolitik für Deutschland. Die außenpolitischen Vorstellungen deutscher Sozialdemokraten im Exil 1933–1945, Düsseldorf 1999; zusammen mit Mike Schmeitzner (Hrsg.), Diktaturdurchsetzung in Sachsen. Studien zur Genese der kommunistischen Herrschaft 1945–1952, Köln/Weimar etc. 2003; Normalisierung auf Umwegen. Polen in den politischen Konzeptionen Willy Brandts 1939–1966, in: VfZ 58, 2010, S. 35–68.

Annemone Christians, geb. 1981; Dr.; Studium in München und Barcelona; seit Juli 2013 wissenschaftliche Mitarbeiterin am Institut für Zeitgeschichte München. Zuvor wissenschaftliche Mitarbeiterin im Ausstellungsprojekt »Rassenhygiene und Terror-Justiz. Die Potsdamer Lindenstraße im Nationalsozialismus«, assoziiert am Zentrum für Zeithistorische Forschung in Potsdam (2012–2013); Postdoc-Projekt zur »Privatheit vor Gericht. Zivil- und strafrechtliche Rechtspraxis im Nationalsozialismus« im Rahmen des Forschungsclusters »Das Private im Nationalsozialismus«. Veröffentlichung u.a.: Amtsgewalt und Volksgesundheit. Das öffentliche Gesundheitswesen im nationalsozialistischen München, Göttingen 2013.

Christine Fertig, geb. 1972; Dr.; wissenschaftliche Mitarbeiterin am Lehrstuhl für Sozial- und Wirtschaftsgeschichte der Westfälischen Wilhelms-Universität Münster. Veröffentlichungen u.a.: Hofübergabe im Westfalen des 19. Jahrhunderts: Wendepunkt des bäuerlichen Familienzyklus?, in: Christophe Duhamelle/Jürgen Schlumbohm (Hrsg.), Eheschließungen im Europa des 18. und 19. Jahrhunderts. Muster und Strategien, Göttingen 2003, S. 65–92; Kreditmärkte und Kreditbeziehungen im ländlichen Westfalen (19. Jh.). Soziale Netzwerke und städtisches Kapital, in: Gabriele B. Clemens (Hrsg.), Schuldenlast und Schuldenwert. Kreditnetzwerke in der europäischen Geschichte 1300–1900, Trier 2008, S. 161–175; Rural Society and Social Networks in Nineteenth-Century Westphalia: The Role of Godparenting in Social Mobility, in: Journal of Interdisciplinary History 39, 2009, S. 497–522; Familie, verwandtschaftliche Netzwerke und Klassenbildung im ländlichen Westfalen (1750–1874), Stuttgart 2012.

Eva Maria Gajek, geb. 1981; Dr.; wissenschaftliche Mitarbeiterin Fachjournalistik Geschichte/Historisches Institut der Justus-Liebig-Universität Gießen. Zuvor Studium der Neueren und Neuesten Geschichte, der Technik-, Wirtschafts- und Sozialgeschichte sowie der Neueren Deutschen Literaturwissenschaft an der Ruhr-Universität Bochum, anschließend von 2007–2010 Stipendiatin am Graduiertenkolleg »Transnationale Medienereignisse von der Frühen Neuzeit bis zur Gegenwart«, Promotion 2011. Veröffentlichungen u. a.: Architecture as a Mode of Self-representation at the Olympic Games in Rome (1960) and Munich (1972), in: European Review of History/Revue européenne d'histoire 15, 2008, S. 691–706; Neue Wege? Fernsehdokumentationen über den Holocaust nach der Jahrtausendwende, in: Linda Erker/Klaus Kienesberger/Erich Vogl u. a. (Hrsg.), Gedächtnis-Verlust? Geschichtsvermittlung und -didaktik in der Mediengesellschaft, Köln 2012, S. 199–217; Imagepolitik im olympischen Wettstreit. Die Spiele von Rom 1960 und München 1972, Göttingen 2013.

Sarah Haßdenteufel, geb. 1986; M.A.; Studium der Geschichte und Romanistik in Trier und Paris; seit 2012 Doktorandin an der Goethe-Universität Frankfurt am Main und der Università degli studi di Trento; Stipendiatin des Internationalen Graduiertenkollegs »Politische Kommunikation« sowie des deutsch-französischen Doktorandenkollegs »Normative Ordnungen«.

Nicole Kramer, geb. 1978; Dr.; Studium an der Ludwig-Maximilians-Universität München; seit Oktober 2012 Assistentin an der Goethe-Universität Frankfurt am Main. Zuvor wissenschaftliche Mitarbeiterin an der Ludwig-Maximilians-Universität München (2007–2009) und am Zentrum für Zeithistorische Forschung in Potsdam (2010–2012). Daneben Stipendien am Deutschen Historischen Institut in Rom (2010) und als Feodor-Lynen-Stipendiatin an der University of Nottingham (2013). Habilitationsprojekt zu »Alter, Gebrechlichkeit und Sterben. Hochbetagte in der Bundesrepublik Deutschland, Großbritannien und Italien«. Veröffentlichungen u. a.: »Volksgenossinnen« an der »Heimatfront«. Mobilisierung, Verhalten, Erinnerung, Göttingen 2011; zusammen mit Armin Nolzen (Hrsg.), Ungleichheiten im Dritten Reich. Semantiken, Praktiken, Erfahrungen, Göttingen 2012; Alter(n) als Thema der Zeitgeschichte. Merkmale und Perspektiven, in: Zeithistorische Forschungen 10, 2013, S. 455–463.

Friedrich Lenger, geb. 1957; Prof. Dr.; seit 1999 Professor für Mittlere und Neuere Geschichte an der Justus-Liebig-Universität Gießen. Studium der Geschichte, der Soziologie, der Politischen Wissenschaften und der Kulturanthropologie in Düsseldorf, Ann Arbor und Bielefeld; 1985–1994 wissenschaftlicher Mitarbeiter und Hochschulassistent in Tübingen, 1994/95 Lehrstuhlvertretungen in Bielefeld und Tübingen, 1995–1999 Professor für Neuere und Neueste Geschichte in Erlangen, 1997/98 Visiting Fellow am St Antony's College Oxford, 2001/2 Konrad-Adenauer-Lehrstuhl am Center for German and European Studies der Georgetown University, 2009/10 Fellow am Kulturwissenschaftlichen Kolleg Konstanz, 2011/12 Fellow am Historischen Kolleg München. Veröffentlichungen u. a.: Zwischen Kleinbürgertum und Proletariat. Studien zur Sozialgeschichte der Düsseldorfer Handwerker 1816–1878, Göttingen 1986; Sozialgeschichte der deutschen Handwerker seit 1800, Frankfurt am Main 1988; Werner Sombart (1863–1941). Eine Biographie, München 1994 (3. Aufl. 2013); Industrielle Revolution und Nationalstaatsgründung, Stuttgart 2003; Metropolen der Moderne. Eine europäische Stadtgeschichte seit 1850, München 2013 (2. Aufl. 2014).

Peter Lösche, geb. 1939; Prof. (em.) Dr.; Studium der Geschichte, Politikwissenschaft und Geografie an der Freien Universität Berlin, der Universität Göttingen und in den Vereinigten Staaten; 1967 bis 1973 wissenschaftlicher Assistent und Juniorprofessor am Otto-Suhr-Institut der Freien Universität Berlin; l969/1971 Kennedy Memorial Fellow an der Harvard University; Promotion und Habilitation für Politikwissenschaft und Neuere Geschichte an der Freien Universität Berlin; 1973 bis 2007 Professor für Politikwissenschaft an der Universität Göttingen; Gastprofessuren an der Universität Hamburg, Stanford University, University of California at Santa Barbara und at Berkeley sowie an der Johns Hopkins University (School of Advanced International Studies). Veröffentlichungen u. a.: Amerika in Perspektive. Politik und Gesellschaft der Vereinigten Staaten, Darmstadt 1989; zusammen mit Franz Walter, Die SPD. Klassenpartei, Volkspartei, Quotenpartei, Darmstadt 1992; Verbände und Lobbyismus in Deutschland, Stuttgart 2007; (Hrsg.), Länderbericht USA. Geschichte, Politik, Wirtschaft, Gesellschaft, Kultur, Bonn 2008; zusammen mit Anja Ostermann (Hrsg.), Die Ära Obama. Erste Amtszeit, Bonn 2012.

Torben Lütjen, geb. 1974; Dr.; Studium und Promotion in Göttingen, Caen und Berkeley; wissenschaftlicher Mitarbeiter am Institut für Deutsches und Internationales Parteienrecht und Parteienforschung der Heinrich-Heine-Universität Düsseldorf und Schumpeter-Fellow der VolkswagenStiftung. Forschungsschwerpunkte u. a.: Politik und Gesellschaft der USA, komparative Parteienforschung, Wissenssoziologie. Veröffentlichungen u. a.: Karl Schiller 1911–1994. Superminister Willy Brandts, Bonn 2007.

Sonja Matter, geb. 1976; Dr.; Oberassistentin am Historischen Institut der Universität Bern und Projektkoordinatorin im Forschungsprojekt »Philanthropie und soziale Vulnerabilität in der Schweiz (1890–1920)«. Zuvor u. a. Stipendiatin an der University of California at Santa Barbara. Redaktionsmitglied der Zeitschrift »Traverse. Zeitschrift für Geschichte – Revue d'histoire«. Forschungsschwerpunkte u. a.: Geschichte der Armut und sozialen Sicherheit; Geschichte der Adoleszenz; Geschlechtergeschichte. Veröffentlichungen u. a.: »Verletzte Körper«. Eheliche Gewalt vor dem Luzerner Scheidungsgericht zu Beginn der 1940er Jahre, Nordhausen 2005; Der Armut auf den Leib rücken. Die Professionalisierung der Sozialen Arbeit in der Schweiz (1900–1960), Zürich 2011.

Jenny Pleinen, geb. 1981; Dr.; Studium der Geschichtswissenschaft, Politikwissenschaft und Germanistik an der Universität Trier; 2005–2012 wissenschaftliche Mitarbeiterin im Sonderforschungsbereich 600 »Fremdheit und Armut«; Promotion 2011 (ausgezeichnet mit dem Förderpreis der Universität Trier); 2012–2013 wissenschaftliche Mitarbeiterin im BMBF-geförderten Verbundprojekt »Gute Arbeit nach dem Boom«; seit 2013 wissenschaftliche Assistentin an der Universität Augsburg; Habilitationsprojekt zur politischen Geschichte sozialer Ungleichheit seit dem späten 19. Jahrhundert. Veröffentlichungen u. a.: Die Migrationsregime Belgiens und der Bundesrepublik seit dem Zweiten Weltkrieg, Göttingen 2012; zusammen mit Lutz Raphael, Zeithistoriker in den Archiven der Sozialwissenschaften. Erkenntnispotenziale und Relevanzgewinne für die Disziplin, in: VfZ 62, 2014, S. 173–196.

Christiane Reinecke, geb. 1978; Dr.; Studium in Berlin und London; seit 2012 wissenschaftliche Mitarbeiterin an der Forschungsstelle für Zeitgeschichte in Hamburg. Zuvor 2004–2008 Promotionsstipendiatin am Berliner Kolleg für Vergleichende Geschichte Europas; 2008 Promotion an der Humboldt-Universität zu Berlin; 2008–2012 Mitarbeiterin am Sonderforschungsbereich 640 »Repräsentationen sozialer Ordnungen im Wandel« an der Humboldt-Universität in einem von Thomas Mergel geleiteten Forschungsprojekt zur wissenschaftlichen Beschreibung sozialen Wandels; 2010 Visiting Scholar am Minda de Gunzburg Center for European Studies, Harvard-Universität; 2013 Marie Curie Fellow am Centre d'histoire sociale du XXe siècle (Université Paris 1). Veröffentlichungen u. a.: Grenzen der Freizügigkeit. Migrationskontrolle in Großbritannien und Deutschland, 1880–1930, München 2010; zusammen mit Agnes Arndt/Joachim C. Häberlen (Hrsg.), Vergleichen, Verflechten, Verwirren? Europäische Geschichtsschreibung zwischen Theorie und Praxis, Göttingen 2011; zusammen mit Thomas Mergel (Hrsg.), Das Soziale ordnen. Sozialwissenschaften und gesellschaftliche Ungleichheit im 20. Jahrhundert, Frankfurt am Main 2012.

Wilfried Rudloff, geb. 1960; Dr.; Studium in Freiburg im Breisgau, Florenz und München; seit 2005 wissenschaftlicher Mitarbeiter der Mainzer Akademie der Wissenschaften und der Literatur. Forschungen zur Sozialstaatsgeschichte, zur Bildungsgeschichte und zur Behindertenpolitik, zum Thema »Soziale Ungleichheit im Bildungswesen«. Veröffentlichungen u.a.: Bildungspolitik als Sozial- und Gesellschaftspolitik. Die Bundesrepublik in den 1960er- und 1970er-Jahren im internationalen Vergleich, in: AfS 47, 2007, S. 237–268; Bildungsboom und »Bildungsgefälle« – Räumliche Disparitäten, regionale Bildungsplanung und Bildungsexpansion in der alten Bundesrepublik, in: Westfälische Forschungen 50, 2010, S. 335–371; Ungleiche Bildungschancen als sozialpolitische Herausforderung, in: Hans Günter Hockerts/Winfried Süß (Hrsg.), Soziale Ungleichheit im Sozialstaat. Die Bundesrepublik Deutschland und Großbritannien im Vergleich, München 2010, S. 43–63.

Johanna Singer, geb. 1985; Studium der Fächer Geschichte, Politikwissenschaft und Spanisch an der Eberhard-Karls-Universität Tübingen und der Universidad Complutense de Madrid; 2011 Staatsexamen; seit 2011 wissenschaftliche Mitarbeiterin am Sonderforschungsbereich 923 »Bedrohte Ordnungen« der Universität Tübingen; Dissertationsprojekt zum Thema »Arme adlige Frauen in Württemberg und Preußen 1880–1914«.

Jan Stoll, geb. 1984; M.A.; Studium in Freiburg im Breisgau; wissenschaftlicher Mitarbeiter im DFG-Projekt »Menschen mit Behinderung in Deutschland seit 1945« am Lehrstuhl für Geschichte der Neuzeit an der Christian-Albrechts-Universität zu Kiel. Derzeit Promotion zum Thema »Interessenorganisationen von Menschen mit Behinderungen in Deutschland seit 1945«. Veröffentlichung u.a.: zusammen mit Gabriele Lingelbach, Die 1970er Jahre als Umbruchsphase der bundesdeutschen Disability History? Eine Mikrostudie zu Selbstadvokation und Anstaltskritik Jugendlicher mit Behinderung, in: Moving the Social 50, 2013, S. 25–52.

Dietmar Süß, geb. 1973; Prof. Dr.; Professor für Neuere und Neueste Geschichte an der Universität Augsburg. Studium der Geschichte, Soziologie und Rechtswissenschaften an der FernUniversität Hagen, Humboldt-Universität zu Berlin, Universidad de Cantabria, Santander (Spanien), und Ludwig-Maximilians-Universität München. Veröffentlichungen u.a.: Tod aus der Luft. Luftkrieg und Kriegsgesellschaft in Deutschland und England, München 2011 (engl. 2014); zusammen mit Norbert Frei (Hrsg.), Privatisierung. Idee und Praxis seit den 1970er Jahren, Göttingen 2012.

Christoph Weischer, geb. 1956; Prof. Dr.; stellvertretender Direktor am Institut für Soziologie der Universität Münster. Studium der Soziologie, langjährige Forschungs- und Lehrtätigkeit im Bereich der Gewerkschafts- und Bildungsforschung, der empirischen Sozialforschung sowie der Sozialstrukturanalyse an den Universitäten Münster, Bochum, Bielefeld und Luzern; seit 2005 Professur für Vergleichende Sozialstrukturanalyse, Methoden und Statistik. Veröffentlichungen u.a.: Das Unternehmen »Empirische Sozialforschung«. Strukturen, Praktiken und Leitbilder der Sozialforschung in der Bundesrepublik Deutschland, München 2004; Sozialforschung, Konstanz 2007; Die Modellierung des Sozialen Raums, in: Nicole Burzan/Peter A. Berger (Hrsg.), Dynamiken (in) der gesellschaftlichen

Mitte, Wiesbaden 2010, S. 107–134; Sozialstrukturanalyse. Grundlagen und Modelle, Wiesbaden 2011; Die Bedeutung von Haushalten für soziale Ungleichheiten, in: Banu Citlak/Angelika Engelbert/David H. Gehne u.a. (Hrsg.), Lebenschancen vor Ort. Familie und Familienpolitik im Kontext, Leverkusen 2014, S. 89–100.

Mareike Witkowski, geb. 1977; M.A.; seit 2005 wissenschaftliche Mitarbeiterin des Instituts für Geschichte der Carl von Ossietzky Universität Oldenburg, seit 2014 Universitätslektorin am Institut für Geschichtswissenschaft der Universität Bremen. Forschungsschwerpunkte: Erinnerungsgeschichte, Geschichte der Arbeit im 19. und 20. Jahrhundert, DDR-Geschichte. Veröffentlichungen u.a.: zusammen mit Gunilla Budde, Beethoven unterm Hakenkreuz. Das Oldenburgische Staatsorchester während des Nationalsozialismus, Oldenburg 2007; Die SED und die APO. Rezeption der Studentenbewegung in der Presse der DDR, Oldenburg 2008; Oldenburger Erinnerungsorte. Vom Schloss bis zur Hölle des Nordens, von Graf Anton Günther bis Horst Janssen, Oldenburg 2012.

Einzelrezensionen des »Archivs für Sozialgeschichte« finden sich unter:
<http://www.fes.de/afs>

Rahmenthema des nächsten Bandes des »Archivs für Sozialgeschichte«:
2015: Sozialgeschichte des Todes

Soziale Ungleichheit im Staatssozialismus

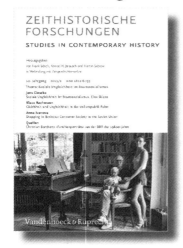

Jens Gieseke / Klaus Gestwa /
Jan-Holger Kirsch (Hg.)

Zeithistorische Forschungen /
Studies in Contemporary History 2013
Jg. 10 Heft 2

2013. 184 Seiten mit 21 Abb., kartoniert
€ 26,45 D
ISSN 1612-6033

Abo: € 70,– D / Jahr
Weitere Informationen unter www.v-r.de und
www.zeithistorische-forschungen.de

Aus dem Inhalt:
Jens Gieseke: Soziale Ungleichheit im Staatssozialismus. Eine Skizze
Klaus Bachmann: Gleichheit und Ungleichheit in der Volksrepublik Polen.
Eine Untersuchung auf der Basis zeitgenössischer Meinungsumfragen
Anna Ivanova: Shopping in *Beriozka*: Consumer Society in the Soviet Union
Agneta Jilek: Dokumentarische Fotografie und visuelle Soziologie.
Christian Borcherts „Familienporträts" aus der DDR der 1980er-Jahre

ZEITHISTORISCHE FORSCHUNGEN / STUDIES IN CONTEMPORARY HISTORY (ZF/SCH)
erscheint seit 2004 in einer gedruckten Ausgabe bei Vandenhoeck & Ruprecht sowie
zugleich im Internet. Die Zeitschrift wird am Zentrum für Zeithistorische Forschung
Potsdam herausgegeben von Frank Bösch, Konrad H. Jarausch und Martin Sabrow.

Beiträge zur deutsch-deutschen und europäischen Geschichte des 20. Jahrhunderts
sowie besonders zur Phase des Systemkonflikts von 1945 bis 1990 bilden einen Schwerpunkt. Zugleich gibt es regelmäßig Blickerweiterungen in den amerikanischen, asia-
tischen oder afrikanischen Raum. Auch gegenwartsnahe Themen werden aufgegriffen
und mit einer spezifisch zeithistorischen Perspektive untersucht. Anregungen aus
Nachbardisziplinen sind dabei ausdrücklich erwünscht. Ein spezielles Augenmerk der
Zeitschrift gilt den Inhalten und Methoden einer Visual History, also den Entstehungs-,
Wirkungs- und Rezeptionszusammenhängen von Bildmedien im 20. Jahrhundert.

Die Zeitschrift richtet sich an Historiker/innen und Wissenschaftler/innen benachbarter Disziplinen sowie an Studentinnen und Studenten dieser Fächer, aber auch an
eine breitere, zeithistorisch interessierte Öffentlichkeit.

www.v-r.de